域外漢籍珍本文庫編纂出版委員會

域外漢籍珍本文庫

第一輯
史部

西南師範大學出版社
人民出版社

史記（二）

扁鵲倉公列傳第四十五（索隱曰：王劭云「此醫方，宜與日者、龜策相接，不合列於此，後人誤之也」。○正義曰：此傳是醫方，合與龜策、日者相次，以淳于意孝文帝時醫，奉詔問之，又為齊太倉令，故太史公以次述之。扁鵲乃春秋時良醫，不可別序，故引為傳首，太倉公次之也。黃帝八十一難序云：秦越人與軒轅時扁鵲相類，仍號之為扁鵲。又家於盧國，因命之曰盧醫也。）　史記一百五

扁鵲者，（[illegible]）勃海郡鄭人也。（徐廣曰：「鄭」當為「鄚」。鄚，縣名，今屬河間。○索隱曰：案：勃海無鄭縣，[illegible]是也。）姓秦氏，名越人。少時為人舍長。（索隱曰：劉氏云守客館之帥，故云舍長。）舍客長桑君過，（索隱曰：隱者，蓋神人。○正義曰：過音戈。）扁鵲獨奇之，常謹遇之。長桑君亦知扁鵲非常人也。出入十餘年，乃呼扁鵲私坐，閒與語曰：（正義曰：閒音閑。）「我有禁方，年老，欲傳與公，公毋泄。」扁鵲曰：「敬諾。」乃出其懷中藥予扁鵲：「飲是以上池之水，三十日當知物矣。」（索隱曰：案：舊說云上池水謂水未至地，蓋承取露及竹木上水，取之以和藥，服之三十日，當見鬼物也。）乃悉取其禁方書盡與扁鵲。忽然不見，殆非人也。扁鵲以其言飲藥三十日，視見垣一方人。（索隱曰：方，猶邊也。言能隔牆見彼邊之人，則眼通神也。）以此視病，盡見五藏癥結，（正義曰：五藏謂心、肺、脾、肝、腎也。六府謂大腸、胃、膽、膀胱、三焦也。王叔和脈經云：左手關前寸口，[illegible]，右手[illegible]……[illegible]）特以診脈為名耳。（索隱曰：診，[illegible]……[illegible]）為醫或在齊，（正義曰：[illegible]今[illegible]州[illegible]）或在趙。在趙者名扁鵲。當晉昭公時，（索隱曰：案：左氏，簡子專國在定、頃二公之時，非昭公之世，且趙系家敘此事亦在定公之初。）諸大夫彊而公族弱，趙簡子為大夫，專國事。簡子疾，五日不知人，（索隱曰：案：韓子云十日不知人，所記異也。）大夫皆懼，於是召扁鵲。扁鵲入視病，出，董安于問扁鵲，扁鵲曰：「血脈治也，（正義曰：下云色廢脈亂，故形靜如死，非死也。）而何怪！昔秦穆公嘗如此，七日而寤。寤之日，告公孫支與子輿曰：（索隱曰：案：二子皆秦大夫。公孫支，子桑也。子輿，未詳。）『我之帝所甚樂。吾所以久者，適有所學也。（索隱曰：適音釋。言我適來有所受教命，故云學也。）帝告我：晉國且大亂，五世不安。其後將霸，未老而死。霸者之子且令而國男女無別。』公孫支書而藏之，秦策於是出。夫獻公之亂，文公之霸，而襄公敗秦師於殽而歸縱淫，此子之所聞。今主君之病與之同，不出三日必閒，閒必有言也。」居二日半，簡子寤，語諸大夫曰：「我之帝所甚樂，與百神游於鈞天，廣樂九奏萬舞，不類三代之樂，其聲動心。有一熊欲援我，帝命我射之，中熊，熊死。有羆來，我又射之，中羆，羆死。帝甚喜，賜我二笥，皆有副。吾見兒在帝側，帝屬我一翟犬，曰：『及而子之壯也以賜之。』帝告我：『晉國且世衰，七世而亡。（正義曰：晉定公、出公、哀公、幽公、孝公、靜公為七世。靜公二年，為三晉所滅。據此及趙世家，簡子疾在定公之十一年也。）嬴姓將大敗周人於范魁之西，（索隱曰：范魁，地名，未詳。○正義曰：嬴，趙氏本姓也。周人謂衛也。晉亡之後，趙成侯三年伐衛，取鄉邑七十三，是也。[illegible]）而亦不能有也。』」董安于受言，書而藏之。以扁鵲言告

簡子賜扁鵲田四萬畝。其後扁鵲過虢。正義曰陝州城古虢國又陝州河北縣東北下陽故城古虢即晉獻公滅者又洛州汜水縣古東虢國亦未知扁鵲過何者蓋虢至此並滅也 虢太子死。索隱曰案傅玄云虢是晉獻公所滅先此百二十餘年此時焉得有虢則此云虢太子非也然案虢後改稱郭春秋有郭公蓋郭之太子也 扁鵲至虢宮門下，問中庶子喜方者索隱曰喜音許既反喜好也愛也方方伎之術不書姓名也正義曰中庶子古官號也喜方好方之人也曰：太子何病，國中治穰過於衆事？中庶子曰：太子病血氣不時，交錯而不得泄，暴發於外，則爲中害。精神不能止邪氣，邪氣畜積而不得泄，是以陽緩而陰急，故暴蹷而死。索隱曰蹷音厥蹷是氣從下蹷起上行外及心脅也正義曰釋名云 扁鵲曰：其死何如時？曰：雞鳴至今。曰：收乎？曰：未也，索隱曰收謂棺斂其死未能半日也。言臣齊勃海秦越人也，家在於鄭，未嘗得望精光侍謁於前也。聞太子不幸而死，臣能生之。中庶子曰：先生得無誕之乎？何以言太子可生也！臣聞上古之時，醫有俞跗，索隱曰音臾附二音應劭云黃帝時將也治病不以湯液醴灑，正義曰上音禮下山解反鑱石撟引，案扤毒熨，索隱曰鑱音仕咸反謂石針也撟音九兆反謂爲按摩之法夭撟引身如熊顧鳥伸也扤音玩亦謂按摩而玩弄身體使調也毒熨謂毒病之處以藥物熨帖也一撥見病之應，因五藏之輸，索隱曰音東注反○正義曰八十一難云肺之原出于太淵心之原出于太陵肝之原出于太衝脾之原出于太白腎之原出于太谿少陰之原出于兌骨膽之原出于丘虛胃之原出于衝陽三焦之原出于陽池膀胱之原出于京骨大腸之原出于合谷小腸之原出于腕骨十二經皆以輸爲原也按此五藏六府之輸也乃割皮

解肌，訣脈結筋，搦髓腦，揲荒爪幕，徐廣曰揲音舌○索隱曰搦音女角反揲音舌荒音肓爪音側巧反正義曰以爪決其闌幕也湔浣腸胃，正義曰上子錢反下胡管反漱滌五藏，練精易形。先生之方能若是，則太子可生也；不能若是而欲生之，曾不可以告咳嬰之兒。終日，扁鵲仰天嘆曰：夫子之爲方也，若以管窺天，以郄視文。越人之爲方也，不待切脈、正義曰素問云持寸口六脈三陰三陽皆隨春秋冬夏觀其脈之變也則知病之逆順也望色、正義曰素問云面色青脈當弦急面色赤脈當浮而短面色黑脈當沉濡而滑也聽聲、正義曰素問云好哭者肺病好歌者脾病好呼者肝病寫形，正義曰藏家病欲得寒而見人者府家病也言病之所在。聞病之陽，論得其陰；聞病之陰，論得其陽。正義曰八十一難云陽病行陰故令募在陰俞在陽五藏募皆在陰陰爲陽腧在背也外體有病則入行於陰陰募在腹也針法從陰引陽從陽引陰也病應見於大表，不出千里，決者至衆，不可曲止也。索隱曰言病皆有應見不可曲言病之止住所在也子以吾言爲不誠，試入診太子，當聞其耳鳴而鼻張，正義曰張音脹循其兩股以至於陰，當尚溫也。中庶子聞扁鵲言，目眩然而不瞚，舌撟然而不下，乃以扁鵲言入報虢君。虢君聞之大驚，出見扁鵲於中闕，曰：竊聞高義之日久矣，然未嘗得拜謁於前也。先生過小國，幸而舉之，偏國寡臣幸甚。索隱曰謂虢君自謙云己是偏遠之國寡小之臣也有先生則活，無先生則棄

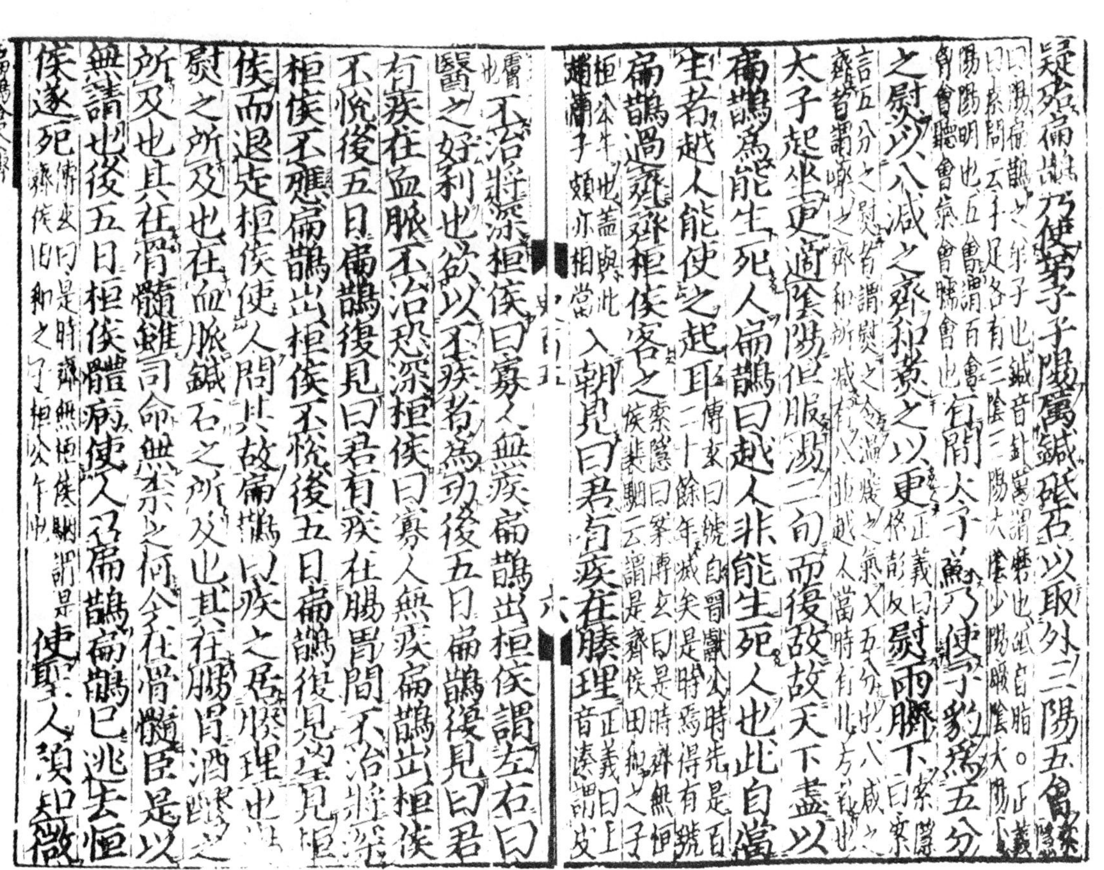

揄竅，長終而不得反。言未卒，因噓唏服臆，悲不能自止，容貌變更。扁鵲曰：若太子病，所謂尸蹷者也。夫以陽入陰中，動胃繵緣，中經維絡，別下於三焦、膀胱，是以陽脈下遂，陰脈上爭，會氣閉而不通，陰上而陽內行，下內鼓而不起，上外絕而不為使，上有絕陽之絡，下有破陰之紐，破陰絕陽之色已廢，脈亂，故形靜如死狀。太子未死也。夫以陽入陰支蘭藏者生，以陰入陽支蘭藏者死。凡此數事，皆五藏蹷中之時暴作也。良工取之，拙者

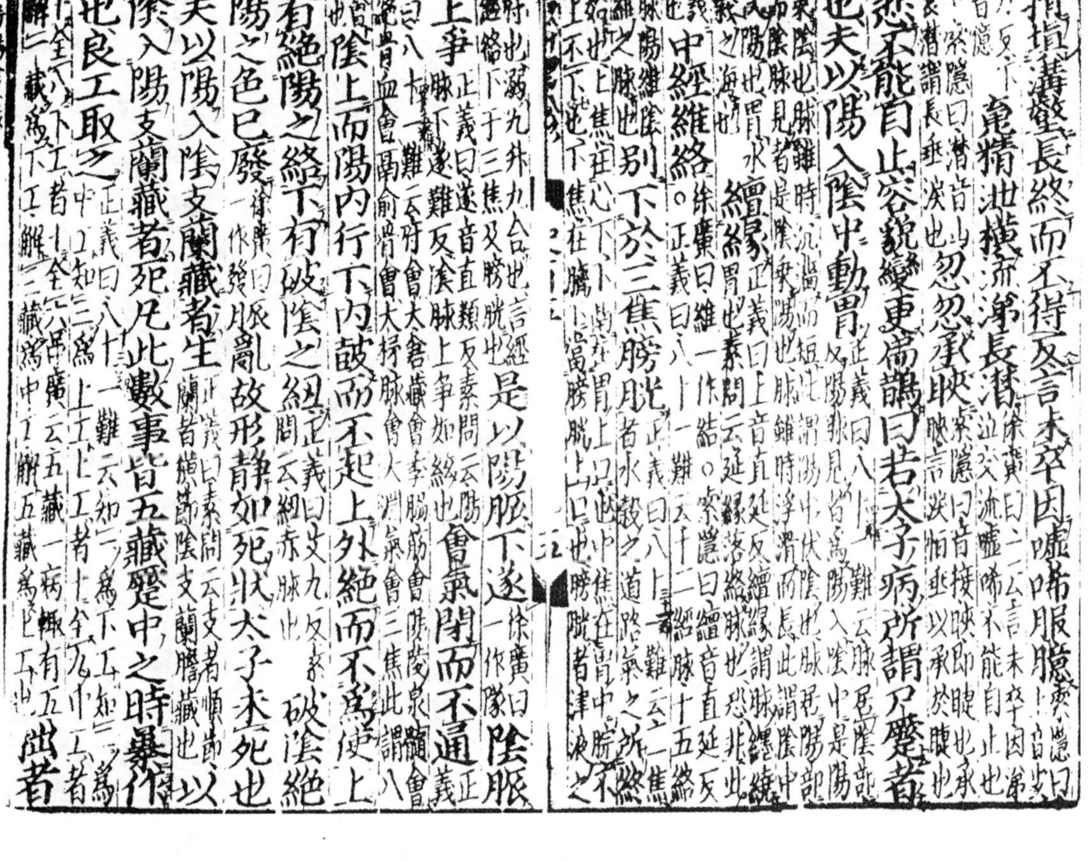

疑殆。扁鵲乃使弟子子陽厲鍼砥石，以取外三陽五會。有閒，太子蘇。乃使子豹為五分之熨，以八減之齊和煮之，以更熨兩脅下。太子起坐。更適陰陽，但服湯二旬而復故。故天下盡以扁鵲為能生死人。扁鵲曰：越人非能生死人也，此自當生者，越人能使之起耳。扁鵲過齊，齊桓侯客之。入朝見，曰：君有疾在腠理，不治將深。桓侯曰：寡人無疾。扁鵲出，桓侯謂左右曰：醫之好利也，欲以不疾者為功。後五日，扁鵲復見，曰：君有疾在血脈，不治恐深。桓侯曰：寡人無疾。扁鵲出，桓侯不悅。後五日，扁鵲復見，曰：君有疾在腸胃閒，不治將深。桓侯不應。扁鵲出，桓侯不悅。後五日，扁鵲復見，望見桓侯而退走。桓侯使人問其故。扁鵲曰：疾之居腠理也，湯熨之所及也；在血脈，鍼石之所及也；其在腸胃，酒醪之所及也；其在骨髓，雖司命無柰之何。今在骨髓，臣是以無請也。後五日，桓侯體病，使人召扁鵲，扁鵲已逃去。桓侯遂死。使聖人預知微

能使良醫得蚤從事則疾可已身可活也人之所病病疾多（正義曰病猶患也言人所患患疾病多也）而醫之所病病道少（徐廣曰所病猶療病也）故病有六不治驕恣不論於理一不治也輕身重財二不治也衣食不能適三不治也陰陽并藏氣不定四不治也形羸不能服藥五不治也信巫不信醫六不治也有此一者則重難治也扁鵲名聞天下過邯鄲聞貴婦人即為帶下醫過雒陽聞周人愛老人即為耳目痺醫（索隱曰痺音必二反）來入咸陽聞秦人愛小兒即為小兒醫隨俗為變秦太醫令李醯自知伎不如扁鵲也使人刺殺之至今天下言脈者由扁鵲也

太倉公者齊太倉長臨菑人也姓淳于氏名意（正義曰括地志云淳于國城在密州安丘縣東北三十里古之斟灌國也春秋州公如曹傳云冬淳于公如曹注水經云淳于縣故夏后氏之斟灌國也周武王以封淳于公號淳于國也）少而喜醫方術高后八年更受師同郡元里公乘陽慶（正義曰百官表云公乘第八爵也顏師古云言其得乘公之車也）慶年七十餘無子使意盡去其故方更悉以禁方予之傳黃帝扁鵲之脈書五色診病（正義曰八十一難經云五藏有色皆見於面亦當與寸口尺內相應也其面色與相應已見於前也）知人死生決嫌疑定可治及藥論甚精受之三年為人治病決死生多驗然左右行游諸侯不以家為家或不為人治病病家多怨之者文帝四年中人上書言意以刑罪當傳西之長安（索隱曰傳音竹戀反謂乘傳送之）意有五女隨而泣意怒罵曰生子不生男緩急無可使者於是少女緹縈傷父之言（索隱曰緹音啼縈烏營反）乃隨父西上書曰妾父為吏齊中稱其廉平今坐法當刑妾切痛死者不可復生而刑者不可復續（徐廣曰一作續）雖欲改過自新其道莫由終不可得妾願入身為官婢以贖父刑罪使得改行自新也書聞上悲其意此歲中亦除肉刑法（徐廣曰案年表孝文十三年除肉刑。正義曰漢書刑法志云孝文帝即位十三年除肉刑三孟康云黥劓二左右止一凡三也班固詩曰三王德彌薄惟後用肉刑太倉令有罪就逮長安城自恨身無子困急獨煢煢小女痛父言死者不可生上書詣闕下思古歌雞鳴憂心摧折裂晨風激揚聲聖漢孝文帝惻然感至情百男何憒憒不如一緹縈）意家居詔召問所為治病死生驗者幾何人主名為誰詔問故太倉長臣意方伎所長及所能治病者（徐廣曰一作為病亦治）有其書無有皆安受學受學幾何歲嘗有所驗何縣里人也何病醫藥已其病之狀皆何如具悉而對臣意對曰自意少時喜醫藥醫藥方試之多不驗者至高后八年（徐廣曰意年二十六）得見師臨菑元里公乘陽慶慶年七十餘意得見事之謂意曰盡去而方書非是也慶有古先道遺傳黃帝扁鵲之脈書五色診病知人生死決嫌疑定可治及藥論書甚精我家給富心愛公欲盡以我禁方書悉教公臣意即曰幸甚非意之所敢望也臣意即避席再拜謁受其脈書上下經五色診奇咳（音鶴。咳音該。○正義曰：八十一難云奇經八脈者，有陽維，有陰維，有陽蹻，有陰蹻，有衝，有督，有任，有帶之脈，凡此八脈者，皆不拘於經，故云奇經八脈也。[illegible]）術揆度陰陽外變藥論石神接陰陽禁書，受讀解驗之，可一年所。明歲即驗之，有驗，然尚未精也。要事之三年所，即嘗已為人治，診病決死生，有驗，精良。今慶已死十年所，臣意年盡三年，年三十九歲也。齊侍御史成自言病頭痛，臣意診其脈，告曰：「君之病惡，不可言也。」即出，獨告成弟昌曰：「此病疽也，內發於腸胃之間，後五日當臃腫（正義曰：上於恭反，下之勇反），後八日嘔膿死（正義曰：女東反也）。」成之病得之飲酒且內。成即如期死。所以知成之病者，臣意切其脈，得肝氣。肝氣濁而靜（徐廣曰：靜，一作清），此內關之病也（[illegible]）。脈法曰「脈長而弦，不得代四時者（[illegible]），其病主在於肝（[illegible]）。和即經主病也（[illegible]），代則絡脈有過（[illegible]）」。

（[illegible]二分或四分、五分，此大過不及[illegible]）經主病和者，其病得之筋髓裏。其代絕而脈賁者，病得之酒且內。所以知其後五日而臃腫，八日嘔膿死者，切其脈時，少陽初代。代者經病，病去過人，人則去。絡脈主病，當其時，少陽初關一分，故中熱而膿未發也，及五分，則至少陽之界（[illegible]），及八日，則嘔膿死，故上二分而膿發，至界而臃腫，盡泄而死。熱上則熏陽明，爛流絡，流絡動則脈結發，脈結發則爛解，故絡交。熱氣已上行，至頭而動，故頭痛。

齊王中子諸嬰兒小子病，召臣意診切其脈，告曰：「氣鬲病。病使人煩懣，食不下，時嘔沫。病得之少憂，數忔食飲。」（[illegible]）臣意即為之作下氣湯以飲之，一日氣下，二日能食，三日即病愈。所以知小子之病者，診其脈，心氣也，濁躁而經也（徐廣曰：濁，一作猛），此絡陽病也。脈法曰「脈來數疾去難而不一者，病主在心」。周身熱，脈盛者，為重陽。重陽者，逿心主（[illegible]）。

自臍已上至帶肖為中焦也故煩懣食不下則絡脈有過絡脈有過
則血上出血上出者死此悲心所生也病得之憂也
齊郎中令循病衆醫皆以為蹙入中而刺之臣意診之
曰湧疝也索隱曰湧音勇字林音訕所諫反鄒誕生云疝音山字令人不得前
後溲索隱曰溲音所留反前溲謂小便也後溲大便也循曰不得前後溲三日
矣臣意飲正義曰飲於禁反以火齊湯一飲得前溲再飲大溲三
飲而疾愈病得之內所以知循病者切其脈時右口氣
急徐廣曰右一作有○正義曰王叔和脈經云右手寸口乃氣口也脈無五藏氣右口
正義曰謂右手寸口也脈大而數數者中下熱而湧左為下右為
上皆無五藏應故曰湧疝中熱故溺赤也正義曰上徒吊反

齊中御府長信病臣意入診其脈告曰熱病氣也然暑
汗脈少衰不死曰此病得之當浴流水而寒甚已則熱
信曰唯然正義曰唯惟癸反往冬時為王使於楚至莒縣正義曰莒今密州縣
陽周水而莒橋梁頗壞信則擥正義曰擥音覽車轅未欲渡
也馬驚即墮信身入水中幾死吏即來救信出之水中
衣盡濡有間而身寒已熱如火至今不可以見寒臣意
即為之液湯火齊逐熱一飲汗盡再飲熱去三飲病已
即使服藥出入二十日身無病者所以知信之病者切
其脈時并陰脈法曰熱病陰陽交者死切之不交并陰
并陰者脈順清而愈其熱雖未盡猶活也腎氣有時間

濁徐廣曰一作溷在太陰脈口而希是水氣也腎固主水故以
此知之失治一時即轉為寒熱
齊王太后病召臣意入診脈曰風癉客脬索隱曰癉病也脬音普交反字或作胞○正義曰癉音單旱也脬亦作胞膀胱也言風癉之病客居在膀胱難於大小
溲溺赤臣意飲以火齊湯一飲即前後溲再飲病已溺
如故病得之流汗出滫索隱曰滫音先酒反滫者去衣而汗晞也
所以知齊王太后病者臣意診其切其脈切其太陰之口溼
然風氣也脈法曰沈之而大堅正義曰深一作沈王叔和脈經云脈大而堅病出於腎也浮之而大緊者正義曰緊音吉忍反素問云脈短實而數有似切繩名曰緊也病
主在腎腎切之而相反也脈大而躁者膀胱氣也躁者

中有熱而溺赤
齊章武里曹山跗病索隱曰跗方符反臣意診其脈曰肺消癉
也加以寒熱即告其人曰死不治適其共養此不當醫
索隱曰適音釋共音恭案謂山跗家適近所持財物共養我不敢當以言其人不堪療也治法曰
後三日而當狂妄起行欲走後五日死即如期死山跗
病得之盛怒而以接內所以知山跗之病者臣意切其
脈肺氣熱也脈法曰不平不鼓形獘正義曰王叔和脈經云平謂春肝木王其脈細而長夏心火王其脈洪大而散六月脾土王其脈大阿阿而緩秋肺金王其脈浮濇而短冬腎水王其脈沈而滑名曰平脈也此五藏高之遠數以經病也故切之時不
平而代正義曰素問云血氣易動不定曰代不平脈候動不定曰代不平者血不居其處

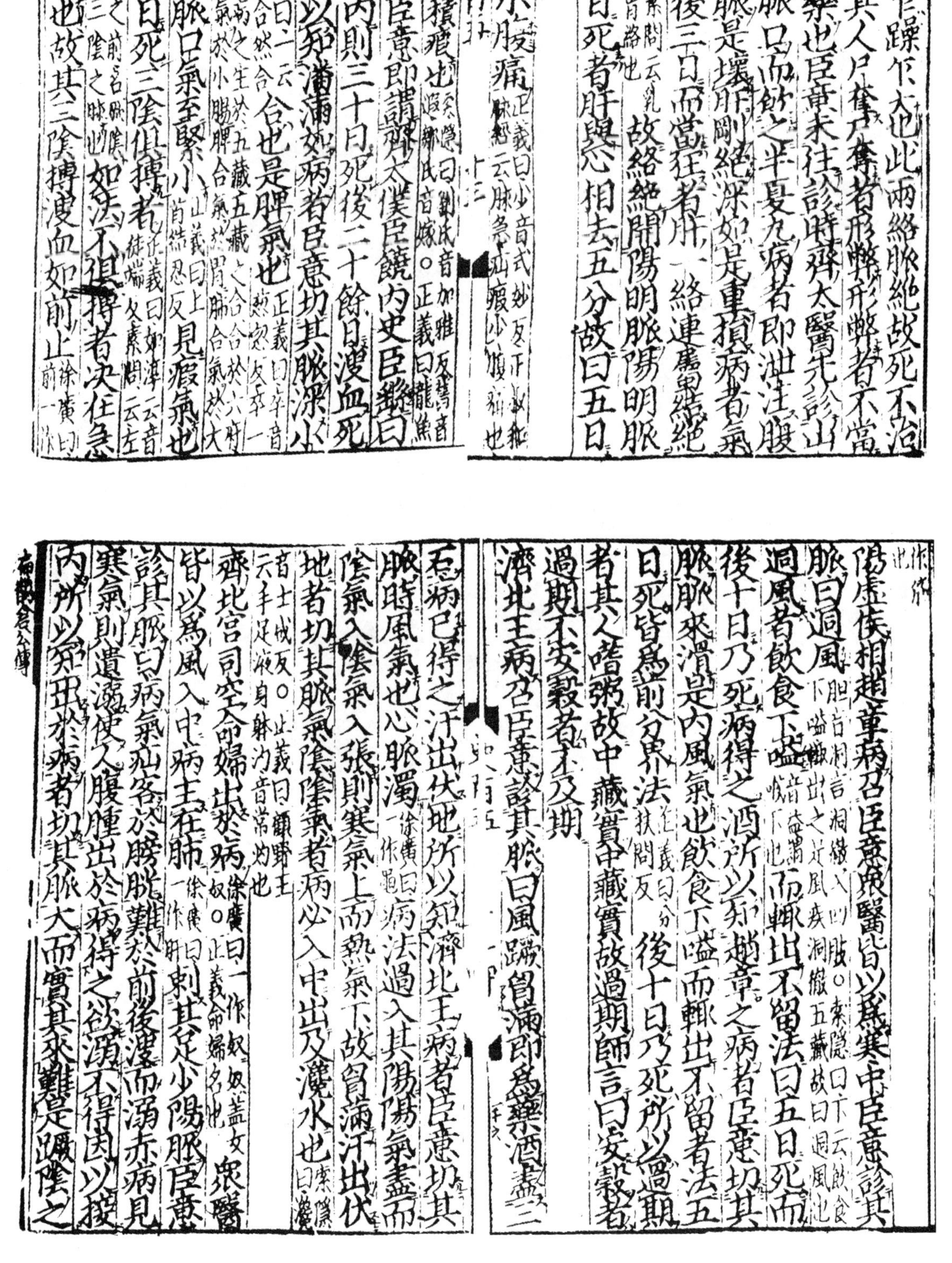

代者時參擊並至乍躁乍大也此兩絡脈絶故死不治
所以加寒熱者言其人尸奪尸奪者形弊形弊者不當
關灸鑱石及飲毒藥也臣意未往診時齊太醫先診山
跗病灸其足少陽脈口而飲之半夏丸病者即泄注腹
中虚又灸其少陰脈是壞肝剛絶深如是重損病者氣
以故加寒熱所以後三日而當狂者肝一絡連屬結絶
乳下陽明（正義曰素問云乳下陽明胃絡也）故絡絶開陽明脈陽明脈
傷即當狂走後五日死者肝與心相去五分故曰五日
盡盡即死矣
齊中尉潘滿如病少腹痛（正義曰少音式妙反下同 一云脉急一云瘕少腹痛也）
臣意診其脈曰遺積瘕也（索隱曰瘕劉氏音加雅反鄒氏音嫁○正義曰龍魚鳥獸狗一云不熟食之成瘕痛）臣意即謂太僕臣饒內史臣繇曰
中尉不復自止於內則三十日死後二十餘日溲血死
病得之酒且內所以知潘滿如病者臣意切其脈深小
弱其卒然合（徐廣曰一云來然合）合也是脾氣也（正義曰卒音...）
（本作來素問云...肝合氣於膽心合氣於小腸脾合氣於胃肺合氣於大腸腎合氣於膀胱三焦內主勞）右脈口氣至緊小見瘕氣也
以次相乘故三十日死三陰俱搏者（正義曰...）如法不俱搏者決在急
（脈口曰少陰少陰之前名厥陰右脈口曰太陰出三陰之脈也）
期一搏一代者近也故其三陰搏溲血如前止（徐廣曰前一作...）

陽虚侯相趙章病召臣意衆醫皆以為寒中臣意診其
脈曰迵風（迵音洞 洞徹入四肢○索隱曰下云飲食下嗌而輒出之名迵風 洞徹五藏故曰迵風也）
迵風者飲食下嗌（嗌音益 喉下也）而輒出不留法曰五日死而
後十日乃死病得之酒所以知趙章之病者臣意切其
脈脈來滑是內風氣也飲食下嗌而輒出不留者法五
日死皆為前分界法（正義曰分扶問反）後十日乃死所以過期
者其人嗜粥故中藏實中藏實故過期師言曰安穀者
過期不安穀者不及期
濟北王病召臣意診其脈曰風蹶胸滿即為藥酒盡三
石病已得之汗出伏地所以知濟北王病者臣意切其
脈時風氣也心脈濁（徐廣曰濁一作溷）病法過入其陽陽氣盡而
陰氣入陰氣入張則寒氣上而熱氣下故胸滿汗出伏
地者切其脈氣陰陰氣者病必入中出及瀺水也
齊北宮司空命婦出於病（徐廣曰一作奴 奴蓋女 ○正義曰命婦名也）衆醫
（...○正義曰顧野王云手足濈身汗...）
皆以為風入中病主在肺（徐廣曰一作肝）刺其足少陽脈臣意
診其脈曰病氣疝客於膀胱難於前後溲而溺赤病見
寒氣則遺溺使人腹腫出於病得之欲溺不得因以接
內所以知出於病者切其脈大而實其來難是蹶陰之

動也【正義曰蹶音厥蹶陰之脈】脈來難者，疝氣之客於膀胱也。腹之所以腫者，言蹶陰之絡結小腹也。蹶陰有過則脈結動，動則腹腫。臣意即灸其足蹶陰之脈，左右各一所，即不遺溺而溲清，小腹痛止。即更爲火齊湯以飲之，三日而疝氣散，即愈。

故濟北王阿母【徐廣曰濟一作齊王○索隱曰案謂王之嬭母也○正義曰服虔云乳母也鄭者】自言足熱而懣，臣意告曰：熱蹶也。則刺其足心各三所，案之無出血，病旋已。【索隱曰言尋即已也○正義曰謂旋轉之間病則已止】病得之飲酒大醉。

濟北王召臣意診脈諸女子侍者，至女子豎，豎無病。臣意告永巷長曰：豎傷脾，不可勞，法當春嘔血死。臣意言王曰：才人女子豎何能？王曰：是好爲方，多伎能，爲所是案法新，【徐廣曰所一作取○索隱曰往謂於舊方技能生新意也】往年市之民所，四百七十萬，曹偶四人。【索隱曰案當今之四千七百貫也曹偶猶等輩也】王曰：得毋有病乎？臣意對曰：豎病重，在死法中。王召視之，其顏色不變，以爲不然，不賣諸侯所。至春，豎奉劍從王之廁，王去，豎後，王令人召之，即仆於廁，嘔血死。【索隱曰仆音赴又音步北反】病得之流汗。流汗者，同法病內重，毛髮而色澤，脈不衰，此亦關內之病也。

齊中大夫病齲齒，【正義曰上丘羽反釋名云齲朽也蟲齧之缺朽也】臣意灸其左大陽明脈，即爲苦參湯，日嗽三升，出入五六日，病已。

得之風，及臥開口，食而不嗽。

菑川王美人懷子而不乳，【索隱曰乳音人喻反乳生也】來召臣意。臣意往，飲以莨礴藥一撮，【正義上浪宕二音】以酒飲之，旋乳。【索隱曰旋乳者言迴旋即生也】臣意復診其脈，而脈躁。躁者有餘病，即飲以消石一齊，出血，血如豆比五六枚。【索隱曰比音必利反】

齊丞相舍人奴從朝入宮，臣意見之食閨門外，望其色有病氣。臣意即告宦者平。平好爲脈，學臣意所，臣意即示之舍人奴病，告之曰：此傷脾氣也，當至春鬲塞不通，不能食飲，法至夏泄血死。宦者平即往告相曰：君之舍人奴有病，病重，死期有日。相君曰：卿何以知之？曰：君朝時入宮，君之舍人奴盡食閨門外，平與倉公立，即示平曰：病如是者死。相即召舍人奴而謂之曰：公奴有病不？舍人曰：奴無病，身無痛者。至春果病，至四月，泄血死。所以知奴病者，脾氣周乘五藏，傷部而交，故傷脾之色也，望之殺然黃，【徐廣曰殺音蘇葛反○正義曰殺蘇亥反】察之如死青之茲。衆醫不知，以爲大蟲，【索隱曰即蚘虫也】不知傷脾。所以至春死病者，胃氣黃，黃者土氣也，土不勝木，故至春死。所以至夏死者，脈法曰：病重而脈順清者曰內關，內關之病，人不知其所痛，心急然無苦。若加以一病，死中春；一愈順，及一時。其所以四月死者，診其人時愈順。愈順者，人尚肥

也奴之病得之流汗數出炙於火而以出見大風也

菑川王病召臣意診脈曰蹶上正義曰掌反蹶逆氣上也為重頭痛身熱使人煩懣正義曰亡本反此但有煩也臣意即以寒水拊其頭索隱曰拊音附又音撫刺足陽明脈左右各三所病旋已病得之沐髮未乾而臥診如前所以蹶頭熱至肩

齊王黃姬兄黃長卿家有酒召客召臣意諸客坐未上食臣意望見王后弟宋建告曰君有病往四五日君要脅痛不可俛仰正義曰上音免又不得小溲不亟治病即入濡腎及其未舍五藏急治之病方今客腎濡正義曰濡溺也病方客在腎欲溺腎也此所謂腎痺也宋建曰然建故有要脊痛往四

五日天雨黃氏諸倩徐廣曰倩者女婿也索隱案方言曰東齊之間婿謂之倩郭璞曰言可假倩也○正義曰倩音七姓反見建家京下方石徐廣曰京者倉廩之屬也即弄之建亦欲效之效之不能起即復置之暮要脊痛不得溺至今不愈建病得之好持重所以知建病者臣意見其色太陽色乾腎部上及界要以下者枯四分所故以往四五日知其發也臣意即為柔湯使服之十八日所而病愈

濟北王侍者韓女病要背痛寒熱眾醫皆以為寒熱也臣意診脈曰內寒月事不下也即竄以藥索隱曰竄謂以燻燻之故云竄音七亂反旋下病已病得之欲男子而不可得也所以知

此處缺一葉

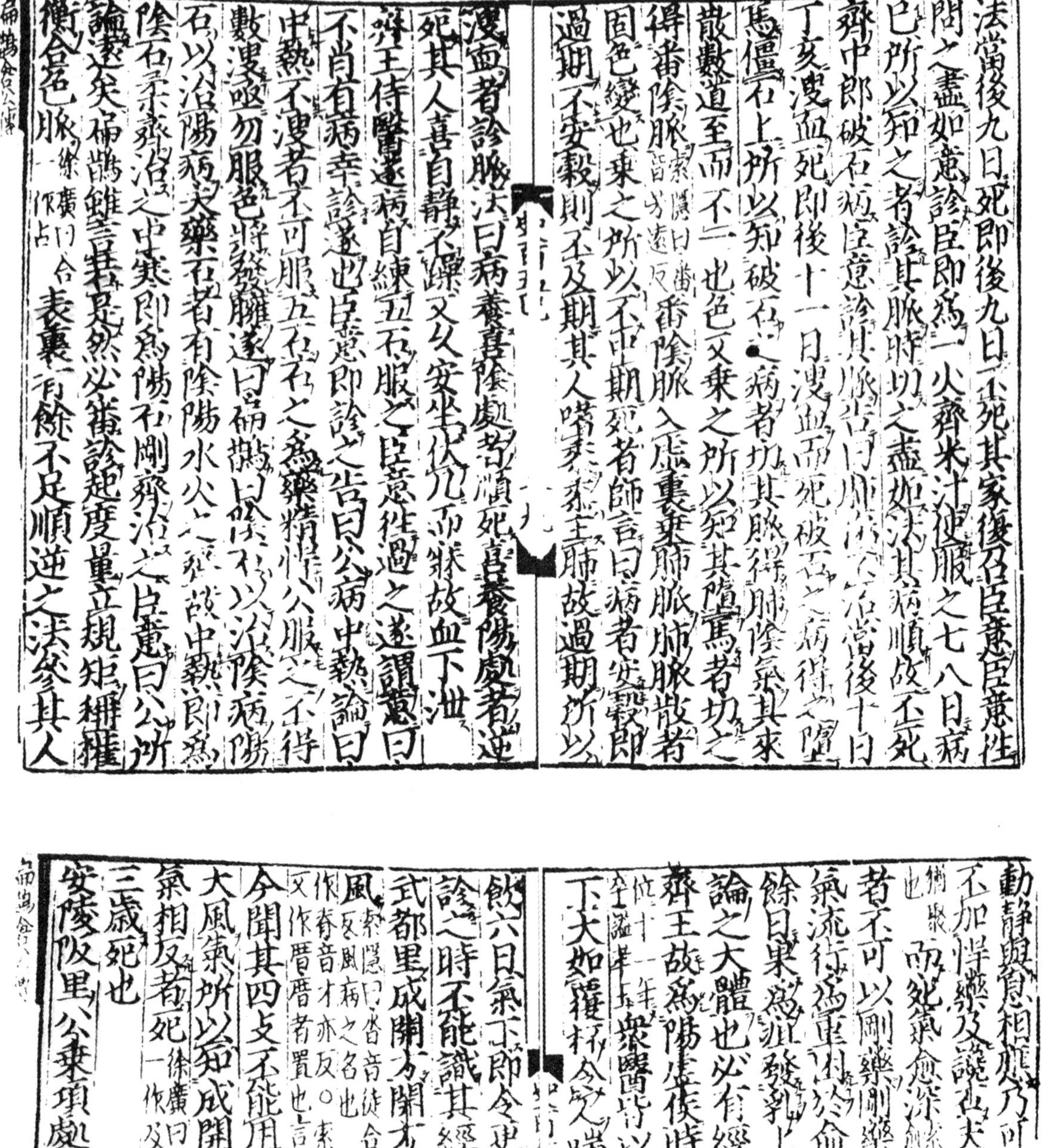

法當後九日死。即後九日不死，其家復召臣意。臣意往問之，盡如意診。臣即為一火齊米汁，使服之，七八日病已。所以知之者，診其脈時，切之，盡如法。其病順，故不死。

齊中郎破石病，臣意診其脈，告曰：肺傷，不治，當後十日丁亥溲血死。即後十一日，溲血而死。破石之病，得之墮馬僵石上。所以知破石之病者，切其脈，得肺陰氣，其來散，數道至而不一也。色又乘之。所以知其墮馬者，切之得番陰脈。（索隱曰：番音潘，或遠反。）番陰脈入虛裏，乘肺脈。肺脈散者，固色變也乘之。所以不中期死者，師言曰：病者安穀即過期，不安穀則不及期。其人嗜黍，黍主肺，故過期。所以溲血者，診脈法曰：病養喜陰處者順死，喜養陽處者逆死。其人喜自靜，不躁，又久安坐，伏几而寐，故血下泄。

齊王侍醫遂病，自練五石服之。臣意往過之，遂謂意曰：不肖有病，幸診遂也。臣意即診之，告曰：公病中熱。論曰：中熱不溲者，不可服五石。石之為藥精悍，公服之不得數溲，亟勿服。色將發臃。遂曰：扁鵲曰：陰石以治陰病，陽石以治陽病。夫藥石者有陰陽水火之齊，故中熱，即為陰石柔齊治之；中寒，即為陽石剛齊治之。臣意曰：公所論遠矣。扁鵲雖言若是，然必審診，起度量，立規矩，稱權衡，合色脈（徐廣曰：合，一作占。）表裏有餘不足順逆之法，參其人動靜與息相應，乃可以論。論曰：陽疾處內，陰形應外者，不加悍藥及鑱石。夫悍藥入中，則邪氣辟矣，（索隱曰：辟音必亦反。）而宛氣愈深。（索隱曰：宛音鬱，謂蓄聚也。）診法曰：二陰應外，一陽接內者，不可以剛藥。剛藥入則動陽，陰病益衰，陽病益著，邪氣流行，為重困於俞，（徐廣曰：音輸。）忿發為疽。（索隱曰：俞音輸。）意告之後百餘日，果為疽發乳上，入缺盆，死。（索隱曰：缺盆，人乳房上骨名也。）此謂論之大體也，必有經紀。拙工有一不習，文理陰陽失矣。

齊王故為陽虛侯時，（徐廣曰：齊悼惠王子也，名將閭，以文帝十六年為齊王，即位十一年卒，諡孝王。）病甚，眾醫皆以為蹶。臣意診脈，以為痺，根在右脅下，大如覆杯，令人喘，逆氣不能食。臣意即以火齊粥且飲，六日氣下；即令更服丸藥，出入六日，病已。病得之內。診之時不能識其經解，大識其病所在。

臣意嘗診安陽武都里成開方，開方自言以為不病，臣意謂之病苦沓風，（索隱曰：沓音徒合反。沓風，病之名也。）三歲四支不能自用，使人瘖，（徐廣曰：一作痱，又作瘄。瘄者，置也，言使人運置其手足者也。〇索隱曰：瘖者，失瘖也，讀如音。）瘖即死。今聞其四支不能用，瘖而未死也。病得之數飲酒以見大風氣。所以知成開方病者，診之，其脈法奇咳言曰：藏氣相反者死。（徐廣曰：一作及。）切之，得腎反肺，（徐廣曰：一作及。）法曰：三歲死也。

安陵阪里公乘項處病，（索隱曰：案公乘，官名也。項，姓；處，名也。上云魯公之師元里公乘）

然也

臣意診脈曰牡疝〔索隱曰上音母下音色諫反〕牡疝在鬲下上連肺病得之內臣意謂之慎毋為勞力事則必嘔血死處後蹴踘〔徐廣曰一作蹹〇正義曰上子六反下九六反謂打毬也〕要蹶寒汗出多即嘔血臣意復診之曰當旦日日夕死〔索隱曰案旦日明日也言明日之夕死也〕即死病得之內所以知項處病者切其脈得番陽〔索隱曰脈病之名曰番陽者言其陽脈之潮入虛裏者也〕番陽入虛裏處旦日死一番一絡者〔徐廣曰絡一作結〕牡疝也臣意曰他所診期決死生及所治已病眾多久頗忘之不能盡識不敢以對

問臣意所診治病病名多同而診異或死或不死何也對曰病名多相類不可知故古聖人為之脈法以起度量立規矩縣權衡案繩墨調陰陽別人之脈各名之與天地相應參合於人故乃別百病以異之有數者皆異之〔索隱曰數音色主反謂術數之人乃可異其狀也〕無數者同之然脈法不可勝驗診疾人以度異之乃可別同名命病主在所居今臣意所診者皆有診籍所以別之者臣意所受師方適成師死以故表籍所診期決死生觀所失所得者合脈法以故至今知之問臣意曰所期病或不應期何故對曰此皆飲食喜怒不節或不當飲藥或不當鍼灸以故不中期死也問臣意意方能知病死生論藥用所宜諸侯王大臣有嘗問意者不及文王病時〔徐廣曰齊文王〕也〔以文帝十五年卒〕不求意診治何故對曰趙王膠西王濟南王吳王皆使人來召臣意臣意不敢往文王病時臣意家貧欲為人治病誠恐吏以除拘臣意也〔徐廣曰時諸侯得自拜除吏〕故移名數左右〔正義曰以名籍屬左右之人〕不脩家生出行游國中問善為方數者事之〔索隱曰數音所具反術數之數〕久矣見事數師〔正義曰上色使反〕悉受其要事盡其方書意及解論之身居陽虛侯國因事侯侯入朝臣意從之長安以故得診安陵項處等病也

問臣意知文王所以得病不起之狀臣意對曰不見文王病然竊聞文王病喘頭痛目不明臣意心論之以為非病也以為肥而蓄精身體不得搖骨肉不相任故喘不當醫治脈法曰年二十脈氣當趨年三十當疾步年四十當安坐年五十當安臥年六十已上氣當大董〔徐廣曰董一作堇〇索隱曰董音謹董謂深藏之〕文王年未滿二十方脈氣之趨也而徐之不應天道四時後聞醫灸之即篤此論病之過也臣意論之以為神氣爭而邪氣入非年少所能復之也以故死所謂氣者當調飲食擇晏日車步廣志以適筋骨肉血脈以瀉氣故年二十是謂易貿〔徐廣曰一作賀又作質〕法不當砭灸砭灸至氣逐問臣意師慶安受之聞於齊諸侯不對曰不知慶所師受慶家富善為醫不肯為人

治病當以此。故不聞慶。又告臣意曰：慎毋令我子孫知若學我方也。

問臣意：師慶何見於意而愛意，欲悉教意方？對曰：臣意不聞師慶為方善也。意所以知慶者，意少時好諸方事，臣意試其方，皆多驗，精良。臣意聞菑川唐里公孫光善為古傳方，（索隱曰謂好能傳得古方也○正義曰謂今傳寫得古人方書）臣意即往謁之。得見事之，受方化陰陽及傳語法，（徐廣曰法一作五）臣意悉受書之。臣意欲盡受他精方，公孫光曰：吾方盡矣，不為愛公所。（索隱曰言於意無所不愛惜方術也）吾身已衰，無所復事之。是吾年少所受妙方也，悉與公，毋以教人。臣意曰：得見事侍公前，悉得禁方，幸甚。意死不敢妄傳人。居有閒，公孫光閒處，（正義曰上音閑下昌汝反）臣意深論方，見言百世為之精也。師光喜曰：公必為國工。吾有所善者皆疏，同產處臨菑，善為方，吾不若，其方甚奇，非世之所聞也。吾年中時，嘗欲受其方，（索隱曰案年中謂中年時也中年亦壯年也乃欲自爾）楊中倩不肯，（索隱曰倩音七見反人姓名也）曰若非其人也。胥與公往見之，（徐廣曰胥猶言須也）當知公喜方也。其人亦老矣，其家給富。時者未往，會慶子男殷來獻馬，因師光奏馬王所，意以故得與殷善。光又屬意於殷曰：意好數，（索隱曰數色句反謂術數也）公必謹遇之，其人聖儒。（索隱曰言意慕聖人之道故云聖儒也）即為書以意屬陽慶，以故知慶。臣意事慶謹，以故愛意也。

問臣意曰：吏民嘗有事學意方，及畢盡得意方不？何縣里人？對曰：臨菑人宋邑。（徐廣曰一作昆）邑學，臣意教以五診，（正義曰謂診五藏之脈）歲餘。濟北王遣太醫高期、王禹（徐廣曰一作鷗）學，臣意教以經脈高下及奇絡結，（正義曰素問云奇經八脈往來舒時一止而復來名之曰結也）當論俞所居，（正義曰式喻反）及氣當上下出入邪逆順，以宜鑱石，定砭灸處，歲餘。菑川王時遣太倉馬長馮信正方，臣意教以案法逆順，論藥法，定五味及和齊湯法。高永侯家丞杜信，喜脈，來學，臣意教以上下經脈五診，二歲餘。臨菑召里唐安來學，臣意教以五診上下經脈，奇咳，四時應陰陽重，未成，除為齊王侍醫。

問臣意：診病決死生，能全無失乎？臣意對曰：意治病人，必先切其脈，乃治之。敗逆者不可治，其順者乃治之。心不精脈，所期死生視可治，時時失之，臣意不能全也。

太史公曰：女無美惡，居宮見妒；士無賢不肖，入朝見疑。故扁鵲以其伎見殃，倉公乃匿跡自隱而當刑。緹縈通尺牘，父得以後寧。故老子曰美好者不祥之器，豈謂扁鵲等邪？若倉公者，可謂近之矣。

索隱述贊曰：

上池秘術，長桑所傳。始候趙簡，

知夢鈞天　言占虢嗣　尸蹶起焉

倉公贖罪　勝要推賢　効驗多狀

式具于篇

正義曰胃大一尺五寸徑五寸長二尺六寸橫尺受水穀三斗五升其中常留穀二斗水一斗五升凡人食入於口而聚於胃中穀熟傳入小腸也小腸大二寸半徑八分分之少半長三丈二尺受穀二斗四升水六升三合合之大半小腸謂[?]穀而傳入於大腸也回腸大四寸徑一寸半長二丈一尺受穀一斗水七升半廣腸大八寸徑二寸半長二尺八寸受穀九升三合八分合之一故腸胃凡長五丈八尺四寸合受水穀八斗七升六合八分合之一此腸胃長短受水穀之數也甲乙經腸胃凡長六丈四寸四分從口至腸而數之此經從胃至腸而數之故短也肝重四斤四兩左三葉右四葉凡七葉主藏魂肝者幹也於五行為木其體狀有枝幹也肝之神七人老子名曰明堂宮蘭臺府從官三千六百人又云肝神六童子三女子也心重十二兩中有七孔三毛盛精汁三合主藏神心纖也所識纖微也其神九人太尉公名曰絳宮太始南極老人元光之身其從官三千六百人又為帝王身之主也脾重二斤三兩扁廣三寸長五寸有散膏半斤主裹血溫五藏主藏意脾裨也在胃[?]氣主化穀其神五[?]光玉女子母其從官三千六百人也肺重三斤三兩六葉兩耳凡八葉主藏魄肺勃也言其氣勃鬱也其神八人大和君名曰玉堂宮尚書府其從官三千六百人又云肺神十四童子七女子七也腎有兩枚重

一斤一兩主藏志腎引也腎屬水主引水氣灌注諸脈也其神六人司徒司空司命司錄司隸校尉廷尉卿也膽在肝之短葉間重三兩三銖盛精汁三合膽敢也言人有膽氣而能果敢也其神五人太一道君居紫房宮中其從官三千六百人也胃重二斤十四兩紆曲屈伸長二尺六寸大一尺五寸徑五寸盛穀二斗水一斗五升胃圍也言圍受食物也其神十二人五元之氣諫議大夫也小腸重二斤十四兩長三丈二尺廣二寸半徑八分分之少半迴積十六曲盛穀二斗四升水六升三合合之大半腸暢也言通暢胃氣去滓穢也其神二人元梁使者也大腸重二斤十二兩長二丈一尺廣四寸徑一寸半當齊右迴十六曲盛穀一斗水七升半大腸即迴腸也其迴曲因以名之其神二人元梁使者也膀胱重九兩二銖縱廣九寸盛溺九升九合膀橫也胱廣也體短而橫廣又名胞胞虛空也主以虛承水液口廣二寸半脣至齒長九分齒已後至會厭深三寸半大容五合也舌重十兩長七寸廣二寸半舌泄也言可舒泄言語也咽門重十兩廣二寸半至胃長一尺六寸咽嚥也言嚥物也又謂之咽主地氣也為胃之系故云主地氣也喉嚨重十二兩廣二寸長一尺二寸九節喉嚨空虛也言其中空虛可以通氣息焉即肺之系也呼吸之道路故與咽並行其實兩異而人多惑也肛門重十二兩大八寸徑二寸大半長二尺八寸受穀九升三合八分合之一肛釭也言其處似車釭故曰釭門即廣腸之門又名順[?]也手三陽之脈從手至頭長五尺五六合三丈手有三陰三陽兩手為六陽故云五六三十也手三陰之脈從手至胸中長三尺

五寸三六一丈八尺五六三尺合二丈一尺兩手各有三陰合為六陰故云三六一丈八尺也足三陽之脉從足至頭長八尺六八合四丈八尺兩足各有三陽故曰六八四丈八尺也足三陰之脉從足至胷長六尺五寸六六三丈六尺五六三尺合三丈九尺兩足各有陰故云六六三丈六尺也按足太陰少陰皆至舌下厥陰至於項上今言至胷中者蓋據其相接之次也人兩足蹻脉從足至目長七尺五寸二七一丈四尺二五一尺合一丈五尺督脉各長四尺五寸二四八尺二五一尺合九尺凡脉長一十六丈二尺也此所謂十二經脉長短之數也督脉起於胲頭上於面至口齒縫計此不止長四尺五寸當取其上極於風府而言之也手足各十二脉為三十四并督任兩蹻四脉都合二十八脉以應二十八宿凡長十六丈二尺營衛行周此數則一度也寸口脉之大會手太陰之動也大陰者脉之會也肺諸藏主蓋主通陰陽故十二經皆手太陰所以決吉凶者十二經有病皆寸口知其何經之動浮沉滑濇逆順知其死生之兆也人一呼脉行三寸一吸脉行三寸呼吸定息脉行六寸十二經十五絡二十七氣皆候於寸口隨呼吸上下呼脉上行三寸吸脉下行三寸二十七氣皆逐上下行無有息時人一日一夜凡一萬三千五百息脉行五十周於身漏水下百刻營衛行陽二十五度行陰二十五度度為一周也故五度復會於手太陰寸口者五藏六府之所終始故法於寸口也人一息行六寸百息六丈千息六十丈一萬三千五百息合為八百一十丈陽脉出行二十五度陰脉入行二十五度陰陽出入行二十五度陰陽呼吸覆行周畢度數也脉行周畢即水下百刻亦畢謂一旦夜刻盡天明日出東方脉還得寸口當更始也故寸口

者五藏六府之所終始也肺氣通於鼻鼻和則知臭香矣肝氣通於目目和則知白黑矣脾氣通於口口和則知穀味矣心氣通於舌舌和則知五味矣腎氣通於耳耳和則聞五音矣五藏不和則九竅不通六府不和則留為癰也

扁鵲倉公列傳第四十五　史記一百五

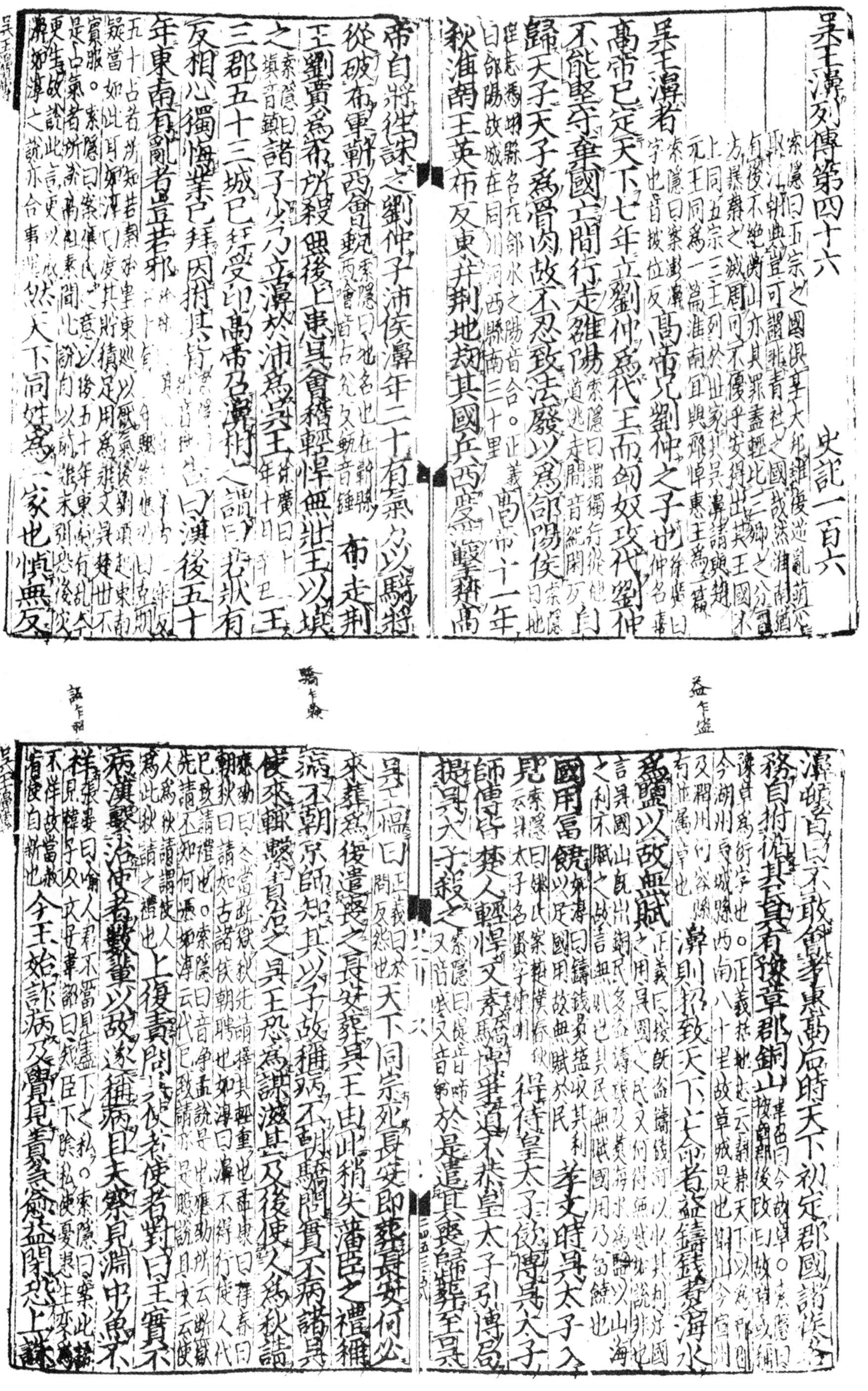

吳王濞列傳第四十六　史記一百六

吳王濞者，高帝兄劉仲之子也。高帝已定天下七年，立劉仲為代王。而匈奴攻代，劉仲不能堅守，棄國亡，閒行走雒陽，自歸天子。天子為骨肉故，不忍致法，廢以為郃陽侯。高帝十一年秋，淮南王英布反，東并荊地，劫其國兵，西度淮，擊楚，高帝自將往誅之。劉仲子沛侯濞年二十，有氣力，以騎將從破布軍蘄西，會甀，布走。荊王劉賈為布所殺，無後。上患吳、會稽輕悍，無壯王以填之，諸子少，乃立濞於沛為吳王，王三郡五十三城。已拜受印，高帝召濞相之，謂曰：「若狀有反相。」心獨悔，業已拜，因拊其背，告曰：「漢後五十年東南有亂者，豈若邪？然天下同姓為一家也，慎無反！」

益作盜　驕作驕　詐作詔

濞頓首曰：「不敢。」會孝惠、高后時，天下初定，郡國諸侯各務自拊循其民。吳有豫章郡銅山，濞則招致天下亡命者益鑄錢，煮海水為鹽，以故無賦，國用富饒。孝文時，吳太子入見，得侍皇太子飲博。吳太子師傅皆楚人，輕悍，又素驕，博，爭道，不恭，皇太子引博局提吳太子，殺之。於是遣其喪歸葬。至吳，吳王慍曰：「天下同宗，死長安即葬長安，何必來葬為！」復遣喪之長安葬。吳王由此稍失藩臣之禮，稱病不朝。京師知其以子故稱病不朝，驗問實不病，諸吳使來，輒繫責治之。吳王恐，為謀滋甚。及後使人為秋請，上復責問吳使者，使者對曰：「王實不病，漢繫治使者數輩，以故遂稱病。且夫『察見淵中魚，不祥』。今王始詐病，及覺，見責急，愈益閉，恐上誅之計乃無罪唯上棄之而與更始於是天子乃赦吳使者歸之而賜吳王几杖老不朝吳得釋其罪謀亦益解然其居國以銅鹽故百姓無賦索隱曰案吳國有鑄錢煮鹽之利故百姓不別徭賦也卒踐更輒與平賈漢書音義曰以當爲更卒出錢三百文謂之過更自行爲卒謂之踐更吳王欲得民心爲卒者顧其庸隨時月與平賈如漢桓靈時有所興作以少府錢借民比也○索隱曰案漢律卒更有三踐更居更過更也此言踐更輒與平賈者謂爲踐更合自出錢今王欲得人心乃與平賈官讎之也○正義曰踐更若今唱更行更者也言民自著卒更有三品有卒更有踐更有過更古者正卒無常人皆當迭之是爲卒更貧者欲顧更錢者次直者出錢顧之月二千是爲踐更天下人皆直戍邊三日亦各爲更律所謂繇戍也雖丞相子亦在戍邊之調不可人人自行三日戍又行者出錢三百入官官給戍者是爲過更此漢初因秦法而行之後改爲讁乃戍邊一歲歲時存問茂材賞賜閭里佗郡國吏欲來捕亡人者訟共禁弗予索隱曰訟音松駰案如淳曰訟公也正義曰訟音容言共相容禁止不與也如此者四十餘年正義曰言四十餘年者太史公盡言吳王一代行事也漢書作三十餘年而班固見其語在孝文之代乃減十年是班固不曉其理也以故能使其衆鼂錯爲太子家令得幸太子數從容言吳過可削數上書說孝文帝文帝寬不忍罰以此吳日益橫及孝景帝即位錯爲御史大夫說上曰昔高帝初定天下昆弟少諸子弱大封同姓故王孽子悼惠王王齊七十餘城庶弟元王王楚四十餘城兄子濞王吳五十餘城封三庶孽分天下半今吳王前有太子之郄詐稱病不朝於古法當誅文帝弗忍因賜几杖德至厚當改過

自新乃益驕溢即山鑄錢索隱曰案即山謂就山名文即若就也煮海水爲鹽誘天下亡人謀作亂今削之亦反不削之亦反削之其反亟禍小不削反遲禍大三年冬楚王朝鼂錯因言楚王戊往年爲薄太后服私姦服舍服虔曰服舍在喪次而私姦宮中也請誅之詔赦罰削東海郡因削吳之豫章郡會稽郡及前二年趙王有罪削其河間郡索隱曰案漢書常山郡也膠西王卬以賣爵有姦削其六縣漢廷臣方議削吳吳王濞恐削地無已因以此發謀欲舉事念諸侯無足與計謀者聞膠西王勇好氣喜兵諸齊皆憚畏韋昭曰故齊諸齊爲田者膠東濟北之屬於是乃使中大夫應高誂膠西王索隱曰誂音徒鳥反無文書口報曰吳王不肖有宿夕之憂不敢自外使喻其驩心王曰何以教之高曰今者主上興於姦飾於邪臣好小善聽讒賊擅變更律令侵奪諸侯之地徵求滋多誅罰良善日以益甚里語有之舐糠及米索隱曰言舐糠盡則至米謂削土盡則滅國也吳與膠西知名諸侯也一時見察恐不得安肆矣吳王身有內病不能朝請二十餘年嘗患見疑無以自白今脅肩累足猶懼不見釋竊聞大王以爵事有適正義曰適張革反所聞諸侯削地罪不至此此恐不得削地而已王曰然有之子將柰何高曰同惡相助同好相留同情相成同欲相趨同利相死今吳王自以爲與大王同憂

願臣。時循理棄軀以除患害於天下，億亦可乎？」王瞿然駭曰：「寡人何敢如是？今主上雖急，固有死耳，安得不戴？」高曰：「御史大夫鼂錯，熒惑天子，侵奪諸侯，蔽忠塞賢，朝廷疾怨，諸侯皆有倍畔之意，人事極矣。彗星出，蝗蟲數起，此萬世一時，而愁勞聖人之所以起也。故吳王欲內以鼂錯為討，外隨大王後車，彷徉天下，所鄉者降，所指者下，天下莫敢不服。大王誠幸而許之一言，則吳王率楚王略函谷關，守滎陽敖倉之粟，距漢兵。治次舍，須大王。大王有幸而臨之，則天下可并，兩主分割，不亦可乎？」王曰：「善。」

高歸報吳王，吳王猶恐其不與，乃身自為使，使於膠西，面結之。膠西群臣或聞王謀，諫曰：「承一帝，至樂也。今大王與吳西鄉，弟令事成，兩主分爭，患乃始結。諸侯之地不足為漢郡什二，而為畔逆以憂太后，非長策也。」王弗聽。遂發使約齊、菑川、膠東、濟南、濟北，皆許諾，而曰「城陽景王有義，攻諸呂，勿與，事定分之耳」。

諸侯既新削罰，振恐，多怨鼂錯。及削吳會稽、豫章郡書至，則吳王先起兵，膠西正月丙午誅漢吏二千石以下，膠東、菑川、濟南、楚、趙亦然，遂發兵西。齊王後悔，飲藥自殺，畔約。濟北王城壞未完，其郎中令劫守其

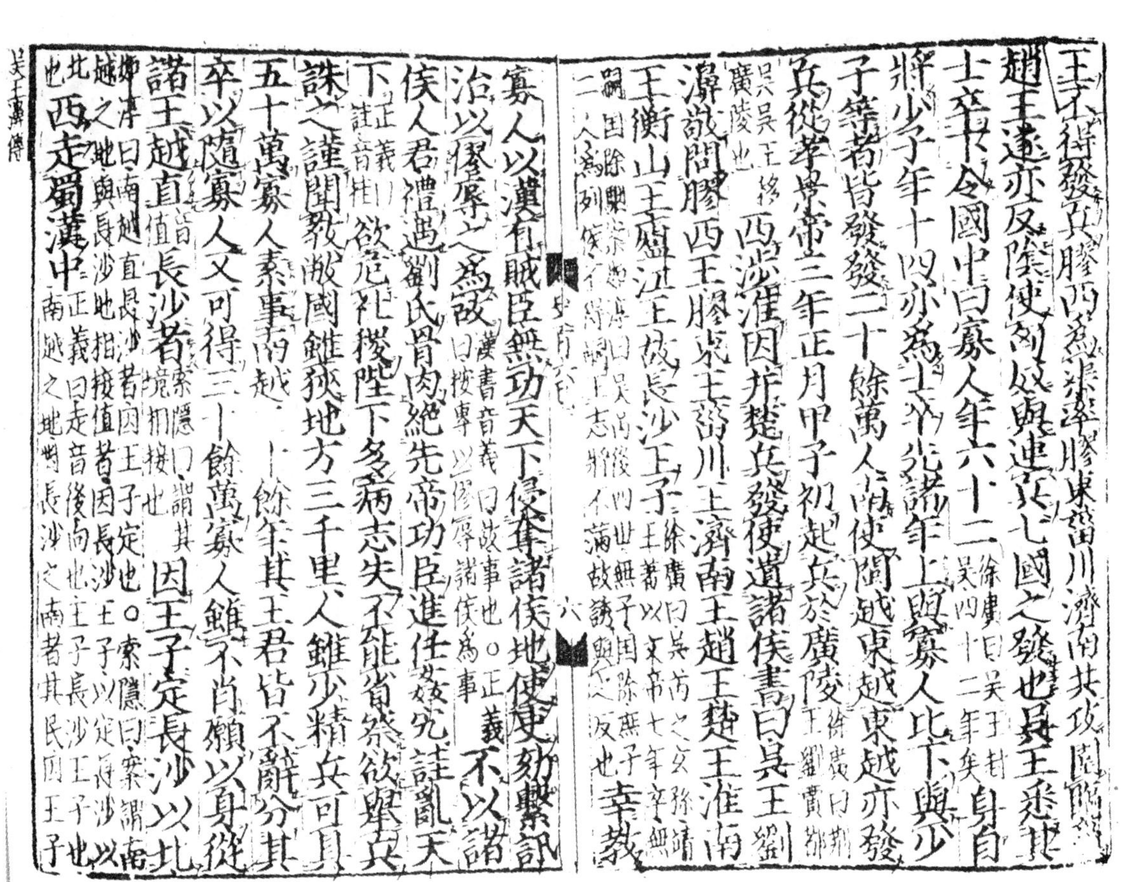

王，不得發兵。膠西為渠率，膠東、菑川、濟南共攻圍臨菑。趙王遂亦反，陰使匈奴與連兵。

七國之發也，吳王悉其士卒，下令國中曰：「寡人年六十二，身自將。少子年十四，亦為士卒先。諸年上與寡人比，下與少子等者，皆發。」發二十餘萬人。南使閩越、東越，東越亦發兵從。

孝景帝三年正月甲子，初起兵於廣陵。西涉淮，因并楚兵。發使遺諸侯書曰：「吳王劉濞敬問膠西王、膠東王、菑川王、濟南王、趙王、楚王、淮南王、衡山王、廬江王、故長沙王子：幸教寡人。以漢有賊臣，無功天下，侵奪諸侯地，使吏劾繫訊治，以僇辱之為故，不以諸侯人君禮遇劉氏骨肉，絕先帝功臣，進任姦宄，誑亂天下，欲危社稷。陛下多病志失，不能省察。欲舉兵誅之，謹聞教。敝國雖狹，地方三千里；人雖少，精兵可具五十萬。寡人素事南越三十餘年，其王君皆不辭分其卒以隨寡人，又可得三十餘萬。寡人雖不肖，願以身從諸王。越直長沙者，因王子定長沙以北，西走蜀、漢中。

蜀及漢中……鎮定長沙以北西向誠委王子定矣告越（告東越）楚王淮南三王與寡人西面（正義曰三王謂淮南衡山廬江也）齊諸王與趙王定河閒河內或入臨晉關（正義曰今蒲津關）或與寡人會雒陽燕王趙王固與胡王有約燕王北定代雲中摶胡衆（索隱曰摶音專專統領胡兵）入蕭關（正義曰今古蕭關在原州平涼縣界）走長安匡正天子以安高廟願王勉之楚元王子淮南三王或不沐洗十餘年怨入骨髓欲一有所出之久矣寡人未得諸王之意未敢聽今諸王苟能存亡繼絶振弱伐暴以安劉氏社稷之所願也敝國雖貧寡人節衣食之用積金錢脩兵革聚穀食夜以繼日三十餘年矣凡爲此願諸王勉用之能斬捕

史記百六　七

大將者賜金五千斤封萬戶列將三千斤封五千戶裨將二千斤封二千戶二千石千斤封千戶千石五百斤封五百戶皆爲列侯其以軍若城邑降者卒萬人邑萬戶如得大將人戶五千如得列將人戶三千如得裨將人戶千如得二千石其小吏皆以差次受爵金佗封賜皆倍軍法（索隱曰倍常法之數）其有故爵邑者更益勿因願諸王明以令士大夫弗敢欺也寡人金錢在天下者往往而有非必取於吳諸王日夜用之弗能盡有當賜者告寡人寡人且往遺之敬以聞七國反書聞天子天子乃遣太尉條侯周亞夫將三十六將軍往擊吳楚遣曲周

吳王濞傳

侯酈寄擊趙將軍欒布擊齊大將軍竇嬰屯滎陽監齊趙兵吳楚反書聞兵未發竇嬰未行言故吳相袁盎盎時家居詔召入見上方與晁錯調兵笇軍食上問袁盎曰君嘗爲吳相知吳臣田祿伯爲人乎今吳楚反於公何如曰不足憂也今破矣上曰吳王即山鑄錢煮海水爲鹽誘天下豪傑白頭舉事若此其計不百全豈發乎何以言其無能爲也袁盎對曰吳有銅鹽利則有之安得豪傑而誘之誠令吳得豪傑亦且輔王爲義不反矣吳所誘皆無賴子弟亡命鑄錢姦人故相率以反晁錯曰袁盎策之善上問曰計安出盎對曰願屏左右上屏人獨

史記百六　八

錯在盎曰臣所言人臣不得知也乃屏錯錯趨避東廂恨甚上卒問盎盎對曰吳楚相遺書曰高帝王子弟各有分地今賊臣晁錯擅適過諸侯（索隱曰適音直革反又音宅）削奪之地故以反爲名西共誅晁錯復故地而罷方今計獨斬晁錯發使赦吳楚七國復其故削地則兵可無血刃而俱罷於是上嘿然良久曰顧誠何如吾不愛一人以謝天下盎曰臣愚計無出此願上孰計之乃拜盎爲太常（正義曰今爲太常……）吳王弟子德侯爲宗正（徐廣曰名通……）盎裝治行後十餘日上使中尉召錯紿載行東市錯衣朝衣斬東市則遣袁盎奉宗

吳王濞傳

廢，宗正輔親戚，使告吳如盎策。至吳，吳楚兵已攻梁壁矣。宗正以親故，先入見，諭吳王使拜受詔。吳王聞袁盎來，亦知其欲說己，笑而應曰：「我已為東帝，尚何誰拜？」不肯見盎而留之軍中，欲劫使將。盎不肯，使人圍守，且殺之，盎得夜出，步亡去，走梁軍，遂歸報。

條侯將乘六乘傳，會兵滎陽。至雒陽，見劇孟，喜曰：「七國反，吾乘傳至此，不自意全。又以為諸侯已得劇孟，劇孟今無動。吾據滎陽，以東無足憂者。」至淮陽，問父絳侯故客鄧都尉曰：「策安出？」客曰：「吳兵銳甚，難與爭鋒。楚兵輕，不能久。方今為

將軍計，莫若引兵東北壁昌邑，以梁委吳，吳必盡銳攻之。將軍深溝高壘，使輕兵絕淮泗口，塞吳饟道。彼吳梁相敝而糧食竭，乃以全彊制其罷極，破吳必矣。」條侯曰：「善。」從其策，遂堅壁昌邑南，輕兵絕吳饟道。

吳王之初發也，吳臣田祿伯為大將軍。田祿伯曰：「兵屯聚而西，無佗奇道，難以就功。臣願得五萬人，別循江淮而上，收淮南、長沙，入武關，與大王會，此亦一奇也。」吳王太子諫曰：「王以反為名，此兵難以藉人，藉人亦且反王，柰何？且擅兵而別，多佗利害，未可知也，徒自損耳。」吳王即不許田祿伯。

吳少將桓將軍說王曰：「吳多步兵，步兵利險；漢多車騎，車騎利平地。願大王所過城邑不下，直棄去，疾西據雒陽武庫，食敖倉粟，阻山河之險以令諸侯，雖毋入關，天下固已定矣。即大王徐行，留下城邑，漢軍車騎至，馳入梁楚之郊，事敗矣。」吳王問諸老將，老將曰：「此少年推鋒之計可耳，安知大慮乎！」於是王不用桓將軍計。

吳王專并將其兵，未度淮，諸賓客皆得為將、校尉、候、司馬，獨周丘不得用。周丘者，下邳人，亡命吳，酤酒無行，吳王濞薄之，弗任。周丘上謁，說王曰：「臣以無能，不得待罪行閒。臣非敢求有所將，願得王一漢節，必有以報王。」王乃予之。周丘

得節，夜馳入下邳。下邳時聞吳反，皆城守。至傳舍，召令。令入戶，使從者以罪斬令。遂召昆弟所善豪吏告曰：「吳反兵且至，至，屠下邳不過食頃。今先下，家室必完，能者封侯矣。」出乃相告，下邳皆下。周丘一夜得三萬人，使人報吳王，遂將其兵北略城邑。比至城陽，兵十餘萬，破城陽中尉軍。聞吳王敗走，自度無與共成功，即引兵歸下邳。未至，疽發背死。

二月中，吳王兵既破，敗走，於是天子制詔將軍曰：「蓋聞為善者，天報之以福；為非者，天報之以殃。高皇帝親表功德，建立諸侯，幽王、悼惠王絕無後，孝文皇帝哀憐加惠，王

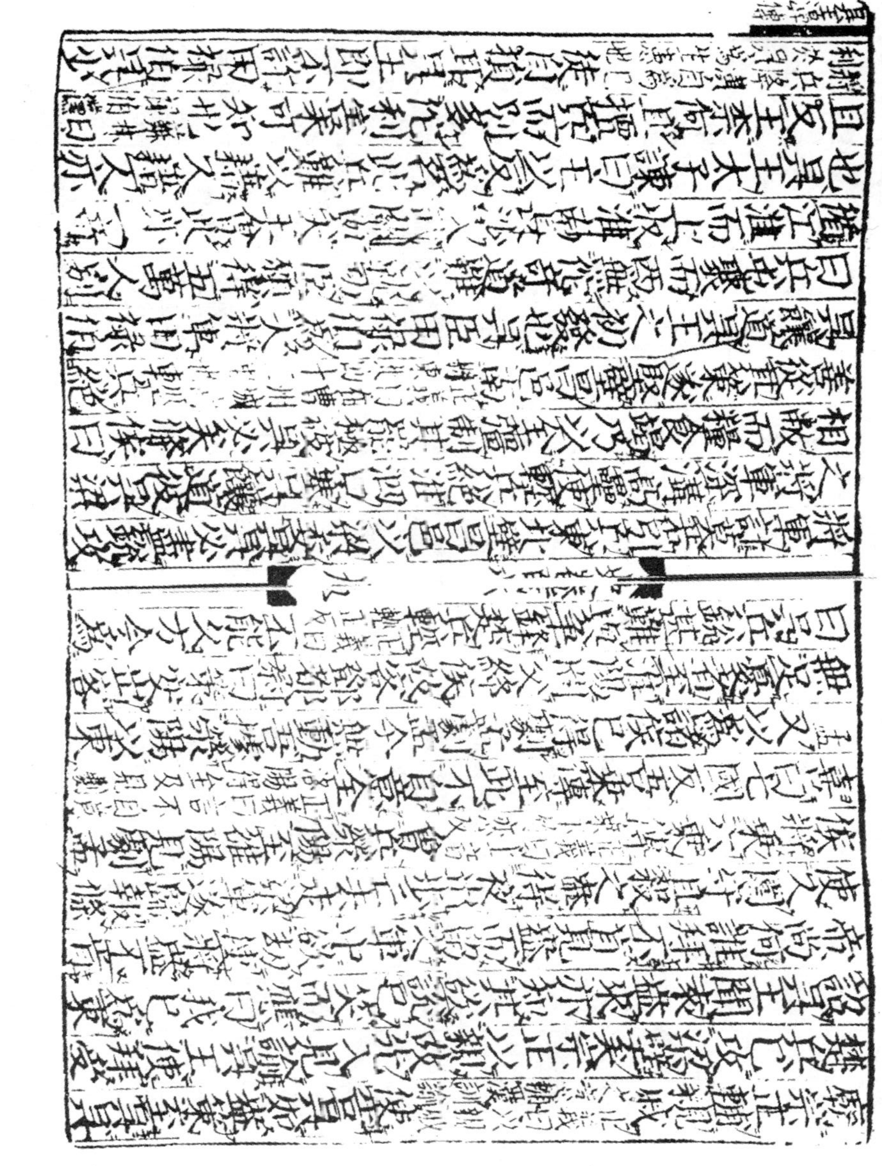

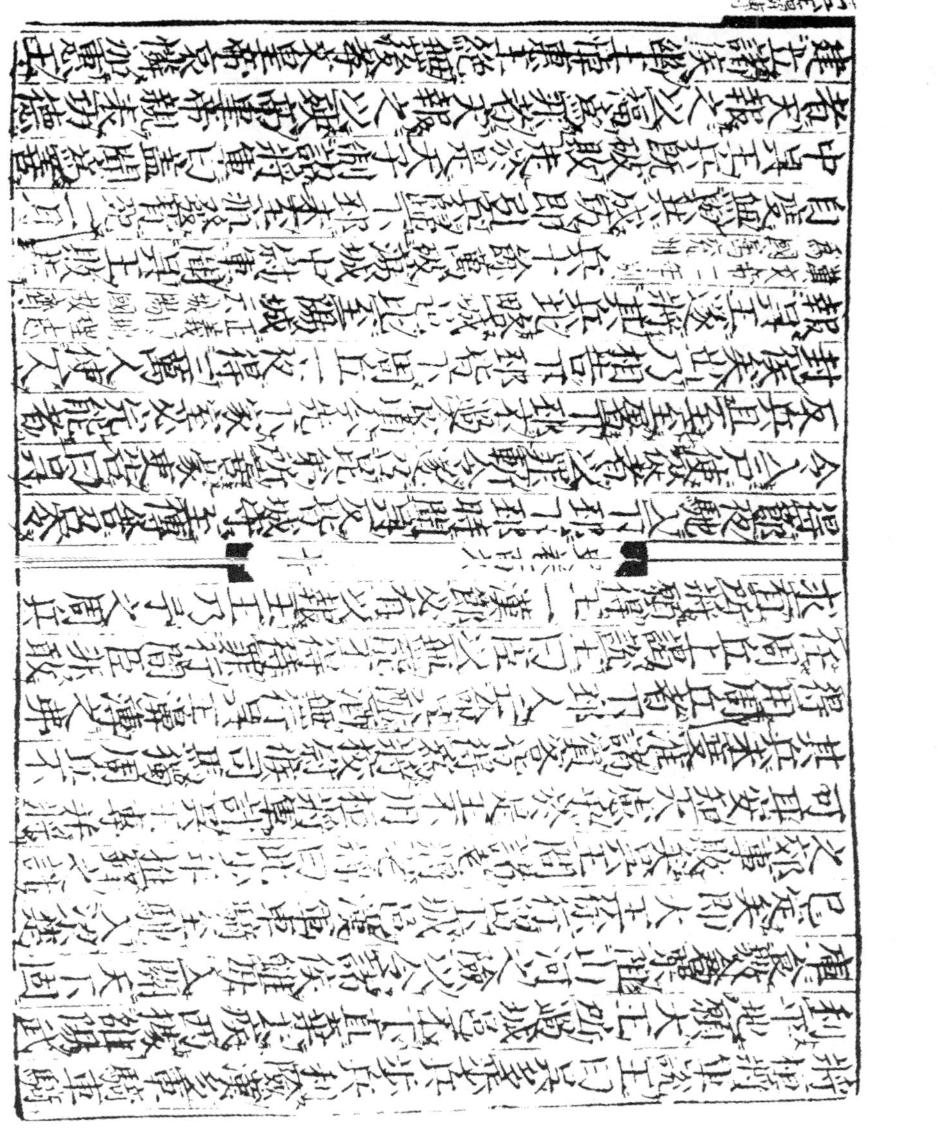

幽王子遂、悼惠王子卬等，令奉其先王宗廟，爲漢藩國，德配天地，明並日月。吳王濞倍德反義，誘受天下亡命罪人，亂天下幣，如淳曰幣錢也以私鑄錢亂天下錢也稱病不朝二十餘年，有司數請濞罪，孝文皇帝寬之，欲其改行爲善。今乃與楚王戊、趙王遂、膠西王卬、濟南王辟光、菑川王賢、膠東王雄渠約從反，爲逆無道，起兵以危宗廟，賊殺大臣及漢使者，迫劫萬民，夭殺無罪，燒殘民家，掘其丘冢，甚爲暴虐。今卬等又重逆無道，燒宗廟，鹵御物，如淳曰鹵掠也宗廟在郡縣之物皆爲御物○正義曰顏師古曰御物者宗廟之服器也朕甚痛之。朕素服避正殿，將軍其勸士大夫擊反虜。擊反虜者，深入多殺爲功，斬首捕虜比三百石以上者皆殺之，無有所置。正義曰置放釋也敢有議詔及不如詔者，皆要斬。

初，吳王之度淮，與楚王遂西敗棘壁，正義曰在宋州寧陵縣西南七十里乘勝前，銳甚。梁孝王恐，遣六將軍擊吳，又敗梁兩將，士卒皆還走梁。梁數使使報條侯求救，條侯不許。又使使惡條侯於上，上使人告條侯救梁，復守便宜不行。梁使韓安國及楚死事相弟張羽爲將軍，徐廣曰楚相張尚諫王而死○正義曰按張羽尚弟也乃得頗敗吳兵。吳兵欲西，梁城守堅，不敢西，即走條侯軍，會下邑。徐廣曰屬梁國○正義曰宋州碭山縣本漢下邑縣欲戰，條侯壁，不肯戰。吳糧絕，卒飢，數挑戰，遂夜犇條侯壁，驚東南。條侯使備西北，果從西北入。吳大敗，士卒多飢死，乃畔散。於是吳王乃與其麾下壯士數千人夜亡去，度江走丹徒，保東越。正義曰東越亦云獨東甌受漢之購殺吳王丹徒潤州也東甌即東越也東越將兵從吳在丹徒也東越兵可萬餘人，乃使人收聚亡卒。漢使人以利啗東越，啗音徒覽反東越即紿吳王，吳王出勞軍，即使人鏦殺吳王，孟康曰方言戟謂之鏦○索隱曰鏦音七江反謂以戈刺殺之鄧氏又音春亦音從容之從謂撞殺之也○正義曰括地志云漢吳王濞冢在潤州丹徒縣東練壁聚北今入于江吳錄云丹徒有吳王冢在縣北其處名爲相墳盛其頭，馳傳以聞。吳地記曰吳王濞葬武進縣南也名相傳○索隱曰張勃云吳王濞葬丹徒縣南其地名相傳今云武進縣恐錯也吳王子子華、子駒亡走閩越。吳王之棄其軍亡也，軍遂潰，往往稍降太尉、梁軍。楚王戊軍敗自殺。

三王之圍齊臨菑也，三月不能下。漢兵至，膠西、膠東、菑川王各引兵歸。膠西王乃袒跣，席稾，飲水，謝太后。王太子德曰：「漢兵遠，臣觀之已罷，可襲，願收大王餘兵擊之，擊之不勝，乃逃入海，未晚也。」王曰：「吾士卒皆已壞，不可發用。」弗聽。漢將弓高侯頹當[illegible]遺王書曰：「奉詔誅不義，降者赦其罪，復故；不降者滅之。王何處，須以從事。」王肉袒叩頭漢軍壁，謁曰：「臣卬奉法不謹，驚駭百姓，乃苦將軍遠道至于窮國，敢請菹醢之罪。」弓高侯執金鼓見之，曰：「王苦軍事，願聞王發兵狀。」王頓首膝行對曰：「今者，鼂錯天子用事臣，變更高皇帝法令，侵奪諸侯地，卬等以為不義，恐其敗亂天下，七國發兵，且以誅錯。今聞錯已誅，卬等謹以罷兵歸。將軍曰：「王苟以錯不善，何不以聞？及未有詔虎符，擅發兵擊義國。以此觀之，意非欲誅錯也。」乃出詔書為王讀之。讀之訖，曰：「王其自圖。」王曰：「如卬等死有餘罪。」遂自殺。太后、太子皆死。膠東、菑川、濟南王皆死，徐廣曰：一云自殺。國除，納于漢。酈將軍圍趙十月而下之，趙王自殺。濟北王以劫故，得不誅，徙王菑川。初，吳王首反，并將楚兵，連齊趙。正月起兵，三月皆破滅，獨趙後下。復置元王少子平陸侯禮為楚王，續元王後。徙汝南王非王吳故地，為江都王。

太史公曰：吳王之王，由父省也。言濞之王吳，由父代王喜封郃陽侯，省音所景反，省若減也。能薄賦斂，使其眾，以擅山海利。逆亂之萌，自其子興。爭技發難，索隱曰：謂與太子爭博，以博技發難也。卒亡其本。親越謀宗，竟以夷隕。鼂錯為國遠慮，禍反近身。袁盎權說，初寵後辱。故古者諸侯地不過百里，山海不以封。毋親夷狄，以疏其屬，蓋謂吳邪？毋為權首，反受其咎，豈盎錯邪？

索隱述贊曰：吳楚輕悍，王濞倍德。富因採山，釁成提局。驕恣摧貳，連結七國。嬰命廣陵，卒取奔北。錯誅未塞，天之悔禍。

吳王濞列傳第四十六　　史記一百六

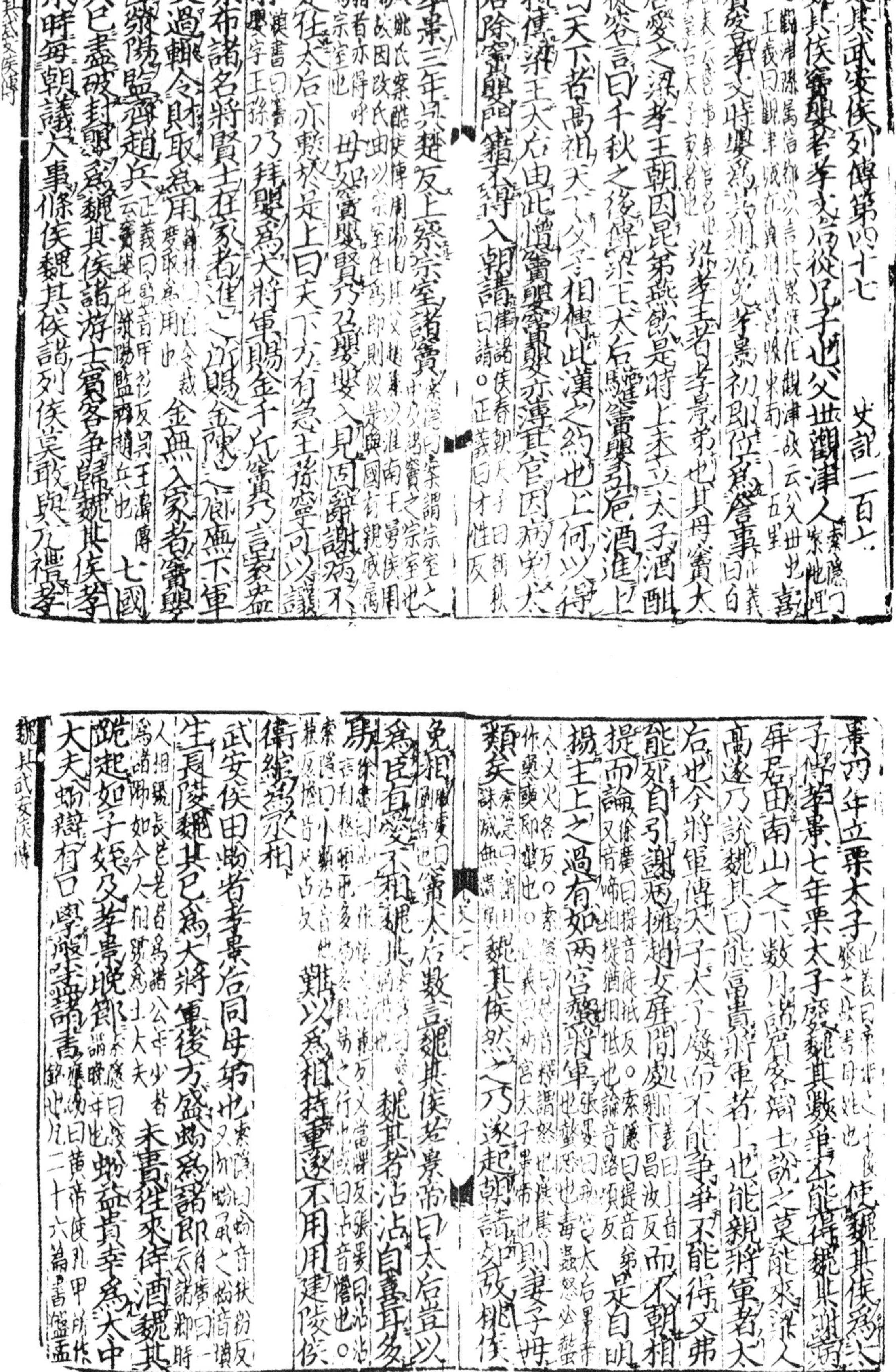

魏其武安侯列傳第四十七　　史記一百七

魏其侯竇嬰者，孝文后從兄子也。父世觀津人。喜賓客。孝文時，嬰為吳相，病免。孝景初即位，為詹事。

梁孝王者，孝景弟也，其母竇太后愛之。梁孝王朝，因昆弟燕飲。是時上未立太子，酒酣，從容言曰：千秋之後傳梁王。太后驩。竇嬰引卮酒進上，曰：天下者，高祖天下，父子相傳，此漢之約也，上何以得擅傳梁王！太后由此憎竇嬰。竇嬰亦薄其官，因病免。太后除竇嬰門籍，不得入朝請。

孝景三年，吳楚反，上察宗室諸竇毋如竇嬰賢，乃召嬰。嬰入見，固辭謝病不足任。太后亦慚。於是上曰：天下方有急，王孫寧可以讓邪？乃拜嬰為大將軍，賜金千斤。嬰乃言袁盎、欒布諸名將賢士在家者進之。所賜金，陳之廊廡下，軍吏過，輒令財取為用，金無入家者。竇嬰守滎陽，監齊趙兵。七國兵已盡破，封嬰為魏其侯。諸游士賓客爭歸魏其侯。孝景時每朝議大事，條侯、魏其侯，諸列侯莫敢與亢禮。

魏其武安侯傳

孝景四年，立栗太子，使魏其侯為太子傅。孝景七年，栗太子廢，魏其數爭不能得。魏其謝病，屏居藍田南山之下數月，諸賓客辯士說之，莫能來。梁人高遂乃說魏其曰：能富貴將軍者，上也；能親將軍者，太后也。今將軍傅太子，太子廢而不能爭；爭不能得，又弗能死。自引謝病，擁趙女，屏閒處而不朝。相提而論，是自明揚主上之過。有如兩宮螫將軍，則妻子毋類矣。魏其侯然之，乃遂起，朝請如故。

桃侯免相，竇太后數言魏其侯。孝景帝曰：太后豈以為臣有愛，不相魏其？魏其者，沾沾自喜耳，多易。難以為相，持重。遂不用，用建陵侯衛綰為丞相。

武安侯田蚡者，孝景后同母弟也，生長陵。魏其已為大將軍後，方盛，蚡為諸郎，未貴，往來侍酒魏其，跪起如子姓。及孝景晚節，蚡益貴幸，為太中大夫。蚡辯有口，學槃盂諸書，

魏其武安侯傳

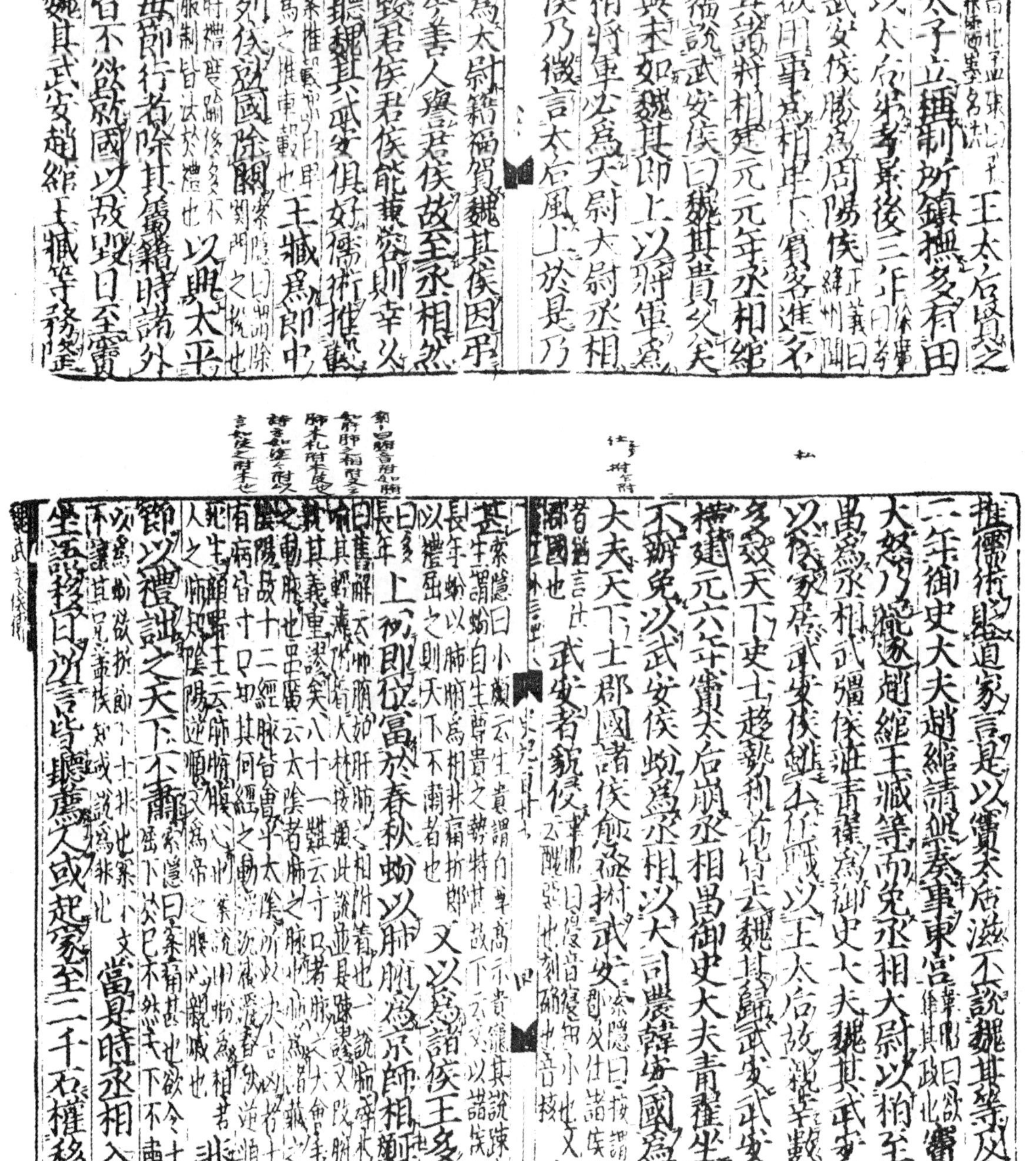

……所爲決疑……文書也……槃盂二十六篇雜家書……

孝景崩，即日太子立，稱制，所鎮撫多有田蚡賓客計筴。蚡弟田勝，皆以太后弟，孝景後三年封蚡爲武安侯，勝爲周陽侯。正義曰：……周陽故城也。

武安侯新欲用事爲相，卑下賓客，進名士家居者貴之，欲以傾魏其諸將相。建元元年，丞相綰病免，上議置丞相、太尉。籍福說武安侯曰：「魏其貴久矣，天下士素歸之。今將軍初興，未如魏其，即上以將軍爲丞相，必讓魏其。魏其爲丞相，將軍必爲太尉。太尉、丞相尊等耳，又有讓賢名。」武安侯乃微言太后風上，於是乃以魏其侯爲丞相，武安侯爲太尉。籍福賀魏其侯，因弔曰：「君侯資性喜善疾惡，方今善人譽君侯，故至丞相；然君侯且疾惡，惡人衆，亦且毀君侯。君侯能兼容，則幸久；不能，今以毀去矣。」魏其不聽。

魏其、武安俱好儒術，推轂趙綰爲御史大夫，索隱曰：……王臧爲郎中令。迎魯申公，欲設明堂，令列侯就國，除關，索隱曰：……以禮爲服制，索隱曰：……以興太平。舉適諸竇宗室毋節行者，除其屬籍。時諸外家爲列侯，列侯多尚公主，皆不欲就國，以故毀日至竇太后。太后好黃老之言，而魏其、武安、趙綰、王臧等務隆推儒術，貶道家言，是以竇太后滋不說魏其等。及建元二年，御史大夫趙綰請無奏事東宮。……竇太后大怒，乃罷逐趙綰、王臧等，而免丞相、太尉，以柏至侯許昌爲丞相，武彊侯莊青翟爲御史大夫。魏其、武安由此以侯家居。

武安侯雖不任職，以王太后故，親幸，數言事多效，天下吏士趨勢利者，皆去魏其歸武安。武安日益橫。建元六年，竇太后崩，丞相昌、御史大夫青翟坐喪事不辦，免。以武安侯蚡爲丞相，以大司農韓安國爲御史大夫。天下士郡諸侯愈益附武安。索隱曰：……

武安者，貌侵，……生貴甚。索隱曰：……又以爲諸侯王多長，索隱曰：……上初即位，富於春秋，蚡以肺腑爲京師相，……非痛折節以禮詘之，天下不肅。索隱曰：……當是時，丞相入奏事，坐語移日，所言皆聽。薦人或起家至二千石，權移主上。

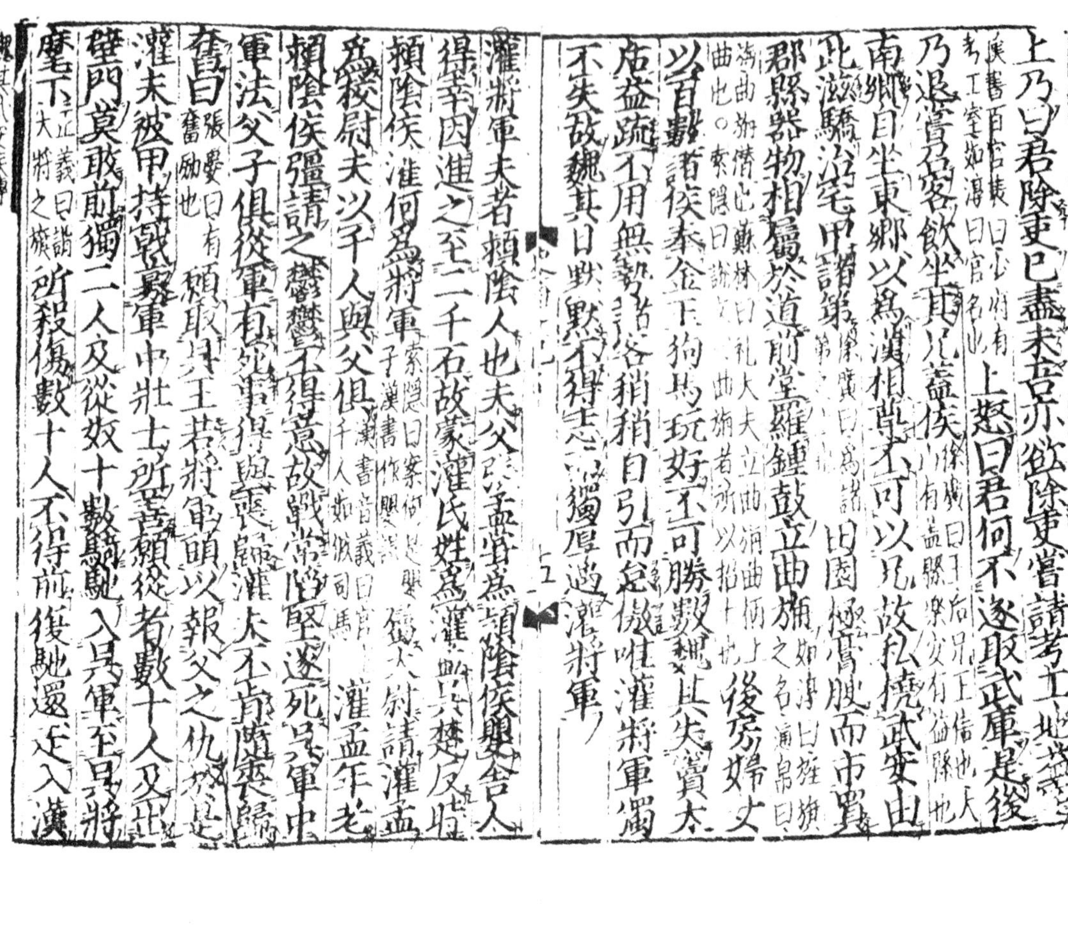

上乃曰君除吏已盡未吾亦欲除吏嘗請考工地益宅（漢書百官表曰少府有考工室也如淳曰官名也）上怒曰君何不遂取武庫是後乃退嘗召客飲坐其兄蓋侯南鄉自坐東鄉以為漢相尊不可以兄故私橈武安由此滋驕治宅甲諸第田園極膏腴而市買郡縣器物相屬於道前堂羅鐘鼓立曲旃（如淳曰旃旗之名通帛曰旃曲也）後房婦女以百數諸侯奉金玉狗馬玩好不可勝數魏其失竇太后益疏不用無勢諸客稍稍自引而怠傲唯灌將軍獨不失故魏其日默默不得志而獨厚遇灌將軍

灌將軍夫者潁陰人也夫父張孟嘗為潁陰侯嬰舍人得幸因進之至二千石故蒙灌氏姓為灌孟吳楚反時潁陰侯灌何為將軍屬太尉請灌孟為校尉夫以千人與父俱灌孟年老潁陰侯彊請之鬱鬱不得意故戰常陷堅遂死吳軍中軍法父子俱從軍有死事得與喪歸灌夫不肯隨喪歸奮曰願取吳王若將軍頭以報父之仇於是灌夫被甲持戟募軍中壯士所善願從者數十人及出壁門莫敢前獨二人及從奴十數騎馳入吳軍至吳將麾下所殺傷數十人不得前復馳還走入漢

壁皆亡其奴獨與一騎歸夫身中大創十餘適有萬金良藥故得無死夫創少瘳又復請將軍曰吾益知吳壁中曲折請復往將軍壯義之恐亡夫乃言太尉太尉乃固止之吳已破灌夫以此名聞天下潁陰侯言之上上以夫為中郎將數月坐法去後家居長安長安中諸公莫弗稱之孝景時至代相孝景崩今上初即位以為淮陽天下交勁兵處故徙夫為淮陽太守建元元年入為太僕二年夫與長樂衛尉竇甫飲輕重不得夫醉搏甫甫竇太后昆弟也上恐太后誅夫徙為燕相數歲坐法去官家居長安灌夫為人剛

直使酒不好面諛貴戚諸有勢在己之右不欲加禮必陵之諸士在己之左愈貧賤尤益敬與鈞稠人廣眾薦寵下輩士亦以此多之夫不喜文學好任俠已然諾諸所與交通無非豪桀大猾家累數千萬食客日數十百人陂池田園宗族賓客為權利橫於潁川潁川兒乃歌之曰潁水清灌氏寧潁水濁灌氏族灌夫家居雖富然失勢卿相侍中賓客益衰及魏其侯失勢亦欲倚灌夫引繩批根生平慕之後棄之者

去後見其失勢而頗弛慢者也……批者排也……言以繩引持而排根之……音普洞反排音……灌夫亦倚魏其而通列侯宗室為名高兩人相為引重張晏曰相薦達為聲勢其游如父子然相得驩甚無厭恨相知晚也灌夫有服過丞相丞相從容曰吾欲與仲孺過魏其侯漢書音義曰仲孺灌夫字也……會仲孺有服……不辭同……之服也灌夫曰將軍乃肯幸臨況魏其侯夫安敢以服為解請語魏其侯帳具將軍旦日蚤臨武安許諾灌夫具語魏其侯如所謂武安侯魏其與其夫人益市牛酒夜灑埽早帳具至旦平明令門下候伺至日中丞相不來魏其謂灌夫曰丞相豈忘之哉灌夫不懌曰夫以服請宜往徐廣曰一云以服故不宜往……乃駕自往迎丞相丞相特前戲許灌夫殊無意往及夫至門丞相尚臥於是夫入見曰將軍昨日幸許過魏其魏其夫妻治具自旦至今未敢嘗食武安鄂謝徐廣曰鄂一作愕曰吾昨日醉忽忘與仲孺言乃駕往又徐行灌夫愈益怒及飲酒酣夫起舞屬丞相……之欲反屬猶委也……云若今之人舞訖相勸也丞相不起夫從坐上語侵之魏其乃扶灌夫去謝丞相丞相卒飲至夜極驩而去丞相嘗使籍福請魏其城南田魏其大望曰老僕雖棄將軍雖貴寧可以勢奪乎不許灌夫聞怒罵籍福籍福惡

兩人有郄乃謾自好謝丞相曰魏其老且死易忍且待之已而武安聞魏其灌夫實怒不予田亦怒曰魏其子嘗殺人蚡活之蚡事魏其無所不可何愛數頃田且灌夫何與也吾不敢復求田武安由此大怨灌夫魏其元光四年春徐廣曰……丞相言灌夫家在潁川橫甚民苦之請案上曰此丞相事何請灌夫亦持丞相陰事為姦利受淮南王金與語言賓客居間遂止俱解夏丞相取燕王女為夫人索隱曰案取燕王劉嘉之女有太后詔召列侯宗室皆往賀魏其侯過灌夫欲與俱夫謝曰夫數以酒失得過丞相丞相今者又與夫有郄魏其曰事已解彊與俱飲酒酣武安起為壽坐皆避席伏已魏其侯為壽獨故人避席耳餘半膝席……灌夫不悅起行酒至武安武安膝席曰不能滿觴夫怒因嘻笑曰將軍貴人也屬之時武安不肯行酒次至臨汝侯徐廣曰灌嬰孫名賢也索隱曰案漢書云……臨汝侯方與程不識耳語又不避席夫無所發怒乃罵臨汝侯曰生平毀程不識不直一錢今日長者為壽乃效女兒呫囁耳語韋昭曰呫囁附耳小語聲……武安謂灌夫曰程李俱東西宮衛尉……

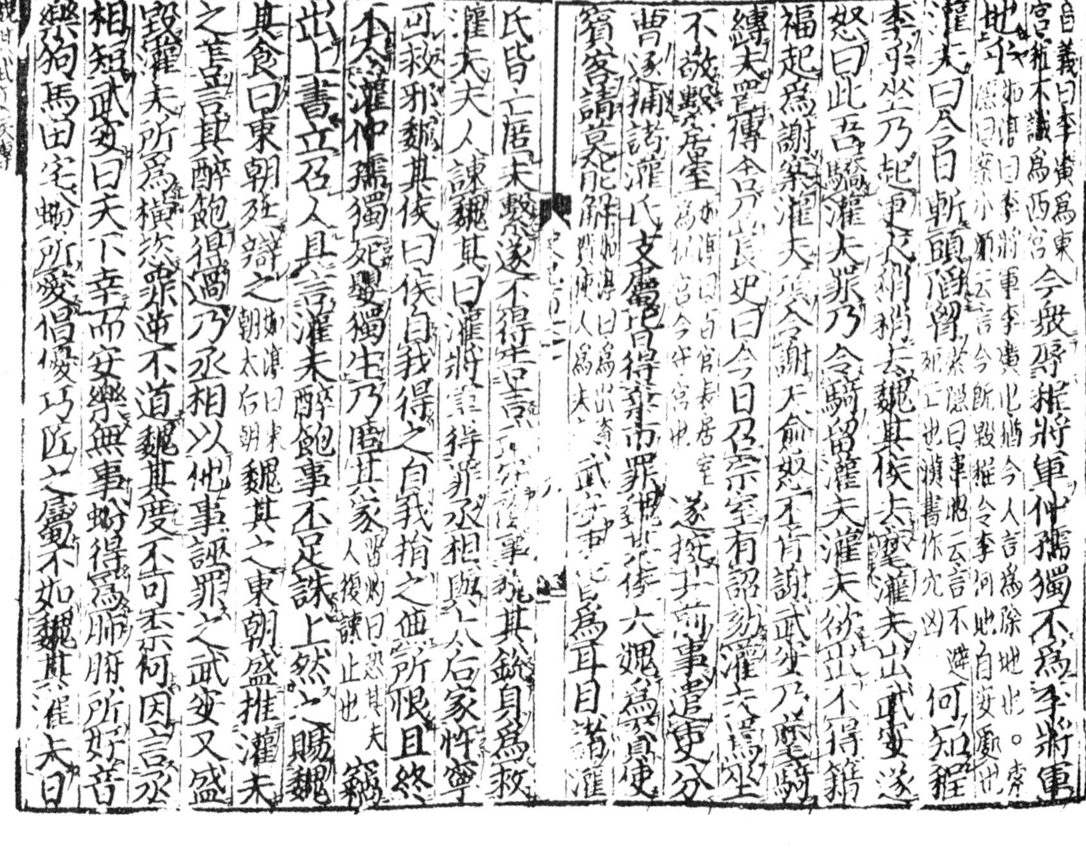

正義曰李廣爲東宮衛尉程不識爲西宮衛尉今衆辱程將軍仲孺獨不爲李將軍
地乎如淳曰李將軍李廣也猶今人言爲除地也索隱曰案小顏云言今既毀程令李何地自安處也
灌夫曰今日斬頭陷匈索隱曰陷匈一云洞匈言不避死亡也漢書作穴匈何知程
李乎坐乃起更衣稍稍去魏其侯去麾灌夫出武安遂
怒曰此吾驕灌夫罪乃令騎留灌夫灌夫欲出不得籍
福起爲謝案灌夫項令謝夫愈怒不肯謝武安乃麾騎
縛夫置傳舍召長史曰今日召宗室有詔劾灌夫罵坐
不敬繫居室如淳曰居室官署名今保宮也遂按其前事遣吏分
曹逐捕諸灌氏支屬皆得棄市罪魏其侯大媿爲資使
賓客請莫能解如淳曰爲出資財使人爲之武安吏皆爲耳目諸灌

氏皆亡匿夫繫遂不得告言武安陰事魏其銳身爲救
灌夫夫人諫魏其曰灌將軍得罪丞相與太后家忤寧
可救邪魏其侯曰侯自我得之自我捐之無所恨且終
不令灌仲孺獨死嬰獨生乃匿其家如淳曰恐其夫人復諫止也竊
出上書立召入具言灌夫醉飽事不足誅上然之賜魏
其食曰東朝廷辯之如淳曰東朝太后朝魏其之東朝盛推灌夫
之善言其醉飽得過乃丞相以他事誣罪之武安又盛
毀灌夫所爲橫恣罪逆不道魏其度不可奈何因言丞
相短武安曰天下幸而安樂無事蚡得爲肺腑所好音
樂狗馬田宅蚡所愛倡優巧匠之屬不如魏其灌夫日

魏其武安侯傳

夜招聚天下豪桀壯士與論議腹誹而心謗不仰視天
而俯畫地張晏曰視天占三光也畫地知分野所在畫地謀議欲作反事辟倪兩宮間
徐廣曰辟音芳細反倪音詣索隱曰辟普係反倪五係反埤蒼曰睥睨邪視也
幸天下有變而欲有大功張晏曰幸爲反若當得有大功也
變謂天子崩因變難之際將立大功臣乃不知魏其等所爲於是上問朝
臣兩人孰是御史大夫韓安國曰魏其言灌夫父死事
身荷戟馳入不測之吳軍身被數十創名冠三軍此天
下壯士非有大惡爭杯酒不足引他過以誅也魏其言
是也丞相亦言灌夫通姦猾侵細民家累巨萬橫恣潁
川凌轢宗室侵犯骨肉此所謂枝大於本脛大於股不

折必披索隱曰案包愷披音普彼反正義曰鋪披反披析也丞相言亦是唯明
主裁之主爵都尉汲黯是魏其內史鄭當時是魏其後
不敢堅對餘皆莫敢對上怒內史曰公平生數言魏其
武安長短今日廷論局趣效轅下駒吾并斬若屬矣
張晏曰駒馬在轅下○正義曰轅下駒云駒馬加轡轅局趣小之貌局趣猶蹙促爲長也
即罷起入上食太后太后亦已使人候伺具以告太后
太后怒不食曰今我在也而人皆藉吾弟索隱曰藉
以言陵藉也令我百歲後皆魚肉之矣且帝寧能爲石人邪
索隱曰謂帝不如石人得長存也○正義曰顏云言徒有人耳不知好惡今俗云人不辨事爲石
人也此特帝在即錄錄設百歲後是屬寧有可信者乎

魏其武安侯傳

訟者扞也 索隱曰案上謝曰：「俱宗室外家，（正義曰：嬰、蚡太后同母弟。）故廷辯之。然此一獄吏所決耳。」是時郎中令石建為上分別言兩人事。武安已罷朝，出止車門，召韓御史大夫載，怒曰：「與長孺共一老禿翁，何為首鼠兩端？」（漢書音義曰：禿翁，言嬰無官位板授也。首鼠，一前一卻也。○索隱曰：案謂共治一老禿翁，指竇嬰也。）韓御史良久謂丞相曰：「君何不自喜？（蘇林曰：何不自解釋為喜樂耶。○索隱曰：案小顏云何不自謙遜為可喜之事。喜音許。）夫魏其毀君，君當免冠解印綬歸，曰『臣以肺腑幸得待罪，固非其任，魏其言皆是』。如此，上必多君有讓，不廢君。魏其必內愧，杜門齰舌自殺。（索隱曰：案說文云齰，齧也。士白反。）今人毀君，君亦毀人，譬如賈豎女子爭言，何其無大體也！」武安謝罪曰：「爭時急，不知出此。」於是上使御史簿責魏其所言灌夫，頗不讎，（正義曰：讎，市周反。對也。言灌夫橫潁川事，魏其所言不對。）欺謾。（為欺謾也。）劾繫都司空。（索隱曰：宗正屬官，主詔獄也。○正義曰：如淳云：律，司空主水及罪人。）孝景時，魏其常受遺詔，曰「事有不便，以便宜論上」。及繫，灌夫罪至族，事日急，諸公莫敢復明言於上。魏其乃使昆弟子上書言之，幸得復召見。書奏上，而案尚書大行無遺詔。（如淳曰：大行，主諸侯官也。○索隱曰：案尚書無此景帝崩時無遺詔賜魏其也。○正義曰：天子崩，大行遺詔乃魏其家臣印封之。如淳說非也。案尚書事也。）詔書獨藏魏其家，家丞封。（漢書音義曰：以家臣印封遺詔。）乃劾魏其矯先帝詔，罪當棄市。五年十月，（徐廣曰：疑非五年，亦非十月。○索隱曰：徐氏云疑非者，案武帝四年三月，蚡薨，嬰審死在前，今云五年，故疑非也。○正義曰：漢書云元光四年冬，魏其侯嬰有罪棄市，春三月乙卯，丞相蚡薨。按五年音誤也。）悉論灌夫及家屬。魏其良久乃聞，聞即恚，病痱，（索隱曰：痱音肥，又音扶味反，風病也。）不食欲死。或聞上無意殺魏其，魏其復食，治病，議定不死矣。乃有蜚語為惡言聞上，（張晏曰：蚡偽作飛揚誹謗之語。）故以十二月晦（徐廣曰：二月也。）論棄市渭城。（索隱曰：晦者，月盡也。○正義曰：咸陽。）其春，武安侯病，（正義曰：其春，即四年春也。元光四年十二月，魏其棄市，至三月乙卯，田蚡薨，則三人死同在一年，明矣。以十月為歲首故也。秦楚之際者云：十月、十一月、十二月、正月、二月、三月為四時，至十月為正月，以至二月為終。周建子為正月，秦法以後用夏正。武帝太初以前並依秦法，以後改用夏正月至今不改。）專呼服謝罪。（音義曰：言蚡號呼謝服罪也。）使巫視鬼者視之，見魏其、灌夫共守，欲殺之。竟死。子恬嗣。（徐廣曰：蚡以元光四年春卒，其春見魏其，灌夫殺之。按武帝本紀四年三月乙卯，田蚡薨。元光四年十二月當為二月也。案年表蚡事何復云五年十二月則九年，元光四年，侯恬之元年。建元元年記元光三年，武帝九年，大臣表蚡以元光四年卒，亦云嬰四年棄市，未詳。此九年，二年則歲。）元朔三年，武安侯坐衣襜褕（正義曰：安在，然蚡薨在嬰死後，分明。○正義曰：爾雅云：衣蔽前謂之襜。郭璞云：蔽膝也。說文字林並謂之短衣。）入宮，不敬。（徐廣曰：表云坐衣襜褕入宮，不敬，國除。○索隱曰：襜，尺占反。褕，音踰。謂非正朝衣，若婦人服。）淮南王安謀反覺，治。王前朝，（正義曰：建元二年。）武安侯為太尉，時迎王至霸上，謂王曰：「上未有太子，大王最賢，高祖孫，即宮車晏駕，非大王立當誰哉！」淮南王大喜，厚遺金財物。上自魏其時不直武安，特為

魏其武安侯傳

太后故耳（索隱曰案武帝以魏其灌夫事爲枉於武安侯爲不直特爲太后故耳）及聞淮
南王金事上曰使武安侯在者族矣
太史公曰魏其武安皆以外戚重灌夫用一時決筴而
名顯魏其之舉以吳楚武安之貴在日月之際然魏其
誠不知時變灌夫無術而不遜兩人相翼乃成禍亂武
安負貴而好權杯酒責望陷彼兩賢嗚呼哀哉遷怒及
人命亦不延衆庶不載竟被惡言嗚呼哀哉禍所從來矣

索隱述賛曰

竇嬰田蚡　勢利相雄　咸倚外戚
或恃軍功　灌夫自喜　引重其中
意氣杯酒　辟睨兩宮　事竟不直
寃哉二公

魏其武安侯列傳第四　史記一百七

韓長孺列傳第四十八　史記一百八

御史大夫韓安國者，梁成安人也。徐廣曰在汝潁之間也○索隱曰漢書地理志成安縣名屬陳留○正義曰括地志云成安故城在[illegible]後徙睢陽。正義曰今宋州宋城也嘗受韓子、雜家說於騶田生所。索隱曰案謂安國學韓子及雜家說於騶縣田生之所事梁孝王為中大夫。吳楚反時，孝王使安國及張羽為將，扞吳兵於東界。索隱曰扞音汗張羽力戰，安國持重，以故吳不能過梁。吳楚已破，安國、張羽名由此顯。梁孝王，景帝母弟，竇太后愛之，令得自請置相、二千石，出入游戲，僭於天子。天子聞之，心弗善也。太后知帝不善，乃怒梁使者，弗見，案責王所為。韓安國為梁使，見大長公主徐廣曰景帝姊○索隱曰案即館陶公主○正義曰如淳云景帝姊也而泣曰：「何梁王為人子之孝、為人臣之忠，太后曾弗省也？索隱曰省音仙井反省者察也夫前日吳、楚、齊、趙七國反時，自關以東皆合從西鄉，正義曰謂關中也天子京師在天下之中惟梁最親，為艱難。梁王念太后、帝在中，而諸侯擾亂，一言泣數行下，跪送臣等六人，將兵擊卻吳楚，吳楚以故兵不敢西，而卒破亡，梁王之力也。今太后以小節苛禮責望梁王。索隱曰案謂苛細小禮以責之梁王父兄皆帝王，所見者大，故出稱蹕，入言警，車旗皆帝所賜也，即欲以侘鄙縣，徐廣曰侘一作紛○索隱曰侘音丑亞反紛音寒孟反驅

馳國中，以夸諸侯，令天下盡知太后、帝愛之也。今梁使來，輒案責之。梁王恐，日夜涕泣思慕，不知所為。何梁王之為子孝，為臣忠，而太后弗恤也？」大長公主具以告太后，太后喜曰：「為言之帝。」言之，帝心乃解，而免冠謝太后曰：「兄弟不能相教，乃為太后遺憂。」悉見梁使，厚賜之。其後梁王益親驩。太后、長公主更賜安國可直千餘金。名由此顯，結於漢。其後安國坐法抵罪，蒙獄吏田甲蒙縣名○索隱曰[illegible]辱安國。安國曰：「死灰獨不復然乎？」田甲曰：「然即溺之。」居無何，梁內史缺，漢使使者拜安國為梁內史，起徒中為二千石。田甲亡走。安國曰：「甲不就官，我滅而宗。」甲因肉袒謝。安國笑曰：「可溺矣！公等足與治乎？」索隱曰案謂不足與[illegible]治音持卒善遇之。梁內史之缺也，孝王新得齊人公孫詭，說之，欲請以為內史。竇太后聞，乃詔王以安國為內史。公孫詭、羊勝說孝王求為帝太子及益地事，恐漢大臣不聽，乃陰使人刺漢用事謀臣。及殺故吳相袁盎，景帝遂聞詭、勝等計畫，乃遣使捕詭、勝，必得。漢使十輩至梁，相以下舉國大索，月餘不得。內史安國聞詭、勝匿孝王所，安國入見王而泣曰：「主辱臣死。索隱曰此語見國語大王無良臣，故事紛紛至此。今詭、勝不得，請辭賜死。」王曰：「何至此？」安國泣數行下，曰：「大王自度於皇帝，孰與

太上皇之與高皇帝，及皇帝之與臨江王，親父子之閒，然而高帝曰提三尺劍取天下者朕也，故太上皇終不得制事，居于櫟陽。臨江王，適長太子也，以一言過，廢王臨江；用宮垣事，卒自殺中尉府。何者？治天下終不以私亂公。語曰：雖有親父，安知其不為虎？雖有親兄，安知其不為狼？今大王列在諸侯，悅一邪臣浮說，犯上禁，橈明法。天子以太后故，不忍致法於王。太后日夜涕泣，幸大王自改，而大王終不覺寤。有如太后宮車即晏駕，大王尚誰攀乎？語未卒，孝王泣數行下，謝安國曰：吾今出詭、勝。詭、勝自殺。漢使還報，梁事皆得釋，安國之力也。於是景帝、太后益重安國。孝王卒，共王即位，安國坐法失官，居家。建元中，武安侯田蚡為漢太尉，親貴用事，安國以五百金物遺蚡。蚡言安國太后，天子亦素聞其賢，即召以為北地都尉，遷為大司農。閩越、東越相攻，安國及大行王恢將。未至越，越殺其王降，漢兵亦罷。建元六年，武安侯為丞相，安國為御史大夫。匈奴來請和親，天子下議。大行王恢，燕人也，數為邊吏，習知胡事。議曰：漢與匈奴和親，率不過數歲即復倍約。不如勿許，興兵擊之。安國曰：千里而戰，兵不獲利。今匈奴負戎馬之足，懷禽獸之心，遷徙鳥舉，難得而制也。得其地不足以為廣，有其眾不足以為彊，自上古不屬為人。（索隱曰案不內屬於漢為人）漢數千里爭利，則人馬罷，虜以全制其敝。且彊弩之極，矢不能穿魯縞；（許慎曰魯之縞尤薄）衝風之末，力不能漂鴻毛。非初不勁，末力衰也。擊之不便，不如和親。群臣議者多附安國，於是上許和親。其明年，則元光元年，鴈門馬邑豪聶翁壹（張晏曰豪猶帥也）因大行王恢言上曰：匈奴初和親，親信邊，可誘以利。陰使聶翁壹為閒，亡入匈奴，謂單于曰：吾能斬馬邑令丞吏，以城降，財物可盡得。單于愛信之，以為然，許聶翁壹。聶翁壹乃還，詐斬死罪囚，縣其頭馬邑城，示單于使者為信。曰：馬邑長吏已死，可急來。於是單于穿塞將十餘萬騎，入武州塞。當是時，漢伏兵車騎材官三十餘萬，匿馬邑旁谷中。衛尉李廣為驍騎將軍，太僕公孫賀為輕車將軍，（正義曰司馬彪續漢書云輕車古之戰車）大行王恢為將屯將軍，太中大夫李息為材官將軍。御史大夫韓安國為護軍將軍，諸將皆屬護軍。約單于入馬邑而漢兵縱發。王恢、李息、李廣別從代主擊其輜重。

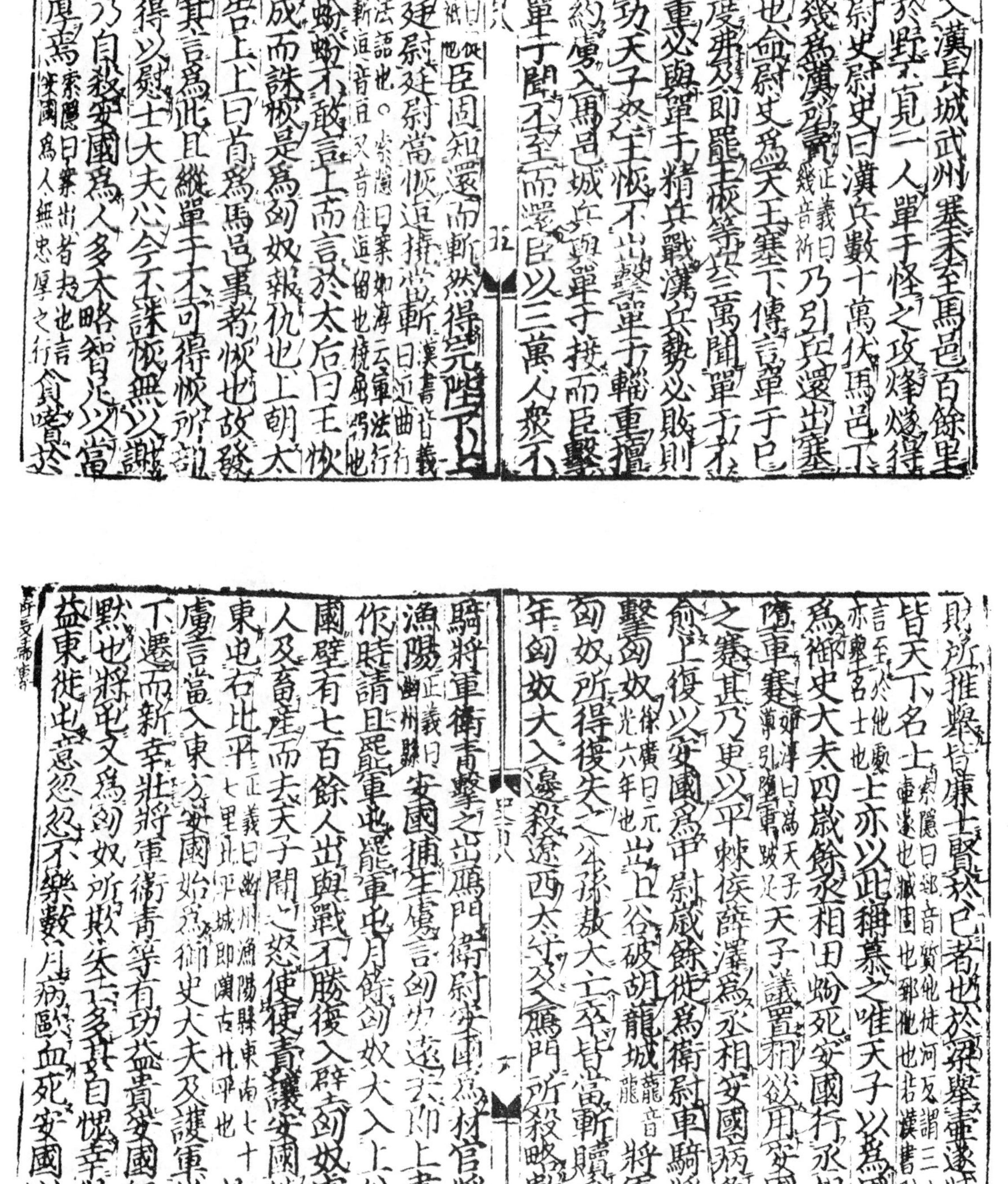

其中　於是單于入漢長城武州塞。未至馬邑百餘里，行掠鹵，徒見畜牧於野，不見一人。單于怪之，攻烽燧，得武州尉史。欲刺問尉史。尉史曰：「漢兵數十萬伏馬邑下。」單于顧謂左右曰：「幾為漢所賣！」正義曰：幾音祈。乃引兵還。出塞，曰：「吾得尉史，乃天也。」命尉史為「天王」。塞下傳言單于已引去。漢兵追至塞，度弗及，即罷。王恢等兵三萬，聞單于不與漢合，度往擊輜重，必與單于精兵戰，漢兵勢必敗，則以便宜罷兵，皆無功。天子怒王恢不出擊單于輜重，擅引兵罷也。恢曰：「始約虜入馬邑城，兵與單于接，而臣擊其輜重，可得利。今單于聞，不至而還，臣以三萬人眾不敵，禔取辱耳。徐廣曰：禔，一作祇。臣固知還而斬，然得完陛下士三萬人。」於是下恢廷尉。廷尉當恢逗橈，當斬。漢書音義曰：逗，曲行避敵也。橈，顧望也。軍法語也。○索隱曰：案如淳云軍法行而逗留畏橈者要斬。逗音豆，又音住。逗，留也。橈，屈弱也。恢私行千金丞相蚡。蚡不敢言上，而言於太后曰：「王恢首造馬邑事，今不成而誅恢，是為匈奴報仇也。」上朝太后，太后以丞相言告上。上曰：「首為馬邑事者，恢也，故發天下兵數十萬，從其言，為此。且縱單于不可得，恢所部擊其輜重，猶頗可得，以慰士大夫心。今不誅恢，無以謝天下。」於是恢聞之，乃自殺。安國為人多大略，智足以當世取合，而出於忠厚焉。索隱曰：案出者，超也。言安國為人無忠厚之行。貪嗜於財。所推舉皆廉士，賢於己者也。於梁舉壺遂、臧固、郅他，索隱曰：郅音質。他，徒河反。謂三人姓名也。皆天下名士，士亦以此稱慕之，唯天子以為國器。安國為御史大夫四歲餘，丞相田蚡死，安國行丞相事，奉引墮車，蹇。如淳曰：為天子導引墮車，跛足。天子議置相，欲用安國，使使視之，蹇甚，乃更以平棘侯薛澤為丞相。安國病免數月，蹇愈，上復以安國為中尉。歲餘，徙為衛尉。車騎將軍衛青擊匈奴，徐廣曰：元光六年也。出上谷，破胡龍城。將軍李廣為匈奴所得，復失之；公孫敖大亡卒：皆當斬，贖為庶人。明年，匈奴大入邊，殺遼西太守，及入雁門，所殺略數千人。車騎將軍衛青擊之，出雁門。衛尉安國為材官將軍，屯於漁陽。正義曰：幽州縣。安國捕生虜，言匈奴遠去。即上書言方田作時，請且罷軍屯。罷軍屯月餘，匈奴大入上谷、漁陽。安國壁有七百餘人，出與戰，不勝，復入壁。匈奴虜略千餘人及畜產而去。天子聞之，怒，使使責讓安國。徙安國益東，屯右北平。正義曰：幽州漁陽縣東南七十里北平城，即漢古北平也。是時匈奴虜言當入東方，安國始為御史大夫及護軍，後稍斥疏，下遷；而新幸壯將軍衛青等有功，益貴。安國既疏遠，默默也；將屯又為匈奴所欺，失亡多，甚自愧。幸得罷歸，乃益東徙屯，意忽忽不樂。數月，病歐血死。安國以元朔二

年、卒。

太史公曰：余與壺遂定律歷，觀韓長孺之義，壺遂之深中隱厚，（徐廣曰：一云廉正忠厚。）世之言梁多長者，不虛哉！壺遂官至詹事，天子方倚以爲漢相，會遂卒。不然，壺遂之內廉行脩，斯鞠躬君子也。

索隱述贊曰：

安國忠厚，初爲梁將。因事坐法，免徒起相。死灰更然，生虜失防。推賢見重，賄金貽謗。雪泣悟主，臣節可亮。

韓長孺列傳四十八　史記一百八

李將軍列傳第四十九　史記一百九

李將軍廣者，隴西成紀人也。（正義曰：成紀，秦州縣。）其先曰李信，秦時爲將，逐得燕太子丹者也。故槐里，徙成紀。廣家世世受射。（索隱曰：案小顏云出受射也。）孝文帝十四年，匈奴大入蕭關，而廣以良家子從軍擊胡，（索隱曰：案如淳云非醫巫商賈百工也。）用善騎射，殺首虜多，爲漢中郎。廣從弟李蔡亦爲郎，皆爲武騎常侍，（索隱曰：案謂爲郎而補武騎常侍。）秩八百石。嘗從行，有所衝陷折關及格猛獸，而文帝曰：惜乎，子不遇時！如令子當高帝時，萬戶侯豈足道哉！及孝景初立，廣爲隴西都尉，徙爲騎郎將。（張晏曰：爲武騎郎將。○索隱曰：小顏云爲騎郎將，謂主騎郎也。）吳楚軍時，廣爲驍騎都尉，從太尉亞夫擊吳楚軍，取旗，顯功名昌邑下。以梁王授廣將軍印，[illegible]（正義：文穎曰：廣爲漢將，私受梁印，故不以賞也。）徙爲上谷太守，匈奴日以合戰。典屬國公孫昆邪（索隱曰：案典屬國，官名。公孫，姓；昆邪，名。服虔云中國人也。）爲上泣曰：李廣才氣，天下無雙，自負其能，數與虜敵戰，恐亡之。於是乃徙爲上郡太守。後廣轉爲邊郡太守，徙上郡。嘗爲隴西、北地、鴈門、代郡、雲中太守，皆以力戰爲名。匈奴大入上郡，天子使中貴人從廣（漢書音義曰：內官之幸貴者。○索隱曰：案董巴輿服志云黃門丞主密近使聽察天下，天下謂之中貴人。使若崔浩云在中而貴幸，非德望，故云中貴也。）勒習兵擊匈奴。中貴人將騎數十縱，（徐廣曰：放縱馳騁。）見匈奴三人，與戰。三人還射，（正義：音石。）

李將軍傳

李將軍傳

傷中貴人，殺其騎且盡。中貴人走廣。廣曰：「是必射雕者也。」（文穎曰：雕，鳥也，故使善射者射之。索隱曰：案服虔云雕，大鷙鳥也，一名鷲，黑色，子可以其毛作矢羽。韋昭云雕一名鶚也。）廣乃遂從百騎往馳三人。三人亡馬步行，行數十里。廣令其騎張左右翼，而廣身自射彼三人者，殺其二人，生得一人，果匈奴射雕者也。已縛之上馬，望匈奴有數千騎，見廣，以為誘騎，皆驚，上山陳。廣之百騎皆大恐，欲馳還走。廣曰：「吾去大軍數十里，今如此以百騎走，匈奴追射我立盡。今我留，匈奴必以我為大軍誘之，必不敢擊我。」廣令諸騎曰：「前！」前未到匈奴陳二里所，止，令曰：「皆下馬解鞍！」其騎曰：「虜多且近，即有急，奈何？」廣曰：「彼虜以我為走，今皆解鞍以示不走，用堅其意。」於是胡騎遂不敢擊。有白馬將出護其兵，（正義曰：其將乘白馬而將監護。）李廣上馬與十餘騎奔射殺胡白馬將，而復還至其騎中，解鞍，令士皆縱馬臥。是時會暮，胡兵終怪之，不敢擊。夜半時，胡兵亦以為漢有伏軍於旁欲夜取之，胡皆引兵而去。平旦，李廣乃歸其大軍。大軍不知廣所之，故弗從。居久之，孝景崩，武帝立，左右以為廣名將也，於是廣以上郡太守為未央衛尉，而程不識亦為長樂衛尉。程不識故與李廣俱以邊太守將軍屯。及出擊胡，而廣行無部伍行陳，（索隱曰：案百官志云將軍領軍皆有部曲，大將軍營五部，部校尉一人，部下有曲，曲）

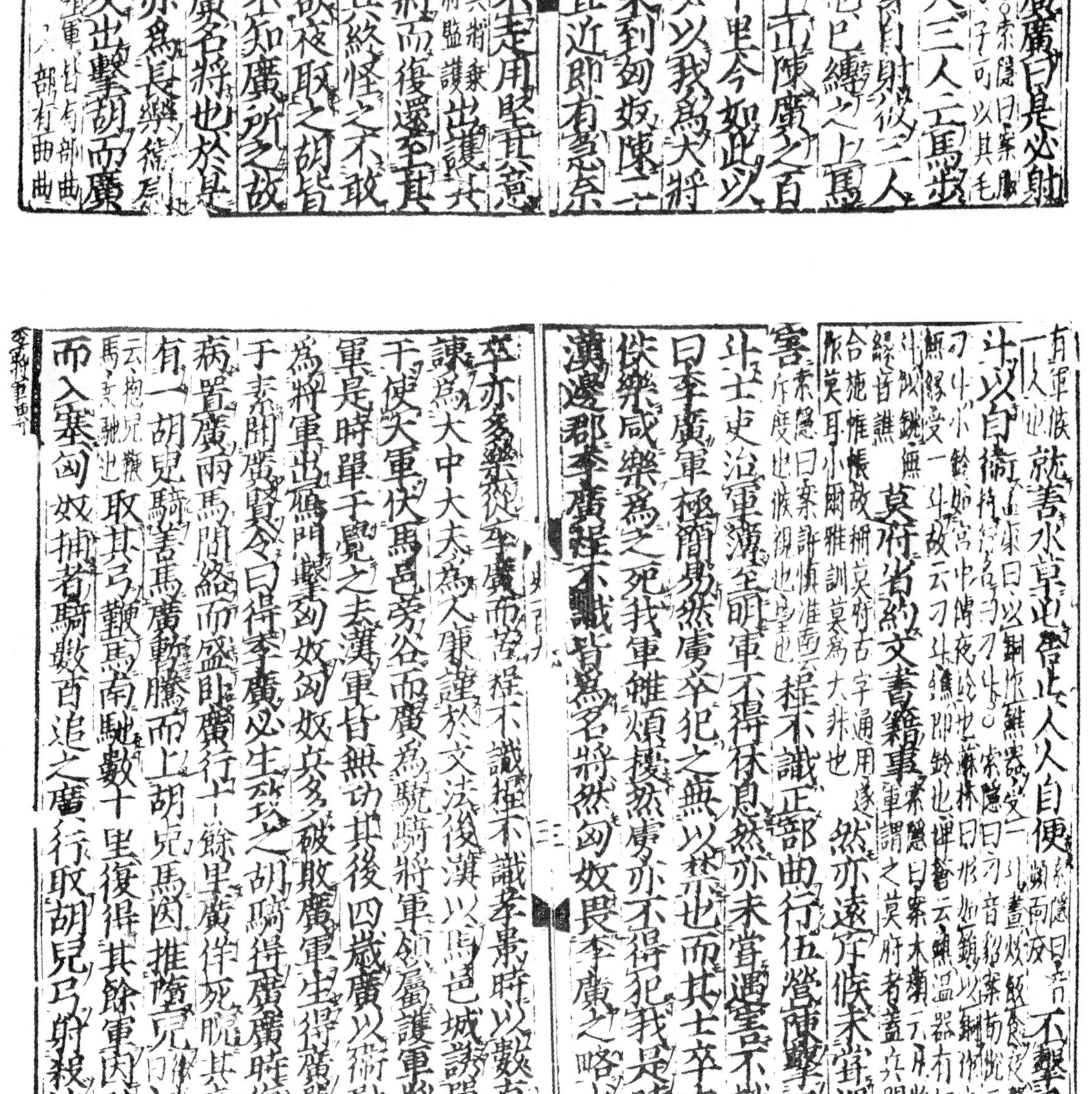

有軍候一人也。）就善水草屯，舍止，人人自便，（索隱曰：音……）不擊刁斗以自衛，（孟康曰：以銅作鐎器，受一斗，晝炊飯食，夜擊持行，名曰刁斗。……刁斗，小鈴，如宮中傳夜鈴也。蘇林曰：形如鋗，以銅作之，無緣，受一斗，故云刁斗。鐎即鈴也……溫器有柄，斗似銚，無緣，音譙。）莫府省約文書籍事，（索隱曰：案謂之莫府者，蓋兵門合施帷帳，故稱莫府。古字通用，遂作莫耳。小爾雅訓莫為大，非也。）然亦遠斥候，未嘗遇害。（索隱曰：案許慎注淮南云斥，度也；候，視也，望也。）程不識正部曲行伍營陳，擊刁斗，士吏治軍簿至明，軍不得休息，然亦未嘗遇害。不識曰：「李廣軍極簡易，然虜卒犯之，無以禁也；而其士卒亦佚樂，咸樂為之死。我軍雖煩擾，然虜亦不得犯我。」是時漢邊郡李廣、程不識皆為名將，然匈奴畏李廣之略，士卒亦多樂從李廣而苦程不識。程不識孝景時以數直諫為太中大夫。為人廉，謹於文法。後漢以馬邑城誘單于，使大軍伏馬邑旁谷，而廣為驍騎將軍，領屬護軍將軍。是時單于覺之，去，漢軍皆無功。其後四歲，廣以衛尉為將軍，出鴈門擊匈奴。匈奴兵多，破敗廣軍，生得廣。單于素聞廣賢，令曰：「得李廣必生致之。」胡騎得廣，廣時傷病，置廣兩馬間，絡而盛臥廣。行十餘里，廣詳死，睨其旁有一胡兒騎善馬，（……云抱兒鞭馬南馳也。）廣暫騰而上胡兒馬，因推墮兒，取其弓，鞭馬南馳數十里，復得其餘軍，因引而入塞。匈奴捕者騎數百追之，廣行取胡兒弓，射殺追

騎以故得脫於是至漢漢下廣吏吏當廣所失亡多為虜所生得當斬贖為庶人頃之家居數歲廣家與故潁陰侯孫（孫灌嬰孫名強）屏野居藍田南山中射獵嘗夜從一騎出從人田間飲還至霸陵亭霸陵尉醉（索隱曰案百官志云尉大縣二人主盜賊凡有賊發則推索尋案之也）呵止廣廣騎曰故李將軍尉曰今將軍尚不得夜行何乃故也止廣宿亭下居無何匈奴入殺遼西太守敗韓將軍韓將軍後徙右北平（韓安國）於是天子乃召拜廣為右北平太守廣即請霸陵尉與俱至軍而斬之廣居右北平匈奴聞之號曰漢之飛將軍避之數歲不敢入右北平廣出獵見草中石以為虎而射之中石沒鏃（一作沒羽）視之石也因復更射之終不能復入石矣廣所居郡聞有虎嘗自射之及居右北平射虎虎騰傷廣廣亦竟射殺之廣廉得賞賜輒分其麾下飲食與士共之終廣之身為二千石四十餘年家無餘財終不言家產事廣為人長猨臂（如淳曰臂如猨臂通肩）其善射亦天性也雖其子孫他人學者莫能及廣廣訥口少言與人居則畫地為軍陳射闊狹以飲（如淳曰射戲求勝者以飲不勝者。正義飲音於禁反）專以射為戲竟死（索隱曰謂終竟廣之身至死以為恒也）廣之將兵乏絕之處見水士卒不盡飲廣不近水士卒不盡食廣不嘗食寬緩不苛士以此愛樂為用其射見敵急非

在數十步之內度不中不發發即應弦而倒用此其將兵數困辱其射猛獸亦為所傷云居頃之石建卒於是上召廣代建為郎中令元朔六年廣復為後將軍從大將軍軍出定襄擊匈奴諸將多中首虜率以功為侯者（如淳曰中猶充也本義法得首若干封侯）而廣軍無功後二歲廣以郎中令將四千騎出右北平博望侯張騫將萬騎與廣俱異道行可數百里匈奴左賢王將四萬騎圍廣廣軍士皆恐廣乃使其子敢往馳之敢獨與數十騎馳直貫胡騎出其左右而還告廣曰胡虜易與耳軍士乃安廣為圜陳外嚮胡急擊之矢下如雨漢兵死者過半漢矢且盡廣乃令士持滿毋發而廣身自以大黃射其裨將（徐廣曰南郡賦曰黃閒機張善弩之名案鄭德曰黃肩弩淵中黃朱之孟康曰太公六韜曰陷堅敗強敵用大黃連弩韋昭曰角弩色黃而體大也。索隱曰案大黃參連弩名韋昭說是也）殺數人胡虜益解會日暮吏士皆無人色而廣意氣自如益治軍軍中自是服其勇也明日復力戰而博望侯軍亦至匈奴軍乃解去漢軍罷弗能追是時廣軍幾沒罷歸漢法博望侯留遲後期當死贖為庶人廣軍功自如無賞初廣之從弟李蔡與廣俱事孝文帝景帝時蔡積功勞至二千石孝武帝時至代相以元朔五年為輕車將軍從大將軍擊右賢王有功中率封為樂安侯（索隱曰中音丁仲反率音律亦音雙筆反小顏云率）

謂軍功封賞之科者 元狩二年中代公孫弘爲丞相蔡爲人在下中 索隱曰案以九品而論在下之中當第八 名聲出廣下甚遠然廣不得爵邑官不過九卿而蔡爲列侯位至三公諸廣之軍吏及士卒或取封侯廣嘗與望氣王朔燕語曰自漢擊匈奴而廣未嘗不在其中而諸部校尉以下才能不及中人然以擊胡軍功取侯者數十人而廣不爲後人 索隱曰案謂不在人後 然無尺寸之功以得封邑者何也豈吾相不當侯邪且固命也朔曰將軍自念豈嘗有所恨乎廣曰吾嘗爲隴西守羌嘗反吾誘而降降者八百餘人吾詐而同日殺之至今大恨獨此耳朔曰禍莫大於殺

列傳四十九 六

已降此乃將軍所以不得侯者也後二歲大將軍驃騎將軍大出擊匈奴廣數自請行天子以爲老弗許良久乃許之以爲前將軍是歲元狩四年也廣既從大將軍青擊匈奴既出塞青捕虜知單于所居乃自以精兵走之而令廣并於右將軍軍 索隱曰主爵趙食其爲右將軍 出東道東道少回遠而大軍行水草少其勢不屯行 索隱曰以水草少不可群輩 廣自請曰臣部爲前將軍今大將軍乃徙令臣出東道且臣結髮而與匈奴戰今乃一得當單于 索隱曰案廣言自少時結髮而與匈奴戰雅今者得與單于相當遇也 臣願居前先死單于大將軍青亦陰受上誡以爲李廣老數奇 如淳曰數爲匈奴所敗奇爲不偶也○索隱曰

案孟康云奇隻不偶也數音所具反奇音居宜反 毋令當單于恐不得所欲而是時公孫敖新失侯爲中將軍從大將軍大將軍亦欲使敖與俱當單于故徙前將軍廣廣時知之固自辭於大將軍大將軍不聽令長史封書與廣之莫府曰急詣部如書 正義曰令廣如其文牒急引兵從東道也 廣不謝大將軍而起行意甚慍怒而就部引兵與右將軍食其合軍出東道 索隱曰食其音異基案趙將軍名也或亦依字讀 軍亡導或失道 索隱曰謂無人導引軍故失道也 後大將軍大將軍與單于接戰單于遁走弗能得而還南絕幕 正義曰絕度也南歸度沙幕 遇前將軍右將軍廣已見大將軍還入軍大將軍使長史持糒醪遺廣因問廣食

列傳四十九 七

其失道狀青欲上書報天子軍曲折 正義曰言委曲折使軍後大將軍 廣未對大將軍使長史急責廣之幕府對簿廣曰諸校尉無罪乃我自失道吾今自上簿至莫府廣謂其麾下曰廣結髮與匈奴大小七十餘戰今幸從大將軍出接單于兵而大將軍又徙廣部行回遠而又迷失道豈非天哉且廣年六十餘矣終不能復對刀筆之吏遂引刀自剄廣軍士大夫一軍皆哭百姓聞之知與不知無老壯皆爲垂涕而右將軍獨下吏當死贖爲庶人廣子三人曰當戶椒敢爲郎天子與韓嫣戲 索隱曰嫣音於乾反又音許乾反 嫣少不遜當戶擊嫣嫣走於是天子以爲勇當戶早死

李將軍傳

拜敢為代郡太守皆先廣死當戶有遺腹子名陵廣死軍時敢從驃騎將軍廣死明年李蔡以丞相坐侵孝景園壖地索隱曰壖音人緣反又音而宣反又音乃亂反案壖地神道之地也三輔黃圖云陽陵闕門西出神道四通茂陵神道廣四十三丈也○正義曰漢書云詔賜冢地陽陵當得二十畝蔡盜取三頃頗賣得四十餘萬又盜取神道外壖地一畝葬其中當下獄自殺當下吏治蔡亦自殺不對獄國除李敢以校尉從驃騎將軍擊胡左賢王力戰奪左賢王鼓旗斬首多賜爵關內侯食邑二百戶代廣為郎中令頃之怨大將軍青之恨其父索隱曰小顏云令其父恨其死乃擊傷大將軍大將軍匿諱之居無何敢從上雍索隱曰雍縣名音尚大顏云雍地形高故云上至甘泉宮獵驃騎將軍去病與青有親射殺敢去病時方貴幸上諱云鹿觸殺之居歲餘去病死徐廣曰元狩六年而敢有女為太子中人愛幸敢男禹有寵於太子然好利李氏陵遲衰微矣李陵既壯選為建章監監諸騎善射愛士卒天子以為李氏世將而使將八百騎嘗深入匈奴二千餘里過居延徐廣曰屬張掖○正義曰括地志云居延海在甘州張掖縣東北六十四里地理志云居延澤古文以為流沙甘州在京西北二千四百六十余里地視地形無所見虜而還拜為騎都尉將丹陽楚人五千人教射酒泉張掖以屯衛胡數歲天漢二年秋貳師將軍李廣利將三萬騎擊匈奴右賢王於祁連天山徐廣曰出燉煌至天山○索隱曰案晉灼云在西域近蒲類又西河舊事云白山冬夏有雪匈奴謂之天山也○正義曰括地志云祁連山在甘州張掖縣西南二百里天山一名白山今名初羅漫山在伊州伊吾縣北百二十里伊州在京西北四千四百一十六里而使陵將其射士步兵五千人出居延北可千餘里欲以分匈奴兵毋令專走貳師也陵既至期還而單于以兵八萬圍擊陵軍陵軍五千人兵矢既盡士死者過半而所殺傷匈奴亦萬餘人且引且戰連鬭八日還未到居延百餘里匈奴遮狹絕道陵食乏而救兵不到虜急擊招降陵陵曰無面目報陛下遂降匈奴其兵盡沒餘亡散得歸漢者四百餘人單于既得陵素聞其家聲及戰又壯乃以其女妻陵而貴之漢聞族陵母妻子自是之後李氏名敗而隴西之士居門下者皆用為恥焉

太史公曰傳曰其身正不令而行其身不正雖令不從其李將軍之謂也余睹李將軍悛悛如鄙人索隱曰悛音七旬反漢書作恂恂音詢口不能道辭及死之日天下知與不知皆為盡哀彼其忠實心誠信於士大夫也諺曰桃李不言下自成蹊索隱曰案姚氏云桃李本不能言但以華實感物故人不期而往其下自成蹊徑也以喻廣雖不能道辭能有所感而忠心信物故也此言雖小可以諭大也

索隱述贊曰

猨臂善射　實負其能　解鞍却敵

圓陣摧鋒　邊郡屢守　大軍再從

失道見斥　數奇不封　惜哉名將　天下無雙

李將軍列傳第四十九　史記一百九

匈奴列傳第五十　史記一百十

正義曰此卷或有本次平津侯後第五十二今第五十者先生舊本如此劉伯莊音亦然若先諸傳而次四夷則司馬汲鄭不合在後也

匈奴其先祖夏后氏之苗裔也曰淳維漢書音義曰匈奴始祖名○索隱曰張晏曰淳維以殷時奔北邊又樂產括地譜云夏桀無道湯放之鳴條三年而死其子獯粥妻桀之衆妾避居北野隨畜移徙中國謂之匈奴其言夏后苗裔或當然也故應劭風俗通曰殷時曰獯粥改曰匈奴又服虔云堯時曰葷粥周曰獫狁秦曰匈奴韋昭云漢曰匈奴葷粥其別名則淳維是其始祖蓋與獯粥是一也唐虞以上有山戎正義曰左傳莊三十年齊人伐山戎杜預云山戎北戎無終三名也括地志云幽州漁陽縣本北戎無終子國獫狁葷粥晉灼曰堯時曰葷粥周曰獫狁秦曰匈奴居于北蠻隨畜牧而轉移其畜之所多則馬牛羊其奇畜則橐駞索隱曰韋昭曰背肉似橐故云橐駞音託他○正義曰畜許又反驢騾索隱曰案古今注云驢特馬牝生騾○正義曰騾音力戈反駃騠徐廣曰北狄駿馬○索隱曰說文云駃騠馬父騾子也發蒙記刳其母腹而生列女傳云生七日超其母騊駼徐廣曰似馬而青○索隱曰按郭璞注爾雅云騊駼馬青色音淘塗又字林云野馬山海經云北海內有獸其狀如馬其名騊駼也驒騱徐廣曰巨虛之屬○索隱曰說文云野馬屬一云青驪驎驒文如鼉魚鄒誕生本驒字作䡘奚逐水草遷徙毋城郭常處耕田之業然亦各有分地索隱曰分音扶糞反毋文書以言語為約束兒能騎羊引弓射鳥鼠少長則射狐兔用為食索隱曰少音式紹反長音竹兩反謂年稍長士力能彎弓索隱曰彎音烏還反盡為甲騎其俗寬則隨畜因射獵禽獸為生業急則人習戰攻以侵伐其天性也其長兵則弓矢短兵則

刀鋋。（韋昭曰：鋋形似矛，鐵柄。音時年反。○索隱曰：音蟬。埤蒼云：鋋，小矛，鐵矜。古今字詁云：矜，矛瑾也。）利則進，不利則退，不羞遁走。苟利所在，不知禮義。自君王以下，咸食畜肉，衣其皮革，被旃裘。壯者食肥美，老者食其餘。貴壯健，賤老弱。父死，妻其後母；兄弟死，皆取其妻妻之。其俗有名不諱，而無姓字。（漢書曰：單于姓攣鞮氏也。○索隱曰：攣字音六緣反，鞮音丁啼反。）

夏道衰，而公劉失其稷官，（徐廣曰：弃稷之曾孫。○正義曰：周本紀云不窋失其官，此云公劉，未詳也。）變于西戎，邑于豳。其後三百有餘歲，戎狄攻大王亶父，（徐廣曰：公劉九世孫。）亶父亡走岐下，而豳人悉從亶父而邑焉，作周。（索隱曰：按謂始作周國也。）其後百有餘歲，周西伯昌伐畎夷氏。（索隱曰：韋昭云春秋以為犬戎。畎音犬。小顏云即昆夷也。山海經云黃帝生苗，苗生龍，龍生融，融生吾，吾生并明，并明生白，白生犬，犬有二壯，是為犬戎。說文云赤狄本犬種，字從犬。又山海經云有人面獸身，名犬夷。賈逵曰犬夷，戎之別種也。）後十有餘年，武王伐紂而營雒邑，復居于酆鄗，放逐戎夷涇、洛之北，（索隱曰：畫水出泥陽，洛水在馮翊懷德縣東南入渭。又案水經云出北地郡北部，附春昌山，過漆沮，入渭即漆沮水。）以時入貢，命曰「荒服」。其後二百有餘年，周道衰，（索隱曰：案周紀云懿王時王室衰，詩人作詩刺之，詩不能復雅也。）而穆王伐犬戎，得四白狼四白鹿以歸。自是之後，荒服不至。於是周遂作甫刑之辟。穆王之後二百有餘年，周幽王用寵姬褒姒之故，與申侯有郤。（正義曰：故申城在鄧州南陽縣北三十里，周宣王舅所封也。）申侯怒而與犬戎共攻殺周幽王于驪山之下，（韋昭曰：戎後來居此山，故號曰驪戎。）遂取周之焦穫，（正義曰：括地志云焦穫藪亦名瓠口，亦曰瓠中，在雍州涇陽縣北城十數里，周有焦穫也。）而居于涇渭之閒，侵暴中國。秦襄公救周，於是周平王去酆鄗而東徙雒邑。當是之時，秦襄公伐戎至岐，（正義曰：今岐州岐山縣，本秦襄公救周有功受周故地，鄭鎬。）始列為諸侯。（列為諸侯。）是後六十有五年，而山戎越燕而伐齊，（索隱曰：服虔云山戎蓋今鮮卑。胡廣云鮮卑，東胡別種。又案秦本紀云秦穆公長城徙十二山戎（?）依鮮卑山，因為號。）齊釐公與戰于齊郊。（索隱曰：釐音僖。左傳名諸兒也。）其後四十四年，而山戎伐燕。燕告急于齊，齊桓公北伐山戎，山戎走。其後二十有餘年，而戎狄至洛邑，伐周襄王，襄王奔于鄭之氾邑。（索隱曰：氾音凡。今潁川襄城是。）初，周襄王欲伐鄭，故娶戎狄女為后，與戎狄兵共伐鄭。已而黜狄后，狄后怨，而襄王後母曰惠后，有子子帶，欲立之，於是惠后與狄后、子帶為內應，開戎狄，戎狄以故得入，破逐周襄王，而立子帶為天子。於是戎狄或居于陸渾，（徐廣曰：一為陰。○索隱曰：春秋左氏，秦晉遷陸渾之戎于伊川。杜預以為九姓之戎，居陸渾，在秦晉之閒，二國誘而徙之伊川，遂從戎號，今陸渾縣是也。）東至於衛，侵盜暴虐中國。中國疾之，故詩人歌之曰「戎狄是應」，「薄伐獫狁，至於大原」，（毛詩傳曰：言逐出之而已。）「出輿彭彭，城彼朔方」。（毛詩傳曰：彭彭，四馬貌。朔方，北方。○正義曰：言獫狁既去，北方安靜，乃築城守之。）周襄王既居外四年，乃使使告急于晉。晉文公初立，欲修霸業，乃興師伐逐戎翟，誅子帶，迎內周襄王，居于雒邑。當是之時，秦晉為彊國。晉文公攘戎翟，居于河西圁、洛之閒，（徐廣曰：圁……）

號曰赤翟白翟秦穆公得由余西戎八國服於秦故自隴以西有緜諸緄戎翟豲之戎

岐梁山涇漆之北有義渠大荔烏氏朐衍之戎而晉北有林胡樓煩之戎燕北有東胡山戎

各分散居谿谷自有君長往往而聚者百有餘戎然莫能相一自是之後百有餘年晉悼公使魏絳和戎翟戎翟朝晉後百有餘年趙襄子踰句注而破并代以臨胡貉其後既與韓魏共滅智伯分晉地而有之則趙有代句注之北魏有河西上郡以與戎界邊其後義渠之戎築城郭以自守而秦稍蠶食至於惠王遂拔義渠二十五城惠王擊魏魏盡入西河及上郡于秦秦昭王時義渠戎王與

宣太后亂有二子宣太后詐而殺義渠戎王於甘泉遂起兵伐殘義渠於是秦有隴西北地上郡築長城以拒胡而趙武靈王亦變俗胡服習騎射北破林胡樓煩築長城自代並陰山下至高闕為塞而置雲中鴈門代郡其後燕有賢將秦開為質於胡胡甚信之歸而襲破走東胡東胡卻千餘里與荊軻刺秦王秦舞陽者開之孫也燕亦築長城自造陽

韋昭曰地名在上谷○正義曰按上谷郡今媯州 至襄平索隱曰韋昭云今遼東所理也 置上谷漁陽右北平遼西遼東郡以拒胡當是之時冠帶戰國七而三國邊於匈奴索隱曰案三國燕趙秦也 其後趙將李牧時匈奴不敢入趙邊後秦滅六國而始皇帝使蒙恬將十萬之衆北擊胡悉收河南地因河為塞索隱曰案太康地記秦塞自五原北九里謂之造陽東行絡利負山南溝陽西是也 築四十四縣城臨河徙適戍以充之適音丁革反 而通直道索隱曰蘇林云去長安八千里正南北相值道也 自九原至雲陽索隱曰韋昭云九原縣屬五原也○正義曰括地志云勝州連谷縣本秦九原郡漢武帝更名五原雲陽雍縣秦之林光宮即漢之甘泉宮在焉文云秦故道在慶州華池縣西四十五里子午山上自九原至雲陽千八百里 因邊山險塹谿谷可繕者治之起臨洮至遼東萬餘里索隱曰韋昭曰臨洮隴西縣○正義曰括地志云秦隴西郡臨洮縣即今岷州城本秦長城首起岷州西十二里延袤萬餘里東入遼水 又度河據陽山北假中北假北方田官主以田假與貧人故云北假○索隱曰應劭云北假在北地陽山北韋昭云北假地名也○正義曰括地志云漢五原郡河目縣故城在北假中北假地名也在河北今屬勝州銀城縣漢書王莽傳云五原北假膏壤殖穀 當是之時東胡彊而月氏盛正義曰氏音支括地志云涼甘肅延沙等州地本月氏國 匈奴單于漢書音義曰單于者廣大之貌言其象天單于然○索隱曰案單于姓攣鞮氏其國稱之曰撐犁孤塗單于匈奴謂天為撐犁謂子為孤塗單于者廣大之貌也言其象天故曰撐犁孤塗單于又玄晏春秋云士安讀漢書不詳此言有胡奴在側言之曰此胡所謂天子與古書所說符會也 曰頭曼韋昭曰音瞞○索隱曰曼音莫官反 頭曼不勝秦北徙十餘年而蒙恬死諸侯畔秦中國擾亂諸秦所徙適戍邊者皆復去於

是匈奴得寬復稍度河南與中國界於故塞單于有太子名冒頓索隱曰冒音墨又如字 後有所愛閼氏索隱曰閼氏舊音曷氏匈奴皇后號也習鑿齒與燕王書云山下有紅藍足下先知不北方人採取其花染緋黃挼取其上英鮮者作烟脂婦人採將用為顏色吾少時再三過見烟脂今日始親紅藍後當足致其種匈奴名妻作閼氏今可音烟支想足下先亦不作此讀漢書也 生少子而單于欲廢冒頓而立少子乃使冒頓質於月氏冒頓既質於月氏而頭曼急擊月氏月氏欲殺冒頓冒頓盜其善馬騎之亡歸頭曼以為壯令將萬騎冒頓乃作為鳴鏑漢書音義曰鏑箭也如今鳴箭也韋昭曰矢鏑飛則鳴○索隱曰應劭云髐箭也 習勒其騎射令曰鳴鏑所射而不悉射者斬之行獵鳥獸有不射鳴鏑所射者輒斬之已而冒頓以鳴鏑自射其善馬左右或不敢射者冒頓立斬不射善馬者居頃之復以鳴鏑自射其愛妻左右或頗恐不敢射冒頓又復斬之居頃之冒頓出獵以鳴鏑射單于善馬左右皆射之於是冒頓知其左右皆可用從其父單于頭曼獵以鳴鏑射頭曼其左右亦皆隨鳴鏑而射殺單于頭曼遂盡誅其後母與弟及大臣不聽從者冒頓自立為單于徐廣曰時係是秦二世之元年壬辰歲立也 是時東胡彊盛聞冒頓殺父自立乃使使謂冒頓欲得頭曼時有千里馬冒頓問羣臣羣臣皆曰千里馬匈奴寶馬也勿與冒頓曰奈何與人鄰國而愛一馬乎遂與之千

里馬。居頃之，東胡以為冒頓畏之，乃使使謂冒頓，欲得單
于一閼氏。冒頓復問左右，左右皆怒曰：東胡無道，乃
求閼氏！請擊之。冒頓曰：奈何與人鄰國愛一女子乎？遂
取所愛閼氏予東胡。東胡王愈益驕，西侵。與匈奴間，中
有棄地，莫居，千餘里，各居其邊為甌脫。韋昭曰界上屯守處○索隱曰
服虔云作土室以伺漢人又纂文曰甌脫土穴也又一云是地名故下云生得甌脫王甌音一侯反脫音同活反
○正義曰按境上斥候之室為甌脫也　東胡使使謂冒頓曰：匈奴所與我
界甌脫外棄地，匈奴非能至也，吾欲有之。冒頓問群臣，
群臣或曰：此棄地，予之亦可，勿予亦可。於是冒頓大怒
曰：地者，國之本也，奈何予之！諸言予之者，皆斬之。冒頓

上馬，令國中有後者斬，遂東襲擊東胡。東胡初輕冒頓，
不為備。及冒頓以兵至，擊，大破滅東胡王，而虜其民人
及畜產。既歸，西擊走月氏，南并樓煩、白羊河南王。索隱曰如
淳曰白羊王居河南　侵燕、代。悉復收秦所使蒙恬所奪匈奴地者，
與漢關故河南塞，至朝那、膚施。徐廣曰在上郡○正義
曰漢朝那故城在原州百泉縣西七十里屬安定郡膚施縣秦因不改今延州膚施是也　遂侵燕、代。是時漢兵與
項羽相距，中國罷於兵革，以故冒頓得自彊，控弦之士
三十餘萬。自淳維以至頭曼千有餘歲，時大時小，別散
分離，尚矣，其世傳不可得而次云。然至冒頓而匈奴最
彊大，盡服從北夷，而南與中國為敵國，其世傳國官號

乃可得而記云。置左右賢王，左右谷蠡王，服虔曰谷音鹿蠡音離○
索隱曰蠡又音黎　左右大將，左右大都尉，左右大當戶，左右骨
都侯。骨都異姓大臣○索隱曰裴氏所引據後漢書下呼衍氏亦然　匈奴謂賢曰屠耆，
徐廣曰屠一作諸　故常以太子為左屠耆王。自如左右賢王以下
至當戶，大者萬騎，小者數千，凡二十四長，立號曰萬騎。
諸大臣皆世官。呼衍氏、呼衍氏須卜氏常與單于婚姻　蘭氏，正義曰蘭師古云呼
衍即今鮮卑姓呼延者也蘭姓今亦有之　其後有須卜氏，須卜氏主獄訟○正義曰後漢書云
呼衍氏須卜氏常與單于婚姻　此三姓，其貴種也。諸左方王將居東方，
直上谷。○索隱曰姚氏云古字例以直為值值者當也○正義曰上谷郡今媯州也言匈奴東方南
直當媯州也　以往者東接穢貉、朝鮮；右方王將居西方，直上

郡，正義曰上郡故城在綏州上縣東南五十里言匈奴西方南直當綏州也　以西，接月氏、氐、
羌。索隱曰案風俗通云氐本西南夷種地理志武都有白馬氐又樂產括地譜云漢置武都郡排其種人分竄
山谷或號青氐或號白氐魏略云氐亦羊稱號故云羌氐西方牧羊人續漢書云羌三苗姜姓之別裔徙于三危
今河關之西南羌是也　而單于之庭直代、雲中。索隱曰案謂匈奴所都處為庭樂產
云單于無城郭不知何以國之穹廬前地若庭故云庭○正義曰代郡城北狄代國秦漢代縣城也在蔚州羌
胡縣北百五十里雲中故城趙雲中城秦雲中郡在勝州榆林縣東北四十里言匈奴之南當直代雲中也
各有分地，逐水草移徙。而左右賢王、左右谷蠡王最為
大國，左右骨都侯輔政。諸二十四長亦各自置千長、百
長、什長、索隱曰案續漢書百官志云里有魁人有什伍里魁掌一里百家什主十家伍主五家以相檢
察故賈誼過秦論以為俛起什伯之中是也　裨小王、相、封、徐廣曰一作將　都尉、當戶、

且渠之屬。正義曰：且子餘反。顏師古云：且渠今之沮渠姓，蓋本因此官。歲正月，諸長小會單于庭，祠。五月，大會蘢城，索隱曰：漢書作龍，亦作蘢字。崔浩云：西方胡皆事龍神，故名大會處爲龍城。後漢書云：匈奴俗，歲有三龍祠，祭天神。祭其先、天地、鬼神。秋，馬肥，大會蹛林，漢書音義曰：匈奴秋社八月中皆會祭處。蹛音帶。○索隱曰：鄭氏云蹛林，地名也。晉灼曰：李陵與蘇武書云「相競趨蹛林」，則服虔說是也。又韋昭音多濫反。姚氏案：李牧傳大破匈奴，滅襜襤，此字與韋昭音頗同。然林襤聲相近，或以林為襤也。○正義曰：顏師古云：蹛者，遶林木而祭也。鮮卑之俗，自古相傳，秋祭無林木者尚豎柳枝，衆騎馳遶三周乃止，此其遺法也。課校人畜計。正義曰：課，計也。其法，拔刃尺者死，坐盜者沒入其家；有罪小者軋，漢書音義曰：刃刻其面。○索隱曰：軋音烏八反。鄧展云：一云軋，歷也。如淳云：撾杖也。臣瓚云：軋，輾也。說文云：轢轢也。○正義曰：顏師古云：軋者，謂輾轢其骨節，若今之壓踝之獄也。大者死。獄久者不過十日，一國之

囚不過數人。而單于朝出營，拜日之始生，夕拜月。其坐，長左而北鄉。正義曰：其坐北向，長者在左，以左為尊也。日上戊己。其送死，有棺槨金銀衣裘，而無封樹喪服；張華曰：匈奴名冢曰逗落。近幸臣妾從死者，多至數千百人。正義曰：漢書作數十百人。顏師古云：或數十人，或百人。舉事而候星月，月盛壯則攻戰，月虧則退兵。其攻戰，斬首虜賜一卮酒，而所得鹵獲因以予之，得人以為奴婢。故其戰，人人自為趣利，善為誘兵以冒敵。故其見敵則逐利，如鳥之集；其困敗，則瓦解雲散矣。戰而扶輿死者，盡得死者家財。後北服渾庾、屈射、丁靈、索隱曰：魏略云丁靈在康居北，去匈奴庭接習水七千里。文一云匈奴北有渾窳國。射音亦，又音石。鬲昆、薪犁之國。正義曰：已上五國在匈奴北。

於是匈奴貴人大臣皆服，以冒頓單于為賢。是時漢初定中國，徙韓王信於代，都馬邑。匈奴大攻圍馬邑，韓王信降匈奴。匈奴得信，因引兵南踰句注，攻太原，至晉陽下。高帝自將兵往擊之。會冬大寒雨雪，卒之墮指者十二三，於是冒頓詳敗走，誘漢兵。漢兵逐擊冒頓，冒頓匿其精兵，見其羸弱，於是漢悉兵，多步兵，三十二萬，北逐之。高帝先至平城，徐廣曰：在鴈門。步兵未盡到，冒頓縱精兵四十萬騎圍高帝於白登，正義曰：白登臺在白登山上，朔州定襄縣東三十里。定襄縣，漢平城縣也。七日，漢兵中外不得相救餉。匈奴騎，其西方盡白馬，東方盡青駹馬，索隱曰：駹音武江反。案：青駹，青色馬也。○正義曰：鄭玄云：駹不純也。許慎云：面顙皆白也。一云黑馬白面也。北方盡烏驪馬，索隱曰：一云驪，黑色。南方盡騂馬。索隱曰：字林云赤黃曰騂。高帝乃使使間厚遺閼氏，閼氏乃謂冒頓曰：「兩主不相困。今得漢地，而單于終非能居之也。且漢王亦有神，單于察之。」冒頓與韓王信之將王黃、趙利期，而黃、利兵又不來，疑其與漢有謀，亦取閼氏之言，乃解圍之一角。於是高帝令士皆持滿傅矢外鄉，從解角直出，竟與大軍合，而冒頓遂引兵而去。漢亦引兵而罷，使劉敬結和親之約。是後韓王信為匈奴將，及趙利、王黃等數倍約，侵盜代、雲中。居無幾何，陳豨反，又與韓信合謀擊代。漢使樊噲往擊之，復拔代、鴈門、雲中郡

縣不出塞是時匈奴以漢將衆往降故冒頓常往來侵
盜代地於是漢患之高帝乃使劉敬奉宗室女公主爲
單于閼氏歲奉匈奴絮繒酒米食物各有數約爲昆弟
以和親冒頓乃少止後燕王盧綰反率其黨數千人降
匈奴往來苦上谷以東高祖崩孝惠呂太后時漢初定
故匈奴以驕冒頓乃爲書遺高后妄言高后欲擊之索隱曰案漢書云高后時冒頓寖驕乃使使遺高后書曰孤僨之君生於沮澤之中長於平野牛馬之域數至邊境願游中國陛下獨立孤僨獨居兩主不樂無以自虞願以所有易其所無高后怒欲擊之諸將曰以
高帝賢武然尚困於平城於是高后乃止索隱曰案漢書季布諫高后乃止乃復與匈奴和親至孝文帝初立復脩和親之事其
三年五月匈奴右賢王入居河南地侵盜上郡葆塞蠻
夷殺略人民於是孝文帝詔丞相灌嬰發車騎八萬五
千詣高奴正義延州城本漢高奴縣舊都擊右賢王右賢王走出塞文
帝幸太原是時濟北王反文帝歸罷丞相擊胡之兵其
明年單于遺漢書曰天所立匈奴大單于敬問皇帝無
恙前時皇帝言和親事稱書意合歡漢邊吏侵侮右賢
王右賢王不請聽後義盧侯難氏徐廣曰音支○索隱曰匈奴將名也等
計與漢吏相距絕二主之約離兄弟之親皇帝讓書再
至發使以書報不來漢使不至漢以其故不和鄰國不
附今以小吏之敗約故罰右賢王使之西求月氏擊之

以天之福吏卒良馬彊力以夷滅月氏盡斬殺降下之
定樓蘭徐廣曰一云樓湟○正義曰漢書云鄯善國名樓蘭去長安一千六百里也烏孫呼
揭音桀○索隱曰于音丘列反○正義曰揭音其列反其倒反二國皆在涼州西北烏孫戰國時居瓜州及
其旁二十六國皆以爲匈奴索隱曰案謂皆已入匈奴國也諸引弓之
民并爲一家北州已定願寢兵休士卒養馬除前事復
故約以安邊民以應始古使少者得成其長老者安其
處世世平樂未得皇帝之志也故使郎中係雩淺奉書
雩音火胡反○索隱曰係音計雩漢書作虖請獻橐他一匹騎馬二匹駕二
駟正義曰顏師古云駕可駕車也駟八匹馬也皇帝即不欲匈奴近塞則且
詔吏民遠舍使者至即遣之以六月中來至薪望之地
漢書音義曰塞下地名○索隱曰服虔云漢界上塞下之地今匈奴使至於此也書至漢議擊
與和親孰便公卿皆曰單于新破月氏乘勝不可擊且
得匈奴地澤鹵正義曰上音昔非可居也和親甚便漢許之孝文
皇帝前六年漢遺匈奴書曰皇帝敬問匈奴大單于無
恙使郎中係雩淺遺朕書曰右賢王不請聽後義盧侯
難氏等計絕二主之約離兄弟之親漢以故不和鄰國
不附今以小吏敗約故罰右賢王使西擊月氏盡定之
願寢兵休士卒養馬除前事復故約以安邊民使少者
得成其長老者安其處世世平樂朕甚嘉之此古聖主
之意也漢與匈奴約爲兄弟所以遺單于甚厚倍約離

匈奴傳

兄弟之親者，常往匈奴。然右賢王事已在赦前，單于勿深誅。單于若稱書意，明告諸吏，使無負約，有信，敬如單于書。使者言單于自將伐國有功，甚苦兵事。服繡袷綺衣、繡袷長襦、錦袷袍各一，比余一，黃金飾具帶一，黃金胥紕一，繡十匹，錦三十匹，赤綈、綠繒各四十匹，使中大夫意、謁者令肩遺單于。後頃之，冒頓死，子稽粥立，號曰老上單于。老上稽粥單于初立，孝文皇帝復遣宗室女公主為單于閼氏，使宦者燕人中行說傅公主。說不欲行，漢彊使之。說曰：「必我行也，為漢患者。」中行說既至，因降單于，單于甚親幸之。初，匈奴好漢繒絮食物，中行說曰：「匈奴人眾不能當漢之一郡，然所以彊者，以衣食異，無仰於漢也。今單于變俗好漢物，漢物不過什二，則匈奴盡歸於漢矣。（正義曰：言漢物十中之二入匈奴，匈奴則動心歸漢矣。）其得漢繒絮，以馳

草棘中，衣袴皆裂敝，以示不如旃裘之完善也。得漢食物皆去之，以示不如湩酪之便美也。」於是說教單于左右疏記，以計課其人眾畜物。漢遺單于書，牘以尺一寸，辭曰「皇帝敬問匈奴大單于無恙」，所遺物及言語云云。中行說令單于遺漢書以尺二寸牘，及印封皆令廣大長，倨傲其辭曰「天地所生日月所置匈奴大單于敬問漢皇帝無恙」，所以遺物言語亦云云。漢使或言曰：「匈奴俗賤老。」中行說窮漢使曰：「而漢俗屯戍從軍當發者，其老親豈有不自脫溫厚肥美以齎送飲食行戍乎？」漢使曰：「然。」中行說曰：「匈奴明以戰攻為事，其老弱不能鬭，故以其肥美飲食壯健者，蓋以自為守衛，如此父子各得久相保，何以言匈奴輕老也？」漢使曰：「匈奴父子乃同穹廬而臥。（漢書音義曰：穹廬，旃帳。）父死，妻其後母；兄弟死，盡取其妻妻之。無冠帶之飾，闕庭之禮。」中行說曰：「匈奴之俗，人食畜肉，飲其汁，衣其皮；畜食草飲水，隨時轉移。故其急則人習騎射，寬則人樂無事，其約束輕，易行也。君臣簡易，一國之政猶一身也。父子兄弟死，取其妻妻之，惡種姓之失也。故匈奴雖亂，必立宗種。今中國雖詳不取其父兄之妻，（索隱曰：詳，漢書作陽，此亦音羊。）親屬益疏則相殺，至乃易姓，

皆從此類。且禮義之敝，上下交怨望，而室屋之極，生力必屈。〔索隱曰：以言棟宇室屋之作，人盡極其力，生至於氣力屈竭也。屈音其勿反。〕夫力耕桑以求衣食，築城郭以自備，故其民急則不習戰功，緩則罷於作業。嗟土室之人，顧無多辭，令喋喋而佔佔，〔喋利口也。佔音昌占反，衣裳貌。〕冠固何當？〔言漢使美冠固何當所益。○索隱曰：服虔曰佔耳語聲也。帽曰口舌為喋喋。漢曰汝漢人多口，居室中固自宜著冠，且不足貴也。小顏云言汝漢人但當思念，無為喋喋佔佔，雖自謂著冠，何所當益。〕自是之後，漢使欲辯論者，中行說輒曰：「漢使無多言，顧漢所輸匈奴繒絮米糵，令其量中，必善美而已矣，何以為言乎？且所給備善則已；不備，苦惡，〔韋昭曰：苦，麤也。音苦盬之盬。〕則候秋孰，以騎馳蹂而稼穡耳。」〔徐廣曰：蹂音而九反。〕日夜教單于候利害處。

漢孝文皇帝十四年，匈奴單于十四萬騎入朝那、蕭關，殺北地都尉卬，〔徐廣曰：姓孫。其子單封為缾侯。缾音白丁反。索隱曰：卬音五郎反。〕虜人民畜產甚多，遂至彭陽。〔○徐廣曰：在安定。○正義曰：城字誤也。括地志云彭城故城在涇州臨涇縣東二十里。索隱彭城在寧州與北地郡，其邊列非彭城也。〕使奇兵入燒回中宮，〔索隱曰：案始皇本紀三十七年巡雞頭山過回中。應劭云回中在北地。武帝云封四年通回中道。○正義曰：括地志云秦回中宮在岐州雍縣西四十里，所匈奴所燒者也。〕候騎至雍甘泉。〔索隱曰：崔浩云候，騎馬。○正義曰：括地志云雲陽也，秦之林光宮，漢之甘泉，在雍州雲陽西北八十里。秦始皇作甘泉宮，去長安三百里，望見長安城也。黃帝以來祭天圓丘處。〕於是文帝以中尉周舍、郎中令張武為將軍，發車千乘，騎十萬，軍長安旁以備胡寇。而拜昌侯盧卿為上郡將軍，〔索隱曰：表盧作旅，古今字異耳。〕

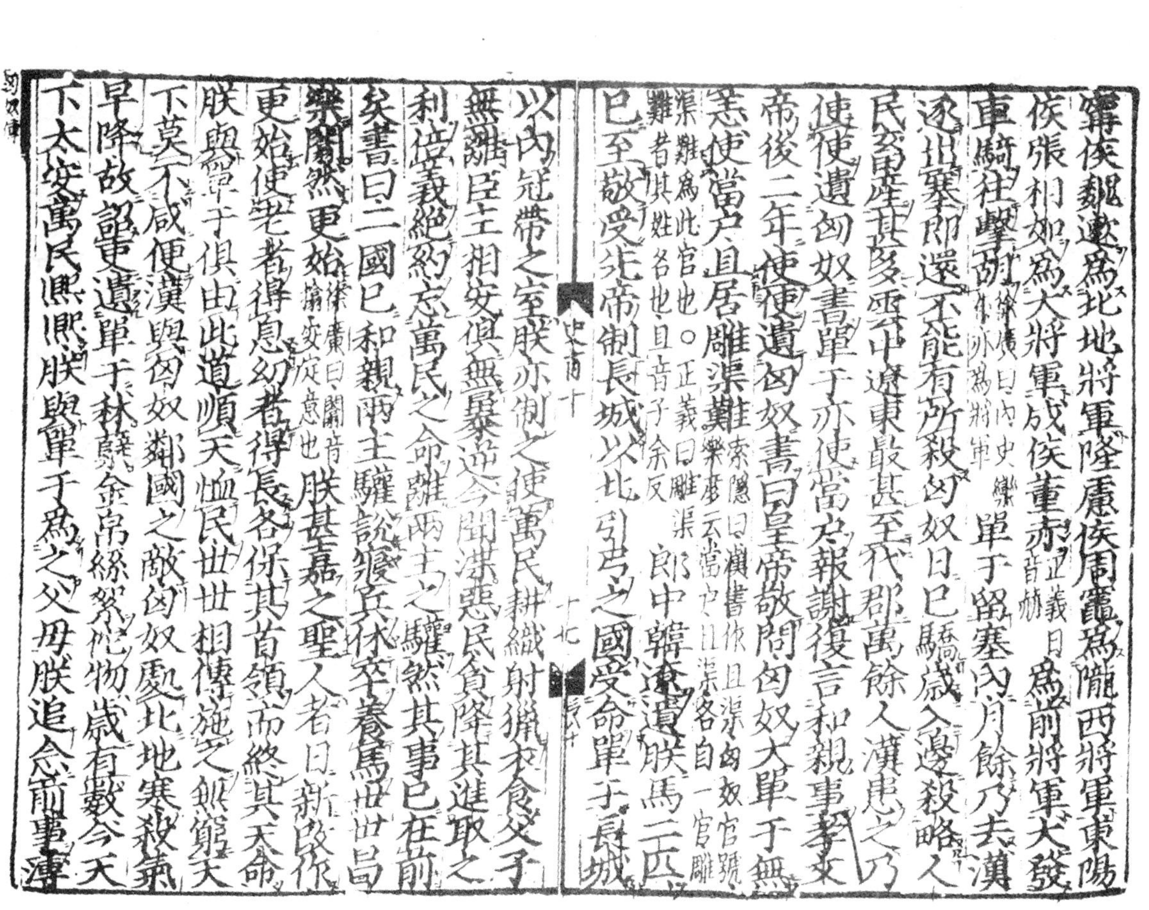

寧侯魏遫為北地將軍，隆慮侯周竈為隴西將軍，東陽侯張相如為大將軍，成侯董赤〔正義曰：音赫。〕為前將軍，大發車騎往擊胡。〔徐廣曰：內史欒布亦為將軍。〕單于留塞內月餘乃去，漢逐出塞即還，不能有所殺。匈奴日已驕，歲入邊，殺略人民畜產甚多，雲中、遼東最甚，至代郡萬餘人。漢患之，乃使使遺匈奴書。單于亦使當戶報謝，復言和親事。

孝文帝後二年，使使遺匈奴書曰：「皇帝敬問匈奴大單于無恙。使當戶且居雕渠難、〔索隱曰：漢書作且渠，匈奴官號。樂彥云當戶、且渠各自一官。雕渠難為此官也。○正義曰：雕渠難者，其姓名也。且音子余反。〕郎中韓遼遺朕馬二匹，已至，敬受。先帝制：長城以北，引弓之國，受命單于；長城以內，冠帶之室，朕亦制之。使萬民耕織射獵衣食，父子無離，臣主相安，俱無暴逆。今聞渫惡民貪降其進取之利，倍義絕約，忘萬民之命，離兩主之驩，然其事已在前矣。書曰：『二國已和親，兩主驩說，寢兵休卒養馬，世世昌樂，闟然更始。』〔徐廣曰：闟音翕，安定意也。〕朕甚嘉之。聖人者日新，改作更始，使老者得息，幼者得長，各保其首領而終其天命。朕與單于俱由此道，順天恤民，世世相傳，施之無窮，天下莫不咸便。漢與匈奴鄰國之敵，匈奴處北地，寒，殺氣早降，故詔吏遺單于秫糵金帛絲絮佗物歲有數。今天下大安，萬民熙熙，朕與單于為之父母。朕追念前事，薄物細故謀臣計失皆不足以離兄弟之驩朕聞天不頗覆地不偏載朕與單于皆捐往細故俱蹈大道墮壞前惡以圖長久使兩國之民若一家子元元萬民下及魚鱉上及飛鳥跂行喙息蠕動之類（索隱曰案跂音岐又音企言蚑鳥之類或以蹠而行或以喙而息皆得其安也下音昌芮云蠕蠕動貌音軟亦云昆蟲蠕動也）莫不就安利而辟危殆故來者不止天之道也俱去前事朕釋逃虜民單于無言章尼等（索隱曰案文帝云我今日並釋放彼國逃亡虜遣之歸本國汝單于無得更以言詞訴於章尼等責其違逃也）朕聞古之帝王約分明而無食言單于留志天下大安和親之後漢過不先單于其察之單于既約和親於是制詔御史曰匈奴大單于遺朕書

言和親已定亡人不足以益眾廣地匈奴無入塞漢無出塞犯今約者殺之可以久親後無咎俱便朕已許之其布告天下使明知之後四歲老上稽粥單于死子軍臣立為單于既立（徐廣曰後元三年立）孝文皇帝復與匈奴和親而中行說復事之軍臣單于立四歲（徐廣曰孝文後元七年崩而二年荅單于書其間五年而此云後四年又云四歲數不容爾也孝文後六年冬匈奴入上郡雲中也）匈奴復絕和親大入上郡雲中各三萬騎所殺略甚眾而去於是漢使三將軍軍屯北地代屯句注趙屯飛狐口緣邊亦各堅守以備胡寇又置三將軍軍長安西細柳渭北棘門霸上以備胡胡騎入代句注邊烽火通於甘泉長

安數月漢兵至邊匈奴亦去遠塞漢兵亦罷後歲餘孝文帝崩孝景帝立而趙王遂乃陰使人於匈奴吳楚反欲與趙合謀入邊漢圍破趙匈奴亦止自是之後孝景帝復與匈奴和親通關市給遺匈奴遣公主如故約終孝景時時小入盜邊無大寇今帝即位明和親約束厚遇通關市饒給之匈奴自單于以下皆親漢往來長城下漢使馬邑下人聶翁壹（索隱曰衛青傳唯稱聶壹云一名也老故稱翁義或然）姦蘭（姦音干闌犯禁私出物也）出物與匈奴交（漢書音義曰私出塞與匈奴交市）詳為賣馬邑城以誘單于單于信之而貪馬邑財物乃以十萬騎入武州塞（索隱曰蘇林云在鴈門也）漢伏兵三十餘萬馬邑旁

御史大夫韓安國為護軍護四將軍以伏單于單于既入漢塞未至馬邑百餘里見畜布野而無人牧者怪之乃攻亭是時鴈門尉史行徼（索隱曰如淳云近塞郡皆置尉百里一人士史尉史各二人）見寇葆此亭知漢兵謀單于得欲殺之（徐廣曰一云乃下未告單于）尉史乃告單于漢兵所居單于大驚曰吾固疑之乃引兵還出曰吾得尉史天也天使若言以尉史為天王漢兵約單于入馬邑而縱單于不至以故漢兵無所得漢將軍王恢部出代擊胡輜重聞單于還兵多不敢出漢以恢本造兵謀而不進斬恢（韓長孺傳曰恢自殺）自是之後匈奴絕和親攻當路塞（索隱曰蘇林云直當道之塞）往往入盜於漢邊不可勝

數。然匈奴貪，尚樂關市，嗜漢財物，漢亦尚關市不絕以中之。[正義曰：如淳云：得具以利中傷之。]自馬邑軍後五年之秋，漢使四將軍各萬騎擊胡關市下。將軍衛青出上谷，至蘢城，得胡首虜七百人。公孫賀出雲中，無所得。公孫敖出代郡，為胡所敗七千餘人。李廣出鴈門，為胡所敗，而匈奴生得廣，廣後得亡歸。漢囚敖、廣，敖、廣贖為庶人。其冬，匈奴數入盜邊，漁陽尤甚。漢使將軍韓安國屯漁陽備胡。其明年秋，匈奴二萬騎入漢，殺遼西太守，略二千餘人。胡又入敗漁陽太守軍千餘人，圍漢將軍安國，安國時千餘騎亦且盡，會燕救至，匈奴乃去。匈奴又入鴈門，殺略

千餘人。於是漢使將軍衛青將三萬騎出鴈門，李息出代郡，擊胡，得首虜數千人。其明年，衛青復出雲中以西至隴西，擊胡之樓煩、白羊王於河南，得胡首虜數千，牛羊百餘萬。於是漢遂取河南地，築朔方，復繕故秦時蒙恬所為塞，因河為固。漢亦棄上谷之什辟縣造陽地以予胡。[什音斗。辟音僻。漢書音義曰：言縣斗辟西近胡。索隱曰：辟音僻。造陽即斗辟縣中地。正義曰：縣曲斗辟，入匈奴界者，造陽地棄與胡也。]是歲，漢之元朔二年也。其後冬，匈奴軍臣單于死。軍臣單于弟左谷蠡王伊稚斜自立為單于，[索隱曰：稚音持利反。斜音士嗟反。鄒誕生音直牙反。蓋稚斜胡人語，近得其實。]攻破軍臣單于太子於單。[索隱曰：單音丹。]於單亡降漢，漢封於單為涉安侯，

數月而死。伊稚斜單于既立，其夏，匈奴數萬騎入殺代郡太守恭友，略千餘人。其秋，匈奴又入鴈門，殺略千餘人。其明年，匈奴又復入代郡、定襄、[正義曰：括地志云：定襄故城在朔州善陽縣北三百八十里。地理志云：定襄郡，高帝置也。]上郡，各三萬騎，殺略數千人。匈奴右賢王怨漢奪之河南地而築朔方，數為寇，盜邊，及入河南，侵擾朔方，殺略吏民甚眾。其明年春，漢以衛青為大將軍，將六將軍，十餘萬人，出朔方高闕擊胡。右賢王以為漢兵不能至，飲酒醉，漢兵出塞六七百里，夜圍右賢王。右賢王大驚，脫身逃走，諸精騎往往隨後去。漢得右賢王眾男女萬五千人，裨小王十餘人。其秋，匈奴

萬騎入殺代郡都尉朱英，略千餘人。其明年春，漢復遣大將軍衛青將六將軍，兵十餘萬騎，乃再出定襄數百里擊匈奴，得首虜前後凡萬九千餘級，而漢亦亡兩將軍，軍三千餘騎。[徐廣曰：合有三千耳。]右將軍建[正義曰：蘇建，武父也。]得以身脫，而前將軍翕侯趙信兵不利，降匈奴。趙信者，故胡小王，降漢，漢封為翕侯，以前將軍與右將軍并軍分行，[正義曰：與大軍別行也。]獨遇單于兵，故盡沒。單于既得翕侯，以為自次王，[正義曰：自次者，尊重次於單于。]用其姊妻之，與謀漢。信教單于益北絕幕，[應劭曰：幕，沙幕，匈奴之南界。臣瓚曰：沙土曰幕，直度曰絕。]以誘罷漢兵，徼極而取之，[索隱曰：罷音疲。徼，要也，謂要其疲極而取之。正義曰：徼音古堯反。徼，要也，要漢兵疲極則取。]

（之無近塞居止）無近塞單于從其計其明年胡騎萬人入上谷
殺數百人其明年春漢使驃騎將軍去病將萬騎出隴
西過焉支山（正義曰焉音烟括地志云焉支山一名刪丹山在甘州刪丹縣東南五十里西河故事云匈奴失祁連焉支二山乃歎曰亡我祁連山使我六畜不蕃息失我焉支山使我婦女無顏色其慜惜如此）
千餘里擊匈奴得胡首虜騎萬八千餘級破得休屠王
祭天金人（漢書音義曰匈奴祭天處本在雲陽甘泉山下秦奪其地後徙之休屠王右地故休屠有祭天金人象祭天人也○索隱曰韋昭云作金人以為祭天主崔浩云胡祭以金人為主今浮圖金人是也說恐不然案得休屠金人後置之於甘泉也○正義曰括地志云徑路祠神在雍州雲陽西北九十里甘泉山下本匈奴祭天處秦奪其地後徙休屠右地按金人即今佛像是其遺法立以為祭天主也）其夏驃
騎將軍復與合騎侯數萬騎出隴西北地二千里擊匈
奴過居延（索隱曰韋昭曰張掖縣）攻祁連山（索隱曰西河舊事云山在張掖酒泉二界上東西二百餘里南北百里有松柏五木美水草冬溫夏涼宜畜牧養匈奴失二山乃歌云亡我祁連山使我六畜不蕃息失我燕支山使我嫁婦無顏色祁連一名天山亦曰白山）得胡首虜三萬餘人
裨小王以下七十餘人是時匈奴亦來入代郡鴈門殺
略數百人漢使博望侯及李將軍廣出右北平擊匈奴
右賢王右賢王圍李將軍卒可四千人且盡殺虜亦過
當會博望侯軍救至李將軍得脫漢失亡數千人合騎
侯後驃騎將軍期及與博望侯皆當死贖為庶人其秋
單于怒渾邪王休屠王居西方為漢所殺虜數萬人欲
召誅之渾邪王與休屠王恐謀降漢（徐廣曰元狩二年）漢使驃

騎將軍往迎之渾邪王殺休屠王并將其衆降漢凡四
萬餘人號十萬於是漢已得渾邪王則隴西北地河西
益少胡寇徙關東貧民處所奪匈奴河南新秦中以實
之（索隱曰如淳云在長安以北朔方以南[illegible]云徙貧民於朔方以南新秦中是也○正義曰服虔云地名在北地廣六七百里長安北朔方南史記以為秦始皇遣蒙恬斥逐北胡得肥饒之地七百里徙內郡人民皆往充實之號曰新秦中也）而減北地以西戍卒半其明年匈奴
入右北平定襄各數萬騎殺略千餘人而去其明年春
漢謀曰翕侯信為單于計居幕北以為漢兵不能至乃
粟馬發十萬騎負私從（正義曰謂負擔衣糧私募從者凡十四萬匹）馬凡十
四萬匹糧重不與焉令大將軍青驃騎將軍去病中分
軍大將軍出定襄驃騎將軍出代咸約絕幕擊匈奴匈
奴單于聞之遠其輜重以精兵待於幕北與漢大將軍
接戰一日會暮大風起漢兵縱左右翼圍單于單于自
度戰不能如漢兵單于遂獨身與壯騎數百潰漢圍西
北遁走漢兵夜追不得行斬捕匈奴首虜萬九千級北
至闐顏山趙信城而還（如淳曰信前降匈奴匈奴築城居之）單于之遁走
其兵往往與漢兵相亂而隨單于單于久不與其大衆
相得其右谷蠡王以為單于死乃自立為單于真單于
復得其衆而右谷蠡王乃去其單于號復為右谷蠡王
漢驃騎將軍之出代二千餘里與左賢王接戰漢兵得

胡首虜凡七萬餘級，左賢王將皆遁走。驃騎封於狼居胥山，禪姑衍，臨翰海而還。如淳曰翰海北海名○正義曰按翰海自一大海名群鳥解羽伏乳於此因名也是後匈奴遠遁，而幕南無王庭。漢度河自朔方以西至令居，徐廣曰在金城○索隱曰[illegible]往往通渠置田，官吏卒五六萬人，稍蠶食，地接匈奴以北。正義曰匈奴舊以幕南為王庭今少走徙幕北更蠶食之漢境連接匈奴以北也初，漢兩將軍大出圍單于，所殺虜八九萬，而漢士卒物故亦數萬，索隱曰案釋名云漢以為物故謂就朽故也文穎曰[illegible]魏臺訪議高堂崇對曰聞之先師物無也故事也言死者無復所能於事者也漢馬死者十餘萬。匈奴雖病，遠去，而漢亦馬少，無以復往。匈奴用趙信之計，遣使於漢，好辭請和親。天子下其議，或言和親，或言遂臣之。丞相長史任敞曰：匈奴新破，困，宜可使為外臣，朝請於邊。漢使任敞於單于。單于聞敞計，大怒，留之不遣。先是漢亦有所降匈奴使者，單于亦輒留漢使相當。漢方復收士馬，會驃騎將軍去病死，於是漢久不北擊胡。數歲，伊稚斜單于立十三年死，子烏維立為單于。是歲，漢元鼎三年也。烏維單于立，而漢天子始出巡郡縣。其後漢方南誅兩越，正義曰南越東越不擊匈奴，匈奴亦不侵入邊。烏維單于立三年，漢已滅南越，遣故太僕賀將萬五千騎出九原二千餘里，至浮苴井而還，索隱曰苴音子餘反臣瓚云去九原二千里見漢輿地圖不見匈奴一人。漢又遣故從驃侯趙破奴萬餘騎出令居數千里，至匈河水而還，索隱曰臣瓚云河水名去令居千里亦不見匈奴一人。是時天子巡邊，至朔方，勒兵十八萬騎以見武節，而使郭吉風告單于。郭吉既至匈奴，匈奴主客[illegible]問所使，○正義曰官名若鴻臚卿郭吉禮卑言好，曰：吾見單于而口言。單于見吉，吉曰：南越王頭已懸於漢北闕。今單于能即前與漢戰，天子自將兵待邊；單于即不能，即南面而臣於漢。何徒遠走，亡匿於幕北寒苦無水草之地，毋為也。語卒而單于大怒，立斬主客見者，而留郭吉不歸，遷之北海上。正義曰北海即上海也蘇武亦遷也而單于終不肯為寇於漢邊，休養息士馬，習射獵，數使使於漢，好辭甘言求請和親。漢使王烏等窺匈奴。匈奴法，漢使非去節而以墨黥其面者不得入穹廬。王烏，北地人，習胡俗，去其節，黥面，得入穹廬。單于愛之，詳許甘言，為遣其太子入漢為質，以求和親。漢使楊信於匈奴。是時漢東拔穢貉、正義[illegible]音[illegible]朝鮮以為郡，正義曰即玄菟樂浪二郡而西置酒泉郡，正義曰今肅州以鬲絕胡與羌通之路。正義曰[illegible]漢又西通月氏、大夏，正義曰漢書西域傳云大月氏本居敦煌祁連間冒頓單于破月氏而老上單于殺月氏以頭為飲器月氏乃遠去過宛西擊大夏而臣之都媯水北為王庭又以公主妻烏孫王，以分匈奴西方之援國。又北益廣田至胘雷為塞，[illegible]名在烏孫北而匈奴終不敢以為言。是歲，翕侯信死，漢用事者以匈

奴為已弱，可臣從也。楊信為人剛直屈彊，素非貴臣，單
于不親。單于欲召入，不肯去節，單于乃坐穹廬外見楊
信。楊信既見單于，說曰：「即欲和親，以單于太子為質於
漢。」單于曰：「非故約。故約，漢常遣公主，給繒絮食物有品，
以和親，而匈奴亦不擾邊。今乃欲反古，令吾太子為質，
無幾矣。」正義曰：幾，音冀。言反古無所冀望也。匈奴俗，見漢使非中貴人，其
儒先，以為欲說，折其辯；儒生先生也。漢書作儒生。其少年，以為欲刺，
折其氣。每漢使入匈奴，匈奴輒報償。漢留匈奴使，匈奴
亦留漢使，必得當乃肯止。楊信既歸，漢使王烏，而單于
復讇以甘言，欲多得漢財物，紿謂王烏曰：「吾欲入漢見
天子，面相約為兄弟。」王烏歸報漢，漢為單于築邸于長
安。匈奴曰：「非得漢貴人使，吾不與誠語。」匈奴使其貴人
至漢，病，漢予藥，欲愈之，不幸而死。而漢使路充國佩二
千石印綬往使，因送其喪，厚葬直數千金，曰「此漢貴人
也」。單于以為漢殺吾貴使者，乃留路充國不歸。諸所言
者，單于特空紿王烏，殊無意入漢及遣太子來質。於是
匈奴數使奇兵侵犯邊。漢乃拜郭昌為拔胡將軍，及浞
野侯屯朔方以東，備胡。徐廣曰：浞野侯趙破奴。路充國留匈奴三
歲，單于死。烏維單于立十歲而死，子烏師廬徐廣曰：烏一作詹。
立為單于。年少，號為兒單于。是歲元封六年也。自此之

後，單于益西北，左方兵直雲中，右方直酒泉、燉煌郡。正義
曰：括地志云：鐵勒國，匈奴冒頓之後，在突厥國北[illegible]
州經秦長城，又東長路正北經沙磧十三日行至其國。
兒單于立，漢使兩使者，一弔單于，一弔右賢王，欲以乖
其國。使者入匈奴，匈奴悉將致單于。單于怒而盡留漢
使。漢使留匈奴者前後十餘輩，而匈奴使來，漢亦輒留
相當。是歲，漢使貳師將軍廣利西伐大宛，而令因杅將
軍敖築受降城。其冬，匈奴大雨雪，畜多飢寒死。兒單于
年少，好殺伐，國人多不安。左大都尉欲殺單于，使人閒
告漢曰：「我欲殺單于降漢，漢遠，即兵來迎我，我即發。」初，
漢聞此言，故築受降城，猶以為遠。其明年春，漢使浞野
侯破奴將二萬餘騎出朔方西北二千餘里，期至浚稽
山而還。索隱曰：服虔云：在武威縣北。浞野侯既至期而還，左大都尉
欲發而覺，單于誅之，發左方兵擊浞野。浞野侯行捕首
虜得數千人。還，未至受降城四百里，匈奴兵八萬騎圍之。
浞野侯夜自出求水，匈奴閒捕，生得浞野侯，因急擊其
軍。軍中郭縱為護，維王為渠，正義曰：為渠帥也。相與謀曰：「及諸
校尉畏亡將軍而誅之，莫相勸歸。」軍遂沒於匈奴。匈奴
兒單于大喜，遂遣奇兵攻受降城。不能下，乃寇入邊而
去。其明年，單于欲自攻受降城，未至，病死。兒單于立三
歲而死。子年少，匈奴乃立其季父烏維單于弟右賢王

呴犁湖為單于呴音鉤又音吁是歲太初三年也呴犁湖單于立漢使光祿徐自為出五原塞正義曰即五原郡榆林塞也在勝州榆林縣四十里數百里遠者千餘里築城鄣列亭正義曰顏師古云鄣山中小城亭候望所居也至廬朐朐音劬匈奴地也又山名○正義曰括地志云五原郡稒陽縣北出石門鄣得光祿城又西北得支就縣又西北得頭曼城又西北得虖河城又西得宿虜城按即築城鄣列亭至廬朐也服虔云廬朐匈奴地名張晏云山名也而使游擊將軍韓說長平侯衛伉屯其旁使彊弩都尉路博德築居延澤上正義曰括地志云漢居延縣故城在甘州張掖縣東北千五百三十里有漢遮虜鄣彊弩都尉路博德之所築李陵敗與士眾期至遮虜鄣即此也長老傳云鄣北百八十里直居延之西北是李陵戰地也其秋匈奴大入定襄雲中殺略數千人敗數二千石而去行破壞光祿所築城列亭鄣又使右賢王入酒泉張掖略數千人會任文擊救漢書音義曰漢將也盡復失所得而去是歲貳師將軍破大宛斬其王而還匈奴欲遮之不能至其冬欲攻受降城會單于病死呴犁湖單于立一歲死匈奴乃立其弟左大都尉且鞮侯為單于索隱曰且音子餘反鞮音低

漢既誅大宛威震外國天子意欲遂困胡乃下詔曰高皇帝遺朕平城之憂高后時單于書絕悖逆昔齊襄公復九世之讎春秋大之公羊傳曰九世猶可以復讎乎雖百世可知也是歲太初四年也且鞮侯單于既立盡歸漢使之不降者路充國等得歸單于初立恐漢襲之乃自謂我兒子安敢望漢天子漢天子我丈

六八

人行也正義曰丈人行胡郎反漢遣中郎將蘇武厚幣賂遺單于單于益驕禮甚倨非漢所望也其明年浞野侯破奴得亡歸漢其明年漢使貳師將軍廣利以三萬騎出酒泉擊右賢王於天山正義曰在伊州得胡首虜萬餘級而還匈奴大圍貳師將軍幾不脫漢兵物故什六七漢復使因杅將軍敖出西河與彊弩都尉會涿涂山徐廣曰涂音邪○索隱曰涿音卓涂音除以奢反○正義曰匈奴中山也毋所得又使騎都尉李陵將步騎五千人出居延北千餘里與單于會合戰陵所殺傷萬餘人兵及食盡欲解歸匈奴圍陵陵降匈奴其兵遂沒得還者四百人單于乃貴陵以其女妻之後二歲復使貳師將

史百十

六九

軍將六萬騎步兵十萬出朔方彊弩都尉路博德將萬餘人與貳師會游擊將軍說將步騎三萬人出五原因杅將軍敖將萬騎步兵三萬人出鴈門匈奴聞悉遠其累重於余吾水北徐廣曰余一作斜音邪○索隱曰山海經云北鮮之山鮮水出焉北流注余吾○正義曰累力為反重丈用反而單于以十萬騎待水南與貳師將軍接戰貳師乃解而引歸與單于連戰十餘日貳師聞其家以巫蠱族滅因并眾降匈奴徐廣曰案史記將相年表及漢書征和二年巫蠱始起三年廣利與商丘成出擊匈奴軍敗乃降此以下至貳師聞其家非天漢四年事似錯誤人所知得來還千人一兩人耳正義曰自游擊說無所得因杅敖與左賢王戰不利引歸是歲徐廣曰天漢四年漢兵之出擊匈奴

匈奴傳

者不得言功，多少功不得禦。正義曰：御音語。其功不得相御當也。有詔捕太醫令隨但，言貳師將軍家室族滅，使廣利得降匈奴。索隱曰：漢書云明年且鞮侯死，長子狐鹿姑單于立。是歲，太始元年也。云自狐鹿姑單于已下，皆劉向、褚先生所錄，班彪又撰而次之。所以漢書匈奴傳有上下兩卷。

太史公曰：孔子著春秋，隱桓之間則章，至定哀之際則微，索隱曰：案韓國云[illegible]於定哀，故其著春秋不切論當世而微其詞也。為其切當世之文而罔褒，忌諱之辭也。索隱曰：案罔者無也。諸其當世之文而褒之，是忌諱當世也。世俗之言匈奴者，患其徼一時之權，徐廣曰：徼音古堯反。言求一時權寵也。○索隱曰：徼音古堯反。劉伯莊音以徼音，故皆非也。代而務讇納其說，索隱曰：讇音諂。謂諂說匈奴，皆患其直徼一時權寵，進其說以自便其以便偏指，不參彼己；索隱曰：彼己，詩云彼己之子。是[illegible]也。將率則[illegible]。索隱曰：偏指不參彼己，詩人譏詞也。將率者，借為帥。將率席中國廣大，氣奮，人主因以決策，是以建功不深。堯雖賢，興事業不成，得禹而九州寧。正義曰：言堯雖賢聖，不能獨理，得禹而九州安寧。以刺武帝不能擇賢將相，而務諂納小人浮說，多伐匈奴，故壞齊民。太史公引禹聖成其太平，以攻當代之罪。且欲興聖統，唯在擇任將相哉！唯在擇任將相哉！

索隱述贊曰：

獫狁薰粥，居于北邊。既稱夏裔，式憬周篇。頡頏畜牧，[illegible]擾煙。爰自頓冒，尤聚控弦。雖[illegible]霸職，未盡中權。

匈奴列傳第五十　史記一百十

衛將軍驃騎列傳第五十一　史記百一十一

大將軍衛青者，平陽人也。正義曰：漢書云其父鄭季，河東平陽人，以縣吏給事平陽侯家。其父鄭季，為吏，給事平陽侯家，與侯妾衛媼通，索隱曰：[illegible]其家僮也。媼，老女人之稱也。[illegible]姓也。按漢書曰：與主家僮衛媼通。則少亦稱媼，是年老之稱，後追呼耳，非老或稱媼也。魏王宗女稱媼，父與媼通，然案此云侯妾衛媼者，舉其夫家姓也。生青。青同母兄衛長子，而姊衛子夫自平陽公主家得幸天子，徐廣曰：曹參曾孫平陽夷侯時尚武帝姊平陽公主，生子襄。○索隱曰：案如淳云：本陽信長公主，為平陽侯所尚，故稱平陽公主。世家及功臣表時或作壽，漢書作壽，並文字殘缺，故不同也。故冒姓為衛氏。衛氏，父姓也。衛長子及姊衛子夫皆冒衛氏，又以有夫耳，其所冒之姓為父與母皆未明也。同母兄衛長子，字仲卿。長子更字長君。長君母號為衛媼。媼長女衛孺，索隱曰：漢書作君孺。次女少兒，次女即子夫。後子夫男弟步、廣皆冒衛氏。徐廣曰：步一作少。青為侯家人，少時歸其父，其父使牧羊。先母之子皆奴畜之，服虔曰：先母適妻也。青之適母。○索隱曰：漢書作民母。顏氏云：鄭季本妻編於民戶之間，故曰民母。今本亦或作民母。不以為兄弟數。索隱曰：數音去聲。青嘗從入至甘泉居室，正義曰：按居室，保宮獄。[illegible]屬官也。武帝改曰保宮。灌夫繫居室是也。有一鉗徒相青曰：張晏曰：甘泉中徒所居也。「貴人也，官至封侯。」青笑曰：「人奴之生，得毋笞罵即足矣，安得封侯事乎！」青壯，為侯家騎，從平陽主。建元二年春，青姊子夫得入宮幸上。皇后，堂邑大長公主女也，徐廣曰：堂邑安侯陳嬰之孫夷侯午尚帝姑長公主，生子季須，元鼎年季須坐奸自殺。○正義曰：令陳皇后，武帝姑女也。無子，妒。大長公主聞衛子

大幸，有身，姑之。乃使人捕青。青時給事建章，未知名。索隱曰：案晉灼云建章中棘中宮名。大長公主執囚青，欲殺之。其友騎郎公孫敖與壯士篡取之，以故得不死。索隱曰：篡，猶劫也，奪也。上聞，乃召青為建章監，侍中，及同母昆弟貴，賞賜數日間累千金。孺為太僕公孫賀妻。少兒故與陳掌通，徐廣曰：陳平曾孫也。上召貴掌。公孫敖由此益貴。子夫為夫人。青為大中大夫。元光五年，青為車騎將軍，擊匈奴，出上谷；太僕公孫賀為輕車將軍，出雲中；大中大夫公孫敖為騎將軍，出代郡；衛尉李廣為驍騎將軍，出鴈門：軍各萬騎。青至龍城，斬首虜數百。騎將軍敖亡七千騎；衛尉李廣為虜所得，得脫歸：皆當斬，贖為庶人。賀亦無功。元朔元年春，衛夫人有男，索隱曰：即衛太子據也。立為皇后。其秋，青為車騎將軍，出鴈門，三萬騎擊匈奴，斬首虜數千人。明年，匈奴入殺遼西太守，虜略漁陽二千餘人，敗韓將軍軍。漢令將軍李息擊之，出代；令車騎將軍青出雲中以西至高闕。索隱曰：高闕，山名。小顏云一曰塞名，在朔方之北。遂略河南地，至于隴西，捕首虜數千，畜數十萬，走白羊、樓煩王。遂以河南地為朔方郡。正義曰：今夏州也。以三千八百戶封青為長平侯。青校尉蘇建有功，以千一百戶封建為平陵侯。使建築朔方城。正義曰：括地志云夏州朔方縣北什賁故城是。按蘇建築什賁之號，蓋出蕃語也。青校尉張次公有

功，封為岸頭侯。索隱曰：亭名也。○正義曰：服虔云河東皮氏縣之亭。天子曰：「匈奴逆天理，亂人倫，暴長虐老，以盜竊為務，行詐諸蠻夷，造謀藉兵，數為邊害，張晏曰：假兵於邊也。故興師遣將，以征厥罪。詩不云乎，『薄伐玁狁，至于太原』，索隱曰：小雅六月詩美宣王北伐也。『出車彭彭，城彼朔方』。索隱曰：小雅出車之詩也。今車騎將軍青度西河正義曰：即雲中郡之西河，今勝州東河也。至高闕，獲首虜二千三百級，車輜畜產畢收為鹵，已封為列侯，遂西定河南地，按榆谿舊塞，如淳曰：案，行也。榆谿，舊塞名。或曰按，尋也。○索隱曰：案水經云上郡之北有諸次山，諸次水出焉，東經榆林塞為榆谿，是榆谿舊塞也。絕梓領，如淳曰：絕，度也。為北河作橋梁。○正義曰：括地志云梁北河在勝州界也。梁北河，討蒲泥，破符離，晉灼曰：二王號。○索隱曰：崔浩云比塞名。斬輕銳之卒，捕伏聽者三千七十一級，張晏曰：伏於隱處，聽軍虛實。執訊獲醜，正義曰：訊，問也。醜，衆也。言執其生口問之，知虜處，獲得衆類也。驅馬牛羊百有餘萬，全甲兵而還，益封青三千戶。」其明年，匈奴入殺代郡太守友，徐廣曰：友者，太守名也，姓共也。入略鴈門千餘人。其明年，匈奴大入代、定襄、上郡，殺略漢數千人。其明年，元朔之五年春，漢令車騎將軍青將三萬騎，出高闕；衛尉蘇建為游擊將軍，左內史李沮音狙。為彊弩將軍，太僕公孫賀為騎將軍，代相李蔡為輕車將軍，皆領屬車騎將軍，俱出朔方；大行李息、岸頭侯張次公為將軍，出右北平：咸擊匈奴。匈奴右賢王當衛青等兵

以爲漢兵不能至此，飲醉。漢兵夜至，圍右賢王，右賢王
驚，夜逃，獨與其愛妾一人壯騎數百馳，潰圍北去。漢輕
騎校尉郭成等逐數百里，不及，得右賢裨王十餘人，索隱曰賈逵云裨益也小顏云裨王小王也若裨將然音頻移反
眾男女萬五千餘人，畜
數千百萬，於是引兵而還。至塞，天子使使者持大將軍
印，即軍中拜車騎將軍青爲大將軍，諸將皆以兵屬大
將軍，大將軍立號而歸。索隱曰樂產謂立大將軍之號令而歸也天子曰："大
將軍青躬率戎士，師大捷，獲匈奴王十有餘人，益封青
六千戶。"而封青子伉正義曰伉口浪反爲宜春侯，青子不疑爲陰
安侯，青子登爲發干侯。青固謝曰："臣幸得待罪行閒，賴

史百十一　四

陛下神靈，軍大捷，皆諸校尉力戰之功也。陛下幸已益
封臣青。臣青子在繈褓中，正義曰繈長尺二寸闊八寸以約小兒於背褓小兒被也
未有勤勞，上幸列地封爲三侯，非臣待罪行閒所以勸
士力戰之意也。伉等三人何敢受封！"天子曰："我非忘諸
校尉功也，今固且圖之。"乃詔御史曰："護軍都尉公孫敖
三從大將軍擊匈奴，常護軍，傅校獲王，索隱曰顏秘監云傅頌也五百人謂之校小顏云傅音附言敖總護諸軍每附御校以致克捷而獲王也以千五百戶封敖
爲合騎侯。索隱曰案非邑也因戰功爲號謂合騎故云合騎若冠軍從驃然也都尉韓
說從大將軍出窳渾，徐廣曰窳渾在朔方音庾○索隱曰服虔云窳渾塞名漢書作寘渾寘音田
至匈奴右賢王庭，爲麾下搏戰獲王，索隱曰搏音博搏擊也小

劉氏今史記漢書本多作傳傳猶轉也以千三百戶封說爲龍頟侯。騎將
軍公孫賀從大將軍獲王，以千三百戶封賀爲南窌侯，徐廣曰窌亦作卯音匹孝反○索隱曰韋昭一云縣名或作窖字林云穴下卯與穴下卯並音匹孝反輕車
將軍李蔡再從大將軍獲王，以千六百戶封蔡爲樂安
侯。校尉李朔、校尉趙不虞、校尉公孫戎奴，各三從大將
軍獲王，以千三百戶封朔爲涉軹侯，以千三百戶封不
虞爲隨成侯，以千三百戶封戎奴爲從平侯。將軍李沮、
李息及校尉豆如意有功，賜爵關內侯，食邑各三百戶。
其秋，匈奴入代，殺都尉朱英。其明年春，大將軍青出定
襄，合騎侯敖爲中將軍，太僕賀爲左將軍，翕侯趙信爲

史百十一　五

前將軍，衛尉蘇建爲右將軍，郎中令李廣爲後將軍，左
內史李沮爲彊弩將軍，咸屬大將軍，斬首數千級而還。
月餘，悉復出定襄擊匈奴，斬首虜萬餘人。右將軍建、前
將軍信并軍三千餘騎，獨逢單于兵，與戰一日餘，漢兵
且盡。前將軍故胡人，降爲翕侯，見急，匈奴誘之，遂將其
餘騎可八百，奔降單于。右將軍蘇建盡亡其軍，獨以身
得亡去，自歸大將軍。大將軍問其罪正閎、張晏曰正軍正也閎名也
長史安、正義曰律都軍官史一人也議郎周霸等：徐廣曰儒生○索隱曰案鄒氏志議儒林有周霸故知儒生也
"建當云何？"霸曰："自大將軍出，未嘗斬裨將。
今建棄軍，可斬以明將軍之威。"閎、安曰："不然。兵法'小敵

之堅，大敵之禽也。今建以數千當單于數萬，力戰一日餘，士盡，不敢有二心，自歸。自歸而斬之，是示後無反意也。不當斬。」大將軍曰：「青幸得以肺腑待罪行閒，不患無威，而霸說我以明威，甚失臣意。且使臣職雖當斬將，以臣之尊寵而不敢自擅專誅於境外，而具歸天子，天子自裁之，於是以見為人臣不敢專權，不亦可乎？」軍吏皆曰「善」。遂囚建詣行在所。（蔡邕曰天子自謂所居曰行在所，言今雖在京師，行所至耳。巡狩天下，所奏事處皆為宮，在長安則曰奏長安宮，在泰山則曰奏泰山宮，唯當時所在。）入塞罷兵。是歲也，大將軍姊子霍去病（徐廣曰姊少兒也）年十八，幸，為天子侍中。善騎射，再從大將軍，受詔與壯士，為剽姚校尉，（索隱曰服虔音頻姚，荀悅漢紀作票鷂。票鷂，勁疾之貌也。票音頻妙反，鷂音弋召反。）與輕勇騎八百直棄大軍數百里赴利，斬捕首虜過當。（索隱曰案小顏云計其所將之人數，則捕首虜為多，過於所當也。一云漢軍亡失者少而殺獲匈奴數多，故曰過當也。）於是天子曰：「剽姚校尉去病斬首虜二千二十八級，及相國、當戶，斬單于大父行籍若侯產，（張晏曰籍若，胡名也。○索隱曰行音胡浪反，謂籍若侯是匈奴祖之行，產即大父之名。）生捕季父羅姑比，（索隱曰案顏氏云羅姑比，單于季父名也。比音頻也。）再冠軍，（索隱曰下說云再無容更言頻也。）以千六百戶封去病為冠軍侯。上谷太守郝賢四從大將軍，捕斬首虜二千餘人，以千一百戶封賢為眾利侯。是歲，失兩將軍軍，亡翕侯，軍功不多，故大將軍不益封。右將軍建至，天子不

誅，赦其罪，贖為庶人。大將軍既還，賜千金。是時王夫人方幸於上，甯乘說大將軍曰：「將軍所以功未甚多，身食萬戶，三子皆為侯者，徒以皇后故也。今王夫人幸而宗族未富貴，願將軍奉所賜千金為王夫人親壽。」大將軍乃以五百金為壽。天子聞之，問大將軍，大將軍以實言，上乃拜甯乘為東海都尉。張騫從大將軍，以嘗使大夏，（正義曰大夏國在嬀水西。）留匈奴中久，導軍，知善水草處，軍得以無飢渴，因前使絕國功，封騫博望侯。冠軍侯去病既侯三歲，元狩二年春，以冠軍侯去病為驃騎將軍，（徐廣曰驃一作剽。○正義曰漢書云霍去病始置驃騎將軍，位在三公下，品秩同大將軍。顏云驃，驃騎，黃馬髦白色。）將萬騎出隴西，有功。天子曰：「驃騎將軍率戎士踰烏盭，（漢書音義曰烏盭，山名也。）討遬濮，（索隱曰遬音速，濮音卜。崔浩云匈奴部落名，案下有遬濮王，則是國名也。）涉狐奴，（晉灼曰水名也。）歷五王國，輜重人眾懾慴者弗取，（索隱曰恐懼也。○索隱曰案說文云懾，失氣也。劉氏云懾，式涉反，慴之涉反。）冀獲單于子。（徐廣曰一作與。）轉戰六日，過焉支山千有餘里，合短兵，殺折蘭王，斬盧胡王，（張晏曰折蘭、盧胡，國名也。殺者殺之，而已斬者獲其首。○正義曰匈奴中姓也，今鮮卑有其蘭姓者，即其種也。）誅全甲，（徐廣曰全一作金。○正義曰全甲謂具足不失。）執渾邪王子及相國、都尉，首虜八千餘級，收休屠祭天金人，（如淳曰祭天為主。○索隱曰案張晏云佛徒祠金人也。）益封去病二千戶。」其夏，驃騎將軍與合騎侯敖俱出北地，異道；博望侯

張騫郎中令李廣俱出右北平異道皆擊匈奴郎中令將四千騎先至博望侯將萬騎在後至匈奴左賢王將數萬騎圍郎中令郎中令與戰二日死者過半所殺亦過當博望侯至匈奴兵引去博望侯坐行留當斬贖為庶人而驃騎將軍出北地已遂深入與合騎侯失道不相得驃騎將軍踰居延至祁連山捕首虜甚多天子曰驃騎將軍踰居延張晏曰水名也遂過小月氏索隱曰韋昭氏音支西域傳大月氏本居燉煌祁連間餘衆保南山遂號小月氏攻祁連山索隱曰小顏云即天山也匈奴謂天為祁連案西河舊事謂白山即天山祁連恐非也得酋涂王張晏曰胡王也○索隱曰酋音才由反涂音徒漢書云揚武乎觻得得單于單桓酋涂王此文省也以衆降者二千五百人

斬首虜三萬二百級獲五王五王母單于閼氏王子五十九人相國將軍當戶都尉六十三人師大率減什三索隱曰案漢書作減什七小顏云破匈奴之師十減其七一云漢兵亡失之數不啻頗此案一說為是也○正義曰率音律益封去病五千戶賜校尉從至小月氏爵左庶長鷹擊司馬破奴再從驃騎將軍斬遬濮王正義曰速卜二音捕稽沮王索隱曰且音子余反千騎將得王王母各一人索隱曰漢書作右千騎將王然則此云千騎將是漢之將屬趙破奴得匈奴王及王母也或云右千騎將即匈奴王號也王子以下四十一人捕虜三千三百三十人前行捕虜千四百人以千五百戶封破奴為從驃侯張晏曰從驃騎將軍有功因以為號○從校尉句王高不識徐廣曰句音鉤匈奴以為號○索隱曰案二人並匈奴人也

驃騎將軍捕呼于屠王索隱曰案三字其為王號王子以下十一人捕虜千七百六十八人以千一百戶封不識為宜冠侯正義曰孔文祥云從冠軍將軍戰故宜冠從驃之類皆也校尉僕多有功封為煇渠侯索隱曰案漢表作僕朋疑多是誤煇音揮也合騎侯敖坐行留不與驃騎會當斬贖為庶人諸宿將所將士馬兵亦不如驃騎驃騎所將常選索隱曰選音宣變反謂驃騎常選擇取精兵然亦敢深入常與壯騎先其大將軍軍亦有天幸未嘗困絕也然而諸宿將常坐留落不遇索隱曰案謂遲留零落不遇合也由此驃騎日以親貴比大將軍其秋單于怒渾邪王居西方數為漢所破亡數萬人以驃騎之兵也單于怒欲召誅渾邪王渾邪

王與休屠王等謀欲降漢使人先遣使向邊境要遮漢人索隱曰案謂先於邊境要候漢人言其欲降令報天子要邊是時大行李息將城河上得渾邪王使即馳傳以聞天子聞之於是恐其以詐降而襲邊乃令驃騎將軍將兵往迎之驃騎既渡河與渾邪王衆相望渾邪王裨將見漢軍而多欲不降者頗遁去驃騎乃馳入與渾邪王相見斬其欲亡者八千人遂獨遣渾邪王乘傳先詣行在所盡將其衆渡河降者數萬號稱十萬既至長安天子所以賞賜者數十巨萬封渾邪王萬戶為漯陰侯索隱曰漯音他合反案地理志縣名在平原封其裨王呼毒尼索隱曰胡王名為下摩侯鷹庇為煇渠侯徐廣

曰一云扁訾○索隱曰漢書鷹作鷹庇音必二反又音疋履反案漢書功臣表元狩二年以煇渠封僕明至三年又封應疵貝地俱屬魯陽未詳所以○正義曰煇渠表作順梁禽黎為河綦侯徐廣曰一作鳥○索隱曰案表作鳥黎大當戶銅離徐廣曰一作稠離也○索隱曰徐注与漢書功臣表同此文云銅漢書云調字又異也為常樂侯於是天子嘉驃騎之功曰驃騎將軍去病率師攻匈奴西域王渾邪王及厥眾萌咸相犇率以軍糧接食并將控弦萬有餘人誅獟駻曰獟音敫譙反○索隱曰說文獟作趬行疾貌悍音胡旦反獲首虜八千餘級降異國之王三十二人戰士不離傷十萬之眾咸懷集服仍與之勞爰及河塞正義曰言匈奴右地渾邪王降而塞外並河諸郡之民無憂患也庶幾無患幸既永綏矣以千七百戶益封驃騎將軍減隴西北地上郡戍卒之半以寬天下之繇居頃之乃分徙降者邊五郡故塞外正義曰五郡謂隴西北地上郡朔方雲中並是故塞外又在北海之南而皆在河南因其故俗為屬國正義曰以降來之民徙置五郡各依本國之俗而屬於漢故言屬國也其明年匈奴入右北平定襄殺略漢千餘人其明年天子與諸將議曰翕侯趙信為單于畫計常以為漢兵不能度幕輕留索隱曰案幕即沙幕古字少耳輕留者謂匈奴以漢軍不能至故輕易留而不去也今大發士卒其勢必得所欲是歲元狩四年也元狩四年春上令大將軍青驃騎將軍去病將各五萬騎步兵轉者踵軍數十萬正義曰言轉運之士及步兵被後又數十萬人而敢力戰深入之士皆屬驃騎驃騎始為出定襄當單于捕虜言單于東乃更令驃騎出代郡令大將軍出定襄郎中令為前將軍太僕為左將軍主爵趙食其為右將軍平陽侯襄為後將軍皆屬大將軍兵即度幕人馬凡五萬騎與驃騎等咸擊匈奴單于趙信為單于謀曰漢兵既度幕人馬罷匈奴可坐收虜耳乃悉遠北其輜重皆以精兵待幕北而適值大將軍軍出塞千餘里見單于兵陳而待於是大將軍令武剛車自環為營孫吳兵法曰有巾有蓋謂之武剛車也而縱五千騎往當匈奴匈奴亦縱可萬騎會日且入大風起砂礫擊面兩軍不相見漢益縱左右翼繞單于單于視漢兵多而士馬尚彊戰而匈奴不利薄暮單于遂乘六贏壯騎可數百直冒漢圍西北馳去時已昏漢匈奴相紛拏正義曰三蒼解詁云紛拏相牽也殺傷大當索隱曰以言所殺傷大略相當漢軍左校捕虜言單于未昏而去漢軍因發輕騎夜追之大將軍軍因隨其後匈奴兵亦散走遲明正義曰上音值行二百餘里徐廣曰遲一作黎○索隱曰遲音值遲者待也待天欲明也漢書作會明諸本多作黎明鄒氏云黎遲也然黎黑也猶天將明而猶黑也不得單于頗捕斬首虜萬餘級遂至窴顏山趙信城徐廣曰窴音田得匈奴積粟食軍軍留一日而還悉燒其城餘粟以歸大將軍之與單于會也而前將軍廣右將軍食其軍別從東道或失道後擊單于大將軍引還過幕南乃得前將軍右將

軍大將軍欲使使歸報令長史簿責前將軍廣廣自殺右將軍至下吏贖為庶人大將軍軍入塞凡斬捕首虜萬九千級是時匈奴衆失單于十餘日右谷蠡王聞之自立為單于索隱曰谷音鹿蠡音黎又音離單于後得其衆右王乃去單于之號驃騎將軍亦將五萬騎車重與大將軍軍等而無裨將悉以李敢等為大校當裨將出代右北平千餘里直左方兵所斬捕功已多大將軍軍既還天子曰驃騎將軍去病率師躬將所獲葷粥之士徐廣曰粥一作允駰案應劭曰所降上有材力者約輕齎絕大幕涉獲章渠徐廣曰獲一作護○索隱曰小顏云涉謂涉水也章渠單于之近臣謂涉水而破獲之漢書云涉獲單于章渠也以誅比車耆曰王號也○索隱曰比必耳反轉擊左大將索隱曰案漢書名叔斬獲旗鼓歷涉離侯索隱曰漢書作度難侯小顏云山名歷度也濟弓閭晉灼曰水名也○索隱曰包愷弓音穹亦如字讀獲屯頭王漢書音義曰胡王號也韓王等三人徐廣曰王一作揖○索隱曰李奇云皆匈奴王號將軍相國當戶都尉八十三人封狼居胥山禪於姑衍正義曰積土為壇於山上封以祭天也除地曰禪登臨翰海張晏曰登海邊山以望海也○索隱曰按崔浩云北海名羣鳥之所解羽故云翰海廣志在沙漠北執鹵獲醜七萬有四百四十三級師率減什三取食於敵逴行殊遠而糧不絕索隱曰逴與卓同卓遠也以五千八百戶益封驃騎將軍右北平太守路博德屬驃騎將軍會與城正義曰與音余不失期從至檮余山索隱曰檮余音[illegible]斬首捕虜二千七百級

以千六百戶封博德為符離侯北地都尉邢山徐廣曰一作衛山從驃騎將軍獲王以千二百戶封山為義陽侯故歸義因淳王復陸支樓專王伊即靬皆從驃騎將軍有功以千三百索隱曰劉氏復音伏小顏音芳福反漢書專作剸並音專小顏音之兗反靬音九言反戶封復陸支為壯侯以千八百戶封伊即靬為衆利侯從驃侯破奴昌武侯安稽徐廣曰姓趙故匈奴王從驃騎有功益封各三百戶校尉敢得旗鼓為關內侯食邑二百戶索隱曰敢李廣子也校尉自為爵大庶長索隱曰案徐自為也軍吏卒為官賞賜甚多而大將軍不得益封軍吏卒皆無封侯者兩軍之出塞塞閱官及私馬凡十四萬匹而復入塞者不滿三萬匹乃益置大司馬位大將軍驃騎將軍皆為大司馬如淳曰大將軍驃騎將軍皆有大司馬之號也○索隱曰案如淳云[illegible]大司馬今新置耳案前謂太尉官又省今武帝始置此位衛將軍霍驃騎皆加此官定令令驃騎將軍秩祿與大將軍等自是之後大將軍青日退而驃騎日益貴舉大將軍故人門下多去事驃騎輒得官爵唯任安不肯驃騎將軍為人少言不泄索隱曰案孔文祥云謂質重少言膽氣在中也周仕陰重不泄其行亦同也有氣敢任索隱曰謂果敢任氣也天子嘗欲教之孫吳兵法對曰顧方略何如耳不至學古兵法天子為治第令驃騎視之對曰匈奴未滅無以家為也由此上益重愛之然少而侍中貴不省士其從軍天子為遣太官齎

數十乘，既還，重車餘棄粱肉，而士有飢者。其在塞外，卒乏糧，或不能自振，而驃騎尚穿域蹋鞠。徐廣曰：穿地營域。○索隱曰：穿域蹋鞠，蹋鞠以皮為之，中實以毛，蹴蹋為戲也。劉向別錄云：蹋鞠，兵勢也，所以練武士，知有材也。皆因嬉戲而講習之。故云蹋鞠。鞠音巨六反。○正義曰：按蹴鞠書有域說篇，即今之打毬也。黃帝所作，起戰國時，程武士知其材力也。若講武事多此類。大將軍為人仁善退讓，以和柔自媚於上，然天下未有稱也。驃騎將軍自四年軍後三年，元狩六年而卒。天子悼之，發屬國玄甲正義曰：屬國，即上分置邊五郡者也。玄甲，鐵甲也。軍陳自長安至茂陵，為冢象祁連山。索隱曰：案崔浩云：去病破昆邪於此山，故令為冢象之以旌功也。姚氏案：冢在茂陵東北，與衛青冢並，西者是青，東者是去病冢，上有豎石，前有石馬相對，又有石人也。謚之，并武與廣地曰景桓侯。蘇林曰：景，武；桓，廣地也。張晏曰：謚法布義行剛曰景，闢土服遠曰桓。○索隱曰：案景桓兩謚也。布義行剛是武謚也，闢土服遠是廣地之謚也。以去病平生有武及廣地之功，故云謚之并武與廣地曰景桓也。子嬗代侯。索隱曰：嬗音市戰反。嬗少，字子侯，上愛之，幸其壯而將之。居六歲，元封元年，嬗卒，謚哀侯。無子，絕，國除。自驃騎將軍死後，大將軍長子宜春侯伉坐法失侯。後五歲，伉弟二人，陰安侯不疑及發干侯登皆坐酎金失侯。失侯後二歲，冠軍侯國除。其後四年，大將軍青卒，徐廣曰：元封五年。謚為烈侯。子伉代為長平侯。自大將軍圍單于之後十四年而卒，竟不復擊匈奴者，以漢馬少，而方南誅兩越，東伐朝鮮，擊羌、西南夷，以故久不伐胡。大將軍以其得尚平陽公主，正義曰：漢書云平陽侯曹壽有惡疾，就國，乃詔青尚平陽公主。如淳云：本陽信長公主，為平陽侯所尚，故號平陽公主云。故長平侯伉代侯。六歲，坐法失侯。左右兩大將軍及諸裨將名：最索隱曰：謂凡也。大將軍青，凡七出擊匈奴，斬捕首虜五萬餘級。一與單于戰，收河南地，遂置朔方郡，再益封，凡萬一千八百戶。封三子為侯，侯千三百戶。并之，萬五千七百戶。其校尉裨將以從大將軍侯者九人。其裨將及校尉已為將者十四人。索隱曰：案漢書為特將者十五人，自有傳八人，附見七人，謂李廣、張騫、公孫賀、李蔡、曹襄、韓說、蘇建。蓋通李廣也。此李廣一人自有傳者。為裨將者曰李廣，自有傳。無傳者曰：將軍公孫賀。賀，義渠人，正義曰：今寧州本義渠戎國。地理志云北地義渠道也。其先胡種。賀父渾邪，孝景帝時為平曲侯，徐廣曰：為隴西太守。坐法失侯。賀，武帝為太子時舍人。武帝立八歲，以太僕為輕車將軍，軍馬邑。後四歲，以輕車將軍出雲中。後五歲，以騎將軍從大將軍有功，封為南窌侯。後一歲，以左將軍再從大將軍出定襄，無功。後四歲，以坐酎金失侯。後八歲，徐廣曰：元鼎六年。以浮沮將軍索隱曰：沮音子餘反。出五原二千餘里，無功。後八歲，徐廣曰：太初二年。以太僕為丞相，封葛繹侯。賀七為將軍，出擊匈奴無大功，而再侯，為丞相。坐子敬聲與陽石公主姦，徐廣曰：陽石，一云德邑。為巫蠱，族滅，無後。將軍李息，郁郅人也。服虔曰：郅音窒。○索隱曰：郁郅，北地縣名也。○正義曰：郅之栗反。今慶

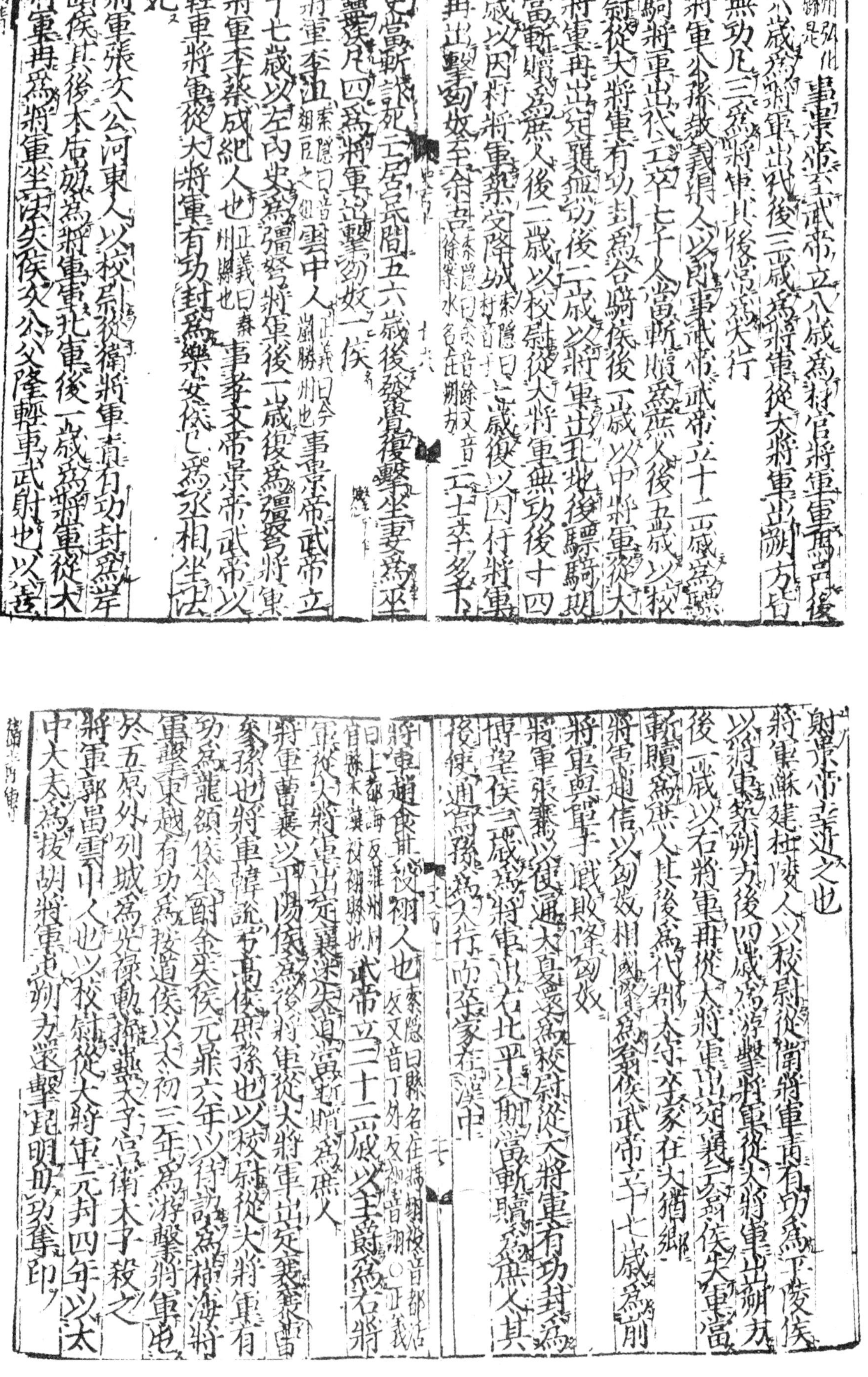

州弘化縣是

事景帝武帝立八歲爲材官將軍軍馬邑後六歲爲將軍出代後三歲爲將軍從大將軍出朔方皆無功凡三爲將軍其後常爲大行

將軍公孫敖義渠人以郎事武帝武帝立十二歲爲騎將軍出代亡卒七千人當斬贖爲庶人後五歲以校尉從大將軍有功封爲合騎侯後一歲以中將軍從大將軍再出定襄無功後二歲以將軍出北地後驃騎期當斬贖爲庶人後二歲以校尉從大將軍無功後十四歲以因杅將軍築受降城索隱曰杅音于七歲復以因杅將軍再出擊匈奴至余吾索隱曰余音餘又音徐水名在朔方亡士多下吏當斬詐死亡居民間五六歲後發覺復繫坐妻爲巫蠱族凡四爲將軍出擊匈奴一侯

將軍李沮索隱曰沮音徂雲中人正義曰今嵐勝州也事景帝武帝立十七歲以左內史爲彊弩將軍後一歲復爲彊弩將軍

將軍李蔡成紀人也正義曰秦州縣也事孝文帝景帝武帝以輕車將軍從大將軍有功封爲樂安侯已爲丞相坐法死

將軍張次公河東人以校尉從衛將軍青有功封爲岸頭侯其後太后崩爲將軍軍北軍後一歲爲將軍從大將軍再爲將軍坐法失侯次公父隆輕車武射也以善射景帝幸近之也

將軍蘇建杜陵人以校尉從衛將軍青有功爲平陵侯以將軍築朔方後四歲爲游擊將軍從大將軍出朔方後一歲以右將軍再從大將軍出定襄亡翕侯失軍當斬贖爲庶人其後爲代郡太守卒冢在大猶鄉

將軍趙信以匈奴相國降爲翕侯武帝立十七歲爲前將軍與單于戰敗降匈奴

將軍張騫以使通大夏還爲校尉從大將軍有功封爲博望侯後三歲爲將軍出右北平失期當斬贖爲庶人其後使通烏孫爲大行而卒冢在漢中

將軍趙食其祋祤人也索隱曰縣名在馮翊祋音都外反又音丁外反祤音詡○正義曰上都會反雍州宜君縣本漢祋祤縣也武帝立二十二歲以主爵爲右將軍從大將軍出定襄迷失道當斬贖爲庶人

將軍曹襄以平陽侯爲後將軍從大將軍出定襄襄曹參孫也

將軍韓說弓高侯庶孫也以校尉從大將軍有功爲龍頟侯坐酎金失侯元鼎六年以待詔爲橫海將軍擊東越有功爲按道侯以太初三年爲游擊將軍屯於五原外列城爲光祿勳掘蠱太子宮衛太子殺之

將軍郭昌雲中人也以校尉從大將軍元封四年以太中大夫爲拔胡將軍屯朔方還擊昆明毋功奪印

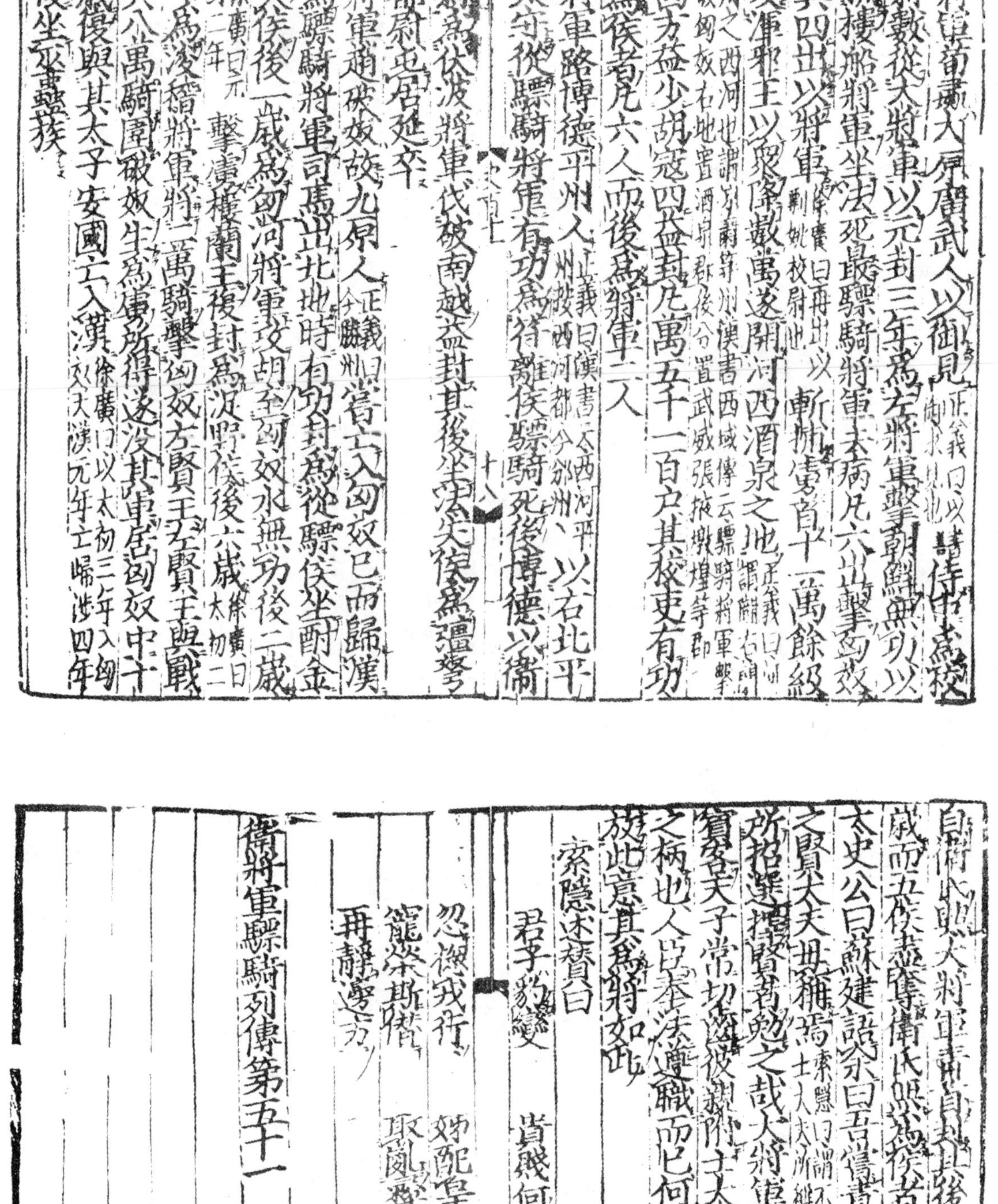

將軍荀彘，太原廣武人。以御見，（正義曰以御術見也）侍中，爲校尉，數從大將軍。以元封三年爲左將軍擊朝鮮，毋功，以捕樓船將軍坐法死。

最驃騎將軍去病凡六出擊匈奴，其四出以將軍，（徐廣曰再出以剽姚校尉也）斬捕首虜十一萬餘級。及渾邪王以眾降數萬，遂開河西酒泉之地，（正義曰[illegible]州之西河也[illegible]漢書西域傳云驃騎將軍擊破匈奴右地置酒泉郡後分置武威張掖敦煌等郡[illegible]）西方益少胡寇。四益封，凡萬五千一百戶。其校吏有功爲侯者凡六人，而後爲將軍二人。

將軍路博德，平州人。（正義曰漢書云西河平州[illegible]）以右北平太守從驃騎將軍有功，爲符離侯。驃騎死後，博德以衛尉爲伏波將軍，伐破南越，益封。其後坐法失侯。爲彊弩都尉，屯居延，卒。

將軍趙破奴，故九原人。（正義曰[illegible]）嘗亡入匈奴，已而歸漢，爲驃騎將軍司馬。出北地時有功，封爲從驃侯。坐酎金失侯。後一歲，爲匈河將軍，攻胡至匈河水，無功。後二歲，（徐廣曰元封二年）擊虜樓蘭王，復封爲浞野侯。後六歲，（徐廣曰太初二年）爲浚稽將軍，將二萬騎擊匈奴左賢王，左賢王與戰，兵八萬騎圍破奴，破奴生爲虜所得，遂沒其軍。居匈奴中十歲，復與其太子安國亡入漢。（徐廣曰以太初二年入匈奴天漢元年亡歸）後坐巫蠱，族。

自衛氏興，大將軍青首封，其後枝屬爲五侯。凡二十四歲而五侯盡奪，衛氏無爲侯者。

太史公曰：蘇建語余曰：「吾嘗責大將軍至尊重，而天下之賢大夫毋稱焉，（索隱曰謂不爲賢士大夫所稱譽）願將軍觀古名將所招選擇賢者，勉之哉。大將軍謝曰：『自魏其、武安之厚賓客，天子常切齒。彼親附士大夫，招賢絀不肖者，人主之柄也。人臣奉法遵職而已，何與招士！』」（索隱曰[illegible]）驃騎亦放此意，其爲將如此。

索隱述贊曰：君子豹變，貴賤何常。青本奴虜，忽升戎行。姊配皇極，身尚平陽。寵榮斯僭，取亂彝章。剽姚繼踵，再靜邊方。

衛將軍驃騎列傳第五十一　史記百十一

平津侯主父列傳第五十二　史記百一十二

丞相公孫弘者，齊菑川國薛縣人也。索隱曰案薛縣本屬魯漢置菑川國也後割入齊也○正義曰表云菑川國文帝分齊置都劇括地志云故劇城在青州壽光縣南三十一里故薛城在徐州滕縣界地理志云薛縣屬魯國按薛與劇隔兗州及太山未詳公孫弘冢在青州北海縣西二十里字季。少時為薛獄吏，有罪，免。家貧，牧豕海上。年四十餘，乃學春秋雜說。養後母孝謹。建元元年，天子初即位，招賢良文學之士。是時弘年六十，徵以賢良為博士。使匈奴，還報，不合上意，上怒，以為不能，弘乃病免歸。元光五年，有詔徵文學，菑川國復推上公孫弘。弘讓謝國人曰：臣已嘗西應命，以不能罷歸，願更推選。國人固推弘，弘至太常。太常令所徵儒士各對策，百餘人，弘第居下。策奏，天子擢弘對為第一。召入見，狀貌甚麗，拜為博士。是時通西南夷道，置郡，巴蜀民苦之，詔使弘視之。還奏事，盛毀西南夷無所用，上不聽。弘為人恢奇多聞，常稱以為人主病不廣大，人臣病不儉節。弘為布被，食不重肉。後母死，服喪三年。每朝會議，開陳其端，令人主自擇，不肯面折庭爭。於是天子察其行敦厚，辯論有餘，習文法吏事，而又緣飾以儒術，上大說之。索隱曰謂以儒術飾文法如衣服之有領緣以為飾也二歲中，徐廣曰一云一歲至左內史。弘奏事，有不可，不庭辯之。嘗與主爵都尉汲黯請閒，汲黯先發之，弘推其後，天子常說，所言皆聽，以此日益親貴。嘗與公卿約議，至上前，皆倍其約以順上旨。汲黯庭詰弘曰：齊人多詐而無情實，始與臣等建此議，今皆倍之，不忠。上問弘。弘謝曰：夫知臣者以臣為忠，不知臣者以臣為不忠。上然弘言。左右幸臣每毀弘，上益厚遇之。元朔三年，張歐免，以弘為御史大夫。是時通西南夷，東置滄海，北築朔方之郡。弘數諫，以為罷敝中國以奉無用之地，願罷之。於是天子乃使朱買臣等難弘置朔方之便。發十策，弘不得一。蘇林曰以弘之才非不能得一也以為不可不敢逆上耳○正義曰顏師古曰言其利害十條弘無以應弘乃謝曰：山東鄙人，不知其便若是，願罷西南夷、滄海而專奉朔方。上乃許之。汲黯曰：弘位在三公，奉祿甚多，然為布被，此詐也。上問弘。弘謝曰：有之。夫九卿與臣善者無過黯，然今日庭詰弘，誠中弘之病。夫以三公為布被，誠飾詐欲以釣名。且臣聞管仲相齊，有三歸，侈擬於君，桓公以霸，亦上僭於君。晏嬰相景公，食不重肉，妾不衣絲，齊國亦治，此下比於民。索隱曰比音鼻比者近也小顏音比方之比今臣弘位為御史大夫，而為布被，自九卿以下至於小吏，無差，誠如汲黯言。且無汲黯忠，陛下安得聞此言。天子以為謙讓，愈益厚之。卒以弘為丞相，封平津侯。徐廣曰大臣表曰元朔五年十一月乙丑公孫弘為丞相功臣表曰元朔三年十一月乙丑封平津侯駰案漢書高成之

史百十二　二

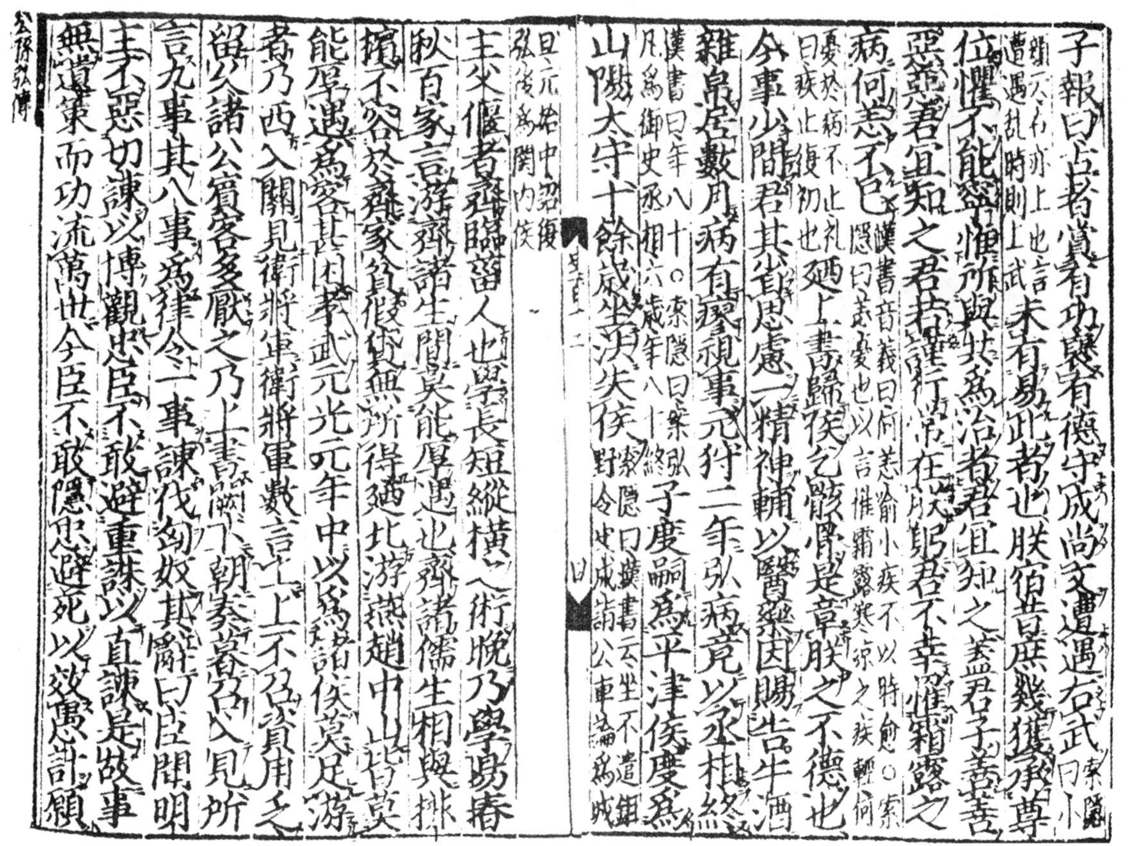

平津鄉也○索隱曰案漢書曰漢興皆以列侯爲丞相弘本無爵乃詔封弘高成之平津鄉六百五十戶爲平
津侯丞相封侯自弘始也弘爲人意忌外寬內深索隱曰謂弘外寬內深意多有忌害
諸嘗與弘有郤者雖詳與善陰報其禍殺主父偃徙
董仲舒於膠西皆弘之力也食一肉脫粟之飯索隱曰一肉
言不兼味也脫粟纔脫穀而已言不精鑿也故人所善賓客仰衣食弘奉祿
皆以給之家無所餘士亦以此賢之淮南衡山謀反治
黨與方急弘病甚自以爲無功而封位至丞相宜佐明
主塡撫國家使人由臣子之道今諸侯有畔逆之計此
皆宰相奉職不稱恐竊病死無以塞責索隱曰案人臣委質於君死生
由君臣若一朝病死是竊死也乃上書曰臣聞天下之通道五所以行
之者三索隱曰案此語出子思子今見禮中庸篇曰君臣父子兄弟夫婦長
幼之序此五者天下之通道也智仁勇此三者天下之
通德所以行之者也故曰力行近乎仁好問近乎智知
恥近乎勇知此三者則知所以自治知所以自治然後
知所以治人天下未有不能自治而能治人者也此百
世不易之道也今陛下躬行大孝鑒三王建周道兼文
武厲賢予祿徐廣曰厲一作廣也量能授官今臣弘罷駑之質無
汗馬之勞陛下過意擢臣弘卒伍之中封爲列侯致位
三公臣弘行能不足以稱素有負薪之病恐先狗馬塡
溝壑終無以報德塞責願歸侯印乞骸骨避賢者路天

公孫弘傳

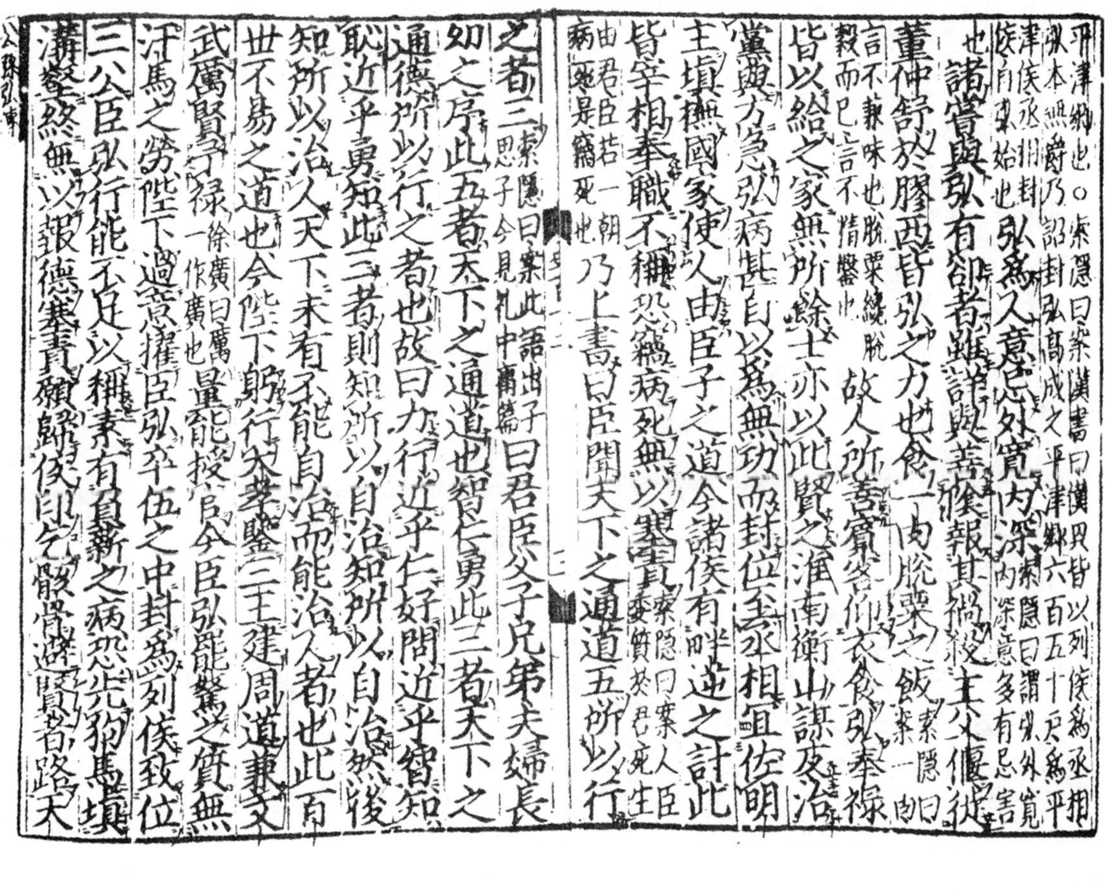

子報曰古者賞有功襃有德守成尚文遭遇右武索隱曰小
顏云右亦上也言遭遇亂時則上武未有易此者也朕宿昔庶幾獲承尊
位懼不能寧惟所與共爲治者君宜知之蓋君子善善
惡惡君宜知之君若謹行常在朕躬君不幸罹霜露之
病何恙不已漢書音義曰何恙謂小疾不以時愈○索隱曰恙憂也以言惟霜露寒涼之疾輕何
憂於病不止禮曰疾止復初也迺上書歸侯乞骸骨是章朕之不德也
今事少閒君其省思慮一精神輔以醫藥因賜告牛酒
雜帛居數月病有瘳視事元狩二年弘病竟以丞相終
漢書曰年八十○索隱曰案弘凡爲御史丞相六歲年八十終子度嗣爲平津侯度爲
山陽太守十餘歲坐法失侯索隱曰漢書云坐不遺鉅野令史成詣公車論爲城
旦元始中詔復弘後爲關內侯
主父偃者齊臨菑人也學長短縱橫之術晚乃學易春
秋百家言游齊諸生間莫能厚遇也齊諸儒生相與排
擯不容於齊家貧假貸無所得迺北游燕趙中山皆莫
能厚遇爲客甚困孝武元光元年中以爲諸侯莫足游
者乃西入關見衛將軍衛將軍數言上上不召資用乏
留久諸公賓客多厭之乃上書闕下朝奏暮召入見所
言九事其八事爲律令一事諫伐匈奴其辭曰臣聞明
主不惡切諫以博觀忠臣不敢避重誅以直諫是故事
無遺策而功流萬世今臣不敢隱忠避死以效愚計願

公孫弘傳

陛下幸赦而少察之。司馬法曰：國雖大，好戰必亡；天下雖平，忘戰必危。天下既平，天子大凱，（應劭曰大凱周禮還師振旅之樂）春蒐秋獮，諸侯春振旅，秋治兵，所以不忘戰也。（宋均曰春秋少陽少陰氣和人功而後用士庶法之教而後成宗仁本義天子諸侯必春秋講武簡閱車徒以順時示不忘戰也）且夫怒者逆德也，兵者凶器也，爭者末節也。古之人君一怒必伏尸流血，故聖王重行之。夫務戰勝窮武事者，未有不悔者也。昔秦皇帝任戰勝之威，蠶食天下，并吞戰國，海內為一，功齊三代。務勝不休，欲攻匈奴，李斯諫曰：不可。夫匈奴無城郭之居，委積之守，遷徙鳥舉，難得而制也。輕兵深入，糧食必絕；踵糧以行，重不及事。得其地不足以為利也，遇其民不可役而守也。勝必殺之，非民父母也。靡敝中國，快心匈奴，非長策也。（索隱曰靡音糜靡猶散也）秦皇帝不聽，遂使蒙恬將兵攻胡，辟地千里，以河為境。地固澤鹵，（徐廣曰澤一作斥鹵曰其地多水澤又有鹵）不生五穀。然後發天下丁男以守北河。暴兵露師十有餘年，死者不可勝數，終不能踰河而北。是豈人眾不足，兵革不備哉？其勢不可也。又使天下蜚芻輓粟，（文穎曰轉芻穀救戰是也）起於東腄、（徐廣曰腄在東萊音縋○索隱曰腄逐瑞反注音縋其音同也）琅邪負海之郡，轉輸北河，率三十鍾而致一石。男子疾耕不足於糧饟，女子紡績不足於帷幕。百姓靡敝，孤寡老弱不能相養，道路死者相望，蓋天下始畔秦也。及至高皇帝定天下，略地於邊，聞匈奴聚於代谷之外而欲擊之。御史成進諫曰：不可。夫匈奴之性，獸聚而鳥散，從之如搏影。今以陛下盛德攻匈奴，臣竊危之。高帝不聽，遂北至於代谷，果有平城之圍。高皇帝蓋悔之甚，乃使劉敬往結和親之約，然後天下忘干戈之事。故兵法曰：興師十萬，日費千金。夫秦常積眾暴兵數十萬人，雖有覆軍殺將係虜單于之功，亦適足以結怨深讎，不足以償天下之費。夫上虛府庫，下敝百姓，甘心於外國，非完事也。夫匈奴難得而制，非一世也。行盜侵驅，所以為業也，天性固然。上及虞夏殷周，固弗程督，禽獸畜之，不屬為人。夫上不觀虞夏殷周之統，而下循近世之失，此臣之所以大憂，百姓之所疾苦也。且夫兵久則變生，事苦則慮易。乃使邊境之民罷敝愁苦而有離心，將吏相疑而外市，（張晏曰與外國交求利也）故尉佗、章邯得以成其私也。（若章邯之比）夫秦政之所以不行者，權分乎二子，此得失之效也。故周書曰：安危在出令，存亡在所用。願陛下詳察之，少加意而熟慮焉。是時趙人徐樂、齊人嚴安俱上書言世務，各一事。（索隱曰樂音岳嚴本姓莊昔明帝諱後並改姓嚴也安及徐樂並拜郎中樂後為中大夫）徐樂曰：臣聞天下之患在於土崩，不在於瓦解，古今一也。何謂土崩？秦之末

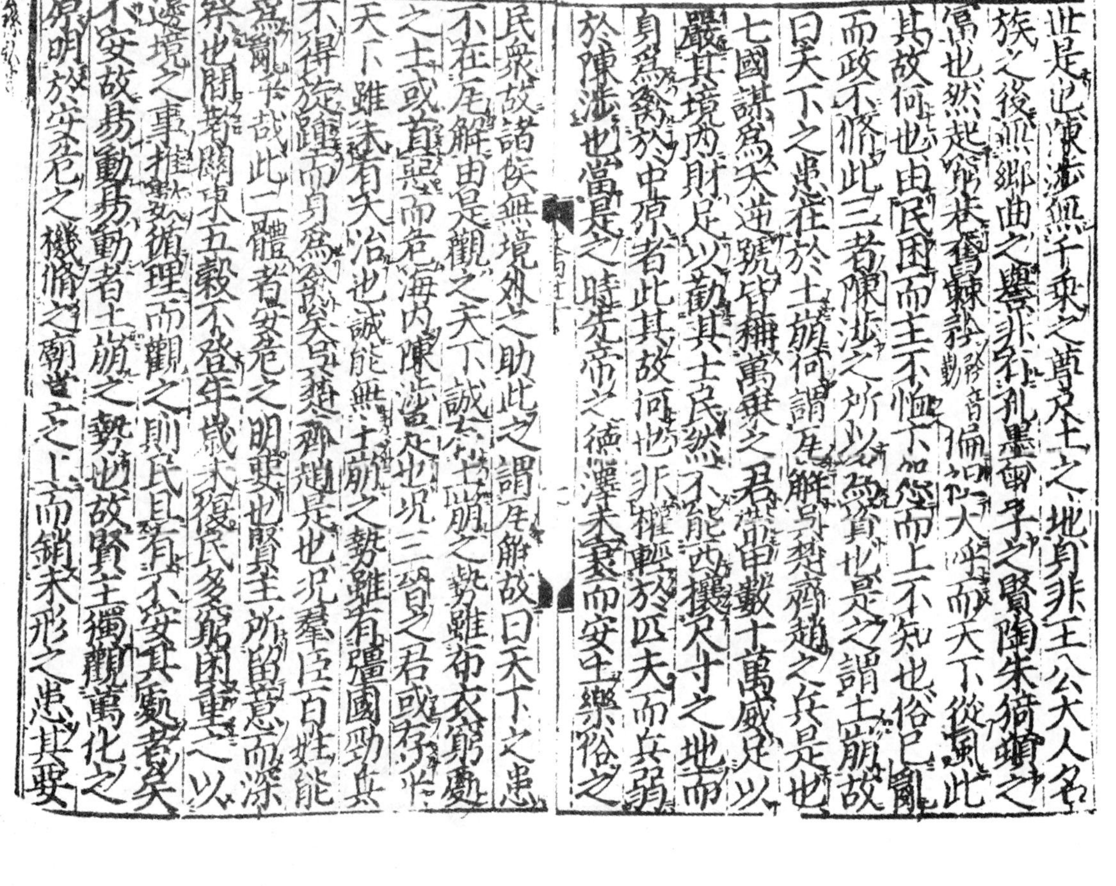

世是也陳涉無千乘之尊尺土之地身非王公大人名族之後無鄉曲之譽非有孔曾墨子之賢陶朱猗頓之富也然起窮巷奮棘矜偏袒大呼而天下從風此其故何也由民困而主不恤下怨而上不知也俗已亂而政不脩此三者陳涉之所以為資也是之謂土崩故曰天下之患在於土崩何謂瓦解吳楚齊趙之兵是也七國謀為大逆號皆稱萬乘之君帶甲數十萬威足以嚴其境內財足以勸其士民然不能西攘尺寸之地而身為禽於中原者此其故何也非權輕於匹夫而兵弱於陳涉也當是之時先帝之德澤未衰而安土樂俗之民眾故諸侯無境外之助此之謂瓦解故曰天下之患不在瓦解由是觀之天下誠有土崩之勢雖布衣窮處之士或首難而危海內陳涉是也况三晉之君或存乎天下雖未有大治也誠能無土崩之勢雖有彊國勁兵不得旋踵而身為禽矣吳楚齊趙是也况羣臣百姓能為亂者哉此二體者安危之明要也賢主所留意而深察也間者關東五穀不登年歲未復民多窮困重之以邊境之事推數循理而觀之則民且有不安其處者矣不安故易動易動者土崩之勢也故賢主獨觀萬化之原明於安危之機脩之廟堂之上而銷未形之患其要

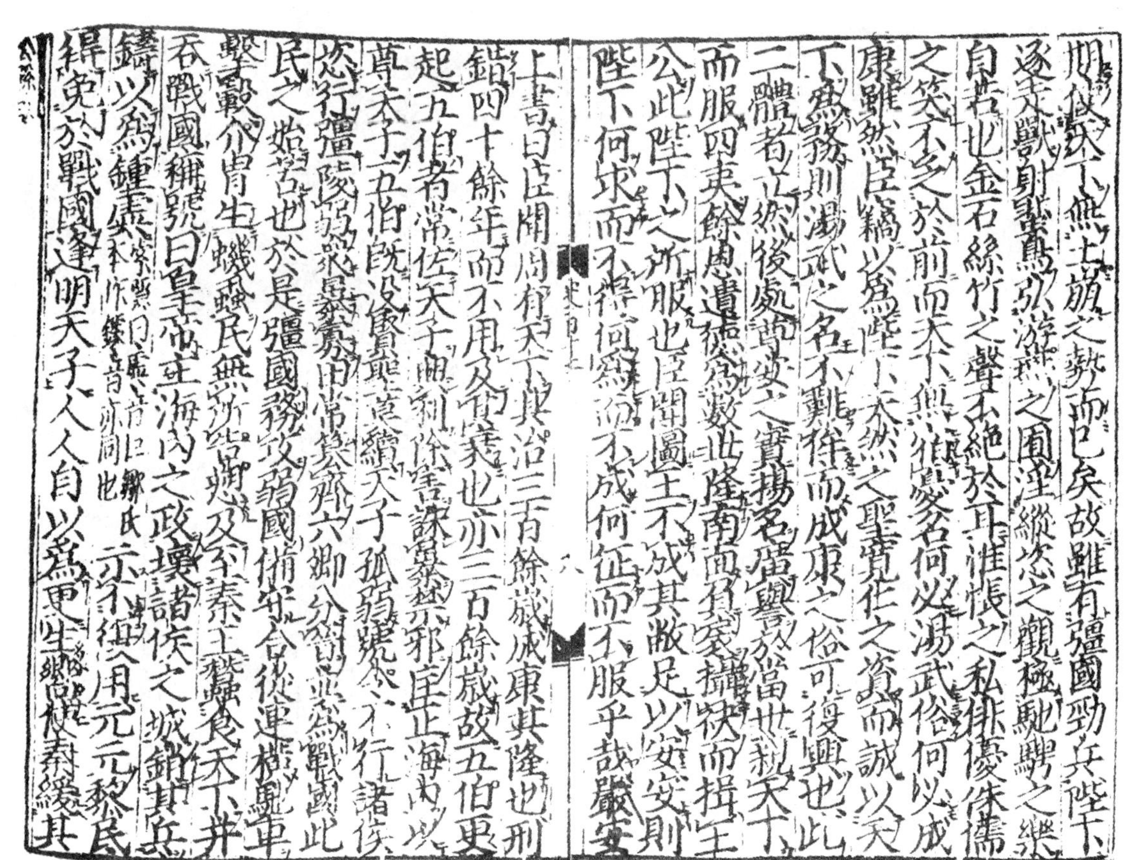

期使天下無土崩之勢而已矣故雖有彊國勁兵陛下逐走獸射蜚鳥弘游燕之囿淫縱恣之觀極馳騁之樂自若也金石絲竹之聲不絕於耳帷帳之私俳優侏儒之笑不乏於前而天下無宿憂名何必湯武俗何以成康雖然臣竊以為陛下天然之聖寬仁之資而誠以天下為務則湯武之名不難侔而成康之俗可復興也此二體者立然後處尊安之實揚名廣譽於當世親天下而服四夷餘恩遺德為數世隆南面負扆攝袂而揖王公此陛下之所服也臣聞圖王不成其敝足以安安則陛下何求而不得何為而不成何征而不服乎哉嚴安上書曰臣聞周有天下其治三百餘歲成康其隆也刑錯四十餘年而不用及其衰也亦三百餘歲故五伯更起五伯者常佐天子興利除害誅暴禁邪匡正海內以尊天子五伯既沒賢聖莫續天子孤弱號令不行諸侯恣行彊陵弱眾暴寡田常篡齊六卿分晉並為戰國此民之始苦也於是彊國務攻弱國備守合從連橫馳車擊轂介胄生蟣蝨民無所告愬及至秦王蠶食天下并吞戰國稱號曰皇帝主海內之政壞諸侯之城銷其兵鑄以為鍾虡示不復用元元黎民得免於戰國逢明天子人人自以為更生鄉使秦緩其

刑罰淳賦斂省繇役貴仁義賤權利上篤厚下智巧索隱曰上猶尚也貴也下謂以智巧為下也變風易俗化於海內則世世必安矣秦不行是風而循其故俗為智巧權利者進篤厚忠信者退法嚴政峻諂諛者衆日聞其美意廣心軼欲肆威海外乃使蒙恬將兵以北攻胡辟地進境戍於北河蜚芻輓粟以隨其後又使尉佗屠睢索隱曰案尉官也佗也音徒何反屠睢人姓名睢音雖將樓船之士南攻百越使監祿韋昭曰監御史名祿也鑿渠運糧深入越越人遁逃曠日持久糧食絕乏越人擊之秦兵大敗秦乃使尉佗將卒以戍越當是時秦禍北構於胡南挂於越宿兵無用之地進而不得退行十餘年丁男被甲丁女轉輸苦不聊生自經於道樹死者相望及秦皇帝崩天下大叛陳勝吳廣舉陳索隱曰謂勝廣舉兵於陳也或音擧恐誤也下同武臣張耳舉趙項梁舉吳田儋舉齊景駒舉郢周市舉魏韓廣舉燕窮山通谷豪士並起不可勝載也然皆非公侯之後非長官之吏也無尺寸之勢起閭巷杖棘矜應時而皆動不謀而俱起不約而同會壤長地進張晏曰壤進益也至于霸王時教使然也秦貴為天子富有天下滅世絕祀者窮兵之禍也故周失之弱秦失之彊不變之患也今欲招南夷朝夜郎降羌僰略濊州如淳曰東夷也。索隱曰濊音穢又音白比反又皮過反濊州地名即古濊貊國也音紆廢反建

城邑深入匈奴燔其龍城索隱曰匈奴城名龍城燔音煩燔燒也議者美之此人臣之利也非天下之長策也今中國無狗吠之驚而外累於遠方之備靡敝國家非所以子民也行無窮之欲甘心快意結怨於匈奴非所以安邊也禍結而不解兵休而復起近者愁苦遠者驚駭非所以持久也今天下鍛甲砥劍橋箭累弦轉輸運糧未見休時此天下之所共憂也夫兵久而變起事煩而慮生今外郡之地或幾千里列城數十形束壤制蘇林曰言其土地形勢足以束制其民也索隱曰案謂地形及土壤皆束制在諸侯也服虔曰言所束在郡守土壤以專民制旁脅諸侯非公室之利也上觀齊晉之所以亡者公室卑削六卿大盛也下觀秦之所以滅者嚴法刻深欲大無窮也今郡守之權非特六卿之重也地幾千里非特閭巷之資也甲兵器械非特棘矜之用也以遭萬世之變則不可稱諱也書奏天子天子召見三人謂曰公等皆安在何相見之晚也徐廣曰他史記本皆不見嚴安所上書者取漢書耳然漢書不但乃公人其或得史記相承闕脫也。索隱曰嚴安音𨻶於是上乃拜主父偃徐樂嚴安為郎中數見上疏言事詔拜偃為謁者遷為中大夫一歲中四遷偃偃說上曰古者諸侯不過百里彊弱之形易制今諸侯或連城數十地方千里緩則驕奢易為淫亂急則阻其彊而合從以逆京師今以法割削之則逆節

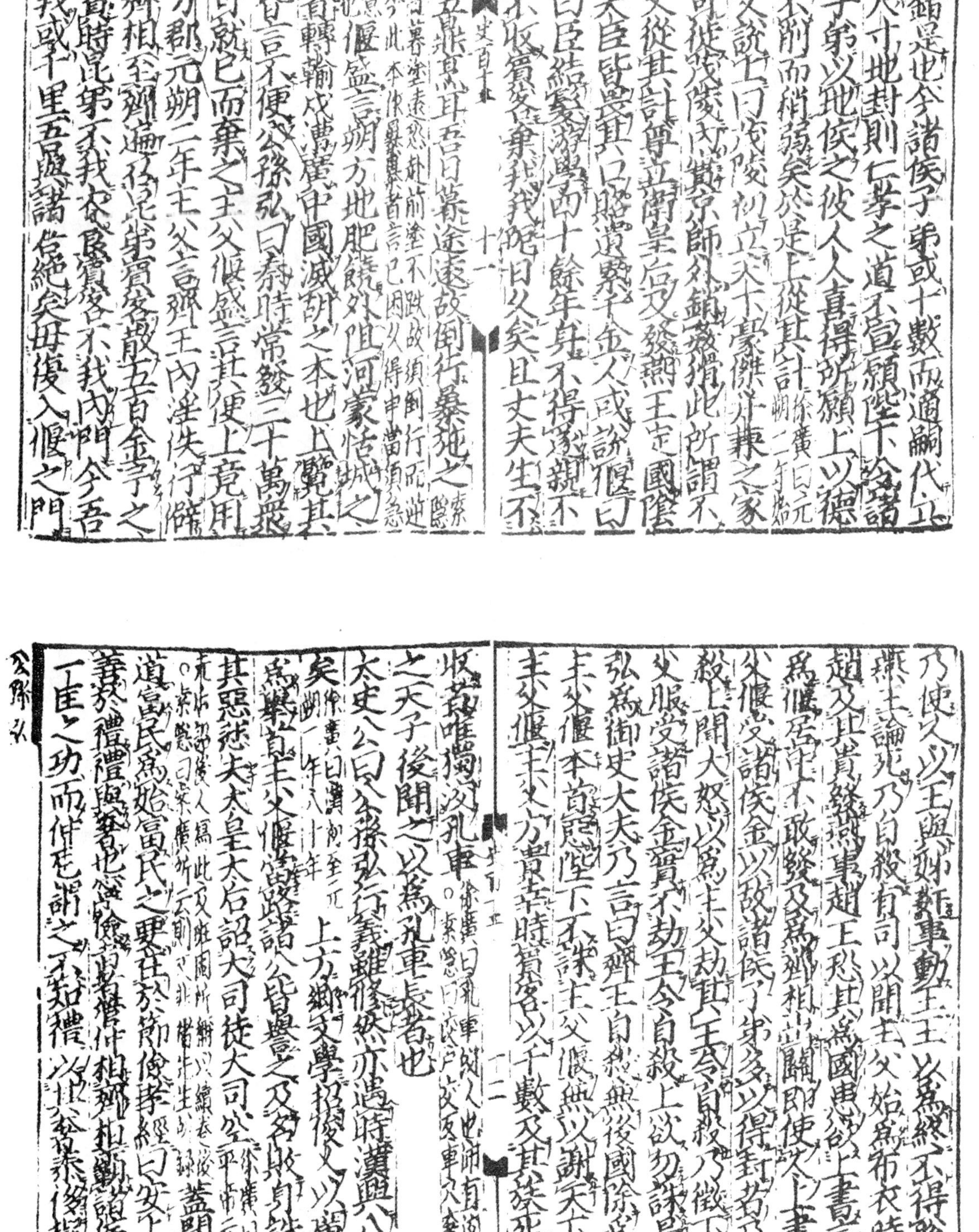

前地……今諸侯子弟或十數，而適嗣代立，餘雖骨肉，無尺寸地封，則仁孝之道不宣。願陛下令諸侯得推恩分子弟，以地侯之。彼人人喜得所願，上以德施，實分其國，不削而稍弱矣。」於是上從其計。徐廣曰元朔二年令諸侯王分封子弟也。又說上曰：「茂陵初立，天下豪桀并兼之家，亂衆之民，皆可徙茂陵，內實京師，外銷姦猾，此所謂不誅而害除。」上又從其計。尊立衛皇后，及發燕王定國陰事，蓋偃有功焉。大臣皆畏其口，賂遺累千金。人或說偃曰：「太橫矣。」主父曰：「臣結髮游學四十餘年，身不得遂，親不以為子，昆弟不收，賓客棄我，我阸日久矣。且丈夫生不五鼎食，死即五鼎烹耳。吾日暮途遠，故倒行暴施之。」索隱曰按服虔云吾日暮塗遠，恐赴前塗不跋，故須倒行而逆施乃可及耳。今此本作暴，暴者言已困久，得申當須急暴行事以快意也。暴者，卒急也。偃盛言朔方地肥饒，外阻河，蒙恬城之以逐匈奴，內省轉輸戍漕，廣中國，滅胡之本也。上覽其說，下公卿議，皆言不便。公孫弘曰：「秦時常發三十萬衆築北河，終不可就，已而棄之。」主父偃盛言其便，上竟用主父計，立朔方郡。元朔二年，主父言齊王內淫佚行僻，上拜主父為齊相。至齊，遍召昆弟賓客，散五百金予之，數之曰：「始吾貧時，昆弟不我衣食，賓客不我內門；今吾相齊，諸君迎我或千里。吾與諸君絕矣，毋復入偃之門！」

史百十二　十一

乃使人以王與姊姦事動王，王以為終不得脫罪，恐效燕王論死，乃自殺。有司以聞。主父始為布衣時，嘗游燕、趙，及其貴，發燕事。趙王恐其為國患，欲上書言其陰事，為偃居中，不敢發。及為齊相，出關，即使人上書，告言主父偃受諸侯金，以故諸侯子弟多以得封者。及齊王自殺，上聞大怒，以為主父劫其王令自殺，乃徵下吏治。主父服受諸侯金，實不劫王令自殺。上欲勿誅，是時公孫弘為御史大夫，乃言曰：「齊王自殺無後，國除為郡，入漢，主父偃本首惡，陛下不誅主父偃，無以謝天下。」乃遂族主父偃。主父方貴幸時，賓客以千數，及其族死，無一人收葬，唯獨洨孔車收葬之。徐廣曰孔車賢人也……○索隱曰……天子後聞之，以為孔車長者也。

太史公曰：公孫弘行義雖脩，然亦遇時。漢興八十餘年矣，徐廣曰漢興至元朔二年八十年。上方鄉文學，招俊乂，以廣儒墨，弘為舉首。主父偃當路，諸公皆譽之，及名敗身誅，士爭言其惡。悲夫！

太皇太后詔大司徒大司空：徐廣曰平帝元始中……蓋聞治國之道，富民為始；富民之要，在於節儉。孝經曰「安上治民，莫善於禮」。「禮，與奢也寧儉」。昔者管仲相齊桓，霸諸侯，有九合一匡之功，而仲尼謂之不知禮，以其奢泰侈擬於君故

史百十二　十二

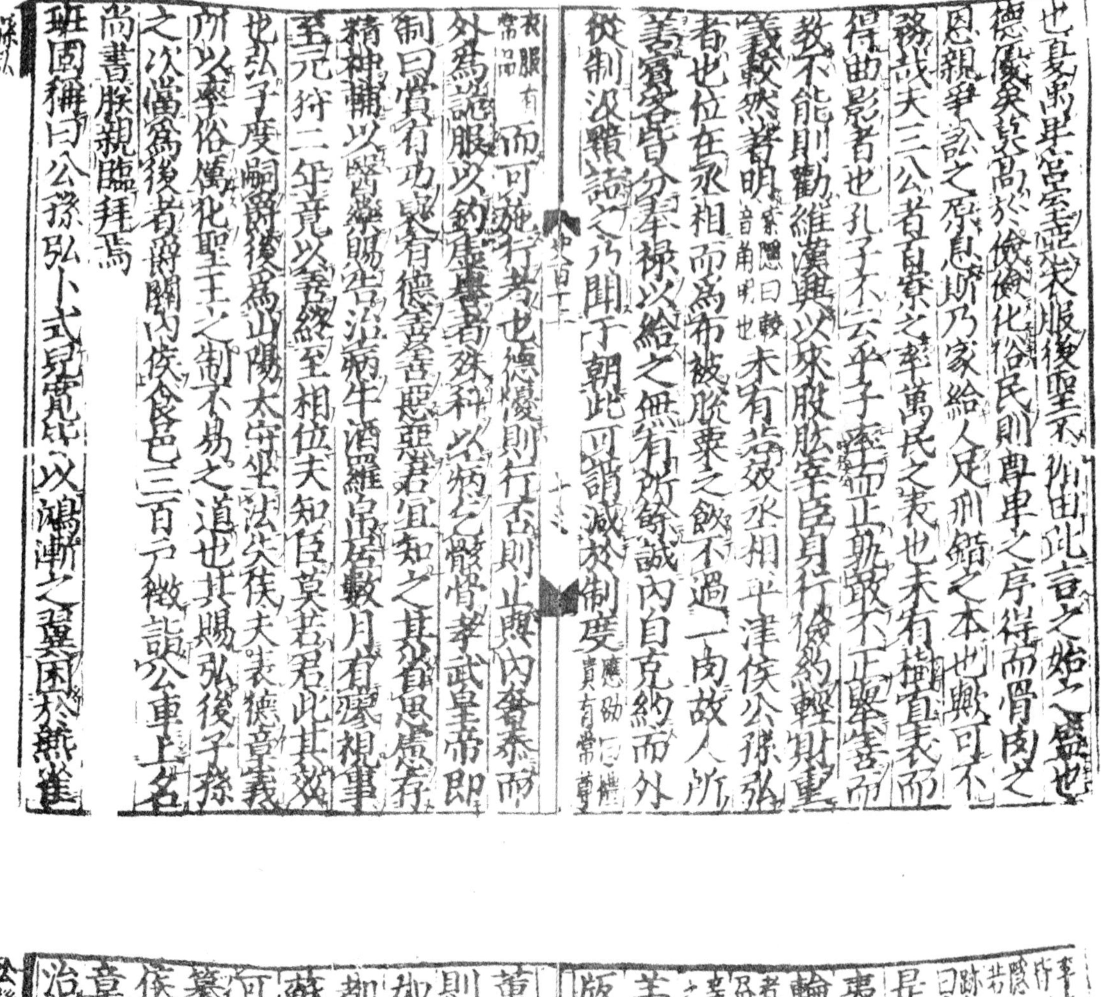

也夏禹卑宮室惡衣服後聖不循由此言之始之盛也德優矣莫高於儉儉化俗民則尊卑之序得而骨肉之恩親爭訟之原息斯乃家給人足刑錯之本也歟可不務哉夫三公者百寮之率萬民之表也未有樹直表而得曲影者也孔子不云乎子率而正孰敢不正舉善而教不能則勸維漢興以來股肱宰臣身行儉約輕財重義較然著明（索隱曰較音角明也）未有若故丞相平津侯公孫弘者也位在丞相而為布被脫粟之飯不過一肉故人所善賓客皆分奉祿以給之無有所餘誠內自克約而外從制汲黯詰之乃聞于朝此可謂減於制度（應劭曰禮貴有常尊衣服有常品）而可施行者也德優則行否則止與內奢泰而外為詭服以釣虛譽者殊科以病乞骸骨孝武皇帝即制曰賞有功褒有德善善惡惡君宜知之其省思慮存精神輔以醫藥賜告治病牛酒雜帛居數月有瘳視事至元狩二年竟以善終至相位夫知臣莫若君此其效也弘子度嗣爵後為山陽太守坐法失侯夫表德章義所以率俗厲化聖王之制不易之道也其賜弘後子孫之次當為後者爵關內侯食邑三百戶徵詣公車上名尚書朕親臨拜焉

班固稱曰公孫弘卜式兒寬皆以鴻漸之翼困於燕雀（李奇曰漸進也鴻一舉而進千里者羽翼之材也弘等皆以大材初為俗所薄若燕雀不知鴻鵠之志也 索隱曰案謂公孫弘等未遇為時所輕若飛鴻之未漸而困於燕雀也）遠迹羊豕之閒（韋昭曰遠迹謂排放在於遠方 索隱曰案公孫弘牧豕卜式牧羊也）非遇其時焉能致此位乎是時漢興六十餘載海內乂安（索隱曰乂理也）府庫充實而四夷未賓制度多闕上方欲用文武求之如弗及始以蒲輪迎枚生（索隱曰案謂枚乘也漢始詔申公亦以蒲輪謂以蒲裹車輪恐傷草木也且蒲是草之美者故禮有蒲輪蓋或以蒲為續以為美飾也）見主父而歎息（索隱曰案主父偃嚴安等上書上曰公等皆安在何相見之晚者是也）群士慕嚮異人並出卜式試於芻牧弘羊擢於賈豎衛青奮於奴僕日磾出於降虜斯亦曩時版築飯牛之朋矣漢之得人於茲為盛儒雅則公孫弘董仲舒兒寬篤行則石建石慶質直則汲黯卜式推賢則韓安國鄭當時定令則趙禹張湯文章則司馬遷相如滑稽則東方朔枚皐應對則嚴助朱買臣曆數則唐都落下閎協律則李延年運籌則桑弘羊奉使則張騫蘇武將帥則衛青霍去病受遺則霍光金日磾其餘不可勝紀是以興造功業制度遺文後世莫及孝宣承統纂修洪業亦講論六藝招選茂異而蕭望之梁丘賀夏侯勝韋玄成嚴彭祖尹更始以儒術進劉向王褒以文章顯將相則張安世趙充國魏相邴吉于定國杜延年治民則黃霸王成龔遂鄭弘邵信臣韓延壽尹翁歸趙

廣漢之屬皆有功迹見述於後。累其名臣亦其次也。

索隱述贊曰

平津巨儒，晚年始遇。外示寬儉，內懷嫉妬。寵備榮爵，身受肺腑。主父推恩，觀時設度。生食五鼎，死非時蠹。

平津侯主父列傳第五十二　史記百一十二

南越尉佗列傳第五十三　史記一百一十三

南越王尉佗者，真定人也，姓趙氏。秦時已并天下，略定楊越，置桂林、南海、象郡，以謫徙民，與越雜處十三歲。佗，秦時用為南海龍川令。至二世時，南海尉任囂病且死，召龍川令趙佗語曰：「聞陳勝等作亂，秦為無道，天下苦之，項羽、劉季、陳勝、吳廣等州郡各共興軍聚眾，虎爭天下，中國擾亂，未知所安，豪傑畔秦相立。南海僻遠，吾恐盜兵侵地至此，吾欲興兵絕新道，自備，待諸侯變，會病甚。且番禺負山險，阻南海，東西數千里，頗有中國人相輔，此亦一州之主也，可以立國。郡中長吏無足與言者，故召公告之。」即被佗書，行南海尉事。囂死，佗即移檄告橫浦、陽山、湟谿關曰：

[illegible]

縱揚志云桂陽有陽山谿今此縣上流百餘里有騎田嶺當是陽山關徐氏劉氏本湟亦作涅音年結反漢書作湟谿音皇今本有湟涅又云出桂陽下湟水而姚察云水經云含洭縣南有洭浦關又趙致歟然鄭氏作湟蓋近於古盜兵且至急絕道聚兵自守因稍以法誅秦所置長吏以其黨為假守索隱曰案謂佗以其所黨為郡縣之職或假守也秦已破滅佗即擊并桂林象郡自立為南越武王韋昭曰生以武為號不稱於古也高帝已定天下為中國勞苦故釋佗弗誅漢十一年遣陸賈因立佗為南越王與剖符通使和集百越毋為南邊患害與長沙接境高后時有司請禁南越關市鐵器佗曰高帝立我通使物今高后聽讒臣別異蠻夷隔絕器物此必長沙王

計也欲倚中國擊滅南越而并王之自為功也於是佗乃自尊號為南越武帝發兵攻長沙邊邑敗數縣而去焉高后遣將軍隆慮侯竈往擊之索隱曰竈姓周隆慮縣名屬河內會暑溼士卒大疫兵不能踰嶺索隱曰案即陽山嶺也歲餘音林閩高后崩即罷兵佗因此以兵威邊財物賂遺閩越西甌駱役屬焉漢書音義曰駱越也○索隱曰姚氏案廣州記云交阯有駱田仰潮水上下人食其田名為駱侯諸縣自名為駱將銅印青綬即今之令長也後蜀王子將兵討駱侯自稱為安陽王治封溪縣後南越王尉佗攻破安陽王令二使典主交阯九真二郡即甌駱也東西萬餘里迺乘黃屋左纛稱制與中國侔及孝文帝元年初鎮撫天下使告諸侯四夷從代來即位意喻盛德焉乃為佗親冢在真定

置守邑歲時奉祀召其從昆弟尊官厚賜寵之詔丞相陳平等舉可使南越者平言好畤陸賈先帝時習使南越迺召賈以為太中大夫往使因讓佗自立為帝曾無一介之使報者陸賈至南越王甚恐為書謝稱曰蠻夷大長老夫臣佗前日高后隔異南越竊疑長沙王讒臣又遙聞高后盡誅佗宗族掘燒先人冢以故自棄犯長沙邊境且南方卑溼蠻夷中間其東閩越千人眾號稱王其西甌駱裸國亦稱王索隱曰裸音和寡反裸露形也老臣妄竊帝號聊以自娛豈敢以聞天王哉乃頓首謝願長為藩臣奉貢職於是乃下令國中曰吾聞兩雄不俱立兩賢不

並世皇帝賢天子也自今以後去帝制黃屋左纛陸賈還報孝文帝大說遂至孝景時稱臣使人朝請然南越其居國竊如故號名其使天子稱王朝命如諸侯至建元四年卒徐廣曰皇甫謐曰越王趙佗以建元四年卒爾時漢興七十年佗蓋百歲矣佗孫胡為南越王此時閩越王郢興兵擊南越邊邑胡使人上書曰兩越俱為藩臣毋得擅興兵相攻擊今閩越興兵侵臣臣不敢興兵唯天子詔之於是天子多南越義守職約為興師遣兩將軍往討閩越索隱曰王恢韓安國兵未踰嶺閩越王弟餘善殺郢以降於是罷兵天子使莊助往諭意南越王胡頓首曰天子乃為臣興兵討閩越死無

以報德。遣太子嬰齊入宿衛。謂其臣曰：國新被寇，使者行矣。胡方日夜裝入見天子。其後太子去。其大臣諫胡曰：漢興兵誅郢，亦行以驚動南越。且先王昔言，事天子期無失禮，要之不可以說好語入見。索隱曰漢書說作怵謂以誘怵好語 入見則不得復歸，亡國之勢也。於是胡稱病，竟不入見。後十餘歲，胡實病甚，太子嬰齊請歸。胡薨，謚為文王。嬰齊代立，即藏其先武帝璽。索隱曰李奇云藏其僭號之璽也 嬰齊其入宿衛在長安時，取邯鄲樛氏女，生子興。徐廣曰一作典○索隱曰樛音紀虬反樛姓出邯鄲 及即位，上書請立樛氏女為后，興為嗣。漢數使使者風諭嬰齊，嬰齊尚樂擅殺生自恣，懼入見要用漢法，比內諸侯，固稱病，遂不入見。遣子次公入宿衛。嬰齊薨，謚為明王。太子興代立，其母為太后。太后自未為嬰齊姬時，嘗與霸陵人安國少季通。索隱曰安國姓少季名也 及嬰齊薨後，元鼎四年，漢使安國少季往諭王、王太后以入朝，比內諸侯；令辯士諫大夫終軍等宣其辭，勇士魏臣等輔其缺，徐廣曰一作決 衛尉路博德將兵屯桂陽，待使者。王年少，太后中國人也，嘗與安國少季通，其使復私焉。國人頗知之，多不附太后。太后恐亂起，亦欲倚漢威，數勸王及群臣求內屬。即因使者上書，請比內諸侯，三歲一朝，除邊關。於是天子許之，賜其丞相呂嘉銀印，及內史、中

南越尉佗　史卷百一十三　四

尉、太傅印，餘得自置。除其故黥劓刑，用漢法，比內諸侯。使者皆留填撫之。王、王太后飭治行裝重齎，為入朝具。其相呂嘉年長矣，相三王，宗族官仕為長吏者七十餘人，男盡尚王女，女盡嫁王子兄弟宗室，及蒼梧秦王有連。漢書音義曰蒼梧越中王自名為秦王連親婚也○索隱曰案蒼梧秦王即下趙光是也有連者連姻也趙與秦同姓故稱秦王 其居國中甚重，越人信之，多為耳目者，得眾心愈於王。王之上書，數諫止王，王弗聽。有畔心，數稱病不見漢使者。使者皆注意嘉，勢未能誅。王、王太后亦恐嘉等先事發，乃置酒，介漢使者權，韋昭曰恃使者為介胄也○索隱曰志林云介者因也欲因使者權誅呂嘉也韋昭曰介恃也恃介者闇也以言闇持漢使之權意即得矣然云恃為介胄則非也案介者賓主所由也以介為因亦有所由也 謀誅嘉等。使者皆東鄉，太后南鄉，王北鄉，相嘉、大臣皆西鄉，侍坐飲。嘉弟為將，將卒居宮外。酒行，太后謂嘉曰：南越內屬，國之利也，而相君苦不便者，何也？以激怒使者。使者狐疑相杖，遂莫敢發。嘉見耳目非是，即起而出。太后怒，欲鏦嘉以矛，韋昭曰鏦撞也○索隱曰案字林鏦音七凶反又音七雙反王𢈎傳鏦殺吳王與此同 王止太后。嘉遂出，分其弟兵就舍，索隱曰案謂分取其兵也漢書作介介被也特也 稱病，不肯見王及使者。乃陰與大臣作亂。王素無意誅嘉，嘉知之，以故數月不發。太后有淫行，國人不附，欲獨誅嘉等，力又不能。天子聞嘉不聽王，王太后弱孤不能制，使者怯無決。

南越尉佗　史卷百一十三　五

又以為王王太后已附漢獨呂嘉為亂不足以興兵欲使莊參以二千人往使參曰以好往數人足矣以武往二千人無足以為也辭不可天子罷參也郟壯士〔徐廣曰縣屬潁川音古洽反。正義曰今汝州郟城縣〕故濟北相韓千秋奮曰以區區之越又有王太后應獨相呂嘉為害願得勇士二百人必斬嘉以報於是天子遣千秋〔徐廣曰為校尉〕與王太后弟樛樂將二千人往入越境呂嘉等乃遂反下令國中曰王年少太后中國人也又與使者亂專欲內屬盡持先王寶器入獻天子以自媚多從人行至長安虜賣以為僮僕取自脫一時之利無顧趙氏社稷為萬世慮計之意

乃與其弟將卒攻殺王太后及漢使者遣人告蒼梧秦王及其諸郡縣立明王長男越妻子術陽侯建德為王〔徐廣曰元鼎四年以南越王兄越封高昌侯。索隱曰案功臣表術陽屬下邳〕而韓千秋兵入破數小邑其後越直開道給食未至番禺四十里越以兵擊千秋等遂滅之使人函封漢使者節置塞上〔索隱曰案南康記以為大庾嶺名塞上也〕好為謾辭謝罪發兵守要害處於是天子曰韓千秋雖無成功亦軍鋒之冠封其子延年為成安侯〔索隱曰案功臣表成安屬郟〕樛樂其姊為王太后首願屬漢封其子廣德為龍亢侯〔索隱曰案龍亢縣名屬譙國漢書作龍侯服虔作卯音卯一云龔古龍字〕乃下赦曰天子微諸侯力政譏臣不討賊今呂嘉建德

等反自立晏如令罪人及江淮以南〔徐廣曰淮一作匯〕樓船十萬師往討之〔漢書音義曰時欲擊越非水不至故作大船船上施樓故號曰樓船也〕元鼎五年秋衛尉路博德為伏波將軍出桂陽下匯水〔徐廣曰一作湟。駰案地理志曰桂陽有匯水通四會或作淮字。索隱曰劉氏云匯當作湟漢書云下湟水也〕主爵都尉楊僕為樓船將軍出豫章下橫浦〔[illegible]〕故歸義越侯二人〔張晏曰故越人降為侯〕為戈船下厲將軍〔徐廣曰厲一作瀨。駰案張晏曰越人於水中負人船又有蛟龍之害故置戈於船下因以為名也。瓚曰伍子胥書有戈船以載干戈因謂之戈船也〕出零陵或下離水〔徐廣曰在零陵。正義曰地理志云零陵縣有離水東至廣信入鬱林九百八十里〕或抵蒼梧使馳義侯〔徐廣曰越人也名遺〕因巴蜀罪人發夜郎兵下牂柯江〔正義曰崖州義州曲州協州以南是夜郎國。江出南

徼外東南通四會至番禺入海也〕咸會番禺元鼎六年冬樓船將軍將精卒先陷尋陝〔索隱曰姚氏云尋陝在始興西三百里近連口也。廣州記云石門在番禺縣北二十里昔呂嘉拒漢積石於江名曰石門。又云石門水名貪泉飲之則令人變故吳隱之至石門酌水飲乃為歌也〕破石門得越船粟因推而前挫越鋒以數萬人待伏波伏波將軍將罪人道遠會期後與樓船會乃有千餘人遂俱進樓船居前至番禺建德嘉皆城守樓船自擇便處居東南面伏波居西北面會暮樓船攻敗越人縱火燒城越素聞伏波名日暮不知其兵多少伏波乃為營遣使者招降者賜印復縱令相招樓船力攻燒敵反驅而入伏波營中犂旦城中皆降伏波〔徐廣曰呂靜曰犂結也音力奚反結

循連反遂至也漢書音義曰遲待明也。索隱曰鄒氏云犁一作比比音必至反無犁即此義不順更詳又解犁黑也天未明而尚黑也漢書史記亦作遲明遲音稚遲待也亦犁之義也呂嘉建德已夜與其屬數百人亡入海以船西去伏波又因問所得降者貴人以知呂嘉所之遣人追之以其故校尉司馬蘇弘得建德封為海常侯徐廣曰在東萊索隱曰表在琅邪越郎都稽徐廣曰一作孫都索隱曰郎官越之郎官都稽名也得嘉封為臨蔡侯索隱曰表在河內蒼梧王趙光者越王同姓聞漢兵至及越揭陽令定自定屬漢昭曰揭音其逝反。索隱曰地理志揭陽縣屬南海揭音桀劉氏音求例反定者令之名也案漢功臣表云定以南越揭陽令自定屬漢越桂林監居翁漢書音義曰桂林郡監姓居名翁也諭甌駱屬漢索隱曰案漢書甌駱三十餘萬口降漢皆得為侯索隱曰案漢書云光為隨桃侯揭陽令定為安道侯越將畢取為膫侯桂林監居翁為湘成侯韋昭云湘城縣屬堵陽桃安道隨三縣皆屬南陽膫音遼也戈船下厲將軍兵及馳義侯所發夜郎兵未下南越已平矣遂為九郡徐廣曰儋耳珠崖南海蒼梧九真鬱林日南合浦交阯。索隱曰案漢書為說伏波將軍益封樓船將軍兵以陷堅為將梁侯自尉佗初王後五世九十三歲而國亡焉

太史公曰尉佗之王本由任囂遭漢初定列為諸侯隆慮離溼疫佗得以益驕甌駱相攻南越動搖漢兵臨境嬰齊入朝其後亡國徵自樛女呂嘉小忠令佗無後樓船從欲怠傲失惑伏波困窮智慮愈殖因禍為福成敗之轉譬若糾墨

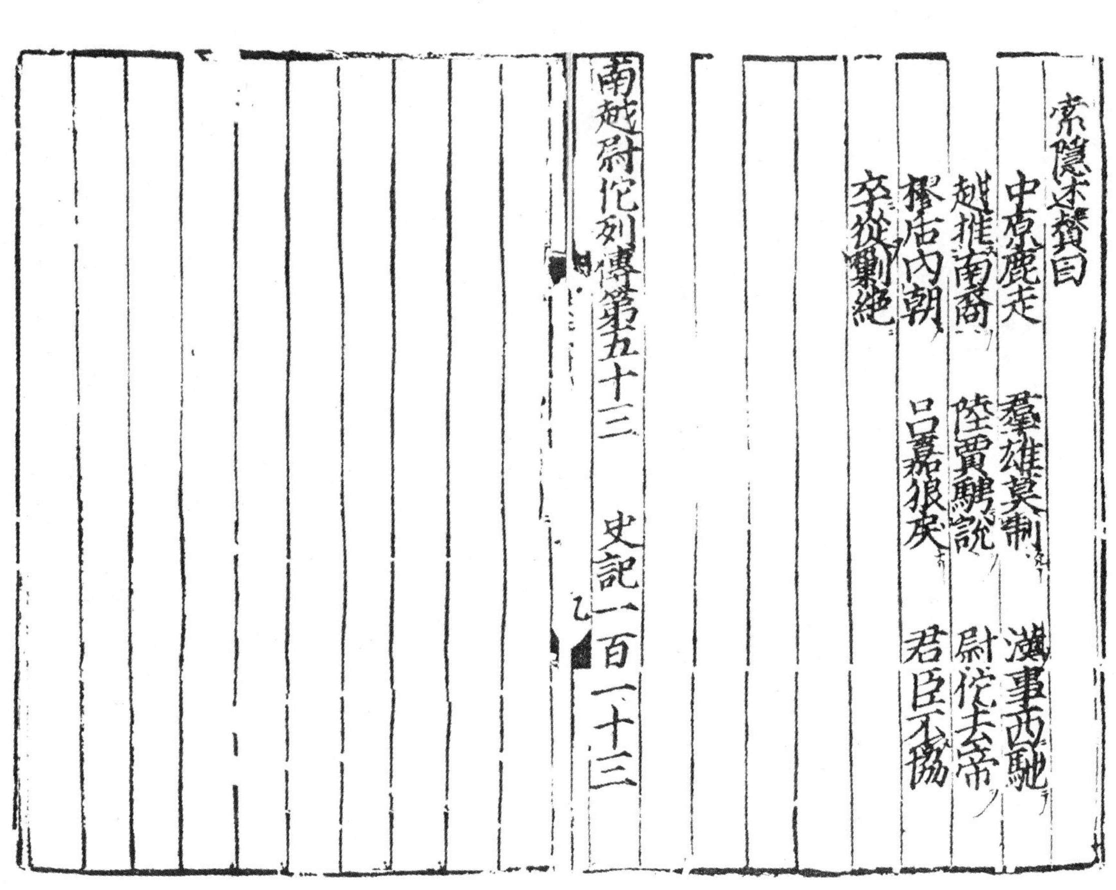

索隱述贊曰

中原鹿走　羣雄莫制　漢事西馳　越推南裔　陸賈騁說　尉佗去帝　樛后內朝　呂嘉狼戾　君臣不協　卒從剿絕

南越尉佗列傳第五十三　史記一百一十三

東越列傳第五十四　　史記一百一十四

閩越王無諸韋昭曰閩音武巾反東越之別名。○索隱曰按說文云閩東越蛇種也故字從虫閩聲音旻及越東海王搖者，其先皆越王句踐之後也，姓騶氏。徐廣曰騶一作駱。○索隱曰徐廣說是上云甌駱此則云閩不姓騶也秦已并天下，皆廢為君長，以其地為閩中郡。徐廣曰今建安侯官是。○索隱曰小顏以為即今之泉州建安也。○正義曰今閩州又改為福州及諸侯畔秦，無諸、搖率越歸鄱陽令吳芮，所謂鄱君者也，從諸侯滅秦。當是之時，項籍主命，弗王，漢書音義曰主號令諸侯不王無諸搖等以故不附楚。漢擊項籍，無諸、搖率越人佐漢。漢五年，復立無諸為閩越王，王閩中故地，都東冶。孝惠三年，舉高帝時越功，曰閩君搖功多，其民便附，乃立搖為東海王，應劭曰在吳郡東南濱海云都東甌，徐廣曰今之永寧也。○索隱曰姚氏云甌水名永嘉記水出永寧山行三十餘里去郡城五里入江昔有東甌王都城有亭積石為道今猶在也世俗號為東甌王。後數世，至孝景三年，吳王濞反，欲從閩越，閩越未肯行，獨東甌從吳。及吳破，東甌受漢購，殺吳王丹徒，以故皆得不誅，歸國。吳王子子駒亡走閩越，怨東甌殺其父，常勸閩越擊東甌。至建元三年，閩越發兵圍東甌。東甌食盡，困，且降，乃使人告急天子。天子問太尉田蚡，蚡對曰：越人相攻擊，固其常，又數反覆，不足以煩中國往救也。自秦時棄弗屬。於是中大夫莊助詰蚡曰：特患力弗能救，德弗能覆；誠能，何

故棄之？且秦舉咸陽而棄之，何乃越也！今小國以窮困來告急天子，天子弗振，彼當安所告愬？又何以子萬國乎？上曰：太尉未足與計。吾初即位，不欲出虎符發兵郡國。乃遣莊助以節發兵會稽。會稽太守欲距不為發兵，助乃斬一司馬，諭意指，遂發兵浮海救東甌。未至，閩越引兵而去。東甌請舉國徙中國，乃悉舉眾來，處江淮之間。徐廣曰年表曰東甌王廣武侯望率其眾四萬餘人來降家廬江郡。○索隱曰徐廣據年表而為說至建元六年，閩越擊南越。南越守天子約，不敢擅發兵擊而以聞。上遣大行王恢出豫章，大農韓安國出會稽，皆為將軍。兵未踰嶺，閩越王郢發兵距險。其弟餘善乃與相、宗族謀曰：王以擅發兵擊南越，不請，故天子兵來誅。今漢兵眾彊，今即幸勝之，後來益多，終滅國而止。今殺王以謝天子。天子聽，罷兵，固一國完；不聽，乃力戰；不勝，即亡入海。皆曰善。即鏦殺王，索隱曰劉氏鏦音窻鏦撞也使使奉其頭致大行。大行曰：所為來者誅王。今王頭至，謝罪，不戰而耘，徐廣曰漢書作運耘義當取耘除或言耘音于粉反此楚人聲重耳願耘當同音但字有假借聲有輕重利莫大焉。乃以便宜案兵告大農軍，而使使奉王頭馳報天子。詔罷兩將兵，曰：郢等首惡，獨無諸孫繇君丑不與謀焉。索隱曰繇音搖繇者邑號丑名也乃使郎中將立丑為越繇王，奉閩越先祭祀。餘善已殺郢，威行於國，國民多屬，竊自

立為王。繇王不能矯其眾持正。天子聞之，為餘善不足復興師，曰餘善數與郢謀亂，而後首誅郢，師得不勞。因立餘善為東越王，與繇王並處。至元鼎五年，南越反，東越王餘善上書，請以卒八千人從樓船將軍擊呂嘉等。兵至揭揚，以海風波為解，不行，持兩端，陰使南越。及漢破番禺，不至。是時樓船將軍楊僕使使上書，願便引兵擊東越。上曰士卒勞倦，不許，罷兵，令諸校屯豫章梅嶺待命。徐廣曰在會稽界。索隱曰徐說非也。案今豫章三十里有梅嶺，在洪崖山當古驛道。此文又豫章梅嶺，非會稽也。正義曰括地志云梅嶺在虔州虔化縣東北百二十八里。虔州漢亦屬豫章郡，二所未詳。元鼎六年秋，餘善聞樓船請誅之，漢兵臨境，且往，乃遂反，

發兵距漢道。號將軍騶力等為吞漢將軍，入白沙、武林、徐廣曰在豫章界。索隱曰案今豫章北二百里接鄱陽界，地名白沙，有小水入湖，名曰白沙。沙東南八十里有武陽亭，亭東南三十里地名武林。此白沙、武林今當閩越之京道。梅嶺，殺漢三校尉。是時漢使大農張成、故山州侯齒將屯，徐廣曰成陽共王子。弗敢擊，卻就便處，皆坐畏懦誅。餘善刻武帝璽自立，詐其民，為妄言。天子遣橫海將軍韓說出句章，索隱曰鄭氏句音鉤，會稽縣也。正義曰句章故城在越州鄮縣西一百里，漢縣。浮海從東方往；樓船將軍楊僕出武林；中尉王溫舒出梅嶺；越侯為戈船、下瀨將軍，出若邪、白沙。索隱曰案姚氏云若邪地名，今闕。正義曰越州有若耶山、若耶溪，若姑一，須州有白沙山，蓋從此出耶。白沙東故閩州。元封元年冬，咸入東越。東越素發兵距險，

使徇北將軍守武林，敗樓船軍數校尉，殺長吏。樓船將軍率錢唐轅終古正義曰錢唐，杭州縣。轅終古，姓名。斬徇北將軍，為禦兒侯。漢書音義曰禦兒，今吳南亭是也。正義曰禦字今作語，語兒鄉在蘇州嘉興縣南七十里，臨官道也。自兵未往，故越衍侯吳陽前在漢，漢使歸諭餘善，餘善弗聽。及橫海將軍先至，越衍侯吳陽以其邑七百人反，攻越軍於漢陽。從建成侯敖，徐廣曰亦東越臣。與其率，從繇王居股謀曰：餘善首惡，劫守吾屬。今漢兵至，眾彊，計殺餘善，自歸諸將，儻幸得脫。乃遂俱殺餘善，以其眾降橫海將軍，故封繇王居股為東成侯，索隱曰韋昭云在九江。萬戶；封建成侯敖為開陵侯；索隱曰徐廣云以敖東越臣。韋昭云開陵屬臨淮。封越衍侯

吳陽為北石侯；封橫海將軍說為按道侯；封橫海校尉福為繚嫈侯。漢書音義曰音遼縈。索隱曰繚嫈，縣名，服虔[illegible]音，劉伯莊音紆營反。福者，成陽共王子，故為海常侯，坐法失侯。舊從軍無功，以宗室故侯。諸將皆無成功，莫封。東越將多軍，漢書音義曰多軍名也。索隱曰韋昭云多，姓；軍，名也。漢兵至，棄其軍降，封為無錫侯。於是天子曰東越狹多阻，閩越悍，數反覆，詔軍吏皆將其民徙處江淮間。東越地遂虛。

太史公曰：越雖蠻夷，其先豈嘗有大功德於民哉，何其久也！歷數代常為君王，句踐一稱伯。然餘善至大逆，滅國遷眾，其先苗裔繇王居股等猶尚封為萬戶侯，由此

知越世世為公侯矣，蓋禹之餘烈也。

索隱述贊曰：句踐之裔，是曰無諸。既席漢寵，寔因秦餘。騶駱為姓，閩中是居。王搖之立，爰處東隅。後嗣不道，自相誅鋤。

東越列傳第五十四　史記一百一十四

朝鮮列傳第五十五　史記一百一十五

朝鮮張晏曰：朝鮮有濕水、洌水、汕水，三水合為洌水，疑樂浪朝鮮取名於此也。索隱曰：朝音潮，直驕反。鮮音仙。以有汕水，故名也。汕一音訕。王滿者，正義曰：潮仙二音。括地志云：高驪都平壤城，本漢樂浪郡王險城，又古云朝鮮地也。故燕人也。索隱曰：案漢書，滿，燕人，姓衛，擊破朝鮮而自王之。自始全燕時，索隱曰：始全燕時，謂六國燕方全盛之時。嘗略屬真番、朝鮮，索隱曰：如淳云：燕嘗略二國以屬己也。應劭云：玄菟本真番國。為置吏，築鄣塞。秦滅燕，屬遼東外徼。漢興，為其遠難守，復修遼東故塞，至浿水為界，漢書音義曰：浿音滂沛反。地理志云：浿水出遼東塞外，西南至樂浪縣西入海。浿音大。屬燕。燕王盧綰反，入匈奴，滿亡命，聚黨千餘人，魋結蠻夷服而東走出塞，渡浿水，居秦故空地上下鄣，索隱曰：案地理志樂浪有雲鄣。稍役屬真番、朝鮮蠻夷及故燕、齊亡命者王之，都王險。徐廣曰：昌黎有險瀆縣也。索隱曰：韋昭云：古邑名。徐廣曰：昌黎有險瀆縣。應劭注地理志：遼東險瀆縣，朝鮮王舊都。臣瓚云：王險城在樂浪郡浿水之東也。會孝惠、高后時天下初定，遼東太守即約滿為外臣，保塞外蠻夷，無使盜邊；諸蠻夷君長欲入見天子，勿得禁止。以聞，上許之，以故滿得兵威財物侵降其旁小邑，真番、臨屯皆來服屬，索隱曰：東夷小國，後以為郡。方數千里。正義曰：括地志云：朝鮮、高驪、貊、東沃沮五國之地，國東西千三百里，南北二千里，在京師東，東至大海四百里，北至營州界九百二十里，南至新羅國六百里，北至靺鞨國千四百里。傳子至孫右渠，正義曰：其孫名也。所誘漢亡人眾多，又未嘗入見；真番旁眾國欲上書見天子，又擁閼不通。元封二年，漢使涉何譙諭右渠，（索隱曰：譙一作誚。譙，讓也。諭，曉也。譙音才笑反。）終不肯奉詔。何去至界上，臨浿水，使御刺殺送何者朝鮮裨王長，（索隱曰：即送何朝鮮裨王長也。正義曰：顏師古云：長者，裨王名也。送何至浿水，何因刺殺之。）即渡，馳入塞，（正義曰：入平州榆林關也。）遂歸報天子曰「殺朝鮮將」。上為其名美，即不詰，（索隱曰：有殺將之美名。）拜何為遼東東部都尉。（正義曰：地理志云遼東郡武次縣，東部都尉所理也。）朝鮮怨何，發兵襲攻殺何。天子募罪人擊朝鮮。其秋，遣樓船將軍楊僕從齊浮渤海；兵五萬人，左將軍荀彘出遼東：討右渠。右渠發兵距險。左將軍卒正多率遼東兵先縱，敗散，多還走，坐法斬。樓船將軍將齊兵七千人先至王險。右渠城守，窺知樓船軍少，即出城擊樓船，樓船軍敗散走。將軍楊僕失其眾，遁山中十餘日，稍求收散卒，復聚。左將軍擊朝鮮浿水西軍，未能破自前。天子為兩將未有利，乃使衛山因兵威往諭右渠。右渠見使者頓首謝：「願降，恐兩將詐殺臣；今見信節，請服降。」遣太子入謝，獻馬五千匹，及饋軍糧。人眾萬餘，持兵，方渡浿水，使者及左將軍疑其為變，謂太子已服降，宜命人毋持兵。太子亦疑使者左將軍詐殺之，遂不渡浿水，復引歸。山還報天子，天子誅山。左將軍破浿水上軍，乃前，至城下，

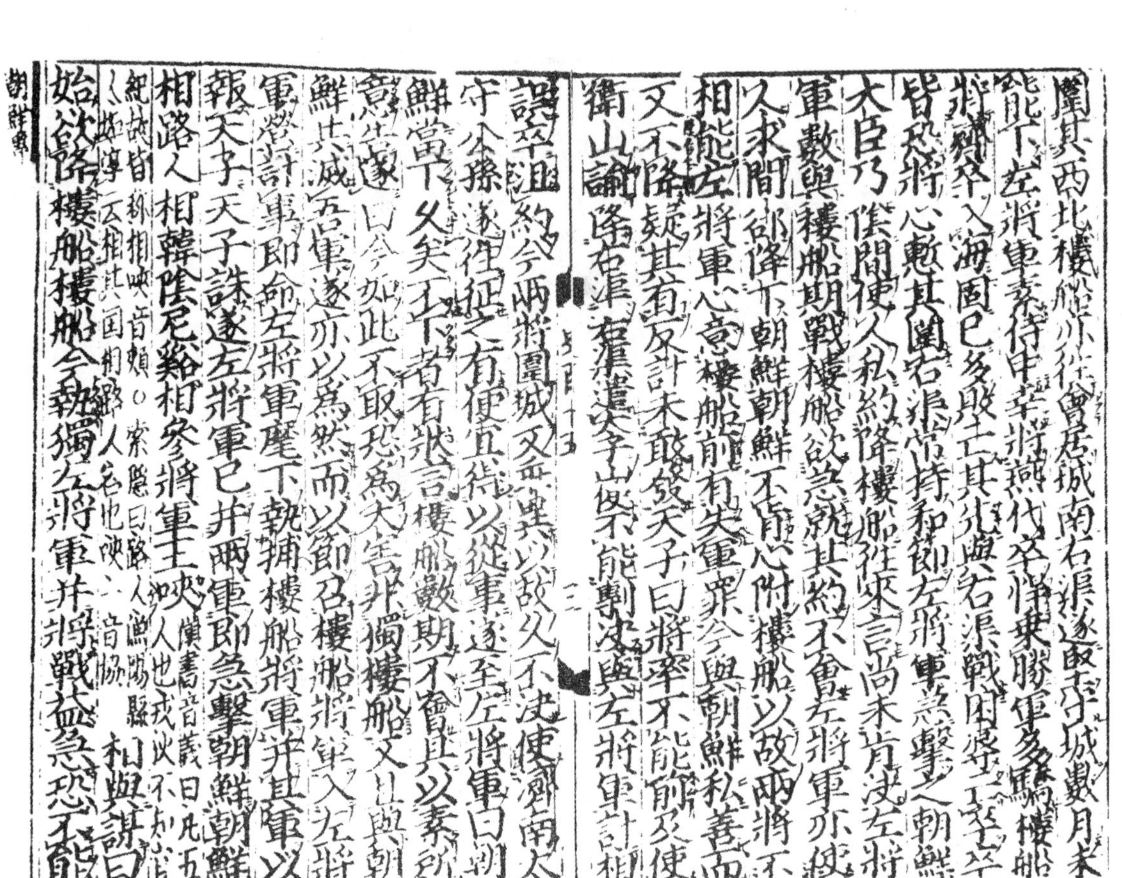

圍其西北。樓船亦往會，居城南。右渠遂堅守城，數月未能下。左將軍素侍中，幸，將燕代卒，悍，乘勝，軍多驕。樓船將齊卒，入海，固已多敗亡；其先與右渠戰，困辱亡卒，卒皆恐，將心慚，其圍右渠，常持和節。左將軍急擊之，朝鮮大臣乃陰閒使人私約降樓船，往來言，尚未肯決。左將軍數與樓船期戰，樓船欲急就其約，不會；左將軍亦使人求閒郤降下朝鮮，朝鮮不肯，心附樓船：以故兩將不相能。左將軍心意樓船前有失軍罪，今與朝鮮私善而又不降，疑其有反計，未敢發。天子曰將率不能，前使衛山諭降右渠，右渠遣太子，山使不能剸決，與左將軍計相誤，卒沮約。今兩將圍城，又乖異，以故久不決。使濟南太守公孫遂往征之，有便宜得以從事。遂至，左將軍曰：「朝鮮當下久矣，不下者有狀。」言樓船數期不會，具以素所意告遂，曰：「今如此不取，恐為大害，非獨樓船，又且與朝鮮共滅吾軍。」遂亦以為然，而以節召樓船將軍入左將軍營計事，即命左將軍麾下執捕樓船將軍，并其軍，以報天子。天子誅遂。左將軍已并兩軍，即急擊朝鮮。朝鮮相路人、相韓陰、尼谿相參、將軍王唊（漢書音義曰：凡五人也。戎狄不知官紀，故皆稱相。唊音頰。○索隱曰：路人，漁陽縣人也。）相與謀曰：「始欲降樓船，樓船今執，獨左將軍并將，戰益急，恐不能

王唊王文不…王唊路人皆亡降漢路人道死元封三年夏尼谿相參乃使人殺朝鮮王右渠來降王險城未下故右渠之大臣成巳又反復攻吏左將軍使右渠子長降相路人之子最告諭其民誅成巳以故遂定朝鮮為四郡封參為澅清侯陰為荻苴侯唊為平州侯長為幾侯最以父死頗有功為溫陽侯左將軍徵至坐爭功相嫉乖計棄市樓船將軍亦坐兵至洌口當待左將軍擅先縱失亡多當誅贖為庶人

太史公曰右渠負固國以絕祀涉何誣功為兵發首樓船將狹及難離咎悔失番禺乃反見疑荀彘爭勞與遂皆誅兩軍俱辱將率莫侯矣

索隱述贊曰

衛滿燕人　朝鮮是王　王險置都

路人作相　右渠首亢　涉何誑上

兆禍自斯　狐疑二將　山遂伏法

紛紜無狀

朝鮮列傳第五十五　史記一百一十五

西南夷列傳第五十六　史記一百一十六

西南夷君長以什數夜郎最大其西靡莫之屬以什數滇最大自滇以北君長以什數邛都最大此皆魋結耕田有邑聚其外西自同師以東北至楪榆名為嶲昆明皆編髮隨畜遷徙毋常處毋君長地方可數千里自嶲以東北君長以什數徙筰都最大自筰以東北君長以什數冉駹最大其俗或士著或移徙在蜀之西自冉駹以東北君長以什數白馬最大

上皆氐類也。此皆巴蜀西南外蠻夷也。始楚威王時，使將軍莊蹻（正義：其略反。昆州、郎州本蹻所王。）將兵循江上，略巴、蜀、黔中以西。莊蹻者，故楚莊王苗裔也。（索隱：蹻音其略反。楚莊王弟，為盜者。）蹻至滇池，地方三百里，（索隱：地理志益州有滇池縣。後漢書云其池水源深廣而末更淺狹，有似倒流，故謂滇池也。正義：括地志云滇池澤在昆州晉寧縣西南三十里，其水源深廣而末更淺狹，有似倒流，故謂滇池也。）旁平地，肥饒數千里，以兵威定屬楚。欲歸報，會秦擊奪楚巴、黔中郡，道塞不通，因還，以其眾王滇，變服，從其俗，以長之。秦時常頞略通五尺道，（索隱：謂棧道廣五尺。正義：括地志云五尺道在郎州。顏師古云其處險阸，故道纔廣五尺。如淳云道廣五尺。）諸此國頗置吏焉。十餘歲，秦滅。及漢興，皆棄此國而開

蜀故徼。巴蜀民或竊出商賈，取其筰馬、僰僮、（正義：今益州南戎州北臨大江，古僰國。）髦牛，以此巴蜀殷富。（索隱：韋昭云僰屬犍為，音蒲北反。服虔曰舊京師有僰婢。）建元六年，大行王恢擊東越，東越殺王郢以報。恢因兵威使番陽令（正義：番音婆。）唐蒙風指曉南越。南越食蒙蜀枸醬，（一作蒟，音窶。駰案：漢書音義曰枸木似穀樹，其葉如桑葉，用其葉作醬酢，美，蜀人以為珍味。○索隱：案晉灼音矩。劉德云蒟樹如桑，其椹長二三寸，味酢；取其實以為醬，美。又云蒟緣木而生，非樹也。今蜀土家出蒟，實似桑椹，味辛似薑，不酢。又云取葉，此注又以為非也。廣志云蒟色黑，味辛，下氣消穀。）蒙問所從來，曰「道西北牂柯，牂柯江（正義：崔浩云牂柯，繫船杙也。常氏華陽國志云楚頃襄王時，遣莊蹻伐夜郎，軍至且蘭，椓船於岸而步戰。既滅夜郎，以且蘭有椓船牂柯處，乃改其名為牂柯。）廣數里，出番禺城下」。蒙歸至長安，問蜀賈人，

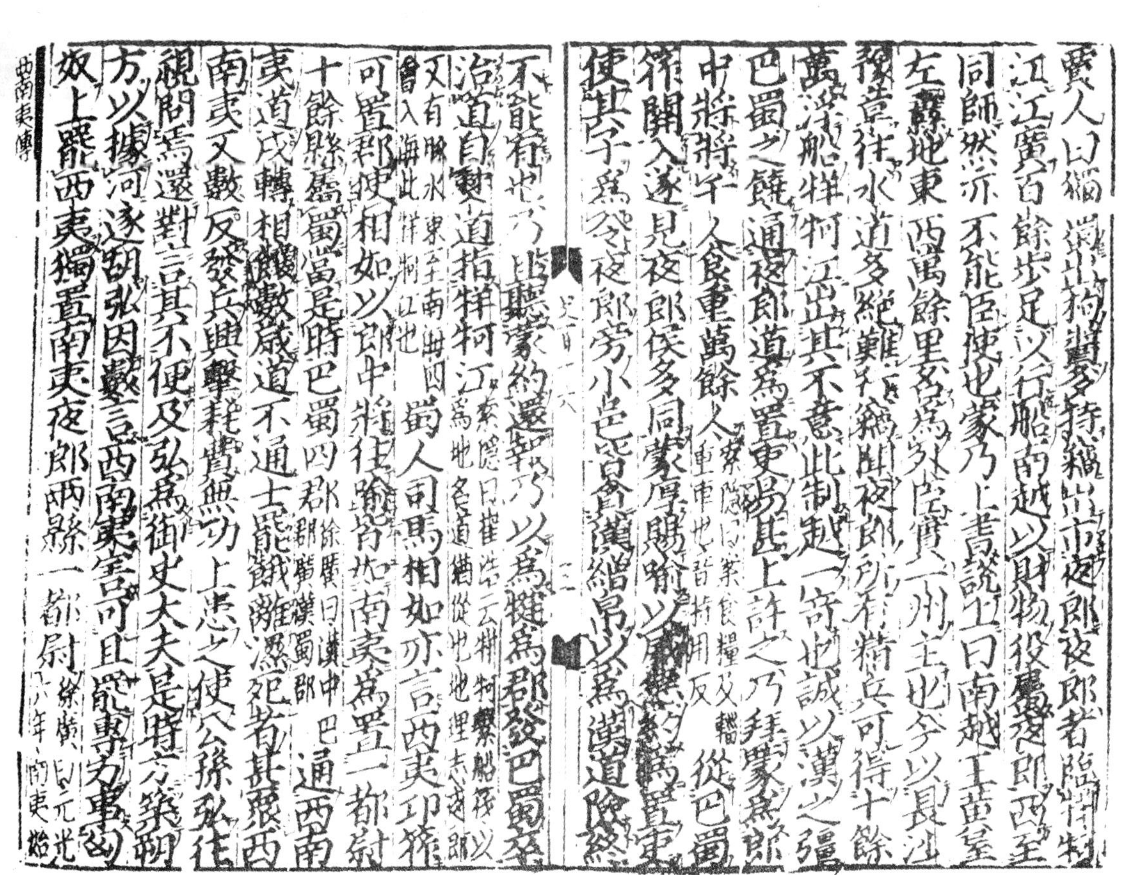

賈人曰：「獨蜀出枸醬，多持竊出市夜郎。夜郎者，臨牂柯江，江廣百餘步，足以行船。南越以財物役屬夜郎，西至同師，然亦不能臣使也。」蒙乃上書說上曰：「南越王黃屋左纛，地東西萬餘里，名為外臣，實一州主也。今以長沙、豫章往，水道多絕，難行。竊聞夜郎所有精兵，可得十餘萬，浮船牂柯江，出其不意，此制越一奇也。誠以漢之彊，巴蜀之饒，通夜郎道，為置吏，易甚。」上許之。乃拜蒙為郎中將，將千人，食重萬餘人，（索隱曰：案食，糧食；重，輜重車也。音持用反。）從巴蜀筰關入，遂見夜郎侯多同。蒙厚賜，喻以威德，約為置吏，使其子為令。夜郎旁小邑皆貪漢繒帛，以為漢道險，終

不能有也，乃且聽蒙約。還報，乃以為犍為郡。發巴蜀卒治道，自僰道指牂柯江。（索隱曰：崔浩云牂柯，繫船杙也，以為地名。道，猶從也。地理志夜郎又有豚水，東至南海四會入海，此牂柯江也。）蜀人司馬相如亦言西夷邛、筰可置郡。使相如以郎中將往喻，皆如南夷，為置一都尉，十餘縣，屬蜀。當是時，巴蜀四郡（徐廣曰：漢中、巴郡、廣漢、蜀郡。）通西南夷道，戍轉相饟。數歲，道不通，士罷餓離濕死者甚眾；西南夷又數反，發兵興擊，秏費無功。上患之，使公孫弘往視問焉。還對，言其不便。及弘為御史大夫，是時方築朔方以據河逐胡，弘因數言西南夷害，可且罷，專力事匈奴。上罷西夷，獨置南夷夜郎兩縣一都尉，（徐廣曰：元光六年，南夷始[illegible]）

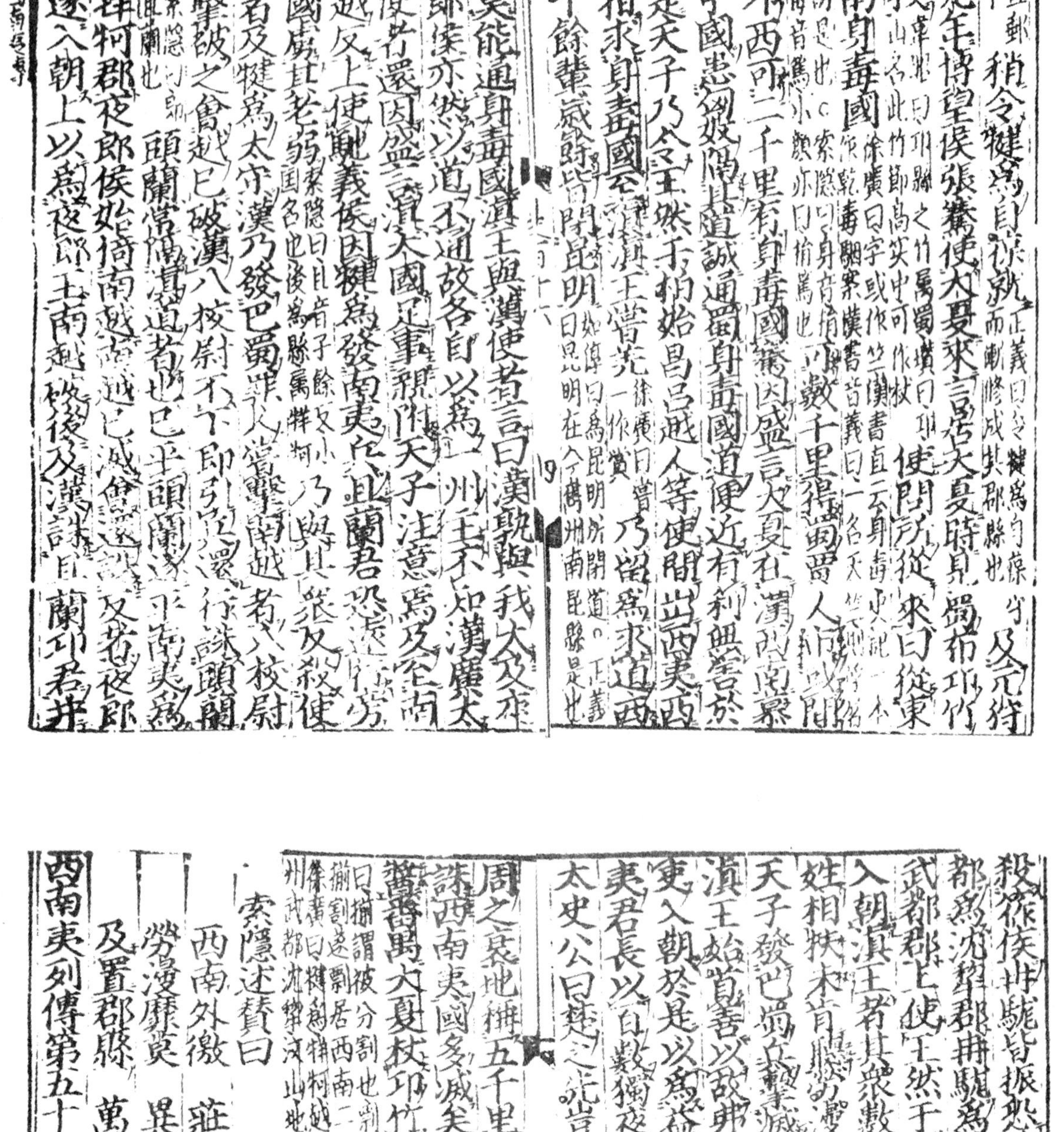

置郵。稍令犍為自葆就。及元狩元年，博望侯張騫使大夏來，言居大夏時見蜀布、邛竹杖，使問所從來，曰從東南身毒國，可數千里，得蜀賈人市。或聞邛西可二千里有身毒國。騫因盛言大夏在漢西南，慕中國，患匈奴隔其道，誠通蜀，身毒國道便近，有利無害。於是天子乃令王然于、柏始昌、呂越人等，使閒出西夷西，指求身毒國。至滇，滇王嘗羌乃留，為求道西十餘輩。歲餘，皆閉昆明，莫能通身毒國。

滇王與漢使者言曰：漢孰與我大？及夜郎侯亦然。以道不通故，各自以為一州主，不知漢廣大。使者還，因盛言滇大國，足事親附。天子注意焉。

及至南越反，上使馳義侯因犍為發南夷兵。且蘭君恐遠行，旁國虜其老弱，乃與其衆反，殺使者及犍為太守。漢乃發巴蜀罪人嘗擊南越者八校尉擊破之。會越已破，漢八校尉不下，即引兵還，行誅頭蘭。頭蘭，常隔滇道者也。已平頭蘭，遂平南夷為牂柯郡。夜郎侯始倚南越，南越已滅，會還誅反者，夜郎遂入朝。上以為夜郎王。

南越破後，及漢誅且蘭、邛君，并殺筰侯，冉駹皆振恐，請臣置吏。乃以邛都為越巂郡，筰都為沈犂郡，冉駹為汶山郡，廣漢西白馬為武都郡。

上使王然于以越破及誅南夷兵威風喻滇王入朝。滇王者，其衆數萬人，其旁東北有勞浸、靡莫，皆同姓相扶，未肯聽。勞浸、靡莫數侵犯使者吏卒。元封二年，天子發巴蜀兵擊滅勞浸、靡莫，以兵臨滇。滇王始首善，以故弗誅。滇王離難西南夷，舉國降，請置吏入朝。於是以為益州郡，賜滇王王印，復長其民。

西南夷君長以百數，獨夜郎、滇受王印。滇小邑，最寵焉。

太史公曰：楚之先豈有天祿哉？在周為文王師，封楚。及周之衰，地稱五千里。秦滅諸侯，唯楚苗裔尚有滇王。漢誅西南夷，國多滅矣，唯滇復為寵王。然南夷之端，見枸醬番禺，大夏杖邛竹。西夷後揃，剽分二方，卒為七郡。（索隱 揃謂被分割也 剽謂分割）

索隱述贊曰：

西南外徼，莊蹻首通。漢因大夏，乃命唐蒙。勞浸靡莫，異俗殊風。夜郎最大，邛筰稱雄。及置郡縣，萬代推功。

西南夷列傳第五十六　　史記一百一十六

司馬相如列傳第五十七　史記一百一十七

索隱曰白不宜在西夷之下

司馬相如者，蜀郡成都人也，字長卿。少時好讀書，學擊劍，（索隱曰呂氏春秋劍伎云持短入長倏忽縱橫之術也魏文典論云余好擊劍以短乘長是也）故其親名之曰犬子。（索隱曰孟康云愛而字之也）相如既學，（索隱曰秦宓云文翁遣相如受七經）慕藺相如之為人，更名相如。以貲為郎，事孝景帝，為武騎常侍，（索隱曰張揖曰秩六百石常侍從格猛獸）非其好也。會景帝不好辭賦，是時梁孝王來朝，從游說之士齊人鄒陽、淮陰枚乘、吳莊忌夫子之徒，（徐廣曰名忌字夫子○索隱曰案鄒陽傳云莊先生莊夫子則此夫子是美稱時人以為號稱而徐廣云字為非漢書作嚴忌者案忌本姓莊避明帝諱故改姓嚴也）相如見而說之，因病免，客游梁。梁孝王令與諸生同舍，相如得與諸生游士居數歲，乃著子虛之賦。會梁孝王卒，相如歸，而家貧，無以自業。素與臨邛令王吉相善，吉曰：「長卿久宦遊不遂，而來過我。」於相如往，舍都亭。（索隱曰案臨邛郡下之亭也）臨邛令繆為恭敬，日往朝相如。相如初尚見之，後稱病，使從者謝吉，吉愈益謹肅。臨邛中多富人，而卓王孫家僮八百人，程鄭亦數百人，二人乃相謂曰：「令有貴客，為具召之。」并召令。令既至，卓氏客以百數。至日中，謁司馬長卿，長卿謝病不能往，臨邛令不敢嘗食，自往迎相如。相如不得已，彊往，一坐盡傾。酒酣，臨邛令前奏琴曰：「竊聞長卿好之，願以自娛。」相如辭謝，為鼓一再行。（索隱曰案古樂府長歌行短歌行行者曲也此言鼓一再行謂一兩曲）是時卓王孫有女文君新寡，好音，故相如繆與令相重，而以琴心挑之。（郭璞曰以琴中音挑動之○索隱曰張揖云挑嬈也以琴中挑之挑音徒了反嬈音奴了反其詩曰鳳兮鳳兮歸故鄉遨遊四海求其凰有一艷女在此堂室邇人遐毒我腸何由交接為鴛鴦也又云鳳兮鳳兮從皇棲得託子尾永為妃交情通體心和諧中夜相從別有誰）相如之臨邛，從車騎，雍容閒雅甚都；（韋昭曰閒讀曰閑其得新品云容也郭璞曰都猶姣也詩曰恂美且都）及飲卓氏，弄琴，文君竊從戶窺之，心悅而好之，恐不得當也。既罷，相如乃使人重賜文君侍者通殷勤。文君夜亡奔相如，（索隱曰郭璞云婚不以禮為奔也）相如乃與馳歸家居，徒四壁立。（郭璞曰言貧窮也○索隱曰案孔文祥云徒空也家空無資儲但有四壁而已言就此中以安立也）卓王孫大怒曰：「女至不材，我不忍殺，不分一錢也。」人或謂王孫，王孫終不聽。文君久之不樂，曰：「長卿第俱如臨邛，（索隱曰文穎云第且也郭璞云第發語之急耳如往也）從昆弟假貸猶足為生，何至自苦如此！」相如與俱之臨邛，盡賣其車騎，買一酒舍酤酒，而令文君當鑪。（韋昭曰鑪酒肆也以土為墮邊高似鑪）相如身自著犢鼻褌，（韋昭曰今三尺布作形如犢鼻矣稱此者言其無恥也今銅印言犢紐此其類矣）與保庸雜作，（方言曰保庸謂之甫方奴婢賤稱也）滌器於市中。（韋昭曰滌器每食必滌器者）卓王孫聞而恥之，為杜門不出。昆弟諸公（郭璞曰諸公父行也）更謂王孫曰：「有一男兩女，所不足者非財也。今文君已失身於司馬長卿長卿故倦游(郭璞曰厭游宦也)雖貧其人材足依也且又令客奈何相辱如此卓王孫不得已分予文君僮百人錢百萬及其嫁時衣被財物文君乃與相如歸成都買田宅爲富人居久之蜀人楊得意爲狗監侍上上讀子虛賦而善之曰朕獨不得與此人同時哉得意曰臣邑人司馬相如自言爲此賦上驚乃召問相如相如曰有是然此乃諸侯之事未足觀也請爲天子游獵賦賦成奏之上許令尚書給筆札相如以子虛虛言也爲楚稱烏有先生者烏有此事也爲齊難無是公者無是人也明天子之義故空藉此三人爲辭以推天子諸侯之苑囿其卒章歸之於節儉因以風諫奏之天子天子大說其辭曰楚使子虛使於齊齊王悉發境內之士備車騎之衆與使者出田田罷子虛過詫烏有先生而無是公在焉坐定烏有先生問曰今日田樂乎子虛曰樂獲多乎曰少然則何樂曰僕樂齊王之欲夸僕以車騎之衆而僕對以雲夢之事也曰可得聞乎子虛曰可王駕車千乘選徒萬騎田於海濱列卒滿澤罘罔彌山揜兔轔鹿射麋腳麟

騖於鹽浦割鮮染輪射中獲多矜而自功顧謂僕曰楚亦有平原廣澤游獵之地饒樂若此者乎楚王之獵何與寡人僕下車對曰臣楚國之鄙人也幸得宿衛十有餘年時從出游游於後園覽於有無然猶未能徧覩也又惡足以言其外澤者乎齊王曰雖然略以子之所聞見而言之僕對曰唯唯臣聞楚有七澤嘗見其一未覩其餘也臣之所見蓋特其小小者耳名曰雲夢雲夢者方九百里其中有山焉其山則盤紆岪鬱隆崇嵂崒岑崟參差日月蔽虧交錯糾紛上干青雲罷池陂陀下屬江河其土則丹青赭堊雌黃白坿錫碧金銀衆色炫燿照爛龍鱗其石則赤玉玫瑰琳

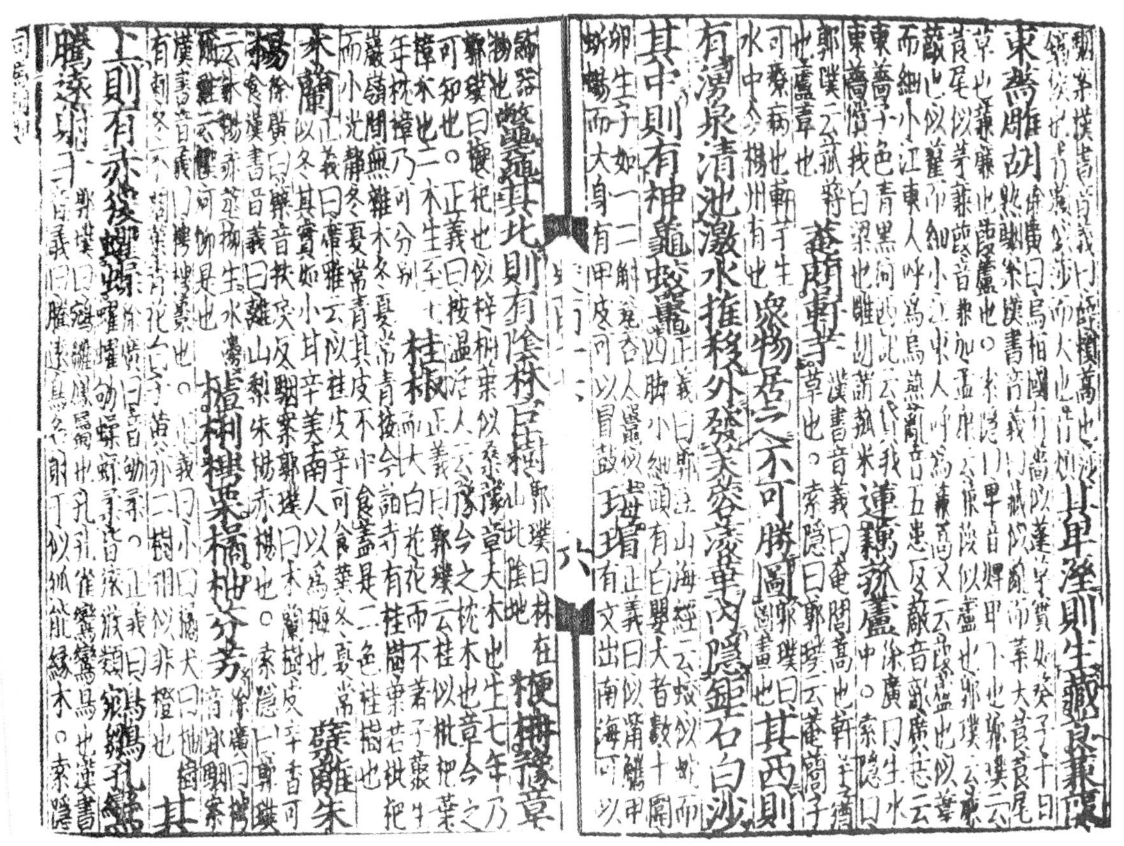

曰盍東云喝袁名非也司馬彪云其下則有白虎
遠也能蟃蜒大獸長百尋貙似貍而大也
玄豹蟃蜒貙犴郭璞曰蟃蜒漢書音義曰犴胡地野犬似狐而小也正義曰兕
○索隱曰蟃音萬蜒音延犴音岸郭誕生音浩發反協音足兕象野犀狀如水牛
象大獸長鼻牙長一丈俗呼為仁傍窮奇獌狿於是
頭似一角在額漢書無此一句也
乃使專諸之倫手格此獸楚王乃駕馴駮之駟漢書音義曰駮
擾也駮如馬白身黑尾一角鋸牙食虎而駕之以當駟馬也
乘雕玉之輿靡魚須之
橈旃言橈弱也通帛為旃也漢書音義曰以魚須為旃柄
明月以曳明月之珠旗
綴飾旗漢書音義曰干將韓王劍師雄
隱曰應劭曰干將吳人 建干將之雄戟
為曰闔閭鑄干將鏌邪干將所造也○索
所謂雄戟也周禮上記云戟為五兵雄也
周禮考工記云戟為五兵之雄也胡其子也又周禮圖謂戟

反曲胡也 左烏號之雕弓索隱曰張揖云黃帝乘龍上仙
為胡也小臣不得上挽持龍髯髯拔墮
黃帝弓臣抱弓而號故名烏號見封禪書及郊祀志
文文韓詩外傳云弓工之妻曰此弓是太山南烏號之
柘桑性南子云烏號柘桑其材堅勁烏棲其上將飛枝
勁復起摽呼其上伐取其材為弓因曰烏號古史考風
俗通皆同 右夏服之勁箭漢書音義曰服盛箭器也夏后氏之良弓名繁弱其矢亦良即繁弱箭服也
此說也○索隱曰案夏羿善射者夏服箭之室故云夏服
又曰夏后氏有良弓名繁弱其矢亦良即繁弱箭服也
陽子驂乘纖阿為御漢書音義曰陽子陽陵子仙人纖
索隱曰張揖云陽子伯樂也孫陽字伯樂秦繆公臣善
御者也或曰纖阿美女姣好貌文穎曰纖阿山名有
女子處其巖月歷數度躍入月中因為月御也章昭曰陽子古賢也○
為月御也郭璞云纖阿古之善御者 案節未舒郭璞曰
言須轡也司馬彪云案轡而行得節也索隱曰
曰案郭馬足未展故曰未舒亦為得也 即陵狡獸蹴蛩蛩
轔距虛郭璞曰蛩蛩距虛卬卬似馬而青距虛即卬卬變文
左言之穆天子傳曰卬卬距虛日走五百里

也
軼野馬而韢騊駼徐廣曰韢音慧騊駼郭璞曰野馬如馬而小騊駼似馬
索隱曰韢音衛謂軸頭觸殺之騊音陶駼音塗 乘遺風而射游騏漢書音義曰遺風千
里馬亦雅曰騊駼如馬一角不角者騏也○索隱曰呂氏
春秋云遺風之乘古今注曰秦始皇馬名韋昭曰騏如
馬無角亦馴麟 倏眒凄浰徐廣曰倏音式六反眒音申浰音力
之利反漢書音義曰皆疾
貌 雷動熛至星流霆擊弓不虛發中必決眥目所指也
必射其眥也
洞胸達腋絕乎心繫獲若雨獸揜草蔽地於是
楚王乃弭節裴回郭璞曰弭猶低也節所杖信節也
翱翔容與索隱曰郭璞云言消搖也 覽乎陰林觀壯士之暴怒與猛獸
之恐懼徼䣜受詘徐廣曰䣜音劇騁案郭璞曰䣜疲極
也詘言獸有倦游者則徼而取
之○索隱曰司馬彪云徼遮也䣜倦也謂遮其倦者䣜
音劇詘音屈說文云䣜勞也燕人謂勞為䣜徼音古堯

反 殫睹眾物之變態於是鄭女曼姬郭璞曰曼姬謂鄭
○正義曰文穎云鄭國出好女曼姬婦人之總稱
澤也如淳云鄭女夏姬也曼姬也武王夫人鄭 被阿緆
漢書音義曰阿細繒也緆布也 揄紵縞徐廣曰揄音曳○
也○正義曰按東阿出繒也正義曰揄曳也韋
昭云紵之色若縞也顏
云紵織紵也縞鮮支也 雜纖羅垂霧縠郭璞曰言細如
霧垂以覆頭
襞積褰縐紆徐委曲鬱橈谿谷漢書音義曰襞積簡齰
也褰縐縮也紆徐委曲也谿谷也○索隱曰小顏云此
說非也襞積今之君帬攝古謂之皮弁素積是也蘇林曰
中文史弗鬱迴曲有似於谿谷也
襞縐縮蹙之也縐音側救反齰音助 衯衯裶裶郭璞曰
華反減音在代反曲音林音丘欲反索隱曰
衣長貌○正義曰上 揚袘卹削徐廣曰袘音迤衣袖也
芳云反下方非反
裁制貌也○索隱曰張揖云揚舉也卹削刻除貌也 蜚纖垂髾徐廣曰纖音交又音
云髾燕尾也卹削音義曰卹削
飾髾音啓 扶輿猗靡郭璞曰淮南所謂曾折摩地扶輿猗
髾也 委也○正義曰輿音餘猗於綺反謂

鄭女曼姬侍從王者[illegible]翕呷萃蔡漢書音義曰翕呷衣裳張起也萃蔡衣聲也○索隱曰韋昭云呷音呼甲反郭璞云萃蔡[illegible]也○正義曰呷火甲反萃音碎蔡千曷反下靡蘭蕙上拂羽蓋錯翡翠之威蕤漢書音義曰錯音措或作錯[illegible]繆繞玉綏郭璞曰綏所執以登車○正義曰顏云下靡蘭蕙謂垂[illegible]也上拂羽蓋謂飛襳也綏以玉飾之也飛襳垂[illegible]雜錯之旌幢或綴玉綏也張揖云翡翠[illegible]如雀雄赤曰翡雌青曰翠博物志云翡翠[illegible]背上翼後有赤毛翠身通青黃唯六翮上毛長寸餘青其飛則羽鳴翡翠然因以為名也縹乎忽忽若神僊之仿佛正義曰佛言以神僊也戰國策云鄭[illegible]謂之美女粉白黛黑若立於衢不知者[illegible]神仙於是乃相與獠於蕙圃郭璞曰獠獵也音遼○索隱曰爾雅云宵獵曰獠媻珊勃窣上金隄索隱曰媻珊匍匐上下也窣音素忽反揜翡翠射鵕鸃漢書音義曰鵕鸃鳥似鳳也○索隱曰鵕鸃山雞也許慎云鷩鳥也郭璞曰似鳳有光彩音浚儀[illegible]云鵕鸃神鳥飛光竟天也微矰出纖繳施[illegible]徐廣曰繳音斫弋白鵠連駕鵝郭璞曰野鵝也駕音加○索隱曰爾雅云舒鴈鵝也○正義曰鵠小鳥也駕鵝連謂獲也抱朴子云千歲之鵠純白[illegible]雙鶬下玄鶴加郭璞曰詩云弋言加之是也○正義曰司馬彪云鶬似鴈而黑赤呼為鶬鴰韓詩外傳云[illegible]登於木[illegible]二百六十歲則色純黑按弋雙鶬既下又加玄鳥以上也怠而後發游於清池浮文鷁漢書音義曰鷁水鳥也畫其象於船首淮南子曰龍舟鷁首天子之乘也揚桂枻徐廣曰音曳韋昭曰枻檝也張翠帷建羽蓋罔瑇瑁釣紫貝郭璞曰紫貝黑文也○正義曰毛詩[illegible]云貝水之介蟲大者[illegible]小者為貝其白質如玉紫點為文皆行列當大者徑一尺小者七八寸今九真交趾以為杯盤寶物也[illegible]云貝寶[illegible]摐金鼓吹鳴籟漢書音義曰摐撞也籟簫也榜人歌郭璞曰榜船也[illegible]聲流喝徐廣曰[illegible]音[illegible]鳥邁反水蟲駭波鴻沸涌泉起奔揚會

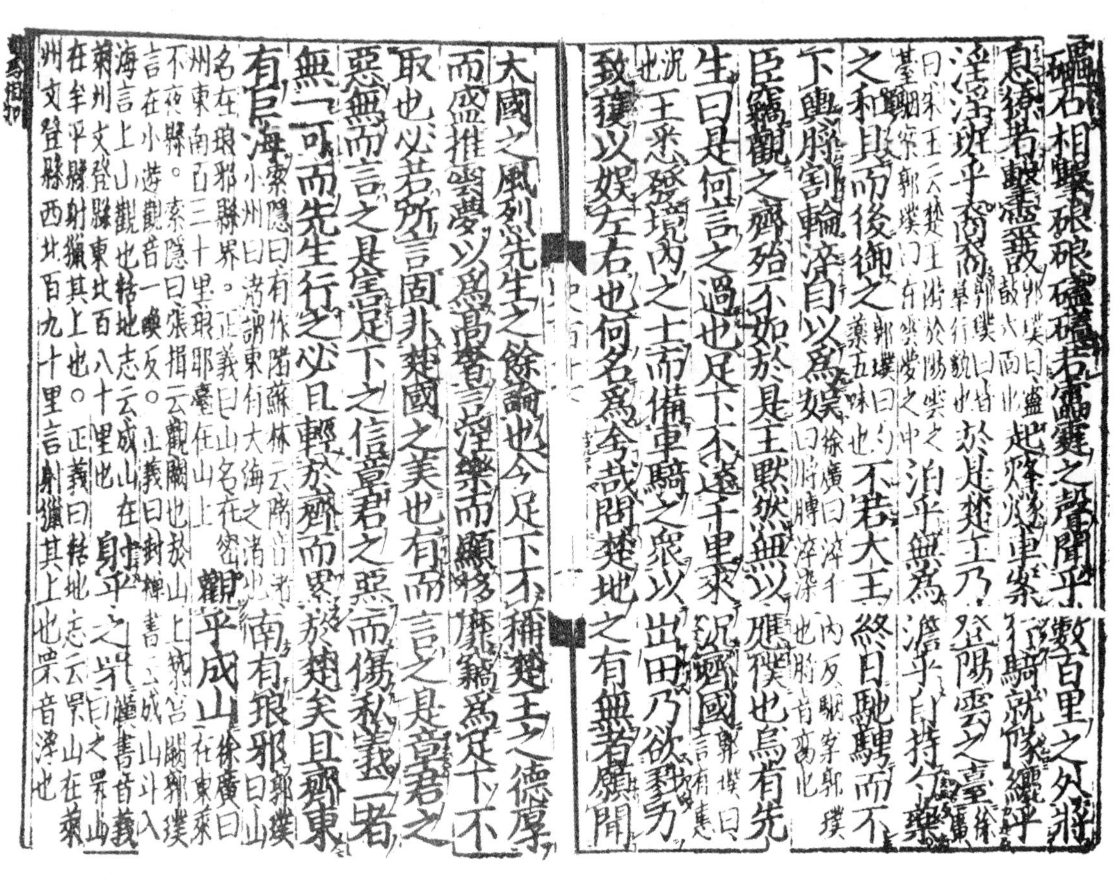

礧石相擊硠硠礚礚若雷霆之聲聞乎數百里之外將息獠者擊靈鼓郭璞曰靈鼓六面也起烽燧車案行騎就隊纚乎淫淫般乎裔裔郭璞曰皆羣行貌也於是楚王乃登陽雲之臺徐廣曰宋玉云楚王游於陽雲之臺○索隱郭璞曰臺在雲夢之中怕乎無為澹乎自持勺藥之和具而後御之郭璞曰勺藥五味也不若大王終日馳騁而不下輿脟割輪淬自以為娛徐廣曰淬千內反駰案郭璞曰脟膊也淬染也[illegible]臣竊觀之齊殆不如於是王默然無以應僕也烏有先生曰是何言之過也足下不遠千里來況齊國郭璞曰況言有惠也王悉發境內之士而備車騎之眾以出田乃欲戮力致獲以娛左右也何名為夸哉問楚地之有無者願聞大國之風烈先生之餘論也今足下不稱楚王之德厚而盛推雲夢以為高奢言淫樂而顯侈靡竊為足下不取也必若所言固非楚國之美也有而言之是章君之惡無而言之是害足下之信章君之惡而傷私義二者無一可而先生行之必且輕於齊而累於楚矣且齊東陼鉅海索隱曰有作渚蘇林云陼音者小洲曰渚謂東有大海之渚也南有琅邪郭璞曰山名在琅邪縣界○正義曰山名在密州東南百三十里琅邪臺在山上觀乎成山徐廣曰在東萊不夜縣○索隱曰張揖云觀闕也於山上築宮闕以觀海言在小游觀音一喚反○正義曰封禪書云成山斗入海言上山觀也括地志云成山在萊州文登縣東北百八十里也射乎之罘漢書音義曰之罘山在牟平縣射獵其上也○正義曰括地志云罘山在萊州文登縣西北百九十里言射獵其上也罘音浮也

浮勃澥漢書音義曰海別枝名也○索隱曰齊都賦云海旁曰勃斷水曰澥也游孟諸漢書音義曰孟諸宋之藪澤名○正義曰周禮職方氏青州藪曰望諸鄭玄云望諸孟諸也邪與肅愼爲鄰郭璞曰肅愼國名也○正義曰邪謂東北接之括地志云靺鞨國古肅愼也在京東北八千四百里南去扶餘千五百里東及北各抵大海也右以湯谷爲界正義曰海外經云湯谷在黑齒北上有扶桑木水中十日所浴張揖云日所出也許愼云熱如湯秋田乎青丘正義曰服虔云青丘國在海東三百里郭璞云青丘山名上有田亦有國出九尾狐在海外徬徨乎海外吞若雲夢者八九其於胸中曾不蔕芥索隱曰張揖云蔕芥刺鯁也郭璞云言不以爲鯁介也若乃俶儻瑰偉異方殊類珍怪鳥獸萬端鱗萃充牣其中不可勝記禹不能名契不能計正義曰禹巡行天下九州山川草木鳥獸契爲司徒敷五教亡四方會計言二人猶不能名計其數然在諸侯之位不敢言游戲之樂苑囿之大先生又見客索隱曰先生指子虛也李奇注曰見賓客禮待故也李奇曰言見先生是賓客之也是以王辭而不能復郭璞曰復答也○索隱曰復答也何爲無用應哉無是公听然而笑郭璞曰听笑貌也○索隱曰听音斷又音牛隱反曰楚則失矣齊亦未爲得也夫使諸侯納貢者非爲財幣所以述職也郭璞曰諸侯朝於天子曰述職言述所職也見孟子封疆畫界者非爲守禦所以禁淫也郭璞曰禁絶淫放也今齊列爲東藩而外私肅愼捐國踰限越海而田其於義故未可也且二君之論不務明君臣之義而正諸侯之禮徒事爭游獵之樂苑囿之大欲以奢侈相勝荒淫相越此不可以揚名發譽而適足以貶君自損也且夫齊楚之事又焉足道

邪君未睹夫巨麗也獨不聞天子之上林乎左蒼梧正義曰文穎云蒼梧郡屬交州在長安東南故言左右西極郭璞曰西極州在長安西故言右丹水更其南漢書音義曰丹水出上洛冢領山紫淵徑其北漢書音義曰紫淵在長安北○正義曰[illegible]文穎云西河穀羅縣有紫澤其水紫色[illegible]終始灞滻出入涇渭索隱曰張揖曰灞出藍田西北而入渭滻亦出藍田谷北至灞陵入灞灞滻二水盡於苑中不出苑也涇水出安定涇陽縣西岍頭山東北至陽陵入渭渭水出隴西首陽縣鳥鼠同穴山東至華陰入河酆鎬潦潏郭璞曰皆水名酆水出鄠縣南山豐谷北入渭鎬水在昆明池北郭璞云鎬水出[illegible]潦水出鄠縣[illegible]南山[illegible]水下流也[illegible]潏或作泬[illegible]林陵今名沉水自南山皇子陂西北流注昆明池入渭[illegible]紆餘委蛇經營乎其內蕩蕩乎八川分流相背而異態郭璞曰[illegible]東西南北馳騖往來出乎椒丘之闕郭璞曰椒丘名○索隱曰[illegible]楚詞曰[illegible]行乎洲淤之浦郭璞曰[illegible]經乎桂林之中郭璞曰桂林林名過乎泱漭之野漢書音義曰山海經所謂大荒之野汩乎混流順阿而下郭璞曰順阿大陵赴隘陜之口觸穹石激堆埼郭璞曰穹隆大石貌堆沙堆埼曲岸頭音祈沸乎暴怒洶涌滂潰音許勇反涌音勇滂音滂潰音浦拜反○索隱曰司馬彪曰湧起貌[illegible]潰波相[illegible]也滂或作[illegible]或作滂湁潗

滵汩索隱曰司馬彪云滭沸涌貌滵汩去疾也。正義曰畢出勿密三音汩于筆反 湢測泌瀄郭璞曰湢測筆櫛四音。索隱曰司馬彪曰偪側相迫也泌瀄相楔也 橫流逆折轉騰潎洌索隱曰蘇林曰流輕疾也 澎濞沆瀣索隱曰澎濞水聲沆瀣司馬彪云鼓怒激礙之貌也。正義曰澎普庚反濞普被反沆胡朗反瀣胡代反 穹隆雲橈索隱曰司馬彪云水勢上也 宛潬膠盭索隱曰郭璞云水流屈曲也盭音戾 踰波趨浥索隱曰司馬彪云浥云水下趨浥也 蒞蒞下瀨索隱曰司馬彪云水流聲瀨疾也音利 批巖衝擁正義曰批音匹結反擁音雍 奔揚滯沛索隱曰郭璞云奔揚滯沛水勢散貌 臨坻注壑正義曰坻音丑尼反 瀺灂霣墜索隱曰瀺灂小水之聲也。正義曰霣音隕 沈沈隱隱徐廣曰隱音殷 砰磅訇礚正義曰砰普萌反磅普郎反訇呼宏反礚苦蓋反皆水流鼓怒之聲 潏潏淈淈湁潗鼎沸郭璞曰湁音敕立反潗音緝。索隱曰郭璞云湁潗水微轉細涌貌潏潏音決淈淈音骨湁潗音使縉雅云湁潗水沸之貌也周成雜字云湁潗 馳波跳沫徐廣曰一云吸呷 汩濦漂疾索隱曰汩音域一云濦音殷 悠遠長懷正義曰寂漻無聲郭璞云許立反泊淵靜貌也 寂漻無聲肆乎永歸 然後灝溔潢漾正義曰灝音昊溔音羊二反散貌也 安翔徐徊郭璞云水無涯際也 翯乎滈滈索隱曰翯音鶴滈音昊 東注太湖正義曰太湖在蘇州西南 衍溢陂池 於是乎蛟龍赤螭正義曰螭丑知反文穎曰龍子為螭張揖曰雌龍也無角曰螭 䱭䲛漸離徐廣曰䱭音亘鰽音夢郭璞曰䱭䲛魚名也 鰅鰫鰬魠正義曰鮔古鄧反鰽末鄧反

為龍 鰅鰫鰬魠徐廣曰鰅音隅鰫音容鰬音虔魠音託 禺禺魼鰨徐廣曰禺音隅魼音祛鰨音塔 揵鰭擢尾振鱗奮翼潛處于深巖 魚鼈讙聲萬物眾夥 明月珠子的皪江靡郭璞曰明月珠子生於江中其光耀乃照於江邊也。索隱曰 蜀石黃碝郭璞曰碝石黃色也 水玉磊砢郭璞曰水玉水精也 磷磷爛爛采色澔汗 藂積乎其中 鴻鷫鵠鴇駕鵝屬玉郭璞曰鷫鷞似雁而大長頸 交精旋目 煩鶩庸渠徐廣曰煩鶩一作番鶩 箴疵鵁盧 群浮乎其上 汎淫泛濫 隨風澹淡 與波搖蕩 奄薄水渚 唼喋菁藻郭璞曰菁水草 咀嚼菱藕 於是乎崇山矗矗 巃嵷崔巍正義曰巃力孔反嵷子孔反 深林巨木 嶄巖參差正義曰嶄音咸又仕銜反

嵳峨尖銳貌參差不齊也 九嵕巀嶭南山峩峩 漢書音義曰九嵕山在池陽谷口縣北

巀嶭山在池陽縣北○正義曰嵕子公反巀才切反嶭五結反 巖陁甗錡摧崣崛崎

郭璞曰陁崣隆除○索隱曰陁音多皆崣欹傾貌甗音魚輦反錡音蟻摧作罪反崣音倚崛音掘 振谿

通谷 索隱曰張揖云振收也水注川曰谿郭璞云振猶灑之也 漢注谷曰 蹇產溝瀆 音豆 谽呀豁閕 郭璞曰皆澗谷之形容也谽音呼含反呀音呼加反閕音呼下反○索隱

曰谽呀大貌豁閕空虛也 阜陵別隝 正義曰高平曰陸大陸曰阜大阜曰陵水中山曰隝

崴磈嵔廆 正義曰崴於鬼反磈烏罪反嵔烏罪反廆胡罪反皆高峻貌 丘虛堀礨 正義 曰虛音墟堀口忽反又口罪反 隱轔鬱㠥 郭璞云皆其形勢

也 登降施靡 正義曰郭璞云陂池不平貌 陂池貏豸 郭璞曰貏音卑豸音丈爾反

○索隱曰郭璞云陂池旁頹貌陂音彼 沇溶淫鬻 索隱曰郭璞云沇溶水流貌○正義曰

音以沇音兗 散渙夷陸 索隱曰郭璞云亭平也廣平曰陸

水流谿谷之間 亭皋千里 郭璞曰言為亭候於皋隰皆築以令平也 靡不被築

正義曰張揖云綠王芻也蕙薰草也一名薰草○索隱曰綠蕙言 掩以綠蕙 被以江

蘺 糅以蘪蕪 正義曰糅女又反 雜以流夷 漢書音義曰流夷新夷也 尃結縷

徐廣曰芓音一作茢一作䓿郭璞云 欑戾莎 徐廣曰草

可為索 揭車衡蘭 索隱曰揭車一名乞輿本草云主去蟲 槁本射干 射音夜

紫 茈薑蘘荷 索隱曰張揖云茈薑子薑也蘘荷

蓴根似芋可食 葴持若蓀 郭璞曰葴寒漿也持當為符字之誤耳符鬼目也

反 以為此前後皆草非橙柚也漢書作葴持小顏云

若蓀 郭璞曰蓀香草也○索隱曰姚氏云蓀草似菖蒲而無脊也

鮮支黃礫 郭璞曰皆未詳○索隱曰張揖云鮮支即今支子也或云

鮮支亦香草也小顏云黃礫者黃屑木也非也

蔣芧青薠 徐廣曰芓音佇騶案蔣菰也

黃礫者黃屑木也 布濩閎澤 延曼太原 離靡廣衍 應風披靡

隱曰薠音煩 吐芳揚烈 郭璞曰香酷烈也

郁郁菲菲 眾香發越 肸蠁布寫 晻薆咇茀

正義曰肸蠁之盛也詩云 於是乎周覽泛觀

縝紛軋芴 徐廣曰縝音真紛音分騶案郭璞曰皆不可分貌 芒芒恍忽 視

之無端 察之無涯 日出東沼 入於西陂 索隱曰張揖云日朝出苑之東

其南則隆冬生長 踊水躍波 獸則㺎旄貘犛

○索隱曰郭璞云

徐廣曰㺎音容騶案郭璞曰旄旄牛也貘音陌似熊黑色出蜀中犛音狸

其狀如牛而四節生毛

沈牛麈麋 漢書音義曰沈牛水牛也能沈沒水中 赤首圜題 郭璞曰題額也 窮奇象犀

其北則盛夏含凍裂地 涉冰揭河 郭璞曰言水淺可揭衣而渡也

獸則麒麟角端 郭璞曰角端似豬角在鼻上堪為弓李陵嘗以此弓十張遺蘇武也

騊駼橐駝 蛩蛩驒騱 駃騠驢騾

於是乎離宮別館 彌山跨谷 正義曰彌滿也言宮館滿山又跨谷

高廊四注 重坐曲閣 郭璞曰重坐重軒也曲閣閣道曲也 華榱璧璫

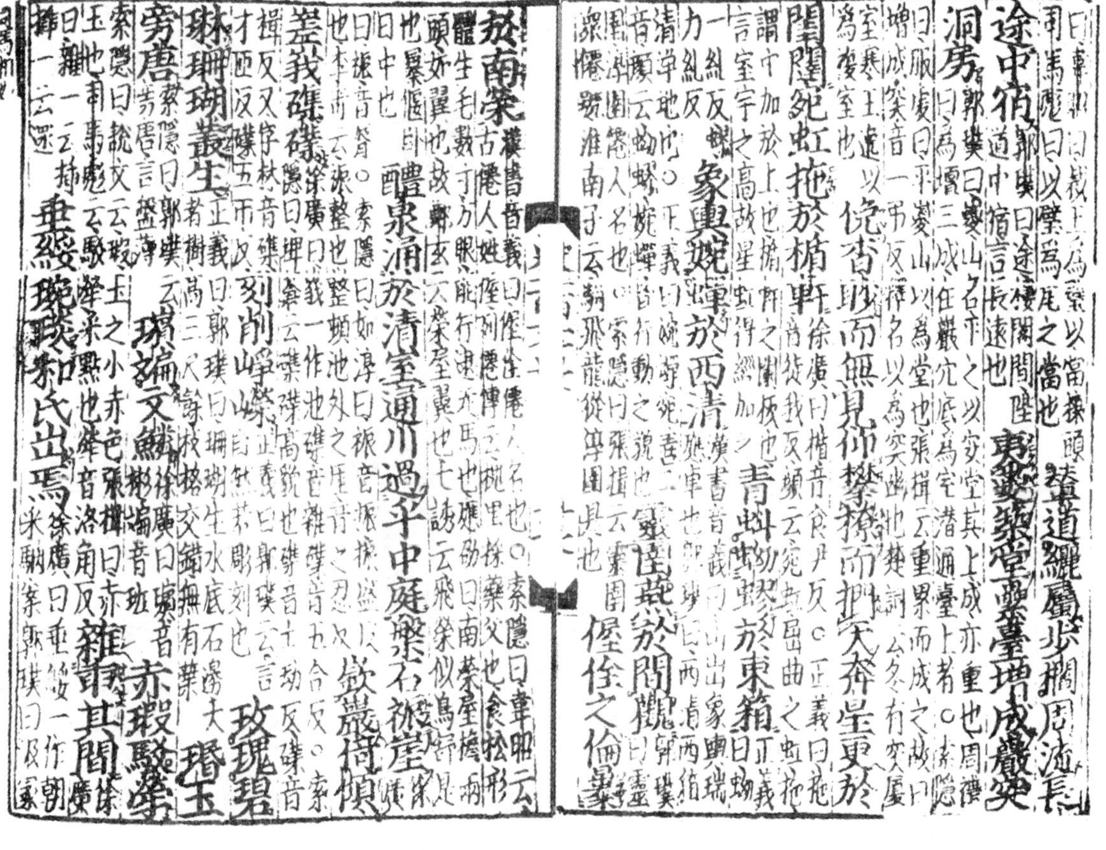

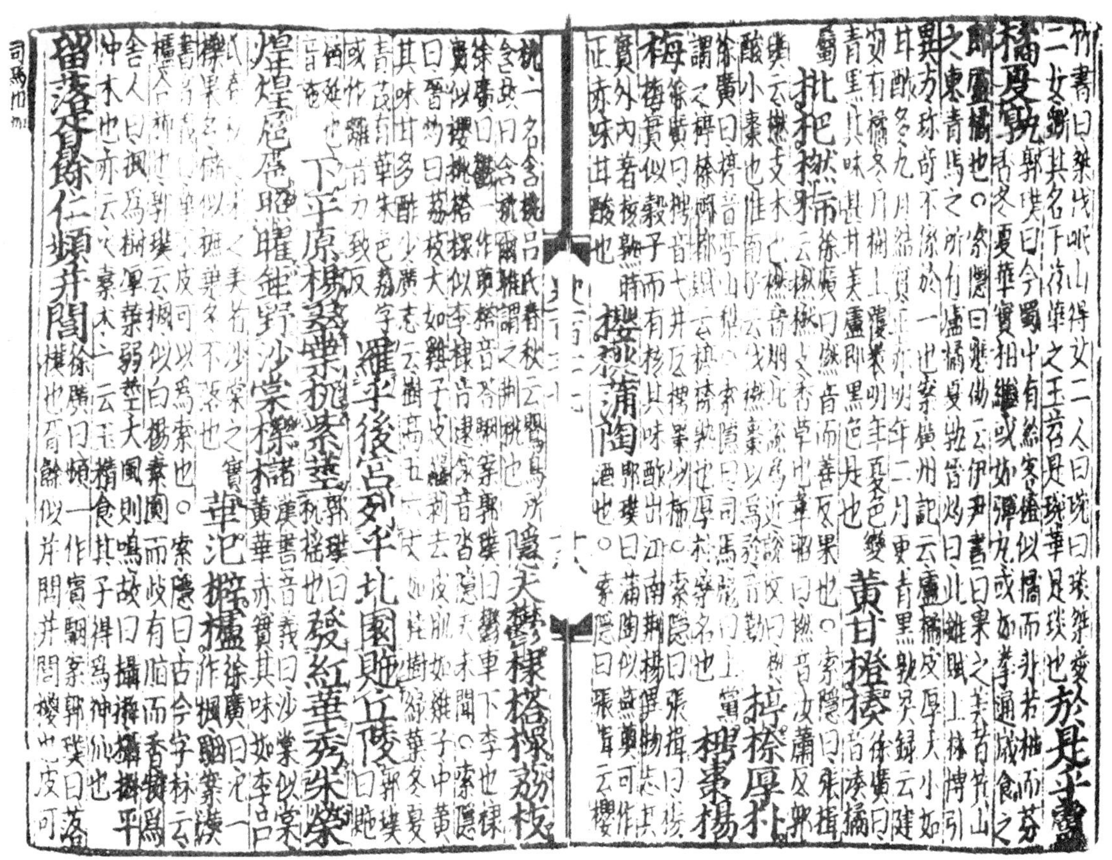

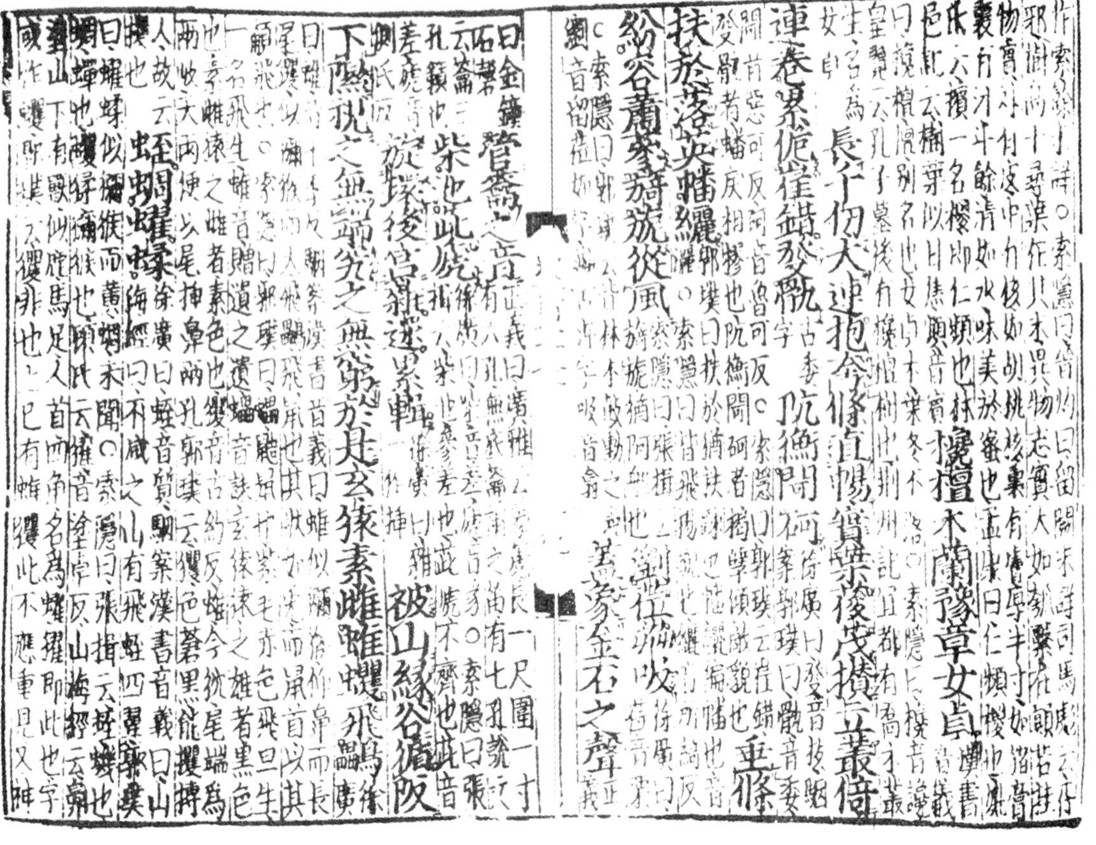

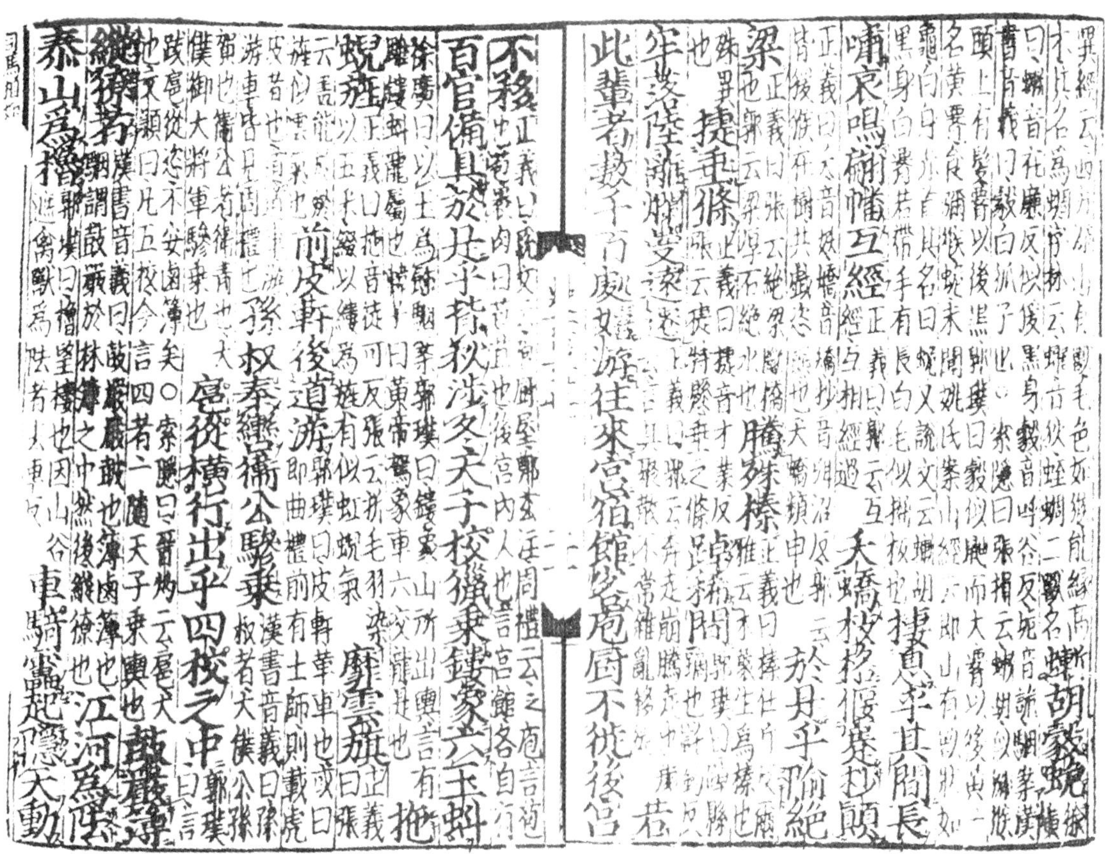

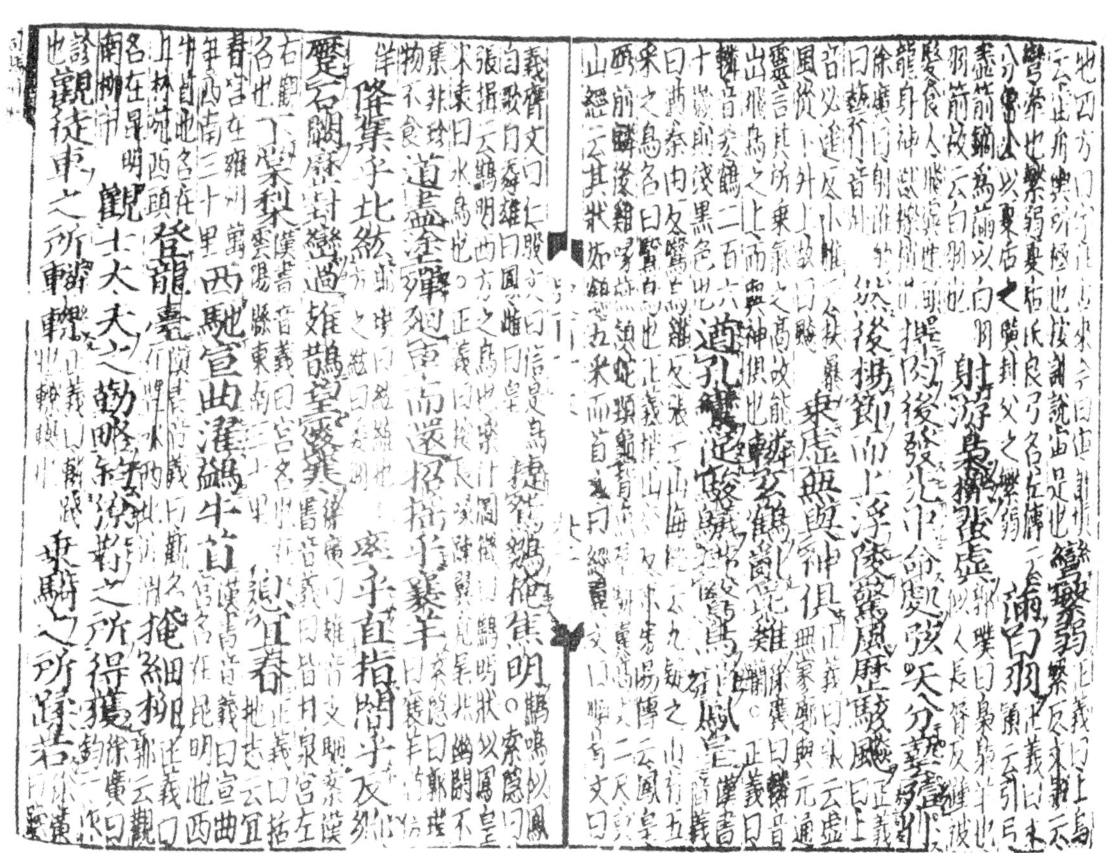

音人反。人民之所蹈躤，與其窮極倦谻，谻音劇。驚憚讋伏，不被創刃而死者，佗佗籍籍，填阬滿谷，掩平彌澤。於是乎游戲懈怠，置酒乎昊天之臺，索隱曰：張揖曰：臺高比于天也。張樂乎轇輵之宇；徐廣曰：轇音葛。○索隱曰：郭璞云：言曠遠深貌也。撞千石之鐘，立萬石之虡；建翠華之旗，樹靈鼉之鼓。郭璞曰：木貫鼓中，加羽葆其上，所謂樹鼓。奏陶唐氏之舞，聽葛天氏之歌，漢書音義曰：葛天氏，古帝王號也。呂氏春秋云：其樂三人持牛尾投足以歌。○索隱曰：張揖曰：葛天氏，三皇時君號也。呂氏春秋曰：葛天氏之樂，三人操牛尾投足以歌八闋，一曰載民，二曰玄鳥，三曰遂草木，四曰奮五穀，五曰敬天常，六曰建帝功，七曰依地德，八曰總禽獸之極。千人唱，萬人和，山陵為之震動，徐廣曰：一作勳。川谷為之蕩波。巴俞宋蔡，淮南于遮，郭璞曰：巴西閬中有俞水，獠人居其上，皆剛勇好舞，

漢高募此以平三秦，後使樂府習之，因名巴俞舞也。漢書音義曰：于遮，歌曲名。○索隱曰：張揖曰：禮樂記云宋音宴女溺志，蔡人謳員三人。楚詞云：吳歈蔡謳。淮南鼓員四人。于遮曲，是其意也。文成顛歌，郭璞曰：文成，遼西縣名，其縣人善歌。顛，益州顛縣，其人能作西南夷歌。顛與滇同。○索隱曰：文穎曰：文成，遼西縣名。族舉遞奏，徐廣曰：舉，一作居。金鼓迭起，鏗鎗闛鞈，洞心駭耳。郭璞曰：鐺鼓聲。荊吳鄭衛之聲，韶濩武象之樂，陰淫案衍之音，鄢郢繽紛，激楚結風，郭璞曰：激楚，歌曲也。列女傳曰：聽激楚之遺風也。○索隱曰：激楚，急風也。結風，回風，亦急風也。楚地風氣既自漂疾，然歌樂者猶復依激結之急風以為節，其樂促迅哀切也。俳優侏儒，狄鞮之倡，徐廣曰：韋昭云狄鞮，地名，在河內，出善倡者。所以娛耳目而樂心意者，麗靡爛漫於前，索隱曰：郭璞云：言恣其觀也。列女傳曰：靡，細。曼，澤。靡曼美色於後。索隱曰：張揖曰：靡曼，細澤也。韓子曰：曼服皓齒也。若夫青琴宓妃

司馬相如

之徒，漢書音義曰：皆古神女名。○索隱曰：伏儼曰：青琴，古神女也。宓妃，伏羲女，溺死洛水，遂為洛水之神。宓音伏。絕殊離俗，索隱曰：郭璞曰：殊絕無與比也。妖冶嫺都，索隱曰：郭璞曰：姣，好也。都，雅也。詩云：姣人僚兮。方言云：自關而東河濟之間凡好或謂之姣。音絞。說文曰：嫺，雅也。或作閑。漢書作閑。靚莊刻飭，便嬛綽約，郭璞曰：靚，粉白黛黑也。柔橈嫚嫚，徐廣曰：音婉。○索隱曰：柔橈嫚嫚，皆骨體耎弱長艷貌。張揖曰：嫚嫚，媚也。嫵媚孅弱，徐廣曰：孅音纖。○索隱曰：郭璞云：嫵媚，好也。孅，細弱也。小顏曰：細弱也。通俗文曰：孅音乃冉反，又音弱。○郭璞曰：孅，細也。曳獨繭之褕絏，徐廣曰：褕音踰。○索隱曰：獨繭，繭絲也。張揖云：褕，襜褕。絏，袖也。郭璞曰：長衣貌也。眇閻易以戌削，郭璞曰：衣服婆娑貌。○正義曰：戌削，言如刻畫作之。便姍嫳屑，徐廣曰：姍，先安反。與俗殊服，芬香漚鬱，酷烈淑郁；皓齒粲爛，宜笑的皪；索隱曰：郭璞曰：的皪，明貌也。楚詞曰：美

人皓齒。以的皪，又曰：皪音礫也。長眉連娟，微睇緜藐，索隱曰：郭璞曰：連娟，眉曲細也。緜藐，視遠貌也。娟音全。睇，大計反。藐音邈。色授魂與，心愉於側。索隱曰：張揖云：彼色來授，我魂往與。愉音踰，悅也。於是酒中樂酣，天子芒然而思，似若有亡。曰：「嗟乎，此泰奢侈！朕以覽聽餘閒，無事棄日，順天道以殺伐，時休息於此，恐後世靡麗，遂往而不反，非所以為繼嗣創業垂統也。」於是乃解酒罷獵，而命有司曰：「地可以墾闢，悉為農郊，以贍萌隸；隤牆填塹，使山澤之民得至焉。實陂池而勿禁，正義曰：實，滿也。言人滿陂池，往來捕取也。虛宮觀而勿仞。正義曰：仞音刃，滿也。言離宮別館勿令人居之，並廢罷也。發倉廩以振貧窮，補不足，恤鰥寡，存孤獨。出德號，省刑

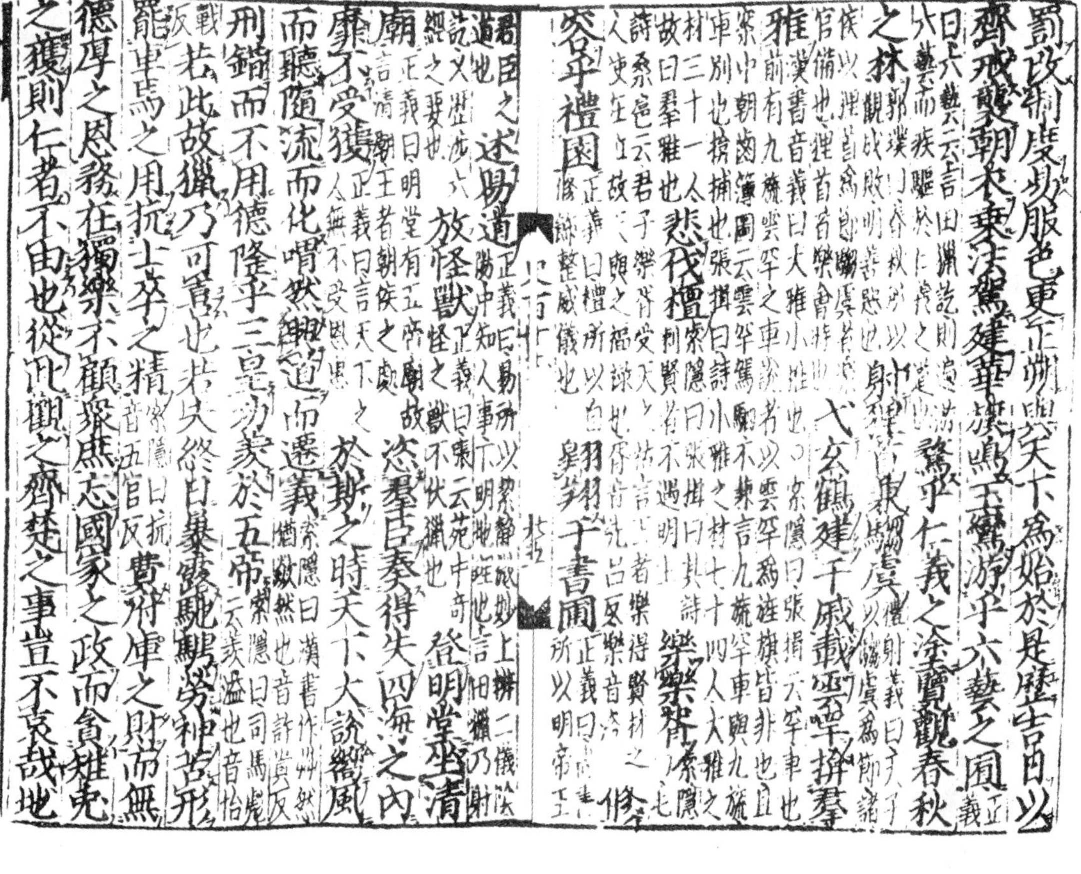

罰改制度易服色更正朔與天下為始於是歷吉日以齋戒襲朝衣乘法駕建華旗鳴玉鸞游乎六藝之囿馳騖乎仁義之塗覽觀春秋之林射貍首兼騶虞弋玄鶴建干戚載雲罕揜群雅悲伐檀樂樂胥修容乎禮園翱翔乎書圃述易道放怪獸登明堂坐清廟恣群臣奏得失四海之內靡不受獲於斯之時天下大說嚮風而聽隨流而化喟然興道而遷義刑錯而不用德隆乎三皇功羨於五帝若此故獵乃可喜也若夫終日暴露馳騁勞神苦形罷車馬之用抏士卒之精費府庫之財而無德厚之恩務在獨樂不顧眾庶忘國家之政而貪雉兔之獲則仁者不由也從此觀之齊楚之事豈不哀哉地

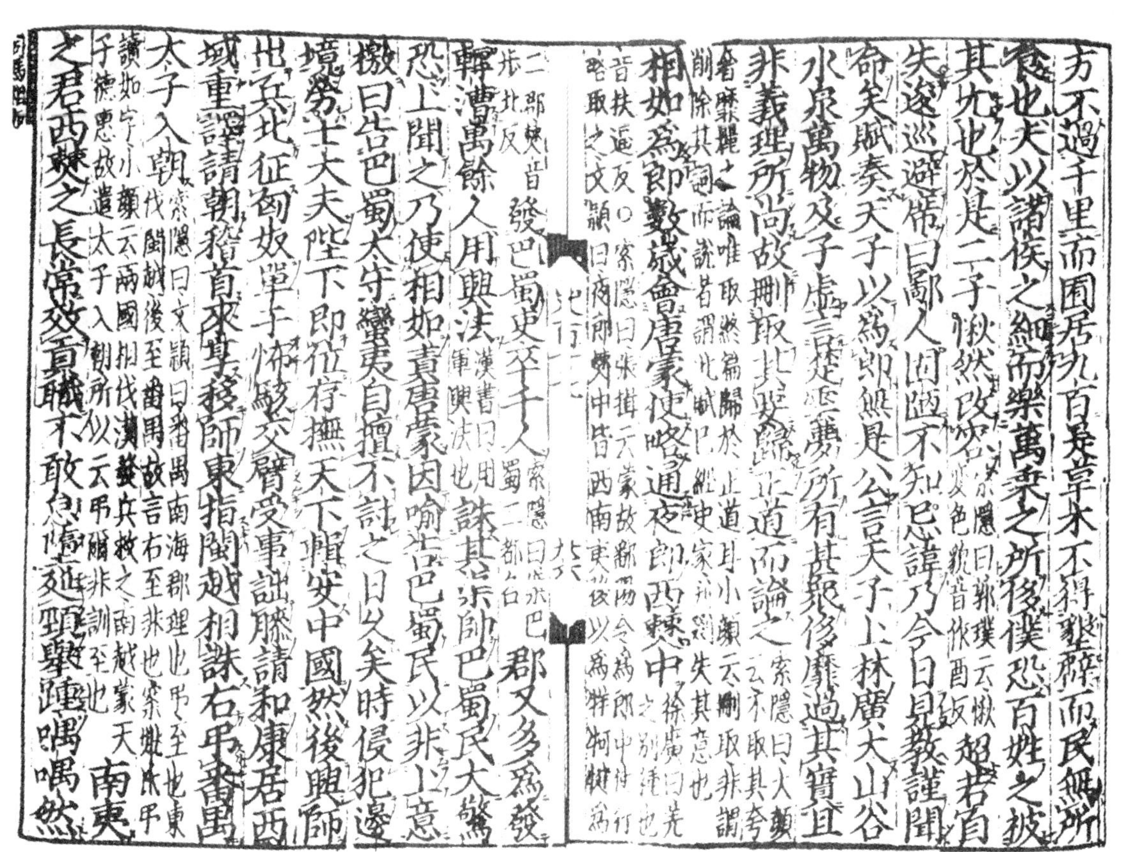

方不過千里而囿居九百是草木不得墾辟而民無所食也夫以諸侯之細而樂萬乘之所侈僕恐百姓之被其尤也於是二子愀然改容超若自失逡巡避席曰鄙人固陋不知忌諱乃今日見教謹聞命矣賦奏天子以為郎無是公言天子上林廣大山谷水泉萬物及子虛言楚雲夢所有甚眾侈靡過其實且非義理所尚故刪取其要歸正道而論之相如為郎數歲會唐蒙使略通夜郎西僰中發巴蜀吏卒千人郡又多為發轉漕萬餘人用興法誅其渠帥巴蜀民大驚恐上聞之乃使相如責唐蒙因喻告巴蜀民以非上意檄曰告巴蜀太守蠻夷自擅不討之日久矣時侵犯邊境勞士大夫陛下即位存撫天下輯安中國然後興師出兵北征匈奴單于怖駭交臂受事詘膝請和康居西域重譯請朝稽首來享移師東指閩越相誅右弔番禺太子入朝南夷之君西僰之長常效貢職不敢怠墯延頸舉踵喁喁然

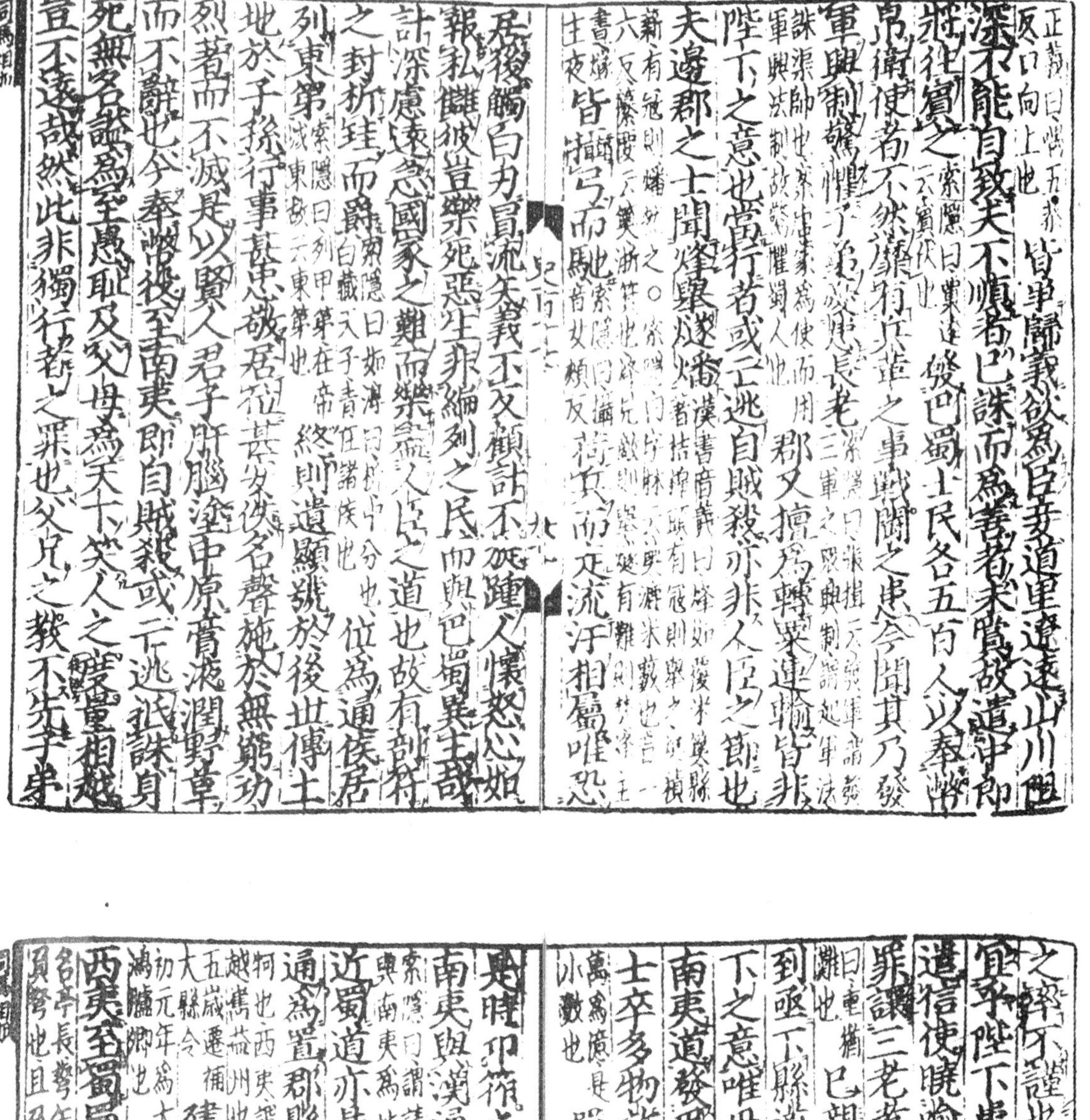

正義曰嘗五爾反口向上也 皆爭歸義欲爲臣妾道里遼遠山川阻深不能自致夫不順者已誅而爲善者未賞故遣中郎將往賓之 索隱曰賓謂賓伏也 發巴蜀士民各五百人以奉幣帛衛使者不然靡有兵革之事戰鬬之患今聞其乃發軍興制驚懼子弟憂患長老 索隱曰張揖云發軍興制謂起軍法 誅渠帥也 郡又擅爲轉粟運輸皆非陛下之意也當行者或亡逃自賊殺亦非人臣之節也夫邊郡之士聞烽舉燧燔 漢書音義曰烽如覆米䉛縣著桔槔頭有寇則舉之燧積薪有寇則燔然之也 皆攝弓而馳荷兵而走流汗相屬唯恐居後觸白刃冒流矢義不反顧計不旋踵人懷怒心如報私讎彼豈樂死惡生非編列之民而與巴蜀異主哉計深慮遠急國家之難而樂盡人臣之道也故有剖符之封析珪而爵 索隱曰如淳曰析中分也白藏天子青在諸侯也 位爲通侯居列東第 索隱曰列甲第在帝城東故云東第也 終則遺顯號於後世傳土地於子孫行事甚忠敬居位甚安佚名聲施於無窮功烈著而不滅是以賢人君子肝腦塗中原膏液潤野草而不辭也今奉幣役至南夷即自賊殺或亡逃抵誅身死無名謚爲至愚恥及父母爲天下笑人之度量相越豈不遠哉然此非獨行者之罪也父兄之教不先子弟之率不謹也寡廉鮮恥而俗不長厚也其被刑戮不亦宜乎陛下患使者有司之若彼悼不肖愚民之如此故遣信使曉喻百姓以發卒之事因數之以不忠死亡之罪讓三老孝弟以不教誨之過方今田時重煩百姓 索隱曰重猶難也 已親見近縣恐遠所谿谷山澤之民不徧聞檄到亟下縣道 漢書百官表曰縣有蠻夷曰道○索隱曰亟音紀力反亟急也 使咸知陛下之意唯毋忽也相如還報唐蒙已略通夜郎因通西南夷道發巴蜀廣漢卒作者數萬人治道二歲道不成士卒多物故費以巨萬計 索隱曰案巨萬猶萬萬也數有大小二法張揖曰算法萬萬爲億是小數也 蜀民及漢用事者多言其不便 索隱曰案謂公卿所言也

是時邛筰之君長 索隱曰文穎曰邛今爲邛都縣筰今爲定筰縣皆屬越巂郡也 聞南夷與漢通得賞賜多多欲願爲內臣妾請吏比南夷 索隱曰謂請置漢吏與南夷爲比例也 天子問相如相如曰邛筰冉駹者近蜀道亦易通秦時嘗通爲郡縣至漢興而罷今誠復通爲置郡縣愈於南夷 索隱曰張揖曰愈勝也又云愈猶勝也晉灼曰南夷謂犍爲牂牁也西夷謂越巂益州也 天子以爲然乃拜相如爲中郎將 索隱曰四百石五歲遷補大縣令 建節往使副使王然于壺充國 索隱曰案漢書公卿表太初元年爲大鴻臚卿也 呂越人馳四乘之傳因巴蜀吏幣物以賂西夷至蜀蜀太守以下郊迎縣令負弩矢先驅 索隱曰案亭吏名亭長弩矢合是亭長負之今縣令自負矢則亭長當負弩也且負弩是守宰撫定或道時擊吏耳按崔去病

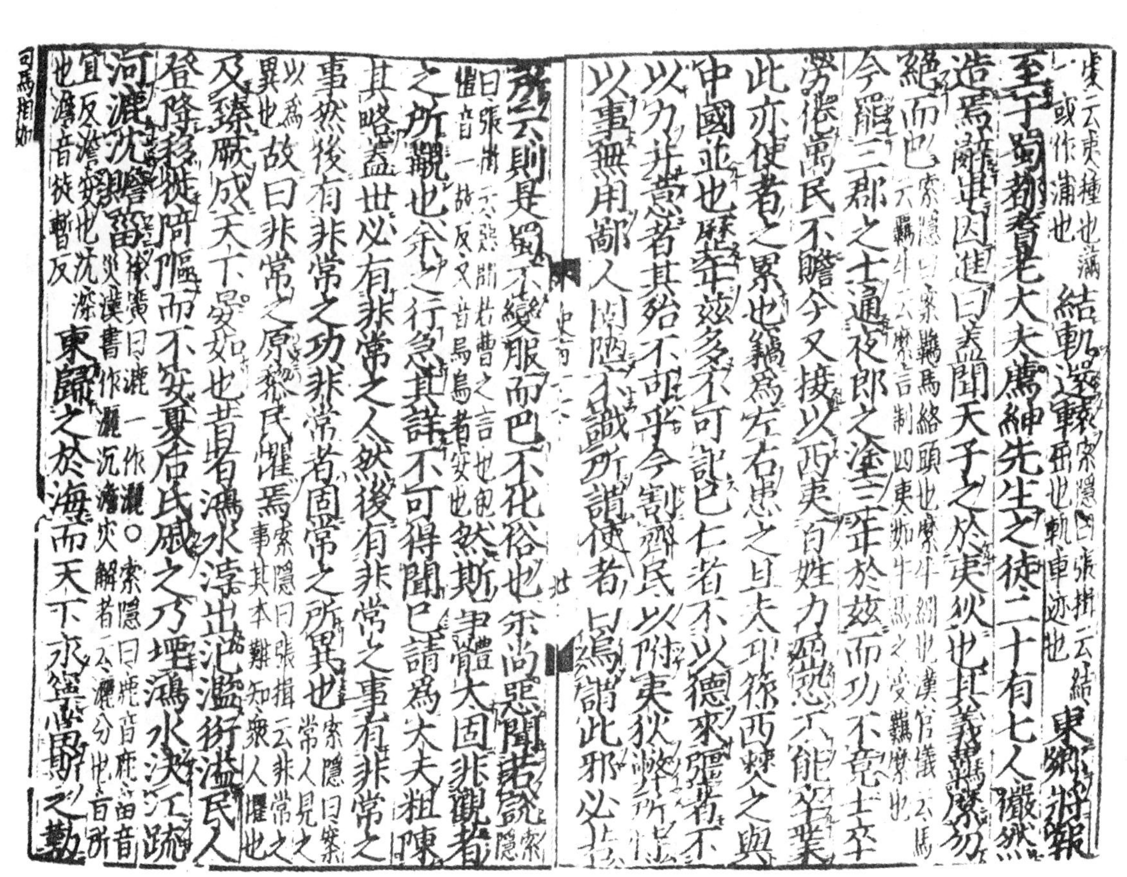

出擊匈奴，河東太守郊迎，負弩矢前驅。蜀人以為寵。於是卓王孫、臨邛諸公皆因門下獻牛酒以交驩。卓王孫喟然而歎，自以得使女尚司馬長卿晚，而厚分與其女財，與男等同。司馬長卿便略定西夷，邛、筰、冉、駹、斯榆之君皆請為內臣。除邊關，關益斥，西至沫、若水，南至牂柯為徼，通零關道，橋孫水以通邛都。還報天子，天子大說。相如使時，蜀長老多言通西南夷不為用，唯大臣亦以為然。相如欲諫，業已建之，不敢，乃著書，籍以蜀父老為辭，而己詰難之，以風天子，且因宣其使指，令百姓知天子之意。其辭曰：漢興七十有八載，德茂存乎六世，威武紛紜，湛恩汪濊，群生澍濡，洋溢乎方外。於是乃命使西征，隨流而攘，風之所被，罔不披靡。因朝冉從駹，定筰存邛，略斯榆，舉苞滿，

司馬相如

結軼還轅，東鄉將報，至于蜀都。耆老大夫薦紳先生之徒二十有七人，儼然造焉。辭畢，因進曰：蓋聞天子之於夷狄也，其義羈縻勿絕而已。今罷三郡之士，通夜郎之塗，三年於茲，而功不竟，士卒勞倦，萬民不贍；今又接以西夷，百姓力屈，恐不能卒業，此亦使者之累也，竊為左右患之。且夫邛、筰、西僰之與中國並也，歷年茲多，不可記已。仁者不以德來，彊者不以力并，意者其殆不可乎！今割齊民以附夷狄，弊所恃以事無用，鄙人固陋，不識所謂。使者曰：烏謂此邪？必若所云，則是蜀不變服而巴不化俗也。余尚惡聞若說。然斯事體大，固非觀者之所覯也。余之行急，其詳不可得聞已。請為大夫粗陳其略：蓋世必有非常之人，然後有非常之事；有非常之事，然後有非常之功。非常者，固常之所異也。故曰非常之原，黎民懼焉；及臻厥成，天下晏如也。昔者鴻水浡出，氾濫衍溢，民人登降移徙，陭區而不安。夏后氏戚之，乃堙鴻水，決江疏河，灑沈澹災，東歸之於海，而天下永寧。當斯之勤，

司馬相如

豈唯民哉（索隱曰：言非獨人勤苦，亦親其勞也）心煩於慮而身親其勞，

躬胝無胈，膚不生毛（[illegible]）。故休烈顯乎無窮，聲稱浹乎于茲（[illegible]）。且夫賢君之踐位也，豈特委瑣握齪（索隱曰：[illegible]），拘文牽俗，循誦習傳，當世取說云爾哉！必將崇論閎議，創業垂統，為萬世規。故馳騖乎兼容并包，而勤思乎參天貳地（索隱曰：案天子比德於天地，[illegible]）。且詩不云乎：普天之下，莫非王土；率土之濱，莫非王臣（[illegible]）。是以六合之內，八方之外，浸潯衍溢（[illegible]漸浸也），懷

生之物有不浸潤於澤者，賢君恥之。今封疆之內，冠帶之倫，咸獲嘉祉，靡有闕遺矣。而夷狄殊俗之國，遼絕異黨之地，舟輿不通，人跡罕至，政教未加，流風猶微。內之則犯義侵禮於邊境，外之則邪行橫作，放弒其上。君臣易位，尊卑失序，父兄不辜，幼孤為奴，係累號泣，內嚮而怨，曰：蓋聞中國有至仁焉，德洋而恩普，物靡不得其所，今獨曷為遺己！舉踵思慕，若枯旱之望雨。盭夫為之垂涕（徐廣曰：盭，音戾。○索隱曰：張揖曰：盭，很戾之夫也。字或作盭，古戾字），況乎上聖，又惡能已？故北出師以討彊胡，南馳使以誚勁越。四面風德，二方之君鱗集仰流（索隱曰：二方，謂西夷，邛、牂牁、莋也），願得受號者以億

計。故乃關沬、若（漢書音義曰：以沬、若水為關），徼牂牁，鏤零山，梁孫原（[illegible]）。創道德之塗，垂仁義之統。將博恩廣施，遠撫長駕，使疏逖不閉（索隱曰：逖，遠也。言其疏遠者不被閉絕也），阻深闇昧得燿乎光明（[illegible]），以偃甲兵於此，而息誅伐於彼。遐邇一體，中外提福（徐廣曰：提，一作禔。索隱曰：說文云禔，安也），不亦康乎？夫拯民於沈溺，奉至尊之休德，反衰世之陵遲，繼周氏之絕業，斯乃天子之急務也。百姓雖勞，又惡可以已哉？且夫王事固未有不始於憂勤，而終於佚樂者也。然則受命之符合在於此矣（索隱曰：張揖云：合在於憂勤佚樂之中也）。方將增泰山之封，加梁父之事，鳴和鸞，揚樂頌，上

咸五，下登三（徐廣曰：咸，一作函。駰案：韋昭曰：咸同於五帝，登三王之上。○索隱曰：李奇曰：五帝之德比漢為減，三王之德漢出其上。故一云減五登三。此說是也。韋昭之說，非也。又林云：咸五帝之數，自然是登於三王之上，以漢為五帝之一，以漢益之，然以觀者未睹指，聽者未聞音，猶鷦明已翔乎寥廓，而羅者猶視乎藪澤。悲夫！於是諸大夫芒然喪其所懷來，而失厥所以進，喟然並稱曰：允哉漢德，此鄙人之所願聞也。百姓雖怠，請以身先之。敞罔靡徙（索隱曰：敞罔，失容也。靡徙，失正也），因遷延而辭避。其後人有上書言相如使時受金，失官。居歲餘，復召為郎。相如口吃而善著書。常有消渴疾。與卓氏婚，饒於財。其進仕宦，未嘗肯與公卿國家之事，稱病閒居，不慕官爵。常

從上至長楊獵正義曰括地志云秦長楊宮在雍州[illegible]東南三十里上起以宮內有長楊樹以為名是時天子方好自擊熊彘馳逐野獸相如上疏諫之其辭曰臣聞物有同類而殊能者故力稱烏獲索隱曰張揖曰秦武王力士舉龍文鼎者也捷言慶忌索隱曰張揖曰吳王僚之子勇期賁育正義曰賁音奔賁古之勇士水行不避蛟龍陸行不避兕狼發怒吐氣聲音動天夏育亦古之猛士臣之愚竊以為人誠有之獸亦宜然今陛下好陵阻險射猛獸卒然遇軼材之獸索隱曰卒暴也音倉沒反駭不存之地索隱曰謂所不慮而猛獸驚發也犯屬車之清塵索隱曰古者諸侯貳車九乘秦滅九國兼其車服故大駕屬車八十一乘輿不及還轅人不暇施巧雖有烏獲逢蒙之伎力不得用吳越春秋曰楚傳射於逢蒙○索隱曰孟子云逢蒙學射於羿盡羿之道是也枯木朽株盡為害矣是胡越起於轂下而羌夷接軫也豈不殆哉雖萬全無患然本非天子之所宜近也且夫清道而後行中路而後馳猶時有銜橛之變音巨月反徐廣曰橛騑馬口長銜也鉤逆者謂之橛○索隱曰張揖曰銜馬勒銜也橛騑馬口長銜也用鐵為之大如雞子在銜中一云無銜[illegible]而況涉乎蓬蒿馳乎丘墳前有利獸之樂而內無存變之意其為禍也不亦難矣夫輕萬乘之重不以為安而樂出於萬有一危之塗以為娛臣竊為陛下不取也蓋明者遠見於未萌而智者避危於無形禍固多藏於隱微而發於人之所忽者也故鄙諺曰家累千金坐不垂堂索隱曰張揖云畏簷瓦墮中人也一云垂

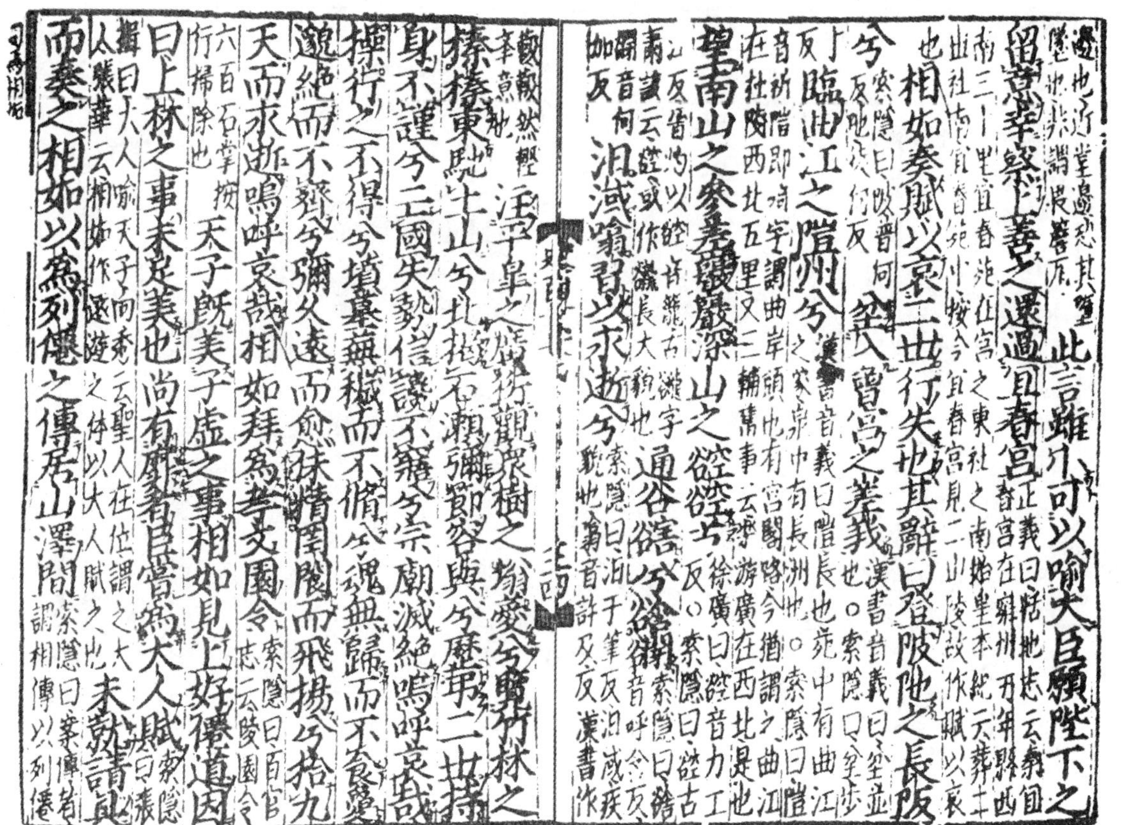

邊也近堂邊恐其墮墜也此言雖小可以喻大臣願陛下之留意幸察上善之還過宜春宮正義曰宜春宮在雍州萬年縣西南三十里宜春苑在宮之東杜之南始皇本紀云葬二世杜南宜春苑中按今宜春宮見二山也相如奏賦以哀二世行失也其辭曰登陂陁之長阪兮索隱曰陂音普何反陁音徒何反坌入曾宮之嵯峨漢書音義曰坌並也臨曲江之隑州兮漢書音義曰隑長也苑中有曲江之象中有長洲○索隱曰隑音祈即崎字謂曲岸頭也有宮闕今猶謂之曲江在杜陵西北五里又三輔黃圖云[illegible]望南山之參差巖巖深山之谾谾兮徐廣曰谾音呼工反○索隱曰谾古字以谾音許江反又作谾或作谾長大貌也通谷豁兮谽谺索隱曰谽音呼含反谺音呼加反汩淢噏習以永逝兮索隱曰汩音于筆反淢音況域反注平皋之廣衍兮觀眾樹之塕薆兮覽竹林之榛榛東馳土山兮北揭石瀨弭節容與兮歷弔二世持身不謹兮亡國失勢信讒不寤兮宗廟滅絕嗚呼哀哉操行之不得兮墳墓蕪穢而不脩兮魂無歸而不食夐邈絕而不齊兮彌久遠而愈佅精罔閬而飛揚兮拾九天而永逝嗚呼哀哉相如拜為孝文園令索隱曰百官志云陵園令六百石掌按行掃除也天子既美子虛之事相如見上好僊道因曰上林之事未足美也尚有靡者臣嘗為大人賦未就請具而奏之索隱曰張揖曰大人喻天子向秀云聖人在位謂之大人張華云相如作遂游之體以大人賦之也相如以為列僊之傳居山澤間索隱曰謂相傳以列僊

形容甚臞。此非帝王之僊意也，乃遂就大人賦。其辭曰：世有大人兮，在于中州。宅彌萬里兮，曾不足以少留。悲世俗之迫隘兮，朅輕舉而遠遊。乘絳幡之素蜺兮，載雲氣而上浮。建格澤之長竿兮，總光耀之采旄。垂旬始以為幓兮，抴彗星而為髾。掉指橋以偃蹇兮，又猗抳以招搖。攬欃槍以為旌兮，靡屈虹而為綢。紅杳渺以眩湣兮，猋風涌而雲浮。駕應龍象輿之蠖略逶麗兮，驂赤螭青虬之蚴蟉蜿蜒。低卬夭蟜据以驕驁兮，詘折隆窮蠼以連卷。沛艾赳螑仡以佁儗兮，放散畔岸驤以孱顏。跮踱輵轄容以委麗兮，

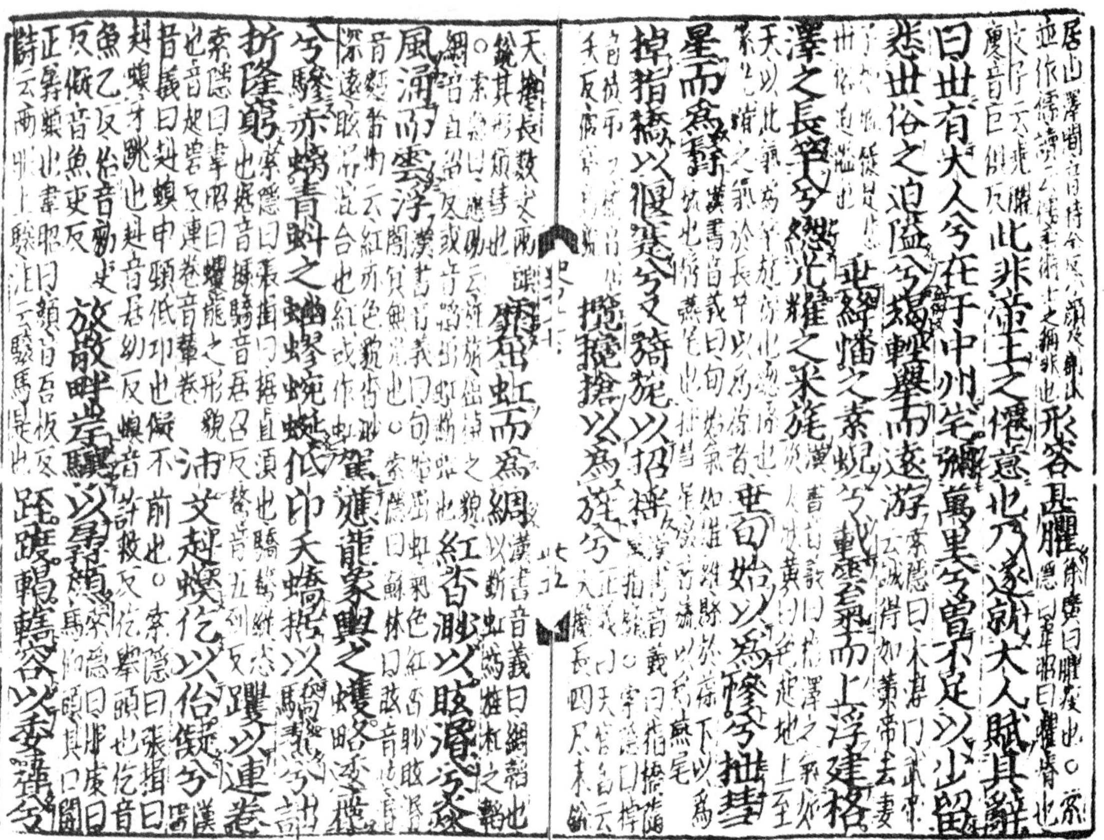

綢繆偃蹇怵㚇以梁倚。糾蓼叫奡蹋以艐路兮，蔑蒙踊躍騰而狂趡。莅颯卉翕熛至電過兮，煥然霧除，霍然雲消。邪絕少陽而登太陰兮，與真人乎相求。互折窈窕以右轉兮，橫厲飛泉以正東。悉徵靈圉而選之兮，部乘眾神於瑤光。使五帝先導兮，反太一而從陵陽。左玄冥而右含靁兮，前陸離而後潏湟。廝征北僑而役羨門兮，屬岐伯使尚方。祝融驚而蹕御兮，清氛氣而後行。屯余車其萬乘兮，綷雲蓋而樹華旗。使句芒

其術往兮正義曰張云句芒東方青帝之佐也鳥身人面乘兩龍襲云將行須從者也　吾欲往乎南嬉。歷唐堯於崇山兮，過虞舜於九疑。正義曰張云崇山狄山也海外經云狄山帝堯葬其陽九疑山零陵營道縣舜所葬處　紛湛湛其差錯兮索隱曰湛音徒感反　雜遝膠葛以方馳。索隱曰廣雅云膠葛驅馳也　騷擾衝蓯其相紛挐兮索隱曰衝音昌勇反蓯音息冗反　滂濞泱軋灑以林離。[illegible]　攢羅列聚叢以蘢茸兮，衍曼流爛壇以陸離。[illegible]　徑入雷室之砰磷鬱律兮，洞出鬼谷之堀礨嵬𡺲。漢書音義曰鬼谷在北辰下眾鬼之所聚也楚辭曰鬱鬼谷於北辰也○正義曰張云崛礨[illegible]崛口骨反礨音力罪反嵬音鳥迴反𡺲音回[illegible]平也　遍覽八紘而觀四荒兮，朅渡九江而越五河。正義曰顏云五色之河也[illegible]云紫綠青黃之河也　經營炎火而浮弱水兮，正義曰姚承云[illegible]

[illegible]括地志云崑崙之[illegible]山[illegible]火之山投物輒燃[illegible]大荒西經云弱水有二源俱出女國北阿耨達山南流會于國北又南歷國北東六十里深丈餘闊六十步非乘舟不可濟南流入海[illegible]一名崑崙山其主為七[illegible]雍州西南一萬五千三百七十里[illegible]云弱水在甘州張掖縣南山下也　杭絕浮渚而涉流沙。漢書音義曰[illegible]流沙[illegible]山也在西域中也　奄息總極氾濫水嬉兮，使靈媧鼓瑟而舞馮夷。漢書音義曰媧一作[illegible]女媧也馮夷河伯字也淮南子[illegible]東得道以潛大川○正義曰姓馮名夷以庚日溺死河伯以庚日好溺死人　時若薆薆將混濁兮，召屏翳正義曰應云屏翳天神使也韋[illegible]雨師也　誅風伯正義曰張云風伯字飛廉　而刑雨師。正義曰沙州有兩師祠　西望崑崙之軋沕洸忽兮，正義曰張云崑崙[illegible]中國五萬里天帝之下都也其山廣袤百里高八萬仞增城九重面九井以玉為檻旁有五門開明獸守之括地志云在肅州酒泉縣南八十里十六國春秋張駿酒泉太守馬岌上言酒泉南[illegible]崑崙[illegible]

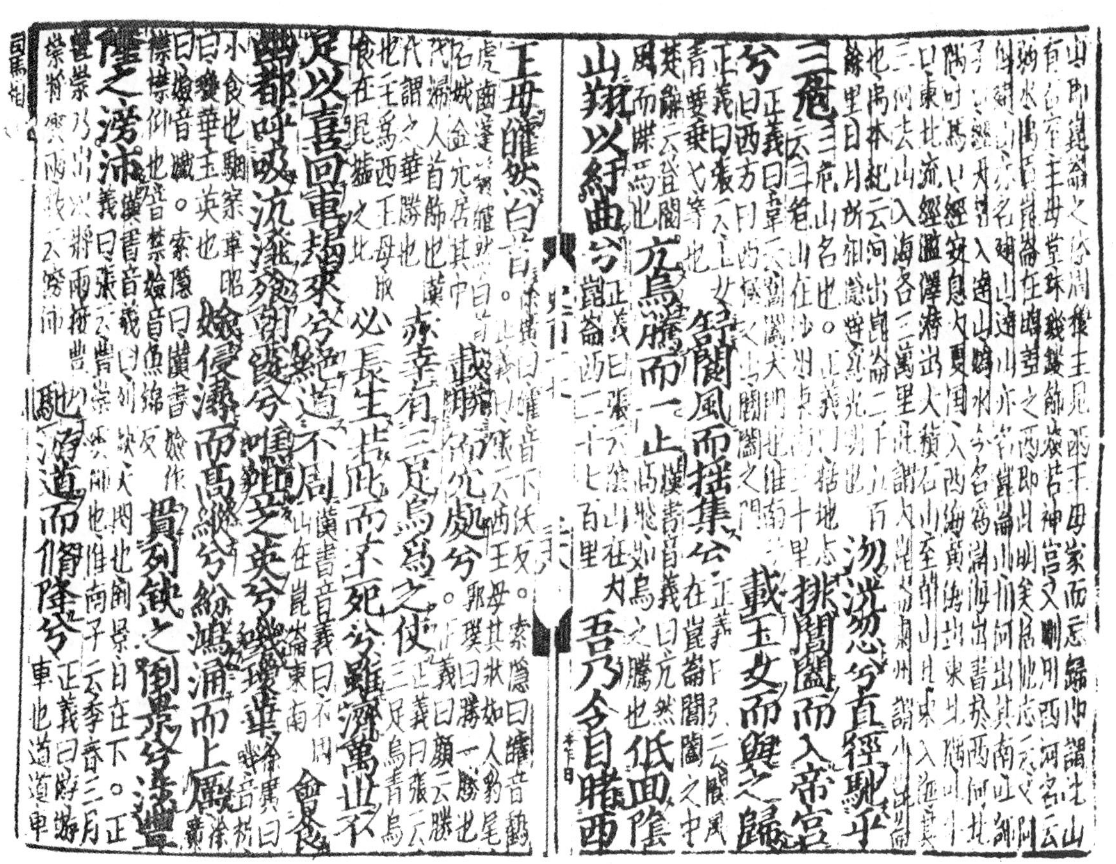

山即崑崙之丘周穆王見西王母樂而忘歸即謂此山有石室王母堂珠璣鏤飾煥若神宮又曰禹導弱水[illegible]三危[illegible]神山[illegible]崑崙山在西[illegible]河出其南[illegible]經云[illegible]入渤海[illegible]山[illegible]水[illegible]入西海[illegible]出於西南[illegible]以經流入[illegible]東北流經積石山至華山北東入海各二萬里[illegible]河出崑崙[illegible]也禹本紀云河出崑崙二千五百餘里日月所相隱避為光明也　直徑馳乎三危。正義曰括地志[illegible]十里[illegible]三危山名也○[illegible]云三危山在沙州[illegible]　排閶闔而入帝宮兮，正義曰[illegible]西方[illegible]閶闔天門[illegible]　載玉女而與之歸。正義曰張云玉女[illegible]青要乘弋等也　舒閬風而搖集兮，正義曰[illegible]閬風在崑崙閶闔之中[illegible]楚辭云登閬風而緤馬也　亢鳥騰而一止。漢書音義曰亢然高飛如鳥之騰也　低徊陰山翔以紆曲兮，正義曰張云陰山在崑崙西二千七百里　吾乃今目睹西

王母暠然白首。索隱曰暠音鶴[illegible]暠白也○正義曰張云西王母其狀如人豹尾虎齒蓬髮暠然白首石城金穴居其中　戴勝而穴處兮。郭璞曰勝玉勝也○正義曰顏云勝婦人首飾也漢代謂之華勝也　亦幸有三足烏為之使。正義曰張云三足烏青鳥也主為西王母取食在崑崙之北　必長生若此而不死兮，雖濟萬世不足以喜。回車朅來兮，絕道不周，漢書音義曰不周山在崑崙東南　會食幽都。呼吸沆瀣兮餐朝霞，[illegible]　咀噍芝英兮嘰瓊華。[illegible]嘰音祈[illegible]小食也騶案[illegible]瓊華玉英也　僸祲尋而高縱兮，紛鴻涌而上厲。[illegible]索隱曰漢書僸作[illegible]音[illegible]　貫列缺之倒景兮，涉豐隆之滂沛。[illegible]正義曰張云[illegible]豐隆[illegible]列缺天閃也倒景日在下○正義曰[illegible]豐隆雲師也[illegible]　馳游道而脩降兮正義曰[illegible]車也道車

騖遺霧而遠逝迫區中之隘陝兮舒節出乎北垠遺屯騎於玄闕兮軼先驅於寒門（漢書音義曰玄闕北極之山寒門天北門）下崢嶸而無地兮上寥廓而無天視眩眠而無見兮聽惝恍而無聞乘虛無而上假兮超無友而獨存（徐廣曰假音古雅反至也）相如既奏大人之頌天子大說飄飄有凌雲之氣似游天地之閒意相如既病免家居茂陵天子曰司馬相如病甚可往從悉取其書若不然後失之矣使所忠往（正義曰所忠漢書有所忠人名）而相如已死家無書問其妻對曰長卿固未嘗有書也時時著書人又取去即空居長卿未死時為一卷書曰有使者來求書

奏之無他書其遺札書言封禪事奏所忠忠奏其書天子異之其書曰伊上古之初肇自昊穹兮生民歷撰列辟以迄于秦（徐廣曰撰一作選○索隱曰案胡廣曰選數也）率邇者踵武（徐廣曰踵循也邇近也武迹也循前世之迹○索隱曰言循覽近代之主則踵蹟者可知也）逖聽者風聲（徐廣曰逖遠也聽察遠古之風聲○索隱曰風聲風雅之聲以言聽遠古之事則著在風雅之聲也）紛綸葳蕤堙滅而不稱者不可勝數也（索隱曰紛綸亂也淪沒也葳蕤委頓也張揖曰亂貌）續昭夏崇號謚略可道者七十有二君（漢書音義曰昭明也夏大也德明大相繼封禪於泰山者七十有二人○索隱曰見韓詩外傳及封禪書也）罔若淑而不昌疇逆失而能存（徐廣曰若順也駰案韋昭曰疇誰也言順善必昌逆失必亡）軒轅之前遐哉邈乎其詳不可得聞也五三六經載

籍之傳維見可觀也（索隱曰胡廣云五五帝也三三王也六經詩書禮樂易春秋也）書曰元首明哉股肱良哉因斯以談君莫盛於唐堯臣莫賢於后稷后稷創業於唐公劉發跡於西戎文王改制爰周郅隆（索隱曰鄭玄曰邰邦字誤當爲邰…）大行越成（漢書音義曰行道也文王改制及周而大行…）而後陵夷衰微千載無聲（徐廣曰周之王四百年…）豈不善始善終哉然無異端慎所由於前謹遺教於後耳故軌跡夷易易遵也湛恩濛涌易豐也憲度

著明易則也垂統理順易繼也是以業隆於繈褓而崇冠于二后（漢書音義曰繈褓謂成王也二后謂文武也周公攝政成王致太平功德冠於文武者道成故也）揆厥所元終都攸卒（漢書音義曰元本也）未有殊尤絕迹可考于今者也然猶躡梁父登泰山建顯號施尊名大漢之德逢涌原泉（韋昭曰漢德逢涌如泉○索隱曰張揖曰逢遇也喻其德之盛…）沕潏漫衍（徐廣曰沕音…）旁魄四塞雲尃霧散（徐廣曰…）上暢九垓下泝八埏（徐廣曰埏音延○駰案漢書音義曰九垓九重之天八埏地之八際也言其德上達於九重之天下流於地之八際也）懷生之類霑濡浸潤協氣橫流武節飄逝邇陿游原迥闊泳沫（漢書音義曰邇近也原本也迥遠也闊遠也泳浮也沫德比之於水近者游其原遠者浮其沫）首惡湮沒闇昧昭晳

司馬相如

昆蟲闓懌，迴首面內。然後囿騶虞之珍群，徼麋鹿之怪獸，𨗳一莖六穗於庖，犧雙觡共抵之獸，獲周餘珍收龜于岐，招翠黃乘龍於沼。鬼神接靈圉，賓於閒館。奇物譎詭，俶儻窮變。欽哉，符瑞臻茲，猶以為薄，不敢道封禪。蓋周躍魚隕杭，休之以燎，微夫斯之為符也，以登介丘，不亦恧乎！進讓之道，其何爽與？於是大司馬進曰：陛下仁育群生，義征不憓，諸夏樂貢，百蠻執贄，德侔往初，功無與二，休烈浹洽，符瑞衆變，期應紹至，不特創見。意者泰山、梁父設壇場望幸，蓋號以況榮，

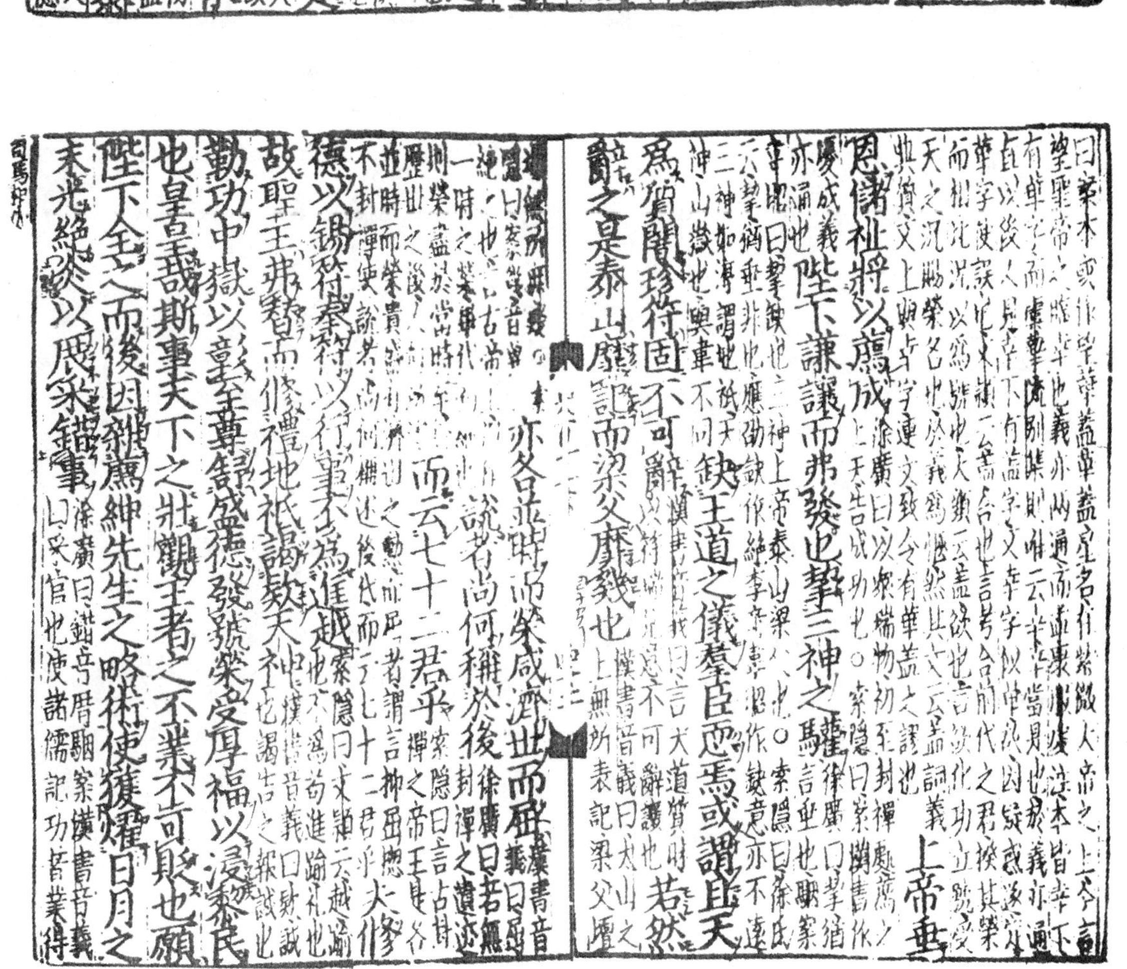

司馬相如

上帝垂恩儲祉，將以薦成，陛下謙讓而弗發也。挈三神之驩，缺王道之儀，群臣恧焉。或謂且天為質闇，珍符固不可辭；若然辭之，是泰山靡記而梁父靡幾也。亦各並時而榮，咸濟世而屈，說者尚何稱於後，而云七十二君乎？夫修德以錫符，奉符以行事，不為進越。故聖王弗替，而修禮地祇，謁款天神，勒功中嶽，以彰至尊，舒盛德，發號榮，受厚福，以浸黎民也。皇皇哉斯事！天下之壯觀，王者之丕業，不可貶也。願陛下全之。而後因雜薦紳先生之略術，使獲燿日月之末光絕炎，以展采錯事，

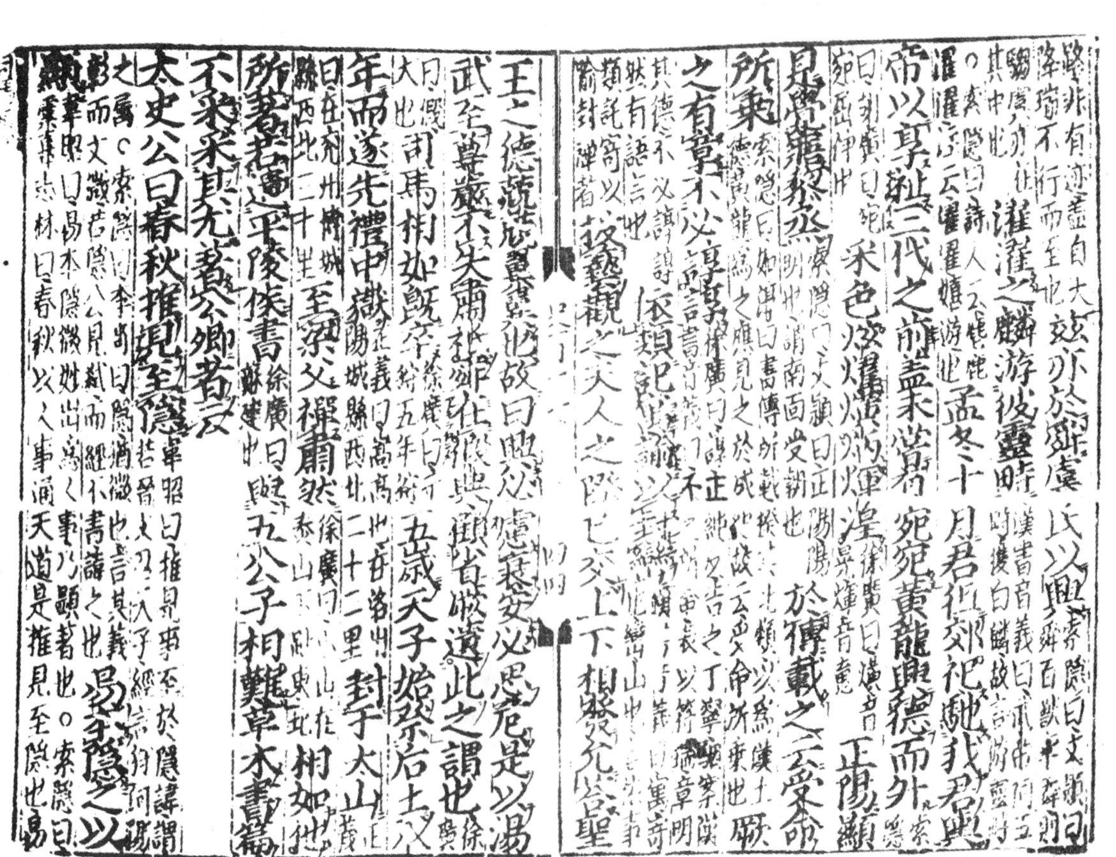

猶兼正列其義，校飭厥文，作春秋一藝，將襲舊六為七，攄之無窮，俾萬世得激清流，揚微波，蜚英聲，騰茂實。前聖之所以永保鴻名而常為稱首者用此，宜命掌故悉奏其義而覽焉。於是天子沛然改容，曰：愉乎，朕其試哉！乃遷思回慮，總公卿之議，詢封禪之事，詩大澤之博，廣符瑞之富。乃作頌曰：自我天覆，雲之油油。甘露時雨，厥壤可游。滋液滲漉，何生不育；嘉穀六穗，我穡曷蓄。非唯雨之，又潤澤之；非唯濡之，氾尃濩之。萬物熙熙，懷而慕思。名山顯位，望君之來。君乎君乎，侯不邁哉！般般之獸，樂我君囿；白質黑章，其儀可嘉；旼旼睦睦，君子之能。蓋聞其聲，今觀其來。厥塗靡蹤，天瑞之徵。

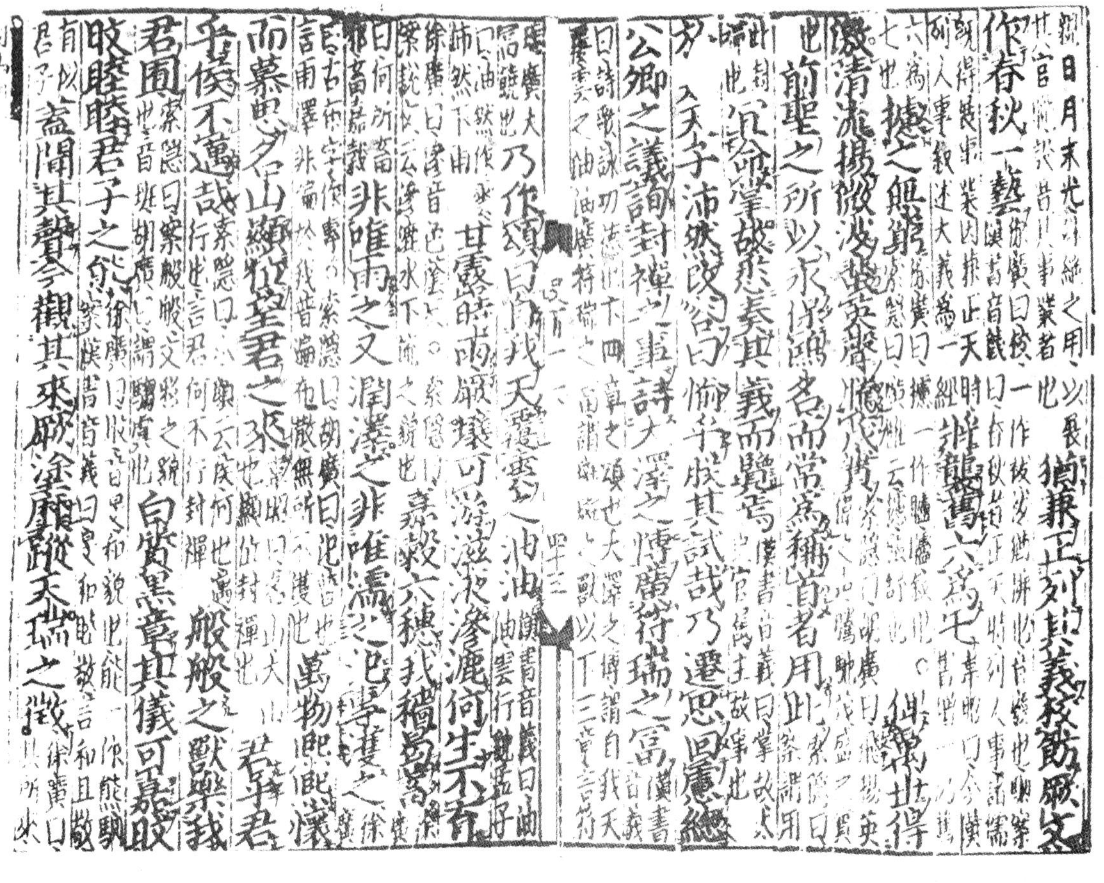

茲亦於舜，虞氏以興。濯濯之麟，游彼靈畤。孟冬十月，君徂郊祀。馳我君輿，帝以享祉。三代之前，蓋未嘗有。宛宛黃龍，興德而升；采色炫燿，熿炳煇煌。正陽顯見，覺寤黎烝。於傳載之，云受命所乘。厥之有章，不必諄諄。依類託寓，諭以封巒。披藝觀之，天人之際已交，上下相發允答。聖王之德，兢兢翼翼也。故曰興必慮衰，安必思危。是以湯武至尊嚴，不失肅祗；舜在假典，顧省闕遺：此之謂也。司馬相如既卒五歲，天子始祭后土。八年而遂先禮中嶽，封于太山，至梁父禪肅然。相如他所著，若遺平陵侯書、與五公子相難、草木書篇，不采，采其尤著公卿者云。

太史公曰：春秋推見至隱，易本隱之以顯，

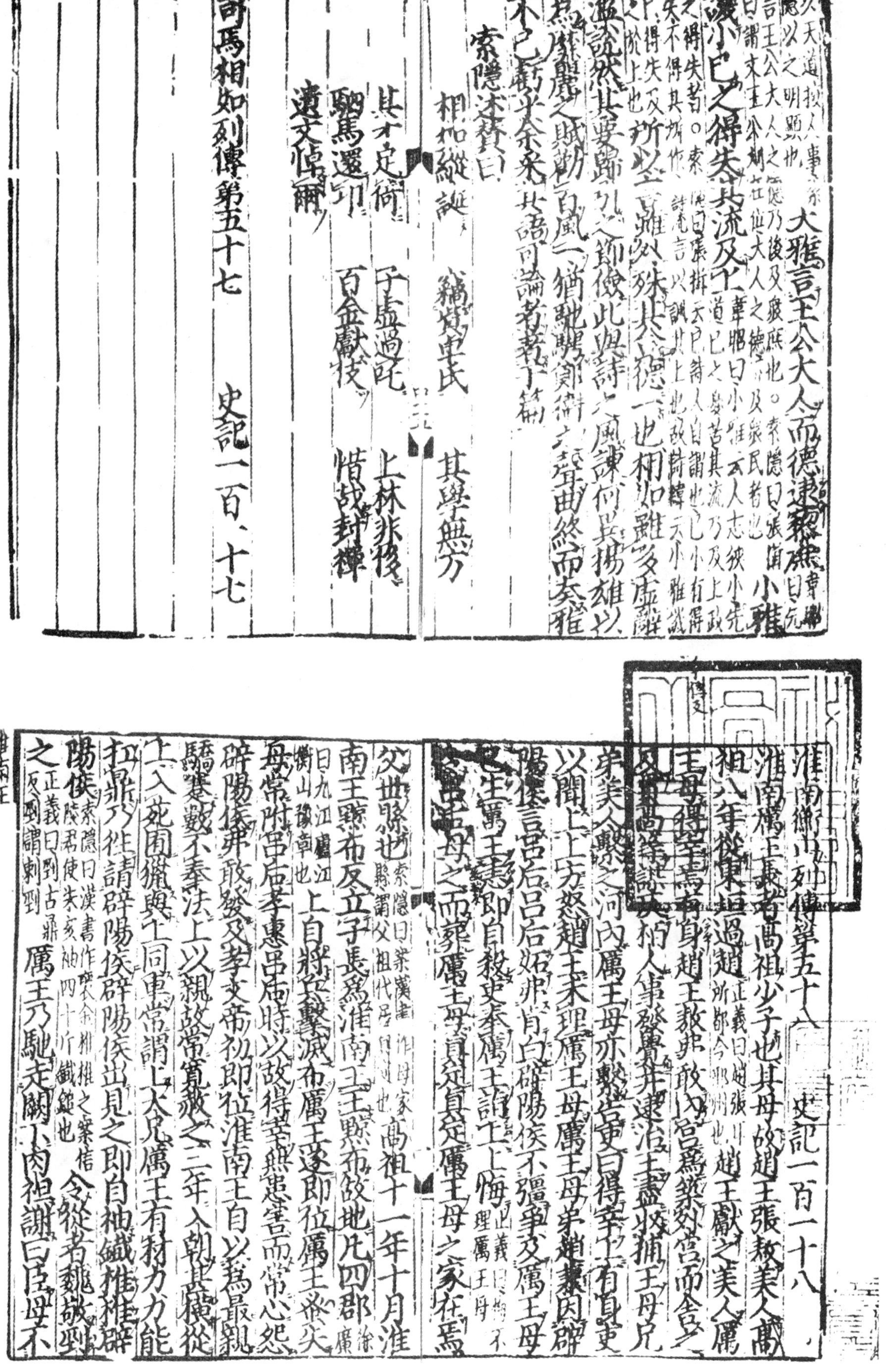

以天道接人事……大雅言王公大人而德逮黎庶，小雅譏小己之得失，其流及上。所以言雖外殊，其合德一也。相如雖多虛辭濫說，然其要歸引之節儉，此與詩之風諫何異。揚雄以為靡麗之賦，勸百風一，猶馳騁鄭衛之聲，曲終而奏雅，不已虧乎？余采其語可論者著于篇。

索隱述贊曰：相如縱誕，竊貲卓氏。其學無方，其才足倚。子虛過姹，上林非侈。駟馬還邛，百金獻伎。惜哉封禪，遺文悽偉。

司馬相如列傳第五十七　史記一百一十七

淮南衡山列傳第五十八　史記一百一十八

淮南厲王長者，高祖少子也，其母故趙王張敖美人。高祖八年，從東垣過趙，趙王獻之美人。厲王母得幸焉，有身。趙王敖弗敢內宮，為築外宮而舍之。及貫高等謀反柏人事發覺，并逮治王，盡收捕王母兄弟美人，繫之河內。厲王母亦繫，告吏曰：「得幸上，有身。」吏以聞，上方怒趙王，未理厲王母。厲王母弟趙兼因辟陽侯言呂后，呂后妒，弗肯白，辟陽侯不彊爭。及厲王母已生厲王，恚，即自殺。吏奉厲王詣上，上悔，令呂后母之，而葬厲王母真定。真定，厲王母之家在焉，父世縣也。高祖十一年十月，淮南王黥布反，立子長為淮南王，王黥布故地，凡四郡。上自將兵擊滅布，厲王遂即位。厲王蚤失母，常附呂后，孝惠、呂后時以故得幸無患害，而常心怨辟陽侯，弗敢發。及孝文帝初即位，淮南王自以為最親，驕蹇，數不奉法。上以親故，常寬赦之。三年，入朝。甚橫。從上入苑囿獵，與上同車，常謂上「大兄」。厲王有材力，力能扛鼎，乃往請辟陽侯。辟陽侯出見之，即自袖鐵椎椎辟陽侯，令從者魏敬剄之。厲王乃馳走闕下，肉袒謝曰：「臣母不

淮南王

常坐趙事，其時辟陽侯力能得之呂后，弗爭，罪一也。趙王如意子母無罪，呂后殺之，辟陽侯弗爭，罪二也。呂后王諸呂，欲以危劉氏，辟陽侯弗爭，罪三也。臣謹為天下誅賊臣辟陽侯，報母之仇，謹伏闕下請罪。孝文傷其志，為親故，弗治，赦厲王。當是時，薄太后及太子諸大臣皆憚厲王，厲王以此歸國益驕恣，不用漢法，出入稱警蹕，稱制，自為法令，擬於天子。六年，令男子但等七十人與棘蒲侯柴武太子奇謀，以輂車四十乘徐廣曰大車駕馬曰輂，音己足反反谷口，漢書音義曰谷口在長安北，故縣也，處多險阻。○正義曰括地志云谷口故城在雍州醴泉縣東北四十里，漢谷口縣也。令人使閩越、匈奴。事覺，治之，使使召淮南王。淮南王至長安，丞相臣張蒼、典客臣馮敬行御史大夫事，宗正臣逸、廷尉臣賀、備盜賊中尉臣福昧死言：淮南王長廢先帝法，不聽天子詔，居處無度，為黃屋蓋乘輿，出入擬於天子，擅為法令，不用漢法，及所置吏，以其郎中春為丞相，聚收漢諸侯人及有罪亡者，匿與居，為治家室，賜其財物爵祿田宅，爵或至關內侯，奉以二千石，所不當得，欲以有為。如淳曰賜之畔來者，如賜其國二千石也。瓚曰奉以二千石之秩祿。大夫但張晏曰大夫，姓也。上云男子但，此云大夫也。瓚曰宮為六大夫名但者也。○索隱曰張晏云大夫姓，非也。案上文云男子但，此云大夫但，及仕五開章，則大夫是官也。士五開章等七十人如淳曰律有罪失官爵稱士伍者，開章名。與棘蒲侯太子奇謀反，

徐廣曰棘蒲侯柴武，以文帝後元年卒，謚剛侯，子奇，不得置後，國除。欲以危宗廟社稷。使開章陰告長，與謀，使閩越及匈奴發其兵。開章之淮南見長，長數與坐語飲食，為家室娶婦，以二千石俸奉之。開章使人告但，已言之王。春使使報但等。吏覺知，使長安尉奇等往捕開章。長匿不予，與故中尉蕑忌謀，殺以閉口。索隱曰蕑音姦，如字，同。○正義曰謀殺開章，以閉絕謀反之口也。為棺槨衣衾，葬之肥陵邑，正義曰括地志云肥陵故縣在壽州安豐縣東六十里，在故六城東北百餘里。謾吏曰「不知安在」。索隱曰謾音慢，謾欺也。按肥陵地名，在水之上。又佯聚土，樹表其上，曰「開章死，埋此下」。及長身自賊殺無罪者一人；令吏論殺無罪者六人；為亡命棄市罪詐捕命者以除罪；如淳曰亡命者當棄市，而王藏之，詐捕命者以脫命者之罪。擅罪人，罪人無告劾，繫治城旦舂以上十四人；赦免罪人死罪十八人，城旦舂以下五十八人；賜人爵關內侯以下九十四人。前日長病，陛下憂苦之，使使者賜書、棗脯。長不欲受賜，不肯見拜使者。南海民處廬江界中者反，淮南吏卒擊之。陛下以淮南民貧苦，遣使者賜長帛五千匹，以賜吏卒勞苦者。長不欲受賜，謾言曰「無勞苦者」。南海民王織上書獻璧皇帝，忌擅燔其書，不以聞。吏請召治忌，文穎曰忌，蕑忌也。長不遣，謾言曰「忌病」。春又請長，願入見，長怒曰「女欲離我自附漢」。長當棄市，臣請論如法。

制曰：朕不忍致法於王，其與列侯二千石議。臣倉、臣敬、臣逸、臣福、臣賀昧死言：臣謹與列侯吏二千石臣嬰等四十三人議，皆曰長不奉法度，不聽天子詔，乃陰聚徒黨及謀反者，厚養亡命，欲以有為。臣等議論如法。制曰：朕不忍致法於王，其赦長死罪，廢勿王。臣倉等昧死言：長有大死罪，陛下不忍致法，幸赦，廢勿王。臣請處蜀郡嚴道邛郵，遣其子母從居，縣為築蓋家室，皆廩食給薪菜鹽豉炊食器席蓐。臣等昧死請，請布告天下。制曰：計食長給肉日五斤，酒二斗。令故美人才人得幸者十人從居。他可。盡誅所與謀者。於是乃遣淮南王，載以輜車，令縣以次傳。是時袁盎諫上曰：上素驕淮南王，弗為置嚴傅相，以故至此。且淮南王為人剛，今暴摧折之。臣恐卒逢霧露病死。陛下為有殺弟之名，柰何！上曰：吾特苦之耳，今復之。縣傳淮南王者皆不敢發車封。淮南王乃謂侍者曰：誰謂乃公勇者？吾安能勇！吾以驕故不聞吾過至此。人生一世間，安能邑邑如此！乃不食死。至雍，雍令發封，以死聞。上哭甚悲，謂袁盎曰：吾不聽公言，卒亡淮南王。盎曰：不

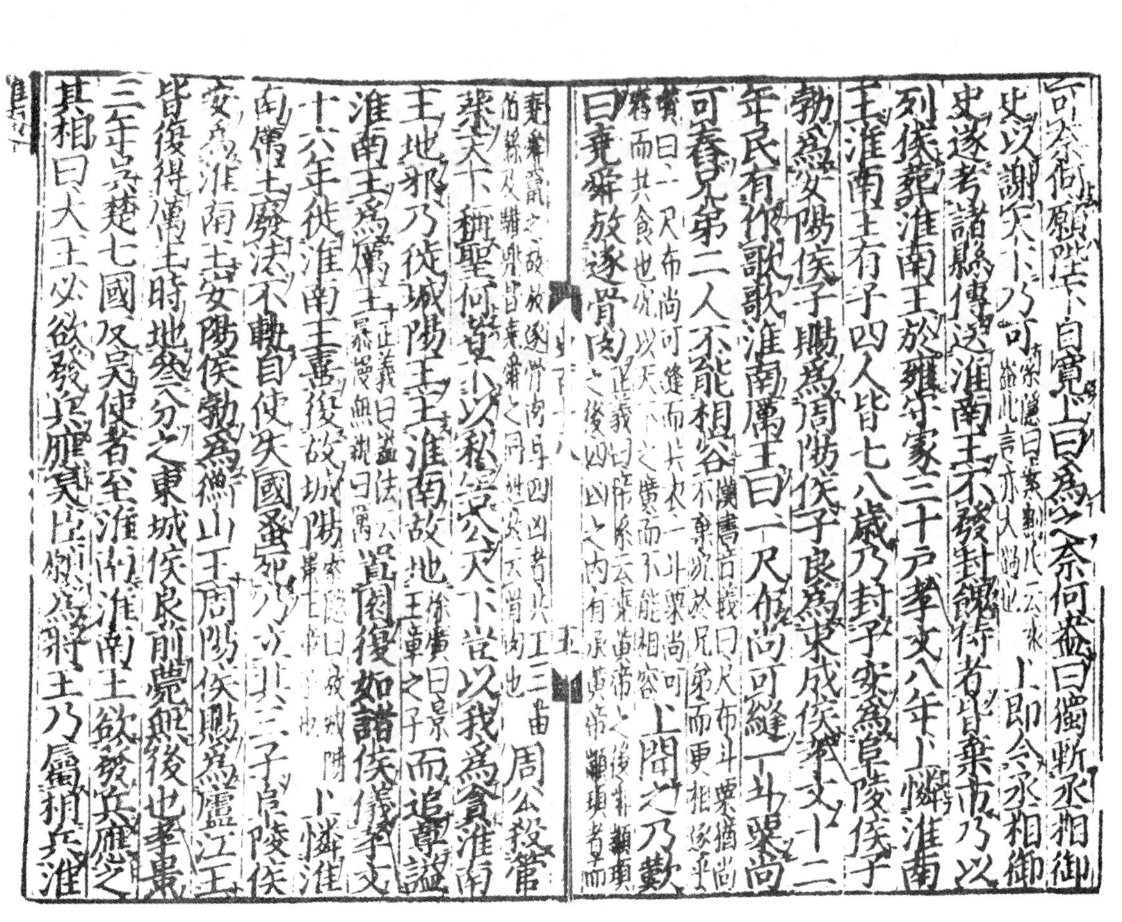

可柰何，願陛下自寬。上曰：為之柰何？盎曰：獨斬丞相、御史以謝天下乃可。上即令丞相、御史逮考諸縣傳送淮南王不發封餽侍者，皆棄市。乃以列侯葬淮南王於雍，守冢三十戶。孝文八年，上憐淮南王，淮南王有子四人，皆七八歲，乃封子安為阜陵侯，子勃為安陽侯，子賜為周陽侯，子良為東成侯。孝文十二年，民有作歌歌淮南厲王曰：一尺布，尚可縫；一斗粟，尚可舂。兄弟二人不能相容。上聞之，乃歎曰：堯舜放逐骨肉，周公殺管蔡，天下稱聖。何者？不以私害公。天下豈以我為貪淮南王地邪？乃徙城陽王王淮南故地，而追尊謚淮南王為厲王，置園復如諸侯儀。孝文十六年，徙淮南王喜復故城陽。上憐淮南厲王廢法不軌，自使失國蚤死，乃立其三子：阜陵侯安為淮南王，安陽侯勃為衡山王，周陽侯賜為廬江王，皆復得厲王時地，參分之。東城侯良前薨，無後也。孝景三年，吳楚七國反，吳使者至淮南，淮南王欲發兵應之。其相曰：大王必欲發兵應吳，臣願為將。王乃屬相兵。淮

南相已將兵因城守不聽王而為漢漢亦使曲城侯(徐廣曰曲城侯姓蟲名捷父名達高祖功臣)將兵救淮南淮南以故得完吳使者至廬江廬江王弗應而往來使越吳使者至衡山衡山王堅守無二心孝景四年吳楚已破衡山王朝上以為貞信乃勞苦之曰南方卑溼徙衡山王王濟北所以褒之及薨遂賜謚為貞王廬江王邊越數使使相交故徙為衡山王王江北淮南王如故

淮南王安為人好讀書鼓琴不喜弋獵狗馬馳騁亦欲以行陰德拊循百姓流譽天下時時怨望厲王死時欲畔逆未有因也及建元二年淮南王入朝素善武安侯武安侯時為太尉乃逆王霸上與王語曰方今上無太子大王親高皇帝孫行仁義天下莫不聞即宮車一日晏駕非大王當誰立者淮南王大喜厚遺武安侯金財物陰結賓客(索隱曰淮南要略云[illegible]士數千高材者八人蘇非李尚左吳田由雷被伍被毛被晉昌號曰八公)拊循百姓為畔逆事建元六年彗星見淮南王心怪之或說王曰先吳軍起時彗星出長數尺然尚流血千里今彗星長竟天天下兵當大起王心以為上無太子天下有變諸侯並爭愈益治器械攻戰具積金錢賂遺郡國諸侯游士奇材諸辨士為方略者妄作妖言諂諛王王喜多賜金錢而謀反滋甚

淮南王有女陵慧有口辯王愛陵常多予金錢為中詗長安(徐廣曰詗伺候采察之名也[illegible]索隱曰[illegible])約結上左右元朔三年上賜淮南王几杖不朝淮南王王后荼王愛幸之王后生太子遷遷取王皇太后外孫脩成君女為妃(徐廣曰王太后[illegible]女也)王謀為反具畏太子妃知而內泄事乃與太子謀令詐弗愛三月不同席王乃詳為怒太子閉太子使與妃同內三月太子終不近妃妃求去王乃上書謝歸去之王后荼太子遷及女陵得愛幸擅國權侵奪民田宅妄致繫人(徐廣[illegible])

元朔五年太子學用劍自以為人莫及聞郎中雷被巧(索隱曰謂善用劍也)乃召與戲被一再辭讓誤中太子(索隱曰[illegible])太子怒被恐此時有欲從軍者輒詣京師被即願奮擊匈奴太子遷數惡被於王王使郎中令斥免欲以禁後(索隱曰[illegible])被遂亡至長安上書自明詔下其事廷尉河南(正義曰[illegible])河南治逮淮南太子(正義曰[illegible])王王后計欲無遣太子遂發兵反計猶豫十餘日未定會有詔即訊太子(索隱曰[illegible])當是時淮南相怒壽春丞留太子逮不遣(索隱曰[illegible])

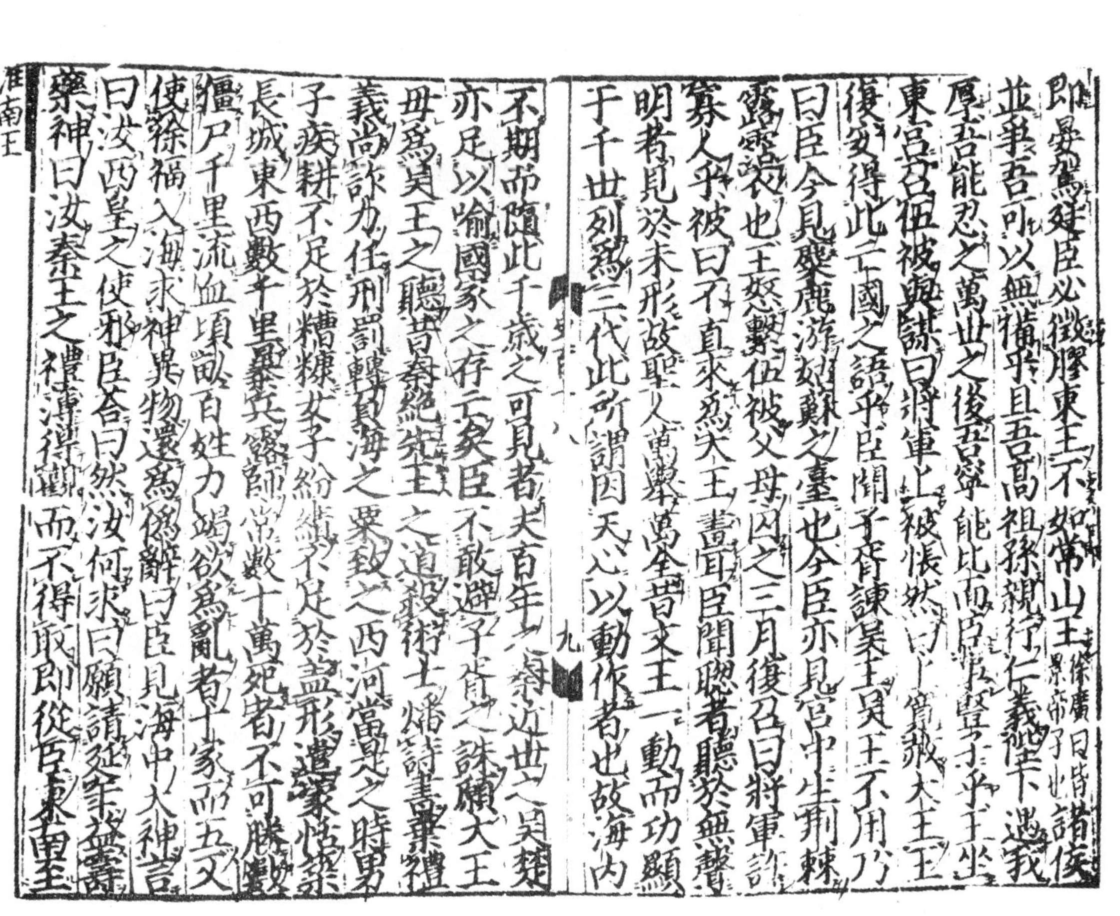

劾不敬。王以請相，相弗聽。王使人上書告相，事下廷尉治。蹤跡連王，王使人候伺漢公卿，公卿請逮捕治王。王恐事發，太子遷謀曰：漢使即逮王，王令人衣衛士衣，持戟居庭中，王旁有非是，則刺殺之，臣亦使人刺殺淮南中尉，乃舉兵，未晚。是時上不許公卿請，而遣漢中尉宏即訊驗王。（索隱曰案百官表云宏姓殷也）王聞漢使來，即如太子謀計。漢中尉至，王視其顏色和，訊王以斥雷被事耳，王自度無何，（如淳曰无何罪）不發。中尉還，以聞。公卿治者曰：淮南王安擁閼奮擊匈奴者雷被等，廢格明詔，當棄市。詔弗許。公卿請廢勿王，詔弗許。公卿請削五縣，詔削二縣。使中尉宏赦淮南王罪，罰以削地。中尉入淮南界，宣言赦王。王初聞漢公卿請誅之，未知得削地，聞漢使來，恐其捕之，乃與太子謀刺之如前計。及中尉至，即賀王，王以故不發。其後自傷曰：吾行仁義見削，甚恥之。然淮南王削地之後，其為反謀益甚。諸使道從長安來，為妄妖言，言上無男，漢不治，即喜；即言漢廷治，有男，王怒，以為妄言，非也。王日夜與伍被、左吳等案輿地圖，部署兵所從入。王曰：上無太子，宮車

淮南王

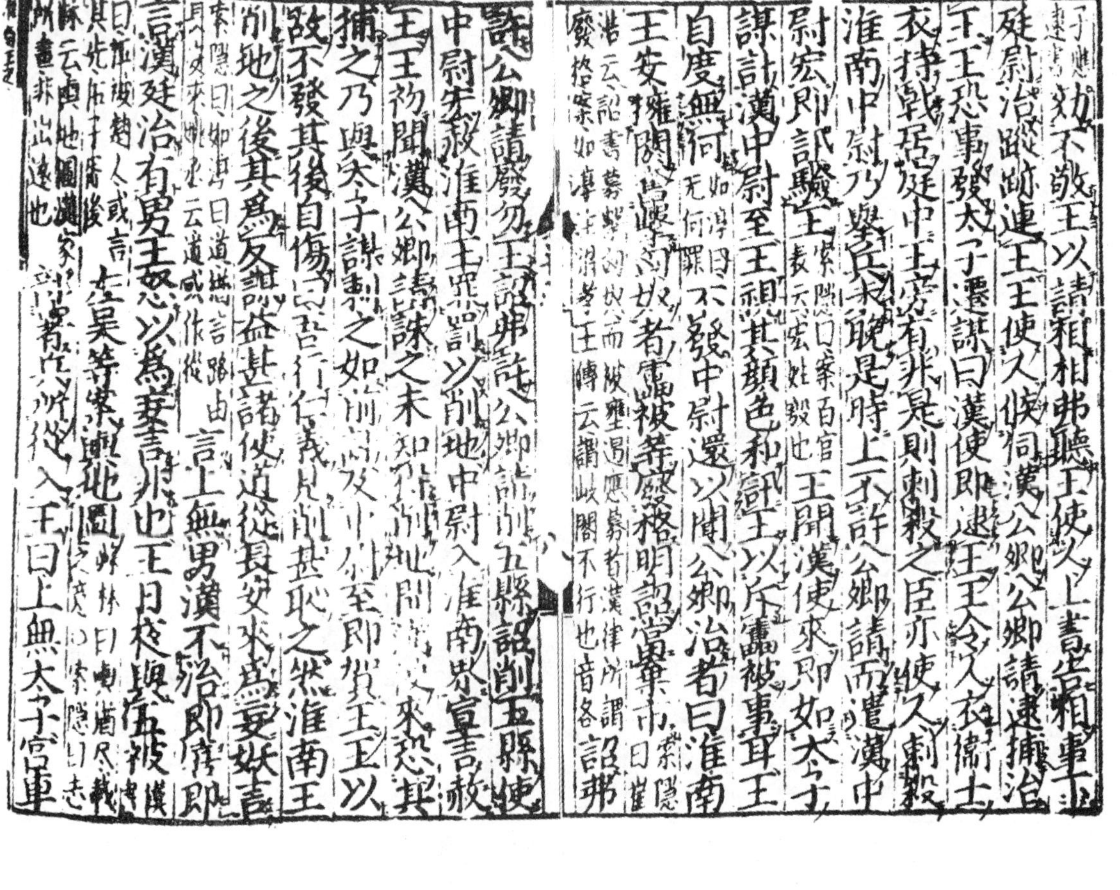

即晏駕，廷臣必徵膠東王，不即常山王，（徐廣曰皆景帝子也）諸侯並爭，吾可以無備乎！且吾高祖孫，親行仁義，陛下遇我厚，吾能忍之；萬世之後，吾寧能北面臣事豎子乎！王坐東宮，召伍被與謀，曰：將軍上。被悵然曰：上寬赦大王，王復安得此亡國之語乎！臣聞子胥諫吳王，吳王不用，乃曰臣今見麋鹿游姑蘇之臺也。今臣亦見宮中生荊棘，露霑衣也。王怒，繫伍被父母，囚之三月。復召曰：將軍許寡人乎？被曰：不，直來為大王畫耳。臣聞聰者聽於無聲，明者見於未形，故聖人萬舉萬全。昔文王一動而功顯于千世，列為三代，此所謂因天心以動作者也，故海內不期而隨。此千歲之可見者。夫百年之秦，近世之吳楚，亦足以喻國家之存亡矣。臣不敢避子胥之誅，願大王毋為吳王之聽。昔秦絕聖人之道，殺術士，燔詩書，棄禮義，尚詐力，任刑罰，轉負海之粟致之西河。當是之時，男子疾耕不足於糟糠，女子紡績不足於蓋形。遣蒙恬築長城，東西數千里，暴兵露師常數十萬，死者不可勝數，僵尸千里，流血頃畝，百姓力竭，欲為亂者十家而五。又使徐福入海求神異物，還為偽辭曰：臣見海中大神，言曰：汝西皇之使邪？臣答曰：然。汝何求？曰：願請延年益壽藥。神曰：汝秦王之禮薄，得觀而不得取。即從臣東南至

淮南王

蓬萊山見芝成宮闕有使者銅色而龍形光上照天於是臣再拜問曰宜何資以獻海神曰以令名男子若振女徐廣曰西京賦曰振子萬童駰案薛綜曰振子童男女與百工之事即得之矣秦皇帝大說遣振男女三千人資之五穀種種百工而行徐福得平原廣澤止王不來正義曰括地志云亶州在東海中秦始皇遣徐福將童男女遂止此州其後復有數洲萬家其上人有至會稽市易者闕文於是百姓悲痛相思欲為亂者十家而六又使尉佗踰五嶺攻百越尉佗知中國勞極止王不來使人上書求女無夫家者三萬人以為士卒衣補秦皇帝可其萬五千人於是百姓離心瓦解欲為亂者十家而七客謂高皇帝曰時可矣高皇帝曰待之聖人當起東南閒不一年陳勝吳廣發矣高皇始於豐沛一倡天下不期而響應者不可勝數也此所謂蹈瑕候閒因秦之亡而動者也百姓願之若旱之望雨故起於行陳之中而立為天子功高三王德傳無窮今大王見高皇帝得天下之易也獨不觀近世之吳楚乎夫吳王賜號為劉氏祭酒如淳曰禮飲酒必祭示有先也故稱祭酒尊也復不朝王四郡之眾地方數千里內鑄消銅以為錢東煑海水以為鹽上取江陵木以為船一船之載當中國數十兩車國富民眾行珠玉金帛賂諸侯宗室大臣獨竇氏不與計定謀成舉兵而西破於大梁敗於狐父徐廣

曰在梁碭之閒奔走而東至於丹徒越人禽之身死絕祀為天下笑夫以吳越之眾不能成功者何誠逆天道而不知時也方今大王之兵眾不能十分吳楚之一天下安寧有萬倍於秦之時願大王從臣之計大王不從臣之計今見大王事必不成而語先泄也臣聞微子過故國而悲於是作麥秀之歌是痛紂之不用王子比干也故孟子曰紂貴為天子死曾不若匹夫是紂先自絕於天下久矣非死之日而天下去之今臣亦竊悲大王棄千乘之君必且賜絕命之書為群臣先死於東宮也如淳曰王時所居也於是王氣怨結而不揚涕滿匡而橫流即起歷階而去王有孽子不害最長王弗愛王王后太子皆不以為子兄數如淳曰不以為子兄秩數不害有子建材高有氣常怨望太子不省其父徐廣曰不省錄若兄弟數中又怨時諸侯皆得分子弟為侯而淮南獨二子一為太子建父獨不得為侯建陰結交欲告敗太子以其父代之太子知之數捕繫而榜笞建建具知太子之謀欲殺漢中尉即使所善壽春莊芷索隱曰漢書作嚴正以元朔六年上書於天子曰毒藥苦於口利於病忠言逆於耳利於行今淮南王孫建材能高淮南王王后荼荼子太子遷常疾害建建父不害無罪擅數捕繫欲殺之今建在可徵問具知淮南陰事書聞

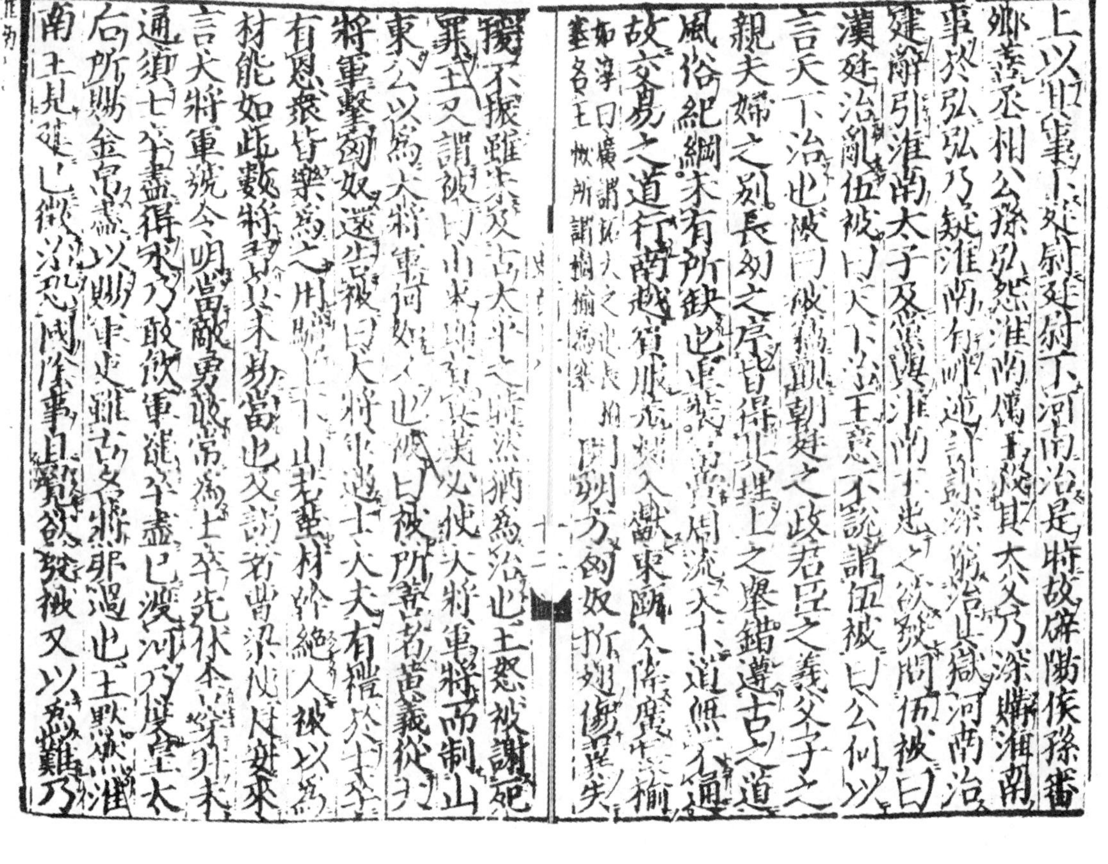

上以其事下廷尉廷尉下河南治是時故辟陽侯孫審
卿善丞相公孫弘怨淮南厲王殺其大父乃深購淮南
事於弘弘乃疑淮南有畔逆計謀深窮治其獄河南治
建辭引淮南太子及黨與淮南王患之欲發問伍被曰
漢廷治亂伍被曰天下治王意不說謂伍被曰公何以
言天下治也被曰被竊觀朝廷之政君臣之義父子之
親夫婦之別長幼之序皆得其理上之舉錯遵古之道
風俗紀綱未有所缺也重裝富賈周流天下道無不通
故交易之道行南越賓服羌僰入獻東甌入降廣長榆
開朔方匈奴折翅傷翼失
援不振雖未及古太平之時然猶為治也王怒被謝死
罪王又謂被曰山東即有兵漢必使大將軍將而制山
東公以為大將軍何如人也被曰被所善者黃義從大
將軍擊匈奴還告被曰大將軍遇士大夫有禮於士卒
有恩眾皆樂為之用騎上下山若蜚材幹絕人被以為
材能如此數將習兵未易當也及謁者曹梁使長安來
言大將軍號令明當敵勇敢常為士卒先休舍穿井未
通須士卒盡得水乃敢飲軍罷卒盡已度河乃度皇太
后所賜金帛盡以賜軍吏雖古名將弗過也王默然淮
南王見建已徵治恐國陰事且覺欲發被又以為難乃

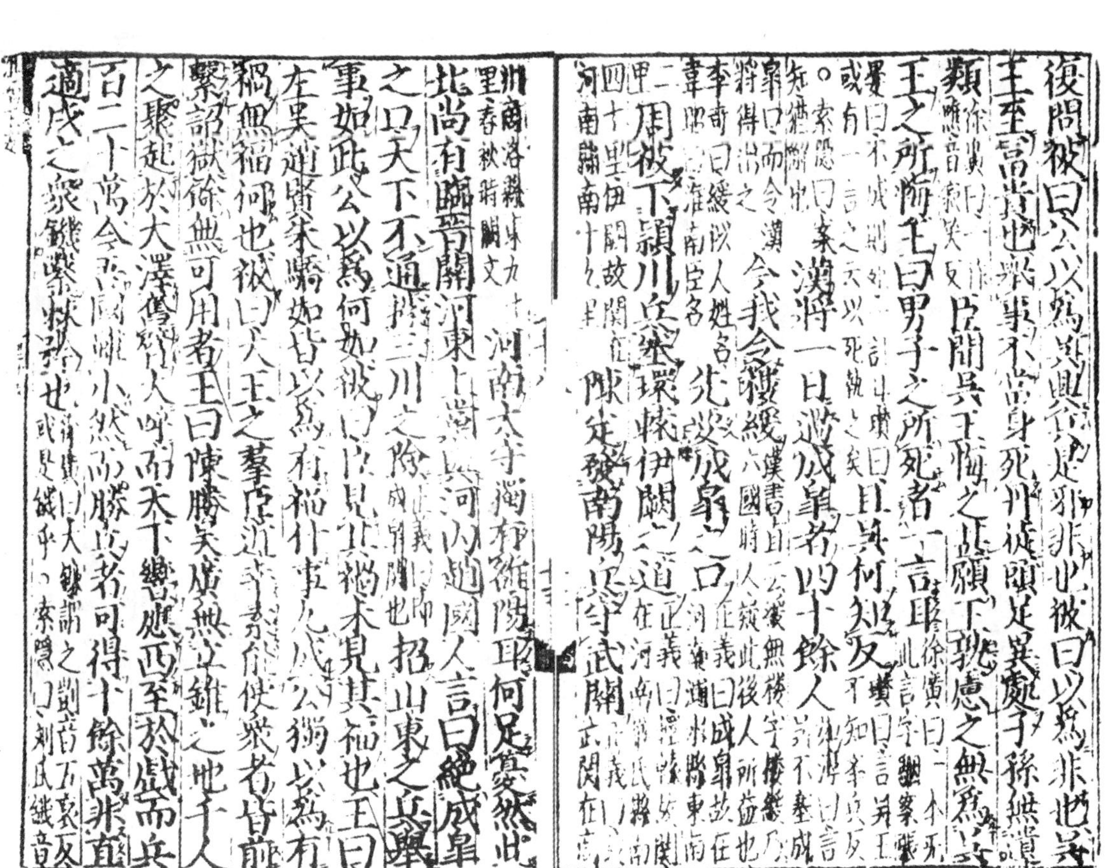

復問被曰公以為吳興兵是邪非也被曰以為非也吳
王至富貴也舉事不當身死丹徒頭足異處子孫無遺
類臣聞吳王悔之甚願王熟慮之無為吳
王之所悔王曰男子之所死者一言耳
且吳何知反
漢將一日過成皋者四十餘人
今我令樓緩
先要成皋之口
周被下潁川兵塞轘轅伊闕之道
陳定發南陽兵守武關
河南太守獨有雒陽耳何足憂然此
北尚有臨晉關河東上黨與河內趙國人言曰絕成皋
之口天下不通據三川之險招山東之兵舉
事如此公以為何如被曰臣見其禍未見其福也王曰
左吳趙賢朱驕如皆以為有福什事九成公獨以為有
禍無福何也被曰大王之羣臣近幸素能使眾者皆前
繫詔獄餘無可用者王曰陳勝吳廣無立錐之地千人
之聚起於大澤奮臂大呼而天下響應西至於戲而兵
百二十萬今吾國雖小然而勝兵者可得十餘萬非直
適戍之眾釠鑿棘矜也

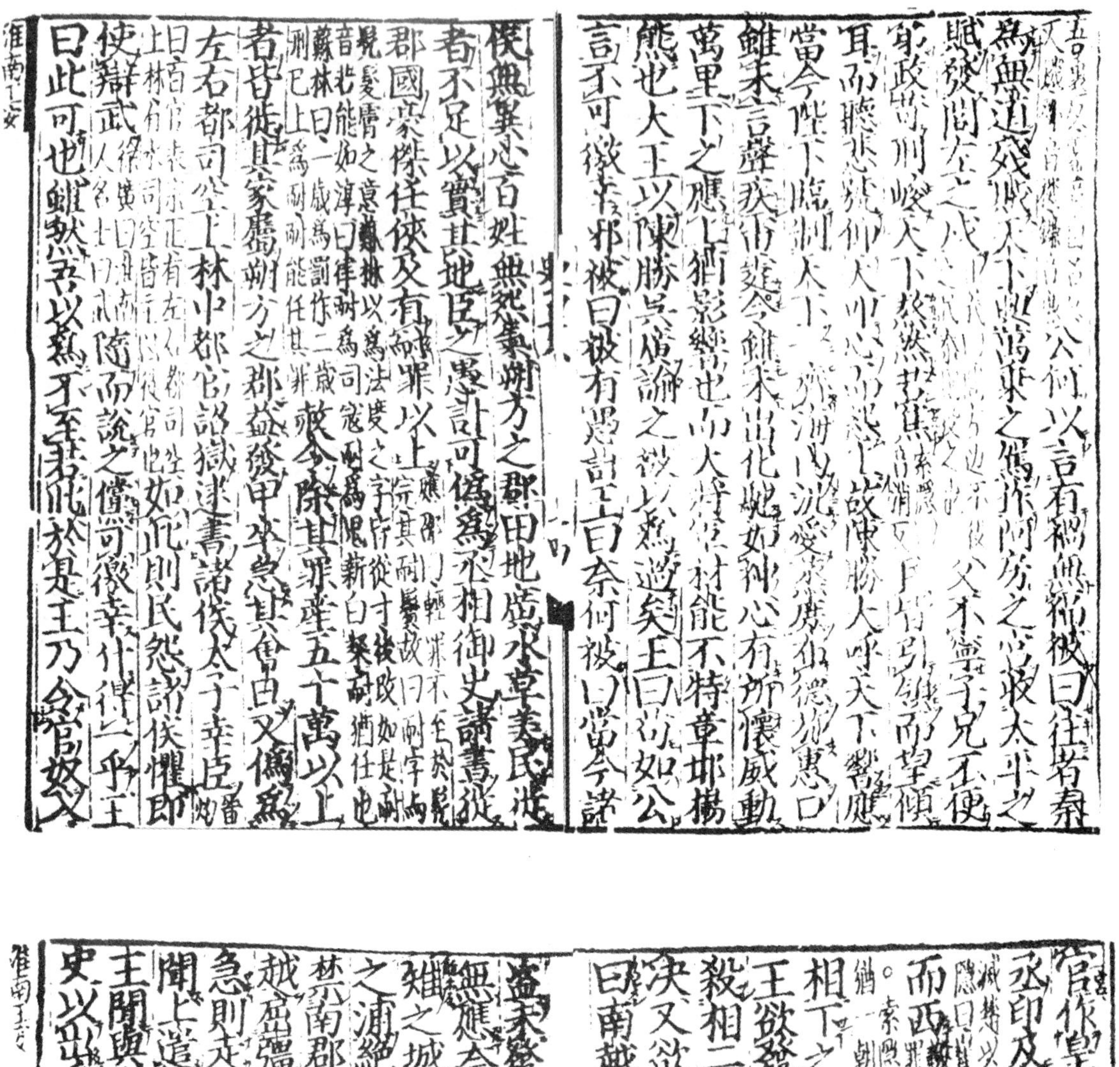

公何以言有禍無福被曰往者秦為無道殘賊天下興萬乘之駕作阿房之宮收太半之賦發閭左之戍父不寧子兄不便弟政苛刑峻天下熬然若焦民皆引領而望傾耳而聽悲號仰天叩心而怨上故陳勝大呼天下響應當今陛下臨制天下一齊海內汎愛蒸庶布德施惠口雖未言聲疾雷霆令雖未出化馳如神心有所懷威動萬里下之應上猶影響也而大將軍材能不特章邯楊熊也大王以陳勝吳廣諭之被以為過矣王曰苟如公言不可徼幸邪被曰被有愚計王曰奈何被曰當今諸侯無異心百姓無怨氣朔方之郡田地廣水草美民徙者不足以實其地臣之愚計可偽為丞相御史請書徙郡國豪桀任俠及有耐罪以上赦令除其罪產五十萬以上者皆徙其家屬朔方之郡益發甲卒急其會日又偽為左右都司空上林中都官詔獄書逮諸侯太子幸臣如此則民怨諸侯懼即使辯武隨而說之儻可徼幸什得一乎王曰此可也雖然吾以為不至若此於是王乃令官奴入

宮作皇帝璽丞相御史大將軍軍吏中二千石都官令丞印及旁近郡太守都尉印漢使節法冠欲如伍被計使人偽得罪而西事大將軍丞相一日發兵使人即刺殺大將軍青而說丞相下之如發蒙耳王欲發國中兵恐其相二千石不聽王乃與伍被謀先殺相二千石偽失火宮中相二千石救火至即殺之計未決又欲令人衣求盜衣持羽檄從東方來呼曰南越兵入界欲因以發兵乃使人至廬江會稽為求盜未發王問伍被曰吾舉兵西鄉諸侯必有應我者即無應奈何被曰南收衡山以擊廬江有尋陽之船守下雉之城結九江之浦絕豫章之口彊弩臨江而守以禁南郡之下東收江都會稽南通勁越屈彊江淮間猶可得延歲月之壽王曰善無以易此急則走越耳於是廷尉以王孫建辭連淮南王太子遷聞上遣廷尉監因拜淮南中尉逮捕太子至淮南淮南王聞與太子謀召相二千石欲殺而發兵召相相至內史以出為解中尉曰臣受詔使不得見王王念獨殺相

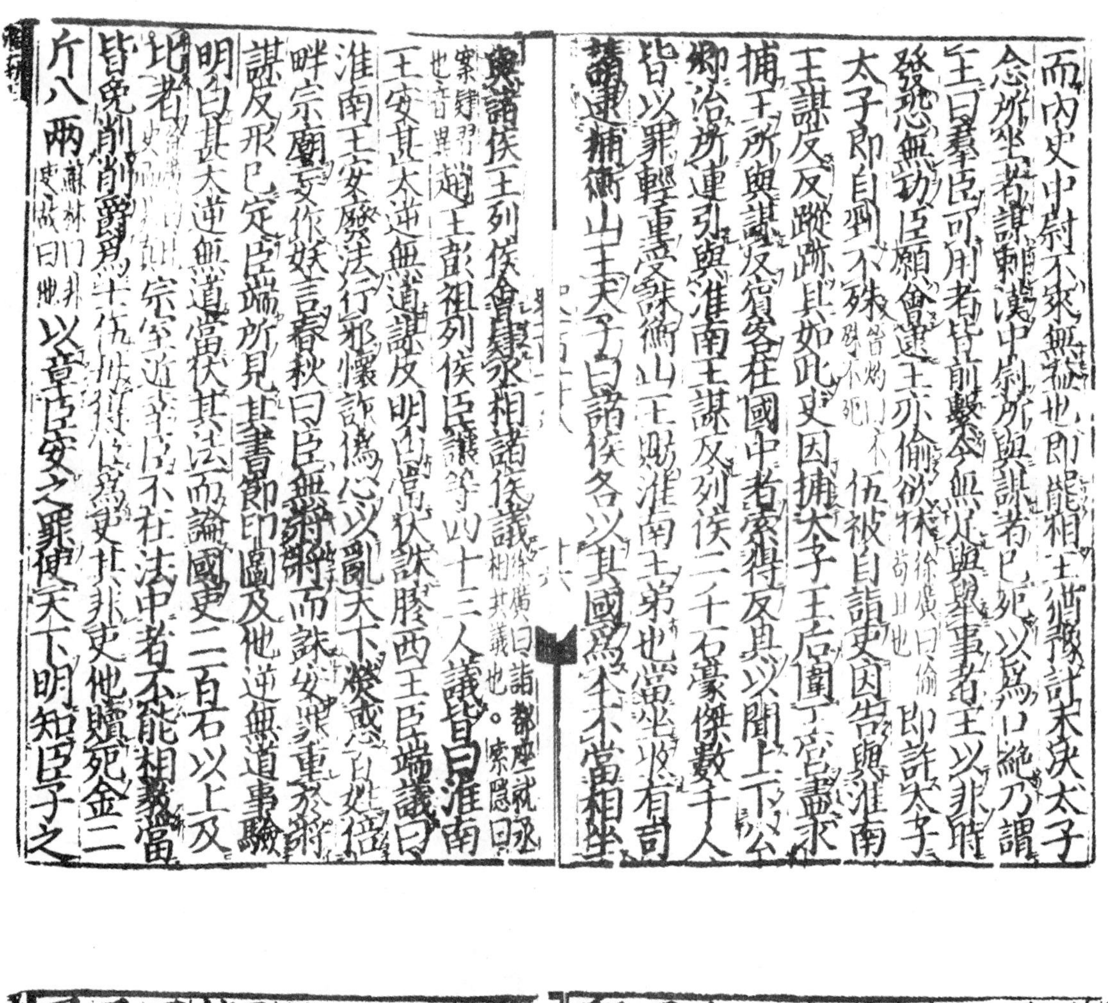

而內史中尉不來，無益也，即罷相。王猶豫計未決。太子念所坐者謀刺漢中尉，所與謀者已死，以爲口絕，乃謂王曰：「羣臣可用者皆前繫，今無足與舉事者。王以非時發，恐無功，臣願會逮。」王亦偷欲休，徐廣曰：偷，苟且也。即許太子。太子即自剄，不殊。殊，死也。不殊，不死。伍被自詣吏，因告與淮南王謀反，反蹤跡具如此。吏因捕太子、王后，圍王宮，盡求捕王所與謀反賓客在國中者，索得反具以聞。上下公卿治，所連引與淮南王謀反列侯、二千石、豪桀數千人，皆以罪輕重受誅。衡山王賜，淮南王弟也，當坐收，有司請逮捕衡山王。天子曰：「諸侯各以其國爲本，不當相坐。與諸侯王列侯會肄丞相諸侯議。」徐廣曰：諸侯相其議也。索隱曰：肄，習也，音異。趙王彭祖、列侯臣讓等四十三人議，皆曰：「淮南王安甚大逆無道，謀反明白，當伏誅。」膠西王臣端議曰：「淮南王安廢法行邪，懷詐僞心，以亂天下，熒惑百姓，倍畔宗廟，妄作妖言。春秋曰『臣無將，將而誅』。安罪重於將，謀反形已定。臣端所見其書節印圖及他逆無道事驗明白，甚大逆無道，當伏其法。而論國吏二百石以上及比者，宗室近幸臣不在法中者，不能相教，當皆免官削爵爲士伍，毋得宦爲吏。其非吏，他贖死金二斤八兩，以章臣安之罪，使天下明知臣子之

道，毋敢復有邪僻倍畔之意。」丞相弘、廷尉湯等以聞，天子使宗正以符節治王。未至，淮南王安自剄殺。徐廣曰：即位凡四十二年，元狩元年十月死。王后荼、太子遷諸所與謀反者皆族。天子以伍被雅辭多引漢之美，欲勿誅。廷尉湯曰：「被首爲王畫反謀，被罪無赦。」遂誅被。國除爲九江郡。徐廣曰：又爲六安國，以陳縣爲都。

衡山王賜，王后乘舒正義曰：衡山王后名也。生子三人，長男爽爲太子，次男孝，次女無采。又姬徐來生子男女四人。美人厥姬生子二人。衡山王、淮南王兄弟相責望禮節，間不相能。衡山王聞淮南王作爲畔逆反具，亦心結賓客以應之，恐爲所并。元光六年，衡山王入朝，其謁者衛慶有方術，欲上書事天子，王怒，故劾慶死罪，彊榜服之。衡山內史以爲非是，卻其獄。王使人上書告內史，內史治，言王不直。王又數侵奪人田，壞人冢以爲田。有司請逮治衡山王。天子不許，爲置吏二百石以上。如淳曰：漢儀注吏四百石已下自除，國中今天子皆爲置之。衡山王以此恚，與奚慈、張廣昌謀，求能爲兵法候星氣者，日夜從容勸王密謀反事。

王后乘舒死，立徐來爲王后。厥姬俱幸。兩人相妒，厥姬乃惡王后徐來於太子曰：「徐來使婢蠱道殺太子母。」太子心怨徐來。徐來兄至衡山，太子與飲，以刃刺傷王后

兄王后怨怒數毀惡太子於王太子女弟無采嫁棄歸
與奴姦又與客姦太子數讓無采無采怒不與太子通
王后聞之即善遇無采無采及中兄孝少失母附王后
王后以計愛之與共毀太子王以故數擊笞太子元朔
四年中人有賊傷王后假母者（漢書音義曰假母傅母屬）王疑太子使
人傷之笞太子後王病太子時稱病不侍孝王后無采
惡太子太子實不病自言病有喜色王大怒欲廢太子
立其弟孝王后知王決廢太子又欲并廢孝王后有侍
者善舞王幸之王后欲令侍者與孝亂以汙之欲并廢
兄弟而立其子廣代太子太子爽知之念后數惡己無

已時欲與亂以止其口王后飲太子前為壽因據王后
股求與王后臥王后怒以告王王乃召欲縛而笞之太
子知王常欲廢己立其弟孝乃謂王曰孝與王御者姦
無采與奴姦王彊食請上書即倍王去王使人止之莫
能禁乃自駕追捕太子太子妄惡言王械繫太子宮中
孝日益親幸王奇孝材能乃佩之王印號曰將軍令居
外宅多給金錢招致賓客賓客來者微知淮南衡山有
逆計日夜從容勸之王乃使孝客江都人救赫陳喜作
輣車鏃矢（徐廣曰輣戰車也音[illegible]又[illegible]索隱曰救漢書作[illegible]）
刻天子璽將相軍吏印王日夜求壯士如周丘等數稱

衡山王

引吳楚反時計畫以約束衡山王非敢效淮南王求即
天子位畏淮南起并其國以為淮南已西發兵定江淮
之間而有之望如是元朔五年秋衡山王當朝六年過
淮南淮南王乃昆弟語除前郤約束反具衡山王即上
書謝病上賜書不朝元朔六年中衡山使人上書請廢
太子爽立孝為太子爽聞即使所善白嬴之長安上書
（索隱曰嬴音盈人姓名也）言孝作輣車鏃矢與王御者姦欲以敗孝
白嬴至長安未及上書吏稱嬴以淮南事繫王聞爽使
白嬴上書恐言國陰事即上書反告太子爽所為不道
棄市罪事事下沛郡治元朔七年冬有司公卿下沛郡

求捕所與淮南謀反者未得得陳喜於衡山王子孝家
吏劾孝首匿喜孝以為陳喜雅數與王計謀反恐其發
之聞律先自告除其罪又疑太子使白嬴上書發其事
即先自告告所與謀反者救赫陳喜等廷尉治驗公卿
請逮捕衡山王治之天子曰勿捕遣中尉安（索隱曰按漢書表司馬安也）
大行息（索隱曰案漢書表李息）即問王王具以情實對吏皆
圍王宮而守之中尉大行還以聞公卿請遣宗正大行
與沛郡雜治王王聞即自剄殺孝先自告反除其罪坐
與王御婢姦棄市王后徐來亦坐蠱殺前王后乘舒及
太子爽坐王告不孝皆棄市諸與衡山王謀反者皆族國

衡山王

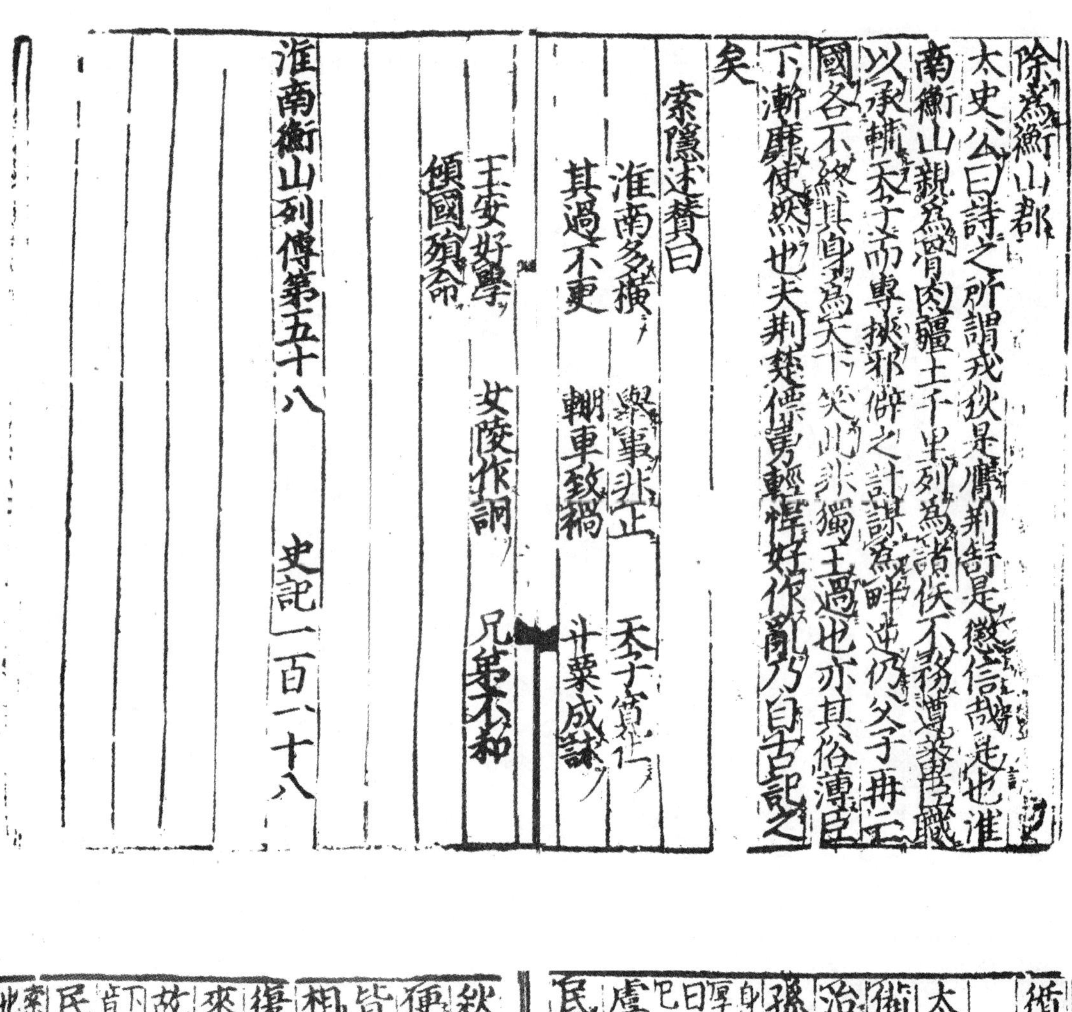

除爲衡山郡

太史公曰詩之所謂戎狄是膺荊舒是懲信哉是言也淮南衡山親爲骨肉疆土千里列爲諸侯不務遵蕃臣職以承輔天子而專挾邪僻之計謀爲畔逆仍父子再亡國各不終其身爲天下笑此非獨王過也亦其俗薄臣下漸靡使然也夫荊楚僄勇輕悍好作亂乃自古記之矣

索隱述贊曰

淮南多橫　舉事非正　天子寬仁
其過不更　輈車致禍　斗粟成詠
王安好學　女陵作詗　兄弟不和
傾國殞命

淮南衡山列傳第五十八　史記一百一十八

循吏列傳第五十九　史記一百一十九

索隱曰謂本法循理之吏也

太史公曰法令所以導民也刑罰所以禁姦也文武不備良民懼然身修者官未曾亂也奉職循理亦可以爲治何必威嚴哉

孫叔敖者正義曰說苑云孫叔敖爲令尹一國吏民皆來賀有一老父衣麤衣冠白冠後來弔曰有身貴而驕人者民去之位已高而擅權者君惡之祿已厚而不知足者患處之叔敖再拜敬受命願聞餘教父曰位已高而意益下官益大而心益小祿已厚而慎不取君謹守此三者足以治楚楚之處士也虞丘相進之於楚莊王以自代也三月爲楚相施教導民上下和合世俗盛美政緩禁止吏無姦邪盜賊不起秋冬則勸民山採春夏以水索隱曰謂乘多水時而出材竹各得其所便民皆樂其生莊王以爲幣輕更以小爲大百姓不便皆去其業市令言之相曰市亂民莫安其處次行不定相曰如此幾何頃乎市令曰三月頃相曰罷吾今令之復矣後五日朝相言之王曰前日更幣以爲輕今市令來言曰市亂民莫安其處次行之不定臣請遂令復如故王許之下令三日而市復如故楚民俗好庳車索隱曰庳音婢下也王以爲庳車不便馬欲下令使高之相曰令數下民不知所從不可王必欲高車臣請教閭里使高其梱索隱曰梱門限也音口本反乘車者皆君子君子不能數下車王許

之居半歲民悉自高其車此不教而民從其化近者視而效之遠者四面望而法之故三得相而不喜知其材自得之也三去相而不悔知非己之罪也（冢在南郡江陵故城中白土里民傳孫叔敖曰我死葬我江陵後當為萬戶邑上公故楚郢城北二十里所或曰孫叔敖激沮水作雲夢大澤之地也）

子產者鄭之列大夫也（索隱曰按[illegible]等亦古之賢大夫[illegible]在當[illegible]之下不宜散入循吏之篇）鄭昭君之時以所愛徐摯為相（索隱曰按鄭系家子產鄭成公之少子也[illegible]鄭系家[illegible]子產不事昭君亦無徐摯[illegible]相之事抑別有所出太史記異耳）國亂上下不親父子不和大宮子期言之君以子產為相（索隱曰按系家鄭相子駟之子[illegible]子產同時[illegible]亦子期之為兄弟也）

為相一年豎子不戲狎斑白不提挈僮子不犂畔二年市不豫賈（[illegible]）三年門不夜關（徐廣曰一作閉）道不拾遺四年田器不歸五年士無尺籍（正義曰言士民無之籍書什伍什伍相保也）喪期不令而治（[illegible]）治鄭二十六年而死丁壯號哭老人兒啼曰子產去我死乎民將安歸（索隱曰按左傳及系家子產卒在定公十四年[illegible]曰子產之遺愛也又韓詩外傳子產家在向[illegible]鄭城外大冢是也○索隱曰子產古之遺愛也又韓詩外傳[illegible]人耕者輟耒婦人投其[illegible]）

公儀休者魯博士也以高弟為魯相奉法循理無所變更百官自正使食祿者不得與下民爭利受大者不得取小客有遺相魚者相不受客曰聞君嗜魚遺君魚何

故不受也相曰以嗜魚故不受也今為相能自給魚今受魚而免誰復給我魚者吾故不受也食茹而美拔其園葵而棄之見其家織布好而疾出其家婦燔其機云欲令農士工女安所讎其貨乎

石奢者楚昭王相也堅直廉正無所阿避行縣道有殺人者相追之乃其父也縱其父而還自繫焉使人言之王曰殺人者臣之父也夫以父立政不孝也廢法縱罪非忠也臣罪當死王曰追而不及不當伏罪子其治事矣石奢曰不私其父非孝子也不奉主法非忠臣也王赦其罪上惠也伏誅而死臣職也遂不受令自刎而死

李離者晉文公之理也（正義曰理獄官也）過聽殺人自拘當死文公曰官有貴賤罰有輕重下吏有過非子之罪也李離曰臣居官為長不與吏讓位受祿為多不與下分利今過聽殺人傳其罪下吏非所聞也辭不受令文公曰子則自以為有罪寡人亦有罪邪李離曰理有法失刑則刑失死則死公以臣能聽微決疑（索隱曰言能聽察微理以決疑獄故周禮司寇以五聽察獄訟氣也耳目也又尚書曰服念五六日至于旬時是也）故使為理今過聽殺人罪當死遂不受令伏劍而死

太史公曰孫叔敖出一言郢市復子產病死鄭民號哭公儀子見好布而家婦逐石奢縱父而死楚昭名立李

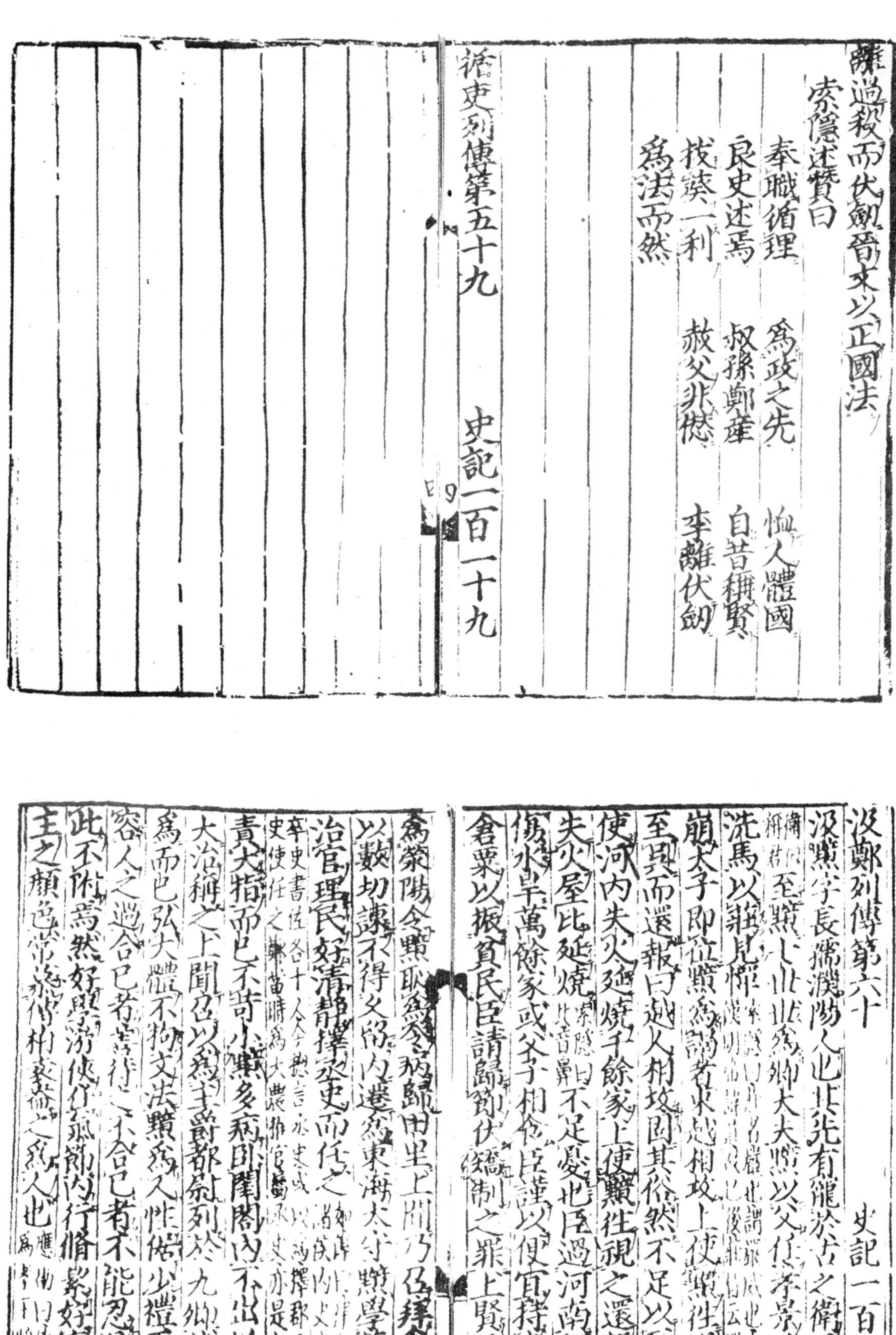

李離過殺而伏劍，晉文以正國法。

索隱述贊曰：奉職循理，爲政之先。恤人體國，良史述焉。叔孫、鄭產，自昔稱賢。拔葵一利，赦父非愆。李離伏劍，爲法而然。

循吏列傳第五十九　　史記一百一十九

汲鄭列傳第六十　　史記一百二十

汲黯字長孺，濮陽人也。其先有寵於古之衛君。至黯七世，世爲卿大夫。黯以父任，孝景時爲太子洗馬，以莊見憚。孝景帝崩，太子即位，黯爲謁者。東越相攻，上使黯往視之。不至，至吳而還，報曰：越人相攻，固其俗然，不足以辱天子之使。河內失火，延燒千餘家，上使黯往視之。還報曰：家人失火，屋比延燒，不足憂也。臣過河南，河南貧人傷水旱萬餘家，或父子相食，臣謹以便宜，持節發河南倉粟以振貧民。臣請歸節，伏矯制之罪。上賢而釋之，遷爲滎陽令。黯恥爲令，病歸田里。上聞，乃召拜爲中大夫。以數切諫，不得久留內，遷爲東海太守。黯學黃老之言，治官理民，好清靜，擇丞史而任之。其治，責大指而已，不苛小。黯多病，臥閨閤內不出。歲餘，東海大治，稱之。上聞，召以爲主爵都尉，列於九卿。治務在無爲而已，弘大體，不拘文法。黯爲人性倨，少禮，面折，不能容人之過。合己者善待之，不合己者不能忍見，士亦以此不附焉。然好學，游俠，任氣節，內行脩絜，好直諫，數犯主之顏色，常慕傅柏、袁盎之爲人也。

○索隱曰傅音附 傅姓柏名 善灌夫鄭當時及宗正劉棄 [illegible]
[illegible] 亦以數直諫不得久居位當是時太后弟
武安侯蚡為丞相中二千石來拜謁蚡不為禮然黯見
蚡未嘗拜常揖之天子方招文學儒者上曰吾欲云云
張晏曰所言欲施仁義也 黯對曰陛下內多欲而外施仁義柰何欲
效唐虞之治乎上默然怒變色而罷朝公卿皆為黯懼
上退謂左右曰甚矣汲黯之戇也 索隱曰戇音陟降反 群臣或
數黯黯曰天子置公卿輔弼之臣寧令從諛承意陷主
於不義乎且已在其位縱愛身柰辱朝廷何黯多病病
且滿三月上常賜告者數 [illegible] 病滿賜 [illegible] 數者非一也或曰
賜告得去官歸家 [illegible] 終不愈最後病莊助為請
告 [illegible] 上曰汲黯何如人哉助曰使黯任職居官
無以踰人 索隱曰踰 [illegible] 然至其輔少主守城深
堅招之不來麾之不去雖自謂賁育亦不能奪之矣上
曰然古有社稷之臣至如黯近之矣大將軍青侍中上
踞廁而視之 [illegible] 丞相弘燕見
上或時不冠至如黯見上不冠不見也上嘗坐武帳中
應劭曰武帳 [illegible] 黯前奏
事上不冠望見黯避帳中使人可其奏其見敬禮如此
張湯方以更定律令為廷尉黯數質責湯於上前曰公
為正卿上不能褒先帝之功業下不能抑天下之邪心
安國富民使囹圄空虛二者無一焉非苦就行放析就
功何乃取高皇帝約束紛更之為 [illegible] 公以此無種
矣黯時與湯論議湯辯常在文深小苛黯伉厲守高不
能屈忿發罵曰天下謂刀筆吏不可以為公卿果然必
湯也令天下重足而立側目而視矣是時漢方征匈奴
招懷四夷黯務少事乘上間常言與胡和親無起兵上方
向儒術尊公孫弘及事益多吏民巧弄上分別文法湯
等數奏決讞以幸 索隱曰讞 [illegible] 而黯常毀儒面觸弘等徒
懷詐飾智以阿人主取容而刀筆吏專深文巧詆 索隱曰詆音
丁禮 陷人於罪使不得反其真以勝為功上愈益貴弘
弘湯深心疾黯唯天子亦不說也欲誅之以事弘為丞
相乃言上曰右內史界部中多貴人宗室難治非素重
臣不能任請徙黯為右內史為右內史數歲官事不廢
大將軍青既益尊姊為皇后然黯與亢禮人或說黯曰
自天子欲群臣下大將軍大將軍尊重益貴君不可以
不拜黯曰夫以大將軍有揖客反不重邪大將軍聞愈
賢黯數請問國家朝廷所疑遇黯過於平生淮南王謀
反憚黯曰好直諫守節死義難惑以非至如說丞相弘
如發蒙振落耳天子既數征匈奴有功黯之言益不用

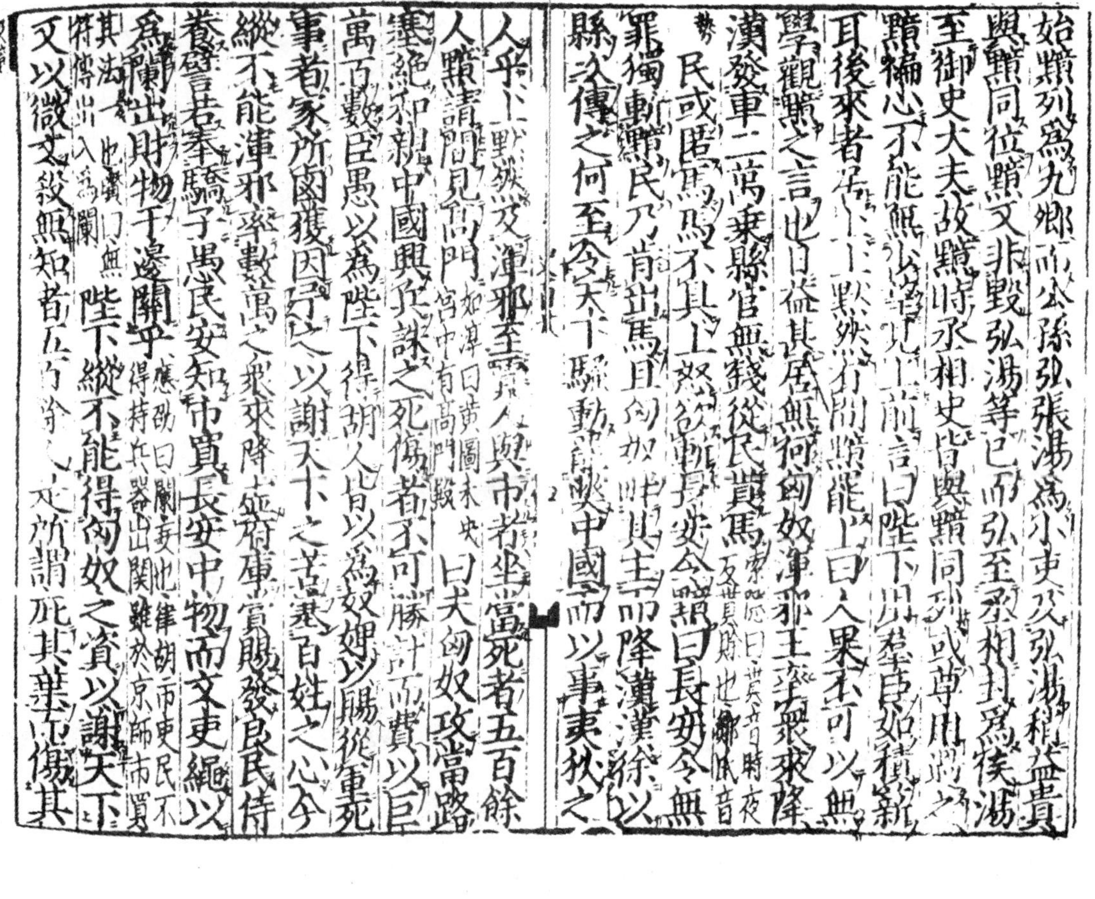

始黯列為九卿，而公孫弘、張湯為小吏。及弘、湯稍益貴，與黯同位，黯又非毀弘、湯等。已而弘至丞相，封為侯；湯至御史大夫，故黯時丞相史皆與黯同列，或尊用過之。黯褊心，不能無少望，見上，前言曰：「陛下用羣臣如積薪耳，後來者居上。」上默然。有閒黯罷，上曰：「人果不可以無學，觀黯之言也日益甚。」居無何，匈奴渾邪王率衆來降，漢發車二萬乘。縣官無錢，從民貰馬。（師古曰貰音式夜反貰賒也）民或匿馬，馬不具。上怒，欲斬長安令。黯曰：「長安令無罪，獨斬黯，民乃肯出馬。且匈奴畔其主而降漢，漢徐以縣次傳之，何至令天下騷動，罷敝中國而以事夷狄之人乎！」上默然。及渾邪至，賈人與市者，坐當死者五百餘人。黯請閒，見高門，（如淳曰黃圖未央宮中有高門殿）曰：「夫匈奴攻當路塞，絕和親，中國興兵誅之，死傷者不可勝計，而費以巨萬百數。臣愚以為陛下得胡人，皆以為奴婢，以賜從軍死事者家；所鹵獲，因予之，以謝天下之苦，塞百姓之心。今縱不能，渾邪率數萬之衆來降，虛府庫賞賜，發良民侍養，譬若奉驕子。愚民安知市買長安中物而文吏繩以為闌出財物于邊關乎？（應劭曰闌妄也律胡市吏民不得持兵器出關雖於京師市買其法一也瓚曰無符傳出入為闌）陛下縱不能得匈奴之資以謝天下，又以微文殺無知者五百餘人，是所謂庇其葉而傷其

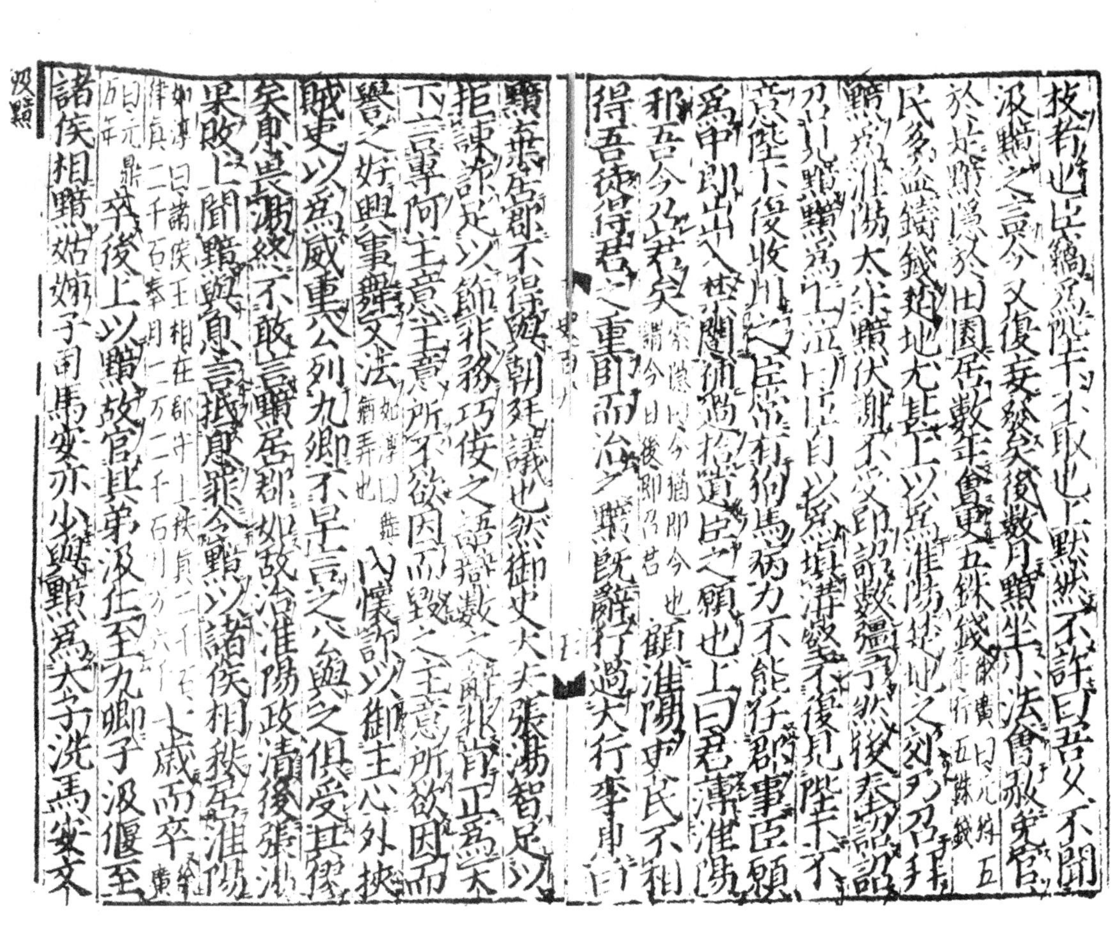

枝者也。臣竊為陛下不取也。」上默然，不許，曰：「吾久不聞汲黯之言，今又復妄發矣。」後數月，黯坐小法，會赦免官。於是黯隱於田園。居數年，會更五銖錢，（臣瓚曰元狩五年行五銖錢）民多盜鑄錢者，楚地尤甚。上以為淮陽，楚地之郊也，乃召拜黯為淮陽太守。黯伏謝不受印綬，詔數彊予，然後奉詔。召上殿，黯泣曰：「臣自以為填溝壑，不復見陛下，不意陛下復收之。臣常有狗馬之病，力不能任郡事。臣願為中郎，出入禁闥，補過拾遺，臣之願也。」上曰：「君薄淮陽邪？吾今召君矣。（師古曰今猶即今也謂今日後即召君）顧淮陽吏民不相得，吾徒得君重，臥而治之。」黯既辭，行，過大行李息，曰：「黯棄居郡，不得與朝廷議也。然御史大夫張湯智足以拒諫，詐足以飾非，務巧佞之語，辯數之辭，非肯正為天下言，專阿主意。主意所不欲，因而毀之；主意所欲，因而譽之。好興事，舞文法，（如淳曰舞猶弄也）內懷詐以御主心，外挾賊吏以為威重。公列九卿，不早言之，公與之俱受其僇矣。」息畏湯，終不敢言。黯居郡如故治，淮陽政清。後張湯果敗，上聞黯與息言，抵息罪。令黯以諸侯相秩居淮陽。（如淳曰諸侯王相在郡守上秩真二千石律真二千石奉月二萬二千石月萬六千）七歲而卒（師古曰元鼎五年卒）後上以黯故，官其弟汲仁至九卿，子汲偃至諸侯相。黯姑姊子司馬安亦少與黯為太子洗馬。安文

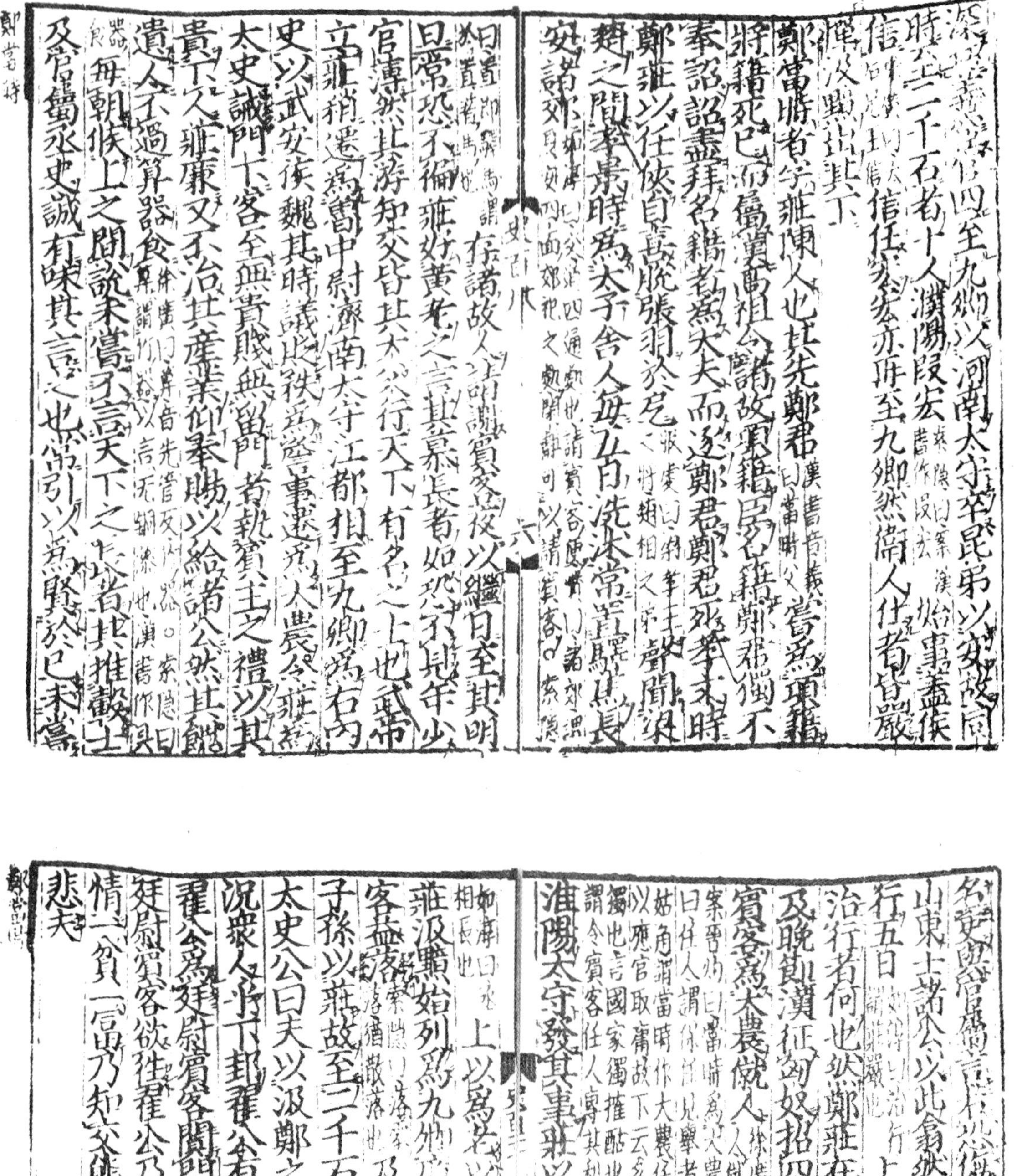

深巧善宦，官四至九卿，以河南太守卒。昆弟以安故，同時至二千石者十人。濮陽段宏始事蓋侯信，信任宏，宏亦再至九卿。然衛人仕者皆嚴憚汲黯，出其下。

鄭當時者，字莊，陳人也。其先鄭君嘗為項籍將。籍死，已而屬漢。高祖令諸故項籍臣名籍，鄭君獨不奉詔。詔盡拜名籍者為大夫，而逐鄭君。鄭君死孝文時。

鄭莊以任俠自喜，脫張羽於戹，聲聞梁楚之間。孝景時，為太子舍人。每五日洗沐，常置驛馬長安諸郊，存諸故人，請謝賓客，夜以繼日，至其明旦，常恐不徧。莊好黃老之言，其慕長者如恐不見。年少官薄，然其游知交皆其大父行，天下有名之士也。武帝立，莊稍遷為魯中尉、濟南太守、江都相，至九卿為右內史。以武安侯魏其時議，貶秩為詹事，遷為大農令。莊為太史，誡門下：「客至，無貴賤無留門者。」執賓主之禮，以其貴下人。莊廉，又不治其產業，仰奉賜以給諸公。然其餽遺人，不過算器食。每朝，候上之閒，說未嘗不言天下之長者。其推轂士及官屬丞史，誠有味其言之也，常引以為賢於己。未嘗名吏，與官屬言，若恐傷之。聞人之善言，進之上，唯恐後。山東士諸公以此翕然稱鄭莊。

鄭莊使視決河，自請治行五日。上曰：「吾聞鄭莊行，千里不齎糧，請治行者何也？」然鄭莊在朝，常趨和承意，不敢甚引當否。及晚節，漢征匈奴，招四夷，天下費多，財用益匱。莊任人賓客為大農僦人，多逋負。司馬安為淮陽太守，發其事，莊以此陷罪，贖為庶人。頃之，守長史。上以為老，以莊為汝南太守。數歲，以官卒。

鄭莊、汲黯始列為九卿，廉，內行脩絜。此兩人中廢，家貧，賓客益落。及居郡，卒後家無餘貲財。莊兄弟子孫以莊故，至二千石六七人焉。

太史公曰：夫以汲、鄭之賢，有勢則賓客十倍，無勢則否，況眾人乎！下邽翟公有言，始翟公為廷尉，賓客闐門；及廢，門外可設雀羅。翟公復為廷尉，賓客欲往，翟公乃大署其門曰：「一死一生，乃知交情。一貧一富，乃知交態。一貴一賤，交情乃見。」汲、鄭亦云，悲夫！

索隱述贊曰　河南矯制　自古稱賢　淮南卧理　天子伏焉　積薪興歎　伉直愈堅　鄭莊推士　天下翕然　交道勢利　翟公愴旃

汲鄭列傳第六十　史記百二十

儒林列傳第六十一　史記百二十一

正義曰姚承云儒謂博士為儒雅之林綜理古文宣明舊藝咸勸儒者以成王化者也

太史公曰余讀功令索隱曰案謂學者課功著之於令即今之學令是也至於廣厲學官之路未嘗不廢書而歎也曰嗟乎夫周室衰而關雎作幽厲微而禮樂壞諸侯恣行政由彊國故孔子閔王路廢而邪道興於是論次詩書修起禮樂適齊聞韶三月不知肉味自衛返魯然後樂正雅頌各得其所正義曰鄭玄云魯哀公十一年是時道衰樂廢孔子還修正之故雅頌各得其所也世以混濁莫能用是以仲尼干七十餘君無所遇索隱曰後之記者失辭也案家語等說則孔子歷聘國莫能用謂周鄭齊宋曹衛陳楚杞莒匡等縱歷小國亦無七十餘君也曰苟有用我者期月而已矣西狩獲麟[illegible]曰吾道窮矣故因史記作春秋以當王法其辭微而指博後世學者多錄焉徐廣[illegible]

自孔子卒後七十子之徒散游諸侯大者為師傅卿相索隱曰案子夏為魏文侯師子貢為齊魯聘吳越蓋亦卿也而宰予亦仕齊為卿餘則未聞小者友教士大夫或隱而不見故子路居衛索隱曰案仲尼弟子列傳子路死於衛時孔子尚存也子張居陳[illegible]澹臺子羽居楚正義曰今蘇州城南五里有澹臺湖湖北有澹臺[illegible]子夏居西河正義曰今汾州子貢終於齊正義[illegible]如田子方段干木吳起禽滑釐之屬皆受業於子夏之倫為王者師是時獨魏文侯好學後陵遲以至于始皇天下並爭於戰國儒術既絀焉然齊魯之閒學者

獨不廢也。於威、宣之際，孟子、荀卿之列，咸遵夫子之業而潤色之，以學顯於當世。及至秦之季世，焚詩書，坑術士，（正義曰：顏云今新豐縣溫湯之處號愍儒鄉，溫湯西南三里有馬谷，谷之西岸有坑，古相傳以為秦坑儒處也。衛宏詔定古文尚書序云：秦既焚書，恐天下不從所改更法，而諸生到者拜為郎，前後七百人，乃密種瓜於驪山陵谷中溫處，瓜實成，詔博士諸生說之，人言不同，乃令就視。為伏機，諸生賢儒皆至焉，方相難不決，因發機，從上填之以土，皆壓，終乃無聲也。）六藝從此缺焉。陳涉之王也，而魯諸儒持孔氏之禮器往歸陳王。於是孔甲為陳涉博士，（徐廣曰：孔子八世孫，名鮒，字甲也。）卒與涉俱死。陳涉起匹夫，驅瓦合適戍，（索隱曰：適音謫。）旬月以王楚，不滿半歲竟滅亡，其事至微淺，然而縉紳先生之徒負孔子禮器往委質為臣者，何

也？以秦焚其業，積怨而發憤于陳王也。及高皇帝誅項籍，舉兵圍魯，魯中諸儒尚講誦習禮樂，弦歌之音不絕，豈非聖人之遺化，好禮樂之國哉？故孔子在陳，曰「歸與歸與！吾黨之小子狂簡，斐然成章，不知所以裁之」。夫齊魯之閒於文學，自古以來，其天性也。故漢興，然後諸儒始得脩其經藝，講習大射鄉飲之禮。叔孫通作漢禮儀，因為太常，諸生弟子共定者，咸為選首，於是喟然歎興於學。然尚有干戈，平定四海，（正義曰：[illegible]）亦未暇遑庠序之事也。孝惠、呂后時，公卿皆武力有功之臣。孝文時頗徵用，（正義曰：言孝文稍用文學之士居位。）然孝文帝本

好刑名之言。及至孝景，不任儒者，而竇太后又好黃老之術，故諸博士具官待問，未有進者。及今上即位，趙綰、王臧之屬明儒學，而上亦鄉之，於是招方正賢良文學之士。自是之後，言詩於魯則申培公，（徐廣曰：[illegible]）於齊則轅固生，（正義曰：[illegible]）於燕則韓太傅。（索隱曰：[illegible]）言尚書自濟南伏生。（索隱曰：[illegible]）言禮自魯高堂生。（索隱曰：[illegible]）言易自菑川田生。言春秋於齊魯自胡毋生，（索隱曰：[illegible]）於趙自董仲舒。及竇太后崩，武安侯田蚡為丞相，絀黃老、刑名百家之

言，延文學儒者數百人，而公孫弘以春秋白衣為天子三公，（徐廣曰：[illegible]）封以平津侯。天下之學士靡然鄉風矣。公孫弘為學官，悼道之鬱滯，乃請曰：「丞相御史言：（正義曰：自此已下，[illegible]奏請之辭。）制曰『蓋聞導民以禮，風之以樂。婚姻者，居室之大倫也。今禮廢樂崩，朕甚閔焉。故詳延天下方正博聞之士，咸登諸朝。其令禮官勸學，講議洽聞興禮，以為天下先。太常議，與博士弟子，崇鄉里之化，以廣賢材焉』。謹與太常臧、博士平等議曰：聞三代之道，鄉里有教，夏曰校，（正義曰：[illegible]）殷曰序，（正義曰：[illegible]）周曰庠。（正義曰：[illegible]）其勸善也，顯之朝廷；其懲

儒林

惡也。加之刑罰，故教化之行也，建首善自京師始，由內及外。今陛下昭至德，開大明，配天地，本人倫，勸學修禮，崇化厲賢，以風四方，太平之原也。古者政教未洽，不備其禮，請因舊官而興焉。為博士官置弟子五十人，復其身。太常擇民年十八已上，儀狀端正者，補博士弟子。郡國縣道邑有好文學，敬長上，肅政教，順鄉里，出入不悖所聞者，令相長丞上屬所二千石，（索隱曰：上音時兩反。屬音燭，謂委也。所二千石謂於所部之郡守相也。）二千石謹察可者，當與計偕，（索隱曰：計，計吏也。偕，俱也。謂令與計吏俱詣太常也。）詣太常，得受業如弟子。一歲皆輒試，能通一藝以上，補文學掌故缺；其高弟可以為郎中者，太常籍奏。即有秀才異等，輒以名聞。其不事學若下材及不能通一藝，輒罷之，而請諸不稱者罰。臣謹案詔書律令下者，明天人分際，通古今之義，文章爾雅，訓辭深厚，（索隱曰：謂詔書文章雅正，訓辭深厚也。）恩施甚美。小吏淺聞，不能究宣，無以明布諭下。治禮次治掌故，（徐廣曰：一云次治禮學掌故。）以文學禮義為官，遷留滯。請選擇其秩比二百石以上，及吏百石通一藝以上，補左右內史、（正義曰：謂左右內史，後改為左馮翊、右扶風。）大行卒史；比百石已下，補郡太守卒史：皆各二人，邊郡一人。先用誦多者，若不足，乃擇掌故補中二千石屬，文學掌故補郡屬，（索隱曰：如淳云：漢儀弟子射策甲科百人補郎中，乙科二百人補太子舍人，皆秩比二百石，次郡國文學，秩百石也。）備員。請著功令。佗如律令。」制曰：「可。」自此以來，則公卿大夫士吏斌斌多文學之士矣。

儒林

申公者，魯人也。高祖過魯，申公以弟子從師入見高祖于魯南宮。（索隱曰：案漢書云申公少與楚元王交俱事齊人浮丘伯受詩。○正義曰：括地志云：泮宮在兗州曲阜縣西南二里魯城內宮之內。鄭云：泮之言半也，其制半於天子之璧雍。）呂太后時，申公游學長安，與劉郢同師。（索隱曰：案漢書云呂太后時浮丘伯在長安，申公與元王子郢俱卒學也。郢即郢客。）已而郢為楚王，令申公傅其太子戊。（徐廣曰：楚元王劉交以文帝元年薨，子夷王郢立，四歲薨，子戊立。郢以呂后二年封上邳侯，文帝元年立為楚王。）戊不好學，疾申公。及王郢卒，戊立為楚王，胥靡申公。（徐廣曰：腐刑。）申公恥之，歸魯，退居家教，終身不出門，復謝絕賓客，獨王命召之乃往。（徐廣曰：魯恭王也。）弟子自遠方至受業者百餘人。申公獨以詩經為訓以教，無傳疑，疑者則闕不傳。（索隱曰：謂申公不作詩傳，但教授，有疑則闕耳。）蘭陵王臧既受詩，以事孝景帝為太子少傅，免去。今上初即位，臧乃上書宿衛上，累遷，一歲中為郎中令。及代趙綰亦嘗受詩申公，綰為御史大夫。綰、臧請天子，欲立明堂以朝諸侯，不能就其事，乃言師申公。於是天子使使束帛加璧安車駟馬迎申公，弟子二人乘軺傳從。（徐廣曰：馬車。）至，見天子。天子問治亂之事，申公時已八十餘，老，對曰：「為治者不至多言，顧力行何如耳。」是時天子方好文詞，見申公對，默然。然已招致

則以爲太中大夫，舍魯邸，議明堂事。太皇竇太后好老子言，不說儒術，得趙綰、王臧之過以讓上，上因廢明堂事，盡下趙綰、王臧吏，後皆自殺。申公亦疾免以歸，數年卒。弟子爲博士者十餘人：孔安國至臨淮太守，（徐廣曰孔鮒之弟子子襄爲惠帝博士遷爲長沙太傅生忠忠生武及安國安國爲博士臨淮太守）周霸至膠西內史，夏寬至城陽內史，碭魯賜至東海太守，蘭陵繆生至長沙內史，（索隱曰繆音亡救反繆氏出蘭陵[illegible]）徐偃爲膠西中尉，鄒人闕門慶忌（漢書音義曰姓闕門名慶忌）爲膠東內史。其治官民皆有廉節，稱其好學。學官弟子行雖不備，而至於大夫、郎中、掌故以百數。言詩雖殊，多本於申公。

清河王太傅轅固生者，齊人也。以治詩，孝景時爲博士。與黃生爭論景帝前。黃生曰：湯武非受命，乃弒也。轅固生曰：不然。夫桀紂虐亂，天下之心皆歸湯武，湯武與天下之心而誅桀紂，桀紂之民不爲之使而歸湯武，湯武不得已而立，非受命爲何？黃生曰：冠雖敝，必加於首；履雖新，必關於足。何者？上下之分也。今桀紂雖失道，然君上也；湯武雖聖，臣下也。夫主有失行，臣下不能正言匡過以尊天子，反因過而誅之，代立踐南面，非弒而何也？轅固生曰：必若所云，是高帝代秦即天子之位，非邪？於是景帝曰：食肉不食馬肝，（正義論衡云氣熱而毒盛故食馬肝殺人又盛夏馬行多渴死殺氣爲毒也）不爲不知味；言學者無言湯武受命，不爲愚。遂罷。是後學者莫敢明受命放殺者。竇太后好老子書，召轅固生問老子書。固曰：此是家人言耳。（索隱服虔云如家人言也案老子道德篇雖微妙難通然近而觀之理國理身而已故言此家人之言也）太后怒曰：安得司空城旦書乎？（徐廣曰司空主刑徒之官也漢書音義曰道家以儒法爲急比之於律令）乃使固入圈刺豕。景帝知太后怒而固直言無罪，乃假固利兵，下圈刺豕，正中其心，一刺，豕應手而倒。太后默然，無以復罪，罷之。居頃之，景帝以固爲廉直，拜爲清河王太傅。（徐廣曰[illegible]）久之，病免。今上初即位，復以賢良徵固。諸諛儒多疾毀固，曰固老，罷歸之。時固已九十餘矣。固之徵也，薛人公孫弘亦徵，（徐廣曰薛縣在[illegible]）側目而視固。固曰：公孫子，務正學以言，無曲學以阿世！自是之後，齊言詩皆本轅固生也。諸齊人以詩顯貴，皆固之弟子也。韓生者，（漢書曰名嬰）燕人也。孝文帝時爲博士，景帝時爲常山王太傅。（徐廣曰王舜也）韓生推詩之意而爲內外傳數萬言，其語頗與齊魯閒殊，然其歸一也。淮南賁生受之。（賁音肥）自是之後，而燕趙閒言詩者由韓生。韓生孫商爲今上博士。

伏生者，（張晏曰伏生名勝伏氏碑云[illegible]）濟南人也。故爲秦博士。孝文帝時，欲求能治尚書者，天下無有，乃聞伏生能治，欲召之。

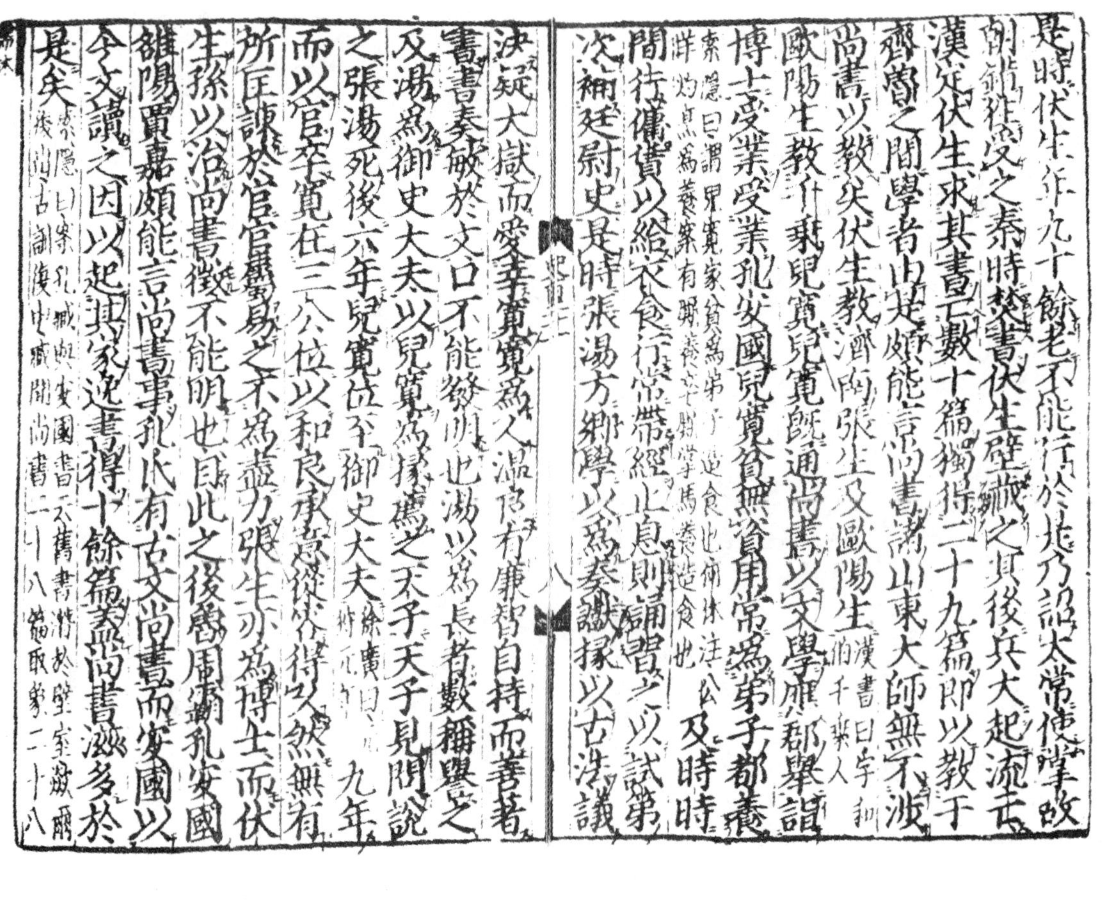
是時伏生年九十餘老不能行於是乃詔太常使掌故朝錯往受之秦時焚書伏生壁藏之其後兵大起流亡漢定伏生求其書亡數十篇獨得二十九篇即以教于齊魯之閒學者由是頗能言尚書諸山東大師無不涉尚書以教矣伏生教濟南張生及歐陽生漢書曰字和伯千乘人歐陽生教千乘兒寬兒寬既通尚書以文學應郡舉詣博士受業受業孔安國兒寬貧無資用常為弟子都養索隱曰謂兒寬家貧為弟子造食也為養養衆有弊養亦有廝養造食也及時時閒行傭賃以給衣食行常帶經止息則誦習之以試第次補廷尉史是時張湯方鄉學以為奏讞掾以古法議決疑大獄而愛幸寬寬為人溫良有廉智自持而善著書書奏敏於文口不能發明也湯以為長者數稱譽之及湯為御史大夫以兒寬為掾薦之天子天子見問說之張湯死後六年兒寬位至御史大夫徐廣曰元封元年九年而以官卒寬在三公位以和良承意從容得久然無有所匡諫於官官屬易之不為盡力張生亦為博士而伏生孫以治尚書徵不能明也自此之後魯周霸孔安國雒陽賈嘉頗能言尚書事孔氏有古文尚書而安國以今文讀之因以起其家逸書得十餘篇蓋尚書滋多於是矣索隱曰案孔臧與安國書云舊書潛於壁室歘爾復出古訓復申臧聞尚書二十八篇取象二十八

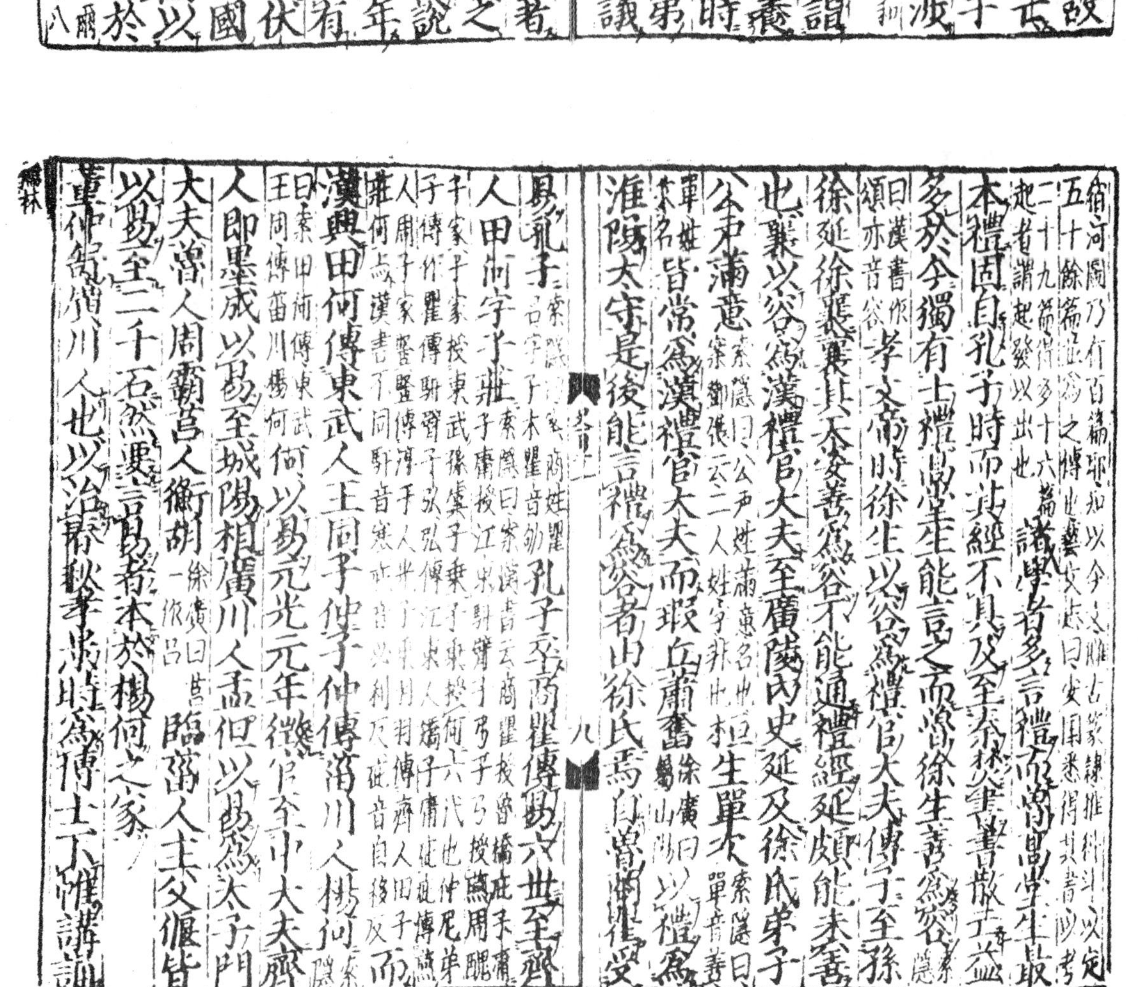
宿何圖乃有百篇邪知以今文讎古篆隸推科斗以定五十餘篇並為之傳也藝文志曰安國悉得其書以考二十九篇得多十六篇起者謂起發以出也諸學者多言禮而魯高堂生最本禮固自孔子時而其經不具及至秦焚書書散亡益多於今獨有士禮高堂生能言之而魯徐生善為容索隱曰漢書作頌亦音容孝文帝時徐生以容為禮官大夫傳子至孫徐延徐襄襄其天姿善為容不能通禮經延頗能未善也襄以容為漢禮官大夫至廣陵內史延及徐氏弟子公戶滿意索隱曰公戶姓滿意名也桓生單次索隱曰單音善次名皆常為漢禮官大夫而瑕丘蕭奮徐廣曰奮一作憙以禮為淮陽太守是後能言禮為容者由徐氏焉自魯商瞿受易孔子索隱曰商姓瞿名字子木瞿音劬孔子卒商瞿傳易六世至齊人田何字子莊索隱曰案漢書云商瞿授魯橋庇子庸子庸授江東馯臂子弓子弓授燕周醜子家子家授東武孫虞子乘子乘授齊田何子莊六代也仲尼弟子傳作瞿傳馯臂子弘弘傳江東人矯子庸疵疵傳燕人周子家豎豎傳淳于人光子乘羽羽傳齊人田子莊何與漢書不同馯音寒亦音汗利反疵音自移反而漢興田何傳東武人王同子仲子仲傳菑川人楊何索隱曰案田何傳東武王同傳菑川楊何何以易元光元年徵官至中大夫齊人即墨成以易至城陽相廣川人孟但以易為太子門大夫魯人周霸莒人衡胡徐廣曰莒一作呂臨菑人主父偃皆以易至二千石然要言易者本於楊何之家董仲舒廣川人也以治春秋孝景時為博士下帷講誦

弟子傳以久次相受業，或莫見其面，蓋三年董仲舒不觀於舍園，其精如此。進退容止，非禮不行，學士皆師尊之。今上即位，為江都相。索隱曰：案仲舒事易王，王武帝兄。以春秋災異之變推陰陽所以錯行，故求雨閉諸陽，縱諸陰，其止雨反是。行之一國，未嘗不得所欲。中廢為中大夫，居舍，著災異之記。是時遼東高廟災，主父偃疾之，取其書奏之天子。徐廣曰：建元六年。索隱曰：案漢書以為遼東高廟及長陵園殿災也。仲舒為災異記草而未奏，主父偃竊而奏之。天子召諸生示其書，有刺譏。董仲舒弟子呂步舒徐廣曰：一作荼，亦音舒。不知其師書，以為下愚。於是下董仲舒吏，當死，詔赦之。於是董仲舒竟不敢復言災異。董仲舒為人廉直。是時方外攘四夷，公孫弘治春秋不如董仲舒，而弘希世用事，位至公卿。董仲舒以弘為從諛。弘疾之，乃言上曰：「獨董仲舒可使相膠西王。」膠西王素聞董仲舒有行，亦善待之。董仲舒恐久獲罪，疾免居家。至卒，終不治產業，以修學著書為事。故漢興至于五世之間，唯董仲舒名為明於春秋，其傳公羊氏也。

胡毋生，漢書曰：字子都。齊人也。孝景時為博士，以老歸教授。齊之言春秋者多受胡毋生，公孫弘亦頗受焉。瑕丘江生為穀梁春秋。自公孫弘得用，嘗集比其義，卒用董仲舒。

仲舒弟子遂者：蘭陵褚大，廣川殷忠，徐廣曰：殷一作段，又作瑕也。溫呂步舒。褚大至梁相。步舒至長史，持節使決淮南獄，於諸侯擅專斷，不報，以春秋之義正之，天子皆以為是。弟子通者，至於命大夫；為郎、謁者、掌故者以百數。而董仲舒子及孫皆以學至大官。

索隱述贊曰

孔氏之衰　經書緒亂　言諸六學

始自炎漢　著令立官　四方扼腕

曲臺壞壁　書禮之冠　傳易言詩

雲蒸霧散　興化致理　鴻猷克贊

儒林列傳第六十一　史記百二十一

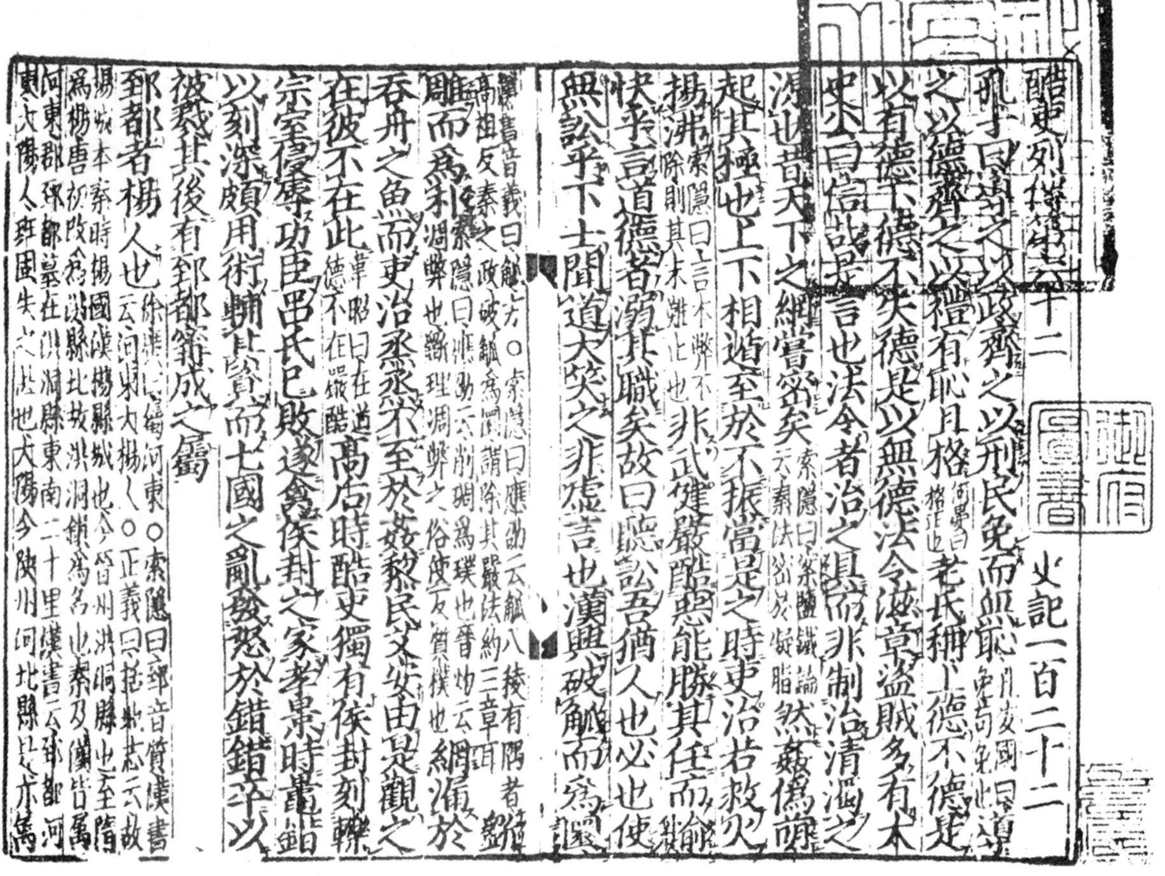

寓即偶也，謂刻木偶類人形也。一云寄人形於木也。令騎馳射莫能中，見憚如此。匈奴患之。竇太后乃竟中都以漢法。景帝曰：「都忠臣。」欲釋之。竇太后曰：「臨江王獨非忠臣邪？」於是遂斬郅都。

甯成者，徐廣曰：甯一作寗。穰人也。徐廣曰：屬南陽。以郎謁者事景帝。好氣，為人小吏，必陵其長吏；為人上，操下如束溼薪。徐廣曰：一無此字。駰案：韋昭曰：言急也。索隱曰：操音七刀反，操執也。滑賊任威。稍遷至濟南都尉。正義曰：百官表云：都尉，秦官，掌佐守典武職甲卒，秩比二千石。有丞，秩皆六百石。景帝中二年更名都尉。都尉若周之司馬。而郅都為守。始前數都尉，索隱曰：數音所注反。皆步入府，因吏謁守如縣令，其畏郅都如此。及成往，直陵都出其上。都素聞其聲，於是善遇，與結驩。久之，郅都死。後長安左右宗室多暴犯法，於是上召甯成為中尉。正義曰：百官表云：中尉，秦官，掌徼循京師。武帝太初元年更名執金吾。顏云：金吾，鳥名也，主辟不祥。天子出行，職主先道，以禦非常，故執此鳥之象，因以名官。其治效郅都，其廉弗如，然宗室豪桀皆人人惴恐。武帝即位，徙為內史。外戚多毀成之短，抵罪髡鉗。是時九卿罪死即死，少被刑，而成極刑，自以為不復收，於是解脫，詐刻傳出關歸索隱曰：解音紀買反。脫音他活反。謂脫鉗釱也。家。稱曰：「仕不至二千石，賈不至千萬，安可比人乎！」乃貰貸買陂田千餘頃，索隱曰：貰音食夜反。貸音天得反。假貧民，役使數千家。數年，會赦。致產數千金，為任俠，持吏長短，出從數十騎。其使民威重於郡守。

周陽由者，其父趙兼以淮南王舅父侯周陽，故因姓周陽氏。徐廣曰：侯五年，孝文六年國除。○正義曰：故城在絳州聞喜縣東二十九里。由以宗家任為郎，索隱曰：案，與國家有外戚姻屬，比於宗室，故曰宗家也。事孝文及景帝。景帝時，由為郡守。武帝即位，吏治尚循謹甚，然由居二千石中，最為暴酷驕恣。所愛者，撓法活之；所憎者，曲法誅滅之。所居郡，必夷其豪。為守，視都尉如令；為都尉，必陵太守，奪之治。與汲黯俱為忮，徐廣曰：忮音支。漢書音義曰：忮，堅也。司馬安之文惡，漢書音義曰：以文法傷害人。俱在二千石列，同車未嘗敢均茵伏。徐廣曰：漢書作馮。伏者，軾。○索隱曰：案，均，等也。茵，車蓐也。言二人與由同載一車，上不敢與之均茵軾也，謂下之也。馮音憑。由後為河東都尉，時與其守勝屠公爭權，相告言罪。索隱曰：風俗通云：勝屠，即申屠也。勝屠公當抵罪，義不受刑，自殺，而由棄市。自甯成、周陽由之後，事益多，民巧法，大抵吏之治類多成、由等矣。

趙禹者，斄人。徐廣曰：屬扶風。音台。○正義曰：音胎。故斄城在雍州武功縣西南二十二里，古邰國，后稷所封。以佐史補中都官，正義曰：若京都府史。用廉為令史，事太尉亞夫。亞夫為丞相，禹為丞相史，府中皆稱其廉平。然亞夫弗任，曰：「極知禹無害，然文深，漢書音義曰：持文法深刻。不可以居大府。」今上時，禹以刀筆吏積勞，稍遷為御史。上以為能，至太中大夫。與張湯論定諸律令，徐廣曰：論一作編。作見知，吏傳得相監司。用法益刻，蓋自此始。

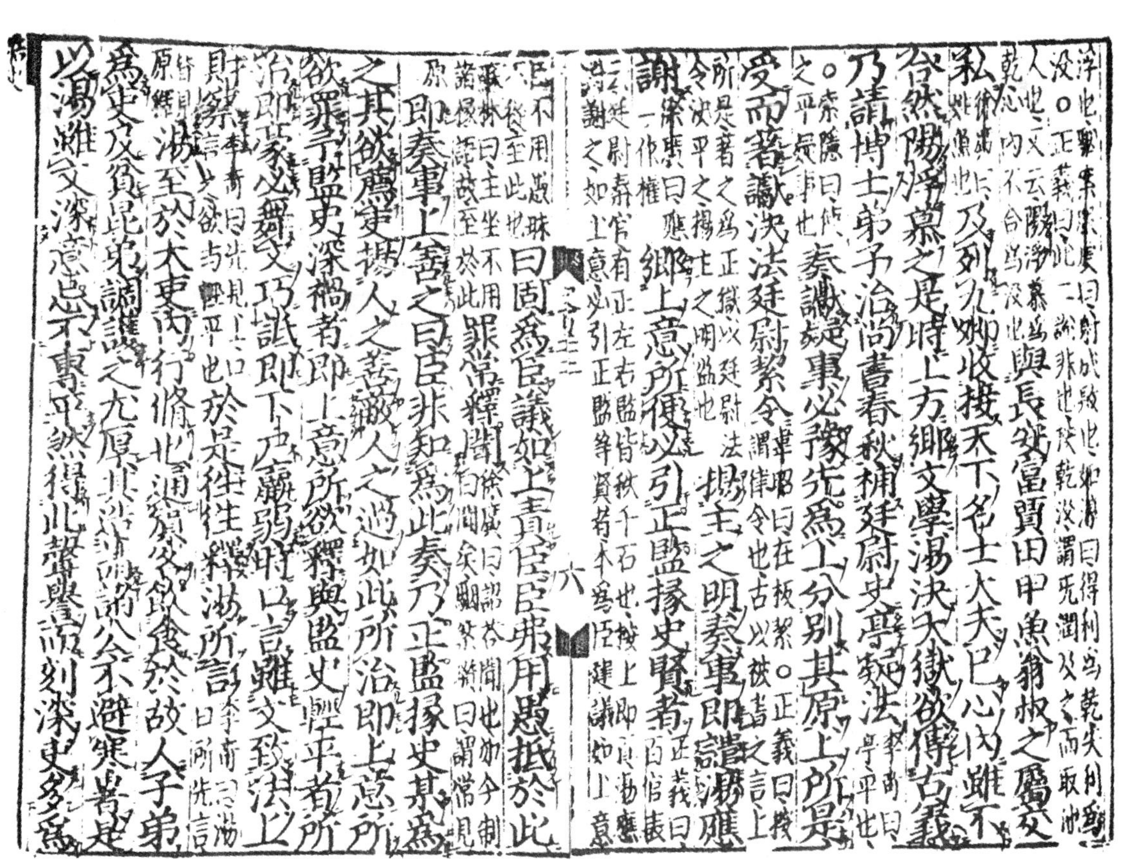

張湯者，杜人也。（徐廣曰：時未為縣。）其父為長安丞，出，湯為兒守舍。還而鼠盜肉，其父怒，笞湯。湯掘窟得盜鼠及餘肉，劾鼠掠治，傳爰書，訊鞫論報，（蘇林曰：謂傳囚也。爰，易也。以此書易其辭處。張晏曰：傳，考證驗也。爰書，自證不如此言，反受其罪。訊考三日復問之，知與前辭同不也。鞫，一吏為讀狀，論其報行也。○索隱曰：韋昭云爰，換也。古者重刑，嫌有愛惡，故移換獄書，使他官考實之，故曰傳爰書也。）并取鼠與肉，具獄磔堂下。（鄧展曰：[illegible]）其父見之，視其文辭如老獄吏，大驚，遂使書獄。（如淳曰：決獄之書，謂律令也。）父死後，湯為長安吏，久之。周陽侯始為諸卿時，（徐廣曰：田勝也，武帝母王太后之同母弟也，武帝始立而封為周陽侯。）嘗繫長安，湯傾身為之。（韋昭曰：為之先後。）及出為侯，大與湯交，徧見湯貴人。湯給事內史，為甯成掾，以湯為無害，言大府，調為茂陵尉，治方中。（漢書音義曰：方中，陵上土作方也，湯主治之。蘇林曰：天子即位豫作陵，諱之，故言方中。如淳曰：大府，公府也。[illegible]）

五

武安侯為丞相，徵湯為史，時薦言之天子，補御史，使案事。（[illegible]）治陳皇后蠱獄，深竟黨與。於是上以為能，稍遷至太中大夫。與趙禹共定諸律令，務在深文，拘守職之吏。（[illegible]）已而趙禹遷為中尉，徙為少府，而張湯為廷尉，兩人交驩，而兄事禹。禹為人廉倨，為吏以來，舍毋食客。公卿相造請禹，禹終不報謝，務在絕知友賓客之請，孤立行一意而已。見文法輒取，亦不覆案，求官屬陰罪。湯為人多詐，舞智以御人。（[illegible]）始為小吏，乾沒，（徐廣曰：[illegible]。服虔曰：射成敗也。如淳曰：得利為乾，失利為沒。[illegible]）與長安富賈田甲、魚翁叔之屬交私。（[illegible]）及列九卿，收接天下名士大夫，己心內雖不合，然陽浮慕之。是時上方鄉文學，湯決大獄，欲傅古義，乃請博士弟子治尚書、春秋補廷尉史，亭疑法。（李奇曰：亭，平也。）奏讞疑事，必豫先為上分別其原，上所是，受而著讞決法廷尉挈令，（韋昭曰：在板挈也。○正義曰：[illegible]）揚主之明。奏事即譴，湯應謝，鄉上意所便，必引正、監、掾史賢者，（[illegible]）曰：「固為臣議，如上責臣，臣弗用，愚抵於此。」罪常釋。（[illegible]）

六

閒即奏事，上善之，曰：「臣非知為此奏，乃正、監、掾史某為之。」其欲薦吏，揚人之善蔽人之過如此。所治即上意所欲罪，予監史深禍者；即上意所欲釋，與監史輕平者。所治即豪，必舞文巧詆；即下戶羸弱，時口言，雖文致法，上財察。（[illegible]）於是往往釋湯所言。湯至於大吏，內行脩也。通賓客飲食。於故人子弟為吏及貧昆弟，調護之尤厚。其造請諸公，不避寒暑。是以湯雖文深意忌不專平，然得此聲譽。而刻深吏多為

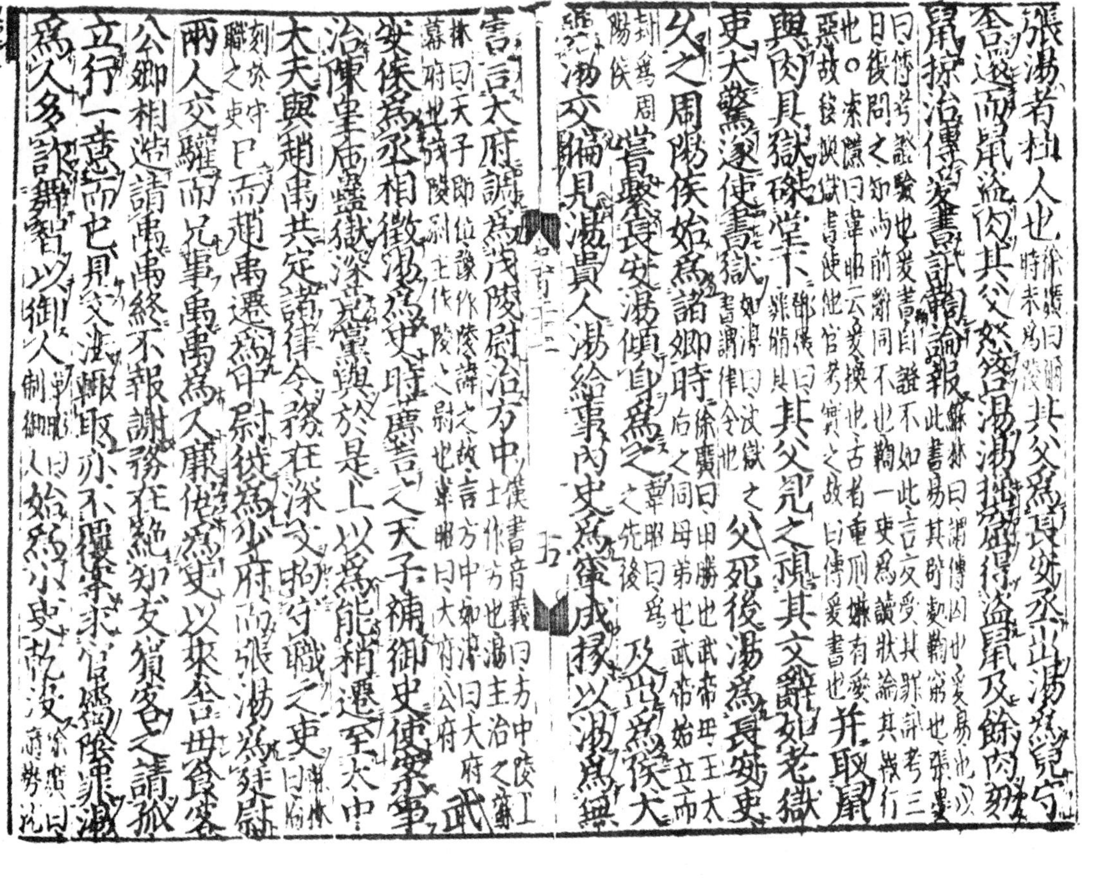

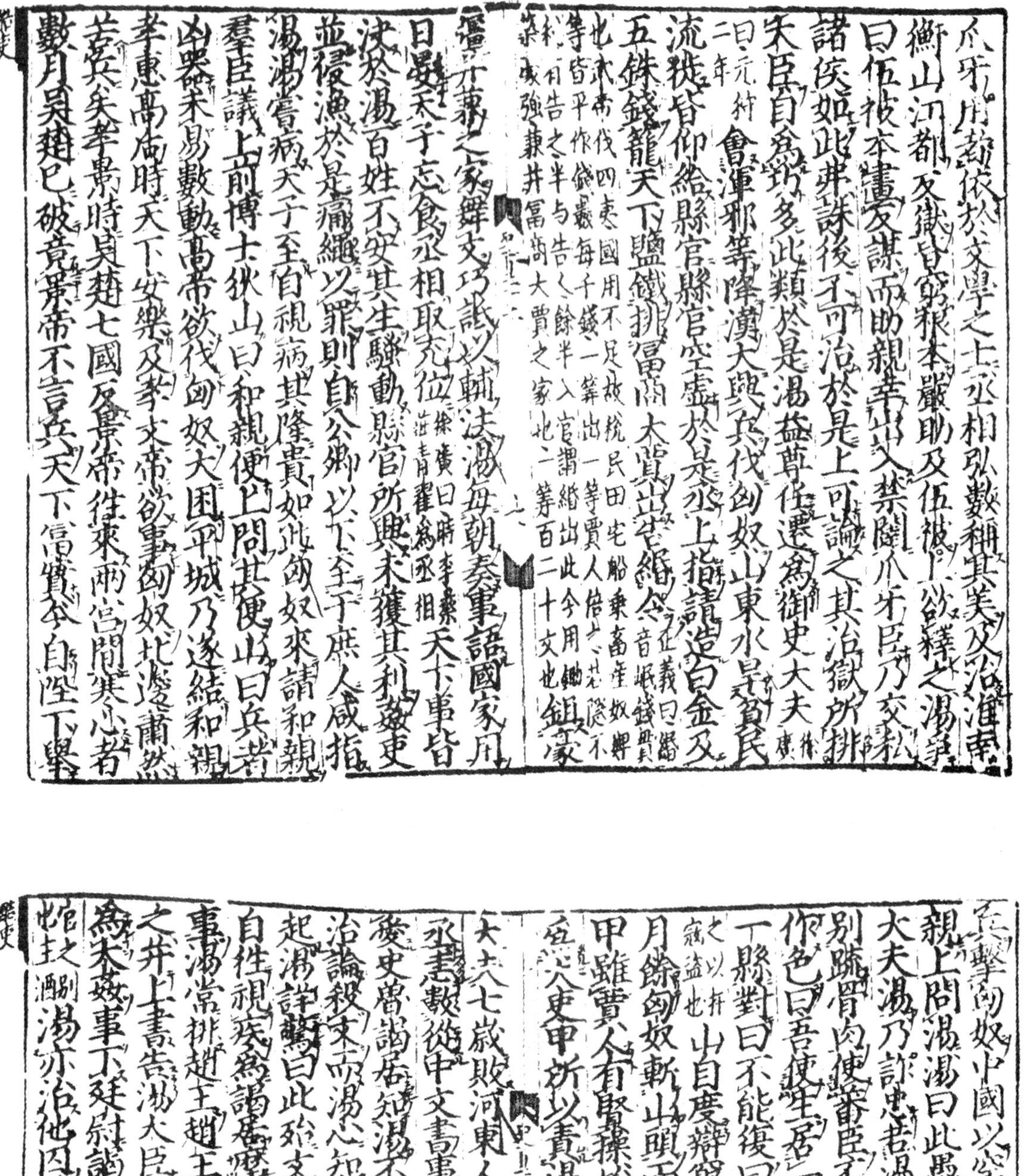

爪牙用。依於文學之士。丞相弘數稱其美。及治淮南、衡山、江都反獄，皆窮根本。嚴助及伍被，上欲釋之。湯爭曰：伍被本畫反謀，而助親幸出入禁闥爪牙臣，乃交私諸侯如此，弗誅，後不可治。於是上可論之。其治獄所排大臣自為功，多此類。於是湯益尊任，遷為御史大夫。（徐廣曰元狩二年）會渾邪等降，漢大興兵伐匈奴，山東水旱，貧民流徙，皆仰給縣官，縣官空虛。於是丞上指，請造白金及五銖錢，籠天下鹽鐵，排富商大賈，出告緡令，（正義曰緡音岷錢貫也武帝伐四夷國用不足故稅民田宅船乘畜產奴婢等皆平作錢數每千錢一算出一等賈人倍之若隱不稅有告之半與告人餘半入官謂緡出此令用鉏豪強兼并富商大賈之家也一算百二十文也）鉏豪彊并兼之家，舞文巧詆以輔法。湯每朝奏事，語國家用，日晏，天子忘食。丞相取充位，（徐廣曰時李蔡為丞相）天下事皆決於湯。百姓不安其生，騷動，縣官所興，未獲其利，姦吏並侵漁，於是痛繩以罪。則自公卿以下，至于庶人，咸指湯。湯嘗病，天子至自視病，其隆貴如此。匈奴來請和親，群臣議上前。博士狄山曰：和親便。上問其便，山曰：兵者凶器，未易數動。高帝欲伐匈奴，大困平城，乃遂結和親。孝惠、高后時，天下安樂。及孝文帝欲事匈奴，北邊蕭然苦兵矣。孝景時，吳楚七國反，景帝往來兩宮間，寒心者數月。吳楚已破，竟景帝不言兵，天下富實。今自陛下舉兵擊匈奴，中國以空虛，邊民大困貧。由此觀之，不如和親。上問湯，湯曰：此愚儒，無知。狄山曰：臣固愚忠，若御史大夫湯乃詐忠。若湯之治淮南、江都，以深文痛詆諸侯，別疏骨肉，使蕃臣不自安。臣固知湯之為詐忠。於是上作色曰：吾使生居一郡，能無使虜入盜乎？曰：不能。曰：居一縣？對曰：不能。復曰：居一障間？（正義曰障謂塞上要險之處別築城置吏士守之以扞寇盜也）山自度辯窮且下吏，曰：能。於是上遣山乘鄣。至月餘，匈奴斬山頭而去。自是以後，群臣震慴。湯之客田甲，雖賈人，有賢操。始湯為小吏時，與錢通，（徐廣曰以利交）及湯為大吏，甲所以責湯行義過失，亦有烈士風。湯為御史大夫七歲，敗。河東人李文嘗與湯有卻，已而為御史中丞，恚，數從中文書事有可以傷湯者，不能為地。湯有所愛史魯謁居，知湯不平，使人上蜚變告文姦事，事下湯，湯治，論殺文，而湯心知謁居為之。上問曰：言變事蹤跡安起？湯詳驚曰：此殆文故人怨之。謁居病臥閭里主人，湯自往視疾，為謁居摩足。趙國以冶鑄為業，王數訟鐵官事，湯常排趙王。趙王求湯陰事。謁居嘗案趙王，趙王怨之，并上書告：湯，大臣也，史謁居有病，湯至為摩足，疑與為大姦。事下廷尉。謁居病死，事連其弟，弟繫導官。（如淳曰太官之別主酒也）湯亦治他囚導官，見謁居弟，欲陰為之，而詳不省

爲謁居弟弟知死湯使人上書告湯與謁居謀共變告李文事下減宣宣嘗與湯有卻及得此事窮竟其事未奏也會人有盜發孝文園瘞錢如淳曰瘞埋錢於園陵以送死丞相青翟朝與湯約俱謝至前湯念獨丞相以四時行園當謝湯無與也不謝丞相謝上使御史案其事湯欲致其文丞相見知張晏曰見知故縱以其罪罪之丞相患之三長史皆害湯欲陷之始長史朱買臣會稽人也正義曰朱買臣吳人也此時蘇州爲會稽郡也讀春秋莊助使人言買臣買臣以楚辭與助俱幸侍中爲太中大夫用事而湯乃爲小吏跪伏使買臣等前已而湯爲廷尉治淮南獄排擠莊助買臣固心望及湯爲御史大夫買臣以會稽守爲主爵都尉列於九卿數年坐法廢守長史見湯湯坐床上丞史遇買臣弗爲禮買臣楚士正義曰周末越王勾踐滅吳楚威王滅越吳之地總屬楚故謂朱買臣爲楚士深怨常欲死之王朝齊人也以術至右內史邊通學長短漢書音義曰長短術興於六國時長入短其語隱謬用相激怒剛暴彊人也官再至濟南相故皆居湯右已而失官守長史詘體於湯湯數行丞相事知此三長史素貴常凌折之以故三長史合謀曰始湯約與君謝已而賣君今欲劾君以宗廟事此欲代君耳吾知湯陰事使吏捕案湯左田信等漢書音義曰左證左也。正義曰言湯與田信爲左道之交故言左田信等曰湯且欲奏請信輒先知之

居物致富與湯分之及他姦事事辭頗聞上問湯曰吾所爲賈人輒先知之益居其物是類有以吾謀告之者湯不謝湯又詳驚曰固宜有減宣亦奏謁居等事天子果以湯懷詐面欺使使八輩簿責湯蘇林曰簿音主簿之簿簿責也湯具自道無此不服於是上使趙禹責湯禹至讓湯曰君何不知分也君所治夷滅者幾何人矣今人言君皆有狀天子重致君獄欲令君自爲計何多以對簿爲湯乃爲書謝曰湯無尺寸功起刀筆吏陛下幸致爲三公無以塞責然謀陷湯罪者三長史也遂自殺湯死家產直不過五百金皆所得奉賜無他業昆弟諸子欲厚葬湯湯母曰湯爲天子大臣被汙惡言而死何厚葬乎載以牛車有棺無槨天子聞之曰非此母不能生此子乃盡案誅三長史丞相青翟自殺出田信上惜湯稍遷其子安世趙禹中廢已而爲廷尉始條侯以爲禹賊深弗任及禹爲少府比九卿禹酷急至晚節事益多吏務爲嚴峻而禹治加緩而名爲平王溫舒等後起治酷於禹禹以老徙爲燕相數歲亂悖有罪免歸後湯十餘年以壽卒于家

義縱者河東人也爲少年時嘗與張次公俱攻剽爲羣盜徐廣曰剽音扶召反。索隱曰說文剽砭刺也一云剽劫人音敷妙反縱有姊姁索隱曰李

史部　第二冊

音許 孟康音詡 以醫幸王太后王太后問有子兄弟為官者
乎姊曰有弟無行不可太后乃告上拜義姁弟縱為中
郎 漢書音義曰姁縱姊名也 補上黨郡中令 索隱曰案謂補上黨郡中之令史失其縣名
治敢行少蘊藉 漢書音義曰敢行敢政而少蘊藉也 索隱曰蘊音於粉反藉音才夜反張晏云為人無所避敢少所假借也 縣無逋事舉為第一遷為長陵及長安
令直法行治不避貴戚以捕案太后外孫脩成君子仲
索隱曰案王太后之女號脩成君其子名仲 上以為能遷為河內都尉至則
族滅其豪穰氏之屬河內道不拾遺而張次公亦為郎
以勇悍從軍敢深入有功為岸頭侯 徐廣曰受封五年坐與淮南王女奸及受財物國除
寧成家居上欲以為郡守御史大夫弘曰臣居
山東為小吏時寧成為濟南都尉其治如狼牧羊成不
可使治民上乃拜成為關都尉歲餘關東吏隸郡國出
入關者 漢書音義曰隸閱也 號曰寧見乳虎無值寧成之怒義縱
自河內遷為南陽太守聞寧成家居南陽及縱至關寧
成側行送迎然縱氣盛弗為禮至郡遂案寧氏盡破碎
其家成坐有罪及孔暴之屬皆奔亡 徐廣曰孔暴南陽大姓 南陽
吏民重足一迹而平氏朱彊杜衍杜周為縱爪牙之吏任
用遷為廷史軍數出定襄定襄吏民亂敗於是徙縱為
定襄太守縱至掩定襄獄中重罪輕繫二百餘人及賓
客昆弟私入相視亦二百餘人縱一捕鞠曰為死罪解

十一

脫 漢書音義曰一切皆捕之也律諸囚徒私解脫桎梏鉗赭加罪一等為人解脫與同罪縱鞫相賂餉者二百人為解脫死罪盡殺也 是日皆報殺四百餘人其後郡中不寒而
慄猾民佐吏為治 索隱曰案謂豪猾之人于時亦佐吏為理也 是時趙禹
張湯以深刻為九卿矣然其治尚寬輔法而行而縱以
鷹擊毛摯為治 索隱曰猶如鷹隼之擊必張其羽毛也 後會五銖錢白金起民
為姦京師尤甚乃以縱為右內史王溫舒為中尉溫舒
至惡其所為不先言縱縱必以氣凌之敗壞其功其治
所誅殺甚多然取為小治姦益不勝直指始出矣吏之
治以斬殺縛束為務閻奉以惡用矣縱廉其治放郅都
上幸鼎湖病久已而卒起幸甘泉 索隱曰卒音七忽反 道多不治
上怒曰縱以我為不復行此道乎嗛之 徐廣曰嗛音銜 至冬楊
可方受告緡 韋昭曰人有告言不出緡錢者可方受之 索隱曰緡錢貫也楊氏有告緡令楊可主之謂緡錢通者令得告之也 縱以為此亂民部吏捕其為可
使者 索隱曰謂求楊可之使 天子聞使杜式治以為廢格沮事 漢書音義曰武帝使楊可主告緡沒入其財物縱捕為可使者此為廢格詔書沮已成之事 索隱曰格音閣 棄
縱市後一歲張湯亦死
王溫舒者陽陵人也 徐廣曰屬馮翊 少時椎埋為姦 徐廣曰椎殺人而埋之或謂發冢 已而試補縣亭長數廢為吏以治獄至廷史事
張湯遷為御史督盜賊殺傷甚多稍遷至廣平都尉擇
郡中豪敢任吏十餘人以為爪牙皆把其陰重罪而縱

十二

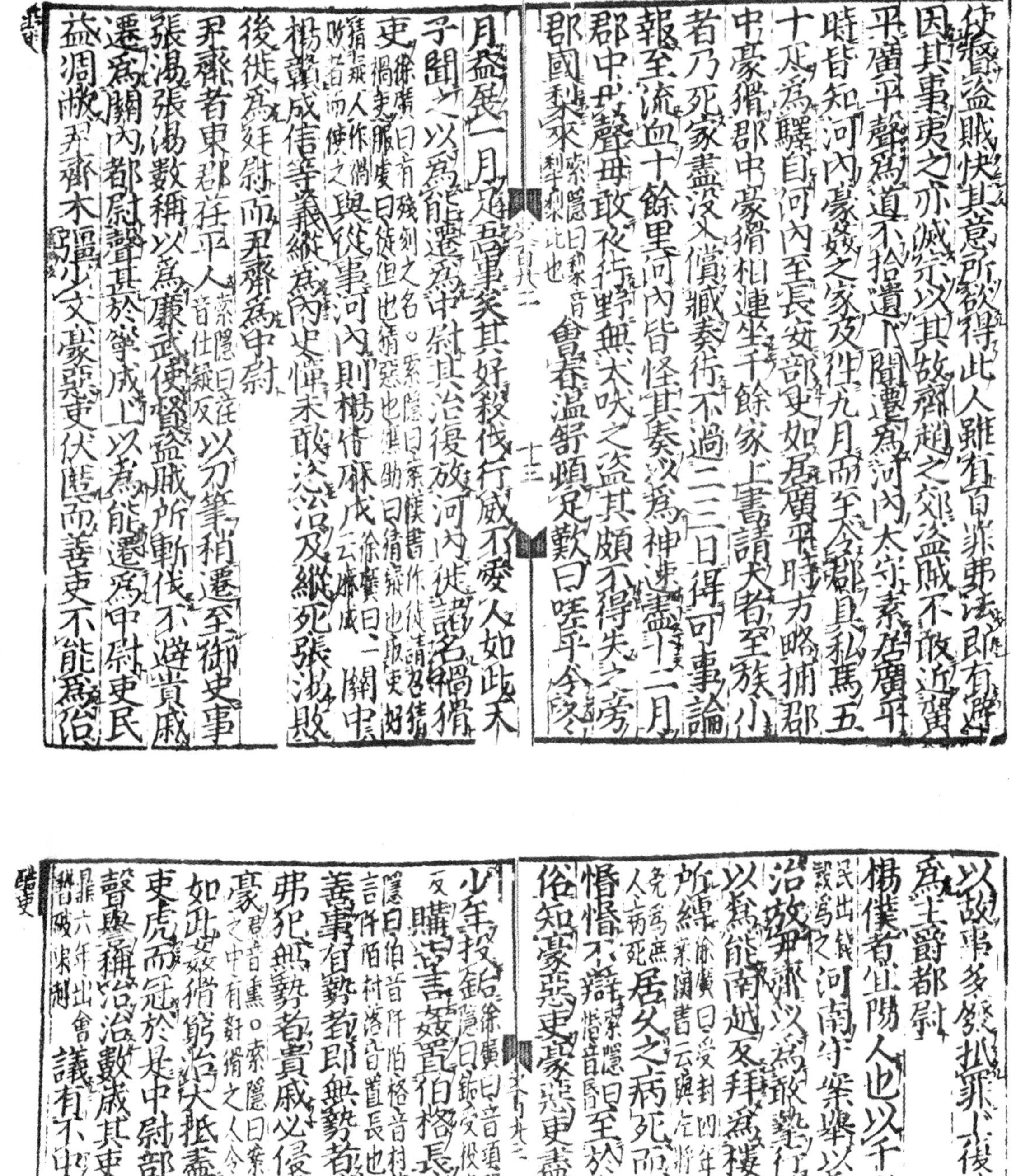

使督盜賊，快其意所欲得。此人雖有百罪，弗法；即有避，因其事夷之，亦滅宗。以其故齊趙之郊盜賊不敢近廣平，廣平聲為道不拾遺。上聞，遷為河內太守。素居廣平時，皆知河內豪姦之家，及往，九月而至。令郡具私馬五十匹，為驛自河內至長安，部吏如居廣平時方略，捕郡中豪猾，郡中豪猾相連坐千餘家。上書請，大者至族，小者乃死，家盡沒入償臧。奏行不過二三日，得可，事論報，至流血十餘里。河內皆怪其奏，以為神速。盡十二月，郡中毋聲，毋敢夜行，野無犬吠之盜。其頗不得，失之旁郡國，黎來，（索隱曰黎音犂，猶比也。）會春，溫舒頓足歎曰：「嗟乎，令冬月益展一月，足吾事矣！」其好殺伐行威不愛人如此。天子聞之，以為能，遷為中尉。其治復放河內，徙諸名禍猾吏（徐廣曰音貢，殘剝之名。索隱曰案漢書作從請召猜禍吏，猜疑也。蘇林曰猜疑也，取吏好猜疑作禍害者而使之。）與從事，河內則楊皆、麻戊，（徐廣曰一云麻成。）關中楊贛、成信等。義縱為內史，憚未敢恣治。及縱死，張湯敗後，徙為廷尉，而尹齊為中尉。

十三

尹齊者，東郡茌平人。（索隱曰茌音仕疑反。）以刀筆稍遷至御史。事張湯，張湯數稱以為廉武，使督盜賊，所斬伐不避貴戚。遷為關內都尉，聲甚於寧成。上以為能，遷為中尉，吏民益凋敝。尹齊木彊少文，豪惡吏伏匿而善吏不能為治，以故事多廢，抵罪。上復徙溫舒為中尉，而楊僕以嚴酷為主爵都尉。

楊僕者，宜陽人也。以千夫為吏。（漢書音義曰千夫若五大夫，武帝軍用不足，令民出錢，賜爵為之。）河南守案舉以為能，遷為御史，使督盜賊關東。治放尹齊，以為敢摯行。稍遷至主爵都尉，列九卿。天子以為能。南越反，拜為樓船將軍，有功，封將梁侯。為荀彘所縛。（徐廣曰受封四年，坐與左將軍俱擊朝鮮，為彘所縛，免為庶人。）居久之，病死。

而溫舒復為中尉。為人少文，居廷惛惛不辯，（索隱曰惛音昏。）至於中尉則心開。督盜賊，素習關中俗，知豪惡吏，豪惡吏盡復為用，為方略。吏苛察，盜賊惡少年投缿購告言姦，（徐廣曰缿音項，器名也，如今之投書函中。索隱曰缿，受投書之器，入不可出。）置伯格長（徐廣曰一作落，古村落字亦作格。索隱曰伯音阡陌，格音村落，言阡陌村落皆置長也。）以牧司姦盜賊。溫舒為人讇，善事有勢者；即無勢者，視之如奴。有勢家，雖有姦如山，弗犯；無勢者，貴戚必侵辱。舞文巧詆下戶之猾，以焄大豪。（焄音熏。索隱曰案焄猶熏炙之，謂下戶之中有姦猾之人，令案之以熏逐大豪也。）其治中尉如此。姦猾窮治，大抵盡靡爛獄中，行論無出者。其爪牙吏虎而冠。於是中尉部中中猾以下皆伏，有勢者為游聲譽，稱治。治數歲，其吏多以權富。溫舒擊東越還，議有不中意者，坐小法抵罪，是時天子

十四

方欲作通天臺（正義曰漢書元封二年起甘泉通天臺高五十丈）而未有人溫舒請覆中尉脫卒得數萬人作上說拜爲少府徙爲右內史治如其故姦邪少禁坐法失官復爲右輔行中尉事如故操歲餘會宛軍發（漢書音義曰發兵伐大宛）詔徵豪吏溫舒匿其吏華成及人有變告溫舒受員騎錢他姦利事罪至族自殺其時兩弟及兩婚家亦各自坐他罪而族光祿徐自爲曰悲夫夫古有三族而王溫舒罪至同時而五族乎溫舒死家直累千金後數歲尹齊亦以淮陽都尉病死家直不滿五十金所誅滅淮陽甚多及死仇家欲燒其尸尸亡去歸葬（徐廣曰尹齊死未及斂恐仇家欲燒之屍亦飛去）

自溫舒等以惡爲治而郡守都尉諸侯二千石欲爲治者其治大抵盡放溫舒而吏民益輕犯法盜賊滋起南陽有梅免白政楚有殷中（徐廣曰殷亦作段人亦有姓殷者也）杜少齊有徐勃燕趙之間有堅盧范生之屬大群至數千人擅自號攻城邑取庫兵釋死罪縛辱郡太守都尉殺二千石爲檄告縣趣具食小群盜以百數掠鹵鄉里者不可勝數也於是天子始使御史中丞丞相長史督之猶弗能禁也乃使光祿大夫范昆諸輔都尉及故九卿張德等衣繡衣持節虎符發兵以興擊斬首大部或至萬餘級及以法誅通飲食坐連諸郡甚者數千人數歲乃頗得其渠

率散卒失亡復聚黨阻山川者往往而群居無可奈何於是作沈命法（漢書音義曰沈藏也匿也命云逃也。隱曰敢蔽一云敢匿不發之者沈沒也）曰群盜起不發覺發覺而捕弗滿品者二千石以下至小吏主者皆死其後小吏畏誅雖有盜不敢發恐不能得坐課累府府亦使其不言故盜賊寖多上下相爲匿以文辭避法焉（徐廣曰一云爲匿文言盜賊也）

減宣者楊人也以佐史無害給事河東守府衛將軍青使買馬河東見宣無害言上徵爲大廄丞（正義曰百官表云大僕屬官有大廄令五丞一尉也）官事辦稍遷至御史及中丞使治主父偃及治淮南反獄所以微文深詆殺者甚衆稱爲敢決疑數廢數起爲御史及中丞者幾二十歲王溫舒免中尉而宣爲左內史其治米鹽事大小皆關其手自部署縣名曹實物官吏令丞不得擅搖痛以重法繩之居官數年一切郡中爲小治辦然獨宣以小致大能因力行之難以爲經中廢爲右扶風坐怨成信（漢書曰成信言宣吏）信亡藏上林中宣使郿令（正義曰今岐州郿縣屬扶風）格殺信吏卒格信時射中上林苑門宣下吏詆罪以爲大逆當族自殺而杜周任用

杜周者（正義曰杜氏譜云字長孺）南陽杜衍人（索隱曰地名）義縱爲南陽守以爲爪牙舉爲廷尉史事張湯湯數言其無害至御史使案邊（索隱曰邊卒多亡也或郡縣主守有所失亡也）失亡所論殺甚衆

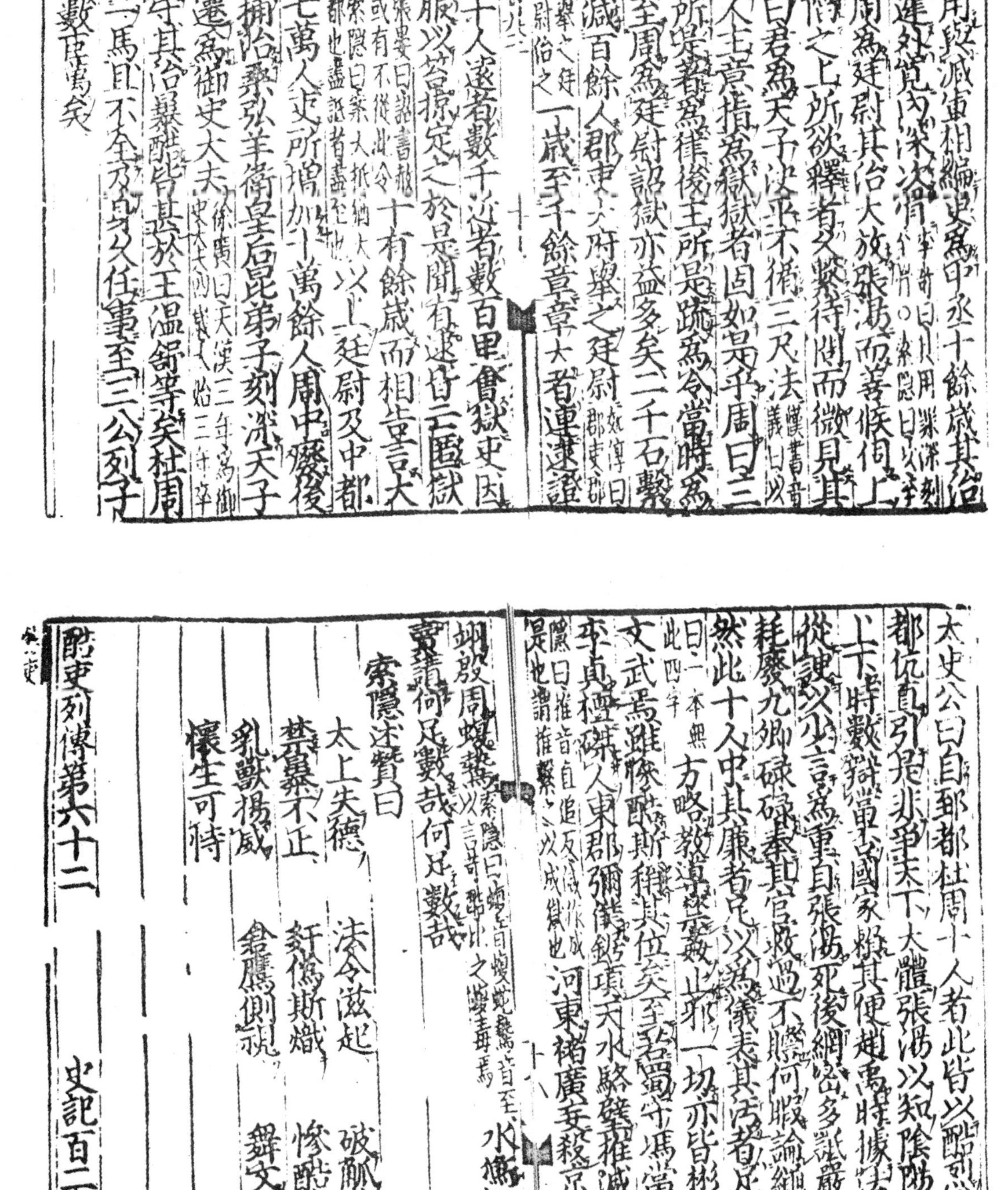

奏事中上意，任用，與減宣相編，更為中丞十餘歲。其治與宣相放，然重遲，外寬，內深次骨。（李奇曰其用法深刻至骨○[illegible]）宣為左內史，周為廷尉，其治大放張湯而善候伺。上所欲擠者，因而陷之；上所欲釋者，久繫待問而微見其冤狀。客有讓周曰：「君為天子決平，不循三尺法，（漢書音義曰以三尺竹簡書法律也）專以人主意指為獄。獄者固如是乎？」周曰：「三尺安出哉？前主所是著為律，後主所是疏為令，當時為是，何古之法乎！」至周為廷尉，詔獄亦益多矣。二千石繫者新故相因，不減百餘人。郡吏大府舉之廷尉，（如淳曰郡吏郡太守也孟康曰舉之廷尉以章劾付廷尉治之）一歲至千餘章。章大者連逮證案數百，小者數十人；遠者數千，近者數百里。會獄，吏因責如章告劾，不服，以笞掠定之。於是聞有逮皆亡匿。獄久者至更數赦十有餘歲而相告言，（[illegible]）大抵盡詆以不道以上。（[illegible]）廷尉及中都官詔獄逮至六七萬人，吏所增加十萬餘人。周中廢，後為執金吾，逐盜，捕治桑弘羊、衛皇后昆弟子刻深，天子以為盡力無私，遷為御史大夫。（徐廣曰天漢三年為御史大夫四年卒）家兩子，夾河為守。其治暴酷皆甚於王溫舒等矣。杜周初徵為廷史，有一馬，且不全；及身久任事，至三公列，子孫尊官，家訾累數巨萬矣。

太史公曰：自郅都、杜周十人者，此皆以酷烈為聲。然郅都伉直，引是非，爭天下大體。張湯以知陰陽，人主與俱上下，時數辯當否，國家賴其便。趙禹時據法守正。杜周從諛，以少言為重。自張湯死後，網密，多詆嚴，官事寖以秏廢。九卿碌碌奉其官，救過不贍，何暇論繩墨之外乎！然此十人中，其廉者足以為儀表，其污者足以為戒，方略教導，（[illegible]一本無此四字）禁姦止邪，一切亦皆彬彬質有其文武焉。雖慘酷，斯稱其位矣。至若蜀守馮當暴挫，廣漢李貞擅磔人，東郡彌僕鋸項，天水駱璧推咸，（[illegible]）河東褚廣妄殺，京兆無忌、馮翊殷周蝮鷙，（[illegible]）水衡閻奉樸擊賣請，何足數哉！何足數哉！

索隱述贊曰：

太上失德，法令滋起，破觚為圓，
禁暴不止，姦偽斯熾，慘酷爰始，
乳獸揚威，倉鷹側視，舞文巧詆，
懷生可恃。

酷吏列傳第六十二　史記百二十二

大宛列傳第六十三　　史記一百二十三

索隱曰案此傳合在西南夷下不宜在酷吏游俠之間斯蓋並司馬公之殘闕褚先生補之失也卑不深尤焉

大宛之跡正義曰漢書云大宛國去長安萬二千五百五十里東至都護治西南至大月氏南亦至大月氏北至康居括地志云率都沙那國亦名蘇對沙那國本漢大宛國。索隱曰宛音苑又於袁反見自張騫張騫漢中人索隱曰陳壽益部耆舊傳云騫漢中成固人建元中為郎。是時天子問匈奴降者皆言匈奴破月氏王正義曰氏音支按在涼甘肅瓜沙等州本月氏國之地漢書云本居敦煌祁連間是也以其頭為飲器韋昭曰飲器椑榼也單于以月氏王頭為飲器晉灼曰飲器虎子之屬也或曰飲酒器也。正義曰漢書匈奴傳云元帝遣車騎都尉韓昌光祿大夫張猛與匈奴盟以老上單于所破月氏王頭為飲器者共飲血盟月氏遁逃而常怨仇匈奴無與共擊之漢方欲事滅胡聞此言因欲通使道必更匈奴中索隱曰更經也音羹乃募能使者騫以郎應募使月氏與堂邑氏故胡奴甘父漢書音義曰堂邑氏姓胡奴甘父字。索隱曰案謂堂邑縣人家胡奴名甘父也下云堂邑父者蓋後史家從省唯稱堂邑父而略甘字或甘其姓號也俱出隴西經匈奴索隱曰謂道經匈奴匈奴得之傳詣單于單于留之曰月氏在吾北漢何以得往使吾欲使越漢肯聽我乎留騫十餘歲與妻有子然騫持漢節不失居匈奴中益寬騫因與其屬亡鄉月氏西走數十日至大宛大宛聞漢之饒財欲通不得見騫喜問曰若欲何之騫曰為漢使月氏而為匈奴所閉道今亡唯王使人導

送我誠得至反漢漢之賂遺王財物不可勝言大宛以為然遣騫索隱曰謂大宛發遣騫西也為發導繹抵康居索隱曰發導謂發驛令人導引而至康居也導音道抵至也居音渠。正義曰抵至也居其居反括地志云康居國在京西一萬六百里其西北可二千里有奄蔡國也康居傳致大月氏正義曰月氏在大宛西南於媯水北為王庭漢書云去長安萬一千六百里大月氏王已為胡所殺立其太子為王徐廣曰一云夫人為王夷狄亦或女主。索隱曰案漢書張騫傳云立其夫人為王也既臣大夏而居索隱曰居作君謂月氏以大夏為臣為之作君也。正義曰既盡也氏已為王也夏國在媯水南地肥饒少寇志安樂又自以遠漢殊無報胡之心騫從月氏至大夏竟不能得月氏要領漢書音義曰要領要契。索隱曰小顏以為要衣要領衣領凡持衣者必執要與領言騫不能得月氏意趣無以持歸於漢劉氏云不得其要害然頗是其意趣留歲餘還並南山正義曰並白浪反南山即連終南山從京南東至華山過河東北連延至海即中條山也從南連接至葱嶺萬餘里故云並南山也西域傳云其南山東出金城與漢南山屬焉欲從羌中歸正義曰說文云羌西方牧羊人也南方蠻閩從虫北方狄從犬東方貉從豸西方羌從羊復為匈奴所得留歲餘單于死徐廣曰元朔三年左谷蠡王攻其太子自立國內亂騫與胡妻及堂邑父俱亡歸漢漢拜騫為太中大夫堂邑父為奉使君索隱曰堂邑父之官號也騫為人彊力寬大信人蠻夷愛之堂邑父故胡人善射窮急射禽獸給食初騫行時百餘人去十三歲唯二人得還騫身所至者大宛大月氏大夏康居而傳聞其旁大國五六具為天子言之曰大宛在匈奴

西南在漢正西去漢可萬里其俗土著耕田田稻麥有蒲陶酒多善馬索隱曰外國傳云外國稱天下有三衆中國人衆大秦寶衆月氏馬衆馬汗血其先天馬子也漢書音義曰大宛國有高山其上有馬不可得因取五色母馬置其下與交生駒汗血因號曰天馬子有城郭屋室其屬邑大小七十餘城衆可數十萬其兵弓矛騎射其北則康居西則大月氏西南則大夏東北則烏孫東則扜罙于寘徐廣曰闐曰拘彌國法扜寘三百里○索隱曰扜罙國名也音汙彌寘音田又音殿漢紀謂之拘彌拘音俱彌即罙也則拘彌與扜罙同是一名也于寘之西則水皆西流注西海其東水東流注鹽澤索隱曰鹽水也大康地記云河北得水爲河塞外得水爲海也○正義曰漢書云鹽澤去玉門陽關三百餘里廣袤三四百里其水皆潛行地下南出於積石山爲中國河也括地志云蒲昌海一名泑澤一名鹽澤一名輔日海亦名穿蘭亦名臨海在沙州西南玉門關在沙州壽昌縣西六里鹽澤潛行地下其南則河源出焉索隱曰案漢書西域傳云河有兩源一出葱嶺山一出于寘山海經云河出崑崙東北隅郭璞云河出崑崙潛行地下至葱嶺山于寘國復分流岐出合而東注泑澤已而復行積石爲中國河泑澤即鹽澤也一名蒲昌海西域傳云于寘在南山下與鄯善同索隱曰按地理志云正義曰二國名也其河北流與葱嶺河合東注蒲昌海蒲昌海一名泑澤也多玉石河注中國而樓蘭姑師正義曰二國名姑師即車師也邑有城郭臨鹽澤鹽澤去長安可五千里匈奴右方居鹽澤以東至隴西長城南接羌鬲漢道焉烏孫在大宛東北可二千里行國徐廣曰不土著隨畜與匈奴同俗控弦者數萬敢戰故服匈奴及盛取其羈屬不肯往朝會焉

康居在大宛西北可二千里行國與月氏大同俗控弦者八九萬人與大宛鄰國國小南羈事月氏東羈事匈奴奄蔡正義曰漢書解詁云奄蔡即闔蘇也魏略云西與大秦通東南與康居接其國多貂畜牧水草故時羈屬康居也在康居西北可二千里行國與康居大同俗控弦者十餘萬臨大澤無崖蓋乃北海云大月氏正義曰萬震南州志云在天竺北可七千里地高燥而遠國王稱天子國中騎乘常數十萬匹城郭宮殿與大秦國同人民赤白色便習弓馬土地所出及奇瑋珍物被服鮮好天竺不及也康泰外國傳云外國稱天下有三衆中國爲人衆秦爲寶衆月氏爲馬衆也在大宛西可二三千里居嬀水北其南則大夏西則安息北則康居行國也隨畜移徙與匈奴同俗控弦者可一二十萬故時彊輕匈奴及冒頓立攻破月氏至匈奴老上單于殺月氏王以其頭爲飲器始月氏居敦煌祁連閒正義曰初月氏居敦煌以東祁連山以西敦煌郡今沙州祁連山在甘州西南及爲匈奴所敗乃遠去過宛西擊大夏而臣之遂都嬀水北爲王庭其餘小衆不能去者保南山羌號小月氏安息正義曰地理志云安息國京西萬一千二百里自西關西行三千四百里至阿蠻國西行三千六百里至斯賓國南行度河又西南行至于羅國九百六十里安息西界極矣自此南乘海乃通大秦國漢書云北康居東烏弋山離西條枝國臨嬀水土著以銀爲錢錢如其王面王死輒更錢效王面焉在大月氏西可數千里其俗土著耕田田稻麥蒲陶酒城邑如大宛

其屬小大數百城，地方數千里，最為大國。臨媯水，有市，民商賈用車及船，行旁國或數千里。以銀為錢，錢如其王面，索隱曰：漢書云「文獨為王面，幕為夫人面」。幕音漫，無文也。張晏云：錢之文面作人乘馬，錢之幕作人面形。韋昭云：幕，錢背也。包愷音慢。王死輒更錢，效王面焉。畫革旁行以為書記。漢書音義曰：橫行為書記。○索隱曰：畫音獲。小顏云：革，皮之不柔者。韋昭云：外夷書皆旁行，今南方林邑之徒書皆旁行，不直下也。其西則條枝，北有奄蔡、黎軒。正義：上力奚反，下巨言反，又巨連反。後漢書云：大秦一名犁鞬，在西海之西，東西南北各數千里，有城四百餘所。土地多金銀奇寶，有夜光璧、明月珠、駭雞犀、火浣布、珊瑚、琥珀、琉璃、琅玕、朱丹、青碧珍怪之物，率出大秦。康氏外國傳云：其國城郭皆青水精為礎，及五色水精為壁。人民多巧，能化銀為金。國土市買皆金銀錢，萬震南州志云：大家屋舍以珊瑚為柱，琉璃為牆壁，水精為礎舄。海中斯調洲上有木，冬月往剝取其皮，績以為布，極細，手巾齊數四，與麻焦布無異，色小青黑，若垢污欲浣之，則入火中，便更精絜，世謂之火浣布。秦云定重參問門樹皮也。括地志云：火山國在扶南東大湖海中，其國中山皆火，然火中有白鼠皮及樹皮，績為火浣布。括地志云：大秦在安息、條支西大海之西，故俗謂之海西。從安息界乘船直載海西，遇風利時三月到，風遲或一二歲。其公私宮室為重屋，郵驛亭置如中國。從安息繞海北陸到其國，人民相屬，十里一亭，三十里一置。無盜賊。其俗人長大平正，似中國人而胡服。宋膺異物志云：秦之北附庸小邑，有羊羔自然生於土中，候其欲萌，築牆繞之，恐為獸所食。其臍與地連，割絕則死。擊物驚之，乃驚鳴，臍遂絕，則逐水草為羣。又大秦金二枚，皆大如瓜，植之滋息無極，觀之如用則真金也。括地志云：小人國在大秦南，人纔三尺，其耕稼之時，懼鶴所食，大秦衛助之，即焦僥國，其人穴居也。條枝索隱曰：漢書條枝國臨西海。後漢書云：西海環其西、北，通陸道。然漢使自烏弋以還，莫有至條枝者。在安息西數千里，臨西海。暑濕。耕田，田稻。有大鳥，卵如甕。正義曰：漢書云條支出師子、犀牛、孔雀、大雀，其卵如甕。和帝永元十三年，安息王滿屈獻師子、大鳥，世謂之安息雀。廣志云：鳥，鵰身，蹄駝，色蒼，舉頭八九尺，張翅丈餘，食大麥，卵大如甕。人眾甚多，往往有小君長，而安息役屬之，以為外國。國善眩。應劭曰：眩，相詐惑。○正義曰：顏云今吞刀、吐火、殖瓜、種樹、屠人、截馬之術皆是也。安息長老傳聞條枝有弱水、西王母，而未嘗見。魏略云：弱水在大秦西。玄中記云：天下之弱者，有崑崙之弱水焉，鴻毛不能載也。山海經云：玉山，西王母所居。穆天子傳云：天子觴西王母於瑤池之上。括地圖云：崑崙弱水非乘龍不至。有三足神鳥，為王母取食也。○正義曰：此弱水、西王母既是安息長老傳聞而未曾見，後漢書云桓帝時大秦國王安敦遣使自日南徼外來獻，或云其國西有弱水近西王母處，幾於日所入也。然先儒多引大荒西經云弱水云有二源，俱出女國北阿耨達山，南流會於女國東，去國一里，深丈餘，闊六十步，非毛舟不可濟，南流入海。阿耨達山即崑崙山也，與大荒西經合矣。然大秦國在西海中島上，從安息西界過海，好風用三月乃到，弱水又在其國之西。崑崙山弱水流在女國北，出崑崙山南。女國在于寘國南二千七百里。于寘去京凡九千六百七十里。計大秦與大崑崙山相去幾四五萬里，非所論及，而前賢誤矣。此皆據漢括地論之，猶恐未審，然弱水二所說皆有也。

大夏在大宛西南二千餘里媯水南。其俗土著，有城屋，與大宛同俗。無大王長，往往城邑置小長。其兵弱，畏戰。善賈市。及大月氏西徙，攻敗之，皆臣畜大夏。大夏民多，可百餘萬。其都曰藍市城，有市販賈諸物。其東南有身毒國。徐廣曰：身或作乾，又作訖。○索隱曰：身音乾，毒音篤。孟康云即天竺也，所謂浮圖胡也。○正義曰：一名身毒，在月氏東南數千里。俗與月氏同，而卑濕暑熱。其國臨大水，乘象以戰。其民弱於月氏。脩浮圖道，不殺伐，遂以成俗。土有象、犀、玳瑁、金、銀、鐵、錫、鉛。西與大秦通，有大秦珍物。明帝夢金人長大，頂有光明，以問羣臣。或曰：西方有神，名曰佛，其形長丈六尺而黃金色。帝於是遣使天竺問佛道法，遂至中國畫形像焉。萬震南州志云

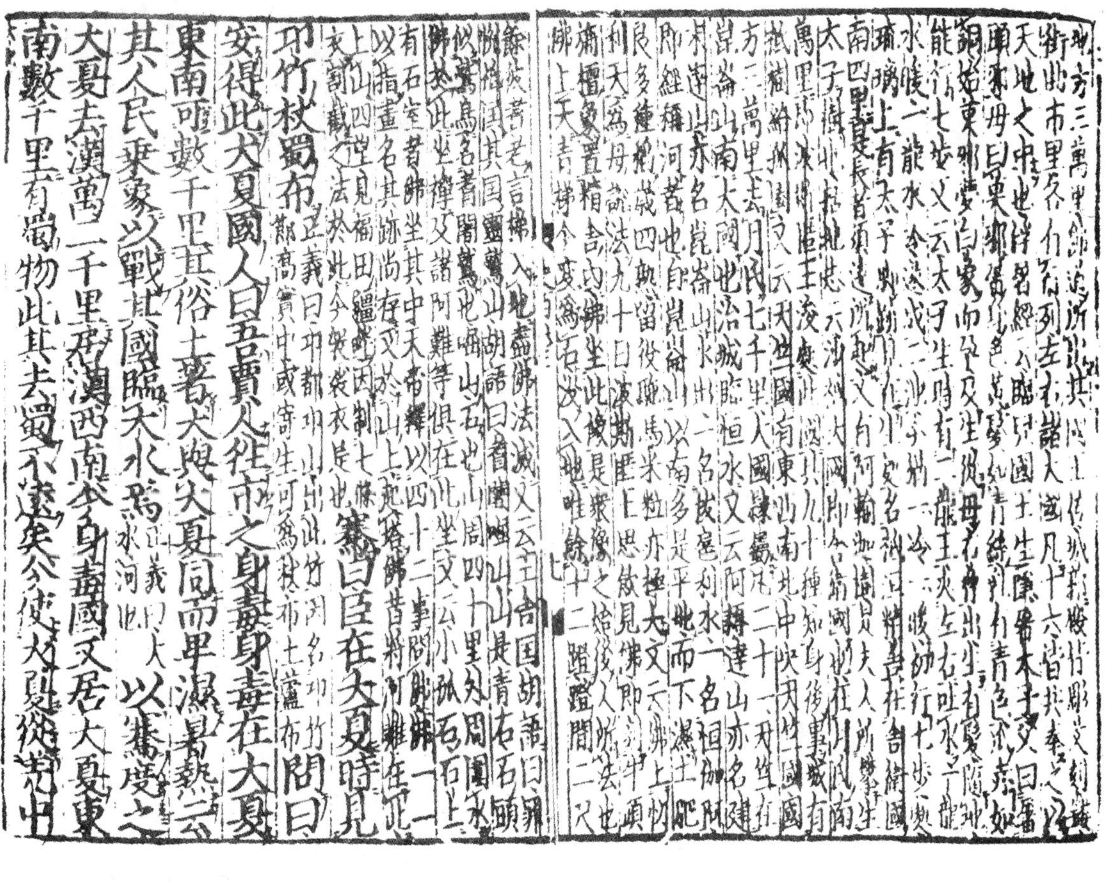

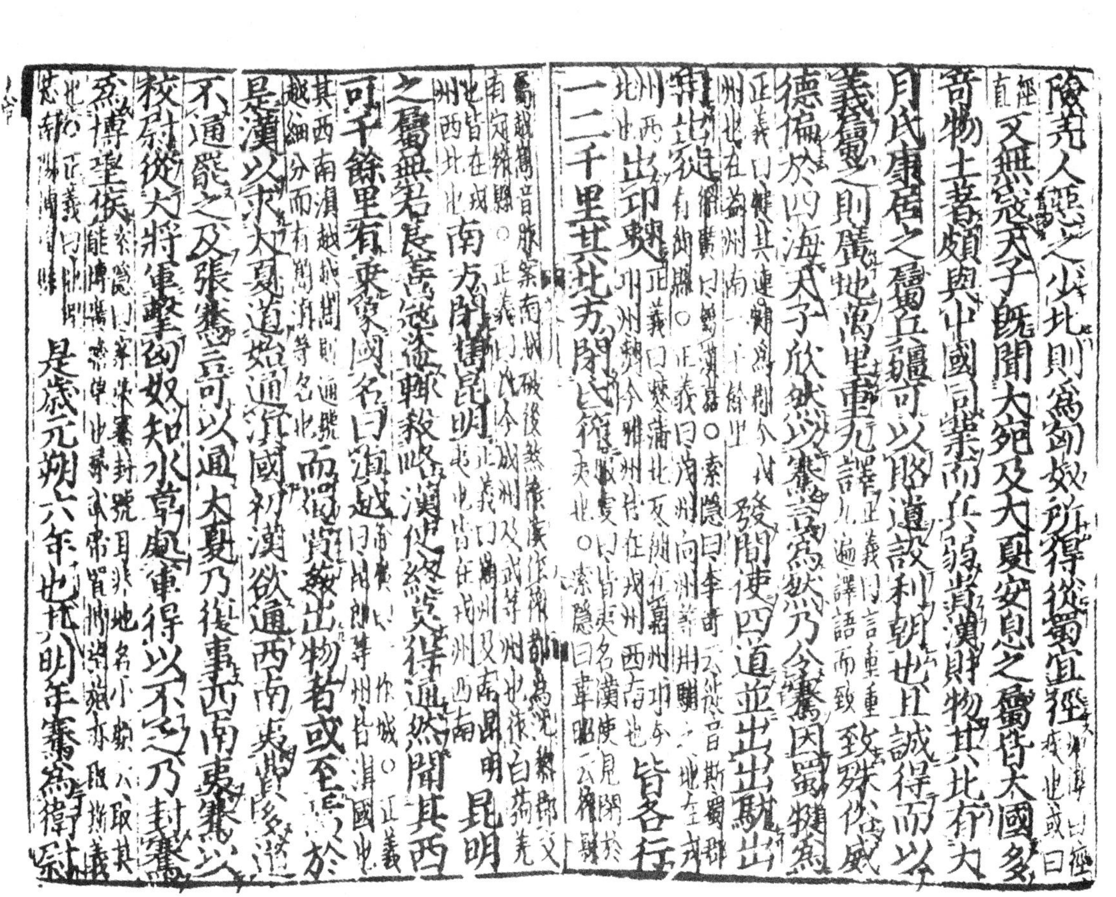

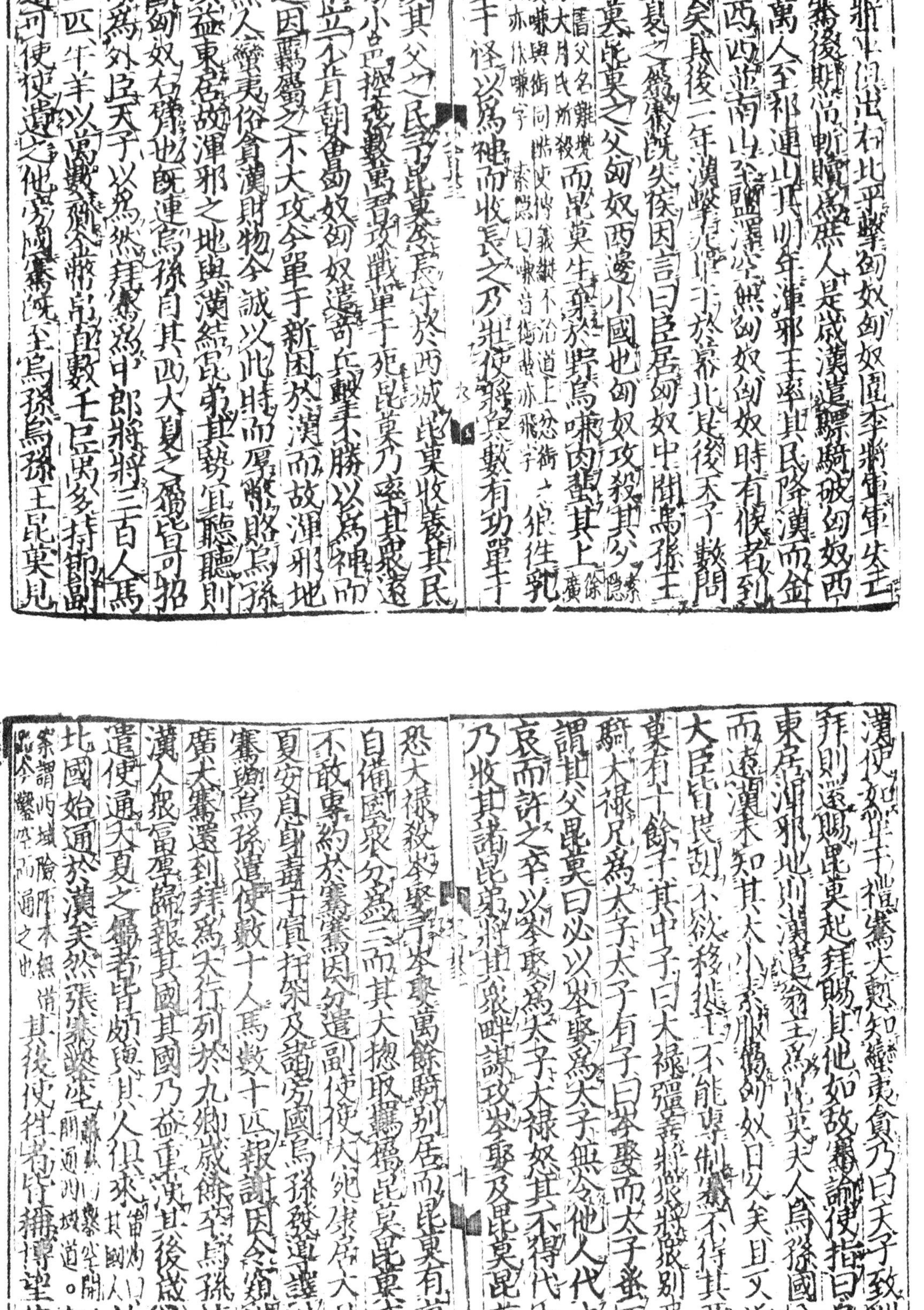

與李將軍俱出右北平擊匈奴。匈奴圍李將軍，軍失亡多；而騫後期當斬，贖為庶人。是歲漢遣驃騎破匈奴西城數萬人，至祁連山。其明年，渾邪王率其民降漢，而金城、河西西並南山至鹽澤空無匈奴。匈奴時有候者到，而希矣。其後二年，漢擊走單于於幕北。是後天子數問騫大夏之屬。騫既失侯，因言曰：「臣居匈奴中，聞烏孫王號昆莫，昆莫之父，匈奴西邊小國也。匈奴攻殺其父，而昆莫生棄於野。烏嗛肉蜚其上，狼往乳之。單于怪以為神，而收長之。及壯，使將兵，數有功，單于復以其父之民予昆莫，令長守於西城。昆莫收養其民，攻旁小邑，控弦數萬，習攻戰。單于死，昆莫乃率其眾遠徙，中立，不肯朝會匈奴。匈奴遣奇兵擊，不勝，以為神而遠之，因羈屬之，不大攻。今單于新困於漢，而故渾邪地空無人。蠻夷俗貪漢財物，今誠以此時而厚幣賂烏孫，招以益東，居故渾邪之地，與漢結昆弟，其勢宜聽，聽則是斷匈奴右臂也。既連烏孫，自其西大夏之屬皆可招來而為外臣。」天子以為然，拜騫為中郎將，將三百人，馬各二匹，牛羊以萬數，齎金幣帛直數千巨萬，多持節副使，道可使，使遺之他旁國。騫既至烏孫，烏孫王昆莫見

漢使如單于禮，騫大慚，知蠻夷貪，乃曰：「天子致賜，王不拜則還賜。」昆莫起拜賜，其他如故。騫諭使指曰：「烏孫能東居渾邪地，則漢遣翁主為昆莫夫人。」烏孫國分，王老，而遠漢，未知其大小，素服屬匈奴日久矣，且又近之，其大臣皆畏胡，不欲移徙，王不能專制。騫不得其要領。昆莫有十餘子，其中子曰大祿，彊，能將眾，將眾別居萬餘騎。大祿兄為太子，太子有子曰岑娶，而太子蚤死。臨死謂其父昆莫曰：「必以岑娶為太子，無令他人代之。」昆莫哀而許之，卒以岑娶為太子。大祿怒其不得代太子也，乃收其諸昆弟，將其眾畔，謀攻岑娶及昆莫。昆莫老，常恐大祿殺岑娶，予岑娶萬餘騎別居，而昆莫有萬餘騎自備，國眾分為三，而其大總取羈屬昆莫，昆莫亦以此不敢專約於騫。騫因分遣副使使大宛、康居、大月氏、大夏、安息、身毒、于窴、扜罙及諸旁國。烏孫發導譯送騫還，騫與烏孫遣使數十人，馬數十匹報謝，因令窺漢，知其廣大。騫還到，拜為大行，列於九卿。歲餘，卒。烏孫使既見漢人眾富厚，歸報其國，其國乃益重漢。其後歲餘，騫所遣使通大夏之屬者皆頗與其人俱來，於是西北國始通於漢矣。然張騫鑿空，其後使往者皆稱博望侯，以為

索隱謂西域險阨，本無道，今鑿空而通之也。

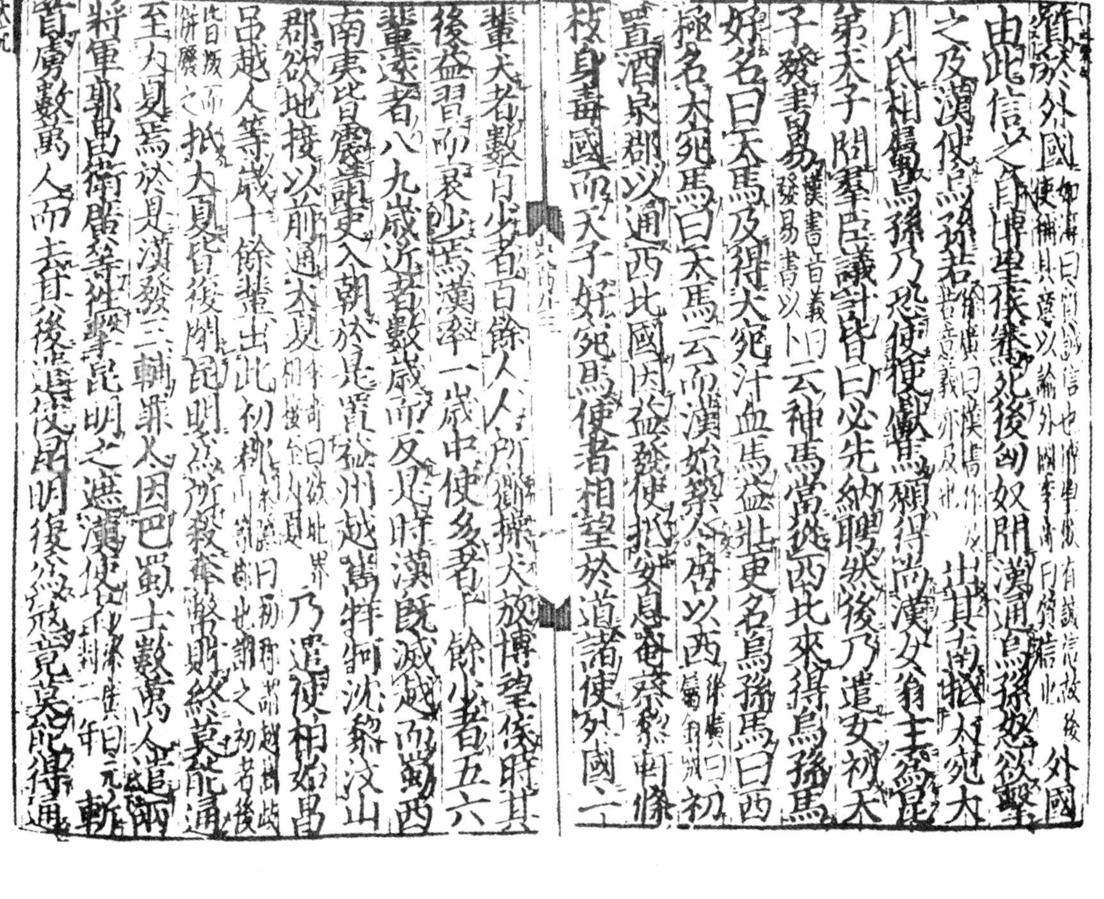

質於外國，外國由此信之。自博望侯騫死後，匈奴聞漢通烏孫，怒，欲擊之。及漢使烏孫，若出其南，抵大宛、大月氏相屬，烏孫乃恐，使使獻馬，願得尚漢女翁主為昆弟。天子問群臣議計，皆曰「必先納聘，然後乃遣女」。初，天子發書易，云「神馬當從西北來」。得烏孫馬好，名曰「天馬」。及得大宛汗血馬，益壯，更名烏孫馬曰「西極」，名大宛馬曰「天馬」云。而漢始築令居以西，初置酒泉郡以通西北國。因益發使抵安息、奄蔡、黎軒、條枝、身毒國。而天子好宛馬，使者相望於道。諸使外國一輩大者數百，少者百餘人，人所齎操大放博望侯時。其後益習而衰少焉。漢率一歲中使多者十餘，少者五六輩，遠者八九歲，近者數歲而反。是時漢既滅越，而蜀、西南夷皆震，請吏入朝。於是置益州、越巂、牂柯、沈黎、汶山郡，欲地接以前通大夏。乃遣使柏始昌、呂越人等歲十餘輩，出此初郡抵大夏，皆復閉昆明，為所殺奪幣財，終莫能通至大夏焉。於是漢發三輔罪人，因巴蜀士數萬人，遣兩將軍郭昌、衛廣等往擊昆明之遮漢使者，斬首虜數萬人而去。其後遣使，昆明復為寇，竟莫能得通。

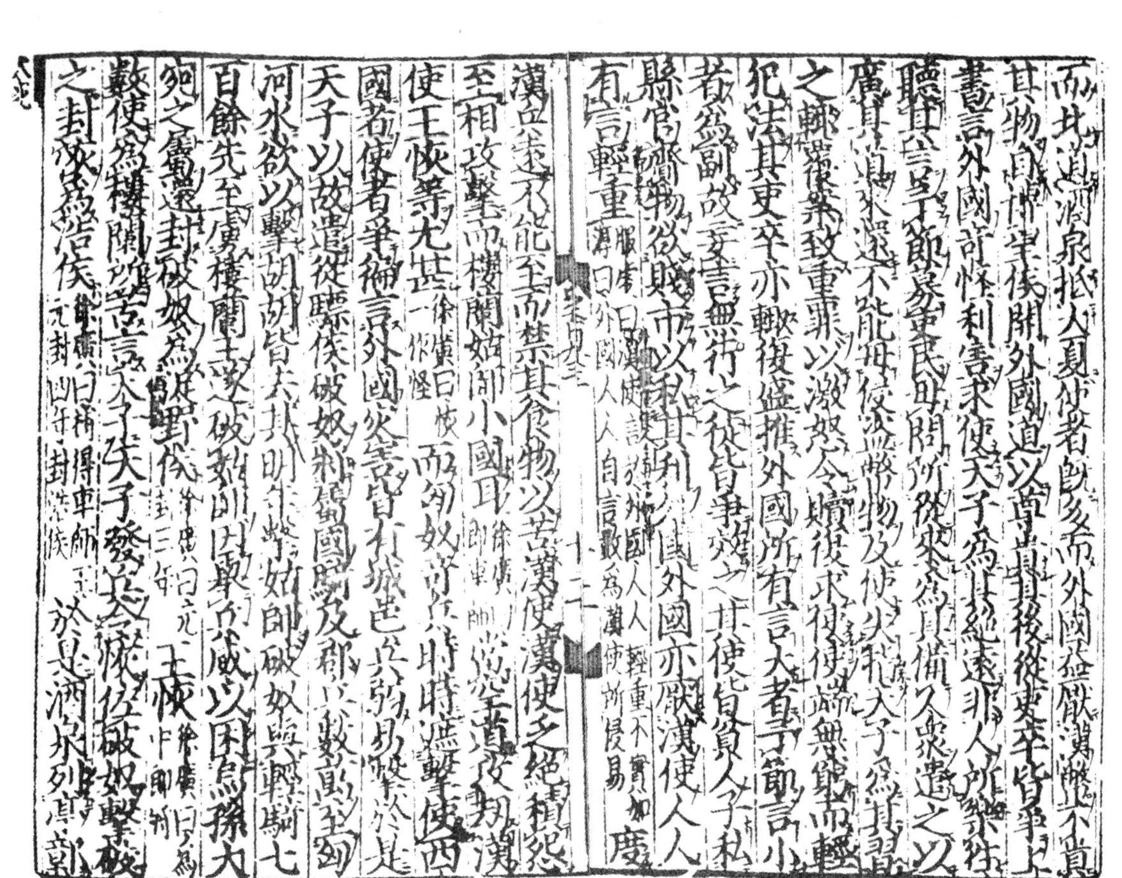

而北道酒泉抵大夏，使者既多，而外國益厭漢幣，不貴其物。自博望侯開外國道以尊貴，其後從吏卒皆爭上書言外國奇怪利害，求使。天子為其絕遠，非人所樂往，聽其言，予節，募吏民毋問所從來，為具備人眾遣之，以廣其道。來還不能毋侵盜幣物，及使失指，天子為其習之，輒覆案致重罪，以激怒令贖，復求使。使端無窮，而輕犯法。其吏卒亦輒復盛推外國所有，言大者予節，言小者為副，故妄言無行之徒皆爭效之。其使皆貧人子，私縣官齎物，欲賤市以私其利外國。外國亦厭漢使人人有言輕重，度漢兵遠不能至，而禁其食物以苦漢使。漢使乏絕積怨，至相攻擊。而樓蘭、姑師小國耳，當空道，攻劫漢使王恢等尤甚。而匈奴奇兵時時遮擊使西國者。使者爭遍言外國災害，皆有城邑，兵弱易擊。於是天子以故遣從驃侯破奴將屬國騎及郡兵數萬，至匈河水，欲以擊胡，胡皆去。其明年，擊姑師，破奴與輕騎七百餘先至，虜樓蘭王，遂破姑師。因舉兵威以困烏孫、大宛之屬。還，封破奴為浞野侯。王恢數使，為樓蘭所苦，言天子，天子發兵令恢佐破奴擊破之，封恢為浩侯。於是酒泉列亭鄣

至玉門矣。韋昭曰玉門關在龍勒界。索隱韋昭云玉門縣名在酒泉。正義曰括地志云沙州龍勒山在縣南百六十五里，玉門關在縣西北百一十八里。烏孫以千匹馬聘漢女，漢遣宗室女江都翁主漢書曰江都王建女往妻烏孫，烏孫王昆莫以為右夫人。匈奴亦遣女妻昆莫，昆莫以為左夫人。昆莫曰我老，乃令其孫岑娶妻翁主。烏孫多馬，其富人至有四五千匹馬。初，漢使至安息，安息王令將二萬騎迎於東界。東界去王都數千里。行比至，過數十城，人民相屬甚多。漢使還，而後發使隨漢使來觀漢廣大，以大鳥卵及黎軒善眩人獻于漢。索隱曰韋昭云變化惑人也。魏略云犂靬多奇幻，口中吹火，自縛自解。小顏亦以為今之吞刀吐火，植瓜種樹，屠人截馬之術皆是也。及宛西小國驩潛、大益，宛東姑師、扜罙、蘇薤之屬，皆隨漢使獻見天子。天子大悅。而漢使窮河源，河源出于窴，其山多玉石，采來，漢書曰漢使采取，持將來至漢。天子案古圖書，名河所出山曰崑崙云。是時上方數巡狩海上，乃悉從外國客，大都多人則過之，散財帛以賞賜，厚具以饒給之，以覽示漢富厚焉。於是大觳抵，出奇戲諸怪物，多聚觀者，行賞賜，酒池肉林，令外國客徧觀各倉庫府藏之積，見漢之廣大，傾駭之。及加其眩者之工，而觳抵奇戲歲增變，甚盛益興，自此始。西北外國使，更來更去。宛以西，皆自以遠，尚驕恣晏然，未可詘以禮羈縻而使也。自烏孫以西至安

息，以近匈奴，匈奴困月氏也，匈奴使持單于一信，則國國傳送食，不敢留苦；及至漢使，非出幣帛不得食，不市畜不得騎用。所以然者，遠漢，而漢多財物，故必市乃得所欲，然以畏匈奴於漢使焉。宛左右以蒲陶為酒，富人藏酒至萬餘石，久者數十歲不敗。俗嗜酒，馬嗜苜蓿。漢使取其實來，於是天子始種苜蓿、蒲陶肥饒地。及天馬多，外國使來衆，則離宮別觀旁盡種蒲陶、苜蓿極望。自大宛以西至安息，國雖頗異言，然大同俗，相知言。其人皆深眼，多鬚髯，善市賈，爭分銖。俗貴女子，女子所言而丈夫乃決正。其地皆無絲漆，不知鑄錢器。徐廣曰多作錢字，又或作鐵字。及漢使亡卒降，教鑄作他兵器。得漢黃白金，輒以為器，不用為幣。而漢使者往既多，其少從率多進熟於天子，漢書音義曰少從不如計也。或云少從行之微者也。進熟美語如成熟者也。言曰：「宛有善馬在貳師城，匿不肯與漢使。」天子既好宛馬，聞之甘心，使壯士車令等持千金及金馬以請宛王貳師城善馬。宛國饒漢物，相與謀曰：「漢去我遠，而鹽水中數敗，服虔曰水名，道從外水中如海，門道絕遠無穀草。正義曰裴矩西域記云在西州高昌縣東，東南去州千三百里，並沙磧之地，水草難行，四面危道路不可准記，行人唯以人畜骸骨及駝馬糞為標驗，以其道路惡，人畜即不約行，曾有人於磧內時聞人喚聲，不見形，亦有歌哭聲，數失人，瞬息之間不知所在，由此數有死亡，蓋魑魅魍魎也。出其北有胡寇，出其南乏水

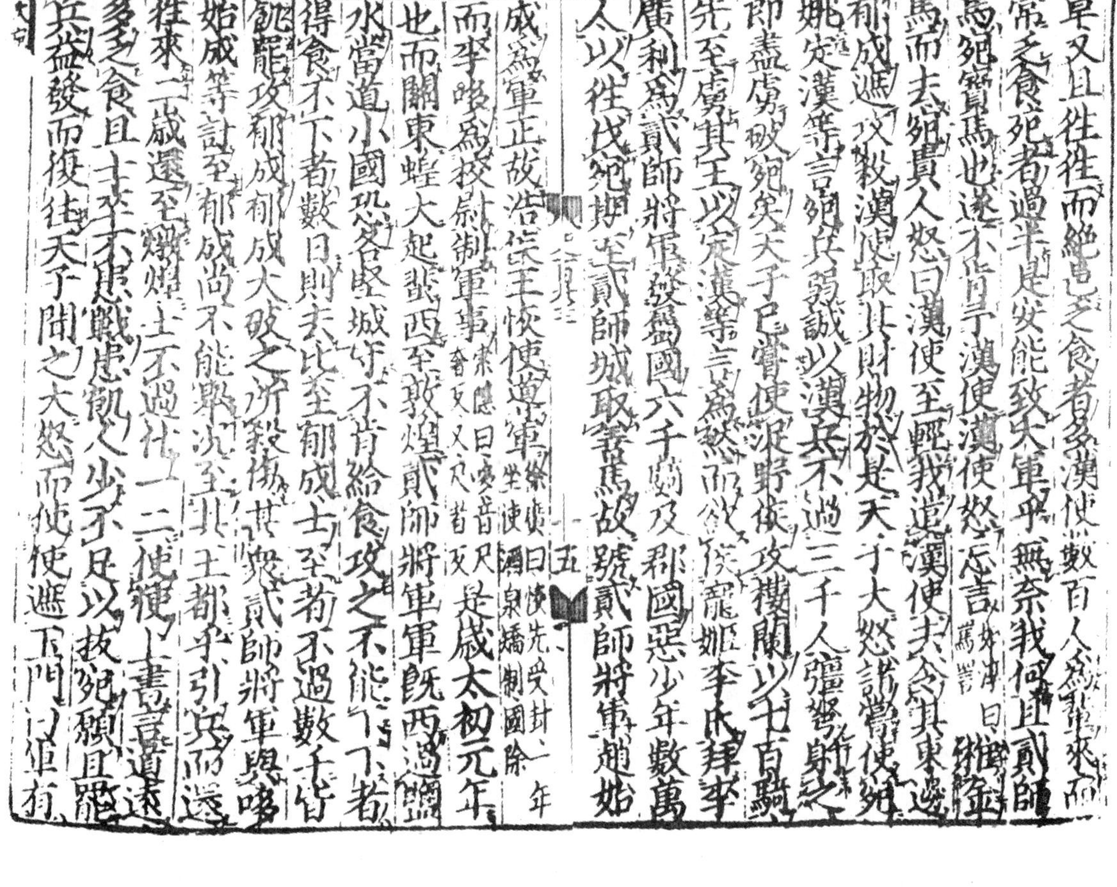

草又且往往而絕邑乏食者多。漢使數百人為輩來（徐廣曰：一作輩），而常乏食，死者過半，是安能致大軍乎？無柰我何。且貳師馬，宛寶馬也。遂不肯予漢使。漢使怒，妄言，椎金馬而去。宛貴人怒曰：漢使至輕我！遣漢使去，令其東邊郁成遮攻殺漢使，取其財物。於是天子大怒。諸嘗使宛姚定漢等言宛兵弱，誠以漢兵不過三千人，彊弩射之，即盡虜破宛矣。天子已嘗使浞野侯攻樓蘭，以七百騎先至，虜其王，以定漢等言為然，而欲侯寵姬李氏，拜李廣利為貳師將軍，發屬國六千騎，及郡國惡少年數萬人，以往伐宛。期至貳師城取善馬，故號貳師將軍。趙始成為軍正，故浩侯王恢使導軍（徐廣曰：捉樓蘭王，封浩侯。一年坐使酒泉矯制，國除），而李哆為校尉（徐廣曰：哆音尺者反，又尺奢反），制軍事。是歲太初元年也。而關東蝗大起，蜚西至敦煌。貳師將軍軍既西過鹽水，當道小國恐，各堅城守，不肯給食。攻之不能下。下者得食，不下者數日則去。比至郁成，士至者不過數千，皆飢罷。攻郁成，郁成大破之，所殺傷甚眾。貳師將軍與哆、始成等計：至郁成尚不能舉，況至其王都乎？引兵而還。往來二歲。還至敦煌，士不過什一二。使使上書言：道遠多乏食；且士卒不患戰，患飢。人少，不足以拔宛。願且罷兵，益發而復往。天子聞之，大怒，而使使遮玉門，曰軍有

十五

敢入者輒斬之！貳師恐，因留敦煌。其夏，漢亡浞野之兵二萬餘於匈奴（徐廣曰：太初二年，趙破奴為浚稽將軍，二萬騎擊匈奴，不還也）。公卿及議者皆願罷擊宛軍，專力攻胡。天子已業誅宛，宛小國而不能下，則大夏之屬輕漢，而宛善馬絕不來，烏孫、侖頭易苦漢使矣（徐廣曰：一作輕），為外國笑。乃案言伐宛尤不便者鄧光等，赦囚徒材官，益發惡少年及邊騎，歲餘而出敦煌者六萬人，負私從者不與。牛十萬，馬三萬餘匹，驢騾橐它以萬數。多齎糧，兵弩甚設，天下騷動，傳相奉伐宛，凡五十餘校尉。宛王城中無井，皆汲城外流水，於是乃遣水工徙其城下水空以空其城（徐廣曰：空，一作穴，蓋以水攻敗其城也。言空者，令城中渴乏）。益發甲卒十八萬，酒泉、張掖北，置居延、休屠以衛酒泉（如淳曰：立二縣以衛邊也。或曰置二部都尉以衛酒泉），而發天下七科適（正義曰：音謫。張晏云：吏有罪一，亡命二，贅壻三，賈人四，故有市籍五，父母有市籍六，大父母有市籍七，凡七科。武帝天漢四年，發天下七科謫出朔方也），及載糒給貳師。轉車人徒相連屬至敦煌。而拜習馬者二人為執驅校尉，備破宛擇取其善馬云。於是貳師後復行，兵多，而所至小國莫不迎，出食給軍。至侖頭，侖頭不下，攻數日，屠之。自此而西，平行至宛城，漢兵到者三萬人。宛兵迎擊漢兵，漢兵射敗之，宛走入葆乘其城。貳師兵欲行攻郁成，恐留行而令宛益生詐，乃先至宛，決其水源，移之，則宛固已憂

十六

圍其城，攻之四十餘日。其外城壞，虜宛貴人勇將煎靡。宛大恐，走入中城。宛貴人相與謀曰：漢所為攻宛，以王毋寡匿善馬而殺漢使。今殺王毋寡而出善馬，漢兵宜解。即不解，乃力戰而死，未晚也。宛貴人皆以為然，共殺其王毋寡，持其頭遣人使貳師，約曰：漢毋攻我，我盡出善馬，恣所取，而給漢軍食。即不聽我，我盡殺善馬，康居之救且至。至，我居內，康居居外，與漢軍戰。漢軍熟計之，何從。是時康居候視漢兵，漢兵尚盛，不敢進。貳師與趙始成、李哆等計：聞宛城中新得秦人，知穿井，而其內食尚多。所為來，誅首惡者毋寡。毋寡頭已至，如此而不許，解兵，則堅守，而康居候漢兵罷而來救宛，破漢軍必矣。軍吏皆以為然，許宛之約。宛乃出其善馬，令漢自擇之，而多出食食給漢軍。漢軍取其善馬數十匹，中馬以下牡牝三千餘匹，而立宛貴人之故待遇漢善者名昧蔡以為宛王（師古曰：昧蔡，大宛將名也。昧音本末之末，蔡先葛反），與盟而罷兵，終不得入中城，乃罷而引歸。

初，貳師起敦煌西，以為人多，道上國不能食，乃分為數軍，從南北道。校尉王申生、故鴻臚壺充國等千餘人，別到郁成。郁成城守，不肯給食其軍。王申生去大軍二百里，偵而輕之，責郁成。郁成食不肯出，窺知申生軍日少，晨用三千人攻，戮殺申生等，軍破，數人脫亡，走貳師。貳師令搜粟都尉上官桀往攻破郁成。郁成王亡走康居，桀追至康居。康居聞漢已破宛，乃出郁成王予桀，桀令四騎士縛守詣大將軍（師古曰：謂二師為大將軍）。四人相謂曰：郁成王漢國所毒，今生將去，卒失大事。欲殺，莫敢先擊。上邽騎士趙弟拔劍擊之，斬郁成王，齎頭。弟、桀等逐及大將軍。初，貳師後行，天子使使告烏孫大發兵并力擊宛。烏孫發二千騎往，持兩端，不肯前。貳師將軍之東，諸所過小國聞宛破，皆使其子弟從軍入獻，見天子，因以為質焉。貳師之伐宛也，而軍正趙始成力戰，功最多；及上官桀敢深入，李哆為謀計。軍入玉門者萬餘人，馬千餘匹。貳師後行，軍非乏食，戰死不能多，而將吏貪，多不愛士卒，侵牟之，以此物故者眾。天子為萬里而伐宛，不錄過，封廣利為海西侯。又封斬郁成王者騎士趙弟為新畤侯；軍正趙始成為光祿大夫，上官桀為少府，李哆為上黨太守。軍官吏為九卿者三人，諸侯相、郡守、二千石百餘人，千石以下千餘人。奮行者官過其望，以適過行者皆黜其勞。士卒賜直四萬錢。伐宛再反，凡四歲而得罷焉。漢已伐宛，立昧蔡為宛王而去歲餘宛貴人以爲昧蔡善諛使我國遇屠乃相與殺昧蔡立毋寡昆弟曰蟬封爲宛王而遣其子入質於漢漢因使使賂賜以鎮撫之而漢發使十餘輩至宛西諸外國求奇物因風覽以伐宛之威德而敦煌置徐廣曰一本無置字酒泉都尉徐廣曰一云置都尉又云敦煌有淵泉縣或者酒字當爲淵字也西至鹽水往往有亭而侖頭有田卒數百人因置使者護田積粟以給使外國者

太史公曰禹本紀言河出崑崙崑崙其高二千五百餘里日月所相避隱爲光明也其上有醴泉瑤池今自張騫使大夏之後也窮河源惡睹本紀所謂崑崙者乎鄧展曰漢以窮河源於何見崑崙乎尚書曰導河積石是爲河源出於積石積石在金城河關不言出於崑崙也○索隱曰惡音烏烏於何也晋言張騫窮河源至于大夏于窴於何見河出崑崙乎謂禹本紀及山海經爲虛妄也然案山海經河出崑崙東北隅西域傳云南出積石山爲中國河積石本非河之發源猶尚書導洛自熊耳然其實出於冢嶺山乃東經熊耳今推此義河亦然矣則河源本崑崙而潛流至于窴又東流至積石始入中國則山海經及禹貢各互舉耳故言九州山川尚書近之矣至禹本紀山海經所有怪物余不敢言之也索隱曰案漢書作所有放哉如淳云放蕩迂闊言不可信也余不敢言者亦謂山海經雖可即信耳而蓋俗以放効失之矣誤以放爲効因解不敢言蓋失之矣

索隱述贊曰

大宛之迹　元因博望
始究河源　旋窺海上
條枝西入　天馬內向
葱嶺無塵　鹽池息浪
曠哉絕域　往往亭障

大宛列傳第六十三　史記一百二十三

游俠列傳第六十四　　史記一百二十四

（荀悅曰立氣齊作威福結私交以立彊於世者謂之游俠）

韓子曰儒以文亂法（正義曰言文之敝小人以僅謂細碎苛法亂政）而俠以武犯禁（正義曰言俠盛犯禁）二者皆譏（正義曰譏非言也儒敝亂法俠盛犯禁二道皆非而學士多稱於世者故太史公引韓子欲陳游俠之美）而學士多稱於世云至如以術取宰相卿大夫輔翼其世主功名俱著於春秋（索隱曰案春秋謂國史也以言人臣有功名則見記於其國之史是俱著春秋者也）固無可言者及若季次原憲閭巷人也（徐廣曰仲尼弟子傳曰公皙哀字季次未嘗仕孔子稱之）讀書懷獨行君子之德（索隱曰行音下孟反）義不苟合當世當世亦笑之故季次原憲終身空室蓬戶（正義曰莊子云原憲居環堵之室蓬戶不完以桑為樞而甕牖上漏下濕獨坐而絃歌也）褐衣疏食不厭（索隱曰厭飽也於豔反）死而已四百餘年而弟子志之不倦今游俠其行雖不軌於正義然其言必信其行必果已諾必誠不愛其軀赴士之阨困既已存亡死生矣而不矜其能羞伐其德蓋亦有足多者焉且緩急人之所時有也太史公曰昔者虞舜窘於井廩伊尹負於鼎俎傅說匿於傅險呂尚困於棘津（徐廣曰在廣川○正義曰尉繚子云太公望行年七十賣食棘津云古亦謂之石濟津故南津也）夷吾桎梏百里飯牛仲尼畏匡菜色陳蔡此皆學士所謂有道仁人也猶然遭此菑況以中材而涉亂世之末流乎其遇害何可勝道哉鄙人有言曰何知仁義已饗其利者為有德（索隱曰已音以饗音享言已受其利則為有德何知必仁義也）故伯夷醜周餓死首陽山而文武不以其故貶王跖蹻暴戾其徒誦義無窮由此觀之竊鉤者誅（索隱曰以言小竊則為盜而受誅也）竊國者侯侯之門仁義存（索隱曰言人臣委贄於侯王門則須存其仁義若游俠擇擬亦何必皆仁義也）非虛言也今拘學或抱咫尺之義久孤於世豈若卑論儕俗與世沈浮而取榮名哉（索隱曰言拘學守義之士或抱咫尺纖微之事遂以孤於當代孤貧我志而不苦卑論儕俗以取榮寵也）而布衣之徒設取予然諾千里誦義為死不顧世此亦有所長非苟而已也故士窮窘而得委命此豈非人之所謂賢豪閒者邪誠使鄉曲之俠予季次原憲比權量力效功於當世不同日而論矣要以功見言信俠客之義又曷可少哉古布衣之俠靡得而聞已近世延陵（徐廣曰代郡亦有延陵縣索隱曰韓子云趙襄子召延陵生令車騎先至晉陽案季子時趙已并代可有延陵之號但未詳是此人非耳）孟嘗春申平原信陵之徒皆因王者親屬藉於有土卿相之富厚招天下賢者顯名諸侯不可謂不賢者矣比如順風而呼聲非加疾其勢激也至如閭巷之俠脩行砥名聲施於天下（索隱曰施音以豉反）莫不稱賢是為難耳然儒墨皆排擯不載自秦以前匹夫之俠湮滅不見余甚恨之以余所聞漢興有朱家田仲王公劇孟郭解之徒雖時扞當世之文罔（索隱曰扞即捍也違扞當代之法網謂犯法禁也）然其私義廉絜退讓有足稱者

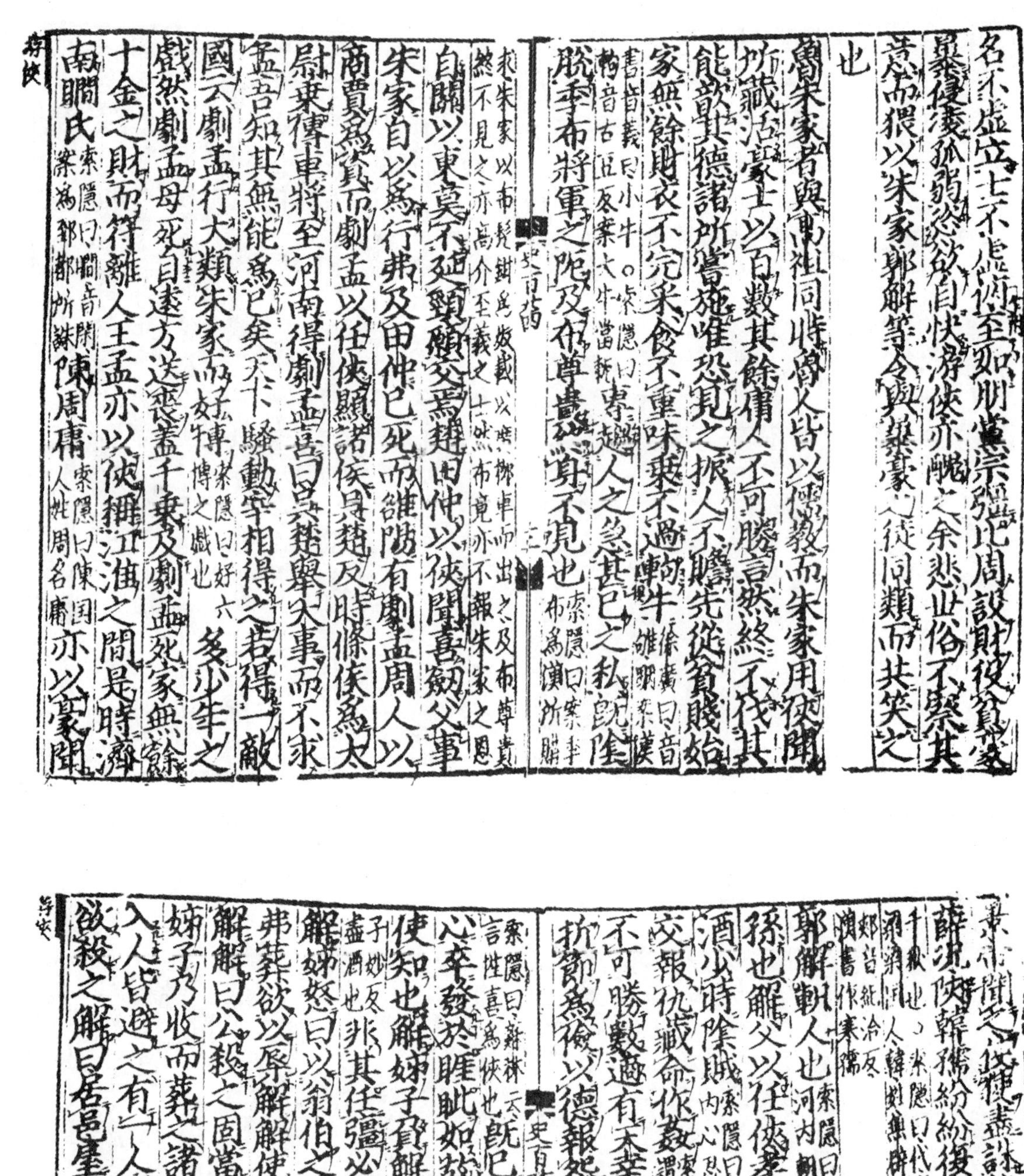

名不虛立，士不虛附。至如朋黨宗彊比周，設財役貧，豪暴侵淩孤弱，恣欲自快，游俠亦醜之。余悲世俗不察其意，而猥以朱家、郭解等令與暴豪之徒同類而共笑之也。

魯朱家者，與高祖同時。魯人皆以儒教，而朱家用俠聞。所藏活豪士以百數，其餘庸人不可勝言。然終不伐其能，歆其德，諸所嘗施，唯恐見之。振人不贍，先從貧賤始。家無餘財，衣不完采，食不重味，乘不過軥牛。徐廣曰音劬。駰案漢書音義曰小牛。○索隱曰軥牛，古豆反。案大牛當軛也。專趨人之急，甚己之私。既陰脫季布將軍之阸，及布尊貴，終身不見也。索隱曰案季布為漢所購，求朱家，以布髡鉗為奴，載以廣柳車而出之；及布尊貴，然不見之，亦高介至義之士。然布竟亦不報朱家之恩。

自關以東，莫不延頸願交焉。楚田仲以俠聞，喜劍，父事朱家，自以為行弗及。田仲已死，而雒陽有劇孟。周人以商賈為資，而劇孟以任俠顯諸侯。吳楚反時，條侯為太尉，乘傳車將至河南，得劇孟，喜曰：「吳楚舉大事而不求孟，吾知其無能為已矣。」天下騷動，宰相得之若得一敵國云。劇孟行大類朱家，而好博，索隱曰好六博之戲也。多少年之戲。然劇孟母死，自遠方送喪蓋千乘。及劇孟死，家無餘十金之財。而符離人王孟亦以俠稱江淮之閒。是時濟南瞷氏、索隱曰瞷音閑。案為郅都所誅。陳周庸索隱曰陳國人姓周名庸。亦以豪聞，

景帝聞之，使使盡誅此屬。其後代諸白、梁韓無辟、陽翟薛兄、陝韓孺紛紛復出焉。徐廣曰陝一當作郟，字穎川有郟縣。南越傳曰郟壯士韓千秋也。○索隱曰代代郡人，有白氏豪俠，非一，故言諸。梁國人韓無辟，名辟，音避。陝當為郟，陝音如冉反。郟音紙洽反。漢書作寒孺。

郭解，軹人也，索隱曰河內軹人也。字翁伯，善相人者許負外孫也。解父以任俠，孝文時誅死。解為人短小精悍，不飲酒。少時陰賊，索隱曰以內心忍害。慨不快意，身所殺甚眾。以軀借交報仇，藏命作姦，索隱曰藏命謂亡命也。剽攻不休，及鑄錢掘冢，固不可勝數。適有天幸，窘急常得脫，若遇赦。及解年長，更折節為儉，以德報怨，厚施而薄望。然其自喜為俠益甚。

索隱曰新序云言性喜為俠也。既已振人之命，不矜其功，其陰賊著於心，卒發於睚眦如故云。而少年慕其行，亦輒為報仇，不使知也。解姊子負解之勢，索隱曰負，持也。與人飲，使之嚼。徐廣曰音子妙反。盡酒也。非其任，彊必灌之。人怒，拔刀刺殺解姊子，亡去。解姊怒曰：「以翁伯之義，人殺吾子，賊不得。」棄其尸於道，弗葬，欲以辱解。解使人微知賊處。賊窘自歸，具以實告解。解曰：「公殺之固當，吾兒不直。」遂去其賊，徐廣曰遣使去。罪其姊子，乃收而葬之。諸公聞之，皆多解之義，益附焉。解出入，人皆避之。有一人獨箕倨視之，解遣人問其名姓。客欲殺之。解曰：「居邑屋至不見敬，是吾德不脩也，彼何罪！

乃陰屬尉史曰是人吾所急也索隱曰案謂吾心中所急言情切急也漢書作重至踐更時脫之每至踐更數過吏弗求如淳曰更有三品有卒更有踐更有過更古者正卒無常人皆當迭為之一月一更是為卒更也貧者欲得顧更錢者次直者出錢顧之月二千是為踐更也律說卒更踐更者居縣中五月乃更也後從尉律卒踐更一月休十一月也○索隱曰數音朔數頻也謂頻免之也文音色主反怪之問其故乃解使脫之箕倨者乃肉袒謝罪少年聞之愈益慕解之行雒陽人有相仇者邑中賢豪居閒者以十數索隱曰數色具反終不聽客乃見郭解解夜見仇家仇家曲聽解索隱曰謂屈曲聽解也解乃謂仇家曰吾聞雒陽諸公在此閒多不聽者今子幸而聽解解奈何乃從他縣奪人邑中賢大夫權乎乃夜去不使人知曰且無用待我待我去令雒陽豪居其閒索隱曰漢書作無庸蘇林曰且無便用吾言待我去令洛陽豪居其間也乃聽之解執恭敬不敢乘車入其縣廷之旁郡國為人請求事事可出出之不可者各厭其意然後乃敢嘗酒食諸公以故嚴重之爭為用邑中少年及旁近縣賢豪夜半過門常十餘車請得解客舍養之索隱曰如淳云解多藏亡命者故喜事年少與解同志者知亡命者多在解故多持車來欲為解迎亡命者而藏之及徙豪富茂陵也解家貧不中訾索隱曰案訾不滿三百萬已上為不中吏恐不敢不徙衛將軍為言郭解家貧不中徙上曰布衣權至使將軍為言此其家不貧解家遂徙諸公送者出千餘萬軹人楊季主子為縣掾舉徙解

解兄子斷楊掾頭由此楊氏與郭氏為仇解入關關中賢豪知與不知聞其聲爭交驩解解為人短小不飲酒出未嘗有騎已又殺楊季主楊季主家上書人又殺之闕下上聞乃下吏捕解解亡置其母家室夏陽徐廣曰屬馮翊○正義曰故城在同州韓城縣南二十里漢夏陽也身至臨晉正義曰故城在同州馮翊縣西南二里臨晉籍少公素不知解解冒因求出關籍少公已出解解轉入太原所過輒告主人家吏逐之跡至籍少公少公自殺口絕久之乃得解窮治所犯為解所殺皆在赦前軹有儒生侍使者坐客譽郭解生曰郭解專以姦犯公法何謂賢解客聞殺此生斷其舌吏以此責解解實不知殺者殺者亦竟絕莫知為誰吏奏解無罪御史大夫公孫弘議曰解布衣為任俠行權以睚眦殺人解雖弗知此罪甚於解殺之當大逆無道遂族郭解翁伯自是之後為俠者極眾敖而無足數者徐廣曰敖倨也然關中長安樊仲子槐里趙王孫長陵高公子西河郭公仲太原鹵公孺徐廣曰鴈門有鹵城也○索隱曰漢書作魯公儒魯姓也與徐廣之說不同臨淮兒長卿東陽田君孺索隱曰漢書作陳君孺然陳田相近亦本同姓也○正義曰其東陽蓋貝州歷亭縣者為近彝故也雖為俠而逡逡有退讓君子之風至若北道姚氏索隱曰蘇林云道猶方也如淳云京師四出道也西道諸杜南道仇景東道趙他羽公子索隱曰為解以趙他與公子為人今案此姓趙名他羽字公子

南陽趙調之徒此盜跖居民閒者耳曷足道哉此乃
鄉者朱家之羞也
太史公曰吾視郭解狀貌不及中人言語不足採者然
天下無賢與不肖知與不知皆慕其聲言俠者皆引以
爲名諺曰人貌榮名豈有既乎徐廣曰人以顏狀爲貌者則貌有衰落矣唯用榮名爲飾表則稱譽無極也既盡也於戲惜哉
索隱述贊曰
游俠豪倨　籍籍有聲　權行州里
力折公卿　朱家脫季　劇孟定傾
急人之難　免讎於更　偉哉翁伯
人貌榮名

游俠列傳第六十四　史記一百二十四

佞幸列傳第六十五　史記一百二十五
諺曰力田不如逢年善仕不如遇合徐廣曰遇一作偶固無虛
言非獨女以色媚而士宦亦有之昔以色幸者多矣至
漢興高祖至暴抗也索隱曰抗音苦浪反言其暴猛抗直也然籍孺以佞
幸孝惠時有閎孺正義曰籍閎皆名也孺幼小也此兩人非有材能徒
以婉佞貴幸與上臥起公卿皆因關說索隱曰關通也謂公卿因之而通其詞說劉氏云有所言說皆關由之故孝惠時郎侍中皆冠鵕鸃貝帶索隱漢書音義曰鵕鸃鳥名以毛羽飾冠以貝飾帶○索隱曰許慎云鵕鸃鷩鳥也淮南子云趙武靈王服貝帶鵕鸃漢官儀云秦破趙以其冠賜侍中三蒼云鵕鸃神鳥也飛光竟天者也傅脂粉傅音付索隱曰化
閎籍之屬也兩人徙家安陵正義曰惠帝陵邑孝文時中寵臣
士人則鄧通宦者則趙同索隱曰案漢書作趙談此云同者避太史公父名也北
宮伯子正義曰顏云姓北宮名伯子也按伯子名北宮之官者也北宮伯子以愛人
長者而趙同以星氣幸常爲文帝參乘鄧通無伎能
鄧通蜀郡南安人也徐廣曰屬犍爲以濯船爲黃頭郎徐廣曰著黃帽也○索隱案漢書音義曰善濯船池中也一說能持櫂行船也土水之母故施黃旄於船頭因以名其郎曰黃頭郎○索隱曰濯音擢遊教反孝文帝夢欲上天不能有一黃頭郎從
後推之上天顧見其衣裻徐廣曰一無此字○索隱曰裻音篤衣背縫之橫者帶
後穿覺而之漸臺索隱曰漸音漸○正義曰括地志云漸臺在長安故城中關中記云未央宮西有蒼池池中有漸臺王莽死於此臺以夢中陰目求推者郎即見鄧通
其衣後穿夢中所見也召問其名姓姓鄧氏名通文帝

說焉。索隱曰漢書云上說焉。鄧通亦愿謹，不好外交，雖賜洗沐，不欲出。於是文帝賞賜通巨萬以十數。正義曰言賜通巨萬，以至於十也。官至上大夫。文帝時時如鄧通家遊戲。然鄧通無他能，不能有所薦士，獨自謹其身以媚上而已。上使善相者相通，曰當貧餓死。文帝曰：能富通者在我也，何謂貧乎。於是賜鄧通蜀嚴道銅山，正義曰括地志云雅州榮經縣北三里有銅山，即鄧通得賜銅山鑄錢者，邑兼縣即嚴道。得自鑄錢，鄧氏錢正義曰錢譜云文字稱兩，同半兩四銖文。布天下。其富如此。文帝嘗病癰，鄧通常為帝唶吮之。索隱曰唶音仕格反，吮音似兗反。文帝不樂，從容問通曰：天下誰最愛我者乎。通曰：宜莫如太子。太子入問病，文帝使唶癰，唶癰而色難之。已而聞鄧通常為帝唶吮之，心慚，由此怨通矣。及文帝崩，景帝立，鄧通免，家居。居無何，人有告鄧通盜出徼外鑄錢，下吏驗問，頗有之，遂竟案，盡沒入鄧通家，尚負責數巨萬。長公主賜鄧通，韋昭曰景帝姊也。○索隱曰案即館陶公主也。吏輒隨沒入之，索隱曰謂長公主別有物與，吏輒沒入以充臟也。一簪不得著身。於是長公主乃令假衣食。索隱曰謂公主令人假與衣食。竟不得名一錢，索隱曰姚氏云天下名鄧氏錢，今皆沒入，卒竟無一錢名之也。寄死人家。孝景帝時，中無寵臣，然獨郎中令周文仁，索隱曰案漢書周仁，此亦稱周文，今兼文仁，恐後人加耳。案仁字文。仁寵最過庸，乃不甚篤。索隱曰案庸常也。言仁最被恩寵，過於常人，乃不甚篤於韓嫣也。今天子中寵臣，士人則

韓王孫嫣，索隱曰音偃，又音於建反。宦者則李延年。嫣者，弓高侯孽孫也。徐廣曰韓王信之子頹當也。今上為膠東王時，嫣與上學書相愛。及上為太子，愈益親嫣。嫣善騎射，善佞。上即位，欲事伐匈奴，而嫣先習胡兵，以故益尊貴，官至上大夫，賞賜擬於鄧通。時嫣常與上臥起。江都王入朝，有詔得從入獵上林中。天子車駕蹕道未行，而先使嫣乘副車，從數十百騎，騖馳視獸。江都王望見，以為天子，辟從者，伏謁道傍。嫣驅不見。既過，江都王怒，為皇太后泣曰：請得歸國入宿衛，比韓嫣。索隱曰謂還爵封於天子，而請入宿衛。太后由此嗛嫣。徐廣曰嗛讀與銜同，漢書作銜字。嫣侍上，出入永巷不禁，以姦聞皇太后。皇太后怒，使使賜嫣死。上為謝，終不能得，嫣遂死。而案道侯韓說，其弟也，亦佞幸。索隱曰說音悅。

李延年，中山人也。父母及身兄弟及女，皆故倡也。延年坐法腐，給事狗中。徐廣曰主獵犬也。○索隱曰狗監，犬監也。而平陽公主言延年女弟善舞，上見，心說之，及入永巷，而召貴延年。延年善歌，為變新聲，而上方興天地祠，欲造樂詩歌弦之。延年善承意，弦次初詩。索隱曰初詩即新造樂章。其女弟亦幸，有子男。延年佩二千石印，號協聲律。與上臥起，甚貴幸，埒如韓嫣也。徐廣曰埒等也。○鄒誕生曰埒者，等之名。久之，寖與中人亂，徐廣曰一云坐弟季與中人亂。出入驕恣。及其女弟李夫人卒後，愛弛，則

[illegible]誅延年昆弟也。自是之後，內寵嬖臣大底外戚之家，然不足數也。衛青、霍去病亦以外戚貴幸，然頗用材能自進。

太史公曰：甚哉愛憎之時！彌子瑕之行，足以觀後人佞幸矣。雖百世可知也。索隱曰彌子瑕衛靈公之臣事見說苑也

索隱述贊曰

傳稱令色，詩刺巧言。冠纓入侍，傅粉承恩。

黃頭賜蜀，宦者同軒。新聲都尉，挾彈王孫。

泣魚竊駕，著自前論。

佞幸列傳第六十五　史記一百二十五

滑稽列傳第六十六　史記百二十六

索隱滑謂亂也稽同也以言俳捷之人言非若是說是若非能亂同異也楚詞云將突梯滑稽如脂如韋崔浩云滑音骨稽流酒器也轉注吐酒終日不已言出口成章詞不窮竭若滑稽之吐酒故揚雄酒賦云鴟夷滑稽腹大如壺盡日盛酒人復藉沽是也又姚察云滑稽猶俳諧也滑讀如字稽音計也以言諧語滑利其知計疾出故云滑稽也

孔子曰六藝於治一也正義曰言六藝之文雖異禮節樂和導民立政天下平定其歸一揆至於談言微中亦以解其紛亂故治一也禮以節人，樂以發和，書以道事，詩以達意，易以神化，春秋以義。

太史公曰：天道恢恢，豈不大哉！談言微中，亦可以解紛。

淳于髡者，齊之贅婿也。索隱曰髡音苦昆反贅婿女之夫也比於子如人疣贅是餘剩之物也長不滿七尺，滑稽多辯，數使諸侯，未嘗屈辱。齊威王之時喜隱，索隱曰喜音許既反喜好隱語好為淫樂長夜之飲，沈湎不治，委政卿大夫。百官荒亂，諸侯並侵，國且危亡，在於旦暮，左右莫敢諫。淳于髡說之以隱曰：「國中有大鳥，止王之庭，三年不蜚又不鳴，王知此鳥何也？」王曰：「此鳥不飛則已，一飛沖天；不鳴則已，一鳴驚人。」於是乃朝諸縣令長七十二人，賞一人，誅一人，奮兵而出。諸侯振驚，皆還齊侵地。威行三十六年。語在田完世家中。威王八年，楚大發兵加齊。齊王使淳于髡之趙請救兵，齎金百斤，車馬十駟。淳于髡仰天大笑，冠纓索絕。索隱曰索訓

索言冠纓索絕也。春秋後語亦作冠纓索絕也。王曰：先生少之乎？髡曰：何敢！王曰：笑豈有說乎？髡曰：今者臣從東方來，見道傍有穰田者，索隱曰：穰謂為田求福禳。操一豚蹄，酒一盂，而祝曰：甌窶滿篝，徐廣曰：篝，籠也。索隱曰：甌窶，猶杯樓也。古字少耳，言豐年收掇易可滿篝籠也。正義曰：甌窶謂高地狹小之區，得滿篝籠也。汙邪滿車，司馬彪曰：汙邪，下地田也。索隱曰：汙邪謂下田之中有薪可滿車。正義曰：汙音烏。五穀蕃熟，穰穰滿家。臣見其所持者狹而所欲者奢，故笑之。於是齊威王乃益齎黃金千鎰，白璧十雙，車馬百駟。髡辭而行，至趙。趙王與之精兵十萬，革車千乘。楚聞之，夜引兵而去。威王大說，置酒後宮，召髡賜之酒。問曰：先生能飲幾何而醉？對曰：臣飲一斗亦醉，一石亦醉。威王曰：先生飲一斗而醉，惡能飲一石哉！其說可得聞乎？髡曰：賜酒大王之前，執法在傍，御史在後，髡恐懼俯伏而飲，不過一斗徑醉矣。若親有嚴客，髡帣韝鞠䐡，徐廣曰：帣，收衣袖也。䐡音其紀反，又與跽同。索隱曰：帣音卷，鞠䐡謂小跽也。又謂收衣袖也。侍酒於前，時賜餘瀝，奉觴上壽，數起，飲不過二斗徑醉矣。若朋友交遊，久不相見，卒然相覩，歡然道故，私情相語，飲可五六斗徑醉矣。若乃州閭之會，男女雜坐，行酒稽留，六博投壺，相引為曹，握手無罰，目眙不禁，徐廣曰：眙，丑吏反，直視貌。索隱曰：眙音與瞪同，謂直視也。丑吏反，又音丑。前有墮珥，後有遺簪，髡竊樂此，飲可八斗而醉二參。

索隱曰：案上云五六斗徑醉矣，則此為樂亦甚，故可八斗而未醉，故云醉二參。言十分之二參醉也。日暮酒闌，合尊促坐，男女同席，履舄交錯，杯盤狼藉，堂上燭滅，主人留髡而送客，徐廣曰：一本云留髡坐，起送客。羅襦襟解，微聞薌澤，當此之時，髡心最歡，能飲一石。故曰酒極則亂，樂極則悲；萬事盡然，言不可極，極之而衰。以諷諫焉。齊王曰：善。乃罷長夜之飲，以髡為諸侯主客。正義曰：今鴻臚卿也。宗室置酒，髡嘗在側。其後百餘年，楚有優孟。

優孟，故楚之樂人也。索隱曰：優者，倡優也。孟，字也。優旃亦同，旃其字耳。優孟作對。長八尺，多辯，常以談笑諷諫。楚莊王之時，有所愛馬，衣以文繡，置之華屋之下，席以露床，啗以棗脯。馬病肥死，使群臣喪之，欲以棺槨大夫禮葬之。左右爭之，以為不可。王下令曰：有敢以馬諫者，罪至死。優孟聞之，入殿門，仰天大哭。王驚而問其故。優孟曰：馬者王之所愛也，以楚國堂堂之大，何求不得，而以大夫禮葬之，薄，請以人君禮葬之。王曰：何如？對曰：臣請以彫玉為棺，文梓為槨，楩楓豫章為題湊，索隱曰：以木累棺外，木頭皆內向，故曰題湊。正義曰：楩，頻綿反。發甲卒為穿壙，老弱負土，齊趙陪位於前，韓魏翼衛其後，索隱曰：楚莊王時未有趙韓魏三國。此辯說者之詞，後人所增飾之文矣。廟食太牢，奉以萬戶之邑。諸侯聞之，皆知大王賤人而貴馬也。王曰：寡人之過一至此乎！為之奈何？優孟曰：請為大王六

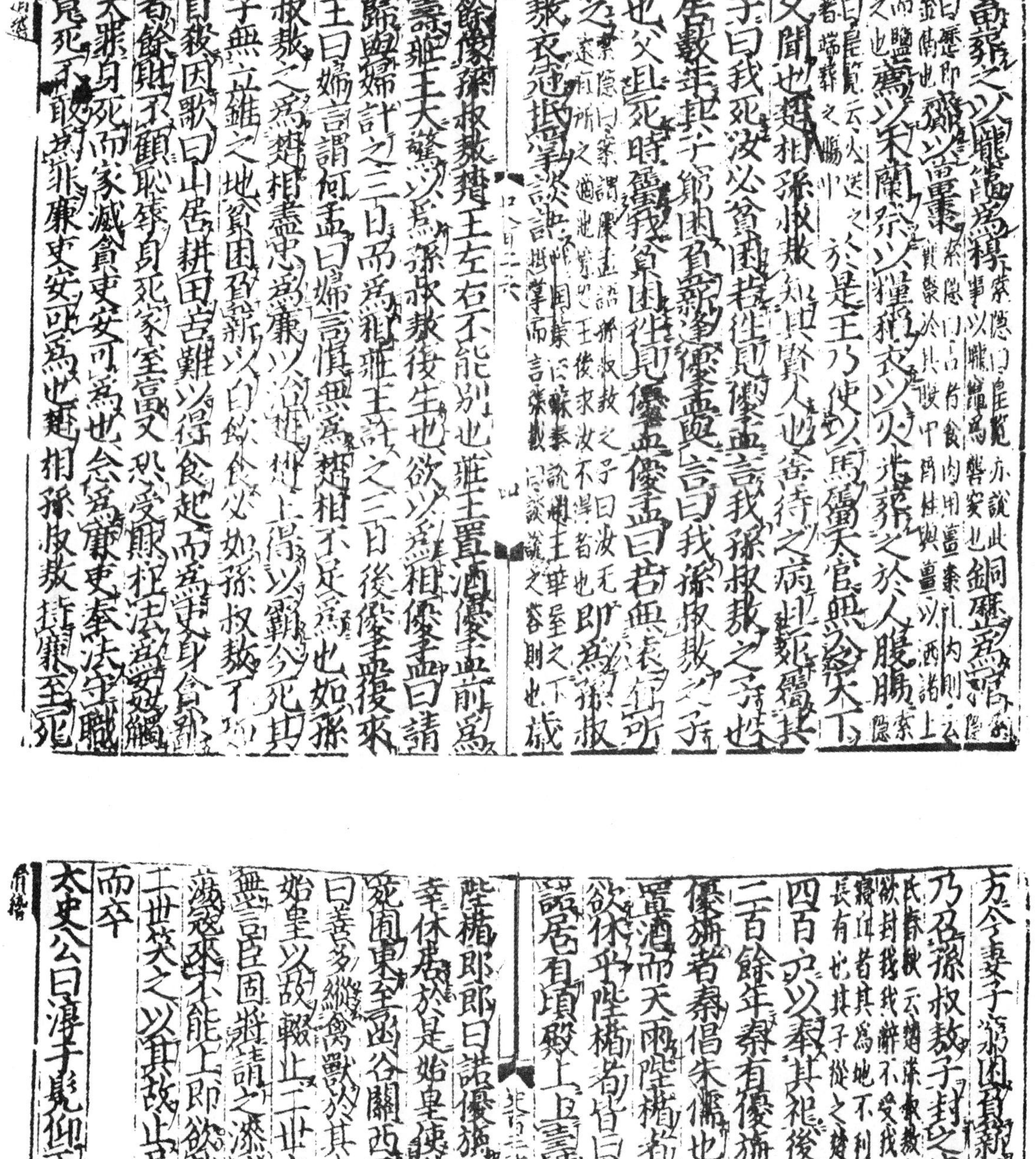

葬之以壠竈爲槨，[索隱曰：崔浩亦說此事以壠竈爲槨，安也。]銅歷爲棺，[索隱曰：歷即釜鬲也。]齎以薑棗，[索隱曰：古者食肉用薑棗，禮內則云桂與薑以洒諸上而鹽之也。]薦以木蘭，祭以糧稻，衣以火光，葬之於人腹腸。[索隱曰：崔浩云火送之，著端葬之腸中。]於是王乃使以馬屬太官，無令天下久聞也。

楚相孫叔敖知其賢人也，善待之。病且死，屬其子曰：「我死，汝必貧困。若往見優孟，言我孫叔敖之子也。」居數年，其子窮困負薪，逢優孟，與言曰：「我孫叔敖之子也。父且死時，屬我貧困往見優孟。」優孟曰：「若無遠有所之。」[索隱曰：案謂優孟語孫叔敖之子曰汝無遠有所之適，此言欲令王侯求汝不得者也。]即爲孫叔敖衣冠，抵掌談語。[索隱曰：蘇秦說趙王於華屋之下抵掌而言，談說之容則也。]歲餘，像孫叔敖，楚王左右不能別也。莊王置酒，優孟前爲壽。莊王大驚，以爲孫叔敖復生也，欲以爲相。優孟曰：「請歸與婦計之，三日而爲相。」莊王許之。三日後，優孟復來。王曰：「婦言謂何？」孟曰：「婦言慎無爲，楚相不足爲也。如孫叔敖之爲楚相，盡忠爲廉以治楚，楚王得以霸。今死，其子無立錐之地，貧困負薪以自飲食。必如孫叔敖，不如自殺。」因歌曰：「山居耕田苦，難以得食。起而爲吏，身貪鄙者餘財，不顧恥辱。身死家室富，又恐受賕枉法，爲姦觸大罪，身死而家滅。貪吏安可爲也！念爲廉吏，奉法守職，竟死不敢爲非。廉吏安可爲也！楚相孫叔敖持廉至死，方今妻子窮困負薪而食，不足爲也！」於是莊王謝優孟，乃召孫叔敖子，封之寢丘[徐廣曰：在固始。○正義曰：今光州固始縣本寢丘邑也。呂氏春秋云：孫叔敖有功於國，疾將死，戒其子曰：「王數欲封我，我辭不受。我死，王必封汝，汝無受利地。荊楚閒有寢丘者，其爲地不利，而前有妬谷，後有戾丘，其名惡，可長有也。」其子從之，楚功臣封二世而收，惟寢丘不奪也。]四百戶，以奉其祀。後十世不絕。此知可以言時矣。其後二百餘年，秦有優旃。

優旃者，秦倡朱儒也。善爲笑言，然合於大道。秦始皇時，置酒而天雨，陛楯者皆沾寒。優旃見而哀之，謂之曰：「汝欲休乎？」陛楯者皆曰：「幸甚。」優旃曰：「我即呼汝，汝疾應曰諾。」居有頃，殿上上壽呼萬歲。優旃臨檻[正義曰：鄉覽反。]大呼曰：「陛楯郎！」郎曰：「諾。」優旃曰：「汝雖長，何益，幸雨立。我雖短也，幸休居。」於是始皇使陛楯者得半相代。始皇嘗議欲大苑囿，東至函谷關，西至雍、陳倉。[正義曰：今岐州雍縣及陳倉縣也。]優旃曰：「善。多縱禽獸於其中，寇從東方來，令麋鹿觸之足矣。」始皇以故輟止。二世立，又欲漆其城。優旃曰：「善。主上雖無言，臣固將請之。漆城雖於百姓愁費，然佳哉！漆城蕩蕩，寇來不能上。即欲就之，易爲漆耳，顧難爲蔭室。」於是二世笑之，以其故止。居無何，二世殺死，優旃歸漢，數年而卒。

太史公曰：淳于髡仰天大笑，齊威王橫行。優孟搖頭而歌負薪者以封。優旃臨檻疾呼，陛楯得以半更，豈不亦偉哉。

褚先生曰：臣幸得以經術爲郎，而好讀外家傳語，竊不遜讓，復作故事滑稽之語六章，編之於左，可以覽觀揚意，以示後世好事者讀之，以游心駭耳，以附益上方太史公之三章。武帝時有所幸倡郭舍人者，發言陳辭雖不合大道，然令人主和說。武帝少時，東武侯母索隱曰案東武縣名侯乳母姓也正義曰高祖功臣表云東武侯郭家高祖六年封子他孝景六年棄市國除盖他母常養武帝常養帝，帝壯時，號之曰大乳母。率一月再朝。朝奏入，有詔使幸臣馬游卿以帛五十匹賜乳母，又奉飲糒飧養乳母。乳母上書曰：某所有公田，願得假倩之。帝曰：乳母欲得之乎。以賜乳母。乳母所言，未嘗不聽。有詔得令乳母乘車行馳道中。當此之時，公卿大臣皆敬重乳母。乳母家子孫奴從者橫暴長安中，當道掣頓人車馬，奪人衣服。聞於中，不忍致之法。有司請徙乳母家室，處之於邊。奏可。乳母當入至前，面見辭。乳母先見郭舍人，爲下泣。舍人曰：即入見辭去，疾步數還顧。乳母如其言，謝去，疾步數還顧。郭舍人疾言罵之曰：咄，老女子，何不疾行。陛下已壯矣，寧尚須汝乳而活邪。尚何還顧。於是人主憐焉悲之，乃下詔止無徙乳母，罰謫譖之者。索隱曰謂武帝罰謫譖乳母之人也

武帝時，齊人有東方生名朔，索隱曰仲長統云遷爲滑稽傳叙優旃事不稱東方朔非也朔之行事豈直旃孟之比哉而桓譚亦以遷内爲是又非也○正義曰漢書云平原厭次人也輿地志云厭次宜是富平縣之鄉聚名也括地志云富平故城在滄州陽信縣東南四十里漢縣也以好古傳書，愛經術，多所博觀外家之語。索隱曰案東方朔亦多博觀外家之語則外家非正經史即傳記雜說之書朔初入長安，至公車上書，正義曰百官表云衛尉屬官有公車司馬漢儀注云公車司馬掌殿司馬門夜徼宮天下上事及闕下凡所徵召皆總領之秩六百石凡用三千奏牘。公車令兩人共持舉其書，僅然能勝之。人主從上方讀之，止，輒乙其處，讀之二月乃盡。詔拜以爲郎，常在側侍中。數召至前談語，人主未嘗不說也。時詔賜之食於前。飯已，盡懷其餘肉持去，衣盡汙。數賜縑帛，檐揭而去。徒用所賜錢帛，取少婦於長安中好女。率取婦一歲所者即棄去，更取婦。所賜錢財盡索之於女子。人主左右諸郎半呼之狂人。人主聞之，曰：令朔在事無爲是行者，若等安能及之哉。朔任其子爲郎，又爲侍謁者，常持節出使。朔行殿中，郎謂之曰：人皆以先生爲狂。朔曰：如朔等，所謂避世於朝廷間者也。古之人，乃避世於深山中。時坐席中，酒酣，據地歌曰：陸沈於俗，索隱曰司馬彪云謂無水而沈之避世金馬門。宮殿中可以避世全身，何必深山之中，蒿廬之下。金馬門者，宦署門也，門傍有銅

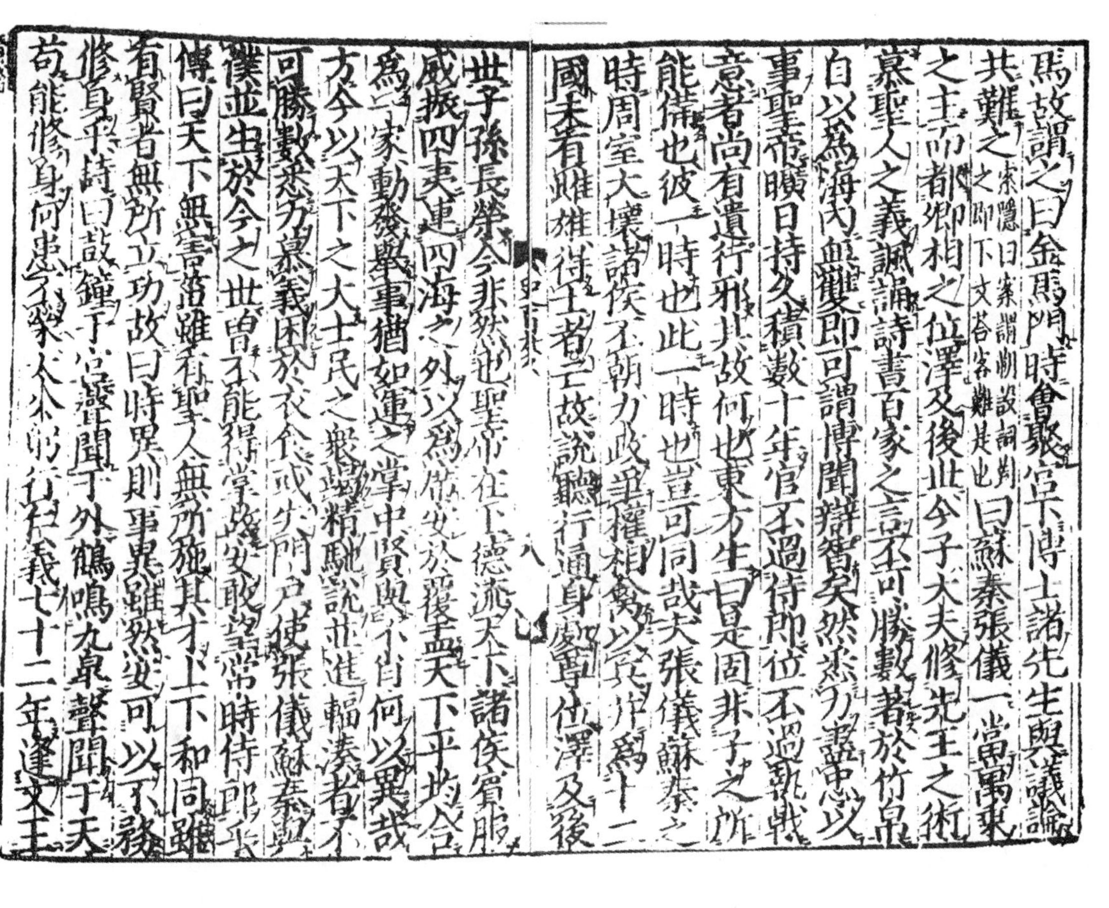

馬故謂之曰金馬門。時會聚宮下博士諸先生與論議，共難之索隱曰案謂嘲設詞對之即下文答客難是也曰：「蘇秦、張儀一當萬乘之主，而都卿相之位，澤及後世。今子大夫修先王之術，慕聖人之義，諷誦詩書百家之言，不可勝數。著於竹帛，自以為海內無雙，即可謂博聞辯智矣。然悉力盡忠以事聖帝，曠日持久，積數十年，官不過侍郎，位不過執戟，意者尚有遺行邪？其故何也？」東方生曰：「是固非子之所能備也。彼一時也，此一時也，豈可同哉！夫張儀、蘇秦之時，周室大壞，諸侯不朝，力政爭權，相禽以兵，并為十二國，未有雌雄，得士者彊，失士者亡，故說聽行通，身處尊位，澤及後

世，子孫長榮。今非然也。聖帝在上，德流天下，諸侯賓服，威振四夷，連四海之外以為席，安於覆盂，天下平均，合為一家，動發舉事，猶如運之掌中。賢與不肖，何以異哉？方今以天下之大，士民之眾，竭精馳說，並進輻湊者，不可勝數。悉力慕義，困於衣食，或失門戶。使張儀、蘇秦與僕並生於今之世，曾不能得掌故，安敢望常侍侍郎乎！傳曰：『天下無害菑，雖有聖人，無所施其才；上下和同，雖有賢者，無所立功。』故曰時異則事異。雖然，安可以不務修身乎？詩曰：『鼓鐘于宮，聲聞于外。』『鶴鳴九皋，聲聞于天。』苟能修身，何患不榮！太公躬行仁義七十二年，逢文王，

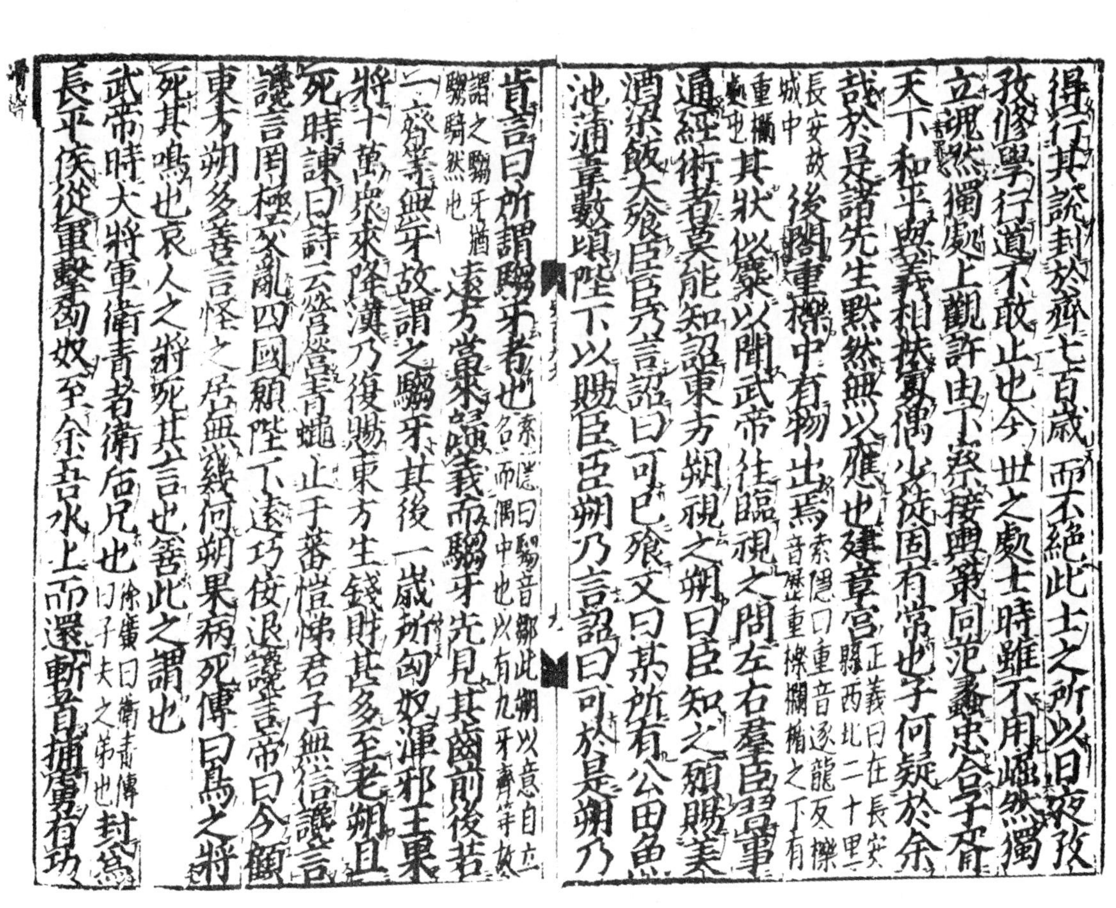

得行其說，封於齊，七百歲而不絕。此士之所以日夜孜孜，修學行道，不敢止也。今世之處士，時雖不用，崛然獨立，塊然獨處，上觀許由，下察接輿，策同范蠡，忠合子胥，天下和平，與義相扶，寡偶少徒，固其常也。子何疑於余哉！」於是諸先生默然無以應也。建章宮正義曰在長安縣西北二十里長安故城中後閣重櫟索隱曰重音逐龍反櫟音歷重櫟欄楯之下有重欄處也中有物出焉，其狀似麋。以聞，武帝往臨視之。問左右群臣習事通經術者，莫能知。詔東方朔視之。朔曰：「臣知之，願賜美酒粱飯大飧臣，臣乃言。」詔曰：「可。」已又曰：「某所有公田魚池蒲葦數頃，陛下以賜臣，臣朔乃言。」詔曰：「可。」於是朔乃

肯言，曰：「所謂騶牙者也。索隱曰騶音鄒此獸以意自立名而偶中也以有九牙齊等故謂之騶牙猶騶騎然也遠方當來歸義，而騶牙先見。其齒前後若一，齊等無牙，故謂之騶牙。」其後一歲所，匈奴混邪王果將十萬眾來降漢。乃復賜東方生錢財甚多。至老，朔且死時，諫曰：「詩云『營營青蠅，止于蕃。愷悌君子，無信讒言』。『讒言罔極，交亂四國』。願陛下遠巧佞，退讒言。」帝曰：「今顧東方朔多善言？」怪之。居無幾何，朔果病死。傳曰：「鳥之將死，其鳴也哀；人之將死，其言也善。」此之謂也。武帝時，大將軍衛青者，衛后兄也，徐廣曰衛青傳曰子夫之弟也封為長平侯。從軍擊匈奴，至余吾水上而還，斬首捕虜，有功，

來歸詔賜金千斤將軍出宮門齊人東郭先生以方士待詔公車當道遮衛將軍車拜謁曰願白事（徐廣曰衛青傳云甯乘說青而拜為東海都尉）將軍止車前東郭先生旁車言曰王夫人新得幸於上家貧今將軍得金千斤誠以其半賜王夫人之親人主聞之必喜此所謂奇策便計也衛將軍謝之曰先生幸告之以便計請奉教於是衛將軍乃以五百金為王夫人之親壽王夫人以聞武帝帝曰大將軍不知為此問之安所受計策對曰受之待詔者東郭先生詔召東郭先生拜以為郡都尉東郭先生久待詔公車貧困飢寒衣敝履不完行雪中履有上無下足盡踐地道中人笑之東郭先生應之曰誰能履行雪中令人視之其上履也其履下處乃似人足者乎及其拜為二千石佩青緺（徐廣曰音瓜一音螺青綬）出宮門行謝主人故所以同官待詔者等比祖道於都門外榮華道路立名當世（徐廣曰東郭先生也）此所謂衣褐懷寶者也（索隱曰此指東郭先生也其言身衣褐而懷寶玉也）當其貧困時人莫省視至其貴也乃爭附之諺曰相馬失之瘦相士失之貧其此之謂邪王夫人病甚人主至自往問之曰子當為王欲安所置之對曰願居洛陽人主曰不可洛陽有武庫敖倉當關口天下咽喉自先帝以來傳不為置王然關東國莫大於齊可以為齊王

王夫人以手擊頭呼幸甚王夫人死號曰齊王太后薨

昔者齊王使淳于髡獻鵠於楚（索隱曰案韓詩外傳齊使使獻鴻於楚不言是髡又說苑云魏文侯使舍人毋擇獻鵠於齊皆略同而事異殆相涉亂也）出邑門道飛其鵠徒揭空籠造詐成辭往見楚王曰齊王使臣來獻鵠過於水上不忍鵠之渴出而飲之去我飛亡吾欲刺腹絞頸而死恐人之議吾王以鳥獸之故令士自傷殺也鵠毛物多相類者吾欲買而代之是不信而欺吾王也欲赴佗國奔亡痛吾兩主使不通故來服過叩頭受罪大王楚王曰善齊王有信士若此哉厚賜之財倍鵠在也

武帝時徵北海太守詣行在所（索隱曰漢書宣帝徵勃海太守龔遂非武帝時此褚先生記謬耳）有文學卒史王先生者自請與太守俱吾有益於君君許之諸府掾功曹白云王先生嗜酒多言少實恐不可與俱太守曰先生意欲行不可逆遂與俱行至宮下待詔宮府門王先生徒懷錢沽酒與衛卒僕射飲日醉不視其太守太守入跪拜王先生謂戶郎曰幸為我呼吾君至門內遙語戶郎為呼太守太守來望見王先生王先生曰天子即問君何以治北海令（正義曰今青州）無盜賊君對曰何哉對曰選擇賢材各任之以其能賞異等罰不肖王先生曰對如是是自譽自伐功不可也願君對言非臣之力盡陛下神靈威武所變化也太守

曰諾召入至于殿下有詔問之曰何以治北海令無盜賊
不起叩頭對言非臣之力盡陛下神靈威武之所變化
也武帝大笑曰於呼安得長者之語而稱之安所受之
對曰受之文學卒史帝曰今安在對曰在宮府門外有
詔召拜王先生為水衡丞以北海太守為水衡都尉傳
曰美言可以市尊行可以加人君子相送以言小人相
送以財

魏文侯時西門豹為鄴令正義曰今相州縣也豹往到鄴會長老
問之民所疾苦長老曰苦為河伯娶婦正義曰河伯華陰潼鄉人姓馮氏名夷浴於河中而溺死遂為河伯娶婦也以故貧豹問其故對曰鄴三老
廷掾常歲賦斂百姓收取其錢得數百萬用其二三十
萬為河伯娶婦與祝巫共分其餘錢持歸當其時巫行
視小家女好者云是當為河伯婦即娉取洗沐之為治
新繒綺縠衣閒居齋戒為治齋宮河上張緹絳帷正義曰緹他礼反又顧野王云黄赤色也又音蹄厚繒也女居其中為具牛酒飯食行十
餘日共粉飾之如嫁女床席令女居其上浮之河中始
浮行數十里乃沒其人家有好女者恐大巫祝為伯取
之以故多持女遠逃亡以故城中益空無人又困貧所
從來久遠矣民人俗語曰即不為河伯娶婦水來漂沒
溺其人民云西門豹曰至為河伯娶婦時願三老巫祝
父老送女河上幸來告語之吾亦往送女皆曰諾至其
時西門豹往會之河上三老官屬豪長者里父老皆會
以人民往觀之者三二千人其巫老女子也已年七十從
弟子女十人所皆衣繒單衣立大巫後西門豹曰呼河
伯婦來視其好醜即將女出帷中來至前豹視之顧謂
三老巫祝父老曰是女子不好煩大巫嫗為入報河伯
得更求好女後日送之即使吏卒共抱大巫嫗投之河
中有頃曰巫嫗何久也弟子趣之復以弟子一人投河
中有頃曰弟子何久也復使一人趣之復投一弟子河
中凡投三弟子西門豹曰巫嫗弟子是女子也不能白
事煩三老為入白之復投三老河中西門豹簪筆磬折正義曰簪筆謂以毛裝簪頭長五寸插在冠前謂之為筆言插筆備禮也磬折謂曲體揖之若石磬之形曲折也磬一片黑石凡十二片樹在虡上擊之其形皆中曲垂兩頭言人腰曲似也嚮河立待良久
長老吏傍觀者皆驚恐西門豹顧曰巫嫗三老不來還
奈之何欲復使廷掾與豪長者一人入趣之皆叩頭叩
頭且破額血流地色如死灰西門豹曰諾且留待之須
臾豹曰廷掾起矣狀河伯留客之久若皆罷去歸
矣鄴吏民大驚恐從是以後不敢復言為河伯娶婦西
門豹即發民鑿十二渠引河水灌民田正義曰括地志云横渠首接漳水蓋西門豹史起所鑿之渠也溝洫志云魏文侯時西門豹為鄴令有令名至文侯曾孫襄王時與群臣飲酒祝

曰：今為皆指西門豹之為人臣也。史起進曰：魏氏之行田也以百畝，鄴獨二百畝，是田惡也。漳水在其旁，西門豹不知用，是不智也；知而不興，是不仁也。仁智豹未之盡，何足法也。於是以史起為鄴令，遂引漳水溉鄴，以富魏之河內。左思魏賦云：西門溉其前，史起灌其後也。田皆溉。當其時，民治渠少煩苦，不欲也。豹曰：「民可以樂成，不可與慮始。今父老子弟雖患苦我，然百歲後期令父老子孫思我言。」至今皆得水利，民人以給足富。十二渠經絕馳道，到漢之立，而長吏以為十二渠橋絕馳道，相比近，不可。欲合渠水，且至馳道合三渠為一橋。鄴民人父老不肯聽長吏，以為西門君所為也，賢君之法式不可更也。長吏終聽置之。故西門豹為鄴令，名聞天下，澤流後世，無絕已時，幾可謂非賢大夫哉！傳曰：「子產治鄭，民不能欺；子賤治單父，民不忍欺；西門豹治鄴，民不敢欺。」三子之才能誰最賢哉？辯治者當能別之。魏文帝問群臣：三不欺於君德孰優？太尉鍾繇、司徒華歆、司空王朗對曰：臣以為君任德則臣感義而不忍欺，君任察則臣畏覺而不能欺，君任刑則臣畏罪而不敢欺。任德感義，與夫導德齊禮、有恥且格，等趨者也；任察畏罪，與夫導政齊刑、免而無恥，同歸者也。孔子曰：為政以德，譬如北辰，居其所而眾星共之。考以斯言，論以斯義，臣等以為不忍欺不能欺優劣之懸，在於權衡，非徒低卬之差，乃鈞銖之覺也。且前志稱仁者安仁，知者利仁，畏罪者強仁。校其仁者，功則無以殊，核其為仁者，則不得不異。安仁者，性善者也；利仁者，力行者也；強仁者，不得已者也。由是觀之，三仁相比，則安仁優矣。易稱神而化之，使民宜之，若君化使民然也。然則三臣之不欺雖同，所以不欺異矣，則純以恩義，誠可不欺與以威察成不欺，既不可同概而比量，又不得錯綜而易處。索隱曰：案此三不欺

傳說先達共所稱述，今據先生四說，西門豹所稱之以成說也。猶史傳記子產相鄭，仁而且明，故人不能欺之；子賤為政清淨，唯彈琴，三年不下堂而化，是人見其仁，故不忍欺之；豹以威化御俗，故人不敢欺之。其德優劣，雖華之評實為允當也。

索隱述贊曰：

滑稽鶡夷，如脂如韋。敏捷之變，

學不失詞。淳于索絕，趙國興師。

楚優拒相，寢丘獲祠。偉哉方朔，

三章紀之。

滑稽列傳第六十六　　史記一百二十六

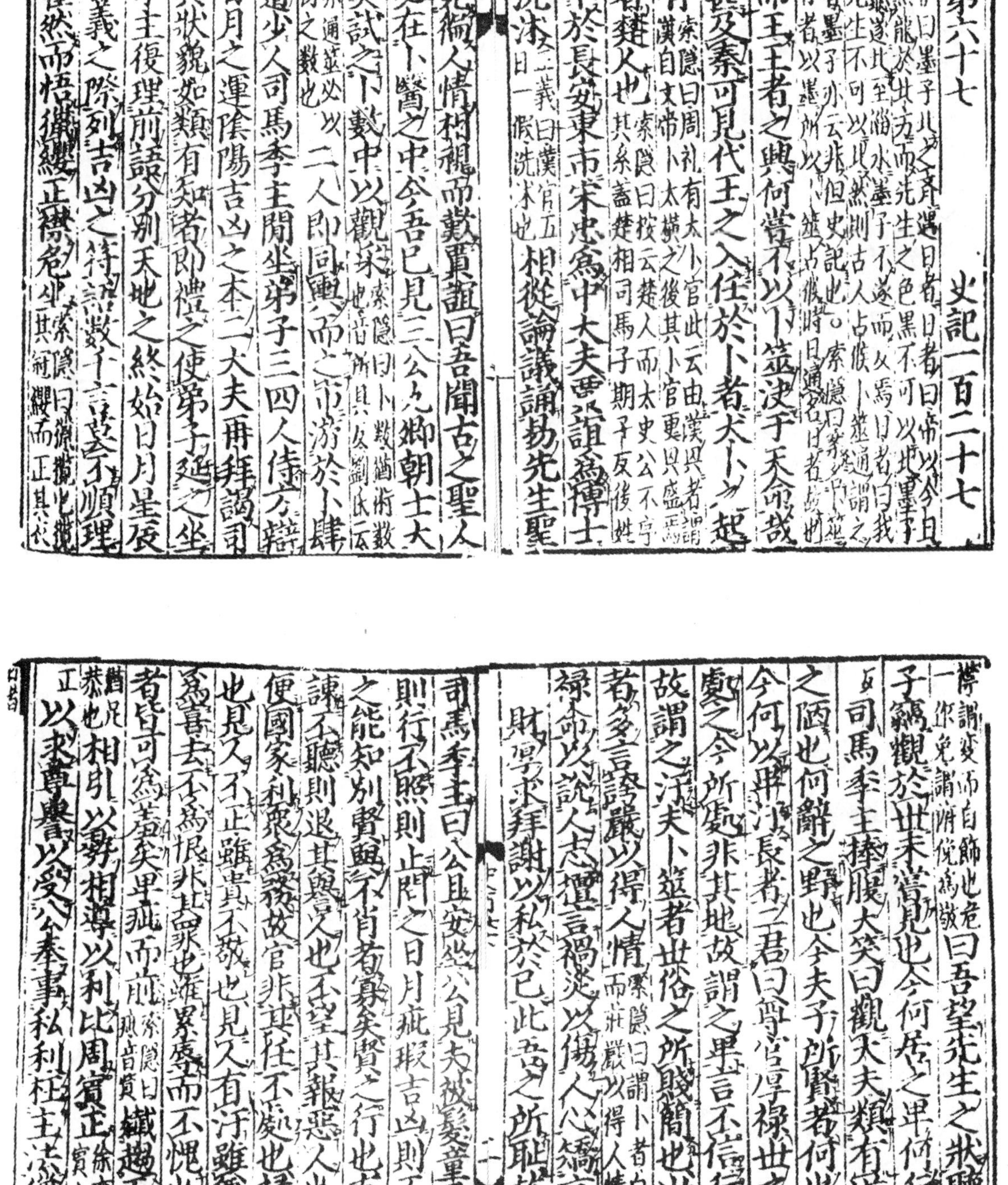

日者列傳第六十七　　史記一百二十七

（墨子曰墨子北之齊，遇日者，日者曰帝以今日殺黑龍於北方，而先生之色黑，不可以北。墨子不聽，遂北至淄水，墨子不遂而反焉。日者曰我謂先生不可以北。然則古人占候卜筮通謂之日者，墨子亦云，非但史記也。）

自古受命而王，王者之興何嘗不以卜筮決于天命哉！其於周尤甚，及秦可見。代王之入，任於卜者。太卜之起，由漢興而有。（索隱曰周禮有太卜官，此云由漢興而有者，謂漢自文帝卜太横之後，其卜官更見盛焉。）

司馬季主者，楚人也。（索隱曰按云楚人，而太史公不序其系，蓋楚相司馬子期子反後姓也。季主見列仙傳。）卜於長安東市。

宋忠為中大夫，賈誼為博士，同日俱出洗沐，（索隱曰漢官五日一假洗沐也。）相從論議，誦易先王聖人之道術，究徧人情，相視而歎。賈誼曰：「吾聞古之聖人，不居朝廷，必在卜醫之中。今吾已見三公九卿朝士大夫，皆可知矣。試之卜數中以觀采。」（索隱曰卜數猶術數也。劉氏云其數筮之所通，筮必以易，易用大衍之數也。）二人即同輿而之市，游於卜肆中。天新雨，道少人，司馬季主閒坐，弟子三四人侍，方辯天地之道，日月之運，陰陽吉凶之本。二大夫再拜謁。司馬季主視其狀貌，如類有知者，即禮之，使弟子延之坐。坐定，司馬季主復理前語，分別天地之終始，日月星辰之紀，差次仁義之際，列吉凶之符，語數千言，莫不順理。

宋忠、賈誼瞿然而悟，獵纓正襟危坐，曰：「吾望先生之狀，聽先生之辭，小子竊觀於世，未嘗見也。今何居之卑，何行之汙？」（索隱曰汙音烏故反。）

司馬季主捧腹大笑曰：「觀大夫類有道術者，今何言之陋也，何辭之野也！今夫子所賢者何也？所高者誰也？今何以卑汙長者？」

二君曰：「尊官厚祿，世之所高也，賢才處之。今所處非其地，故謂之卑。言不信，行不驗，取不當，故謂之汙。夫卜筮者，世俗之所賤簡也。世皆言曰：『夫卜者多言誇嚴以得人情，（索隱曰謂卜者自矜誇而莊嚴以得人情也。）虛高人祿命以說人志，擅言禍災以傷人心，矯言鬼神以盡人財，厚求拜謝以私於己。』此吾之所恥，故謂之卑汙也。」

司馬季主曰：「公且安坐。公見夫被髮童子乎？日月照之則行，不照則止，問之日月疵瑕吉凶，則不能理。由是觀之，能知別賢與不肖者寡矣。賢之行也，直道以正諫，三諫不聽則退。其譽人也不望其報，惡人也不顧其怨，以便國家利衆為務。故官非其任不處也，祿非其功不受也；見人不正，雖貴不敬也；見人有汙，雖尊不下也；得不為喜，去不為恨；非其罪也，雖累辱而不愧也。今公所謂賢者，皆可為羞矣。卑疵而前，（索隱曰疵音貲。）孅趨而言；（索隱曰孅音纖。）相引以勢，相導以利；比周賓正，（徐廣曰客慕謂之賓，正人長官謂之正。）以求尊譽，以受公奉；事私利，枉主法，獵農民；以官為威

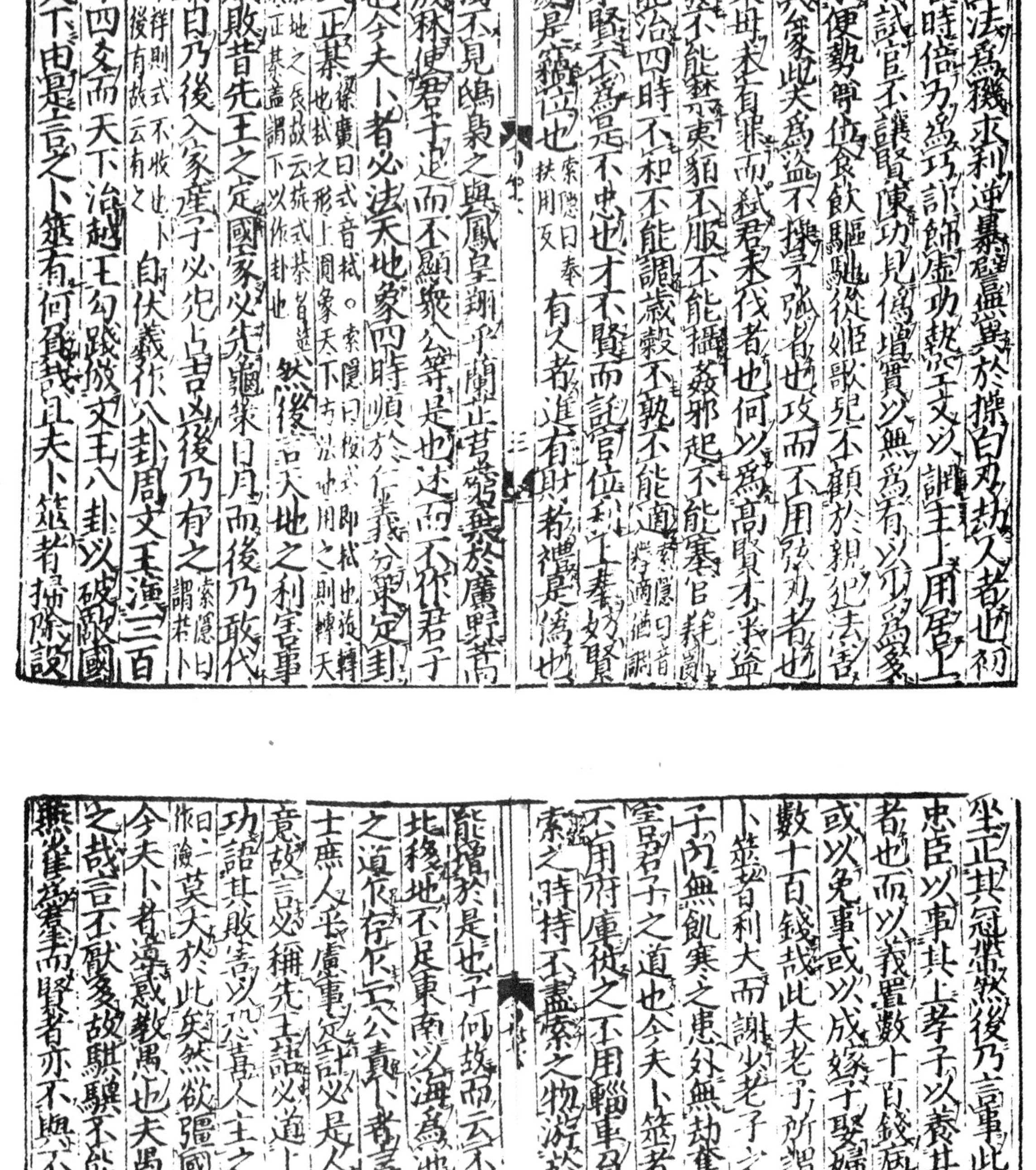
威以法為機，求利逆暴，譬無異於操白刃劫人者也。初試官時，倍力為巧詐，飾虛功執空文以誷主上，用居上為右；試官不讓賢陳功，見僞增實，以無為有，以少為多，以求便勢尊位；食飲驅馳，從姬歌兒，不顧於親，犯法害民，虛公家：此夫為盜不操矛弧者也，攻而不用弦刃者也，欺父母未有罪而弒君未伐者也。何以為高賢才乎？盜賊發不能禁，夷貊不服不能攝，姦邪起不能塞，官秏亂不能治，四時不和不能調，歲穀不孰不能適。索隱曰音狄適猶調 才賢不為，是不忠也；才不賢而託官位，利上奉，妨賢者處，是竊位也；索隱曰奉扶用反 有人者進，有財者禮，是僞也。子獨不見鴟梟之與鳳皇翔乎？蘭芷芎藭棄於廣野，蒿蕭成林，使君子退而不顯衆，公等是也。述而不作，君子義也。今夫卜者，必法天地，象四時，順於仁義，分策定卦，旋式正棊，徐廣曰式音栻。索隱曰按式即栻也旋轉也栻之形上圓象天下方法地用之則轉天綱加地之辰故云旋式棊者筮之狀正棊蓋謂卜以作卦也 然後言天地之利害，事之成敗。昔先王之定國家，必先龜策日月，而後乃敢代；正時日，乃後入家；產子必先占吉凶，後乃有之。索隱曰謂卜吉而後有故云有之不祥則不收也 自伏羲作八卦，周文王演三百八十四爻而天下治。越王勾踐放文王八卦以破敵國，霸天下。由是言之，卜筮有何負哉！且夫卜筮者，埽除設坐，正其冠帶，然後乃言事，此有禮也。言而鬼神或以饗，忠臣以事其上，孝子以養其親，慈父以畜其子，此有德者也。而以義置數十百錢，病者或以愈，且死或以生，患或以免，事或以成，嫁子娶婦或以養生：此之為德，豈直數十百錢哉！此夫老子所謂「上德不德，是以有德」。今夫卜筮者利大而謝少，老子之云豈異於是乎？莊子曰：「君子內無飢寒之患，外無劫奪之憂，居上而敬，居下不為害，君子之道也。」今夫卜筮者之為業也，積之無委聚，藏之不用府庫，徙之不用輜車，負裝之不重，止而用之無盡索之時。持不盡索之物，游於無窮之世，雖莊氏之行未能增於是也，子何故而云不可卜哉？天不足西北，星辰西北移；地不足東南，以海為池；日中必移，月滿必虧；先王之道，乍存乍亡。公責卜者言必信，不亦惑乎！公見夫談士辯人乎？慮事定計，必是人也，然不能以一言說人主意，故言必稱先王，語必道上古；慮事定計，飾先王之成功，語其敗害，以恐喜人主之志，以求其欲。多言誇嚴，徐廣曰一作險 莫大於此矣。然欲彊國成功，盡忠於上，非此不立。今夫卜者，導惑教愚也。夫愚惑之人，豈能以一言而知之哉！言不厭多。故騏驥不能與罷驢為駟，而鳳皇不與燕雀為群，而賢者亦不與不肖者同列。故君子處卑隱

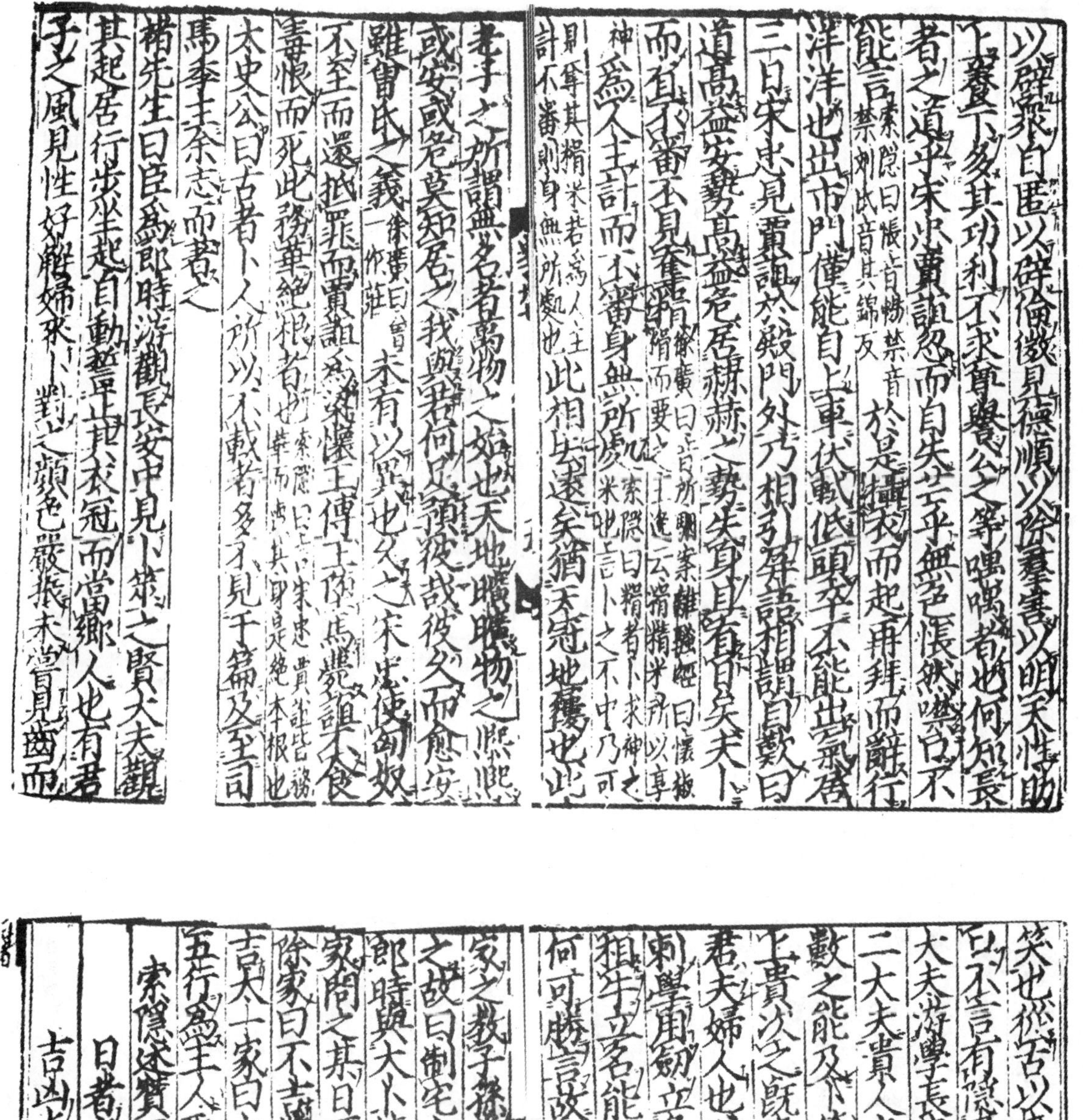

以辟眾自匿以辟倫微見德順以除群害以明天性助上養下多其功利不求尊譽公之等喁喁者也何知長者之道乎宋忠賈誼忽而自失芒乎無色悵然噤口不能言索隱曰悵音暢噤音禁劉氏音其錦反　於是攝衣而起再拜而辭行洋洋也出市門僅能自上車伏軾低頭卒不能出氣居三日宋忠見賈誼於殿門外乃相引屏語相謂自歎曰道高益安勢高益危居赫赫之勢失身且有日矣夫卜而有不審不見奪糈徐廣曰音所駰案離騷經曰懷椒糈而要之王逸云糈精米所以享神　為人主計而不審身無所處索隱曰糈者卜求神之米也言卜之不中乃可見奪其糈米若為人主計不審則身無所處也　此相去遠矣猶天冠地屨也此老子之所謂無名者萬物之始也天地曠曠物之熙熙或安或危莫知居之我與若何足預彼哉彼久而愈安雖曾氏之義徐廣曰曾一作莊　未有以異也久之宋忠使匈奴不至而還抵罪而賈誼為梁懷王傅王墮馬薨誼不食毒恨而死此務華絕根者也索隱曰言宋忠賈誼皆務華而喪其身是絕本根也

太史公曰古者卜人所以不載者多不見于篇及至司馬季主余志而著之

褚先生曰臣為郎時游觀長安中見卜筮之賢大夫觀其起居行步坐起自動誓正其衣冠而當鄉人也有君子之風見性好解婦來卜對之顏色嚴振未嘗見齒而笑也從古以來賢者避世有居止舞澤者有居民間閉口不言有隱居卜筮間以全身者夫司馬季主者楚賢大夫游學長安通易經術黃帝老子博聞遠見觀其對二大夫貴人之談言稱引古明王聖人道固非淺聞小數之能及卜筮立名聲千里者各往往而在傳曰富為上貴次之既貴各各學一伎能立其身黃直大夫也陳君夫婦人也以相馬立名天下齊張仲曲成侯以善擊刺學用劍立名天下留長孺以相彘立名滎陽褚氏以相牛立名能以伎能立名者甚多皆有高世絕人之風何可勝言故曰非其地樹之不生非其意教之不成夫家之教子孫當視其所以好好含苟生活之道因而成之故曰制宅命子足以觀士子有處所可謂賢人臣為郎時與太卜待詔為郎者同署言曰孝武帝時聚會占家問之某日可取婦乎五行家曰可堪輿家曰不可建除家曰不吉叢辰家曰大凶曆家曰小凶天人家曰小吉太一家曰大吉辯訟不決以狀聞制曰避諸死忌以五行為主人取於五行者也

索隱述贊曰
日者之名　有自來矣
吉凶占候　著於墨子

齊魏異法　書云罕紀

後人斯繼　季主獨美

取免暴秦　此焉終示

日者列傳第六十七　史記一百二十七

龜策列傳第六十八　史記一百二十八

索隱曰龜策傳有録無書褚先生所補其叙事煩蕪陋略無可取。正義曰史記至元成間十篇有録無書而褚少孫補景武紀將相年表禮書樂書律書三王世家蒯成侯日者龜策列傳言辭最鄙陋非太史公之本意也

太史公曰自古聖王將建國受命興動事業何嘗不寶卜筮以助善唐虞以上不可記已自三代之興各據禎祥塗山之兆從而夏啟世飛燕之卜順故殷興百穀之筮吉故周王王者決定諸疑參以卜筮斷以蓍龜不易之道也蠻夷氐羌雖無君臣之序亦有決疑之卜或以金石或以草木徐廣曰一作葉國不同俗然皆可以戰伐攻擊推兵求勝各信其神以知來事略聞夏殷欲卜者乃取蓍龜已則弃去之以為龜藏則不靈蓍久則不神至周室之卜官常寶藏蓍龜又其大小先後各有所尚要其歸等耳或以為聖王遭事無不定決疑無不見其設稽神求問之道者以為後世衰微愚不師智人各自安化分為百室道散而無垠故推歸之至微要絜於精神也或以為昆蟲之所長聖人不能與爭其處吉凶別然否多中於人至高祖時因秦太卜官天下始定兵革未息及孝惠享國日少呂后女主孝文孝景因襲掌故未遑講試雖父子疇官世世相傳其精微深妙多所遺失至

今上即位，博開藝能之路，悉延百端之學，通一伎之士咸得自效，絕倫超奇者為右，無所阿私，數年之間，太卜大集。會上欲擊匈奴，西攘大宛，（徐廣曰：攘一作衮，衮除也。）南收百越，卜筮至預見表象，先圖其利。及猛將推鋒執節，獲勝於彼，而蓍龜時日亦有力於此。上尤加意，賞賜至或數千萬。如丘子明之屬，富溢貴寵，傾於朝廷。至以卜筮射蠱道，巫蠱時或頗中。素有眦睚不快，因公行誅，恣意所傷，以破族滅門者，不可勝數。百僚蕩恐，皆曰龜策能言。後事覺姦窮，亦誅三族。夫摓策定數，（徐廣曰：摓音逢，一作捀。○索隱曰：摓謂兩手執蓍分而扐之，故云摓策。）灼龜觀兆，變化無窮，是以擇賢而用占焉，可謂聖人重事者乎！周公卜三龜，而武王有瘳。紂為暴虐，而元龜不占。晉文將定襄王之位，卜得黃帝之兆，（左傳曰：遇黃帝戰于阪泉之兆。）卒受彤弓之命。獻公貪驪姬之色，卜而兆有口象，其禍竟流五世。楚靈將背周室，卜而龜逆，（左傳曰：靈王卜曰「余尚得天下」，不吉，投龜詬天而呼曰：「是區區者而不余畀，余必自取之。」）終被乾谿之敗。兆應信誠於內，而時人明察見之於外，可不謂兩合者哉！君子謂夫輕卜筮，無神明者，悖；背人道，（索隱曰：悖音佩。）信禎祥者，鬼神不得其正。故書建稽疑，五謀而卜筮居其二，五占從其多，明有而不專之道也。余至江南，觀其行事，問其長老，云龜千歲乃遊蓮葉之

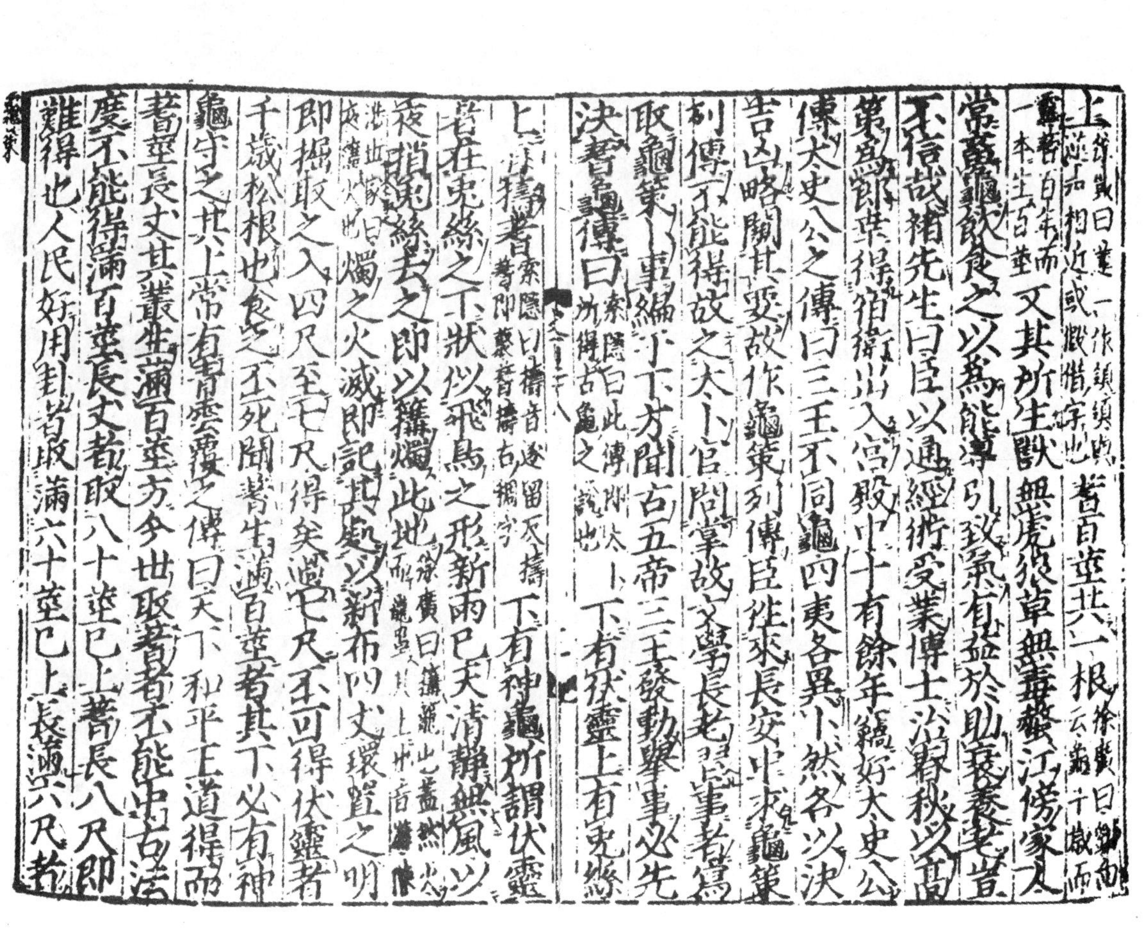

上，（徐廣曰：蓮一作領，領與蓮相近，或假借字也。）蓍百莖共一根。（徐廣曰：劉向云龜千歲而靈，蓍百年而一本生百莖。）又其所生，獸無虎狼，草無毒螫。江傍家人常畜龜飲食之，以為能導引致氣，有益於助衰養老，豈不信哉！

褚先生曰：臣以通經術，受業博士，治春秋，以高第為郎，幸得宿衛，出入宮殿中十有餘年。竊好太史公傳。太史公之傳曰：「三王不同龜，四夷各異卜，然各以決吉凶，略闚其要，故作龜策列傳。」臣往來長安中，求龜策列傳不能得，故之大卜官，問掌故文學長老習事者，寫取龜策卜事，編于下方。

聞古五帝、三王發動舉事，必先決蓍龜。傳曰：（索隱曰：此傳即太卜所得古龜之說也。）「下有伏靈，上有兔絲；上有擣蓍，（索隱曰：擣音疇留反。擣蓍即聚蓍。擣，古稠字。）下有神龜。」所謂伏靈者，在兔絲之下，狀似飛鳥之形。新雨已，天清靜無風，以夜捎兔絲去之，即以籍燭此地（徐廣曰：籍一作簾。）燭之，火滅，即記其處，以新布四丈環置之，明即掘取之，入四尺至七尺，得矣，過七尺不可得。伏靈者，千歲松根也，食之不死。聞蓍生滿百莖者，其下必有神龜守之，其上常有青雲覆之。傳曰：「天下和平，王道得，而蓍莖長丈，其叢生滿百莖。」方今世取蓍者，不能中古法度，不能得滿百莖長丈者，取八十莖已上，蓍長八尺，即難得也。人民好用卦者，取滿六十莖已上，長滿六尺者，

即可用矣。試曰：能得名龜者，財物歸之，家必大富至千萬。一曰北斗龜，二曰南辰龜，三曰五星龜，四曰八風龜，五曰二十八宿龜，六曰日月龜，七曰九州龜，八曰玉龜：凡八名龜。龜圖各有文在腹下，文云云者，此某之龜也。略記其大指，不寫其圖。取此龜不必滿尺二寸，民人得長七八寸，可寶矣。今夫珠玉寶器，雖有所深藏，必見其光，必出其神明，其此之謂乎！故玉處於山而木潤，淵生珠而岸不枯者，徐廣曰：一無不字。許氏說淮南：以為滋潤鍾於明珠，致令崖枯也。潤澤之所加也。明月之珠出於江海，藏於蚌中，蚗龍伏之。徐廣曰：許氏說淮南云：蚗龍，蜀也，音決。○索隱曰：蚗當其蛟，蟄音龍，注音決，誤也。王者得之長有天下，四夷賓服。能得百莖蓍，并得其下龜以卜者，百言百當，足以決吉凶。神龜出於江水中，廬江郡常歲時生龜長尺二寸者二十枚輸太卜官，太卜官因以吉日剔取其腹下甲。龜千歲乃滿尺二寸。王者發軍行將，必鑽龜廟堂之上，以決吉凶。今高廟中有龜室，藏內以為神寶。傳曰：取前足臑骨穿佩之，徐廣曰：臑音乃毛反。臑，臂。○索隱曰：臑音乃高反，一音乃導反。取龜置室西北隅懸之，以入深山大林中，不惑。臣為郎時，見萬畢石朱方，傳曰：有神龜在江南嘉林中。索隱曰：按萬畢術中有石朱方，方中說嘉林也，故云傳曰。嘉林者，獸無虎狼，鳥無鴟梟，草無毒螫，野火不及，斧斤不至，是為嘉林。龜在其中，常巢於芳蓮之上。左脅書文曰：「甲子重光，徐廣曰：子一作于。得我者匹夫為人君，有土正，徐廣曰：正，長也。為有土之官長。諸侯得我為帝王。」求之於白蛇蟠杅林中者，徐廣曰：一抓反。齋戒以待，譺然，索隱曰：蟠林名白蛇蟠杅林，龜藏其中。杅音烏，謂白蛇嘗蟠杅此林中也。譺音擬，言求龜者齋戒以待，但譺然也。狀如有人來告之。因以醮酒佗髮，徐廣曰：佗，一作被。○索隱曰：佗音徒我切，謂被髮也。求之三宿而得。由是觀之，豈不偉哉！故龜可不敬與？南方老人用龜支牀足，行二十餘歲，老人死，移牀，龜尚生不死。龜能行氣導引。問者曰：「龜至神若此，然太卜官得生龜，何為輒殺取其甲乎？」近世江上人有得名龜，畜置之，家因大富。與人議，欲遣去。人教殺之勿遣，遣之破人家。龜見夢曰：「送我水中，無殺吾也。」其家終殺之。殺之後，身死，家不利。人民與君王者異道。人民得名龜，其狀類不宜殺也。以往古故事言之，古明王聖主皆殺而用之。宋元王時得龜，亦殺而用之。謹連其事於左方，令好事者觀擇其中焉。宋元王二年，江使神龜使於河，至於泉陽，漁者豫且舉網得而囚之，索隱曰：且音子余切。泉陽人，網元龜者。置之籠中。夜半，龜來見夢於宋元王曰：「我為江使於河，而幕網當吾路。泉陽豫且得我，我不能去。身在患中，莫可告語。王有德義，故來告訴。」元王惕然而悟。乃召博士衛平而問之曰：索隱曰：衛平，元王之臣也。「今寡人夢見一丈夫，延頸

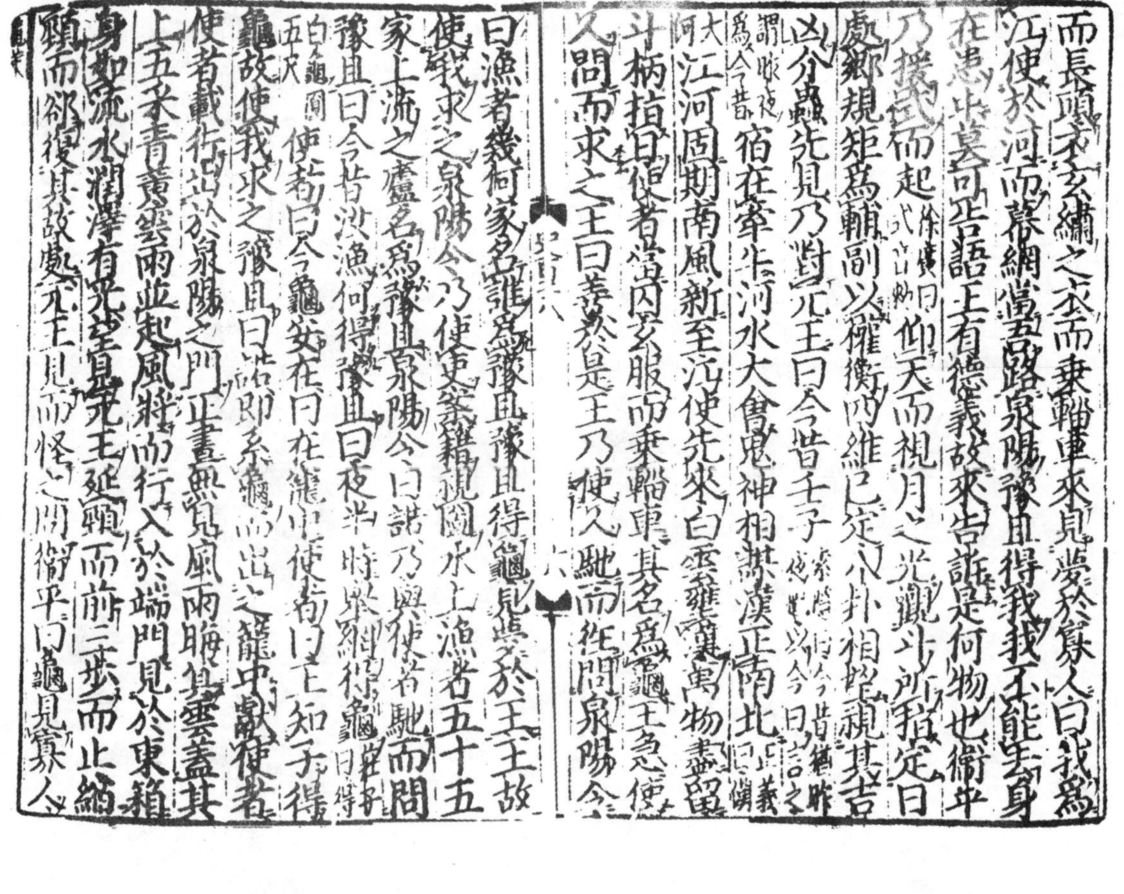

而長頸而玄繡之衣而乘輜車來見夢於寡人曰我爲
江使於河而幕網當吾路泉陽豫且得我我不能去身
在患中莫可告語王有德義故來告訴是何物也衛平
乃援式而起徐廣曰式音栻仰天而視月之光觀斗所指定日
處鄉規矩爲輔副以權衡四維已定八卦相望視其吉
凶介蟲先見乃對元王曰今昔壬子索隱今昔猶昨夜也以今日言之
宿在牽牛河水大會鬼神相謀漢正南北
江河固期南風新至江使先來白雲壅漢萬物盡留
斗柄指日使者當囚玄服而乘輜車其名爲龜王急使
人問而求之王曰善於是王乃使人馳而往問泉陽令
曰漁者幾何家名誰爲豫且豫且得龜見夢於王王故
使我求之泉陽令乃使吏案籍視圖水上漁者五十五
家上流之廬名爲豫且泉陽令曰諾乃與使者馳而問
豫且曰今昔汝漁何得豫且曰夜半時舉網得龜徐廣曰得白龜圓五尺
使者曰今龜安在曰在籠中使者曰王知子得
龜故使我求之豫且曰諾即系龜而出之籠中獻使者
使者載行出於泉陽之門正晝無見風雨晦冥雲蓋其
上五采青黃雷雨並起風將而行入於端門見於東箱
身如流水潤澤有光望見元王延頸而前三步而止縮
頸而卻復其故處元王見而怪之問衛平曰龜見寡人

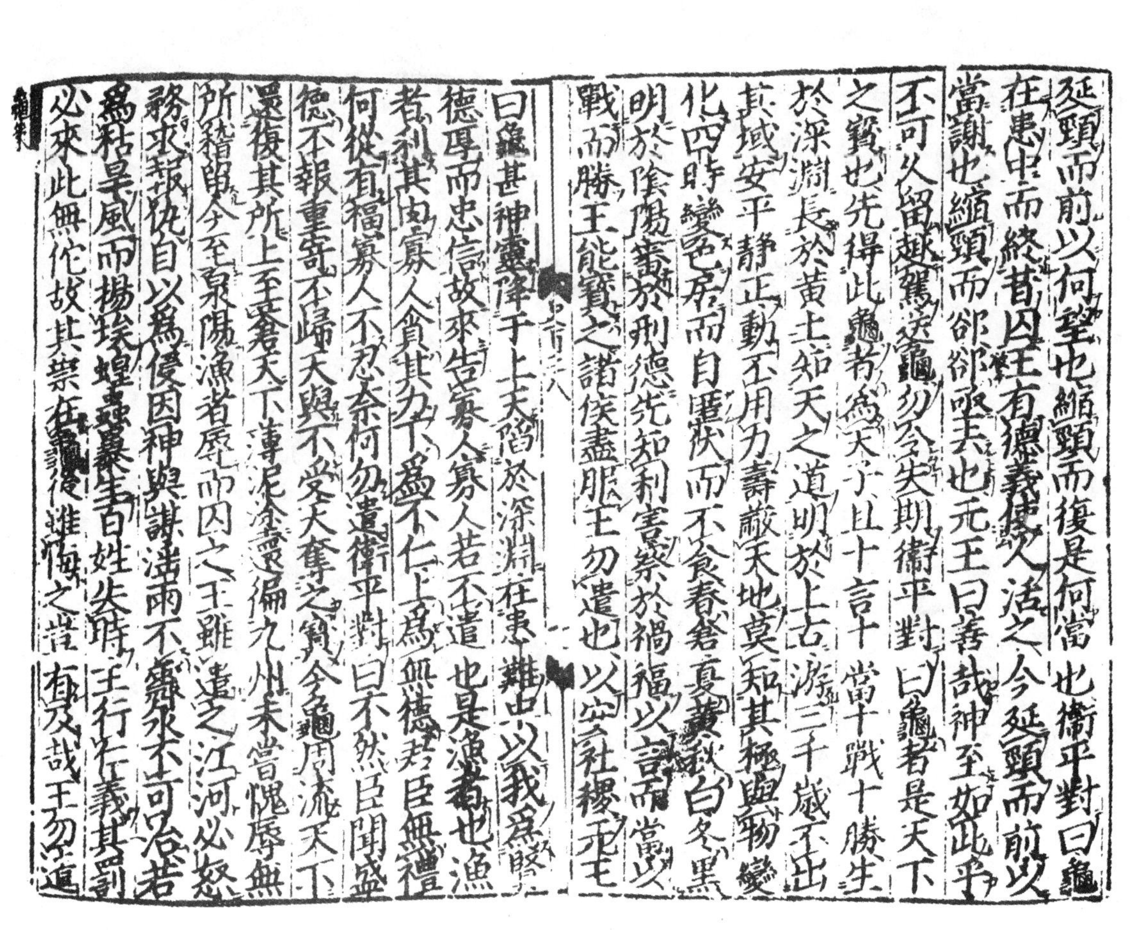

延頸而前以何望也縮頸而復是何當也衛平對曰龜
在患中而終昔囚王有德義使人活之今延頸而前以
當謝也縮頸而卻欲亟去也元王曰善哉神至如此乎
不可久留趣駕送龜勿令失期衛平對曰龜者是天下
之寶也先得此龜者爲天子且十言十當十戰十勝生
於深淵長於黃土知天之道明於上古游三千歲不出
其域安平靜正動不用力壽蔽天地莫知其極與物變
化四時變色居而自匿伏而不食春倉夏黃秋白冬黑
明於陰陽審於刑德先知利害察於禍福以言而當以
戰而勝王能寶之諸侯盡服王勿遣也以安社稷元王
曰龜甚神靈降于上天陷於深淵在患難中以我爲賢
德厚而忠信故來告寡人寡人若不遣也是漁者也漁
者利其肉寡人貪其力下爲不仁上爲無德君臣無禮
何從有福寡人不忍奈何勿遣衛平對曰不然臣聞盛
德不報重寄不歸天與不受天奪之寶今龜周流天下
還復其所上至蒼天下薄泥塗還徧九州未嘗愧辱無
所稽留今至泉陽漁者辱而囚之王雖遣之江河必怒
務求報仇自以爲侵因神與謀淫雨不霽水不可治若
爲枯旱風而揚埃蝗蟲暴生百姓失時王行仁義其罰
必來此無佗故其祟在龜後雖悔之豈有及哉王勿遣

也。元王慨然而歎曰：夫逆人之使，絕人之謀，是不暴乎？取人之有，以自為寶，是不彊乎？寡人聞之，暴得者必暴亡，彊取者必以後無功。桀紂暴彊，身死國亡。今我聽子，是無仁義之名而有暴彊之道。江河為湯武，我為桀紂。未見其利，恐離其咎。寡人狐疑，安事此寶，趣駕送龜，勿令久留。衛平對曰：不然。王其無患。天地之間，累石為山。高而不壞，地得為安。故云物或危而顧安，或輕而不可遷；人或忠信而不如誕謾，徐廣曰：誕一作訑，音土和反。索隱曰：誕音由，謾音漫。並如字。或醜惡而宜大官，或美好佳麗而為眾人患。非神聖人，莫能盡言。春秋冬夏，或暑或寒。寒暑不和，賊氣相姦。同歲異節，其時使然。故令春生夏長，秋收冬藏。或為仁義，或為暴彊。暴彊有鄉，仁義有時。萬物盡然，不可勝治。大王聽臣，臣請悉言之。天出五色，以辨白黑。地生五穀，以知善惡。人民莫知辨也，與禽獸相若。谷居而穴處，不知田作。天下禍亂，陰陽相錯。悤悤疾疾，徐廣曰：一作病。通而不相擇。妖孽數見，正義曰：說文云衣服謌謠草木之怪謂之妖，禽獸蟲蝗之怪謂之孽也。傳為單薄。聖人別其生，使無相獲。禽獸有牝牡，置之山原；鳥有雌雄，布之林澤；有介之蟲，置之谿谷。故牧人民，為之城郭，內經閭術，外為阡陌。夫妻男女，賦之田宅，列其室屋。為之圖籍，別其名族。立官置吏，勸以爵祿，衣以

桑麻，養以五穀，耕之耰之，徐廣曰：音憂。正義曰：耰，摩田器。鉏之耨之，徐廣曰：耨，除草也。口得所嗜，目得所美，身受其利。以是觀之，非彊不至。故曰田者不彊，囷倉不盈；正義曰：囷，圓倉也。商賈不彊，不得其贏；婦女不彊，布帛不精；官御不彊，其勢不成；大將不彊，卒不使令；侯王不彊，沒世無名。故云彊者，事之始也，分之理也，物之紀也。所求於彊，無不有也。王以為不然，王獨不聞玉櫝隻雉，徐廣曰：隻一作双。出於昆山；明月之珠，出於四海；鐫石拌蚌，徐廣曰：鐫音子旋反，拌音判。索隱曰：拌，割也。傳賣於市；聖人得之，以為大寶。大寶所在，乃為天子。今王自以為暴，不如拌蚌於海也；自以為彊，不過鐫石於昆山也。取者無咎，寶者無患。今龜使來抵網，而遭漁者得之，見夢自言，是國之寶也，王何憂焉。元王曰：不然。寡人聞之，諫者福也，諛者賊也。人主聽諛，是愚惑也。雖然，禍不妄至，福不徒來。天地合氣，以生百財。陰陽有分，不離四時，十有二月，日至為期。聖人徹焉，身乃無災。明王用之，人莫敢欺。故云福之至也，人自生之；禍之至也，人自成之。禍與福同，刑與德雙。聖人察之，以知吉凶。桀紂之時，與天爭功，擁遏鬼神，使不得通。是固已無道矣，諛臣有眾。桀有諛臣，名曰趙梁。教為無道，勸以貪狼。繫湯夏臺，殺關龍逢。左右恐死，偷諛於傍。國危於

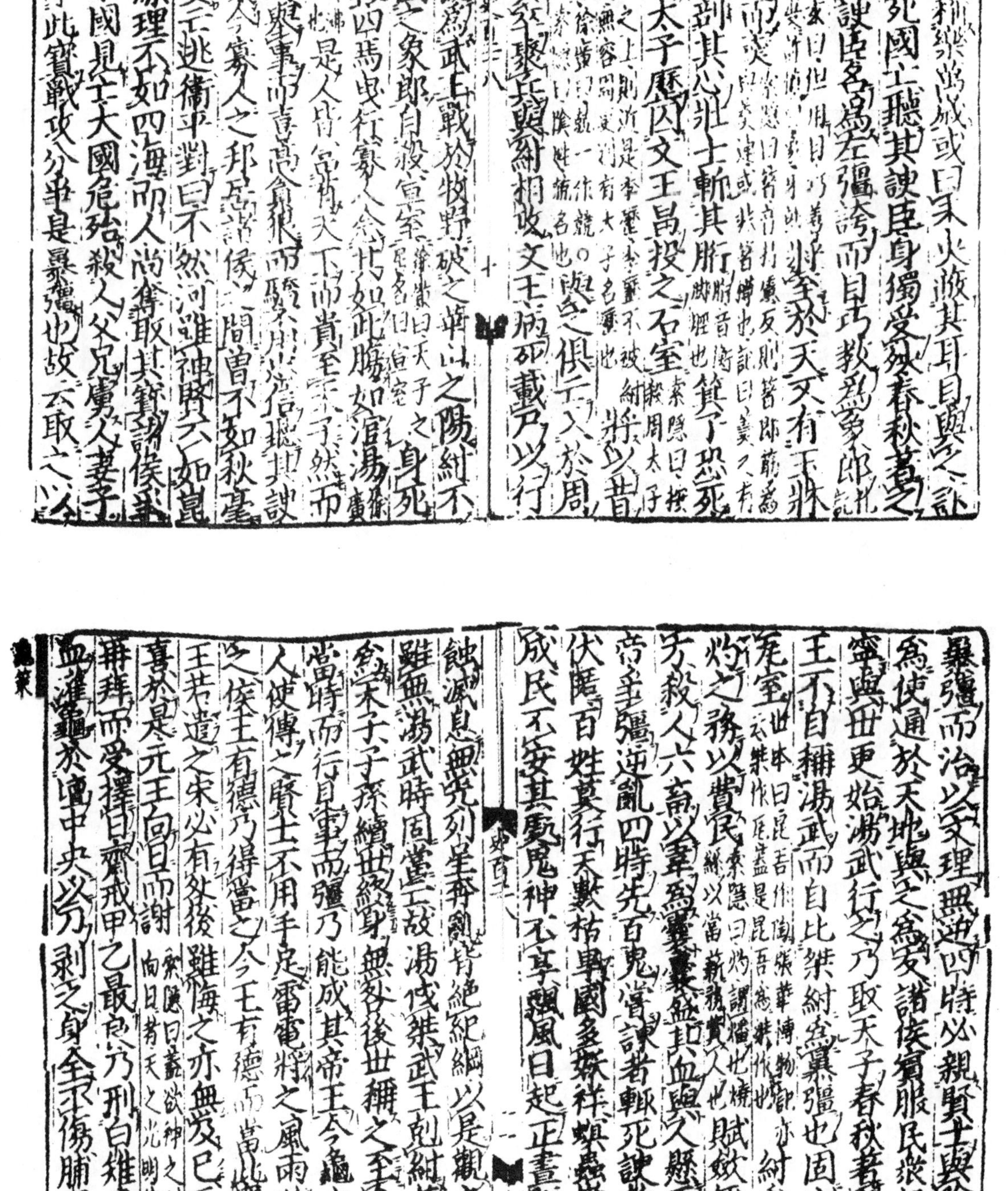

眾人皆曰無傷，稱樂萬歲。或曰未也，蔽其耳目，與之詐狂。湯卒伐桀，身死國亡。聽其諛臣，身獨受殃。春秋著之，至今不忘。紂有諛臣，名為左強。誇而目巧，教為象郎。將至於天，又有玉牀。犀玉之器，象箸而羹。聖人剖其心，壯士斬其胻。胻音衡，脚脛也。箕子恐死，被髮佯狂。殺周太子歷，囚文王昌。投之石室，索隱曰：按，殺周太子歷，立囚文王昌之上，則近是季歷，季歷不被紂誅，則其言近妄，無容周更有太子名歷也。將以昔至明。陰兢活之，徐廣曰：兢，一作競。○索隱曰：陰，姓；兢，名也。與之俱亡。入於周地，得太公望。興卒聚兵，與紂相攻。文王病死，載尸以行。太子發代將，號為武王。戰於牧野，破之華山之陽。紂不勝，敗而還走，圍之象郎。自殺宣室，徐廣曰：天子之居名曰宣室。身死不葬。頭懸車軫，四馬曳行。寡人念其如此，腸如涫湯。徐廣曰：涫音館，一作沸。○索隱曰：涫，沸也。是人皆富有天下而貴至天子，然而大傲。欲無厭時，舉事而喜高，貪很而驕。不用忠信，聽其諛臣，而為天下笑。今寡人之邦，居諸侯之閒，曾不如秋毫。舉事不當，又安亡逃！」衛平對曰：「不然。河雖神賢，不如崑崙之山；江之源理，不如四海，而人尚奪取其寶，諸侯爭之，兵革為起。小國見亡，大國危殆，殺人父兄，虜人妻子，殘國滅廟，以爭此寶。戰攻分爭，是暴彊也。故云取之以

暴彊而治以文理，無逆四時，必親賢士；與陰陽化，鬼神為使；通於天地，與之為友。諸侯賓服，民眾殷喜。邦家安寧，與世更始。湯武行之，乃取天子；春秋著之，以為經紀。王不自稱湯武，而自比桀紂。桀紂為暴彊也，固以為常。桀為瓦室，世本曰：昆吾作陶。張華博物記亦云桀作瓦，蓋是昆吾為桀作也。紂為象郎。徵絲灼之，務以費民。索隱曰：灼，謂燔也。燒絲以當薪，務費人也。賦斂無度，殺戮無方。殺人六畜，以韋為囊。囊盛其血，與人縣而射之，與天帝爭彊。逆亂四時，先百鬼嘗。諫者輒死，諛者在傍。聖人伏匿，百姓莫行。天數枯旱，國多妖祥。螟蟲歲生，五穀不成。民不安其處，鬼神不享。飄風日起，正晝晦冥。日月並蝕，滅息無光。列星奔亂，皆絕紀綱。以是觀之，安得久長！雖無湯武，時固當亡。故湯伐桀，武王剋紂，其時使然。乃為天子，子孫續世；終身無咎，後世稱之，至今不已。是皆當時而行，見事而彊，乃能成其帝王。今龜，大寶也，為聖人使，傳之賢士，不用手足，雷電將之；風雨送之，流水行之。侯王有德，乃得當之。今王有德而當此寶，恐不敢受；王若遣之，宋必有咎。後雖悔之，亦無及已。」元王大悅而喜。於是元王向日而謝，索隱曰：蓋欲神之，以謝天之所與。向日者，天之光明，著見者也。再拜而受。擇日齋戒，甲乙最良。乃刑白雉，及與驪羊；以血灌龜，於壇中央。以刀剝之，身全不傷。脯酒禮之，橫其

腹腸荊支，卜之必制。其制（正義曰：制音創）理達於理，文相錯迎。使工占之，所言盡當。邦福重寶（徐廣曰：福一作富），聞于傍鄉。殺牛取革，被鄭之桐（徐廣曰：牛一作生。桐以為鼓也）。草木畢分，化為甲兵。戰勝攻取，莫如元王。元王之時，衛平相宋，宋國最彊，龜之力也。故云神至能見夢於元王，而不能自出漁者之籠；身能十言盡當，不能通使於河，還報於江；賢能令人戰勝攻取，不能自解於刀鋒，免剝刺之患；聖能先知亟見，而不能令衛平無言。言事百全，至身而攣；當時不利，又焉事賢！賢者有恒常，士有適然。是故明有所不見，聽有所不聞；人雖賢，不能左畫方，右畫圓；日月之明，而時蔽於浮雲。羿名善射，不如雄渠、蠭門（新序曰：楚熊渠子夜行，見伏石以為虎而射之，沒羽。淮南子曰：射者重以逢蒙門子之巧。劉歆七略有蠭門射法也）；禹名為辯智，而不能勝鬼神。地柱折，天故毋椽，又奈何責人於全？孔子聞之曰：神龜知吉凶，而骨直空枯（正義曰：凡龜其骨空中而枯也。直，語發聲也，今河東亦然）。日為德而君於天下，辱於三足之烏。月為刑而相佐，見食於蝦蟆。蝟辱於鵲（郭璞曰：蝟能制虎，見鵲仰地。淮南萬畢曰：鵲令蝟反腹者，蝟憎其意而心惡之也），騰蛇之神而殆於即且（郭璞曰：騰蛇，龍屬也。即且似蝗，大腹，食蛇腦也。○正義曰：即，津日反。且，則餘反。即且，吳公也，狀如蚰蜒而大，黑色）。竹外有節理，中直空虛；松柏為百木長，而守門閭。日辰不全，故有孤虛（甲乙謂之日，子丑謂之辰。六甲孤虛法：甲子旬中無戌亥，戌亥即為孤，辰巳即為虛。甲戌旬中無申酉，申酉為孤，寅卯為虛。甲申旬中無午未，午未為孤，子丑為虛。甲午旬中無辰巳，辰巳為孤，戌亥即為虛。甲辰旬中無寅卯，寅卯為孤，申酉即為虛。甲寅旬中無子丑，子丑為孤，午未即為虛。劉歆七略有風后孤虛二十卷。○正義曰：校歲月日時並得上法也）。黃金有疵，白玉有瑕。事有所疾，亦有所徐。物有所拘，亦有所據。罔有所數，亦有所疏。人有所貴，亦有所不如。何可而適乎？物安可全乎？天尚不全，故世為屋，不成三瓦而陳之（徐廣曰：一云為屋成，欠三瓦而陳之也。○索隱曰：劉氏云：陳猶居也。注依棟音都貢反。○正義曰：言為屋不成，欠三瓦以應天，天猶陳列而居之），以應之天。天下有階，物不全（正義曰：言万物及日月天地皆不能全，喻龜之不全也）乃生也。

褚先生曰：漁者舉網而得神龜，龜自見夢宋元王。元王召博士衛平，告以夢龜狀，平運式，定日月，分衡度，視吉凶，占龜與物色同，平諫王留神龜以為國重寶，美矣。古者筮必稱龜者，以其令名，所從來久矣。余述而為傳。

三月　二月　正月（正義曰：言正月二月三月右轉周環終十二月者，日月之龜腹下十二黑點為十二月也，若二十八宿龜也）　十二月　十一月　中關內高外下（○正義曰：此等下至首俛大者，皆卜兆之狀也）

四月　首仰（索隱曰：音□兩反。○正義曰：謂兆首仰起）　足開　肣開（索隱曰：音琴。肣謂兆足斂也）　首俛大（索隱曰：俛音免。兆首伏也）

五月　橫吉　首俛大（正義曰：俛音免，謂兆首伏而大也）

六月　七月　八月　九月　十月

卜禁曰：子亥戌不可以卜及殺龜。日中如食已卜。暮昏

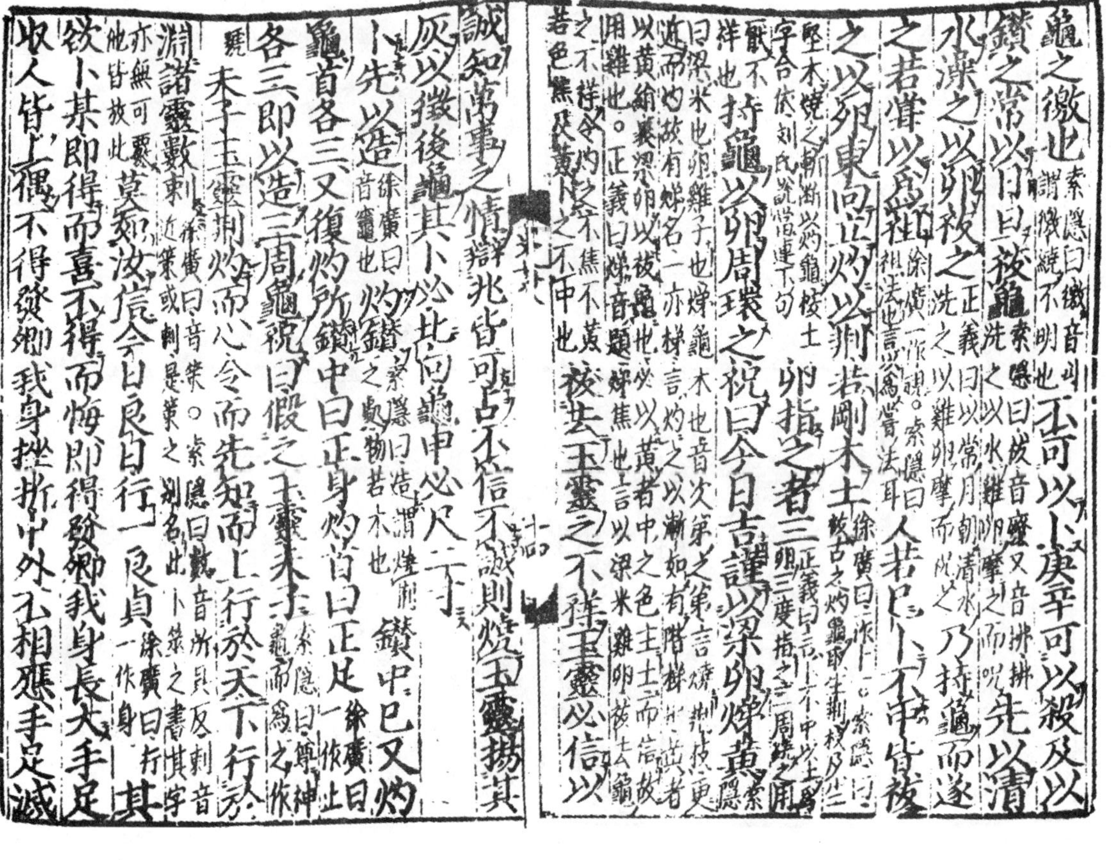

龜之徼也（索隱曰徼音叫謂徼繞不明也）不可以卜。庚辛可以殺，及以鑽之。常以月旦祓龜，（索隱曰祓音廢又音拂）先以清水澡之，以卵祓之，（正義曰以常月朝清水洗之以雞卵摩而祝之）乃持龜而遂之，若常以為祖。（索隱曰祖法也言以為嘗法耳）人若已卜不中，皆祓之以卵，東向立，灼以荊若剛木，土卵指之者三，持龜以卵周環之，祝曰：「今日吉，謹以粱卵焍黃祓去玉靈之不祥。」玉靈必信以誠，知萬事之情，辯兆皆可占。不信不誠，則燒玉靈，揚其灰，以徵後龜。其卜必北向，龜甲必尺二寸。卜先以造灼鑽，鑽中已，又灼龜首，各三；又復灼所鑽中曰正身，灼首曰正足，各三。即以造三周龜，祝曰：「假之玉靈夫子。夫子玉靈，荊灼而心，令而先知。而上行於天，下行於淵，諸靈數箣，莫如汝信。今日良日，行一良貞。某欲卜某，即得而喜，不得而悔。即得，發鄉我身長大，首足收人皆上偶；不得，發鄉我身挫折，中外不相應，首足滅

此葉缺

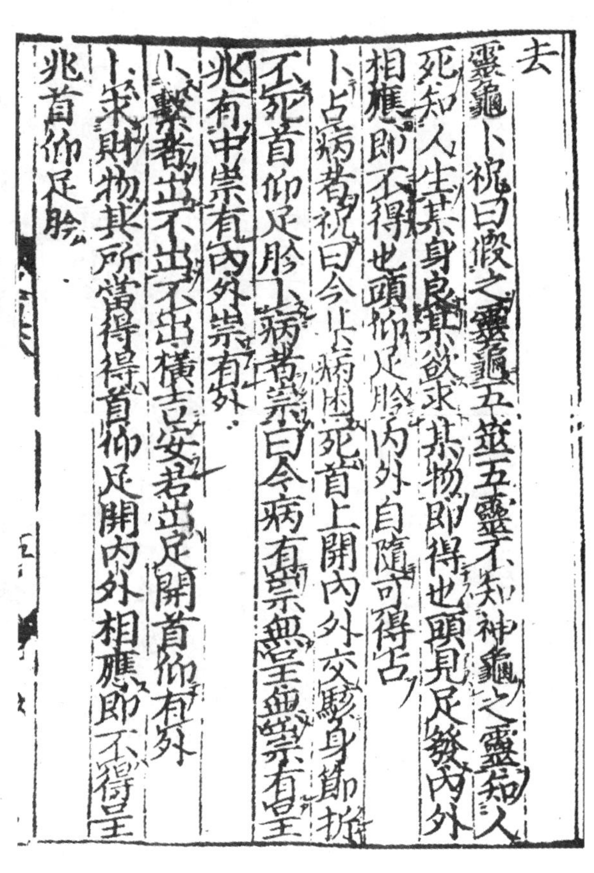

去

靈龜卜祝曰：「假之靈龜，五巫五靈，不如神龜之靈，知人死，知人生。某身良貞，某欲求某物。即得也，頭見足發，內外相應；即不得也，頭仰足肣，內外自垂。可得占。」

卜占病者祝曰：「今某病困。死，首上開，內外交駭，身節折；不死，首仰足肣。」

卜病者祟曰：「今病有祟無呈，無祟有呈。兆有中祟有內，外祟有外。」

卜繫者出不出。不出，橫吉安；若出，足開首仰有外。

卜求財物，其所當得。得，首仰足開，內外相應；即不得，呈兆首仰足肣。

此葉缺

卜歲中民疫不疫疫首仰足肣身節有彊外不疫身正
首仰足開
卜歲中有兵無兵無兵呈兆若横吉安有兵首仰足開
身作外彊情
卜見貴人吉不吉吉足開首仰身正内自橋不吉首仰
身節折足肣有外若無漁
卜請謁於人得不得得首仰足開内自橋不得首仰足
肣有外
卜追亡人當得不得得首仰足肣内外相應不得首仰
足開若横吉安

卜漁獵得不得得首仰足開内外相應不得足肣首仰
若横吉安
卜行遇盜不遇遇首仰足開身節折外高内下不遇呈
兆
卜天雨不雨雨首仰有外外高内下不雨首仰足開若
横吉安
卜天雨霽不霽霽呈兆足開首仰不霽横吉
命曰横吉安以占病者病甚者一日死不甚者一日瘳不死繫者
重罪不出輕罪環出過一日不出久毋傷也求財物買
臣妾馬牛一日環得過一日不得不得行者不行來者
環至過食時不至不來擊盜不行行不遇聞盜不來徙
官不徙居官家室皆吉歲稼不孰民疾疫無疾歲中無
兵見人行不行不喜請謁人不行不得追亡人漁獵不
得行不遇盜雨不雨霽不霽
命曰呈兆病者不死繫者出行者行來者來市買得追
亡人得過一日不得聞行者不到
命曰柱徹卜病不死繫者出行者行來者來而市買不
得憂者毋憂追亡人不得
命曰首仰足肣有内無外占病病甚不死繫者解求財
物買臣妾馬牛不得行者聞言不行來者不來聞盜不

來聞言不至徙官聞言不徙居官有憂居家多災歲稼
中孰民疾疫多病歲中有兵聞言不開見貴人吉請謁
不行行不得善言追亡人不得漁獵不得行不遇盜雨
不雨霽不霽故其莫字皆爲首備問之曰備者仰也
故定以爲仰此私記也

命曰首仰足肣有內無外占病病甚不死繫者不出求
財買臣妾不得行者不行來者不來擊盜不見聞盜來
內自驚不來徙官不徙居官家室吉歲稼不孰民疾疫
有病甚歲中無兵見貴人吉請謁追亡人不得亡財物
財物不出得漁獵不得行不遇盜雨不雨霽不霽凶

命曰呈兆首仰足肣以占病不死繫者未出求財物買
臣妾馬牛不得行不行來不來擊盜不相見聞盜來不
來徙官不徙居官久多憂居家室不吉歲稼不孰民病
疫歲中毋兵見貴人不吉請謁不得漁獵得少行不遇
盜雨不雨霽不霽不吉

命曰呈兆首仰足開以占病病篤死繫囚出求財物買
臣妾馬牛不得行者行來者來擊盜不見盜聞盜來不
來徙官徙居官不久居家室不吉歲稼不孰民疾疫有
而少歲中無兵見貴人不見吉請謁追亡人漁獵不得
行遇盜雨不雨霽小吉

命曰首仰足肣以占病不死繫者久毋傷也求財物買
臣妾馬牛不得行者不行擊盜不行來者來聞盜來徙
官聞言不徙居家室不吉歲稼不孰民疾疫少歲中毋
兵見貴人得見請謁追亡人漁獵不得行遇盜雨不雨
霽不霽吉

命曰首仰足開有內以占病者死繫者出求財物買臣
妾馬牛不得行者行來者來擊盜行不見盜聞盜來不來徙
官徙居官不久居家室不吉歲孰民疾疫有而少歲中
毋兵見貴人不吉請謁追亡人漁獵不得行不遇盜雨
霽霽小吉不霽吉

命曰橫吉內外自橋以占病卜日毋瘳死繫者毋罪出
求財物買臣妾馬牛得行者行來者來擊盜合交等開
盜來來徙官徙居家室吉歲孰民疫無疾歲中無兵見
貴人請謁追亡人漁獵得行遇盜雨霽雨霽大吉

命曰橫吉內外自吉以占病病者死繫不出求財物買
臣妾馬牛追亡人漁獵不得行者不來擊盜不相見聞
盜不來徙官徙居官有憂居家室見貴人請謁不吉歲
稼不孰民疾疫歲中無兵行不遇盜雨不雨霽不霽不
吉

命曰漁人以占病者病者甚不死繫者出求財物買臣

妾馬牛擊盜請謁追亡人漁獵得行者行來聞盜來不
來從官不從居家室吉歲稼不孰民疾疫歲中毋兵見
貴人吉行不遇盜雨不雨霽不霽吉
命曰首仰足肣內高外下以占病病者甚不死繫者不
出求財物買臣妾馬牛追亡人漁獵得行不行來者來
擊盜勝從官不從居官有憂無傷也居家室多憂病歲
大孰民疾疫歲中有兵不至見貴人請謁不吉行遇盜
雨不雨霽不霽吉
命曰橫吉上有仰下有柱病久不死繫者不出求財物
買臣妾馬牛追亡人漁獵不得行不行來不來擊盜不
行行不見聞盜來不來從官不從居家室見貴人吉歲
大孰民疾疫歲中毋兵行不遇盜雨不雨霽不霽大吉
命曰橫吉榆仰以占病不死繫者不出求財物買臣妾
馬牛至不得行不行來不來擊盜不行行不見聞盜來
不來從官不從居官家室見貴人吉歲孰歲中有疾疫
毋兵請謁追亡人不得漁獵至不得行不得行不遇盜
雨霽不霽小吉
命曰橫吉下有柱以占病病甚不環有瘳無死繫者出
求財物買臣妾馬牛請謁追亡人漁獵不得行來不來
擊盜不合聞盜來來從官居官吉不久居家室不吉歲

不孰民無疾疫歲中毋兵見貴人吉行不遇盜雨不雨
霽小吉
命曰載所以占病環有瘳無死繫者出求財物買臣妾
馬牛請謁追亡人漁獵得行者行來者來擊盜相見不
相合聞盜來來從官從居官家室見貴人吉歲孰民無
疾疫歲中毋兵行不遇盜雨不雨霽霽吉
命曰根格以占病者不死繫久毋傷求財物買臣妾馬
牛請謁追亡人漁獵不得行不行來不來擊盜盜行不
合聞盜不來從官不從居家室吉歲稼中民疾疫無死
見貴人不得見行不遇盜雨不雨大吉
命曰首仰足肣外高內下卜有憂無傷也行者不來病
久死求財物不得見貴人者吉
命曰外高內下卜病不死有祟市買不得居官家室
不吉行者不行來者不來繫者久毋傷吉
命曰頭見足發有內外相應以占病者起繫者出行者
行來者來求財物得吉
命曰呈兆首仰足開以占病病甚死繫者出有憂求財
物買臣妾馬牛請謁追亡人漁獵不得行不行來不
來擊盜不合聞盜來來從官居官家室不吉歲惡民疾
疫無死歲中毋兵見貴人不吉行不遇盜雨不雨霽不

吉
命曰呈兆首仰足開外高内下以占病不死有外祟繫
者出有憂求財物買臣妾馬牛相見不會行行來聞言
不來擊盗勝聞盗來不來徙官居官家室見貴人不吉
歲中民疾疫有兵請謁追亡人漁獵不得聞盗遇盗雨
不雨霽凶
命曰首仰足肣身折内外相應以占病病甚不死繫者
久不出求財物買臣妾馬牛漁獵不得行不行來不來
擊盗有用勝聞盗來來徙官不徙居官家室不吉歲不
孰民疾疫歲中有兵不至見貴人喜請謁追亡人不得
遇盗凶
命曰内格外垂行者不行來者不來病者死繫者不出
求財物不得見人不見大吉
命曰横吉内外相自橋榆仰上柱足肣以占病
病甚不死繫久不抵罪求財物買臣妾馬牛請謁追亡
人漁獵不得行不行來不來居官家室見貴人吉徙官
不徙歲不大孰民疾疫有兵有兵不會行遇盗聞言不
見雨不雨霽霽大吉
命曰頭仰足肣内外自隨以占病病者甚不死居官不得
居行者行來者不來求財物不得求人不得吉

命曰横吉下有柱卜來者來卜日即不至未來卜病者
過一日毋瘳死行者不行求財物不得繫者出
命曰横吉内外自舉以占病者久不死繫者久不出求
財物得而少行者不行來者不來見貴人見吉
命曰内高外下疾輕足發求財物不得行者行病者有
瘳繫者不出來者來見貴人不見吉
命曰外格求財物不得行者不行來者不來繫者不出
不吉病者死求財物不得見貴人見吉
命曰内自舉外來正足發者行來者來求財物得病者
久不死繫者不出見貴人見吉
此横吉上柱外内自舉足肣以卜有求得病不死繫
者毋傷未出行不行來不來見人不見百事盡吉
此横吉上柱外内自舉柱足以作以卜有求得病死環
起繫留毋傷環出行不行來不來見人不見百事吉可
以舉兵
此挺詐有外以卜有求不得病不死數起繫禍罪聞言
毋傷行不行來不來
此挺詐有内以卜有求不得病不死數起留禍罪無傷
出行不行來者不來見人不見
此挺詐内外自舉以卜有求得病不死繫毋罪行行來

來田買市漁獵盡喜
此狐狢以有卜求不得病死難起繫留毋罪難出可居宅可娶婦嫁女行不行來不來見人不見有憂不憂
此狐徹以卜有求不得病者死繫留有抵罪行不行來不來見人不見言語定百事盡不吉
此首俯足肣身節折以卜有求不得病者死留繫有罪望行者不來行行來不來見人不見
此挺內外自垂以卜有求不晦病不死難起繫留毋罪難出行不行來不來見人不見不吉
此橫吉榆仰首俯以卜有求難得病難起不死繫難出毋傷也可居家室以娶婦嫁女
此横吉上柱載正身節折內外自舉以卜病者卜日不死其一日乃死
此横吉上柱足肣內自舉外自垂以卜病者卜日不死其一日乃死

爲人病首俯足詐有外無內病者占龜未已急死卜輕失大一日不死
首仰足肣以卜有求不得以繫有罪人言語恐之毋傷

行不行見人不見
大論曰 索隱曰按褚先生所取太卜雜占卦体及命兆之辭義蕪鄙重殆無足採凡此六十七條別是
外者人也內者自我也外者女也內者男也首俛者憂大者身也小者枝也大法病者足肣者生足開者死行者足開至足肣者不至行者足肣不行足開行者求足開得足肣者不得繫者足肣不出開出其卜病也足開而死者內高而外下也

索隱述贊曰
三王異龜　五帝殊卜　或長或短
若瓦若玉　其記已亡　其餘後續
江使觸網　見留宋國　神能託夢
不衞其足

龜策列傳第六十八　　史記一百二十八

貨殖列傳第六十九[索隱曰論語云賜不受命而貨殖焉 廣雅云殖立也 孔安國注尚書云殖生也 生資貨財利也]

老子曰至治之極鄰國相望[正義曰望音亡]雞狗之聲相聞民各甘其食美其服安其俗樂其業至老死不相往來必用此為務輓近世塗民耳目則幾無行矣[索隱曰輓音晚 古字通用]

太史公曰夫神農以前吾不知已至若詩書所述虞夏以來耳目欲極聲色之好口欲窮芻豢之味身安逸樂而心誇矜埶能之榮使俗之漸民久矣雖戶說以眇論終不能化[索隱曰眇音妙 論如字]故善者因之其次利道之其次教誨之其次整齊之最下者與之爭夫山西饒材竹穀纑[徐廣曰紵屬可以為布○索隱曰穀音谷 又音構 穀木名 皮可為紙 纑山中紵 可以為布 音盧 紵音佇 今山閭野紵亦作苧]旄玉石山東多魚鹽漆絲聲色江南出枏梓[索隱曰南子二音]薑桂金錫連[徐廣曰音蓮 鉛之未鍊者]丹沙犀瑇瑁珠璣齒革龍門碣石[正義曰龍門山在絳州龍門縣 碣石山在平州盧龍縣]北多馬牛羊旃裘筋角銅鐵則千里往往山出棊置[索隱曰言如置棊子 往往有之○正義曰言出銅鐵之山方千里如圍棊之置也 管子云凡天下名山五千二百七十 出銅之山四百六十七 出鐵之山三千六百九 山上有赭其下有鐵 山上有鉛其下有銀 山上有銀其下有丹 山上有磁石其下有金]此其大較也[索隱曰較音角 大較猶大略也]皆中國人民所喜好謠俗被服飲食奉生送死之具也故待農而食之虞而出之工而成之商而通之此寧有政教發徵期會哉人各任其能竭其力以得所欲故物賤之徵貴[索隱曰徵求也 謂此處物賤 求彼貴賣之]貴之徵賤各勸其業樂其事若水之趨下日夜無休時不召而自來不求而民出之豈非道之所符而自然之驗邪[索隱曰符謂合於自然道也]周書曰農不出則乏其食工不出則乏其事商不出則三寶絕虞不出則財匱少財匱少而山澤不辟矣[索隱曰辟音闢 闢開也 通也]此四者民所衣食之原也原大則饒原小則鮮上則富國下則富家貧富之道莫之奪予[索隱曰予音與 言貧富自由 無予奪也]而巧者有餘拙者不足故太公望封於營丘地潟鹵[徐廣曰潟音昔 潟鹵鹹地也]人民寡於是太公勸其女功極技巧通魚鹽則人物歸之繈至而輻湊故齊冠帶衣履天下海岱之間斂袂而往朝焉[索隱曰言齊既富饒能冠帶天下 豐厚被於他邦 故海岱之間斂衽而朝齊 言趨利者也]其後齊中衰管子修之設輕重九府[正義曰管子云輕重謂錢也 夫治民有輕重之法 周有大府王府內府外府泉府天府職內職金職幣 皆掌財幣之官 故云九府也]則桓公以霸九合諸侯一匡天下而管氏亦有三歸位在陪臣富於列國之君是以齊富彊至於威宣也故曰倉廩實而知禮節衣食足而知榮辱禮生於有而廢於無故君子富好行其德小人富以適其力淵深而魚生之山深而獸往之人富而仁義附焉富者得埶益彰失埶則客無所之以而不樂夷狄益甚諺曰千金之子不死於市此非空言也

故曰天下熙熙皆為利來天下壤壤皆為利往夫千乘之王萬家之侯百室之君尚猶患貧而況匹夫編戶之民乎

昔者越王句踐困於會稽之上乃用范蠡計然徐廣曰計然者范蠡之師也名研故諺曰研桑心筭駰案范子曰計然者葵丘濮上人姓辛氏字文子其先晉國亡公子也嘗南游於越范蠡師事之○索隱曰韋昭云計然范蠡師也蔡謨云蠡所著書名計然蓋非也吳越春秋謂之計倪漢書古今人表計然列在第四則倪之與研是一人聲相近而相亂耳計然曰知鬭則修備時用則知物索隱曰言知時所用之物二者形則萬貨之情可得而觀已故歲在金穰水毀木饑火旱索隱曰五行不說土者土穀者也旱則資舟水則資車索隱曰國語大夫種曰賈人旱資舟水資車以待也物之理也六歲穰六歲旱十二歲一大饑夫糶二十病農九十病末索隱曰言米賤則農夫病也故云病農若米斗直九十則商賈病故云病末末謂逐末為商賈也末病則財不出農病則草不辟矣上不過八十下不減三十則農末俱利平糶齊物關市不乏治國之道也積著之理索隱曰著音張呂反務完物無息幣索隱曰久停息之物則無利以物相貿易腐敗而食之貨勿留無敢居貴論其有餘不足則知貴賤貴上極則反賤賤下極則反貴貴出如糞土賤取如珠玉索隱曰夫物極貴必賤極賤必貴貴出如糞土者既極貴後恐其必賤故乘時出之如糞土賤取如珠玉者既極賤後恐其必貴故乘時取之如珠玉此所以為貨殖也財幣欲其行如流水修之十年國富厚賂戰士士赴矢石如渴得飲

遂報彊吳觀兵中國稱號五霸范蠡既雪會稽之恥乃喟然而歎曰計然之策七越用其五而得意既已施於國吾欲用之家乃乘扁舟漢書音義曰特舟也○索隱曰扁音篇又音特珍反國語云句踐滅吳反至五湖范蠡辭於王曰君王勉之臣不復入越國矣遂乘輕舟以浮於五湖莫知其所終極浮於江湖正義曰國語云范蠡乘輕舟以浮於五湖變名易姓適齊為鴟夷子皮索隱曰大顏云若盛酒之鴟夷也用之則多所容納不用則可卷而懷之不忤於物也按韓子云鴟夷子皮事田成子田成子去齊之燕子皮從之蓋范蠡也之陶正義曰括地志云郎陶山在齊州平陰縣東三十五里陶山之陽也今南五里猶有朱公冢又云曹州濟陽縣東南三里有陶朱公冢又云在南郡華容縣西未詳也為朱公索隱曰服虔云陶今定陶也朱公以為陶天下之中諸侯四通貨物所交易也乃治產積居與時逐漢書音義曰逐時而居貨○索隱曰韋昭云隨時逐利也而不責於人索隱曰按謂擇人而與人不負之故云不責於人也故善治生者能擇人而任時十九年之中三致千金再分散與貧交疏昆弟此所謂富好行其德者也後年衰老而聽子孫子孫修業而息之遂至巨萬徐廣曰萬萬也故言富者皆稱陶朱公

子贛既學於仲尼退而仕於衛廢著鬻財於曹魯之間徐廣曰子贛傳云廢居著猶居也著讀音如貯○索隱曰漢書亦作貯說文云貯積也七十子之徒賜最為饒益原憲不厭糟糠索隱曰厭飽也匿於窮巷子貢結駟連騎束帛之幣以聘享諸侯所至國君無不分庭與之抗禮夫使孔子名布揚於天下者子貢先後之也

此所謂得勢而益彰者乎
白圭周人也當魏文侯時李克務盡地力索隱曰案漢書食貨志李悝為魏文侯作盡地力之教國以富彊今此及漢書言克皆誤也判而別錄則云李悝也而白圭樂
觀時變故人棄我取人取我與夫歲孰取穀予之絲漆
繭出取帛絮與之食索隱曰食謂穀也太陰在卯穰正義曰太陰歲後二辰為太陰明歲衰惡至午旱明歲美至酉穰明歲衰惡至子
大旱明歲美有水至卯積著率正義曰貯律二音歲倍欲長錢
取下穀長石斗取上種能薄飲食忍嗜欲節衣服與用
事僮僕同苦樂趨時若猛獸摯鳥之發故曰吾治生產
猶伊尹呂尚之謀孫吳用兵商鞅行法是也是故其智
不足與權變勇不足以決斷仁不能以取予彊不能有
所守雖欲學吾術終不告之矣蓋天下言治生祖白圭
白圭其有所試矣能試有所長非苟而已也
猗頓用盬鹽起孔叢曰猗頓魯之窮士也耕則常飢桑則常寒聞朱公富往而問術焉朱公告之曰子欲速富當畜五牸於是乃適西河大畜牛羊于猗氏之南十年之間其息不可計貲擬王公馳名天下以興富於猗氏故曰猗頓○索隱曰盬音古按周禮鹽人云共苦鹽杜子春以為苦讀如盬盬謂出鹽直用不湅也一說云盬鹽河東大鹽散鹽東海煑水為鹽也正義曰按猗氏蒲州縣也河東鹽池是畦鹽作畦若種韭一畦天雨下池中鹹淡得均即畎池中水上畦中深一尺許以日暴之五六日則成鹽若白礬石大小如雙陸及暮則呼為畦鹽或有花鹽緣黃河鹽池有八九所而盬州有烏池猶出三色鹽有井鹽畦鹽花鹽其池中鑿井深一二尺去泥即到鹽掘取若至一丈則著平石無鹽矣其色或白或青黑名曰井鹽畦鹽若河東者花

鹽池中有下隨而大小或鹽其下方微空上頭隨雨下池中其瀏島起若著子形狀曰花鹽亦曰即成鹽焉池中心有泉井水淡所作池人馬盡汲此井其鹽四分入官一分入百姓也池小大鑿得鹽塊闊一尺餘高二尺白色光明洞徹年貢之也而邯鄲郭縱以鐵冶成業與王者埒富
烏氏倮韋昭曰烏氏縣名屬安定倮名也○索隱曰漢書作嬴烏氏姓氏音支倮音魯何反○正義曰烏氏故城在涇州安定縣東四十里倮名也畜牧及眾斥賣求奇繒物間獻遺
戎王徐廣曰間一作奸不以公正謂之奸也○索隱曰謂畜牧及至眾多之時斥而賣之以求奇物也間獻猶私獻也戎王什倍其償與之畜索隱曰謂戎王償之牛羊十倍也畜至
用谷量馬牛韋昭曰滿谷則具不復數○索隱曰谷音欲秦始皇帝令倮比
封君以時與列臣朝請而巴蜀寡婦清索隱曰漢書作巴寡婦清巴寡婦之邑其先得丹穴徐廣曰涪陵出丹○正義曰括地志云寡婦清臺山俗名貞女山在涪州永安縣東北七十里也而擅其利數世家亦不訾正義曰音子兒反言資財眾多不可訾量一云訾多以財餉遺四方用衛其業故財亦不多積聚清寡婦也能守其
業用財自衛不見侵犯秦皇帝以為貞婦而客之為築
女懷清臺夫倮鄙人牧長清窮鄉寡婦禮抗萬乘名顯
天下豈非以富邪漢興海內為一開關梁弛山澤之禁
是以富商大賈周流天下交易之物莫不通得其所欲
而徙豪傑諸侯彊族於京師關中自汧雍以東至河華
膏壤沃野千里自虞夏之貢以為上田而公劉適邠大
王王季在岐文王作豐武王治鎬故其民猶有先王之
遺風好稼穡殖五穀地重索隱曰言重於耕稼也重為邪索隱曰重音逐

隴反重者難也畏言不敢為奸邪○正義曰重沈豕反言關中地重厚民亦重難不為邪惡及秦文孝繆居雍隙徐廣曰隙者閒孔也地居隴蜀之閒要路故曰隙正義曰雍縣岐州雍縣也隴蜀之貨物而多賈索隱曰賈音古獻孝公徙櫟邑徐廣曰在馮翊○索隱曰櫟音藥即櫟陽櫟邑北卻戎翟東通三晉亦多大賈武昭治咸陽因以漢都長安諸陵四方輻湊並至而會地小人衆故其民益玩巧而事末也南則巴蜀巴蜀亦沃野地饒巵徐廣曰音支烟支也紫赤色也薑丹沙石銅鐵徐廣曰邛都出銅臨邛出鐵竹木之器南御滇僰僰僮西近邛笮笮馬旄牛然四塞棧道千里無所不通唯褒斜綰轂其口徐廣曰在漢中○索隱曰言褒斜道狹綰其道口有若車轂之湊故云綰轂也以所多易所鮮索隱曰易音亦鮮音尠言以所多易其所少天水隴西北地上郡與關中同俗然西有羌中之利北有戎翟之畜畜牧為天下饒然地亦窮險唯京師要其道正義曰要音腰言要束其路也故關中之地於天下三分之一而人衆不過什三然量其富什居其六昔唐人都河東徐廣曰堯都晉陽也殷人都河內正義曰盤庚都殷墟地屬河內也周人都河南正義曰周自平王已下都洛陽夫三河在天下之中若鼎足王者所更居也建國各數百千歲土地小狹民人衆都國諸侯所聚會故其俗纖儉習事楊平陽陳西賈秦翟正義曰賈音古秦關內也翟隰石等州部落稽也延綏銀三州皆白翟所居北賈種代正義曰上之勇反種在恒州石邑縣北蓋并州地代今代州種代石北也徐廣曰石邑縣也在常山○索隱曰楊平陽二邑名在趙之西為陳掾此衍字以下有楊平陽陳掾因此衍也言二邑之人皆出賈於秦翟北賈於種代種代在石邑之北也地邊胡數被寇人民矜懻忮晉灼曰懻音冀忮音堅瓚曰懻音觖今以北土名彊直為懻中也○索隱曰懻音冀忮音寘好氣任俠為姦不事農商然迫近北夷師旅亟往中國委輸時有奇羨索隱曰奇音羈羨音弋戰反奇羨謂時有餘衍也其民羯羠不均徐廣曰羠音兕一音乃几反皆健羊名○索隱曰羯音己紇反羠音慈紀反言其方人性若羊健捍而不均也自全晉之時固已患其慓悍而武靈王益厲之其謠俗猶有趙之風也故楊平陽陳掾其間得所欲索隱曰掾音逐緣反陳掾猶經營馳逐也溫軹西賈上黨正義曰澤潞等州也北賈趙中山索隱曰溫軹二縣名屬河內○正義曰洛州及定州地薄人衆猶有沙丘紂淫地餘民晉灼曰言地薄人衆猶復有沙丘紂淫地餘民遺餘之於淫風而言之○正義曰沙丘在邢州也民俗懁急徐廣曰懁急也音絹一作懁一作惠音鄒仰機利而食丈夫相聚游戲悲歌忼慨起則相隨椎剽索隱曰椎即推殺人而剽掠之休則掘冢作巧姦冶徐廣曰一作蠱多美物徐廣曰美一作推一作弄為倡優女子則鼓鳴瑟跕屣徐廣曰跕音跕跕屣也瓚曰躡跟為跕也○索隱曰屣音所綺反游媚貴富入後宮徧諸侯然邯鄲亦漳河之間正義曰洺水本名寢水邯鄲在其北一都會也北通燕涿南有鄭衛鄭衛俗與趙相類然近梁魯微重而矜節徐廣曰矜一作務濮上之邑徙野王徐廣曰衛元君徙居秦拔濮陽徙其君於野王○正義曰懷州野王也野王好氣任俠衛之風也夫燕亦勃碣之間正義曰勃海碣石在西北一都會也南通齊趙東北邊胡上谷至遼東地

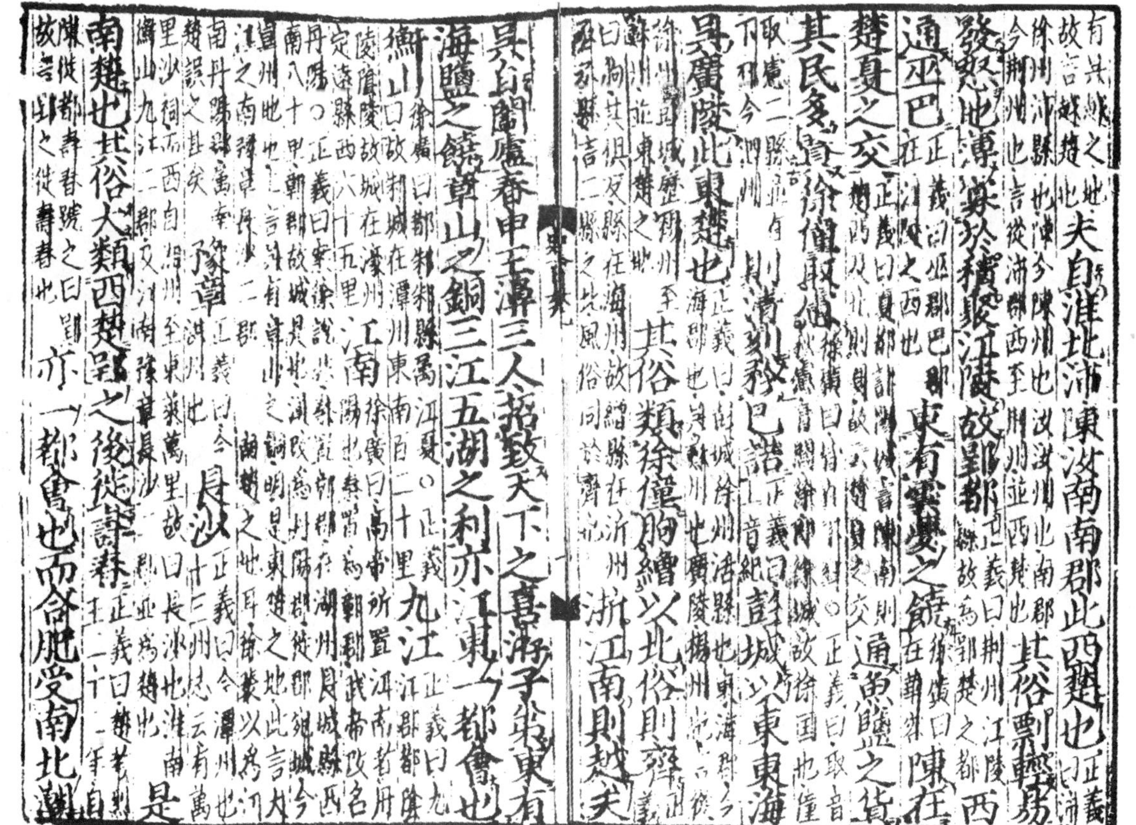

踔遠，人民希，數被寇，大與趙、代俗相類，而民雕捍少慮，有魚鹽棗栗之饒。北鄰烏桓、夫餘，東綰穢貉、朝鮮、真番之利。洛陽東賈齊、魯，南賈梁、楚。故泰山之陽則魯，其陰則齊。齊帶山海，膏壤千里，宜桑麻，人民多文綵布帛魚鹽。臨菑亦海岱之閒一都會也。其俗寬緩闊達，而足智，好議論，地重，難動搖，怯於衆鬬，勇於持刺，故多劫人者，大國之風也。其中具五民。而鄒、魯濱洙、泗，猶有周公遺風，俗好儒，備於禮，故其民齪齪。頗有桑麻之業，無林澤之饒。地小人衆，儉嗇，畏罪遠邪。及其衰，好賈趨利，甚於周人。夫自鴻溝以東，芒、碭以北，屬巨野，此梁、宋也。陶、睢陽亦一都會也。昔堯作游成陽，舜漁於雷澤，湯止于亳。其俗猶有先王遺風，重厚多君子，好稼穡，雖無山川之饒，能惡衣食，致其蓄藏。越、楚則有三俗。

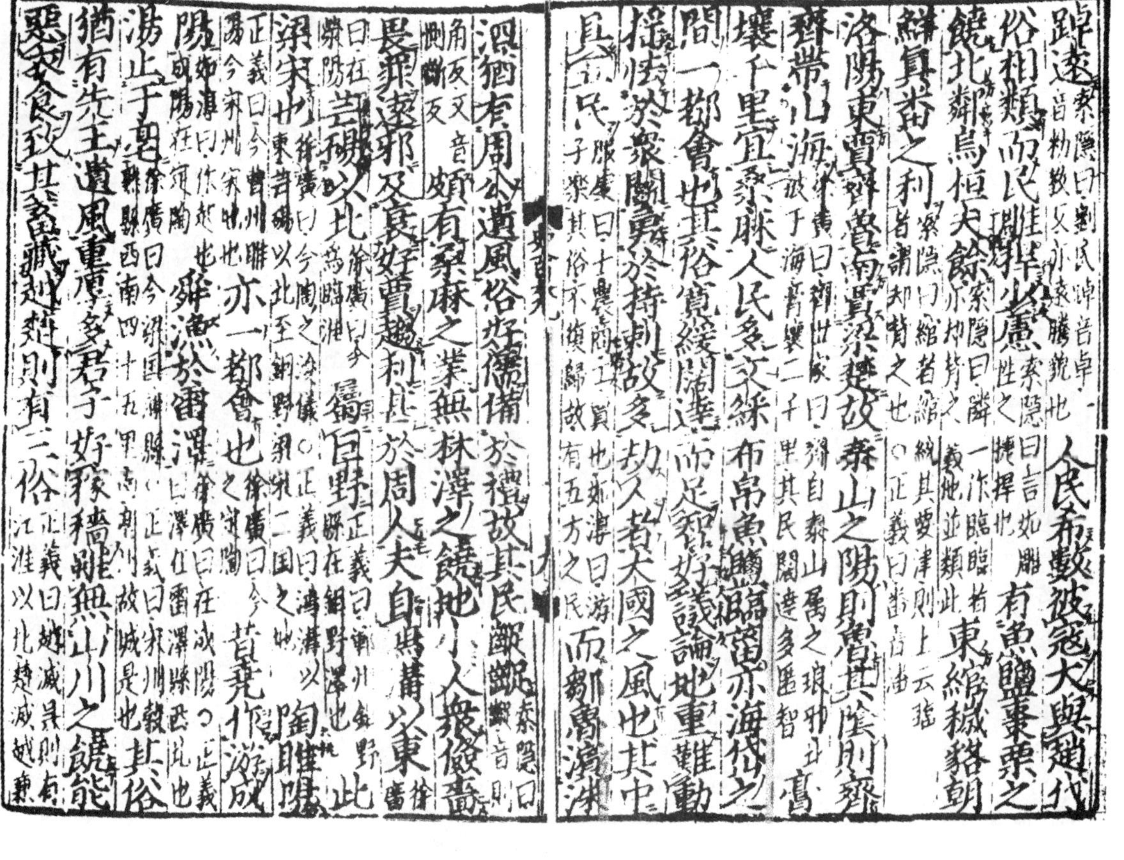

夫自淮北沛、陳、汝南、南郡，此西楚也。其俗剽輕，易發怒，地薄，寡於積聚。江陵故郢都，西通巫、巴，東有雲夢之饒。陳在楚夏之交，通魚鹽之貨，其民多賈。徐、僮、取慮，則清刻，矜己諾。彭城以東，東海、吳、廣陵，此東楚也。其俗類徐、僮。朐、繒以北，俗則齊。浙江南則越。夫吳自闔廬、春申、王濞三人招致天下之喜游子弟，東有海鹽之饒，章山之銅，三江、五湖之利，亦江東一都會也。衡山、九江、江南、豫章、長沙，是南楚也，其俗大類西楚。郢之後徙壽春，亦一都會也。而合肥受南北潮

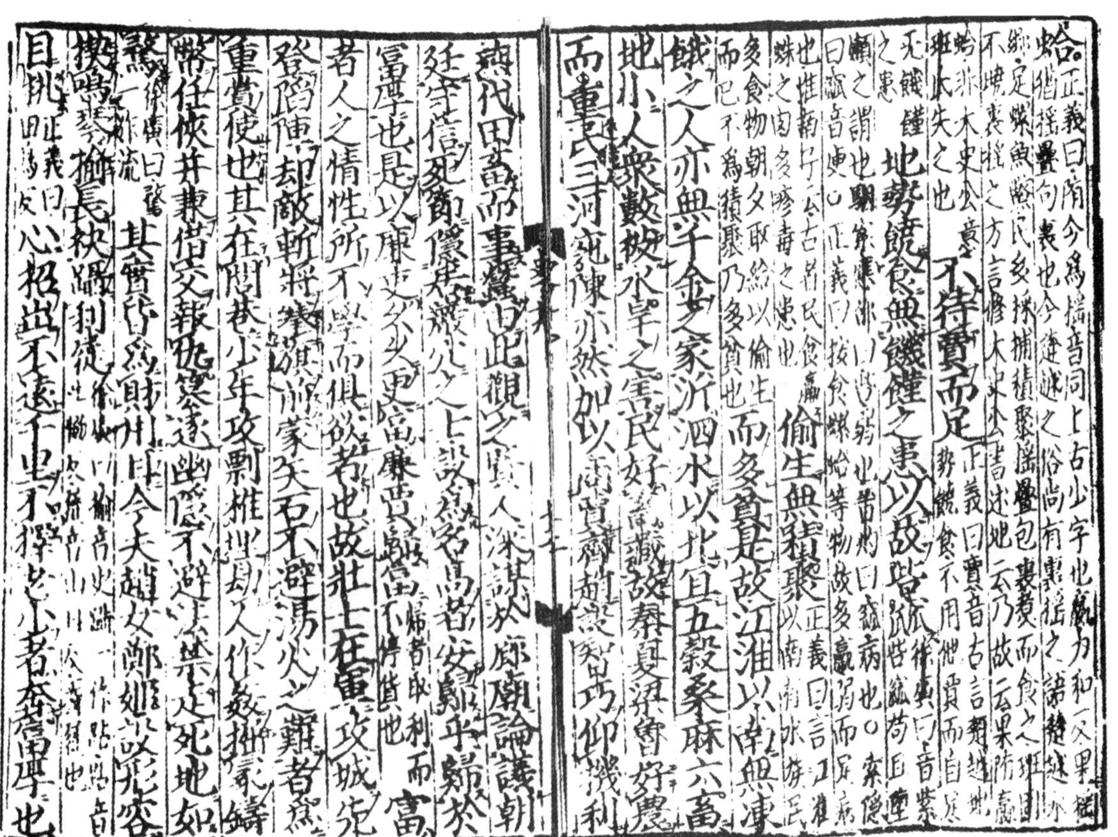

正義曰合肥縣廬州治也言江淮之潮南北俱至廬州也皮革鮑木輸會也與閩中干越雜俗徐廣曰干越在臨淮故南楚好辭巧說少信江南卑溼丈夫早夭多竹木豫章出黃金徐廣曰鄱陽有之○正義曰黃金山在豫章山出金長沙出連錫然菫菫音謹正義曰菫少也言金少物之所有取之不足以更費九疑蒼梧以南至儋耳者正義曰今儋州在海中與江南大同俗而楊越多焉正義曰江南之地揚州之南越民多焉番禺正義曰番禺二音今廣州亦其一都會也珠璣犀瑇瑁果布之湊韋昭曰果謂龍眼離支之屬布葛布潁川南陽夏人之居也徐廣曰禹居陽翟○正義曰禹居陽城潁川南陽皆夏地也

夏人政尚忠朴猶有先王之遺風潁川敦愿秦末世遷不軌之民於南陽南陽西通武關鄖關徐廣曰鄖關在漢中亦作貞字○索隱曰鄖音雲○正義曰武關在商州鄖關在金州東南受漢江淮宛亦一都會也俗雜好事業多賈其任俠交通潁川故至今謂之夏人夫天下物所鮮所多人民謠俗山東食海鹽山西食鹽鹵正義曰謂西方鹹地也堅且鹹即出石鹽及池鹽領南沙北固往往出鹽正義曰謂沙北漢之北也大體如此矣總之楚越之地地廣人希飯稻羹魚或火耕而水耨徐廣曰以火燒草不復耕而水耨○正義曰言風草下種苗生大而草生小以水灌之則草死而苗無損也耨除草也果隋徐廣曰隋音徒火反

蠃蛤正義曰隋今為橢音同上古少字也蠃力和反果隋猶裹疊包裹也今楚越之俗尚有裹捃之語不待賈而足正義曰賈音古言其地饒食不用他賈而自足地埶饒食無飢饉之患以故呰窳偷生徐廣曰呰音紫窳音庾○索隱曰呰窳苟且墮懶之謂也正義曰言江淮以南水族足以偷生無積聚而多貧是故江淮以南無凍餓之人亦無千金之家沂泗水以北宜五穀桑麻六畜地小人眾數被水旱之害民好畜藏故秦夏梁魯好農而重民三河宛陳亦然加以商賈齊趙設智巧仰機利

燕代田畜而事蠶由此觀之賢人深謀於廊廟論議朝廷守信死節隱居巖穴之士設為名高者安歸乎歸於富厚也是以廉吏久久更富廉賈歸富富者人之情性所不學而俱欲者也故壯士在軍攻城先登陷陳卻敵斬將搴旗前蒙矢石不避湯火之難者為重賞使也其在閭巷少年攻剽椎埋劫人作姦掘冢鑄幣任俠并兼借交報仇篡逐幽隱不避法禁走死地如騖者其實皆為財用耳今夫趙女鄭姬設形容揳鳴琴揄長袂躡利屣徐廣曰躡一作跕正義曰躡音女輒反目挑心招出不遠千里不擇老少者奔富厚也

游閑公子飾冠劍連車騎亦為富貴容也弋射漁獵犯
晨夜冒霜雪馳阬谷不避猛獸之害為得味也博戲馳
逐鬬雞走狗作色相矜必爭勝者重失負也醫方諸食
技術之人焦神極能為重糈也吏士舞文弄法刻章偽
書不避刀鋸之誅者沒於賂遺也農工商賈畜長固求
富益貨也此有知盡能索耳終不餘力而讓財矣諺曰
百里不販樵千里不販糴居之一歲種之以穀十歲樹
之以木百歲來之以德德者人物之謂也今有無秩祿
之奉爵邑之入而樂與之比者命曰素封 索隱曰謂無爵邑之入祿秩之奉則曰素封素空也○正義曰言不仕之人自有園田收養之給其利比封君故曰素封也 封者
食租稅歲率 正義曰率音律 戶二百千戶之君則二十萬 索隱曰戶率二百故千戶二十萬
朝覲聘享出其中庶民農工商賈率亦歲
萬息二千戶百萬之家則二十萬 索隱曰息二千故百萬之家亦二十萬
而更傜租賦出其中衣食之欲恣所好美矣故曰陸地
牧馬二百蹄 漢書音義曰五十匹○索隱曰按馬有四足二百蹄有五十匹也漢書則云馬蹄噭千蓋所記之異
牛蹄角千 漢書音義曰百六十七頭也馬貴而牛賤以此為率 千足羊澤
中千足彘 韋昭曰二百五十頭 水居千石魚陂 徐廣曰魚以斤兩為計也○索隱曰言陂音彼漢書作波音同○正義曰言陂澤養魚一歲收得千石魚也
山居千章之材 徐廣曰一作楸○駰案韋昭曰楸木所以為轅音秋○索隱曰漢書作千章之萩服虔云章方也故樂產云章者大材也舊說云萩梓木也可以為轅
安邑千樹棗燕秦千樹栗

蜀漢江陵千樹橘淮北常山已南河濟之間千樹萩陳
夏千畝漆齊魯千畝桑麻渭川千畝竹及名國萬家之
城帶郭千畝畝鍾之田 徐廣曰六斛四斗也 若千畝卮茜 徐廣曰卮音支鮮支也茜音倩一名紅藍其花染繒赤黃也 千畦薑韭 徐廣曰千畦二十五畝駰案韋昭曰畦猶隴也
此其人皆與千戶侯等然是富給之資也不窺市井
不行異邑坐而待收身有處士之義而取給焉若至家
貧親老妻子軟弱歲時無以祭祀進醵飲食 徐廣曰會聚飲食○索隱曰醵音渠略反
被服不足以自通如此不慙恥則無所比矣
是以無財作力少有鬭智 正義曰言少有錢財則鬭智巧而求勝也 既饒爭
時 正義曰既饒足錢財則逐時爭利也 此其大經也今治生不待危身取
給則賢人勉焉是故本富為上末富次之姦富最下無
巖處奇士之行而長貧賤好語仁義亦足羞也
凡編戶之民富相什則卑下之伯則畏憚之千則役萬
則僕物之理也夫用貧求富農不如工工不如商刺繡
文不如倚市門此言末業貧者之資也通邑大都酤一
歲千釀 正義曰釀千瓮酤醯醋六酒酤 醯醬千瓨 徐廣曰長頸罌○索隱曰瓨音胡江反漢書作甀
漿千甔 徐廣曰大罌缶○索隱曰甔音都甘反漢書作儋孟康曰儋石罌也石受一石故云儋石一音都濫反
屠牛羊彘千皮販穀糶千鍾 徐廣曰出穀也糶音掉也 薪稾千車
船長千丈 索隱曰總積數長千丈 木千章 漢書音義曰洪洞方章材也舊將作大匠掌材曰章曹掾○索隱曰洪音胡孔反洞音動又如字 竹竿萬个 徐廣曰古賀反○正義曰釋名

云作个木曰枚 其軺車百乘徐廣曰馬車也○正義曰牛車上音遥説文云軺小車也 千兩正義曰車一乘爲一兩風俗通云箱轅及輪兩兩而偶之稱兩也 木器髹者千枚徐廣曰髹音休漆也○正義曰顏云以漆物謂之髹又音許昭反今關東俗器物一再漆者謂之捎漆即髹声之轉耳今關西俗云髹里髹盤朱兩義並通也 銅器千鈞三十斤 徐廣曰 素木鐵器若卮茜千石徐廣曰百二十斤爲石○駰案漢書音義曰素木素器也 馬蹄躈千徐廣曰躈若平反馬八髎音料○索隱曰埤蒼云尻骨謂八髎曰夜蹄小顏云躈口也蹄與口共千則爲二百疋若今則云上文馬二百蹄與千户侯等此蹄躈千比千乘之家不容亦二百則竅謂九竅通四三而成一馬所謂生之十 牛千足 羊彘千雙 僮手指千漢書音義曰僮奴婢也古者無有三也 空手游曰皆有作務作務須手指故曰手指以別馬牛蹄角者也 筋角丹沙千斤 其帛絮細布千鈞 文采千匹 榻布皮革千石徐廣曰榻音吐合反○駰案漢書音義曰榻布白疊也○正義曰顏師古曰麤厚之布也其價賤故與皮革同重耳非白疊也荅者厚之皃也 漆千斗 糵麴鹽豉千荅徐廣曰或作台器名有瓵孫叔敖云瓵瓦器受斗六升合爲瓵音貽○駰案漢書音義曰荅音如人言荅 鮐鮆千斤漢書音義曰鮐海魚也鮆刀魚也○正義曰鮐音臺又音貽説文云鮐海魚也鮆音薺又音才礼反刀魚也 鯫千石 鮑千鈞徐廣曰鯫音族荀反謂雜小魚也鮑白也然鮐鮆以斤論鯫鮑以千鈞論乃其九倍多故知鮐是大好者也○正義曰鯫音輒鯫雜小魚也徐云鮑鯗也非也鮑是雜者也鯫鮑等此亦大魚爲之者也尾不相離爲鮑謂之鰒鱁開者也鮑並各不謂破開中頭 棗栗千石者三之正義曰謂之千石也言棗栗三千石乃與上物相等 狐貂裘千皮 羔羊裘千石 旃席千具 佗果菜千鍾正義曰鍾六斛四斗果菜謂雜果菜於山野采取之 子貸金錢千貫 節駔會徐廣曰駔音祖朗反○駰案漢書音義曰會亦是儈也節節也駔儈其餘利比千乘之家 貪賈三之 廉賈五之漢書音義曰貪賈未當賣而賣未可買而買故得三廉賈貴乃賣賤乃買故十得五 此亦比千乘之家 其大率也正義曰率音律 佗雜業不中什二正義曰言雜惡業亦不在什分中得二分之利者非出之美財也 則非吾財也 請略道當世千里之中 賢人所以富者 令後世得以觀擇焉 蜀卓氏之先徐廣曰卓一作淖 趙人也 用鐵冶富 秦破趙 遷卓氏 卓氏見虜略 獨夫妻推輦 行詣遷處 諸遷虜少有餘財 爭與吏 求近處 處葭萌徐廣曰屬廣漢○正義曰葭萌今利州縣也 唯卓氏曰 此地狹薄 吾聞汶山之下 沃野 下有蹲鴟徐廣曰古蹲字作踆○駰案漢書音義曰水鄉多鴟其山下有沃野灌溉一曰大芋○正義曰汶音岷蹲鴟芋也言邛州臨邛縣其地肥又沃平野有大芋等也華陽國志云汶山郡安縣有大芋如蹲鴟也 至死不飢 民工於市 易賈 乃求遠遷 致之臨邛 大喜 即鐵山鼓鑄 運籌策 傾滇蜀之民 富正義曰滇一作湞漢書亦作滇池今益州郡有嶲州亦內舊名又滇池在益州南入導江非江中之滇池者也 至僮千人 田池射獵之樂 擬於人君 程鄭 山東遷虜也 亦冶鑄 賈椎髻之民 富埒卓氏 俱居臨邛 宛孔氏之先 梁人也 用鐵冶爲業 秦伐魏 遷孔氏南陽 大鼓鑄 規陂池 連車騎 游諸侯 因通商賈之利 有游閑公子之賜與名 索隱游閑公子好賜與也 然其贏得過當 愈於纖嗇正義曰音色嗇吝也言孔氏連車騎游於諸侯以貨賂之兼通商賈之利乃得游閑公子交名然其通利贏利過於

所資給諭道之富猶有交游公子雖吝而勝於慳悋也家致富數千金，故南陽行賈盡法孔氏之雍容。魯人俗儉嗇，而曹邴氏尤甚，以鐵冶起，徐廣曰魯縣出鐵富至巨萬。然家自父兄子孫約，俛有拾，仰有取，貰貸行賈遍郡國。鄒、魯以其故多去文學而趨利者，以曹邴氏也。

齊俗賤奴虜，而刁閒獨愛貴之。正義曰刁丁遥反閒名桀黠奴，人之所患也，唯刁閒收取，使之逐漁鹽商賈之利，或連車騎，交守相，然愈益任之。終得其力，起富數千萬。故曰「寧爵毋刁」，漢書音義曰奴自相謂曰寧欲免去作民有爵邪將止為刁氏作奴乎無發聲助語言其能使豪奴自饒而盡其力。

周人既纖，漢書音義曰儉嗇也而師史尤甚，正義曰師史人姓名轉轂以百數，賈郡國，無所不至。洛陽街居在齊秦楚趙之中，正義曰洛陽在齊秦楚趙之中街巷貧人學於富家相矜以久賈諸國皆數經里邑不入其門故南云洛陽東賈齊魯南賈梁楚是也貧人學事富家，相矜以久賈，漢書音義曰謂街巷居民無田地皆相矜以賈在此諸國數過邑不入門，設任此等，故師史能致七千萬。

宣曲正義曰按其地合在關內張揖云宣曲官名在昆池西也任氏之先，徐廣曰高祖功臣有宣曲侯○索隱曰上林賦云西馳宣曲當在京輔今闕其地也為督道倉吏。漢書音義曰督道秦時邊縣名韋昭曰督道秦邊縣名相穀吏上通輸在所也秦之敗也，豪傑皆爭取金玉，而任氏獨窖倉粟。徐廣曰窖音校穿地以藏也楚漢相距滎陽也，民不得耕種，米石至萬，而豪傑金玉盡歸任氏，任氏以此起富。

富人爭奢侈，而任氏折節為儉，力田畜。田畜人爭取賤賈，索隱曰當時云爭取賤賈金玉也○正義曰言價賤也任氏獨取貴善。索隱曰謂買物必取貴而善者不爭賤價也富者數世。然任公家約，非田畜所出弗衣食，公事不畢則身不得飲酒食肉。以此為閭里率，故富而主上重之。

塞之斥也，正義曰孟康云邊塞主斥卒也唯此人能致富於此云塞斥者言國斥開邊塞更令寬廣任故橋姚得恣其畜牧也姚名唯橋姚已致馬千匹，牛倍之，羊萬頭，粟以萬鍾計。漢書音義曰邊塞斥候卒也唯此人能富此○索隱曰韋昭說非也按斥開也相如等云邊塞斥是也橋姓姚名也言橋姚因斥塞而致此資風俗通云馬稱匹者俗說云相馬及君子與人相匹故云匹或說馬夜行目照前四丈故云一匹或說度馬縱橫適得一匹韓詩外傳云孔子與顏回登山望見一匹練前有藍視之果馬光景一匹長也

吳楚七國兵起時，長安中列侯封君行從軍旅，齎貸子錢，索隱曰貸音子代反貸假也音吐得反與人物云齎周禮注齎所給與也子錢家以為侯邑國在關東，關東成敗未決，莫肯與。唯無鹽氏出捐千金貸，索隱曰貸音吐代反其息什之。索隱曰謂出一得十倍三月，吳楚平，一歲之中，則無鹽氏之息什倍，用此富埒關中。

關中富商大賈，大抵盡諸田，田嗇、田蘭。韋家栗氏，安陵、杜杜氏，徐廣曰安陵及杜二縣名各有杜姓也宣帝以杜為杜陵亦巨萬。此其章章尤異者也。徐廣曰異一作數及作較皆非有爵邑奉祿弄法犯姦而富，盡椎埋去就，與時俯仰，獲其贏利，以末致財，用本守之，以武一切，用文持之，變化有概，故足術也。若至力農畜，工虞商賈，為權利以成富，大

者傾郡中者傾縣下者傾鄉里者不可勝數夫纖嗇筋
力治生之正道也而富者必用奇勝田農拙業徐廣曰古拙字亦作掘也而秦陽以蓋一州索隱曰漢書作中一州服虔云富為州中之第一掘冢
姦事也而曲叔以起博戲惡業也而桓發用之富索隱曰漢書桓作綰正義曰桓發人姓名行賈丈夫賤行也而雍樂成以饒販脂
辱處也而雍伯千金徐廣曰雍一作翁○索隱曰雍音於恭反漢書作翁伯也正義曰說文云戴角者脂無角者膏也賣漿小業也而張氏千萬洒削薄技也
徐廣曰洒或作細○索隱曰洒音先禮反削音肖亦依字讀洒削謂摩刀以水洒之作刀劍名也漢書作洒削而郅氏鼎食胃脯簡微耳濁氏連
騎索隱曰晉灼云大官常以十月作沸湯燖羊胃以末椒薑坋之暴使燥則謂之脯故易售而致富也○正義曰按胃脯謂和五味而脯美故易售馬醫淺方張里擊鍾此皆誠壹之
所致由是觀之富無經業則貨無常主能者輻湊不肖
者瓦解千金之家比一都之君巨萬者乃與王者同樂
豈所謂素封者邪非也

索隱述贊曰
貨殖之利　工商是營　廢居善積
倚市邪贏　白圭富國　計然強兵
保參朝請　女築懷清　素封千戶
卓鄭齊名

貨殖列傳第六十九　史記一百二十九

太史公自序第七十　史記一百三十

昔在顓頊命南正重以司天北正黎以司地索隱曰衷陽也火水配也水爲陰故命南方正重司天火上聚其地職且黷以爲重黎氏是司天地之官然司地宜曰北正古文作北字非也案國語黎爲火正以淳耀敦大光照四海又幽通賦云黎淳曜於高辛則火正爲是也
唐虞之際紹重黎之後使復典之至于夏商故重黎氏
世序天地其在周程伯休甫其後也應劭曰封爲程國伯休甫字也○索隱曰重司天而黎司地是代序天地也據左氏重是少昊之子黎乃顓頊之胤二氏二正所出各別而史遷意欲合二氏爲一故總云在周程伯休甫其後非也然後按彪之序及于寶皆云司馬氏黎之後是也今總稱伯休甫是重黎之後者凡言地即舉天稱黎則兼重自是相對之文其實二官亦通職然休甫則黎之後也亦是太史公欲以史爲己任言先代天官所以兼稱重耳○正義曰括地志云故程城在雍州咸陽東二十一
里周之程邑也當周宣王時失其守而爲司馬氏正義曰司馬彪序云南正重黎後世爲司馬氏司馬氏世典周史索隱曰司馬夏官卿不掌國史自是先代兼爲史衛法云司馬氏周史佚之後或有所據惠襄之間司馬氏去周適晉索隱曰惠王襄王之間襄王有子頹叛惠王故司馬氏奔晉晉中軍隨會奔秦而司馬氏入少
梁索隱曰左氏隨會自晉奔秦後乃奔魏自魏還晉故漢書云會奔秦魏也少梁古梁國也秦滅之改曰少梁後名夏陽也○正義曰按春秋隨會奔秦其後自秦入魏而還晉也隨會爲晉中軍將少梁古梁國也嬴姓在同州韓城縣南二十二里是時屬晉自司馬氏去周適晉分散或在衛
或在趙索隱曰何法盛晉書及司馬氏系本名凱或在秦其在衛者相中山徐廣曰名喜也在趙者正義曰何法盛晉書及晉譙王司馬氏系本皆云名凱以傳
劍論顯服虔曰世善傳劍也蘇林曰傳音傳論而釋之按續爲曰史記吳起贊曰非信廉仁勇不能傳劍

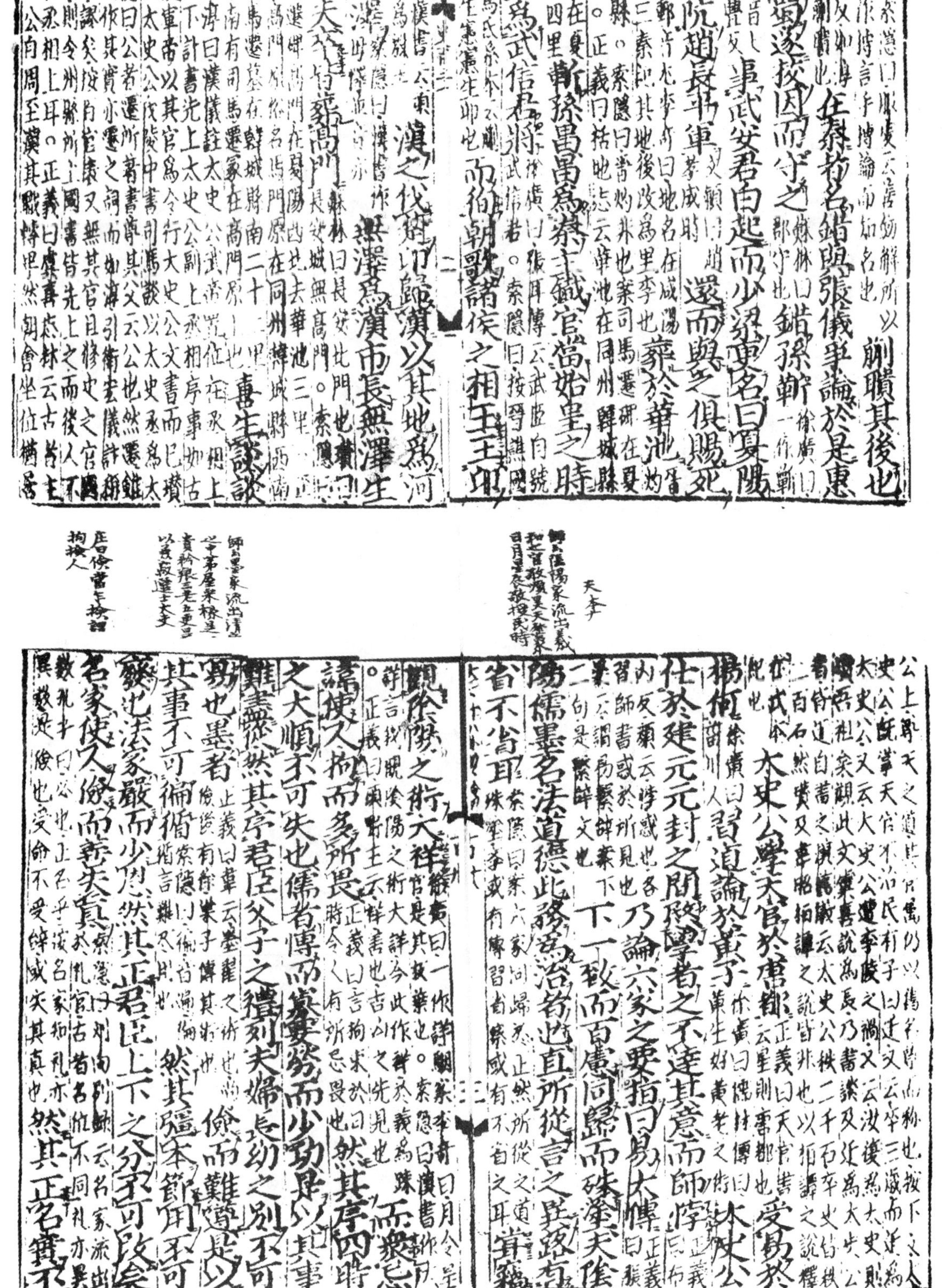

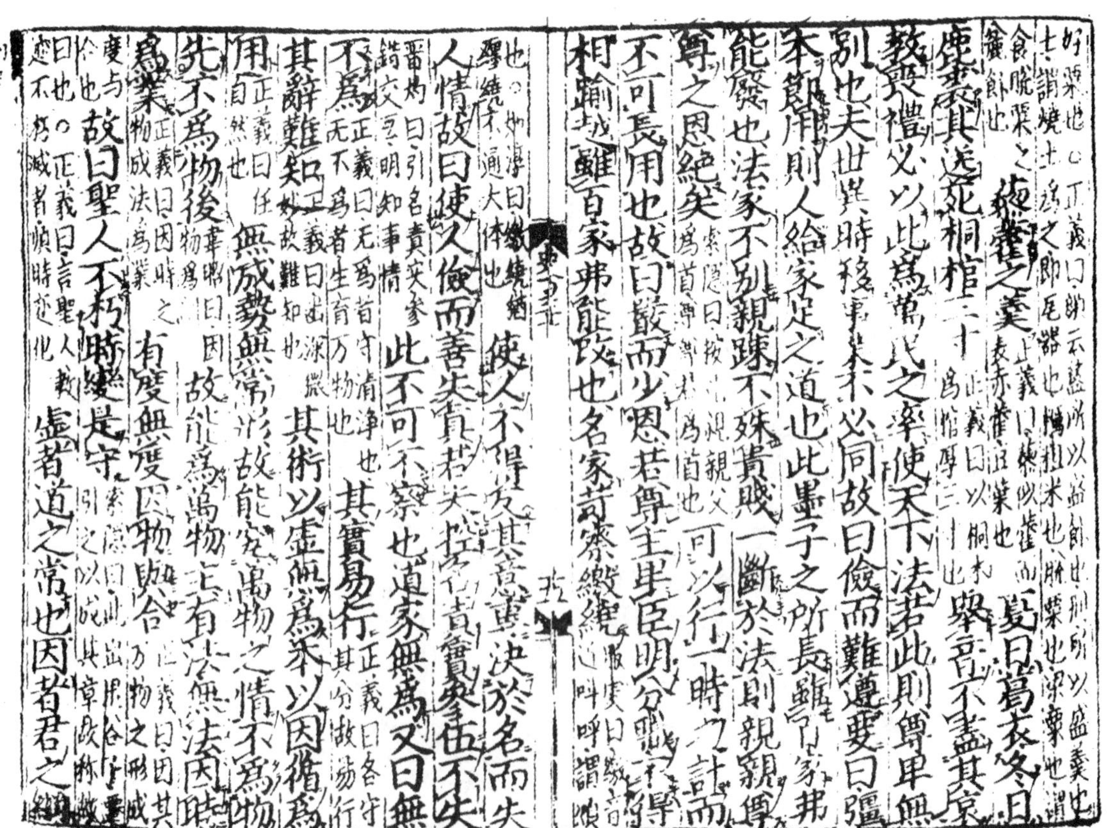
可不察也。道家使人精神專一，動合無形，贍足萬物。其爲術也，因陰陽之大順，采儒墨之善，撮名法之要，與時遷移，應物變化，立俗施事，無所不宜，指約而易操，事少而功多。儒者則不然，以爲人主天下之儀表也，主倡而臣和，主先而臣隨。如此則主勞而臣逸。至於大道之要，去健羨，絀聰明，釋此而任術。夫神大用則竭，形大勞則敝。形神騷動，欲與天地長久，非所聞也。夫陰陽四時、八位、十二度、二十四節各有教令，順之者昌，逆之者不死則亡，未必然也，故曰使人拘而多畏。夫春生夏長，秋收冬藏，此天道之大經也，弗順則無以爲天下綱紀，故曰四時之大順，不可失也。夫儒者以六藝爲法，六藝經傳以千萬數，累世不能通其學，當年不能究其禮，故曰博而寡要，勞而少功。若夫列君臣父子之禮，序夫婦長幼之別，雖百家弗能易也。墨者亦尚堯舜道，言其德行曰：堂高三尺，土階三等，茅茨不翦，采椽不刮。食土簋，啜土刑，糲粱之食，

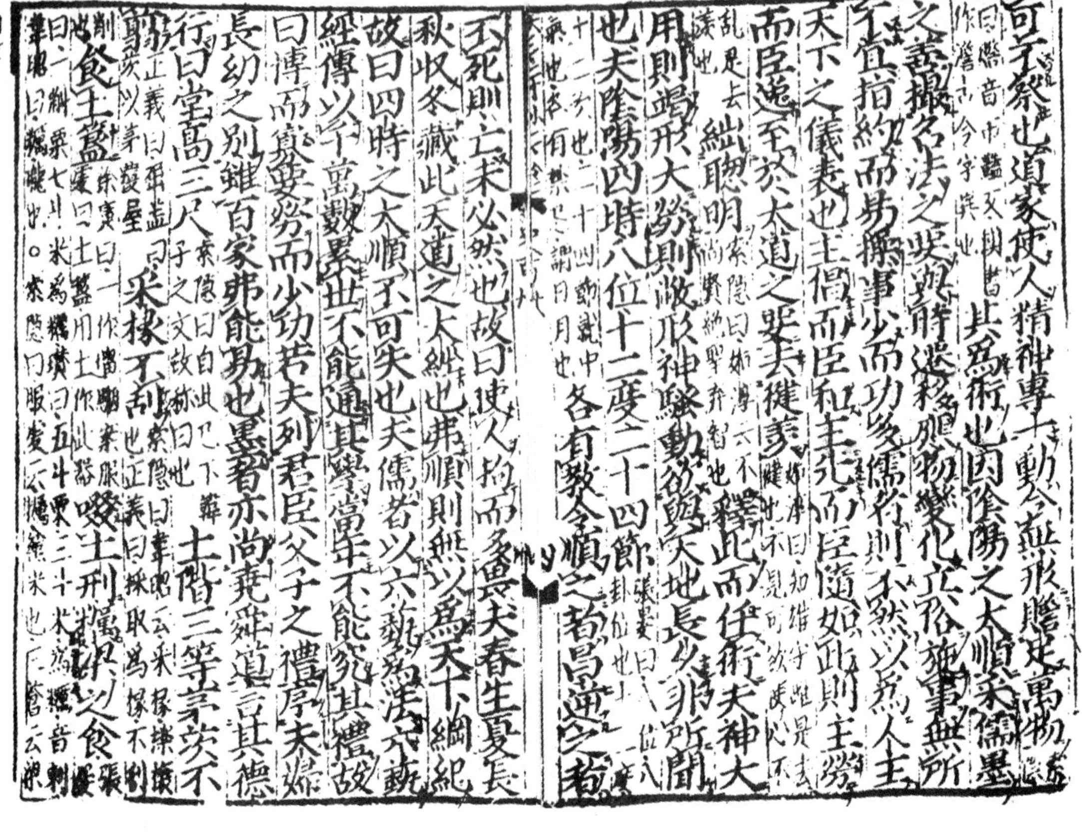
藜藿之羹。夏日葛衣，冬日鹿裘。其送死，桐棺三寸，舉音不盡其哀。教喪禮，必以此爲萬民之率。使天下法若此，則尊卑無別也。夫世異時移，事業不必同，故曰儉而難遵。要曰彊本節用，則人給家足之道也。此墨子之所長，雖百家弗能廢也。法家不別親疏，不殊貴賤，一斷於法，則親親尊尊之恩絶矣。可以行一時之計，而不可長用也，故曰嚴而少恩。若尊主卑臣，明分職不得相踰越，雖百家弗能改也。名家苛察繳繞，使人不得反其意，專決於名而失人情，故曰使人儉而善失真。若夫控名責實，參伍不失，此不可不察也。道家無爲，又曰無不爲，其實易行，其辭難知。其術以虛無爲本，以因循爲用。無成埶，無常形，故能究萬物之情。不爲物先，不爲物後，故能爲萬物主。有法無法，因時爲業；有度無度，因物與合。故曰聖人不朽，時變是守。虛者道之常也，因者君之綱

也正義曰言因百姓之心以教唯恍其綱而已羣臣並至使各自明也其實中其聲者謂之端實不中其聲者謂之窾徐廣曰音款駰案李奇曰声別名也以言实不称其名則謂之空空有声也○索隱曰窾空也中丁仲反窾言不聽姦乃不生賢不肖自分白黑乃形在所欲用耳何事不成乃合大道混混冥冥正義曰上胡本反混混元氣之貌也光耀天下復反無名凡人所生者神也所託者形也神大用則竭形大勞則敝形神離則死死者不可復生離者不可復反故聖人重之由是觀之神者生之本也形者生之具也韋昭曰声氣者神也枝体者形也不先定其神而曰我有以治天下何由哉太史公既掌天官不治民有子曰遷

遷生龍門徐廣曰在馮翊夏陽縣駰案蘇林曰禹所鑿龍門也○正義曰括地志云龍門在同州韓城縣北五十里其山更黃河夏禹所鑿者也龍門山在夏陽縣遷即漢夏陽縣人也至唐改曰韓城縣耕牧河山之陽正義曰河之北山之南也案在龍門山南也年十歲則誦古文索隱曰遷及事伏生是年十歲誦古文尚書劉氏以為左傳國語系本等書是亦名古文也二十而南游江淮上會稽探禹穴張晏曰禹巡狩至會稽而崩因葬焉上有孔穴民間云禹入此穴○索隱曰越絕書云禹上茅山大會計更名曰會稽張勃吳錄云本名茅山一名覆釜禹會諸侯計功改曰會稽○正義曰括地志云石簣山一名玉笥山又名宛委山即會稽山一峯也在會稽縣東南十八里吳越春秋云禹案黃帝中經九山東南天柱號曰宛委赤帝在闕其巖之巔承以文玉覆以磐石其書金簡青玉為字編以白銀皆瑑其文禹乃東巡登衡山血白馬以祭禹乃登山仰天而笑忽然而臥夢見繡衣男子自稱玄夷蒼水使者聞帝使文命於斯故來候之……齋於黃帝之岳岩岩之下三月庚子登山發石禹乃

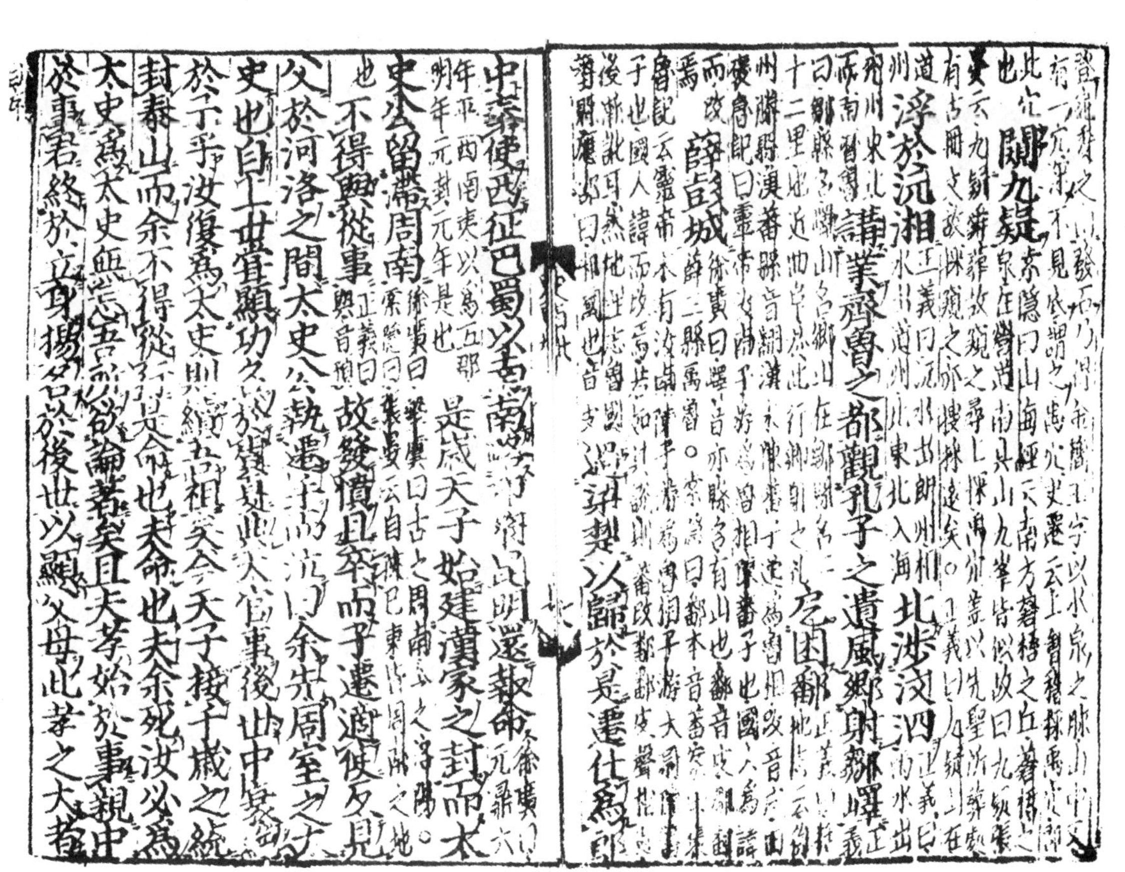

登宛委之山發石乃得……以水泉之脈山有一穴深不見底謂之禹穴史遷云上會稽探禹穴謂此穴也闚九疑索隱曰山海經云南方蒼梧之丘蒼梧之泉其中有九疑山在營道南其山九峯皆相似故曰九疑張晏云九疑舜葬故闚之……有古冊之跡……遠矣○正義曰九疑山在道州浮於沅湘正義曰沅水出朗州湘水出道州並東北入海北涉汶泗正義曰汶水出兗州東北泗水出……講業齊魯之都觀孔子之遺風鄉射鄒嶧正義曰……鄒縣古邾國嶧山在鄒縣南二十二里……孔子……行鄉射之禮戹困鄱正義曰……鄱音皮……徐州滕縣漢蕃縣音翻……改為……薛彭城徐廣曰鄱薛二縣屬魯○索隱曰鄱本音蕃……過梁楚以歸於是遷仕為郎

中奉使西征巴蜀以南南略邛笮昆明還報命徐廣曰元鼎六年平西南夷以為五郡明年元封元年是也是歲天子始建漢家之封而太史公留滯周南徐廣曰摯虞曰古之周南今之洛陽○索隱曰張晏云自陝已東皆周南之地也不得與從事正義曰與音預故發憤且卒而子遷適使反見父於河洛之閒太史公執遷手而泣曰余先周室之太史也自上世嘗顯功名於虞夏典天官事後世中衰絕於予乎汝復為太史則續吾祖矣今天子接千歲之統封泰山而余不得從行是命也夫命也夫余死汝必為太史為太史無忘吾所欲論著矣且夫孝始於事親中於事君終於立身揚名於後世以顯父母此孝之大者

夫天下稱誦周公，言其能論歌文武之德，宣周邵之風，達太王王季之思慮，爰及公劉，以尊后稷也。幽厲之後，王道缺，禮樂衰，孔子脩舊起廢，論詩書，作春秋，則學者至今則之。自獲麟以來四百有餘歲，而諸侯相兼，史記放絕。今漢興，海內一統，明主賢君忠臣死義之士，余為太史而弗論載，廢天下之史文，余甚懼焉，汝其念哉！」遷俯首流涕曰：「小子不敏，請悉論先人所次舊聞，弗敢闕。」卒三歲而遷為太史令，紬史記石室金匱之書。〈皆國家藏書之處也〉

五年而當太初元年，十一月甲子朔旦冬至，天曆始改，建於明堂，諸神受紀。

太史公曰：「先人有言：『自周公卒五百歲而有孔子。孔子卒後至於今五百歲，有能紹明世，正易傳，繼春秋，本詩書禮樂之際？』意在斯乎！意在斯乎！小子何敢讓焉。」

上大夫壺遂曰：「昔孔子何為而作春秋哉？」太史公曰：「余聞董生曰：『周道衰廢，孔子為魯司寇，諸侯害之，大夫壅之。孔子知言之不用，道之不行也，是非二百四十二年之中，以為天下儀表，貶天子，退諸侯，討大夫，以達王事而已矣。』子曰：『我欲載之空言，不如見之於行事之深切著明也。』夫春秋，上明三王之道，下辨人事之紀，別嫌疑，明是非，定猶豫，善善惡惡，賢賢賤不肖，存亡國，繼絕世，補敝起廢，王道之大者也。易著天地陰陽四時五行，故長於變；禮經紀人倫，故長於行；書記先王之事，故長於政；詩記山川谿谷禽獸草木牝牡雌雄，故長於風；樂樂所以立，故長於和；春秋辯是非，故長於治人。是故禮以節人，樂以發和，書以道事，詩以達意，易以道化，春秋以道義。撥亂世反之正，莫近於春秋。春秋文成數萬，其指數千。

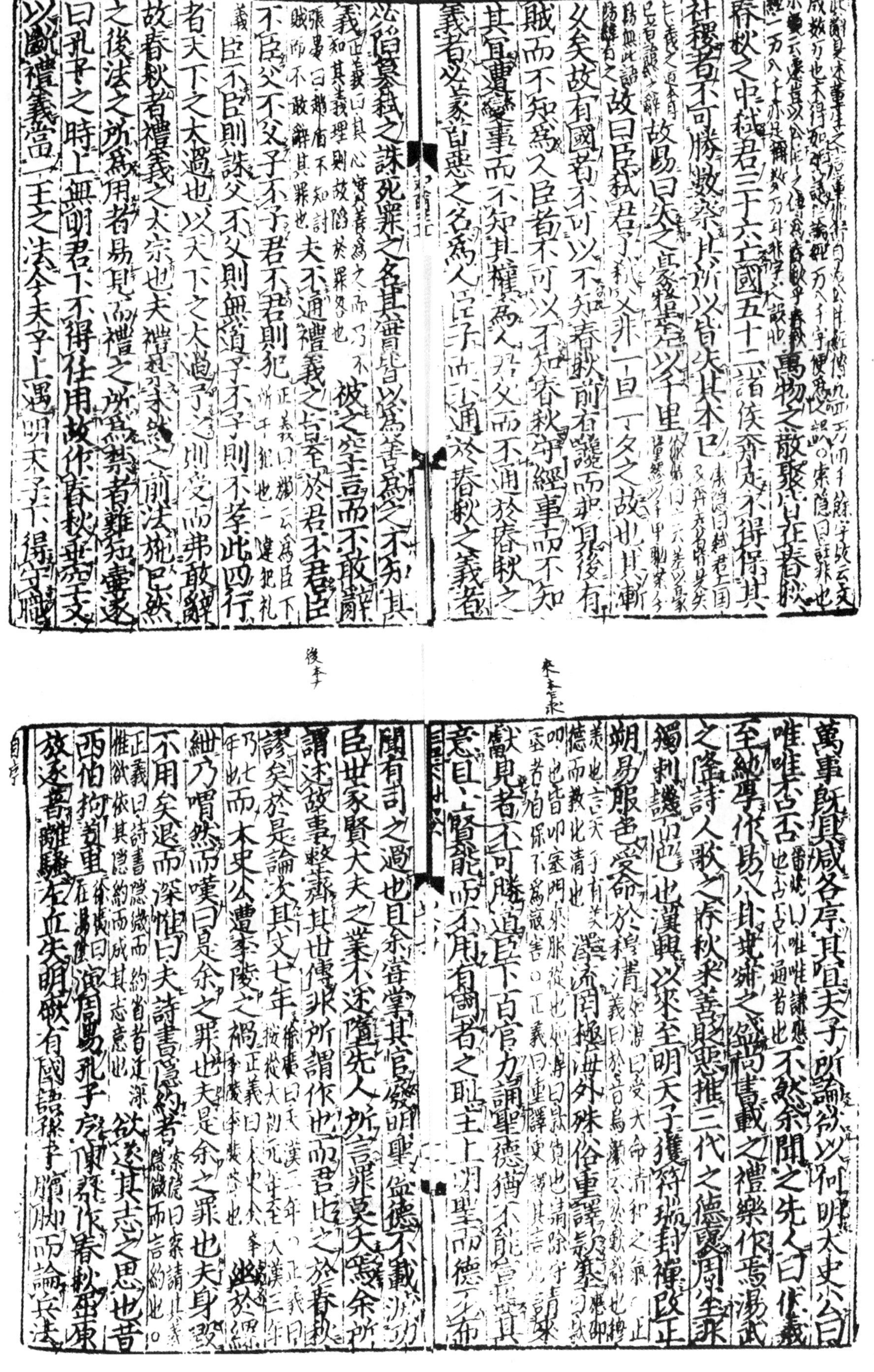

春秋之中弑君三十六亡國五十二諸侯奔走不得保其社稷者不可勝數察其所以皆失其本已故易曰失之豪釐差以千里故曰臣弑君子弑父非一旦一夕之故也其漸久矣故有國者不可以不知春秋前有讒而弗見後有賊而不知為人臣者不可以不知春秋守經事而不知其宜遭變事而不知其權為人君父而不通於春秋之義者必蒙首惡之名為人臣子而不通於春秋之義者必陷篡弑之誅死罪之名其實皆以為善為之不知其義被之空言而不敢辭夫不通禮義之旨至於君不君臣不臣父不父子不子夫君不君則犯臣不臣則誅父不父則無道子不子則不孝此四行者天下之大過也以天下之大過予之則受而弗敢辭故春秋者禮義之大宗也夫禮禁未然之前法施已然之後法之所為用者易見而禮之所為禁者難知壺遂曰孔子之時上無明君下不得任用故作春秋垂空文以斷禮義當一王之法今夫子上遇明天子下得守職

萬事既具咸各序其宜夫子所論欲以何明太史公曰唯唯否否不然余聞之先人曰伏羲至純厚作易八卦堯舜之盛尚書載之禮樂作焉湯武之隆詩人歌之春秋采善貶惡推三代之德褒周室非獨刺譏而已也漢興以來至明天子獲符瑞封禪改正朔易服色受命於穆清澤流罔極海外殊俗重譯款塞請來獻見者不可勝道臣下百官力誦聖德猶不能宣盡其意且士賢能而不用有國者之恥主上明聖而德不布聞有司之過也且余嘗掌其官廢明聖盛德不載滅功臣世家賢大夫之業不述墮先人所言罪莫大焉余所謂述故事整齊其世傳非所謂作也而君比之於春秋謬矣於是論次其文七年而太史公遭李陵之禍幽於縲紲乃喟然而嘆曰是余之罪也夫是余之罪也夫身毀不用矣退而深惟曰夫詩書隱約者欲遂其志之思也昔西伯拘羑里演周易孔子戹陳蔡作春秋屈原放逐著離騷左丘失明厥有國語孫子臏腳而論兵法

不韋遷蜀，世傳呂覽；【正義曰：即呂氏春秋也】韓非囚秦，說難、孤憤；詩三百篇，大抵賢聖發憤之所為作也。此人皆意有所鬱結，不得通其道也，故述往事，思來者。於是卒述陶唐以來，至于麟止，

維昔黃帝，法天則地，四聖遵序，各成法度；唐堯遜位，虞舜不台；厥美帝功，萬世載之。作五帝本紀第一。

維禹之功，九州攸同，光唐虞際，德流苗裔；夏桀淫驕，乃放鳴條。作夏本紀第二。

維契作商，爰及成湯；太甲居桐，德盛阿衡；武丁得說，乃稱高宗；帝辛湛湎，諸侯不享。作殷本紀第三。

維棄作稷，德盛西伯；武王牧野，實撫天下；幽厲昏亂，既喪酆鎬；陵遲至赧，洛邑不祀。作周本紀第四。

維秦之先，伯翳佐禹；穆公思義，悼豪之旅；以人為殉，詩歌黃鳥；昭襄業帝。作秦本紀第五。

始皇既立，并兼六國，銷鋒鑄鐻，維偃干革，尊號稱帝，矜武任力；二世受運，子嬰降虜。作始皇本紀第六。

秦失其道，豪桀並擾；項梁業之，子羽接之；殺慶救趙，諸侯立之；誅嬰背懷，天下非之。作項羽本紀第七。

子羽暴虐，漢行功德；憤發蜀漢，還定三秦；誅籍業帝，天下惟寧，改制易俗。作高祖本紀第八。

惠之早霣，諸呂不台；崇彊祿、產，諸侯謀之；殺隱幽友，大臣洞疑，遂及宗禍。作呂太后本紀第九。

漢既初興，繼嗣不明，迎王踐祚，天下歸心；蠲除肉刑，開通關梁，廣恩博施，厥稱太宗。作孝文本紀第十。

諸侯驕恣，吳首為亂，京師行誅，七國伏辜，天下翕然，大安殷富。作孝景本紀第十一。

漢興五世，隆在建元，外攘夷狄，內脩法度，封禪，改正朔，易服色。作今上本紀第十二。

維三代尚矣，年紀不可考，蓋取之譜牒舊聞，本于茲，於是略推，作三代世表第一。

幽厲之後，周室衰微，諸侯專政，春秋有所不紀；而譜牒

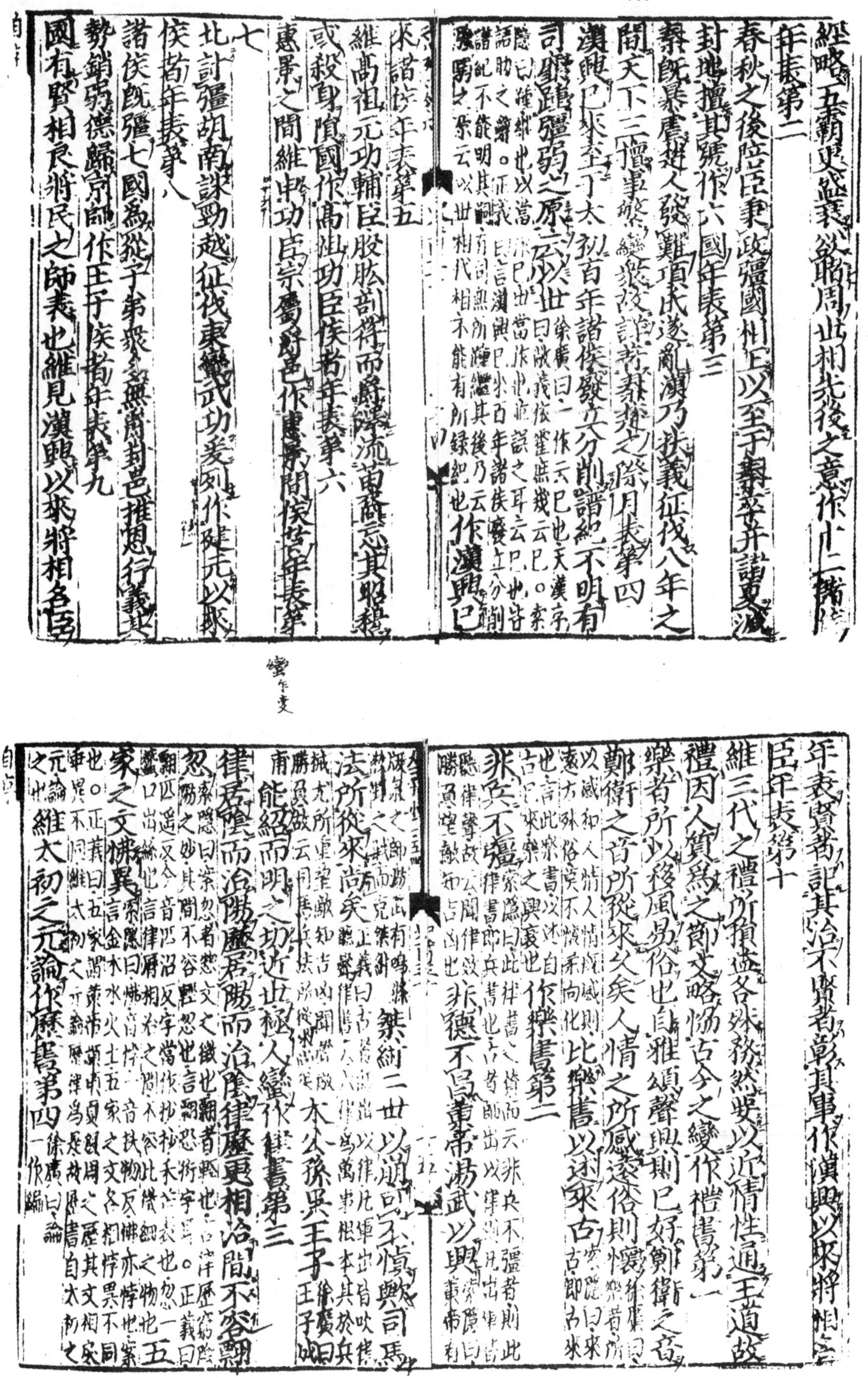

經略，五霸更盛衰，欲睹周世相先後之意，作十二諸侯年表第二。

春秋之後，陪臣秉政，彊國相王；以至于秦，卒并諸夏，滅封地，擅其號。作六國年表第三。

秦既暴虐，楚人發難，項氏遂亂，漢乃扶義征伐；八年之間，天下三嬗，事繁變衆，故詳著秦楚之際月表第四。

漢興已來，至于太初百年，諸侯廢立分削，譜紀不明，有司靡踵，彊弱之原云以世。作漢興已來諸侯年表第五。

維高祖元功，輔臣股肱，剖符而爵，澤流苗裔，忘其昭穆，或殺身隕國。作高祖功臣侯者年表第六。

惠景之間，維申功臣宗屬爵邑，作惠景間侯者年表第七。

北討彊胡，南誅勁越，征伐夷蠻，武功爰列。作建元以來侯者年表第八。

諸侯既彊，七國為從，子弟衆多，無爵封邑，推恩行義，其勢銷弱，德歸京師。作王子侯者年表第九。

國有賢相良將，民之師表也。維見漢興以來將相名臣年表，賢者記其治，不賢者彰其事。作漢興以來將相名臣年表第十。

維三代之禮，所損益各殊務，然要以近性情，通王道，故禮因人質為之節文，略協古今之變。作禮書第一。

樂者，所以移風易俗也。自雅頌聲興，則已好鄭衛之音，鄭衛之音所從來久矣。人情之所感，遠俗則懷。比樂書以述來古，作樂書第二。

非兵不彊，非德不昌，黃帝湯武以興，桀紂二世以崩，可不慎歟？司馬法所從來尚矣，太公孫吳王子能紹而明之，切近世，極人變。作律書第三。

律居陰而治陽，曆居陽而治陰，律曆更相治，間不容翲忽。五家之文怫異，維太初之元論。作曆書第四。

星氣之書多雜禨祥不經推其文考其應不殊比集論其行事驗于軌度以次作天官書第五

受命而王封禪之符罕用（徐廣曰一云仍）用則萬靈罔不禋祀追本諸神名山大川禮作封禪書第六

維禹浚川九州攸寧爰及宣防決瀆通溝作河渠書第七

維幣之行（索隱曰幣錢也）以通農商其極則玩巧并兼茲（索隱曰玩音五官反巧音苦孝反）殖爭於機利去本趨末作平準書以觀事變第八

太伯避歷江蠻是適文武攸興古公王跡闔廬弒僚賓服荊楚夫差克齊子胥鴟夷信嚭親越吳國既滅嘉伯之讓作吳世家第一

申呂肖矣（徐廣曰肖音痟痟衰微○索隱曰徐廣音訓不知從出案肖謂微弱而省少所謂中呂離衰也○正義曰肖音痟尚之相封於申中呂後痟微故尚父微賤也）尚父側微卒歸西伯文武是師功冠羣公繆權于幽（徐廣曰繆紗也猶云纏綿也權智潛謀幽昧不顯所謂太公陰謀○索隱曰繆謂綢繆也音亡又反謂太公綢繆為權謀於幽昧不明著也○正義曰繆音武彪反言呂尚綢繆於幽權之策謂六韜三略陰謀祕之屬）番番黃髮（一云番番○番音婆毛萇云番番老人髮白而更黃）爰饗營丘不背柯盟桓公以昌九合諸侯霸功顯彰田闞爭寵姜姓解亡（徐廣曰闞一云監監一作遷）嘉父之謀作齊太公世家第二

依之違之周公綏之憤發文德天下和之輔翼成王諸侯宗周隱桓之際是獨何哉三桓爭彊魯乃不昌嘉旦金縢作周公世家第三

武王克紂天下未協而崩成王既幼管蔡疑之淮夷叛之於是召公率德安集王室以寧東土燕易之禪乃成禍亂（索隱曰謂燕王噲讓子之後卒死亂也）嘉甘棠之詩作燕世家第四

管蔡相武庚將寧舊商及旦攝政二叔不饗殺鮮放度（索隱曰案系家云管叔名鮮蔡叔名度也）周公為盟大任十子周以宗彊（索隱曰大任文王妃生十子作邑考武王管蔡霍曹衛毛聃曹是也）嘉仲悔過（索隱曰蔡叔度之子蔡仲也）作管蔡世家第五

王後不絕舜禹是說維德休明苗裔蒙烈百世享祀爰周陳杞楚實滅之齊田既起舜何人哉作陳杞世家第六

收殷餘民叔封始邑申以商亂酒材是告及朔之生衛頃不寧（索隱曰衛頃公也）南子惡蒯聵子父易名周德卑微戰國既彊衛以小弱角獨後亡嘉彼康誥作衛世家第七

嗟箕子乎嗟箕子乎正言不用乃反為奴武庚既死周封微子襄公傷於泓（正義曰泓水名公羊傳云宋與楚人期戰於泓之陽宋師大敗君子大其不鼓不成列臨大事而不忘大禮雖文王之戰亦不過此也）君子孰稱景公謙德熒惑退行剔成暴虐（徐廣曰一云剔成君○索隱曰剔音湯）宋乃滅亡

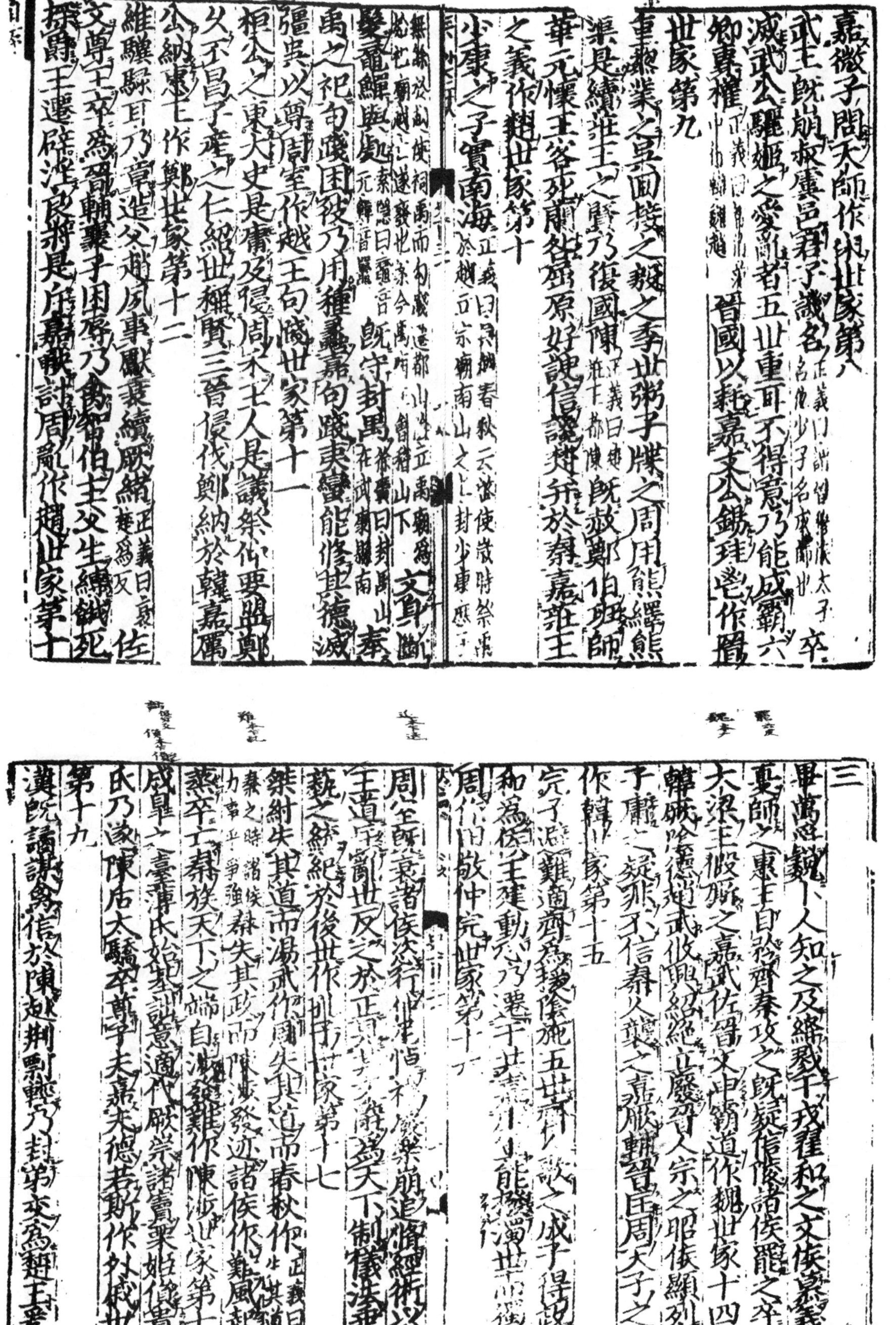
嘉微子問太師作宋世家第八
武王既崩叔虞邑唐君子譏名卒
滅武公驪姬之愛亂者五世重耳不得意乃能成霸六
卿專權晉國以秏嘉文公錫珪鬯作晉
世家第九
重黎業之吳回接之殷之季世粥子牒之周用熊繹熊
渠是續莊王之賢乃復國陳既赦鄭伯班師
華元懷王客死蘭咎屈原好諛信讒楚并於秦嘉莊王
之義作楚世家第十
少康之子實賓南海
文身斷
髮黿鱓與處既守封禺奉
禹之祀句踐困彼乃用種蠡嘉句踐夷蠻能修其德滅
彊吳以尊周室作越王句踐世家第十一
桓公之東太史是庸及侵周禾王人是議祭仲要盟鄭
久不昌子產之仁紹世稱賢三晉侵伐鄭納於韓嘉厲
公納惠王作鄭世家第十二
維驥騄耳乃章造父趙夙事獻衰續厥緒佐
文尊王卒為晉輔襄子困辱乃禽智伯主父生縛餓死
探爵王遷辟淫良將是斥嘉鞅討周亂作趙世家第十三

畢萬爵魏卜人知之及絳戮干戎翟和之文侯慕義子
夏師之惠王自矜齊秦攻之既疑信陵諸侯罷之卒亡
大梁王假廝之嘉武佐晉文申霸道作魏世家十四
韓厥陰德趙武攸興紹絕立廢晉人宗之昭侯顯列申
子庸之疑非不信秦人襲之嘉厥輔晉匡周天子之賦
作韓世家第十五
完子避難適齊為援陰施五世齊人歌之成子得政田
和為侯王建動心乃遷于共嘉威宣能撥濁世而獨宗
周作田敬仲完世家第十六
周室既衰諸侯恣行仲尼悼禮廢樂崩追脩經術以達
王道匡亂世反之於正見其文辭為天下制儀法垂六
藝之統紀於後世作孔子世家第十七
桀紂失其道而湯武作周失其道而春秋作
秦失其政而陳涉發迹諸侯作難風起雲
蒸卒亡秦族天下之端自涉發難作陳涉世家第十八
成皋之臺薄氏始基詘意適代厥崇諸竇栗姬偩貴王
氏乃遂陳后太驕卒尊子夫嘉夫德若斯作外戚世家
第十九
漢既譎謀禽信於陳越荊剽輕乃封弟交為楚王爰都

直城以遷淮泗為漢宗藩戊溺於邪禮復紹之嘉游輔祖（正義曰游楚王交字也輔高祖也）作楚元王世家第二十

維祖師旅劉賈是與為布所襲喪其荊吳營陵激呂乃王琅邪怵午信齊往而不歸遂西入關遭立孝文獲復王燕天下未集賈澤以族為漢藩輔作荊燕世家第二十一

天下已平親屬既寡悼惠先壯實鎮東土哀王擅興發怒諸呂駟鈞暴戾京師弗許厲之內淫禍成主父嘉肥股肱作齊悼惠王世家第二十二

楚人圍我滎陽相守三年蕭何填撫山西（正義曰謂華山之西也）推計踵兵給糧食不絕使百姓愛漢不樂為楚作蕭相國世家第二十三

與信定魏破趙拔齊遂弱楚人續何相國不變不革黎庶攸寧嘉參不伐功矜能作曹相國世家第二十四

運籌帷幄之中制勝於無形子房計謀其事無知名無勇功圖難於易為大於細作留侯世家第二十五

六奇既用諸侯賓從於漢呂氏之事平為本謀終安宗廟定社稷作陳丞相世家第二十六

諸呂為從謀弱京師而勃反經合於權吳楚之兵亞夫駐於昌邑以戹齊趙而出委以梁作絳侯世家第二十七

七國叛逆蕃屏京師唯梁為扞偩愛矜功幾獲于禍嘉其能距吳楚作梁孝王世家第二十八

五宗既王親屬洽和諸侯大小為藩爰得其宜僭擬之事稍衰貶矣作五宗世家第二十九

三子之王文辭可觀作三王世家第三十

末世爭利維彼奔義讓國餓死天下稱之作伯夷列傳第一

晏子儉矣夷吾則奢齊桓以霸景公以治作管晏列傳第二

李耳無為自化清淨自正韓非揣事情循勢理作老子韓非列傳第三

自古王者而有司馬法穰苴能申明之作司馬穰苴列傳第四

非信廉仁勇不能傳兵論劍與道同符內可以治身外可以應變君子比德焉作孫子吳起列傳第五

維建遇讒爰及子奢尚既匡父伍員奔吳作伍子胥列傳第六

孔氏述文弟子興業咸為師傅崇仁厲義作仲尼弟子列傳第七

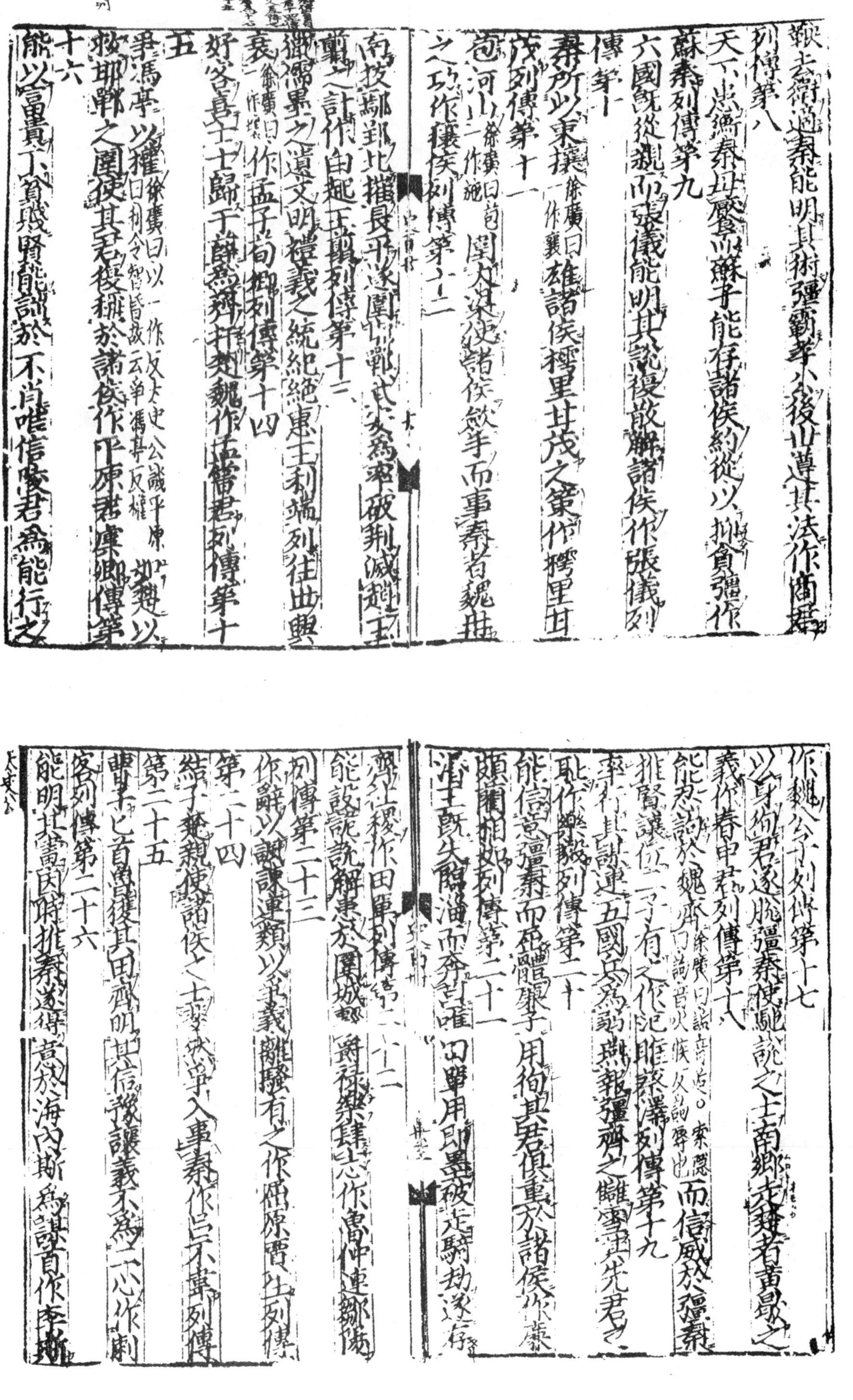
鞅去衛適秦，能明其術，彊霸孝公，後世遵其法。作商君列傳第八

天下患衡秦毋饜，而蘇子能存諸侯，約從以抑貪彊。作蘇秦列傳第九

六國既從親，而張儀能明其說，復散解諸侯。作張儀列傳第十

秦所以東攘徐廣曰攘一作襄雄諸侯，樗里、甘茂之策。作樗里甘茂列傳第十一

苞河山徐廣曰苞一作施，圍大梁，使諸侯斂手而事秦者，魏冉之功。作穰侯列傳第十二

南拔鄢郢，北摧長平，遂圍邯鄲，武安為率；破荊滅趙，王翦之計。作白起王翦列傳第十三

獵儒墨之遺文，明禮義之統紀，絕惠王利端，列往世興衰徐廣曰一作禁。作孟子荀卿列傳第十四

好客喜士，士歸于薛，為齊扞楚魏。作孟嘗君列傳第十五

爭馮亭以權徐廣曰以一作反太史公譏平原君利令智昏故云爭馮亭反權，如楚以救邯鄲之圍，使其君復稱於諸侯。作平原君虞卿列傳第十六

能以富貴下貧賤，賢能詘於不肖，唯信陵君為能行之。作魏公子列傳第十七

以身徇君，遂脫彊秦，使馳說之士南鄉走楚者，黃歇之義。作春申君列傳第十八

能忍詢徐廣曰詢音苟○索隱曰詢音火候反又如字也於魏齊，而信威於彊秦，推賢讓位，二子有之。作范雎蔡澤列傳第十九

率行其謀，連五國兵，為弱燕報彊齊之讎，雪其先君之恥。作樂毅列傳第二十

能信意彊秦，而屈體廉子，用徇其君，俱重於諸侯。作廉頗藺相如列傳第二十一

湣王既失臨淄而奔莒，唯田單用即墨破走騎劫，遂存齊社稷。作田單列傳第二十二

能設詭說解患於圍城，輕爵祿，樂肆志。作魯仲連鄒陽列傳第二十三

作辭以諷諫，連類以爭義，離騷有之。作屈原賈生列傳第二十四

結子楚親，使諸侯之士斐然爭入事秦。作呂不韋列傳第二十五

曹子匕首，魯獲其田，齊明其信；豫讓義不為二心。作刺客列傳第二十六

能明其畫，因時推秦，遂得意於海內，斯為謀首。作李斯

楚 本作疋　餉 本作饟　填 作鎮

列傳第二十七
為秦開地益衆，北靡匈奴，據河為塞，因山為固，建榆中，
作蒙恬列傳第二十八
填趙塞常山以廣河內，弱楚權，明漢王之信於天下，作
張耳陳餘列傳第二十九
收西河、上黨之兵，從至彭城；越之侵掠梁地以苦項羽，
作魏豹彭越列傳第三十
以淮南叛楚歸漢，漢用得大司馬殷，卒破子羽于垓下，
徐廣曰楚之名也 作黥布列傳第三十一
楚人迫我京索，而信拔魏趙，定燕齊，使漢三分天下有
其二，以滅項籍，作淮陰侯列傳第三十二
楚漢相距鞏洛，而韓信為填潁川，盧綰絕籍糧餉，作韓
信盧綰列傳第三十三
諸侯畔項王，唯齊連子羽城陽，漢得以閒遂入彭城，作
田儋列傳第三十四
攻城野戰獲功歸報，噲、商有力焉，非獨鞭策，又與之脫
難，作樊酈列傳第三十五
漢既初定，文理未明，蒼為主計，整齊度量，序律曆，作張
丞相列傳第三十六
結言通使，約懷諸侯；諸侯咸親，歸漢為藩輔，作酈生陸

太史公

緤 六詳　徒 本作徙　修 作脩　族 本

賈列傳第三十七
欲詳知秦楚之事，維周緤常從高祖，平定諸侯，作傅靳
蒯成列傳第三十八 索隱曰蒯音裴字從朋邑又音浮
徙彊族，都關中，和約匈奴；明朝廷禮，次宗廟儀法，作劉
敬叔孫通列傳第三十九
能摧剛作柔，卒為列臣；欒公不劫於勢而倍死，作季布
欒布列傳第四十
敢犯顏色以達主義，不顧其身，為國家樹長畫，作袁盎
朝錯列傳第四十一
守法不失大理，言古賢人，增主之明，作張釋之馮唐列
傳第四十二
敦厚慈孝，訥於言，敏於行，務在鞠躬，君子長者，作萬石
張叔列傳第四十三
守節切直，義足以言廉，行足以厲賢，任重權不可以非
理撓，作田叔列傳第四十四
扁鵲言醫，為方者宗，守數精明；後世脩序，弗能易也，而
倉公可謂近之矣，作扁鵲倉公列傳第四十五
維仲之省 徐廣曰漢王之王由父省 厥濞王吳，遭漢初定，以填撫江
淮之閒，作吳王濞列傳第四十六
吳楚為亂，宗屬唯嬰賢而喜士，士鄉之，率師抗山東榮

太史公

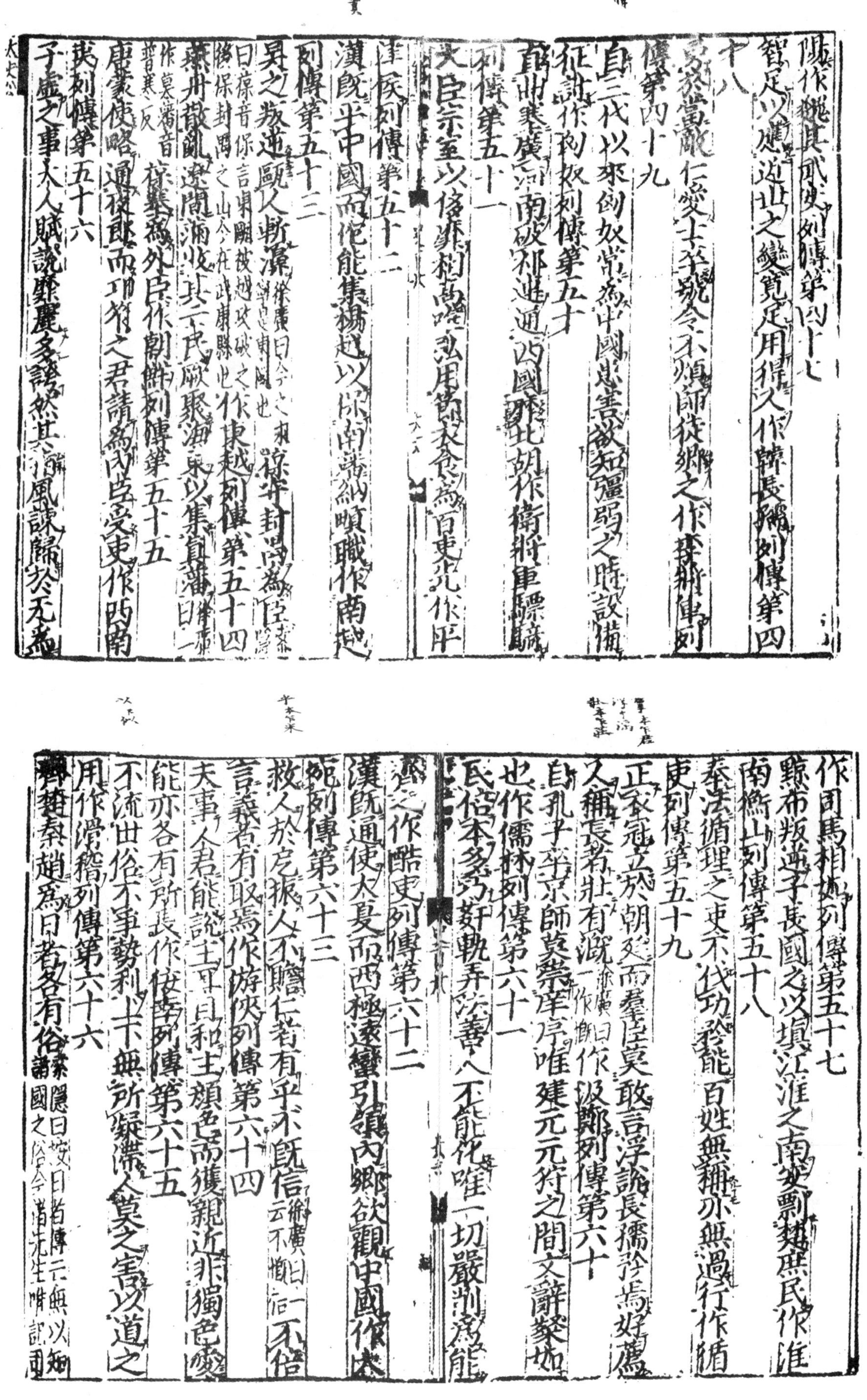

隗作魏其武安列傳第四十七
智足以應近世之變寬足用得人作韓長孺列傳第四
十八
勇於當敵仁愛士卒號令不煩師徒鄉之作李將軍列
傳第四十九
自三代以來匈奴常為中國患害欲知彊弱之時設備
征討作匈奴列傳第五十
直曲塞廣河南破祁連通西國靡北胡作衛將軍驃騎
列傳第五十一
大臣宗室以侈靡相高唯弘用節衣食為百吏先作平
津侯列傳第五十二
漢既平中國而佗能集楊越以保南藩納貢職作南越
列傳第五十三
吳之叛逆甌人斬濞葆守封禺為臣作東越列傳第五十四
燕丹散亂遼閒滿收其亡民厥聚海東以集真藩葆塞為外臣作朝鮮列傳第五十五
唐蒙使略通夜郎而邛笮之君請為內臣受吏作西南
夷列傳第五十六
子虛之事大人賦說靡麗多誇然其指風諫歸於無為

作司馬相如列傳第五十七
黥布叛逆子長國之以塡江淮之南安剽楚庶民作淮
南衡山列傳第五十八
奉法循理之吏不伐功矜能百姓無稱亦無過行作循
吏列傳第五十九
正衣冠立於朝廷而羣臣莫敢言浮說長孺矜焉好薦
人稱長者壯有溉作汲鄭列傳第六十
自孔子卒京師莫崇庠序唯建元元狩之閒文辭粲如
也作儒林列傳第六十一
民倍本多巧奸軌弄法善人不能化唯一切嚴削為能
齊之作酷吏列傳第六十二
漢既通使大夏而西極遠蠻引領內鄉欲觀中國作大
宛列傳第六十三
救人於戹振人不贍仁者有乎不既信不倍
言義者有取焉作游俠列傳第六十四
夫事人君能說主耳目和主顏色而獲親近非獨色愛
能亦各有所長作佞幸列傳第六十五
不流世俗不爭勢利上下無所凝滯人莫之害以道之
用作滑稽列傳第六十六
齊楚秦趙為日者各有俗所用

……之事也所用欲循（徐廣曰一作總）觀其大旨作日者列傳第六十七

三王不同龜四夷各異卜（索隱曰具書既亡無以知其異今褚少孫唯取太卜占龜之雜說詞甚煩蕪不能裁剪定加穿鑿此篇不才之甚也）然各以決吉凶略闚其要作龜策列傳第六十八

布衣匹夫之人不害於政不妨百姓取與以時而息財富智者有采焉作貨殖列傳第六十九

維我漢繼五帝末流接三代統業周道廢秦撥去古文焚滅詩書故明堂石室金匱玉版（如淳曰刻玉版以為文字）圖籍散亂於是漢興蕭何次律令韓信申軍法張蒼為章程（如淳曰章程歷數之章術也程者權衡丈尺斛斗之平法也瓚曰茂陵書丞相為工用程數其中言百工用材多少之量及制度之程品若是也）叔孫通定禮儀則文學彬彬稍進詩書往往間出矣自曹參薦蓋公言黃老（索隱曰蓋姓也音古盍反）而賈生晁錯明申商公孫弘以儒顯百年之間天下遺文古事靡不畢集太史公太史公仍父子相續纂其職曰於戲余維先人嘗掌斯事顯於唐虞至于周復典之故司馬氏世主天官（索隱曰案此天官非周禮冢宰天官乃是知天文星曆之事天官且遷實黎之後而黎氏後亦總稱重黎以重本司天故太史公代掌天官蓋天官統太史之職言史是歷代之職恐非實事然衛宏以為司馬氏周史佚之後故太史談云予之先人周之太史蓋或得其實也）至於余乎欽念哉欽念哉罔羅天下放失舊聞（索隱曰案舊聞有遺失放逸者罔羅而考論之）

王迹所興原始察終見盛觀衰論考之行事略推三代錄秦漢上記軒轅下至于茲著十二本紀既科條之矣並時異世年差不明作十表（索隱曰案並時則年曆差殊則亦略言難以明辨故作表也）禮樂損益律曆改易兵權山川鬼神（索隱曰案兵權即兵書也遷沒之後亡褚少孫以律書補之今律書亦略言兵也山川即河渠書也鬼神即封禪書也故云山川鬼神也）天人之際承敝通變作八書二十八宿環北辰三十輻共一轂（漢書音義曰象帝已下三十世家也十輻運行無窮以象王者如此也。正義曰顏云此說非也言衆星共繞北辰諸輻咸歸轂中猶宰臣尊輔天子也）運行無窮輔拂股肱之臣配焉忠信行道以奉主上作三十世家扶義俶儻不令己失時立功名於天下（索隱曰[illegible]言扶義俶儻之士能立功名於當世[illegible]）作七十列傳凡百三十篇五十二萬六千五百字（[illegible]）為太史公書序略（索隱曰桓譚新論云遷所著書成以示東方朔朔皆署曰太史公則謂太史公是朔稱亦恐其說未實蓋遷自尊其父著述稱之曰公或云遷外孫楊惲所稱事或當爾也）以拾遺補藝（索隱曰六藝也。索隱曰漢書作補闕此作藝謂補六藝之闕也）成一家之言厥協六經異傳（索隱曰遷言以所撰取協於經異傳之說耳謙不敢比經藝也異傳者如子夏易傳毛公詩及韓嬰外傳伏生尚書大傳之流也）整齊百家雜語（正義曰太史公撰史記言其協於六經異文整齊諸子百家雜說之語謙不敢比經藝也異傳謂如丘明春秋外傳國語子夏易傳毛詩韓詩外傳伏生尚書大傳之流也）藏之名山副在京師（索隱曰言正本藏之書府副本留京師也穆天子傳云天子北征至于羣玉之山河平無險四徹中繩先王所謂策府郭璞云古帝王藏策之府則此謂名山是也）俟後世聖人君子（索隱曰此語出公羊傳言夫子制春秋以……）

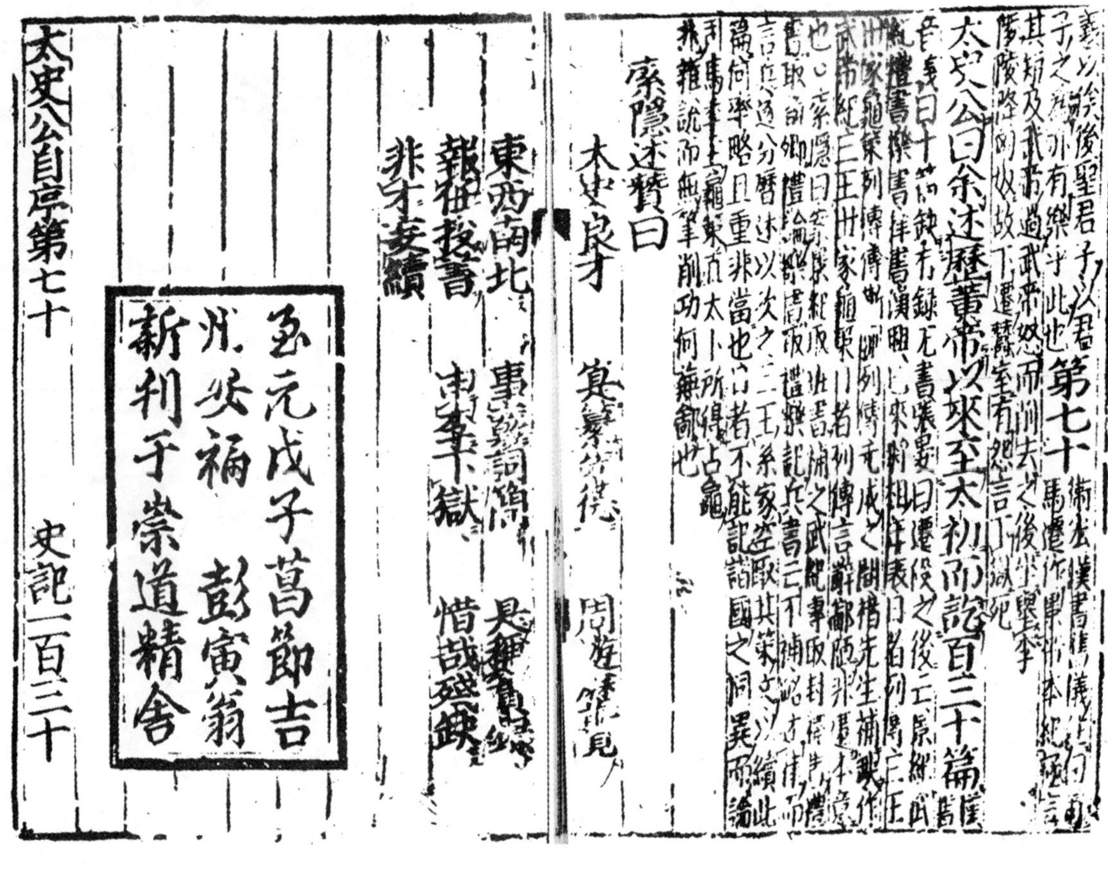

義以俟後聖君子第七十

太史公曰余述歷黃帝以來至太初而訖百三十篇

索隱述贊曰

太史良才　寔纂先德　周游歷覽

東西南北　事覈詞簡　是稱實錄

報任投書　申李下獄　惜哉殘缺

非才妄續

至元戊子菖節吉
州安福　彭寅翁
新刊于崇道精舍

太史公自序第七十　史記一百三十

史記英選

提要

《史記英選》八卷，朝鮮佚名編。每半葉十行十八字。白口。雙魚尾，四周單邊。朝鮮正祖二十年（清嘉慶元年，一七九六年）朝鮮國王敕令編定，韓國奎章閣藏高麗手鈔本。封面題『內閣活印』。當為史部，然奉朝鮮國王之命重新編撰，故而以韓國編者為主，入集部。此書前六冊為《史記》摘選本，後兩冊為《漢書》摘選本。是書用作朝鮮人學習漢文之範本，乃是無注版白本。

史記英選目錄

史記英選　目錄　二

史記英選卷之一

項羽本紀

項籍者下相人也字羽初起時年二十四其季父項梁梁父即楚將項燕為秦將王翦所戮者也項氏世世為楚將封於項故姓項氏項籍少時學書不成去學劍又不成項梁怒之籍曰書足以記名姓而已劍一人敵不足學學萬人敵於是項梁乃教籍兵法籍大喜略知其意又不肯竟學項梁嘗有櫟陽逮乃請蘄獄掾曹咎書抵櫟陽獄掾司馬欣以故事得已項梁殺人與

籍避仇於吳中吳中賢士大夫皆出項梁下每吳中有大繇役及喪項梁常為主辦陰以兵法部勒賓客及子弟以是知其能秦始皇帝游會稽渡浙江梁與籍俱觀籍曰彼可取而代也梁掩其口曰毋妄言族矣梁以此奇籍籍長八尺餘力能扛鼎才氣過人雖吳中子弟皆已憚籍矣秦二世元年七月陳涉等起大澤中其九月會稽守通謂梁曰江西皆反此亦天亡秦之時也吾聞先即制人後則為人所制吾欲發兵使公及桓楚將是時桓楚亡在澤中梁曰桓楚亡人莫知其處獨籍知之耳梁乃出誡籍持劍居外待梁復入與守坐曰請召籍使受命召桓楚守曰諾梁召籍入須臾梁眴籍曰可行矣於是籍遂拔劍斬守頭項梁持守頭佩其印綬門下大驚擾亂籍所擊殺數十百人一府中皆慴伏莫敢起梁乃召故所知豪吏諭以所為起大事遂舉吳中兵使人收下縣得精兵八千人梁部署吳中豪傑為校尉候司馬有一人不得用自言於梁梁曰前時某喪使公主某事不能辦以此不任用公衆乃皆伏於是梁為會稽守籍為

裨將徇下縣廣陵人召平於是為陳王徇廣陵未能下聞陳王敗走秦兵又且至乃渡江矯陳王命拜梁為楚王上柱國曰江東已定急引兵西擊秦項梁乃以八千人渡江而西聞陳嬰已下東陽使使欲與連和俱西陳嬰者故東陽令史居縣中素信謹稱為長者東陽少年殺其令相聚數千人欲置長無適用乃請陳嬰嬰謝不能遂彊立嬰為長縣中從者得二萬人少年欲立嬰便為王異軍蒼頭特起陳嬰母謂嬰曰自我為汝家婦未嘗聞汝先古之有貴者今暴得

大名不祥不如有所屬事成猶得封侯事敗易以亡非世所指名也嬰乃不敢為王謂其軍吏曰項氏世世將家有名於楚今欲舉大事將非其人不可我倚名族亡秦必矣於是衆從其言以兵屬項梁項梁渡淮黥布蒲將軍亦以兵屬焉凡六七萬人軍下邳當是時秦嘉已立景駒為楚王軍彭城東欲距項梁項梁謂軍吏曰陳王先首事戰不利未聞所在今秦嘉倍陳王而立景駒逆無道乃進兵擊秦嘉秦嘉軍敗走追之至胡陵嘉還戰一日嘉死軍降景駒走死梁

地項梁已并秦嘉軍軍胡陵將引軍而西章邯軍至栗項梁使別將朱鷄石餘樊君與戰餘樊君死朱鷄石軍敗亡走胡陵項梁乃引兵入薛誅鷄石項梁前使項羽別攻襄城襄城堅守不下已拔皆阬之還報項梁項梁聞陳王定死召諸別將會薛計事此時沛公亦起沛往焉居鄛人范增年七十素居家好奇計往說項梁曰陳勝敗固當夫秦滅六國楚最無罪自懷王入秦不反楚人憐之至今故楚南公曰楚雖三戶亡秦必楚也今陳勝首事不立楚後而自立其勢

不長今君起江東楚蠭起之將皆爭附君者以君世世楚將為能復立楚之後也於是項梁然其言乃求楚懷王孫心民間為人牧羊立以為楚懷王從民所望也陳嬰為楚上柱國封五縣與懷王都盱台項梁自號為武信君居數月引兵攻亢父與齊田榮司馬龍且軍救東阿大破秦軍於東阿田榮即引兵歸逐其王假假亡走楚假相田角亡走趙角弟田間故齊將居趙不敢歸田榮立田儋子市為齊王項梁已破東阿下軍遂追秦軍數使使趣齊兵欲與俱西田榮

台音怡　亢音剛

曰楚殺田假趙殺田角田間乃發兵項梁曰田假為與國之王窮來從我不忍殺之趙亦不殺田角田間以市於齊齊遂不肯發兵助楚項梁使沛公及項羽別攻成陽屠之西破秦軍濮陽東秦兵收入濮陽沛公項羽乃攻定陶定陶未下去西略地至雝丘大破秦軍斬李由還攻外黄外黄未下項梁起東阿西北至定陶再破秦軍項羽等又斬李由益輕秦有驕色宋義乃諫項梁曰戰勝而將驕卒惰者敗今卒少惰矣秦兵日益臣為君畏之項梁弗聽乃使宋義使於

齊道遇齊使者高陵君顯曰公將見武信君乎曰然曰臣論武信君軍必敗公徐行即免死疾行則及禍秦果悉起兵益章邯擊楚軍大破之定陶項梁死沛公項羽去外黃攻陳留陳留堅守不能下沛公項羽相與謀曰今項梁軍破士卒恐乃與呂臣軍俱引兵而東呂臣軍彭城東項羽軍彭城西沛公軍碭章邯已破項梁軍則以為楚地兵不足憂乃渡河擊趙大破之當此時趙歇為王陳餘為將張耳為相皆走入鉅鹿城章邯令王離涉間圍鉅鹿章邯軍其南築甬

道而輸之粟陳餘為將將卒數萬人而軍鉅鹿之北此所謂河北之軍也楚兵已破於定陶懷王恐從盱台之彭城并項羽呂臣軍自將之以呂臣為司徒以其父呂青為令尹以沛公為碭郡長封為武安侯將碭郡兵初宋義所遇齊使者高陵君顯在楚軍見楚王曰宋義論武信君之軍必敗居數日軍果敗兵未戰而先見敗徵此可謂知兵矣王召宋義與計事而大說之因置以為上將軍項羽為魯公為次將范增為末將救趙諸別將皆屬宋義號為卿子冠軍行至

安陽留四十六日不進項羽曰吾聞秦軍圍趙王鉅鹿疾引兵渡河楚擊其外趙應其內破秦軍必矣宋義曰不然夫搏牛之蝱不可以破蟣蝨今秦攻趙戰勝則兵罷我承其敝不勝則我引兵鼓行而西必舉秦矣故不如先鬭秦趙夫被堅執銳義不如公坐而運策公不如義因下令軍中曰猛如虎狠如羊貪如狼彊不可使者皆斬之乃遣其子宋襄相齊身送之至無鹽飲酒高會天寒大雨士卒凍飢項羽曰將勠力而攻秦久留不行今歲饑民貧士卒食芋菽軍無

見糧乃飲酒高會不引兵渡河因趙食與趙并力攻秦乃曰承其敝夫以秦之彊攻新造之趙其勢必舉趙趙舉而秦彊何敝之承且國兵新破王坐不安席埽境內而專屬於將軍國家安危在此一舉今不恤士卒而徇其私非社稷之臣項羽晨朝上將軍宋義即其帳中斬宋義頭出令軍中曰宋義與齊謀反楚楚王陰令羽誅之當是時諸將皆慴服莫敢枝梧皆曰首立楚者將軍家也今將軍誅亂乃相與共立羽為假上將軍使人追宋義子及之齊殺之使桓楚報

命於懷王懷王因使項羽為上將軍當陽君蒲將軍皆屬項羽項羽已殺卿子冠軍威震楚國名聞諸侯乃遣當陽君蒲將軍將卒二萬渡河救鉅鹿戰少利陳餘復請兵項羽乃悉引兵渡河皆沉船破釜甑燒廬舍持三日糧以示士卒必死無一還心於是至則圍王離與秦軍遇九戰絕其甬道大破之殺蘇角虜王離涉間不降楚自燒殺當是時楚兵冠諸侯諸侯軍救鉅鹿下者十餘壁莫敢縱兵及楚擊秦諸將皆從壁上觀楚戰士無不一以當十楚兵呼聲動天諸

侯軍無不人人惴恐於是已破秦軍項羽召見諸侯將入轅門無不膝行而前莫敢仰視項羽由是始為諸侯上將軍諸侯皆屬焉章邯軍棘原項羽軍漳南相持未戰秦軍數却二世使人讓章邯章邯恐使長史欣請事至咸陽留司馬門三日趙高不見有不信之心長史欣恐還走其軍不敢出故道趙高果使人追之不及欣至軍報曰趙高用事於中下無可為者今戰能勝高必疾妒吾功戰不能勝不免於死願將軍熟計之陳餘亦遺章邯書曰白起為秦將南征鄢

郢北阬馬服攻城略地不可勝計而竟賜死蒙恬為秦將北逐戎人開榆中地數千里竟斬陽周何者功多秦不能盡封因以法誅之今將軍為秦將三歲矣所亡失以十萬數而諸侯並起滋益多彼趙高素諛日久今事急亦恐二世誅之故欲以法誅將軍以塞責使人更代將軍以脫其禍夫將軍居外久多內郤有功亦誅無功亦誅且天之亡秦無愚智皆知之今將軍內不能直諫外為亡國將孤特獨立而欲常存豈不哀哉將軍何不還兵與諸侯為從約共攻秦分

王其地南面稱孤此孰與身伏鈇質妻子為僇乎章邯狐疑陰使候始成使項羽欲約約未成項羽使蒲將軍日夜引兵渡三戶軍漳南與秦戰再破之項羽悉引兵擊秦軍汙水上大破之章邯使人見項羽欲約項羽召軍吏謀曰糧少欲聽其約軍吏皆曰善項羽乃與期洹水南殷虛上已盟章邯見項羽而流涕為言趙高項羽乃立章邯為雍王置楚軍中使長史欣為上將軍將秦軍為前行到新安諸侯吏卒異時故繇使屯戍過秦中秦中吏卒遇之多無狀及秦軍

汙音于

降諸侯諸侯吏卒乘勝多奴虜使之輕折辱秦吏卒秦吏卒多竊言曰章將軍等詐吾屬降諸侯今能入關破秦大善即不能諸侯虜吾屬而東秦必盡誅吾父母妻子諸將微聞其計以告項羽項羽乃召黥布蒲將軍計曰秦吏卒尚衆其心不服至關中不聽事必危不如擊殺之而獨與章邯長史欣都尉翳入秦於是楚軍夜擊阬秦卒二十餘萬人新安城南行略定秦地函谷關有兵守關不得入又聞沛公已破咸陽項羽大怒使當陽君等擊關項羽遂入至于戲西

沛公軍霸上未得與項羽相見沛公左司馬曹無傷使人言於項羽曰沛公欲王關中使子嬰為相珍寶盡有之項羽大怒曰旦日饗士卒為擊破沛公軍當是時項羽兵四十萬在新豐鴻門沛公兵十萬在霸上范增說項羽曰沛公居山東時貪於財貨好美姬今入關財物無所取婦女無所幸此其志不在小吾令人望其氣皆為龍虎成五采此天子氣也急擊勿失楚左尹項伯者項羽季父也素善留侯張良張良是時從沛公項伯乃夜馳之沛公軍私見張良具告以事欲呼張良與俱去曰毋從俱死也張良曰臣為韓王送沛公沛公今事有急亡去不義不可不語良乃入具告沛公沛公大驚曰為之柰何張良曰誰為大王為此計者曰鯫生說我曰距關毋內諸侯秦地可盡王也故聽之良曰料大王士卒足以當項王乎沛公默然曰固不如也且為之柰何張良曰請往謂項伯言沛公不敢背項王也沛公曰君安與項伯有故張良曰秦時與臣游項伯殺人臣活之今事有急故幸來告良沛公曰孰與君少長良曰長於臣沛公

曰君為我呼入吾得兄事之張良出要項伯項伯即入見沛公沛公奉卮酒為壽約為婚姻曰吾入關秋毫不敢有所近籍吏民封府庫而待將軍所以遣將守關者備他盜之出入與非常也日夜望將軍至豈敢反乎願伯具言臣之不敢倍德也項伯許諾謂沛公曰旦日不可不蚤自來謝項王沛公曰諾於是項伯復夜去至軍中具以沛公言報項王因言曰沛公不先破關中公豈敢入乎今人有大功而擊之不義也不如因善遇之項王許諾沛公旦日從百餘騎來

見項王至鴻門謝曰臣與將軍勠力而攻秦將軍戰河北臣戰河南然不自意能先入關破秦得復見將軍於此今者有小人之言令將軍與臣有郤項王曰此沛公左司馬曹無傷言之不然籍何以至此項王即日因留沛公與飲項王項伯東嚮坐亞父南嚮坐亞父者范增也沛公北嚮坐張良西嚮侍范增數目項王舉所佩玉玦以示之者三項王默然不應范增起出召項莊謂曰君王為人不忍若入前為壽壽畢請以劍舞因擊沛公於坐殺之不者若屬皆且為所

虜莊則入為壽壽畢曰君王與沛公飲軍中無以為樂請以劍舞項王曰諾項莊拔劍起舞項伯亦拔劍起舞常以身翼蔽沛公莊不得擊於是張良至軍門見樊噲樊噲曰今日之事何如良曰甚急今者項莊拔劍舞其意常在沛公也噲曰此迫矣臣請入與之同命噲即帶劍擁盾入軍門交戟之衛士欲止不內樊噲側其盾以撞衛士仆地噲遂入披帷西嚮立瞋目視項王頭髮上指目眦盡裂項王按劍而跽曰客何為者張良曰沛公之參乘樊噲者也項王曰壯士

賜之卮酒則與斗卮酒噲拜謝起立而飲之項王曰賜之彘肩則與一生彘肩樊噲覆其盾於地加彘肩上拔劍切而啗之項王曰壯士能復飲乎樊噲曰臣死且不避卮酒安足辭夫秦王有虎狼之心殺人如不能舉刑人如恐不勝天下皆叛之懷王與諸將約曰先破秦入咸陽者王之今沛公先破秦入咸陽豪毛不敢有所近封閉宮室還軍霸上以待大王來故遣將守關者備他盜出入與非常也勞苦而功高如此未有封侯之賞而聽細說欲誅有功之人此亡秦

之續耳竊為大王不取也項王未有以應曰坐樊噲從良坐坐須臾沛公起如廁因招樊噲出沛公已出項王使都尉陳平召沛公沛公曰今者出未辭也為之奈何樊噲曰大行不顧細謹大禮不辭小讓如今人方為刀俎我為魚肉何辭為於是遂去乃令張良留謝良問曰大王來何操曰我持白璧一雙欲獻項王玉斗一雙欲與亞父會其怒不敢獻公為我獻之張良曰謹諾當是時項王軍在鴻門下沛公軍在霸上相去四十里沛公則置車騎脫身獨騎與樊噲夏

侯嬰靳彊紀信等四人持劒盾步走從酈山下道芷陽間行沛公謂張良曰從此道至吾軍不過二十里耳度我至軍中公乃入沛公已去間至軍中張良入謝曰沛公不勝桮杓不能辭謹使臣良奉白璧一雙再拜獻大王足下玉斗一雙再拜奉大將軍足下項王曰沛公安在良曰聞大王有意督過之脫身獨去已至軍矣項王則受璧置之坐上亞父受玉斗置之地拔劒撞而破之曰唉豎子不足與謀奪項王天下者必沛公也吾屬今為之虜矣沛公至軍立誅殺曹

無傷居數日項羽引兵西屠咸陽殺秦降王子嬰燒秦宮室火三月不滅收其貨寶婦女而東人或說項王曰關中阻山河四塞地肥饒可都以霸項王見秦宮室皆以燒殘破又心懷思欲東歸曰富貴不歸故鄉如衣繡夜行誰知之者說者曰人言楚人沐猴而冠耳果然項王聞之烹說者項王使人致命懷王懷王曰如約乃尊懷王為義帝項王欲自王先王諸將相謂曰天下初發難時假立諸侯後以伐秦然身被堅執銳首事暴露於野三年滅秦定天下者皆將相

諸君與籍之力也義帝雖無功故當分其地而王之諸將皆曰善乃分天下立諸將為侯王項王范增疑沛公之有天下業已講解又惡負約恐諸侯叛之乃陰謀曰巴蜀道險秦之遷人皆居蜀乃曰巴蜀亦關中地也故立沛公為漢王王巴蜀漢中都南鄭而三分關中王秦降將以距塞漢王項王乃立章邯為雍王王咸陽以西都廢丘長史欣者故為櫟陽獄掾嘗有德於項梁都尉董翳者本勸章邯降楚故立司馬欣為塞王王咸陽以東至河都櫟陽立董翳為翟王

王上郡都高奴從魏王豹為西魏王王河東都平陽瑕丘申陽者張耳嬖臣也先下河南郡迎楚河上故立申陽為河南王都雒陽韓王成因故都都陽翟趙將司馬卬定河內數有功故立卬為殷王王河內都朝歌徙趙王歇為代王趙相張耳素賢又從入關故立耳為常山王王趙地都襄國當陽君黥布為楚將常冠軍故立布為九江王都六鄱君吳芮率百越佐諸侯又從入關故立芮為衡山王都邾義帝柱國共敖將兵擊南郡功多因立敖為臨江王都江陵徙燕

鋗音玄　郴音琛

王韓廣為遼東王燕將臧荼從楚救趙因從入關故立荼為燕王都薊徙齊王田市為膠東王齊將田都從共救趙因從入關故立都為齊王都臨菑故秦所滅齊王建孫田安項羽方渡河救趙田安下濟北數城引其兵降項羽故立安為濟北王都博陽田榮者數負項梁又不肯將兵從楚擊秦以故不封成安君陳餘棄將印去不從入關然素聞其賢有功於趙聞其在南皮故因環封三縣番君將梅鋗功多故封十萬戶侯項王自立為西楚霸王王九郡都彭城漢之

元年四月諸侯罷戲下各就國項王出之國使人徙義帝曰古之帝者地方千里必居上游乃使使徙義帝長沙郴縣趣義帝行其羣臣稍稍背叛之乃陰令衡山臨江王擊殺之江中韓王成無軍功項王不使之國與俱至彭城廢以為侯已又殺之臧荼之國因逐韓廣之遼東廣弗聽荼擊殺廣無終并王其地田榮聞項羽徙齊王市膠東而立齊將田都為齊王乃大怒不肯遣齊王之膠東因以齊反迎擊田都田都走楚齊王市畏項王乃亡之膠東就國田榮怒追擊

殺之即墨榮因自立為齊王而西擊殺濟北王田安并王三齊榮與彭越將軍印令反梁地陳餘陰使張同夏說說齊王田榮曰項羽為天下宰不平今盡王故王於醜地而王其羣臣諸將善地逐其故主趙王乃北居代餘以為不可聞大王起兵且不聽不義願大王資餘兵請以擊常山以復趙王請以國為扞蔽齊王許之因遣兵之趙陳餘悉發三縣兵與齊并力擊常山大破之張耳走歸漢陳餘迎故趙王歇於代反之趙趙王因立陳餘為代王是時漢還定三秦項

羽聞漢王皆已并關中且東齊趙叛之大怒乃以故吳令鄭昌為韓王以距漢令蕭公角等擊彭越彭越敗蕭公角等漢使張良徇韓乃遺項王書曰漢王失職欲得關中如約即止不敢東又以齊梁反書遺項王曰齊欲與趙并滅楚楚以此故無西意而北擊齊徵兵九江王布布稱疾不往使將將數千人行項王由此怨布也漢之二年冬項羽遂北至成陽田榮亦將兵會戰田榮不勝走至平原平原民殺之遂北燒夷齊城郭室屋皆阬田榮降卒係虜其老弱婦女徇

齊至北海多所殘滅齊人相聚而叛之於是田榮弟田橫收齊亡卒得數萬人反成陽項王因留連戰未能下春漢王部五諸侯兵凡五十六萬人東伐楚項王聞之即令諸將擊齊而自以精兵三萬人南從魯出胡陵四月漢皆已入彭城收其貨寶美人日置酒高會項王乃西從蕭晨擊漢軍而東至彭城日中大破漢軍漢軍皆走相隨入穀泗水殺漢卒十餘萬人漢卒皆南走山楚又追擊至靈壁東睢水上漢軍却為楚所擠多殺漢卒十餘萬人皆入睢水睢水為之

不流圍漢王三匝於是大風從西北而起折木發屋揚沙石窈冥晝晦逢迎楚軍楚軍大亂壞散而漢王乃得與數十騎遁去欲過沛收家室而西楚亦使人追之沛取漢王家家皆亡不與漢王相見漢王道逢得孝惠魯元乃載行楚騎追漢王漢王急推墮孝惠魯元車下滕公常下收載之如是者三曰雖急不可以驅奈何棄之於是遂得脫求太公呂后不相遇審食其從太公呂后間行求漢王反遇楚軍楚軍遂與歸報項王項王常置軍中是時呂后兄周呂侯為漢

將兵居下邑漢王間往從之稍稍收其士卒至滎陽諸敗軍皆會蕭何亦發關中老弱未傅悉詣滎陽復大振楚起於彭城常乘勝逐北與漢戰滎陽南京索間漢敗楚楚以故不能過滎陽而西項王之救彭城追漢王至滎陽田橫亦得收齊立田榮子廣為齊王漢王之敗彭城諸侯皆復與楚而背漢漢軍滎陽築甬道屬之河以取敖倉粟漢之三年項王數侵奪漢甬道漢王食乏恐請和割滎陽以西為漢項王欲聽之歷陽侯范增曰漢易與耳今釋弗取後必悔之項

王乃與范增急圍滎陽漢王患之乃用陳平計間項王項王使者來為太牢具舉欲進之見使者詳驚愕曰吾以為亞父使者乃反項王使者更持去以惡食食項王使者使者歸報項王項王乃疑范增與漢有私稍奪之權范增大怒曰天下事大定矣君王自為之願賜骸骨歸卒伍項王許之行未至彭城疽發背而死漢將紀信說漢王曰事已急矣請為王誑楚為王王可以間出於是漢王夜出女子滎陽東門被甲二千人楚兵四面擊之紀信乘黃屋車傅左纛曰城

中食盡漢王降楚軍皆呼萬歲漢王亦與數十騎從城西門出走成皐項王見紀信問漢王安在信曰漢王已出矣項王燒殺紀信漢王使御史大夫周苛樅公魏豹守滎陽周苛樅公謀曰反國之王難與守城乃共殺魏豹楚下滎陽城生得周苛項王謂周苛曰為我將我以公為上將軍封三萬戶周苛罵曰若不趣降漢漢今虜若若非漢敵也項王怒烹周苛并殺樅公漢王之出滎陽南走宛葉得九江王布行收兵復入保成皐漢之四年項王進兵圍成皐漢王逃獨

與滕公出成皐北門渡河走修武從張耳韓信軍諸將稍稍得出成皐從漢王楚遂拔成皐欲西漢使兵距之鞏令其不得西是時彭越渡河擊楚東阿殺楚將軍薛公項王乃自東擊彭越漢王得淮陰侯兵欲渡河南鄭忠說漢王乃止壁河內使劉賈將兵佐彭越燒楚積聚項王東擊破之走彭越漢王則引兵渡河復取成皐軍廣武就敖倉食項王已定東海來西與漢俱臨廣武而軍相守數月當此時彭越數反梁地絕楚糧食項王患之為高俎置太公其上告漢王

曰今不急下吾烹太公漢王曰吾與項羽俱北面受命懷王曰約為兄弟吾翁即若翁必欲烹而翁則幸分我一桮羹項王怒欲殺之項伯曰天下事未可知且為天下者不顧家雖殺之無益秖益禍耳項王從之楚漢久相持未決丁壯苦軍旅老弱罷轉漕項王謂漢王曰天下匈匈數歲者徒以吾兩人耳願與漢王挑戰決雌雄毋徒苦天下之民父子為也漢王笑謝曰吾寧鬭智不能鬭力項王令壯士出挑戰漢有善騎射者樓煩楚挑戰三合樓煩輒射殺之項王大

怒乃自被甲持戟挑戰樓煩欲射之項王瞋目叱之樓煩目不敢視手不敢發遂走還入壁不敢復出漢王使人間問之乃項王也漢王大驚於是項王乃即漢王相與臨廣武間而語漢王數之項王怒欲一戰漢王不聽項王伏弩射中漢王漢王傷走入成皐項王聞淮陰侯已舉河北破齊趙且欲擊楚乃使龍且往擊之淮陰侯與戰騎將灌嬰擊之大破楚軍殺龍且韓信因自立為齊王項王聞龍且軍破則恐使盱台人武涉往說淮陰侯淮陰侯弗聽是時彭越復反

下梁地絕楚糧項王乃謂海春侯大司馬曹咎
等曰謹守成皋則漢欲挑戰慎勿與戰毋令得
東而已我十五日必誅彭越定梁地復從將軍
乃東行擊陳留外黃外黃不下數日已降項王
怒悉令男子年十五已上詣城東欲阬之外黃
令舍人兒年十三往說項王曰彭越彊劫外黃
外黃恐故且降待大王大王至又皆阬之百姓
豈有歸心從此以東梁地十餘城皆恐莫肯下
矣項王然其言乃赦外黃當阬者東至睢陽聞
之皆爭下項王漢果數挑楚軍戰楚軍不出使

人辱之五六日大司馬怒渡兵汜水士卒半渡
漢擊之大破楚軍盡得楚國貨賂大司馬咎長
史翳塞王欣皆自剄汜水上大司馬咎者故蘄
獄掾長史欣亦故櫟陽獄吏兩人嘗有德於項
梁是以項王信任之當是時項王在睢陽聞海
春侯軍敗則引兵還漢軍方圍鍾離昧於滎陽
東項王至漢軍畏楚盡走險阻是時漢兵盛食
多項王兵罷食絕漢遣陸賈說項王請太公項
王弗聽漢王復使侯公往說項王項王乃與漢
約中分天下割鴻溝以西者為漢鴻溝而東者

為楚項王許之即歸漢王父母妻子軍皆呼萬
歲漢王乃封侯公為平國君匿弗肯復見曰此
天下辯士所居傾國故號為平國君項王已約
乃引兵解而東歸漢欲西歸張良陳平說曰漢
有天下太半而諸侯皆附之楚兵罷食盡此天
亡楚之時也不如因其饑而遂取之今釋弗擊
此所謂養虎自遺患也漢王聽之漢五年漢王
乃追項王至陽夏南止軍與淮陰侯韓信建成
侯彭越期會而擊楚軍至固陵而信越之兵不
會楚擊漢軍大破之漢王復入壁深塹而自守

謂張子房曰諸侯不從約為之奈何對曰楚兵
且破信越未有分地其不至固宜君王能與共
分天下今可立致也即不能事未可知也君王
能自陳以東傅海盡與韓信睢陽以北至穀城
以與彭越使各自為戰則楚易敗也漢王曰善
於是乃發使者告韓信彭越曰幷力擊楚楚破
自陳以東傅海與齊王睢陽以北至穀城與彭
相國使者至韓信彭越皆報曰請今進兵韓信
乃從齊往劉賈軍從壽春並行屠城父至垓下
大司馬周殷叛楚以舒屠六舉九江兵隨劉賈

彭越皆會垓下詣項王項王軍壁垓下兵少食
盡漢軍及諸侯兵圍之數重夜聞漢軍四面皆
楚歌項王乃大驚曰漢皆已得楚乎是何楚人
之多也項王則夜起飲帳中有美人名虞常幸
從駿馬名騅常騎之於是項王乃悲歌忼慨自
為詩曰力拔山兮氣蓋世時不利兮騅不逝騅
不逝兮可奈何虞兮虞兮奈若何歌數闋美人
和之項王泣數行下左右皆泣莫能仰視於是
項王乃上馬騎麾下壯士騎從者八百餘人直
夜潰圍南出馳走平明漢軍乃覺之令騎將灌

嬰以五千騎追之項王渡淮騎能屬者百餘人
耳項王至陰陵迷失道問一田父田父紿曰左
左乃陷大澤中以故漢追及之項王乃復引兵
而東至東城乃有二十八騎漢騎追者數千人
項王自度不得脫謂其騎曰吾起兵至今八歲
矣身七十餘戰所當者破所擊者服未嘗敗北
遂霸有天下然今卒困於此此天之亡我非戰
之罪也今日固決死願為諸君決戰必三勝之
為諸君潰圍斬將刈旗令諸君知天亡我非戰
之罪也乃分其騎以為四隊四嚮漢軍圍之數

重項王謂其騎曰吾為公取彼一將令四面騎
馳下期山東為三處於是項王大呼馳下漢軍
皆披靡遂斬漢一將是時赤泉侯為騎將追項
王項王瞋目而叱之赤泉侯人馬俱驚辟易數
里與其騎會為三處漢軍不知項王所在乃分
軍為三復圍之項王乃馳復斬漢一都尉殺數
十百人復聚其騎亡其兩騎耳乃謂其騎曰何
如騎皆伏曰如大王言於是項王乃欲東渡烏
江烏江亭長檥船待謂項王曰江東雖小地方
千里衆數十萬人亦足王也願大王急渡今獨

臣有船漢軍至無以渡項王笑曰天之亡我我
何渡為且籍與江東子弟八千人渡江而西今
無一人還縱江東父兄憐而王我我何面目見
之縱彼不言籍獨不愧於心乎乃謂亭長曰吾
知公長者吾騎此馬五歲所當無敵嘗一日行
千里不忍殺之以賜公乃令騎皆下馬步行持
短兵接戰獨籍所殺漢軍數百人項王身亦被
十餘創顧見漢騎司馬呂馬童曰若非吾故人
乎馬童面之指王翳曰此項王也項王乃曰吾
聞漢購我頭千金邑萬戶吾為若德乃自刎而

死王翳取其頭餘騎相蹂踐爭項王相殺者數
十人最其後郎中騎楊喜騎司馬呂馬童郎中
呂勝楊武各得其一體五人共會其體皆是分
其地為五封呂馬童為中水侯封王翳為杜衍
侯封楊喜為赤泉侯封楊武為吳防侯封呂勝
為涅陽侯項王已死楚地皆降漢獨魯不下漢
乃引天下兵欲屠之為其守禮義為主死節乃
持項王頭示魯魯父兄乃降始楚懷王初封項
籍為魯公及其死魯最後下故以魯公禮葬項
王穀城漢王為發哀泣之而去諸項氏枝屬漢
王皆不誅乃封項伯為射陽侯桃侯平皐侯玄
武侯皆項氏賜姓劉氏
太史公曰吾聞之周生曰舜目蓋重瞳子又聞
項羽亦重瞳子羽豈其苗裔邪何興之暴也夫
秦失其政陳涉首難豪傑蠭起相與並爭不可
勝數然羽非有尺寸乘勢起隴畝之中三年遂
將五諸侯滅秦分裂天下而封王侯政由羽出
號為霸王位雖不終近古以來未嘗有也及羽
背關懷楚放逐義帝而自立怨王侯叛已難矣
自矜功伐奮其私智而不師古謂霸王之業欲

以力征經營天下五年卒亡其國身死東城尚
不覺悟而不自責過矣乃引天亡我非用兵之
罪也豈不謬哉

蕭相國世家

蕭相國何者沛豐人也以文無害為沛主吏掾
高祖為布衣時何數以吏事護高祖高祖為亭
長常左右之高祖以吏繇咸陽吏皆送奉錢三
何獨以五秦御史監郡者與從事常辨之何乃
給泗水卒史事第一秦御史欲入言徵何何固
請得毋行及高祖起為沛公何嘗為丞督事沛
公至咸陽諸將皆爭走金帛財物之府分之何
獨先入收秦丞相御史律令圖書藏之沛公為
漢王以何為丞相項王與諸侯屠燒咸陽而去
漢王所以具知天下阸塞戶口多少彊弱之處
民所疾苦者以何具得秦圖書也何進言韓信
漢王以信為大將軍語在淮陰侯事中漢王引
兵東定三秦何以丞相留收巴蜀填撫諭告使
給軍食漢二年漢王與諸侯擊楚何守關中侍
太子治櫟陽為法令約束立宗廟社稷宮室縣
邑輒奏上可許以從事即不及奏上輒以便宜

填同鎮

施行上來以聞關中事計户口轉漕給軍漢王數失軍遁去何常興關中卒輒補缺上以此專屬任何關中事漢三年漢王與項羽相距京索之間上數使使勞苦丞相鮑生謂丞相曰王暴衣露蓋數使使勞苦君者有疑君心也為君計莫若遣君子孫昆弟能勝兵者悉詣軍所上必益信君於是何從其計漢王大説漢五年既殺項羽定天下論功行封羣臣爭功歲餘功不決高祖以蕭何功最盛封為酇侯所食邑多功臣皆曰臣等身被堅執鋭多者百餘戰少者數十

合攻城略地大小各有差今蕭何未嘗有汗馬之勞徒持文墨議論不戰顧反居臣等上何也高帝曰諸君知獵乎曰知之知獵狗乎曰知之高帝曰夫獵追殺獸兎者狗也而發蹤指示獸處者人也今諸君徒能得走獸耳功狗也至如蕭何發蹤指示功人也且諸君獨以身隨我多者兩三人今蕭何舉宗數十人皆隨我功不可忘也羣臣皆莫敢言列侯畢已受封及奏位次皆曰平陽侯曹參身被七十創攻城略地功最多宜第一上已橈功臣多封蕭何至位次未有以復難之然心欲何第一關内侯鄂君進曰羣臣議皆誤夫曹參雖有野戰略地之功此特一時之事夫上與楚相距五歲常失軍亡衆逃身遁者數矣然蕭何常從關中遣軍補其處非上所詔令召而數萬衆會上之乏絶者數矣夫漢與楚相守滎陽數年軍無見糧蕭何轉漕關中給食不乏陛下雖數亡山東蕭何常全關中以待陛下此萬世之功也今雖亡曹參等百數何缺於漢漢得之不必待以全奈何欲以一旦之功而加萬世之功哉蕭何第一曹參次之高祖

曰善於是乃令蕭何賜帶劍履上殿入朝不趨上曰吾聞進賢受上賞蕭何功雖高得鄂君乃益明於是因鄂君故所食關内侯邑封為安平侯是日悉封何父子兄弟十餘人皆有食邑乃益封何二千户以帝嘗繇咸陽時何送我獨贏奉錢二也漢十一年陳豨反高祖自將至邯鄲未罷淮陰侯謀反關中呂后用蕭何計誅淮陰侯語在淮陰事中上已聞淮陰侯誅使使拜丞相何為相國益封五千户令卒五百人一都尉為相國衛諸君皆賀召平獨弔召平者故秦東

陵侯秦破為布衣貧種瓜於長安城東瓜美故世俗謂之東陵瓜從召平以為名也召平謂相國曰禍自此始矣上暴露於外而君守於中非被矢石之事而益君封置衛者以今者淮陰侯新反於中疑君心矣夫置衛衛君非以寵君也願君讓封勿受悉以家私財佐軍則上心說相國從其計高帝乃大喜漢十二年秋黥布反上自將擊之數使使問相國何為相國為上在軍乃拊循勉力百姓悉以所有佐軍如陳豨時客有說相國曰君滅族不久矣夫君位為相國功

第一可復加哉然君初入關中得百姓心十餘年矣皆附君常復孳孳得民和上所為數問君者畏君傾動關中今君胡不多買田地賤貰貸以自汙上心乃安於是相國從其計上乃大說上罷布軍歸民道遮行上書言相國賤彊買民田宅數千萬上至相國謁上笑曰夫相國乃利民民所上書皆以與相國曰君自謝民相國因為民請曰長安地狹上林中多空地棄願令民得入田毋收稾為禽獸食上大怒曰相國多受賈人財物乃為請吾苑乃下相國廷尉械繫之

數日王衛尉侍前問曰相國何大罪陛下繫之暴也上曰吾聞李斯相秦皇帝有善歸主有惡自與今相國多受賈豎金而為民請吾苑以自媚於民故繫治之王衛尉曰夫職事苟有便於民而請之真宰相事陛下奈何乃疑相國受賈人錢乎且陛下距楚數歲陳豨黥布反陛下自將而往當是時相國守關中搖足則關以西非陛下有也相國不以此時為利今乃利賈人之金乎且秦以不聞其過亡天下李斯之分過又何足法哉陛下何疑宰相之淺也高帝不懌是

日使使持節赦出相國相國年老素恭謹入徒跣謝高帝曰相國休矣相國為民請苑吾不許我不過為桀紂主而相國為賢相吾故繫相國欲令百姓聞吾過也何素不與曹參相能及何病孝惠自臨視相國病因問曰君即百歲後誰可代君者對曰知臣莫如主孝惠曰曹參何如何頓首曰帝得之矣臣死不恨矣何置田宅必居窮處為家不治垣屋曰後世賢師吾儉不賢毋為勢家所奪孝惠二年相國何卒謚為文終侯後嗣以罪失侯者四世絕天子輒復求何後

封續酇侯功臣莫得比焉

太史公曰蕭相國何於秦時為刀筆吏錄錄未有奇節及漢興依日月之末光何謹守管籥因民之疾秦法順流與之更始淮陰黥布等皆以誅滅而何之勳爛焉位冠羣臣聲施後世與閎夭散宜生等爭烈矣

留侯世家

留侯張良者其先韓人也大父開地相韓昭侯宣惠王襄哀王父平相釐王悼惠王悼惠王二十三年平卒卒二十歲秦滅韓良年少未宦事

韓韓破良家僮三百人弟死不葬悉以家財求客刺秦王為韓報仇以大父父五世相韓故良嘗學禮淮陽東見倉海君得力士為鐵椎重百二十斤秦皇帝東游良與客狙擊秦皇帝博浪沙中誤中副車秦皇帝大怒大索天下求賊甚急為張良故也良乃更名姓亡匿下邳良嘗閒從容步游下邳圯上有一老父衣褐至良所直墮其履圯下顧謂良曰孺子下取履良愕然欲毆之為其老彊忍下取履父曰履我良業為取履因長跪履之父以足受笑而去良殊大驚隨目之父去里所復還曰孺子可教矣後五日平明與我會此良因怪之跪曰諾五日平明良往父已先在怒曰與老人期後何也去曰後五日早會五日鷄鳴良往父又先在復怒曰後何也去曰後五日復早來五日良夜未半往有頃父亦來喜曰當如是出一編書曰讀此則為王者師矣後十年興十三年孺子見我濟北穀城山下黃石即我矣遂去無他言不復見旦日視其書乃太公兵法也良因異之常習誦讀之居下邳為任俠項伯嘗殺人從良匿後十年陳涉等

起兵良亦聚少年百餘人景駒自立為楚假王在留良欲往從之道遇沛公沛公將數千人略地下邳西遂屬焉沛公拜良為廄將良數以太公兵法說沛公沛公善之常用其策良為他人言皆不省良曰沛公殆天授故遂從之不去見景駒及沛公之薛見項梁項梁立楚懷王良乃說項梁曰君已立楚後而韓諸公子橫陽君成賢可立為王益樹黨項梁使良求韓成立以為韓王以良為韓申徒與韓王將千餘人西略韓地得數城秦輒復取之往來為游兵潁川沛公

之從雒陽南出轘轅良引兵從沛公下韓十餘城擊破揚熊軍沛公乃令韓王成留守陽翟與良俱南攻下宛西入武關沛公欲以兵二萬人擊秦嶢下軍良說曰秦兵尚彊未可輕臣聞其將屠者子賈豎易動以利願沛公且留壁使人先行為五萬人具食益為張旗幟諸山上為疑兵令酈食其持重寶啗秦將秦將果畔欲連和俱西襲咸陽沛公欲聽之良曰此獨其將欲叛耳恐士卒不從不從必危不如因其解擊之沛公乃引兵擊秦軍大破之遂北至藍田再戰秦

兵竟敗遂至咸陽秦王子嬰降沛公沛公入秦宮宮室帷帳狗馬重寶婦女以千數意欲留居之樊噲諫沛公出舍沛公不聽良曰夫秦為無道故沛公得至此夫為天下除殘賊宜縞素為資今始入秦即安其樂此所謂助桀為虐且忠言逆耳利於行毒藥苦口利於病願沛公聽樊噲言沛公乃還軍霸上項羽至鴻門下欲擊沛公項伯乃夜馳入沛公軍私見張良欲與俱去良曰臣為韓王送沛公今事有急亡去不義公具以語沛公沛公大驚曰為將奈何良曰沛公

誠欲倍項羽耶沛公曰鯫生教我距關無內諸侯秦地可盡王故聽之良曰沛公自度能却項羽乎沛公默然良久曰固不能也今為奈何良乃固要項伯項伯見沛公沛公與飲為壽結賓婚令項伯具言沛公不敢倍項羽所以距關者備他盜也及見項羽後解語在項羽事中漢元年正月沛公為漢王王巴蜀漢王賜良金百鎰珠二斗良具以獻項伯漢王亦因令良厚遺項伯使請漢中地項王乃許之遂得漢中地漢王之國良送至褒中遣良歸韓良因說漢王曰王

何不燒絕所過棧道示天下無還心以固項王意乃使良還行燒絕棧道良至韓韓王成以良從漢王故項王不遣成之國從與俱東良說項王曰漢王燒絕棧道無還心矣乃以齊王田榮反書告項王項王以此無西憂漢心而發兵北擊齊項王竟不肯遣韓王乃以為侯又殺之彭城良亡間行歸漢王漢王亦已還定三秦矣復以良為成信侯從東擊楚至彭城漢敗而還至下邑漢王下馬踞鞍而問曰吾欲捐關以東等棄之誰可與共功者良進曰九江王黥布楚梟

將與項王有郄彭越與齊王田榮反梁地此兩人可急使而漢王之將獨韓信可屬大事當一面即欲捐之捐之此三人則楚可破也漢王乃遣隨何說九江王布而使人連彭越及魏王豹反使韓信將兵擊之因舉燕代齊趙然卒破楚者此三人力也張良多病未嘗特將也常為畫策臣時時從漢王漢三年項羽急圍漢王滎陽漢王恐憂與酈食其謀撓楚權食其曰昔湯伐桀封其後於杞武王伐紂封其後於宋今秦失德棄義侵伐諸侯社稷滅六國之後使無立錐

之地陛下誠能復立六國後世畢已受印此其君臣百姓必皆戴陛下之德莫不鄉風慕義願為臣妾德義已行陛下南鄉稱霸楚必斂衽而朝漢王曰善趣刻印先生因行佩之矣食其未行張良從外來謁漢王方食曰子房前客有為我計撓楚權者具以酈生語告於子房曰何如良曰誰為陛下畫此計者陛下事去矣漢王曰何哉張良對曰臣請藉前箸為大王籌之曰昔者湯伐桀而封其後於杞者度其制桀之死命也今陛下能制項籍之死命乎曰未能也其不

可一也武王伐紂封其後於宋者度能得紂之頭也今陛下能得項籍之頭乎曰未能也其不可二也武王入殷表商容之閭釋箕子之拘封比干之墓今陛下能封聖人之墓表賢者之閭式智者之門乎曰未能也其不可三也發鉅橋之粟散鹿臺之錢以賜貧窮今陛下能散府庫以賜貧窮乎曰未能也其不可四矣殷事已畢偃革為軒倒置干戈覆以虎皮以示天下不復用兵今陛下能偃武行文不復用兵乎曰未能也其不可五矣休馬華山之陽示以無所為今

陛下能休馬無所用乎曰未能也其不可六矣放牛桃林之陰以示不復輸積今陛下能放牛不復輸積乎曰未能也其不可七矣且天下游士離其親戚棄墳墓去故舊從陛下游者徒欲日夜望咫尺之地今復六國立韓魏燕趙齊楚之後天下游士各歸事其主從其親戚反其故舊墳墓陛下與誰取天下乎其不可八矣且夫楚唯無彊六國立者復撓而從之陛下焉得而臣之誠用客之謀陛下事去矣漢王輟食吐哺罵曰豎儒幾敗而公事令趣銷印漢四年韓信

破齊而欲自立爲齊王漢王怒張良説漢王漢王使良授齊王信印語在淮陰事中其秋漢王追楚至陽夏南戰不利而壁固陵諸侯期不至良説漢王漢王用其計諸侯皆至語在項籍事中漢六年正月封功臣良未嘗有戰鬬功高帝曰運籌策帷帳中决勝千里外子房功也自擇齊三萬户良曰始臣起下邳與上會留此天以臣授陛下陛下用臣計幸而時中臣願封留足矣不敢當三萬户乃封張良爲留侯與蕭何等俱封六年上已封大功臣二十餘人其餘日夜

争功不决未得行封上在雒陽南宫從復道望見諸將往往相與坐沙中語上曰此何語留侯曰陛下不知乎此謀反耳上曰天下屬安定何故反乎留侯曰陛下起布衣以此屬取天下今陛下爲天子而所封皆蕭曹故人所親愛而所誅者皆生平所仇怨今軍吏計功以天下不足徧封此屬畏陛下不能盡封恐又見疑平生過失及誅故即相聚謀反耳上乃憂曰爲之奈何留侯曰上平生所憎羣臣所共知誰最甚者上曰雍齒與我故數嘗窘辱我我欲殺之爲其功

多故不忍留侯曰今急先封雍齒以示羣臣羣臣見雍齒封則人人自堅矣於是上乃置酒封雍齒爲什方侯而急趣丞相御史定功行封羣臣罷酒皆喜曰雍齒尚爲侯我屬無患矣劉敬説高帝曰都關中上疑之左右大臣皆山東人多勸上都雒陽雒陽東有成臯西有殽黽倍河向伊雒其固亦足恃留侯曰雒陽雖有此固其中小不過數百里田地薄四面受敵此非用武之國也夫關中左殽函右隴蜀沃野千里南有巴蜀之饒北有胡苑之利阻三面而守獨以一

面東制諸侯諸侯安定河渭漕輓天下西給京師諸侯有變順流而下足以委輸此所謂金城千里天府之國也劉敬説是也於是高帝即日駕西都關中留侯從入關留侯性多病即道引不食穀杜門不出歲餘上欲廢太子立戚夫人子趙王如意大臣多諫争未能得堅决者也呂后恐不知所爲人或謂呂后曰留侯善畫計筴上信用之呂后乃使建成侯呂澤劫留侯曰君常爲上謀臣今上欲易太子君安得高枕而卧乎留侯曰始上數在困急之中幸用臣筴今天

下安定以愛欲易太子骨肉之間雖臣等百餘人何益呂澤彊要曰為我畫計留侯曰此難以口舌爭也顧上有不能致者天下有四人四人者年老矣皆以為上慢侮人故逃匿山中義不為漢臣然上高此四人今公誠能無愛金玉璧帛令太子為書卑辭安車因使辯士固請宜來來以為客時時從入朝令上見之則必異而問之問之上知此四人賢則一助也於是呂后令呂澤使人奉太子書卑辭厚禮迎此四人四人至客建成侯所漢十一年黥布反上病欲使太

子將往擊之四人相謂曰凡來者將以存太子太子將兵事危矣乃說建成侯曰太子將兵有功則位不益太子無功還則從此受禍矣且太子所與俱諸將皆嘗與上定天下梟將也今使太子將之此無異使羊將狼也皆不肯為盡力其無功必矣臣聞母愛者子抱今戚夫人日夜侍御趙王如意常抱居前上曰終不使不肖子居愛子之上明乎其代太子位必矣君何不急請呂后承間為上泣言黥布天下猛將也善用兵今諸將皆陛下故等夷乃令太子將此屬無

異使羊將狼莫肯為用且使布聞之則鼓行而西耳上雖病彊載輜車臥而護之諸將不敢不盡力上雖苦為妻子自彊於是呂澤立夜見呂后呂后承間為上泣涕而言如四人意上曰吾惟豎子固不足遣而公自行耳於是上自將兵而東群臣居守皆送至灞上留侯病自彊起至曲郵見上曰臣宜從病甚楚人剽疾願上無與楚人爭鋒因說上曰令太子為將軍監關中兵上曰子房雖病彊臥而傅太子是時叔孫通為太傅留侯行少傅事漢十二年上從擊破布軍

歸疾益甚愈欲易太子留侯諫不聽因疾不視事叔孫太傅稱說引古今以死爭太子上詳許之猶欲易之及燕置酒太子侍四人從太子年皆八十有餘鬚眉皓白衣冠甚偉上怪之問曰彼何為者四人前對各言名姓曰東園公角里先生綺里季夏黃公上乃大驚曰吾求公數歲公辟逃我今公何自從吾兒游乎四人皆曰陛下輕士善罵臣等義不受辱故恐而亡匿竊聞太子為人仁孝恭敬愛士天下莫不延頸欲為太子死者故臣等來耳上曰煩公幸卒調護太

角音鹿

子四人為壽已畢趨去上目送之召戚夫人指示四人者曰我欲易之彼四人輔之羽翼已成難動矣呂后真而主矣戚夫人泣上曰為我楚舞吾為若楚歌歌曰鴻鵠高飛一舉千里羽翮已就横絶四海横絶四海當可奈何雖有矰繳尚安所施歌數闋戚夫人嘘唏流涕上起去罷酒竟不易太子者留侯本招此四人之力也留侯從上擊代出奇計馬邑下及立蕭何相國所與上從容言天下事甚衆非天下所以存亡故不著留侯乃稱曰家世相韓及韓滅不愛萬金

之資為韓報讎彊秦天下振動今以三寸舌為帝者師封萬户位列侯此布衣之極於良足矣願棄人間事欲從赤松子游耳乃學辟穀道引輕身會高帝崩呂后德留侯乃彊食之曰人生一世間如白駒過隙何至自苦如此乎留侯不得已彊聽而食後八年卒謚為文成侯子不疑代侯子房始所見下邳圯上老父與太公書者後十三年從高帝過濟北果見穀城山下黄石取而葆祠之留侯死并葬黄石冢每上冢伏臘祠黄石留侯不疑孝文帝五年坐不敬國除

太史公曰學者多言無鬼神然言有物至如留侯所見老父予書亦可怪矣高祖離困者數矣而留侯常有功力焉豈可謂非天乎上曰夫運籌策帷帳之中决勝千里外吾不如子房余以為其人計魁梧奇偉至見其圖狀貌如婦人好女盖孔子曰以貌取人失之子羽留侯亦云

史記英選卷之一

史記英選卷之二

伯夷傳

夫學者載籍極博猶考信於六藝詩書雖缺然虞夏之文可知也堯將遜位讓於虞舜舜禹之閒岳牧咸薦乃試之於位典職數十年功用既興然後授政示天下重器王者大統傳天下若斯之難也而說者曰堯讓天下於許由許由不受恥之逃隱及夏之時有卞隨務光者此何以稱焉太史公曰余登箕山其上蓋有許由冢云孔子序列古之仁聖賢人如吳太伯伯夷之倫

詳矣余以所聞由光義至高其文辭不少概見何哉孔子曰伯夷叔齊不念舊惡怨是用希求仁得仁又何怨乎余悲伯夷之意睹軼詩可異焉其傳曰伯夷叔齊孤竹君之二子也父欲立叔齊及父卒叔齊讓伯夷伯夷曰父命也遂逃去叔齊亦不肯立而逃之國人立其中子於是伯夷叔齊聞西伯昌善養老盍往歸焉及至西伯卒武王載木主號為文王東伐紂伯夷叔齊叩馬而諫曰父死不葬爰及干戈可謂孝乎以臣弒君可謂仁乎左右欲兵之太公曰此義人也扶而去之武王已平殷亂天下宗周而伯夷叔齊恥之義不食周粟隱於首陽山采薇而食之及餓且死作歌其辭曰登彼西山兮采其薇矣以暴易暴兮不知其非矣神農虞夏忽焉沒兮我安適歸矣于嗟徂兮命之衰矣遂餓死於首陽山由此觀之怨耶非耶或曰天道無親常與善人若伯夷叔齊可謂善人者非耶積仁絜行如此而餓死且七十子之徒仲尼獨薦顏淵為好學然回也屢空糟糠不厭而卒蚤夭天之報施善人其何如哉盜跖日殺不辜肝人之肉

暴戾恣睢聚黨數千人橫行天下竟以壽終是遵何德哉此其尤大彰明較著者也若至近世操行不軌專犯忌諱而終身逸樂富厚累世不絕或擇地而蹈之時然後出言行不由徑非公正不發憤而遇禍災者不可勝數也余甚惑焉儻所謂天道是耶非耶子曰道不同不相為謀亦各從其志也故曰富貴如可求雖執鞭之士吾亦為之如不可求從吾所好歲寒然後知松柏之後凋舉世混濁清士乃見豈以其重若彼其輕若此哉君子疾沒世而名不稱焉賈子曰

貪夫徇財烈士徇名夸者死權衆庶馮生同明相照同類相求雲從龍風從虎聖人作而萬物覩伯夷叔齊雖賢得夫子而名益彰顔淵雖篤學附驥尾而行益顯巖穴之士趨舍有時若此類名堙滅而不稱悲夫閭巷之人欲砥行立名者非附青雲之士惡能施於後世哉

管仲晏嬰傳

管仲夷吾者潁上人也少時常與鮑叔牙游鮑叔知其賢管仲貧困常欺鮑叔鮑叔終善遇之不以為言已而鮑叔事齊公子小白管仲事公

子糾及小白立為桓公公子糾死管仲囚焉鮑叔遂進管仲管仲既用任政於齊齊桓公以霸九合諸侯一匡天下管仲之謀也管仲曰吾始困時嘗與鮑叔賈分財利多自與鮑叔不以我為貪知我貧也吾嘗為鮑叔謀事而更窮困鮑叔不以我為愚知時有利不利也吾嘗三仕三見逐於君鮑叔不以我為不肖知我不遭時也吾嘗三戰三走鮑叔不以我為怯知我有老母也公子糾敗召忽死之吾幽囚受辱鮑叔不以我為無恥知我不羞小節而恥功名不顯于天下也生我者父母知我者鮑子也鮑叔既進管仲以身下之子孫世祿於齊有封邑者十餘世常為名大夫天下不多管仲之賢而多鮑叔能知人也管仲既任政相齊以區區之齊在海濱通貨積財富國彊兵與俗同好惡故其稱曰倉廩實而知禮節衣食足而知榮辱上服度則六親固四維不張國乃滅亡下令如流水之源令順民心故論卑而易行俗之所欲因而予之俗之所否因而去之其為政也善因禍而為福轉敗而為功貴輕重慎權衡桓公實怒少姬南襲

蔡管仲因而伐楚責包茅不入貢於周室桓公實北征山戎而管仲因而令燕修召公之政於柯之會桓公欲背曹沫之約管仲因而信之諸侯由是歸齊故曰知與之為取政之寶也管仲富擬於公室有三歸反坫齊人不以為侈管仲卒齊國遵其政常彊於諸侯後百餘年而有晏子焉

晏平仲嬰者萊之夷維人也事齊靈公莊公景公以節儉力行重於齊既相齊食不重肉妾不衣帛其在朝君語及之即危言語不及之即危

行國有道即順命無道即衡命以此三世顯名於諸侯越石父賢在縲紲中晏子出遭之塗解左驂贖之載歸弗謝入閨久之越石父請絶晏子戄然攝衣冠謝曰嬰雖不仁免子於厄何子求絶之速也石父曰不然吾聞君子詘於不知已而信於知已者方吾在縲紲中彼不知我也夫子既以感寤而贖我是知已知已而無禮固不如在縲紲之中晏子於是延入為上客晏子為齊相出其御之妻從門閒而闚其夫其夫為相御擁大蓋策駟馬意氣揚揚甚自得也既而

歸其妻請去夫問其故妻曰晏子長不滿六尺身相齊國名顯諸侯今者妾觀其出志念深矣常有以自下者今子長八尺乃為人僕御然子之意自以為足妾是以求去也其後夫自抑損晏子怪而問之御以實對晏子薦以為大夫

太史公曰吾讀管氏牧民山高乘馬輕重九府及晏子春秋詳哉其言之也既見其著書欲觀其行事故次其傳至其書世多有之是以不論論其軼事管仲世所謂賢臣然孔子小之豈以為周道衰微桓公既賢而不勉之至王乃稱霸哉語曰將順其美匡救其惡故上下能相親也豈管仲之謂乎方晏子伏莊公尸哭之成禮然後去豈所謂見義不為無勇者耶至其諫說犯君之顏此所謂進思盡忠退思補過者哉假令晏子而在余雖為之執鞭所忻慕焉

伍子胥傳

伍子胥者楚人也名員員父曰伍奢員兄曰伍尚其先曰伍舉以直諫事楚莊王有顯故其後世有名於楚楚平王有太子名曰建使伍奢為太傅費無忌為少傅無忌不忠於太子建平王

使無忌為太子取婦於秦秦女好無忌馳歸報平王曰秦女絶美王可自取而更為太子取婦平王遂自取秦女而絶愛幸之生子軫更為太子取婦無忌既以秦女自媚於平王因去太子而事平王恐一旦平王卒而太子立殺已乃因讒太子建建母蔡女也無寵於平王平王稍益疏建使建守城父備邊兵頃之無忌又日夜言太子短於王曰太子以秦女之故不能無怨望願王少自備也自太子居城父將兵外交諸侯且欲入為亂矣平王乃召其太傅伍奢考問之

伍奢知無忌讒太子於平王因曰王獨奈何以讒賊小臣疏骨肉之親乎無忌曰王今不制其事成矣王且見禽於是平王怒囚伍奢而使城父司馬奮揚往殺太子行未至奮揚使人先告太子太子急去不然將誅太子建亡奔宋無忌言於平王曰伍奢有二子皆賢不誅且為楚憂可以其父質而召之不然且為楚患王使使謂伍奢曰能致汝二子則生不能則死伍奢曰尚為人仁呼必來員為人剛戾忍詬能成大事彼見來之并禽其勢必不來王不聽使人召二子

曰來吾生汝父不來今殺奢也伍尚欲往員曰楚之召我兄弟非欲以生我父也恐有脫者後生患故以父為質詐召二子二子去則父子俱死何益父之死往而令讎不得報耳不如奔他國借力以雪父之恥俱滅無為也伍尚曰我知往終不能全父命然恨父召我以求生而不往後不能雪恥終為天下笑耳謂員可去矣汝能報殺父之讎我將歸死尚既就執使者捕伍胥伍胥貫弓執矢嚮使者使者不敢進伍胥遂亡聞太子建之在宋往從之奢聞子胥之亡也曰

楚國君臣且苦兵矣伍尚至楚楚并殺奢與尚也伍胥既至宋宋有華氏之亂乃與太子建俱奔於鄭鄭人甚善之太子建又適晉晉頃公曰太子既善鄭鄭信太子太子能為我內應而我攻其外滅鄭必矣滅鄭而封太子太子乃還鄭事未會會自私欲殺其從者從者知其謀乃告之於鄭鄭定公與子產誅殺太子建建有子名勝伍胥懼乃與勝俱奔吳到昭關昭關欲執之伍胥遂與勝獨身步走幾不得脫追者在後至江江上有一漁父乘船知伍胥之急乃渡伍胥

伍胥既渡解其劍曰此劍直百金以與父父曰楚國之法得伍胥者賜粟五萬石爵執珪豈徒百金劍耶不受伍胥未至吳而疾止中道乞食至於吳吳王僚方用事公子光為將伍胥乃因公子光以求見吳王久之楚平王以其邊邑鍾離與吳邊邑卑梁氏俱蠶兩女子爭桑相攻乃大怒至於兩國舉兵相伐吳使公子光伐楚拔其鍾離居巢而歸伍子胥說吳王僚曰楚可破也願復遣公子光公子光謂吳王曰彼伍胥父兄為戮於楚而勸王伐楚者欲以自報其讎耳

伐楚未可破也伍胥知公子光有內志欲殺王
而自立未可說以外事乃進專諸於公子光退
而與太子建之子勝耕於野五年而楚平王卒
初平王所奪太子建秦女生子軫及平王卒軫
竟立為後是為昭王吳王僚因楚喪使二公子
將兵往襲楚楚發兵絕吳兵之後不得歸吳國
內空而公子光乃令專諸襲刺吳王僚而自立
是為吳王闔廬闔廬既立得志乃召伍員以為
行人而與謀國事楚誅其大臣郤宛伯州犂伯
州犂之孫伯嚭亡奔吳吳亦以嚭為大夫前王

僚所遣二公子將兵伐楚者道絕不得歸後聞
闔廬弒王僚自立遂以其兵降楚楚封之於舒
闔廬立三年乃興師與伍胥伯嚭伐楚拔舒遂
禽故吳反二將軍因欲至郢將軍孫武曰民勞
未可且待之乃歸四年吳伐楚取六與潛五年
伐越敗之六年楚昭王使公子囊瓦將兵伐吳
吳使伍員迎擊大破楚軍於豫章取楚之居巢
九年吳王闔廬謂子胥孫武曰始子言郢未可
入今果何如二子對曰楚將囊瓦貪而唐蔡皆
怨之王必欲大伐之必先得唐蔡乃可闔廬聽

之悉興師與唐蔡伐楚與楚夾漢水而陳吳王
之弟夫概將兵請從王不聽遂以其屬五千人
擊楚將子常子常敗走奔鄭於是吳乘勝而前
五戰遂至郢己卯楚昭王出奔庚辰吳王入郢
昭王出亡入雲夢盜擊王王走鄖鄖公弟懷曰
平王殺我父我殺其子不亦可乎鄖公恐其弟
殺王與王奔隨吳兵圍隨謂隨人曰周之子孫
在漢川者楚盡滅之隨人欲殺王王子綦匿王
己自為王以當之隨人卜與王於吳不吉乃謝
吳不與王始伍員與申包胥為交員之亡也謂

包胥曰我必覆楚包胥曰我必存之及吳兵入
郢伍子胥求昭王既不得乃掘楚平王墓出其
尸鞭之三百然後已申包胥亡於山中使人謂
子胥曰子之報讎其以甚乎吾聞之人衆者勝
天天定亦能勝人今子故平王之臣親北面而
事之今至於僇死人此豈其無天道之極乎伍
子胥曰為我謝申包胥曰吾日暮塗遠吾故倒
行而逆施之於是申包胥走秦告急求救於秦
秦不許包胥立於秦廷晝夜哭七日七夜不絕
其聲秦哀公憐之曰楚雖無道有臣若是可無

湫音椒

存乎乃遣車五百乘救楚擊吳六月敗吳兵於稷會吳王久留楚求昭王而闔廬弟夫概乃亡歸自立為王闔廬聞之乃釋楚而歸擊其弟夫概夫概敗走遂奔楚楚昭王見吳有內亂乃復入郢封夫概於堂谿為堂谿氏楚復與吳戰敗吳吳王乃歸後二歲闔廬使太子夫差將兵伐楚取番楚懼吳復大來乃去郢徙於鄀當是時吳以伍子胥孫武之謀西破彊楚北威齊晉南服越人其後四年孔子相魯後五年伐越越王句踐迎擊敗吳於姑蘇傷闔廬指軍卻闔廬病

創將死謂太子夫差曰爾忘句踐殺爾父乎夫差對曰不敢忘是夕闔廬死夫差既立為王以伯嚭為太宰習戰射二年後伐越敗越於夫湫越王句踐乃以餘兵五千人棲於會稽之上使大夫種厚幣遺吳太宰嚭以請和求委國為臣妾吳王將許之伍子胥諫曰越王為人能辛苦今王不滅後必悔之吳王不聽用太宰嚭計與越平其後五年而吳王聞齊景公死而大臣爭寵新君弱乃興師北伐齊伍子胥諫曰句踐食不重味弔死問疾且欲有所用之也此人不死

必為吳患今吳之有越猶人之有腹心疾也而王不先越而乃務齊不亦謬乎吳王不聽伐齊大敗齊師於艾陵遂滅鄒魯之君以歸益疏子胥之謀其後四年吳王將北伐齊越王句踐用子貢之謀乃率其衆以助吳而重寶以獻遺太宰嚭太宰嚭既數受越賂其愛信越殊甚日夜為言於吳王吳王信用嚭之計伍子胥諫曰夫越腹心之病今信其浮辭詐偽而貪齊破齊譬猶石田無所用之且盤庚之誥曰有顛越不恭劓殄滅之俾無遺育無使易種于茲邑此商之

所以興願王釋齊而先越若不然後將悔之無及而吳王不聽使子胥於齊子胥臨行謂其子曰吾數諫王王不用吾今見吳之亡矣汝與吳俱亡無益也乃屬其子於齊鮑牧而還報吳吳太宰嚭既與子胥有隙因讒曰子胥為人剛暴少恩猜賊其怨望恐為深禍也前日王欲伐齊子胥以為不可王卒伐之而有大功子胥恥其計謀不用乃反怨望而今王又復伐齊子胥專愎彊諫沮毀用事徒幸吳之敗以自勝其計謀耳今王自行悉國中武力以伐齊而子胥諫不

用因輟謝詳病不行王不可不備此起禍不難且嚭使人微伺之其使於齊也乃屬其子於齊之鮑氏夫為人臣内不得意外倚諸侯自以為先王之謀臣今不見用常鞅鞅怨望願王早圖之吳王曰微子之言吾亦疑之乃使使賜伍子胥屬鏤之劍曰子以此死伍子胥仰天歎曰嗟乎讒臣嚭為亂矣王乃反誅我我令若父霸自若未立時諸公子爭立我以死爭之於先王幾不得立若既得立欲分吳國予我我顧不敢望也然今若聽諛臣言以殺長者乃告其舍人曰

必樹吾墓上以梓令可以為器而抉吾眼縣吳東門之上以觀越寇之入滅吳也乃自剄死吳王聞之大怒乃取子胥尸盛以鴟夷革浮之江中吳人憐之為立祠於江上因命曰胥山吳王既誅伍子胥遂伐齊齊鮑氏殺其君悼公而立陽生吳王欲討其賊不勝而去其後二年吳王召魯衛之君會之橐皋其明年因北大會諸侯於黃池以令周室越王句踐襲殺吳太子破吳兵吳王聞之乃歸使使厚幣與越平後九年越王句踐遂滅吳殺王夫差而誅太宰嚭以不忠於其君而外受重賂與己比周也伍子胥初所與俱亡故楚太子建之子勝者在於吳吳王夫差之時楚惠王欲召勝歸楚葉公諫曰勝好勇而陰求死士殆有私乎惠王不聽遂召勝使居楚之邊邑鄢號為白公白公歸楚三年而吳誅子胥白公勝既歸楚怨鄭之殺其父乃陰養死士求報鄭歸楚五年請伐鄭楚令尹子西許之兵未發而晉伐鄭鄭請救於楚楚使子西往救與盟而還白公勝怒曰非鄭之仇乃子西也勝自礪劍人問曰何以為勝曰欲以殺子西子西

聞之笑曰勝如卵耳何能為也其後四歲白公勝與石乞襲殺楚令尹子西司馬子綦於朝石乞曰不殺王不可乃劫之王如高府石乞從者屈固負楚惠王亡走昭夫人之宮葉公聞白公為亂率其國人攻白公白公之徒敗亡走山中自殺而虜石乞而問白公尸處不言將烹石乞曰事成為卿不成而烹固其職也終不肯告其尸處遂烹石乞而求惠王復立之

太史公曰怨毒之於人甚矣哉王者尚不能行之於臣下況同列乎向令伍子胥從奢俱死何

異螻蟻棄小義雪大恥名垂於後世悲夫方子胥窘於江上道乞食志豈嘗須臾忘郢耶故隱忍就功名非烈丈夫孰能致此哉白公如不自立為君者其功謀亦不可勝道者哉

蘇秦傳

蘇秦者東周雒陽人也東事師於齊而習之於鬼谷先生出游數歲大困而歸兄弟嫂妹妻妾竊皆笑之曰周人之俗治產業力工商逐什二以為務今子釋本而事口舌困不亦宜乎蘇秦聞之而慙自傷乃閉室不出出其書徧觀之曰

夫士業已屈首受書而不能以取尊榮雖多亦奚以為於是得周書陰符伏而讀之期年以出揣摩曰此可以說當世之君矣求說周顯王顯王左右素習知蘇秦皆少之弗信乃西至秦秦孝公卒說惠王曰秦四塞之國被山帶渭東有關河西有漢中南有巴蜀北有代馬此天府也以秦士民之衆兵法之教可以吞天下稱帝而治秦王曰毛羽未成不可以高蜚文理未明不可以幷兼方誅商鞅疾辯士弗用乃東之趙趙肅侯令其弟成為相號奉陽君奉陽君弗說之

去游燕歲餘而後得見說燕文侯曰燕東有朝鮮遼東北有林胡樓煩西有雲中九原南有嘑沱易水地方二千餘里帶甲數十萬車六百乘騎六千匹粟支數年南有碣石鴈門之饒北有棗粟之利民雖不佃作而足於棗粟矣此所謂天府者也夫安樂無事不見覆軍殺將無過燕者大王知其所以然乎夫燕之所以不犯寇被甲兵者以趙之為蔽其南也秦趙五戰秦再勝而趙三勝秦趙相斃而王以全燕制其後此燕之所以不犯寇也且夫秦之攻燕也踰雲中九

原過代上谷彌地數千里雖得燕城秦計固不能守也秦之不能害燕亦明矣今趙之攻燕也發號出令不至十日而數十萬之軍軍於東垣矣渡嘑沱涉易水不至四五日而距國都矣故曰秦之攻燕也戰於千里之外趙之攻燕也戰於百里之內夫不憂百里之患而重千里之外計無過於此者是故願大王與趙從親天下為一則燕國必無患矣文侯曰子言則可然吾國小西迫彊趙南近齊齊趙彊國也子必欲合從以安燕寡人請以國從於是資蘇秦車馬金帛

以至趙而奉陽君已死即因説趙肅侯曰天下卿相人臣及布衣之士皆高賢君之行義皆願奉教陳忠於前之日久矣雖然奉陽君妬君而不任事是以賓客游士莫敢自盡於前者今奉陽君捐館舍君乃今復與士民相親也臣故敢進其愚慮竊為君計者莫若安民無事且無庸有事於民也安民之本在於擇交擇交而得則民安擇交而不得則民終身不安請言外患齊秦為兩敵而民不得安倚秦攻齊而民不得安倚齊攻秦而民不得安故夫謀人之主伐人之

國常苦出辭斷絶人之交也願君慎勿出於口請別白黑所以異陰陽而已矣君誠能聽臣燕必致旃裘狗馬之地齊必致魚鹽之海楚必致橘柚之園韓魏中山皆可使致湯沐之奉而貴戚父兄皆可以受封侯夫割地包利五伯之所以覆軍禽將而求也封侯貴戚湯武之所以放弑而爭也今君高拱而兩有之此臣之所以為君願也今大王與秦則秦必弱韓魏與齊則齊必弱楚魏魏弱則割河外韓弱則效宜陽宜陽效則上郡絶河外割則道不通楚弱則無援此

三策者不可不孰計也夫秦下軹道則南陽危劫韓包周則趙氏自操兵據衛取淇卷則齊必入朝秦秦欲已得乎山東則必舉兵而嚮趙矣秦甲渡河踰漳據番吾則兵必戰於邯鄲之下矣此臣之所為君患也當今之時山東之建國莫彊於趙趙地方二千餘里帶甲數十萬車千乘騎萬匹粟支數年西有常山南有河漳東有清河北有燕國燕固弱國不足畏也秦之所害於天下者莫如趙然而秦不敢舉兵伐趙者何也畏韓魏之議其後也然則韓魏趙之南蔽也

秦之攻韓魏也無有名山大川之限稍蠶食之傅國都而止韓魏不能支秦必入臣於秦秦無韓魏之規則禍必中於趙矣此臣之所為君患也臣聞堯無三夫之分舜無咫尺之地以有天下禹無百人之聚以王諸侯湯武之士不過三千車不過三百乘卒不過三萬立為天子誠得其道也是故明主外料其敵之彊弱內度其士卒賢不肖不待兩軍相當而勝敗存亡之機固已形於胷中矣豈掩於衆人之言而以冥冥決事哉臣竊以天下之地圖案之諸侯之地五倍

愒音喝

於秦料度諸侯之卒十倍於秦六國為一并力西鄉而攻秦秦必破矣今西面而事之見臣於秦夫破人之與見破於人也臣人之與見臣於人也豈可同日而論哉夫衡人者皆欲割諸侯之地以予秦秦成則高臺榭美宮室聽竽瑟之音前有樓闕軒轅後有長姣美人國被秦患而不與其憂是故夫衡人日夜務以秦權恐愒諸侯以求割地故願大王孰計之也臣聞明主絕疑去讒屏流言之迹塞朋黨之門故尊主廣地彊兵之計臣得陳忠於前矣故竊為大王計莫

如一韓魏齊楚燕趙以從親以畔秦令天下之將相會於洹水之上通質刳白馬而盟要約曰秦攻楚齊魏各出銳師以佐之韓絕其糧道趙涉河漳燕守常山之北秦攻韓魏則楚絕其後齊出銳師而佐之趙涉河漳燕守雲中秦攻齊則楚絕其後韓守成皐魏塞其道趙涉河博關燕出銳師以佐之秦攻燕則趙守常山楚軍武關齊涉勃海韓魏皆出銳師以佐之秦攻趙則韓軍宜陽楚軍武關魏軍河外齊涉清河燕出銳師以佐之諸侯有不如約者以五國之兵共

㕹音代

伐之六國從親以賓秦則秦甲必不敢出於函谷以害山東矣如此則霸王之業成矣趙王曰寡人年少立國日淺未嘗得聞社稷之長計也今上客有意存天下安諸侯寡人敬以國從乃飾車百乘黃金千鎰白璧百雙錦繡千純以約諸侯是時周天子致文武之胙於秦惠王惠王使犀首攻魏禽將龍賈取魏之雕陰且欲東兵蘇秦恐秦兵之至趙也乃激怒張儀入之于秦於是說韓宣惠王曰韓北有鞏洛成皐之固西有宜陽商阪之塞東有宛穰洧水南有陘山地

方九百餘里帶甲數十萬天下之彊弓勁弩皆從韓出谿子少府時力距來者皆射六百步之外韓卒超足而射百發不暇止遠者括蔽洞胷近者鏑弇心韓卒之劒戟皆出於冥山棠谿墨陽合賻鄧師宛馮龍淵太阿皆陸斷牛馬水截鵠鴈當敵則斬堅甲鐵幕革抉㕹芮無不畢具以韓卒之勇被堅甲蹠勁弩帶利劒一人當百不足言也夫以韓之勁與大王之賢乃西面事秦交臂而服羞社稷而為天下笑無大於此者矣是故願大王孰計之大王事秦秦必求宜陽

成皋今茲効之明年又復求割地與則無地以給之不與則棄前功而受後禍且大王之地有盡而秦之求無已以有盡之地而逆無已之求此所謂市怨結禍者也不戰而地已削矣臣聞鄙諺曰寧為鷄口無為牛後今西面交臂而臣事秦何異於牛後乎夫以大王之賢挾彊韓之兵而有牛後之名臣竊為大王羞之於是韓王勃然作色攘臂瞋目按劔仰天太息曰寡人雖不肖必不能事秦今主君詔以趙王之教敬奉社稷以從又說魏襄王曰大王之地南有鴻溝

陳汝南許郾昆陽召陵舞陽新都新郪東有淮潁煑棗無胥西有長城之界北有河外卷衍酸棗地方千里地名雖小然而田舍廬廡之數曾無所芻牧人民之衆車馬之多日夜行不絶輷輷殷殷若有三軍之衆臣竊量大王之國不下楚然衡人怵王交彊虎狼之秦以侵天下卒有秦患不顧其禍夫挾彊秦之勢以內劫其主罪無過此者魏天下之彊國也王天下之賢王也今乃有意西面而事秦稱東藩築帝宫受冠帶祠春秋臣竊為大王恥之臣聞越王勾踐戰敝卒三千人禽夫差於干遂武王卒三千人革車三百乘制紂於牧野豈其士卒衆哉誠能奮其威也今竊聞大王之國武士二十萬蒼頭二十萬奮擊二十萬廝徒十萬車六百乘騎五千匹此其過越王勾踐武王遠矣今乃聽於羣臣之說而欲臣事秦夫事秦必割地以効實故兵未用而國已虧矣凡羣臣之言事秦者皆姦人非忠臣也夫為人臣割其主之地以求外交偷取一時之功而不顧其後破公家而成私門外挾彊秦之勢以內劫其主以求割地願大王孰察

之周書曰綿綿不絶蔓蔓奈何毫釐不伐將用斧柯前慮不定後有大患將奈之何大王誠能聽臣六國從親專心并力壹意則必無彊秦之患故敝邑趙王使臣効愚計奉明約在大王之詔詔之魏王曰寡人不肖未嘗得聞明教今主君以趙王之詔詔之敬以國從因東說齊宣王曰齊南有泰山東有琅邪西有清河北有勃海此所謂四塞之國也齊地方二千餘里帶甲數十萬粟如丘山三軍之良五家之兵進如鋒矢戰如雷霆解如風雨即有軍役未嘗倍泰山絶

清河涉勃海也臨菑之中七萬户臣竊度之不下户三男子三七二十一萬不待發於遠縣而臨菑之卒固已二十一萬矣臨菑甚富而實其民無不吹竽鼓瑟彈琴擊筑鬭鷄走狗六博蹹鞠者臨菑之塗車轂擊人肩摩連衽成帷舉袂成幕揮汗成雨家殷人足志高氣揚夫以大王之賢與齊之彊天下莫能當今乃西面而事秦臣竊為大王羞之且夫韓魏之所以重畏秦者為與秦接境壤界也兵出而相當不出十日而戰勝存亡之機決矣韓魏戰而勝秦則兵半折

四境不守戰而不勝則國已危亡隨其後是故韓魏之所以重與秦戰而輕為之臣也今秦之攻齊則不然倍韓魏之地過衛陽晉之道徑乎亢父之險車不得方軌騎不得比行百人守險千人不敢過也秦雖欲深入則狼顧恐韓魏之議其後也是故恫疑虛喝驕矜而不敢進則秦之不能害齊亦明矣夫不深料秦之無奈齊何而欲西面而事之是羣臣之計過也今無臣事秦之名而有彊國之實臣是故願大王少留意計之齊王曰寡人不敏僻遠守海窮道東境之

國也未嘗得聞餘教今足下以趙王詔詔之敬以國從乃西南說楚威王曰楚天下之彊國也王天下之賢王也西有黔中巫郡東有夏州海陽南有洞庭蒼梧北有陘塞郇陽地方五千餘里帶甲百萬車千乘騎萬匹粟支十年此霸王之資也夫以楚之彊與王之賢天下莫能當也今乃欲西面而事秦則諸侯莫不西面而朝於章臺之下矣秦之所害莫如楚楚彊則秦弱秦彊則楚弱其勢不兩立故為大王計莫如從親以孤秦大王不從秦必起兩軍一軍出武關一

軍下黔中則鄢郢動矣臣聞治之其未亂也為之其未有也患至而後憂之則無及已故願大王蚤孰計之大王誠能聽臣臣請令山東之國奉四時之獻以承大王之明詔委社稷奉宗廟練士厲兵在大王之所用之大王誠能用臣之愚計則韓魏齊燕趙衛之妙音美人必充後宮燕代槖駝良馬必實外廄故從合則楚王衡成則秦帝今釋霸王之業而有事人之名臣竊為大王不取也夫秦虎狼之國也有吞天下之心秦天下之仇讎也衡人皆欲割諸侯之地以事

秦此所謂養仇而奉讎者也夫為人臣割其主之地以外交彊虎狼之秦以侵天下卒有秦患不顧其禍夫外挾彊秦之威以内劫其主以求割地大逆不忠無過此者故從親則諸侯割地以事楚衡合則楚割地以事秦此兩策者相去遠矣二者大王何居焉故敝邑趙王使臣効愚計奉明約在大王詔之楚王曰寡人之國西與秦接境秦有舉巴蜀并漢中之心秦虎狼之國不可親也而韓魏迫於秦患不可與深謀與深謀恐反人以入於秦故謀未發而國已危矣寡

人自料以楚當秦不見勝也内與羣臣謀不足恃也寡人卧不安席食不甘味心揺揺然如縣旌而無所終薄今主君欲一天下收諸侯存危國寡人謹奉社稷以從於是六國從合而并力焉蘇秦為從約長并相六國北報趙王乃行過雒陽車騎輜重諸侯各發使送之甚衆擬於王者周顯王聞之恐懼除道使人郊勞蘇秦之昆弟妻嫂側目不敢仰視俯伏侍取食蘇秦笑謂其嫂曰何前倨而後恭也嫂委蛇蒲服以面掩地而謝曰見季子位高金多也蘇秦喟然歎曰

此一人之身富貴則親戚畏懼之貧賤則輕易之况衆人乎且使我有雒陽負郭田二頃吾豈能佩六國相印乎於是散千金以賜宗族朋友初蘇秦之燕貸百錢為資及得富貴以百金償之徧報諸所嘗見德者其從者有一人獨未得報乃前自言蘇秦曰我非忘子子之與我至燕再三欲去我易水之上方是時我困故望子深是以後子子今亦得矣蘇秦既約六國從親歸趙趙肅侯封為武安君乃投從約書於秦秦兵不敢闚函谷關十五年其後秦使犀首欺齊魏

與共伐趙欲敗從約齊魏伐趙趙王讓蘇秦蘇秦恐請使燕必報齊蘇秦去趙而從約皆解秦惠王以其女為燕太子婦是歲文侯卒太子立是為燕易王易王初立齊宣王因燕喪伐燕取十城易王謂蘇秦曰往日先生至燕而先王資先生見趙遂約六國從今齊先伐趙次至燕以先生之故為天下笑先生能為燕得侵地乎蘇秦大慙曰請為王取之蘇秦見齊王再拜俯而慶仰而弔齊王曰是何慶弔相隨之速也蘇秦曰臣聞飢人所以飢而不食烏喙者為其愈充

腹而與餓死同患也今燕雖弱小即秦王之少壻也大王利其十城而長與彊秦為仇今使弱燕為鴈行而彊秦敝其後以招天下之精兵是食烏喙之類也齊王愀然變色曰然則奈何蘇秦曰臣聞古之善制事者轉禍為福因敗為功大王誠能聽臣計即歸燕之十城燕無故而得十城必喜秦王知以己之故而歸燕之十城亦必喜此所謂棄仇讎而得石交者也夫燕秦俱事齊則大王號令天下莫敢不聽是王以虛辭附秦以十城取天下此霸王之業也王曰善於

是乃歸燕之十城人有毀蘇秦者曰左右賣國反覆之臣也將作亂蘇秦恐得罪歸而燕王不復官也蘇秦見燕王曰臣東周之鄙人也無有分寸之功而王親拜之於廟而禮之於廷今臣為王卻齊之兵而攻得十城宜以益親今來而王不官臣者人必有以不信傷臣於王者臣之不信王之福也臣聞忠信者所以自為也進取者所以為人也且臣之說齊王曾非欺之也臣棄老母於東周固去自為而行進取也今有孝如曾參廉如伯夷信如尾生得此三人者以事

大王何若王曰足矣蘇秦曰孝如曾參義不離其親一宿於外王又安能使之步行千里而事弱燕之危主哉廉如伯夷義不為孤竹君之嗣不肯為武王臣不受封侯而餓死首陽山下有廉如此王又安能使之步行千里而行進取於齊哉信如尾生與女子期於梁下女子不來水至不去抱柱而死有信如此王又安能使之步行千里卻齊之彊兵哉臣所謂以忠信得罪於上者也燕王曰若不忠信耳豈有以忠信而得罪者乎蘇秦曰不然臣聞客有遠為吏而其妻

私於人者其夫將來其私者憂之妻曰勿憂吾已作藥酒待之矣居三日其夫果至妻使妾舉藥酒進之妾欲言酒之有藥則恐其逐主母也欲勿言乎則恐其殺主父也於是乎詳僵而棄酒主父大怒笞之五十故妾一僵而覆酒上存主父下存主母然而不免於笞惡在乎忠信之無罪也夫臣之過不幸而類是乎燕王曰先生復就故官益厚遇之易王母文侯夫人也與蘇秦私通燕王知之而事之加厚蘇秦恐誅乃說燕王曰臣居燕不能使燕重而在齊則燕必重

燕王曰唯先生之所為於是蘇秦詳為得罪於燕而亡走齊齊宣王以為客卿齊宣王卒湣王即位說湣王厚葬以明孝高宮室大苑囿以明得意欲破敝齊而為燕燕易王卒燕噲立為王其後齊大夫多與蘇秦爭寵者而使人刺蘇秦不死殊而走齊王使人求賊不得蘇秦且死乃謂齊王曰臣即死車裂臣以徇於市曰蘇秦為燕作亂於齊如此則臣之賊必得矣於是如其言而殺蘇秦者果自出齊王因而誅之燕聞之曰甚矣齊之為蘇生報仇也蘇秦既死其事大

泄齊後聞之乃恨怒燕燕甚恐 蘇代蘇厲事刪

太史公曰蘇秦兄弟三人皆游說諸侯以顯名其術長於權變而蘇秦被反間以死天下共笑之諱學其術然世言蘇秦多異異時事有類之者皆附之蘇秦夫蘇秦起閭閻連六國從親此其智有過人者吾故列其行事次其時序毋令獨蒙惡聲焉

孟嘗君傳 傳雖

孟嘗君名文姓田氏文之父曰靖郭君田嬰田嬰者齊威王少子而齊宣王庶弟也田嬰自威王時任職用事與成侯鄒忌及田忌將而救韓伐魏成侯與田忌爭寵成侯賣田忌田忌懼襲齊之邊邑不勝亡走會威王卒宣王立知成侯賣田忌乃復召田忌以為將宣王二年田忌與孫臏田嬰俱伐魏敗之馬陵虜魏太子申而殺魏將龐涓宣王七年田嬰使於韓魏韓魏服於齊嬰與韓昭侯魏惠王會齊宣王東阿南盟而去明年復與梁惠王會甄是歲梁惠王卒宣王九年田嬰相齊齊宣王與魏襄王會徐州而相王也楚威王聞之怒田嬰明年楚伐敗齊師於

徐州而使人逐田嬰田嬰使張丑說楚威王威王乃止田嬰相齊十一年宣王卒湣王即位即位三年而封田嬰於薛初田嬰有子四十餘人其賤妾有子名文文以五月五日生嬰告其母曰勿舉也其母竊舉生之及長其母因兄弟而見其子文於田嬰田嬰怒其母曰吾令若去此子而敢生之何也文頓首因曰君所以不舉五月子者何故嬰曰五月子者長與戶齊將不利其父母文曰人生受命於天乎將受命於戶邪嬰默然文曰必受命於天君何憂焉必受命於

裋 豎

戶則高其戶耳誰能至者嬰曰子休矣久之文承間問其父嬰曰子之子為何曰為孫孫之孫為何曰為玄孫玄孫之孫為何曰不能知也文曰君用事相齊至今三王矣齊不加廣而君私家富累萬金門下不見一賢者文聞將門必有將相門必有相今君後宮蹈綺縠而士不得裋褐僕妾餘粱肉而士不厭糟糠今君又尚厚積餘藏欲以遺所不知何人而忘公家之事日損文竊怪之於是嬰乃禮文使主家待賓客賓客日進名聲聞於諸侯諸侯皆使人請薛公田嬰

以文為太子嬰許之嬰卒謚為靖郭君而文果代立於薛是為孟嘗君孟嘗君在薛招致諸侯賓客及亡人有罪者皆歸孟嘗君孟嘗君舍業厚遇之以故傾天下之士食客數千人無貴賤一與文等孟嘗君待客坐語而屏風後常有侍史主記君所與客語問親戚居處客去孟嘗君已使使存問獻遺其親戚孟嘗君曾待客夜食有一人蔽火光客怒以飯不等輟食辭去孟嘗君起自持其飯比之客慙自剄士以此多歸孟嘗君孟嘗君客無所擇皆善遇之人人各自以

為孟嘗君親已秦昭王聞其賢乃先使涇陽君為質於齊以求見孟嘗君孟嘗君將入秦賓客莫欲其行諫不聽蘇代謂曰今旦代從外來見木偶人與土偶人相與語木偶人曰天雨子將敗矣土偶人曰我生於土敗則歸土今天雨流子而行未知所止息也今秦虎狼之國也而君欲往如有不得還君得無為土偶人所笑乎孟嘗君乃止齊湣王二十五年復卒使孟嘗君入秦昭王即以孟嘗君為秦相人或說秦昭王曰孟嘗君賢而又齊族也今相秦必先齊而後秦

秦其危矣於是秦昭王乃止囚孟嘗君謀欲殺之孟嘗君使人抵昭王幸姬求解幸姬曰妾願得君狐白裘此時孟嘗君有一狐白裘直千金天下無雙入秦獻之昭王更無他裘孟嘗君患之徧問客莫能對最下坐有能為狗盜者曰臣能得狐白裘乃夜為狗以入秦宮藏中取所獻狐白裘至以獻秦王幸姬幸姬為言昭王昭王釋孟嘗君孟嘗君得出即馳去更封傳變名姓以出關夜半至函谷關秦昭王後悔出孟嘗君求之已去即使人馳傳逐之孟嘗君至關關法

鷄鳴而出客孟嘗君恐追至客之居下坐者有
能為鷄鳴而鷄盡鳴遂發傳出出如食頃秦追
果至關已後孟嘗君出乃還始孟嘗君列此二
人於賔客賔客盡羞之及孟嘗君有秦難卒此
二人拔之自是之後客皆服孟嘗君過趙趙平
原君客之趙人聞孟嘗君賢出觀之皆笑曰始
以薛公為魁然也今視之乃眇小丈夫耳孟嘗
君聞之怒客與俱者下斫擊殺數百人遂滅一
縣以去齊湣王不自得以其遣孟嘗君孟嘗君
至則以為齊相任政孟嘗君怨秦將以齊為韓

魏攻楚因與韓魏攻秦而借兵食於西周蘇代
為西周謂曰君以齊為韓魏攻楚九年取宛葉
以北以彊韓魏今復攻秦以益之韓魏南無楚
憂西無秦患則齊危矣韓魏必輕齊畏秦臣為
君危之君不如令敝邑深合於秦而君無攻又
無借兵食君臨函谷而無攻令敝邑以君之情
謂秦昭王曰薛公必不破秦以彊韓魏其攻秦
也欲王之令楚王割東國以與齊而秦出楚懷
王以為和君令敝邑以此惠秦秦得無破而以
東國自免也秦必欲之楚王得出必德齊齊得

東國益彊而薛世世無患矣秦不大弱而處三
晉之西三晉必重齊薛公曰善因令韓魏賀秦
使三國無攻而不借兵食於西周矣是時楚懷
王入秦秦留之故欲必出之秦不果出楚懷王
孟嘗君相齊其舍人魏子為孟嘗君收邑入三
反而不致一入孟嘗君問之對曰有賢者竊假
與之以故不致入孟嘗君怒而退魏子居數年
人或毀孟嘗君於齊湣王曰孟嘗君將為亂及
田甲劫湣王湣王意疑孟嘗君孟嘗君乃奔魏
子所與粟賢者聞之乃上書言孟嘗君不作亂

請以身為盟遂自剄宮門以明孟嘗君湣王乃
驚而蹤跡驗問孟嘗君果無反謀乃復召孟嘗
君孟嘗君因謝病歸老於薛湣王許之其後秦
亡將呂禮相齊欲困蘇代代乃謂孟嘗君曰周
最於齊至厚也而齊王逐之而聽親弗相呂禮
者欲取秦也齊秦合則親弗與呂禮重矣有用
齊秦必輕君君不如急北兵趨趙以和秦魏收
周最以厚行且反齊王之信又禁天下之變齊
無秦則天下集齊親弗必走則齊王孰與為其
國也於是孟嘗君從其計而呂禮嫉害於孟嘗

君孟嘗君懼乃遺秦相穰侯魏冄書曰吾聞秦欲以呂禮收齊齊天下之彊國也子必輕矣齊秦相取以臨三晉呂禮必并相矣是子通齊以重呂禮也若齊免於天下之兵其讎子必深矣子不如勸秦王伐齊齊破吾請以所得封子齊破秦畏晉之彊秦必重子以取晉晉國弊於齊而畏秦晉必重子以取秦是子破齊以為功挾晉以為重是子破齊定封秦晉交重子若齊不破呂禮復用子必大窮於是穰侯言於秦昭王伐齊而呂禮亡後齊湣王滅宋益驕欲去孟嘗

君孟嘗君恐乃如魏魏昭王以為相西合於秦趙與燕共伐破齊齊湣王亡在莒遂死焉齊襄王立而孟嘗君中立為諸侯無所屬齊襄王新立畏孟嘗君與連和復親薛公文卒謚為孟嘗君諸子爭立而齊魏共滅薛孟嘗絕嗣無後也

初馮驩聞孟嘗君好客躡屩而見之孟嘗君曰先生遠辱何以教文也馮驩曰聞君好士以貧身歸於君孟嘗君置傳舍十日孟嘗君問傳舍長曰客何所為答曰馮先生甚貧猶有一劍耳又蒯緱彈其劍而歌曰長鋏歸來乎食無魚孟

嘗君遷之幸舍食有魚矣五日又問傳舍長答曰客復彈劍而歌曰長鋏歸來乎出無輿孟嘗君遷之代舍出入乘輿車矣五日孟嘗君復問傳舍長舍長答曰先生又嘗彈劍而歌曰長鋏歸來乎無以為家孟嘗君不悅居朞年馮驩無所言孟嘗君時相齊封萬户於薛其食客三千人邑入不足以奉客使人出錢於薛歲餘不入貸錢者多不能與其息客奉將不給孟嘗君憂之問左右何人可使收債於薛者傳舍長曰代舍客馮公形容狀貌甚辯長者無他伎能宜可

令收債孟嘗君乃進馮驩而請之曰賓客不知文不肖幸臨文者三千餘人邑入不足以奉賓客故出息錢於薛薛歲不入民頗不與其息今客食恐不給願先生責之馮驩曰諾辭行至薛召取孟嘗君錢者皆會得息錢十萬乃多釀酒買肥牛召諸取錢者能與息者皆來不能與息者亦來皆持取錢之券書合之齊為會日殺牛置酒酒酣乃持券如前合之能與息者與為期貧不能與息者取其券而燒之曰孟嘗君所以貸錢者為民之無者以為本業也所以求息者

為無以奉客也令富給者以要期貧窮者燔券書以捐之諸君彊飲食有君如此豈可負哉坐者皆起再拜孟嘗君聞馮驩燒券書怒而使使召驩驩至孟嘗君曰文食客三千人故貸錢於薛文奉邑少而民尚多不以時與其息客食恐不足故請先生收責之聞先生得錢即以多具牛酒而燒券書何馮驩曰然不多具牛酒即不能畢會無以知其有餘不足有餘者為要期不足者雖守而責之十年息愈多急即以逃亡自捐之若急終無以償上則為君好利不愛士民

下則有離上抵負之名非所以厲士民彰君聲也焚無用虛債之券捐不可得之虛計令薛民親君而彰君之善聲也君有何疑焉孟嘗君乃拊手而謝之齊王惑於秦楚之毀以為孟嘗君名高其主而擅齊國之權遂廢孟嘗君諸客見孟嘗君廢皆去馮驩曰借臣車一乘可以入秦者必令君重於國而奉邑益廣可乎孟嘗君乃約車幣而遣之馮驩乃西說秦王曰天下之游士馮試結靷西入秦者無不欲彊秦而弱齊馮軾結靷東入齊者無不欲彊齊而弱秦此雄雌

之國也勢不兩立為雄雄者得天下矣秦王跽而問之曰何以使秦無為雌而可馮驩曰王亦知齊之廢孟嘗君乎秦王曰聞之馮驩曰使齊重於天下者孟嘗君也今齊王以毀廢之其心怨必背齊背齊入秦則齊國之情人事之誠盡委之秦齊地可得也豈直為雄也君急使使載幣陰迎孟嘗君不可失時也如有齊覺悟復用孟嘗君則雌雄之所在未可知也秦王大悅乃遣車十乘黃金百鎰以迎孟嘗君馮驩辭以先行至齊說齊王曰天下之游士馮軾結靷東入

齊者無不欲彊齊而弱秦者馮軾結靷西入秦者無不欲彊秦而弱齊者夫秦齊雄雌之國秦彊則齊弱矣此勢不兩雄今臣竊聞秦遣使車十乘載黃金百鎰以迎孟嘗君孟嘗君不西則已西入相秦則天下歸之秦為雄而齊為雌雌則臨菑即墨危矣王何不先秦使之未到復孟嘗君而益與之邑以謝之孟嘗君必喜而受之秦雖彊國豈可以請人相而迎之哉折秦之謀而絕其霸彊之略齊王曰善乃使人至境候秦使秦使車適入齊境使還馳告之王召孟嘗君

而復其相位而與其故邑之地又益以千户秦之使者聞孟嘗君復相齊還車而去矣自齊王毀廢孟嘗君諸客皆去後召而復之馮驩迎之未到孟嘗君太息歎曰文常好客遇客無所敢失食客三千有餘人先生所知也客見文一日廢皆背文而去莫顧文者今賴先生得復其位客亦有何面目復見文乎如復見文者必唾其面而大辱之馮驩結轡下拜孟嘗君下車接之曰先生為客謝乎馮驩曰非為客謝也為君之言失夫物有必至事有固然君知之乎孟嘗君

曰愚不知所謂也曰生者必有死物之必至也富貴多士貧賤寡友事之固然也君獨不見夫朝趍市者乎明旦側肩爭門而入日暮之後過市朝者掉臂而不顧非好朝而惡暮所期物亡其中今君失位賓客皆去不足以怨士而徒絶賓客之路願君遇客如故孟嘗君再拜曰敬從命矣聞先生之言敢不奉教焉

太史公曰吾嘗過薛其俗閭里率多暴桀子弟與鄒魯殊問其故曰孟嘗君招致天下任俠姦人入薛中蓋六萬餘家矣世之傳孟嘗君好客自喜名不虛矣

平原君傳

平原君趙勝者趙之諸公子也諸子中勝最賢喜賓客賓客蓋至者數千人平原君相趙惠文王及孝成王三去相三復位封於東武城平原君家樓臨民家民家有躄者槃散行汲平原君美人居樓上臨見大笑之明日躄者至平原君門請曰臣聞君之喜士士不遠千里而至者以君能貴士而賤妾也臣不幸有罷癃之病而君之後宮臨而笑臣臣願得笑臣者頭平原君笑

應曰諾躄者去平原君笑曰觀此豎子乃欲以一笑之故殺吾美人不亦甚乎終不殺居歲餘賓客門下舍人稍稍引去者過半平原君怪之曰勝所以待諸君者未嘗敢失禮而去者何多也門下一人前對曰以君之不殺笑躄者以君為愛色而賤士士即去耳於是平原君乃斬笑躄者美人頭自造門進躄者因謝焉其後門下乃復稍稍来是時齊有孟嘗魏有信陵楚有春申故爭相傾以待士秦之圍邯鄲趙使平原君求救合從於楚約與食客門下有勇力文武備

此處缺二葉

與而君言汝何為者也毛遂按劒而前曰王之
所以叱遂者以楚國之衆也今十步之內王不
得恃楚國之衆也王之命縣於遂手吾君在前
叱者何也且遂聞湯以七十里之地王天下文
王以百里之壤而臣諸侯豈其士卒衆多哉誠
能據其勢而奮其威今楚地方五千里持戟百
萬此霸王之資也以楚之彊天下弗能當白起
小豎子耳率數萬之衆興師以與楚戰一戰而
舉鄢郢再戰而燒夷陵三戰而辱王之先人此
百世之怨而趙之所羞而王弗知惡焉合從者

為楚非為趙也吾君在前叱者何也楚王曰唯
唯誠若先生之言謹奉社稷而以從毛遂曰從
定乎楚王曰定矣毛遂謂楚王之左右曰取雞
狗馬之血來毛遂奉銅盤而跪進之楚王曰王
當歃血而定從次者吾君次者遂遂定從於殿
上毛遂左手持盤血而右手招十九人曰公相
與歃此血於堂下公等錄錄所謂因人成事者
也平原君已定從而歸歸至於趙曰勝不敢復
相士勝相士多者千人寡者百數自以為不失
天下之士乃今於毛先生而失之也毛先生一

至楚而使趙重於九鼎大呂毛先生以三寸之舌彊於百萬之師勝不敢復相士遂以為上客

平原君既返趙楚使春申君將兵赴救趙魏信陵君亦矯奪晉鄙軍往救趙皆未至秦急圍邯鄲邯鄲急且降平原君甚患之邯鄲傳舍吏子李同說平原君曰君不憂趙亡邪平原君曰趙亡則勝為虜何為不憂乎李同曰邯鄲之民炊骨易子而食可謂急矣而君之後宮以百數婢妾被綺縠餘粱肉而民褐衣不完糟糠不厭民困兵盡或剡木為矛矢而君器物鐘磬自若使

秦破趙君安得有此使趙得全君何患無有今君誠能令夫人以下編於士卒之間分功而作家之所有盡散以饗士士方其危苦之時易德耳於是平原君從之得敢死之士三千人李同遂與三千人赴秦軍秦軍為之却三十里亦會楚魏救至秦兵遂罷邯鄲復存李同戰死封其父為李侯虞卿欲以信陵君之存邯鄲為平原君請封公孫龍聞之夜駕見平原君曰龍聞虞卿欲以信陵君之存邯鄲為君請封有之乎平原君曰然龍曰此甚不可且王舉君而相趙者非以君之智能為趙國無有也割東武城而封君者非以君為有功也而以國人無勳乃以君為親戚故也君受相印不辭無能割地不言無功者亦自以為親戚故也今信陵君存邯鄲而請封是親戚受城而國人計功也此甚不可且虞卿操其兩權事成操右券以責事不成以虛名德君君必勿聽也平原君遂不聽虞卿平原君以趙孝成王十五年卒子孫代後竟與趙俱亡平原君厚待公孫龍公孫龍善為堅白之辯及鄒衍過趙言至道乃絀公孫龍

太史公曰平原君翩翩濁世之佳公子也然未睹大體鄙語曰利令智昏平原君貪馮亭邪說使趙陷長平兵四十餘萬衆邯鄲幾亡虞卿料事揣情為趙畫策何其工也及不忍魏齊卒困於大梁庸夫且知其不可況賢人乎然虞卿非窮愁亦不能著書以自見於後世云

史記英選卷之二

史記英選卷之三

信陵君傳

魏公子無忌者魏昭王少子而魏安釐王異母弟也昭王薨安釐王卽位封公子爲信陵君是時范雎亡魏相秦以怨魏齊故秦兵圍大梁破魏華陽下軍走芒卯魏王及公子患之公子爲人仁而下士士無賢不肖皆謙而禮交之不敢以其富貴驕士士以此方數千里爭往歸之致食客三千人當是時諸侯以公子賢多客不敢加兵謀魏十餘年公子與魏王博而北境傳舉

烽言趙寇至且入界魏王釋博欲召大臣謀公子止王曰趙王田獵耳非爲寇也復博如故王恐心不在博居頃復從北方來傳言曰趙王獵耳非爲寇也魏王大驚曰公子何以知之公子曰臣之客有能探得趙王陰事者趙王所爲客輒以報臣臣以此知之是後魏王畏公子之賢能不敢任公子以國政魏有隱士曰侯嬴年七十家貧爲大梁夷門監者公子聞之往請欲厚遺之不肯受曰臣修身絜行數十年終不以監門困故而受公子財公子於是乃置酒大會賓

客坐定公子從車騎虛左自迎夷門侯生侯生攝敝衣冠直上載公子上坐不讓欲以觀公子公子執轡愈恭侯生又謂公子曰臣有客在市屠中願枉車騎過之公子引車入市侯生下見其客朱亥俾倪故久立與其客語微察公子公子顏色愈和當是時魏將相宗室賓客滿堂待公子舉酒市人皆觀公子執轡從騎皆竊罵侯生侯生視公子色終不變乃謝客就車至家公子引侯生坐上坐徧贊賓客賓客皆驚酒酣公子起爲壽侯生前侯生因謂公子曰今日嬴之

爲公子亦足矣嬴乃夷門抱關者也而公子親枉車騎自迎嬴於衆人廣坐之中不宜有所過今公子故過之然嬴欲就公子之名故久立公子車騎市中過客以觀公子公子愈恭市人皆以嬴爲小人而以公子爲長者能下士也於是罷酒侯生遂爲上客侯生謂公子曰臣所過屠者朱亥此子賢者世莫能知故隱屠間耳公子往數請之朱亥故不復謝公子怪之魏安釐王二十年秦昭王已破趙長平軍又進兵圍邯鄲公子姊爲趙惠文王弟平原君夫人數遺魏王

及公子書請救於魏魏王使將軍晉鄙將十萬衆救趙秦王使使者告魏王曰吾攻趙旦暮且下而諸侯敢救者已拔趙必移兵先擊之魏王恐使人止晉鄙留軍壁鄴名為救趙實持兩端以觀望平原君使者冠蓋相屬於魏讓魏公子曰勝所以自附為婚姻者以公子之高義為能急人之困今邯鄲旦暮降秦而魏救不至安在公子能急人之困也且公子縱輕勝棄之降秦獨不憐公子姊耶公子患之數請魏王及賓客辯士說王萬端魏王畏秦終不聽公子公子自

度終不能得之於王計不獨生而令趙亡乃請賓客約車騎百餘乘欲以客往赴秦軍與趙俱死行過夷門見侯生具告所以欲死秦軍狀辭決而行侯生曰公子勉之矣老臣不能從公子行數里心不快曰吾所以待侯生者備矣天下莫不聞今吾且死而侯生曾無一言半辭送我我豈有所失哉復引車還問侯生侯生笑曰臣固知公子之還也曰公子喜士名聞天下今有難無他端而欲赴秦軍譬若以肉投餒虎何功之有哉尚安事客然公子遇臣厚公子往而臣

不送以是知公子恨之復返也公子再拜因問侯生乃屏人閒語曰嬴聞晉鄙之兵符常在王臥內而如姬最幸出入王臥內力能竊之嬴聞如姬父為人所殺如姬資之三年自王以下欲求報其父仇莫能得如姬為公子泣公子使客斬其仇頭敬進如姬如姬之欲為公子死無所辭顧未有路耳公子誠一開口請如姬如姬必許諾則得虎符奪晉鄙軍北救趙而西却秦此五霸之伐也公子從其計請如姬如姬果盜晉鄙兵符與公子公子行侯生曰將在外主令有

所不受以便國家公子即合符而晉鄙不授公子兵而復請之事必危矣臣客屠者朱亥可與俱此人力士晉鄙聽大善不聽可使擊之於是公子泣侯生曰公子畏死邪何泣也公子曰晉鄙嚄唶宿將往恐不聽必當殺之是以泣耳豈畏死哉於是公子請朱亥朱亥笑曰臣乃市井鼓刀屠者而公子親數存之所以不報謝者以為小禮無所用今公子有急此乃臣效命之秋也遂與公子俱公子過謝侯生侯生曰臣宜從老不能請數公子行日以至晉鄙軍之日北鄉

自剄以送公子公子遂行至鄴矯魏王令代晋
鄙晋鄙合符疑之舉手視公子曰今吾擁十萬
之衆屯於境上國之重任今單車来代之何如
哉欲無聽朱亥袖四十斤鐵椎椎殺晋鄙公子
遂將晋鄙軍勒兵下令軍中曰父子俱在軍中
父歸兄弟俱在軍中兄歸獨子無兄弟歸養得
選兵八萬人進兵擊秦軍秦軍解去遂救邯鄲
存趙趙王及平原君自迎公子於界平原君負
韊矢為公子先引趙王再拜曰自古賢人未有
及公子者也當此之時平原君不敢自比於人

公子與侯生決至軍侯生果北鄉自剄魏王怒
公子之盜其兵符矯殺晋鄙公子亦自知也已
卻秦存趙使將將其軍歸魏而公子獨與客留
趙趙孝成王德公子之矯奪晋鄙兵而存趙乃
與平原君計以五城封公子公子聞之意驕矜
而有自功之色客有說公子曰物有不可忘或
有不可不忘夫人有德於公子公子不可忘也
公子有德於人願公子忘之也且矯魏王令奪
晋鄙兵以救趙於趙則有功矣於魏則未為忠
臣也公子乃自驕而功之竊為公子不取也於

是公子立自責似若無所容者趙王掃除自迎
執主人之禮引公子就西階公子側行辭讓從
東階上自言辠過以負於魏無功於趙趙王侍
酒至暮口不忍獻五城以公子退讓也公子竟
留趙趙王以鄗為公子湯沐邑魏亦復以信陵
奉公子公子留趙公子聞趙有處士毛公藏於
博徒薛公藏於賣漿家公子欲見兩人兩人自
匿不肯見公子公子聞所在乃間步往從此兩
人游甚歡平原君聞之謂其夫人曰始吾聞夫
人弟公子天下無雙今吾聞之乃妄從博徒賣

漿者游公子妄人耳夫人以告公子公子乃謝
夫人去曰始吾聞平原君賢故負魏王而救趙
以稱平原君平原君之游徒豪舉耳不求士也
無忌自在大梁時常聞此兩人賢至趙恐不得
見以無忌從之游尚恐其不我欲也今平原君
乃以為羞其不足從游乃裝為去夫人具以語
平原君平原君乃免冠謝固留公子平原君門
下聞之半去平原君歸公子天下士復往歸公
子公子傾平原君客公子留趙十年不歸秦聞
公子在趙日夜出兵東伐魏魏王患之使使往

請公子公子恐其怒之乃誡門下有敢為魏王使通者死賓客皆背魏之趙莫敢勸公子歸毛公薛公兩人往見公子曰公子所以重於趙名聞諸侯者徒以有魏也今秦攻魏魏急而公子不恤使秦破大梁而夷先王之宗廟公子當何面目立天下乎語未及卒公子立變色告車趣駕歸救魏魏王見公子相與泣而以上將軍印授公子公子遂將魏安釐王三十年公子使使遍告諸侯諸侯聞公子將各遣將將兵救魏公子率五國之兵破秦軍於河外走蒙驁遂乘勝

逐秦軍至函谷關抑秦兵秦兵不敢出當是時公子威振天下諸侯之客進兵法公子皆名之故世俗稱魏公子兵法秦王患之乃行金萬斤於魏求晉鄙客令毀公子於魏王曰公子亡在外十年矣今為魏將諸侯將皆屬諸侯徒聞魏公子不聞魏王公子亦欲因此時定南面而王諸侯畏公子之威方欲共立之秦數使反間偽賀公子得立為魏王未也魏王日聞其毀不能不信後果使人代公子將公子自知再以毀廢乃謝病不朝與賓客為長夜飲飲醇酒多近婦女日夜為樂飲者四歲竟病酒而卒其歲魏安釐王亦薨秦聞公子死使蒙驁攻魏拔二十城初置東郡其後秦稍蠶食魏十八歲而虜魏王屠大梁高祖始微少時數聞公子賢及即天子位每過大梁常祠公子高祖十二年從擊黥布還為公子置守冢五家世世歲以四時奉祠公子

太史公曰吾過大梁之墟求問其所謂夷門夷門者城之東門也天下諸公子亦有喜士者矣然信陵君之接巖穴隱者不恥下交有以也名

冠諸侯不虛耳高祖每過之而令民奉祠不絕也

范雎傳

范雎者魏人也字叔游說諸侯欲事魏王家貧無以自資乃先事魏中大夫須賈須賈為魏昭王使於齊范雎從留數月未得報齊襄王聞雎辯口乃使人賜雎金十斤及牛酒雎辭謝不敢受須賈知之大怒以為雎持魏國陰事告齊故得此饋令雎受其牛酒還其金既歸心怒雎以告魏相魏相魏之諸公子曰魏齊魏齊大怒使

舍人笞擊雎折脅摺齒雎佯死即卷以簀置厠中賓客飲者醉更溺雎故僇辱以懲後令無妄言者雎從簀中謂守者曰公能出我我必厚謝公守者乃請出棄簀中死人魏齊醉曰可矣范雎得出後魏齊悔復召求之魏人鄭安平聞之乃遂操范雎亡伏匿更名姓曰張禄當此時秦昭王使謁者王稽於魏鄭安平詐為卒侍王稽王稽問魏有賢人可與俱西游者乎鄭安平曰臣里中有張禄先生欲見君言天下事其人有仇不敢晝見王稽曰夜與俱来鄭安平夜與張

禄見王稽語未究王稽知范雎賢謂曰先生待我於三亭之南與私約而去王稽辭魏去過載范雎入秦至湖關望見車騎從西来范雎曰彼来者為誰王稽曰秦相穰侯東行縣邑范雎曰吾聞穰侯專秦權惡内諸侯客此恐辱我我寧且匿車中有頃穰侯果至勞王稽因立車而語曰關東有何變曰無有又謂王稽曰謁君得無與諸侯客子俱来乎無益徒亂人國耳王稽曰不敢即别去范雎曰吾聞穰侯智士也其見事遲鄉者疑車中有人忘索之於是范雎下車走

曰此必悔之行十餘里果使騎還索車中無客乃已王稽遂與范雎入咸陽已報使因言曰魏有張禄先生天下辯士也曰秦王之國危於累卵得臣則安然不可以書傳也臣故載来秦王弗信使舍食草具待命歲餘當是時昭王已立三十六年南拔楚之鄢郢楚懷王幽死於秦秦東破齊湣王嘗稱帝後去之數困三晉厭天下辯士無所信穰侯華陽君昭王母宣太后之弟也而涇陽君高陵君皆昭王同母弟也穰侯相三人者更將有封邑以太后故私家富重於王

室及穰侯為秦將且欲越韓魏而伐齊綱壽欲以廣其陶封范雎乃上書曰臣聞明主立政有功者不得不賞有能者不得不官勞大者其禄厚功多者其爵尊能治衆者其官大故無能者不敢當職焉有能者亦不得蔽隱使以臣之言為可願行而益利其道以臣之言為不可久留臣無為也語曰庸主賞所愛而罰所惡明主則不然賞必加於有功而刑必斷於有罪今臣之胷不足以當椹質而要不足以待斧鉞豈敢以疑事嘗試於王哉雖以臣為賤人而輕辱獨不

重任臣者之無反復於王耶且臣聞周有砥砨宋有結綠梁有縣藜楚有和朴此四寶者工之所生良工之所失也而為天下名器然則聖王之所棄者獨不足以厚國家乎臣聞善厚家者取之於國善厚國者取之於諸侯天下有明主則諸侯不得擅厚者何也為其割榮也良醫知病人之死生而聖主明於成敗之事利則行之害則舍之疑則少嘗之雖舜禹復生弗能改已語之至者臣不敢載之於書其淺者又不足聽也意者臣愚而不概於王心耶亡其言臣者賤

而不可用乎自非然者臣願得少賜游觀之間望見顏色一語無効請伏斧質於是秦昭王大說乃謝王稽使以傳車召范雎於是范雎乃得見於離宮詳為不知永巷而入其中王來而宦者怒逐之曰王至范雎繆為曰秦安得王秦獨有太后穰侯耳欲以感怒昭王昭王至聞其與宦者爭言遂延迎謝曰寡人宜以身受命久矣會義渠之事急寡人旦暮自請太后今義渠之事已寡人乃得受命竊閔然不敏敬執賓主之禮范雎辭讓是日觀范雎之見者羣臣莫不洒

然變色易容者秦王屏左右宮中虛無人秦王跽而請曰先生何以幸教寡人范雎曰唯唯有閒秦王復跽而請曰先生何以幸教寡人范雎曰唯唯若是者三秦王跽曰先生卒不幸教寡人邪范雎曰非敢然也臣聞昔者呂尚之遇文王也身為漁父而釣於渭濱耳若是者交踈也已說而立為太師載與俱歸者其言深也故文王遂收功於呂尚而卒王天下鄉使文王踈呂尚而不與深言是周無天子之德而文武無與成其王業也今臣羈旅之臣也交踈於王而所

願陳者皆匡君之事處人骨肉之間願効愚忠而未知王之心也此所以王三問而不敢對者也臣非有畏而不敢言也臣知今日言之於前而明日伏誅於後然臣不敢避也大王信行臣之言死不足以為臣患亡不足以為臣憂漆身為厲被髮為狂不足以為臣恥且以五帝之聖焉而死三王之仁焉而死五伯之賢焉而死烏獲任鄙之力焉而死成荊孟賁王慶忌夏育之勇焉而死死者人之所必不免也處必然之勢可以少有補於秦此臣之所大願也臣又何患

厲同癩

弢伍子胥橐載而出昭關夜行晝伏至於陵水無以餬其口膝行蒲伏稽首肉袒鼓腹吹篪乞食於吳市卒興吳國闔閭為伯使臣得盡謀如伍子胥加之以幽囚終身不復見是臣之說行也臣又何憂箕子接輿漆身為厲被髮為狂無益於主假使臣得同行於箕子可以有補所賢之主是臣之大榮也臣有何恥臣之所恐者獨恐臣死之後天下見臣之盡忠而身死因以是杜口裹足莫肯鄉秦耳足下上畏太后之嚴下惑於姦臣之態居深宮之中不離阿保之手終

身迷惑無與昭姦大者宗廟滅覆小者身以孤危此臣之所恐耳若夫窮辱之事死亡之患臣不敢畏也臣死而秦治是臣死賢於生秦王跽曰先生是何言也夫秦國辟遠寡人愚不肖先生乃幸辱至於此是天以寡人慁先生而存先王之宗廟也寡人得受命於先生是天所以幸先王而不棄其孤也先生柰何而言若是事無小大上及太后下至大臣願先生悉以教寡人無疑寡人也范雎拜秦王亦拜范雎曰大王之國四塞以為固北有甘泉谷口南帶涇渭右隴

蜀左關阪奮擊百萬戰車千乘利則出攻不利則入守此王者之地也民怯於私鬬而勇於公戰此王者之民也王并此二者而有之夫以秦卒之勇車騎之衆以治諸侯譬若馳韓盧而搏蹇兔也霸王之業可致也而羣臣莫當其位至今閉關十五年不敢窺兵於山東者是穰侯為秦謀不忠而大王之計有所失也秦王跽曰寡人願聞失計然左右多竊聽者范雎恐未敢言內先言外事以觀秦王之俯仰因進曰夫穰侯越韓魏而攻齊綱壽非計也少出師則不足以

傷齊多出師則害於秦臣意王之計欲少出師而悉韓魏之兵也則不義矣今見與國之不親也越人之國而攻可乎其於計疏矣且昔齊湣王南攻楚破軍殺將再辟地千里而齊尺寸之地無得焉者豈不欲得地哉形勢不能有也諸侯見齊之罷弊君臣之不和也興兵而伐齊大破之士辱兵頓皆咎其王曰誰為此計者乎王曰文子為之大臣作亂文子出走故齊所以大破者以其伐楚而肥韓魏也此所謂借賊兵齎盜糧者也王不如遠交而近攻得寸則王之寸

也得尺亦王之尺也今釋此而遠攻不亦繆乎且昔者中山之國地方五百里趙獨吞之功成名立而利附焉天下莫之能害也今夫韓魏中國之處而天下之樞也王其欲霸必親中國以為天下樞以威楚趙楚彊則附趙趙彊則附楚楚趙皆附齊必懼矣齊懼必卑辭重幣以事秦齊附而韓魏因可虜也昭王曰吾欲親魏久矣而魏多變之國也寡人不能親請問親魏奈何對曰王卑辭重幣以事之不可則割地而賂之不可因舉兵而伐之王曰寡人敬聞命矣乃拜

范雎為客卿謀兵事卒聽范雎謀使五大夫綰伐魏拔懷後二歲拔邢丘客卿范雎復說昭王曰秦韓之地形相錯如繡秦之有韓也譬如木之有蠹也人之有心腹之病也天下無變則已天下有變其為秦患者孰大於韓乎王不如收韓昭王曰吾固欲收韓韓不聽為之奈何對曰韓安得無聽乎王下兵而攻滎陽則鞏成皋之道不通北斷太行之道則上黨之師不下王一興兵而攻滎陽則其國斷而為三夫韓見必亡安得不聽乎若韓聽而霸事因可慮矣王曰善

攻同征

適同敵

且欲發使於韓范雎日益親復說用數年矣因請間說曰臣居山東時聞齊之有田文不聞其有王也聞秦之有太后穰侯華陽高陵涇陽不聞其有王也夫擅國之謂王能利害之謂王制殺生之威之謂王今太后擅行不顧穰侯出使不報華陽涇陽等擊斷無諱高陵進退不請四貴備而國不危者未之有也為此四貴者下乃所謂無王也然則權安得不傾令安得從王出乎臣聞善治國者乃內固其威而外重其權穰侯使者操王之重決制於諸侯剖符於天下政

適伐國莫敢不聽戰勝攻取則利歸於陶國弊御於諸侯戰敗則結怨於百姓而禍歸於社稷詩曰木實繁者披其枝披其枝者傷其心大其都者危其國尊其臣者卑其主崔杼淖齒管齊射王股擢王筋縣之於廟梁宿昔而死李兌管趙囚主父於沙丘百日而餓死今臣聞秦太后穰侯用事高陵華陽涇陽佐之卒無秦王此亦淖齒李兌之類也且夫三代所以亡國者君專授政縱酒馳騁弋獵不聽政事其所授者妬賢嫉能御下蔽上以成其私不為主計而主不覺

悟故失其國今自有秩以上至諸大吏下及王左右無非相國之人者見王獨立於朝臣竊為王恐萬世之後有秦國者非王子孫也昭王聞之大懼曰善於是廢太后逐穰侯高陵華陽涇陽君於關外秦王乃拜范雎為相收穰侯之印使歸陶因使縣官給車牛以徙千乘有餘到關關閱其寶器寶器珍怪多於王室秦封范雎以應號為應侯當是時秦昭王四十一年也范雎既相秦秦號曰張祿而魏不知以為范雎已死久矣魏聞秦且東伐韓魏魏使須賈於秦范雎聞之為微行敝衣閒步之邸見須賈須賈見之而驚曰范叔固無恙乎范雎曰然須賈笑曰范叔有說於秦邪曰不也雎前日得過於魏相故亡逃至此安敢說乎須賈曰今叔何事范雎曰臣為人庸賃須賈意哀之留與坐飲食曰范叔一寒如此哉乃取其一綈袍以賜之須賈因問曰秦相張君公知之乎吾聞幸於王天下之事皆決於相君今吾事之去留在張君孺子豈有客習於相君者哉范雎曰主人翁習知之唯雎亦得謁雎請為君見於張君須賈曰吾馬病車

軸折非大車駟馬吾不出范雎曰願為君借大車駟馬於主人翁范雎歸取大車駟馬為須賈御之入秦相府府中望見有識者皆避匿須賈怪之至相舍門謂須賈曰待我我為君先入通於相君須賈待門下持車良久問門下曰范叔不出何也門下曰無范叔須賈曰鄉者與我載而入者門下曰乃吾相張君也須賈大驚自知見賣乃肉袒膝行因門下人謝罪於是范雎盛帷帳侍者甚衆見之須賈頓首言死罪曰賈不意君能自致於青雲之上賈不敢復讀天下之書不敢復與天下之事賈有湯鑊之罪請自屛於胡貉之地唯君死生之范雎曰汝罪有幾曰擢賈之髮以續賈之罪尚未足范雎曰汝罪有三耳昔者楚昭王時而申包胥為楚卻吳軍楚王封之以荊五千戶包胥辭不受為丘墓之寄於荊也今雎之先人丘墓亦在魏公前以雎為有外心於齊而惡雎於魏齊公之罪一也當魏齊辱我於廁中公不止罪二也更醉而溺我公其何忍乎罪三矣然公之所以得無死者以綈袍戀戀有故人之意故釋公乃謝罷入言之昭

王罷歸須賈須賈辭於范雎范雎大供具盡請諸侯使與坐堂上食飲甚設而坐須賈於堂下置莝豆其前令兩黥徒夾而馬食之數曰為我告魏王急持魏齊頭來不然者我且屠大梁須賈歸以告魏齊魏齊恐亡走趙匿平原君所范雎既相王稽謂范雎曰事有不可知者三有不可奈何者亦三宮車一日晏駕是事之不可知者一也君卒然捐館舍是事之不可知者二也使臣卒然填溝壑是事之不可知者三也宮車一日晏駕君雖恨於臣無可奈何君卒然捐館

舍君雖恨於臣亦無可奈何使臣卒然填溝壑君雖恨於臣亦無可奈何范雎不懌乃入言於王曰非王稽之忠莫能內臣於函谷關非大王之賢聖莫能貴臣今臣官至於相爵在列侯王稽之官尚止於謁者非其內臣之意也昭王召王稽拜為河東守三歲不上計又任鄭安平昭王以為將軍范雎於是散家財物盡以報所嘗困戹者一飯之德必償睚眦之怨必報范雎相秦二年秦昭王之四十二年東伐韓少曲高平拔之秦昭王聞魏齊在平原君所欲為范雎必

報其仇乃詳為好書遺平原君曰寡人聞君之高義願與君為布衣之友君幸過寡人寡人願與君為十日之飲平原君畏秦且以為然而入秦見昭王昭王與平原君飲數日昭王謂平原君曰昔周文王得呂尚以為太公齊桓公得管夷吾以為仲父今范君亦寡人之叔父也范君之仇在君之家願使人歸取其頭來不然吾不出君於關平原君曰貴而為友者為賤也富而為交者為貧也夫魏齊者勝之友也在固不出也今又不在臣所昭王乃遺趙王書曰王之弟

在秦范君之仇魏齊在平原君之家王使人疾持其頭來不然吾舉兵而伐趙又不出王之弟於關趙孝成王乃發卒圍平原君家急魏齊夜亡出見趙相虞卿虞卿度趙王終不可說乃解其相印與魏齊亡間行念諸侯莫可以急抵者乃復走大梁欲因信陵君以走楚信陵君聞之畏秦猶豫未肯見曰虞卿何如人也時侯嬴在旁曰人固未易知知人亦未易也夫虞卿躡屩擔簦一見趙王賜白璧一雙黃金百鎰再見拜為上卿三見卒受相印封萬户侯當此之時天

下爭知之夫魏齊窮困過虞卿虞卿不敢重爵祿之尊解相印捐萬戶侯而閒行急士之窮而歸公子公子曰何如人人固不易知知人亦未易也信陵君大慙駕如野迎之魏齊聞信陵君之初難見之怒而自剄趙王聞之卒取其頭予秦秦昭王乃出平原君歸趙昭王四十三年秦攻韓汾陘拔之因城河上廣武後五年昭王用應侯謀縱反間賣趙趙以其故令馬服子代廉頗將秦大破趙於長平遂圍邯鄲已而與武安君白起有隙言而殺之任鄭安平使將擊趙鄭

安平為趙所圍急以兵二萬人降趙應侯席藁請罪秦之法任人而所任不善者各以其罪罪之於是應侯罪當收三族秦昭王恐傷應侯之意乃下令國中有敢言鄭安平事者以其罪罪之而加賜相國應侯食物日益厚以順適其意後二歲王稽為河東守與諸侯通坐法誅而應侯日益以不懌昭王臨朝歎息應侯進曰臣聞主憂臣辱主辱臣死今大王中朝而憂臣敢請其罪昭王曰吾聞楚之鐵劍利而倡優拙夫鐵劍利則士勇倡優拙則思慮遠夫以遠思慮而御勇士吾恐楚之圖秦也夫物不素具不可以應卒今武安君既死而鄭安平等畔內無良將而外多敵國吾是以憂欲以激勵應侯應侯懼不知所出蔡澤聞之往入秦也

太史公曰韓子稱長袖善舞多錢善賈信哉是言也范雎蔡澤世所謂一切辯士然游說諸侯至白首無所遇者非計策之拙所為說力少也及二人羇旅入秦繼踵取卿相垂功於天下者固彊弱之勢異也然士亦有偶合賢者多如此二子不得盡意豈可勝道哉然二子不困戹惡能激乎凡同傳而不並選者論贊則不刪下倣此

樂毅傳

樂毅者其先祖曰樂羊樂羊為魏文侯將伐取中山魏文侯封樂羊以靈壽樂羊死葬於靈壽其後子孫因家焉中山復國至趙武靈王時復滅中山而樂氏後有樂毅樂毅賢好兵趙人舉之及武靈王有沙丘之亂乃去趙適魏聞燕昭王以子之之亂而齊大敗燕燕昭王怨齊未嘗一日而忘報齊也燕國小辟遠力不能制於是屈身下士先禮郭隗以招賢者樂毅於是為魏

昭王使於燕燕王以客禮待之樂毅辭讓遂委質為臣燕昭王以為亞卿久之當是時齊湣王彊南敗楚相唐眛於重丘西摧三晉於觀津遂與三晉擊秦助趙滅中山破宋廣地千餘里與秦昭王爭重為帝已而復歸之諸侯皆欲背秦而服於齊湣王自矜百姓弗堪於是燕昭王問伐齊之事樂毅對曰齊霸國之餘業也地大人衆未易獨攻也王必欲伐之莫如與趙及楚魏於是使樂毅約趙惠文王別使連楚魏令趙嚪秦以伐齊之利諸侯害齊湣王之驕暴皆爭合

從與燕伐齊樂毅還報燕昭王悉起兵使樂毅為上將軍趙惠文王以相國印授樂毅樂毅於是并護趙楚韓魏燕之兵以伐齊破之濟西諸侯兵罷歸而燕軍樂毅獨追至于臨菑齊湣王之敗濟西亡走保於莒樂毅獨留徇齊齊皆城守樂毅攻入臨菑盡取齊寶財物祭器輸之燕燕昭王大說親至濟上勞軍行賞饗士封樂毅於昌國號為昌國君於是燕昭王收齊鹵獲以歸而使樂毅復以兵平齊城之不下者樂毅留徇齊五歲下齊七十餘城皆為郡縣以屬燕唯

獨莒即墨未服會燕昭王死子立為燕惠王惠王自為太子時嘗不快於樂毅及即位齊之田單聞之乃縱反間於燕曰齊城不下者兩城耳然所以不早拔者聞樂毅與燕新王有隙欲連兵且留齊南面而王齊齊之所患唯恐他將之来於是燕惠王固已疑樂毅得齊反間乃使騎劫代將而召樂毅樂毅知燕惠王之不善代之畏誅遂西降趙趙封樂毅於觀津號曰望諸君尊寵樂毅以警動於燕齊齊田單後與騎劫戰果設詐誑燕軍遂破騎劫於即墨下而轉戰逐

燕北至河上盡復得齊城而迎襄王於莒入于臨菑燕惠王後悔使騎劫代樂毅以故破軍亡將失齊又怨樂毅之降趙恐趙用樂毅而乘燕之弊以伐燕燕惠王乃使人讓樂毅且謝之曰先王舉國而委將軍將軍為燕破齊報先王之讎天下莫不震動寡人豈敢一日而忘將軍之功哉會先王棄羣臣寡人新即位左右誤寡人寡人之使騎劫代將軍為將軍久暴露於外故召將軍且休計事將軍過聽以與寡人有隙遂捐燕歸趙將軍自為計則可矣而亦何以報先

王之所以遇將軍之意乎樂毅報遺燕惠王書曰臣不佞不能奉承王命以順左右之心恐傷先王之明有害足下之義故遁逃走趙今足下使人數之以罪臣恐侍御者不察先王之所以畜幸臣之理又不白臣之所以事先王之心故敢以書對臣聞賢聖之君不以祿私親其功多者賞之其能當者處之故察能而授官者成功之君也論行而結交者立名之士也臣竊觀先王之舉也見有高世主之心故假節於魏以身得察於燕先王過舉厠之賓客之中立之羣臣

之上不謀父兄以為亞卿臣竊不自知自以為奉令承教可幸無罪故受令而不辭先王命之曰我有積怨深怒於齊不量輕弱而欲以齊為事臣曰夫齊霸國之餘業而最勝之遺事也練於兵甲習於戰攻王若欲伐之必與天下圖之與天下圖之莫若結於趙且又淮北宋地楚魏之所欲也趙若許而約四國攻之齊可大破也先王以為然具符節南使臣於趙顧反命起兵擊齊以天之道先王之靈河北之地隨先王而舉之濟上濟上之軍受命擊齊大敗齊人輕卒

曆音歷

銳兵長驅至國齊王遁而走莒僅以身免珠玉財寶車甲珍器盡收入于燕齊器設於寧臺大呂陳於元英故鼎反乎曆室薊丘之植植於汶篁自五伯已來功未有及先王者也先王以為慊於志故裂地而封之使得比小國諸侯臣竊不自知自以為奉命承教可幸無罪是以受命不辭臣聞賢聖之君功立而不廢故著於春秋蚤知之士名成而不毀故稱於後世若先王之報怨雪恥夷萬乘之彊國收八百歲之蓄積及至棄羣臣之日餘教未衰執政任事之臣修法

令慎庶孽施及乎萌隸皆可以教後世臣聞之善作者不必善成善始者不必善終昔伍子胥說聽於闔閭而吳王遠迹至郢夫差弗是也賜之鴟夷而浮之江吳王不寤先論之可以立功故沈子胥而不悔子胥不蚤見主之不同量是以至於入江而不化夫免身立功以明先王之迹臣之上計也離毀辱之誹謗墮先王之名臣之所大恐也臨不測之罪以幸為利義之所不敢出也臣聞古之君子交絕不出惡聲忠臣去國不潔其名臣雖不佞數奉教於君子矣恐侍

御者之親左右之說不察疏遠之行故敢獻書以聞唯君王之留意焉於是燕王復以樂毅子樂閒為昌國君而樂毅往来復通燕燕趙以為客卿樂毅卒於趙樂閒居燕三十餘年燕王喜用其相栗腹之計欲攻趙而問昌國君樂閒樂閒曰趙四戰之國也其民習兵伐之不可燕王不聽遂伐趙趙使廉頗擊之大破栗腹之軍於鄗禽栗腹樂乘樂乘者樂閒之宗也於是樂閒奔趙趙遂圍燕燕重割地以與趙和趙乃解而去燕王恨不用樂閒樂閒既在趙乃遺樂閒書

曰紂之時箕子不用犯諫不怠以兾其聽商容不達身祗辱焉以兾其變及民志不入獄囚自出然後二子退隱故紂負桀暴之累二子不失忠聖之名何者其憂患之盡矣今寡人雖愚不若紂之暴也燕民雖亂不若殷民之甚也室有語不相盡以告隣里二者寡人不為君取也樂閒樂乘怨燕不聽其計二人卒留趙趙封樂乘為武襄君其明年樂乘廉頗為趙圍燕燕重禮以和乃解後五歲趙孝成王卒襄王使樂乘代廉頗廉頗攻樂乘樂乘走廉頗亡入魏其後十六年而秦滅趙其後二十餘年高帝過趙問樂毅有後世乎對曰有樂叔高帝封之樂鄉號曰華城君華城君樂毅之孫也而樂氏之族有樂瑕公樂臣公趙且為秦所滅亡之齊高密樂臣公善修黃帝老子之言顯聞於齊稱賢師

太史公曰始齊之蒯通及主父偃讀樂毅之報燕王書未嘗不廢書而泣也樂臣公學黃帝老子其本師號曰河上丈人不知其所出河上丈人教安期生安期生教毛翕公毛翕公教樂瑕公樂瑕公教樂臣公樂臣公教蓋公蓋公教於

齊高密膠西為曹相國師

屈原傳

屈原者名平楚之同姓也為楚懷王左徒博聞彊志明於治亂嫺於辭令入則與王圖議國事以出號令出則接遇賓客應對諸侯王甚任之上官大夫與之同列爭寵而心害其能懷王使屈原造為憲令屈平屬草藁未定上官大夫見而欲奪之屈平不與因讒之曰王使屈平為令衆莫不知每一令出平伐其功曰以為非我莫能為也王怒而疏屈平屈平疾王聽之不聰也

讒諂之蔽明也邪曲之害公也方正之不容也故憂愁幽思而作離騷離騷者猶離憂也夫天者人之始也父母者人之本也人窮則反本故勞苦倦極未嘗不呼天也疾痛慘怛未嘗不呼父母也屈平正道直行竭忠盡智以事其君讒人間之可謂窮矣信而見疑忠而被謗能無怨乎屈平之作離騷蓋自怨生也國風好色而不淫小雅怨誹而不亂若離騷者可謂兼之矣上稱帝嚳下道齊桓中述湯武以刺世事明道德之廣崇治亂之條貫靡不畢見其文約其辭微

其志潔其行廉其稱文小而其指極大舉類邇而見義遠其志潔故其稱物芳其行廉故死而不容自疏濯淖汙泥之中蟬蛻於濁穢以浮游塵埃之外不獲世之滋垢皭然泥而不滓者也推此志也雖與日月爭光可也屈平既絀其後秦欲伐齊齊與楚從親惠王患之乃令張儀詳去秦厚幣委質事楚曰秦甚憎齊齊與楚從親楚誠能絕齊秦願獻商於之地六百里楚懷王貪而信張儀遂絕齊使使如秦受地張儀詐之曰儀與王約六里不聞六百里楚使怒去歸告懷王懷王怒大興師伐秦秦發兵擊之大破楚師於丹淅斬首八萬虜楚將屈匄遂取楚之漢中地懷王乃悉發國中兵以深入擊秦戰於藍田魏聞之襲楚至鄧楚兵懼自秦歸而齊竟怒不救楚楚大困明年秦割漢中地與楚以和楚王曰不願得地願得張儀而甘心焉張儀聞乃曰以一儀而當漢中地臣請往如楚如楚又因厚幣用事者臣靳尚而設詭辯於懷王之寵姬鄭袖懷王竟聽鄭袖復釋去張儀是時屈平既疏不復在位使於齊顧反諫懷王曰何不殺張

儀懷王悔追張儀不及其後諸侯共擊楚大破之殺其將唐眛時秦昭王與楚婚欲與懷王會懷王欲行屈平曰秦虎狼之國不可信不如無行懷王稚子子蘭勸王行奈何絕秦歡懷王卒行入武關秦伏兵絕其後因留懷王以求割地懷王怒不聽亡走趙趙不內復之秦竟死於秦而歸葬長子頃襄王立以其弟子蘭為令尹楚人既咎子蘭以勸懷王入秦而不反也屈平既嫉之雖放流睠顧楚國繫心懷王不忘欲反冀幸君之一悟俗之一改也其存君與國而欲反

覆之一篇之中三致志焉然終無可奈何故不可以反卒以此見懷王之終不悟也人君無愚智賢不肖莫不欲求忠以自為舉賢以自佐然亡國破家相隨屬而聖君治國累世而不見者其所謂忠者不忠而所謂賢者不賢也懷王以不知忠臣之分故內惑於鄭袖外欺於張儀疏屈平而信上官大夫令尹子蘭兵挫地削亡其六郡身客死於秦為天下笑此不知人之禍也易曰井渫不食為我心惻可以汲王明並受其福王之不明豈足福哉令尹子蘭聞之大怒卒

使上官大夫短屈原於頃襄王頃襄王怒而遷之屈原至於江濱被髮行吟澤畔顏色憔悴形容枯槁漁父見而問之曰子非三閭大夫歟何故而至此屈原曰舉世混濁而我獨清衆人皆醉而我獨醒是以見放漁父曰夫聖人者不凝滯於物而能與世推移舉世混濁何不隨其流而揚其波衆人皆醉何不餔其糟而啜其醨何故懷瑾握瑜而自令見放為屈原曰吾聞之新沐者必彈冠新浴者必振衣人又誰能以身之察察受物之汶汶者乎寧赴常流而葬乎江魚腹中耳又安能以皓皓之白而蒙世之溫蠖乎乃作懷沙之賦（賦辭刪）於是懷石遂自投汨羅以死屈原既死之後楚有宋玉唐勒景差之徒者皆好辭而以賦見稱然皆祖屈原之從容辭令終莫敢直諫其後楚日以削數十年竟為秦所滅自屈原沈汨羅後百有餘年漢有賈生為長沙王太傅過湘水投書以弔屈原

太史公曰余讀離騷天問招魂哀郢悲其志適長沙觀屈原所自沈淵未嘗不垂涕想見其為人及見賈生弔之又怪屈原以彼其材游諸侯何國不容而自令若是讀服鳥賦同死生輕去

就又爽然自失矣

張耳陳餘傳

張耳者大梁人也其少時及魏公子毋忌為客張耳嘗亡命游外黃外黃富人女甚美嫁庸奴亡其夫去抵父客父客素知張耳乃謂女曰必欲求賢夫從張耳女聽乃卒為請決嫁之張耳是時脫身游女家厚奉給張耳張耳以故致千里客乃宦魏為外黃令名由此益賢陳餘者亦大梁人也好儒術數游趙苦陘富人

公乘氏以其女妻之亦知陳餘非庸人也餘年少父事張耳兩人相與為刎頸交秦之滅大梁也張耳家外黄高祖為布衣時嘗數從張耳游客數月秦滅魏數歲已聞此兩人魏之名士也購求有得張耳千金陳餘五百金張耳陳餘乃變名姓俱之陳為里監門以自食兩人相對里吏嘗有過笞陳餘陳餘欲起張耳躡之使受笞吏去張耳乃引陳餘之桑下而數之曰始吾與公言何如今見小辱而欲死一吏乎陳餘然之秦詔書購求兩人兩人亦反用門者以令里中

陳涉起蘄至入陳兵數萬張耳陳餘上謁陳涉涉及左右生平數聞張耳陳餘賢未嘗見見即大喜陳中豪傑父老乃說陳涉曰將軍身被堅執銳率士卒以誅暴秦復立楚社稷存亡繼絕功德宜為王且夫監臨天下諸將不為王不可願將軍立為楚王也陳涉問此兩人兩人對曰夫秦為無道破人國家滅人社稷絕人後世罷百姓之力盡百姓之財將軍瞋目張膽出萬死不顧一生之計為天下除殘也今始至陳而王之示天下私願將軍毋王急引兵而西遣人立六國後自為樹黨為秦益敵也敵多則力分與衆則兵彊如此野無交兵縣無守城誅暴秦據咸陽以令諸侯諸侯亡而得立以德服之如此則帝業成矣今獨王陳恐天下解也陳涉不聽遂立為王陳餘乃復說陳王曰大王舉梁楚而西務在入關未及收河北也臣嘗游趙知其豪桀及地形願請奇兵北略趙地於是陳王以故所善陳人武臣為將軍邵騷為護軍以張耳陳餘為左右校尉予卒三千人北略趙地武臣等從白馬渡河至諸縣說其豪桀曰秦為亂政虐

刑以殘賊天下數十年矣北有長城之役南有五嶺之戍外内騷動百姓罷敝頭會箕斂以供軍費財匱力盡民不聊生重之以苛法峻刑使天下父子不相安陳王奮臂為天下倡始王楚之地方二千里莫不響應家自為怒人自為鬬各報其怨而攻其讎縣殺其令丞郡殺其守尉今已張大楚王陳使吳廣周文將卒百萬西擊秦於此時而不成封侯之業者非人豪也諸君試相與計之夫天下同心而苦秦久矣因天下之力而攻無道之君報父兄之怨而成割地有

士之業此士之一時也豪傑皆然其言乃行收兵得數萬人號武臣爲武信君下趙十城餘皆城守莫肯下乃引兵東北擊范陽范陽人蒯通說范陽令曰竊聞公之將死故弔雖然賀公得通而生范陽令曰何以弔之對曰秦法重足下爲范陽令十年矣殺人之父孤人之子斷人之足黥人之首不可勝數然而慈父孝子莫敢倳刃公之腹中者畏秦法耳今天下大亂秦法不施然則慈父孝子且倳刃公之腹中以成其名此臣之所以弔公也今諸侯畔秦矣武信君兵

且至而君堅守范陽少年皆爭殺君下武信君君急遣臣見武信君可轉禍爲福在今矣范陽令乃使蒯通見武信君曰足下必將戰勝然後略地攻得然後下城臣竊以爲過矣誠聽臣之計可不攻而降城不戰而略地傳檄而千里定可乎武信君曰何謂也蒯通曰今范陽令宜整頓其士卒以守戰者也怯而畏死貪而重富貴故欲先天下降畏君以爲秦所置吏誅殺如前十城也然今范陽少年亦方殺其令自以城距君君何不齎臣侯印拜范陽令范陽令則以城

下君少年亦不敢殺其令令范陽令乘朱輪華轂使驅馳燕趙郊燕趙郊見之皆曰此范陽令先下者也即喜矣燕趙城可毋戰而降也此臣之所謂傳檄而千里定者也武信君從其計因使蒯通賜范陽令侯印趙地聞之不戰以城下者三十餘城至邯鄲張耳陳餘聞周章軍入關至戲却又聞諸將爲陳王徇地多以讒毁得罪誅怨陳王不用其筴不以爲將而以爲校尉乃說武臣曰陳王起蘄至陳而王非必立六國後將軍今以三千人下趙數十城獨介居河北不

王無以塡之且陳王聽讒還報恐不脫於禍又不如立其兄弟不即立趙後將軍毋失時時閒不容息武臣乃聽之遂立爲趙王以陳餘爲大將軍張耳爲右丞相邵騷爲左丞相使人報陳王陳王大怒欲盡族武臣等家而發兵擊趙陳王相國房君諫曰秦未亡而誅武臣等家此又生一秦也不如因而賀之使急引兵西擊秦陳王然之從其計徙繫武臣等家宮中封張耳子敖爲成都君陳王使使者賀趙令趣發兵西入關張耳陳餘說武臣曰王王趙非楚意特以計

賀王楚已滅秦必加兵於趙願王毋西兵北徇
燕代南收河內以自廣趙南據大河北有燕代
楚雖勝秦必不敢制趙趙王以為然因不西兵
而使韓廣略燕李良略常山張黶略上黨韓廣
至燕燕人因立廣為燕王趙王乃與張耳陳餘
北略地燕界趙王間出為燕軍所得燕將囚之
欲與分趙地半乃歸王使者往燕輒殺之以求
地張耳陳餘患之有廝養卒謝其舍中曰吾為
公說燕與趙王載歸舍中皆笑曰使者往十餘
輩輒死若何以能得王乃走燕壁燕將見之問

燕將曰知臣何欲燕將曰若欲得趙王耳曰君
知張耳陳餘何如人也燕將曰賢人也曰知其
志何欲曰欲得其王耳趙養卒乃笑曰君未知
此兩人所欲也夫武臣張耳陳餘杖馬箠下趙
數十城此亦各欲南面而王豈欲為卿相終已
邪夫臣與主豈可同日而道哉顧其勢初定未
敢參分而王且以少長先立武臣為王以持趙
心今趙地已服此兩人亦欲分趙而王時未可
耳今君乃囚趙王此兩人名為求趙王實欲燕
殺之此兩人分趙自立夫以一趙尚易燕況以

兩賢王左提右挈而責殺王之罪滅燕易矣燕
將以為然乃歸趙王養卒為御而歸李良已定
常山還報趙王復使良略太原至石邑秦兵塞
井陘未能前秦將詐稱二世使人遺李良書不
封曰良嘗事我得顯幸良誠能反趙為秦赦良
罪貴良良得書疑不信乃還之邯鄲益請兵未
至道逢趙王姊出飲從百餘騎李良望見以為
王伏謁道旁王姊醉不知其將使騎謝李良李
良素貴起慙其從官從官有一人曰天下畔秦
能者先立且趙王素出將軍下今女兒乃不為

將軍下車請追殺之李良已得秦書固欲反趙
未決因此怒遣人追殺王姊道中乃遂將其兵
襲邯鄲邯鄲不知竟殺武臣邵騷趙人多為張
耳陳餘耳目者以故得脫出收其兵得數萬人
客有說張耳曰兩君羈旅而欲附趙難獨立立
趙後扶以義可就功乃求得趙歇立為趙王居
信都李良進兵擊陳餘陳餘敗李良李良走歸
章邯章邯引兵至邯鄲皆徙其民河內夷其城
郭張耳與趙王歇走入鉅鹿城王離圍之陳餘
北收常山兵得數萬人軍鉅鹿北章邯軍鉅鹿

澤音釋

南棘原築甬道屬河餉王離王離兵食多急攻鉅鹿鉅鹿城中食盡兵少張耳數使人召前陳餘陳餘自度兵少不敵秦不敢前數月張耳大怒怨陳餘使張黶陳澤往讓陳餘曰始吾與公為刎頸交今王與耳旦暮且死而公擁兵數萬不肯相救安在其相為死苟必信胡不赴秦軍俱死且有十一二相全陳餘曰吾度前終不能救趙徒盡亡軍且餘所以不俱死欲為趙王張君報秦今必俱死如以肉委餓虎何益張黶陳澤曰事已急要以俱死立信安知後慮陳餘曰

吾死顧以為無益必如公言乃使五千人令張黶陳澤先嘗秦軍至皆沒當是時燕齊楚聞趙急皆來救張敖亦北收代兵得萬餘人來皆壁餘旁未敢擊秦項羽兵數絕章邯甬道王離軍乏食項羽悉引兵渡河遂破章邯章邯引兵解諸侯軍乃敢擊圍鉅鹿秦軍遂虜王離涉間自殺卒存鉅鹿者楚力也於是趙王歇張耳乃得出鉅鹿謝諸侯張耳與陳餘相見責讓陳餘以不肯救趙及問張黶陳澤所在陳餘怒曰張黶陳澤以必死責臣臣使將五千人先嘗秦軍皆

沒不出張耳不信以為殺之數問陳餘陳餘怒曰不意君之望臣深也豈以臣為重去將哉乃脫解印綬推予張耳張耳亦愕不受陳餘起如厠客有說張耳曰臣聞天與不取反受其咎今陳將軍與君印君不受反天不祥急取之張耳乃佩其印收其麾下而陳餘還亦望張耳不讓遂趨出張耳遂收其兵陳餘獨與麾下所善數百人之河上澤中漁獵由此陳餘張耳遂有郤趙王歇復居信都張耳從項羽諸侯入關漢元年十二月項羽立諸侯王張耳雅游人多為之

言項羽亦素數聞張耳賢乃分趙立張耳為常山王治信都信都更名襄國陳餘客多說項羽曰陳餘張耳一體有功於趙項羽以陳餘不從入關聞其在南皮即以南皮旁三縣以封之而徙趙王歇王代張耳之國陳餘愈益怒曰張耳與餘功等也今張耳王餘獨侯此項羽不平及齊王田榮畔楚陳餘乃使夏說說田榮曰項羽為天下宰不平盡王諸將善地徙故王王惡地今趙王乃居代願王假臣兵請以南皮為扞蔽田榮欲樹黨於趙以反楚乃遣兵從陳餘陳餘

因悉三縣兵襲常山王張耳張耳敗走念諸侯無可歸者曰漢王與我有舊故而項羽又彊立我我欲之楚甘公曰漢王之入關五星聚東井東井者秦分也先至必霸楚雖彊後必屬漢故耳走漢漢王亦還定三秦方圍章邯廢丘張耳謁漢王漢王厚遇之陳餘已敗張耳皆復收趙地迎趙王於代復為趙王趙王德陳餘立以為代王陳餘為趙王弱國初定不之國留傅趙王而使夏說以相國守代漢二年東擊楚使使告趙欲與俱陳餘曰漢殺張耳乃從於是漢王求

人類張耳者斬之持其頭遺陳餘陳餘乃遣兵助漢漢之敗於彭城西陳餘亦復覺張耳不死即背漢漢三年韓信已定魏地遣張耳與韓信擊破趙井陘斬陳餘泜水上追殺趙王歇襄國漢立張耳為趙王漢五年張耳薨謚為景王子敖嗣立為趙王高祖長女魯元公主為趙王敖后漢七年高祖從平城過趙趙王朝夕袒韝蔽自上食禮甚卑有子壻禮高祖箕倨詈甚慢易之趙相貫高趙午等年六十餘故張耳客也生平為氣乃怒曰吾王孱王也說王曰夫天下豪

桀並起能者先立今王事高祖甚恭而高祖無禮請為王殺之張敖齧其指出血曰君何言之誤且先人亡國賴高祖得復國德流子孫秋豪皆高祖力也願君無復出口貫高趙午等十餘人皆相謂曰乃吾等非也吾王長者不倍德且吾等義不辱今怨高祖辱我王故欲殺之何乃汙王為乎令事成歸王事敗獨身坐耳漢八年上從東垣還過趙貫高等乃壁人柏人要之置上過欲宿心動問曰縣名為何曰柏人柏人者迫於人也不宿而去漢九年貫高怨家知其謀

乃上變告之於是上皆并逮捕趙王貫高等十餘人皆爭自剄貫高獨怒罵曰誰令公為之今王實無謀而并捕王公等皆死誰白王不反者乃轞車膠致與王詣長安治張敖之罪上乃詔趙羣臣賓客有敢從王皆族貫高與客孟舒等十餘人皆自髡鉗為王家奴從來貫高至對獄曰獨吾屬為之王實不知吏治榜笞數千刺剟身無可擊者終不復言呂后數言張王以魯元公主故不宜有此上怒曰使張敖據天下豈少而女乎不聽廷尉以貫高事辭聞上曰壯士誰

知者以私問之中大夫泄公曰臣之邑子素知之此固趙國立名義不侵為然諾者也上使泄公持節問之箯輿前仰視曰泄公邪泄公勞苦如生平驩與語問張王果有計謀不高曰人情寧不各愛其父母妻子乎今吾三族皆以論死豈以王易吾親哉顧為王實不反獨吾等為之具道本指所以為者王不知狀於是泄公入具以報上乃赦趙王上賢貫高為人能立然諾使泄公具告之曰張王已出因赦貫高貫高喜曰吾王審出乎泄公曰然泄公曰上多足下故赦

足下貫高曰所以不死一身無餘者白張王不反也今王已出吾責已塞死不恨矣且人臣有簒殺之名何面目復事上哉縱上不殺我我不愧於心乎乃仰絕肮遂死當此之時名聞天下張敖已出以尚魯元故封為宣平侯於是上賢張王諸客以鉗奴從張王入關無不為諸侯相郡守者及孝惠高后文帝孝景時張王客子孫皆得為二千石張敖高后六年薨子偃為魯元王以母呂后女故呂后封為魯元王元王弱兄弟少乃封張敖他姬子二人壽為樂昌侯侈為信都侯高后崩諸呂無道大臣誅之而廢魯元王及樂昌侯信都侯孝文帝即位復封故魯元王偃為南宮侯續張氏

太史公曰張耳陳餘世傳所稱賢者其賓客廝役莫非天下俊傑所居國無不取卿相者然張耳陳餘始居約時相然信以死豈顧問哉及據國爭權卒相滅亡何鄉者相慕用之誠後相倍之戾也豈非以利哉名譽雖高賓客雖盛所由殆與太伯延陵季子異矣

史記英選卷之三

史記英選卷之四

淮陰侯傳

淮陰侯韓信者淮陰人也始為布衣時貧無行不得推擇為吏又不能治生商賈常從人寄食飲人多厭之者常數從其下鄉南昌亭長寄食數月亭長妻患之乃晨炊蓐食食時信往不為具食信亦知其意怒竟絕去信釣於城下諸母漂有一母見信飢飯信竟漂數十日信喜謂漂母曰吾必有以重報母母怒曰大丈夫不能自食吾哀王孫而進食豈望報乎淮陰屠中少年有侮信者曰若雖長大好帶刀劒中情怯耳衆辱之曰信能死刺我不能死出我袴下於是信孰視之俛出袴下蒲伏一市人皆笑信以為怯及項梁渡淮信仗劒從之居戲下無所知名項梁敗又屬項羽羽以為郎中數以策干項羽羽不用漢王之入蜀信亡楚歸漢未得知名為連敖坐法當斬其輩十三人皆已斬次至信信乃仰視適見滕公曰上不欲就天下乎何為斬壯士滕公奇其言壯其貌釋而不斬與語大說之言於上上拜以為治粟都尉上未之奇也信數

與蕭何語何奇之至南鄭諸將行道亡者數十人信度何等已數言上上不我用即亡何聞信亡不及以聞自追之人有言上曰丞相何亡上大怒如失左右手居一二日何來謁上上且怒且喜罵何曰若亡何也何曰臣不敢亡也臣追亡者上曰若所追者誰何曰韓信也上復罵曰諸將亡者以十數公無所追追信詐也何曰諸將易得耳至如信者國士無雙王必欲長王漢中無所事信必欲爭天下非信無所與計事者顧王策安所決耳王曰吾亦欲東耳安能鬱鬱久居此乎何曰王計必欲東能用信信即留不能用信終亡耳王曰吾為公以為將何曰雖為將信必不留王曰以為大將何曰幸甚於是王欲召信拜之何曰王素慢無禮今拜大將如呼小兒耳此乃信所以去也王必欲拜之擇良日齋戒設壇場具禮乃可耳王許之諸將皆喜人人各自以為得大將至拜大將乃韓信也一軍皆驚信拜禮畢上坐王曰丞相數言將軍將軍何以教寡人計策信謝因問王曰今東鄉爭權天下豈非項王邪漢王曰然曰大王自料勇悍

仁疆孰與項王漢王默然良久曰不如也信再拜賀曰惟信亦為大王不如也然臣嘗事之請言項王之為人也項王喑噁叱咤千人皆廢然不能任屬賢將此特匹夫之勇耳項王見人恭敬慈愛言語嘔嘔人有疾病涕泣分食飲至使人有功當封爵者印刓弊忍不能予此所謂婦人之仁也項王雖霸天下而臣諸侯不居關中而都彭城有背義帝之約而以親愛王諸侯不平諸侯之見項王遷逐義帝置江南亦皆歸逐其主而自王善地項王所過無不殘滅者天下

多怨百姓不親附特劫於威彊耳名雖為霸實失天下心故曰其彊易弱今大王誠能反其道任天下武勇何所不誅以天下城邑封功臣何所不服以義兵從思東歸之士何所不散且三秦王為秦將將秦子弟數歲矣所殺亡不可勝計又欺其衆降諸侯至新安項王詐阬秦降卒二十餘萬唯獨邯欣翳得脫秦父兄怨此三人痛入骨髓今楚彊以威王此三人秦民莫愛也大王之入武關秋毫無所害除秦苛法與秦民約法三章耳秦民無不欲得大王王秦者於諸侯之約大王當王關中關中民咸知之大王失職入漢中秦民無不恨者今大王舉而東三秦可傳檄而定也於是漢王大喜自以為得信晚遂聽信計部署諸將所擊八月漢王舉兵東出陳倉定三秦漢二年出關收魏河南韓殷王皆降合齊趙共擊楚四月至彭城漢兵敗散而還信復收兵與漢王會滎陽復擊破楚京索之間以故楚兵卒不能西漢之敗卻彭城塞王欣翟王翳亡漢降楚齊趙亦反漢與楚和六月魏王豹謁歸視親疾至國即絕河關反漢與楚約和

漢王使酈生說豹不下其八月以信為左丞相擊魏魏王盛兵蒲坂塞臨晋信乃益為疑兵陳船欲渡臨晋而伏兵從夏陽以木罌缻渡軍襲安邑魏王豹驚引兵迎信信遂虜豹定魏為河東郡漢王遣張耳與信俱引兵東北擊趙代後九月破代兵禽夏說閼與信之下魏破代漢輒使人收其精兵詣滎陽以距楚信與張耳以兵數萬欲東下井陘擊趙趙王成安君陳餘聞漢且襲之也聚兵井陘口號稱二十萬廣武君李左車說成安君曰聞漢將韓信涉西河虜魏王

萆同蔽

禽夏說新喋血閼與今乃輔以張耳議欲下趙此乘勝而去國遠鬭其鋒不可當臣聞千里餽糧士有飢色樵蘇後爨師不宿飽今井陘之道車不得方軌騎不得成列行數百里其勢糧食必在其後願足下假臣奇兵三萬人從間路絕其輜重足下深溝高壘堅營勿與戰彼前不得鬭退不得還吾奇兵絕其後使野無所掠不至十日而兩將之頭可致於戲下願君留意臣之計否必為二子所禽矣成安君儒者也常稱義兵不用詐謀奇計曰吾聞兵法十則圍之倍則

戰之今韓信兵號數萬其實不過數千能千里而襲我亦已罷極今如此避而不擊後有大者何以加之則諸侯謂吾怯而輕來伐我不聽廣武君策廣武君策不用韓信使人間視知其不用還報則大喜乃敢引兵遂下未至井陘口三十里止舍夜半傳發選輕騎二千人人持一赤幟從間道萆山而望趙軍誡曰趙見我走必空壁逐我若疾入趙壁拔趙幟立漢赤幟令其裨將傳飡曰今日破趙會食諸將皆莫信佯應曰諾謂軍吏曰趙已先據便地為壁且彼未見吾

大將旗鼓未肯擊前行恐吾至阻險而還信乃使萬人先行出背水陳趙軍望見而大笑平旦信建大將之旗鼓鼓行出井陘口趙開壁擊之大戰良久於是信張耳詳棄鼓旗走水上軍水上軍開入之復疾戰趙果空壁爭漢鼓旗逐韓信張耳韓信張耳已入水上軍軍皆殊死戰不可敗信所出奇兵二千騎共候趙空壁逐利則馳入趙壁皆拔趙旗立漢赤幟二千趙軍已不勝不能得信等欲還歸壁壁皆漢赤幟而大驚以為漢皆已得趙王將矣兵遂亂遁走趙將雖

斬之不能禁也於是漢兵夾擊大破虜趙軍斬成安君泜水上禽趙王歇信乃令軍中毋殺廣武君有能生得者購千金於是有縛廣武君而致戲下者信乃解其縛東鄉坐西鄉對師事之諸將効首虜休畢賀因問信曰兵法右倍山陵前左水澤今者將軍令臣等反背水陳曰破趙會食臣等不服然竟以勝此何術也信曰此在兵法顧諸君不察耳兵法不曰陷之死地而後生置之亡地而後存且信非得素拊循士大夫也此所謂驅市人而戰之其勢非置之死地使

人人自為戰今予之生地皆走寧尚可得而用之乎諸將皆服曰善非臣所及也於是信問廣武君曰僕欲北攻燕東伐齊何若而有功廣武君辭謝曰臣聞敗軍之將不可以言勇亡國之大夫不可以圖存今臣敗亡之虜何足以權大事乎信曰僕聞之百里奚居虞而虞亡在秦而秦霸非愚於虞而智於秦也用與不用聽與不聽也誠令成安君聽足下計若信者亦已為禽矣以不用足下故信得侍耳因固問曰僕委心歸計願足下勿辭廣武君曰臣聞智者千慮必

有一失愚者千慮必有一得故曰狂夫之言聖人擇焉顧恐臣計未必足用願效愚忠夫成安君有百戰百勝之計一旦而失之軍敗鄗下身死泜上今將軍涉西河虜魏王禽夏說閼與一舉而下井陘不終朝破趙二十萬衆誅成安君名聞海內威震天下農夫莫不輟耕釋耒褕衣甘食傾耳以待命者若此將軍之所長也然而衆勞卒罷其實難用今將軍欲舉倦弊之兵頓之燕堅城之下欲戰恐久力不能拔情見勢屈曠日糧竭而弱燕不服齊必距境以自彊也燕

齊相持而不下則劉項之權未有所分也若此者將軍所短也臣愚竊以為亦過矣故善用兵者不以短擊長而以長擊短韓信曰然則何由廣武君對曰方今為將軍計莫如案甲休兵鎮趙撫其孤百里之內牛酒日至以饗士大夫醳兵北首燕路而後遣辯士奉咫尺之書暴其所長於燕燕必不敢不聽從燕已從使諠言者東告齊齊必從風而服雖有智者亦不知為齊計矣如是則天下事皆可圖也兵固有先聲而後實者此之謂也韓信曰善從其策發使使燕燕

從風而靡乃遣使報漢因請立張耳為趙王以鎮撫其國漢王許之乃立張耳為趙王楚數使奇兵渡河擊趙趙王耳韓信往來救趙因行定趙城邑發兵詣漢楚方急圍漢王於滎陽漢王南出之宛葉閒得黥布走入成皐楚又復急圍之六月漢王出成皐東渡河獨與滕公俱從張耳軍修武至宿傳舍晨自稱漢使馳入趙壁張耳韓信未起即其臥內上奪其印符以麾召諸將易置之信耳起乃知漢王來大驚漢王奪兩人軍即令張耳備守趙地拜韓信為相國收趙

兵未發者擊齊信引兵東未渡平原聞漢王使酈食其已說下齊韓信欲止范陽辯士蒯通說信曰將軍受詔擊齊而漢獨發閒使下齊寧有詔止將軍乎何以得毋行也且酈生一士伏軾掉三寸之舌下齊七十餘城將軍將數萬衆歲餘乃下趙五十餘城為將數歲反不如一豎儒之功乎於是信然之從其計遂渡河齊已聽酈生即留縱酒罷備漢守禦信因襲齊歷下軍遂至臨菑齊王田廣以酈生賣已乃烹之而走高密使使之楚請救韓信已定臨菑遂東追廣至

高密西楚亦使龍且將號稱二十萬救齊齊王廣龍且并軍與信戰未合人或說龍且曰漢兵遠鬭窮戰其鋒不可當齊楚自居其地戰兵易敗散不如深壁令齊王使其信臣招所亡城亡城聞其王在楚來救必反漢漢兵二千里客居齊城皆反之其勢無所得食可無戰而降也龍且曰吾平生知韓信為人易與耳且夫救齊不戰而降之吾何功今戰而勝之齊之半可得何為止遂戰與信夾濰水陳韓信乃夜令人為萬餘囊滿盛沙壅水上流引軍半渡擊龍且佯不

勝還走龍且果喜曰固知信怯也遂追信渡水信使人決壅囊水大至龍且軍大半不得渡即急擊殺龍且龍且水東軍散走齊王廣亡去信遂追北至城陽皆虜楚卒漢四年遂皆降平齊使人言漢王曰齊偽詐多變反覆之國也南邊楚不為假王以鎮之其勢不定願為假王便當是時楚方急圍漢王於滎陽韓信使者至發書漢王大怒罵曰吾困於此旦暮望若來佐我乃欲自立為王張良陳平躡漢王足因附耳語曰漢方不利寧能禁信之王乎不如因而立善遇

之使自為守不然變生漢王亦悟因復罵曰大丈夫定諸侯即為真王耳何以假為乃遣張良往立信為齊王徵其兵擊楚楚已亡龍且項王恐使盱眙人武涉往說齊王信曰天下共苦秦久矣相與勠力擊秦秦已破計功割地分土而王之以休士卒今漢王復興兵而東侵人之分奪人之地已破三秦引兵出關收諸侯之兵以東擊楚其意非盡吞天下者不休其不知厭足如是甚也且漢王不可必身居項王掌握中數矣項王憐而活之然得脫輒倍約復擊項王其

不可親信如此今足下雖自以與漢王為厚交為之盡力用兵終為之所禽矣足下所以得須臾至今者以項王尚存也當今二王之事權在足下足下右投則漢王勝左投則項王勝項王今日亡則次取足下足下與項王有故何不反漢與楚連和三分天下王之今釋此時而自必於漢以擊楚且為智者固若此乎韓信謝曰臣事項王官不過郎中位不過執戟言不聽畫不用故倍楚而歸漢漢王授我上將軍印予我數萬衆解衣衣我推食食我言聽計用故吾得以

至於此夫人深親信我我倍之不祥雖死不易幸為信謝項王武涉已去齊人蒯通知天下權在韓信欲為奇策而感動之以相人說韓信曰僕嘗受相人之術韓信曰先生相人何如對曰貴賤在於骨法憂喜在於容色成敗在於決斷以此參之萬不失一韓信曰善先生相寡人何如對曰願少間信曰左右去矣通曰相君之面不過封侯又危不安相君之背貴乃不可言韓信曰何謂也蒯通曰天下初發難也俊雄豪傑建號壹呼天下之士雲合霧集魚鱗雜遝熛至

風起當此之時憂在亡秦而已今楚漢分争使天下無罪之人肝膽塗地父子暴骸骨於中野不可勝數楚人起彭城轉鬭逐北至於滎陽乘利席卷威震天下然兵困於京索之間迫西山而不能進者三年於此矣漢王將數十萬之衆距鞏雒阻山河之險一日數戰無尺寸之功折北不救敗滎陽傷成皐遂走宛葉之間此所謂智勇俱困者也夫銳氣挫於險塞而糧食竭於內府百姓罷極怨望容容無所倚以臣料之其勢非天下之賢聖固不能息天下之禍當今兩

主之命縣於足下足下為漢則漢勝與楚則楚勝臣願披腹心輸肝膽効愚計恐足下不能用也誠能聽臣之計莫若兩利而俱存之三分天下鼎足而居其勢莫敢先動夫以足下之賢聖有甲兵之衆據彊齊從燕趙出空虛之地而制其後因民之欲西鄉為百姓請命則天下風走而響應矣孰敢不聽割大弱彊以立諸侯諸侯已立天下服聽而歸德於齊案齊之故有膠泗之地懷諸侯之德深拱揖讓則天下之君王相率而朝於齊矣蓋聞天與弗取反受其咎時至

不行反受其殃願足下孰慮之韓信曰漢王遇我甚厚載我以其車衣我以其衣食我以其食吾聞之乘人之車者載人之患衣人之衣者懷人之憂食人之食者死人之事吾豈可以鄉利倍義乎蒯生曰足下自以為善漢王欲建萬世之業臣竊以為誤矣始常山王成安君為布衣時相與為刎頸之交後爭張黶陳澤之事二人相怨常山王背項王奉項嬰頭而竄逃歸於漢王漢王借兵而東下殺成安君泜水之南頭足異處卒為天下笑此二人相與天下至驩也然

而卒相禽者何也患生於多欲而人心難測也今足下欲行忠信以交於漢王必不能固於二君之相與也而事多大於張黶陳澤故臣以為足下必漢王之不危已亦誤矣大夫種范蠡存亡越霸勾踐立功成名而身死亡野獸已盡而獵狗烹夫以交友言之則不如張耳之與成安君者也以忠信言之則不過大夫種范蠡之於勾踐也此二人者足以觀矣願足下深慮之且臣聞勇略震主者身危而功蓋天下者不賞臣請言大王功略足下涉西河虜魏王禽夏說引

兵下井陘誅成安君徇趙脅燕定齊南摧楚人之兵二十萬東殺龍且西鄉以報此所謂功無二於天下而略不世出者也今足下戴震主之威挾不賞之功歸楚楚人不信歸漢漢人震恐足下欲持是安歸乎夫勢在人臣之位而有震主之威名高天下竊為足下危之韓信謝曰先生且休矣吾將念之後數日蒯通復說曰夫聽者事之候也計者事之機也聽過計失而能久安者鮮矣聽不失一二者不可亂以言計不失本末者不可紛以辭夫隨廝養之役者失萬乘

之權守儋石之祿者闕卿相之位故知者決之斷也疑者事之害也審毫釐之小計遺天下之大數智誠知之決弗敢行者百事之禍也故曰猛虎之猶豫不若蜂蠆之致螫騏驥之跼躅不如駑馬之安步孟賁之狐疑不如庸夫之必至也雖有舜禹之智吟而不言不如瘖聾之指麾也此言貴能行之夫功者難成而易敗時者難得而易失也時乎時不再來願足下詳察之韓信猶豫不忍倍漢又自以為功多漢終不奪我齊遂謝蒯通蒯通說不聽已詳狂為巫漢王之

困固陵用張良計召齊王信遂將兵會垓下項羽已破高祖襲奪齊王軍漢五年正月徙齊王信為楚王都下邳信至國召所從食漂母賜千金及下鄉南昌亭長賜百錢曰公小人也為德不卒召辱己之少年令出袴下者以為楚中尉告諸將相曰此壯士也方辱我時我寧不能殺之邪殺之無名故忍而就於此項王亡將鍾離眛家在伊廬素與信善項王死後亡歸信漢王怨眛聞其在楚詔楚捕眛信初之國行縣邑陳兵出入漢六年人有上書告楚王信反高帝以

陳平計天子巡狩會諸侯南方有雲夢發使告諸侯會陳吾將游雲夢實欲襲信信弗知高祖且至楚信欲發兵反自度無罪欲謁上恐見禽人或說信曰斬眛謁上上必喜無患信見眛計事眛曰漢所以不擊取楚以眛在公所若欲捕我以自媚於漢吾今日死公亦隨手亡矣乃罵信曰公非長者卒自剄信持其首謁高祖於陳上令武士縛信載後車信曰果若人言狡兎死良狗烹高鳥盡良弓藏敵國破謀臣亡天下已定我固當烹上曰人告公反遂械繫信至雒陽

赦信罪以為淮陰侯信知漢王畏惡其能常稱病不朝從信由此日怨望居常鞅鞅羞與絳灌等列信嘗過樊將軍噲噲跪拜送迎言稱臣曰大王乃肯臨臣信出門笑曰生乃與噲等為伍上常從容與信言諸將能不各有差上問曰如我能將幾何信曰陛下不過能將十萬上曰於君何如曰臣多多而益善耳上笑曰多多益善何為為我禽信曰陛下不能將兵而善將將此乃信之所以為陛下禽也且陛下所謂天授非人力也陳豨拜為鉅鹿守辭於淮陰侯淮陰侯

挈其手辟左右與之步於庭仰天歎曰子可與言乎欲與子有言也豨曰唯將軍令之淮陰侯曰公所居天下精兵處也而公陛下之信幸臣也人言公之畔陛下必不信再至陛下乃疑矣三至必怒而自將吾為公從中起天下可圖也陳豨素知其能也信之曰謹奉教漢十一年陳豨果反上自將而往信病不從陰使人至豨所曰第舉兵吾從此助公信乃謀與家臣夜詐詔赦諸官徒奴欲發以襲呂后太子部署已定待豨報其舍人得罪於信信囚欲殺之舍人弟上

變告信欲反狀於呂后呂后欲召恐其黨不就乃與蕭相國謀詐令人從上所來言豨已得死列侯羣臣皆賀相國紿信曰雖疾彊入賀信入呂后使武士縛信斬之長樂鍾室信方斬之曰吾悔不用蒯通之計乃為兒女子所詐豈非天哉遂夷信三族高祖已從豨軍來至見信死且喜且憐之問信死亦何言呂后曰信言恨不用蒯通計高祖曰是齊辯士也乃詔齊捕蒯通蒯通至上曰若教淮陰侯反乎對曰然臣固教之豎子不用臣之策故令自夷於此如彼豎子用

臣之計陛下安得而夷之乎上怒曰烹之通曰嗟乎冤哉烹也上曰若教韓信反何冤對曰秦之綱絕而維弛山東大擾異姓並起英俊烏集秦失其鹿天下共逐之於是高材疾足者先得焉跖之狗吠堯堯非不仁狗固吠非其主當是時臣唯獨知韓信非知陛下也且天下銳精持鋒欲為陛下所為者甚衆顧力不能耳又可盡烹之邪高帝曰置之乃釋通之罪

太史公曰吾如淮陰淮陰人為余言韓信雖為布衣時其志與衆異其母死貧無以葬然乃行營高敞地令其旁可置萬家余視其母冢良然假令韓信學道謙讓不伐已功不矜其能則庶幾哉於漢家勳可以比周召太公之徒後世血食矣不務出此而天下已集乃謀畔逆夷滅宗族不亦宜乎

齱同促

酈生陸賈傳

酈生食其者陳留高陽人也好讀書家貧落魄無以為衣食業為里監門吏然縣中賢豪不敢役縣中皆謂之狂生及陳勝項梁等起諸將徇地過高陽者數十人酈生聞其將皆握齱好苛

禮自用不能聽大度之言酈生乃深自藏匿後聞沛公將兵略地陳留郊沛公麾下騎士適酈生里中子也沛公時時問邑中賢士豪俊騎士歸酈生見謂之曰吾聞沛公慢而易人多大略此真吾所願從游莫為我先若見沛公謂曰臣里中有酈生年六十餘長八尺人皆謂之狂生生自謂我非狂生騎士曰沛公不好儒諸客冠儒冠來者沛公輒解其冠溲溺其中與人言常大罵未可以儒生說也酈生曰第言之騎士從容言如酈生所誡者沛公至高陽傳舍使人召

酈生酈生至入謁沛公方倨牀使兩女子洗足而見酈生酈生入則長揖不拜曰足下欲助秦攻諸侯乎且欲率諸侯破秦也沛公罵曰竪儒夫天下同苦秦久矣故諸侯相率而攻秦何謂助秦攻諸侯乎酈生曰必聚徒合義兵誅無道秦不宜倨見長者於是沛公輟洗起攝衣延酈生上坐謝之酈生因言六國從横時沛公喜賜酈生食問曰計將安出酈生曰足下起糾合之衆收散亂之兵不滿萬人欲以徑入強秦此所謂探虎口者也夫陳留天下之衝四通五達之

郊也今其城又多積粟臣善其令請得使之令下足下即不聽足下舉兵攻之臣為内應於是遣酈生行沛公引兵隨之遂下陳留號酈食其為廣野君酈生言其弟酈商使將數千人從沛公西南略地酈生常為説客馳使諸侯漢三年秋項羽擊漢拔滎陽漢兵遁保鞏洛楚人聞淮陰侯破趙彭越數反梁地則分兵救之淮陰方東擊齊漢王數困滎陽成皐計欲捐成皐以東屯鞏洛以拒楚酈生因曰臣聞知天之天者王事可成不知天之天者王事不可成王者以民人為天而民人以食為天夫敖倉天下轉輸久矣臣聞其下迺有藏粟甚多楚人拔滎陽不堅守敖倉迺引而東令適卒分守成皐此乃天所以資漢也方今楚易取而漢反却自奪其便臣竊以為過矣且兩雄不俱立楚漢久相持不決百姓騷動海内摇蕩農夫釋耒工女下機天下之心未有所定也願足下急復進兵收取滎陽據敖倉之粟塞成皐之險杜大行之道距蜚狐之口守白馬之津以示諸侯効實形制之勢則天下知所歸矣方今燕趙已定唯齊未下今田

廣據千里之齊田間將二十萬之衆軍於歷城諸田宗彊負海阻河濟南近楚人多變詐足下雖遣數十萬師未可以歲月破也臣請得奉明詔説齊王使為漢而稱東藩上曰善迺從其畫復守敖倉而使酈生説齊王曰王知天下之所歸乎王曰不知也曰王知天下之所歸則齊國可得而有也若不知天下之所歸即齊國未可得保也齊王曰天下何所歸曰歸漢曰先生何以言之曰漢王與項王戮力西面擊秦約先入咸陽者王之漢王先入咸陽項王負約不與而

王之漢中項王遷殺義帝漢王聞之起蜀漢之兵擊三秦出關而責義帝之處收天下之兵立諸侯之後降城即以侯其將得賂即以分其士與天下同其利豪英賢才皆樂為之用諸侯之兵四面而至蜀漢之粟方船而下項王有倍約之名殺義帝之負於人之功無所記於人之罪無所忘戰勝而不得其賞拔城而不得其封非項氏莫得用事為人刻印刓而不能授攻城得賂積而不能賞天下畔之賢才怨之而莫為之用故天下之士歸於漢王可坐而策也夫漢王

發蜀漢定三秦涉西河之外援上黨之兵下井陘誅成安君破北魏舉三十二城此蚩尤之兵也非人之力也天之福也今已據敖倉之粟塞成臯之險守白馬之津杜大行之阪距蜚狐之口天下後服者先亡矣王疾先下漢王齊國社稷可得而保也不下漢王危亡可立而待也田廣以為然迺聽酈生罷歷下兵守戰備與酈生日縱酒淮陰侯聞酈生伏軾下齊七十餘城迺夜度兵平原襲齊齊王田廣聞漢兵至以為酈生賣己迺曰汝能止漢軍我活汝不然我將烹

汝酈生曰舉大事不細謹盛德不辭讓而公不為若更言齊王遂烹酈生引兵東走漢十二年曲周侯酈商以丞相將兵擊黥布有功高祖舉列侯功臣思酈食其酈食其子酈疥數將兵功未當侯上以其父故封疥為高梁侯後更食武遂嗣三世元狩元年中武遂侯平坐詐詔衡山王取百斤金當棄市病死國除也

陸賈者楚人也以客從高祖定天下名為有口辯士居左右常使諸侯及高祖時中國初定尉佗平南越因王之高祖使陸賈賜尉佗印為南

越王陸生至尉佗魋結箕倨見陸生陸生因進說佗曰足下中國人親戚昆弟墳墓在真定今足下反天性棄冠帶欲以區區之越與天子抗衡為敵國禍且及身矣且夫秦失其政諸侯豪傑並起唯漢王先入關據咸陽項羽倍約自立為西楚霸王諸侯皆屬可謂至彊然漢王起巴蜀鞭笞天下劫略諸侯遂誅項羽滅之五年之間海內平定此非人力天之所建也天子聞君王王南越不助天下誅暴逆將相欲移兵而誅王天子憐百姓新勞苦故且休之遣臣授君王

印剖符通使君王宜郊迎北面稱臣廼欲以新造未集之越屈彊於此漢誠聞之掘燒王先人冢夷滅宗族使一偏將將十萬衆臨越則越殺王降漢如反覆手耳於是尉佗廼蹶然起坐謝陸生曰居蠻夷中久殊失禮義因問陸生曰我孰與蕭何曹參韓信賢陸生曰王似賢復曰我孰與皇帝賢陸生曰皇帝起豐沛討暴秦誅彊楚為天下興利除害繼五帝三皇之業統理中國中國之人以億計地方萬里居天下之膏腴人衆車轝萬物殷富政由一家自天地剖判未

始有也今王衆不過數十萬皆蠻夷崎嶇山海閒譬若漢一郡王何乃比於漢尉佗大笑曰吾不起中國故王此使我居中國何渠不若漢廼大說陸生留與飲數月曰越中無足與語至生來令我日聞所不聞賜陸生橐中裝直千金他送亦千金陸生卒拜尉佗為南越王令稱臣奉漢約歸報高祖大悅拜賈為太中大夫陸生時時前說稱詩書高帝罵之曰廼公居馬上而得之安事詩書陸生曰居馬上得之寧可以馬上治之乎且湯武逆取而以順守之文武竝用長久之術也昔者吳王夫差智伯極武而亡秦任刑法不變卒滅趙氏鄉使秦已并天下行仁義法先聖陛下安得而有之高帝不懌而有慙色廼謂陸生曰試為我著秦所以失天下吾所以得之者何及古成敗之國陸生乃粗述存亡之徵凡著十二篇每奏一篇高帝未嘗不稱善左右呼萬歲號其書曰新語孝惠帝時呂太后用事欲王諸呂畏大臣有口者陸生自度不能爭之廼病免家居以好畤田地善可以家焉有五男廼出所使越得橐中裝賣千金分其子子二

百金令為生產陸生常安車駟馬從歌舞鼓琴瑟侍者十人寶劍直百金謂其子曰與汝約過汝汝給吾人馬酒食極欲十日而更所死家得寶劍車騎侍從者一歲中往來過他客率不過再三過數見不鮮無久慁公為也呂太后時王諸呂諸呂擅權欲劫少主危劉氏右丞相陳平患之力不能爭恐禍及己常燕居深念陸生往請直入坐而陳丞相方深念不時見陸生陸生曰何念之深也陳平曰生揣我何念陸生曰足下位為上相食三萬戶侯可謂極富貴無欲矣

然有憂念不過患諸呂少主耳陳平曰然為之奈何陸生曰天下安注意相天下危注意將將相和調則士務附士務附天下雖有變即權不分為社稷計在兩君掌握耳臣常欲謂太尉絳侯絳侯與我戲易吾言君何不交驩太尉深相結為陳平畫呂氏數事陳平用其計迺以五百金為絳侯壽厚具樂飲太尉亦報如之此兩人深相結則呂氏謀益衰陳平迺以奴婢百人車馬五十乘錢五百萬遺陸生為飲食費陸生以此游漢廷公卿間名聲藉甚及誅諸呂立孝文

帝陸生頗有力焉孝文帝即位欲使人之南越陳丞相等乃言陸生為太中大夫往使尉佗令尉佗去黃屋稱制令比諸侯皆如意旨語在南越語中陸生竟以壽終

太史公曰世之傳酈生書多曰漢王已拔三秦東擊項籍而引軍於鞏洛之間酈生被儒衣往說漢王迺非也自沛公未入關與項羽別而至高陽得酈生兄弟余讀陸生新語書十二篇固當世之辯士至平原君子與余善是以得具論之

袁盎傳

袁盎者楚人也字絲父故為群盜徙處安陵高后時盎嘗為呂祿舍人及孝文帝即位盎兄噲任盎為中郎絳侯為丞相朝罷趨出意得甚上禮之恭常自送之袁盎進曰陛下以丞相何如人上曰社稷臣盎曰絳侯所謂功臣非社稷臣社稷臣主在與在主亡與亡方呂后時諸呂用事擅相王劉氏不絕如帶是時絳侯為太尉主兵柄弗能正呂后崩大臣相與共畔諸呂太尉主兵適會其成功所謂功臣非社稷臣丞相如

有驕主色陛下謙讓臣主失禮竊為陛下不取也後朝上益莊丞相益畏已而絳侯望袁盎曰吾與而兄善今兒廷毀我盎遂不謝及絳侯免相之國國人上書告以為反徵繫清室宗室諸公莫敢為言唯袁盎明絳侯無罪絳侯得釋盎頗有力絳侯乃大與盎結交淮南厲王朝殺辟陽侯居處驕甚袁盎諫曰諸侯大驕必生患可適削地上弗用淮南王益橫及棘蒲侯柴武太子謀反事覺治連淮南王淮南王徵上因遷之蜀轞車傳送袁盎時為中郎將乃諫曰陛下素

驕淮南王弗稍禁以至此今又暴摧折之淮南王為人剛如有遇霧露行道死陛下竟為以天下之大弗能容有殺弟之名奈何上弗聽遂行之淮南王至雍病死聞上輟食哭甚哀盎入頓首請罪上曰以不用公言至此盎曰上自寬此往事豈可悔哉且陛下有高世之行者三此不足以毀名上曰吾高世行三者何事盎曰陛下居代時太后嘗病三年陛下不交睫不解衣湯藥非陛下口所嘗弗進夫曾參以布衣猶難之今陛下親以王者修之過曾參孝遠矣夫諸呂

用事大臣專制然陛下從代乘六乘傳馳不測之淵雖賁育之勇不及陛下陛下至代邸西向讓天子位者再南面讓天子位者三夫許由一讓而陛下五以天下讓過許由四矣且陛下遷淮南王欲以苦其志使改過有司衛不謹故病死於是上乃解曰將奈何盎曰淮南王有三子唯在陛下耳於是文帝立其三子皆為王盎由此名重朝廷袁盎常引大體忼慨宦者趙同以數幸常害袁盎袁盎患之盎兄子種為常侍騎持節夾乘說盎曰君與鬬廷辱之使其毀不用

孝文帝出趙同參乘袁盎伏車前曰臣聞天子所與共六尺輿者皆天下豪英今漢雖乏人陛下獨奈何與刀鋸餘人載於是上笑下趙同趙同泣下車文帝從霸陵上欲西馳下峻阪袁盎騎並車擥轡上曰將軍怯邪盎曰臣聞千金之子坐不垂堂百金之子不騎衡聖主不乘危而徼幸今陛下騁六騑馳下峻山如有馬驚車敗陛下縱自輕奈高廟太后何上乃止上幸上林皇后慎夫人從其在禁中常同席坐及坐郎署長布席袁盎引卻慎夫人坐慎夫人怒不肯坐

上亦怒起入禁中盎因前說曰臣聞尊卑有序則上下和今陛下既已立后慎夫人乃妾妾主豈可與同坐哉且陛下幸之即厚賜之陛下所以為慎夫人適所以禍之陛下獨不見人彘乎於是上乃說召語慎夫人慎夫人賜盎金五十斤然袁盎亦以數直諫不得久居中調為隴西都尉仁愛士卒士卒皆爭為死遷為齊相徙為吳相辭行種謂盎曰吳王驕日久國多姦今苟欲劾治彼不上書告君即利劍刺君矣南方卑溼君能日飲毋何時說王曰毋反而已如此幸

得脫盎用種之計吳王厚遇盎盎告歸道逢丞相申屠嘉下車拜謁丞相從車上謝袁盎袁盎還愧其吏乃之丞相舍上謁求見丞相丞相良久而見之盎因跪曰願請閒丞相曰使君所言公事之曹與長史掾議吾且奏之即私邪吾不受私語袁盎即跪說曰君為丞相自度孰與陳平絳侯丞相曰吾不如袁盎曰善君即自謂不如夫陳平絳侯輔翼高帝定天下為將相而誅諸呂存劉氏君乃為材官蹶張遷為隊率積功至淮陽守非有奇計攻城野戰之功且陛下從

代來每朝郎官上書疏未嘗不止輦受其言言不可用置之言可受採之未嘗不稱善何也則欲以致天下賢士大夫上日聞所不聞明所不知日益聖智君今自閉鉗天下之口而日益愚夫以聖主責愚相君受禍不久矣丞相乃再拜曰嘉鄙野人乃不知將軍幸教引入與坐為上客盎素不好鼂錯鼂錯所居坐盎去盎坐錯亦去兩人未嘗同堂語及孝文帝崩孝景帝即位鼂錯為御史大夫使吏案袁盎受吳王財物抵罪詔赦以為庶人吳楚反聞鼂錯謂丞史曰夫

袁盎多受吳王金錢專為蔽匿言不反今果反欲請治盎宜知計謀丞史曰事未發治之有絕今兵西鄉治之何益且袁盎不宜有謀鼂錯猶與未決人有告袁盎者袁盎恐夜見竇嬰為言吳所以反者願至上前口對狀竇嬰入言上上乃召袁盎入見鼂錯在前及盎請辟人賜閒錯去固恨甚袁盎具言吳所以反狀以錯故獨急斬錯以謝吳吳兵乃可罷其語具在吳事中使袁盎為太常竇嬰為大將軍兩人素相與善逮吳反諸陵長者長安中賢大夫爭附兩人車隨

者日數百乘及鼂錯已誅袁盎以太常使吳吳王欲使將不肯欲殺之使一都尉以五百人圍守盎軍中袁盎自其為吳相時嘗有從史從史嘗盜愛盎侍兒盎知之弗泄遇之如故人有告從史言君知爾與侍者通乃亡歸袁盎驅自追之遂以侍者賜之復為從史及袁盎使吳見守從史適為守盎校尉司馬乃悉以其裝齎置二石醇醪會天寒士卒飢渴飲酒醉西南陬卒皆臥司馬夜引袁盎起曰君可以去矣吳王期旦日斬君盎弗信曰公何為者司馬曰臣故為從

張同帳

史盎君侍兒者盎乃驚謝曰公幸有親吾不足以累公司馬曰君第去臣亦且亡避吾親君何患乃以刀決張道從醉卒直隧出司馬與分背袁盎解節毛懷之杖步行七八里明見梁騎騎馳去遂歸報吳楚已破上更以元王子平陸侯禮為楚王袁盎為楚相嘗上書有所言不用袁盎病免居家與閭里浮沈相隨行鬬鷄走狗雒陽劇孟嘗過袁盎盎善待之安陵富人有謂盎曰吾聞劇孟博徒將軍何自通之盎曰劇孟雖博徒然母死客送葬車千餘乘此亦有過人者

且緩急人所有夫一旦有急叩門不以親為解不以存亡為辭天下所望者獨季心劇孟耳今公常從數騎一旦有緩急寧足恃乎罵富人弗與通諸公聞之皆多袁盎袁盎雖家居景帝時時使人問籌策梁王欲求為嗣袁盎進說其後語塞梁王以此怨盎曾使人刺盎刺者至關中問袁盎諸君譽之皆不容口乃見袁盎曰臣受梁王金來刺君君長者不忍刺君然後刺君者十餘曹備之袁盎心不樂家又多怪乃之棓生所問占還梁刺客後曹輩果遮刺殺盎安陵郭門外

太史公曰袁盎雖不好學亦善傅會仁心為質引義忼慨遭孝文初立資適逢世時以變易及吳楚一說說雖行哉然復不遂好聲矜賢竟以名敗鼂錯為家令時數言事不用後擅權多所變更諸侯發難不急匡救欲報私讎反以亡軀語曰變古亂常不死則亡豈錯等謂邪

吳王濞傳

吳王濞者高帝兄劉仲之子也高帝已定天下七年立劉仲為代王而匈奴攻代劉仲不能堅

守棄國亡閒行走雒陽自歸天子天子為骨肉故不忍致法廢以為郃陽侯高帝十一年秋淮南王英布反東并荊地劫其國兵西度淮擊楚高帝自將往誅之劉仲子沛侯濞年二十有氣力以騎將從破布軍蘄西會甀布走荊王劉賈為布所殺無後上患吳會稽輕悍無壯王以填之諸子少乃立濞於沛為吳王王三郡五十三城已拜受印高帝召濞相之謂曰若狀有反相心獨悔業已拜因拊其背告曰漢後五十年東南有亂者豈若耶然天下同姓為一家也慎無

反濞頓首曰不敢會孝惠高后時天下初定郡國諸侯各務自拊循其民吳有豫章郡銅山濞則招致天下亡命者益鑄錢煑海水爲鹽以故無賦國用富饒孝文時吳太子入見得侍皇太子飲博吳太子師傅皆楚人輕悍又素驕博爭道不恭皇太子引博局提吳太子殺之於是遣其喪歸葬至吳吳王慍曰天下同宗死長安即葬長安何必來葬爲復遣喪之長安葬吳王由此稍失藩臣之禮稱病不朝京師知其以子故稱病不朝驗問實不病諸吳使來輒繫責治之

吳王恐爲謀滋甚及後使人爲秋請上復責問吳使者使者對曰王實不病漢繫治使者數輩以故遂稱病且夫察見淵中魚不祥今王始詐病及覺見責急愈益閉恐上誅之計乃無聊唯上棄之而與更始於是天子乃赦吳使者歸之而賜吳王几杖老不朝吳得釋其罪謀亦益解然其居國以銅鹽故百姓無賦卒踐更輒與平賈歲時存問茂材賞賜閭里佗郡國吏欲來捕亡人者訟共禁弗予如此者四十餘年以故能使其衆鼂錯爲太子家令得幸太子數從容言吳過可削數上書說孝文帝文帝寬不忍罰以此吳日益橫及孝景帝即位錯爲御史大夫說上曰昔高帝初定天下昆弟少諸子弱大封同姓故王孽子悼惠王王齊七十餘城庶弟元王王楚四十餘城兄子濞王吳五十餘城封三庶孽分天下半今吳王前有太子之郄詐稱病不朝於古法當誅文帝弗忍因賜几杖德至厚當改過自新乃益驕溢即山鑄錢煑海水爲鹽誘天下亡人謀作亂今削之亦反不削之亦反削之其反亟禍小不削反遲禍大三年冬楚王朝

鼂錯因言楚王戊往年爲薄太后服私姦服舍請誅之詔赦罰削東海郡因削吳之豫章郡會稽郡及前二年趙王有罪削其河間郡膠西王卬以賣爵有姦削其六縣漢廷臣方議削吳吳王濞恐削地無已因以此發謀欲舉事念諸侯無足與計謀者聞膠西王勇好氣喜兵諸齊皆憚畏於是乃使中大夫應高誂膠西王無文書口報曰吳王不肖有宿夕之憂不敢自外使喻其驩心王曰何以教之高曰今者主上興於姦飾於邪臣好小善聽讒賊擅變更律令侵奪諸

侯之地徵求滋多誅罰良善日以益甚里語有之舐糠及米吳與膠西知名諸侯也一時見察恐不得安肆矣吳王身有內病不能朝請二十餘年嘗患見疑無以自白今脅肩累足猶懼不見釋竊聞大王以爵事有適所聞諸侯削地罪不至此此恐不得削地而已王曰然有之子將奈何高曰同惡相助同好相留同情相成同欲相趨同利相死今吳王自以為與大王同憂願因時循理棄軀以除患害於天下億亦可乎王瞿然駭曰寡人何敢如是今主上雖急固有死耳安得不戴高曰御史大夫鼂錯熒惑天子侵奪諸侯蔽忠塞賢朝廷疾怨諸侯皆有倍畔之意人事極矣彗星出蝗蟲數起此萬世一時而愁勞聖人之所以起也故吳王欲內以鼂錯為討外隨大王後車彷徉天下所鄉者降所指者下天下莫敢不服大王誠幸而許之一言則吳王率楚王略函谷關守滎陽敖倉之粟距漢兵治次舍須大王大王有幸而臨之則天下可并兩主分割不亦可乎王曰善高歸報吳王吳王猶恐其不與乃身自為使使於膠西面結之膠

西羣臣或聞王謀諫曰承一帝至樂也今大王與吳西鄉第令事成兩主分爭患乃始結諸侯之地不足為漢郡什二而為畔逆以憂太后非長策也王弗聽遂發使約齊菑川膠東濟南濟北皆許諾而曰城陽景王有義攻諸呂勿與事定分之耳諸侯既新削罰振恐多怨鼂錯及削吳會稽豫章郡書至則吳王先起兵膠西正月丙午誅漢吏二千石以下膠東菑川濟南楚趙亦然遂發兵西齊王後悔飲藥自殺畔約濟北王城壞未完其郎中令劫守其王不得發兵膠西為渠率膠東菑川濟南共攻圍臨菑趙王遂亦反陰使匈奴與連兵七國之發也吳王悉其士卒下令國中曰寡人年六十二身自將少子年十四亦為士卒先諸年上與寡人比下與少子等者皆發發二十餘萬人南使閩越東越東越亦發兵從孝景帝三年正月甲子初起兵於廣陵西涉淮因并楚兵發使遺諸侯書曰吳王劉濞敬問膠西王膠東王菑川王濟南王趙王楚王淮南王衡山王廬江王故長沙王子幸教寡人以漢有賊臣無功天下侵奪諸侯地使吏

劾繫訊治以僇辱之為故不以諸侯人君禮遇劉氏骨肉絶先帝功臣進任姦宄詿亂天下欲危社稷陛下多病志失不能省察欲舉兵誅之謹聞教敝國雖狹地方三千里人雖少精兵可具五十萬寡人素事南越三十餘年其王君皆不辭分其卒以隨寡人又可得三十餘萬寡人雖不肖願以身從諸王越直長沙者因王子定長沙以北西走蜀漢中告越楚王淮南三王與寡人西面齊諸王與趙王定河間河内或入臨晉關或與寡人會雒陽燕王趙王固與胡王有

約燕王北定代雲中摶胡衆入蕭關走長安匡正天子以安高廟願王勉之楚元王子淮南三王或不沐洗十餘秊怨入骨骸欲一有所出之久矣寡人未得諸王之意未敢聽今諸王苟能存亡繼絶振弱伐暴以安劉氏社稷之所願也敝國雖貧寡人節衣食之用積金錢修兵革聚穀食夜以繼日三十餘年矣凡為此願諸王勉用之能斬捕大將者賜金五千斤封萬户列將三千斤封五千户裨將二千斤封二千户二千石千斤封千户千石五百斤封五百户皆為列

侯其以軍若城邑降者卒萬人邑萬户如得大將人户五千如得列將人户三千如得裨將人户千如得二千石其小吏皆以差次受爵金佗封賜皆倍常法其有故爵邑者更益勿因願諸王明以令士大夫弗敢欺也寡人金錢在天下者往往而有非必取於吳諸王日夜用之弗能盡有當賜者告寡人寡人且往遺之敬以聞七國反書聞天子天子乃遣太尉條侯周亞夫將三十六將軍往擊吳楚遣曲周侯酈寄擊趙將軍欒布擊齊大將軍竇嬰屯滎陽監齊趙兵吳

楚反書聞兵未發竇嬰未行言故吳相袁盎盎時家居詔召入見上方與鼂錯調兵筭軍食上問袁盎曰君嘗為吳相知吳臣田禄伯為人乎今吳楚反於公何如對曰不足憂也今破矣上曰吳王即山鑄錢煑海水為鹽誘天下豪傑白頭舉事若此其計不百全豈發乎何以言其無能為也袁盎對曰吳有銅鹽利則有之安得豪傑而誘之誠令吳得豪傑亦且輔王為義不反矣吳所誘皆無賴子弟亡命鑄錢姦人故相率以反鼂錯曰袁盎策之善上問曰計安出盎對

曰顧屏左右上屏人獨錯在盎曰臣所言人臣
不得知也乃屏錯錯趨避東廂恨甚上卒問盎
盎對曰吳楚相遺書曰高帝王子弟各有分地
今賊臣鼂錯擅適過諸侯削奪之地故以反為
名西共誅鼂錯復故地而罷方今計獨斬鼂錯
發使赦吳楚七國復其故削地則兵可無血刃
而俱罷於是上嘿然良久曰顧誠何如吾不愛
一人以謝天下盎曰臣愚計無出此願上孰計
之乃拜盎為太常吳王弟子德侯為宗正盎裝
治行後十餘日上使中尉召錯紿載行東市錯

衣朝衣斬東市則遣袁盎奉宗廟宗正輔親戚
使告吳如盎策至吳吳楚兵已攻梁壁矣宗正
以親故先入見諭吳王使拜受詔吳王聞袁盎
來亦知其欲說已笑而應曰我已為東帝尚何
誰拜不肯見盎而留之軍中欲劫使將盎不肯
使人圍守且殺之盎得夜出步亡去走梁軍遂
歸報條侯將乘六乘傳會兵滎陽至雒陽見劇
孟喜曰七國反吾乘傳至此不自意全又以為
諸侯已得劇孟劇孟今無動吾據滎陽滎陽以
東無足憂者至淮陽問父絳侯故客鄧都尉曰

策安出客曰吳兵銳甚難與爭鋒楚兵輕不能
久方今為將軍計莫若引兵東北壁昌邑以梁
委吳吳必盡銳攻之將軍深溝高壘使輕兵絕
淮泗口塞吳饟道彼吳梁相敝而糧食竭乃以
全彊制其罷極破吳必矣條侯曰善從其策遂
堅壁昌邑南輕兵絕吳饟道吳王之初發也吳
臣田祿伯為大將軍田祿伯曰兵屯聚而西無
佗奇道難以就功臣願得五萬人別循江淮而
上收淮南長沙入武關與大王會此亦一奇也
吳王太子諫曰王以反為名此兵難以藉人藉

人亦且反王奈何且擅兵而別多佗利害未可
知也徒自損耳吳王即不許田祿伯吳少將桓
將軍說王曰吳多步兵步兵利險漢多車騎車
騎利平地願大王所過城邑不下直棄去疾西
據雒陽武庫食敖倉粟阻山河之險以令諸侯
雖毋入關天下固已定矣即大王徐行留下城
邑漢軍車騎至馳入梁楚之郊事敗矣吳王問
諸老將老將曰此少年推鋒之計可耳安知大
慮乎於是王不用桓將軍計吳王專幷將其兵
未渡淮諸賓客皆得為將校尉候司馬獨周丘

不得用周丘者下邳人亡命吳酤酒無行吳王濞薄之弗任周丘上謁說王曰臣以無能不得待罪行閒臣非敢求有所將願得王一漢節必有以報王王乃予之周丘得節夜馳入下邳下邳時聞吳反皆城守至傳舍召令令入戶使從者以罪斬令遂召昆弟所善豪吏告曰吳反兵且至至屠下邳不過食頃今先下家室必完能者封侯矣出乃相告下邳皆下周丘一夜得三萬人使人報吳王遂將其兵北略城邑比至城陽兵十餘萬破城陽中尉軍聞吳王敗走自度

無與共成功即引兵歸下邳未至疽發背死二月中吳王兵既破敗走於是天子制詔將軍曰蓋聞為善者天報之以福為非者天報之以殃高皇帝親表功德建立諸侯幽王悼惠王絕無後孝文皇帝哀憐加惠王幽王子遂悼惠王子卬等令奉其先王宗廟為漢藩國德配天地明並日月吳王濞倍德反義誘受天下亡命辠人亂天下幣稱病不朝二十餘年有司數請濞罪孝文皇帝寬之欲其改行為善今乃與楚王戊趙王遂膠西王卬濟南王辟光菑川王賢膠東王雄渠約從反為逆無道起兵以危宗廟賊殺大臣及漢使者迫劫萬民夭殺無罪燒殘民家掘其丘冢甚為暴虐今卬等又重逆無道燒宗廟鹵御物朕甚痛之朕素服避正殿將軍其勸士大夫擊反虜擊反虜者深入多殺為功斬首捕虜比三百石以上者皆殺之無有所置敢有議詔及不如詔者皆要斬初吳王之度淮與楚王遂西敗棘壁乘勝前銳甚梁孝王恐遣六將軍擊吳又敗梁兩將士卒皆還走梁梁數使使報條侯求救條侯不許又使使惡條侯於上上

使人告條侯救梁復守便宜不行梁使韓安國及楚死事相弟張羽為將軍乃得頗敗吳兵吳兵欲西梁城守堅不敢西即走條侯軍會下邑欲戰條侯壁不肯戰吳糧絕卒饑數挑戰遂夜犇條侯壁驚東南條侯使備西北果從西北入吳大敗士卒多饑死乃畔散於是吳王乃與其麾下壯士數千人夜亡去度江走丹徒保東越東越兵可萬餘人乃使人收聚亡卒漢使人以利啗東越東越即紿吳王吳王出勞軍即使人鏦殺吳王盛其頭馳傳以聞吳王子子華子駒

亡走閩越吳王之棄其軍亡也軍遂潰往往稍降太尉梁軍楚王戊軍敗自殺三王之圍齊臨菑也三月不能下漢兵至膠西膠東菑川王各引兵歸膠西王乃袒跣席藁飲水謝太后王太子德曰漢兵遠臣觀之已罷可襲願收大王餘兵擊之擊之不勝乃逃入海未晚也王曰吾士卒皆已壞不可發用弗聽漢將弓高侯穨當遺王書曰奉詔誅不義降者赦其罪復故不降者滅之王何處須以從事王肉袒叩頭漢軍壁謁曰臣卬奉法不謹驚駭百姓乃苦將軍遠道至

于窮國敢請菹醢之罪弓高侯執金鼓見之曰王苦軍事願聞王發兵狀王頓首膝行對曰今者鼂錯天子用事臣變更高皇帝法令侵奪諸侯地卬等以為不義恐其敗亂天下七國發兵且以誅錯今聞錯已誅卬等謹以罷兵歸將軍曰王苟以錯不善何不以聞及未有詔虎符擅發兵擊義國以此觀之意非欲誅錯也乃出詔書為王讀之讀之訖曰王其自圖王曰如卬等死有餘罪遂自殺太后太子皆死膠東菑川濟南王皆死國除納于漢酈將軍圍趙十月而下之趙王自殺濟北王以劫故得不誅徙王菑川

初吳王首反幷將楚兵連齊趙正月起兵三月皆破獨趙後下復置元王少子平陸侯禮為楚王續元王後徙汝南王非王吳故地為江都王

太史公曰吳王之王由父省也能薄賦斂使其衆以擅山海利逆亂之萌自其子興爭技發難卒亡其本親越謀宗竟以夷隕鼂錯為國遠慮禍反近身袁盎權說初寵後辱故古者諸侯地不過百里山海不以封毋親夷狄以疏其屬蓋謂吳邪毋為權首反受其咎豈盎錯邪

史記英選卷之四

史記英選卷之五

魏其侯武安侯灌夫傳

魏其侯竇嬰者孝文后從兄子也父世觀津人喜賓客孝文時嬰為吳相病免孝景初即位為詹事梁孝王者孝景弟也其母竇太后愛之梁孝王朝因昆弟燕飲是時上未立太子酒酣從容言曰千秋之後傳梁王太后驩竇嬰引卮酒進上曰天下者高祖天下父子相傳此漢之約也上何以得擅傳梁王太后由此憎竇嬰竇嬰亦薄其官因病免太后除竇嬰門籍不得入朝

請孝景三年吳楚反上察宗室諸竇毋如竇嬰賢乃召嬰嬰入見固辭謝病不足任太后亦慙於是上曰天下方有急王孫寧可以讓邪乃拜嬰為大將軍賜金千斤嬰乃言袁盎欒布諸名將賢士在家者進之所賜金陳之廊廡下軍吏過輒令財取為用金無入家者竇嬰守滎陽監齊趙兵七國兵已盡破封嬰為魏其侯諸游士賓客爭歸魏其侯孝景時每朝議大事條侯魏其侯諸列侯莫敢與亢禮孝景四年立栗太子使魏其侯為太子傅孝景七年栗太子廢魏其數爭不能得魏其謝病屏居藍田南山之下數月諸賓客辯士說之莫能來梁人高遂乃說魏其曰能富貴將軍者上也能親將軍者太后也今將軍傅太子太子廢而不能爭爭不能得又弗能死自引謝病擁趙女屏閒處而不朝相提而論是自明揚主上之過有如兩宮螫將軍則妻子毋類矣魏其侯然之乃遂起朝請如故桃侯免相竇太后數言魏其侯孝景帝曰太后豈以為臣有愛不相魏其魏其者沾沾自喜耳多易難以為相持重遂不用用建陵侯衛綰為

丞相

武安侯田蚡者孝景后同母弟也生長陵魏其已為大將軍後方盛蚡為諸郎未貴往來侍酒魏其跪起如子姪及孝景晚節蚡益貴幸為太中大夫蚡辯有口學槃盂諸書王太后賢之孝景崩即日太子立稱制所鎮撫多有田蚡賓客計筴蚡弟田勝皆以太后弟孝景後三年封蚡為武安侯勝為周陽侯武安侯新欲用事為相卑下賓客進名士家居者貴之欲以傾魏其諸將相建元元年丞相綰病免上議置丞相太尉

籍福說武安侯曰魏其貴久矣天下士素歸之今將軍初興未如魏其即上以將軍爲丞相必讓魏其魏其爲丞相將軍必爲太尉太尉丞相尊等耳又有讓賢名武安侯乃微言太后風上於是乃以魏其侯爲丞相武安侯爲太尉籍福賀魏其侯因弔曰君侯資性喜善疾惡方今善人譽君侯故至丞相然君侯且疾惡惡人衆亦且毀君侯君侯能兼容則幸久不能今以毀去矣魏其不聽魏其武安俱好儒術推轂趙綰爲御史大夫王臧爲郎中令迎魯申公欲設明堂

令列侯就國除關以禮爲服制以興太平舉適諸竇宗室毋節行者除其屬籍時諸外家爲列侯列侯多尚公主皆不欲就國以故毀日至竇太后太后好黃老之言而魏其武安趙綰王臧等務隆推儒術貶道家言是以竇太后滋不說魏其等及建元二年御史大夫趙綰請無奏事東宮竇太后大怒乃罷逐趙綰王臧等而免丞相太尉以柏至侯許昌爲丞相武彊侯莊青翟爲御史大夫魏其武安由此以侯家居武安侯雖不任職以王太后故親幸數言事多效天下

吏士趨勢利者皆去魏其歸武安武安日益橫建元六年竇太后崩丞相昌御史大夫青翟坐喪事不辦免以武安侯蚡爲丞相以大司農韓安國爲御史大夫天下士郡國諸侯愈益附武安武安者貌侵生貴甚又以爲諸侯王多長上初即位富於春秋蚡以肺腑爲京師相非痛折節以禮詘之天下不肅當是時丞相入奏事坐語移日所言皆聽薦人或起家至二千石權移主上上乃曰君除吏已盡未吾亦欲除吏嘗請考工地益宅上怒曰君何不遂取武庫是後乃

退嘗召客飲坐其兄蓋侯南鄉自坐東鄉以爲漢相尊不可以兄故私橈武安由此滋驕治宅甲諸第田園極膏腴而市買郡縣器物相屬於道前堂羅鐘鼓立曲旃後房婦女以百數諸侯奉金玉狗馬玩好不可勝數魏其失竇太后益疏不用無勢諸客稍稍自引而怠傲唯灌將軍獨不失故魏其日默默不得志而獨厚遇灌將軍

灌將軍夫者潁陰人也夫父張孟嘗爲潁陰侯嬰舍人得幸因進之至二千石故蒙灌氏姓爲

灌孟吳楚反時潁陰侯灌何為將軍屬太尉請灌孟為校尉夫以千人與父俱灌孟年老潁陰侯彊請之鬱鬱不得意故戰常陷堅遂死吳軍中軍法父子俱從軍有死事得與喪歸灌夫不肯隨喪歸奮曰願取吳王若將軍頭以報父之仇於是灌夫被甲持戟募軍中壯士所善願從者數十人及出壁門莫敢前獨二人及從奴十數騎馳入吳軍至吳將麾下所殺傷數十人不得前復馳還走入漢壁皆亡其奴獨與一騎歸夫身中大創十餘適有萬金良藥故得無死夫

創少瘳又復請將軍曰吾益知吳壁中曲折請復往將軍壯義之恐亡夫乃言太尉太尉乃固止之吳已破灌夫以此名聞天下潁陰侯言之上上以夫為中郎將數月坐法去後家居長安長安中諸公莫弗稱之孝景時至代相孝景崩今上初即位以為淮陽天下交勁兵處故徙夫為淮陽太守建元元年入為太僕二年夫與長樂衛尉竇甫飲輕重不得夫醉搏甫甫竇太后昆弟也上恐太后誅夫徙為燕相數歲坐法去官家居長安灌夫為人剛直使酒不好面諛貴

戚諸有勢在己之右不欲加禮必陵之諸士在己之左愈貧賤尤益敬與鈞稠人廣衆薦寵下輩士亦以此多之夫不喜文學好任俠已然諾諸所與交通無非豪傑大猾家累數千萬食客日數十百人陂池田園宗族賓客為權利橫於潁川潁川兒乃歌之曰潁水清灌氏寧潁水濁灌氏族灌夫家居雖富然失勢卿相侍中賓客益衰及魏其侯失勢亦欲倚灌夫引繩批根生平慕之後棄之者灌夫亦倚魏其而通列侯宗室為名高兩人相為引重其游如父子然相得

驩甚無厭恨相知晚也灌夫有服過丞相丞相從容曰吾欲與仲孺過魏其侯會仲孺有服灌夫曰將軍乃肯幸臨況魏其侯夫安敢以服為解請語魏其侯帳具將軍旦日蚤臨武安許諾灌夫具語魏其侯如所謂武安侯魏其與其夫人益市牛酒夜灑掃早帳具至旦平明令門下候伺至日中丞相不來魏其謂灌夫曰丞相豈忘之哉灌夫不懌曰夫以服請宜往乃駕自往迎丞相丞相特前戲許灌夫殊無意往及夫至門丞相尚臥於是夫入見曰將軍昨日幸許過

魏其魏其夫妻治具自旦至今未敢嘗食武安鄂謝曰吾昨日醉忽忘與仲孺言乃駕往又徐行灌夫愈益怒及飲酒酣夫起舞屬丞相丞相不起夫從坐上語侵之魏其乃扶灌夫去謝丞相丞相卒飲至夜極驩而去丞相嘗使籍福請魏其城南田魏其大望曰老僕雖棄将軍雖貴寧可以勢奪乎不許灌夫聞怒罵籍福籍福惡兩人有郄乃謾自好謝丞相曰魏其老且死易忍且待之已而武安聞魏其灌夫實怒不予田亦怒曰魏其子嘗殺人蚡活之蚡事魏其無所

不可何愛數頃田且灌夫何與也吾不敢復求田武安由此大怨灌夫魏其元光四年春丞相言灌夫家在潁川橫甚民苦之請案上曰此丞相事何請灌夫亦持丞相陰事為姦利受淮南王金與語言賔客居間遂止俱解夏丞相取燕王女為夫人有太后詔召列侯宗室皆往賀魏其侯過灌夫欲與俱夫謝曰夫數以酒失得過丞相丞相今者又與夫有郄魏其曰事已解彊與俱飲酒酣武安起為壽坐皆避席伏已魏其侯為壽獨故人避席耳餘半膝席灌夫不悅起

行酒至武安武安膝席曰不能滿觴夫怒因嘻笑曰將軍貴人也屬之時武安不肯行酒次至臨汝侯臨汝侯方與程不識耳語又不避席夫無所發怒乃罵臨汝侯曰生平毀程不識不直一錢今日長者為壽乃效女兒呫囁耳語武安謂灌夫曰程李俱東西宮衛尉今衆辱程将軍仲孺獨不為李将軍地乎灌夫曰今日斬頭陷胷何知程李乎坐乃起更衣稍稍去魏其侯去麾灌夫出武安遂怒曰此吾驕灌夫罪乃令騎留灌夫灌夫欲出不得籍福起為謝案灌夫項

令謝夫愈怒不肯謝武安乃麾騎縛夫置傳舍召長史曰今日召宗室有詔劾灌夫罵坐不敬繫居室遂按其前事遣吏分曹逐捕諸灌氏支屬皆得棄市罪魏其侯大媿為資使賔客請莫能解武安吏皆為耳目諸灌氏皆亡匿夫繫遂不得告言武安陰事魏其鋭身為救灌夫夫人諫魏其曰灌将軍得罪丞相與太后家忤寧可救邪魏其侯曰侯自我得之自我捐之無所恨且終不令灌仲孺獨死嬰獨生乃匿其家竊出上書立召入具言灌夫醉飽事不足誅上然之

辟倪同睥睨

賜魏其食曰東朝廷辯之魏其之東朝盛推灌夫之善言其醉飽得過乃丞相以他事誣罪之武安又盛毀灌夫所為橫恣罪逆不道魏其度不可奈何因言丞相短武安曰天下幸而安樂無事蚡得為肺腑所好音樂狗馬田宅蚡所愛倡優巧匠之屬不如魏其灌夫日夜招聚天下豪桀壯士與論議腹誹而心謗不仰視天而俯畫地辟倪兩宮閒幸天下有變而欲有大功臣乃不知魏其等所為於是上問朝臣兩人孰是御史大夫韓安國曰魏其言灌夫父死事身荷

戟馳入不測之吳軍身被數十創名冠三軍此天下壯士非有大惡爭杯酒不足引他過以誅也魏其言是也丞相亦言灌夫通姦猾侵細民家累巨萬橫恣潁川凌轢宗室侵犯骨肉此所謂枝大於本脛大於股不折必披丞相言亦是唯明主裁之主爵都尉汲黯是魏其內史鄭當時是魏其後不敢堅對餘皆莫敢對上怒內史曰公平生數言魏其武安長短今日廷論局趣效轅下駒吾幷斬若屬矣即罷起入上食太后太后亦已使人候伺具以告太后太后怒不食

曰今我在也而人皆藉吾弟令我百歲後皆魚肉之矣且帝寧能為石人邪此特帝在即錄錄設百歲後是屬寧有可信者乎上謝曰俱宗室外家故廷辯之不然此一獄吏所決耳是時郎中令石建為上分別言兩人事武安已罷朝出止車門召韓御史大夫載怒曰與長孺共一老禿翁何為首鼠兩端韓御史良久謂丞相曰君何不自喜夫魏其毀君君當免冠解印綬歸曰臣以肺腑幸得待罪固非其任魏其言皆是如此上必多君有讓不廢君魏其必內愧杜門齰

舌自殺今人毀君君亦毀人譬如賈豎女子爭言何其無大體也武安謝罪曰爭時急不知出此於是上使御史簿責魏其所言灌夫頗不讎欺謾劾繫都司空孝景時魏其常受遺詔曰事有不便以便宜論上及繫灌夫罪至族事日急諸公莫敢復明言於上魏其乃使昆弟子上書言之幸得復召見書奏上而案尚書大行無遺詔詔書獨藏魏其家家丞封乃劾魏其矯先帝詔罪當棄市五年十月悉論灌夫及家屬魏其良久乃聞聞即恚病痱不食欲死或聞上無意

殺魏其魏其復食治病議定不死矣乃有蜚語為惡言聞上故以十二月晦論棄市渭城其春武安侯病專呼服謝罪使巫視鬼者視之見魏其灌夫共守欲殺之竟死子恬嗣元朔三年武安侯坐衣襜褕入宮不敬淮南王安謀反覺治王前朝武安侯為太尉時迎王至霸上謂王曰上未有太子大王最賢高祖孫即宮車晏駕非大王立當誰哉淮南王大喜厚遺金財物上自魏其時不直武安特為太后故耳及聞淮南王金事上曰使武安侯在者族矣

太史公曰魏其武安皆以外戚重灌夫用一時決策而名顯魏其之舉以吳楚武安之貴在日月之際然魏其誠不知時變灌夫無術而不遜兩人相翼乃成禍亂武安負貴而好權杯酒責望陷彼兩賢嗚呼哀哉遷怒及人命亦不延衆庶不載竟被惡言嗚呼哀哉禍所從來矣

汲黯傳

汲黯字長孺濮陽人也其先有寵於古之衛君至黯七世世為卿大夫黯以父任孝景時為太子洗馬以莊見憚孝景帝崩太子即位黯為謁者東越相攻上使黯往視之不至至吳而還報曰越人相攻固其俗然不足以辱天子之使河內失火延燒千餘家上使黯往視之還報曰家人失火屋比延燒不足憂也臣過河南河南貧人傷水旱萬餘家或父子相食臣謹以便宜持節發河南倉粟以振貧民臣請歸節伏矯制之罪上賢而釋之遷為滎陽令黯恥為令病歸田里上聞乃召拜為中大夫以數切諫不得久留內遷為東海太守黯學黃老之言治官理民好清靜擇丞史而任之其治責大指而已不苛小

黯多病臥閨閤內不出歲餘東海大治稱之上聞召以為主爵都尉列於九卿治務在無為而已弘大體不拘文法黯為人性倨少禮面折不能容人之過合己者善待之不合己者不能忍見士亦以此不附焉然好學游俠任氣節內行脩潔好直諫數犯主之顏色常慕傅柏袁盎之為人也善灌夫鄭當時及宗正劉棄亦以數直諫不得久居位當是時太后弟武安侯蚡為丞相中二千石來拜謁蚡不為禮然黯見蚡未嘗拜常揖之天子方招文學儒者上曰吾欲云云

黯對曰陛下内多欲而外施仁義奈何欲效唐
虞之治乎上默然怒變色而罷朝公卿皆為黯
懼上退謂左右曰甚矣汲黯之戇也羣臣或數
黯黯曰天子置公卿輔弼之臣寧令從諛承意
陷主於不義乎且已在其位縱愛身奈辱朝廷
何黯多病病且滿三月上常賜告者數終不愈
最後病莊助為請告上曰汲黯何如人哉助曰
使黯任職居官無以踰人然至其輔少主守城
深堅招之不來麾之不去雖自謂賁育亦不能
奪之矣上曰然古有社稷之臣至如黯近之矣

大將軍青侍中上踞廁而視之丞相弘燕見上
或時不冠至如黯見上不冠不見也上嘗坐武
帳中黯前奏事上不冠望見黯避帳中使人可
其奏其見敬禮如此張湯方以更定律令為廷
尉黯數質責湯於上前曰公為正卿上不能褒
先帝之功業下不能抑天下之邪心安國富民
使囹圄空虛二者無一焉非苦就行放析就功
何乃取高皇帝約束紛更之為公以此無種矣
黯時與湯論議湯辯常在文深小苛黯伉厲守
高不能屈忿發罵曰天下謂刀筆吏不可以為

公卿果然必湯也令天下重足而立側目而視
矣是時漢方征匈奴招懷四夷黯務少事乘上
間常言與胡和親無起兵上方向儒術尊公孫
弘及事益多吏民巧弄上分别文法湯等數奏
決讞以幸而黯常毀儒面觸弘等徒懷詐飾智
以阿人主取容而刀筆吏專深文巧詆陷人於
罪使不得反其真以勝為功上愈益貴弘湯弘
湯深心疾黯唯天子亦不說也欲誅之以事弘
為丞相乃言上曰右内史界部中多貴人宗室
難治非素重臣不能任請徙黯為右内史為右

内史數歲官事不廢大將軍青既益尊姊為皇
后然黯與亢禮人或說黯曰自天子欲羣臣下
大將軍大將軍尊重益貴君不可以不拜黯曰
夫以大將軍有揖客反不重邪大將軍聞愈賢
黯數請問國家朝廷所疑遇黯過於平生淮南
王謀反憚黯曰好直諫守節死義難惑以非至
如說丞相弘如發蒙振落耳天子既數征匈奴
有功黯之言益不用始黯列為九卿而公孫弘
張湯為小吏及弘湯稍益貴與黯同位黯又非
毀弘湯等已而弘至丞相封為侯湯至御史大

夫故黯時丞相史皆與黯同列或尊用過之黯褊心不能無少望見上前言曰陛下用羣臣如積薪耳後来者居上上黙然有間黯罷上曰人果不可以無學觀黯之言也日益甚居無何匈奴渾邪王率衆来降漢發車二萬乘縣官無錢從民貰馬民或匿馬馬不具上怒欲斬長安令黯曰長安令無罪獨斬黯民乃肯出馬且匈奴畔其主而降漢漢徐以縣次傳之何至令天下騷動罷弊中國而以事夷狄之人乎上黙然及渾邪至賈人與市者坐當死者五百餘人黯請

間見高門曰夫匈奴攻當路塞絶和親中國興兵誅之死傷者不可勝計而費以巨萬百數臣愚以為陛下得胡人皆以為奴婢以賜從軍死事者家所鹵獲因予之以謝天下之苦塞百姓之心今縱不能渾邪率數萬之衆来降虛府庫賞賜發良民侍養譬若奉驕子愚民安知市買長安中物而文吏繩以為闌出財物于邊關乎陛下縱不能得匈奴之資以謝天下又以微文殺無知者五百餘人是所謂庇其葉而傷其枝者也臣竊為陛下不取也上黙然不許曰吾久不聞汲黯之言今又復妄發矣後數月黯坐小法會赦免官於是黯隱於田園居數年會更五銖錢民多盜鑄錢楚地尤甚上以為淮陽楚地之郊乃召拜黯為淮陽太守黯伏謝不受印詔數彊予然後奉詔詔召見黯黯為上泣曰臣自以為填溝壑不復見陛下不意陛下復收用之臣常有狗馬病力不能任郡事臣願為中郎出入禁闥補過拾遺臣之願也上曰君薄淮陽邪吾今召君矣顧淮陽吏民不相得吾徒得君之重卧而治之黯既辭行過大行李息曰黯棄居

郡不得與朝廷議也然御史大夫張湯智足以拒諫詐足以飾非務巧佞之語辯數之辭非肯正為天下言專阿主意主意所不欲因而毀之主意所欲因而譽之好興事舞文法内懷詐以御主心外挾賊吏以為威重公列九卿不早言之公與之俱受其僇矣息畏湯終不敢言黯居郡如故治淮陽政清後張湯果敗上聞黯與息言抵息罪令黯以諸侯相秩居淮陽七歲而卒卒後上以黯故官其弟汲仁至九卿子汲偃至諸侯相黯姑姉子司馬安亦少與黯為太子洗

馬安文深巧善宦官四至九卿以河南太守卒昆弟以安故同時至二千石者十人濮陽段宏始事蓋侯信信任宏宏亦再至九卿然衛人仕者皆嚴憚汲黯出其下

太史公曰夫以汲鄭之賢有勢則賓客十倍無勢則否況衆人乎下邽翟公有言始翟公為廷尉賓客闐門及廢門外可設雀羅翟公復為廷尉賓客欲往翟公乃大署其門曰一死一生乃知交情一貧一富乃知交態一貴一賤交情乃見汲鄭亦云悲夫

李將軍傳

李將軍廣者隴西成紀人也其先曰李信秦時為將逐得燕太子丹者也故槐里徙成紀廣家世世受射孝文帝十四年匈奴大入蕭關而廣以良家子從軍擊胡用善騎射殺首虜多為漢中郎廣從弟李蔡亦為郎皆為武騎常侍秩八百石嘗從行有所衝陷折關及格猛獸而文帝曰惜乎子不遇時如令子當高帝時萬户侯豈足道哉及孝景初立廣為隴西都尉徙為騎郎將吳楚軍時廣為驍騎都尉從太尉亞夫擊吳楚軍取旗顯功名昌邑下以梁王授廣將軍印還賞不行徙為上谷太守匈奴日以合戰典屬國公孫昆邪為上泣曰李廣才氣天下無雙自負其能數與虜敵戰恐亡之於是乃徙為上郡太守後廣轉為邊郡太守徙上郡嘗為隴西北地鴈門代郡雲中太守皆以力戰為名匈奴大入上郡天子使中貴人從廣勒習兵擊匈奴中貴人將騎數十縱見匈奴三人與戰三人還射傷中貴人殺其騎且盡中貴人走廣廣曰是必射雕者也廣乃遂從百騎往馳三人三人亡馬

步行行數十里廣令其騎張左右翼而廣身自射彼三人者殺其二人生得一人果匈奴射雕者也已縛之上馬望匈奴有數千騎見廣以為誘騎皆驚上山陳廣之百騎皆大恐欲馳還走廣曰吾去大軍數十里今如此以百騎走匈奴追射我立盡今我留匈奴必以我為大將軍誘之必不敢擊我廣令諸騎曰前前未到匈奴陳二里所止令曰皆下馬解鞍其騎曰虜多且近即有急奈何廣曰彼虜以我為走今皆解鞍以示不走用堅其意於是胡騎遂不敢擊有白馬

將出護其兵李廣上馬與十餘騎犇射殺胡白
馬將而復還至其騎中解鞍令士皆縱馬卧是
時會暮胡兵終怪之不敢擊夜半時胡兵亦以
爲漢有伏軍於旁欲夜取之胡皆引兵而去平
旦李廣乃歸其大軍大軍不知廣所之故弗從
居久之孝景崩武帝立左右以爲廣名將也於
是廣以上郡太守爲未央衛尉而程不識亦爲
長樂衛尉程不識故與李廣俱以邊太守將軍
屯及出擊胡而廣行無部伍行陳就善水草屯
舍止人人自便不擊刀斗以自衛莫府省約文

書籍事然亦遠斥候未嘗遇害程不識正部曲
行伍營陳擊刀斗士吏治軍簿至明軍不得休
息然亦未嘗遇害不識曰李廣軍極簡易然虜
卒犯之無以禁也而其士卒亦佚樂咸樂爲之
死我軍雖煩擾然虜亦不得犯我是時漢邊郡
李廣程不識皆爲名將然匈奴畏李廣之略士
卒亦多樂從李廣而苦程不識程不識孝景時
以數直諫爲太中大夫爲人廉謹於文法後漢
以馬邑城誘單于使大軍伏馬邑旁谷而廣爲
驍騎將軍領屬護軍將軍是時單于覺之去漢

軍皆無功其後四歲廣以衛尉爲將軍出鴈門
擊匈奴匈奴兵多破敗廣軍生得廣單于素聞
廣賢令曰得李廣必生致之胡騎得廣廣時傷
病置廣兩馬間絡而盛卧廣行十餘里廣佯死
睨其旁有一胡兒騎善馬廣暫騰而上胡兒馬
因推墮兒取其弓鞭馬南馳數十里復得其餘
軍因引而入塞匈奴捕者騎數百追之廣行取
胡兒弓射殺追騎以故得脫於是至漢漢下廣
吏吏當廣所失亡多爲虜所生得當斬贖爲庶
人頃之家居數歲廣家與故潁陰侯孫屏野居

藍田南山中射獵嘗夜從一騎出從人田間飲
還至霸陵亭霸陵尉醉呵止廣廣騎曰故李將
軍尉曰今將軍尚不得夜行何乃故也止廣宿
亭下居無何匈奴入殺遼西太守敗韓將軍韓
將軍後徙右北平於是天子乃召拜廣爲右北
平太守廣即請霸陵尉與俱至軍而斬之廣居
右北平匈奴聞之號曰漢之飛將軍避之數歲
不敢入右北平廣出獵見草中石以爲虎而射
之中石沒鏃視之石也因復更射之終不能復
入石矣廣所居郡聞有虎嘗自射之及居右北

平射虎虎騰傷廣廣亦竟射殺之廣廉得賞賜輒分其麾下飲食與士共之終廣之身為二千石四十餘年家無餘財終不言家產事廣為人長猨臂其善射亦天性也雖其子孫他人學者莫能及廣廣訥口少言與人居則畫地為軍陳射闊狹以飲專以射為戲竟死廣之將兵乏絕之處見水士卒不盡飲廣不近水士卒不盡食廣不嘗食寬緩不苛士以此愛樂為用其射見敵急非在數十步之內度不中不發發即應弦而倒用此其將兵數困辱其射猛獸亦為所傷

云居頃之石建卒於是上召廣代建為郎中令元朔六年廣復為後將軍從大將軍軍出定襄擊匈奴諸將多中首虜率以功為侯者而廣軍無功後三歲廣以郎中令將四千騎出右北平博望侯張騫將萬騎與廣俱異道行可數百里匈奴左賢王將四萬騎圍廣廣軍士皆恐廣乃使其子敢往馳之敢獨與數十騎馳直貫胡騎出其左右而還告廣曰胡虜易與耳軍士乃安廣為圜陳外嚮胡急擊之矢下如雨漢兵死者過半漢矢且盡廣乃令士持滿毋發而廣身自以大黃射其裨將殺數人胡虜益解會日暮吏士皆無人色而廣意氣自如益治軍軍中自是服其勇也明日復力戰而博望侯軍亦至匈奴軍乃解去漢軍罷弗能追是時廣軍幾沒罷歸漢法博望侯留遲後期當死贖為庶人廣軍功自如無賞初廣之從弟李蔡與廣俱事孝文帝景帝時蔡積功勞至二千石孝武帝時至代相以元朔五年為輕車將軍從大將軍擊右賢王有功中率封為樂安侯元狩二年中代公孫弘為丞相蔡為人在下中名聲出廣下甚遠然廣

不得爵邑官不過九卿而蔡為列侯位至三公諸廣之軍吏及士卒或取封侯廣嘗與望氣王朔燕語曰自漢擊匈奴而廣未嘗不在其中而諸部校尉以下才能不及中人然以擊胡軍功取侯者數十人而廣不為後人然無尺寸之功以得封邑者何也豈吾相不當侯邪且固命也朔曰將軍自念豈嘗有所恨乎廣曰吾嘗為隴西守羌嘗反吾誘而降降者八百餘人吾詐而同日殺之至今大恨獨此耳朔曰禍莫大於殺已降此乃將軍所以不得侯者也後二歲大將

軍驃騎將軍大出擊匈奴廣數自請行天子以為老弗許良久乃許之以為前將軍是歲元狩四年也廣既從大將軍青擊匈奴既出塞青捕虜知單于所居乃自以精兵走之而令廣并於右將軍軍出東道東道少回遠而大軍行水草少其勢不屯行廣自請曰臣部為前將軍今大將軍乃徙令臣出東道且臣結髮而與匈奴戰今乃一得當單于臣願居前先死單于大將軍青亦陰受上誡以為李廣老數奇毋令當單于恐不得所欲而是時公孫敖新失侯為中將軍

從大將軍大將軍亦欲使敖與俱當單于故徙前將軍廣廣時知之固自辭於大將軍大將軍不聽令長史封書與廣之莫府曰急詣部如書廣不謝大將軍而起行意甚慍怒而就部引兵與右將軍食其合軍出東道軍亡導或失道後大將軍大將軍與單于接戰單于遁走弗能得而還南絕幕遇前將軍右將軍廣已見大將軍還入軍大將軍使長史持糒醪遺廣因問廣食其失道狀青欲上書報天子軍曲折廣未對大將軍使長史急責廣之莫府對簿廣曰諸校尉

無罪乃我自失道吾今自上簿至莫府廣謂其麾下曰廣結髮與匈奴大小七十餘戰今幸從大將軍出接單于兵而大將軍又徙廣部行回遠而又迷失道豈非天哉且廣年六十餘矣終不能復對刀筆之吏遂引刀自剄廣軍士大夫一軍皆哭百姓聞之知與不知無老壯皆為垂涕而右將軍獨下吏當死贖為庶人廣子三人曰當戶椒敢為郎天子與韓嫣戲嫣少不遜當戶擊嫣嫣走於是天子以為勇當戶早死拜椒為代郡太守皆先廣死當戶有遺腹子名陵廣

死軍時敢從驃騎將軍廣死明年李蔡以丞相坐侵孝景園壖地當下吏治蔡亦自殺不對獄國除李敢以校尉從驃騎將軍擊胡左賢王力戰奪左賢王鼓旗斬首多賜爵關內侯食邑二百戶代廣為郎中令頃之怨大將軍青之恨其父乃擊傷大將軍大將軍匿諱之居無何敢從上雍至甘泉宮獵驃騎將軍去病與青有親射殺敢去病時方貴幸上諱云鹿觸殺之居歲餘去病死而敢有女為太子中人愛幸敢男禹有寵於太子然好利李氏陵遲衰微矣以下刪

太史公曰傳曰其身正不令而行其身不正雖令不從其李將軍之謂也余睹李將軍悛悛如鄙人口不能道辭及死之日天下知與不知皆為盡哀彼其忠實心誠信於士大夫也諺曰桃李不言下自成蹊此言雖小可以喻大也

刺客傳 聶政　荆軻

聶政者軹深井里人也殺人避仇與母姊如齊以屠為事久之濮陽嚴仲子事韓哀侯與韓相俠累有郤嚴仲子恐誅亡去游求人可以報俠累者至齊齊人或言聶政勇敢士也避仇隱於

屠者之閒嚴仲子至門請數反然後具酒自暢聶政母前酒酣嚴仲子奉黃金百鎰前為聶政母壽聶政驚怪其厚固謝嚴仲子嚴仲子固進而聶政謝曰臣幸有老母家貧客游以為狗屠可以旦夕得甘毳以養親親供養備不敢當仲子之賜嚴仲子辟人因為聶政言曰臣有仇而行游諸侯衆矣然至齊竊聞足下義甚高故進百金者將用為夫人麤糲之費得以交足下之驩豈敢以有求望邪聶政曰臣所以降志辱身居市井屠者徒幸以養老母老母在政身未敢以許人也嚴仲子固讓聶政竟不肯受也然嚴仲子卒備賓主之禮而去久之聶政母死既已葬除服聶政曰嗟乎政乃市井之人鼓刀以屠而嚴仲子乃諸侯之卿相也不遠千里枉車騎而交臣臣之所以待之至淺鮮矣未有大功可以稱者而嚴仲子奉百金為親壽我雖不受然是者徒深知政也夫賢者以感忿睚眦之意而親信窮僻之人而政獨安得嘿然而已乎且前日要政政徒以老母老母今以天年終政將為知己者用乃遂西至濮陽見嚴仲子曰前日所

以不許仲子者徒以親在今不幸而母以天年終仲子所欲報仇者為誰請得從事焉嚴仲子具告曰臣之仇韓相俠累俠累又韓君之季父也宗族盛多居處兵衛甚設臣欲使人刺之衆終莫能就今足下幸而不棄請益其車騎壯士可為足下輔翼者聶政曰韓之與衛相去中間不甚遠今殺人之相相又國君之親此其勢不可以多人多人不能無生得失生得失則語泄語泄是韓舉國而與仲子為讎豈不殆哉遂謝車騎人徒聶政乃辭獨行杖劍至韓韓相俠累

榮一作嫈

方坐府上持兵戟而衛侍者甚衆聶政直入上
階刺殺俠累左右大亂聶政大呼所擊殺者數
十人因自皮面決眼自屠出腸遂以死韓取聶
政屍暴於市購問莫知誰子於是韓購縣之有
能言殺相俠累者予千金久之莫知也政姊榮
聞人有刺殺韓相者賊不得國不知其名姓暴
其屍而縣之千金乃於邑曰其是吾弟與嗟乎
嚴仲子知吾弟立起如韓之市而死者果政也
伏屍哭極哀曰是軹深井里所謂聶政者也市
行者諸衆人皆曰此人暴虐吾國相王縣購其

名姓千金夫人不聞與何敢來識之也榮應之
曰聞之然政所以蒙汚辱自棄於市販之間者
為老母幸無恙妾未嫁也親既以天年下世妾
已嫁夫嚴仲子乃察舉吾弟困汚之中而交之
澤厚矣可奈何士固為知己者死今乃以妾尚
在之故重自刑以絶從妾其奈何畏殁身之誅
終滅賢弟之名大驚韓市人乃大呼天者三卒
於邑悲哀而死政之旁晉楚齊衛聞之皆曰非
獨政能也乃其姊亦烈女也鄉使政誠知其姊
無濡忍之志不重暴骸之難必絶險千里以列

其名姊弟俱僇於韓市者亦未必敢以身許嚴
仲子也嚴仲子亦可謂知人能得士矣其後二
百二十餘年秦有荊軻之事

荊軻者衛人也其先乃齊人徙於衛衛人謂之
慶卿而之燕燕人謂之荊卿荊卿好讀書擊劍
以術說衛元君衛元君不用其後秦伐魏置東
郡徙衛元君之支屬於野王荊軻嘗游過榆次
與蓋聶論劍蓋聶怒而目之荊軻出人或言復
召荊卿蓋聶曰曩者吾與論劍有不稱者吾目
之試往是宜去不敢留使使往之主人荊卿則

已駕而去榆次矣使者還報蓋聶曰固去也吾
曩者目攝之荊軻游於邯鄲魯句踐與荊軻博
爭道魯句踐怒而叱之荊軻嘿而逃去遂不復
會荊軻既至燕愛燕之狗屠及善擊筑者高漸
離荊軻嗜酒日與狗屠及高漸離飲於燕市酒
酣以往高漸離擊筑荊軻和而歌於市中相樂
也已而相泣旁若無人者荊軻雖游於酒人乎
然其為人沈深好書其所游諸侯盡與其賢豪
長者相結其之燕燕之處士田光先生亦善待
之知其非庸人也居頃之會燕太子丹質秦亡

歸燕燕太子丹者故嘗質於趙而秦王政生於趙其少時與丹驩及政立為秦王而丹質於秦秦王之遇燕太子丹不善故丹怨而亡歸歸而求為報秦王者國小力不能其後秦日出兵山東以伐齊楚三晉稍蠶食諸侯且至於燕燕君臣皆恐禍之至太子丹患之問其傅鞠武武對曰秦地徧天下威脅韓魏趙氏北有甘泉谷口之固南有涇渭之沃擅巴漢之饒右隴蜀之山左關殽之險民衆而士厲兵革有餘意有所出則長城之南易水以北未有所定也奈何以見

陵之怨欲批其逆鱗哉丹曰然則何由對曰請入圖之居有間秦將樊於期得罪於秦王亡之燕太子受而舍之鞠武諫曰不可夫以秦王之暴而積怒於燕足為寒心又況聞樊將軍之所在乎是謂委肉當餓虎之蹊也禍必不振矣雖有管晏不能為之謀也願太子疾遣樊將軍入匈奴以滅口請西約三晉南連齊楚北購於單于其後迺可圖也太子曰太傅之計曠日彌久心惛然恐不能須臾且非獨於此也夫樊將軍窮困於天下歸身於丹丹終不以迫於彊秦而

撖 叡音

棄所哀憐之交置之匈奴是固丹命卒之時也願太傅更慮之鞠武曰夫行危欲求安造禍而求福計淺而怨深連結一人之後交不顧國家之大害此謂資怨而助禍矣夫以鴻毛燎於爐炭之上必無事矣且以鵰鷙之秦行怨暴之怒豈足道哉燕有田光先生其為人智深而勇沈可與謀太子曰願因太傅而得交於田先生可乎鞠武曰敬諾出見田先生道太子願圖國事於先生也田光曰敬奉教乃造焉太子逢迎卻行為導跪而蔽席田光坐定左右無人太子避

席而請曰燕秦不兩立願先生留意也田光曰臣聞騏驥盛壯之時一日而馳千里至其衰老駑馬先之今太子聞光盛壯之時不知臣精已消亡矣雖然光不敢以圖國事所善荊卿可使也太子曰願因先生得結交於荊卿可乎田光曰敬諾即起趨出太子送至門戒曰丹所報先生所言者國之大事也願先生勿泄也田光俛而笑曰諾僂行見荊卿曰光與子相善燕國莫不知今太子聞光壯盛之時不知吾形已不逮也幸而教之曰燕秦不兩立願先生留意也光

竊不自外言足下於太子也願足下過太子於
宮荆軻曰謹奉教田光曰吾聞之長者為行不
使人疑之今太子告光曰所言者國之大事也
願先生勿泄是太子疑光也夫為行而使人疑
之非節俠也欲自殺以激荆卿曰願足下急過
太子言光已死明不言也因遂自刎而死荆軻
遂見太子言田光已死致光之言太子再拜而
跪膝行流涕有頃而後言曰丹所以誡田先生
毋言者欲以成大事之謀也今田先生以死明
不言豈丹之心哉荆軻坐定太子避席頓首曰

田先生不知丹之不肖使得至前敢有所道此
天之所以哀燕而不棄其孤也今秦有貪利之
心而欲不可足也非盡天下之地臣海內之王
者其意不厭今秦已虜韓王盡納其地又舉兵
南伐楚北臨趙王翦將數十萬之衆距漳鄴而
李信出太原雲中趙不能支秦必入臣入臣則
禍至燕燕小弱數困於兵今計舉國不足以當
秦諸侯服秦莫敢合從丹之私計愚以為誠得
天下之勇士使於秦闚以重利秦王貪其勢必
得所願矣誠得劫秦王使悉反諸侯侵地若曹

沫之與齊桓公則大善矣則不可因而刺殺之
彼秦大將擅兵於外而內有亂則君臣相疑以
其間諸侯得合從其破秦必矣此丹之上願而
不知所委命唯荆卿留意焉久之荆軻曰此國
之大事也臣駑下恐不足任使太子前頓首固
請毋讓然後許諾於是尊荆卿為上卿舍上舍
太子日造門下供太牢具異物間進車騎美女
恣荆軻所欲以順適其意久之荆軻未有行意
秦將王翦破趙虜趙王盡收入其地進兵北略
地至燕南界太子丹恐懼乃請荆軻曰秦兵旦

暮渡易水則雖欲長侍足下豈可得哉荆軻曰
微太子言臣願謁之今行而毋信則秦未可親
也夫樊將軍秦王購之金千斤邑萬家誠得樊
將軍首與燕督亢之地圖奉獻秦王秦王必說
見臣臣乃得有以報太子曰樊將軍窮困來歸
丹丹不忍以己之私而傷長者之意願足下更
慮之荆軻知太子不忍乃遂私見樊於期曰秦
之遇將軍可謂深矣父母宗族皆為戮沒今聞
購將軍首金千斤邑萬家將奈何於期仰天太
息流涕曰於期每念之常痛於骨髓顧計不知

所出耳荊軻曰今有一言可以解燕國之患報
將軍之仇者何如於期乃前曰為之奈何荊軻
曰願得將軍之首以獻秦王秦王必喜而見臣
臣左手把其袖右手揕其胷然則將軍之仇報
而燕見陵之愧除矣將軍豈有意乎樊於期偏
袒搤捥而進曰此臣之日夜切齒腐心也乃今
得聞教遂自剄太子聞之馳往伏屍而哭極哀
既已不可奈何乃遂盛樊於期首函封之於是
太子豫求天下之利匕首得趙人徐夫人匕首
取之百金使工以藥焠之以試人血濡縷人無

史記英選卷五　三十三

羣臣及當坐者各有差而賜夏無且黃金二百
鎰曰無且愛我乃以藥囊提荊軻也於是秦王
大怒益發兵詣趙詔王翦軍以伐燕十月而拔
薊城燕王喜太子丹等盡率其精兵東保於遼
東秦將李信追擊燕王急代王嘉乃遺燕王喜
書曰秦所以尤追燕急者以太子丹故也今王
誠殺丹獻之秦王秦王必解而社稷幸得血食
其後李信追丹丹匿衍水中燕王乃使使斬太
子丹欲獻之秦秦復進兵攻之後五年秦卒滅
燕虜燕王喜其明年秦并天下立號為皇帝於

皆垂淚涕泣又前而歌曰風蕭蕭兮易水寒壯
士一去兮不復還復為羽聲忼慨士皆瞋目髮
盡上指冠於是荊軻就車而去終已不顧遂至
秦持千金之資幣物厚遺秦王寵臣中庶子蒙
嘉嘉為先言於秦王曰燕王誠振怖大王之威
不敢舉兵以逆軍吏願舉國為內臣比諸侯之
列給貢職如郡縣而得奉守先王之宗廟恐懼
不敢自陳謹斬樊於期之頭及獻燕督亢之地
圖函封燕王拜送于庭使使以聞大王唯大王
命之秦王聞之大喜乃朝服設九賓見燕使者

史記英選卷五　三十四

咸陽宮荊軻奉樊於期頭函而秦舞陽奉地圖
匣以次進至陛秦舞陽色變振恐羣臣怪之荊
軻顧笑舞陽前謝曰北蕃蠻夷之鄙人未嘗見
天子故振慴願大王少假借之使得畢使於前
秦王謂軻曰取舞陽所持地圖軻既取圖奏之
秦王發圖圖窮而匕首見因左手把秦王之袖
而右手持匕首揕之未至身秦王驚自引而起
袖絕拔劒劒長操其室時惶急劒堅故不可立
拔荊軻逐秦王秦王環柱而走羣臣皆愕卒起
不意盡失其度而秦法羣臣侍殿上者不得持

尺寸之兵諸郎中執兵皆陳殿下非有詔召不得上方急時不及召下兵以故荊軻乃逐秦王而卒惶急無以擊軻而以手共搏之是時侍醫夏無且以其所奉藥囊提荊軻也秦王方環柱走卒惶急不知所為左右乃曰王負劒負劒遂拔以擊荊軻斷其左股荊軻廢乃引其匕首以擿秦王不中中銅柱秦王復擊軻軻被八創軻自知事不就倚柱而笑箕倨以罵曰事所以不成者以欲生劫之必得約契以報太子也於是左右既前殺軻秦王不怡者良久已而論功賞

羣臣及當坐者各有差而賜夏無且黃金二百鎰曰無且愛我乃以藥囊提荊軻也於是秦王大怒益發兵詣趙詔王翦軍以伐燕十月而拔薊城燕王喜太子丹等盡率其精兵東保於遼東秦將李信追擊燕王急代王嘉乃遺燕王喜書曰秦所以尤追燕急者以太子丹故也今王誠殺丹獻之秦王秦王必解而社稷幸得血食其後李信追丹丹匿衍水中燕王乃使使斬太子丹欲獻之秦秦復進兵攻之後五年秦卒滅燕虜燕王喜其明年秦幷天下立號為皇帝於

是秦逐太子丹荊軻之客皆亡高漸離變名姓為人庸保匿作於宋子久之作苦聞其家堂上客擊筑傍偟不能去每出言曰彼有善有不善從者以告其主曰彼庸乃知音竊言是非家丈人召使前擊筑一坐稱善賜酒而高漸離念久隱畏約無窮時乃退出其裝匣中筑與其善衣更容貌而前舉坐客皆驚下與抗禮以為上客使擊筑而歌客無不流涕而去者宋子傳客之聞於秦始皇秦始皇召見人有識者乃曰高漸離也秦皇帝惜其善擊筑重赦之乃矐其目使

擊筑未嘗不稱善稍益近之高漸離乃以鉛置筑中復進得近舉筑扑秦皇帝不中於是遂誅高漸離終身不復近諸侯之人魯句踐已聞荊軻之刺秦王私曰嗟乎惜哉其不講於刺劒之術也甚矣吾不知人也曩者吾叱之彼乃以我為非人也

太史公曰世言荊軻其稱太子丹之命天雨粟馬生角也太過又言荊軻傷秦王皆非也始公孫季功董生與夏無且游具知其事為余道之如是自曹沫至荊軻五人此其義或成或不成

然其立意較然不欺其志名垂後世豈妄也哉

游俠傳　魯朱家　劇孟　郭解

韓子曰儒以文亂法而俠以武犯禁二者皆譏而學士多稱於世云至如以術取宰相卿大夫輔翼其世主功名俱著於春秋固無可言者及若季次原憲閭巷人也讀書懷獨行君子之德義不苟合當世當世亦笑之故季次原憲終身空室蓬户褐衣疏食不厭死而已四百餘年而弟子志之不倦今游俠其行雖不軌於正義然其言必信其行必果已諾必誠不愛其軀赴士

之阨困既已存亡死生矣而不矜其能羞伐其德蓋亦有足多者焉且緩急人之所時有也太史公曰昔者虞舜窘於井廪伊尹負於鼎俎傅說匿於傅險吕尚困於棘津夷吾桎梏百里飯牛仲尼畏匡菜色陳蔡此皆學士所謂有道仁人也猶然遭此菑況以中材而涉亂世之末流乎其遇害何可勝道哉鄙人有言曰何知仁義已饗其利者為有德故伯夷醜周餓死首陽山而文武不以其故貶王跖蹻暴戾其徒誦義無窮由此觀之竊鉤者誅竊國者侯侯之門仁義存非虚言也今拘學或抱咫尺之義久孤於世豈若卑論儕俗與世沈浮而取榮名哉而布衣之徒設取予然諾千里誦義為死不顧世此亦有所長非苟而已也故士窮窘而得委命此豈非人之所謂賢豪閒者邪誠使鄉曲之俠與季次原憲比權量力效功於當世不同日而論矣要以功見言信俠客之義又曷可少哉古布衣之俠靡得而聞已近世延陵孟嘗春申平原信陵之徒皆因王者親屬藉於有土卿相之富厚招天下賢者顯名諸侯不可謂不賢者矣比如

順風而呼聲非加疾其勢激也至如閭巷之俠脩行砥名聲施於天下莫不稱賢是為難耳然儒墨皆排擯不載自秦以前匹夫之俠湮滅不見余甚恨之以余所聞漢興有朱家田仲王公劇孟郭解之徒雖時扞當世之文罔然其私義廉潔退讓有足稱者名不虚立士不虚附至如朋黨宗彊比周設財役貧豪暴侵陵孤弱恣欲自快游俠亦醜之余悲世俗不察其意而猥以朱家郭解等令與暴豪之徒同類而共笑之也魯朱家者與高祖同時魯人皆以儒教而朱家

用俠閒所藏活豪士以百數其餘庸人不可勝言然終不伐其能歆其德諸所嘗施唯恐見之振人不贍先從貧賤始家無餘財衣不完采食不重味乘不過軥牛專趍人之急甚已之私既陰脫季布將軍之阸及布尊貴終身不見也自關以東莫不延頸願交焉楚田仲以俠聞喜劒父事朱家自以為行弗及田仲已死而雒陽有劇孟周人以商賈為資而劇孟以任俠顯諸侯吳楚反時條侯為太尉乘傳車將至河南得劇孟喜曰吳楚舉大事而不求孟吾知其無能為

已矣天下騷動宰相得之若得一敵國云劇孟行大類朱家而好博多少年之戲然劇孟母死自遠方送喪盖千乘及劇孟死家無餘十金之財而符離人王孟亦以俠稱江淮之間是時濟南瞷氏陳周庸亦以豪聞景帝聞之使使盡誅此屬其後代諸白梁韓無辟陽翟薛況陝韓孺紛紛復出焉

郭解軹人也字翁伯善相人者許負外孫也解父以任俠孝文時誅死解為人短小精悍不飲酒少時陰賊慨不快意身所殺甚衆以軀借交報仇藏命作姦剽攻不休及鑄錢掘冢固不可勝數適有天幸窘急常得脫若遇赦及解年長更折節為儉以德報怨厚施而薄望然其自喜為俠益甚既已振人之命不矜其功其陰賊著於心卒發於睚眦如故云而少年慕其行亦輒為報仇不使知也解姊子負解之勢與人飲使之嚼非其任彊必灌之人怒拔刀刺殺解姊子亡去解姊怒曰以翁伯之義人殺吾子賊不得棄其尸於道弗葬欲以辱解解使人微知賊處賊窘自歸具以實告解解曰公殺之固當吾兒

不直遂去其賊罪其姊子乃收而葬之諸公聞之皆多解之義益附焉解出入人皆避之有一人獨箕倨視之解遣人問其名姓客欲殺之解曰居邑屋至不見敬是吾德不脩也彼何罪乃陰屬尉史曰是人吾所急也至踐更時脫之每至踐更數過吏弗求怪之問其故乃解使脫之箕倨者乃肉袒謝罪少年聞之愈益慕解之行雒陽人有相仇者邑中賢豪居間者以十數終不聽客乃見郭解解夜見仇家仇家曲聽解解乃謂仇家曰吾聞雒陽諸公在此間多不聽者

今子幸而聽解解奈何乃從他縣奪人邑中賢大夫權乎乃夜去不使人知曰且無用待我待我去令雒陽豪居其閒乃聽之解執恭敬不敢乘車入其縣廷之旁郡國為人請求事事可出出之不可者各厭其意然後乃敢嘗酒食諸公以故嚴重之爭為用邑中少年及旁近縣賢豪夜半過門常十餘車請得解客舍養之及徙豪富茂陵也解家貧不中訾吏恐不敢不徙衛將軍為言郭解家貧不中徙上曰布衣權至使將軍為言此其家不貧解家遂徙諸公送者出千

餘萬軹人楊季主子為縣掾舉徙解解兄子斷楊掾頭由此楊氏與郭氏為仇解入關關中賢豪知與不知聞其聲爭交驩解解為人短小不飲酒出未嘗有騎已又殺楊季主楊季主家上書人又殺之闕下上聞乃下吏捕解解亡置其母家室夏陽身至臨晉臨晉籍少公素不知解解冒因求出關籍少公已出解解轉入太原所過輒告主人家吏逐之跡至籍少公少公自殺口絕久之乃得解窮治所犯為解所殺皆在赦前軹有儒生侍使者坐客譽郭解生曰郭解專以姦犯公法何謂賢解客聞殺此生斷其舌吏以此責解解實不知殺者殺者亦竟絕莫知為誰吏奏解無罪御史大夫公孫弘議曰解布衣為任俠行權以睚眦殺人解雖弗知此罪甚於解殺之當大逆無道遂族郭解翁伯自是之後為俠者極衆敖而無足數者然關中長安樊仲子槐里趙王孫長陵高公子西河郭公仲太原鹵公孺臨淮兒長卿東陽田君孺雖為俠而逡逡有退讓君子之風至若北道姚氏西道諸杜南道仇景東道趙他羽公子南陽趙調之徒此

盜跖居民閒者耳曷足道哉此乃鄉者朱家之羞也

太史公曰吾視郭解狀貌不及中人言語不足採者然天下無賢與不肖知與不知皆慕其聲言俠者皆引以為名諺曰人貌榮名豈有既乎於戲惜哉

史記英選卷之五

史記英選卷之六

滑稽傳 淳于髡 優孟 優旃

孔子曰六藝於治一也禮以節人樂以發和書以道事詩以達意易以神化春秋以道義太史公曰天道恢恢豈不大哉談言微中亦可以解紛

淳于髡者齊之贅壻也長不滿七尺滑稽多辯數使諸侯未嘗屈辱齊威王之時喜隱好為淫樂長夜之飲沈湎不治委政卿大夫百官荒亂諸侯並侵國且危亡在於旦暮左右莫敢諫淳于髡說之以隱曰國中有大鳥止王之庭三年不蜚又不鳴王知此鳥何也王曰此鳥不蜚則已一蜚沖天不鳴則已一鳴驚人於是乃朝諸縣令長七十二人賞一人誅一人奮兵而出諸侯振驚皆還齊侵地威行三十六年語在田完世家中威王八年楚大發兵加齊齊王使淳于髡之趙請救兵齎金百斤車馬十駟淳于髡仰天大笑冠纓索絕王曰先生少之乎髡曰何敢王曰笑豈有說乎髡曰今者臣從東方來見道傍有禳田者操一豚蹄酒一盂而祝曰甌窶滿

篝汙邪滿車五穀蕃熟穰穰滿家臣見其所持者狹而所欲者奢故笑之於是齊威王乃益齎黃金千鎰白璧十雙車馬百駟髡辭而行至趙趙王與之精兵十萬革車千乘楚聞之夜引兵而去威王大說置酒後宮召髡賜之酒問曰先生能飲幾何而醉對曰臣飲一斗亦醉一石亦醉威王曰先生飲一斗而醉惡能飲一石哉其說可得聞乎髡曰賜酒大王之前執法在傍御史在後髡恐懼俯伏而飲不過一斗徑醉矣若親有嚴客髡帣韝鞠䠔侍酒於前時賜餘瀝奉觴上壽數起飲不過二斗徑醉矣若朋友交遊久不相見卒然相覩歡然道故私情相語飲可五六斗徑醉矣若乃州閭之會男女雜坐行酒稽留六博投壺相引為曹握手無罰目眙不禁前有墮珥後有遺簪髡竊樂此飲可八斗而醉二參日暮酒闌合尊促坐男女同席履舄交錯杯盤狼藉堂上燭滅主人留髡而送客羅襦襟解微聞薌澤當此之時髡心最歡能飲一石故曰酒極則亂樂極則悲萬事盡然言不可極極之而衰以諷諫焉齊王曰善乃罷長夜之飲以

䠔同

髡為諸侯主客宗室置酒髡嘗在側其後百餘
年楚有優孟
優孟者故楚之樂人也長八尺多辯常以談笑
諷諫楚莊王之時有所愛馬衣以文繡置之華
屋之下席以露牀啗以棗脯馬病肥死使羣臣
喪之欲以棺槨大夫禮葬之左右爭之以為不
可王下令曰有敢以馬諫者罪至死優孟聞之
入殿門仰天大哭王驚而問其故優孟曰馬者
王之所愛也以楚國堂堂之大何求不得而以
大夫禮葬之薄請以人君禮葬之王曰何如對

曰臣請以彫玉為棺文梓為槨楩楓豫章為題
湊發甲卒為穿壙老弱負土齊趙陪位於前韓
魏翼衛其後廟食太牢奉以萬戶之邑諸侯聞
之皆知大王賤人而貴馬也王曰寡人之過一
至此乎為之奈何優孟曰請為大王六畜葬之
以壠竈為槨銅歷為棺齎以薑棗薦以木蘭祭
以糧稻衣以火光葬之於人腹腸於是王乃使
以馬屬太官無令天下久聞也楚相孫叔敖知
其賢人也善待之病且死屬其子曰我死汝必
貧困若往見優孟言我孫叔敖之子也居數年

其子窮困負薪逢優孟與言曰我孫叔敖之子
也父且死時屬我貧困往見優孟優孟曰若無
遠有所之即為孫叔敖衣冠抵掌談語歲餘像
孫叔敖楚王左右不能別也莊王置酒優孟前
為壽莊王大驚以為孫叔敖復生也欲以為相
優孟曰請歸與婦計之三日而為相莊王許之
三日後優孟復來王曰婦言謂何孟曰婦言慎
無為楚相不足為也如孫叔敖之為楚相盡忠
為廉以治楚楚王得以霸今死其子無立錐之
地貧困負薪以自飲食必如孫叔敖不如自殺

因歌曰山居耕田苦難以得食起而為吏身貪
鄙者餘財不顧恥辱身死家室富又恐受賕枉
法為姦觸大罪身死而家滅貪吏安可為也念
為廉吏奉法守職竟死不敢為非廉吏安可為
也楚相孫叔敖持廉至死方今妻子窮困負薪
而食不足為也於是莊王謝優孟乃召孫叔敖
子封之寢丘四百戶以奉其祀後十世不絕此
知可以言時矣其後二百餘年秦有優旃
優旃者秦倡侏儒也善為笑言然合於大道秦
始皇時置酒而天雨陛楯者皆沾寒優旃見而

哀之謂之曰汝欲休乎陛楯者皆曰幸甚優旃曰我即呼汝汝疾應曰諾居有頃殿上上壽呼萬歲優旃臨檻大呼曰陛楯郎郎曰諾優旃曰汝雖長何益幸雨立我雖短也幸休居於是始皇使陛楯者得半相代始皇嘗議欲大苑囿東至函谷關西至雍陳倉優旃曰善多縱禽獸於其中寇從東方來令麋鹿觸之足矣始皇以故輟止二世立又欲漆其城優旃曰善主上雖無言臣固將請之漆城雖於百姓愁費然佳哉漆城蕩蕩寇來不能上即欲就之易為漆耳顧難

為蔭室於是二世笑之以其故止居無何二世殺死優旃歸漢數年而卒

太史公曰淳于髡仰天大笑齊威王橫行優孟搖頭而歌負薪者以封優旃臨檻疾呼陛楯得以半更豈不亦偉哉

貨殖傳

老子曰至治之極鄰國相望鷄狗之聲相聞民各甘其食美其服安其俗樂其業至老死不相往來必用此為務輓近世塗民耳目則幾無行矣太史公曰夫神農以前吾不知已至若詩書所述虞夏以來耳目欲極聲色之好口欲窮芻豢之味身安逸樂而心誇矜勢能之榮使俗之漸民久矣雖户說以眇論終不能化故善者因之其次利道之其次教誨之其次整齊之最下者與之爭夫山西饒材竹穀纑旄玉石山東多魚鹽漆絲聲色江南出枏梓薑桂金錫連丹沙犀瑇瑁珠璣齒革龍門碣石北多馬牛羊旃裘筋角銅鐵則千里往往山出棊置此其大較也皆中國人民所喜好謠俗被服飲食奉生送死之具也故待農而食之虞而出之工而成之商

而通之此寧有政教發徵期會哉人各任其能竭其力以得所欲故物賤之徵貴貴之徵賤各勸其業樂其事若水之趨下日夜無休時不召而自來不求而民出之豈非道之所符而自然之驗耶周書曰農不出則乏其食工不出則乏其事商不出則三寶絕虞不出則財匱少財匱少而山澤不辟矣此四者民所衣食之原也原大則饒原小則鮮上則富國下則富家貧富之道莫之奪予而巧者有餘拙者不足故太公望封於營丘地潟鹵人民寡於是太公勸其女功

極技巧通魚鹽則人物歸之繈至而輻湊故齊冠帶衣履天下海岱之間斂袂而往朝焉其後齊中衰管子修之設輕重九府則桓公以霸九合諸侯一匡天下而管氏亦有三歸位在陪臣富於列國之君是以齊富彊至於威宣也故曰倉廩實而知禮節衣食足而知榮辱禮生於有而廢於無故君子富好行其德小人富以適其力淵深而魚生之山深而獸往之人富而仁義附焉富者得勢益彰失勢則客無所之以而不樂夷狄益甚諺曰千金之子不死於市此非空

言也故曰天下熙熙皆為利來天下壤壤皆為利往夫千乘之王萬家之侯百室之君尚有患貧而況匹夫編戶之民乎

昔者越王勾踐困於會稽之上乃用范蠡計然計然曰知鬬則修備時用則知物二者形則萬貨之情可得而觀已故歲在金穰水毀木饑火旱旱則資舟水則資車物之理也六歲穰六歲旱十二歲一大饑夫糶二十病農九十病末末病則財不出農病則草不辟矣上不過八十下不減三十則農末俱利平糶齊物關市不乏治國之道也積著之理務完物無息幣以物相貿易腐敗而食之貨勿留無敢居貴論其有餘不足則知貴賤貴上極則反賤賤下極則反貴貴出如糞土賤取如珠玉財幣欲其行如流水修之十年國富厚賂戰士士赴矢石如渴得飲遂報彊吳觀兵中國稱號五霸范蠡既雪會稽之恥乃喟然而歎曰計然之策七越用其五而得意既已施於國吾欲用之家乃乘扁舟浮於江湖變名易姓適齊為鴟夷子皮之陶為朱公朱公以為陶天下之中諸侯四通貨物所交易也

乃治產積居與時逐而不責於人故善治生者能擇人而任時十九年之中三致千金再分散與貧交疏昆弟此所謂富好行其德者也後年衰老而聽子孫子孫修業而息之遂至巨萬故言富者皆稱陶朱公

子贛既學於仲尼退而仕於衛廢著鬻財於曹魯之間七十子之徒賜最為饒益原憲不厭糟糠匿於窮巷子贛結駟連騎束帛之幣以聘享諸侯所至國君無不分庭與之抗禮夫使孔子名布揚於天下者子贛先後之也此所謂得勢

而益彰者乎

白圭周人也當魏文侯時李克務盡地力而白圭樂觀時變故人棄我取人取我與夫歲孰取穀予之絲漆蠒出取帛絮與之食太陰在卯穰明歲衰惡至午旱明歲美至酉穰明歲衰惡至子大旱明歲美有水至卯積著率歲倍欲長錢取下穀長石斗取上種能薄飲食忍嗜欲節衣服與用事僮僕同苦樂趨時若猛獸摯鳥之發故曰吾治生産猶伊尹呂尚之謀孫吴用兵商鞅行法是也是故其智不足與權變勇不足以

决斷仁不能以取予彊不能有所守雖欲學吾術終不告之矣蓋天下言治生祖白圭白圭其有所試矣能試有所長非苟而已也

猗頓用盬鹽起而邯鄲郭縱以鐵冶成業與王者埒富

烏氏倮畜牧及衆斥賣求奇繒物間獻遺戎王戎王什倍其償與之畜畜至用谷量馬牛秦始皇帝令倮比封君以時與列臣朝請而巴蜀寡婦清其先得丹穴而擅其利數世家亦不訾清寡婦也能守其業用財自衛不見侵犯秦皇帝以為貞婦而客之為築女懷清臺夫倮鄙人牧長清窮鄉寡婦禮抗萬乘名顯天下豈非以富耶漢興海内為一開關梁弛山澤之禁是以富商大賈周流天下交易之物莫不通得其所欲而徙豪傑諸侯彊族於京師關中自汧雍以東至河華膏壤沃野千里自虞夏之貢以為上田而公劉適邠太王王季在岐文王作豐武王治鎬故其民猶有先王之遺風好稼穡殖五穀地重重為邪及秦文孝繆居雍隙隴蜀之貨物而多賈獻孝公徙櫟邑櫟邑北郤戎翟東通三晉

亦多大賈武昭治咸陽因以漢都長安諸陵四方輻湊並至而會地小人衆故其民益玩巧而事末也南則巴蜀巴蜀亦沃野地饒巵薑丹砂石銅鐵竹木之器南御滇僰僰僮西近邛笮笮馬旄牛然四塞棧道千里無所不通唯褒斜綰轂其口以所多易所鮮天水隴西北地上郡與關中同俗然西有羌中之利北有戎翟之畜畜牧為天下饒然地亦窮險唯京師要其道故關中之地於天下三分之一而人衆不過什三然量其富什居其六昔唐人都河東殷人都河内

椽同綠

周人都河南夫三河在天下之中若鼎足王者所更居也建國各數百千歲土地小狹民人衆都國諸侯所聚會故其俗纖儉習事楊平陽陳西賈秦翟北賈種代種代石北也地邊胡數被寇人民矜懻忮好氣任俠爲姦不事農商然迫近北夷師旅亟往中國委輸時有奇羨其民羯羠不均自全晉之時固已患其僄悍而武靈王益厲之其謡俗猶有趙之風也故楊平陽陳椽其間得所欲温軹西賈上黨北賈趙中山中山地薄人衆猶有沙丘紂淫地餘民民俗懁急仰

機利而食丈夫相聚游戲悲歌忼慨起則相隨椎剽休則掘冢作巧姦冶多美物爲倡優女子則鼓鳴瑟跕屣游媚貴富入後宮徧諸侯然邯鄲亦漳河之間一都會也北通燕涿南有鄭衛鄭衛俗與趙相類然近梁魯微重而矜節濮上之邑徙野王野王好氣任俠衛之風也夫燕亦勃碣之間一都會也南通齊趙東北邊胡上谷至遼東地踔遠人民希數被寇大與趙代俗相類而民雕捍少慮有魚鹽棗栗之饒北鄰烏桓夫餘東綰穢貉朝鮮真番之利

取音秋

洛陽東賈齊魯南賈梁楚故泰山之陽則魯其陰則齊齊帶山海膏壤千里宜桑麻人民多文綵布帛魚鹽臨菑亦海岱之間一都會也其俗寬緩闊達而足智好議論地重難動揺怯於衆鬬勇於持刺故多劫人者大國之風也其中具五民而鄒魯濱洙泗猶有周公遺風俗好儒備於禮故其民齪齪頗有桑麻之業無林澤之饒地小人衆儉嗇畏罪遠邪及衰好賈趨利甚於周人夫自鴻溝以東芒碭以北屬巨野此梁宋也陶睢陽亦一都會也昔堯作游成陽舜漁於

雷澤湯止于亳其俗猶有先王遺風重厚多君子好稼穡雖無山川之饒能惡衣食致其蓄藏越楚則有三俗夫自淮北沛陳汝南南郡此西楚也其俗剽輕易發怒地薄寡於積聚江陵故郢都西通巫巴東有雲夢之饒陳在楚夏之交通魚鹽之貨其民多賈徐僮取慮則清刻矜己諾彭城以東東海吳廣陵此東楚也其俗類徐僮朐繒以北俗則齊浙江南則越夫吳自闔廬春申王濞三人招致天下之喜游子弟東有海鹽之饒章山之銅三江五湖之利亦江東一都

隋同蓏 呰音紫

會也衡山九江江南豫章長沙是南楚也其俗大類西楚郢之後徙壽春亦一都會也而合肥受南北潮皮革鮑木輸會也與閩中于越雜俗故南楚好辭巧說少信江南卑溼丈夫早夭多竹木豫章出黃金長沙出連錫然堇堇物之所有取之不足以更費九疑蒼梧以南至儋耳者與江南大同俗而揚越多焉番禺亦其一都會也珠璣犀瑇瑁果布之湊

潁川南陽夏人之居也夏人政尚忠朴猶有先王之遺風潁川敦愿秦末世遷不軌之民於南

陽南陽西通武關鄖關東南受漢江淮宛亦一都會也俗雜好事業多賈其任俠交通潁川故至今謂之夏人夫天下物所鮮所多人民謠俗山東食海鹽山西食鹽鹵嶺南沙北固往往出鹽大體如此矣總之楚越之地地廣人希飯稻羹魚或火耕而水耨果隋嬴蛤不待賈而足地勢饒食無饑饉之患以故呰窳偷生無積聚而多貧是故江淮以南無凍餓之人亦無千金之家沂泗水以北宜五穀桑麻六畜地小人衆數被水旱之害民好畜藏故秦夏梁魯好農而重

揳同戛

民三河宛陳亦然加以商賈齊趙設智巧仰機利燕代田畜而事蠶由此觀之賢人深謀於廊廟論議朝廷守信死節隱居巖穴之士設為名高者安歸乎歸於富厚也是以廉吏久久更富廉賈歸富富者人之情性所不學而俱欲者也故壯士在軍攻城先登陷陳卻敵斬將搴旗前蒙矢石不避湯火之難者為重賞使也其在閭巷少年攻剽椎埋劫人作姦掘冢鑄幣任俠并兼借交報仇篡逐幽隱不避法禁走死地如騖其實皆為財用耳今夫趙女鄭姬設形容揳鳴

琴揄長袂躡利屣目挑心招出不遠千里不擇老少者奔富厚也游閑公子飾冠劍連車騎亦為富貴容也弋射漁獵犯晨夜冒霜雪馳阬谷不避猛獸之害為得味也博戲馳逐鬬雞走狗作色相矜必爭勝者重失負也醫方諸食技術之人焦神極能為重糈也吏士舞文弄法刻章僞書不避刀鋸之誅者沒於賂遺也農工商賈畜長固求富益貨也此有知盡能索耳終不餘力而讓財矣諺曰百里不販樵千里不販糴居之一歲種之以穀十歲樹之以木百歲來之以

德德者人物之謂也今有無秩祿之奉爵邑之入而樂與之比者命曰素封封者食租稅歲率戶二百千戶之君則二十萬朝覲聘享出其中庶民農工商賈率亦歲萬息二千戶百萬之家則二十萬而更徭租賦出其中衣食之欲恣所好美矣故曰陸地牧馬二百蹄牛蹄角千千足羊澤中千足彘水居千石魚陂山居千章之材安邑千樹棗燕秦千樹栗蜀漢江陵千樹橘淮北常山已南河濟之間千樹萩陳夏千畝漆齊魯千畝桑麻渭川千畝竹及名國萬家之城帶郭千畝畝鍾之田若千畝巵茜千畦薑韭此其人皆與千戶侯等然是富給之資也不窺市井不行異邑坐而待收身有處士之義而取給焉若至家貧親老妻子軟弱歲時無以祭祀進醵飲食被服不足以自通如此不慙恥則無所比矣是以無財作力少有鬬智既饒爭時此其大經也今治生不待危身取給則賢人勉焉是故本富為上末富次之姦富最下無巖處奇士之行而長貧賤好語仁義亦足羞也

萩同楸

凡編戶之民富相什則卑下之伯則畏憚之千則役萬則僕物之理也夫用貧求富農不如工工不如商刺繡文不如倚市門此言末業貧者之資也通邑大都酤一歲千釀醯醬千瓨醬千甔屠牛羊彘千皮販穀糶千鍾薪稾千車船長千丈木千章竹竿萬个其軺車百乘牛車千兩木器髤者千枚銅器千鈞素木鐵器若巵茜千石馬蹄躈千牛千足羊彘千雙僮手指千筋角丹沙千斤其帛絮細布千鈞文采千匹榻布皮革千石漆千斗蘖麴鹽豉千荅鮐鮆千斤鯫千石鮑千鈞棗栗千石者三之狐鼦裘千皮羔羊裘千石旃席千具佗果菜千鍾子貸金錢千貫節駔會貪賈三之廉賈五之此亦比千乘之家其大率也佗雜業不中什二則非吾財也請略道當世千里之中賢人所以富者令後世得以觀擇焉

瓨同缸　髤音休　躈音料　荅一作瓵

蜀卓氏之先趙人也用鐵冶富秦破趙遷卓氏卓氏見虜略獨夫妻推輦行詣遷處諸遷虜少有餘財爭與吏求近處處葭萌唯卓氏曰此地狹薄吾聞汶山之下沃野下有蹲鴟至死不饑民工於市易賈乃求遠遷致之臨邛大喜即鐵

山鼓鑄運籌筴傾滇蜀之民富至僮千人田池
射獵之樂擬於人君
程鄭山東遷虜也亦冶鑄賈椎髻之民富埒卓
氏俱居臨邛
宛孔氏之先梁人也用鐵冶為業秦伐魏遷孔
氏南陽大鼓鑄規陂池連車騎游諸侯因通商
賈之利有游閑公子之賜與名然其贏得過當
愈於纖嗇家致富數千金故南陽行賈盡法孔
氏之雍容魯人俗儉嗇而曹邴氏尤甚以鐵冶
起富至巨萬然家自父兄子孫約俛有拾仰有

取貰貸行賈徧郡國鄒魯以其故多去文學而
趨利者以曹邴氏也
齊俗賤奴虜而刁間獨愛貴之桀黠奴人之所
患也唯刁間收取使之逐魚鹽商賈之利或連
車騎交守相然愈益任之終得其力起富數千
萬故曰寧爵毋刁言其能使豪奴自饒而盡其
力周人既纖而師史尤甚轉轂以百數賈郡國
無所不至洛陽街居在齊秦楚趙之中貧人學
事富家相矜以久賈數過邑不入門設任此等
故師史能致七千萬

宣曲任氏之先為督道倉吏秦之敗也豪傑皆
爭取金玉而任氏獨窖倉粟楚漢相距滎陽也
民不得耕種米石至萬而豪傑金玉盡歸任氏
任氏以此起富富人爭奢侈而任氏折節為儉
力田畜田畜人爭取賤賈任氏獨取貴善富者
數世然任公家約非田畜所出弗衣食公事不
畢則身不得飲酒食肉以此為閭里率故富而
主上重之塞之斥也唯橋姚已致馬千匹牛倍
之羊萬頭粟以萬鍾計吳楚七國兵起時長安
中列侯封君行從軍旅齎貸子錢子錢家以為

侯邑國在關東關東成敗未決莫肯與唯無鹽
氏出捐千金貸其息什之三月吳楚平一歲之
中則無鹽氏之息什倍用此富埒關中關中富
商大賈大抵盡諸田田嗇田蘭韋家栗氏安陵
杜杜氏亦巨萬此其章章尤異者也皆非有爵
邑奉祿弄法犯姦而富盡椎埋去就與時俯仰
獲其贏利以末致財用本守之以武一切用文
持之變化有概故足術也若至力農畜工虞商
賈為權利以成富大者傾郡中者傾縣下者傾
鄉里者不可勝數夫纖嗇筋力治生之正道也

而富者必用奇勝田農拙業而秦陽以蓋一州掘冢姦事也而曲叔以起博戲惡業也而桓發用之富行賈丈夫賤行也而雍樂成以饒販脂辱處也而雍伯千金賣漿小業也而張氏千萬洒削薄技也而郅氏鼎食胃脯簡微耳濁氏連騎馬醫淺方張里擊鍾此皆誠壹之所致由是觀之富無經業則貨無常主能者輻湊不肖者瓦解千金之家比一都之君巨萬者乃與王者同樂豈所謂素封者邪非也

太史公自序

昔在顓頊命南正重以司天北正黎以司地唐虞之際紹重黎之後使復典之至于夏商故重黎氏世序天地其在周程伯休甫其後也當周宣王時失其守而為司馬氏司馬氏世典周史惠襄之間司馬氏去周適晋晋中軍隨會奔秦而司馬氏入少梁自司馬氏去周適晋分散或在衛或在趙或在秦其在衛者相中山在趙者以傳劍論顯蒯聵其後也在秦者名錯與張儀爭論於是惠王使錯將伐蜀遂拔因而守之錯孫靳事武安君白起而少梁更名曰夏陽靳與武安君阬趙長平軍還而與之俱賜死杜郵葬於華池靳孫昌昌為秦主鐵官當始皇之時蒯聵玄孫卬為武信君將而徇朝歌諸侯之相王王卬於殷漢之伐楚卬歸漢以其地為河內郡昌生無澤無澤為漢市長無澤生喜喜為五大夫卒皆葬高門喜生談談為太史公太史公學天官於唐都受易於楊何習道論於黃子太史公仕於建元元封之間愍學者之不達其意而師悖乃論六家之要指曰易大傳天下一致而百慮同歸而殊塗夫陰陽儒墨名法道德此務

為治者也直所從言之異路有省不省耳嘗竊觀陰陽之術大祥而衆忌諱使人拘而多所畏然其序四時之大順不可失也儒者博而寡要勞而少功是以其事難盡從然其序君臣父子之禮列夫婦長幼之別不可易也墨者儉而難遵是以其事不可徧循然其彊本節用不可廢也法家嚴而少恩然其正君臣上下之分不可改矣名家使人儉而善失真然其正名實不可不察也道家使人精神專一動合無形贍足萬物其為術也因陰陽之大順采儒墨之善撮名

法之要與時遷移應物變化立俗施事無所不宜指約而易操事少而功多儒者則不然以為人主天下之儀表也主倡而臣和主先而臣隨如此則主勞而臣逸至於大道之要去健羨絀聰明釋此而任術夫神大用則竭形大勞則敝形神騷動欲與天地長久非所聞也夫陰陽四時八位十二度二十四節各有教令順之者昌逆之者不死則亡未必然也故曰使人拘而多畏夫春生夏長秋收冬藏此天道之大經也弗順則無以為天下綱紀故曰四時之大順不可

失也夫儒者以六藝為法六藝經傳以千萬數累世不能通其學當年不能究其禮故曰博而寡要勞而少功若夫列君臣父子之禮序夫婦長幼之別雖百家弗能易也墨者亦尚堯舜道言其德行曰堂高三尺土階三等茅茨不翦采椽不刮食土簋啜土刑糲粱之食藜藿之羹夏日葛衣冬日鹿裘其送死桐棺三寸舉音不盡其哀教喪禮必以此為萬民之率使天下法若此則尊卑無別也夫世異時移事業不必同故曰儉而難遵要曰彊本節用則人給家足之道

繳音皎

也此墨子之所長雖百家弗能廢也法家不別親疏不殊貴賤一斷於法則親親尊尊之恩絕矣可以行一時之計而不可長用也故曰嚴而少恩若尊主卑臣明分職不得相踰越雖百家弗能改也名家苛察繳繞使人不得反其意專決於名而失人情故曰使人儉而善失真若夫控名責實參伍不失此不可不察也道家無為又曰無不為其實易行其辭難知其術以虛無為本以因循為用無成勢無常形故能究萬物之情不為物先不為物後故能為萬物主有法

無法因時為業有度無度因物與合故曰聖人不朽時變是守虛者道之常也因者君之綱也羣臣並至使各自明也其實中其聲者謂之端實不中其聲者謂之窾窾言不聽姦乃不生賢不肖自分白黑乃形在所欲用耳何事不成乃合大道混混冥冥光燿天下復反無名凡人所生者神也所託者形也神大用則竭形大勞則敝形神離則死死者不可復生離者不可復反故聖人重之由是觀之神者生之本也形者生之具也不先定其神而曰我有以治天下何由

哉太史公既掌天官不治民有子曰遷遷生龍門耕牧河山之陽年十歲則誦古文二十而南游江淮上會稽探禹穴闚九疑浮於沅湘北涉汶泗講業齊魯之都觀孔子之遺風鄉射鄒嶧戹困鄱薛彭城過梁楚以歸於是遷仕為郎中奉使西征巴蜀以南南略邛笮昆明還報命是歲天子始建漢家之封而太史公留滯周南不得與從事故發憤且卒而子遷適使反見父於河洛之間太史公執遷手而泣曰余先周室之太史也自上世嘗顯功名於虞夏典天官事後世中衰絶於予乎汝復為太史則續吾祖矣今天子接千歲之統封泰山而余不得從行是命也夫命也夫余死汝必為太史為太史無忘吾所欲論著矣且夫孝始於事親中於事君終於立身揚名於後世以顯父母此孝之大者夫天下稱誦周公言其能論歌文武之德宣周邵之風達太王王季之思慮爰及公劉以尊后稷也幽厲之後王道缺禮樂衰孔子修舊起廢論詩書作春秋則學者至今則之自獲麟以來四百餘歲而諸侯相兼史記放絶今漢興海內一統明主賢君忠臣死義之士余為太史而弗論載廢天下之史文余甚懼焉汝其念哉遷俯首流涕曰小子不敏請悉論先人所次舊聞弗敢闕卒三歲而遷為太史令紬史記石室金匱之書五年而當太初元年十一月甲子朔旦冬至天歷始改建於明堂諸神受紀

太史公曰先人有言自周公卒五百歲而有孔子孔子卒後至於今五百歲有能紹明世正易傳繼春秋本詩書禮樂之際意在斯乎意在斯乎小子何敢讓焉上大夫壺遂曰昔孔子何為而作春秋哉太史公曰余聞董生曰周道衰廢孔子為魯司寇諸侯害之大夫壅之孔子知言之不用道之不行也是非二百四十二年之中以為天下儀表貶天子退諸侯討大夫以達王事而已矣子曰我欲載之空言不如見之於行事之深切著明也夫春秋上明三王之道下辨人事之紀別嫌疑明是非定猶豫善善惡惡賢賢賤不肖存亡國繼絶世補敝起廢王道之大者也易著天地陰陽四時五行故長於變禮經紀人倫故長於行書記先王之事故長於政詩

記山川谿谷禽獸草木牝牡雌雄故長於風樂樂所以立故長於和春秋辨是非故長於治人是故禮以節人樂以發和書以道事詩以達意易以道化春秋以道義撥亂世反之正莫近於春秋春秋文成數萬其指數千萬物之散聚皆在春秋春秋之中弑君三十六亡國五十二諸侯奔走不得保其社稷者不可勝數察其所以皆失其本已故易曰失之豪釐差以千里故曰臣弑君子弑父非一旦一夕之故也其漸久矣故有國者不可以不知春秋前有讒而弗見後

有賊而不知為人臣者不可以不知春秋守經事而不知其宜遭變事而不知其權為人君父而不通於春秋之義者必蒙首惡之名為人臣子而不通於春秋之義者必陷篡弑之誅死罪之名其實皆以為善為之不知其義被之空言而不敢辭夫不通禮義之旨至於君不君臣不臣父不父子不子君不君則犯臣不臣則誅父不父則無道子不子則不孝此四行者天下之大過也以天下之大過予之則受而弗敢辭故春秋者禮義之大宗也夫禮禁未然之前法施

已然之後法之所為用者易見而禮之所為禁者難知壺遂曰孔子之時上無明君下不得任用故作春秋垂空文以斷禮義當一王之法今夫子上遇明天子下得守職萬事既具咸各序其宜夫子所論欲以何明太史公曰唯唯否否不然余聞之先人曰伏羲至純厚作易八卦堯舜之盛尚書載之禮樂作焉湯武之隆詩人歌之春秋采善貶惡推三代之德褒周室非獨刺譏而已也漢興以來至明天子獲符瑞封禪改正朔易服色受命於穆清澤流罔極海外殊俗

重譯款塞請來獻見者不可勝道臣下百官力誦聖德猶不能宣盡其意且士賢能而不用有國者之恥主上明聖而德不布聞有司之過也且余嘗掌其官廢明聖盛德不載滅功臣世家賢大夫之業不述墮先人所言罪莫大焉余所謂述故事整齊其世傳非所謂作也而君比之於春秋謬矣於是論次其文七年而太史公遭李陵之禍幽於縲紲乃喟然而歎曰是余之罪也夫是余之罪也夫身毀不用矣退而深惟曰夫詩書隱約者欲遂其志之思也昔西伯拘羑

里演周易孔子戹陳蔡作春秋屈原放逐著離騷左丘失明厥有國語孫子臏脚而論兵法不韋遷蜀世傳呂覽韓非囚秦說難孤憤詩三百篇大抵賢聖發憤之所為作也此人皆意有所鬱結不得通其道也故述往事思來者於是卒述陶唐以來至于麟止自黃帝始以下刪太史公曰余述歷黃帝以來至太初而訖百三十篇

史記英選卷之六

史記英選卷之七

蘇武傳 以下漢書

武字子卿少以父任兄弟並為郎稍遷至移中廄監時漢連伐胡數通使相窺觀匈奴留漢使郭吉路充國等前後十餘輩匈奴使來漢亦留之以相當天漢元年且鞮侯單于初立恐漢襲之迺曰漢天子我丈人行也盡歸漢使路充國等武帝嘉其義迺遣武以中郎將使持節送匈奴使留在漢者因厚賂單于答其善意武與副中郎將張勝及假吏常惠等募士斥候百餘人俱既至匈奴置幣遺單于單于益驕非漢所望也方欲發使送武等會緱王與長水虞常等謀反匈奴中緱王者昆邪王姊子也與昆邪王俱降漢後隨浞野侯沒胡中及衛律所將降者陰相與謀劫單于母閼氏歸漢會武等至匈奴虞常在漢時素與副張勝相知私候勝曰聞漢天子甚怨衛律常能為漢伏弩射殺之吾母與弟在漢幸蒙其賞賜張勝許之以貨物與常後月餘單于出獵獨閼氏子弟在虞常等七十餘人欲發其一人夜亡告之單于子弟發兵與戰緱

王等皆死虞常生得單于使衛律治其事張勝聞之恐前語發以狀語武武曰事如此此必及我見犯迺死重負國欲自殺勝惠共止之虞常果引張勝單于怒召諸貴人議欲殺漢使者左伊秩訾曰即謀單于何以復加宜皆降之單于使衛律召武受辭武謂惠等屈節辱命雖生何面目以歸漢引佩刀自刺衛律驚自抱持武馳召醫鑿地為坎置煴火覆武其上蹈其背以出血武氣絶半日復息惠等哭輿歸營單于壯其節朝夕遣人候問武而收繫張勝武益愈單于

使使曉武會論虞常欲因此時降武劒斬虞常已律曰漢使張勝謀殺單于近臣當死單于募降者赦罪舉劒欲擊之勝請降律謂武曰副有罪當相坐武曰本無謀又非親屬何謂相坐復舉劒擬之武不動律曰蘇君律前負漢歸匈奴幸蒙大恩賜號稱王擁衆數萬馬畜彌山富貴如此蘇君今日降明日復然空以身膏草野誰復知之武不應律曰君因我降與君為兄弟今不聽吾計後雖欲復見我尚可得乎武罵律曰女為人臣子不顧恩義畔主背親為降虜於蠻

夷何以女為見且單于信女使決人死生不平心持正反欲鬬兩主觀禍敗南越殺漢使者屠為九郡宛王殺漢使者頭縣北闕朝鮮殺漢使者即時誅滅獨匈奴未耳若知我不降明欲令兩國相攻匈奴之禍從我始矣律知武終不可脅白單于單于愈益欲降之迺幽武置大窖中絶不飲食天雨雪武卧齧雪與旃毛幷咽之數日不死匈奴以為神乃徙武北海上無人處使牧羝羝乳乃得歸別其官屬常惠等各置他所武既至海上廩食不至掘野鼠去草實而食之

杖漢節牧羊卧起操持節旄盡落積五六年單于弟於靬王弋射海上武能網紡繳檠弓弩於靬王愛之給其衣食三歲餘王病賜武馬畜服匿穹廬王死後人衆徙去其冬丁令盜武牛羊武復窮厄初武與李陵俱為侍中武使匈奴明年陵降不敢求武久之單于使陵至海上為武置酒設樂因謂武曰單于聞陵與子卿素厚故使陵來説足下虛心欲相待終不得歸漢空自苦亡人之地信義安所見乎前長君為奉車從至雍棫陽宮扶輦下除觸柱折轅劾大不敬伏

劒自刎賜錢二百萬以葬孺卿從祠河東后土宦騎與黃門駙馬爭船推墮駙馬河中溺死宦騎亡詔使孺卿逐捕不得惶恐飲藥而死來時大夫人已不幸陵送葬至陽陵子卿婦年少聞已更嫁矣獨有女弟二人兩女一男今復十餘年存亡不可知人生如朝露何久自苦如此陵始降時忽忽如狂自痛負漢加以老母繫保宮子卿不欲降何以過陵且陛下春秋高法令亡常大臣亡罪夷滅者數十家安危不可知子卿尚復誰為乎願聽陵計勿復有云武曰武父子

亡功德皆為陛下所成就位列將爵通侯兄弟親近常願肝腦塗地今得殺身自效雖蒙斧鉞湯鑊誠甘樂之臣事君猶子事父也子為父死無所恨願勿復再言陵與武飲數日復曰子卿壹聽陵言武曰自分已死久矣王必欲降武請畢今日之驩效死於前陵見其至誠喟然歎曰嗟乎義士陵與衛律之罪上通於天因泣下霑衿與武決去陵惡自賜武使其妻賜武牛羊數十頭後陵復至北海上語武區脫捕得雲中生口言太守以下吏民皆白服曰上崩武聞之南

鄉號哭歐血旦夕臨數月昭帝即位數年匈奴與漢和親漢求武等匈奴詭言武死後漢使復至匈奴常惠請其守者與俱得夜見漢使具自陳道教使者謂單于言天子射上林中得鴈足有係帛書言武等在某澤中使者大喜如惠語以讓單于單于視左右而驚謝漢使曰武等實在於是李陵置酒賀武曰今足下還歸揚名於匈奴功顯於漢室雖古竹帛所載丹青所畫何以過子卿陵雖駑怯令漢且貰陵罪全其老母使得奮大辱之積志庶幾乎曹柯之盟此陵宿

昔之所不忘也收族陵家為世大戮陵尚復何顧乎已矣令子卿知吾心耳異域之人壹別長絕陵起舞歌曰徑萬里兮度沙幕為君將兮奮匈奴路窮絕兮矢刃摧士衆滅兮名已隤老母已死雖欲報恩將安歸陵泣下數行因與武決單于召會武官屬前以降及物故凡隨武還者九人武以始元六年春至京師詔武奉一太牢謁武帝園廟拜為典屬國秩中二千石賜錢二百萬公田二頃宅一區常惠徐聖趙終根皆拜為中郎賜帛各二百匹其餘六人老歸家賜錢

人十萬復終身常恚後至右將軍封列侯自有傳武留匈奴凡十九歲始以彊壯出及還須髮盡白武來歸明年上官桀子安與桑弘羊及燕王蓋主謀反武子男元與安有謀坐死初桀安與大將軍霍光爭權數疏光過失予燕王令上書告之又言蘇武使匈奴二十年不降還迺為典屬國大將軍長史無功勞為搜粟都尉光顓權自恣及燕王等反誅窮治黨與武素與桀弘羊有舊數為燕王所訟子又在謀中廷尉奏請逮捕武霍光寢其奏免武官數年昭帝崩武以

故二千石與計謀立宣帝賜爵關內侯食邑三百戶久之衛將軍張安世薦武明習故事奉使不辱命先帝以為遺言宣帝即時召武待詔宦者署數進見復為右曹典屬國以武著節老臣令朝朔望號稱祭酒甚優寵之武所得賞賜盡以施予昆弟故人家不餘財皇后父平恩侯帝舅平昌侯樂昌侯車騎將軍韓增丞相魏相御史大夫丙吉皆敬重武武年老子前坐事死上閔之問左右武在匈奴久豈有子乎武因平恩侯自白前發匈奴時胡婦適產一子通國有聲

問來願因使者致金帛贖之上許焉後通國隨使者至上以為郎又以武弟子為右曹武年八十餘神爵二年病卒甘露三年單于始入朝上思股肱之美迺圖畫其人於麒麟閣法其形貌署其官爵姓名唯霍光不名曰大司馬大將軍博陸侯姓霍氏次曰衛將軍富平侯張安世次曰車騎將軍龍頟侯韓增次曰後將軍營平侯趙充國次曰丞相高平侯魏相次曰丞相博陽侯丙吉次曰御史大夫建平侯杜延年次曰宗正陽城侯劉德次曰少府梁丘賀次曰太子太

傳蕭望之次曰典屬國蘇武皆有功德知名當世是以表而揚之明著中興輔佐列於方叔召虎仲山甫焉凡十一人皆有傳自丞相黃霸廷尉于定國大司農朱邑京兆尹張敞右扶風尹翁歸及儒者夏侯勝等皆以善終著名宣帝之世然不得列於名臣之圖以此知其選矣

李陵傳

陵字少卿少為侍中建章監善騎射愛人謙讓下士甚得名譽武帝以為有廣之風使將八百騎深入匈奴二千餘里過居延視地形不見虜

還拜為騎都尉將勇敢五千人教射酒泉張掖以備胡數年漢遣貳師將軍伐大宛使陵將五校兵隨後行至塞會貳師還上賜陵書陵留吏士與輕騎五百出敦煌至鹽水迎貳師還復留屯張掖天漢二年貳師將三萬騎出酒泉擊右賢王於天山召陵欲使為貳師將輜重陵召見武臺叩頭自請曰臣所將屯邊者皆荊楚勇士奇材劍客也力扼虎射命中願得自當一隊到蘭干山南以分單于兵毋令專鄉貳師軍上曰將惡相屬邪吾發軍多毋騎予女陵對無所事

騎臣願以少擊眾步兵五千人涉單于庭上壯而許之因詔彊弩都尉路博德將兵半道迎陵軍博德故伏波將軍亦羞為陵後距奏言方秋匈奴馬肥未可與戰臣願留陵至春俱將酒泉張掖騎各五千人並擊東西浚稽可必禽也書奏上怒疑陵悔不欲出而教博德上書廼詔博德吾欲予李陵騎云欲以少擊眾今虜入西河其引兵走西河遮鉤營之道詔陵以九月發出遮虜鄣至東浚稽山南龍勒水上徘徊觀虜即亡所見從浞野侯趙破奴故道抵受降城休士

因騎置以聞所與博德言者云何具以書對陵於是將其步卒五千人出居延北行三十日至浚稽山止營舉圖所過山川地形使麾下騎陳步樂還以聞步樂召見道陵將率得士死力上甚說拜步樂為郎陵至浚稽山與單于相值騎可三萬圍陵軍軍居兩山間以大車為營陵引士出營外為陳前行持戟盾後行持弓弩令曰聞鼓聲而縱聞金聲而止虜見漢軍少直前就營陵搏戰攻之千弩俱發應弦而倒虜還走上山漢軍追擊殺數千人單于大驚召左右地兵

八萬餘騎攻陵陵且戰且引南行數日抵山谷中連戰士卒中矢傷三創者載輦兩創者將車一創者持兵戰陵曰吾士氣少衰而鼓不起者何也軍中豈有女子乎始軍出時關東群盜妻子徙邊者隨軍為卒妻婦大匿車中陵搜得皆劍斬之明日復戰斬首三千餘級引兵東南循故龍城道行四五日抵大澤葭葦中虜從上風縱火陵亦令軍中縱火以自救南行至山下單于在南山上使其子將騎擊陵陵軍步鬬樹木間復殺數千人因發連弩射單于單于下走是

日捕得虜言單于曰此漢精兵擊之不能下日
夜引吾南近塞得毋有伏兵乎諸當户君長皆
言單于自將數萬騎擊漢數千人不能滅後無
以復使邊臣令漢益輕匈奴復力戰山谷間尚
四五十里得平地不能破廼還是時陵軍益急
匈奴騎多戰一日數十合復傷殺虜二千餘人
虜不利欲去會陵軍候管敢為校尉所辱亡降
匈奴具言陵軍無後救射矢且盡獨將軍麾下
及成安侯校各八百人為前行以黄與白為幟
當使精騎射之即破矣成安侯者潁川人父韓

千秋故濟南相奮擊南越戰死武帝封子延年
為侯以校尉隨陵單于得敢大喜使騎並攻漢
軍疾呼曰李陵韓延年趣降遂遮道急攻陵陵
居谷中虜在山上四面射矢如雨下漢軍南行
未至鞮汗山一日五十萬矢皆盡即棄車去士
尚三千餘人徒斬車輻而持之軍吏持尺刀抵
山入陿谷單于遮其後乘隅下壘石士卒多死
不得行昏後陵便衣獨步出營止左右毋隨我
丈夫一取單于耳良久陵還大息曰兵敗死矣
軍吏或曰將軍威震匈奴天命不遂後求道徑

半音 判

還歸如浞野侯為虜所得後亡還天子客遇之
況於將軍乎陵曰公止吾不死非壯士也於是
盡斬旌旗及珍寶埋地中陵歎曰復得數十矢
足以脱矣今無兵復戰天明坐受縛矣各鳥獸
散猶有得脱歸報天子者令軍士人持二升糒
一半冰期至遮虜鄣者相待夜半時擊鼓起士
鼓不鳴陵與韓延年俱上馬壯士從者十餘人
虜騎數千追之韓延年戰死陵曰無面目報陛
下遂降軍人分散脱至塞者四百餘人陵敗處
去塞百餘里邊塞以聞上欲陵死戰召陵母及

婦使相者視之無死喪色後聞陵降上怒甚責
問陳步樂步樂自殺羣臣皆罪陵上以問太史
令司馬遷遷盛言陵事親孝與士信常奮不顧
身以殉國家之急其素所畜積也有國士之風
今舉事一不幸全軀保妻子之臣隨而媒糵其
短誠可痛也且陵提步卒不滿五千深輮戎馬
之地抑數萬之師虜救死扶傷不暇悉舉引弓
之民共攻圍之轉鬬千里矢盡道窮士張空拳
冒白刃北首爭死敵得人之死力雖古名將不
過也身雖陷敗然其所摧敗亦足暴於天下彼

之不死宜欲得當以報漢也初上遣貳師大軍出財令陵為助兵及陵與單于相值而貳師功少上以遷誣罔欲沮貳師為陵游說下遷腐刑久之上悔陵無救曰陵當發出塞迺詔彊弩都尉令迎軍坐預詔之得令老將生姦詐迺遣使勞賜陵餘軍得脫者陵在匈奴歲餘上遣因杅將軍公孫敖將兵深入匈奴迎陵敖軍無功還曰捕得生口言李陵教單于為兵以備漢軍故臣無所得上聞於是族陵家母弟妻子皆伏誅隴西士大夫以李氏為愧其後漢遣使使匈奴

陵謂使者曰吾為漢將步卒五千人橫行匈奴以亡救而敗何負於漢而誅吾家使者曰漢聞李少卿教匈奴為兵陵曰迺李緒非我也李緒本漢塞外都尉居奚侯城匈奴攻之緒降而單于客遇緒常坐陵上陵痛其家以李緒而誅使人刺殺緒大閼氏欲殺陵單于匿之北方大閼氏死迺還單于壯陵以女妻之立為右校王衛律為丁靈王皆貴用事衛律者父本長水胡人律生長漢善協律都尉李延年延年薦言律使匈奴使還會延年家收律懼并誅亡還降匈奴

匈奴愛之常在單于左右陵居外有大事迺入議昭帝立大將軍霍光左將軍上官桀輔政素與陵善遣陵故人隴西任立政等三人俱至匈奴招陵立政等至單于置酒賜漢使者李陵衛律皆侍坐立政等見陵未得私語即目視陵而數數自循其刀環握其足陰諭之言可還歸漢也後陵律持牛酒勞漢使博飲兩人皆胡服椎結立政大言曰漢已大赦中國安樂主上富於春秋霍子孟上官少叔用事以此言微動之陵墨不應孰視而自循其髮答曰吾已胡服矣有

頃律起更衣立政曰咄少卿良苦霍子孟上官少叔謝女陵曰霍與上官無恙乎立政曰請少卿來歸故鄉毋憂富貴陵字立政曰少公歸易耳恐再辱奈何語未卒衛律還頗聞餘語曰李少卿賢者不獨居一國范蠡徧遊天下由余去戎入秦今何語之親也因罷去立政隨謂陵曰亦有意乎陵曰丈夫不能再辱陵在匈奴二十餘年元平元年病死

匈奴傳

匈奴其先祖夏后氏之苗裔也曰淳維唐虞以

上有山戎獫狁葷粥居于北蠻隨畜牧而轉移其畜之所多則馬牛羊其奇畜則橐駞驢贏駃騠騊駼驒騱逐水草遷徙毋城郭常處耕田之業然亦各有分地毋文書以言語為約束兒能騎羊引弓射鳥鼠少長則射狐兎用為食士力能彎弓盡為甲騎其俗寬則隨畜因射獵禽獸為生業急則人習戰攻以侵伐其天性也其長兵則弓矢短兵則刀鋋利則進不利則退不羞遁走苟利所在不知禮義自君王以下咸食畜肉衣其皮革被旃裘壯者食肥美老者食其餘

貴壯健賤老弱父死妻其後母兄弟死皆取其妻妻之其俗有名不諱而無姓字夏道衰而公劉失其稷官變于西戎邑于豳其後三百有餘歲戎狄攻大王亶父亶父亡走岐下而豳人悉從亶父而邑焉作周其後百有餘歲周西伯昌伐畎夷氏後十有餘年武王伐紂而營雒邑復居于酆鄗放逐戎夷涇洛之北以時入貢命曰荒服其後二百有餘年周道衰而穆王伐犬戎得四白狼四白鹿以歸自是之後荒服不至於是周遂作甫刑之辟穆王之後二百有餘年周

汜音汎

幽王用寵姬襃姒之故與申侯有郤申侯怒而與犬戎共攻殺周幽王于驪山之下遂取周之焦穫而居于涇渭之間侵暴中國秦襄公救周於是周平王去酆鄗而東徙雒邑當是之時秦襄公伐戎至岐始列為諸侯是後六十有五年而山戎越燕而伐齊齊釐公與戰于齊郊其後四十四年而山戎伐燕燕告急于齊齊桓公北伐山戎山戎走其後二十有餘年而戎狄至洛邑伐周襄王襄王奔于鄭之汜邑初周襄王欲伐鄭故娶戎狄女為后與戎狄兵共伐鄭已而

黜狄后狄后怨而襄王後母曰惠后有子子帶欲立之於是惠后與狄后子帶為內應開戎狄戎狄以故得入破逐周襄王而立子帶為天子於是戎狄或居于陸渾東至於衛侵盜暴虐中國中國疾之故詩人歌之曰戎狄是膺薄伐獫狁至於太原出輿彭彭城彼朔方周襄王既居外四年乃使使告急于晉晉文公初立欲修霸業乃興師伐逐戎翟誅子帶迎內周襄王居于雒邑當是之時秦晉為彊國晉文公攘戎翟居于河西圁洛之間號曰赤翟白翟秦穆公得由

余西戎八國服於秦故自隴以西有緜諸緄戎翟豲之戎岐梁山涇漆之北有義渠大荔烏氏朐衍之戎而晉北有林胡樓煩之戎燕北有東胡山戎各分散居谿谷自有君長往往而聚者百有餘戎然莫能相一自是之後百有餘年晉悼公使魏絳和戎翟戎翟朝晉後百有餘年趙襄子踰句注而破并代以臨胡貉其後既與韓魏共滅智伯分晉地而有之則趙有代句注之北魏有河西上郡以與戎界邊其後義渠之戎築城郭以自守而秦稍蠶食至於惠王遂拔義

渠二十五城惠王擊魏魏盡入西河及上郡于秦秦昭王時義渠戎王與宣太后亂有二子宣太后詐而殺義渠戎王於甘泉遂起兵伐殘義渠於是秦有隴西北地上郡築長城以拒胡而趙武靈王亦變俗胡服習騎射北破林胡樓煩築長城自代並陰山下至高闕為塞而置雲中鴈門代郡其後燕有賢將秦開為質於胡胡甚信之歸而襲破走東胡東胡卻千餘里與荊軻刺秦王秦舞陽者開之孫也燕亦築長城自造陽至襄平置上谷漁陽右北平遼西遼東郡以

拒胡當是之時冠帶戰國七而三國邊於匈奴其後趙將李牧時匈奴不敢入趙邊後秦滅六國而始皇帝使蒙恬將十萬之衆北擊胡悉收河南地因河為塞築四十四縣城臨河徙適戍以充之而通直道自九原至雲陽因邊山險塹谿谷可繕者治之起臨洮至遼東萬餘里又度河據陽山北假中當是之時東胡彊而月氏盛匈奴單于曰頭曼頭曼不勝秦北徙十餘年而蒙恬死諸侯畔秦中國擾亂諸秦所徙適戍邊者皆復去於是匈奴得寬復稍度河南與中國

界於故塞單于有太子名冒頓後有所愛閼氏生少子而單于欲廢冒頓而立少子乃使冒頓質於月氏冒頓既質於月氏而頭曼急擊月氏月氏欲殺冒頓冒頓盜其善馬騎之亡歸頭曼以為壯令將萬騎冒頓乃作為鳴鏑習勒其騎射令曰鳴鏑所射而不悉射者斬之行獵鳥獸有不射鳴鏑所射者輒斬之已而冒頓以鳴鏑自射其善馬左右或不敢射者冒頓立斬不射善馬者居頃之復以鳴鏑自射其愛妻左右或頗恐不敢射冒頓又復斬之居頃之冒頓出獵

以鳴鏑射單于善馬左右皆射之於是冒頓知
其左右皆可用匈奴傳舊本左右皆可用下冒頓自立上有四十三字東胡強盛下乃使使上有七字御定英選本並刪連合句行以編成之匈奴傳之入選蓋取其文而冒頓事之特刪別其惡也內閣所藏諸本用此編義例而翻刻木本則遂拔本傳以太史公序附貨殖傳下冒頓自立為單于冒頓既立是時東胡
彊盛乃使使謂冒頓欲得頭曼時有千里馬冒
頓問羣臣羣臣皆曰千里馬匈奴寶馬也勿與
冒頓曰柰何與人鄰國而愛一馬乎遂與之千
里馬居頃之東胡以為冒頓畏之乃使使謂冒
頓欲得單于一閼氏冒頓復問左右左右皆怒

曰東胡無道乃求閼氏請擊之冒頓曰柰何與
人鄰國愛一女子乎遂取所愛閼氏予東胡東
胡王愈益驕西侵與匈奴間中有棄地莫居千
餘里各居其邊為甌脫東胡使使謂冒頓曰匈
奴所與我界甌脫外棄地匈奴非能至也吾欲
有之冒頓問羣臣羣臣或曰此棄地與之亦可
勿與亦可於是冒頓大怒曰地者國之本也柰
何予之諸言予之者皆斬之冒頓上馬令國中
有後者斬遂東襲擊東胡東胡初輕冒頓不為
備及冒頓以兵至擊大破滅東胡王而虜其民

谷蠡音鹿離

人及畜產既歸西擊走月氏南幷樓煩白羊河
南王侵燕代悉復收秦所使蒙恬所奪匈奴地
者與漢關故河南塞至朝那膚施遂侵燕代是
時漢兵與項羽相距中國罷於兵革以故冒頓
得自彊控弦之士三十餘萬自淳維以至頭曼
千有餘歲時大時小別散分離尚矣其世傳不
可得而次云然至冒頓而匈奴最彊大盡服從
北夷而南與中國為敵國其世傳國官號乃可
得而記云置左右賢王左右谷蠡王左右大將
左右大都尉左右大當戶左右骨都侯匈奴謂

賢曰屠耆故常以太子為左屠耆王自如左右
賢以下至當戶大者萬騎小者數千凡二十四
長立號曰萬騎諸大臣皆世官呼衍氏蘭氏其
後有須卜氏此三姓其貴種也諸左方王將居
東方直上谷以往者東接穢貉朝鮮右方王將
居西方直上郡以西接月氏氐羌而單于之庭
直代雲中各有分地逐水草移徙而左右賢王
左右谷蠡王最為大國左右骨都侯輔政諸二
十四長亦各自置千長百長什長裨小王相封
都尉當戶且渠之屬歲正月諸長小會單于庭

祠五月大會蘢城祭其先天地鬼神秋馬肥大會蹛林課校人畜計其法拔刃尺者死坐盜者沒入其家有罪小者軋大者死獄久者不過十日一國之囚不過數人而單于朝出營拜日之始生夕拜月其坐長左而北鄉日上戊己其送死有棺槨金銀衣裘而無封樹喪服近幸臣妾從死者多至數千百人舉事而候星月月盛壯則攻戰月虧則退兵其攻戰斬首虜賜一卮酒而所得鹵獲因以予之得人以為奴婢故其戰人人自為趣利善為誘兵以冒敵故其見敵則

逐利如鳥之集其困敗則瓦解雲散矣戰而扶輿死者盡得死者家財後北服渾庾屈射丁靈鬲昆薪犂之國於是匈奴貴人大臣皆服以冒頓單于為賢是時漢初定中國徙韓王信於代都馬邑匈奴大攻圍馬邑韓王信降匈奴匈奴得信因引兵南踰句注攻太原至晉陽下高帝自將兵往擊之會冬大寒雨雪卒之墮指者十二三於是冒頓詳敗走誘漢兵漢兵逐擊冒頓冒頓匿其精兵見其羸弱於是漢悉兵多步兵三十二萬北逐之高帝先至平城步兵未盡到

冒頓縱精兵四十萬騎圍高帝於白登七日漢兵中外不得相救餉匈奴騎其西方盡白馬東方盡青駹馬北方盡烏驪馬南方盡騂馬高帝乃使使閒厚遺閼氏閼氏乃謂冒頓曰兩主不相困今得漢地而單于終非能居之也且漢王亦有神單于察之冒頓與韓王信之將王黃趙利期而黃利兵又不來疑其與漢有謀亦取閼氏之言乃解圍之一角於是高帝令士皆持滿傅矢外鄉從解角直出竟與大軍合而冒頓遂引兵而去漢亦引兵而罷使劉敬結和親之約

是後韓王信為匈奴將及趙利王黃等數倍約侵盜代雲中居無幾何陳豨反又與韓信合謀擊代漢使樊噲往擊之復拔代鴈門雲中郡縣不出塞是時匈奴以漢將衆往降故冒頓常往來侵盜代地於是漢患之高帝乃使劉敬奉宗室女公主為單于閼氏歲奉匈奴絮繒酒米食物各有數約為昆弟以和親冒頓乃少止後燕王盧綰反率其黨數千人降匈奴往來苦上谷以東高祖崩孝惠呂太后時漢初定故匈奴以驕冒頓乃為書遺高后妄言高后欲擊之諸將

曰以高帝賢武然尚困於平城於是高后乃止
復與匈奴和親至孝文帝初立復修和親之事
其三年五月匈奴右賢王入居河南地侵盜上
郡葆塞蠻夷殺略人民於是孝文帝詔丞相灌
嬰發車騎八萬五千詣高奴擊右賢王右賢王
走出塞文帝幸太原是時濟北王反文帝歸罷
丞相擊胡之兵其明年單于遺漢書曰天所立
匈奴大單于敬問皇帝無恙前時皇帝言和親
事稱書意合歡漢邊吏侵侮右賢王右賢王不
請聽後義盧侯難氏等計與漢吏相距絕二主

之約離兄弟之親皇帝讓書再至發使以書報
不來漢使不至漢以其故不和鄰國不附今以
小吏之敗約故罰右賢王使之西求月氏擊之
以天之福吏卒良馬彊力以夷滅月氏盡斬殺
降下之定樓蘭烏孫呼揭及其旁二十六國皆
以為匈奴諸引弓之民并為一家北州已定願
寢兵休士卒養馬除前事復故約以安邊民以
應始古使少者得成其長老者安其處世世平
樂未得皇帝之志之故使郎中係雩淺奉書請
獻橐駝一匹騎馬二匹駕二駟皇帝即不欲匈

揭音桀

奴近塞則且詔吏民遠舍使者至即遣之以六
月中來至薪望之地書至漢議擊與和親孰便
公卿皆曰單于新破月氏乘勝不可擊且得匈
奴地澤鹵非可居也和親甚便漢許之孝文皇
帝前六年漢遺匈奴書曰皇帝敬問匈奴大單
于無恙使郎中係雩淺遺朕書曰右賢王不請
聽後義盧侯難氏等計絕二主之約離兄弟之
親漢以故不和鄰國不附今以小吏敗約故罰
右賢王使西擊月氏盡定之願寢兵休士卒養
馬除前事復故約以安邊民使少者得成其長

老者安其處世世平樂朕甚嘉之此古聖主之
意也漢與匈奴約為兄弟所以遺單于甚厚倍
約離兄弟之親者常在匈奴然右賢王事已在
赦前單于勿深誅單于若稱書意明告諸吏使
無負約有信敬如單于書使者言單于自將伐
國有功甚苦兵事服繡袷綺衣繡袷長襦錦袷
袍各一比余一黃金飾具帶一黃金胥紕一繡
十匹錦三十匹赤綈綠繒各四十匹使中大夫
意謁者令肩遺單于後頃之冒頓死子稽粥立
號曰老上單于老上稽粥單于初立孝文皇帝

復遣宗室女公主為單于閼氏使宦者燕人中行說傅公主說不欲行漢彊使之說曰必我行也為漢患者中行說既至因降單于單于甚親幸之初匈奴好漢繒絮食物中行說曰匈奴人衆不能當漢之一郡然所以彊者以衣食異無仰於漢也今單于變俗好漢物漢物不過什二則匈奴盡歸於漢矣其得漢繒絮以馳草棘中衣袴皆裂敝以示不如旃裘之完善也得漢食物皆去之以示不如湩酪之便美也於是說教單于左右疏記以計課其人衆畜物漢遺單于

書牘以尺一寸辭曰皇帝敬問匈奴大單于無恙所遺物及言語云云中行說令單于遺漢書以尺二寸牘及印封皆令廣大長倨傲其辭曰天地所生日月所置匈奴大單于敬問漢皇帝無恙所以遺物言語亦云云漢使或言曰匈奴俗賤老中行說窮漢使曰而漢俗屯戍從軍當發者其老親豈有不自脫溫厚肥美以齎送飲食行戍乎漢使曰然中行說曰匈奴明以戰攻為事其老弱不能鬬故以其肥美飲食壯健者蓋以自為守衛如此父子各得久相保何以言匈奴輕老也漢使曰匈奴父子乃同穹廬而臥父死妻其後母兄弟死盡取其妻妻之無冠帶之飾闕庭之禮中行說曰匈奴之俗人食畜肉飲其汁衣其皮畜食草飲水隨時轉移故其急則人習騎射寬則人樂無事其約束輕易行也君臣簡易一國之政猶一身也父子兄弟死取其妻妻之惡種姓之失也故匈奴雖亂必立宗種今中國雖詳不取其父兄之妻親屬益疏則相殺至乃易姓皆從此類且禮義之敝上下交怨望而室屋之極生力必屈夫力耕桑以求衣

食築城郭以自備故其民急則不習戰功緩則罷於作業嗟土室之人顧無多辭令喋喋而佔佔冠固何當自是之後漢使欲辯論者中行說輒曰漢使無多言顧漢所輸匈奴繒絮米櫱令其量中必善美而已矣何以為言乎且所給備善則已不備苦惡則候秋孰以騎馳蹂而稼穡耳日夜教單于候利害處漢孝文皇帝十四年匈奴單于十四萬騎入朝那蕭關殺北地都尉卬虜人民畜產甚多遂至彭陽使奇兵入燒回中宮候騎至雍甘泉於是文帝以中尉周舍郎

中令張武為將軍發車千乘騎十萬軍長安旁以備胡寇而拜昌侯盧卿為上郡將軍甯侯魏遬為北地將軍隆慮侯周竈為隴西將軍東陽侯張相如為大將軍成侯董赤為前將軍大發車騎往擊胡單于留塞內月餘乃去漢逐出塞即還不能有所殺匈奴日已驕歲入邊殺略人民畜產甚多雲中遼東最甚至代郡萬餘人漢患之乃使使遺匈奴書單于亦使當户報謝復言和親事孝文帝後二年使使遺匈奴書曰皇帝敬問匈奴大單于無恙使當户且居雕渠難

郎中韓遼遺朕馬二匹已至敬受先帝制長城以北引弓之國受命單于長城以內冠帶之室朕亦制之使萬民耕織射獵衣食父子無離臣主相安俱無暴逆今聞渫惡民貪降其進取之利倍義絕約忘萬民之命離兩主之驩然其事已在前矣書曰二國已和親兩主驩說寢兵休卒養馬世世昌樂闟然更始朕甚嘉之聖人者日新改作更始使老者得息幼者得長各保其首領而終其天命朕與單于俱由此道順天恤民世世相傳施之無窮天下莫不咸便漢與匈

奴鄰敵之國匈奴處北地寒殺氣早降故詔吏遺單于秫蘖金帛絲絮佗物歲有數今天下大安萬民熙熙朕與單于為之父母朕追念前事薄物細故謀臣計失皆不足以離兄弟之驩朕聞天不頗覆地不偏載朕與單于皆捐往細故俱蹈大道墮壞前惡以圖長久使兩國之民若一家子元元萬民下及魚鼈上及飛鳥跂行喙息蠕動之類莫不就安利而辟危殆故來者不止天之道也俱去前事朕釋逃虜民單于無言章尼等朕聞古之帝王約分明而無食言單于

留志天下大安和親之後漢過不先單于其察之單于既約和親於是制詔御史曰匈奴大單于遺朕書言和親已定亡人不足以益衆廣地匈奴無入塞漢無出塞犯今約者殺之可以久親後無咎俱便朕已許之其布告天下使明知之後四歲老上稽粥單于死子軍臣立為單于既立孝文皇帝復與匈奴和親而中行說復事之軍臣單于立四歲匈奴復絕和親大入上郡雲中各三萬騎所殺略甚衆而去於是漢使三將軍軍屯北地代屯句注趙屯飛狐口緣邊亦

各堅守以備胡寇又置三將軍軍長安西細柳渭北棘門霸上以備胡胡騎入代句注邊烽火通於甘泉長安數月漢兵至邊匈奴亦去遠塞漢兵亦罷後歲餘孝文帝崩孝景帝立而趙王遂乃陰使人於匈奴吳楚反欲與趙合謀入邊漢圍破趙匈奴亦止自是之後孝景帝復與匈奴和親通關市給遺匈奴遣公主如故約終孝景帝時時小入盜邊無大寇今帝即位明和親約束厚遇通關市饒給之匈奴自單于以下皆親漢往來長城下漢使馬邑下人聶翁壹奸蘭

出物與匈奴交詳為賣馬邑城以誘單于單于信之而貪馬邑財物乃以十萬騎入武州塞漢伏兵三十餘萬馬邑旁御史大夫韓安國為護軍護四將軍以伏單于單于既入漢塞未至馬邑百餘里見畜布野而無人牧者怪之乃攻亭是時鴈門尉史行徼見寇葆此亭知漢兵謀單于得欲殺之尉史乃告單于漢兵所居單于大驚曰吾固疑之乃引兵還出曰吾得尉史天也天使若言以尉史為天王漢兵約單于入馬邑而縱單于不至以故漢兵無所得漢將軍王恢

部出代擊胡輜重聞單于還兵多不敢出漢以恢本造兵謀而不進斬恢自是之後匈奴絕和親攻當路塞往往入盜於漢邊不可勝數然匈奴貪尚樂關市嗜漢財物漢亦尚關市不絕以中之自馬邑軍後五年之秋漢使四將軍各萬騎擊胡關市下將軍衛青出上谷至蘢城得胡首虜七百人公孫賀出雲中無所得公孫敖出代郡為胡所敗七千餘人李廣出鴈門為胡所敗而匈奴生得廣廣後得亡歸漢囚敖廣敖廣贖為庶人其冬匈奴數入盜邊漁陽尤甚漢使

將軍韓安國屯漁陽備胡其明年秋匈奴二萬騎入漢殺遼西太守略二千餘人胡又入敗漁陽太守軍千餘人圍漢將軍安國安國時千餘騎亦且盡會燕救至匈奴乃去匈奴又入鴈門殺略千餘人於是漢使將軍衛青將三萬騎出鴈門李息出代郡擊胡得首虜數千人其明年衛青復出雲中以西至隴西擊胡之樓煩白羊王於河南得胡首虜數千牛羊百餘萬於是漢遂取河南地築朔方復繕故秦時蒙恬所為塞因河為固漢亦棄上谷之什辟縣造陽地以予

胡是歲漢之元朔二年也其後冬匈奴軍臣單于死軍臣單于弟左谷蠡王伊稚斜自立為單于攻破軍臣單于太子於單於單亡降漢漢封於單為涉安侯數月而死伊稚斜單于既立其夏匈奴數萬騎入殺代郡太守恭及略千餘人其秋匈奴又入鴈門殺略千餘人其明年匈奴又復入代郡定襄上郡各三萬騎殺略數千人匈奴右賢王怨漢奪之河南地而築朔方數為寇盜邊及入河南侵擾朔方殺略吏民甚衆其明年春漢以衛青為大將軍將六將軍十餘萬

人出朔方高闕擊胡右賢王以為漢兵不能至飲酒醉漢兵出塞六七百里夜圍右賢王右賢王大驚脫身逃走諸精騎往往隨後去漢得右賢王衆男女萬五千人裨小王十餘人其秋匈奴萬騎入殺代郡都尉朱英略千餘人其明年春漢復遣大將軍衛青將六將軍兵十餘萬騎乃再出定襄數百里擊匈奴得首虜前後凡萬九千餘級而漢亦亡兩將軍軍三千餘騎右將軍建得以身脫而前將軍翕侯趙信兵不利降匈奴趙信者故胡小王降漢漢封為翕侯以前

將軍與右將軍并軍分行獨遇單于兵故盡沒單于既得翕侯以為自次王用其姊妻之與謀漢信教單于益北絕幕以誘罷漢兵徼極而取之無近塞單于從其計其明年胡騎萬人入上谷殺數百人其明年春漢使驃騎將軍去病將萬騎出隴西過焉支山千餘里擊匈奴得胡首虜騎萬八千餘級破得休屠王祭天金人其夏驃騎將軍復與合騎侯數萬騎出隴西北地二千里擊匈奴過居延攻祁連山得胡首虜三萬餘人裨小王以下七十餘人是時匈奴亦來入

代郡鴈門殺略數百人漢使博望侯及李將軍廣出右北平擊匈奴左賢王左賢王圍李將軍卒可四千人且盡殺虜亦過當會博望侯軍救至李將軍得脫漢失亡數千人合騎侯後驃騎將軍期及與博望侯皆當死贖為庶人其秋單于怒渾邪王休屠王居西方為漢所殺虜數萬人欲召誅之渾邪王與休屠王恐謀降漢漢使驃騎將軍往迎之渾邪王殺休屠王并將其衆降漢凡四萬餘人號十萬於是漢已得渾邪王則隴西北地河西益少胡寇徙關東貧民處所

奪匈奴河南新秦中以實之而減北地以西戍卒半其明年匈奴入右北平定襄各萬數騎殺略千餘人而去其明年春漢謀曰翕侯信為單于計居幕北以為漢兵不能至乃粟馬發十萬騎負私從馬凡十四萬匹糧重不與焉令大將軍青驃騎將軍去病中分軍大將軍出定襄驃騎將軍出代咸約絕幕擊匈奴匈奴單于聞之遠其輜重以精兵待於幕北與漢大將軍接戰一日會暮大風起漢兵縱左右翼圍單于單于自度戰不能如漢兵單于遂獨身與壯騎數百

潰漢圍西北遁走漢兵夜追不得行斬捕匈奴首虜萬九千級北至闐顏山趙信城而還單于之遁走其兵往往與漢兵相亂而隨單于單于久不與其大衆相得其右谷蠡王以為單于死乃自立為單于真單于復得其衆而右谷蠡王乃去其單于號復為右谷蠡王漢驃騎將軍之出代二千餘里與左賢王接戰漢兵得胡首虜凡七萬餘級左賢王將皆遁走驃騎封於狼居胥山禪姑衍臨翰海而還是後匈奴遠遁而幕南無王庭漢度河自朔方以西至令居往往通

渠置田官吏卒五六萬人稍蠶食地接匈奴以北初漢兩將軍大出圍單于所殺虜八九萬而漢士卒物故亦數萬漢馬死者十餘萬匈奴雖病遠去而漢亦馬少無以復往匈奴用趙信之計遣使於漢好辭請和親天子下其議或言和親或言遂臣之丞相長史任敞曰匈奴新破困宜可使為外臣朝請於邊漢使任敞於單于單于聞敞計大怒留之不遣先是漢亦有所降匈奴使者單于亦輒留漢使相當漢方復收士馬會驃騎將軍去病死於是漢久不北擊胡數歲

伊稚斜單于立十三年死子烏維立為單于是歲漢元鼎三年也烏維單于立而漢天子始出巡郡縣其後漢方南誅兩越不擊匈奴匈奴亦不侵入邊烏維單于立三年漢已滅南越遣故太僕賀將萬五千騎出九原二千餘里至浮苴井而還不見匈奴一人漢又遣故從驃侯趙破奴萬餘騎出令居數千里至匈河水而還亦不見匈奴一人是時天子巡邊至朔方勒兵十八萬騎以見武節而使郭吉風告單于郭吉既至匈奴匈奴主客問所使郭吉禮卑言好曰吾

見單于而口言單于見吉吉曰南越王頭已懸於漢北闕今單于能即前與漢戰天子自將兵待邊單于即不能即南面而臣於漢何徒遠走亡匿於幕北寒苦無水草之地毋為也語卒而單于大怒立斬主客見者而留郭吉不歸遷之北海上而單于終不肯為寇於漢邊休養息士馬習射獵數使使於漢好辭甘言求請和親漢使王烏等窺匈奴匈奴法漢使非去節而以墨黥其面者不得入穹廬王烏北地人習胡俗去其節黥面得入穹廬單于愛之詳許甘言為遣

其太子入漢為質以求和親漢使楊信於匈奴是時漢東拔穢貉朝鮮以為郡而西置酒泉郡以鬲絕胡與羌通之路漢又西通月氏大夏又以公主妻烏孫王以分匈奴西方之援國又北益廣田至胘雷為塞而匈奴終不敢以為言是歲翕侯信死漢用事者以匈奴為已弱可臣從也楊信為人剛直屈強素非貴臣單于不親單于欲召入不肯去節單于乃坐穹廬外見楊信楊信既見單于說曰即欲和親以單于太子為質於漢單于曰非故約故約漢常遣公主給繒

絮食物有品以和親而匈奴亦不擾邊今乃欲反古令吾太子為質無幾矣匈奴俗見漢使非中貴人其儒先以為欲說折其辯其少年以為欲刺折其氣每漢使入匈奴匈奴輒報償漢留匈奴使匈奴亦留漢使必得當乃肯止楊信既歸漢使王烏而單于復讇以甘言欲多得漢財物紿謂王烏曰吾欲入漢見天子面相約為兄弟王烏歸報漢漢為單于築邸于長安匈奴曰非得漢貴人使吾不與誠語匈奴使其貴人至漢病漢予藥欲愈之不幸而死而漢使路充國

佩二千石印綬往使因送其喪厚葬直數千金曰此漢貴人也單于以為漢殺吾貴使者乃留路充國不歸諸所言者單于特空紿王烏殊無意入漢及遣太子來質於是匈奴數使奇兵侵犯邊漢乃拜郭昌為拔胡將軍及浞野侯屯朔方以東備胡路充國留匈奴三歲單于死烏維單于立十歲而死子烏師廬立為單于年少號為兒單于是歲元封六年也自此之後單于益西北左方兵直雲中右方直酒泉燉煌郡兒單于立漢使兩使者一弔單于一弔右賢王欲以

乖其國使者入匈奴匈奴悉將致單于單于怒而盡留漢使漢使留匈奴者前後十餘輩而匈奴使來漢亦輒留相當是歲漢使貳師將軍廣利西伐大宛而令因杅將軍敖築受降城其冬匈奴大雨雪畜多饑寒死兒單于年少好殺伐國人多不安左大都尉欲殺單于使人閒告漢曰我欲殺單于降漢漢遠即兵來迎我我即發初漢聞此言故築受降城猶以為遠其明年春漢使浞野侯破奴將二萬餘騎出朔方西北二千餘里期至浚稽山而還浞野侯既至期而還左大都尉欲發而覺單于誅之發左方兵擊浞野浞野侯行捕首虜數千人還未至受降城四百里匈奴兵八萬騎圍之浞野侯夜自出求水匈奴閒捕生得浞野侯因急擊其軍軍中郭縱為護維王為渠相與謀曰及諸校尉畏亡將軍而誅之莫相勸歸軍遂沒於匈奴匈奴兒單于大喜遂遣奇兵攻受降城不能下乃寇入邊而去其明年單于欲自攻受降城未至病死兒單于立三歲而死子年少匈奴乃立其季父烏維單于弟右賢王呴犁湖為單于是歲太初三年

也呴犁湖單于立漢使光祿徐自為出五原塞數百里遠者千餘里築城鄣列亭至廬朐而使游擊將軍韓說長平侯衛伉屯其旁使彊弩都尉路博德築居延澤上其秋匈奴大入定襄雲中殺略數千人敗數二千石而去行破壞光祿所築城列亭鄣又使右賢王入酒泉張掖略數千人會任文擊救盡復失所得而去是歲貳師將軍破大宛斬其王而還匈奴欲遮之不能至其冬欲攻受降城會單于病死呴犁湖單于立一歲死匈奴乃立其弟左大都尉且鞮侯為單于漢既誅大宛威震外國天子意欲遂困胡乃下詔曰高皇帝遺朕平城之憂高后時單于書絕悖逆昔齊襄公復百世之讎春秋大之是歲太初四年也且鞮侯單于既立盡歸漢使之不降者路充國等得歸單于初立恐漢襲之乃自謂我兒子安敢望漢天子漢天子我丈人行也漢遣中郎將蘇武厚幣賂遺單于單于益驕禮甚倨非漢所望也其明年浞野侯破奴得亡歸漢其明年漢使貳師將軍廣利以三萬騎出酒泉擊右賢王於天山得胡首虜萬餘級而還匈

奴大圍貳師將軍幾不脫漢兵物故什六七漢復使因杅將軍敖出西河與彊弩都尉會涿涂山毋所得又使騎都尉李陵將步騎五千人出居延北千餘里與單于會合戰陵所殺傷萬餘人兵及食盡欲解歸匈奴圍陵陵降匈奴其兵遂沒得還者四百人單于乃貴陵以其女妻之後二歲復使貳師將軍將六萬騎步兵十萬出朔方彊弩都尉路博德將萬餘人與貳師會游擊將軍說將步騎三萬人出五原因杅將軍敖將萬騎步兵三萬人出鴈門匈奴聞悉遠其累

重於余吾水北而單于以十萬騎待水南與貳師將軍接戰貳師乃解而引歸與單于連戰十餘日貳師聞其家以巫蠱族滅因并衆降匈奴得來還千人一兩人耳游擊說無所得因杅敖與左賢王戰不利引歸是歲漢兵之出擊匈奴者不得言功多少功不得御有詔捕太醫令隨但言貳師將軍家室族滅使廣利得降匈奴

太史公曰孔氏著春秋隱桓之間則章至定哀之際則微為其切當世之文而罔襃忌諱之辭也世俗之言匈奴者患其徼一時之權而務讇

也世俗之言匈奴者患其徼一時之權而務讇納其說以便偏指不參彼已將率席中國廣大氣奮人主因以决策是以建功不深堯雖賢興事業不成得禹而九州寧且欲興聖統唯在擇任將相哉唯在擇任將相哉

霍光傳

霍光字子孟票騎將軍去病弟也父中孺河東平陽人也以縣吏給事平陽侯家與侍者衛少兒私通而生去病中孺吏畢歸家娶婦生光因絕不相聞久之少兒女弟子夫得幸於武帝立

為皇后去病以皇后姊子貴幸既壯大廼自知父為霍中孺未及求問會為票騎將軍擊匈奴道出河東河東太守郊迎負弩矢先驅至平陽傳舍遣吏迎霍中孺中孺趨入拜謁將軍迎拜因跪曰去病不早自知為大人遺體也中孺扶服叩頭曰老臣得託命將軍此天力也去病大為中孺買田宅奴婢而去還復過焉廼將光西至長安時年十餘歲任光為郎稍遷諸曹侍中去病死後光為奉車都尉光祿大夫出則奉車入侍左右出入禁闥二十餘年小心謹慎未嘗

有過甚見親信征和二年衛太子為江充所敗而燕王旦廣陵王胥皆多過失是時上年老寵姬鉤弋趙倢伃有男上心欲以為嗣命大臣輔之察羣臣唯光任大重可屬社稷上廼使黃門畫者畫周公負成王朝諸侯以賜光後元二年春上游五柞宮病篤光涕泣問曰如有不諱誰當嗣者上曰君未諭前畫意耶立少子君行周公之事光頓首讓曰臣不如金日磾日磾亦曰臣外國人不如光上以光為大司馬大將軍日磾為車騎將軍及太僕上官桀為左將軍搜粟

都尉桑弘羊為御史大夫皆拜臥內牀下受遺詔輔少主明日武帝崩太子襲尊號是為孝昭皇帝帝年八歲政事壹決於光先是後元年侍中僕射莽何羅與弟重合侯通謀為逆時光與金日磾上官桀等共誅之功未錄武帝病封璽書曰帝崩發書以從事遺詔封金日磾為秺侯上官桀為安陽侯光為博陸侯皆以前捕反者功封時衛尉王莽子男忽侍中揚語曰帝病忽常在左右安得遺詔封三子事羣兒自相貴耳光聞之切讓王莽莽酖殺忽光為人沈靜詳審

長財七尺三寸白晳疏眉目美須髯每出入下殿門止進有常處郎僕射竊識視之不失尺寸其資性端正如此初輔幼主政自己出天下想聞其風采殿中嘗有怪一夜羣臣相驚光召尚符璽郎郎不肯授光光欲奪之郎按劍曰臣頭可得璽不可得也光甚誼之明日詔增此郎秩二等衆庶莫不多光光與左將軍桀結婚相親光長女為桀子安妻有女年與帝相配桀因帝姊鄂邑蓋主內安女後宮為倢伃數月立為皇后父安為票騎將軍封桑樂侯光時休沐出桀

輒入代光決事桀父子既尊盛而德長公主公主內行不修近幸河間丁外人桀安欲為外人求封幸依國家故事以列侯尚公主者光不許又為外人求光祿大夫欲令得召見又不許長公主以是怨光而桀安數為外人求官爵弗能得亦慙自先帝時桀已為九卿位在光右及父子竝為將軍有椒房中宮之重皇后親安女光廼其外祖而顧專制朝事繇是與光爭權燕王旦自以昭帝兄常懷怨望及御史大夫桑弘羊建造酒榷鹽鐵為國興利伐其功欲為子弟得

官亦怨恨光於是蓋主上官桀安及弘羊皆與燕王旦通謀詐令人為燕王上書言光出都肄郎羽林道上稱趕太官先置又引蘇武前使匈奴拘留二十年不降還廼為典屬國而大將軍長史敞亡功為搜粟都尉又擅調益莫府校尉光專權自恣疑有非常臣旦願歸符璽入宿衛察姦臣變俟司光出沐日奏之桀欲從中下其事桑弘羊當與諸大臣共執退光書奏帝不肯下明旦光聞之止畫室中不入上問大將軍安在左將軍桀對曰以燕王告其罪故不敢入有

詔召大將軍光入免冠頓首謝上曰將軍冠朕知是書詐也將軍亡罪光曰陛下何以知之上曰將軍之廣明都郎屬耳調校尉以來未能十日燕王何以得知之且將軍為非不須校尉是時帝年十四尚書左右皆驚而上書者果亡捕之甚急桀等懼白上小事不足遂上不聽後桀黨與有譖光者上輒怒曰大將軍忠臣先帝所屬以輔朕身敢有毀者坐之自是桀等不敢復言廼謀令長公主置酒請光伏兵格殺之因廢帝迎立燕王為天子事發覺光盡誅桀安弘羊外人宗族燕王蓋主皆自殺光威震海內昭帝既冠遂委任光訖十三年百姓充實四夷賓服元平元年昭帝崩亡嗣武帝六男獨有廣陵王胥在羣臣議所立咸持廣陵王王本以行失道先帝所不用光內不自安郎有上書言周太王廢太伯立王季文王舍伯邑考立武王唯在所宜雖廢長立少可也廣陵王不可以承宗廟言合光意光以其書視丞相敞等擢郎為九江太守即日承皇太后詔遣行大鴻臚事少府樂成宗正德光祿大夫吉中郎將利漢迎昌邑王賀

賀者武帝孫昌邑哀王子也既至即位行淫亂光憂懣獨以問所親故吏大司農田延年延年曰將軍為國柱石審此人不可何不建白太后更選賢而立之光曰今欲如是於古嘗有此不延年曰伊尹相殷廢太甲以安宗廟後世稱其忠將軍若能行此亦漢之伊尹也光廼引延年給事中陰與車騎將軍張安世圖計遂召丞相御史將軍列侯中二千石大夫博士會議未央宮光曰昌邑王行昏亂恐危社稷如何羣臣皆驚鄂失色莫敢發言但唯唯而已田延年前離

席按劍曰先帝屬將軍以幼孤寄將軍以天下以將軍忠賢能安劉氏也今羣下鼎沸社稷將傾且漢之傳謚常為孝者以長有天下令宗廟血食也如令漢家絕祀將軍雖死何面目見先帝於地下乎今日之議不得旋踵羣臣後應者臣請劍斬之光謝曰九卿責光是也天下匈匈不安光當受難於是議者皆叩頭曰萬姓之命在於將軍唯大將軍令光即與羣臣俱見白太后具陳昌邑王不可以承宗廟狀皇太后迺車駕幸未央承明殿詔諸禁門毋內昌邑羣臣王

入朝太后還乘輦欲歸温室中黃門宦者各持門扇王入門閉昌邑羣臣不得入王曰何為大將軍跪曰有皇太后詔毋內昌邑羣臣王曰徐之何迺驚人如是光使盡驅出昌邑羣臣置金馬門外車騎將軍安世將羽林騎收縛二百餘人皆送廷尉詔獄令故昭帝侍中中臣侍守王光敕左右謹宿衛卒有物故自裁令我負天下有殺主名王尚未自知當廢謂左右我故羣臣從官安得罪而大將軍盡繫之乎頃之有太后詔召王王聞召意恐迺曰我安得罪而召我哉

太后被珠襦盛服坐武帳中侍御數百人皆持兵期門武士陛戟陳列殿下羣臣以次上殿召昌邑王伏前聽詔光與羣臣連名奏王尚書令讀奏曰丞相臣敞大司馬大將軍臣光車騎將軍臣安世度遼將軍臣明友前將軍臣增後將軍臣充國御史大夫臣誼宜春侯臣譚當塗侯臣聖隨桃侯臣昌樂杜侯臣屠耆堂太僕臣延年太常臣昌大司農臣延年宗正臣德少府臣樂成廷尉臣光執金吾臣延壽大鴻臚臣賢左馮翊臣廣明右扶風臣德長信少府臣嘉典屬

國臣武京輔都尉臣廣漢司隸校尉臣辟兵諸吏文學光祿大夫臣遷臣畸臣吉臣賜臣管臣勝臣梁臣長幸臣夏侯勝太中大夫臣德臣卬眛死言皇太后陛下臣敞等頓首死罪天子所以永保宗廟總壹海內者以慈孝禮誼賞罰為本孝昭皇帝早棄天下亡嗣臣敞等議禮曰為人後者為之子也昌邑王宜嗣後遣宗正大鴻臚光祿大夫奉節使徵昌邑王典喪服斬縗亡悲哀之心廢禮誼居道上不素食使從官略女子載衣車內所居傳舍始至謁見立為皇太子

常私買鷄豚以食受皇帝信璽行璽大行前就次發璽不封從官更持節引内昌邑從官騶宰官奴二百餘人常與居禁闥内敖戲自之符璽取節十六朝暮臨令從官更持節從爲書曰皇帝問侍中君卿使中御府令高昌奉黄金千斤賜君卿取十妻大行在前殿發樂府樂器引内昌邑樂人擊鼓歌吹作俳倡會下還上前殿擊鐘磬召内泰壹宗廟樂人輦道牟首鼓吹歌舞悉奏衆樂發長安廚三太牢具祠閣室中祀已與從官飲啗駕法駕皮軒鸞旗驅馳北宫桂宫

弄彘鬬虎召皇太后御小馬車使官奴騎乘遊戲掖庭中與孝昭皇帝宫人蒙等淫亂詔掖庭令敢泄言要斬太后曰止爲人臣子當悖亂如是邪王離席伏尚書令復讀曰取諸侯王列侯二千石綬及墨綬黄綬以幷佩昌邑郎官者免奴變易節上黄旄以赤發御府金錢刀劒玉器采繒賞賜所與遊戲者與從官官奴夜飲湛沔於酒詔太官上乘輿食如故食監奏未釋服未可御故食復詔太官趣具無關食監太官不敢具即使從官出買鷄豚詔殿門内以爲常獨夜

設九賓温室延見姊夫昌邑關内侯祖宗廟祠未舉爲璽書使使者持節以三太牢祠昌邑哀王園廟稱嗣子皇帝受璽以來二十七日使者旁午持節詔諸官署徵發凡千一百二十七事文學光禄大夫夏侯勝等及侍中傅嘉數進諫以過失使人簿責勝縛嘉繫獄荒淫迷惑失帝王禮誼亂漢制度臣敞等數進諫不變更日以益甚恐危社稷天下不安臣敞等謹與博士臣霸臣雋舍臣德臣虞舍臣射臣倉議皆曰高皇帝建功業爲漢太祖孝文皇帝慈仁節儉爲太

宗今陛下嗣孝昭皇帝後行淫辟不軌詩云籍曰未知亦既抱子五辟之屬莫大不孝周襄王不能事母春秋曰天王出居于鄭繇不孝出之絶之於天下也宗廟重於君陛下未見命高廟不可以承天序奉祖宗廟子萬姓當廢臣請有司御史大夫臣誼宗正臣德太常臣昌與太祝以一太牢具告祠高廟臣敞等昧死以聞皇太后詔曰可光令王起拜受詔王曰聞天子有争臣七人雖亡道不失天下光曰皇太后詔廢安得天子廼即持其手解脱其璽組奉上太后扶

王下殿出金馬門羣臣隨送王西面拜曰愚戇不任漢事起就乘輿副車大將軍光送至昌邑邸光謝曰王行自絕於天臣等駑怯不能殺身報德臣寧負王不敢負社稷願王自愛臣長不復見左右光涕泣而去羣臣奏言古者廢放之人屏於遠方不及以政請徙王賀漢中房陵縣太后詔歸賀昌邑賜湯沐邑二千户昌邑羣臣坐亡輔導之誼陷王於惡光悉誅殺二百餘人出死號呼市中曰當斷不斷反受其亂光坐庭中會丞相以下議定所立廣陵王已前不用及

燕刺王反誅其子不在議中近親唯有衛太子孫號皇曾孫在民間咸稱述焉光遂復與丞相敞等上奏曰禮曰人道親親故尊祖尊祖故敬宗大宗亡嗣擇支子孫賢者為嗣孝武皇帝曾孫病已武帝時有詔掖庭養視至今年十八師受詩論語孝經躬行節儉慈仁愛人可以嗣孝昭皇帝後奉承祖宗廟子萬姓臣昧死以聞皇太后詔曰可光遣宗正劉德至曾孫家尚冠里洗沐賜御衣太僕以軨獵車迎曾孫就齋宗正府入未央宫見皇太后封為陽武侯已而光奉

上皇帝璽綬謁于高廟是為孝宣皇帝明年下詔曰夫褒有德賞元功古今通誼也大司馬大將軍光宿衛忠正宣德明恩守節秉誼以安宗廟其以河北東武陽益封光萬七千户與故所食凡二萬户賞賜前後黃金七千斤錢六千萬雜繒三萬疋奴婢百七十人馬二千疋甲第一區自昭帝時光子禹及兄孫雲皆中郎將雲弟山奉車都尉侍中領胡越兵光兩女壻為東西宫衛尉昆弟諸壻外孫皆奉朝請為諸曹大夫騎都尉給事中黨親連體根據於朝廷光自後

元秉持萬機及上即位迺歸政上謙讓不受諸事皆先關白光然後奏御天子光每朝見上虛已斂容禮下之已甚光秉政前後二十年地節二年春病篤車駕自臨問光病上為之涕泣光上書謝恩曰願分國邑三千户以封兄孫奉車都尉山為列侯奉兄票騎將軍去病祀事下丞相御史即日拜光子禹為右將軍光薨上及皇太后親臨光喪太中大夫任宣與侍御史五人持節護喪事中二千石治莫府冢上賜金錢繒絮繡被百領衣五十篋璧珠璣玉衣梓宫便房

黄腸題湊各一具樅木外臧槨十五具東園温明皆如乘輿制度載光尸柩以輼輬車黄屋左纛發材官輕車北軍五校士軍陳至茂陵以送其葬謚曰宣成侯發三河卒穿復土起冢祠堂置園邑三百家長丞奉守如舊法既葬封山為樂平侯以奉車都尉領尚書事天子思光功德下詔曰故大司馬大將軍博陸侯宿衛孝武皇帝三十有餘年輔孝昭皇帝十有餘年遭大難躬秉誼率三公九卿大夫定萬世冊以安社稷天下蒸庶咸以康寧功德茂盛朕甚嘉之復其

後世疇其爵邑世世無有所與功如蕭相國明年夏封太子外祖父許廣漢為平恩侯復下詔曰宣成侯光宿衛忠正勤勞國家善善及後世其封光兄孫中郎將雲為冠陽侯禹既嗣為博陸侯太夫人顯改光時所自造塋制而侈大之起三出闕築神道北臨昭靈南出承恩盛飾祠室輦閣通屬永巷而幽良人婢妾守之廣治第室作乘輿輦加畫繡絪馮黄金塗韋絮薦輪侍婢以五采絲輓顯游戲第中初光愛幸監奴馮子都常與計事及顯寡居與子都亂而禹山亦

並繕治第宅走馬馳逐平樂館雲當朝請數稱病私出多從賓客張圍獵黄山苑中使蒼頭奴上朝謁莫敢譴者而顯及諸女晝夜出入長信宮殿中亡期度宣帝自在民間聞知霍氏尊盛日久内不能善光薨上始躬親朝政御史大夫魏相給事中顯謂禹雲山女曹不務奉大將軍餘業今大夫給事中他人壹間女能復自救邪後兩家奴爭道霍氏奴入御史府欲蹋大夫門御史為叩頭謝迺去人以謂霍氏顯等始知憂會魏大夫為丞相數燕見言事平恩侯與侍中

金安上等徑出入省中時霍山自若領尚書上令吏民得奏封事不關尚書羣臣進見獨往来於是霍氏甚惡之宣帝始立立微時許妃為皇后顯愛小女成君欲貴之私使乳醫淳于衍行毒藥殺許后因勸光内成君代立為后語在外戚傳始許后暴崩吏捕諸醫劾衍侍疾亡狀不道下獄吏簿問急顯恐事敗即具以實語光光大驚欲自發舉不忍猶與會奏上因署衍勿論光薨後語稍泄於是上始聞之而未察迺徙光女壻度遼將軍未央衛尉平陵侯范明友為光

禄勳次壻諸吏中郎將羽林監任勝出為安定太守數月復出光姊壻給事中光祿大夫張朔為蜀郡太守羣孫壻中郎將王漢為武威太守頃之復徙光長女壻長樂衛尉鄧光漢為少府更以禹為大司馬冠小冠亡印綬罷其右將軍屯兵官屬特使禹官名與光俱大司馬者又收范明友度遼將軍印綬但為光祿勳及光中女壻趙平為散騎騎都尉光祿大夫將屯兵又收平騎都尉印綬諸領胡越騎羽林及兩宮衛將屯兵悉易以所親信許史子弟代之禹為大司

馬稱病禹故長史任宣候問禹曰我何病縣官非我家將軍不得至是今將軍墳墓未乾盡外我家反任許史奪我印綬令人不省死宣見禹恨望深迺謂曰大將軍時何可復行持國權柄殺生在手中廷尉李种王平左馮翊賈勝胡及車丞相女壻少府徐仁皆坐逆將軍意下獄死使樂成小家子得幸將軍至九卿封侯百官以下但事馮子都王子方等視丞相亡如也各自有時今許史自天子骨肉貴正宜耳大司馬欲用是怨恨愚以為不可禹默然數日起視事顯

及禹山雲自見日侵削數相對啼泣自怨山曰今丞相用事縣官信之盡變易大將軍時法令以公田賦與貧民發揚大將軍過失又諸儒生多窶人子遠客飢寒喜妄說狂言不避忌諱大將軍常讎之今陛下好與諸儒生語人人自使書封事多言我家者嘗有上書言大將軍時主弱臣強專制擅權今其子孫用事昆弟益驕恣恐危宗廟災異數見盡為是也其言絕痛山屏不奏其書後上書者益黠盡奏封事輒使中書令出取之不關尚書益不信人顯曰丞相數言

我家獨亡罪乎山曰丞相廉正安得罪我家昆弟諸壻多不謹又聞民間讙言霍氏毒殺許皇后寧有是邪顯恐急即具以實告山雲禹山雲禹驚曰如是何不早告禹等縣官離散斥逐諸壻用是故也此大事誅罰不小柰何於是始有邪謀矣初趙平客石夏善為天官語平曰熒惑守御星御星太僕奉車都尉也不黜則死平內憂山等雲舅李竟所善張赦見雲家卒卒謂竟曰今丞相與平恩侯用事可令太夫人言太后先誅此兩人移徙陛下在太后耳長安男子張

章告之事下廷尉執金吾捕張赦石夏等後有詔止勿捕山等愈恐相謂曰此縣官重太后故不竟也然惡端已見又有弑許后事陛下雖寛仁恐左右不聽久之猶發發即族矣不如先也遂令諸女各歸報其夫皆曰安所相避會李竟坐與諸侯王交通辭語及霍氏有詔雲山不宜宿衛免就第光諸女遇太后無禮馮子都數犯法上并以為讓山禹等甚恐顯夢第中井水溢流庭下竈居樹上又夢大將軍謂顯曰知捕兒不亟下捕之第中鼠暴多與人相觸以尾畫地

鴞數鳴殿前樹上第門自壞雲尚冠里宅中門亦壞巷端人共見有人居雲屋上撤瓦投地就視亡有大怪之禹夢車騎聲正讙來捕禹舉家憂愁山曰丞相擅減宗廟羔菟鼃可以此罪也謀令太后為博平君置酒召丞相平恩侯以下使范明友鄧廣漢承太后制引斬之因廢天子而立禹約定未發雲拜為玄菟太守太中大夫任宣為代郡太守山又坐寫秘書顯為上書獻城西第入馬千疋以贖山罪書報聞會事發覺雲山明友自殺顯禹廣漢等捕得禹要斬顯及

諸女昆弟皆棄市唯獨霍后廢處昭臺宮與霍氏相連坐誅滅者數千家上廼下詔曰廼者東織室令史張赦使魏郡豪李竟報冠陽侯雲謀為大逆朕以大將軍故抑而不揚冀其自新今大司馬博陸侯禹與母宣成侯夫人顯及從昆弟子冠陽侯雲樂平侯山諸姊妹壻謀為大逆欲詿誤百姓賴宗廟神靈先發得咸伏其辜朕甚悼之諸為霍氏所詿誤事在丙申前未發覺在吏者皆赦除之男子張章先發覺以語期門董忠忠告左曹楊惲惲告侍中金安上惲召見

對狀後章上書以聞侍中史高與金安上建發其事言無入霍氏禁闥卒不得遂其謀皆讎有功封章為博成侯忠高昌侯惲平通侯安上都成侯高樂陵侯初霍氏奢侈茂陵徐生曰霍氏必亡夫奢則不遜不遜必侮上侮上者逆道也在人之右衆必害之霍氏秉權日久害之者多矣天下害之而又行以逆道不亡何待廼上疏言霍氏泰盛陛下即愛厚之宜以時抑制無使至亡書三上輒報聞其後霍氏誅滅而告霍氏者皆封人為徐生上書曰臣聞客有過主人者

見其竈直突傍有積薪客謂主人更為曲突遠徙其薪不者且有火患主人嘿然不應俄而家果失火鄰里共救之幸而得息於是殺牛置酒謝其鄰人灼爛者在於上行餘各以功次坐而不録言曲突者人謂主人曰鄉使聽客之言不費牛酒終亡火患今論功而請賔曲突徙薪亡恩澤焦頭爛額為上客耶主人廼寤而請之今茂陵徐福數上書言霍氏且有變宜防絶之鄉使福説得行則國亡裂土出爵之費臣亡逆亂誅滅之敗往事既已而福獨不蒙其功惟陛下

察之貴徙薪曲突之策使居焦髮灼爛之右上廼賜福帛十疋後以為郎宣帝始立謁見高廟大將軍光從驂乘上内嚴憚之若有芒刺在背後車騎將軍張安世代光驂乘天子從容肆體甚安近焉及光身死而宗族竟誅故俗傳之曰威震主者不畜霍氏之禍萌於驂乘至成帝時為光置守冢百家吏卒奉祀焉元始二年封光從父昆弟曾孫陽為博陸侯千户

賛曰霍光以結髮内侍起於階闥之間確然秉志誼形於主受襁褓之託任漢室之寄當廟堂擁幼君摧燕王仆上官因權制敵以成其忠處廢置之際臨大節而不可奪遂匡國家安社稷擁昭立宣光為師保雖周公阿衡何以加此然光不學亡術闇於大理陰妻邪謀立女為后湛溺盈溢之欲以增顛覆之禍死財三年宗族誅夷哀哉昔霍叔封於晉晉即河東光豈其苗裔乎金日磾夷狄亡國羈虜漢庭而以篤敬寤主忠信自著勒功上將傳國後嗣世名忠孝七世内侍何其盛也本以休屠作金人為祭天主故因賜姓金氏云

夏侯勝傳

夏侯勝字長公初魯共王分魯西寧鄉以封子節侯別屬大河大河後更名東平故勝為東平人勝少孤好學從始昌受尚書及洪範五行傳説災異後事蕳卿又從歐陽氏問為學精孰所問非一師也善説禮服徵為博士光禄大夫會昭帝崩昌邑王嗣立數出勝當乘輿前諫曰天久陰而不雨臣下有謀上者陛下出欲何之王怒謂勝為祅言縛以屬吏吏白大將軍霍光光不舉法是時光與車騎將軍張安世謀欲廢昌

邑王光讓安世以為泄語安世實不言迺召問勝勝對言在洪範傳曰皇之不極厥罰常陰時則下人有伐上者惡察察言故云臣下有謀光安世大驚以此益重經術士後十餘日光卒與安世共白太后廢昌邑王尊立宣帝光以為羣臣奏事東宮太后省政宜知經術白令勝用尚書授太后遷長信少府賜爵關內侯以與謀廢立定策安宗廟益千户宣帝初即位欲褒先帝詔丞相御史曰朕以眇身蒙遺德承聖業奉宗廟夙夜惟念孝武皇帝躬仁誼厲威武北征匈奴單于遠遁南平氐羌昆明甌駱兩越東定薉貉朝鮮廓地斥境立郡縣百蠻率服款塞自至珍貢陳於宗廟協音律造樂歌薦上帝封太山立明堂改正朔易服色明開聖緒尊賢顯功興滅繼絕褒周之後備天地之禮廣道術之路上天報況符瑞並應寶鼎出白麟獲海效鉅魚神人並見山稱萬歲功德茂盛不能盡宣而廟樂未稱朕甚悼焉其與列侯二千石博士議於是羣臣大議廷中皆曰宜如詔書長信少府勝獨曰武帝雖有攘四夷廣土斥境之功然多殺士

衆竭民財力奢泰亡度天下虛耗百姓流離物故者過半蝗蟲大起赤地數千里或人民相食畜積至今未復亡德澤於民不宜為立廟樂公卿共難勝曰此詔書也勝曰詔書不可用也人臣之誼宜直言正論非苟阿意順指議已出口雖死不悔於是丞相義御史大夫廣明劾奏勝非議詔書毀先帝不道及丞相長史黃霸阿縱勝不舉劾俱下獄有司遂請尊孝武帝廟為世宗廟奏盛德文始五行之舞天下世世獻納以明盛德武帝巡狩所幸郡國凡四十九皆立廟如高祖太宗焉勝霸既久繫霸欲從勝受經勝辭以罪死霸曰朝聞道夕死可矣勝賢其言遂授之繫再更冬講論不怠至四年夏關東四十九郡同日地動或山崩壞城郭室屋殺六千餘人上乃素服避正殿遣使者弔問吏民賜死者棺錢下詔曰蓋災異者天地之戒也朕承洪業託士民之上未能和羣生曩者地震北海琅邪壞祖宗廟朕甚懼焉其與列侯中二千石博問術士有以應變補朕之闕毋有所諱因大赦勝出為諫大夫給事中霸為揚州刺史勝為人質

撲守正簡易亡威儀見時謂上為君誤相字於前上亦以是親信之嘗見出道上語上聞而讓勝勝曰陛下所言善臣故揚之堯言布於天下至今見誦臣以為可傳故傳耳朝廷每有大議上知勝素直謂曰先生通正言無懲前事勝復為長信少府遷太子太傅受詔撰尚書論語說賜黃金百斤年九十卒官賜冢塋葬平陵太后賜錢二百萬為勝素服五日以報師傅之恩儒者以為榮始勝每講授常謂諸生曰士病不明經術經術苟明其取青紫如俛拾地芥耳學經

不明不如歸耕勝從父子建字長卿自師事勝及歐陽高左右采獲又從五經諸儒問與尚書相出入者牽引以次章句具文飾說勝非之曰建所謂章句小儒破碎大道建亦非勝為學疏略難以應敵建卒自顓門名經為議郎博士至太子少傅勝子兼為左曹太中大夫孫堯至長信少府司農鴻臚曾孫蕃郡守州牧長樂少府勝同產弟子賞為梁內史梁內史子定國為豫章太守而建子千秋亦為少府太子少傅

史記英選卷之七

史記英選卷之八

魏相丙吉傳

魏相字弱翁濟陰定陶人也徙平陵少學易為郡卒史舉賢良以對策高第為茂陵令頃之御史大夫桑弘羊客詐稱御史止傳丞不以時謁客怒縛丞相疑其有姦收捕案致其罪論棄客市茂陵大治後遷河南太守禁止姦邪豪彊畏服會丞相車千秋死先是千秋子為雒陽武庫令自見失父而相治郡嚴恐久獲罪乃自免去相使掾追呼之遂不肯還相獨恨曰大將軍聞

此令去官必以為我用丞相死不能遇其子使當世貴人非我殆矣武庫令西至長安大將軍霍光果以責過相曰幼主新立以為函谷京師之固武庫精兵所聚故以丞相弟為關都尉子為武庫令今河南太守不深惟國家大策苟見丞相不在而斥逐其子何淺薄也後人有告相賊殺不辜事下有司河南卒戍中都官者二三千人遮大將軍自言願復留作一年以贖太守罪河南老弱萬餘人守關欲入上書關吏以聞大將軍用武庫令事遂下相廷尉獄久繫踰冬

會赦出復有詔守茂陵令遷揚州刺史考案郡國守相多所貶退相與丙吉相善時吉為光禄大夫予相書曰朝廷已深知弱翁治行方且大用矣願少慎事自重臧器于身相心善其言為霽威嚴居部二歲徵為諫大夫復為河南太守數年宣帝即位徵相入為大司農遷御史大夫四歲大將軍霍光薨上思其功德以其子禹為右將軍兄子樂平侯山復領尚書事相因平恩侯許伯奏封事言春秋譏世卿惡宋三世為大夫及魯季孫之專權皆危亂國家自後元以来

禄去王室政繇冢宰今光死子復為大將軍兄子秉樞機昆弟諸壻據權勢在兵官光夫人顯及諸女皆通籍長信宮或夜詔門出入驕奢放縱恐寖不制宜有以損奪其權破散陰謀以固萬世之基全功臣之世又故事諸上書者皆為二封署其一曰副領尚書者先發副封所言不善屏去不奏相復因許伯白去副封以防雍蔽宣帝善之詔相給事中皆從其議霍氏殺許后之謀始得上聞乃罷其三侯令就第親屬皆出補吏於是韋賢以老病免相遂代為丞相封高

平侯食邑八百戶及霍氏怨相又憚之謀矯太后詔先召斬丞相然後廢天子事發覺伏誅宣帝始親萬機厲精為治練羣臣核名實而相総領衆職甚稱上意元康中匈奴遣兵擊漢屯田車師者不能下上與後將軍趙充國等議欲因匈奴衰弱出兵擊其右地使不敢復擾西域相上書諫曰臣聞之救亂誅暴謂之義兵兵義者王敵加於已不得已而起者謂之應兵兵應者勝争恨小故不忍憤怒者謂之忿兵兵忿者敗利人土地貨寶者謂之貪兵兵貪者破恃國家

之大矜民人之衆欲見威於敵者謂之驕兵兵驕者滅此五者非但人事迺天道也間者匈奴嘗有善意所得漢民輒奉歸之未有犯於邊境雖争屯田車師不足致意中今聞諸將軍欲與兵入其地臣愚不知此兵何名者也今邊郡困乏父子共犬羊之裘食草萊之實常恐不能自存難以動兵軍旅之後必有凶年言民以其愁苦之氣傷陰陽之和也出兵雖勝猶有後憂恐災害之變因此以生今郡國守相多不實選風俗尤薄水旱不時案今年計子弟殺父兄妻殺

夫者凡二百二十二人臣愚以為此非小變也今左右不憂此乃欲發兵報纖介之忿於遠夷殆孔子所謂吾恐季孫之憂不在顓臾而在蕭牆之內也願陛下與平昌侯樂昌侯平恩侯及有識者詳議乃可上從相言而止相明易經有師法好觀漢故事及便宜章奏以為古今異制方今務在奉行故事而已數條漢興已來國家便宜行事及賢臣賈誼鼂錯董仲舒等所言奏請施行之曰臣聞明主在上賢輔在下則君安虞而民和睦臣相幸得備位不能奉明法廣教

虞同娛

化理四方以宣聖德民多背本趨末或有飢寒之色為陛下之憂臣相罪當萬死臣相知能淺薄不明國家大體時用之宜惟民終始未得所繇竊伏觀先帝聖德仁恩之厚勤勞天下垂意黎庶憂水旱之災為民貧窮發倉廩賑乏餧遣諫大夫博士巡行天下察風俗舉賢良平冤獄冠蓋交道省諸用寬租賦弛山澤波池禁秫馬酤酒貯積所以周急繼困慰安元元便利百姓之道甚備臣相不能悉陳昧死奏故事詔書凡二十三事臣謹案王法必本於農而務積聚量

波音陂

入制用以備凶災亡六年之畜尚謂之急元鼎二年平原勃海太山東郡溥被災害民餓死於道路二千石不豫慮其難使至於此賴明詔振捄乃得蒙更生今歲不登穀暴騰踊臨秋收斂猶有乏者至春恐甚亡以相恤西羌未平師旅在外兵革相乘臣竊寒心宜蚤圖其備唯陛下留神元元帥繇先帝盛德以撫海內上施行其策又數表采易陰陽及明堂月令奏之曰臣相幸得備員奉職不修不能宣廣教化陰陽未和災害未息咎在臣等臣聞易曰天地以順動故

日月不過四時不忒聖王以順動故刑罰清而民服天地變化必繇陰陽陰陽之分以日為紀日冬夏至則八風之序立萬物之性成各有常職不得相干東方之神太昊乘震執規司春南方之神炎帝乘離執衡司夏西方之神少昊乘兌執矩司秋北方之神顓頊乘坎執權司冬中央之神黃帝乘坤艮執繩司下土茲五帝所司各有時也東方之卦不可以治西方南方之卦不可以治北方春興兌治則飢秋興震治則華冬興離治則泄夏興坎治則雹明王謹于尊天

慎于養人故立羲和之官以乘四時節授民事
君動静以道奉順陰陽則日月光明風雨時節
寒暑調和三者得叙則災害不生五穀孰絲麻
遂草木茂鳥獸蕃民不夭疾衣食有餘若是則
君尊民説上下亡怨政教不違禮讓可興夫風
雨不時則傷農桑農桑傷則民飢寒飢寒在身
則亡廉恥寇賊姦宄所繇生也臣愚以為陰陽
者王事之本羣生之命自古賢聖未有不繇者
也天子之義必純取法天地而觀於先聖高皇
帝所述書天子所服第八曰大謁者臣章受詔

長樂宮曰令羣臣議天子所服以安治天下相
國臣何御史大夫臣昌謹與將軍臣陵太子太
傅臣通等議春夏秋冬天子所服當法天地之
數中得人和故自天子王侯有土之君下及兆
民能法天地順四時以治國家身亡禍殃年壽
永究是奉宗廟安天下之大禮也臣請法之中
謁者趙堯舉春李舜舉夏兒湯舉秋貢禹舉冬
四人各職一時大謁者襄章奏制曰可孝文皇
帝時以二月施恩惠於天下賜孝弟力田及罷
軍卒祠死事者頗非時節御史大夫鼂錯時為

太子家令奏言其狀臣相伏念陛下恩澤甚厚
然而災氣未息竊恐詔令有未合當時者也願
陛下選明經通知陰陽者四人各主一時時至
明言所職以和陰陽天下幸甚相數陳便宜上
納用焉相敕掾史案事郡國及休告從家還至
府輒白四方異聞或有逆賊風雨災變郡不上
相輒奏言之時丙吉為御史大夫同心輔政上
皆重之相為人嚴毅不如吉寬視事九歲神爵
三年薨謚曰憲侯子弘嗣甘露中有罪削爵為
關内侯

丙吉字少卿魯國人也治律令為魯獄史積功
勞稍遷至廷尉右監坐法失官歸為州從事武
帝末巫蠱事起吉以故廷尉監徵詔治巫蠱郡
邸獄時宣帝生數月以皇曾孫坐衛太子事繫
吉見而憐之又心知太子無事實重哀曾孫無
辜吉擇謹厚女徒令保養曾孫置閒燥處吉治
巫蠱事連歲不決後元二年武帝疾往来長楊
五柞宮望氣者言長安獄中有天子氣於是上
遣使者分條中都官詔獄繫者亡輕重一切皆
殺之内謁者令郭穰夜到郡邸獄吉閉門拒使

者不納曰皇曾孫在他人亡辜死者猶不可況親曾孫乎相守至天明不得入穰還以聞因劾奏吉武帝亦寤曰天使之也因赦天下郡邸獄繫者獨賴吉得生恩及四海矣曾孫病幾不全者數焉吉數敕保養乳母加致醫藥視遇甚有恩惠以私財物給其衣食後吉為車騎將軍軍市令遷大將軍長史霍光甚重之入為光祿大夫給事中昭帝崩亡嗣大將軍光遣吉迎昌邑王賀賀即位以行淫亂廢光與車騎將軍張安世諸大臣議所立未定吉奏記光曰將軍事孝

武皇帝受襁褓之屬任天下之寄孝昭皇帝早崩亡嗣海內憂懼欲亟聞嗣主發喪之日以大誼立後所立非其人復以大誼廢之天下莫不服焉方今社稷宗廟羣生之命在將軍之壹舉竊伏聽於衆庶察其所言諸侯宗室在位列者未有所聞於民間也而遺詔所養武帝曾孫名病已在掖庭外家者吉前使居郡邸時見其幼少至今十八九矣通經術有美材行安而節和願將軍詳大議參以蓍龜豈宜褒顯先使入侍令天下昭然知之然後決定大策天下幸甚光

覽其議遂尊立皇曾孫遣宗正劉德與吉迎曾孫於掖庭宣帝初即位賜吉爵關內侯吉為人深厚不伐善自曾孫遭遇吉絕口不道前恩故朝廷莫能明其功也地節三年立皇太子吉為太子太傅數月遷御史大夫及霍氏誅上躬親政省尚書事是時掖庭宮婢則令民夫上書自陳嘗有阿保之功章下掖庭令考問則辭引使者丙吉知狀掖庭令將則詣御史府以視吉吉識謂則曰汝嘗坐養皇曾孫不謹督笞汝安得有功獨渭城胡組淮陽郭徵卿有恩耳分別奏

組等共養勞苦狀詔吉求組徵卿已死有子孫皆受厚賞詔免則為庶人賜錢十萬上親見問然後知吉有舊恩而終不言上大賢之制詔丞相朕微眇時御史大夫吉與朕有舊恩厥德茂焉詩不云虖亡德不報其封吉為博陽侯邑千三百戶臨當封吉疾病上將使人加紼而封之及其生存也上憂吉疾不起太子太傅夏侯勝曰此未死也臣聞有陰德者必饗其樂以及子孫今吉未獲報而疾甚非其死疾也後病果瘉吉上書固辭自陳不宜以空名受賞上報曰朕

第地讀

之封君非空名也而君上書歸侯印是顯朕之
不德也方今天下少事君其專精神省思慮近
醫藥以自持後五歲代魏相為丞相吉本起獄
法小吏後學詩禮皆通大義及居相位上寬大
好禮讓掾史有罪臧不稱職輒予長休告終無
所案驗客或謂吉曰君侯為漢相姦吏成其私
然無所懲艾吉曰夫以三公之府有案吏之名
吾竊陋焉後人代吉因以為故事公府不案吏
自吉始於官屬掾史務掩過揚善吉馭吏耆酒
數逋蕩嘗從吉出醉歐丞相車上西曹主吏白

欲斥之吉曰以醉飽之失去士使此人將復何
所容西曹地忍之此不過汙丞相車茵耳遂不
去也此馭吏邊郡人習知邊塞發犇命警備事
嘗出適見驛騎持赤白囊邊郡發犇命書馳來
至馭吏因隨驛騎至公車刺取知虜入雲中代
郡遽歸府見吉白狀因曰恐虜所入邊郡二千
石長吏有老病不任兵馬者宜可豫視吉善其
言召東曹案邊長吏瑣科條其人未已詔召丞
相御史問以虜所入郡吏吉具對御史大夫卒
遽不能詳知以得譴讓而吉見謂憂邊思職馭

吏力也吉乃歎曰士亡不可容能各有所長嚮
使丞相不先聞馭吏言何見勞勉之有掾史繇
是益賢吉吉又嘗出逢清道羣鬪者死傷橫道
吉過之不問掾史獨怪之吉前行逢人逐牛牛
喘吐舌吉止駐使騎吏問逐牛行幾里矣掾史
獨謂丞相前後失問或以譏吉吉曰民鬪相殺
傷長安令京兆尹職所當禁備逐捕歲竟丞相
課其殿最奏行賞罰而已宰相不親小事非所
當於道路問也方春少陽用事未可大熱恐牛
近行用暑故喘此時氣失節恐有所傷害也三

公典調和陰陽職所當憂是以問之掾史乃服
以吉知大體五鳳三年春吉病篤上自臨問吉
曰君即有不諱誰可以自代者吉辭謝曰羣臣
行能明主所知愚臣無所能識上固問吉頓首
曰西河太守杜延年明於法度曉國家故事前
為九卿十餘年今在郡治有能名廷尉于定國
執憲詳平天下自以不寃太僕陳萬年事後母
孝惇厚備於行止此三人能皆在臣右唯上察
之上以吉言皆是而許焉及吉薨御史大夫黃
霸為丞相徵西河太守杜延年為御史大夫會

其年老乞骸骨病免以廷尉于定國代爲御史大夫黄霸薨而定國爲丞相太僕陳萬年代定國爲御史大夫居位皆稱職上稱吉爲知人吉薨謚曰定侯子顯嗣甘露中有罪削爵爲關内侯官至衛尉太僕始顯少爲諸曹嘗從祠高廟至夕牲日乃使出取齋衣丞相吉大怒謂其夫人曰宗廟至重而顯不敬慎亡吾爵者必顯也夫人爲言然後乃已吉中子禹爲水衛都尉少子高爲中壘校尉元帝時長安士伍尊上書言臣少時爲郡邸小吏竊見孝宣皇帝以皇曾孫

史記英選卷八　十二

在郡邸獄是時治獄使者丙吉見皇曾孫遭離無辜吉仁心感動涕泣悽惻選擇復作胡組養視皇孫吉常從臣尊日再侍卧庭上後遭條獄之詔吉扞拒大難不避嚴刑峻法既遭大赦吉謂守丞誰如皇孫不當在官使誰如移書京兆尹遣與胡組俱送京兆尹不受復還及組日滿當去皇孫思慕吉以私錢顧組令留與郭徵卿並養數月乃遣組去後少内嗇夫白吉曰食皇孫亡詔令時吉得食米肉月月以給皇孫吉即時病輒使臣尊朝夕請問皇孫視省席蓐燥濕

候伺組徵卿不得令晨夜去皇孫敖盪數奏甘毳食物所以擁全神靈成育聖躬功德已亡量矣時豈豫知天下之福而徼其報哉誠其仁恩内結於心也雖介子推割肌以存君不足以比孝宣皇帝時臣上書言狀幸得下吉吉謙讓不敢自伐删去臣辭專歸美於組徵卿組徵卿皆以受田宅賜錢吉封爲博陽侯臣尊不得比組徵卿臣年老居貧死在旦暮欲終不言恐使有功不著吉子顯坐微文奪爵爲關内侯臣愚以爲宜復其爵邑以報先人功德先是顯爲太僕

史記英選卷八　十三

十餘年與官屬大爲姦利臧千餘萬司隸校尉昌案劾罪至不道奏請逮捕上曰故丞相吉有舊恩朕不忍絶免顯官奪邑四百户後復以爲城門校尉顯卒子昌嗣爵關内侯成帝時修廢功以吉舊恩尤重鴻嘉元年制詔丞相御史蓋聞褒功德繼絶統所以重宗廟廣賢聖之路也故博陽侯吉以舊恩有功而封今其祀絶朕甚憐之夫善善及子孫古今之通誼也其封吉孫中郎將關内侯昌爲博陽侯奉吉後國絶三十二歲復續云昌傳子至孫王莽時廼絶

贊曰古之制名必繇象類遠取諸物近取諸身故經謂君爲元首臣爲股肱明其一體相待而成也是故君臣相配古今常道自然之勢也近觀漢臣高祖開基蕭曹爲冠孝宣中興丙魏有聲是時黜陟有序衆職修理公卿多稱其位海内興於禮讓覽其行事豈虚虖哉

蕭望之傳

蕭望之字長倩東海蘭陵人也徙杜陵家世以田爲業至望之好學治齊詩事同縣后蒼且十年以令詣太常受業復事同學博士白奇又從

夏侯勝問論語禮服京師諸儒稱述焉是時大將軍霍光秉政長史丙吉薦儒生王仲翁與望之等數人皆召見先是左將軍上官桀與蓋主謀殺光光既誅桀等後出入自備吏民當見者露索去刀兵兩吏挾持望之獨不肯聽自引出閤曰不願見吏牽持匈匈光聞之告吏勿持望之既至前説光曰將軍以功德輔幼主將以流大化致於洽平是以天下之士延頸企踵爭願自效以輔高明今士見者皆先露索挾持恐非周公相成王躬吐握之禮致白屋之意於是光獨不除用望之而仲翁等皆補大將軍史三歲間仲翁至光禄大夫給事中望之以射策甲科爲郎署小苑東門候仲翁出入從蒼頭廬兒下車趨門傳呼甚寵顧謂望之曰不肯録録反抱關爲望之曰各從其志後數年坐弟犯法不得宿衛免歸爲郡吏及御史大夫魏相除望之爲屬察廉爲大行治禮丞時大將軍光薨子禹復爲大司馬兄子山領尚書親屬皆宿衛内侍地節三年夏京師雨雹望之因是上疏願賜清閒之宴口陳災異之意宣帝自在民間聞望之名曰此東海蕭生耶下少府宋畸問狀無有所諱

望之對以爲春秋昭公三年大雨雹是時季氏專權卒逐昭公鄉使魯君察於天變宜亡此害今陛下以聖德居位思政求賢堯舜之用心也然而善祥未臻陰陽不和是大臣任政一姓擅埶之所致也附枝大者賊本心私家盛者公室危唯明主躬萬機選同姓舉賢材以爲腹心與參政謀令公卿大臣朝見奏事明陳其職以考功能如是則庶事理公道立姦邪塞私權廢矣對奏天子拜望之爲謁者時上初即位思進賢

良多上書言便宜輒下望之問狀高者請丞相御史次者中二千石試事滿歲以狀聞下者報聞或罷歸田里所白處奏皆可累遷諫大夫丞相司直歲中三遷官至二千石其後霍氏竟謀反誅望之寖益任用是時選博士諫大夫通政事者補郡國守相以望之為平原太守望之雅意在本朝遠為郡守內不自得乃上疏曰陛下哀愍百姓恐德化之不究悉出諫官以補郡吏所謂憂其末而忘其本者也朝無爭臣則不知過國無達士則不聞善願陛下選明經術溫故

知新通於幾微謀慮之士以為內臣與參政事諸侯聞之則知國家納諫憂政亡有闕遺若此不怠成康之道其庶幾乎外郡不治豈足憂哉書聞徵入守少府宣帝察望之經明持重論議有餘材任宰相欲詳試其政事復以為左馮翊望之從少府出為左遷恐有不合意即移病上聞之使侍中成都侯金安上諭意曰所用皆更治民以考功君前為平原太守日淺故復試之於三輔非有所聞也望之即視事是歲西羌反漢遣後將軍征之京兆尹張敞上書言國兵在

外軍以夏發隴西以北安定以西吏民並給轉輸田事頗廢素無餘積雖羌虜以破來春民食必乏窮辟之處買亡所得縣官穀度不足以振之願令諸有辠非盜受財殺人及犯法不得赦者皆得以差入穀此八郡贖罪務益致穀以豫備百姓之急事下有司望之與少府李彊議以為民函陰陽之氣有仁義欲利之心在教化之所助堯在上不能去民欲利之心而能令其欲利不勝其好義也雖桀在上不能去民好義之心而能令其好義不勝其欲利也故堯桀之分

在於義利而已道民不可不慎也今欲令民量粟以贖罪如此則富者得生貧者獨死是貧富異刑而法不壹也人情貧窮父兄囚執聞出財得以生活為人子弟者將不顧死亡之患敗亂之行以赴財利求救親戚一人得生十人以喪如此伯夷之行壞公綽之名滅政教壹傾雖有周召之佐恐不能復古者臧於民不足則取有餘則予詩曰爰及矜人哀此鰥寡上惠下也又曰雨我公田遂及我私下急上也今有西邊之役民失作業雖戶賦口斂以贍其困乏古之通

義百姓莫以為非以死救生恐未可也陛下布德施教教化既成堯舜亡以加也今議開利路以傷既成之化臣竊痛之於是天子復下其議兩府丞相御史以難問張敞敞曰少府左馮翊所言常人之所守耳昔先帝征四夷兵行三十餘年百姓猶不加賦而軍用給今羌虜一隅小夷跳梁於山谷間漢但令辠人出財减辠以誅之其名賢於煩擾良民横興賦斂也又諸盜及殺人犯不道者百姓所疾苦也皆不得贖首匿見知縱所不當得為之屬議者或頗言其法可

蠲除今因此令贖其便明甚何化之所亂甫刑之罰小過赦薄罪贖有金選之品所從來久矣何賊之所生敞備皂衣二十餘年嘗聞罪人贖矣未聞盜賊起也竊憐涼州被寇方秋饒時民尚有飢乏病死於道路況至来春將大困乎不早慮所以振救之策而引常經以難恐後為重責常人可與守經未可與權也敞幸得備列卿以輔兩府為職不敢不盡愚望之彊復對曰先帝聖德賢良在位作憲垂法為無窮之規永惟邊竟之不贍故金布令甲曰邊郡數被兵離飢

貣音特

寒夭絕天年父子相失令天下共給其費固為軍旅卒暴之事也聞天漢四年常使死罪人入五十萬錢减死罪一等豪彊吏民請奪假貣至為盜賊以贖罪其後姦邪横暴羣盜並起至攻城邑殺郡守充滿山谷吏不能禁明詔遣繡衣使者以興兵擊之誅者過半然後衰止愚以為此使死罪贖之敗也故曰不便時丞相魏相御史大夫丙吉亦以為羌虜且破轉輸略足相給遂不施敞議望之為左馮翊三年京師稱之遷大鴻臚先是烏孫昆彌翁歸靡因長羅侯常惠

上書願以漢外孫元貴靡為嗣得復尚少主結婚内附畔去匈奴詔下公卿議望之以為烏孫絕域信其美言萬里結婚非長策也天子不聽神爵二年遣長羅侯惠使送公主配元貴靡未出塞翁歸靡死其兄子狂王背約自立惠從塞下上書願留少主敦煌郡惠至烏孫責以負約因立元貴靡還迎少主詔下公卿議望之復以為不可烏孫持兩端亡堅約其効可見前少主在烏孫四十餘年恩愛不親密邊境未以安此已事之驗也今少主以元貴靡不得立而還信

無負於四夷此中國之大福也少主不止繇役將與其原起此天子從其議徵少主還後烏孫雖分國兩立以元貴靡爲大昆彌漢遂不復與結婚三年代丙吉爲御史大夫五鳳中匈奴大亂議者多曰匈奴爲害日久可因其壞亂舉兵滅之詔遣中朝大司馬車騎將軍韓增諸吏富平侯張延壽光祿勳楊惲太僕戴長樂問望之計策望之對曰春秋晉士匄帥師侵齊聞齊侯卒引師而還君子大其不伐喪以爲恩足以服孝子誼足以動諸侯前單于慕化鄉善稱弟遣

使請求和親海内欣然夷狄莫不聞未終奉約不幸爲賊臣所殺今而伐之是乘亂而幸災也彼必奔走遠遁不以義動兵恐勞而無功宜遣使者弔問輔其微弱救其災患四夷聞之咸貴中國之仁義如遂蒙恩得復其位必稱臣服從此德之盛也上從其議後竟遣兵護輔呼韓邪單于定其國是時大司農中丞耿壽昌奏設常平倉上善之望之非壽昌丞相丙吉年老上重焉望之又奏言百姓或乏困盜賊未止二千石多材下不任職三公非其人則三光爲之不明

今首歲日月少光咎在臣等上以望之意輕丞相乃下侍中建章衛尉金安上光祿勳楊惲御史中丞王忠并詰問望之望之免冠置對天子繇是不說後丞相司直緐〔音婆〕延壽奏侍中謁者良使承制詔望之望之再拜已良與望之言望之不起因故下手而謂御史曰良禮不備故事丞相病明日御史大夫輒問病朝奏事會庭中差居丞相後丞相謝大夫少進揖今丞相數病望之不問病會庭中與丞相鈞禮時議事不合意望之曰侯年寧能父我耶知御史有令不得擅

使望之多使守史自給車馬之杜陵護視家事少史冠法冠爲妻先引又使賣買私所附益凡十萬三千案望之大臣通經術居九卿之右本朝所仰至不奉法自修踞慢不遜攘〔同讓〕受所監臧二百五十以上請逮捕繫治上於是策望之曰有司奏君責使者禮遇丞相亡禮廉聲不聞敖慢不遜亡以扶政帥先百僚君不深思陷于兹穢朕不忍致君于理使光祿勳惲策詔左遷君爲太子太傅授印其上故印使者便道之官君其秉道明孝正直是與帥意亡譽靡有後言望

之既左遷而黄霸代為御史大夫數月間丙吉薨霸為丞相霸薨于定國復代焉望之遂見廢不得相為太傅以論語禮服授皇太子初匈奴呼韓邪單于来朝詔公卿議其儀丞相霸御史大夫定國議曰聖王之制施德行禮先京師而後諸夏先諸夏而後夷狄詩云率禮不越遂視既發相土烈烈海外有截陛下聖德充塞天地光被四表匈奴單于鄉風慕化奉珍朝賀自古未之有也其禮儀宜如諸侯王位次在下望之以為單于非正朔所加故稱敵國宜待以不臣

之禮位在諸侯王上外夷稽首稱藩中國讓而不臣此則羈縻之誼謙亨之福也書曰戎狄荒服言其来荒忽亡常如使匈奴後嗣卒有鳥竄鼠伏闕於朝享不為畔臣信讓行乎蠻貉福祚流于亡窮萬世之長策也天子采之下詔曰盖聞五帝三王教化所不施不及以政令匈奴單于稱北藩朝正朔朕之不逮德不能弘覆其以客禮待之令單于位在諸侯王上贊謁稱臣而不名及宣帝寢疾選大臣可屬者引外屬侍中樂陵侯史高太子太傅望之少傅周堪至禁中

拜高為大司馬車騎將軍望之為前將軍光禄勳堪為光禄大夫皆受遺詔輔政領尚書事宣帝崩太子襲尊號是為孝元帝望之堪本以師傅見尊重上即位數宴見言治亂陳王事望之選白宗室明經達學散騎諫大夫劉更生給事中與侍中金敞並拾遺左右四人同心謀議勸道上以古制多所欲匡正上甚鄉納之初宣帝不甚從儒術任用法律而中書宦官用事中書令弘恭石顯久典樞機明習文法亦與車騎將軍高為表裏論議常獨持故事不從望之等恭

顯又時傾反見詘望之以為中書政本宜以賢明之選自武帝游宴後庭故用宦者非國舊制又違古不近刑人之義白欲更置士人繇是大與高恭顯忤上初即位謙讓重改作議久不定出劉更生為宗正望之堪數薦名儒茂材以備諫官會稽鄭朋陰欲附望之上疏言車騎將軍高遣客為姦利郡國及言許史子弟罪過章視周堪堪白令朋待詔金馬門朋奏記望之曰將軍體周召之德秉公綽之質有卞莊之威至乎耳順之年履折衝之位號至將軍誠士之高致

也寵究黎庶莫不懽喜咸曰將軍其人也今將軍規撫云若管晏而休遂行日反至周台乃留爭若管晏而休則下走將歸延陵之皐修農圃之疇畜鷄種黍竢見二子沒齒而已矣如將軍昭然度行積思塞邪枉之險蹊宣中庸之常政興周召之遺業親日反之兼聽則下走其庶幾頹竭區區底厲鋒鍔奉萬分之一望之見納朋接待以意朋數稱述望之短車騎將軍言許史過失後朋行傾邪望之絶不與通朋與大司農史李宮俱待詔堪獨白宮為黃門郎朋楚士怨

恨更求入許史推所言許史事曰皆周堪劉更生教我我關東人何以知此於是侍中許章白見朋朋出揚言曰我見言前將軍小過五大罪一中書令在旁知我言狀望之聞之以問弘恭石顯顯恭恐望之自訟下於它吏即挾朋及待詔華龍龍者宣帝時與張子蟜等待詔以行汙濊不進欲入堪等堪等不納故與朋相結恭顯令二人告望之等謀欲罷車騎將軍疏退許史狀候望之出休日令朋龍上之事下弘恭問狀望之對曰外戚在位多奢淫欲以匡正國家非

為邪也恭顯奏望之堪更生朋黨相稱舉數譖訴大臣毀離親戚欲以專擅權勢為臣不忠誣上不道請謁者召致廷尉時上初即位不省謁者召致廷尉為下獄也可其奏後上召堪更生曰繫獄上大驚曰非但廷尉問耶以責恭顯皆叩頭謝上曰令出視事恭顯因使高言上新即位未以德化聞於天下而先驗師傅既下九卿大夫獄宜因決免於是制詔丞相御史前將軍望之傅朕八年亡它罪過今事久遠識忘難明其赦望之罪收前將軍光祿勳印綬及堪更生

皆免為庶人而朋為黃門郎後數月制詔御史國之將興尊師而重傅故前將軍望之傅朕八年道以經術厥功茂焉其賜望之爵關內侯食邑六百户給事中朝朔望坐次將軍天子方倚欲以為丞相會望之子散騎中郎伋上書訟望之前事事下有司復奏望之前所坐明白無譖訴者而教子上書稱引亡辜之詩失大臣體不敬請逮捕弘恭石顯等知望之素高節不詘辱建白望之前為將軍輔政欲排退許史專權擅朝幸得不坐復賜爵邑與聞政事不悔過服罪

深懷怨望教子上書歸非於上自以託師傅懷
終不坐非頗詘望之於牢獄塞其怏怏心則聖
朝亡以施恩厚上曰蕭太傅素剛安肯就吏顯
等曰人命至重望之所坐語言薄罪必亡所憂
上乃可其奏顯等封以付謁者敕令召望之手
付因令太常急發執金吾車騎馳圍其第使者
至召望之望之欲自殺其夫人止之以為非天
子意望之以問門下生朱雲雲者好節士勸望
之自裁於是望之仰天歎曰吾嘗備位將相年
踰六十矣老入牢獄苟求生活不亦鄙乎字謂

雲曰游趣和藥來無久留我死竟飲鴆自殺天
子聞之驚拊手曰曩固疑其不就牢獄果然殺
吾賢傅是時太官方上晝食上乃卻食為之涕
泣哀慟左右於是召顯等責問以議不詳皆免
冠謝良久然後已望之有罪死有司請絕其爵
邑有詔加恩長子伋嗣為關內侯天子追念望
之不忘每歲時遣使者祠祭望之冢終元帝世
望之八子至大官者育咸由

贊曰蕭望之歷位將相籍師傅之恩可謂親昵
亡間及至謀泄隙開讒邪構之卒為便嬖宦豎
所圖哀哉不然望之堂堂折而不橈身為儒宗
輔佐之能近古社稷臣也

趙充國傳

趙充國字翁孫隴西上邽人也後徙金城令居
始為騎士以六郡良家子善騎射補羽林為人
沈勇有大略少好將帥之節而學兵法通知四
夷事武帝時以假司馬從貳師將軍擊匈奴大
為虜所圍漢軍乏食數日死傷者多充國迺與
壯士百餘人潰圍陷陳貳師引兵隨之遂得解
身被二十餘創貳師奏狀詔徵充國詣行在所

武帝親見視其創嗟歎之拜為中郎遷車騎將
軍長史昭帝時武都氐人反充國以大將軍護
軍都尉將兵擊定之遷中郎將將屯上谷還為
水衡都尉擊匈奴獲西祁王擢為後將軍兼水
衡如故與大將軍霍光定冊尊立宣帝封營平
侯本始中為蒲類將軍征匈奴斬虜數百級還
為後將軍少府匈奴大發十餘萬騎南旁塞至
符奚盧山欲入為寇亡者題除渠堂降漢言之
遣充國將四萬騎屯緣邊九郡單于聞之引去
是時光祿大夫義渠安國使行諸羌先零豪言

額時渡湟水北逐民所不田處畜牧安國以聞充國劾安國奉使不敬是後羌人旁緣前言抵冒渡湟水郡縣不能禁元康三年先零遂與諸羌種豪二百餘人解仇交質盟詛上聞之以問充國對曰羌人所以易制者以其種自有豪數相攻擊埶不壹也往三十餘歲西羌反時亦先解仇合約攻令居與漢相距五六年廼定至征和五年先零豪封煎等通使匈奴匈奴使人至小月氏傳告諸羌曰漢貳師將軍衆十餘萬人降匈奴羌人為漢事苦張掖酒泉本我地地肥

美可共擊居之以此觀匈奴欲與羌合非一世也間者匈奴困於西方聞烏桓來保塞恐兵復從東方起數使使尉黎危須諸國設以子女貂裘欲沮解之其計不合疑匈奴更遣使至羌中道從沙陰地出鹽澤過長阬入窮水塞南抵屬國與先零相直臣恐羌變未止此且復結聯他種宜及未然為之備後月餘羌侯狼何果遣使至匈奴藉兵欲擊鄯善敦煌以絕漢道充國以為狼何小月氏種在陽關西南埶不能獨造此計疑匈奴使已至羌中先零罕幵廼解仇作約

亹音門

到秋馬肥變必起矣宜遣使者行邊兵豫為備敕視諸羌毋令解仇以發覺其謀於是兩府復白遣義渠安國行視諸羌分別善惡安國至召先零諸豪三十餘人以尤桀黠皆斬之縱兵擊其種人斬首千餘級於是諸降羌及歸義羌侯楊玉等恐怒亡所信鄉遂劫略小種背畔犯塞攻城邑殺長吏安國以騎都尉將騎三千屯備羌至浩亹為虜所擊失亡車重兵器甚衆安國引還至令居以聞是歲神爵元年春也時充國年七十餘上老之使御史大夫丙吉問誰可將

者充國對曰亡踰於老臣者矣上遣問焉曰將軍度羌虜何如當用幾人充國曰百聞不如一見兵難隃度臣願馳至金城圖上方略然羌戎小夷逆天背畔滅亡不久願陛下以屬老臣勿以為憂上笑曰諾充國至金城須兵滿萬騎欲渡河恐為虜所遮即夜遣三校銜枚先渡渡輒營陳會明畢遂以次盡渡虜數十百騎來出入軍傍充國曰吾士馬新倦不可馳逐此皆驍騎難制又恐其為誘兵也擊虜以殄滅為期小利不足貪令軍勿擊遣騎候四望陿中亡虜夜引

疏讀跡

兵上至落都召諸校司馬謂曰吾知羌虜不能為兵矣使虜發數千人守杜四望陿中兵豈得入哉充國常以遠斥候為務行必為戰備止必堅營壁尤能持重愛士卒先計而後戰遂西至西部都尉府日饗軍士士皆欲為用虜數挑戰充國堅守捕得生口言羌豪相數責曰語汝亡反今天子遣趙將軍來年八九十矣善為兵今請欲壹鬭而死可得邪充國子右曹中郎將卬將期門佽飛羽林孤兒胡越騎為支兵至令居虜並出絕轉道卬以聞有詔將八校尉與驍騎

史記英選卷八　三十

都尉金城太守合疏捕山間虜通轉道津渡初罕幵豪靡當兒使弟雕庫來告都尉曰先零欲反後數日果反雕庫種人頗在先零中都尉即留雕庫為質充國以為亡罪迺遣歸告種豪大兵誅有罪者明白自別毋取并滅天子告諸羌人犯法者能相捕斬除罪斬大豪有罪者一人賜錢四十萬中豪十五萬下豪二萬大男三千女子及老小千錢又以其所捕妻子財物盡與之充國計欲以威信招降罕幵及刼略者解散虜謀徼極迺擊之時上已發三輔太常徒弛刑

能音耐

三河潁川沛郡淮陽汝南材官金城隴西天水安定北地上郡騎士羌騎與武威張掖酒泉太守各屯其郡者合六萬人矣酒泉太守辛武賢奏言郡兵皆屯備南山北邊空虛埶不可久或曰至秋冬迺進兵此虜在竟外之冊今虜朝夕為寇土地寒苦漢馬不能冬屯兵在武威張掖酒泉萬騎以上皆多羸瘦可益馬食以七月上旬齎三十日糧分兵並出張掖酒泉合擊罕幵在鮮水上者虜以畜產為命今皆離散兵即分出雖不能盡誅亶奪其畜產虜其妻子復引兵

史記英選卷八　三十一

還冬復擊之大兵仍出虜必震壞天子下其書充國令與校尉以下吏士知羌事者博議充國及長史董通年以為武賢欲輕引萬騎分為兩道出張掖回遠千里以一馬自佗負三十日食為米二斛四斗麥八斛又有衣裝兵器難以追逐勤勞而至虜必商軍進退稍引去逐水草入山林隨而深入虜即據前險守後阸以絕糧道必有傷危之憂為夷狄笑千載不可復而武賢以為可奪其畜產虜其妻子此殆空言非至計也又武威縣張掖日勒皆當北塞有通谷水草

臣恐匈奴與羌有謀且欲大入幸能要杜張掖酒泉以絶西域其郡兵尤不可發先零首為畔逆它種刦略故臣愚冊欲捐罕幵闇昧之過隱而勿章先行先零之誅以震動之宜悔過反善因赦其罪選擇良吏知其俗者拊循和輯此全師保勝安邊之冊天子下其書公卿議者咸以為先零兵盛而負罕幵之助不先破罕幵則先零未可圖也上迺拜侍中樂成侯許延壽為強弩將軍即拜酒泉太守武賢為破羌將軍賜璽書嘉納其冊以書敕讓充國曰皇帝問後將軍

甚苦暴露將軍計欲至正月迺擊罕羌羌人當獲麥已遠其妻子精兵萬人欲為酒泉敦煌寇邊兵少民守保不得田作今張掖以東粟石百餘芻稾束數十轉輸並起百姓煩擾將軍將萬餘之衆不早及秋共水草之利爭其畜食欲至冬虜皆當畜食多藏匿山中依險阻將軍士寒手足皸瘃寧有利哉將軍不念中國之費欲以歲數而勝微將軍誰不樂此者今詔破羌將軍武賢將兵六千一百人敦煌太守快將二千人長水校尉富昌酒泉侯奉世將婼月氏兵四千人亡慮萬二千人齎三十日食以七月二十二日擊罕羌入鮮水北句廉上去酒泉八百里去將軍可千二百里將軍其引兵便道西並進雖不相及使虜聞東方北方兵並來分散其心意離其黨與雖不能殄滅當有瓦解者已詔中郎將卬將胡越佽飛射士步兵二校益將軍兵今五星出東方中國大利蠻夷大敗太白出高用兵深入敢戰者吉弗敢戰者凶將軍急裝因天時誅不義萬下必全勿復有疑充國既得讓以為將任兵在外便宜有守以安國家迺上書謝

罪因陳兵利害曰臣竊見騎都尉安國前幸賜書擇羌人可使使罕諭告以大軍當至漢不誅罕以解其謀恩澤甚厚非臣下所能及臣獨私美陛下盛德至計亡已故遣幵豪雕庫宣天子至德罕幵之屬皆聞知明詔今先零羌楊玉此羌之首帥名王將騎四千及煎鞏騎五千阻石山木候便為寇罕羌未有所犯今置先零先擊罕釋有罪誅亡辜起壹難就兩害誠非陛下本計也臣聞兵法攻不足者守有餘又曰善戰者致人不致於人今罕羌欲為敦煌酒泉寇宜飭

兵馬練戰士以須其至坐得致敵之術以逸擊勞取勝之道也今恐二郡兵少不足以守而發之行攻釋致虜之術而從爲虜所致之道臣愚以爲不便先零羌虜欲爲背畔故與罕开解仇結約然其私心不能亡恐漢兵至而罕开背之也臣愚以爲其計常欲先赴罕开之急以堅其約先擊罕羌先零必助之今虜馬肥糧食方饒擊之恐不能傷害適使先零得施德於罕羌堅其約合其黨虜交堅黨合精兵二萬餘人迫脅諸小種附著者稍衆莫須之屬不輕得離也如

是虜兵寖多誅之用力數倍臣恐國家憂累繇十年數不二三歲而已臣得蒙天子厚恩父子俱爲顯列臣位至上卿爵爲列侯犬馬之齒七十六爲明詔填溝壑死骨不朽亡所顧念獨思惟兵利害至孰悉也於臣之計先誅先零已則罕开之屬不煩兵而服矣先零已誅而罕开不服涉正月擊之得利之理又其時也以今進兵誠不見其利唯陛下裁察六月戊申奏七月甲寅璽書報從充國計焉充國引兵至先零在所虜久屯聚解弛望見大軍棄車重欲渡湟水道

阸狹充國徐行驅之或曰逐利行遲充國曰此窮寇不可迫也緩之則走不顧急之則還致死諸校皆曰善虜赴水溺死者數百降及斬首五百餘人鹵馬牛羊十萬餘頭車四千餘兩兵至罕地令軍毋燔聚落芻牧田中罕羌聞之喜曰漢果不擊我矣豪靡忘使人來言願得還復故地充國以聞未報靡忘來自歸充國賜飲食遣還諭種人護軍以下皆爭之曰此反虜不可擅遣充國曰諸君但欲便文自營非爲公家忠計也語未卒璽書報令靡忘以贖論後罕竟不煩

兵而下其秋充國病上賜書曰制詔後將軍聞苦腳脛寒泄將軍年老加疾一朝之變不可諱朕甚憂之今詔破羌將軍詣屯所爲將軍副急因天時大利吏士銳氣以十二月擊先零羌即疾劇留屯毋行獨遣破羌彊弩將軍時羌降者萬餘人矣充國度其必壞欲罷騎兵屯田以待其敝作奏未上會得進兵璽書中郎將卬懼使客諫充國曰誠令兵出破軍殺將以傾國家將軍守之可也即利與病又何足爭一旦不合上意遣繡衣來責將軍將軍之身不能自保何國

家之安充國歎曰是何言之不忠也本用吾言羌虜得至是邪往者舉可先行羌者吾舉辛武賢丞相御史復白遣義渠安國竟沮敗羌金城湟中穀斛八錢吾謂耿中丞糴二百萬斛穀羌人不敢動矣耿中丞請糴百萬斛廼得四十萬斛耳義渠再使且費其半失此二冊羌人故敢為逆失之毫釐差以千里是既然矣今兵久不决四夷卒有動搖相因而起雖有知者不能善其後羌獨足憂邪吾固以死守之明主可為忠言遂上屯田奏曰臣聞兵者所以明德除害也

故舉得於外則福生於内不可不慎臣所將吏士馬牛食月用糧穀十九萬九千六百三十斛鹽千六百九十三斛茭稾二十五萬二百八十六石難久不解繇役不息又恐它夷卒有不虞之變相因竝起為明主憂誠非素定廟勝之冊且羌虜易以計破難用兵碎也故臣愚以為擊之不便計度臨羌東至浩亹羌虜故田及公田民所未墾可二千頃以上其間郵亭多壞敗者臣前部士入山伐材木大小六萬餘枚皆在水次願罷騎兵留弛刑應募及淮陽汝南步兵與吏士私從者合凡萬二百八十一人用穀月二萬七千三百六十三斛鹽三百八斛分屯要害處氷解漕下繕鄉亭浚溝渠治湟陿以西道橋七十所令可至鮮水左右田事出賦人二十晦至四月草生發郡騎及屬國胡騎伉健各千倅馬什二就草為田者遊兵以充入金城郡益積蓄省大費今大司農所轉穀至者足支萬人一歲食謹上田處及器用簿唯陛下裁許上報曰皇帝問後將軍言欲罷騎兵萬人留田即如將軍之計虜當何時伏誅兵當何時得决孰計其便復奏充國上狀曰臣聞帝王之兵以全取勝

是以貴謀而賤戰戰而百勝非善之善者也故先為不可勝以待敵之可勝蠻夷習俗雖殊於禮義之國然其欲避害就利愛親戚畏死亡一也今虜亡其美地薦草愁於寄託遠遯骨肉離心人有畔志而明主般師罷兵萬人留田順天時因地利以待可勝之虜雖未即伏辜兵決可朞月而望羌虜瓦解前後降者萬七百餘人及受言去者凡七十輩此坐支解羌虜之具也臣謹條不出兵留田便宜十二事步兵九校吏士

壄古地

萬人留屯以為武備因田致穀威德竝行一也又因排折羌虜令不得歸肥饒之壄貧破其衆以成羌虜相畔之漸二也居民得竝田作不失農業三也軍馬一月之食度支田士一歲罷騎兵以省大費四也至春省甲士卒循河湟漕穀至臨羌以眎羌虜揚威武傳世折衝之具五也以閒暇時下所伐材繕治郵亭充入金城六也兵出乘危徼幸不出令反畔之虜竄於風寒之地離霜露疾疫瘃墯之患坐得必勝之道七也亡經阻遠追死傷之害八也內不損威武之重

外不令虜得乘間之埶九也又亡驚動河南大幵小幵使生他變之憂十也治湟陿中道橋令可至鮮水以制西域信威千里從枕席上過師十一也大費既省繇役豫息以戒不虞十二也留屯田得十二便出兵失十二利臣充國材下犬馬齒衰不識長册唯明詔博詳公卿議臣採擇上復賜報曰皇帝問後將軍言十二便聞之虜雖未伏誅兵決可期月而望期月而望者謂今冬邪謂何時也將軍獨不計虜聞兵頗罷且丁壯相聚攻擾田者及道上屯兵復殺略人民

樵同譙

將何以止之又大幵小幵前言曰我告漢軍先零所在兵不往擊久留得亡效五年時不分別人而并擊我其意常恐今兵不出得亡變生與先零為一將軍孰計復奏充國奏曰臣聞兵以計為本故多筭勝少筭先零羌精兵今餘不過七八千人失地遠客分散飢凍罕幵莫須又頗暴略其羸弱畜產畔還者不絕皆聞天子明令相捕斬之賞臣愚以為虜破壞可日月冀遠在來春故曰兵決可期月而望竊見北邊自敦煌至遼東萬一千五百餘里乘塞列隧有吏卒數

千人虜數大衆攻之而不能害今留步士萬人屯田地勢平易多高山遠望之便部曲相保為壍壘木樵校聯不絕便兵弩飭鬬具烽火幸通埶及并力以逸待勞兵之利者也臣愚以為屯田內有亡費之利外有守禦之備騎兵雖罷虜見萬人留田為必禽之具其土崩歸德宜不久矣從今盡三月虜馬羸瘦必不敢捐其妻子於它種中遠涉河山而來為寇又見屯田之士精兵萬人終不敢復將其累重還歸故地是臣之愚計所以度虜且必瓦解其處不戰而自破之

澹同贍　慊同嫌

册也至於虜小寇盜時殺人民其原未可卒禁臣聞戰不必勝不苟接刃攻不必取不苟勞衆誠令兵出雖不能滅先零亶能令虜絕不為小寇則出兵可也即今同是而釋坐勝之道從乘危之埶往終不見利空內自罷敝貶重而自損非所以視蠻夷也又大兵一出還不可復留湟中亦未可空如是繇役復發也且匈奴不可不備烏桓不可不憂今久轉運煩費傾我不虞之用以澹一隅臣愚以為不便校尉臨衆幸得承威德奉厚幣拊循衆羌諭以明詔宜皆鄉風雖

其前辭嘗曰得亡效五年宜亡它心不足以故出兵臣竊自惟念奉詔出塞引軍遠擊窮天子之精兵散車甲於山野雖亡尺寸之功媮得避慊之便而亡後咎餘責此人臣不忠之利非明主社稷之福也臣幸得奮精兵討不義久留天誅罪當萬死陛下寬仁未忍加誅令臣數得孰計愚臣伏計孰甚不敢避斧鉞之誅昧死陳愚唯陛下省察充國奏每上輒下公卿議臣初是充國計者什三中什五最後什八有詔詰前言不便者皆頓首服丞相魏相曰臣愚不習兵事

利害後將軍數畫軍册其言常是臣任其計可必用也上於是報充國曰皇帝問後將軍上書言羌虜可勝之道今聽將軍將軍計善其上留屯田及當罷者人馬數將軍強食慎兵事自愛上以破羌強弩將軍數言當擊又用充國屯田處離散恐虜犯之於是兩從其計詔兩將軍與中郎將卬出擊強弩出降四千餘人破羌斬首二千級中郎將卬斬首降者亦二千餘級而充國所降復得五千餘人詔罷兵獨充國留屯田明年五月充國奏言羌本可五萬人軍凡斬首

七千六百級降者三萬一千二百人溺河湟飢餓死者五六千人定計遺脫與煎鞏黃羝俱亡者不過四千人羌靡忘等自詭必得請罷屯兵奏可充國振旅而還所善浩星賜迎說充國曰衆人皆以破羌強弩出擊多斬首獲降虜以破壞然有識者以為虜埶窮困兵雖不出必自服矣將軍即見宜歸功於二將軍出擊非愚臣所及如此將軍計未失也充國曰吾年老矣爵位已極豈嫌伐一時事以欺明主哉兵埶國之大事當為後法老臣不以餘命壹為陛下明言兵

之利害辛死誰當復言之者辛以其意對上然其計罷遣辛武賢歸酒泉太守官充國復爲後將軍衛尉其秋羌若零離留且種兒庫共斬先零大豪猶非楊玉首及諸豪弟澤陽雕良兒靡忘皆帥煎鞏黄羝之屬四千餘人降漢封若零弟澤二人爲帥衆王離留且種二人爲侯兒庫爲君陽雕爲言兵侯良兒爲君靡忘爲獻牛君初置金城屬國以處降羌詔舉可護羌校尉者時充國病四府舉辛武賢小弟湯充國遽起奏湯使酒不可典蠻夷不如湯兄臨衆時湯已拜

受節有詔更用臨衆後臨衆病免五府復舉湯湯數醉酗羌人羌人反畔辛如充國之言初破羌將軍武賢在軍中時與中郎將卬宴語卬道車騎將軍張安世始嘗不快上上欲誅之卬家將軍以爲安世本持橐簪筆事孝武帝數十年見謂忠謹宜全度之安世用是得免及充國還言兵事武賢罷歸故官深恨上書告卬泄省中語卬坐禁止而入至充國莫府司馬中亂屯兵下吏自殺充國乞骸骨賜安車駟馬黄金六十斤罷就第朝廷每有四夷大議常與參兵謀問

籌策焉年八十六甘露二年薨謚曰壯侯傳子至孫欽欽尚敬武公主主亡子主教欽良人習詐有身名它人子欽薨子岑嗣侯習爲太夫人岑父母求錢財亡已忿恨相告岑坐非子免國除元始中修功臣後復封充國曾孫伋爲營平侯初充國以功德與霍光等列畫未央宮成帝時西羌嘗有警上思將帥之臣追美充國迺召黄門郎揚雄即充國圖畫而頌之曰明靈惟宣戎有先零先零昌狂侵漢西彊漢命虎臣惟後將軍整我六師是討是震既臨其域諭以威德

有守矜功謂之弗克請奮其旅于罕之羌天子命我從之鮮陽營平守節婁奏封章料敵制勝威謀靡亢遂克西戎還師於京鬼方賓服罔有不庭昔周之宣有方有虎詩人歌功迺列于雅在漢中興充國作武赳赳桓桓亦紹厥後充國爲後將軍徙杜陵辛武賢自羌軍還後七年復爲破羌將軍征烏孫至敦煌後不出徵未到病辛子慶忌至大官

賛曰秦漢已來山東出相山西出將秦時將軍白起郿人王翦頻陽人漢興郁郅王圍甘延壽

義渠公孫賀傅介子成紀李廣李蔡杜陵蘇建蘇武上邽上官桀趙充國襄武廉褒狄道辛武賢慶忌皆以勇武顯聞蘇辛父子著節此其可稱列者也其餘不可勝數何則山西天水隴西安定北地處勢迫近羌胡民俗修習戰備高上勇力鞍馬騎射故秦詩曰王于興師修我甲兵與子皆行其風聲氣俗自古而然今之歌謡慷慨風流猶存耳

梅福傳

梅福字子真九江壽春人也少學長安明尚書

穀梁春秋為郡文學補南昌尉後去官歸壽春數因縣道上言變事求假軺傳詣行在所條對急政輒報罷是時成帝委任大將軍王鳳鳳專埶擅朝而京兆尹王章素忠直譏刺鳳為鳳所誅王氏浸盛災異數見羣下莫敢正言福復上書曰臣聞箕子佯狂於殷而為周陳洪範叔孫通遁秦歸漢制作儀品夫叔孫先非不忠也箕子非疏其家而畔親也不可為言也昔高祖納善若不及從諫若轉圜聽言不求其能舉功不考其素陳平起於亡命而為謀主韓信拔於行陳而建上將故天下之士雲合歸漢爭進奇異知者竭其策愚者盡其慮勇士極其節怯夫勉其死合天下之知并天下之威是以舉秦如鴻毛取楚若拾遺此高祖所以亡敵於天下也孝文皇帝起於代谷非有周召之師伊呂之佐也循高祖之法加以恭儉當此之時天下幾平繇是言之循高祖之法則治不循則亂何者秦為亡道削仲尼之迹滅周公之軌壞井田除五等禮廢樂崩王道不通故欲行王道者莫能致其功也孝武皇帝好忠諫說至言出爵不待廉茂

慶賜不須顯功是以天下布衣各厲志竭精以赴闕廷自衒鬻者不可勝數漢家得賢於此為盛使孝武皇帝聽用其計升平可致於是積尸暴骨快心胡越故淮南王安緣間而起所以計慮不成而謀議泄者以衆賢聚於本朝故其大臣埶陵不敢和從也方今布衣迺窺國家之隙見間而起者蜀郡是也及山陽亡徒蘇令之羣蹈藉名都大郡求黨與索隨和而亡逃匿之意此皆輕量大臣亡所畏忌國家之權輕故匹夫欲與上爭衡也士者國之重器得士則重失士

則輕詩云濟濟多士文王以寧廟堂之議非草茅所當言也臣誠恐身塗野草尸并夲伍故數上書求見輒報罷臣聞齊桓之時有以九九見者桓公不逆欲以致大也今臣所言非特九九也陛下距臣者三矣此天下士所以不至也昔秦武王好力任鄙叩關自鬻繆公行伯繇余歸德今欲致天下之士民有上書求見者輒使詣尚書問其所言言可采取者秩以升斗之禄賜以一束之帛若此則天下之士發憤懣吐忠言嘉謀日聞於上天下條貫國家表裏爛然可睹

矣夫以四海之廣士民之數能言之類至衆多也然其儁桀指世陳政言成文章質之先聖而不繆施之當世合時務若此者亦亡幾人故爵禄束帛者天下之底石高祖所以厲世摩鈍也孔子曰工欲善其事必先利其器至秦則不然張誹謗之罔以為漢毆除倒持泰阿授楚其柄故誠能勿失其柄天下雖有不順莫敢觸其鋒此孝武皇帝所以辟地建功為漢世宗也今不循伯者之道迺欲以三代選舉之法取當世之士猶察伯樂之圖求騏驥於市而不可得亦已

明矣故高祖棄陳平之過而獲其謀晉文召天王齊桓用其讎亡益於時不顧逆順此所謂伯道者也一色成體謂之純白黑雜合謂之駮欲以承平之法治暴秦之緒猶以鄉飲酒之禮理軍市也今陛下既不納天下之言又加戮焉夫䳒鵲遭害則仁鳥增逝愚者蒙戮則知士深退間者愚民上疏多觸不急之法或下廷尉而死者衆自陽朔以來天下以言為諱朝廷尤甚羣臣皆承順上指莫有執正何以明其然也取民所上書陛下之所善試下之廷尉廷尉必曰非

䳒同鳶

所宜言大不敬以此卜之一矣故京兆尹王章資質忠直敢面引廷爭孝元皇帝擢之以厲具臣而矯曲朝及至陛下戮及妻子且惡惡止其身王章非有反畔之辜而殃及家折直士之節結諫臣之舌羣臣皆知其非然不敢爭天下以言為戒最國家之大患也願陛下循高祖之軌杜亡秦之路數御十月之歌留意亡逸之戒除不急之法下亡諱之詔博覽兼聽謀及疏賤令深者不隱遠者不塞所謂闢四門明四目也且不急之法誹謗之微者也往者不可及來者猶

可追方今君命犯而主威奪外戚之權日以益
隆陛下不見其形願察其景建始以來日食地
震以率言之三倍春秋水災亡與比數陰盛陽
微金鐵為飛此何景也漢興以來社稷三危呂
霍上官皆母后之家也親親之道全之為右當
與之賢師良傅教以忠孝之道今廼尊寵其位
授以甚柄使之驕逆至於夷滅此失親親之大
者也自霍光之賢不能為子孫慮故權臣易世
則危書曰毋若火始庸庸埶陵於君權隆於主
然後防之亦亡及已上遂不納成帝久無繼嗣

福以為宜建三統封孔子之世以為殷後復上
書曰臣聞不在其位不謀其政政者職也位卑
而言高者罪也越職觸罪危言世患雖伏質橫
分臣之願也守職不言沒齒身全死之日尸未
腐而名滅雖有景公之位伏歷千駟臣不貪也
故願壹登文石之陛涉赤墀之塗當戶牖之法
坐盡平生之愚慮亡益於時有遺於世此臣寢
所以不安食所以忘味也願陛下深省臣言臣
聞存人所以自立也壅人所以自塞也善惡之
報各如其事昔者秦滅二周夷六國隱士不顯

佚民不舉絕三統滅天道是以身危子殺厥孫
不嗣所謂壅人以自塞者也故武王克殷未下
車存五帝之後封殷於宋紹夏於杞明著三統
示不獨有也是以姬姓半天下遷廟之主流出
於戶所謂存人以自立者也今成湯不祀殷人
亡後陛下繼嗣久微殆為此也春秋經曰宋殺
其大夫穀梁傳曰其不稱名姓以其在祖位尊
之也此言孔子故殷後也雖不正統封其子孫
以為殷後禮亦宜之何者諸侯奪宗聖庶奪適
傳曰賢者子孫宜有土而況聖人又殷後哉昔

成王以諸侯禮葬周公而皇天動威雷風著災
今仲尼之廟不出闕里孔氏子孫不免編戶以
聖人而歆匹夫之祀非皇天之意也今陛下誠
能據仲尼之素功以封其子孫則國家必獲其
福又陛下之名與天亡極何者追聖人素功封
其子孫未有法也後聖必以為則不滅之名可
不勉哉福孤遠又譏切王氏故終不見納初武
帝時始封周後姬嘉為周子南君至元帝時尊
周子南君為周承休侯位次諸侯王使諸大夫
博士求殷後分散為十餘姓郡國往往得其大

家推求子孫絶不能紀時匡衡議以為王者存二王後所以尊其先王而通三統也其犯誅絶之罪者絶而更封他親為始封君上承其王者之始祖春秋之義諸侯不能守其社稷者絶今宋國已不守其統而失國矣則宜更立殷後為始封君而上承湯統非當繼宋之絶侯也宜明得殷後而已今之故宋推求其嫡久遠不可得雖得其嫡嫡之先已絶不當得立禮記孔子曰丘殷人也先師所共傳宜以孔子世為湯後上以其語不經遂見寢至成帝時梅福復言宜封

孔子後以奉湯祀綏和元年立二王後推迹古文以左氏穀梁世本禮記相明遂下詔封孔子世為殷紹嘉公語在成紀是時福居家常以讀書養性為事至元始中王莽顓政福一朝棄妻子去九江至今傳以為仙其後人有見福於會稽者變名姓為吴市門卒云

賛曰昔仲尼稱不得中行則思狂狷觀楊王孫之志賢於秦始皇遠矣世稱朱雲多過其實故曰蓋有不知而作之者我亡是也胡建臨敵敢斷武昭於外斬伐姦隊軍旅不隊梅福之辭合於大雅雖無老成尚有典刑殷監不遠夏后所聞遂從所好全性市門云敞之義著於吳章為仁由已再入大府清則濯纓何遠之有

史記英選卷之八

日本後紀

提要

《日本後紀》殘十卷，日本藤原冬嗣等撰，日本明治十八年（一八八五年）佚存書坊刻本，四周雙邊。此書為日本平安時代初期史書，為六國史之三，講述桓武天皇延曆十一年（七九二年）至淳和天皇天長十年（八三三年）時期共四十二年之日本歷史。是書屬於編年體，以漢文撰寫，混同少量古日本語，於承和七年（八四〇年）完成。原書四十卷，現存十卷，自卷五至卷廿四。

日本後紀

全十卷

信友校訂

佚存書坊印行

日本後紀卷第五　起延暦十五年七月盡十六年三月

左大臣正二位兼行左近衛大將臣藤原朝臣冬嗣等奉　勅撰

皇統彌照天皇　桓武天皇

秋七月丙申御馬埒殿觀相撲戊戌幸南院賜五位已上物有差無品朝原内親王授三品從四位上五百井女王正四位下正五位下高嶋女王正五位上從四位上藤原朝臣雄友正四位下從五位下石上朝臣宅子從五位上外從五位上物部多藝連建麻呂為造宮大工外從五位下秦忌寸都岐麻呂為少工乙巳右大臣正二位兼行皇太子傅中衛大將藤原朝臣繼繩薨遣使監護喪事葬事所須令官給焉詔贈從一位繼繩者右大臣從一位豐成之第二子也天平寶字末授從五位下為信濃守天平神護初敍從五位上尋授從四位下拜參議寶龜二年躐敍正四位上十一月授從三位歷大藏卿左兵衛督俄拜中納言天應元年授正

三位延暦二年轉大納言五年敍從二位兼中衛大將九年□右大臣授正二位在位七年薨時年七十繼繩歷文武之任居端右之重時在曹司時就朝位謙恭自守政迹不聞雖無才識得免世譏也戊申尾張國飢遣使賑給大和國人正六位上大枝朝臣長人河内國人正六位上大枝朝臣氏麻呂正六位上大枝朝臣諸上正七位下菅原朝臣常人從七位上秋篠朝臣全繼等十一人貫附右京辛亥詔曰朕以眇身忝承司牧日旰忘食憫一物之向隅昧□求衣懼五行之紊序比來大宰府言肥後國阿蘇郡山上有沼其名曰神靈池水旱經年未嘗增減而今無故涸減二十餘丈考之卜筮事主旱疫民之無辜恐罹其殃方欲修德施惠消妖拯民其天下鰥寡惸獨不能自存者量加賑給兼令每寺三日齋戒讀經悔過庶恤隱之感格於上天靈應之徵被於率土焉生江臣家道女逓送於本國家道女越前國足羽郡人常於市鄽妄說

罪福眩惑百姓世号曰越優婆夷癸丑造宮職官位准中宮職但
大属特為七位官丁巳從三位神王正三位紀朝臣古佐美為大
納言正四位下石川朝臣真守大中臣朝臣諸魚授正四位上從
四位上藤原朝臣内麻呂從四位下和朝臣家麻呂正四位下八
月己未朔日有蝕之甲子大和國山崩水溢東大寺墻垣倒頽乙
丑緣淫雨不晴奉幣於畿内諸□筑後國澇詔令賑恤丙寅遣使
賑給京中百姓以霖雨經日穀價騰躍也戊辰遣内兵庫正從五
位下尾張連弓張造佐比川橋山城國人正六位上大野朝臣犬
養貫附右京甲戌上野國山田郡賀茂神美和神那波郡火雷神
並為官社己卯巡幸京中始置正親司史生二員是日勅諸國地
圖事迹疏畧加以年序已久□字闕逸宜更令作之夫郡國郷邑
驛道遠近名山大川形體廣狭具録無漏焉癸未幸大藏省賜侍
臣以下布有差丙戌遊獵於登勒野丁亥左兵衛佐從五位上橘

朝臣入居為兼右中辨右兵衛佐從五位上秋篠朝臣安人為兼
左少辨九月己丑朔勅遷都以來于今三年壯山烽火無所相當
非常之備不可甕闕宜山城河内兩國相共量定便處置彼烽燧
癸巳從五位上阿保朝臣人上為陰陽頭播磨守如故丙申山城
國紀伊郡陸田二町賜典侍從四位上和氣朝臣廣虫癸卯越前
國坂井郡公田二町荒田八十四町賜諱淳和太上天皇戊申山城國葛
野郡公田二町賜從三位和氣朝臣清麻呂己酉遊獵于栗前野
乙卯山城國人正六位下御犬連廣額等賜姓御坂連冬十月己
未正六位上御長真人廣岳等歸自渤海國其王啓曰嵩璘啓差
使奔波貴申情禮佇承休眷瞻望徒勞天皇頓降敦私貺之使命
佳問盈耳珍奇溢目俯仰自欣伏增䀆悦其定琳等不料邊虜被
陥賊場俯垂恤存生還本國奉惟天造去留同賴嵩璘猥以寡德
幸屬時來官承先爵土統舊封制命策書冬中錫及金印紫綬遼

外光耀思欲修禮勝方結交貴國歲時朝覲桅帆相望而巨木棆
材土之難長小船汎海不沒即危亦或引海不諳遭罹夷害雖慕
盛化如艱阻何儻長尋舊好幸許來往則送使數不過廿以茲為
限式作永規其隔年多少任聽彼裁裁定之使望於來秋許以往
期則德隣常在事與望異則足表不依其所寄絹廿匹絁廿匹絲
一百絇綿二百屯依數領足今廣岳等使事略畢情求迯時便欲
差人送使奉謝新命之恩使等辞以未奉本朝之旨故不敢淹滯
隨意依心謹因廻次奉付土物具在別状自知鄙薄不勝羞愧辛
酉正六位上御長真人廣岳授從五位下正六位上桑原公秋成
外從五位下並以奉使稱旨也壬戌遊獵於大原野始置典藥寮
史生四人造酒司史生二人癸亥遊獵于紫野賜五位已上衣丙
寅遊獵於日野賜五位已上衣戊辰造宮職筝師為從八位官辛
未始置主鷹司史生二人壬申先是渤海國王所上書疏體無定

例詞多不遜今所上之啓首尾不失禮誠欵見乎詞羣臣上表奉
賀曰臣神等言臣聞大人馭時以德為本明王應世懷遠是崇故
有殷代則四海歸仁周日則九夷順軌伏惟天皇陛下仰天作憲
握地成規窮日域而慕聲布風區而向化誠可以孕育千帝孝懷
百王者矣近者送渤海客使御長廣岳等廻來伏見彼國所上啓
辞義温恭情禮可觀悔中間之迷圖復先祖之遺跡况復緣山浮
海不顧往還之路艱尅己改過始請朝貢之年限與夫白環西貢
楛矢東來豈可同日而道哉臣等幸忝周行得逢殊慶不任鳧藻
之至謹詣闕奉表以聞詔曰獻表波見行都然卿等乃勤久之供奉
尓依氐之水表乃國毛順仕奈良之毛止所思行之嘉備悦備御坐止詔
天皇詔旨乎衆聞食宣正四位上因幡造淨成女卒淨成女元因
幡國高草郡之釆女也天皇特加寵愛終至顯位癸酉志摩國飢
遣使賑給是日遊獵于登勤野己卯陸奥國博士醫師官位准少

日奉授陸奥國多賀神從五位下先是請卌僧一七日於宮中行藥師悔過是日事畢焉甲申從五位上橘朝臣安麻呂為少納言正五位上大原真人美氣為諸陵頭外從五位下尾張宿禰弓張為主油正外從五位下桑原公秋成為大和介正五位下巨勢朝臣野足為下野守從五位下多治比宿禰真淨為肥後介外從五位下三諸朝臣綿麻呂為近衛將監從五位下藤原朝臣最乙麻呂為內兵庫正近衛少將從四位下坂上大宿禰田村麻呂為兼鎮守將軍□為軍監定鼓吹司吹部員卌四人初大寶降或注吹人或著角吹或稱番上或号吹部名既不定數亦無限今定名吹部准雅樂寮雜色生乃聽勘籍焉十一月戊子朔曲宴賜侍臣已上被已丑遊獵於北野河內國志紀郡荒田一町賜正七位下秋篠朝臣清野陸奥國伊治城玉造塞相去卅五里中間置驛以備機急辛卯陸奥國人從五位下道嶋宿禰赤龍貫于右京

壬辰賜故右大臣贈從一位藤原朝臣繼繩度七人外正六位上上毛野朝臣益成吉彌候部弓取巨勢部楯分大伴部廣掎尾張連大食授外從五位下以戰功也乙未詔曰周朝撫曆肇開九府之跡漢室膺期爰設三官之貨用能遷有無以均利通□乏而得宜濟民之要須乃益國之嘉策然而□機適時賢哲所以成務權輕作重母子於是並行頃者私鑄滋起奸鑄紛然施之交關既為輕賤宛之貯蓄不堪實用即欲禁止卒難懲清事須年量以救流弊是以更制新錢仍增其直文曰隆平永寶宜以新錢一當舊錢十新舊兩色兼使行用但舊錢者始自來歲限以四年然後停廢遣伊勢參河相摸近江丹波但馬等國婦女各二人於陸奥國教習養□□以二年丁酉無位嶋野女王百濟王孝法百濟王惠信和氣朝臣廣子橘朝臣常子紀朝臣內子紀朝臣殿子藤原朝臣川子錦部連真奴等授從五位上無位弓削宿禰美濃人從五位

下庚子勅納貢之本任於土宜物非所出民以為患今備前國本無鍪鐵每至貢調常買比國自今以後宜停貢鐵非絹則絲隨便令輸辛丑始用新錢奉伊勢神宮賀茂上下二社松尾社糸施七大寺及野寺賜皇太子親王已下職事正六位已上僧都律師等各有差甲辰宴羣臣賜帛有差從四位上和氣朝臣廣虫授正四位上无位藤原朝臣名子從五位上外從五位下刀佩首廣刀自從五位下戊申遊獵於日野發相摸武藏上總常陸上野下野出羽越後等國民九千人遷置陸奥國伊治城己酉令天下諸國捜捕逃亡飛驛工若有容隱科違勅罪安藝國沼田郡釆女佐伯直那賀女授外從五位下丙辰遊獵於栗栖野十二月辛酉從五位下多治比宿禰真淨為內匠頭正四位下藤原朝臣雄友為兼中衛大將參議大藏卿如故從四位下三嶋真人名繼為左衛士督從五位下藤原朝臣清主為內廐頭從五位下都努朝臣筑紫麻

呂為助外從五位下阿倍安積臣繼守授外從五位上禁鑄帶以支鑄錢也癸亥大和國十市郡荒田一丁賜左衛士督從四位下三嶋真人名繼丙寅詔曰皇親之蔭事具令條而皇室之胤枝族已衆欲加榮班難可周及是以進仕無階白首不調眷言於此實合矜恕宜其四世五世王及五世王嫡子年滿廿一者敘正六位上祖庶子者降一階敘自今而後永以為例辛未巡幸京中便御三品朝原內親王第賜五位以上物戊寅流出雲臣家繼於土佐國家繼與叔父乙上不協謀相傷事覺及罪乙上任佐渡權目不預釐務唯給公廨而已辛巳少僧都行賀為大僧都丙戌勅免流人氷上川繼課役陸奥國人外少初位下吉彌候部善麻呂等十二人賜姓上毛野陸奥公

十六年春正月戊子朔皇帝御大極殿受朝賀大宰府獻白雀宴侍臣已上於前殿賜被甲午宴五位已上賜束帛有差從五位上

篠嶋王授正五位下。正六位上坂本王。安曇王從五位下。從四位下百濟王玄鏡。藤原朝臣乙叡。多治比真人海從四位上。正五位下紀朝臣作良。羽栗臣翼。橘朝臣綿裳正五位上。從五位上阿保朝臣人上。藤原朝臣大繼。紀朝臣□正五位下。從五位下藤原朝臣仲成。藤原朝臣今川。蜷淵真人岡田。和朝臣入鹿麻呂從五位上。外從五位上麻田連真淨。伊勢朝臣諸人。正六位上多治比真人道作。淡海真人福良麻呂。多治比真人今麻呂。大原真人真福。藤原朝臣星雄。大中臣朝臣諸人。紀朝臣永繼。粟田朝臣入鹿。大野朝臣犬養。安倍朝臣家守。大伴宿禰大關。平群朝臣廣道。田口朝臣息繼。百濟王聡哲。佐伯宿禰鷹成。石川朝臣道益。和朝臣建男。安倍小殿朝臣野守。中臣丸朝臣豊國從五位下。正六位上錦部連春人。民忌寸廣成。山口忌寸諸上。林宿禰沙婆。中科宿禰臣都雄外從五位下。戊戌。正六位上槻本公奈弖麻呂。嵩山忌寸道光。授外從五位下。庚子。陸奧國白川郡人外□八位□大伴部足猪等賜大伴白河連。亘理郡人五百木部黒人大伴亘理連。黒河郡人外少初位上大伴部真守。行方郡人外少初位上大伴部兄人等大伴行方連。安積郡人外少初位上丸子部古佐美。大田部山前。富田郡人丸子部佐美。小田郡人丸子部稲麻呂等大伴安積連。遠田郡人外大初位上丸子部八千代大伴山田連。磐瀬郡人□大伴宮城連。從四位下三嶋真人名繼為大和守。從五位下淡海真人真直為伊勢介。從五位上高橋朝臣祖麻呂為駿河守。從五位下百濟王元勝為安房守。從五位下大野朝臣犬養為上總介。大外記外從五位下中科宿禰臣都雄為兼常陸少掾。從五位下大神朝臣仲江麻呂為美濃介。從五位下百濟王聡哲為出羽守。從五位下大枝朝臣真仲為能登守。從五位下石川朝臣道益為但馬介。從五位下安倍朝臣家守為伯耆介。從五

位下紀朝臣真賀茂為石見守。從五位下石川朝臣嗣人為備後守。外從五位下山口忌寸諸上為介。從五位下巨勢朝臣訓備為安藝守。外從五位下林宿禰沙婆為介。從五位下多治比真人今麻呂為肥後介。辛丑。傳燈大法師位善珠為僧正。傳燈大法師位等定為大僧都。傳燈大法師位施曉為少僧都。壬寅。長岡京地一町賜從四位下菅野朝臣真道。癸卯。宴五位以上。賜祿。甲辰。觀射於朝堂院。丙午。遊獵於水生野。丁未。巡幸京中。己酉。大和國稲三百束施禮正善珠法師弟子僧慈厚。以事師死喪也。從五位下粟田朝臣入鹿為中務少輔。外從五位下内藏宿禰賀茂麻呂為主計助。庚戌。勅。参議已上左右大辨八省卿委任既高。群寮所仰。而介帶之國。遥附公文。因茲参對諸司。事不穩便。自今以後。宜停遥附焉。賑給壹伎嶋飢民。辛亥。能登國羽咋能登二郡没官田并野七十七町賜尚侍從三位百濟王明信。壬子。遊獵於大原野。是日勅。山城國愛宕葛野郡人。毎有死者。便葬家側。積習為常。今接近京師。凶穢可避。宜告國郡。嚴加禁断。若有犯違。移貫外國。癸丑。幸近東院。宴五位已上。賜錢有差。甲寅。廢阿波國驛家□。伊豫國十一。土佐國十二。新置土佐國吾椅舟川二驛。二月丁巳朔。巡幸京中。賜山城國相樂郡田二町六段為贈右大臣從二位藤原朝臣百川墓地。己未。置内厩寮史生四員。是日曲宴。賜五位已上綿有差。辛酉。遊獵于北野。癸亥。勅從五位上嶋野女王。百濟王孝法。百濟王惠信。和氣朝臣廣子。橘朝臣常子。紀朝臣内子。紀朝臣殿子。藤原朝臣川子。錦部連真奴。從五位下弓削宿祢美濃人等位田。宜准男給之。乙丑。外從五位下内藏宿禰賀茂麻呂為大外記。從五位下淨野宿祢最弟為兼縫殿頭。左衛士大尉近江□掾如故。外從五位下槻本公奈弖麻呂為内藏助。從五位下淡海真人福良麻呂為治部少輔。外從五位下上道朝臣廣成為玄蕃助。從五

位下平群朝臣廣道爲主計助。參議從四位上藤原朝臣真友爲兼大藏卿。右京大夫如故。從五位下中臣丸朝臣豐國爲主殿助。從五位下田中朝臣淨人爲造酒正。大納言正三位勳四等紀朝臣古佐美爲兼東宮傅。式部卿如故。文章博士外從五位下賀陽朝臣豐年爲兼學士。右大辨從四位下藤原朝臣葛野麻呂爲兼春宮大夫。從四位上藤原朝臣乙叡爲越前守。左京大夫中衛大將如故。大判事從五位下藤原朝臣縵麻呂爲兼因幡守。正五位下橘朝臣入居爲播磨守。右中辨左兵衛佐如故。從五位下多治比宿禰真淨爲讃岐介。參議正四位下藤原朝臣雄友爲大宰帥。從五位下和朝臣建男爲大尉。己巳。先是重勅從四位下行民部大輔兼左兵衛督皇太子學士菅野朝臣真道從五位上守左少辨兼行右兵衛佐丹波守秋篠朝臣安人外從五位下行大外記兼常陸少掾中科宿祢巨都雄等撰續日本紀。至是而成。上表曰。

臣聞三墳五典。上代之風存焉。左言右事。中葉之迹著焉。自茲厥後。世有史官。善雖小而必書。悪纖微而无隱。咸能徽烈絢緗。垂百王之龜鏡。炳戒昭簡。作千祀之指南。伏惟天皇陛下。德光四乳。道契八眉。握明鏡以惣萬機。懷神珠以臨九域。遂使仁被渤海之北。貊種歸心。威振日河之東。毛狄屏息。化前代之未化。臣往帝之不臣。自非魏魏盛德。孰能與於此也。既而負扆餘閑。留神國典。爰勅真道等。銓次其事。奉揚先業。夫自寶字二年至延暦十年。卌四年。廿卷。前年勅成奏上。但却起文武天皇元年歳次丁酉。盡寶字元年丁酉。惣六十一年。所有曹案卅卷。語多米塩。事亦疎漏。前朝詔故中納言從三位石川朝臣名足。刑部卿從四位下淡海真人三船。刑部大輔從五位上當麻真人永嗣等。分帙修撰。以繼前紀。而因循舊案。竟无刊正。其所上者。唯廿九卷而已。寶字元年之紀。全亡不存。臣等捜故實於司存。詢前聞於舊老。綴叙殘簡。補緝缺文。

雅論英猷。義關貽謀者。惣而載之。細語常事。理非書策者。並從略諸。凡所刊削廿卷。并前九十五年卌卷。始自草創。迄于斷筆。七年於茲。油素惣畢。其目如別。庶飛英騰茂。與二儀而垂風。彰善癉悪。傳万葉而作鑒。臣等輕以管窺。裁成國史。牽愚歴稔。伏増戰兢。謹以奉進。歸之策府。是日詔曰。天皇詔旨良麻止勅久。菅野真道朝臣等三人。前日本紀與利以來。未修繼在留久年乃御世御世乃行事乎勘捜修成氐。續日本紀卌卷進留。勞勤美譽美奈毛所念行須。故是以冠位舉賜治賜波久止勅御命乎聞食止宣。從四位下菅野朝臣真道授正四位下。從五位上秋篠朝臣安人正五位上。外從五位下中科宿禰巨都雄從五位下。辛未。勅。故從三位勳二等坂上大宿禰苅田麻呂。正四位上勳二等道嶋宿禰嶋足等。寶字之歳。卒遇不虞。奮不顧身。共著其効。是以叙勳之日。授二等。加賜功田廿町。並傳其子。而後特以嶋足准之大功。所賜之田。世世不絶。功

既同等。賞何殊科。曠庸之典。恐有未允。宜其嶋足功田。依前年勅。同傳子之限。從五位下多治比真人八千足爲少納言。從五位下廣庭王爲侍從兼河内守。侍從從五位下大庭王爲兼左大舍人頭。讃岐守如故。從五位上三諸朝臣真屋麻呂爲右大舍人頭。從四位下川村王爲兼□□正。從五位下藤原朝臣二起爲雅樂頭。從五位下田口朝臣息繼爲助。從五位下大伴宿禰大闕爲主計助。從五位下田中朝臣清人爲宮内少輔。從五位下田中朝臣大魚爲造酒正。從五位下坂本王爲園池正。從五位下紀朝臣永繼爲左京亮。從五位下橘朝臣嶋田麻呂爲春宮亮。從五位下平群朝臣廣道爲攝津介。從五位下紀朝臣與手麻呂爲土佐守。壬申。遊獵於登勒野。是日。停給畿内國司事力并職田。癸酉。太政官史生從七位下安都宿禰笠主。式部史生賀茂縣主立長。叙位二階。中務史生大初位下勝繼成。民部史生大初位下別公清

成式部書生無位雀部豐公一階，以供奉撰日本紀所也。甲戌，朝原內親王獻物，賜五位已上綿。丙子，巡幸京中。丁丑，參議左大辨近衛大將兼神祇伯正四位上大中臣朝臣諸魚卒。諸魚者，故右大臣正二位清麻呂之第四子也。寶龜初授從五位下，為衛門員外佐。八年為真。擢遷中衛少將，兼下野守。至正五位上。延曆中遷式部大輔，兼右京大夫。俄授從四位下，拜參議，兼近江守。尋授從四位上，為神祇伯，兼近衛大將，授正四位上。卒時年五十五。諸魚性好琴歌，无他才能。雖在哀制，樂興忘□。貪冒財貨，營求產業。時議以此鄙之。戊寅，長岡京地二町賜諱（淳和太上天皇）。庚辰，從五位下中臣朝臣宅成為雅樂助，從五位下田口朝臣息繼為鑄錢次官。甲申，勅：租稅之本，備於水旱，錢帛之財，飢而不食。今聞京職多有敍錢事，須賤末貴本，一絕收錢，但恐民有貧富，不必畜穀，宜聽貪之之徒進錢，通計不得過四分之一。三月戊子，先是甲斐相摸二國

相爭國堺，遣使定甲斐國都留郡□□村東邊砥澤為兩國堺，以西為甲斐國地，以東為相摸國地。己丑，宴侍臣，奏樂，賜祿有差。甲午，較畿內國司新至任者，皆限八月卅日，依式給粮。今停職田，割租為新，收租之後，須得其分，宜改舊例，限十一月卅日。丁酉，正四位下菅野朝臣真道為左大辨，東宮學士、左兵衛督、伊勢守如故。參議正四位上石川朝臣真守為兼刑部卿，從五位下大伴宿禰大關為春宮大進，參議刑部卿正四位下藤原朝臣內麻呂為兼近衛大將，參議左京大夫從四位上藤原朝臣乙叡為兼中衛大將，參議正四位下和朝臣家麻呂為兼衛門督，傳燈大法師位勝虞、如寶並為律師。長岡京地五町賜從四位下多治比真人邑刀自，同京地一町賜大田親王。癸卯，信濃國人外從八位下前部綱麻呂賜姓安坂。令遠江駿河信濃出雲等國進雇夫二万卅人，以供造宮役。丙午，遊獵於北野，宴飲奏樂，賜四位已上衣，正六位上

並槻忌寸荻麻呂授外從五位下，右京人正七位上刀西他麻呂等賜姓安野造。癸丑，甲斐下總兩國飢，遣使賑給。從四位下多治比真人繼兄為中務大輔，從五位下坂本王為雅樂頭，從五位上笠朝臣江人為民部大輔，信濃守如故，從五位下藤原朝臣貞嗣為少輔，外從五位下葛井宿禰松足為主計助，從五位下紀朝臣千世為刑部少輔，外從五位下並槻忌寸荻麻呂為園池正，從四位下紀朝臣勝長為右京大夫，左衛士督、造東大寺長官、美作守如故，從四位下百濟王英孫為右兵衛督。乙卯，武藏土佐所飢，遣使賑給之。

日本後紀卷第五

考異

馬埒殿（一作張埒，而右四行下文及馬埒，舊作為埒，據類聚國史訂，字成從字，故不改）當水溢（水二右舊作脱五）

（據日本紀略補）天造（右二十二行天舊作大，據類史訂）不諳（右三類史作二，諳舊）慕聲（左三據舊）為兼鎮守（左四類史蒸舊訂作）

己卯（右三十甲中已卯下舊脱，今以推下卅七字補）正五位下從五位下藤原朝臣（左二六字舊四十脱）

將軍永繼（據右八下六八補）為大尉（右十八貳監或）盛德（左八類史作二十）起

（據右下補）曹察（據右三）因循（右九類史）書案（左八類史）

（八左一八本作）盡庭飛英（作九）沿賜（據右八史二）正四位上（左十一）

（下文據上）左京大夫（右十七上左文訂舊作）邑刀自（右十左紀邑作）貞嗣（舊作續日字）

延久六年六月廿七日未時比校畢

日本後紀卷第八 起延暦十八年正月盡十二月

左大臣正二位兼行左近衛大將臣藤原朝臣冬嗣等奉 勅撰

皇統彌照天皇 桓武天皇

十八年春正月丙午朔皇帝御大極殿受朝文武官九品以上蕃客等各陪位減四拜為再拜不拍手以有渤海國使也諸衛人等並舉賀聲禮訖宴侍臣於前殿賜被壬子豐樂院未成功大極殿前龍尾道上構作借殿葺以彩帛天皇臨御蕃客仰望以為壯麗命五位已上宴樂渤海國使大昌泰等預焉賚祿有差甲寅賜五位已上新錢三位三千文四位二千文五位一千文丁巳從五位下多治比真人豐繼石上朝臣真家授從五位上正六位上川邊朝臣宅從五位下正六位上鷹高朝臣笠繼正七位上谷忌寸家刀自正七位下次田連宅足從七位上山田連乙□從八位下高安連真笠外從五位下戊午勅胃蔭之徒若雖自首宜從改正把笏之色先經駈策宜特寬恕官位如舊長岡京地一町賜從五位下藤原朝臣奈良子辛酉御大極殿宴群臣並渤海客奏樂賜蕃客以上蓁揩衣並列庭踏歌大學頭從四位下紀朝臣作良卒少遊大學頗覽經史起家為少判事遷式部大丞寶龜九年授從五位下延暦四年敘從五位上歷上野丹波二國守除大學頭後授從四位下為人質直無所容舍吏有小過必糺以法以此為下所惡尤勤公政晨出昏入老而無倦癸亥於朝堂院觀射五位已上射畢次蕃客射焉正五位上紀朝臣兄原授從四位下乙丑典侍正四位上和氣朝臣廣虫卒從三位行民部卿兼攝津大夫清麻呂姊也少而出家為尼供奉高野天皇為人貞順節操無虧事見清麻呂語中皇統彌照天皇甚信重焉今上思勞舊追贈正三位薨時年七十庚午勅玳瑁帶者先聽三位已上著用自今以後五位得同著癸酉散位從四位上安倍朝臣東人卒甲戌外從五位

下桑原公秋成為主計助外從五位下葛井宿禰松足為大和介從五位下內真人他田為伊賀守近衛將監從五位下三諸朝臣綿麻呂為兼近江大掾從五位下甘南備真人國成為若狹守從五位上石淵王為越中守外從五位下村國連息繼為介從五位上藤原朝臣仲成為越後守內匠頭從四位上川村王為兼丹波守從五位下藤原朝臣真野麻呂為周防守外從五位下槻本公奈弖麻呂為長門守從五位上淺井王為伊豫守從四位下藤原朝臣葛野麻呂為大宰大貳從五位下石川朝臣清直為少貳從五位下藤原朝臣河主為豐前守唐人大學權大屬正六位上李法琬大炊權大屬正六位上清川忌寸斯麻呂造兵權大令史正六位上紫山忌寸千嶋官奴令史正六位上榮山忌寸諸依鼓吹權大令史正六位上清根忌寸松山等給月俸愍其羈旅也二月乙亥朔無位安賀女王授從五位下丙子從八位下佐味朝臣枚女授從五位下庚辰從五位上藤原朝臣繼彥為左少辨從五位下石川朝臣魚麻呂為右少辨從五位下三原朝臣弟平為內藏助辛巳諱（嵯峨太上天皇）於殿上冠賜五位已上衣被從五位下清野宿禰最弟授從五位上從三位百濟王明信正三位正五位上三嶋宿禰廣宅從四位下從五位下高倉朝臣殿嗣為主計頭壬午行幸交野己丑勅出擧私稻先已禁制如或違犯即有嚴科而去年不稔百姓乏食諸國出擧定難周贍因時弛張古今通典宜寬前制暫任民情其取息利率十取三如過此限罪亦如前遣從五位上行兵部大輔兼中衛少將春宮亮大伴宿禰是成傳燈大法師位泰信等於淡路國令賚幣帛謝崇道天皇靈癸巳主菓餅從七位下宍人朝臣宮人假蔭入色改正還本特免其罪復本職甲午正六位上石川朝臣乙名復本位從五位下從四位下多治比真人繼兄為神祇伯山城守如故中納言從三位藤原朝臣雄友為兼

中務卿從五位下登美眞人藤津爲左大舍人助從五位下藤原朝臣岡繼爲圖書頭從五位上橘朝臣安麻呂爲内藏頭中納言從三位和朝臣家麻呂爲兼治部卿從五位下百濟王鏡仁爲少輔正五位下文室眞人波多麻呂爲雅樂頭從四位下粟田朝臣鷹守爲大藏卿外從五位下嶌山忌寸道光爲大炊權助從五位上小倉王爲典藥頭正五位上秋篠朝臣安人爲中衛少將左中辨丹波守如故從五位下菅原朝臣門守爲隼人正從四位下百濟王英孫爲右衛士督攝津守如故從四位下紀朝臣勝長爲左兵衛督近江守如故從四位下紀朝臣兄原爲右兵衛督肥後守如故從五位下安倍朝臣小笠爲佐乙未流陸奥國新田郡百姓弓削部虎麻呂妻丈部小廣刀自女等於日向國久住賊地頗習夷語屢以謗語騷動夷俘心也美濃備中二國飢遣使賑給贈正三位行民部卿兼造宮大夫美作備前國造和氣朝臣清麻呂薨本

姓磐梨別公右京人也後改姓藤原和氣眞人清麻呂爲人高直匪躬之節與姉廣虫共事高野天皇並蒙愛信任右兵衛少尉神護初授從五位下遷近衛將監特賜封五十戸姉廣虫及笄年許嫁從五位下葛木宿禰戸主既而天皇落餝隨出家爲御弟子法名法均授進守大夫尼位委以腹心賜四位封并位禄位田寶字八年大保恵美忍勝叛逆伏誅連及當斬者三百七十五人法均切諫天皇納之減死刑以處流徒亂止之後民苦飢疫弃子草間遣人收養得八十三兒同名養子賜葛木首此時僧道鏡得幸於天皇出入警蹕一擬乘輿號曰法王大宰主神習宜阿蘇麻呂媚事道鏡矯八幡神教言令道鏡即帝位天下太平道鏡聞之情喜自負天皇召清麻呂於牀下曰夢有人來稱八幡神使云爲奏事請尼法均朕荅曰法均軟弱難堪遠路其代遣清麻呂汝宜早參聽神之教道鏡復喚清麻呂募以大臣之位先是路眞人豊永爲

道鏡之師語清麻呂云道鏡若登天位吾以何面目可爲其臣吾與二三子共爲今日之伯夷耳清麻呂深然其言常懷致命之志往詣神宮神託宣云ニ清麻呂祈曰今大神所教是國家之大事也託宣難信願示神異神即忽然現形其長三丈許色如滿月清麻呂消魂失度不能仰見於是神託宣我國家君臣分定而道鏡悖逆無道輙望神器是以神靈震怒不聽其祈汝歸如吾言奏之天之日嗣必續皇緒汝勿懼道鏡之怨吾必相濟清麻呂歸來奏如神教天皇不忍誅爲因幡員外介尋改姓名爲別部穢麻呂流于大隅國尼法均還俗爲別部狹虫流于備後國道鏡又追將殺清麻呂於道雷雨晦暝未即行儀而勅使來僅得免于時參議右大辨藤原朝臣百川愍其忠烈便割備後國封郷廿戸送充於配處寶龜元年聖帝踐祚有勅入京賜姓和氣朝臣復本姓名姉廣虫又掌吐納叙從四位下任典藏累至正四位下帝從容勅曰諸

侍從臣毀譽紛紜未嘗聞法均語他過友于天至姉弟同財孔懷之義見稱當時延暦十七年正月十九日薨與弟卿約期云諸七及服闋之日勿勞追福唯與二三行者坐靜室事禮懺耳後世子孫仰吾二人以爲法則天長二年天皇追思舊績贈正三位之告身弟清麻呂脚痿不能起立爲拜八幡神輿病即路及至豊前國宇佐郡楉田村有野猪三百許挾路而列徐歩前駈十許里走入山中見人共異之拜社之日始得起歩神託宣賜神封綿八萬餘屯即領給宮司以下國中百姓始駕輿而往後馳馬而還累路見人莫不歎異清麻呂之先出自垂仁天皇ニ子鐸石別命三世孫弟彦王從神功皇后征新羅凱旋明年忍熊別皇子有逆謀皇后遣弟彦王於針間吉備堺山誅之以從軍功封藤原縣因家焉今分爲美作備前兩國也高祖父佐波良曾祖父波伎豆祖宿奈父乎麻呂墳墓在本郷者拱樹成林清麻呂投竄之日爲人所伐除

歸來上跡陳狀詔以佐波良等四人并清麻呂爲義作備前兩國
二造天應元年授從四位下拜民部大輔爲攝津大夫累遷中宮
大夫民部卿授從三位延曆十七年上表請骸骨優詔不許仍賜
功田廿町以傳其子孫清麻呂練於庶務尤明古事撰民部省例
廿卷于今傳焉奉中宮教撰和氏譜奏之帝甚善之長岡新都經
十載未成功費不可勝計清麻呂潛奏令上託遊獵相葛野地更
遷上都清麻呂爲攝津大夫鑿河内川直通西海擬除水害所費
巨多功遂不成私墾田一百町在備前國永爲振給田鄉民惠之
薨時贈正三位年六十七有六男三女長子廣世起家補文章生
延曆四年坐事被禁錮特降恩詔除少判事俄授從五位下爲式
部少輔使爲大學別當墾田廿町入寮爲勸學料請裁闡明經四
科之第又大學會諸儒講論陰陽書新撰藥經大素等大學南邊
以私宅置弘文院藏内外經書數千卷墾田卌町永充學料以終
父志焉辛丑遊獵於栗前野壬寅大和國飢遣使賑給三月乙巳
朔震民部省廩丙午近江紀伊二國飢遣使賑給戊申陸奥國柴
田郡人外少初位下大伴部人根等賜姓大伴柴田臣庚戌近江
国淺井郡人從七位下穴太村主真杖賜姓志賀忌寸辛亥陸奥
国冨田郡併色麻郡讃馬郡併新田郡登米郡併小田郡壬子停
出羽国山夷祿不論山夷田夷簡有功者賜焉甲寅伯耆阿波讃
岐等國飢遣使賑給從五位下入間宿禰廣成爲造東大寺次官
正六位上野王賜姓瀧清朝臣丁巳正四位下行左大辨兼右衛
士督皇太子學士伊勢守菅野朝臣真道等言已等先祖葛井船
津三氏墓地在河内國丹比郡野中寺以南名曰寺山子孫相守
累世不侵而今樵夫成市採伐冢樹先祖幽魂永失所歸伏請依
舊令禁許之夏四月乙亥朔河内國飢遣使賑給從五位下御中
真人廣岳爲大學頭攝津國人正八位上須義開德賜姓葛澤造

丁丑故正五位下上毛野朝臣稻人賤宅數女男二人賜姓物部
癸未敕澇水經日苗稼腐損窮弊之民不得更播宜令山城河内
攝津等國巡撿貧民以正税給之攝津國人從七位上乙麻呂等
給姓豊山忌寸起從五位下和氣朝臣廣世復本官乙酉從五位
上藤原朝臣繼彦爲上總介陰陽頭如故從五位上藤原朝臣繼
業爲大學頭侍從信濃介如故正四位下藤原朝臣乙叡爲兵部
卿中衛大將越前守如故從五位下安倍朝臣家守爲刑部少輔
從五位下紀朝臣千世爲彈正弼正五位下橘朝臣入居爲左京
大夫右中辨右兵衛佐播磨守如故參議從四位下藤原朝臣繩
主爲春宮大夫式部大輔近衛中將如故中納言從三位藤原朝
臣内麻呂爲兼造宮大夫近衛大將但馬守如故己丑賑給左右
京貧民是日渤海國使大昌泰等還蕃遣式部少録正六位上滋
野宿禰船白等押送賜其王璽書曰天皇敬問渤海國王使昌泰
等隨賀萬至得啓具之王遜慕風化重請聘期占雲之譯交肩驟
水之貢繼踵每念美志嘉尚無已故遣專使告以年期而猶嫌其
遲更事覆請夫制以六載本爲路難彼如此不辭豈論遲促宜其
修聘之使勿勞年限今因昌泰等還差式部省少録正六位上滋
野宿禰船白充使領送并附信物色目如別夏首正熱惟王平安
略此代懷指不繁及庚寅從五位下中臣丸朝臣豊國爲齋宮頭
正六位上大伴宿禰峰麻呂爲遣新羅使正六位上林忌寸真繼
爲録事辛丑勅近衛府大將元從四位上官今爲從三位官又加
中將一員中衛府大將元從四位上官今爲正四位上官衛門督
元正五位上官今爲從四位下官佐從五位下官今爲從五位上
官左右衛士兵衛等一准衛門左右兵衛府加少尉一員少志一
員其官位者一准衛門府廢内藏寮主鎰四人加少屬一員減大
藏省主鎰大少各一員治部省解部四員壬寅公卿奏曰大和國

守從四位下藤原朝臣園人解偁。郡司之任。所掌不輕。而外者之官。不得貽謀。准於諸國。亦無潤身。是以擬用之日。各競辭退。郡務闕怠。寔由於此。伏請居之內考。將勸後輩者。臣等商量。夫高爵以之彰勳。厚賞以之酬勞。所以勸勵士庶。任用得人者也。而畿內諸國。近接都下。驅策之勞。尤是殊甚。准於外國。不可同日。如今所申穩便。誠合進舁。伏望五國郡司。一居內考。許之。五月乙巳。淡路國飢。遣使賑給。庚戌。正六位上紀朝臣廣濱授從五位下。辛亥。從五位上藤原朝臣仲成從五位上。住吉朝臣綱主授正五位下。正六位上紀朝臣繩麻呂從五位下。正六位上日下部連得足。正六位上粟田臣蓑麻呂外從五位下。癸丑。授正六位上藤原朝臣城主。正六位上藤原朝臣藤嗣。正六位上藤原朝臣永貞。正六位上藤原朝臣廣河。正六位上紀朝臣咋麻呂。紀朝臣邇都麻呂。安倍朝臣象主從五位下。丙辰。前遣渤海使外從五位下內藏宿禰賀茂麻呂等言。歸鄉之日。海中夜暗。東西掣曳。不識所著。于時遠有火光。尋逐其光。忽到嶋濱。訪之是隱岐國智夫郡。其處無有人居。或云。比奈麻治比賣神常有靈驗。商賈之輩。漂宕海中。必揚火光。賴之得全者。不可勝數。神之祐助。良可嘉報。伏望奉預幣例。許之。壬戌。令諸國司講師沙汰國分寺僧。己巳。尾張國海部郡主政外從八位上刑部粳虫言。權椽阿保朝臣廣成不憚朝制。擅養鷹鷂。遂令當郡少領尾張宿禰宮守六齋之日。獵於寺林。因奪鷹奏進。勅。須有違犯。先言其狀。而淩慢國吏。輙奪其鷹。宜特決杖。解卻其任。庚午。勅。撫俗宣風。任屬郡司。今停譜第。妙簡才能。而宿衛之人。番上之輩。久經駈□。頗効才能。宜不經本國。令式部省簡試焉。辛未。遣神祇大祐正六位上大中臣朝臣弟枚。改作伊勢大神宮正殿。讚岐國飢。出穀萬二千斛。賑給乏絕戶。壬申。停遣新羅使。六月甲戌朔。省中衛左右衛士三府醫師一員。丁丑。遣左衛士志矢田部

常陸麻呂於平城。捕內豎雀部廣道。決杖一百。以強姧法華寺尼也。戊寅。詔曰。惟王經國。德政為先。惟帝養民。嘉穀為本。朕以寡薄。忝承洪基。懼甚履氷。懍乎御朽。昧旦丕顯。日昃聽朝。思弘政治。翼宣風化。時雍未洽。陰陽失和。去年不登。稼穡被害。眷言其弊。有惘于懷。宜敷寬恩。荅彼咎祥。其被損尤甚之處。美作。備前。備後。南海道諸國。肥前。豐後等十一國。去年田租。特全免之。癸未。勅。前停止公廨。混合正稅。兼減舉穀。以省民煩。然諸國祢任中之未納。徵公廨之息利。百姓受弊。艱苦實深。自今以後。宜停徵焉。如有違者。隨即科之。乙酉。勅。沙門擅去本寺。隱住山林。受人屬託。或行耶法。如斯之徒。往往而在。國憲內教。同所不許。宜諸國司巡檢部內所有山林精舍。并居住比丘優婆塞。具錄言上。不得疎漏。戊子。勅。祭祀之事。在德與敬。心不致敬。神寧享之。廣瀨龍田祭。所以鎮弭風災。禱祈年穀也。而大和國司。觸事怠慢。都無肅敬。差遣史生。祗兼朝代祀。無報應。職此之由。自今以後。守介一人。齋戒祗承。若有事故。聽遣判官。己丑。從五位下石川朝臣魚麻呂為左少辨。從五位下百濟王鏡仁為右少辨。中納言從三位和朝臣家麻呂為兼中務卿。相撲守如故。正五位下大庭王為大輔。從五位下淡路真人福良麻呂為少輔。侍從從四位下中臣王為兼左大舍人頭。從五位下粟田朝臣入鹿為治部少輔。中納言從三位藤原朝臣雄友為兼民部卿。從五位下甘南備真人真野（鋼太上天皇諱故改神為真）為主稅頭。正五位下藤原朝臣大繼為大藏大輔。下總守如故。從四位下大原真人義氣為大膳大夫。外從五位下村國連息繼為阿波權介。癸巳。勅。去年不稔。百姓乏食。暫任民心。出舉私稻。一張一弛。因時垂教。宜更禁斷。罪依前格。丙申。從五位下紀朝臣嗣梶從五位下。藤原朝臣綱主授從五位上。桑田真人甘南備從五位下。是日。詔曰。朕祗纂丕業。撫臨黎元。尅己勤躬。不遑寧處。思欲輯熙四海。期

之刑措弘濟百姓致之壽域而近巡京中過堀川處鉗鏁囚徒暴體苦作與言於茲愀然于懷雖生民之愚自招罪惡而為彼父母寧不哀愍其在役見徒及天下見禁囚等罪無輕重並宜赦除令得自新但私鑄錢謀殺故殺及被問民苦使推訪諸國郡官吏百姓等不在赦限其謀殺故殺配役者停役配流普告遐迩令知朕意戊戌越中國飢遣使賑給己亥免山城國乙訓葛野愛宕三郡負租庚子屈僧三百人沙彌五十人於禁中及東宮朝堂奉讀大般若經秋七月癸卯朔攝津國人正七位上大伴宿禰□等貫于右京己酉停伊勢齋宮新嘗會但以歌舞伎供九月癸巳未置判事史生四員掃部司史生二員丹後國飢遣使賑給乙丑越中國飢遣使賑給免備中國去年租以風旱為災五穀不登也是日曲宴賜四位已上衣庚午停大和國字陀肥伊牧以接民居損田園也遣使秡畿內七道諸國以齋內親王將入伊勢也是月有一人乘小船漂著參河國以布覆背有犢鼻不著袴左肩著紺布形似袈裟年可廿身長五尺五分耳長三寸餘言語不通不知何國人大唐人等見之僉曰崑崙人後頗習中國語自謂天竺人常彈一弦琴歌聲哀楚閱其資物有如草實者謂之綿種依其願令住川原寺即賣隨身物立屋西郭外路邊令窮人休息焉後遷住近江國國分寺八月癸酉長岡京地一町賜民部少輔從五位下菅野朝臣池成甲戌從五位下登美真人藤津為少納言丙子常陸國言鹿嶋那加久慈多珂四郡今月十一日自晨至晚海潮去來凡十五度滿則過常涯一町許涸則踰常限廿餘町海畔父老僉云古來所未見聞也戊寅巡幸京中己卯禊於埴川癸未幸大堰丙戌遣使於畿內諸國以按田豐前國字佐郡人酒井勝小常依有惡行配隱岐國己丑幸北野癸巳伊豫國人從七位下越知直祖繼貫于左京是日遊獵於栗前野丙申奉幣帛於伊勢大神宮以

齋內親王將入齋宮也丁酉勅擇才擢用不必資蔭令衛府舍人及衛門二部偽蔭之侶其數資多而緣許還本事亦弘恕宜特寬宥任用如舊至于貽謬據實改正其詐蔭未經敍位任後依選得敍者矜彼勞効勿追位記但先後資蔭得敍或更歷選加階者宜計蔭敍之階追後加之階是日遊獵於水生野九月癸卯從五位下百濟王貞孫授從五位上甲辰齋內親王發野宮赴伊勢遣侍從從四位下中臣王參議正四位下藤原朝臣乙叡等送焉戊申暴風京中屋舍倒壞者多辛亥從四位下藤原朝臣園人為右大辨大和守如故東宮傅從三位大伴宿禰弟麻呂為兼治部卿正五位下藤原朝臣仲成為大輔兼山城守正五位下阿倍朝臣弟當為兵部大輔正四位下百濟王玄鏡為刑部卿從五位下菅原朝臣門守為主殿助從五位下石川朝臣道成為左京亮神祇伯從四位下多治比真人繼兄為兼右京大夫從五位上百濟王教德為上總守從五位下都努朝臣筑紫麻呂為介近衛少將從五位上大伴宿禰是成為兼下野守從五位下百濟王教俊為介式部少輔從五位下和氣朝臣廣世為兼阿波守外從五位下村國連息繼為介甲寅信濃國伊那郡阿智驛驛子永免調庸以道路險難也丁巳近江國小神奮敬賜諱（嵯峨太上天皇）辛酉正六位上式部少錄滋野宿禰船代等到自渤海國國王啟曰嵩璘啟使船代等至枉辱休問兼信物絁絹各卅匹絲二百絇綿三百屯准數領足慚愧實深嘉貺厚情伏知稠疊前年附啟請許量載往還去歲承書遂以半紀為限嵩璘情勤馳係求縮程期天皇舍己從人便依所請蘧蘧依行雖無殊奇特見允依荷欣何極比者天書降渙制使莅朝嘉命優加寵章惣萃班寮變理列等端揆惟念寡菲殊蒙庇蔭其使昌泰等才慙專對將命非能而承貺優容倍增喜慰而令秋暉欲暮序雜涼風遠客思歸情勞望日崇迨時節无滯迴帆

既許隨心正宜相送未及期限不敢同行謹曰廻使奉附輕尠具
如別状癸亥遊獵於陶野賜四位以上衣乙丑遊獵於的野賜五
位以上衣是月禁京畿百姓奉北辰燈以齊内親王入伊勢齋宮
也冬十月壬申信濃國地百町賜左大辨正四位下菅野朝臣真
道己卯遊獵于交野壬辰遊獵于西野十一月甲辰地震戊申從
五位下橘朝臣真男為少納言從五位下石川朝臣淨濱為陰陽
頭從五位上三諸朝臣真屋麻呂為宮内大輔外從五位下民忌
寸廣成為隼人正免淡路國今年調庸以風水為災百姓被害也
己酉曲宴賜五位以上布有差辛亥巡幸京中甲寅備前國言兒
嶋郡百姓等燒塩為業因備調庸而今依格山野濱嶋公私共之
勢家豪民競事妨奪強勢之家彌榮貧弱之民日弊伏望任奪給
民勅兼勢迫貪事非共利宜加禁制莫令更然淡路國涉以播磨
國隨近郡穀賑給之絶戸甲子勅先遣問民苦使採訪政迹思明

激揚以嚴黜陟今閲使状遣犯者多理須峻刑永懲後輩但以泣
辜解網獻哲良規宥過刑故古今通典去延曆十四年簡差使者
擬遣巡察慮彼自新未遽發遣而惕法不悛縱慾无厭此而可原
孰不可恕其延曆十五年以還有犯國司以下宜依法斷以懲將
來但犯佃田三町以下及驛使兵士者特從寛宥其十四年以往
所犯積習已久卒難洗盪宜事無輕重一從原免十二月癸酉勅
山城國葛野川近在都下每有洪水不得徒涉大寒之節人馬共
凍来往之徒公私同苦宜楓佐比二渡各置度子以省民苦甲戌
甲斐國人止彌若虫久信耳鷹長等一百九十人言己等先祖元
是百濟人也仰慕聖朝航海投化即天朝降綸旨安置攝津職後
依丙寅歳正月廿七日格更遷甲斐國自爾以來年序既久伏奉
去天平勝寶九歳四月四日敕偁其高麗百濟新羅人等遠慕聖
化来附我俗情願□姓悉聽許之而已等先祖未改蕃姓伏請蒙

改姓者賜若虫姓石川鷹長等姓廣石野又信濃國人外從六位
下卦婁真老後部黒足前部黒麻呂前部佐根人下部奈弖麻呂
前部秋足小縣郡人无位上部豊人下部文代高麗家継高麗継
楯前部貞麻呂上部色布知等言己等先高麗人也小治田飛鳥
二朝庭時節歸化来朝自爾以還累世平民未改本号伏望依去
天平勝寶九歳四月四日勅改大姓者賜真老等姓須々岐黒足
等姓豊岡黒麻呂姓村上秋足等姓篠井豊人等姓玉川文代等
姓清岡家継等姓御井貞麻呂姓朝治色布知姓玉井丁丑登伊
賀伊勢尾張近江美濃若狭丹波但馬播磨備前紀伊等國役夫
以充造宮乙酉遊獵于水生野陸奥國言俘囚吉弥侯部黒田妻
吉彌侯部田苅女吉彌侯部都保呂妻吉彌侯部留志女等未改
野心往還賊地因禁身進送配土佐國庚寅大僧都傳燈大法師
位等定言側力劣則止著在丘典心惛不極光于彝倫等定落髪

玄門棲形檀林羞戒婆離恥智鶖子豈須辱帶綱任久亂維務識
恥方濫吹恐同践火是以懸車之歳數陳口辞不被詔許既経數
年當今年垂八十歩行不正進退失儀强以抱任慙天愧地庸身
無層伏願去大僧都以開賢路退息老情兼望當糧上崇養老之
徳下免尸位之刺不任懇款之至上表以聞詔報曰忽省□表知
辞綱任季寄未衰告老何早歎慕其徳感悼无已但退讓再三謙
光難逆故許所請以遂来意其梵釋寺事者休息之閑時加檢技
時寒想和適也指不多云辛卯從五位下安曇宿禰大丘為□大
舎人助從五位上小倉王為内膳正癸巳巡幸京中攝津職奮荒
田五十七町賜大田親王丙申從五位下小野朝臣田刀自授從
五位上丁酉式部少輔從五位下和氣朝臣廣世言亡考清麻呂
平生常言身食厚禄無益於公兼忝國造無徳於民懐抱戀々願
念故郷憐彼窮民不能忘焉願以私懇田一百町擬和氣郡黎赤

坂邑久上道三野津高兒嶋等八郡卅餘鄉，賑救之，今然一處混置諸鄉，難及若遭班田，奏聞以此墾田，班田口分，彼鄉今田量換，置名為賑救田，以仍其地子，季夏之月，賑給飢人，以救民命，以報国恩，隙駒不駐，所願未畢，仍表先志，許之。戊戌，勅，天下臣民氏族已衆，或源同流別，或宗異姓同，欲據譜諜，多經改易，至撿籍帳，難辨本枝，宜布告天下，令進本系帳，三韓諸蕃亦同，但令載始祖及別祖等名，勿列枝流，并繼嗣歷名，若元出于貴族之別者，宜取宗中長者署申之，凡厥氏姓，率多假濫，宜在確實，勿容詐冒，來年八月卅日以前，惣令進了，便編入錄，如事違故記，及過嚴程者，宜原情科處，永勿入錄，凡庸之徒，惣集為巻，冠蓋之族，聽別成軸焉。

日本後紀巻第八

考異

內匠頭二張右五行內匠二字舊脫據上文補　川村王二右五村舊脫據上文補　乙亥朔二右十朔舊脫推干支補　從五位下二左二下舊脫據上文補　從四位下二左十二四字舊脫據上下文補　正五位上三右六上舊作下據上文訂　藤原和氣真人三左一原清麻呂傳作野　消魂四右五消舊作情據傳訂　不聽其祈四右六聽日本紀略作歆　未即行四右十紀略傳行下有刑字　波役豆四左十二傳作役波豆　乎麻呂四左十三口乎傳作卒和　氏譜五右五氏類聚國史作氣　振給田五右八傳作振　綱主七右八文絅據類本左類七下八　粳虫　報應　遣使　秡　左衛士志　商貫之輩　正五位下　池成　從五位上　舉　穀　喜報　歌舞役　祀　無　從五位下

日本後紀巻第十二 起延暦廿三年正月盡廿四年六月

左大臣正二位兼行左近衛大將臣藤原朝臣冬嗣等奉 勅撰

皇統彌照天皇 桓武天皇

廿三年春正月丁丑朔，御大極殿，受朝賀，武藏國言，有木連理，近江國獻白雀，宴次侍從已上於前殿，賜被，[　] 辛巳，曲宴，其內親王并房授親王三品，淳和皇后也，贈從六位下池田朝臣蘊守授從五位下，賜三位以上被，五位以上及六位以下藤原氏等綿，癸未，勅，真如妙理，一味無二，然三論法相，両宗菩薩，目擊相諍，蓋欲令後代學者，以競此理，各深其業歟，如聞，諸寺學生，就三論者少，趣法相者多，遂使阿黨凌奪，其道疎淺，宜年分度者，每年宗別五人為之，若當年無堪業者，闕而莫填，不得以此宗人補彼宗數，但令二宗學生兼讀諸経并疏，法華最勝依舊為同業，華嚴涅槃各為一業，経論通熟，乃以為得，雖讀諸論，若不讀經者，亦不得度，其廣涉

經論，習義殊高者，勿限漢音，自今以後，永為恒例，甲申，宴五位以上，賜物有差，丁亥，勅，項年諸國緇徒，多虧戒行，既汚法教，先從擯出，然而特降弘恕，厚優耆宿，其有改過者，聽住本寺，又簡智行可稱，堪為人師者，擢任講師，化導釋侶，如聞，苟忝講師，或事姧濫，詐稱改過，未捨妻孥，此乃僧綱簡擇，既失國司阿容，任意違教，陽法莫過斯甚，宜有此類，一從擯却，其僧綱國司，猶不悛革，量情科貶，正五位下藤原朝臣今川，藤原朝臣縄麻呂，藤原朝臣繼業授正五位上，己丑，左京人正六位上口口朝臣今繼等賜姓三棟朝臣，辛卯，夷第一等浦田臣史閒儺授外從五位下，壬辰，宴五位已上，賜物有差，癸巳，幸馬埒殿，觀射，乙未，運武藏上總下總常陸上野下野陸奥等國糒一萬四千三百十五斛，米九千六百八十五斛，於陸奥國小田郡中山柵，為征蝦夷，丙申，遊獵水生野，是日天寒，於野中賜五位已上衣，戊戌，律師傳燈大法師位如寶言，招提寺

者斯唐大和尚鑑真爲聖朝所建也天平寳字三年勅以没官地
賜之名爲招提寺又以越前國水田六十町備前國田地十三町
宛給供薪今學戒法以來殆五十年雖有經律未經披講一則乖
和上之素意一則闕弘道之至志伏望令永代傳講便用賜田充
律供儲然則招提之宗久而無廢先師之旨没而不朽許之己亥
制延暦十一年七月三日格六世已下王情願改姓者注所願之
姓先申官待報然後改之不得輙行者頃年之間未有申請既違
格旨自今以後除兼嫡之外猶不□者宜抑止計帳不得疎□免
淡路國窮民負税九萬三千九百束庚子從五位下笠朝臣庭麻
呂爲大和介外從五位下津宿禰源爲山城介從五位下大中臣
朝臣弟枚爲伊賀守從五位下大荒城臣忌國爲遠江介從五位
上高倉朝臣殿繼爲駿河守從五位下藤原朝臣真雄爲近江權
介大内記從五位下平群朝臣真常爲兼大掾從五位下和朝臣

弟長爲信濃介中衛少將從四位下巨勢朝臣野足爲兼下野守
從五位下大中臣朝臣常麻呂爲介從五位下佐伯宿禰社屋爲
出羽守從五位下藤原朝臣山人爲越中權介從五位下和朝臣
氏繼爲越後介從四位下安倍朝臣弟當爲丹波守從五位下淡
海真人有成爲介從五位下大秦公宿禰宅守爲因幡介從五位
下石川朝臣宗成爲備後守從五位下百濟王忠宗爲伊豫介從
五位下藤原朝臣藤繼爲大宰少貳正五位上藤原朝臣縄麻呂
爲豐前守從五位下藤原朝臣真書爲豐後守辛丑幸神泉苑壬
寅遷但馬國治於氣多郡高田鄉甲辰刑部卿陸奥出羽按察使
從三位坂上大宿禰田村麻呂爲征夷大將軍正五位下百濟王
教雲從五位下佐伯宿禰社屋從五位下道嶋宿禰御楯爲副軍
監八人軍曹廿四人乙巳安藝國野三百町賜甘南備内親王以
爲牧地二月丙午朔中務大輔從四位上三嶋真人名繼爲兼衛

門督戊申幸西八條并五條院賜五位已上衣庚戌運收大和國
石上社器仗於山城國葛野郡甲寅從五位下淨宗王爲少納言
癸亥從五位下大宅真人繼成爲大監物從四位下大庭王爲內
匠頭從五位下大中臣朝臣奧取爲助從五位上下毛野朝臣年
繼爲諸陵助從五位下大伴宿禰久米主爲主稅頭從五位下大
宅真人淨成爲造兵正從五位下藤原朝臣城主爲宮內少輔從
五位下大野朝臣犬養爲左京亮春宮權亮從五位下藤原朝臣
真夏爲兼中衛權少將如故參議從四位下藤原朝臣緒嗣爲兼
山城守右衛士督如故從四位下三諸朝臣大原爲播磨守丙辰大
和國田租并地子緣旱災也乙丑巡行京中式部卿三品伊豫
親王第賜四位以上衣己巳幸近江國志賀郡可樂埼庚午攝津
國飢遣使賑給外從五位下殖栗連宗繼爲美濃權介三月戊寅
宴次侍從以上命文人賦詩賜物有差庚辰遣唐使拜朝辛卯賜

五位以上米各有差以霖雨也壬辰從五位下藤原朝臣永真爲
權右少辨庚子大宰府言大隅國桑原郡蒲生驛與薩摩國薩摩
郡田尻驛相去遥遠逓送艱苦伏望置驛於薩摩郡櫟野村以息
民苦許之是日召遣唐大使從四位上藤原朝臣葛野麻呂副使
從五位上石川朝臣道益等兩人賜餞殿上近召御床下綸旨懇
懃特賜恩酒一杯寳琴一面酣暢奏樂賜物有差癸卯授大使葛
野麻呂節刀夏四月己酉從五位下桑田真人木津奧麻呂爲主
計助從五位下多治比真人氏守爲主稅助從五位下田中朝臣
八月麻呂爲右衛士佐壬子從五位下紀朝臣國雄爲右大舍人
助從五位下藤原朝臣城主爲民部少輔從五位下三嶋真人真
影爲宮內少輔從五位下安倍朝臣宅麻呂爲主殿頭外從五位
下豐山忌寸真足爲助外從五位下壬生公足人爲園池正從五
位下多治比真人家繼爲造東寺次官外從五位下日下部得足

為造西寺次官侍醫外從五位下倭廣成為兼遠江權掾侍醫外從五位下難波連廣名為兼因幡權掾從五位下秋篠朝臣全繼為右衛士權佐侍從從四位下葛野王為兼主馬頭從五位下紀朝臣田上為內厩助從五位下百濟王元勝為內兵庫正丁卯勅聽著深縹先有限制自今以後淺杉深不論高卑宜特聽之但著朝服時不得同襲其深深及常所禁不在聽限辛未制頹壞成川之地屢事除籍新出為田之狀未聞言上若西岸壞流既損公田則東邊新成黙為私地如此經年公損幾何宜天平十四年以降新出田數細勘言上不得疎漏中納言從三位和朝臣家麻呂薨贈從二位大納言家麻呂贈正一位高野朝臣弟嗣之孫也其先百濟國人也為人木訥無才學以帝外戚特被擢進蕃人入相府自此始焉可謂人位有餘天爵不足其雖居貴職逢故人者不嫌其賤握手相語見者感焉時年七十一壬申賜從四位下紀朝臣兄原度一人右兵衛大初位下山村日佐駒養獻白雀賜近江國稻五百束五月戊寅御馬埒殿觀馬射癸未陸奧國言斯波城與膽澤郡相去一百六十二里山谷嶮□往還多艱不置郵驛恐闕機急伏請准小路例置一驛許之辛卯傳燈大法師位善謝卒法師俗姓不破勝美濃國不破郡人也初就同寺理教大德稟學法相道業日進尤善俱舍遂乃超□三學通達六宗滋此智牙決彼疑網延曆五年彌照天皇擢任律師榮華非好辭職閑居凡厥行業必於菩提一生期盡終於梵福山中遂生極樂入同法夢時年八十一甲申辛式部卿三品伊豫親王第戊子播磨國荒廢田八十二町賜□□□親王庚寅制正月齋會得度之輩理須舊年試牙新歲得度而所司常致慢闕迄于會畢其名不定自今以後舊年十二月中旬以前試定申送其狀簡定之後不聽改替然則本願無虧屬託亦止辛卯散事從三位藤原朝臣延福薨癸巳山城

國穀四千斛賑給左右京髙年丙申齋宮寮獻白雀攝津國言頻歲不登百姓乏食加以春夏水害資粮亦盡伏請正稅二萬束假貸貧民令濟家産許之六月壬子從五位下藤原朝臣眞嗣為左少辨從五位下豐野眞人村為大監物從五位下石上朝臣乙名為散位頭從五位上藤原朝臣道雄為宮內大輔從五位上中臣朝臣道成為典藥頭癸丑定越中國為上國丙辰制常陸國鹿嶋神社越前國氣比神社能登國氣多神社豐前國八幡神社等宮司人懷競望各稱譜第自今以後神祇官檢舊記常簡氏中堪事者擬補申官壬戌幸大堰癸亥散位從三位石上朝臣家成薨左大臣贈從一位麻呂之孫正六位上東人之子也才藝無取恪勤在公薨時年八十三甲子散位正五位下小倉王上表曰臣聞上天開象丙曜以之盈虛聖人肇基九族由其尧降是故尊卑有序仰星辰而可知親疎無替命氏姓而立教伏惟陛下彫鏤品彙陶冶生靈人正其名物安其性小倉幸屬淳和謬霑渙澤□乾□弘大造無謝但得愚息內舍人繁野及小倉兄別王之孫內舍人山河等款偁臣等智効穿施器識庸微本天潢之末流仰瓊枝而悚懼伏請依去延曆十七年十二月廿四日友上王賜姓故事同蒙清原眞人姓又繁野名語觸皇子改繁曰夏小倉不忘□犢聞斯行諸特望天恩伏聽進止其應賜姓人等具目如別不在戀追之至謹以申□許之大宰府言壹伎嶋防人粮受筑前穀運漕艱苦屢致漂失伏望廢六國所配防人廿人以當嶋兵士三百人分番配置不勞給粮許之己巳停山城國山科驛加近江國勢多驛馬數疋庚午勅比年渤海國使來著多在能登國停宿之處不可疎陋宜早造客院秋七月癸酉朔幸神泉苑丙子幸大堰己卯觀相撲授无位明□女王從五位上從五位上紀朝臣內子川上朝臣眞奴百濟王惠信藤原朝臣川子紀朝臣殿子正五位上无位藤原

朝臣上子、橘朝臣御井子、紀朝臣乙魚、坂上大宿禰春子從五位
上。癸未、幸葛野川。丙申、幸與等津。乙亥、幸大堰。辛丑、右京人門部
連松原流土左國、以不孝也。八月癸卯朔、幸大堰。丁未、幸葛野川。
己酉、遣征夷大將軍從三位行近衛中將兼造西寺長官陸奥出
羽按察使陸奥守勳二等坂上大宿禰田村麻呂、從四位上行衛
門督兼中務大輔三嶋真人名繼等、定和泉攝津兩國行宮地。以
將幸和泉紀伊二國也。庚戌、幸葛野川。壬子、暴雨大風。中院西樓
倒、打死牛。又隳神泉苑左右閣、京中廬舍、諸國多蒙其害。天皇
生年在丑、歎曰、朕不利歟。未幾不豫、遂棄天下。癸丑、地震。賜大
納言從二位和朝臣家麻呂、從四位下尾張女王度各二人。乙卯、
遊獵北野。辛酉、巡行京中。癸亥、遊獵大原野。丁卯、遊獵栗前野。戊
辰、天皇以來冬可幸和泉國、參議式部大輔春宮大夫近衛中將
正四位下藤原朝臣繩主為裝束司長官、正五位上橘朝臣安麻
呂、從五位下池田朝臣春野為副。參議左兵衛督從三位紀朝臣
勝長為御前長官、從五位上藤原朝臣繼彥為副。左大辨東宮學
士左衛士督但馬守正四位下菅野朝臣真道為御後長官、從五
位下紀朝臣咋麻呂為副。庚午、從五位下大枝朝臣須賀麻呂為
主計助、外從五位下檜原宿禰鑼作為造西寺次官。九月甲戌、近
江國蒲生郡荒田五十三町賜式部卿三品伊豫親王。乙亥、幸大
堰。己卯、幸神泉苑。辛巳、從五位下紀朝臣田上為相模介。丁亥、正
六位上善原忌寸依授外從五位下。己丑、遣兵部少丞正六位上
大伴宿禰岑萬里於新羅國。太政官牒曰、遣使唐國脩聘之狀、去
年令大宰府送消息訖。時無風信、遂變炎涼。去七月初、四船入海、
而兩船遭風漂迴。二船未審到處、即量風勢、定著新羅。仍遣兵部
省少丞正六位上大伴宿禰岑萬里等尋訪。若有漂著、宜隨事資
給、令得還鄉。不到彼堺、冀遣使入唐、訪覓具報。壬辰、遊獵北野。癸

巳、丹波國言、依格差勳位衛護府庫、而白丁之儔唯卅日、勳位限
直百卅日、有位白丁、勞逸不均者。制、宜以白丁為健兒。甲午、式部
省言、案公式令、親王一品已下、職事初位已上、並可自牒諸司。雖
是三位已上曾無以家司牒及解向官司之文、而案去延曆廿一
年九月廿三日格云、親王內親王並年滿四歲、始充帳內者。今親
王內親王、或年未成人、或不便文筆。至經官司、若為申牒。又同令
牒式、三位已上去名。然則親王四品已上去名明矣。而散事數人、
同品及同官位姓之類、既不署名、何以辨知。仍問法家、咸云、如此
之類可有別式者。未審所從者。勅、幼稚親王、既不便筆。三位已上、
亦無可署。准據令格、還成疑滯。必須自牒、事有不穩。自今以後、宜
親王四品已上、及職事三位已上、並聽以家司牒申牒諸司。其牒
首並具注其官品、其親王家及其官位姓名家牒、以別同異。牒尾
家令已下兩人署之。无品親王內親王者、並別當官人署名申牒。
牒式准上。定別當人、依勅處分。其散事三位、元無家司、至牒諸司、
宜令自署。立為恒式。戊戌、地震。冬十月甲辰、行幸和泉國。其夕至
難破行宮。乙巳、賜攝津國司被衣。上御舟泛江。四天王寺奏樂。國
司奉獻。丙午、至和泉國。遊獵于大鳥郡惠美原。散位從五位下坂
本朝臣佐太氣麻呂獻物。賜綿一百斤。丁未、獵于城野。日暮御日
根行宮。戊申、獵垣田野。阿波國獻物。賜國司等物有差。左大辨正
四位下菅野朝臣真道獻物、賜綿二百斤。己酉、獵藺生野。近衛中
將從三位坂上大宿禰田村麻呂獻物、賜綿二百斤。庚戌、獵于日
根野。河內國獻物。辛亥、詔曰、天皇詔旨良万止勅命乎、和泉攝津二
國司郡司公民陪從司々人等諸聞食止宣。今年波年實豐稔弖
人々產業毛取収弖在此月波閑時爾之、國風御覽須時止奈常
毛聞所行須、今行宮所乎御覽爾、山野毛麗海瀲毛清之弖御意毛
於太比爾之弖御坐坐。故是以御坐坐世留和泉國并攝津國東生西

成二郡乃百姓爾今年田租免賜比又勤仕奉國郡司及一二能人等爾冠位上賜比治賜布目以下及郡司乃正六位上乃人波爾男一人爾位一階賜布又行宮乃邊爾近岐高年八十已上并陪從人等乎口賜比治賜布又行宮勤仕奉爾依天三嶋名繼真人爾大物賜止波久詔布勅命乎衆聞食止宣授攝津守從三位藤原朝臣雄友正三位衛門督從四位上三嶋真人名繼正四位下散位從五位下坂本朝臣佐太氣麻呂從五位上攝津介外從五位下尾張連粟人和泉守外從五位下中科宿禰雄庭攝津掾正六位上多治比真人船主和泉掾正六位上小野朝臣木村散位正六位上大枝朝臣萬麻呂從五位下又皇太子已下賜物有差遣使於和泉日根二郡諸寺施綿播磨國司奉獻娄風俗歌壬子幸紀伊國玉出嶋癸丑上御船遊覽賀樂內親王及參議從三位紀朝臣勝長國造紀直豐成等奉獻詔曰天皇詔旨止良万勅命乎紀

伊國司郡司公民陪從司々人等諸聞食止宣此月波閑時尓之國風御覽須時止奈毛常毋聞取行須令御坐取乎御覽尓礒嶋毛奇麗久海澈毛清晏尓之御意毋於多比尓御坐坐故是以御坐坐世留名草海部二郡乃百姓尓今年田租免賜比又國司國造二郡司尓良冠位上賜比治賜布目已下及郡司乃正六位上乃人波尓男一人尓位一階賜布又御座取尓近岐高年八十已上人等尓大物賜止波久詔布勅命乎衆聞食止宣授守從五位下藤原朝臣鷹養從五位上外從五位下葛井宿禰豐繼掾從六位下小野朝臣真野刑部大丞正六位上紀朝臣岡繼中衛將監正六位上紀朝臣良門從五位下遣使於名草海部二郡諸寺施綿甲寅自雄山道還日根行宮乙卯遊獵熊取野丙辰御難破行宮丁巳國司奉獻遣使於西成東生二郡諸寺捨綿戊午車駕至自難破壬戌幸神泉苑甲子勅私養鷹鷂禁制已久如聞臣民多蓄遊獵無

度故違綸言深合罪責宜嚴禁斷勿令重犯但三王臣聽養有免仍賜印書以為明驗自餘輙養將寘重科其印書外過數者捉辭鷹人進上自餘王臣五位已上錄名言上六位已下及辭鷹人並依法禁固科違勅罪遣使搜檢如有違犯國郡官司亦與同罪戊辰免越前能登二國今年調十分之七以藁麻有損也十一月戊寅陸奧國栗原郡新置三驛己卯遊獵日野壬午制筑前國志麻郡自今以後停止綿調以令輸錢甲申幸神泉苑左京人從七位下大俣連三田次賜姓大貞連丁亥幸神泉苑戊子山城國乙訓郡白田六町賜弄南備內親王己丑幸神泉苑癸巳出羽國言秋田城建置以來卌餘年土地墝埆不宜五穀加以孤居北隅無隣相救伏望永從停廢保河邊府者宜停城為郡不論土人浪人以住彼城者編附焉戊戌幸神泉苑□子學士但馬守菅野朝臣真道木工頭從五位上兼行造宮亮播磨介石川朝臣河主監

僧綱政十二月壬寅朔幸神泉苑丙午勅自今以後左右大辨八省卿彈正尹准參議已上雖聞門以後聽就朝堂下未幸神泉苑壬戌勅牛之為用在國切要負重致遠其功實多如聞無賴之輩爭事驕侈尤剝斑犢競用鞍韉為弊良深事須禁絕自今已後殺剝及用鞍并胡禄等之具一切禁斷若有違犯科違勅罪主司阿容亦與同罪丙寅聖體不豫遣使平城七大寺賚綿五百六十斤誦經又賑恤舊都飢乏道俗丁卯詔曰朕有所思欲施恩澤宜赦天下自延曆廿三年十二月廿六日昧爽以前大辟已下罪無輕重皆咸赦除但強竊二盜及私鑄錢常赦所不免者不在赦限敢以赦前事相告言者以其罪罪之普告天下知朕意焉是日賜三品式部卿諱淳和度一人

廿四年春正月辛未朔廢朝聖體不豫也癸酉制定額諸寺檀越之名載在流記不可輙改而愚人爭以氏寺假託權貴詐稱檀越

寺家田地。任情賣買。事多奸濫。宜加禁斷。丁丑。正五位上橘朝臣安麻呂授從四位下。賜五位已上物各有差。甲申。平明。上急召皇太子。遲之。更遣參議右衛士督從四位下藤原朝臣緒嗣召之。即皇太子參入。昇殿召於牀下。勅語良久。命右大臣以正四位下菅野朝臣真道從四位下秋篠朝臣安人。為參議。又請大法師勝虞。放却鷹犬。侍臣莫不流涙。奉為崇道天皇。建寺於淡路國。是日勅。頃年為興釋教。擯出違法之僧。令聞自悔前過。各有修行。宜赦其過。聽住本寺。若更有犯。處以恒科。又令天下諸國修理國中諸寺塔。乙酉。永停大替隼人風俗歌舞。是日大法師勝虞為少僧都。玄寵為律師。丙戌。參議從四位下秋篠朝臣安人為右大辨。近衛少將勘解由長官阿波守如故。從四位下橘朝臣安麻呂為左中辨。從五位上百濟王鏡仁為右中辨。從四位上藤原朝臣葛野麻呂為刑部卿。越前守如故。宴五位已上。賜物有差。丁亥。於御在所南

端門外射。但樂興不御。辛卯。賜散位從四位下住吉朝臣綱主度一人。壬辰。賜宿侍親王已下五位已上衣。是日未時大星隕。乙未。地震。戊戌。外從五位下吉水連神德授從五位下。正六位上出雲連廣貞外從五位下。以供奉御藥晝夜不怠也。二月乙巳。相摸國言。頃年差鎮兵三百五十人。戍陸奧出羽兩國。而今徭丁乏少。勲位多數。伏請中分鎮兵。一分差勲位。一分差白丁。許之。丙午。令僧一百五十人。於宮中及春宮坊等。讀大般若經。造一小倉於靈安寺。納稲卅束。又別收調綿百五十斤。庸綿百五十斤。慰神靈之怨魂也。庚戌。造石上神宮使正五位下石川朝臣吉備人等。支度功程。申上單功一十五萬七千餘人。太政官奏之。勅曰。此神宮所以異於他社者何。或臣奏云。多收兵仗故也。勅。有何因縁。所收之兵器。奏答云。昔來天皇御其神宮。便所宿收也。去都差遠。可慎非常。伏請卜食。而運遷。是時文章生從八位上布留宿禰高庭。即脩解

申官云。得神戸百姓等款偁。比來大神頻放鳴鏑。村邑咸怪。不知何祥者。未經幾時。運遷神寶。望請奏聞此狀。蒙從停止。官即執奏。被報宣偁。卜筮吉合。不可妨言。所司咸來。監運神寶。收山城國葛野郡。託無故倉仆。更收兵庫。既而聖體不豫。典聞建部千繼被充春日祭使。聞平城松井坊有新神。託女巫。便過請問。女巫云。今所問不是凡人之事。宜聞其主。不然者。不告所問。仍述聖體不豫之狀。即託語云。歷代御宇天皇。以慇懃之志。所送納之神寶也。今踐穢吾庭。運收不當。所以唱天下諸神。勒謂贈天帝耳。登時入京。密奏。即詔神祇官并所司等。立二幄於神宮。御飯盛銀笥。副御衣一龍。并納御轝。差典聞千繼充使。召彼女巫。令鎮御魂。女巫通宵忿怒。託語如前。遲明乃和解。有勅。准御年數。屈宿德僧六十九人。令讀經於石上神社。詔曰。天皇御命尓坐。石上乃大神尓申給波久。大神乃宮尓收有志器仗乎。京都遠久成奴流尓依弖。近處尓令治止

為奈母。去年此尓運收有流。然尓比來之間。御體如常不御坐有尓。大御夢尓覺志坐尓依弖。大神乃願坐之任尓。本社尓返收之弖。无驚久无咎久。平久安久可御坐止奈母念志食。是以鍛冶司正從五位下作良王。神祇大副從五位下大中臣朝臣全成。典侍正五位上葛井宿禰廣岐等乎差使弖。禮代乃幣帛并鏡令持弖申出給御命乎申給止申。辭別弖申給久。神那我良母皇御孫乃御命乎堅磐尓常盤尓護奉幸閇奉給止稱辭定奉止久申。遣典藥頭從五位上中臣朝臣道成等。返納石上神社兵仗。散位從四位下住吉朝臣綱主卒。綱主以善射為近衛。後歷將曹將監。為格勤宿衛不怠。好愛鷹犬。多得士卒心。任至少將。卒時年七十七。大和國人正六位上日佐方麻呂。近江國人正六位上日佐人上。賜姓紀野朝臣。甲寅。備後國飢。遣使賑給。正五位上葛井宿禰廣岐授從四位下。乙卯。賜脩行大法師位榮興度一人。脩行傳燈法師位聽福二人。

左京人多王登美王等十七人賜姓三園眞人吉並口王並王等
十七人近江眞人駿河王廣益王等十六人清海眞人池原王嶋
原王二人志賀眞人貞原王眞貞王二人淨額眞人坂野王石野
王等十六人清岳眞人篠井王坂合王等五人淨原眞人十二月
王小十二月王等三人室原眞人永世王末成王末繼王春原眞
人田邊王高槻王等義海眞人舩木王長井眞人岡山女王廣岡
女王等四人岡原眞人廣永王益永王等四人豐峯眞人田村王
小田村王金江王眞殿王河原王等八人長谷眞人八上王八嶋
王山科眞人乙未令諸國々分寺行藥師悔過以聖躬未平也壬
戌賜傳燈大法師位安璧度僧尼各一人脩行大法師位榮興僧
一人脩行法師位慈窓等七人各二人從五位上平群朝臣廣道
爲主左守三月辛未施賜宿侍僧及五位已上被衣癸酉賜少僧
都傳燈大法師位勝虞度二人乙亥播磨國夷第二等去返公嶋

子賜姓浦上臣丙子賜律師大法師位均寵脩行滿位僧勤益各
度二人脩行滿位僧常江壽全各一人己卯賜傳燈法師位勤操
度二人脩行滿位僧壽全一人癸未從五位下多治比眞人八千
足授從五位上丙戌正六位上下毛野公小建授外從五位下己
丑免從四位下吉備朝臣泉并五百枝王藤原朝臣淨岡藤原朝
臣雄依山上船主等罪入京壬辰免伊豆國流人氷上眞人河繼
罪還使伯耆國請玄賓法師丙申於殿上行灌頂法是日詔曰解
網泣辜哲王嘉訓滌瑕蕩穢列聖通規朕君臨區宇子育黔黎念
彼流移久陷刑憲情深惻隱無忘寢興思播凱澤令彼段且其延
曆廿四年三月以前犯謀反大逆及自餘緣犯已配流及移鄉者
不論道俗悉赦除之若身先亡思溪不逮者原其妻子但悪逆造
畜蠱毒殺人會赦猶合移鄉之色及犯盜者不在赦限普告遐邇
知朕意焉夏四月辛丑授散位從六位上江沼臣小並外從五位

下壬寅賜侍醫等衣并絁布有差癸卯勅如聞貢調脚夫在路留
滯或飢橫斃者衆良由路次國郡不存法令隨便村里無意撫養
也自今以後如有此色當界官司據法科處郡國官司存情相救
其醫療供給一依法令甲辰令諸國奉爲崇道天皇建小倉納正
稅卌束并預國忌及奉幣之列謝怨靈也令左國帶驛路郡加
置傳馬五匹以新開之路山谷峻深也乙巳天皇召皇太子已下
參議已上託以後事己酉使近衛大將藤原朝臣內麻呂中將藤
原朝臣繩主等賜兵仗殿鎰於東宮遣使奉幣帛於賀茂神社庚
戌任改葬崇道天皇司外從五位下豐山忌寸眞足爲主殿助五
月己巳朔賜侍從及侍醫等衣辛未授從五位上藤原朝臣上子
正五位下戊寅授土左國香美郡少領外從六位上物部鏡連家
主爵二級以撫育有方公勤匪怠也己卯加山城大和河內攝津
等四國史生一員是日遣脩行傳燈法師位聽福於紀伊國伊都

郡立三重塔爲聖躬平善也甲午甲斐越中石見三國飢遣使賑
給六月乙巳遣唐使第一船到泊對馬嶋下縣郡大使從四位上
藤原朝臣葛野麻呂上奏言臣葛野麻呂等去年七月六日發從
肥前國松浦郡田浦四船入海七日戌剋第三第四兩船火信不
應出入死生之間掣曳波濤之上都卅四箇日八月十日到福州
長溪縣赤岸鎭已南海口時杜寧縣令胡延沂等相迎語云當州
刺史柳冕緣病去任新除刺史未來國家大平者其向州之路山
谷嶮隘擔行不穩因迴船向州十月三日到州新除觀察使兼刺
史閻濟美處分且奏且放廿三人入京十一月三日臣等發赴上
都此州去京七千五百廿里星發星宿晨昏兼行十二月廿一日
到上都長樂驛宿廿三日內使趙忠將飛龍家細馬廿三匹迎來
兼持酒脯宣慰駕即入京城於外宅安置供給特有監使高品劉
昴勾當使院第二船判官菅原朝臣清公等廿七人去九月一日

從明州入京十一月十五日到長安城於同宅相待廿四日國信別貢等物附監使劉昂進於天子劉昂歸來宣勅云卿等遠慕朝貢所奉進物極是精好朕殊喜歡時寒卿等好在廿五日於宣化殿禮見天子不衙同日於麟德殿對見所請並允即於內裏設宴官賞有差別有中使於使院設宴酣飲終日中使不絕頻有優厚廿一年正月元日於含元殿朝賀二日天子不豫廿三日天子雍王适崩春秋六十四廿八日臣等於亟天門立仗始著素衣冠是日順宗太子即皇帝位諒闇之中不堪萬機皇太后王氏臨朝稱制臣等三日之內於使院朝夕舉哀其諸蕃三日自餘廿七日而後就吉二月十日監使高品宋惟澄領答信物來兼賜使人告身宣勅云卿等銜本國王命遠來朝貢遭國家喪事須緩緩將息歸鄉緣卿等頻奏早歸因茲賜纏頭物兼設宴宜知之却廻本鄉傳此國喪擬欲相見緣此重喪不得宜之好去好去者事畢首途勅令內

使王國文監送至明州發遣三月廿九日到越州永寧驛越州即觀察府也監使王國文於驛館喚臣等附勅書函便還上都越州更差使監送至管內明州發遣四月一日先是去年十一月為廻船明州留錄事山田大庭等從去二月五日發福州海行五十六日此日到來三日到明州郭下於寺裏安置五月十八日於州下鄮縣兩船解纜六月五日臣船到對馬嶋下縣郡阿禮村其唐消息今天子諱誦大行皇帝之男只一人而已春秋卌五有卌餘男女皇太子廣陵王純年廿八皇太后王氏令上之母大行皇帝之后也年号貞元廿一年當延曆廿四年淄青道節度使青州刺史李師古正己孫納之男養兵馬五十萬朝廷以國喪告于諸道節度使入青州界師古拒而不入口兵十萬以吊國喪為名自龍表鄭州諸州勠力逆戰相敵即為宣慰師古差中使高品臣希倩發遣又蔡州節度使吳少誠多養甲兵竊挾窺窬又去貞元十九年遣龍武將

軍薛審和親吐蕃到則杓口不得復命審欺之云所以來和者欲嫁公主也吐蕃即令審歸娶天子嗔之曰嫁娶者非朕所知宜更廻允前旨若事不遂不得入來審還到吐蕃界拒而不入在於今日猶住兩界頭去年十二月吐蕃使等歸國尋被來由在娶公主天子嗔之不聽故不會賀正也其吐蕃在長安西北數與兵侵中國今長安城去吐蕃界五百里內疑節度外嫌吐蕃京師驟動無暫休息丁未近江丹波丹後但馬播磨美作備前備後紀伊阿波伊豫等十一國停進彩帛依舊貢絹辛亥正六位上難破連廣成若江造家繼授外從五位下癸丑伊賀國飢遣使賑給甲寅遣唐使第二船判官正六位上菅原朝臣清公來到肥前國松浦郡鹿嶋附驛上奏事多不載丙辰授從五位下紀朝臣廣濱從五位上正六位上犬上朝臣望成外從五位下庚申近衛中將從三位勲二等坂上大宿禰田村麻呂為參議辛酉傳燈大法師位常騰為

律師

日本後紀卷第十二

考異

賜被一張右五行被下鈌文按日本紀略云戊寅改汰田親王名為萬多辛巳曲宴其內親王之房一右五十字舊脫據類聚國史補池田朝臣一右六田類史作原藾守一右六藾舊脫據類史補丙辰制五右六制舊脫據類史補八十三五右十三紀略作二從五位上六左二上舊作下據上下文訂賣買十右一買舊作賣據類史訂各有差十右二各舊脫據類史補造石上神宮使十左九造舊脫據類史補息渙不逮十二左十渙類史作澤正税卅束十三右四卅類史作卅於同宅十四右一同紀略作國

日本後紀卷第十三起延暦廿四年七月盡大同元年五月

左大臣正二位兼行左近衛大將臣藤原朝臣冬嗣等奉　勅撰

皇統彌照天皇　桓武天皇

秋七月戊辰朔遣唐大使從四位上藤原朝臣葛野麻呂上節刀丙子尾張國智多郡地十三町賜中納言從三位藤原朝臣内麻呂辛巳葛野麻呂等上唐國答信物壬午賜傳燈大法師位常騰安暨玄賓等卅七人并三品美努摩内親王度五十九人每人三人已下一人已上癸未大宰府言遣唐使第三船今月四日發自肥前國松浦郡庇良嶋指遠値嘉嶋忽遭南風漂著孤嶋船居巉間淦水盈溢判官正六位上三棟朝臣今嗣等脱身就岸官私雜物不遑下收射手數人留在船上纜絶船流不知何去者勅使命以國信為重船物須人力乃全而今不顧公途偏求苟存泛船無人何以能濟奉使之道豈其然乎宜加科責以峻懲沮甲申地震

丁亥常陸國人生部連廣成特授從八位下以出私物屢救貧民也己丑能登國言舶一艘漂著珠洲郡遣使撿船上雜物辛卯賜親王已下參議已上及内侍唐國彩帛各有差壬辰勅如聞疫癘之時民庶相憚不通水火存心救療何有死亡父子至親畏忌無近隣里疎族更復何言亡者衆多事在於此宜喩所司務存矜恤若不遵改隨即科處是日遣唐大使從四位上藤原朝臣葛野麻呂授從三位判官正六位上菅原朝臣清公從五位下故副使從五位上石川朝臣道益賜從四位下判官正六位上甘南備真人信影從五位下道益者從三位中納言石足之孫從五位上人成之子也略涉書記頗有才幹美於風儀卒於大唐明州朝廷惜之卒時年卌三癸巳遣使奉幣於畿内名神祈雨也甲午獻唐國物于山科後田原崇道天皇三陵八月丁酉朔山城國相樂郡白田十三町賜葛井親王癸卯從五位下川原女王上道朝臣千若授

正五位下正六位上安太女王賀茂朝臣□女從六位上縣犬養宿祢浄濱丈尼或圖從五位下正六位下小槻連濱名服部三船凡直古刀自從六位上朝野宿祢宅成從六位下船連志賀從七位上勝部造真上因幡國造苗取正八位上平群黒虫從八位下田邉史東女外從五位下乙巳地震是日請入唐求法僧最澄於殿上悔過讀經最澄獻唐國佛像丁未傳燈法師位肆闍傳燈滿位僧景銑補供奉師壬子賜正四位上藤原朝臣産子度二人故入唐副使贈從四位下石川朝臣道益一人安藝國賀茂郡地五十町賜仲野親王丙辰從五位下菅原朝臣清公為大學助丁巳攝津國人外從五位下豊山忌寸真足附于右京近江國人正六位上林朝臣茂繼肥後國人從六位下中篠忌寸豊次等附于左京己未大納言正三位壹志濃王抗表請骸骨優詔不許癸亥太白與鎮星見東方常陸守從四位下紀朝臣直人卒直人者中納

言從三位麻路之孫正五位下廣名之子也為人温潤頗有文藻歴官内外無有毀譽終以天命卒時五十九九月庚午曲宴賜親王以上衣辛未施禪師等衣壬申賜五位已上綿有差癸酉左京人永嗣王等賜姓河上真人壬午令僧最澄於殿上行毗盧舎那法己丑傳燈大法師位常騰為少僧都從五位上百濟王聰哲為主計頭從四位下橘朝臣安麻呂為常陸守從五位下大伴宿祢真城麻呂為能登守壬辰奉授越前國小虫神從五位下出雲國造外正六位上出雲臣門起授外從五位下冬十月丁酉野鳥飛入殿中己亥從五位上藤原朝臣繼彦為左中辨讃岐守如故從五位下多治比真人今麻呂為式部權少輔從五位下安倍朝臣犬養為大藏少輔從五位上和氣朝臣廣世為美作守式部少輔大學頭如故從四位下橘朝臣安麻呂為備前守從五位下巨勢朝臣諸成為介從五位下讃岐公千繼為權介癸卯正六位上笠

臣田作千葉國造大私部直善人授外從五位下甲辰宴樂終日賜五位已上錢有差丙午從四位下勲三等三諸朝臣大原為備前守從四位下橘朝臣安麻呂為播磨守甲寅授入唐留學生无位粟田朝臣飽田麻呂正六位上乙卯神祇伯從四位上多治比真人繼兄為兼右兵衛督戊午播磨國俘囚吉弥侯部兼麻呂吉弥侯部色雄等十人配流於多褹嶋以不改野心屢違朝憲也庚申佐渡國人道公全成配伊豆國以盜官鶏也廢下總國印播郡鳥取驛埴生郡山方驛香取郡真敷荒海等驛以不要也授正六位上安倍朝臣真勝從五位下奉為崇道天皇寫一切經其書生隨功叙位及得度癸亥於前殿讀經三日十一月丙寅朔制頃年之間諸司諸國所進解文官人等名下或多不署若情懷不穩忍而默尓為當執見各殊上下不慥歟縱使託事應被勘問則称某甲不署解文既備員品豈合得然自今以後宜令盡署其緣病及

假使等類隨即顯注不得令名下空有所疑涉丁卯授唐人正六位上清河忌寸斯麻呂外從五位下己巳山城國紀伊郡地一町賜典侍從四位下葛井宿祢廣歧授無位紀朝臣弟魚正五位上無位石川朝臣伊勢子從五位下壬申先是伊豆國掾正六位上山田宿祢豐濱奉使入京至伊勢國榎撫朝明二驛之間就村求湯有人與之更復煖酒相飲其後嘔吐至伊賀國堺豐濱從者死豐濱情知毒酒勤加療治至京遂死遣使左兵衛少志從六位下紀朝臣濱公勘之死得隱岐國人外從八位上服部松守釆女外從五位下服部美船女等三人賜姓臣丁丑大納言正三位兼彈正尹壹志濃王薨詔賜從二位壹志濃者田原天皇之孫湯原親王之第二子也質性矜然不護禮度杯酌之間善於言咲每侍酣暢對帝道疇昔帝安之薨時年七十三戊寅停陸奥國部內海道諸郡傳馬以不要也庚辰曲宴賜次侍從已上衣相模國大住郡

田二町賜從四位下百濟王教法甲申左京人正七位下淨村宿祢源言父賜綠表常照以去天平寶字四年奉使入朝幸沐恩渥遂為皇民其後不幸永背聖世源等早為孤露无復所恃外祖父故從五位上淨村宿祢晉卿養而為子依去延暦十八年三月廿二日格首露已訖儻有天恩无追位記自天祐之欣幸何言但賜姓正物國之徵章伏請改姓名為春科宿祢道直許之乙酉遷攝津國治於江頭許之戊子坂本親王於殿上冠賜參議從三位坂上大宿祢田村麻呂大藏卿從四位上藤原朝臣園人少納言從五位下多朝臣入鹿等衣被甲午攝津國人外從五位下出雲連廣貞等附于左京十二月庚子地震壬寅公卿奏議曰伏奉綸旨營造未已黎民或弊念彼勤勞事須矜恤加以時遭灾疫頗損農桑今雖有年未聞復業宜量事優矜得存濟者臣等商量伏望所點加仕丁一千二百八十一人依數停却又衛門府衛士四百人

減七十人左右衛士府各六百人每減一百人隼人男女各卅人每減廿人雅樂歌女五十人減卅人仕女一百十人減廿八人停卜部之委男女厮丁等粮又諸家封租甓停春米交易輕貨又諸國貢調脚夫或國役五箇日或國三箇日役限不均勞逸各殊須共役二日以同苦樂又備後國神石奴可三上惠蘇甲努世羅三谿三次等八郡調糸相換鍬鐵又伊賀伊勢尾張近江美濃若狹越前越中丹波丹後但馬因幡播磨美作備前備中備後紀伊阿波讃岐伊豫等國殊免當年庸許之是日中納言近衛大將從三位藤原朝臣内麻呂侍殿上有勅令參議右衛士督從四位下藤原朝臣緒嗣與參議左大辨正四位下菅野朝臣真道相論天下德政于時緒嗣議云方今天下所苦軍事與造作也停此兩事百姓安之真道確執異議不肯聽焉帝善緒嗣議即從停廢有識聞之莫不感歎癸卯免淡路國浪人今年調庸乙巳廢造宮職己酉

施賜僧并宿侍五位以上大袍從五位下文室真人長谷為周防
守庚戌從五位下和朝臣建男為近江介從五位下藤原朝臣友
人為播磨權介甲寅從五位下岳田王為甲斐守外從五位下紀
朝臣廣河為阿波介乙卯甲斐國巨麻郡弓削社預官社以有靈
驗也河内國交野郡白田二町賜仲野親王丁巳勅大和國畝火
香山耳梨等山百姓任意伐損國吏寬容不加禁制自今以後莫
令更然戊午山城國乙訓郡白田一町賜大判事從五位下讃岐
公千継庚申僧綱言延暦年中改諸國國師曰講師一任之後不
聽輙替講説之外莫預他事欲能弘道敎以利人也今聞或身期
老死情無知足既倦講席何堪誨導遂使汚法蘊罪背師弃資加
以當國司等撿掌伽藍諸寺綱維趍走府廳此非道俗異形臭鳥
殊性之意伏望簡大智而任講師擧小識而補讀師限六年為期
其寺委寄講師然則用人之策永存媚俗之辱自息勅其講師年

限一依來請但淺學之輩未練戒律年少之人時聞違犯宜簡年
卅五已上心行已定始終不易者補之簡才用讓申官經考等一
同前格若有自事衒賣妄求俗擧者永從擯出以懲後輩如綱維
受囑亦猕情論之其讀師者依舊用之又部内諸寺者講師國司
相共撿挍不得獨恣
大同元年春正月丙寅朔廢朝聖躬不豫也宴次侍從已上於前
殿賜衣庚午右京人外從五位下堅部使主廣人賜姓豐宗宿祢
賜大法師永忠度二人僧冣澄三人治部卿四品葛原親王二人
壬申勅永停五位以上進裝馬壬午射天子不御左京人正七位
上阿倍小殿朝臣真直從五位下阿倍小殿朝臣真出等賜姓阿
倍朝臣辛卯勅攘災植福佛教冣勝誘善利生無如斯道但夫諸
佛所以出現於世欲令一切衆生悟一如之理然衆生之機或利
或鈍故如来之説有頓有漸所有經論所趣不同開門雖異遂期

菩提譬猶大醫隨病與藥設方萬殊共期濟命今欲興隆佛法利
樂群生凡此諸業廢一不可宜華嚴業二人天台業二人律業二
人三論業三人法相業三人分業勸催共令競學仍須各依本業
疏讀法華金光明二部經漢音及訓經論之中問大義十條通五
以上者乃聽得度縦如二業中无及第者闕置其分當年勿度省
寮僧綱相對案記待有其人後年重度遂不得令彼此相奪廢絶
其業若有習義殊高勿限漢音受戒之後皆令先必讀誦二部戒
本諳案一巻羯磨四分律鈔更試十二條本業十條戒律二條通
七以上者依次差任立義複講及諸國講師雖通本業不習戒律
者莫聽任用自今以後永為恒例癸巳從四位下藤原朝臣仲成
為大和守從五位上百濟王鏡仁為河内守從五位下紀朝臣南
麻呂為介兵部大輔正五位上藤原朝臣継業為兼山城守從四
位下和朝臣入鹿麻呂為伊勢守齊宮頭從五位下中臣丸朝臣

豐國為兼介從五位下藤原朝臣真川為尾張守從五位下菅原
朝臣清公為介從五位下路真人年継為参河介從五位下大枝
朝臣菅麻呂為遠江守從五位下大宅真人継成為駿河介中納
言從三位藤原朝臣内麻呂為兼武藏守近衛大將如故從五位
下桑田真人甘南備為介從五位上安曇宿祢廣吉為安房守宮
内大輔從五位上藤原朝臣道雄為兼上総守從五位下石川朝
臣道成為介右衛士佐從五位下田中朝臣八月麻呂為兼權介
外從五位下千葉國造大私部直善人為大掾参議從三位紀朝
臣勝長為兼下総守左兵衛督如故從五位下藤原朝臣城主為
介從四位下葛野王為常陸守主馬頭如故左兵衛權佐從五位
下安倍朝臣益成為兼權介大内記從五位下平群朝臣真常為
兼近江權介左衛士佐從五位下百濟王教俊為兼美濃守從五
位上坂本朝臣佐太氣麻呂為信濃介侍從從四位下大庭王為

兼上野守正四位下三嶋眞人名繼爲越前守從五位下和朝臣
氏繼爲越後守從五位下紀朝臣百繼爲介近衛將監如故左少
辨從五位下藤原朝臣貞嗣爲兼丹後守外從五位下山田造大
庭爲介參議右衛士督從四位下藤原朝臣緒嗣爲兼但馬守從
五位下佐伯宿祢清岑爲介內廐頭從五位下坂上大宿祢石津
麻呂爲兼因幡介從五位下作良王爲伯耆守從五位下大中臣
朝臣全成爲出雲守從五位下安倍朝臣宅麻呂爲介從五位下
秋篠朝臣全繼爲石見守從五位下藤原朝臣友人爲播磨介中
內記外從五位下出雲連廣貞爲兼美作權掾從五位下藤原朝
臣諸主爲備中守外從五位下掃守宿祢弟足爲安藝介從五位
下紀朝臣國雄爲讃岐介參議正四位下菅野朝臣眞道爲兼大
宰大貳從五位下大野朝臣犬養爲肥前守從五位下多治比眞
人氏守爲介從五位上高倉朝臣殿繼爲肥後守從五位下小野

朝臣木村爲豐前介甲午勅兼前出擧雜稻收半倍利法令恒規
不易之典延暦十四年改率十束利收其三此欲民阜財用俗期
隆泰也如聞冨豪之輩競求多得貧弊之家俱苦不贍吏或愚闇
治乖清公遂令百姓不免罄乏倉廩徒致減損革弊之途於此爲
切加以收納官稲不免死人思彼孤遺深以矜愍自今以後論定
公廨及雜色稲出擧息利收半倍利死者負稻依舊免除二月丙
申外從五位下秦宿祢都伎麻呂爲少工丁酉停造宮職併木工
寮事務繁多回加史生六員合前十二員從四位下藤原朝臣大
繼爲伊勢守神祇伯從四位下和朝臣入鹿麻呂爲兼常陸守甲
辰從五位上多治比眞人八千足爲少納言從五位下安倍朝臣
鷹野爲治部少輔從五位下路眞人年繼爲兵部少輔從五位下
高橙眞人名守爲左京亮從五位下大中臣朝臣諸人爲右京亮
從五位下佐伯宿祢鷹成爲參河介外從五位下豐山忌寸眞足

爲駿河介從五位下御長眞人仲繼爲伊豆守從五位下大伴宿
祢長村爲安房守丁未勅淮令大宰大貳是正五位上官宜改爲
從四位下官戊申從五位下藤原朝臣貞繼授從五位上己酉正
六位上下道朝臣繼成安都宿祢豐永授外從五位下庚戌參議
正四位下藤原朝臣繩主爲左大辨近衛中將如故正五位下御
長眞人廣岳爲左中辨從五位上藤原朝臣貞嗣爲右中辨丹後
守如故從五位下石川朝臣清直爲左少辨從五位下多治比眞
人今麻呂爲右少辨從五位下文室眞人乙直爲左大舍人助從
五位下紀朝臣岡繼爲右大舍人助參議正四位下藤原朝臣繩
主爲陰陽頭左大辨近衛中將如故從五位上和氣朝臣廣世爲
式部大輔大學頭美作守如故從五位下藤原朝臣永貞爲少輔
從五位下紀朝臣良門爲大學助從五位下藤原朝臣綱繼爲治
部少輔從五位下大春日朝臣魚成爲玄蕃助從五位下乙野王

爲諸陵頭從五位上藤原朝臣繼彥爲民部大輔從五位下大伴
宿祢久米主爲少輔外從五位下日下部連得足爲主稅助從四
位下藤原朝臣仲成爲兵部大輔從五位上藤原朝臣道雄爲刑
部大輔上總守如故從五位下淡海朝臣貞直爲少輔從四位上
藤原朝臣園人爲宮內卿相模守如故從五位上石川朝臣吉備
人爲大輔從五位下和朝臣男成爲主殿頭外從五位下出雲連
廣貞爲典藥助美作權掾如故從五位下百濟王元勝爲鍛冶正
從五位上下毛野朝臣年繼爲官奴正從五位下藤原朝臣千引
爲彈正弼從三位藤原朝臣葛野麻呂爲春宮大夫從五位下大
伴宿祢人益爲伊豆守從五位下安倍朝臣鷹野爲下總介從五
位下葛井宿祢豐繼爲安藝介從五位下小野朝臣眞野爲紀伊
介從五位下安倍朝臣兄雄爲中衛少將從五位下平群朝臣加
世麻呂爲隼人正從四位下巨勢朝臣野足爲左衛士督下野守

如故從五位下紀朝臣真鴨爲權佐從五位下紀朝臣八原爲主
馬助戊□從五位下藤原朝臣城主爲典藥頭辛亥皇太子奉獻
以贈皇后淳和后也誕皇孫也甲寅從三位行皇太子傅大伴宿祢弟
麻呂上表言臣幸遇昌運見列貴班如狗伏砌于今卅有餘年遂
位昇三品職參八卿又東宮之傅忝當此選續門華族聖恩難測
顧影捫躬靦顏亦甚心謂策駑引羸奉國損生投命輸誠破家耳
死而今年逮八十進退不便自悲老狼前却失據疾侵力衰素食
責重鍾鳴漏盡骸骨願帰連石餘魅顧東天而匿影就木危魄仰
北闕而奉辭謹詣朝堂陳乞以聞遣中納言近衛大將從三位藤
原朝臣内麻呂就第宣詔許之令奉朝請丁巳先是尚縫正四位下
五百井女王爲令聖躬平善造寫藥師佛像并法華經至是功畢
因屈僧卅一人設齋於前殿百官供奉庚申和泉國人陵戶村主
黒人賜姓村主收故從五位下箭集宿祢虫麻呂功田五町養老

六年以刪定律令功所賜也依無胤子收焉三月戊寅右京人從
八位下物部首纔麻呂賜姓高狩忌寸己卯上病大漸彌留召五
百枝王庚辰復五百枝王本位從四位上氷上真人川繼藤原朝
臣清岡從五位下辛巳勅緣延曆四年事配流之輩先已放還今
有所思不論存亡宜叙本位復大伴宿祢家持從三位藤原朝臣
小依從四位下大伴宿祢繼人紀朝臣白麻呂正五位上大伴宿
祢真麻呂大伴宿祢永主從五位下林宿祢稻麻呂外從五位下
奉爲崇道天皇令諸國國分寺僧春秋二仲月別七日讀金剛般
若經有頃天皇崩於正寢春秋七十皇太子哀號擗踊迷而不起
參議從三位近衛中將坂上大宿祢田村麻呂春宮大夫從三位
藤原朝臣葛野麻呂固請扶下殿而遷於東廂次璽并劔櫃近衛
將監從五位下紀朝臣繩麻呂從五位下多朝臣入鹿相副從之
遣使固守伊勢美濃越前三國故關是日有血灑東宮寢殿上壬

午中納言從三位藤原朝臣内麻呂爲參議正四位下藤原朝臣
繩主從四位下藤原朝臣緒嗣從四位下秋篠朝臣安人散位從
四位上五百枝王等奉御斂正三位藤原朝臣雄友從三位藤原
朝臣内麻呂藤原朝臣葛野麻呂從四位上五百枝王正四位下
藤原朝臣繩主從四位上藤原朝臣園人正五位下御長真人廣
岳從五位上藤原朝臣繼彥石川朝臣河主從五位下池田朝臣
春野藤原朝臣永貞紀朝臣咋麻呂息長真人家成六位以下七
人爲御裝束司從三位藤原朝臣乙叡紀朝臣勝長從四位上吉
備朝臣泉從四位下藤原朝臣仲成文室真人八太麻呂正五位
下藤原朝臣里麻呂布勢朝臣尾張麻呂從五位上淡路真人福
良麻呂從五位下路真人年繼六位以下八人爲山作司從五位
下田口朝臣息繼田中朝臣八月麻呂六位以下六人爲養役夫
司從五位下安倍朝臣益成外從五位下秦宿祢都伎麻呂六位

以下三人爲作方相司正五位上大野朝臣直雄從五位下百濟
王教俊六位以下三人爲作路司發左右京五畿内近江丹波等
國夫五千人從三位藤原朝臣葛野麻呂從四位上藤原朝臣園
人並爲權參議癸未以山城國葛野郡宇太野爲山陵地是日上
著服服用遠江貲布頭巾用皂厚繒百官惣素服西北兩山有火自
焚甲申有司言上生年及重復日並依故事停舉哀不許乙酉是
夜月蝕之丙戌日赤無光兵庫夜鳴是夜月蝕之上謂公卿曰奄
丁酷疹若寘湯火今災青頻見責深在予但崇德消災著在前修
内外群官勤匡治道以補不逮其近仗之甲盡從脫却其諸國關
津宜停其守公卿言近仗著甲及固守關津往古恒制不唯今日
報曰大行天皇聖德弘茂海内清平有何疑貳喪服加甲非所以
枕伏草土攀慕哀號者也又固絶關津令人擁滯煩民害農無深
於此宜下所司咸以開通丁亥行大行天皇初七齋於京下諸寺

是日日赤無光大井比叡小野栗栖野等山共焼煙灰四満京中晝昏上以為所定山陵地近賀茂神疑是神社致災乎即决卜筮果有其祟上曰初卜山陵筮從龜不從也今災異頻来可不慎歟即自禱祈火災立滅戊子新任國司准公廨四分之一聽借官稲未及得分有遷代者於後任塡納己丑先是命所司每日進米粥勿進餘味是日群臣固請進膳從之癸巳令大和伊賀兩國造行宮為齋内親王歸京也夏四月甲午朔中納言正三位藤原朝臣雄友薨後誄人左方中納言從三位藤原朝臣内麻呂參議從三位坂上大宿祢田村麻呂侍從從四位下中臣王侍從從四位下大庭王參議從四位下藤原朝臣緒嗣右方權中納言從三位藤原朝臣乙叡參議從三位紀朝臣勝長散位從四位上五百枝王參議正四位下藤原朝臣繩主從四位下秋篠朝臣安人等奉誄曰畏哉平安宮爾御座志天皇乃天都日嗣乃御名事乎恐牟恐母誄白臣末畏我日本根子天皇乃天地乃共長久日月乃共遠久所白将去御謚止称白久日本根子皇統彌照尊止称白止久恐牟恐母誄白臣末庚子葬於山城國紀伊郡柏原山陵天皇諱山部天宗高紹天皇之長子也前史闕而不載故具於此也母曰高野大皇太后龍潛之日授從四位下歴官侍從大學頭寶龜元年授四品二年拜中務卿四年為皇太子天宗天皇心倦萬機慮深釋重遂讓位于天皇初有童謡曰於保美野邇多太仁武賀倍流野倍能佐賀伊太久那布美爾都知仁波阿利登毛有識者以為天皇登祚之徴也天皇性至孝及天宗天皇崩殆不勝喪雖踰歲時不肯釋服天皇徳度高峙天姿嶷然不好文華遠照威徳自登宸極勵心政治内事興作外攘夷狄雖當年費後世頼焉辛丑行三七齋於山陵乙巳從五位下大中臣朝臣眞廣為神祇大副從五位下藤原朝臣綱継為少納言從五位下葛村忌寸田使為大外記從五

位下野倍王為大監物外從五位下下道朝臣継成為主計助中衛少將從五位下安倍朝臣兄雄為兼内膳正從五位下石川朝臣魚麻呂為右京大夫從五位下藤原朝臣城主為下總介右衛士佐從五位下田中朝臣八月麻呂為兼越後守從五位下藤原朝臣伊勢人為安藝守丙午右大臣神王等上啓曰惟天為大運四序以授時惟辟奉天括三才而育物故能據龍圖而朝萬國握鳳紀而撫八荒斷業於是永隆風聲所以自遠大行天皇膺通三之嘉命乘得一之昌期龍軒早而功成跡殿周而治定奄棄率土遠及登仙徒仰弓劍痛踰湯火伏惟皇太子殿下稟惟叡之神姿承元嗣之洪緒誠孝過礼哀慕靡追神等退覩往冊緬歷前脩莫不俯就弘規式纂洪業伏乞殿下可割荼毒而存至公率典章而昇寶位裁成四海字濟萬方允任懇性之至謹奉啓以聞是日從四位下藤原朝臣緒嗣秋篠朝臣安人授從四位上從五位上和氣朝臣廣世石川朝臣河主正五位下從五位下平群朝臣眞常池田朝臣春野從五位上並以奉侍先帝兼監護山陵也丁未无位和氣朝臣嗣子授從五位下正五位下和氣朝臣廣世之母也廣世請以位讓母上愍其志故有此授是日參議從四位上兼行右衛士督但馬守藤原朝臣緒嗣正五位下行侍從左兵衛佐藤原朝臣嗣業等返上先帝所賜别勅封二百戸即令從五位下中衛權少將兼春宮亮藤原朝臣眞夏勅曰先帝特所賞封也不可更納戊申行四七齋於佐比烏戸崇福寺是日遣右兵庫頭從五位下佐伯王左衛士佐從五位下百濟王教俊等迎齋内親王於伊勢國己酉遣使奉幣於伊勢大神宮以齋内親王歸京也辛亥百官重復上啓曰夫令者随代垂制臨時定議依事改張備於權宜謹案礼家先君崩嗣子位定於初喪即位既明允疑遵行臣等今月十三日奉啓率迪舊章欲申礼典荼毒之始不許聊請伏

惟殿下叡情天縱孝心自然哀痛攀慕抑禮不從綸言尚稱令敷奏每曰啓稽之禮家當為違失求於人事亦有不愷臣等愚情竊懷不穩伏望改令稱勅使易施行報曰余小子未忍即稱帝號然卿等數有上啓義在難違不果宿心唯增摧感是日正三位藤原朝臣雄友從三位藤原朝臣内麻呂為大納言從三位藤原乙叡坂上大宿祢田村麻呂紀朝臣勝長為中納言從三位藤原朝臣葛野麻呂從四位上藤原朝臣園人為參議文章博士從五位下賀陽朝臣豐年為兼陰陽頭從三位藤原朝臣葛野麻呂為式部卿正五位上三諸朝臣綿麻呂為播磨守從五位下多朝臣入鹿從五位下藤原朝臣真雄為近衛少將從五位下安倍朝臣鷹野為衛門權佐右大辨從四位上秋篠朝臣安人為兼左衛士督從五位下紀朝臣百繼為右衛士權佐越後介如故從四位下巨勢朝臣野足為左兵衛督下野守如故從五位下紀朝臣繩麻

呂為佐從四位下藤原朝臣仲成為右兵衛督兵部大輔如故從五位下藤原朝臣山人為主馬權助（廿六）甲寅從五位下安倍朝臣鷹野為少納言衛門權佐如故從三位藤原朝臣乙叡為兵部卿中納言如故近衛少將從五位下多朝臣入鹿為兼武藏權介中納言從三位坂上大宿祢田村麻呂為兼中衛大將（廿七）乙卯行五七齋於大安秋篠等寺（廿八）丙辰少僧都大法師勝虞大法師玄賓為大僧都律師大法師如寶大法師泰信為少僧都大法師永忠為律師正六位上錦部足人授外從五位下（廿九）丁巳攝津國住吉郡住吉大神奉授從一位以遣唐使祈也侍醫外從五位下出雲連廣貞為兼但馬權掾外從五位下若江造家繼為典藥允是日右大臣從二位神王薨詔贈正二位大臣者田原天皇之孫榎井親王之子也天平神護三年授從五位下及天宗高紹天皇登極授從四位下尚美努摩内親王為左大舍人頭延曆初授正四位下除彈正

尹十二年授從三位拜中納言十五年轉大納言拜右大臣性恭謹少文接物淡若雖居顯貴克有終焉時年七十（廿八）己未大和國葛上郡正四位上高天彥神預四時幣帛緣吉野皇大后願也（廿九）壬戌行六七齋於崇福寺五月甲子朔諱（淳和）上表曰臣聞崇高者天理忌其滿盈卑下者神道祐其謙虛古今之攸同聖哲之遺訓臣諱疏潤天津分景扶木每以沖退為心悚懼為念今陛下龍德嗣興鴻基紹構萬物改旦千齡配長普天率土沐浴恩波凡厥臣子孰不幸甚唯臣之私情宿懷降挹事隨宜制當在今辰伏願陛下納臣揆分之言許捨親王之號矜臣竭愚之志垂同諸臣之姓事君之道無敢所隱伏瀝中誠實非外餝无任懇款之至謹奉表以聞有勅不許是日正五位下和氣朝臣廣世為左中辨大學頭美作守如故從四位下吉備朝臣泉為式部大輔正五位上三諸朝臣綿麻呂為侍從播磨守如故正五位上藤原朝臣繼業為兵部大

輔從五位上百濟王聰哲為越後守從五位下安倍朝臣小笠為介（四）丁卯勅天應元年有詔從四位上五百枝為二世王而延曆四年有罪降貶宜依先詔為二世王（五）戊辰尚殿從四位下和朝臣家吉卒（六）己巳行七七御齋於寢殿是日勅今聞頻年不登民食惟乏雖出舉公稻而猶多阻飢因茲私託民間更事乞貸報償之時息利兼倍遂使富強之輩育殖有餘貪弊之家糟糠不厭宜貸正稅濟彼絕乏須差使實錄貧人結保給之若有亡者令保内填其情涉愛憎退弱進強及補填未納兼收私債者發覺之日必處重科待民稍給乃從停止（七）庚午奉讀大般若經於大極殿并東宮是日群臣上表曰臣等近稽之舊章請以昇朝位陛下不垂省納未允翹誠在於聖躬實雖盡美議諸凡厥竊恐未安豈有德被无方者殉匹夫之小節化覃有截者略皇王之宏規哉天下至大庶政至殷一日萬機不可暫曠伏願陛下上念社稷之重下從黎元之望

負扆臨朝，凝旒布政，則小大之心，允睦遠近之情，克諧國家惟寧，
天下幸甚。臣等請擇良辰，班示有司，不勝憂惶之至，謹詣闕以聞。
勅，近省公卿等表請，以宗社事重，哀慟之情，不能頓忘，而再三敦
逼，因依來請，其左右京并天下諸國，待大祓使到祓清，然後釋服，
不得因此飲宴作樂并著美服。壬申，三品伊豫親王為中務卿，兼
大宰帥。三品諱（淳和）為治部卿，四品葛原親王為大藏卿，三品諱（嵯峨）
為彈正尹。左京大夫從四位下藤原朝臣大繼為兼典藥頭。從五
位下大中臣朝臣諸人為伊勢介。癸酉，散位從四位下粟田朝臣
鷹守卒。丁丑，勅：備後、安藝、周防、長門等國驛館，本備蕃客，瓦葺粉
壁。頃年百姓疲弊，修造難堪，或蕃客入朝者，便從海路，其破損者，
農閑修理。但長門國驛者，近臨海邊，為人所見，宜特加勞，勿減前
制。其新造者，待定樣造之。己卯，從四位上五百枝王上表曰：臣稟
散樗之微質，忝天潢之末流，世依寵昇，位非才授，叨榮過分，奉國

無効，喜懼交并。□魂飛越，臣五百枝往年運值長險，忽放海南，自
悲革命，永淪邊壤。而今猥蒙恩宥，重謁宸嚴，萬死百生，臣幸已足。
况復列昔日之周行，飛故年之華蓋，抃躍之至，倍百恒情。但慮葵
藿之誠，徒切止足之道，未申若不自新，恐黷戚族。臣誠撿舊章，諸
王自願改為臣姓，依請聽之。伏望改此皇親，就彼臣氏，被賜春原
朝臣姓，伏冀長沐霈澤，保終吉於一門，遠貽孫謀，榮宗枝於萬葉。
無任懇情之至，謹詣闕庭，奉表以聞。勅許之。是日，停（獻）諸國雜贄腹
赤魚、木蓮子等，以息民肩也。

日本後紀卷十三

考異

玄賓（一張右七行，賓舊脫，據類聚國史補）古刀自（二右三，古舊作右，據下文訂）肆闕（二右六，闕舊作開，據類史
訂）千葉國造（三右一，造舊脫，據下文補）違朝憲（三右六，違日本紀畧作逆）麥男女（四左三，麥舊作妾，據
類史訂）三箇日（四左四，箇舊脫，據類史補）賜衣（五左七，衣類史作被）廣人（五左七，廣舊作黃，據下文訂）
立義（六右九，立舊作玄，據類史訂）正五位上（六右十二，上舊作下，據上文訂）貞嗣（七右三，貞舊作真，據上下
文訂）從四位下（七左八，下舊作上，據下文訂）回屈（九右十二，類史作自）曰卌一人（九右十二，卌類
史作廿）供奉（九右十二，類史作事）奉正四位下（十右一，正舊作從，下作上，據上下文訂）從四位上（
十右三，上舊作下，據上下文訂）里麻呂（十右十，里類史作黑）五千人（十左三，千舊作十，據類史訂）惣素
服（十左五，惣舊作初，據類史一本訂）從五位下（十二右三，五舊作四，據上文訂）越後介（十三右十二，後舊作
前，據上文訂）乙卯（十三左五，乙卯以下十三字舊在丙辰條下，今推干支改）左大舍人頭（十三左十三，左舊脫，
據續日本紀補訂）正五位上（十四右十三，正舊作從，據上下文訂）從五位上（十四左一，上舊作下，據上文及類史

日本後紀卷第十四 起大同元年六月盡九月

左大臣正二位兼行左近衛大將臣藤原朝臣冬嗣等奉　勅撰

日本根子天推國高彥天皇　平城天皇
天皇諱安殿皇統彌照天皇之長子母曰藤原贈太皇大后寶龜
五年生於平城宮延曆四年十月皇太子被廢即立諱為皇太子
及長精神聰敏玄鑒宏達博綜經書工於文藻
大同元年五月辛巳即位於大極殿詔給諸社禰宜祝及諸寺智
行僧尼孝義人等位一階又五畿內鰥寡孤獨之不能自存者給
物又免天下言上未納改元大同非禮也國君即位踰年而後改
元者緣臣子之心不忍一年而有二君也今未踰年而改元分先
帝之殘年成當身之嘉號失慎終无改之義違孝子之心也稽之
舊典可謂失也是日敘位有差壬午追尊皇大后為太皇大后皇
后為皇大后詔彈正尹某定賜皇太弟宮內卿藤原朝臣園人
為皇太弟傅林宿禰沙婆為學士秋篠朝臣安人為春宮大夫丁
亥始置六道觀察使己丑勅公使之政既立程限私暇之期必有
日數如聞諸國牧宰之輩或就使入京公務已畢或緣事歸舍暇
日方滿而經過宮闕留連閭里量彼景迹不可不肅又上下殊等
所掌各別若長官出行須佐職留守而或有據已上官共離任所
付印主典黍甚之至一復如此其奉使過限者勘由申之暇滿未
來者錄名同言隱忍不告者事覺之日准狀科附不得阿容六月
癸巳朔山陽道觀察使正四位下藤原朝臣園人言西海道年中
入京雜使其數繁多而此道疲弊殊於他境撿察其由率緣迎送
无息不得顧私伏望西海道府國五位已上自今以後自非秩滿
解任者不聽輙入京者許之是日勅池之為用必由灌溉栗林之
用良為得實今諸國所有蓮池并栗林等或決灌田之水潤彼芙
蓉或占无實之林寄言供御如此之類必妨百姓宜遣使子細勘

定之又東宮舍人者依令取蔭子孫及位子儀容端正工於書筭
者補之而頃年亦令兼取白丁宜改此例一依令條戊戌正三位
守右大臣兼行近衛大將藤原朝臣內麻呂上表曰伏見群臣議
奏大臣食封增加千戶所以崇優高德歷代不易之典也臣運偶
聞泰曲荷鴻貸起歷等次厚戶斯位恩深寵盈待突人神今復厚
祿豐秩一倍前數物極則變樂往哀來臣之昧德不知所為伏請
名帶二千俟後來之賢臣實食千戶省素食之切責率由懇衷非
敢詭飾特願靈鑒以降天從无任悾欸之至謹奉表以聞勅不聽
己亥公卿奏言量事制宜聖皇茂典隨時分職哲后良規頃年令
大宰府帶筑前國兼廢品官應存簡要而今管摂多事充用少人
伏望增置官員得濟繁劇者勅增加大少監大少典各一員辛丑
詔曰尊祖追榮先王之茂範敦親贈寵襃哲之嘉猷朕以菲薄嗣
守洪基思欲率循舊章篤崇典禮宜朕外祖父贈從一位內大臣
藤原朝臣良繼追贈正一位太政大臣外祖母贈從一位尚藏安
倍朝臣古美奈贈正一位又詔藤原某朝臣追贈皇后遣伊勢守
藤原朝臣大繼等告於皇后陵皇后諱帶子贈太政大臣正一位
藤原朝臣百川之女也帝在儲宮納之為妃壬寅手詔曰朕以庸
虛謬承先業雖奉丕訓猶暗政治負薰春氷取喻方易御朽秋駕
比懼非難伏惟先帝括地宣風繞天立化布堯心而撫育垂禹泣
而哀矜謹讀延曆五年四月十一日詔下者備諸國庸調支度等
物每有未納交闕國用良由國郡司遞相怠慢又莅政治民多乖
朝委宜量其狀迹隨事貶黜所司宜作條例奏聞公卿即依制旨
上一十六條事自茲厥後既經年所空設憲章未聞遵行是則國
郡官司不練之所致也今為行十六條量置六道觀察使道別一
人判官一人主典一人所以移風淳風易俗雅俗激揚清濁黜陟
幽明也其事有大小使有輕重自非國由廢興政關成敗宜遣判

官以下督察兼復取所司清廉幹了官差發撿挍廉冨之詞聞諸
先聖安集之語在於風人允厥使乎副朕意焉又勅諸王及五位
已上子孫十歳以上皆入大學分業教習依蔭出身猶合上第經
一選□□□大舍人但情願遂業者聽之是日正三位守右大臣
兼行近衛大將藤原朝臣内麻呂上表曰臣澀類露丹上表祈哀
叩閽之誠靡遠聽卑之意未徹是用跼影循形如寘炭燃銷神驚
魂若履輕氷臣内麻呂誠惶誠恐頓首頓首死罪死罪臣聞德薄
位尊功微賞重古人知其凶濟前哲識其終亾況乎累日駢時人
臣位極超倫轢輦寵光惣華訪諸天道速殃之府每興斯思居榮
為慼雖知嚴命不可違聖恩宜裂貳而固陋之情莫能自奪非曰
鳴謙豈敢矯餝伏乞曲廻鑒許賜矜前請臣之在生志願足矣不
任悚迫之至謹重奉表以聞手詔報曰重省表□固辭益封雖崇
沖讓未允□情何者堂高階遠位尊祿厚問古稽今有曰无替其

大臣者望高端右貴冠群后禮數秩服明載國典又祿之所得先
哲不辭況今日增戶是復本數明知此意宜斷表請癸卯律師永
忠言伏見公私齋會預先備擬造食或炎夏盛熱鬱爛醱生或正
冬嚴寒熱羹凍陵遠近馳逐糜費貲財飲食廉悪不堪入口无擬
招福反致譏嫌伏請自今以後一依本教均平行食施者心行平
等受者少欲知足又佛法本意深信肅清設齋之日必須飲食豐
濃不得輕尠不足亦請須示天下曉喩百姓者許之乙巳奉為先
帝度僧一百五十人尼五十人辛亥制頃年追孝之徒心存衆慕
事務豊厚貽人耳目各競求名至於貧者或賣却田宅還滅家途
凡功德之道信心為本因物多少寧有輕重宜誦經布施者親王
一品商布五百段已下二品三百段已下三品四品各二百段已
下諸王諸臣一位五百段已下二位三百段已下三位二百段已
下四位一百段已下五位五十段已下六位已下卅段已下宜依

件美莫令相超又世俗之間每至七日好事修福既无紀極為弊
不少宜三七日若七七日一度施捨其非商布者亦宜准此數閏
六月□□勅王臣神寺占山河海嶋濱野林原等者從乙亥年暨
于延暦廿年一百廿七歳之間或頒詔旨或下格符數□無占頻
断獨利加以氏氏祖墓及□姓宅邊栽樹為林□寺所許步數具
有明文又五位已上六位已下及僧尼神主等違犯之類復立科
法令山陽道觀察使參議正四位下守皇太弟傅藤原朝臣園人
言山海之利公私可共而勢家專點絶百姓活愚吏阿容不敢陳
正頑民之亡莫過此甚伏望依慶雲三年詔旨一切停止者今如
所言則知後設憲章曽无遵行寧由所司阿從而令百姓有妨宜
一切收入公私共之若有犯者依延暦年中格一无所宥自今已
後立為恒例但山岳之體或於國為礼滎菓之樹觸用然切事須
蕃茂並勿伐損其菓實□復宜相共又山城國葛野郡大井山者

河水暴流則堰堤淪没採材遠處還失灌漑因茲國司等量便禁
制河邊无令他斫諸國若有斯類者不論公私不在收限其語寄
有要輙占无要者事覺之日必處重科丁丑廢勘解由使戊子賜
諸道觀察使印秋七月壬辰朔北陸道觀察使右大辨從四位上
秋篠朝臣安人為周忌御齋會司乙未勅關津之制為察衆違苟
有阿容何設朝憲今聞長門國司勘過失理衆庶嗷嗷自今以後
不得更然若有違犯特寘重科戊戌勅今聞畿内勅旨田或分用
公水新得開發或无墾瑺地遂擾良田加以託言勅旨遂開私田
宜遣使勘察若王臣家有此類亦宜同撿改紀伊國安諦郡為在
田郡以詞渉天皇諱也壬寅聽以白丁百人補東宮舍人永以為
例勅如聞民部省所收戶籍遠近紛雜觸事多煩宜一依令條廣
平年并五比籍之外依次除之甲辰詔曰比公卿奏日月云除聖
忌將周國家恒例就吉之後遷御新宮請預営擣者此上都先帝

所建水陸所湊道里惟均故不憚遷勞期以永逸棟宇相望規摸
合度欲使後世子孫无所加益朕忝承聖基嗣守神器更事興作
恐乖成規夫漢代露臺尚愛千家之産大厦層構豈非一木之枝
朕為民父母不欲煩勞思據舊宮礼豈宜之卿等合知朕此意焉
於是百官奉表拜賀曰亮陰之後更建新宮古往今來以為故實
臣等准據舊例預請處裁伏奉今月十三日勅偁朕為民父母不
欲煩勞思據舊宮礼豈宜之臣等忝聞綸旨載喜載悲誠以孝子
充成父志遂昌堂搆者也允厥百僚幸々甚々臣聞明王軌俗温
恭寅懷哲后經邦澹泊為德伏惟皇帝陛下聲馨嗣禹業紹纂文
順稟成規揄揚郁烈亭毒被於萬品竊載苞於兩儀玄功肸蠁而
激大雅之風神用周流以布中和之樂道融有截化溢无垠猗歟
偉歟盡善盡美仍恐環瀛之表兇擊壤歌淡嵩之涯有向隅歎遂
乃迸軌貢珍事從簡寘文書調役務期箪踈雲擁非加省□於梓

近露臺輟作愛費於金直苔砌之荒凉再迎鳳蓋栢梁之寂莫重
轉鸞輿臣等就日喩和望雲沐霈抃東海鼇而无喻仰德伐南山
竹而未足書息无任鳧藻之至謹詣闕奉表陳賀以聞庚戌制蔭
子孫先勘籍後叙位夫五位以上蔭蓋惟貴子孫勘籍事涉細碎
自今以後宜停勘籍但冒名被蔭登孫為子之類所司不存撿察
若有此類所貢官人依法科罪壬子廢中内記庚申置内記史生
四員八月癸亥詔曰朕以眇眇嗣奉丕基負天下之重任當海内
之深責常以履氷夜懷惟溝軫慮勵精克己詳永至治而誠未動
天異聽罔照陰陽僭度霖雨為災静言厥咎在予一人或由政道
不洽仁風未靡何用招此漂損害及黎元夫股肱之任燮理斯存
公卿宜扶輔朕躬匡其不逮共除妖祥庶答靈心其百姓曰水流
失資産者量加支給所須事條具状奏聞普告遐邇知朕意焉甲
子免畿内被水害百姓調徭其正稅者聽明年納之七道諸國且

今賑給庚午先是中臣忌部兩氏各有相訴中臣氏云忌部者本
造幣帛不申祝詞然則不可以忌部氏為幣帛使忌部氏云奉幣
祈禱是忌部之職也然則以忌部氏為幣帛使以中臣氏可預祓
使彼此相論各有所據是日勅命據日本書記天照大神閇天磐
戸之時中臣連遠祖天兒屋命忌部遠祖太玉命掘天香山之五
百箇真坂樹而上枝懸八坂瓊之五百箇御統中枝懸八咫鏡下
枝懸青和幣白和幣相與致祈禱者然則至祈禱事中臣忌部並
可相預又神祇令云其祈年月次祭者中臣宣祝詞忌部班幣帛
踐祚之日中臣奏天神壽詞忌部上神璽鏡劔六月十二月晦日
大祓者中臣上御祓麻東西文部上祓刀讀祓詞訖中臣宣祓詞
常祀之外須向諸社供幣帛者皆取五位以上卜食者充之宜常
祀之外奉幣之使取用兩氏必當相半自餘之事專依令條己卯
武藏國獻白烏賜獲者伊福部淨主稻五百束壬午勅夫功德之

興因心各別何則或甲搆堂宇乙寧得為己是以大小諸寺每有
檀越田畝資財隨分施捨累世相承崇敬至今如聞王臣勢家不
顧本願而追放檀越改替綱維田園任意或賣或耕名偁己寺還
致損穢若有斯類者五位已上錄名奏聞六位已下禁身進上又
其檀越子孫惣攝田畝專養妻子不供衆僧宜簡氏中情在弘道
者充之乙酉參議東海道觀察使從三位藤原朝臣葛野麻呂言延
曆十七年格出舉正稅給穀收穀五為恒例者而今奉勅稻有早
晚各任土宜而盡穎為穀種子難辨宜本者收穎利者納穀不絶
本穎迴充種子本稻之外不得收穎若有過限收穎者國郡官司
科違勅罪者今或國司等偏執此格公廨利稻并年中雜用皆悉
令糙其收穎穀之意本為遠貯而今日勞糙明年盡用徒有民弊
曾无公益伏望依延曆十一年十一月廿八日格年中雜用并公
廨等稻不勞為糙以省民弊者許之丁亥勅如聞七道諸寺檀越

等或佃寺田不納租米或費燈分稲不事燃燈或偁用錢物經年不還或奴婢牛馬役用私家如此之流觸類繁多加以寺山樹木任意斫損愛憎自由改補三綱有一於此豈謂檀越從今有犯科違勅罪國司三綱衆僧知而容隱亦與同罪是月霖雨不止洪流汎濫天下諸國多被其害九月癸巳勅水之浸損積微為害屬于小決功在一簣而宛人監修致此多懷宜衛門衛士府專當左右京堤溝勤加修補壬子遣使封左右京及山埼津難破津酒家甕以水旱成災穀米騰躍也

日本後紀卷第十四

考異

園人字一張右十三行舊脱據下文補　二癸巳朔月一十左八日八朔辛巳舊脱據一代要記之推干支曰補五又

山城國四右十三行又舊作人據類聚三代格訂　堰堤瀨四左一行舊作堤據三代格訂　祝詞字六右八行舊作祠二

一字下文據類聚三代格訂　祓詞六右十一行舊作詞據類聚三代格補　供幣帛六右十一行舊脱據神祇令補　資財六右八行舊作財舊左脱二

國據類史補六左三行舊脱據類史或二字　公廨利稲舊脱據三代格補　稲十六左三行舊脱收

穎穀或貴或耕舊脱據類史補一年舊脱據類史補從今有犯六左十三行舊脱據類史補　今下有而後始

字三知而寺七右十一行舊脱據類史補左三行舊作三代格訂

日本後紀卷第十七起大同三年四月盡四年四月

左大臣正二位兼行左近衛大將臣藤原朝臣冬嗣等奉　勅撰

大雅國高彥天皇平城天皇

夏四月甲寅令山陰道觀察使正四位上兼民部卿菅野朝臣真道攝行東海道事山陽道觀察使正四位下兼皇太弟傅宮内卿藤原朝臣園人攝行北陸道事右少辨從五位下大中臣朝臣智治麻呂為兼神祇大副己未從五位下紀朝臣咋麻呂為中務少輔從五位下安倍朝臣真勝為治部少輔陰陽頭備中守如故從五位下淡海朝臣貞直為雅樂頭從五位上菅野朝臣庭主為木工頭甲子内舍人廿人准少監物賜馬斷以出納官物也丁卯有二鳥集於若犬養門樹枝上接翼交頭俱死終日不墜遂為人被打墜時人以為兆陸道觀察使從四位上藤原朝臣仲成典侍正三位藤原朝臣藥子兄妹招咎之兆也庚午外從五位下飛驛國造祖門為主計助壬申淡路國飢以播磨國穀賑給癸酉從四位下□田女王卒也乙亥幸神泉苑賜五位已上衣被辛巳驛鈴遺在廊下者自鳴五月壬午朔曲宴賜五位已上衣被癸未廢但馬國□三驛以不要也甲申先是詔衛門佐從五位下兼左大舍人助相摸介安倍朝臣真直外從五位下侍醫兼典藥助但馬權掾出雲連廣貞等撰大同類聚方其功既畢乃於朝堂拜表曰臣聞長桑妙術必須湯艾之治太一秘結猶資鍼石之療莫不藥力逈助拯殘魂於阽厄醫方所鍾□遺命於断□雖一貫典墳澄心顧猶後降懷醫家沉觀撰生乃詔右大臣宜令侍醫出雲連廣貞等依所出藥撰集其方臣等奉宣修□在尋詳愚情所及靡敢漏□成一百卷名曰大同類聚方宜校始訖謹以奉進但亢厥經業不詳習年代懸遠注紀絲錯臣等才謝稽古學拙知新輙呈管窺當夥紕謬不足以對揚天旨酬答聖恩悚悉之□墜氷

谷謹拜表以聞帝善之丙戌停馬射以天下疫病也勅如聞大同元年洪水為害餘弊未復去年以來疫病流行擯斃者衆顧彼困厄深懷矜愍思施恩德以慰黎烝宜大同元年被水損七分已上户所擧正稅未納悉從免除是日曲宴戊子幸神泉苑令畿内七道諸國停貢相撲人己丑遣使療治左右京病民勅去年□用□□百姓之間新錢未多宜新旧列用暫濟民乏庚寅從五位下田口朝臣息継為右少辨阿波守如故從五位下藤原朝臣安継為雅樂助從五位下紀朝臣貞成為河内守從五位下藤原朝臣伊勢臣為齊宮頭辛卯詔曰朕以寡昧虔嗣丕基履薄如傷黔首之隱是恤馭奔若厲紫宸之尊非寧尅己思治勵精施政而仁無被物誠未感天自從君臨咎徵斯應頃者天下諸國飢饉繁興疫癘相尋多致夭折朕之不德肯及黎元撫事責躬怒焉疚首或恐政刑乖越上爽靈心漫汙煩苛下貽人瘼此皆朕之過也兆庶何

辜靜言念之無忘監寐詩不云乎民亦勞止汔可小康其畿内七道言上飢疫諸國者今年之調宜咸免除仍國司親巡鄕邑醫藥營救兼令國分二寺轉讀大乘一七箇日左右京亦宜遣使普加振贍庶幾為善有効濟困窮於畝糧脩德不虛返遊魂於岱錄務崇寬惠副朕意焉甲午幸神泉苑宴群臣賜錢有差乙未從四位上巨勢朝臣野足為兼近江守左兵衛督左京大夫如故從五位下紀朝臣國雄為介式部大輔從四位下賀陽朝臣豐年為兼下野守從五位下谷忌寸野主為土左守從五位下紀朝臣長田麻呂為筑前守是日置筑前國守介掾大少目各一員先是令府官攝行國政彼此相讓□非專一事多癈闕因茲改焉丙申播磨國獻白鷴二戊戌東宮奉獻賜五位已上衣被庚子從四位下民部大輔安倍朝臣枚麻呂以年老致仕許之山陽道觀察使正四位下皇太弟傳兼宮内卿藤原朝臣園人奏言當道播磨備中備後

安藝周防等五箇國去延曆四年以降廿四年已往庸并雜穀等未進其數不少良由頻年不稔人民彫弊也今將追辨本色國司則或死或替相續難成百姓則且病且飢運進太難伏望未進代一収穎稻混合正稅庶於公無損於私得便但任觀察使以來一依旧令辨進許之壬寅奉黒馬於丹生川上雨師神以祈雨也從四位上吉備朝臣泉為左大辨左衛士督從四位上藤原朝臣仲成為兼右大辨從四位下藤原朝臣繩麻呂為右大舍人頭美濃守如故從五位下雄川王為散位頭從五位上藤原朝臣継彥為治部大輔右京大夫從四位下藤原朝臣藤継為兼兵部大輔從五位上和朝臣建男為少輔侍從從五位下藤原朝臣世継為兼宮内卿外從五位下山田連弟分為内掃部正從五位下藤原朝臣弟貞為攝津介内匠頭從五位上平群朝臣真常為兼尾張守從五位下佐伯宿禰社屋為美濃守從五位下□志可□真廣為

介從五位下紀朝臣長田麻呂為大宰少貳從五位下大中臣朝臣鯛取為筑前守甲辰雨群臣言今日甘雨不可不賀皇帝曰朕亦有此情群臣称万歲仍飲宴終日有司奏樂賜物有差乙巳停有品親王月料己酉從六位下坂上大宿禰大野授從五位下正四位下安倍朝臣兄雄為畿内觀察使從四位上藤原朝臣緒嗣為東山道觀察使從五位下藤原朝臣安継為左大舍人助從五位下安倍朝臣真直為右大舍人助右衛士佐相模介如故從五位上藤原朝臣道雄為治部大輔從五位下藤原朝臣山人為雅樂頭但馬介如故從五位上藤原朝臣継彥為民部大輔從四位下藤原朝臣今川為美濃守從四位上藤原朝臣緒嗣為陸奥出羽按察使東山道觀察使右衛士督如故從五位下佐伯宿禰社屋為但馬守從五位下坂上大宿禰大野為陸奥鎮守副將軍辛亥但馬國飢遣使賑給六月壬子朔曲宴賜五位已上衣被從五

位下文室真人正嗣為中務少輔。豐後守如故。從五位下雄川王為大監物。從五位下大枝朝臣永山為大學頭。從五位下紀朝臣咋麻呂為散位頭。外從五位下山田連弟分為伊賀守。東山道觀察使從四位上守刑部卿兼右衛士督陸奧出羽按察使臣藤原朝臣緒嗣言。伏奉去月廿八日勅。以臣還任東山道觀察使兼帶陸奧出羽按察使。臣以弱庸。謬□非據。負乘之咎。年月積淹。今復恩寵崇重。方任加授。無所逃責。榮悚相交。臣聞簡才官人。聖上之通範。量力就列。臣下之恒分。臣性識羸劣。久纏疾痾。戎旅之圖。未嘗所學。而委愚臣專捴邊鎮。軍機多變。兵術靡常。若萬一有蹟事意相違。即非啻微臣之死罪。還亦國家之大勞也。當今天下困疫。士歿殆半。丁壯之餘。猶未休息。是知兵窮兵疲。而守不可止。忽有不虞。何用支防。又臣前屢言。軍事難成。今當其位。益知不堪。伏願陛下。曲賜鑒察。特愍臣之駑駘。免有臨時之失。不任悚懼屏營之

至。謹昧死奉表以聞。觸忤宸威。因識彼措。甲寅。山城國久世郡地六町賜高丘親王。散位從三位藤原朝臣乙叡薨。右大臣從一位豐成之孫。右大臣贈從一位繼繩之子也。母尚侍百濟王明信。被帝寵渥。乙叡以父母之故。頻歷顯要。至中納言。性頑驕。好妾馬。緣山臨水。多置別業。以信宿之。必備內事。推國天皇為太子時。乙叡侍宴。淬酒不敬。天皇含之。後選伊豫親王事。辟連乙叡。免歸于第。自知無罪。以憂而終。時年四十八。己未。增大宰府并管內諸國官人歷以為五年。停賜交替新。庚申。從五位下多治比真人全成為雅樂助。從五位下笠朝臣庭麻呂為玄蕃助。正五位下百濟王聡哲為刑部大輔。越後守如故。從五位下紀朝臣良門為大和介。鎮守將軍從五位下百濟王教俊為兼陸奧介。從五位下坂上大宿禰大野為權介。從五位上藤原朝臣清主為左馬頭。從五位上坂上大宿禰石津麻呂為右馬頭。外從五位下道嶋宿禰御楯為陸奧

鎮守副將軍。壬戌。西海道觀察使兼大宰帥從三位藤原朝臣繩主上表曰。伏奉發中之詔。擢臣為西海道觀察使。兼賜食封。恭聞顯命。恩越恒品。心魂震奮。啓處無地。臣聞諸道觀察使。任在內官。更無外澤。至于賜封。固其宜矣。於臣身居當道。饒給公廨。兼亦食邑。偏濫殊甚。又臣性識庸虛。一無足取。況乎奉使經歲。政違未聞。伏願奉返使封。少免素飡。區區丹愿。伏待矜允。謹遣少典正七位下臣山田造益人奉表以聞。詔報曰。忽省來表。獨辭使封。執志謙退。聲溢時聽。徂遠出外。州人之所苦。卿者為方牧。兼居藩鎮。思欲分憂。同康景化。忠肅之懿。優賞斯期。宜得此意。無煩重表。甲子。禁中有二株橘樹。彫枯經日。生意既盡。忽生花葉。楚楚可愛。因茲右近衛府奉獻。宴飲賜物有差。散位從四位下安倍朝臣弟當卒。正五位上勲五等船守之孫。美作守從五位上意比麻呂之男也。寶龜四年敘從五位下。延曆廿年授從四位下。清慎作性。夙夜在公。

不過擁門。無事資產。家風也。壬申。省因幡國八上郡莫男驛。智頭郡道俣驛馬各二匹。以不緣大路。乘用希也。東山道觀察使從四位上守刑部卿兼右衛士督陸奧出羽按察使臣藤原朝臣緒嗣言。臣深疾已還。年月久矣。幸沐天地覆燾之恩。遂荷聖明昌泰之運。臣至今日。實賴鴻私。臣聞定刑名。決疑獄者。刑官之職掌也。然則罪之輕重。人之死生。乎爰所由。最合留意。又禁衛宮掖。檢校隊仗。清衛府之守局也。然則以時巡檢。臨事陳設。若有闕失。罪更寄誰。是故快課拙。常慮其難。況今以庸愚。當出遠鎮。每思方任。未遑內官。豈帶宿衛。遙臨邊要。伏望解辭文武兩職。且避賢路。且專勞懷。斯臣之中識。匪敢外飾。無任丹款懇切之至。謹昧死奉表陳情以聞。是日令有品親王并諸司把笏者進役夫。各有差。為防葛野河也。從五位下葛井宿禰豐繼為右京亮。從五位下大中臣朝臣魚取為大和介。從五位下紀朝臣百繼為上野權介。右衛士佐如

故從五位下紀朝臣良門為越後守。乙亥(廿二)從五位下和朝臣男成
為大監物。從五位下礒野王為圖書頭。駿河守如故。從五位下永
原朝臣最弟麻呂為諸陵頭。從五位下中臣丸朝臣豊國為大炊
頭。從五位下雄川王為正親正。從五位下御長真人仲嗣為左兵
庫頭。勅。用印之事。應據令格。宜諸國觀察使印一從停止。若事可
行下。准諸司請印。丙子(廿三)內匠助從五位下安倍朝臣益成為兼常
陸介。右大舍人頭從四位下藤原朝臣縵麻呂為兼美濃守。從四
位下藤原朝臣令川為越前守。己卯(廿六)從五位下小野朝臣真野為
少納言。正四位上菅野朝臣真道為左大辨。山陰道觀察使如故。
從五位下田口朝臣息繼為左少辨。阿波守如故。神祇大副從五
位下大中臣朝臣智治麻呂為兼右少辨。從五位下藤原朝臣美
之為大監物。正四位下藤原朝臣園人為式部卿。山陽道觀察使
東宮傅如故。從四位上吉備朝臣泉為刑部卿。秋七月辛巳朔。日
有蝕之。甲申(四)勅。夫鎮將之任。寄功邊戍。不虞之護。不可暫闕。今聞
鎮守將軍從五位下兼陸奥介百濟王教俊。遠離鎮所。常在國府。
儻有非常。何濟機要。邊將之道。豈合如此。自今以後。莫令更然。廢
攝津國河邊郡畝野牧。為牧馬逸出損害民稼。丁亥(七)幸神泉苑。觀
相撲。令文人賦七夕詩。己丑(九)從五位上多治比真人八千足為少
納言。正五位下安倍朝臣鷹野為內藏頭。右近衛少將武藏守如
故。從五位下小野朝臣真野為木工助。從五位上藤原朝臣真雄
為主殿頭。兼備前守。右近衛少將如故。從五位下紀朝臣岡繼為
掃部□。正五位下布勢朝臣尾張麻呂為攝津守。右衛士佐從五
位下紀朝臣百繼為兼越前介。從五位下大宅真人淨成為土佐
守。辛卯(十一)曲宴。賜侍臣衣被。癸巳(十三)禁苅麥苗。乙未(十五)從五位下多治比
真人全成為大監物。從五位下藤原朝臣美之為縫殿助。從五位
上石川朝臣繼人為玄蕃頭。從五位上藤原朝臣岡繼為刑部大

輔。從五位下讚岐公千繼為少輔。備前權介如故。從五位下藤原
朝臣淨岡為典藥頭。是日詔曰。八屯之士。本斷窺覦。七萃之卒。義
在禦侮。然則雖鉤陳所當。事資不虞。而變通之理。不必守株。今者
巨猾無聞。姧究不興。多置禁兵。空備警衛。靜而忖度。孔無為也。正
伍稠疊。思憚減省。卿等詳議定數奏聞。丙申(十六)勅。陸奥鎮守官人遷
始之減吏。貞建武之省國邑。蓋如此故也。其七衛府雜任已下。貞
代之期。未有年限。宜自今以後。一同國司。其醫師以八考為限。庚
子(廿)傳內藏寮御履長上一人。內膳司食長上一人。新理長上一人。
藥師寺木工長上二人。東大寺別勅長上一人。金銀銅鐵長上一
人。西大寺木工長上二人。法華寺一人。秋篠寺一人。辛丑(廿一)曲宴。賜
觀察使已上衾。四位已上衣。是日令內親王及命婦進掘葛野川
役夫。各有差。壬寅(廿二)廢衛門。併左右衛士府。廢衛士府主師各六十
人。置門部各一百人。其諸門禁衛出入禮儀及門籍門牓等事。令
衛士府主之。仍号曰左右靫負府。其左右近衛及左右兵衛等府。
近衛兵衛元各四百人。今定各三百人。使部元各卅人。今定各十
人。從五位下紀朝臣百繼為左衛士權佐。越前介如故。從五位下
安倍朝臣真直為右衛士佐。相模介如故。丁未(廿七)幸大堰。賜五位已
上衣被。八月庚戌朔。曲宴。賜五位已上衣被。加太政官少納言一
員。併左右大舍人寮為一。加少屬一員。加內藏寮少允一員。其隼
人司依令年正月廿日詔書。既從廢省。併衛門府。而衛門府併左
右衛士府。仍更置此司。隷兵部省。但廢佑一員使部二人。加大藏
省大丞大錄。大膳職少進少屬各一員。壬子(三)從四位下三諸朝臣
綿麻呂為大舍人頭。右兵衛督播磨守如故。從五位下藤原朝臣
安繼為助。正五位下御長真人廣岳為宮內大輔。勅。齋宮寮之炊
部司元長(官)一人。而今改置長官主典。宜准舍人藏部等司官位。散
位從四位下葛野王卒。三品稗田親王之第四男。時年卅也。乙卯

令諸國進徭帳為諸國雜徭差役各殊也庚申外從五位下難波
連廣成為內藥正乙丑野狐竄朝堂院中庭常棲焉經廿餘日而
不見庚午勅凡貢調庸期限已明至有違闕科條亦具而諸國司
等不遵憲章多致闕怠積習實亦頗難懲肅宜後令條期各七箇
月特莫効罪不得以此更為合期辛未幸神泉苑飲宴極歡賜五
位已上綿各有差正五位下御長真人廣岳為左中辨從五位下
大伴宿祢弥継為中務少輔從五位下小野朝臣真野為大監物
從五位下藤原朝臣美之為大藏少輔從五位下文室真人正嗣
為齋宮頭豐後守如故從四位下紀朝臣廣濱為美濃守右京大
夫如故從五位下和朝臣雄成為豐前□從五位下紀朝臣百継
為左衛士佐越前介如故癸酉廢監物主典乙亥齋內親王禊於
葛野川即移入野宮丙子夜左右兵庫鉦鼓自鳴九月辛巳勅伊
勢大神并度會二宮大內人各三員元是白丁自今以後宜預外
考并把笏癸未齋內親王向伊勢甲申從五位下安倍朝臣真直
為少納言右衛士佐相模介如故天文博士外從五位下志斐連
國守為兼陰陽博士從五位下中科宿祢雄庭為主計頭外從五
位下犬上朝臣望成為助外從五位下飛彈國造祖門為主税助
從五位上多治比真人八千足為大藏大輔正五位下百濟王教
德為宮內大輔從五位上高橋朝臣祖麻呂為大膳大夫安藝守
如故從五位下大原真人真福為備後守庚寅大白晝見乙未勅
權入食封限立令條比年所行甚違先典其招提寺封五十戶荒
陵寺五十戶妙見寺一百戶神通寺廿戶宜且納穀倉院禁私養
鷹其特聽養者賜公驗焉戊戌幸神泉苑有勅令從五位下平群
朝臣賀是麻呂作和歌曰伊賀尔布久賀是尓阿礼婆可於保志
万乃乎波奈能須惠乎布岐牟須悲太留皇帝歎悅即授從五位
上勅去五月詔書曰言上飢疫諸國者今年之調宜咸免除者然

則遣疫國內理須咸免詔旨分明不足致疑今聞或國司等免見
病之輩徵未病之民愚吏之失還致民憂宜早下知莫令更然其
浪人調并中男作物亦准於此己亥詔曰官多則政曠人少則事
瞽故省併量宜委寄期要昔諸司百寮有閑有劇是以資俸賞賜
或厚或薄今官既從改賞何依舊宜要劇馬料時服公廨悉革前
例普給衆司詳為條例具以奏聞庚子勅去大同元年十一月六
日格云頻年不稔民弊特甚非有輕租何得自存伊賀紀伊淡路
三箇國田租始自今年六箇年收不四得六而今年三月十九日
格云收備後安藝周防等國田租不四得六有疑通計宜每戶立
率免四收六莫用通計之法乙巳大和國言此國水田一万七千
五百餘町河內和泉兩國田一万七千餘町以此比彼多少無異
而班田使員已倍兩國伏請□河內等國省使員數除民之弊許
之仍省次官一人判官二人主典二人冬十月己酉朔宴五位已
上賜綿有差從五位下佐伯王為大監物從五位下多治比真人
全成為縫殿助大外記從五位下豐宗宿祢廣人為兼主税頭山
陰道觀察使判官陰陽助如故乙卯遊獵北野布勢內親王奉獻
飲宴極日有司奏樂賜五位以上衣被丙辰左衛士坊失火燒百
八十家賜物有差丁卯廢能登國能登郡越蘇穴水鳳至郡三井
大市待野珠洲等六箇驛以不要也東山道觀察使左近衛中將
正四位下行春宮大夫安倍朝臣兄雄卒從五位上粳虫之孫無
位道守之子也乏文堪武性好火高直有耿介之節所歷之職以
公廉称伊豫親王無罪而廢當上盛怒群臣莫敢諫者兄雄抗辞
固爭雖不能得論者義之庚午群為集朝堂院東一殿啄剥座茵
乙亥行幸近江國大津修禊以御大嘗也丁丑制賛於前例大嘗
散齋三月也自今以後以一月為限十一月辛巳從四位上秋篠
朝臣安人為右大辨左大辨正四位上菅野朝臣真道為兼大藏

卿從五位下谷忌寸野主為內掃部正左兵衛督從四位上巨勢朝臣野足為兼春宮大夫近江守如故是夜有盜入內藏寮府為人所圍時屬大嘗恐其自殺遣使告喻投窨出去戊子勅如聞大嘗會之雜樂伎人等專乖朝憲以唐物為餝令之不行往古所譏宜重加禁斷不得許容辛卯奉幣帛於伊勢大神宮以行大嘗事也是夜御朝堂院行大嘗之事壬辰於豊樂殿宴五位已上二國奏風俗歌舞賜五位已上物及二國獻物班給諸司癸巳宴飲終日賜五位以上衣衾甲午奏雜舞并大歌五節舞等賜由貴主基兩國國郡司役夫物各有差是日從五位下葛井王授從五位上正六位上新城王從五位下從四位下三諸朝臣真屋麻呂藤原朝臣大繼從四位上正五位上藤原朝臣繼業正五位下安倍朝臣鷹野從四位下從五位上高橋朝臣祖麻呂藤原朝臣繼彥藤原朝臣道雄紀朝臣田上藤原朝臣真雄正五位下從五位下永

原朝臣寂弟麻呂大伴宿祢人益石川朝臣繼人三嶋真人年嗣百濟王元勝多治比真人今麻呂紀朝臣繩麻呂讃岐公千繼藤原朝臣山人安倍朝臣真勝大中臣朝臣智治麻呂從五位上正六位上大中臣朝臣弟守紀朝臣越永安倍朝臣寛麻呂藤原朝臣弟葛多朝臣人長安倍朝臣清繼齋部宿祢廣成從五位下外從五位下秦宿祢都伎麻呂外從五位上正六位上名草直道主外從五位下賜五位已上指衣丙申從四位上藤原朝臣緒嗣吉備朝臣泉授正四位下正四位上五百井女王藤原朝臣鞠子從三位從四位下藤原朝臣藥子正四位下无位紀朝臣田村子從四位下從五位上三善宿祢姉継无位伊勢朝臣継子正五位下无位藤原朝臣佐祢子從五位上无位坂上大宿祢井手子大中臣朝臣百子藤原朝臣高子藤原朝臣岡子正六位上栗田朝臣仲継從五位下從七位上尾張連真縵外從五位下甲辰從五位

下大中臣朝臣常麻呂為神祇大副從五位下藤原朝臣弟葛為陰陽助正五位上大野朝臣直雄為兵部大輔從五位下谷忌寸野主為主殿助從五位下新城王為內掃部正從四位下藤原朝臣繼業為左京大夫兼大和守侍從如故從四位下紀朝臣廣濱為右京大夫美濃守如故從五位上藤原朝臣鷹養為造西寺長官從五位下安倍朝臣清繼為下野介從五位上大中臣朝臣智治麻呂為丹波守左兵衛佐從五位下藤原朝臣真本為兼但馬介內藏助如故式部少輔從五位下御室朝臣今嗣為兼出雲介從五位下安倍朝臣清足為美作介從五位下大中臣朝臣弟守為備前介從五位下紀朝臣越永為讃岐介雅樂頭從五位上藤原朝臣山人為兼伊豫守從五位上多治比真人今麻呂為大宰少貳從五位下巨勢朝臣諸成為右兵庫頭丁未右衛士坊失火燒七十八家賜物有差十二月戊申朔曲宴奏樂五位以上賜衣

被辛亥外從五位下日下部連高道為造酒正從五位下伊勢朝臣繼麻呂為園池正助教外從五位下名草直道主為兼越中權掾壬子勅定額隼人若有闕者宜以京畿隼人隨闕使補之但衣服粮料莫同舊人特准衛士給之其女者不在補限甲寅大雪宴飲終日五位已上賜綿有差丙辰從五位上藤原朝臣子伊太比從五位上藤原朝臣惠子賜姓永原朝臣甲子東山道觀察使正四位下兼行右衛士督陸奧出羽按察使臣藤原朝臣緒嗣言臣以空虛謬叨非據司帶兩使封食二百兼復預武禁寄備宿衛荷恩則丘山非重議勞則涓塵未効心□神飛罔知所措臣聞擇才官人聖上之宏規量力取進臣下之恒分故名器無濫授受惟宜臣前數言陸奧之國事難成熟至于今日用臣委彼退慮前言益知不堪加以今聞國中患疫民庶死盡鎮守之兵無人差發又狂賊無病強勇如常降者之徒叛端既見因茲奧郡庶民出走數度

儻乘隙作梗何以支擬臣生年未幾眼精稍暗復患脚氣發動無期此病歲積兼乏籌略若不許賤臣猶任其事縱令萬一有失非只臣身之伏誅還紊天下之大事然則上損朝庭之威下敗先人之名伏願皇帝陛下更簡良材以代愚臣方隅之鎮速寄其人臣生長京華未閑宣風望請威返進所帶封職被任熟國長官且問百姓之苦且療一身之病雖製錦之誠慙於前古特願天鑒紆光曲賜矜允無任兢懼悚懇之至謹奉表以聞經覽嚴宸伏深戰越有勅不許戊辰從六位下息長丹生真人文繼授從五位下外從七位下日置臣登主外從五位下无位笠朝臣道成從五位下道成皇大弟乳母也特有此叙丙子免伊賀國大同元年正稅未納一萬九千束以水害殊甚百姓彫弊也

四年春正月戊寅朔廢朝風寒異常也宴五位已上於前殿賜物有差正三位藤原朝臣内麻呂授從二位己卯正四位下藤原朝

臣藥子授從三位甲申宴侍臣賜衣被丁亥令諸國停獻正月七日十六日兩節會珍味以煩民也壬辰有尖登大極殿西樓上吠鳥數百群翔其上癸巳春宮亮從五位下藤原朝臣冬嗣為兼侍從齋宮頭從五位下文室真人正嗣為兼上総守從五位下息長丹生真人文繼為介左近衛少將從五位下大伴宿禰和武多麻呂為兼常陸權介從五位下百濟王教俊為下野守從五位下谷忌寸野主為豐後介從五位下佐伯宿禰耳麻呂為陸奥鎮守將軍乙未令天下諸國為名神寫大般若經一部奉讀供養安置國分寺若无國分寺者於定額寺戊戌曲宴奏樂賜四位已上被從四位上三諸朝臣真屋麻呂從四位下三諸朝臣綿麻呂等賜姓三山朝臣庚子從五位下息長丹生真人文繼為内藥正上総介如故從五位下多治比真人全成為上総守陰陽博士外從五位下志斐連國守為兼因幡權掾從五位下豐宗宿禰廣人為肥後介主稅頭大外記如故從五位下文室真人正嗣為豐後守從五位下安倍朝臣清繼復本官二月丁未朔曲宴賜四位已上被辛亥勅倭漢惣歷帝譜圖天御中主尊標為始祖至如魯王吳王高麗王漢高祖命等接其後裔倭漢雜糅敢垢天宗愚民迷執輙謂實録宜諸司官人等所藏皆進若有挾情隱匿乖旨不進者事覚之日必處重科甲寅山城國乙訓郡地六町賜大原内親王丁巳宴五位已上賜布有差有勅聽右大臣從二位藤原朝臣内麻呂着中紫朝服己未從五位上大中臣朝臣智治麻呂為神祇大副從五位下藤原朝臣冬嗣為右少辨侍從春宮亮如故從五位下安倍朝臣兄麻呂為大監物從五位下巨勢朝臣諸成為圖書助從五位下文屋真人正嗣為陰陽頭豐後守如故從五位上安倍朝臣真勝為大學頭備中守如故從五位上百濟王元勝為大判事從五位下伊勢朝臣繼麻呂為主殿助從五位下氷上真人

河繼為典藥頭從五位下藤原朝臣伊勢人為齋宮頭正五位下坂田宿禰奈弖麻呂為造東寺長官從五位下藤原朝臣清岳為筑後守從五位下安倍朝臣真直為左近衛少將侍從少納言如故從五位下大中臣朝臣常麻呂為右衛士佐從五位下佐伯王為右兵庫頭己巳加少納言一員中監物二員少監物二員庚午置佐渡隱岐兩國掾各一員壬申皇帝不豫閏二月庚辰勅前例特簡劇官給要劇錢准其官位多少有差仍革前例官無閑劇皆令善給但米價已貴懸倍往年依旧給錢事乖隨時加以食料之儲豈有多少之異改張前例四位已下初位已上每人給米二斗宜細勘上日依實申送務從正直不得疏畧乙酉令天下諸國進替力人庚寅廢減供御并年中雜用諸司官人已下月料癸巳請清行僧廿人於内裏讀經丁酉制越前國氣比神豐前國八幡大

菩薩宫司等遷替之日准國司與解由辛丑始遷志摩國国分二寺僧尼安置伊勢國國分寺甲辰外從五位下山田連弟分為伊賀守從四位下安部朝臣鷹野卒鷹野者從五位下猪名麻呂之子也有仁慈之性多所汲引侍從中臣王連伊豫親王之事經將不服變臣激帝令加大杖王背崩爛而死□三月丁未前上総介石川朝臣道成大掾千葉國造大私部直善人並授本位道成從五位下善人外從五位下在任之日贓汙狼籍並追位記矜有其老舊之勞故特復焉癸丑外從五位下犬上朝臣望成為日向守甲寅雷雨雹丙辰從五位下大中臣朝臣常麻呂為兵部少輔右衛士佐如故從五位上和朝臣建男為駿河守圖書頭從五位下礒野王為兼武蔵守從五位上多治比真人八千足為下総守外從五位下難波連廣名為丹波掾己未始置左右兵庫史生各二員内藥司二員造兵司二員鼓吹司二員隼人司二員囚獄

司二員織部司二員内膳司二員主水司二員加左右辨官各四員内蔵寮二員陰陽寮二員兵部省四員大蔵省八員大膳職四員主殿寮二員左右馬寮各二員減内記二員内匠寮二員散位寮二員雅樂寮一員木工寮四員園池司一員彈正臺二員東西市司各一員庚申定賜諸司史生以下雜色人以上時服并月新之法辛酉山城國獻白鼠癸亥長岡京地四町賜四品坂本親王丙寅定雅樂寮雜樂師歌舞師四人笛師二人唐樂師十二人横笛師二人高麗樂師四人横笛篳篥莫目舞等師也百濟樂師四人横笛篳篥莫目舞等師也新羅樂師二人琴舞等師也度羅樂師二人鼓舞等師也伎樂師二人林邑樂師二人戊辰山城國葛野郡地八町賜大原内親王是日東山道觀察使正四位下兼行右衛士督陸奥出羽按察使藤原朝臣緒嗣為入邊任辭見内裏召昇殿上令典侍從五位上永原朝臣子伊太比賜衣一襲被等

已巳緣修宫殿欲暫御於辨官廳而役夫一人自辨官南門墜死仍停焉乙亥從三位坂上大宿祢田村麻呂藤原朝臣葛野麻呂並授正三位正四位上菅野朝臣真道正四位下藤原朝臣園人並從三位夏四月丙子朔讀經宫中又遣使於京下諸寺誦經天皇自從去春寢膳不安遂禅位於皇大弟詔曰現神等大八洲所知倭根子天皇我詔旨良末勅御命乎親王等王等臣等百官乃人等天下公民衆聞食止宣朕躬劣弱己洪業尓不耐利止本自思畏利賜止許暫毛不息加以朕躬元來風病尓苦都身體不安己志經日累月己万機缺懈奴今所念久此位波避天一日片時毛御體欲養止奈毛所念須故是以皇大弟止定賜流其親王尓天下政波授賜布諸衆此狀乎悟清真心以毛此皇子乎輔導伎天下百姓乎可令撫育止勅天皇御命乎衆聞食止宣後太上天皇涕泣固辞乃上表陳讓曰臣幽昧自天教訓無添逆遊𦍑性機務未涉

陛下弊餝忝茲儲貳顧惟重託因依□□頃者聖體乖和淹除日月醫藥無驗責在臣躬今忽遜神器傳之孱蒙事殊恒制聞命兢惕若登以皇階當彼大寶入神之聖既缺中外之心又沮冀日復嘗藥祈天遠壽衍算平於半武濫庶績於一簣無任懇迫之至謹奉表以聞天皇不許丁丑天皇避御於東宫上未敢當命戊寅上復抗表曰臣聞天下神器不可輕傳皇業大寶非聖不踐抗表冒請庶蒙優容丹款不孚玄鑒悠邈俯仰焦煌心魂靡厝臣李懃一物勤缺三朝生長深宫素闇稼穡常欲静忝宸位周施聖訓頌王澤於泰平親至治之欝起而陛下不察鄙□强授鼎祚臣之擣昧何堪之有也但以君唱臣和上下之分綸詔忽降敢不對揚苟欲遂志還懼誓命臣冀咨詢公卿擁攝万機之務穆卜有効當待翌日之瘳然後臨學齒胄□道終年在臣至願實為欣幸無任悚戰之至謹重詣闕奉表以聞詔不許天皇遂傳位避病於數處五遷

之後宮于平城而事乖釋重設猶煩出尚侍從三位藤原朝臣藥子常侍帷房矯託百端太上天皇甚愛不知其姧遷都平城非是太上皇之旨天皇慮其亂階擯於宮外官位悉免焉太上天皇大怒遣使發畿內并紀伊國兵與藥子同輿自川口道向於東國士卒逃去者衆知事不可遂迴輿旋宮落髮為沙門

日本後紀卷第十七

考異

樹枝（一張右十一行二字日本紀略作柳樹）交頭（一右十一頭紀畧作頭）俱死（一右十一死舊作飛據紀略訂）終日（一右十一終紀略作經）左大舍人助（一左四舍以下三字舊脫據下文補）顧彼困厄（二右二彼舊作被據類聚國史訂）貽人瘼（二右十三瘼舊作庶據類史訂）醫藥（二左二醫舊作將據類史訂）各一（二左九二字舊脫據類聚三代格補）御長真人（六右四四字舊脫據上下文訂）右大舍人頭（六右七右舊脫據上文補）從五位下（六右十一下舊作上據下文訂）從五位上（六左五上舊作下據上下文訂）從五位下（六左七從舊作正據上下文訂）內膳司食長上一人（七右八八字舊脫據類史補）兩國國郡司（十右九下國舊脫據類史補）妳繼（十左十繼舊脫據類史補）從六位下（十二右八下類史一本作上）從五位下（十二左五下舊作上據類史訂）進蓨力人（十三左十二類史進下有捻字）大蔵省八貟（十四左一五字舊脫據類史補）從五位上（十四左十三上舊作下據上文訂）京下諸寺（十五右四下類史作中）

日本後紀卷第廿　起弘仁元年九月盡十二月

左大臣正二位兼行左近衞大將臣藤原朝臣冬嗣等奉　勅撰

太上天皇　嵯峨

九月戊戌朔遣使畿內班民口田勅大和國田租地子稻永充平城宮雜用（六）癸卯依太上天皇（平城）命擬遷都於平城正三位坂上大宿祢田村麻呂從四位下藤原朝臣冬嗣從四位下紀朝臣田上等為造宮使（七）甲辰播磨國言據格可以勳位人差點□兒而國內勳位或死或逃見在之徒□□老疾不堪防守伏望差白丁補其闕□之（十）丁未緣遷都事人心騷動仍遣使鎮固伊勢近江美濃等三國府并故關正四位下巨勢朝臣野足從五位下佐伯宿祢永繼為伊勢使正五位上御長真人廣岳從五位下小野朝臣岑守坂上大宿祢廣野為近江使正五位上大野朝臣真雄為美濃使緊右兵衛督從四位上藤原朝臣仲成於右兵衛府詔曰天皇詔旨止良麻勅御命乎親王諸王諸臣百官人等天下公民衆聞食止宣尚侍正三位藤原朝臣藥子者挂畏柏原朝廷乃御時尓東宮坊宣旨止為氐仕賜比而其為性能不能所乎知食氐退賜比去賜支氐然物乎百方趍遂氐太上天皇尓近支奉流今太上天皇乃讓國給閇流大慈深志乎不知之氐己我威權乎擅為氐止之非御言事乎御言止云都々褒貶許止任心氐曾无所恐憚如此悪事種種在止太上天皇尓親仕奉尓依氐思忍都々御座然猶不飽足氐止之二所乃朝庭乎母言隔氐遂尓波大乱可起又先帝乃萬代宮止定賜閇流平安京乎棄賜比停賜之氐平城古京尓遷左牟止奏勸氐天下乎擾乱百姓乎亡弊又其兄仲成己我妹乃不能所乎波不教正之氐還恃其勢氐以虛詐事先帝乃親王夫人乎凌侮氐棄家乘路氐東西辛苦世之年如此罪悪不可數盡理乃任尓勘賜比罪奈閇賜布久有止毛所思行有依氐輕賜比宥賜比氐藥子者位官解氐自宮中退賜比仲

成者佐渡國權守退止宣天皇詔旨乎衆聞食止宣又遣使告于柏原陵曰天皇御命坐掛畏支柏原大朝庭尓申賜止申久内侍尚侍正三位藤原朝臣藥子者初太上天皇乃東宮止坐之時尓東宮宣旨止為氐仕賜比而其為性乃不能所乎知食氐退賜比去賜支氐然物乎百方趂逐氐太上天皇尓近支奉氐非御言事乎御言止云都々褒貶任意氐曾毛恥恐憚又萬代宮止定賜之平安京乎棄賜比停賜之氐平城古京尓遷止奏勸氐天下乎擾乱百姓乎亡弊又其兄仲成恃己妹勢氐以虛詐事親王夫人乎凌侮氐棄家乗路氐東西辛苦世之如此罪悪不可數盡因兹藥子者官位解氐自宮中退賜仲成者佐渡國權守退賜都比又續日本紀所載乃崇道天皇與贈太政大臣藤原朝臣不好之事皆悉破却賜支氐而更依人言氐破却之事如本記成此毛亦无礼之事利奈今如前改正之狀乎参議正四位下藤原朝臣緒嗣畏弥畏毛牟申賜久止奏是日宮中戒嚴藤原朝臣雄友授本位正三位正五位下御長真人廣岳坂田宿祢奈氐麻呂石川朝臣清直多治比真人今麻呂從四位下正六位上弟村王高瀬王廣根朝臣諸勝紀朝臣末成坂上大宿祢廣野藤原朝臣廣敏多治比真人育治安倍朝臣雄能麻呂安倍長田朝臣節麻呂從五位下從四位上秋篠朝臣安人為参議兼右衛士督左大辨如故正五位下藤原朝臣道雄為左中辨權右中辨正五位下田口朝臣息繼為真阿波守如故正五位下小野朝臣野主為權右中辨左近衛少將從五位下良岑朝臣安世為兼左少辨丹波介如故從五位下藤原朝臣福當麻呂為右少辨右近衛少將從五位下藤原朝臣三守為兼内藏頭美作權介如故正五位下御室朝臣今嗣為大學頭從四位下坂田宿祢奈氐麻呂為大和守從四位下藤原朝臣繼彦為山城守從五位下廣根朝臣諸勝為介從四位下紀朝臣田上為尾

張守從五位下藤原朝臣山人為駿河守正四位下藤原朝臣真夏為伊豆權守從五位上大伴宿祢和武多麻呂為武藏權介正五位下藤原朝臣貞繼為近江守式部少輔從五位下小野朝臣岑守為兼介從五位下多治比真人育治為美濃介從五位下藤原朝臣貞本為飛驒權守從五位下登美真人藤津為越前介從五位上大中臣朝臣常麻呂為備前權守從五位下安倍朝臣清繼為安藝權守從四位下多朝臣入鹿為讃岐守從四位下藤原朝臣真雄為伊豫守從五位下藤原朝臣安繼為薩摩權守正五位上大野朝臣直雄為左近衛少將春宮大夫從四位上藤原朝臣藤嗣為兼右近衛中將從五位下紀朝臣百繼為少將下野介如故從五位下安倍朝臣雄能麻呂為右衛士佐從五位下佐伯宿祢永繼為左兵衛佐参議正四位下藤原朝臣緒嗣為右兵衛督從五位下坂上大宿祢廣野為佐從五位下安倍朝臣男笠為左馬頭戊申正四位下藤原朝臣真夏從四位下文室朝臣綿麻呂等被召自平城宮來禁綿麻呂於左衛士府大外記外從五位下上毛野朝臣穎人從平城急來言太上天皇今日早朝取川口道入於東國凡其諸司并宿衛之兵悉皆從焉于時遣大納言正三位坂上大宿祢田村麻呂等率輕鋭卒從美濃道邀之田村麻呂奏請綿麻呂武藝之人頻經邊戰募將同行即授正四位上拜参議以遣之歡喜踊躍即駕兵馬又置宇治山埼兩橋与渡市津頓兵是夜令左近衛將監紀朝臣清成右近衛將曹住吉朝臣豊繼等射殺仲成於禁所仲成者参議正三位宇合之曾孫贈太政大臣正一位種繼之長子也性狠抗使酒戒昭穆无次忤於心不憚凶躐及乎女弟藥子專朝假威益驕王公宿德多見淩辱民部大輔笠朝臣江人之女適仲成也其姨頗有色仲成見而悅之嬈其不和欲以力強女脫奔佐味親王仲成入王及母夫人家認之

麁言逆行、甚失人道、及遭害、僉以為自取之矣、外從五位下上毛野朝臣穎人授從五位上、賞歸順之功也、己酉十二、太上天皇至大和国添上郡越田村、即聞甲兵遮前、不知所行、中納言藤原朝臣葛野麻呂、左馬頭藤原朝臣真雄等先未然雖固諫、猶不納、催駕發進焉、天皇遂知勢蹙、乃旋宮剃髮入道、藤原朝臣藥子自殺、藥子、贈太政大臣種継之女、中納言藤原朝臣縄主之妻也、有三男二女、長女太上天皇為太子時、以選入宮、其後藥子以東宮宣旨出入臥内、天皇私焉、皇統弥照天皇慮婬之傷義、即令駈逐、天皇之嗣位、徵為尚侍、巧求愛媚、恩寵隆渥、所言之事、无不聽容、百司衆務、吐納自由、威福之盛、熏灼四方、屬倉卒之際、與天皇同輦、知衆悪之帰己、遂仰藥而死、庚戌十三、詔曰、天皇詔旨良麻止勅大命乎衆聞食止宣、太上天皇乎伊勢尓行幸世志米多流諸人等、法之隨尓罪賜布倍久有止毛所念有尓依弖奈毛免賜比宥賜布、又中納言藤原朝臣葛野麻呂波悪行之首藥子加姻婣之中波奈礼重罪有倍志然多入鹿等申久、雖言不納止毛諫争己止懇至止申尓依弖奈毛罪奈倍賜比勘賜波須、又藤原朝臣真雄波身命乎棄忘弖諫争多留事衆人與利異尓有尓依弖奈毛譽賜比勤賜比冠位上賜比治賜波久宣天皇大命乎衆聞食止宣、是日、廢皇太子高岳、立中務卿諱淳和為皇太弟、詔曰、現神止大八州所知須倭根子天皇詔旨良麻止勅御命乎親王等王等臣等百官人等天下公民衆聞食止宣、食國之法止定賜比行賜閇留因法隨尓中務卿諱乎立而皇太弟止定賜布故此之状悟弖百官人等仕奉止宣天皇勅命乎衆聞賜止宣、從四位下藤原朝臣真雄授正四位下、壬子十五、從五位上礒野王為伊豆權守、從五位上大中臣朝臣智治麻呂為武藏介、正五位上菅野朝臣庭主為安房權守、從四位下紀朝臣田上為佐渡權守、正五位下藤原朝臣弟貞為丹後守、正四位下藤原朝臣真夏為備中權守、

日本後紀卷廿　四

從五位下當麻真人鹽麻呂為淡路權守、從五位上大中臣朝臣常麻呂為伊豫守、從五位下田口王為土佐權守、從五位下紀朝臣良門為肥前權介、從五位上大伴宿祢和武多麻呂為日向權守、從五位下御室朝臣是嗣為大隅權守、從五位下真菅王為壹岐權守、癸丑十六、從五位下大中臣朝臣諸人為神祇大副、左近衛中將正四位下巨勢朝臣野足為兼中務大輔、從五位下安倍朝臣宅麻呂為大舍人助、從五位下弟村王為圖書頭、從五位下小野朝臣岑守為内藏頭、式部少輔近江介如故、從五位下藤原朝臣真書為縫殿頭、從五位下伊勢朝臣德継為助、左衛士督從四位下藤原朝臣冬嗣為兼式部大輔、美作守如故、從五位下多治比真人船主為雅楽助、從五位下紀朝臣南麻呂為民部少輔、從五位下藤原朝臣友人為兵部少輔、参議正四位上文室朝臣綿麻呂為大藏卿、兼陸奥出羽按察使、從五位上池田朝臣春野為大輔、從五位下三国真人氏人為木工頭、正三位藤原朝臣雄友為彈正尹、從五位下高瀬王為助、從五位下秋篠朝臣全継為造西寺次官、右近衛中將從四位上藤原朝臣藤嗣為兼攝津守、從四位下御長真人廣岳為伊勢守、内匠頭從五位下真世王為兼相摸守、参議正四位下藤原朝臣緒嗣為兼美濃守、右兵衛督如故、左兵衛佐從五位下佐伯宿祢長継為兼丹波介、左近衛少將從五位下良岑朝臣安世為兼但馬介、右少辨如故、中務少輔從五位下藤原朝臣清縄為兼出雲介、從四位下賀陽朝臣豐年為播磨守、甲寅十七、越前介從五位下阿倍朝臣清継、權少掾百濟王愛筌等聞太上天皇幸伊勢國、擧兵應之、捕新任介從五位下登美真人藤津、不受替、遣民部少輔從五位下紀朝臣南麻呂等勘問、服罪、清継已下、原死處遠流、侍從從四位下大庭王為兼大舍人頭、陰陽博士外從五位下志斐連国守為兼石見權掾、天文博士如故、

日本後紀卷廿　五

大法師永忠爲少僧都。大法師長惠爲律師。乙卯。權右中辨正五
位下小野朝臣野主爲眞。從五位下大野朝臣眞菅爲權右少辨。
從五位下文室眞人弟直爲大藏少輔。大納言正三位藤原朝臣
園人爲兼東宮傅。民部卿如故。左大辨從四位上秋篠朝臣安人
爲兼越後守。右衞士督如故。從四位下多朝臣入鹿爲安藝守。從
四位上春原朝臣五百枝爲讃岐守。丙辰。詔曰。飛鳥以前。未有年
號之目。難波御宇。始顯大化之稱。尓來因循。歷世至今。是用。皇王
闕国承家。莫不登極稱元。隨時施號也。朕以眇虚。嗣守丕業。照臨
四海。于茲二周。雖日月淹除。而未施新號。方今時屬豐稔。人頌有
年。實賴宗廟之靈。社稷之祐。非朕之寡德。所能可致也。念與天下。
嘉斯休祥。宜改大同五年。爲弘仁元年。布告遐迩。知朕意焉。大法
師脩圓爲律師。從五位下佐伯王爲大監物。從五位下伊勢朝臣
德繼爲縫殿頭。從五位上稻城王爲大膳大夫。從五位下藤原朝
臣眞書爲亮。從五位下安倍朝臣犬養爲尾張守。四品阿保親王
爲大宰權帥。己未。大法師脩哲爲律師。庚申。制。諸國出擧官稻。率
十束收利三束。但陸奧出羽二國。不在此限。壬戌。制。大臣身帶二
位者。聽著中紫。今宜改著深紫。又諸王二位已下五位已上及諸
臣二位三位者。依令條著淺紫。今改著中紫。又去大同二年。制。四
窠已上。不得服用者。今聽五位已上服用。正六位上紀朝臣國繼。
伊勢朝臣繼麻呂授從五位下。正六位上雁高宿祢氏成外從五
位下。正五位下永原朝臣子伊太比從四位下。正六位上池田朝
臣幡子從五位下。甲子。正五位上大野朝臣直雄授從四位下。正
六位上佐伯宿祢金山從五位下。從五位上藤原朝臣鷹養爲民
部大輔。從五位下田中朝臣清人爲造西寺長官。右兵衞佐從五
位下佐伯宿祢長繼爲兼下總介。從五位下藤原朝臣眞川爲左
衞士佐。參議正四位下藤原朝臣緒嗣爲兼右衞士督。美濃守如

故。從四位下大野朝臣直雄爲左兵衞督。從五位上藤原朝臣道
繼爲佐。左大辨從四位上秋篠朝臣安人爲兼右兵衞督。越後守
如故。從五位下佐伯宿祢金山爲右兵庫頭。乙丑。公卿奏言。謹案
大同二年九月廿八日詔書偁。日者虚傳。千妨輻湊。占人妄告。方
忌森羅。又大會小會之言。歳對歳位之說。天恩發於五辰。將軍行
於四仲。斯等並出堪輿雜志。非擧正之典。宜據賢聖格言。一除曆
注者。臣等商量。曆注之興。歷代行用。男女嘉會。人倫之大也。農夫
稼穡。國家之基也。伏望。因順物情。依舊具注。又去大同二年八月
十九日下彈正臺例云。雜石腰帶。畫餝大刀。及素木鞍橋。獨射犴
韋鹿猓羆皮等。一切禁斷者。臣等商量。雜石易得。造賣多人。至于
著用。亦復難損。銅銙具者。以漆塗成。動易剝落。今難易各異。價直
是同。爲弊一也。又毛皮之類。不聽犯用。鞍具之要。唯須皺文。是以
无賴之徒。竊斃牛馬。爲弊二也。又節會之義。蕃客之朝。歳時不絕。
必須餝刀。今惣被斷。恐損國威。伏望。雜石及毛皮等。悉聽用之。畫
餝刀者。除節會蕃客之外。將加禁制。鞍橋者。除素漆之外。不論素
漆。隨心通用。庶隨民便。蒙得其所。並許之。散事從四位下川邊女
王卒。丙寅。渤海國遣使獻方物。其王啓云。南容等廻。遠辱書問。悲
切三考。慰及纇孤。捧讀之時。無任哀感。伏承。先帝仙馭昇遐。太上
天皇怡神閑舘。萬機之重。早識所歸。孟秋尚熱。伏惟。天皇起居萬
福。即此元瑜蒙免。天皇繼登寶位。置命惟新。歡洽兆民之心。賴及
一方之外。在於文好。休慼攸同。事貴及時。不可淹滯。重差和部少
卿兼和幹菀使開國子高南容等。奉啓用申慶賀之礼。兼上土物。
具在別錄。況南容等。再駕窮舩。旋涉大水。放還之路。恐動不虞。伏
望。遠降彼使。押領同來。實謂當仁。伏惟照諒。封域遂隔。拜賀末由。
冬十月己巳。從五位下名草直道主爲大學博士。越中權掾如故。
侍從從四位上藤原朝臣繼業爲兵部大輔。近江守如故。從五位

下田中朝臣清人為左京亮內藥正外從五位下若江造家繼為兼尾張權介侍醫如故左近衛中將正四位下巨勢朝臣野足為兼備中守中務大輔如故從五位下藤原朝臣真川為安藝守從五位下石川朝臣道成為周防守從四位下多朝臣入鹿為讃岐權守從五位上安曇宿祢廣吉為伊豫權介從五位上御室朝臣是嗣為筑後權介從五位上御室朝臣氏繼為薩摩權守從五位下登美真人藤津授從五位上甲戌從五位下廣根朝臣諸勝為攝津介己卯正六位上采女朝臣枚麻呂授從五位下丙戌從五位下文屋真人弟直為少納言從五位下藤原朝臣真書為大藏少輔外從五位下縵連家繼為大膳亮從五位下伊勢朝臣德成為上野權介戊子河內國人從七位下勇山國嶋正七位下家繼正八位上真繼從八位下文繼等賜姓連甲午禊於松崎川緣大嘗會事也陸奧國言渡嶋狄二百餘人来著部下氣仙郡非當國所管令之帰去秋等云時是寒節海路難越願候来春欲帰本郷者許之留住之間宜給衣粮十一月甲寅雷乙卯行大嘗於朝堂院丙辰御豐樂院悠紀主基兩國獻翫好雜物奏土風歌舞五位已上賜衣被戊午宴五位已上奏雅樂并大歌從四位下大庭王授從四位上從五位下弟野王作良王從五位上正六位上貞代王御井王從五位下從四位下橘朝臣安麻呂藤原朝臣冬嗣從四位上正五位下藤原朝臣貞繼從四位下從五位上紀朝臣繩麻呂正五位下從五位下田中朝臣浄人大中臣朝臣諸人佐伯宿祢鷹成安倍朝臣雄笠甘南備真人諸野安倍朝臣浄足藤原朝臣三守從五位上外正五位下秦宿祢都伎麻呂正六位上長岡朝臣岡成豐野真人仲成猷火真人菟原藤原朝臣賀祐麻呂多治比真人繼益藤原朝臣文山坂上大宿祢真弓橘朝臣永繼藤原朝臣葛成小野朝臣諸野從六位下藤原朝臣濱主安倍朝

臣弟雄正六位上縣犬養宿祢清繼佐伯宿祢弟成忌部宿祢比良麻呂從五位下正六位上林朝臣山主志賀忌寸周興賀茂縣主立長藏人根主外從五位下宴訖賜禄有差己未正四位下橘朝臣諱（嵯峨太皇太后）多治比真人高子授從三位无位廣長女王從五位上正六位上藤野女王无位繼子女王從五位下從五位下藤原朝臣松子正五位下无位藤原朝臣豬甘坂上大宿祢御井子從五位上无位藤原朝臣葛子橘朝臣安万子三善宿祢弟姉三國真人真主從五位下辛酉正六位上朝野宿祢道守丹波史鳥守授外從五位下甲子免參河國作兩國田租以供奉大嘗也十二月庚午從六位上林宿祢東人為遣渤海客使大初位下上毛野公繼益為録事甲戌外正六位上上毛野公賀美麻呂授外從五位下己卯遊獵于芹川野賜五位已上衣被壬午遣參議正四位下巨勢朝臣野足奉幣帛於八幡大神宮樫日廟賽靜乱之禱也甲申遣僧七口讀經於吉野陵丙戌鑄錢司用來銅鑄進新錢一千卌貫因茲鑄錢長官從五位上三嶋真人年嗣授正五位下次官從五位下大枝朝臣繼吉從五位上自餘六位已下容作兒已上叙位賜禄有差癸巳詔曰天文垂象□陣列衛於紫微地理分區金石効用於細録除兇禁暴七德照其威靜乱禦侮四海服其武弧矢之用焉自往昔甲兵之儲獨茲日今左右近衛其數減少脱有機警何以應乖一張一弛文武之道取先觀時適時廢置之宜斯在其左右近衛可復舊數焉

日本後紀巻第廿

考異
從四位上〔一張右十三行上舊作下據文及類聚國史日本紀略訂〕上遣使〔二右一使舊脫據類史補〕而其
為性乃不能所乎知食氐退賜比去賜氐支〔二右四十九字舊脫據類史補〕如本
記成〔二右十二類史如有日字又記作紀〕下從四位下〔二左十三四舊作五據上下文訂〕從五位上
〔三右二上舊作下據上下文訂〕其婕〔三左十二紀略作婕婕〕中務卿諱淳和〔四左五淳和舊脫據紀略補〕
礒野王〔四左十礒舊作義據上文及類史訂〕右衛士督〔六右五衛士舊作兵衛據上下文訂〕雁高宿禰
〔六左七雁舊作鷹據下文及類史訂〕從五位下〔六左十一下舊作上據下文訂〕從四位上〔七右二上舊作下據
上下文訂〕從五位上〔八右五上舊作下據類史訂〕仲成〔八左十一仲舊脫據類史補〕山主〔九右二山舊脫
據類史補〕賜祿有差〔九左四祿類史作物〕

日本後紀卷第廿一 起弘仁二年正月盡閏十二月
左大臣正二位兼行左近衛大將臣藤原朝臣冬嗣等奉　勅撰
太上天皇 嵯峨
二年春正月丙申朔。皇帝御大極殿。臨軒。皇太弟淳和文武百官藩客
朝賀如常儀。庚子五。制。上殿舍人一百廿人。復舊名為內豎。壬寅七。宴
五位已上并藩客。賜祿有差。丙午十一。於陸奧國。置和我稗縫斯波三
郡。從五位下大野朝臣真菅為右少辨。從五位下秋篠朝臣全嗣
為治部少輔。從五位下藤原朝臣真書為雅樂頭。從五位下橘朝
臣永繼為民部少輔。從五位上大枝朝臣永山為大判事。從五位
下淡海真人有成為大藏少輔。左兵衛督從四位下大野朝臣直
雄為兼左京大夫。正五位下三嶋真人年繼為造西寺長官。從五
位下藤原朝臣文山為次官。鑄錢長官從五位上大枝朝臣繼吉
為兼山城介。從五位下紀朝臣南麻呂為河內守。正五位下藤原
朝臣道雄為紀伊守。戊申十三。河內國人從八位上王作鋼鈎。賜姓高
道連。壬子十七。御豐樂院。觀射。藩客賜角弓。射焉。乙卯二十。遣大納言正三
位坂上大宿禰田村麻呂。中納言正三位藤原朝臣葛野麻呂。參
議從三位菅野朝臣真道等。饗渤海使於朝集院。賜祿有差。丙辰廿一。
參議從三位宮內卿兼常陸守菅野朝臣真道上表致仕曰。臣聞。
晨行暮息。身事之恆分。壯仕老休。禮制之通範。所以崇名事主。保
身終命也。臣本庸品。才用無取。涉學謝於甲科。干祿朝於下士。徒
以早因多幸。忝質先朝。爰自儲闈。洎臨宸極。夙夜軒陛。驟歷歲序。
遂乃曲蒙[illegible]獎。濫廁簪纓。兼文武之崇班。帶中外之厚秩。以至今
日。累沐天恩。顧惟尸素。伏深戰慄。但臣歷事三朝。齒登七十。稍隨
年積。志與身衰。雖疲驂轂馭。非無顧戀之心。而漏盡夜行。恐乖止
足之誠。伏願歸骸舊里。斂迹蓬廬。養疾以存餘生。杜門而待終日。
無任懇懇之至。謹詣闕奉表以聞。許之。但常陸守如故。丁巳廿二。渤海

國使高南容歸蕃。賜其王書曰。天皇敬問渤海國王。南容入賀。省啓具之。惟王資質宏茂。性度弘深。敦惠輯中。盡恭奉外。代居北涯。與國脩好。泼日滄溟。企乃到矣。接天波浪。葦能亂之。貴深効精。慶賀具礼。眷彼情款。嘉賞何止。朕嗣膺景命。忝纂睿圖。尅己以臨寰區。丕顯以撫地。厥德未懷。迩化曷覃。遐王念濬善隣。心切事大。弗難劬勞。聿脩先業。況南容荐至。使命不墜。船舶窮危。蹇志增勵。雖靡来請。豈能忍之。仍擬駕船。副使押送。同附少物。至宜領之。春寒。惟王平安。指此遣書。旨不多及。戊午。正四位上藤原朝臣産子授從三位。己未。无品明日香親王。坂本親王授四品。甲子。從四位上藤原朝臣冬嗣為參議。餘官如故。從七位下菅原朝臣清人正六位上。朝野宿禰鹿取授從五位下。從六位下勇山連文繼外從五位下。正五位下小野朝臣野主為左中辨。從五位上藤原朝臣伊勢人為右中辨。從五位上登美真人藤津為治部大輔。從五位下

橘朝臣永嗣為越前介。從五位上藤原朝臣藤成為播磨介。山城國乙訓郡白田一町。賜從四位下百濟王教法。是日。勅。占野開田之徒。就國請地之日。不顯町段。遠包四至。損公妨民。莫甚於此。自今以後。宜勘町段。勿依四至。又陸奥出羽兩國。土地曠遠。民居稀少。百姓浪人。隨便開墾。國司巡檢。隨即收公。是以人民散走。無有靜心。宜兩國開田。雖无公驗。不得收公。二月丁卯。授外從五位下志斐連國守從五位下。縁陰陽之道。勝於傍人也。庚午。山城國乙訓郡藥園一町。賜施藥院。辛未。勅。據令條。凡祭祀者。所司預申官。二散齋日平旦。頒告諸司。夫散齋之内。不得弔喪問疾食宍。不判刑殺。不決罸罪人。不作音樂。不預穢悪之事。今至散齋之日。乃頒告諸司。則諸司情事。或犯禁忌。宜改令條。自今以後。散齋前一日。頒告諸司。癸酉。勅。諸國之吏。唯仰公粮。宜其男女皆悉給粮。但不得及孫。乙亥。令縫殿寮宮人卅人。配大藏省。以縫作幄幔等類也。

丙子。遊獵于北野。五位已上賜衣被。戊寅。外從五位下朝野宿禰道守為大炊助。從五位下藤原朝臣賀祐麻呂為右京亮。從五位下葛井宿禰豊繼為造東寺次官。外從五位下山田連弟分為河内介。外從五位下勇山連文繼為相摸權掾。記傳博士如故。己卯。詔曰。應變設教。為政之要樞。適時制宜。濟民之本務。朕還淳返朴之風。未覃下土。興滅繼絶之思。常切中襟。夫郡領者。難波朝廷始置其職。有勞之人。世序其官。逮乎延暦年中。偏取才良。永廢譜第。今省大納言正三位藤原朝臣園人奏云。有勞之胤。奕世相襲。郡中百姓。長幼託心。臨事成務。實異他人。而偏取藝業。永絶譜第。用庸才之賤下。處門地之勞上。為政則物情不從。聽訟則決断無伏。於公難濟。於私多愁。伏請郡司之擬。先盡譜第。遂無其人。後及藝業者。實得其理。宜依來奏。庚辰。遷御於西宮。大宰府官并所管國司。聽公廨四分之一。年漕于京。遥授之官半分焉。上野國元上國。

今改為大國。壬午。勅。常陸國去京遥遠。貢調脚夫。路粮多費。去靈龜年。守從四位上石川朝臣難波麻呂。始置稻五万束。每年出舉。以利充粮。名曰郡發稻。其用度者。載帳言上。而諸司勘出。不聽出舉。宜令依舊。參議正四位下行右衛士督兼美濃守藤原朝臣緒嗣言。臣材無足取。器實空虚。病患添躬。久積日月。是以前日抗表。悉辭所居之官。今陛下無遺微臣。復參朝議。聖恩不測。徒蹋高天。臣比者沉滯悪瘡。療治無驗。似損不損。終至大漸。劇職事重。懼切曠日。伏望解罷所帶。養疾私門。上除朝廷空位之譏。下遂愚臣避賢之願。不任丹款懇迫之至。謹臥病拜表以聞。不許。癸未。皇太弟遷於東宮。乙酉。外從五位下勇山連文繼為大學助。記傳博士相摸權掾如故。從五位下柿本朝臣弟兄為肥前守。庚寅。於大宰府皷吹四天王寺。造釋迦佛像。癸巳。皇太弟奉獻。宴飲極歡而罷。五位已上賜衣被。三月丙申朔。河内國人從七位下土師宿禰常盤

賜姓秋篠朝臣。山城國人正六位上土師宿禰百枝、菅原朝臣。庚子、安房國人正六位下大伴直勝麻呂賜姓大伴登美宿禰。癸卯、武藏國人正六位下小子宿禰身成貫于左京。乙巳、始令諸國進俘囚計帳。戊申、勅、左右近衛兵衛等劒帶同色、彼此難辨、改舊色、右近衛用緋絁纈、右兵衛用青褐纈。賜大外記從五位上上毛野朝臣頴人度一人。壬子、停攝津國川邊郡措戶十烟、豐嶋郡二烟、為平民。甲寅、勅陸奧出羽按察使正四位上文室朝臣綿麻呂、陸奧守從五位上佐伯宿禰清岑、從五位下坂上大宿禰鷹養、鎮守將軍從五位下佐伯宿禰耳麻呂、副將軍外從五位下物部匝瑳連足繼等曰、去二月五日奏、備請發陸奧出羽兩國兵合二万六千人、征尓薩體幣伊二村者、依數差發、早致襲討、事期弥滅、不得勞軍、以遺後煩。又得三月九日奏、知減軍士一万人、將軍等憂國之情、中心是深、然而搜窮巢窟、衆力是資、故依先奏、不勞減定。將軍等宜知之、勠力同意、相共畢功。于時出羽守從五位下大伴宿禰今人、謀發勇敢俘囚三百餘人、出賊不意、侵雪襲伐、殺戮尓薩體餘孽六十餘人、功冠一時、名傳不朽也。又今人前任備□守之時、與掾正六位上河原連廣法、謀穿山破盤、以開大渠、百姓難以慮始、嗷々不止。成功之後、多蒙其利、追以稱嘆、是謂伴渠。縱鄭令復生、不能加也。己未、阿牟公人足授外從五位下。人足者、大安寺僧泰仙也。以工術聞、令造漏刻、積年乃成、帝嘉其巧思、還俗叙位。雖機巧可奇、而候辰易差、遂不為用。辛酉、出雲國造外從七位下出雲臣旅人授外從五位下。緣神賀事也。夏四月甲子朔、御大極殿視朔也。丙寅、內宴奏妓。丁卯、陸奧國人外正六位下志太連宮持・俘吉弥侯部小金授外從五位下。褒勇敢也。戊辰、四品明日香親王為彈正尹、侍醫從五位下出雲連廣貞為兼內藥正、但馬權掾如故。從五位下藤原朝臣文山為玄蕃頭。正三位藤原朝臣

雄友為宮內卿、從五位下御井王為正親正、造西寺次官從五位下秦宿祢都伎麻呂為兼伯耆權介、從五位下大中臣朝臣鷹取為越後守。己巳、幸神泉苑、賜親王已下及諸衛人綿各有差。甲戌、勅、河內國稅分錢三百貫便充當國、限三箇年出舉、收利為造堤料。又彼國課丁少數、無人差役、其散位々子・留省之徒不直本司常在鄉里者、宜限三年補國中雜任、計其上日、行事與考、言上。又割公廨息利、充堤所食料、其代者、迴給隨便國。三年以後復舊焉。乙亥、幸神泉苑。右京人正六位上高田首清足等七人賜姓田村臣。丙子、山城國紀伊郡田二町賜從四位下伊勢朝臣繼子。丁丑、勅、菻麥為篤禁制久矣、今聞京邑百姓、未秋之前、沽之給穩、計其所得倍於收實、利歸在民、何勞禁制。自今以後、永聽賣買。戊寅、近江國乘田廿八町賜中務省。庚辰、正四位上文室朝臣綿麻呂為征夷將軍、從五位下大伴宿祢今人、佐伯宿禰耳麻呂、坂上大宿禰鷹養為副。辛巳、幸神泉苑、侍臣已上賜衣被。壬午、勅征夷將軍等曰、夷秋干紀、為日已久、雖加征伐、未盡誅鋤。今依來請、令將出兵、其軍監軍曹等、宜簡用具奏上。但犯軍法、禁身請裁、隊長已下依法決斷。國之安危、在此一舉、將軍勉之。乙酉、公卿奏、依去大同二年詔書、七道諸國調物、權從輕減、欲待人殷、即復恒式、而於民未聞繼業、於公有之支用、更別買求、還致勞擾、伏望改彼權制、復厥恒典、冀得百姓守常、國用有足。許之。廢陸奧國海道十驛、更於通常陸道、置長有高野二驛、為告機急也。丙戌、宮內卿正三位藤原朝臣雄友薨。雄友者、叅議兵部卿從三位乙麻呂之孫、右大臣贈從一位是公之第二子也。延曆二年授從五位下、為美作守、遷兵部少輔、任至正五位上、除左衛士權督、俄而為真、六年授從四位下、歷左京大夫兼播磨守、九年為叅議兼大藏卿、十五年授正四位下、十六年任大宰帥、十七年授從三位、拜中納言、廿三年授

正三位大同初拜大納言雄友性温和不喜怒姿儀可觀音韻清朗至於賀正宣命推之為師伊豫親王之遭害也以舅流于伊豫國弘仁元年免罪授本位拜宮内卿薨于位時年五十九詔贈大納言丁亥從六位下笠朝臣梁麻呂授從五位下正七位下當宗忌寸家主外從五位下從五位上紀朝臣梶繼為玄蕃頭從五位下笠朝臣梁麻呂為民部少輔從五位下尾張連粟人為主稅頭從五位下御長真人仲継為刑部少輔從五位下小野朝臣諸野為典藥助外從五位下當宗忌寸家主為伊賀守從五位下朝野宿祢鹿取為左衛士佐己丑阿波國人百濟部廣濱等一百人賜姓百濟公庚寅幸神泉苑右近衛府奉獻侍臣賜衣被是日遣渤海國使正六位上林宿祢東人等辞見賜衣被五月戊戌御馬埒殿觀馬射辛丑勅諸國所進春米庸米去大同三四兩年遭旱不得悉進若隨色辨備恐致民苦今官庫之貯頗有盈餘宜往年所

生貲與調物進成輕貨但畿內者混合正稅癸卯勅征夷將軍正四位上文屋朝臣綿麻呂等曰塞下之俘其數稍多出軍之後慮生野心將軍等勤加綏撫勿致驚擾威恵兼施稱于朝制許之從五位上高階真人遠成為主計頭從五位下小野朝臣真野為齋宮頭乙巳幸神泉苑帝自玆以後每至假日避暑於此丁未制夫飛彈工者貢進之年課役俱免至于逃亡而不役何異調庸之未進自今以後撿返抄拘解由一同調庸從四位上藤原朝臣継業為神祇伯侍從近江守如故從四位下藤原朝臣縄麻呂為大舍人頭從五位上大中臣朝臣智治麻呂為治部大輔從五位上登美真人藤津為兵部大輔從四位上春原朝臣五百枝為宮内卿右近衛中將從四位上藤原朝臣藤嗣為兼右京大夫攝津守如故從五位下紀朝臣岡継為亮從五位下藤原朝臣賀祐麻呂為武藏介從五位下藤原朝臣友人為讃岐守己酉賜玄賓法師書

曰真俗殊趣禮接自踈渴仰徽音不捨少選屬夏景爍條炎風扇物想禪場被服與時宜改聊附法服一具至宜領之壬子勅征夷將軍正四位上兼陸奥出羽按察使文室朝臣綿麻呂等曰將軍等去二月五日奏狀偁來六月上旬兩國軍士令頭發入其犄塩器仗等先已貯備不可更勞者以此觀之緣軍資物皆已批桃而令月十二日來奏偁軍士食靳并雜物等且仰國司令儲備及絕幕且用縫作又出羽守大伴宿祢今人巡行管内簡閲軍士者是知征戰之具猶有寥落前後來奏事何相乖加以國家之忌及大歳同在東方兵家所避不可抂觸宜緣軍廢事今年偷畢來年六月發入又撿去延曆十三年例征軍十万軍監十六人軍曹五十八人廿年征軍四万軍監五人軍曹卅二人今將軍等准兼前例所定卌七人權用十五人者今所興征軍一万九千五百餘人然則四万之日軍吏不滿五十今日二万何超六十仍折衷所定軍

監十人軍曹廿人宜精選堪戰者充用言上癸丑勅天下諸國昔遭疾疫續以旱灾百姓彫弊于今未復興言念此深疾于懷宜簡鰥寡孤獨及貧窮老疾不能自存者早加賑給但給法者准延曆十九年例甲寅勅農人喫魚酒禁制惟久而國司寬縱無情糺斷令須遣使重加督察宜令國司在前禁止若有輙喫并與者即禁其身使到之日付行決罸不得慣常寬容丙辰大納言正三位兼右近衛大將兵部卿坂上大宿禰田村麻呂薨正四位上犬養之孫從三位苅田麻呂之子也其先阿智使主後漢靈帝之曾孫也漢祚遷魏避國帶方譽田天皇之代率部落内附家世尚武調鷹相馬子孫傳業相次不絶田村麻呂赤面黄鬚勇力過人有將帥之量帝壯之延曆廿三年拜征夷大將軍以功叙從三位但往還之間從者無限人馬難給累路多費大同五年轉大納言兼右近衛大將頻將邊兵每出有功寬容待士能得死力薨于粟田別業

贈從二位時□六月癸亥朔正四位下巨勢朝臣野足授從
三位從五位下直世王從五位上從四位上春原朝臣五百枝正
四位下從五位上藤原朝臣道継正五位下從五位下紀朝臣百
継良岑朝臣安世從五位上正六位上藤原朝臣清本藤原朝臣
総継紀朝臣和氣麻呂多治比真人弟笠石川朝臣弟助大伴宿
禰山道從五位下正六位上廣井宿禰真成外從五位下從五位
上直世王為中務大輔相摸守如故從五位下藤原朝臣総継為
少輔從五位下石上朝臣美奈麻呂為兵部少輔從四位下大野
朝臣真雄為左近衛中將左京大夫如故參議從三位巨勢朝臣
野足為右近衛大將參議左大辨從四位上秋篠朝臣安人為兼
左兵衛督越後守如故參議右大辨從四位下紀朝臣廣濱為兼
右兵衛督從五位下藤原朝臣清繩為佐出雲介如故乙丑令諸
國進武藝人年卅已下補左右近衛是日奉幣於伊勢大神宮戊

日本後紀卷第廿二　八

辰大僧都傳燈大法師位勝悟卒法師俗姓凡直阿波國板野郡
人也法師初為尊應大徳弟子是則芳野神叡大徳之入室也道
業清高洞明經戒姿儀不凡言語可愛至於非空非有之宗當時
推而相讓護命慈寶泰演等英傑皆自其門而出焉聖朝嘉尚授
以僧統時儀稱任得其人緇徒之中濫行不聞政迹之所致也新
盡火滅嗚呼哀哉春秋八十庚午正六位上清原真人夏野授從
五位下戊寅從五位上高階真人遠成為民部少輔從五位下尾
張連粟人為主計頭從五位下笠朝臣梁麻呂為豊後介辛巳十
三大寺僧辰年八十已上者各賜絁二疋布四端丁亥主殿寮釜
殿自倒秋七月乙未出羽國鎮兵賜復三年以在邊戍家業絶亡
也己亥幸神泉苑觀相撲庚子備前守正四位下藤原朝臣真雄
卒左京大夫正四位下鷹取之男左大臣正二位魚名之孫也勇
力過人頗有武藝為推國天皇之近臣延暦廿二年叙從五位下

任近江權介廿五年授從五位上歷近衛少將大同三年授正五
位下同年□從四位下遷左馬頭自守清廉不論人短身帶弓劔
常侍朱鈞屬天皇遷御平城令局追從既而一女進謀天皇擬入
于伊勢真雄遮輿而伏忘死固爭蓋魏臣斷鞦之志乎可謂歲寒
而知松柏之後凋者也今上嘉其忠情特授正四位下拜備前守
在任而卒時年卌五甲辰幸神泉苑陪侍之人賜錢有差乙巳勅
聞平城宮諸衛官人等出入任意不勤宿衛宜彼參議加督察
焉丙午勅征夷將軍正四位上兼陸奥出羽按察使文室朝臣綿
麻呂等曰省今月四日奏狀具知以俘軍一千人委吉弥侯部於
夜志閇等可襲伐幣伊村彼村俘黨類巨多若以偏軍臨討恐失
機事仍欲發兩國俘軍各一千來八九月之間左右張翼前後奮
□宜與副將軍及兩國司等再三評議具狀奏上國之大事
不可輕畧丁未大極殿龍尾道上有雲氣狀如烟須臾竭滅己酉

日本後紀卷第廿二　九

安藝國佐伯郡速谷神伊都岐嶋神並預名神例兼四時幣乙卯
侍從從五位下藤原朝臣世嗣為兼右少辨從五位下多治比真
人弟笠為中務少輔正五位下石川朝臣河主為内匠頭從五位
下豊野真人仲成為主稅頭從五位上田中朝臣淨人為大藏少
輔從五位下清原真人夏野為宮内少輔從五位下淡海真人有
成為左京亮從五位下藤原朝臣総継為相摸介從五位下大野
朝臣真菅為下総守從五位下藤原朝臣濱主為出羽介大學頭
正五位下御室朝臣今嗣為兼越後守右近衛大將從三位巨勢
朝臣野足為兼備前守左大辨從四位上秋篠朝臣安人為兼備
中守左兵衛督如故從五位上安倍朝臣真直為周防守山城國
乙訓郡地四町賜左衛士督從四位上藤原朝臣冬嗣辛酉右京
人正六位上朝原忌寸諸坂山城國人大初位下朝原忌寸三上
等賜姓宿禰出羽國奏邑良志閇村降俘吉弥侯部都留岐申云

已等與貳薩體村夷伊加古等久構仇怨令伊加古等練兵整衆居都母村誘幣伊村夷將伐已等伏請兵粮先登襲撃者臣等商量以賊伐賊軍國之利仍給米一百斛將勵其情者許之八月乙丑上総國海上郡加置主政一員壬申山城國乙訓郡地二町田十町池一處栗林一町賜甘南備内親王癸酉勅諸國浮浪人若遭水旱者准平民免調庸但人之寄住各有其主宜勘其主損免之不得自茲濫致姧詐甲戌幸神泉苑五位已上賜綿有差是日二星乍合乍離狀似相鬪大宰府言新羅人金巴兄金乗弟金小巴等三人申去年被差本縣運穀海中逢賊同伴盡没唯巳等幸頼天祐儻着聖邦雖沐仁澤非無顧戀今聞郷人流來令得放歸伏望寄乗同船共還本郷者許之丙子山城國乙訓郡地一町賜春日内親王丁丑廢紀伊國萩原名草賀太三驛以不要也戊寅遊獵于北野五位已上賜衣被是日有狼入造兵司為人所殺己

丑山城國人正六位上高麗人東部黒麻呂賜姓廣宗連是日廢漆部八烟從公戸庚寅勅留庚午年并五比籍自餘遠年之籍宜依令除之辛卯齋内親王禊于葛野川諸司陪從如常九月壬辰朔禁今月祭北辰擧哀改葬等事以齋内親王入伊勢也出羽國人少初位下无耶志直膳大伴部廣勝賜姓大伴直乙未齋内親王入伊勢諸司陪從如常右京人正六位上吉田連宮麻呂等賜姓宿禰己亥令諸國依舊出擧修理國分寺料庚子曲宴前殿命文人賦詩其文人五位已上賜被自餘五位并文人六位已下衣癸卯大風破京中廬舎甲辰被風損者給米有差丁未勅侍平城宮諸衛府官人等任意不直已闕宿衛宜毀前勅即命少將已上便檢校焉庚戌停内舎人奏依舊令闈司奏之丁巳遊獵于紫野五位已上賜衣被是月桃李華冬十月癸亥正六位上林宿禰東人等至自渤海奏曰國王之啓不據常例是以去而不取其録事

大初位下上毛野公嗣益等所乗第二船發去之日相失不見未知何在乙丑勅征夷將軍参議正四位上大藏卿兼陸奥出羽按察使文室朝臣綿麻呂等曰省去九月廿二日奏云隨機量便更令四道士卒數少充用處多加以霖雨無息轉餉有滯不加輜重恐乏兵糧伏望點加陸奥國軍士一千一百人者依奏丙寅上野國利根郡長野牧賜三品葛原親王攝津國人正七位上別君清名賜姓御林宿禰壬申詔曰衛士兵衛四府者宮掖是守戒嚴非輕所以警慎姦邪防遏兇猾雖綏撫瀛表專叶禮樂之風而備豫機先必資弧矢之利皇明建極大聖秉乾取適於時須有沿革其左右衛士兵衛等宜依舊數從五位下藤原朝臣淨本為宮内少輔從五位上安倍朝臣真直為主殿頭兼豐後守参議從四位上左衛士督藤原朝臣冬嗣為兼春宮大夫美作守如故從五位下淨原真人夏野為亮從五位下文室真人正嗣為周防守甲戌勅

征夷將軍参議正四位上行大藏卿兼陸奥出羽按察使文室朝臣綿麻呂等曰省今月五日奏狀斬獲稍多歸降不少將軍之經略士卒之戰功於此而知矣其蝦夷者依請須移配中國唯俘囚者思量便宜安置當土勉加教喩勿致勞擾又新獲之夷依將軍等奏宜早進上但人數巨多路次難堪其強壯者歩行羸弱者給馬乙亥大和國添上郡地二町賜左近衛府戊寅賜山城國宇治郡地三町為故大納言贈從二位坂上大宿祢田村麻呂之墓地庚辰從五位下伊勢朝臣德成為上野介從五位下豐野真人仲成為肥前守辛巳講仁王經乙酉遊獵于栗前野賜五位已上衣被戊子遊獵于紫野十一月庚子詔曰伊勢國頃年多事百姓勞擾往年供奉大嘗頻疲轉運重屬兵革共廢農畝今亦勞造神宮未遑息肩尋緣齋内親王相替迎送祗供不息念其勞止殊疚于懐恍以使民歷代之洪猷救弊可康皇哲之恒範宜令年田租悉

免勿徴。甲辰、賜書存問玄賓法師。又施綿百屯布卅端。法師即上表謝恩。壬子、賜聽福法師書曰。煙霞幨泊。素是戰勝之場。京洛囂塵。誠為漆衣之地。和上超俗雲霄。味道巖穴。慧炬有晃。戒珠無玷。國之元老。人之師範。披薜蘿而長往。賞風月以忘歸。朕嘉尓令德。夢想猶存。謂予不信。有如皦日。令故行李知聞。兼附送綿百屯布卅端。至宜充頭陁資耳。時寒。想善加珍衛。從五位下坂上大宿禰真弓為大舍人助。從四位下多治比真人今麻呂為式部大輔。大和國添下郡白田一町賜從五位下三國真人氏人。己未、改左右衛士府為左右衛門府。十二月辛未、彈正臺置史生六員。癸酉、始令諸司史生叅國忌齋會。甲戌、詔曰。天皇詔旨良麻止勅命乎衆聞食止宣。陸奥國乃蝦夷等歷代渉時氐侵乱邊境。殺略百姓。是以掛畏柏原朝廷乃御時尓故從三位大伴宿禰弟麻呂等乎遣氐代平氣之給比支。而餘燼猶遺氐鎮守未息。又故大納言坂上大宿禰田村麻呂等乎遣氐伐平氣之給尓不遠閉伊村乎極氐略掃除可氐之止毛逃隱山谷氐盡頭氐究弥止已不得奈利太利尓曰茲正四位上文室朝臣綿麻呂等乎遣氐其頑嚣勢尓乗氐伐平掃治流之年尓副將軍等各同心勠力。忘殉心以氐不惜身命。勤仕奉利幽遠久薄伐巢穴乎破覆之氐遂其種族乎絶氐復一二乃遺毛無邊式乎解却轉餉毛乎停廢都量其功勞波上治賜尓足止毛奈御念須故是以其仕奉状乃重輕乃隨尓冠位上賜比治賜久止宣天皇御命乎衆聞食止宣。正四位上文室朝臣綿麻呂授從三位。從五位下佐伯宿禰耳麻呂正五位下。從五位下大伴宿禰今人。坂上大宿禰鷹養從五位上。外從五位下物部匝瑳連足繼外從五位上。乙亥、故遣渤海錄事大初位下上毛野公嗣益追賜從六位下。以身死王事也。丙子、地震。丁丑、遊獵于大原野。右大臣藤原朝臣内麻呂并山城國奉獻。雅樂寮奏樂。賜五位已上衣被。閏十二月己亥、日抱翼。辛丑、

征夷將軍叅議從三位行大藏卿兼陸奥出羽按察使文室朝臣綿麻呂奏言。今官軍一舉。寇賊無遺。事須悉廢鎮兵。永安百姓。而城柵等所納器仗軍粮。其數不少。迄于遷納。不可廢衛。伏望置二千人。充其守衛。其志波城近于河濱。屢被水害。須去其處。遷立便地。伏望置二千人。暫充守衛。遷其城訖。則留千人。永為鎮戍。自餘悉從解却。又兵士之設。為備非常。既無遺寇。何置兵士。但邊國之守。不可卒停。伏望置二千人。其餘解却。又自宝龜五年。至于當年。惣卅八歲。邊寇屢動。警口無絶。丁壯老弱。或疲於征戍。或倦於轉運。百姓窮弊。未得休息。伏望給復四年。殊休疲弊。其鎮兵者。以汉差點。輪轉復免者並許之。甲辰、遊獵于水生野。御於山埼驛。山城攝津二國奉獻。賜五位已上衣被。乙巳、紀伊國人紀直祖刀自賣之子嗣宗言。天下之人。皆承父姓。身為公民。長貢調庸。而嗣宗獨身無所貫。父背課役。以欲附母戸。外戚不許。且為他子。假濫有制。伏望因親母之居。賜姓藤代宿祢。勅賜吉原宿祢。貫于左京。戊申、左京人從六位下多治比連年繼賜姓宿祢。大和國人從八位下大俣連福貴麻呂賜姓大真連。己酉、出羽國百姓。賜復三年。勞軍役也。乙卯、正六位上宍人朝臣高志正六位下物部田繼正六位下飯高宿祢姉綱授外從五位下。大和國人正六位下賀茂宿祢河守正七位上賀茂宿祢關守等賜姓朝臣。丁巳、右京人從五位上高村忌寸田使故從五位下高村忌寸真木山等賜姓宿祢焉。

日本後紀卷第廿一

考異
蕃客（一張右四行落類聚國史日本紀略作蕃下同通）渤海（一左四渤舊脫據類史補）聿修（二右六聿類史作幸）
蹇志（二右六志類史作心）來請（二右六來類史作未）從三位（二右九三舊作二今從紀畧）官散齊日
（二左九散舊脫今據令及類聚三代格補）夫散齊之內（二左九夫三代格作其今）頒告（二左十頒舊缺據三代格
補）頒告（二左十三頒舊缺據三代格補）縫殿寮宮人（二左十三宮舊作官據類史訂）庸才（三右十才三代
格作材）年漕于京（三右十三類史無年字）丙申朔（三左十三按四月甲午朔視告朔甲午去丙申廿八日支干必有
誤）陸奧國人（四左十國舊缺據例補）長有高野（五左八長有舊作有長據延喜兵部式訂）贈從一
位（五左十贈舊作賜據例訂）徽音（七右一徽類史作徽）自存（七左三存舊作在據例訂）付行（七左六付類史作附）
贈從二位時（八右一二舊作三據下文訂按薨時年五十四見公卿補任又類史云戊午信濃國獲白烏戊午廿五日）
直彼奈議（九右七紀畧無直字）綿麻呂等（九右八等舊脫據例補）今月（十左四月舊缺據類史補一本作日）
新獲之夷（十左四獲舊作羅據類史訂）洪獻（十一左十三洪舊作供據類史訂）無玷（十二右三玷舊作治據
類史訂）元老（十二右四元類史作九一本作元）嘉尔令德（十二右四嘉舊作喜今從類史）追賜從六位
下（十二左十一類史紀畧作賜）宍人（十三左四宍舊作宗今從類史）

右日本後紀殘冊第十二第廿一門人稻山行教於京都寫之以類聚國史日本紀略等諸書校合畢

享和元年十一月日

檢校保己一

日本後紀卷第廿二 起弘仁三年正月盡四年二月

左大臣正二位兼行左近衛大將臣藤原朝臣冬嗣等奉　勅撰

太上天皇　嵯峨

三年春正月庚申朔皇帝御大極殿受朝賀宴侍臣於前殿賜御被甲子大宰府去十二月廿八日奏云對馬嶋言今月六日新羅船三艘浮☐西海俄而一艘之船著於下縣郡佐須浦船中有十人言語不通消息難知其二艘者闇夜流去未知所到七日船廿餘艘在嶋西海中燭火相連於是遂知賊船仍殺先著者五人五人逃走後日捕獲四人即衛兵庫且發軍士又遥望新羅每夜有火光數處由兹疑懼不止仍申送者爲問其事差新羅譯語并軍毅等發遣已訖且准舊例應護要害之狀告管內并長門石見出雲等國訖者取彼消息既是大事虛實之狀續須言上而久移年月遂無取申又要害之國必發人兵應疲警備辭却之事期於何

日宜言其由不得更怠又量事勢不足爲虞宜令停出雲石見長門等國護要害事丙寅无品佐味親王授四品正五位下多賀王正五位上无位石野王正六位上原王從五位下從四位上文室朝臣真屋麻呂正四位下從四位下藤原朝臣今川從四位上正五位下百濟王教德小野朝臣野主從四位下從五位上紀朝臣百繼正五位上從五位上池田朝臣春野佐伯宿祢清岑安倍朝臣真勝正五位下從五位下紀朝臣南麻呂藤原朝臣世嗣大原真人真福從五位上正六位上文室真人示嗣藤原朝臣櫻麻呂和朝臣繩繼橘朝臣淨野石川朝臣水長藤原朝臣豐彥大伴宿祢雄堅魚粟田朝臣鯨巨勢朝臣清野三嶋真人助成從六位下安倍朝臣豐柄粟田朝臣飽田麻呂石川朝臣淨道秋篠朝臣男足從七位下八多朝臣桑田麻呂正七位上布勢朝臣全繼從五位下正六位上高丘宿祢弟越滋野宿祢家譯林忌寸真永勇山

連家繼外從五位下。宴。五位已上。賜祿有差。丁卯。正五位上紀朝臣百繼授從四位下。正六位上布勢朝臣勝成從五位下。正六位上簀秦惠師笠麻呂外從五位下。從五位上藤原朝臣緒夏從四位下。是日詔贈故下野介外從五位上高原連源從五位下。以其善政傳于後代也。辛未。右京人正六位上飛鳥戸造善宗。河內國人正六位上飛鳥戸造名繼。賜姓百濟宿祢。式部卿三品葛原親王為兼大宰帥。從三位巨勢朝臣野足為中納言。右近衛大將如故。從四位上藤原朝臣藤嗣為參議。參議從三位藤原朝臣繩主為兵部卿。從五位下紀朝臣長田麻呂為玄蕃頭。從五位下藤原朝臣弟主為大判事。從五位下藤原朝臣福當麻呂為典藥頭。左中辨從四位下小野朝臣野主為兼攝津守。外從五位下高丘宿祢弟越為山城介。從五位下秋篠朝臣男足為伊賀守。齋宮頭從五位下小野朝臣真野為兼伊勢權介。外從五位下滋野宿祢家

譯為尾張介。左馬頭從五位上安倍朝臣男笠為兼參河守。從五位下淡海真人有成為介。少納言從五位下宇治王為兼遠江守。從五位下氷上真人河繼為伊豆守。從五位下藤原朝臣真川為甲斐守。參議右衛門督正四位下藤原朝臣緒嗣為兼近江守。從五位下朝野宿祢鹿取為介。式部少輔從五位下小野朝臣岑守為兼美濃守。內藏頭如故。正五位下藤原朝臣道繼為下野守。從五位下安倍朝臣豐柄為介。正五位下佐伯宿祢耳麻呂為陸奧守。從五位上藤原朝臣鷹養為越中守。外從五位下秦宿祢智奈理為越後介。右近衛中將從四位下大野朝臣真雄為兼丹波守。從五位下尾張連粟人為丹後守。大外記從五位上上毛野朝臣穎人為兼因幡介。鑄錢長官從五位上大枝朝臣繼吉為兼伯耆守。從五位下石川朝臣清道為介。從五位下藤原朝臣清繩為出雲守。從五位下三國真人氏人為美作介。參議從四位上秋篠朝

臣安人為兼備前守。左大辨左兵衛督如故。從五位下藤原朝臣廣敏為備中守。外從五位下廣井宿祢真成為介。從五位下御井王為安藝守。外從五位下當宗忌寸家主為阿波介。參議從四位上藤原朝臣藤繼為大宰大貳。從五位下藤原朝臣葛成為少貳。從五位上大枝朝臣永山為肥後守。大內記從五位下菅原朝臣清人為兼大掾。諸陵頭從五位上永原朝臣最弟麻呂為兼豐前守。從四位下紀朝臣百繼為右近衛中將。從五位下坂上大宿祢廣野為少將。從五位下布勢朝臣全繼為左衛門佐。從五位下巨勢朝臣清野為右兵衛佐。乙亥。宴侍臣。賜祿有差。甲申。遊獵栗前野。五位已上及山城國掾已上賜衣被。乙酉。制。陸奧出羽按察使正五位上官。今改為從四位下官。夷外從五位上宇漢米公邑男外從五位下尒散南公獨伎。播磨國印南郡權少領外從五位下浦田臣山人等三人。特聽節會入京。丙戌。正四位下春原朝臣五

百枝授從三位。二月辛卯。陸奧國言。慶雲三年格云。身役十日以上免庸。卅日以上庸調俱免者。今征夷軍士役卅日以上也。伏請准格并延曆廿一年例。免除去年調庸者。許之。壬辰。屏風一帖障子卅六枚施入東寺。障子卅六枚施入西寺。己亥。從五位下和朝臣繩繼為散位助。正五位下田口朝臣息繼為民部大輔。阿波守如故。從五位下紀朝臣和氣麻呂為主計頭。從五位下石川朝臣弟道為木工頭。從五位下多治比真人繼益為正親正。從四位上藤原朝臣今川為左京大夫。越前守如故。從五位下菅原朝臣清公為亮。從四位下藤原朝臣貞嗣為右京大夫。外從五位上物部匝瑳連足繼為鎮守將軍。辛丑。幸神泉苑。覽花樹。命文人賦詩。賜綿有差。花宴之節始於此矣。癸卯。遊獵水生野。甲辰。遊獵交野。山城攝津河內等國獻物。賜侍從以上及國宰掾已上衣被。庚戌。復采女司。辛亥。山城國乙訓郡荒地賜大外記從五位上上毛野朝

臣頴人左大史正六位上朝原宿祢諸坂左少史從七位下佐太忌寸豊長各一町右京人從五位下阿倍長田朝臣節麻呂從七位上阿倍長田朝臣高継等八人賜姓阿倍朝臣壬子從五位下小野朝臣諸野為大膳亮外從五位下縵連家継為典藥助三月己未朔諸司要劇停米宛錢焉新羅人清漢波等流来依願放還丙寅封一百戸施入秋篠寺丁卯異能之兵衞毎府四人准近衞給別禄月粮癸酉御大極殿出雲國造外從五位下出雲臣旅人奏神賀辞并有獻物賜禄如常丁丑從五位下百濟王教勝為刑部少輔外從五位下林忌寸真永為大炊助從五位下多治比真人船主為右京亮戊寅勅大同之初令畿内講師專預講說令演真諦其諸寺雜事并補三綱等暫預僧綱但國分寺者國司講師相共検校者自今以後部内諸寺宜令講師永加検校其國分二寺國司亦相共検其造寺用度者講師別亦勘録毎年申送於僧

綱遷替之日令依舊例責其解由諸國亦宜准之己卯山城國乙訓郡陸田一町九段賜春日内親王外從五位下雁高宿祢氏成為近江權大目壬午右京人弓削宿祢立麻呂獻連理木丙戌雨雹夏四月己丑定鎮守官員將軍一員軍監一員軍曹二員醫師弩師各一員也癸巳幸神泉苑賜四位已上衾庚子出羽國田夷置井出公呰麻呂等十五人賜姓上毛野緑野直壬寅右京人從七位上阿倍小殿朝臣大家賜姓阿倍朝臣癸卯勅僧尼之制事明令條男女之別非無禮法頃者諸寺僧尼其數寔繁外託勝因内虧戒律精進之行無顕淫犯之徒屢聞僧綱頽面不加捉搦官司寛容無心糺正又法會之時懺悔之日男女混雜彼此無別非礼之行不可勝論敗道傷俗莫甚於斯永言其弊理合懲粛宜令京職并諸國牓示部内諸寺及所有道場等令加禁断若不遵承輙容受一人已上者三綱并入者等並科違勅罪所司不糺亦與

同罪其病者可就寺治疾及請僧看病者經僧綱若講師聽其處分檀越有可勾當寺内雜事者聽令暫入不得因此經宿留連但寺家奴婢及尼寺鎮等不在禁限丙午大外記從五位下豊宗宿祢廣人為兼安藝介大内記從五位下菅原朝臣清人為兼肥後介丁未廢紀伊國名草驛更置荻原驛五月庚申勅諸國司公廨田之外營水陸田特立嚴制而諸國不率朝憲專求私利百端姧欺一無懲革或假他人名多買墾田或託言王臣競占腴地民之失業莫不由此若亦有違犯者解却見任科違勅罪一如先勅買田占地並亦没官從四位下小野朝臣石子永原朝臣恵子授正四位下正五位下秋篠朝臣諸主藤原朝臣松子從五位上笠朝臣道成從四位下從六位上安倍朝臣堅魚大伴宿祢全刀自秋篠朝臣室成安都宿祢吉子從五位下无位秦忌寸廣刀自外從五位下是日制有封神社者神戸修造於無封社無人修理自今

以後宜令祢宜祝等修造毎有小破隨即修作不得延怠使致大破國司屢加巡検若祢宜祝等不勤修理令致破壊者並從解却其有位者即追位記白身者决杖一百國吏不検閲有致破損者遷替之日拘其解由但遭風火非常等損不堪修作者言上聽裁辛酉勅伊勢國多氣度會及飯高飯野等七郡神戸百姓等緣徴正税必加刑罰已乱齋事或致逃散是以昔年停出舉自茲以後借求富民至于報償加利數倍舉者有罪償者受弊宜始自明年神税之外舉正税十三萬三千束以其息利充齋宮用壬戌御馬埒殿觀馬射乙丑伊勢國言傳馬之設唯送新任之司自外無所乘用今自桑名郡榎撫驛達尾張國既是水路而徒置傳馬久成民勞伏請一從停止永息煩勞許之丁卯始賜大膳職印己巳幸神泉苑木工寮獻物雅樂寮奏樂飲宴終日賜五位已上衣衾癸酉妃二品朝原内親王辞職許之乙亥賑給京中飢民丁丑遣使

問玄賓法師。兼施法服幷布卅端。戊寅。勅。經國治家。莫善於文。立身揚名。莫尚於學。是以大同之初。令諸王及五位已上子孫十歲已上。皆入大學。分業教習。庶使拾芥磨玉之彥。霧集於環林。呑鳥雕蟲之髦。風馳乎璧沼。而朽木難琢。愚心不移。徒積多年。未成一業。自今以後。宜改前勅。任其所好。稍合物情。癸未。妃四品大宅內親王辭職。許之。是日。公卿奏曰。臣聞。聖範訓人。事歸濟世。改制易俗。理會適時。是知道尚沿革。政必裁成。苟或未弘。豈肯膠柱。今此刪定令條。是去神護景雲三年。議請刪定。而事有不允。寢而莫行。數十年後。乃始頒下。自爾以降。訴訟逾繁。事不便人。理難取則。今故謹詳可不。輒請刊改。莫合機宜。用遵可久。庶望景化風行。而革弊。群生日用而沐義。俗弭奸邪。家全緒業者。許之。文多不載。乙酉。令河內國講師便撿校和泉國部內之定額諸寺。又上總國撿校安房國之諸寺。越中國撿校能登國之諸寺。為元來不置講師也。

六月戊子。勅。諸國夷俘等。不遵朝制。多犯法禁。雖彼野性難化。抑此教喩之未明。宜擇其同類之中。心性了事。衆所推服者一人。置為之長。令加捉搦。是日。始令參議從四位下紀朝臣廣濱。陰陽頭正五位下阿倍朝臣眞勝等十餘人。讀日本紀。散位從五位下多朝臣人長執講。己丑。遣使造攝津國長柄橋。庚寅。賑給京中飢民。辛卯。薩摩國蝗。免逋負稻五千束。遣使修大輪田泊。神祇官言。住吉香取鹿嶋三神社。隔廿箇年。一皆改作。積習為常。其弊不少。今須除正殿外。隨破修理。永為恒例。許之。戊戌。左京人從五位下出雲連廣貞賜姓宿祢。河內國人外從五位下林忌寸眞永。右京人正六位上山口忌寸諸足。內藏忌寸帶足等賜姓宿祢。辛丑。大和國人故正六位上忍海原連鷹取。追賜姓朝野宿祢。鷹取之子從五位下朝野宿祢鹿取言。去延曆十一年。詐為叔父正六位上朝野宿祢道長之子。既得出身。並改姓。今道長自有繼嗣。伏請還付

本生。得承家門者。許之。又依鹿取請。追改鷹取姓。壬寅。京中米貴。出官倉米。以減價糶貧民。己酉。勅。頃者緇徒之間。多犯法禁。所司寬縱。專任律教。不加推勘。朝憲稍弛。為弊良深。自今以後。僧尼犯罪。不論輕重。一依僧尼令糺之。庚戌。幸於大堰。山城國獻物。賜五位以上衣被。壬子。勅。甘澤不降。稍渉旬日。眷彼南畝。深軫于懷。所冀神靈垂祐。早致嘉雨。宜走幣畿內。祈於名神。大納言正三位兼皇太子傅民部卿勲五等藤原朝臣園人上表曰。臣昔歲不揆庸菲。頻歷外任。自西及東。惣十有八年。黎民疾苦。政治得失。耳聞目見。頗無相錯。夫銜綸出宰。槪持綱紀。親民撿察。良在郡領。今依去年二月十四日詔旨。譜第之事已復舊例。況乎終身之任。得其人則遷替之吏。高枕而治。非世之亂。非其器則見任之司。還招罪責。是以精選堪務。沙汰言上。而在京他人。争第競帶。抑退國選。越舊被任。試之政事。未克宣風。訪之民間。誰有推服。國吏月教。不覺郡

內年弊而無興。不治之責。還及牧宰。外官之歎。前後不殊。方今仁風遠覃。德政屢降。然彫殘之餘。百姓猶困。實由撫養之失人也。伏請自今已後。銓擬郡司。一依言上。若選非其人。政績無驗。則署帳之官。咸解見任。永不叙用。以懲將來。天恩垂鑒。儻允臣請。則今年擬帳。悉從返却。一定改張。明春始行。庶令理治之聲。起於當年。富康之謠。流於後代。不任犬馬懷主之懇。謹奉表冒死以聞。詔可。左京人從五位下秋篠朝臣上子。秋篠朝臣清子。右京人從五位下秋篠朝臣室成。從七位上秋篠朝臣宅成等賜姓御井朝臣。癸丑。小鳥生大鳥。丙辰。左京人美作眞人豐庭等三人賜姓淡海朝臣。秋七月丁巳朔。勅。頃者疫旱並行。生民未安。靜言于此。情切納隍。但神明之道。轉禍為福。庶憑祐助。除此災禍。宜走幣於天下名神。戊午。御大極殿。奉幣於伊勢大神宮。為救疫旱也。辛酉。有野狐見朝堂院。壬戌。從四位下伊勢朝臣繼子卒。贈從三位。喪事所須。令

官給焉從四位下老人之女也天推國高彥天皇在儲宮納之生
親王二男三女卒時年卌一癸亥幸神泉苑觀相撲命文人賦七
夕詩己巳封五十戶施入招提寺癸酉陸奧國言屯田元二百町
伏望定一百町爲鎮守儲者許之庚辰幸神泉苑賜陪侍者錢有
差壬午賜山城攝津河內三國新錢各二百卌貫出舉取利充隄
防用八月丙戌朔正五位下田口朝臣息繼爲右中辨阿波守如
故正五位下藤原朝臣綱繼爲民部大輔從五位下大伴宿祢小
堅魚爲兵部少輔從四位上大庭王爲刑部卿從五位上藤原朝
臣伊勢人爲因幡守從五位下石上朝臣美奈麻呂爲周防守戊
子從五位上安倍朝臣眞直爲權左少辨豐後守如故從五位下
藤原朝臣清本爲侍從正五位下御室朝臣今嗣爲圖書頭越後
守如故從五位下菅原朝臣清公爲大學頭從五位下弟村王爲
玄蕃頭從五位下藤原朝臣文山爲宮內少輔從五位下菅原朝
臣清人爲主殿頭肥後介如故從五位下紀朝臣貞成爲左京亮
庚寅上野國介從五位下息長眞人家成大掾正六位上酒人眞
人人上等免以令郡司私役百姓也辛卯无品布勢內親王薨詔
賜四品遣從五位下弟村王從五位下文室眞人赤嗣等監護喪
事親王者皇統彌照天皇第五女也母九朝臣氏親王資性婉順
貞操殊勵延曆十六年爲伊勢齋癸巳流僧良勝於多褹嶋以與
女同車也辛丑勅撿承前格有燒亡官物以國司公廨塡事乖弘
恕自今以後必據法推决以懲將來俾夫監臨之官勤肅所部守
掌之人愼其防衛者而頃者國司不勤肅清屢致失火爲避其責
恒称神灾官物之損不可勝計救弊之道事資改張自今以後宜
依前格不問神灾人火令國郡司及税長等依數塡備其被差使
出境之官不在此限但國司者以任中公廨塡之若當遷替年有
失火者只奪其年新塡之戊申傳燈大法師善議卒本姓惠賀連

河內國錦部郡人也法師入唐學問道慈大德之入室也少捐塵
事早結道遊天資秀異氣稟冲和能持梵甲志願傳燈是以三論
之家許稱法將中道之理流布國家則伊人之力也才位不愜桃
李成蹊千歲之名是謂不朽道極知休忽歸大暮人之云亡衆生
不幸矣時年八十四辛亥從五位下藤原朝臣濱主爲近江權介
癸丑勅在攝津國惸獨田一百五十町宜令國司耕種所獲苗子
每年申官待被處分然後用之惸獨田者故大僧正行基法師爲
矜孤獨取置也乙卯從四位下安倍朝臣枚麻呂卒九月戊午陸
奧國遠田郡人勳七等竹城公金弓等三百九十六人言已等未
脫田夷之姓永貽子孫之恥伏請改本姓爲公民被停給祿永奉
課役者勅可唯卒從課役難勸遺類宜免一身之役仍賜勳七等
竹城公金弓勳八等黑田竹城公繼足勳九等白石公眞山等男
女一百卅二人陸奧磐井臣勳八等竹城公多知麻呂勳八等荒
山花麻呂等八十八人陸奧高城連勳九等小倉公眞祢麻呂等
十七人陸奧小倉連勳八等石原公多氣志等十五人陸奧石原
連勳八等柏原公廣足等十三人椋崎連遠田公五月等六十九
人遠田連勳八等意薩公持麻呂等六人意薩連小田郡人意薩
公繼麻呂遠田公淨繼等六十六人陸奧意薩連辛酉遊獵北野
五位已上賜衣被甲子新羅人劉清等十人賜粮放還幸神泉苑
宴侍從已上奏妓命文人賦詩五位已上及文人賜祿有差乙丑
右大臣從二位兼左近衛大將藤原朝臣內麻呂中納言兼右近
衛大將從三位勳三等巨勢朝臣野足等上表曰臣聞鉤陳六位
環北極以分巡衛尉八屯居西京而警夜誠以紫宮清切周衛無
虧黃屋尊嚴不虞是備夫左近衛元是依數長直職掌既重儀式
亦殊晝夜警護不離禁中常見宮省之事悉知出入之人大同之
年爲左右府即停長直一從番上自茲上番下番遞去遞來苟守

當番之直。不顧長久之法。坐作進退。稍忘其儀。伏惟皇帝陛下。道高萬古。功邁百王。漢光之懸制戎規。何能語美。魏武之切言兵略。未足稱奇。臣等猥以庸虛。得預警蹕。職司宿衛。身統禁兵。伏望左右近衛府。府別簡其驍勇者五十人。依舊長直。自餘相副。亦令番上。許之。壬申。從五位下息長丹生真人文繼為右京亮。无位大宅水取臣継主授從五位下。甲戌。正六位上城部公小野麻呂授外從五位下。乙亥。勅。依天平勝寶格。東大寺四面二里之內。不聽殺生。今年序稍遠。禁防弥薄。宜令便經國司。新立標牓。如有國師不撿。卽以違勅論者。而今无識之徒。不畏朝憲。國司講師。禁制亦緩。遂使柰苑之邊。還作漁獵之地。梵宇之下。不異屠宰之場。宜更禁止。有犯科罪。丙子。右大臣從二位兼左近衛大將藤原朝臣內麻呂縁病上表辭職曰。臣聞無德而進。聖人誡其履危。不才而尊。盲識陋其非據。臣之虛薄。又冒殊私。懼切阽原。荷重岱岳。臣顏先緒。

忝齒朝端。寵藉時來。恩叨封邑。誠當上調和四時。下遂理萬物。竭節投命。報効絲豪。空消日月。無益聖朝。尸素之譏。臣為其首。禮記曰。為人臣者。殺其身有益於君則為之。至如臣者。進不能統理衆務。以舉持綱維。退不聞薦拔賢能。而補裨時闕。陛下垂乾巛育物之德。體江海含容之大。假臣光照之榮。優臣不貲之分。況復時屬昇平。世返淳朴。感恩勵力。竊斯懸車。頃来渴病彌積。兼暗眼精。而脚強疼。行步失便。內自省量。旣知不可。在於物議。更亦何疑。若猶事養愚。都迷止足。恐斯不堪任。遂致覆餗。伏願辭罷官職。養疾私第。遙同葵藿。朝夕傾心。仰乞曲留宸暉。卽垂矜許。然則陛下爵不失實。愚臣免不避賢。無任懇款覥懼之至。謹詣朝堂。奉表以聞。遣中納言正三位藤原朝臣葛野麻呂。就第優詔不許。是日。從四位下石川朝臣淨直卒。丁丑。曲宴奏樂。賜侍臣祿有差。庚辰。遊獵於大原野。右大臣從二位藤原朝臣內麻呂獻物。侍從已上山城國

司及右大臣子弟賜衣被。辛巳。勅。怪異之事。聖人不語。妖言之罪。法制非輕。而諸國信民狂言。言上寔繁。或言及國家。或妄陳禍福。敗法亂紀。莫甚於斯。自今以後。有百姓輒稱託宣者。不論男女。隨事科決。但有神宣灼然。其驗尤著者。國司撿察定實言上。壬午。從五位上大枝朝臣永山為刑部大輔。從五位上紀朝臣咋麻呂為肥後守。冬十月戊子。令諸國神社神主相替之日與解由。辛卯。右大臣從二位藤原朝臣內麻呂薨。詔贈從一位左大臣。遣從三位藤原朝臣繩主。從四位下藤原朝臣貞嗣等監護喪事。內麻呂者。贈太政大臣正一位房前之孫。大納言正二位真楯之子也。奕世相家。少有令望。德量溫雅。士庶悅服。大同初拜大納言。兼近衛大將。其年轉右大臣。近衛大將如故。任兼相將。經事三主。皆被信重。上有取問。不希指苟合。如或不從。不敢犯顏。凡典樞機十有餘年。靡有衍失。昔日庶人他戶為皇太子時。桀跖之性。好害名流。有一

惡馬。馭必踶齧。太子令內麻呂乘。欲見傷損。惡馬低頭不動。被鞭廻旋。時人以為非常之器。薨于位。時年五十七。乙巳。式部省書生貢定卅人。省試手跡。令得出身。癸丑。官家功德封物。停收東大寺。收造東西二寺諸司出納充用之色。一依前例。廢常陸國安侯河內石橋助川藻嶋棚嶋六驛。更建小田雄薩田後等三驛。十一月戊辰。制。與解由日。受領之官署名已畢。任用之人。依假不署。如此之類。式兵兩省依例勘返。判官主典。或假或病。不加署名。推量其理。公私無妨。自今以後。勿更返却。庚午。制。出羽國史生并弩師歷同國司。乙亥。從五位下百濟王教俊授從五位上。為出羽守。庚辰。於豐樂院宴五位已上。賜祿有差。壬午。贈四品布勢內親王墾田七百七十二町施入東西二寺。癸未。起從四位上藤原朝臣冬嗣。從五位下福當麻呂。櫻麻呂等復本官。十二月丙戌。調綿一萬五百屯施七大寺常住僧并內供奉十禪師。戊子。攝津國河邊郡空

地卌町賜其親王諱淳和上今是日賜玄賓法師書兼施綿有等物己丑從四位上藤原朝臣冬嗣授正四位下從五位上良岑朝臣安世正五位下正三位藤原朝臣園人為右大臣從三位藤原朝臣繩主為中納言兵部卿如故從五位下粟田朝臣飽田麻呂為諸陵頭中納言正三位藤原朝臣葛野麻呂為兼民部卿外從五位下山田造大庭為主稅□從五位下布勢朝臣全嗣為左近衛少將參議從三位文室朝臣綿麻呂為左衛門督大藏卿陸奥出羽按察使如故左少辨正五位下良岑朝臣安世為兼佐但馬介如故壬辰渤海國人高多仏賜姓名高庭高雄甲午起正四位下藤原朝臣真其復本官乙未參議正四位下行右衛門督兼近江守藤原朝臣緒嗣賜度二人丁酉參議左近衛大將正四位下藤原朝臣冬嗣賜度二人乙巳遊獵於芹川野侍從已上并山城攝津兩國司賜衣被己酉加木工寮史生六員癸丑制春宮坊舍人六百人就中入色五百人白丁一百人也而入色者無心仕官白丁者唯在一身是以數年之後駈使乏人宜五百内取外位一百人隨闕補之

四年春正月乙卯朔皇帝御大極殿受朝賀丁巳少僧都傳燈大法師位永忠請老優詔不許之己未參河國人外從五位下物部敏久賜姓物部中原宿祢辛酉宴五位已上於豐樂院奏樂賜祿有差正四位下吉備朝臣泉授正四位上從四位上秋篠朝臣安人正四位下正五位下石川朝臣河主藤原朝臣道繼從五位上安倍朝臣男笠從四位下從五位上藤原朝臣三守太枝朝臣繼吉坂上大宿祢鷹養正五位下從五位下百濟王忠宗安倍朝臣犬養安倍朝臣益成佐伯宿祢長繼小野朝臣岑守從五位上外從五位上物部迹瓏連足繼正六位上高階真人淨階藤原朝臣弟河紀朝臣興道從六位上巨勢朝臣河繼正六位上安倍朝臣

益人從六位上藤原朝臣柄繼正六位上秋篠朝臣祖繼大伴宿祢國道坂田宿祢永河從五位下正六位上文忌寸山守外從五位下壬戌從三位五百井女王授正三位正四位下永原朝臣惠子小野朝臣石子從三位從五位上大原真人清子正五位下无位橘朝臣綱子從五位下甲子從五位下藤原朝臣弟川為伊勢介從五位上和朝臣建男為遠江守從五位下安倍朝臣弟雄為駿河守正五位下坂上大宿祢鷹養為武藏守侍從從五位上藤原朝臣世嗣為兼下總介從五位下藤原朝臣福當麻呂為常陸介少納言從五位下宇智王為兼信濃守左少辨正五位下良岑朝臣安世為兼但馬守左衛門佐如故從五位下坂田宿祢永河為介從五位上大中臣朝臣智治麻呂為備中守左近衛少將從五位上佐伯宿祢長繼為兼阿波守春宮亮從五位下淨原真人夏野為兼讚岐介左近衛少將從五位下布勢朝臣全繼為兼伊勢介侍從從四位下平野王為兼豐前守從五位下笠朝臣梁麻呂為豐後守右衛門佐從五位下安倍朝臣雄能麻呂為兼介少納言從五位上百濟王忠宗為兼左兵衛佐戊辰最勝王經講畢迎高學僧十一人於殿上論義施御被傳燈大法師位勤操為律師庚午左京人從八位下竹田臣門繼等六人賜姓清岑宿祢宴侍從以上賜祿有差辛未於南庭觀射癸酉於東西二寺始行坐夏其布施供養准諸大寺例丙子曲宴後殿命文人賦詩賜祿有差丁丑制令伊勢國壹志郡尾張國愛智郡常陸國信太郡但馬國養父郡貢郡司子姊年十六已上廿已下容貌端正堪為采女者各一人戊寅大和國人從六位下物部福麻呂賜姓廣澄宿祢己卯正五位下佐伯宿祢清岑為右少辨從五位下文室真人末嗣為内匠助從五位下紀朝臣興道為雅樂頭從五位下安倍朝臣節麻呂為大炊助外從五位下林宿祢真永為鑄錢次官正六

位上林忌寸稲主授外從五位下。庚辰。遊獵於栗前野。五位已上賜衣被。二月丙戌。治部省言。承前之例。僧尼出家之時。授之度縁。受戒之日。毀度縁。重給公驗。據勘灼然。真僞易辨。勝寶以來。受戒之日。毀度縁。停公驗。只授十師戒牒。此之為撿。於事有疑。如不改張。恐致姧僞。伏望。不毀度縁。永為公驗者。許之。但其度縁。自今以後。僧者請太政官印。尼者用取司之印。至于受戒之時。省並於度縁末。注受戒年月并官人署名。即以省印印之。其尼於外國受戒者。當取之官。准此行之。承前取授僧戒牒者。惣進僧綱。即送取司。取司計會明知不詐。署印其末。然後還授。進盡之期。斟量立限。限内不進。後賚自牒者。不得為驗。一同私度。若有身亡并還俗者。其度縁戒牒。早令進省。即年終申官毀之。庶令姧人屏跡。源流自澄。甲午。改門部釼帶色。左門部著淺縹。右門部淺縹纈。令石見國營乘田卅町。以其所獲。填故年未納營功種子。借充正税。限以三年。地子依

例輸之。乙未。河内國人從八位上難波忌寸氏主。攝津國人正六位上難波忌寸舩人。正六位上日下部忌寸阿良多加等。賜宿祢。丙申。外從五位下勇山連家継為大學博士。正五位下大中臣朝臣奥取為民部少輔。外從五位下物部中原宿禰敏久為大判事。外從五位下日下部連高道為大炊助。從五位下安倍朝臣節麻呂為造酒正。從五位上高階真人遠成為大和介。從五位上三原朝臣弟平為尾張守。外從五位下𦅘連家継為越中權介。丁酉。上野國甘樂郡大領外從七位下勲六等壬生公郡守特授外從六位下。以戸口增益。為民所懐也。己亥。遊獵於交野。以山埼驛為行宮。是日。津頭失火。延燒卅一家。給米綿有差。又駕輿丁并左右衛士等。賜綿有差。辛丑。遊獵水生野。山城國奉獻。五位已上并山城河内攝津等國司賜衣被。史生郡司賜綿有差。是夕還宮。甲辰。從五位上紀朝臣咋麻呂為刑部大輔。從五位上大枝朝臣永山為

肥後守。賜伊豫國人勲六等吉彌侯部勝麻呂吉彌侯部佐奈布留二人姓野原。乙巳。大和國平群郡田卅二町賜某親王。諱。今上。戊申。制。損稼之年。土民俘囚咸被其災。而賑給之日。不及俘囚。飢饉之苦。彼此應同。救急之恩。華蠻何限。自今以後。宜准平民預賑給例。但勲位村長及給粮之類。不在此限。壬子。宴神泉苑。命文人賦詩。奏樂。賜綿有差。

日本後紀卷第廿二

考異

宴侍臣於前殿（一張右四行宴以下四字舊脫據類聚國史日本紀畧補）繩繼（一左九繩舊脫據類史補）邑男（三右十一邑類史作色）立麻呂（四左三立紀畧作弓）傍示（四左十二示舊作尔據類史訂）請僧看病（五右一請類史作諸）不勤修理（五左二理舊脫據類聚三代格補）遺使（五左十三使舊脫據類史補）廢望（六右十廢舊作度據類史訂）緒業（六右十二緒類史作諸）從四位上（八右七上舊作下據上文訂）推決以（八左八以舊脫據類史補）前格（八左十一前類史作例）若當（八左十二若舊作差據類史訂）无識之徒（十右九識舊作賦據類史訂）奈苑之遍（十右十遍類史作遺）外位（十二左二位類史作任）外從五位上（十二左十二上舊作下據上文訂）迎高學僧（十三左四迎舊作近據類史訂）論義（十三左四義類史作議）省並（十四右六並類史作丞）

日本後紀卷第廿四 起弘仁五年七月盡六年十二月

左大臣正二位兼行左近衛大將臣藤原朝臣冬嗣等奉 勅撰

太上天皇 嵯峨

秋七月丙午朔，授正六位上大伴宿祢友足從五位下，從五位下
紀朝臣長田麻呂為治部少輔，從五位下藤原朝臣福當麻呂為
常陸守，左兵衛佐從五位下佳吉朝臣豊継為兼介，從五位下巨
勢朝臣清野為右衛門佐，從五位下大伴宿祢友足為右兵衛佐，
辛亥，尾張國丹羽郡田卅四町賜夫人從三位橘朝臣諱嘉智子。壬子，幸
神泉苑觀相撲。乙卯，從五位下藤原朝臣賀祐麻呂為中務少輔，
武藏介如故，從五位下藤原朝臣文山為侍從，從五位下紀朝臣
長田麻呂為治部大輔，從五位下多治比真人船主為少輔，從五
位上大原真人真福為民部大輔，從五位位下藤原朝臣濱主為
兼右京亮，近江介如故，齋宮頭從五位下安倍朝臣寛麻呂為兼

伊勢權介。辛酉，幸於葛野川，賜次侍從衣被。丙寅，免大和河内兩
國遠年未納稻一十三萬四千束，以百姓窮乏不堪辨進也。己巳，
勅，夫六年一班，令條立制，理須依其年限。諸國共班，而大同以來，
疾疫間發，諸國班田零疊者多，稽于通法，理不可然，宜待後班之
國滿於年限，一令校班。左京大夫從四位上藤原朝臣今川卒。參
議從三位巨勢麻呂之男，左大臣正一位贈大政大臣武智麻呂
之孫。時年六十六。庚午，勅，畿内近江丹波等國，頃年旱災頻發，稼
苗多損，國司默然，百姓受害，其孝婦含冤，東海蒙枯旱之憂，能吏
行縣，徐州致甘雨之喜。然則禍福取興，必由國吏，自今以後，若有
旱者，官長絜齋，自禱嘉澍，務致肅敬，不得狎汙，如不應者，乃言上
之，立為恒例。辛未，從五位下藤原朝臣濱主為兼大學頭，近江介
如故，從五位上安倍朝臣清足為刑部大輔，從四位下紀朝臣咋
麻呂為左京大夫，從五位上坂本朝臣佐太氣麻呂為右京亮，從

五位下藤原朝臣永貞為造西寺長官，陰陽頭從五位下小野朝
臣諸野為兼備中介。外從五位下廣井宿祢真成贈從五位下。閏
七月庚辰，幸神泉苑。壬午，散位正四位上吉備朝臣泉卒。泉者右
大臣從二位真備之子也。孔門童子，頻有聞，性殊偏急，多忤於
物。延曆初出為伊豫守，被僚下告，遣詔使勘問，辭涉不敬，有司執
法請寘恒科，詔曰，其父故右大臣往學盈歸，播風弘道，遂登端揆，
或翼皇猷，宜宥泉辜，念恩後善，但解見任，以懲前惡。後復以譴貶
佐渡權守，歸居本縣，鬱鬱不得志。大同之初，以賢臣之後，徵為觀
察使，試于政事，處置無紀，狠戾之性，老而不移。卒時年七十二。丙
戌，幸神泉苑，賜五位已上被。甲午，无位春子女王授從五位下。己
亥，聽内外諸司人着薄朝服。辛丑，遊獵北野，日晚御嵯峨院，賜侍
臣衣被。癸卯，美作國獲白雀，賜獲人稻四百束。八月丙午，從五位
下淨野宿祢夏嗣為主殿助。丁未，直勘系取書手三人，准勞叙階

有差，一等二階，二等一階。甲寅，幸皇太弟淳和南池，命文人賦詩，春宮
亮從五位下清原真人夏野授從五位上，大進正六位上橘朝臣
長谷麻呂從五位下，賜四位已上被，五位并春宮屬已上及六位
已下王藤原氏等衣。己未，无位小継女王授從五位上。辛酉，大和
國八嶋寺有嘉禾一莖十八穗。甲子，免囚人日下部土方補木工
長上，土方者，摂津國武庫郡人，以私鑄錢著鉗，役於堀河，頗善工
巧，仍弃瑕取才。丙寅，化來新羅人加羅布古伊等六人配美濃國。
戊辰，遊獵北野。己巳，遊獵栗栖野。辛未，正六位上甘南備真人濱
吉授從五位下，從五位下藤原朝臣永貞為陰陽頭，正五位下安
倍朝臣真勝為刑部大輔，參議正四位下藤原朝臣緒嗣為兼宮
内卿，近江守如故，外從五位下壹伎直才麻呂為園池正，從五位
上安倍朝臣淨足為造西寺長官，從五位下甘南備真人濱吉為
日向守，從四位下良岑朝臣安世為兼左衛門督，但馬守如故，參

議從三位文室朝臣綿麻呂為兼右衞門督陸奥出羽按察使如故式部大輔從四位下藤原朝臣三守為兼左兵衞督美作權介如故從三位春原朝臣五百枝為兼右兵衞督上野守如故壬申詔曰朕恭踐天位纂承洪基旰食宵衣星琯頻改雖躬居紫極而心遍黎民庶齊七政以無水旱之災勸九農以有仁壽之喜頃年以降春耕候花不愆濯枝之潤秋稼垂穎可餘栖畝之粮是則神靈降祥佛子修善之所致也朕思賽斯嘉貺寄中實於百神欣彼豐稔報勤勞於萬姓宜委天下國宰明加撿挍奉官社幣帛並施給高年僧尼及耆老鰥寡孤獨不能自存者各有等級務在賙恤朕意焉九月庚辰從四位下百濟王教德為治部大輔從五位下紀朝臣長田麻呂為宮内大輔從五位下大伴宿祢乎智人為左京亮從五位下中科宿祢善雄為東宮學士從五位下紀朝臣貞成為造西寺次官壬午幸神泉苑令文人賦詩甲申施京畿七道諸國國分二寺僧尼年八十已上每人綿二十屯賜老人百歲已上穀二斛九十已上一斛八十已上伍斗鰥寡孤獨之不能自存者量老幼三斗已下一斗已上戊子奉幣明神報豐稔也癸巳右大臣從二位兼皇太弟傅藤原朝臣園人奏言諸國貯收官物本倉色目具注稅帳而或國司非必其人便郡稻者即充公廨賜百姓者必於遠郡是以不便之郡物既贏餘至于交替通計彼此出雲國最多此類縱令應貯甲郡而納於乙處帳是全倉物為煨燼伏望自今而後普知諸國張帳收納甲乙之郡不許通計若本倉相違准狀科處庶官家少損黎民蒙濟依請焉戊戌從五位下安倍朝臣益人為雅樂頭從五位下大伴宿祢彌嗣為大藏少輔從五位下路真人年繼為宮内少輔庚子遊獵栗前野日暮御彈正尹明日香親王宇治別業親王奉獻賜侍臣衣被癸卯渤海國遣使獻方物冬十月丁未大雪癸丑遊獵北野丙辰新羅商人卌一

人漂著於長門國豐浦郡甲子右諸衞府奉獻宴飲奏樂賜侍臣及右衞府右馬寮史生已上綿有差乙丑興福寺傳燈大法師位常稜卒俗姓秦公忌寸山城國葛野郡人也法師幼齡厭俗出家入道天資聰敏日誦萬言初為同寺善珠大德弟子請問內教又善膳大丘上師乙勝學習外傳年及廿學業漸進固持戒律闡揚真宗和衆之中操作被讓尋而發弘誓願卅年之間轉讀法華經一十二萬四千九百六十卷兼復每日誦般若心經一百卷無添著陀羅尼一百八遍縱在於造次無虧日科上酬恩愛下濟生靈延曆廿四年有勅屈置之秋篠寺弘仁五年孟冬十月廿二日夜對律師勝義高聲誦弘誓願律師合掌讚歎五更之後音義乃絕春秋七十有四丁卯遊獵水生野山城攝津兩國奉獻賜侍臣已上及二國掾已上衣被庚午大宰府言新羅人辛波古知等二十六人漂著筑前國博多津問其來由遠投風化散位從四位下多賀王卒十一月癸酉朔右大臣從二位藤原朝臣園人中納言從三位巨勢朝臣野足奉獻飲宴終日賜侍臣綿有差辛巳免出雲國田租緣有賊乱及供蕃客也癸未從五位下紀朝臣國雄為主計頭從五位上藤原朝臣千引為刑部大輔正五位下安倍朝臣真勝為造西寺長官從五位下紀朝臣和氣麻呂為安房守己丑陸奥國言膽澤德丹二城遠去國府孤居塞表城下及津輕狄俘野心難測至於非常不可不備伏望豫備糒塩收置兩城者許之壬辰宴侍臣奏五節舞賜祿有差甲午遊獵芹川野十二月癸卯朔勅歸降夷俘前後有數仍量便宜安置官司百姓不稱被姓名而常號夷俘既馴皇化深以為耻宜早告知莫號夷俘自今以後隨官位稱之若無官位即稱姓名甲辰大雪從五位上登美真人藤津為越中守壬戌遊獵芹川野賜侍臣衣被

六年春正月癸酉朔皇帝御大極殿受朝蕃客陪位宴侍臣於前

殿賜御被。丁丑十五造瓷器生尾張國山田郡人三家人部乙麻呂等
三人傳習成業。准雜生聽出身。己卯十七宴五位以上并渤海使。奏女
樂。是日正四位下藤原朝臣緒嗣。秋篠朝臣安人授從三位。從五
位下榎本王從五位上。從四位下紀朝臣廣濱。大野朝臣直雄從
四位上。正五位下田口朝臣雄継從四位下。從五位上高階真人
遠成。紀朝臣梶継。高村宿禰田使。藤原朝臣藤成正五位下。從五
位下藤原朝臣諸主。大伴宿祢真城麻呂。紀朝臣長田麻呂。巨勢
朝臣諸成。高階真人真仲從五位上。外從五位上高丘宿祢弟越。
正六位上藤原朝臣八綱。藤原朝臣愛發。和氣朝臣真綱。多治比
真人松成從六位上甘南備真人高継。正六位上高賀茂朝臣里
人。橘朝臣氏公。紀朝臣家長。安倍朝臣諸根。大伴宿祢宅麻呂從
五位下。正六位上廣階宿祢象麻呂。廣井宿祢貞名。御林宿祢清
名。廣澄宿祢福麻呂。建王部公豊益外從五位下。渤海國大使王
孝廉從三位。副使高景秀正四位下。高英善。王昇基正五位下。録
事釋仁真。烏賢偲。譯語李俊雄從五位下。賜禄有差。散位從四位
下田口朝臣雄継卒。少僧都傳燈大法師位如寶卒。大唐人。不知
何姓。固持戒律。無有缺犯。至於兜願。天下絶疇。局量宏遠。有大國
之風。能堪一代之壇師者也。庚辰十八正六位上石田王授從五位下。
正五位下大原真人淨子從四位下。外從五位下凡直古刀自從
五位下。從八位下百濟宿祢四千子。无位大網公嶋刀自外從五
位下。壬午從五位下小野朝臣真野為上總守。從五位下八多朝
臣桑田麻呂為介。右近衛中將從四位下紀朝臣百継為兼美濃
守。中納言從三位巨勢朝臣野足為兼陸奥出羽按察使。右近衛
大將如故。從五位上小野朝臣岑守為陸奥守。從五位下甘南備
真人高継為介。外從五位下朝野宿祢道守為越前大掾。從五位
上安倍朝臣雄能麻呂為左馬頭兼越中介。縫殿頭從五位下伊

勢朝臣徳嗣為兼美作權介。從五位上紀朝臣長田麻呂為備前
介。諸陵頭從五位下粟田朝臣飽田麻呂為兼豊後介。從五位下
橘朝臣氏公為左衛門佐。癸未廿一刑部省言。名例律云。除名者。六載
之後聽叙。免官者。三載之後降先位二等叙。免所居官及官當者。
朞年之後降先位一等叙。公式令云。犯罪除名未叙之間。在本貫
身死者。申送刑部注除者。今據此令。除免之輩未叙身死。不可更
叙。而本貫主司。未嘗言上。収叙之官。无知存亡。伏請告知職國。為
例。令皆言者。許之。甲申廿二從五位下賀茂朝臣関守為大舍人助。左近
衛少將從五位上佐伯宿祢長継為兼内藏頭阿波守如故。從四
位下石川朝臣河主為民部大輔。從五位下橘朝臣長谷麻呂為
少輔。外從五位下御林宿祢清名為主計助。從五位下藤原朝臣
愛発為兵部少輔。從五位下路真人年継為宮内大輔。從五位下
大伴宿祢國道為少輔。外從五位下廣階宿祢象麻呂為造酒正。
從五位下和氣朝臣真綱為春宮大進。正五位下安倍朝臣真勝
為造東寺長官。從五位下秋篠朝臣全嗣為造西寺長官。乙酉廿三從
五位下八多朝臣桑田麻呂為日向守。丙戌廿四從四位下藤原朝臣
道継為大舍人頭。從四位下紀朝臣咋麻呂為兵部大輔。從四位
下藤原朝臣綱継為左京大夫。左馬頭從五位上安倍朝臣雄能
麻呂為兼上野守。右兵衛督從三位春原朝臣五百枝為兼下野
守。丁亥廿五制。攝津美濃丹波播磨等國夷俘。身帶五品。願見節會者。
與國解放之。自餘不在放例。又崇福梵釋二寺者。禪居之淨域。伽
藍之勝地也。今聞道俗相集。還穢佛地。繋馬牽牛。犯汙良繁。宜令
近江國嚴加禁斷。若有不從制者。五位已上録名。六位已下留身。
並言上。戊子廿六御豊樂院。宴五位已上及蕃客。奏踏歌。賜禄有差。己
丑廿七御同院。觀射。壬辰卅於朝集堂饗王孝廉等。賜樂及禄。癸巳。發尾
張參河美濃越前但馬美作備前等國役夫一萬九千八百人。修

理朝堂院其食并往還路粮並用正稅甲午渤海國使王孝廉等
歸蕃賜書曰天皇敬問渤海王孝廉等至省啓具懐先王不終遐
壽奄然殂背乍聞惻怛情不能已王祚流累葉慶溢連枝遠發使
臣聿脩舊業占風北海指蟠木而問津望日南朝凌鯨波以修聘
永念誠款歎慰攸深前年附南容等啓云南容再駕窮舩旋涉大
水伏望厚降彼使押領同来者朕矜其遠来聽許所請因差林東
仁充使分配兩舩押送東仁来歸不實啓因言曰改啓作狀不遵
舊例由是發日棄而不取者彼國修聘由来久矣書疏往来皆有
故實專輙違乖斯則長傲夫克已復禮聖人明訓失之者亡典籍
垂規苟礼義之或虧何須貴於来往今問孝廉等對云世移主易
不知前事今之上啓不敢違常然不遵舊例懲在本國不謝之罪
唯命是聽者朕不咎已往容其自新所以勅於有司待以恒礼宜
悉此懐間以雲海相見無由良用為念也春首餘寒王及首領百

姓並平安好有少信物色目如別略此還報一二無悉壬寅授正
六位上岡上連弟継外從五位下是日停對馬史生一員置新羅
譯語二月戊申延大學博士及學生等於殿上立義賜禄有差辛
亥越中國介正六位上大伴宿祢黒成掾正六位上多治比真人
清雄少目從七位下和迩部臣真嗣等免以盗官物也其守從五
位上藤原朝臣鷹養大目正六位上上村主乎加豆良以身卒死
勿論其罪己未行幸交野庚申百濟王等奉獻五位已上并六位
已下及百濟王等賜禄有差乙丑車駕自交野還庚午幸神泉苑
花宴命文人賦詩侍臣及文人賜綿有差三月癸酉制蕃國之使
入朝有期客舘之設常須牢固頃者疾病之民就此寓宿遂喪之
人以為隠處破壊舍垣汙穢庭路宜令彈正并京職撿校甲申從
五位上安倍朝臣真直為左少辨左近衛少將從五位下布勢朝
臣全継為兼播左少辨伊豫介如故從五位下和朝臣繩継為中

務少輔從五位下藤原朝臣賀祐麻呂為侍從武藏介如故從五
位下紀朝臣興道為備前介辛卯勅軍用之要以馬為先令聞權
貴之家富豪之輩通使於邊邑求馬於夷狄部内由其不肅兵馬
取以闕之宜依延暦六年格禁買陸奥出羽兩國馬若有犯違寘
以嚴科物即没官但駄馬之色不在禁限丙申從五位下高賀茂
朝臣里人為神祇少副丁酉置春宮坊坊掌二員陸奥國遠田郡
人竹城公音勝等卅五人賜姓高城連真野公營山等卌六人真
野連白石公千嶋等卅九人白石連遠田公廣楮等廿九人遠田
連意薩公廣足等十六人意薩連夏四月癸卯從五位下大伴宿
祢乎智人為典藥助從五位下紀朝臣継足為左京亮己酉攝津
國住吉郡地十町賜參議右大辨從四位上紀朝臣廣濱壬子幸
神泉苑癸亥幸近江國滋賀韓埼便過崇福寺大僧都永忠護命
法師等率衆僧奉迎於門外皇帝降輿升堂禮佛更過梵釋寺停

輿賦詩皇太弟及群臣奉和者衆大僧都永忠手自煎茶奉御施
御被即御舩泛湖國司奏風俗歌舞五位已上并掾以下賜衣被
史生以下郡司以上賜綿有差五月甲申尚膳從三位永原朝臣
恵子薨薩摩國蝗免調庸田租乙酉從五位下橘朝臣長谷麻呂
為右少辨從五位下多治比真人松成為主計頭從五位下紀朝
臣國雄為大藏少輔戊子渤海國使王孝廉等於海中値逆風漂
廻舟檝裂折不可更用癸巳令越前國擇大舩駕蕃客也己亥備
前國津高郡荒廢田十九町賜業良親王六月庚子朔從五位下
長岡朝臣岡成為散位頭從五位下藤原朝臣承之為駿河守壬
寅令畿内并近江丹波播磨等國殖猍每年獻之是日大雷内舍
人并四衞府舍人以上賜禄有差甲辰京畿百姓調錢五十文今
改定八百卌文癸丑渤海大使從三位王孝廉薨詔曰悼往飾終
事茂舊範褒忠錄績義存先彝故渤海國使從三位王孝廉闕庭

修聘滄溟廻艫復命未申昊蒼不慭寔雖有命在天蒞露難駐而恨銜使命不得更帰朕慟于懷加贈榮爵死而有靈應照泉扃宜可正三位更賜信物并使等禄以先取賜濕損也乙卯河内國㵎賑給乏絶戸戊午皇子源朝臣信弟弘常明女貞姫潔姫全姫善姫等八人右京人從四位下良岑朝臣安世從五位下長岡朝臣岡成等貫附左京辛酉從五位下秋篠朝臣祖継為民部少輔從五位下紀朝臣家長為左京亮癸亥葉子内親王薨遣使監護喪事賻絁卅一疋布五十端錢二百貫文皇帝之第一女也母曰二品高津内親王是日山城國乙訓郡物集國背兩郷雷風壊百姓廬舍人或被震死先是有大蛇入人屋即殺之未幾其人被震丙寅播磨守贈正四位下賀陽朝臣豊年卒右京人也該精經史射策甲科秉操守義無所屈撓自非知己不好造接大納言石上朝臣宅嗣禮待周厚屈芸亭院數年之間博究羣書中朝群彦皆以

為釋道融御舩王之不若也尋友人小野永見命筆勅公字其詩曰白眼對三公貴勝悪之延暦年中任東宮學士及践祚叙從四位下拜式部大輔既而女謁屢進英賢見排獨抱素懷任運玄默厥後天皇不豫傳位上嗣遷御平城不預追從猶守本職及于後乱自戢辞退今上惜其宏材任播磨守令得終身在任三年移病入京卧于宇治之別業昔仁徳天皇與宇治稚郎相讓之事具著國典故老亦語風俗病裡聞之追感不已託左大臣纂為地下之臣卒日有勅許葬陵下贈正四位下以崇國華也時人猶謂天爵有餘人爵不足時年六十有五是日右大臣從二位兼行皇太弟傅藤原朝臣園人等□表乞還先祖功封曰臣等高祖大織冠内大臣鎌子在昔天豊財重日足姫天皇御宇也縁一匡之功錫封一萬五千戸乱子正一位太政大臣堂構相承門風是存由茲慶雲四年勅賜封五千戸大臣固辞天恩允請即減定二千戸傳及子孫天平神護元年從一位右大臣抗表奉返宝亀元年勅更還賜大同三年正三位守右大臣内麻呂又抗表奉返不蒙允聽臣等伏料元緒事寄功勞今臣等冐寵苟進未効涓塵荷恩時來徒冥山岳而重叨殊私久淹歳序俯仰天地慙悚因曆恐乖忌滿之遠誡必取覆餗之近憂伏願奉納所傳功封以補萬一少塞素尸天鑒曲廻矜斯誠請則家祚惟永物議復休焉無任丹懇切迫之至謹拜表陳請以聞不許秋七月辛未外從五位下廣井宿祢貞名為縫殿助外從五位下簀秦畫師笠麻呂為西市正正五位下藤原朝臣藤成為播磨守從五位下浄野宿祢夏継為介河内國人外從五位下勇山連家継外從五位下文継正七位上國嶋正七位下真継等貫附右京壬申河内國人從七位下高道連鯛釣等五人貫附左京丙子幸神泉苑命文人賦七夕詩壬午立夫人從三位橘朝臣諱子嘉智為皇后是日暴雨雷鳴庭潦泛溢参議宮

内卿正四位下藤原朝臣緒嗣進就閤門宣命其詞曰天皇大命良万止勅布大命乎親王等臣等百官人等天下公民衆聞食止宣食國天下政波獨知倍岐物亦不有必毋斯理弊乃政有倍之自古行來留事皇后定志閫中乃政波成物毛止奈常毛所聞肴行須故是以從三位橘夫人乎皇后止定賜布故此狀乎悟而供奉止勅布天皇御命乎衆聞食止宣贈皇后父正五位下橘朝臣浄友從三位授從四位下藤原朝臣貞嗣從四位上從五位下橘朝臣永継從五位上外從五位下朝野宿祢道守滋野宿祢家譯從五位下從四位下藤原朝臣綱継為大舍人頭左衛門督從四位下良岑朝臣安世為兼左京大夫但馬守如故從四位下藤原朝臣道継為右京大夫從四位上藤原朝臣貞継為皇后宮大夫從五位下紀朝臣継足為亮從五位下滋野宿祢家譯為尾張守從五位下甘南備真人濱吉為石見守夫人從三位多治比真人高子為

妃從四位下藤原朝臣緒夏為夫人河内國人外從五位下當宗忌寸家主等十六人貫附左京甲申授正三位五百井女王從二位從四位下藤原朝臣緒夏從三位從五位上橘朝臣御井子從四位下壬辰從五位下大中臣朝臣淵魚為神祇大副從五位下甘南備真人濱吉為刑部少輔從五位下高賀茂朝臣里人為美濃權介從五位下大中臣朝臣弟守為石見守癸巳幸神泉苑甲午詔曰天生黎元樹之司牧取以阜財利用化成天下是以欲濟弊俗違宜不已思使農夫有稔熟之歡婦功無杼軸之歎而去五月以降雨水迸溢田疇不修夫百姓不足君孰與足宜俾左右京畿内無出今年田租務存優恤副朕意焉是日復諸國司遷替以四年為限八月己亥朔日有蝕之辛丑遣使奉幣於伊勢太神宮并賀茂太神以霖雨不晴也戊申外從五位下廣澄宿祢福麻呂為造西寺次官從五位下大中臣朝臣弟守為丹後守從五位下

紀朝臣貞成為石見守辛亥加日向國軍毅一員丙辰授從四位下橘朝臣常子從三位甲子遊獵北野乙丑從五位下弟村王為筑後守丁卯右京人少初位下出□臣廣津麻呂等七人賜姓春岑朝臣九月辛未從五位下藤原朝臣愛發為中務少輔從五位下甘南備真人濱吉為主計頭從五位下菅野朝臣高世為兵部少輔從五位下多治比真人松成為刑部少輔少僧都傳燈大法師位常騰卒法師俗姓高橋朝臣京兆人也法師道業優潤博究經論注釋六十三卷後生仰之了證斯在為人質素詞乏文華至於決釋義理獨步少儔可謂釋門之脂粉人倫之龜鏡者也初入興福寺與故少僧都忠芬有隙移住西大寺守法待終與化而盡春秋七十有六癸巳遊獵大原野五位以上及國司掾以上賜衣被冬十月庚子安房國獻蘆二枝長各三丈圍一尺甲辰制皇后宮職舍人者一百五十人以白丁補之除此之外以入色補之壬

子散事從二位百濟王明信薨丁巳散事從三位大原真人明薨戊午外從五位下江沼臣小並為陰陽助從五位下藤原朝臣豊彦為長門守壬戌遊獵栗前野五位已上賜衣被勅親王内親王女御及三位已上嫡妻子並聽著蘇芳色象牙刀子但緋色歎勒一切禁斷又禁女人著褐及黃櫨柒等色唯節會日不在禁限五位已上聽恒服餝刀六位已下不得以金銀為餝内親王孫王及女御已上四位已上内命婦四位參議已上嫡妻子大臣孫並聽乗金銀裝車自餘一切禁斷十一月丁亥勅延曆格云斷决囚徒令有正文順時肅殺不可虧違或過秋分節延入立春是既乖法式都無准的宜死罪者年終斷訖者今於行死刑秋冬無妨而頃年有司必至年終乃奏刑書施行之後計其行程合入春月以到遠國宜自今以後十月初斷奏訖但始自十一月一日至于十二月十日常行祭事不得令京官此限内决死刑甲午遊獵水生野

五位已上及兩國掾以上賜衣被是日令諸國正稅帳計帳兩使便附朝集使不聽別差使以省郵驛迎送也十二月丙午大和國人從五位下朝野宿祢鹿取從五位下道守等男女六十四人貫于右京癸丑遊獵芹川野戊午廢常陸國板來驛乙丑勅諸國司等各期六年之任不慮四歲之替國内雜務非唯一途今新格忽行心事相違而去秋下稔損害殊甚定知遷替之人必累拘留宜須明春新舊交替之政依今年損取有未納隨帳分付即令後任國司准延曆廿五年四月十六日填納舊年未納之格每年徵收附帳言上但有迗舉虛納欠負未納而得公解之類准法科附今年免大宰府管内諸國三箇年田租以頻年不登是歲自五月及九月霖雨諸國多被其害焉

日本後紀卷第廿四

考異

永貞二張右一行貞舊作真據上下文訂從五位下二左九四字舊脫據上文及類聚國史補羸餘三左六羸舊作羸據類史一本訂辛波古知四右十二古舊作右據日本紀略訂榎本王五右四本類史作下釋仁

真五左二真類史作貞右兵衛督六左六兵衛舊作衛門據上文訂御同院六左十二同紀略作内累

葉七右三葉舊作業據類史一本訂為念也七右十三也類史作已一二無恙七左一恙舊作委據類史一本訂并掾以下賜衣被史生以下郡司以上八左三十五字舊脫據類史紀略補令

越前國八左七令類史作命圍成九右六成舊脫據上文補貞嗣十左七貞舊作真據上下文及類史紀略訂

雨水迸溢十一右九迸舊作迸據類史訂復諸國司遷替十一右十徙舊作後據紀略一本訂象牙

刀子十二右四刀舊作力據紀略訂斷決囚徒令有正文十二右八四徒令三字舊脫據類聚三代格補

秋冬無妨十二右十冬舊作分據類史三代格訂

右日本後紀殘缺第五第八第十三第十四第十七第二十第廿二第廿四合八卷

門人稲山行敎於京都寫之以類聚國史日本紀略等諸書校合畢

寛政十一年十月日　檢校保己一

日本後紀卷廿四

明治十六年四月十一日出版御届

同年同月出版

參考并出版人　東京銀座貳丁目十一番地　神奈川縣平民　岸田吟香

仝　仝麹町四丁目十三番地　東京府平民　磯部太郎兵衛

仝　仝神田五軒町五番地　愛知縣士族　林安之助

發兌人　大阪本町四丁目書林　赤志忠七

印行所　東京神田五軒町八番地　石版銅版木版諸株券書籍類印刷所　精版會社

諸儒校正東漢詳節

提要

《諸儒校正東漢詳節》殘一卷，宋呂祖謙撰。日本東京大學東洋文化研究所藏宋刊本。半葉十四行二十四字，左右雙邊，白口。雙魚尾，鈐『八徵耄念之寶』、『五福五代堂寶』、『太上皇帝之寶』、『乾隆御鑒之寶』、『天祿繼鑒』、『乾隆御鑒之寶』等六方印鑒。是書原為呂氏《十七史詳節》子目，三十卷。今宋刊本僅餘一卷。呂祖謙，字伯恭，婺州人。

諸儒校正東漢詳節卷之二十四

列傳

酷吏

漢承戰國餘烈，多豪猾之民，其并兼者則陵橫邦邑，桀健者則雄張閭里。且宰守曠遠，戶口殷大，（前書：八千一十二万一千六百五十九，和帝時四千九百七十七万一百八十，極盛矣。）故臨民之職，專事威斷，族滅姦軌，先行後聞，肆情剛烈，成其不橈之威。（翟義成爲濟南都尉。）違衆用己，表其難測之智。（嚴延年爲河南守，當死者生，當生者殺之，吏莫測其意也。）至於重文橫入，爲窮怒之所遷及者，亦何可勝言。故乃積骸滿穽，漂血十里。（尹賞守長安，其獄穿地方深各數丈，名虎穴，悉召輕薄少年惡子數百人內中，覆以大石，皆死，及王溫舒爲河內太守，捕郡中豪猾，相連坐千餘家，流血數十里。）致溫舒有虎冠之吏，（王溫舒爲中尉，姦猾窮治，大抵盡靡爛獄中，其爪牙吏虎而冠也。）延年受屠伯之名，豈虛也哉。（河南號延年曰屠伯。）若其揣挫彊埶，摧勒公卿，碎裂頭腦而不顧，亦爲壯也。自中興以後，科網稍密，吏人之嚴害者，方於前世省矣。而閹人親婭，侵虐天下，（兩府相調曰婭。）至使陽球磔王甫之屍，張儉剖曹節之墓，若此之類，雖厭快衆憤，亦云酷矣。儉知名，故附黨人篇。（劉敞等傳。）

董宣（事光武）

董宣字少平，陳留圉人。江夏有劇賊夏喜等寇亂郡境，以宣爲江夏太守。到界，移書曰：朝廷以太守能禽姦賊，故辱斯任。今勒兵界首，檄到，幸思自安之宜。喜等聞，懼，即時降散。外戚陰氏爲郡都尉，宣輕慢之，坐免。○後特徵爲洛陽令。時湖陽公主蒼頭白日殺人，因匿主家，吏不能得。及主出行，而以奴驂乘。宣於夏門亭候之，乃駐車叩馬，以刀畫地，大言數主之失，叱奴下車，因格殺之。主即還宮訴帝，帝大怒，召宣，欲箠殺之。宣叩頭曰：願乞一言而死。帝曰：欲何言？宣曰：陛下聖德中興，而縱奴殺良人，將何以理天下乎？臣不須箠，請得自殺。即以頭擊楹，流血被面。帝令小黃門持之，使宣叩頭謝主，宣不從，彊使頓之，宣兩手據地，終不肯俯。主曰：文叔爲白衣時，臧亡匿死，吏不敢至門。今爲天子，威不能行一令乎？帝笑曰：天子不與白衣同。因敕彊項令出。（謝承書曰：敕令詣太官賜食，宣食畢，以箸覆盃而出。帝問之，對曰：臣食不敢遺餘，如奉職不敢遺力。）賜錢三十萬，宣悉以班諸吏。由是搏擊豪彊，莫不震慄。京師號爲臥虎，歌之曰：枹鼓不鳴董少平。（枹，擊鼓杖也，音浮。）

樊曄（事光武）

樊曄字仲華，南陽新野人。與光武少游舊。初，光武微時，嘗以事拘於新野，曄爲市吏，餽餌一笥，（餌，餅也。笥，竹器也。）帝德之不忘，仍賜曄御食及乘輿服物，因戲之曰：一笥餌得都尉，何如？曄頓首辭謝。○拜天水太守。政嚴猛，好申韓法，（申不害、韓非法。）善惡立斷。人有犯其禁者，率不生出獄，吏人及羌胡畏之。道不拾遺，行旅至夜聚衣裝道傍，曰以付樊公。涼州爲之歌曰：游子常苦貧，力子天所富。寧見乳虎穴，（乳虎，產乳虎也。猛獸產乳，護其子也。）不入冀府寺。（冀，天水縣。）大笑期必死，忿怒或見置。嗟我樊府君，安可再遭值。

周紆（事章和帝）

周紆字文通，下邳徐人。爲人刻削少恩，好韓非之術。補南行唐長，到官，曉吏人曰：朝廷不以長不肖，使牧黎民，而性讎猾吏，志除豪賊，且勿相試。遂殺縣中尤無狀者數十人，吏人大震。建初中，爲勃海太守。每赦到郡，輒隱閉不出，先遣使屬縣，盡決刑罪，乃出詔書。坐徵詣廷尉，免歸。紆廉潔無資，常築墼以自給。肅宗復以爲召陵侯相。廷掾憚紆嚴明，欲損其威，（續漢志：每郡有五官掾，縣爲廷掾。）乃晨取死人斷手足，立寺門。紆聞，便往至死人邊，若與死人共語狀，陰察視口眼有稻芒，乃密問守門人曰：悉誰載藁入城者？門者對：唯有廷掾耳。乃收廷掾考問，具服。後人莫敢欺者。○徵拜洛陽令。下車，先問大姓主名，吏數閭里豪彊以對。紆厲聲怒曰：本問貴戚若馬、竇等輩，豈能知此賣菜傭乎？於是部吏望風旨，爭以激切爲事。貴戚跼蹐，京師肅清。帝知紆奉法疾姦，不事貴戚，然苛慘失中，數爲有司所奏，八年，遂免官。○後爲御史中丞。和帝即位，太傅鄧彪奏紆在任過酷，不宜典司京輦。（漢官儀曰：御史中丞……）

(外校部刺史內與侍御史同察各有司故云典司京輦)免歸田里後復位

黃昌

黃昌字聖真會稽餘姚人居近學官數見諸生脩庠序之礼因好之遂就經學文曉習文法○拜宛令政尚嚴猛好發姦伏人有盜其車蓋者昌初无所言後乃密遣親客至門下賊曹家掩取得之悉收其家一時殺戮大姓戰懼皆稱神明○遷蜀郡太守先太守李根年老多惇政百姓侵冤及昌到吏人訟者七百餘人悉為斷理莫不得所密捕盜帥一人脅使條諸縣彊暴之人姓名居處乃分遣掩討无有遺脫宿惡大姦皆奔走他境

陽球 靈帝

陽球字方正漁陽泉州人(泉州縣屬漁陽郡也)性嚴厲好申韓之學郡吏有辱其母者球結少年數十人殺吏滅其家由是知名○補尚書侍郎閑達故事其章奏處議常為臺閣所崇信出為高唐令以嚴苛過理郡守收舉(收繫舉劾之也)靈帝拜尚書令奏罷鴻都文學曰伏承有詔勑中尚方為鴻都文學樂松江覽等三十二人圖象立贊以勸學者臣案松覽等皆出於微蔑斗筲小人依憑世戚附託權豪俛首承睫徼進明時或獻賦一篇或鳥篆盈簡(有鳥篆象形以為字也)而位升郎中形圖丹青亦有筆不點牘辭不辯心假手請字妖偽百品莫不被蒙殊恩蟬蛻滓濁(蛻式銳反)是以有識掩口天下嗟歎今太學東觀足以宣明聖化願罷鴻都之選以消天下之謗書奏不省○時中常侍王甫曹節等姦虐弄權扇動外內球嘗拊髀發憤曰若陽球作司隷此曹子安得容乎遷為司隷校尉奏收甫等罪合滅族太尉段熲諂附佞倖宜并誅戮於是悉收甫熲等送洛陽獄及甫子萌球自臨考甫父子悉死杖下熲亦自殺迺僵磔甫屍於夏城門大署牓曰賊臣王甫球既誅甫復欲以次表曹節等迺勑中都官從事曰且先去大猾當次案豪右權門聞之莫不屏氣諸奢飾之物皆各緘縢不敢陳設[illegible]京師畏震時順帝時虞貴人葬百官會喪還曹節

見磔甫屍道次慨然抆淚直入省白帝曰陽球故酷暴吏不宜使在司隷以騁毒虐帝迺徙球為衛尉其冬司徒劉郃与球議收案張讓曹節節等知之共誣白郃等遂收球送洛陽誅死

王吉

王吉陳留浚儀人甫之養子也為沛相曉達政事能斷察疑獄發起姦伏多出衆議課使郡內各舉姦吏豪人諸常有微過酒肉為臧者雖數十年猶加貶棄注其名籍專選剽悍吏擊斷非法若有生子不養即斬其父母合土棘埋之凡殺人皆磔屍車上隨其罪目宣示屬縣[illegible]夏月腐爛則以繩連其骨周徧一郡迺止見者駭懼視事五年凡殺万餘人其餘慘毒刺刻不可勝數郡中惴恐(惴之瑞反)莫敢自保及陽球奏甫迺就收執死於洛陽獄

論曰古者敦庬善惡易分至於畫衣冠異服色而莫之犯[illegible]叔世偷薄上下相蒙德義不足以相洽化道不能以從[illegible]遂迺嚴刑痛殺隨而繩之致刻深之吏以暴理姦倚疾邪之公直濟忍苛之虐情漢世所謂酷能者盖有聞也皆以敢悍精敏巧附文理風行霜烈威譽諠赫与夫斷斷守道之吏何工否之殊乎故嚴君蚩黃霸之術[illegible]猛既窮矣而猶或未勝然朱邑不以笞辱加物[illegible]而猾惡自禁人不敢犯何者以為威辟既用而苟免之行興仁信道孚故感被之情著苟免者威隙則姦起感被者人亡而思存由一邦以言天下則刑訟繁措可得而求乎

贊曰大道既往刑礼為薄斯人散矣機詐萌作去殺由仁濟寛非虐[illegible]

衆得專中　兼領卿署之職

列傳

宦者

易曰天垂象聖人則之宦者四星在皇位之側故周礼置官亦備其數閽者守中門之禁寺人掌女宮之戒又云王之正內者五人月令仲冬命閹尹審門閭謹房室詩之小雅亦有巷伯刺讒之篇然宦人之在王朝者其來舊矣將以其體非全氣情志專良通關中人易以役養乎然而後世因之才任稍廣其能者則勃貂管蘇有功於楚晉景監繆賢著庸於秦趙及其敝也則豎刁亂齊伊戾禍宋漢興仍襲秦制置中常侍官然亦引用士人以參其選皆銀璫左貂給事殿省及高后稱制迺以張卿爲大謁者出入臥內受宣詔命文帝時有趙談北宮伯子頗見親倖至於孝武亦愛李延年帝數宴後庭或潛遊離館故請奏機事多以宦人主之至元帝之世史游爲黃門令勤心納忠有所補益其後弘恭石顯以佞險自進卒有蕭周之禍損穢帝德焉中興之初宦官悉用閹人和帝即祚幼弱而竇憲兄弟專總權威內外臣僚莫由親接所與居者唯閹宦而已故鄭衆得專謀禁中終除大憝遂享分土之封超登宮卿之位於是中官始盛焉自明帝以後迄於延平委用漸大而其員稍增中常侍至有十人小黃門二十人改以金璫右貂兼領卿署之職鄧后以女主臨政而万機殷遠朝臣国議无由參斷帷幄稱制下令不出房闈之間不得不委用刑人寄之国命手握王爵口含天憲非復掖庭永巷之職閨牖房闥之任也其後孫程定立順之功曹騰參建桓之策續以五侯合謀梁冀受鉞迹因公正恩固主心故中外服從上下屏氣或稱伊霍之勳无謝於往載或謂良平之畫復興於當今雖時有忠公而竟見排斥舉動回山海呼吸变霜露阿旨曲求則光寵三族直情忤意則參夷五宗漢之綱紀大亂矣若夫高冠長劍紆朱懷金者布滿宮闈苴茅分虎南面臣人者蓋以十數府署第館棊列於都鄙子弟支附過半於州国南金和寶冰紈霧縠之積盈牣珍藏嬙媛侍兒歌童舞女之玩充備綺室狗馬飾雕文土木被緹繡皆剝割萌黎競恣奢欲構害明賢專樹黨類其有更相援引希附權強者皆腐身熏子以自衒達同敝相濟故其徒有繁敗国蠹政之事不可單書所以海內嗟毒志士窮棲寇劇緣間搖亂區夏雖忠良懷憤時或奮發而言出禍從旋見孥戮因復大考鉤黨轉相誣染凡稱善士莫不離被災毒竇武何進位崇戚近乘九服之囂怨協群英之埶力而以疑留不斷至於殄敗斯亦運之極乎雖袁紹龔行芟夷无餘然以暴易亂亦何云及自曹騰說梁冀竟立昬弱魏武因之遂迁龜鼎所謂君以此始必以此終信乎其然矣

鄭衆

鄭衆字季產南陽犨人爲人謹敏和帝初加位鉤盾令時竇憲竊威權朝臣上下莫不附之而衆獨一心王室不事豪黨帝親信焉及首謀誅竇憲以功迁大長秋策勳班賞每辭多受少由是常與議事中官用權自衆始焉十四年帝念衆功美封鄛鄉侯

蔡倫

蔡倫字敬仲桂陽人和帝即位轉中常侍有才學盡心敦慎數犯嚴顏匡弼得失每至休沐輒閉門絕賓暴體田野後加位

以策定功

尚方令。自古書契多編以竹簡，其用縑帛者謂之爲紙。縑貴而簡重，並不便於人。倫迺造意，用樹膚、麻頭及敝布、魚網以爲紙。故天下咸稱蔡侯紙。鄧太后以倫久宿衛，封龍亭侯。○元初四年，帝以經傳之文多不正定，迺選通儒謁者劉珍及博士良史詣東觀，各讎校漢家法。令倫監典其事。倫初受竇后諷旨，誣陷安帝祖母宋貴人。及太后崩，安帝始親万機，倫飲藥而死。

孫程

孫程，字稚卿，涿郡新城人。安帝時爲中黄門，帝不親政事，小黄門李閏与帝乳母王聖常共譖誅鄧氏，又以江京等枉殺太尉楊震，廢皇太子爲濟陰王。明年帝崩，程与王康等十八人聚謀於西鍾下，皆截單衣爲誓，共就斷京，迎濟陰王，是爲順帝。帝立，以定策功封爲十九侯，程爲浮陽侯，邑万戶。与張賢等爲司隷校尉虞詡訟罪，懷表上殿，呵叱左右，帝怒，遂免程官，遣十九侯就國。後帝念程等功勳，悉徵還京師。宦官養子得爲後，襲封爵，定著乎令。初帝復位，有良賀者，清儉退厚，位至大長秋。陽嘉中，詔九卿舉武猛，賀獨无所薦，帝引問其故，對曰：臣生自草茅，長於宮掖，既无知人之明，又未嘗交動士類。昔衛鞅因景監以見，有識知其不終。今得臣舉者，匪榮伊辱，固辭之。及卒，帝思其忠。

曹騰

曹騰，字季興，沛國譙人。少謹厚。桓帝立，騰以定策功封亭侯，加位特進。騰用事省闥三十餘年，奉事四帝，未嘗有過。其所進達，皆海內名人。蜀郡太守因計吏賂遺於騰，益州刺史种暠發其書，劾騰。下廷尉。騰不爲纖介，常稱暠爲能吏，時人嗟美。暠後爲司徒，告賓客曰：今身爲公，迺曹常侍力焉。騰子嵩，靈帝時貨賂中官，及輸西園錢一億万，故位至太尉。

單超 事桓帝

出謂五侯

單超，河南人。桓帝初，單超、徐璜、具瑗爲中常侍，左悺、唐衡爲小黄門史。初梁冀驕横，帝懷不平，於是呼超等定議收冀，冀黨与悉誅之。超封新豐侯，五人同封，故世謂之五侯。其後四侯轉横，天下爲之語曰：左回天，具獨坐，（驕貴无偶也）徐臥虎，唐兩墮。或買蒼頭爲子，並以傳國襲封，兄弟姻戚皆宰州郡，辜較百姓，与盜賊无異。

侯覽

侯覽，桓帝初爲中常侍，以佞猾進，倚勢貪放，受納貨遺以巨万計，以誅梁冀功封高鄉侯。○建寧二年，張儉奏覽貪侈，覽遂誣儉爲鉤黨，及李膺、杜密等皆夷滅之。熹平元年，有司奏覽專權遂自殺

曹節

陳曹節邪

曹節，桓帝時遷中常侍，持節北迎靈帝。及即位，以定策封長安鄉侯。与黄門令王甫將兵誅竇武、陳蕃等，封育陽侯。

呂強

舊典選舉任三府

呂強，字漢盛，河南成臯人，爲人清忠奉公。靈帝時例封宦者，以強爲都鄉侯，強辭讓，因上疏陳事，言中常侍曹節等佞諂，宜止封賞。又詔書於河間故國起解瀆之館，勞民單力，未見其便。○時帝多稸私臧，收天下之珍，每郡國貢獻，先輸中署，名爲導行費。（中署，內署也。導，引也。貢獻外別有所入，以爲所獻希之導引也）強上疏諫曰：天下之財，莫不生之陰陽，歸之陛下，豈有公私？而今中尚方斂諸郡之寶，中御府積天下之繒，西園引司農之臧，中廐聚太僕之馬，而所輸之府，輒有導行之財，調廣費多，百姓受其敝。○又舊典選舉委任三府，三府有選，參議掾屬，咨其行狀，度其器能，受試任用，責以成功。若无可察，然後付之尚書。尚書舉劾，請下廷尉，覆按虛實，行其誅罰。今但任尚書，或復勅用，如是三公得免選舉之負，尚書亦復不坐，責賞无歸，豈肯空自勞苦乎？書奏不省。○時宦者丁肅、徐衍、郭耽、李巡、趙祐等五人稱爲清忠，皆在里巷，不

呂官傳志

爭威權迭以為諸博士試甲乙科爭第高下更相告言至有行賂定蘭臺漆書經字以合其私文者迺白帝與諸儒共刻五經文於石於是詔蔡邕等正其文字自後五經一定爭者用息趙祐博學多覽著作校書又小黃門吳伉善為風角博達有奉公稱知不得用常託病還寺舍從容養志云

張讓

張讓趙忠及夏惲郭勝十二人皆為中常侍封侯貴寵父兄子弟布列州郡所在貪殘為人蠹害黃巾既作盜賊糜沸郎中張鈞上書言宜斬十常侍縣頭南郊以謝百姓又遣使者布告天下可不須師旅而大寇自消帝怒鈞曰此真狂子也○及南宮災讓忠等說帝令斂天下田畝稅十錢以脩宮室凡詔所徵之皆令 園騶密約勑(騶養馬人)號曰中使恐動州郡多受賕賂刺史二千石及茂才孝廉遷除皆責助軍脩宮錢大郡至二三千万當之官者皆先至西園諧價然後得去(諧謂平論定其價也)有錢不畢者或至自殺其守清者乞不之官皆迫遣之時鉅鹿太守司馬直新除以有清名減責三百万直被詔悵然曰為民父母而反割剝百姓以稱時求吾不忍也辭疾不聽遂陳當世之失即自殺帝為暫絕脩宮錢○又造萬金堂於西園引司農金錢繒帛仞積其中(仞滿也)復藏寄小黃門常侍錢各數百万帝常云張常侍是我父趙常侍是我母宦者得志无所畏憚

論曰 自古喪大業絕宗禋者其所漸有由矣三世以嬖色取禍(夏以末喜殷以妲己周以褒姒)嬴氏以奢虐致災(嬴秦始皇也)西京以外戚失祚東都緣閹尹傾國成敗之來先史商之久矣(商量也)至於閹豎起宦夫其略猶或可言何者刑餘之醜理謝全生聲榮無暉於門閥肌膚莫傳於來体推情未鑒其敝即事易以取信加漸染朝事頗識典物故少主憑謹舊之庸女君資出內之命顧訪無猜憚之心恩狎有可悅之色亦有忠厚平端懷術糾邪也呂強或敏才給對飾巧亂實(若良賈深藏若虛帝不)或借譽貞良先時薦譽(…)非直苟恣凶德止於暴橫而已然真邪並行情貌相越故能回惑昏幼迷瞀視聽(瞀亂也…)蓋亦有其理焉詐利既滋朋徒日廣直臣抗議必漏先言之間(…)至成發憤方啟專奪之隙(…)斯忠賢所以智屈社稷故其為墟易曰履霜堅冰至云所從來久矣今迹其所以亦豈一朝一夕哉

贊曰 任失無小過用則違况廼巷職遠參天機舞文巧態作惠作威凶家害國夫豈異歸

諸儒校正東漢詳節卷二十四

太平天國官書十種

提要

《太平天國官書十種》，葉恭綽編，英國劍橋大學藏本。四周雙邊，單魚尾。一九三五年末，王重民在英國劍橋大學圖書館發現《資政新篇》等十種印書，均為此前國內所未知未見之書，遂一一攝影。一九三六年，王重民就英國劍橋大學圖書館所藏太平天國頒行書籍與柏林、巴黎、倫敦所藏查對，多十一部，其中除《英傑歸真》一部已在國內發現外，計得十部，即：《天理要論》、《甲寅四年新曆》、《戊午八年新曆》、《太平禮制》、《天國九年會試題》、《干王洪寶》、《資政新篇》、《軍次實錄》、《誅妖檄文》、《太平天日》，編為《太平天國官書十種》。一九四八年，簡又文、葉恭綽將其編入《廣東叢書》第三集，定名為《太平天國官書十種》。

太平天国甲寅四年新刻

○天理要論

有

上帝第一章

○且天地之間先有

上帝爲極大權能造化萬物管理萬靈者也

○天有

上帝乃正天理合人心古今賢愚莫之能逆焉然則豈非有理

哉

○先有

上帝後有世人先有靈後有物吾人不能自生物不能自造故

惟有

上帝能生造之者也

○萬物之生英花秀麗天有日月地有山水人物禽獸

各得其所皆其排列修整齊全無差以此可見先有

上帝原造常理是則可成也

○若日月之循環星辰之繁衍轉動流行晝夜不止若

無

上帝扶持管理則何能如此哉

○地上衆人生未久即死死後其所遺之子孫不多不

寡男不多於女女不多於男世有盛衰家有成敗惟

人常在其數不絕誰管此事使其爲然豈非
上帝耶
○草木之生自根至枝自枝至葉外有其皮內有其心
開花結菓倘且有用耶
上帝造之其能自成乎
○惟觀禽獸則可知之能顧子痛兒尋食爲穴成陣由
遊復避谷中其飾蟲類各盡本能教之如此非
上帝則誰耶
○人之身體亦乃奇然手足百骨伍官腹腸血源千條
髮毛萬枝目明耳聽手足動搖血氣常行飲食自消

奇哉巧哉人之身體乎且也萬人有身大概相似惟
面各異聲說不同故彼此不認差其天下事亦不亂
况父母生之不能主意或男女之善惡豈不先知是則
此事自何而定豈非
上帝降生造化而然者哉
○人之靈魂更乃奇然純純微微一條精氣無樣可見
無形可看又能思想記念喜怒愛欲七情皆全其無
死無敗至千萬年在斯乃靈魂也且靈能生物物不
能生靈天地陰陽不離於物則可能生靈父母祖宗
只生身不生靈然則此靈自何而來乎故在天有

上帝降下則在地方有人靈不然人生在世靈魂將何以得之
也
○賞善罰惡報應公道由
上帝出倘使国王私心有司不公人民受枉非
上帝伸寃枉則誰可審明乎
○以此言之天有
上帝方可有物既有
上帝則人該敬之望其庇佑畏其聖怒也
○且也見有工則知必有工人遇宮室則思惟有所建
之者且天地宇宙似加大屋萬物所在焉造此大屋

必有大工况物越好其工越大斯非
上帝則誰乎○
獨有一
上帝第二章
○上文已論天有
上帝開闢天地造化萬物今且再論是
上帝必權能極大方可造成此大天地管理此多人物也
○且
上帝極大則獨一無二可見矣凡言極字不容匹件葢有一極
不能二二極設有二

上帝乎大則無一極既無一極誰造天地耶
○且
上帝造天地必在天地之先而天地受造必在造者之後故先
天地者斯乃
上帝也且在起初獨一
上帝最先若有他神更先者則此
上帝不能最先而其極大之名廢矣
○且廣視天下萬物皆有其本人乃人生草由草發各
生其類但其初先一人一草由何而來耶豈非有本
乎此本乃歸

上帝且
上帝無本之元本無極之大極自然而然生出萬物而無所生
之者也
○再者萬物各類只一本足矣一人既有足生萬人一
草發起萬草可發一父足以生闔家子女一王足以
治天下国家如此可見
天父上帝足生萬物獨一
眞神主宰其中者也
天父上帝則無所不能欲爲者則爲之而無能逆焉如有能逆
而
上帝無奈之何則
上帝亦非
上帝矣况全能之勢不能分部設有二全能者而彼此相逆誰
能勝哉如一位得勝則彼獨一全能者若勝負不分
則無一全能者然則孰爲大地乎
○凡物有所賴人賴天地天地賴
上帝設無天地世人自何而立假使無
上帝天地由何而來耶然則
上帝無所賴也未有天地
上帝自有天地窮盡

上帝常在不須有立處
上帝安居不用人奉祀
上帝永活可見
上帝無所賴也且無所賴者獨一無二
上帝無所賴而萬物賴
上帝可見
上帝獨一無二也
○設有二
上帝則可有十
上帝千萬

上帝然則天地何能容之哉極大全能之
上帝安可得無數乎必乃一
上帝自然而然萬人所頓而
上帝之外別無他主也
○或有疑曰既有一
上帝因何世人常敬百神斯理何起耶曰是非一時使然也上古時節人虛智寡凡有才能出衆志氣過人者未免有敬有尊也像先識察料開国立基學文高遠勇力過人者皆待以分外之禮後世相繼愈久愈敬至末代子孫封之爲神服事如天然此太過非所宜行況骨肉世人昨日出世明大過往不得封爲神只該敬其大能依其善樣則可若拜之如神明則非矣
○且有人看日月之光聽霹靂之聲則想其有神有靈而封之雷公雷母或見淵淵則表龍妖之名或過山巖則稱八仙之號東西南北皆設神號管理四時節氣各分鬼神調治商客者要一神可奉則想出堅堅公治田者要一物可伏則想出土地公所以天下有數邪神也然則此邪神皆非本有只人所想皆無證驗天上地下止一
上帝所管六合四季獨一

上帝持理卽設立邪神其何能代
上帝保佑人乎
○論
上帝名第三章
○夫有
上帝故有其名使人可知以稱之也
上帝既大必有大稱不然則不合矣
○大稱之中莫如天故稱
上帝者用天一字可也
○且怕人看差以天內爲天故加一主字更善若只用天字意怕不通獨用主字稱不足大惟天主兩字指最大之神極靈之天甚善
以神主稱
上帝可也在天地之中獨
上帝爲主管理萬物者也但勿認差以神主當作世人從妖引动之神王則爲錯不小矣
○夫
上帝所遺詔書此詔多論神情歷述其名曰爺火華意卽自然而然常在之
上帝也然不解之恐無人識矣

上主至尊主大至能之稱天上主宰獨一無二也
○但稱
上帝名號宜然細心思想不可認錯若書經所謂
上帝是祗惟
皇上帝降衷於下民敎亊
上帝則是惟邪魔道敎所號王
皇上帝正月初九有生日者則錯而又錯矣但
天王上帝無生無死無初無終乃永遠常有是故不同耳
○有人以天地指
上帝因所見所聞者若如天地大盡極善不可量度然首上天

雲足踏土地與此所言
上帝不同天地有形得見有窮有盡
上帝在天中無始無終不昇天者不得見之又天地轉動如器
具所動之者則
上帝也
○天地乃受造之物所造之者
上帝也可見天地與
上帝不同故以天地稱
上帝又大錯也
皇天后土以稱
上帝亦未盡善因皇及后指男女雙辰然
上帝獨一
眞神無數目之算無男女之分所以此名切不可用也
○神明兩字以指
上帝亦不可也蓋因常人呼神明是指大伯公木石偶像人手
所作者比造天地萬物之主宰大不相同矣○
上帝乃靈第四章○
上帝純靈與物大異不在萬物之中不與宇宙相雜乃全然純
靈無能可度也
○物可分小增大極細可分再細極大可加更大惟

上帝精微不可分廣大無可加雖欲增大縮小分毫不得也
○物有頭尾左右邊角上下其大可量其淵可料其高
可算其遠可度然
上帝無限無量無方無向除有天啟賢人尚且不明常人何能
盡知哉
○物有興廢成敗國有存亡地裂山崩最固甚耐有時
傷敗惟
上帝常在永遠不休千代萬年不老不死也
○物不得一時兩所然
上帝時常監觀萬所也

○又不得一所兩物然萬所在同共有
上帝也
○如是
上帝與物相對旣論明矣今且議論
上帝純靈何謂也
○且靈乃最善與微之精氣明通之神弘能思想細察
主張立志記往推來彼此分别東擇所好西棄所惡
斯乃所謂之靈也
○天下萬物皆被
上帝所造故不得自專有的順服爲善靈有的頑逆爲惡鬼然

天靈即
上帝無雜於物又非受造故獨能自專清潔純徽極大之靈主
管生民治理萬彙也
上帝乃極清之靈至誠最純之神他靈常陷事物之中未免污
染軟弱之下然
上帝能超出事物之外至尊至貴無分毫欠缺焉○
上帝造天地故必乃靈也蓋物不能自作木石不能自集成屋
必識有通曉者思想計策動手出力即可成功也在
此亦然若
上帝非靈立策焉能以造天地則此萬物由何能成乎○

上帝純一無參不分不合故必爲靈與物不同物若分開可成
數件數物和合可爲一物惟
上帝亦一無二故
上帝乃靈也○
上帝無窮無盡故必爲靈凡物之大者亦有限量洋海最濶尙
有其涯天雲甚高亦有其頂然
上帝無可度量故必乃靈也
○蓋謂
上帝神靈無二居坐天中則敬
上帝者不可作偶像以表

上帝或奉祭祀以主其靈也蓋靈者
眞神故造老人之樣作武將之態以爲假神而敬之則非也或
只寫神字福字以定神位而敬之亦非也且
眞神在高天主宰非在凡間若設像而拜之錯入妖魔之路中
妖魔之計妖魔則冒神號而騙人間之食矣乃拜神
者該空中居身精理獨立敬之尊之求其保佑望其
賜福俱免香燭財帛避臭之物只將
上帝造下養人之伍穀牲犧處具心內懷敬口中頌讚斯乃大
禮也至於世俗所用以服事邪神皆爲張樣瞞目而
已君子之人切宜慎之

○論

上帝永在第五章

上帝常在、無時不有、自永遠至永遠、通於萬古無數之代、無初

○蓋

無終、無生無死也、

○且永遠者、無窮之意也、千年萬年、又千萬年、未到永遠也、設有銅池、極寄最細、萬年之久、只出一點水、待至洩盡、何等久哉、然銅池以大海為之、又使萬年洩出一點、待及流盡、尚未到永遠、乃永遠之年、還在前頭、不缺一些、大哉遠哉、久哉長哉、永遠之年、而通此

永年

上帝仍在也、

○人生在世、只半百歲、朝代之久、惟人自載自開天到今、不過六千年、屈指可算、然而永遠則無可算焉、出乎數日之外、超乎度量之上、人心所想不到、只

上帝能充滿之、

○永遠有二、先一後一、過往已有無窮之年、未來將有

無盡之載、

上帝之生活、通徹此二者、自先之永遠、至後之永遠、

上帝常立也、

○物有初有終、以草木禽獸、其初可記想、及其到終可

立而待也、靈有初無終、萬物之靈、皆

天主所造、則有其初、惟不得毀亡、則其無終、至於

上帝、自永遠常在最永遠、必有則無初無終也、

○天地萬物、非自永遠、乃被造化、則有起初、惟

上帝永遠自然而然、則無起初也、設

上帝有起初、則有所生、

上帝有所生、則請問主之者誰耶、誰能生

上帝、

上帝父母耶、設有能生

上帝者、則彼乃

上帝、而此非

上帝矣、因由他而生者、必服其統轄也、故

上帝無所生、

上帝既無所生、亦無本末、乃永遠常在、自然之神也、

○天地萬物、不到永遠、乃將窮盡、則有所終、惟

上帝到永遠、不窮不盡、則無所終矣、設

上帝有終、則有死亡、

上帝有死亡、請問能致

上帝於死亡者、誰耶、誰能毀害

上帝與
上帝爲仇讎耶、設有能毁亡
上帝者、則彼乃
上帝而此非
上帝矣、蓋由他而傷亡者、必服其力也、然而
上帝無截無終、永遠常在、自然而然之神也、

○且
上帝永有、則無年紀、無歲數也、倘若有之、請問其畧、或千年萬年、或千萬億年、想必有定數、若以萬年限之、則那萬年之先有何物呢、而先那所有之物、有幾多年紀乎、或亦有物、其所由來者、請問其所由來之物、亦有幾歲呢、此問既答、還有千問萬問、所不能答、然則可認
上帝、永在此論、若識透此理、諸疑自解矣、○
上帝之永年、出乎千萬之上、超乎諸數之外、無多無寡、無先無後、人生自一至十、自十至百、多一日則老一日、多一年則老一年、然在
上帝、一日如千年、千年如一日、此道奥微、誰能量度耶、

○世人常流變動、無時一然、惟
上帝安靜如常、無時不然、人之年紀、比之河水、日日狂流、時刻改變、今日之水、非昨日所流者、又明日復有他水將

來也、但
上帝之永遠、比之河旁之石、任水狂流、自安不動、昨日今日明日、亦常在焉、任人遷流亡廢
上帝萬世一然、古今後無時不在焉、○
上帝之永遠、乃自然而然、非由外至、非托於物、不靠人而生、不以人而亡、常立安穩、時有生活也、○
上帝之永遠、亦本然、有像有人、必有生、設無生命、其人安在乎、如是有
上帝、必乃永立、使不永立、
上帝何成乎、○
上帝之永遠、必然當有、不得不然、若
上帝無永生、如何能造天地、保全萬物、賞善罰惡耶、是必有通於萬古、活於世世、乃可如是也、

○惟
上帝獨永遠、則其樂永樂、其壽永壽、其勢永勢、其德永德、其榮永榮也、儘宜尊愛、最宜恭敬、極宜尊稱、常宜讚誉也、

○昔有
聖人摩西、適見神位、問其名、曰我乃自然而然之神也、可見非言已然、又不說將然、乃時稱自然而然、古今後一然之

上帝也。
上帝稱已名自然而然者、非言自已獨在、而他人不在、只言
上帝以已力自在而本然常然永然生活、世人以至德而有、
上帝以已力獨在、故曰、自然而然也、
○萬物待造方有、未造之先、自永遠未有、萬物消盡方
無、消盡之後、至永遠亦無、然而
上帝不受造化、不見消亡盡廢、故永遠而有也。

上帝無變第六章

○且
上帝無變無化、無改無換、乃常時一然、

○人常改作、飲食增氣、則乃勇壯、缺養廢力、則乃改弱、
有喜事來、則乃改喜、有苦情到、則乃改憂、凡人有身
體性情者、未有不改、
上帝則不然、故能永遠不改也、
○人自幼到老、自老到死、未免改變、今日老於昨日、明
日老於今日、先幾歲未生、後幾年將死、豈不常改乎、
然
上帝無老幼生死、故不改耳。
上帝之永生、非日月所度、非世代所比、天地初開、
上帝不算爲幼、天地窮盡、
上帝不改爲老、
上帝無時興起、無日廢亡、乃常一無變也、
○凡物之改變、則可或多或寡、惟
上帝不得加其福、不得減其樂、則何能改乎。
上帝有大不過之勢、永不休之業、故欲改之、必勝其大勢、脫其
永業、否則不得改也。
上帝之明智、不改爲先暗、其力量、不改爲大小、其福樂、不改爲
高低、其聖善、不改爲進退、及凡屬
上帝者、永遠不改也。
上帝之旨意、永無變易、非今日如此、如此明日非然、非然乃常

時一樣、蓋
上帝之智、足以謀事、而其力量、足以成事、故所謀者、無不成就、
而旨意一立、永不變易也、古語說、得好謀事在人、成
事在天、千算萬算、不如天一算、誠哉斯語乎。
上帝之法度、永遠一然、分別好歹、賞善罰惡、依公道從事、照仁
義所行、不改平常之法、不離當然之路、仍舊理事、總
不改變也。
上帝之聖書、永遠不改也、昔有天啟、載
上帝詔命、許誘善人、嚇殺惡黨、且
上帝不改、則其書無易、而此所述之應許、所傳之嚇言、永不改

慶其一可喜其一可懼也○

上帝無不在第七章○

上帝無處不有無所不在體物而不可遺尺地而不可離純純渾渾一圓太和之氣佈滿宇宙洋洋乎如在其上如在其左右上下四傍無往不在也

上帝之靈充滿天地而天地外無不之及焉行乎無形之域立乎大素之外遍遊幽遠之中出入杳冥之間大哉奇哉可無度也○

上帝無邊不及無邊不到東西南北上下左右高於鳥飛所及深於魚躍所沈遠於日光所照邃於人心所想倘天

上另加萬天在那極崇處

上帝亦到若地外另排萬地在那極遠處

上帝亦在又愈高愈遠數萬萬載

上帝亦無不赴焉

○且

上帝有在爲自然之理既有在則必有所在既有所在則或一一所在或萬所在倘

上帝有在一所則萬所無

上帝且萬所無

上帝則○

上帝之所無多於其所有是則何能成

上帝乎然而

上帝其在萬所則到處皆有且

上帝之所有多於其所無是則爲

上帝之驗明矣○

上帝無所不在以功可見矣蓋其功極大掌握天地坐於高天之中能化育萬物若近於萬物之所則屋漏必見秋毫亦察可見

上帝無所不在也此理可令惡人恐怕暗室所爲難逃天鑒

上帝常在省察行爲而將刑罰照其公平屋漏有神念慮即其

神明日有天方寸就是天暗光爲一遠近相同因

上帝無所不在故也○

上帝無所不能第八章○

上帝之才能無大全滿周圍遍行莫之能遮焉

上帝大能超出萬有上而萬權勢在

上帝手下物之氣力皆由

上帝且

上帝乃諸能之源也

○他人有能比之神能似如無物世人之能自動漸大老衰力弱惟

上帝之能常然有之人之力有限極之不能扶千斤舉之不能
移山倒海惟
上帝之力無盡無量宇宙內無不及焉
上帝無所不能六合之中無非
上帝所能爲之事萬件之項無非
上帝所能勝之物演然濶大
上帝之能也
○在世人有多不能在
上帝無所不能也無所不能者大哉言也天高而得及海深而
能探星多而能算人衆而能管事亂而能齊窮居而

能救斯皆
上帝之所能也
○物各有一能鳥能飛魚能遊獸能走人能語每有所
長乃
上帝則無所不能也
○最難之事在
上帝爲易行之不須人助成之皆無厭倦自無生有千變萬花
如反手之易也
上帝之全能無可盡也日照天下乃盡其光木石墮地盡力下
降然

上帝之力永不用盡也
○且
上帝所能者與其所爲者有異蓋其所爲者大然其所能者更
大焉
上帝所爲者有數然其所能者無數無量也
上帝造化天地斯其所爲也惟
上帝得造天高地厚斯其所能也
上帝造成天地有六日而完工斯其所爲也惟
上帝得造成天地一刻而畢事斯其所能也故不可以
上帝所造者而度量其所能也

上帝能造天地更大且善千萬倍矣但其中意只造之如此乃
其所爲者非其所能也○
上帝有能行作在其未行作之先且有行否只待肯不肯
上帝自永遠有能在已致欲行之其能現就也○
上帝所欲者無不成就也在人不然世人之所能不比其所欲
上帝之所欲不比其所能世人皆欲行彼此惟其不能
上帝自能行彼此惟其不肯倘其肯行者則無所不能也
○且行所欲者只
上帝者能之世上最富人間絕高者不能行所欲就是君王有
所欲爲而不得爲有所欲取而不得由因力不足故

上帝大能、以造物明現、蓋創造萬物、非人所能、一枝草一蕋花、
最巧之工不能成之、其樣可作、其色可畫、但活之長
之使之結菓、斯則不能矣、惟
上帝無不容易、造化萬物、又造物之時、不用具器、不看形樣、不
須助手、乃以己力、自無物中生造萬物是
上帝之能、無窮盡矣○
上帝之力不致絶、無不到、無倦、雖六日之內、造化天地、六千年
久扶助萬物、其勢如初也○
上帝之全能、以明智度之、以仁義行之、不隨性情、不任私意、如
我凡世人也○

上帝有全能、則其慈悲可大發、其公道可勢行、其明智可有用、
其真實可照約也、不然則斯諸德行俱空虛矣○
上帝之全能、乃永遠在焉、其憐憫或可盡、其忍耐或可止、惟其
全能常久不廢也○
上帝無假言騙人、無爲非作歹○
上帝至聖、無不好善惡惡、其亦極公、不能賞有罪、殺無辜、其又
全知、不能忘記所往、不能不料未來、其也永眞、不能
背約食言也○
聖書云、子弟乃大又大、其力其所能、無窮盡也○
耶穌云、在人間有多不能、在

也、要高其身一尺不得、要長其壽一日不得、乃天命
所定而不可違也、
○至於天命豈非
上帝旨意乎、書云、富貴在天、生死有命、正乃
上帝所立之主張也、
上帝坐高位、廣視天下、定人分業、限人禍福、照其本意也、凡人
不能自專、衆生不得所欲、只
上帝理之、隨其
聖旨也、
○總觀宇宙、則見有能在天、地能轉動、日月能照明、草

木能生植、火能焚化、水能流下、氣能布揚、風能吹開、
雷能響聲、電能發現、地能搖動、山能崩裂、且此諸能、
出何而來耶、或內本有、或從外至、倘萬物內本有此
能、則萬物成
上帝豈是理哉、倘此諸能或自外而至、則誰與之乎、爾我未與
之、賢人未化之、蓋賢人未生、此能先有、然則此能豈
非由
上帝而出乎、諸能由
上帝而出、則
上帝乃全能也○

上帝無所不能也○
上帝造萬物則其全能可見矣、其自無物中創造萬物、置下地
基布開天雲包含海水排列天星豈非無所不能乎、
○
上帝以大能創造天地則在
上帝無所難行也○
上帝常時庇佑萬人扶起萬物置日月於空中懸天地以無索、
皆顯其全能也原造萬物須有全能時養萬物亦須
全能○
上帝不造則無物在、

上帝不養則物歸無然造之養之自開天及今、自今至後
上帝之全能顯明矣○
上帝救人則其全能之証驗矣、所降世救人者乃
聖人耶穌贖罪立功轉禍爲福若無全能極力何能行是哉、
上帝愛子
○
上帝既全能則罪人當怕惡黨該憂懼被
上帝責罰乃最可恐之至矣避之無路閃之無所騙之難瞞逆
之不勝只被刑罰而已矣○
上帝既全能則善人可喜君子可樂蓋得

天主之恩乃最可愛之至矣遇之無時忘之無日享之不厭樂
之不盡常獲恩愛世世矣、
耶穌曰、勿怕世人害彼世人只能殺人殺而後則無所能矣、
最怕
上帝既能殺戮殺而後尤能逐落其魄入地獄確然宜懼之也、

太平天国
前導副軍師南王馮
禾乃師贖病主左輔正軍師東王楊
右弼又正軍師西王蕭
後護又副軍師北王韋
通軍主將翼王石
伏奏我
主我兄天王萬歲萬歲萬萬歲　爲治曆定時事當今
天父上主皇上帝開大恩差我

主降凡爲天下
太平主眞是
太平天日平勻圓滿無一些虧缺也故臣等造曆以
三百六十六日爲一年單月三十一日雙月三十
日立春　清明　芒種　立秋　寒露　大雪
俱十六日餘俱十五日我
天朝天国永遠江山萬萬年無有窮盡乃是
天父上主皇上帝差遣我

王降凡旨意也其餘從前曆書一切邪說歪例皆是
妖魔詭計迷陷世人臣等盡行删除蓋年月日時
皆是
天父排定年年是吉是良月月是吉是良日日時時亦總
是吉是良何有好歹何用揀擇凡大衆能真心虔
敬
天父上主皇上帝有天看顧隨時行事皆大吉大昌也今
臣等造曆既成謹獻我
王萬歲萬歲萬萬歲作主頒行

甲寅四年 二

御批 准
奏
旨造甲寅四年新曆頒行天下

正月建丙寅參宿 立春禮拜
初一戊申虛
初二巳酉危
初三庚戌室
初四辛開壁
初五壬子奎
初六癸好婁
初七甲寅胃
正月 甲寅四年 三
初八乙榮昴 禮拜
初九丙辰畢
初十丁巳觜
十一戊午參
十二巳未井
十三庚申魁
十四辛酉柳
十五壬戌星 禮拜

十六癸開張
十七甲子翼　雨水
十八乙好軫
十九丙寅角
二十丁榮亢
二十一戊辰氐
二十二己巳房　禮拜
二十三庚午心
正月大 甲寅四年 四
二十四辛未尾
二十五壬申箕
二十六癸酉斗
二十七甲戌牛
二十八乙開女
二十九丙子虛　禮拜
三十丁好危
三十一戊寅室

二月建　丁榮井宿
初一己榮壁　驚蟄
初二庚辰奎
初三辛巳婁
初四壬午胃
初五癸未昴　禮拜
初六甲申畢
初七乙酉觜
二月小 甲寅四年 五
初八丙戌參
初九丁開井
初十戊子魁
十一己好柳
十二庚寅星　禮拜
十三辛榮張
十四壬辰翼
十五癸巳軫

十六甲午角　春分
十七乙未亢
十八丙申氐
十九丁酉房　禮拜
二十戊戌心
二十一已開尾
二十二庚子箕
二十三辛好斗

二月　甲寅四年　六

二十四壬寅牛
二十五癸榮女
二十六甲辰虛　禮拜
二十七乙巳危
二十八丙午室
二十九丁未壁
三十戊申奎

三月建　戊辰魁宿
初一已酉婁　菁明
初二庚戌胃
初三辛開昴　禮拜
初四壬子畢
初五癸好觜
初六甲寅參
初七乙榮井

三月　甲寅四年　七

初八丙辰魁
初九丁巳柳
初十戊午星　禮拜
十一已未張
十二庚申翼
十三辛酉軫
十四壬戌角
十五癸開亢

十六甲子氐
十七乙好房　穀雨　禮拜
十八丙寅心
十九丁桊尾
二十戊辰箕
二十一己巳斗
二十二庚午牛
二十三辛未女

三月　甲寅四年　八

二十四壬申虛　禮拜
二十五癸酉危
二十六甲戌室
二十七乙開壁
二十八丙子奎
二十九丁好婁
三十戊寅胃
三十一己桊昴　禮拜

四月建巳巳柳宿
初一庚辰畢　立夏
初二辛巳觜
初三壬午參
初四癸未井
初五甲申魁
初六乙酉柳
初七丙戌星　禮拜

四月　甲寅四年　九

初八丁開張
初九戊子翼
初十己好軫
十一庚寅角
十二辛桊亢
十三壬辰氐
十四癸巳房　禮拜
十五甲午心

十六乙未尾　小滿
十七丙申箕
十八丁酉斗
十九戊戌牛
二十己開女　禮拜
二十一庚子虛
二十二辛好危
二十三壬寅室
四月　甲寅四年　十一
二十四癸榮壁
二十五甲辰奎
二十六乙巳婁
二十七丙午胃
二十八丁未昴　禮拜
二十九戊申畢
三十己酉觜

五月建庚午星宿
初一庚戌參　芒種
初二辛開井
初三壬子魁
初四癸好柳
初五甲寅星　禮拜
初六乙榮張
初七丙辰翼
五月　甲寅四年　十二
初八丁巳軫
初九戊午角
初十己未亢
十一庚申氐
十二辛酉房　禮拜
十三壬戌心
十四癸開尾
十五甲子箕

十六乙好斗
十七丙寅牛
十八丁榮女　夏至
十九戊辰虛　禮拜
二十己巳危
二十一庚午室
二十二辛未壁
二十三壬申奎
五月（甲寅四年）　圭
二十四癸酉婁
二十五甲戌胃
二十六乙開昴　禮拜
二十七丙子畢
二十八丁好觜
二十九戊寅參
三十己榮井
三十一庚辰魁

六月建　辛未張宿
初一辛巳柳　小暑
初二壬午星　禮拜
初三癸未張
初四甲申翼
初五乙酉軫
初六丙戌角
初七丁開亢
六月（甲寅四年）　圭
初八戊子氐
初九己好房　禮拜
初十庚寅心
十一辛榮尾
十二壬辰箕
十三癸巳斗
十四甲午牛
十五乙未女

十六丙申虛　大暑　禮拜
十七丁酉危
十八戊戌室
十九巳開壁
二十庚子奎
二十一辛好婁
二十二壬寅胃
二十三癸榮昴　禮拜

六月　甲寅四年　十四

二十四甲辰畢
二十五乙巳觜
二十六丙午參
二十七丁未井
二十八戊申魁
二十九巳酉柳
三十庚戌星　禮拜

七月建　壬申翼宿
初一辛開張　立秋
初二壬子翼
初三癸好軫
初四甲寅角
初五乙榮亢
初六丙辰氐
初七丁巳房　禮拜

七月　甲寅四年　十五

初八戊午心
初九巳未尾
初十庚申箕
十一辛酉斗
十二壬戌牛
十三癸開女
十四甲子虛　禮拜
十五乙好危

十六丙寅室
十七丁榮壁　處暑
十八戊辰奎
十九己巳婁
二十庚午胃
二十一辛未昴　禮拜
二十二壬申畢
二十三癸酉觜
七月　甲寅四年　大
二十四甲戌參
二十五乙開井
二十六丙子魁
二十七丁好柳
二十八戊寅星　禮拜
二十九己榮張
三十庚辰翼
三十一辛巳軫

八月建癸酉乾宿
初一壬午角　白露
初二癸未亢
初三甲申氐
初四乙酉房　禮拜
初五丙戌心
初六丁開尾
初七戊子箕
八月　甲寅四年　小
初八己好斗
初九庚寅牛
初十辛榮女
十一壬辰虛　禮拜
十二癸巳危
十三甲午室
十四乙未壁
十五丙申奎

十六丁酉婁　秋分
十七戊戌胃
十八已開昴　禮拜
十九庚子畢
二十辛好觜
二十一壬寅參
二十二癸榮井
二十三甲辰魁
八月〈甲寅四年〉六
二十四乙巳柳
二十五丙午星　禮拜
二十六丁未張
二十七戊申翼
二十八已酉軫
二十九庚戌角
三十辛開亢

九月建　甲戌角宿
初一壬子氐
初二癸好房　寒露　禮拜
初三甲寅心
初四乙榮尾
初五丙辰箕
初六丁巳斗
初七戊午牛
九月〈甲寅四年〉大
初八巳未女
初九庚申虛　禮拜
初十辛酉危
十一壬戌室
十二癸開壁
十三甲子奎
十四乙好婁
十五丙寅胃

十六丁榮昴　禮拜
十七戊辰畢
十八己巳觜　霜降
十九庚午參
二十辛未井
二十一壬申魁
二十二癸酉柳
二十三甲戌星　禮拜
九月（甲寅四年）
二十四乙開張
二十五丙子翼
二十六丁好軫
二十七戊寅角
二十八己榮亢
二十九庚辰氐
三十辛巳房　禮拜
三十一壬午心

十月建　乙開亢宿
初一癸未尾　立冬
初二甲申箕
初三乙酉斗
初四丙戌牛
初五丁開女
初六戊子虛　禮拜
初七己好危
十月（甲寅四年）
初八庚寅室
初九辛榮壁
初十壬辰奎
十一癸巳婁
十二甲午胃
十三乙未昴　禮拜
十四丙申畢
十五丁酉觜

十六戊戌參　小雪
十七已開井
十八庚子魁
十九辛好柳
二十壬寅星　禮拜
二十一癸榮張
二十二甲辰翼
二十三乙巳軫
十月　甲寅四年　三
二十四丙午角
二十五丁未亢
二十六戊申氐
二十七己酉房　禮拜
二十八庚戌心
二十九辛開尾
三十壬子箕

十一月建　丙子氐宿
初一癸好斗　大雪
初二甲寅牛
初三乙榮女
初四丙辰虛　禮拜
初五丁巳危
初六戊午室
初七己未壁
十一月　甲寅四年　三
初八庚申奎
初九辛酉婁
初十壬戌胃
十一癸開昴　禮拜
十二甲子畢
十三乙好觜
十四丙寅參
十五丁榮井

十六戊辰魁
十七己巳柳　冬至
十八庚午星　禮拜
十九辛未張
二十壬申翼
二十一癸酉軫
二十二甲戌角
二十三乙開亢

十一月（甲寅四年）　三四

二十四丙子氐
二十五丁好房　禮拜
二十六戊寅心
二十七己榮尾
二十八庚辰箕
二十九辛巳斗
三十壬午牛
三十一癸未女

十二月建丁好房宿　小寒禮拜
初一甲申虛
初二乙酉危
初三丙戌室
初四丁開壁
初五戊子奎
初六己好婁
初七庚寅胃

十二月（甲寅四年）　三五

初八辛榮昴　禮拜
初九壬辰畢
初十癸巳觜
十一甲午參
十二乙未井
十三丙申魁
十四丁酉柳
十五戊戌星　禮拜

十六巳開張　大寒
十七庚子翼
十八辛好軫
十九壬寅角
二十癸榮亢
二十一甲辰氐
二十二乙巳房　禮拜
二十三丙午心
十二月大　甲寅四年　美
二十四丁未尾
二十五戊申箕
二十六巳酉斗
二十七庚戌牛
二十八辛開女
二十九壬子虚　禮拜
三十癸好危

雲師前導副軍師南王馮
傳天父上主皇上帝眞神眞
聖旨勸慰師聖神風禾乃
師贖病主左輔正軍師東王楊

太平天国

傳救世聖主天兄耶
穌太子聖旨聖神雨蕭
右弼又正軍師西王
電師通軍主將義王石

戊午捌年　一

伏奏我
主我兄天王萬歲萬歲萬萬歲爲治曆定時事寔今
天父上主皇上帝開大恩差我
主降凡爲天下
太平主眞是
太平天日平勻圓滿無一些虧缺也故臣等造曆以
三百六十六日爲一年單月三十一日雙月三十
日 立春 菁明 芒種 立秋 寒露 大雪
俱十六日餘俱十五日我
天朝天国永遠江山萬萬年無有窮盡乃是
天父上主皇上帝差遣我
主降凡旨意也其餘從前曆書一切邪說歪例皆是
妖魔詭計迷陷世人臣等盡行删除蓋年月日時
皆是
天父排定年年是吉是良月月是吉是良日日時時亦總
是吉是良何有好歹何用揀擇凡大衆能眞心虔

戊午捌年　二

敬
天父上主皇上帝有天看顧隨時行事皆大吉大昌也今
臣等造曆既成謹獻我
主萬歲萬歲萬萬歲作主頒行

御批 准

奉
旨造戊午捌年新曆頒行天下

正月建　甲寅室宿
初一壬申畢　立春
初二癸酉觜
初三甲戌參
初四乙開井
初五丙子魁
初六丁好柳
初七戊寅星　禮拜

初八己桀張
初九庚辰翼
初十辛巳軫
十一壬午角
十二癸未亢
十三甲申氐
十四乙酉房　禮拜
十五丙戌心

十六丁開尾
十七戊子箕
十八己好斗　雨水
十九庚寅牛
二十辛桀女
二十一壬辰虛　禮拜
二十二癸巳危
二十三甲午室

二十四乙未壁
二十五丙申奎
二十六丁酉婁
二十七戊戌胃
二十八己開昴　禮拜
二十九庚子畢
三十辛好觜
三十一壬寅參

二月建　乙栄壁宿
初一癸榮井　驚蟄
初二甲辰魁
初三乙巳柳
初四丙午星　禮拜
初五丁未張
初六戊申翼
初七己酉軫
初八庚戌角
初九辛開亢
初十壬子氐
十一癸好房　禮拜
十二甲寅心
十三乙榮尾
十四丙辰箕
十五丁巳斗

十六戊午牛　春分
十七己未女
十八庚申虛　禮拜
十九辛酉危
二十壬戌室
二十一癸開壁
二十二甲子奎
二十三乙好婁
二十四丙寅胃
二十五丁榮昴　禮拜
二十六戊辰畢
二十七己巳觜
二十八庚午參
二十九辛未井
三十壬申魁

三月建　丙辰奎宿
初一癸酉柳　菁明
初二甲戌星　禮拜
初三乙開張
初四丙子翼
初五丁好軫
初六戊寅角
初七己榮亢

三月　戊午捌年　七

初八庚辰氐
初九辛巳房　禮拜
初十壬午心
十一癸未尾
十二甲申箕
十三乙酉斗
十四丙戌牛
十五丁開女

十六戊子虛　禮拜
十七己好危　穀雨
十八庚寅室
十九辛榮壁
二十壬辰奎
二十一癸巳婁
二十二甲午胃
二十三乙未昴　禮拜

三月　戊午捌年　八

二十四丙申畢
二十五丁酉觜
二十六戊戌參
二十七己開井
二十八庚子鬼
二十九辛好柳
三十壬寅星　禮拜
三十一癸榮張

四月建　丁巳婁宿

初一甲辰翼　立夏

初二乙巳軫

初三丙午角

初四丁未亢

初五戊申氐

初六己酉房　禮拜

初七庚戌心

初八辛開尾

初九壬子箕

初十癸好斗

十一甲寅牛

十二乙槩女

十三丙辰虛　禮拜

十四丁巳危

十五戊午室

十六己未壁　小滿

十七庚申奎

十八辛酉婁

十九壬戌胃

二十癸開昴　禮拜

二十一甲子畢

二十二乙好觜

二十三丙寅參

二十四丁槩井

二十五戊辰魁

二十六己巳柳

二十七庚午星　禮拜

二十八辛未張

二十九壬申翼

三十癸酉軫

五月建　戊午胃宿
初一甲戌角　芒種
初二乙開亢
初三丙子氐
初四丁好房　禮拜
初五戊寅心
初六已榮尾
初七庚辰箕

五月　戊午掛年　十一

初八辛巳斗
初九壬午牛
初十癸未女
十一甲申虛　禮拜
十二乙酉危
十三丙戌室
十四丁開壁
十五戊子奎

十六已好婁
十七庚寅胃　夏至
十八辛榮昴
十九壬辰畢　禮拜
二十癸巳觜
二十一甲午參
二十二乙未井
二十三丙申魁

五月　戊午掛年　十二

二十四丁酉柳
二十五戊戌星　禮拜
二十六已開張
二十七庚子翼
二十八辛好軫
二十九壬寅角
三十癸榮亢
三十一甲辰氐

六月建　己未昴宿

初一乙巳房
初二丙午心　小暑禮拜
初三丁未尾
初四戊申箕
初五己酉斗
初六庚戌牛
初七辛開女

初八壬子虛　禮拜
初九癸好危
初十甲寅室
十一乙榮壁
十二丙辰奎
十三丁巳婁
十四戊午胃
十五己未昴　禮拜

十六庚申畢　大暑
十七辛酉觜
十八壬戌參
十九癸開井
二十甲子魁
二十一乙好柳
二十二丙寅星　禮拜
二十三丁榮張

二十四戊辰翼
二十五己巳軫
二十六庚午角
二十七辛未亢
二十八壬申氐
二十九癸酉房
三十甲戌心

七月建　庚申畢宿
初一乙開尾　立秋
初二丙子箕
初三丁好斗
初四戊寅牛
初五己榮女
初六庚辰虛　禮拜
初七辛巳危

初八壬午室
初九癸未壁
初十甲申奎
十一乙酉婁
十二丙戌胃
十三丁開昴　禮拜
十四戊子畢
十五己好觜

十六庚寅參
十七辛榮井
十八壬辰魁　處暑
十九癸巳柳
二十甲午星　禮拜
二十一乙未
二十二丙申翼
二十三丁酉軫

二十四戊戌角
二十五己開亢
二十六庚子氐
二十七辛好房　禮拜
二十八壬寅心
二十九癸榮尾
三十甲辰箕
三十一乙巳斗

八月建　辛酉觜宿

初一丙午牛　白露

初二丁未女

初三戊申虛　禮拜

初四己酉危

初五庚戌室

初六辛開壁

初七壬子奎

初八癸好婁

初九甲寅胃

初十乙榮昴　禮拜

十一丙辰畢

十二丁巳觜

十三戊午參

十四己未井

十五庚申魁

十六辛酉柳　秋分　禮拜

十七壬戌星

十八癸開張

十九甲子翼

二十乙好軫

二十一丙寅角

二十二丁榮亢

二十三戊辰氐

二十四己巳房　禮拜

二十五庚午心

二十六辛未尾

二十七壬申箕

二十八癸酉斗

二十九甲戌牛

三十乙開女

九月建　壬戌參宿
初一丙子虛　寒露禮拜
初二丁好危
初三戊寅室
初四己栄壁
初五庚辰奎
初六辛巳婁
初七壬午胃

初八癸未昴　禮拜
初九甲申畢
初十乙酉觜
十一丙戌參
十二丁開井
十三戊子魁
十四己好柳
十五庚寅星　禮拜

十六辛栄張
十七壬辰翼　霜降
十八癸巳軫
十九甲午角
二十乙未亢
二十一丙申氐
二十二丁酉房　禮拜
二十三戊戌心

二十四己開尾
二十五庚子箕
二十六辛好斗
二十七壬寅牛
二十八癸栄女
二十九甲辰虛　禮拜
三十乙巳危
三十一丙午室

十月建　癸開井宿

初一丁未壁　立冬

初二戊申奎

初三己酉婁

初四庚戌胃

初五辛開昴　禮拜

初六壬子畢

初七癸好觜

初八甲寅參

初九乙榮井

初十丙辰魁

十一丁巳柳

十二戊午星　禮拜

十三己未張

十四庚申翼

十五辛酉軫

十六壬戌角　小雪

十七癸開亢

十八甲子氐

十九乙好房　禮拜

二十丙寅心

二十一丁榮尾

二十二戊辰箕

二十三己巳斗

二十四庚午牛

二十五辛未女

二十六壬申虛　禮拜

二十七癸酉危

二十八甲戌室

二十九乙開壁

三十丙子奎

十一月建　甲子魁宿
初一丁好婁　大雪
初二戊寅胃
初三己榮昴　禮拜
初四庚辰畢
初五辛巳觜
初六壬午參
初七癸未井
初八甲申魁
初九乙酉柳
初十丙戌星　禮拜
十一丁開張
十二戊子翼
十三己好軫
十四庚寅角
十五辛榮亢

十一月　戊午新年　卅三

十六壬辰氐　冬至禮拜
十七癸巳房
十八甲午心
十九乙未尾
二十丙申箕
二十一丁酉斗
二十二戊戌牛
二十三己開女
二十四庚子虚　禮拜
二十五辛好危
二十六壬寅室
二十七癸榮壁
二十八甲辰奎
二十九乙巳婁
三十丙午胃
三十一丁未昴　禮拜

十一月　戊午新年　卅四

十二月建　乙好柳宿

初一戊申畢　小寒
初二己酉觜
初三庚戌參
初四辛開井
初五壬子魁
初六癸好柳
初七甲寅星　禮拜

初八乙桀張
初九丙辰翼
初十丁巳軫
十一戊午角
十二己未亢
十三庚申氐
十四辛酉房　禮拜
十五壬戌心

十六癸開尾　大寒
十七甲子箕
十八乙好斗
十九丙寅牛
二十丁桀女
二十一戊辰虛　禮拜
二十二己巳危
二十三庚午室

二十四辛未壁
二十五壬申奎
二十六癸酉婁
二十七甲戌胃
二十八乙開昴　禮拜
二十九丙子畢
三十丁好觜

天王詔令

王世子臣下呼稱

幼王萬歲幼王妻呼稱幼娘娘，其妻〻稱幼王親。

第三子臣下呼稱

光王王三殿下永歲，光王妻呼稱光王娘

第四子臣下呼稱

明王王四殿下永歲明王妻呼稱明王娘，其妻親總稱貴親，臣下奏稱表奏、諭稱誥諭。

第五子臣下呼稱

王五殿下永歲

以下第六子至百子千子皆倣此類推

禮制

號世子臣下呼稱

幼王永歲其妻稱幼王娘，其妻親稱幼貴親。

號殿下臣下呼稱

某王號某殿下永歲，其妻稱某王娘，其妻親稱某親，臣下奏稱陳奏，諭稱諭旨

號殿下世子臣下呼稱，

嫡某王某殿下永歲，其妻稱嫡某王娘，其妻親稱嫡某親，臣下奏稱嫡陳奏，諭稱嫡諭諭飭，

殿下無嫡字，以別之，代代皆如是。

王長女臣下呼稱　天長金　王壻爵同王
第二女臣下呼稱　天二金
第三女臣下呼稱　天三金
第四女臣下呼稱　天四金
以下第五女至百女千女皆倣此類推
東世子臣下呼稱　東嗣君九千歲嗣君妻呼稱幼王娘其妻親稱幼昔視
第二子臣下呼稱　東二殿下爵千歲殿下妻呼稱某爵娘其妻親稱
第三子臣下呼稱　東三殿下爵千歲爵親臣下奏稱詩奏諭稱詩諭
以下第四子至百子千子皆倣此類推自
東殿下世子臣下呼稱　嫡某爵某殿下爵千歲其妻稱嫡某爵嫡其妻親稱嫡某爵親臣下奏稱嫡詩奏諭稱嫡語諭條殿下無嫡字以別之代代皆如是

禮制　二

西　南　干　翼　英忠贊侍輔璋　倣此類推
東長女臣下呼稱　東長金　東壻爵同義
第二女臣下呼稱　東二金
第三女臣下呼稱　東三金
以下四女至百女千女皆倣此類推
西世子臣下呼稱　西嗣君九千歲
第二子臣下呼稱　西二殿下爵千歲
第三子臣下呼稱　西三殿下爵千歲
以下第四子至百子千子皆倣此類推
西長女臣下呼稱　西長金　西壻爵同義
第二女臣下呼稱　西二金

第三女臣下呼稱　西三金
以下第四女至百女千女皆倣此類推
王長兒世子呼稱　王長嗣君九千歲長殿下臣下稱稟通諭稱謂諭
王次兒世子呼稱　王次嗣君九千歲次殿下臣下稱稟通諭稱謂諭
南世子呼稱　南嗣君千歲南殿下臣下稱稟通諭稱謂諭
干世子呼稱　干嗣君千歲干殿下臣下稱稟通諭稱謂諭
翼世子呼稱　翼嗣君千歲翼殿下臣下稱申報諭稱謁諭
英世子呼稱　英嗣君千歲英殿下臣下稱申報諭稱謁諭
忠世子呼稱　忠嗣君千歲忠殿下臣下稱申報諭稱謁諭
贊世子呼稱　贊嗣君千歲贊殿下臣下稱申報諭稱謁諭
侍世子呼稱　侍嗣君千歲侍殿下臣下稱申報諭稱謁諭

禮制　三

輔世子呼稱　輔嗣君千歲輔殿下臣下稱申報諭稱謁諭
章世子呼稱　章嗣君千歲章殿下臣下稱申報諭稱謁諭
王長女呼稱　王長金　長壻爵同安
王次女呼稱　王次金　次壻爵同安
南女呼稱　南金　南壻爵同安
干女呼稱　干金　干壻爵同安
翼女呼稱　翼金　翼壻爵同安
英女呼稱　英金　英壻爵同安
忠女呼稱　忠金　忠壻爵同安
贊女呼稱　贊金　贊壻爵同安
侍女呼稱　侍金　侍壻爵同安

輔女呼稱　　輔金　輔壻爵同安
章女呼稱　　章金　章壻爵同安
皆與東西一式臣下呼稱
王長次兄爲顯倫千歲
南干王爲福七千歲
翼英王爲禧喜千歲
忠王爲榮千歲
贊王爲燦千歲
侍王爲雄千歲
輔王爲威千歲
章王爲壽千歲　掌率稱奉教稱閣下稱禀白

義稱詠醒稱帳下稱禀敘
掌義安福燕豫至軍帥皆稱大人如掌義安則稱掌義安大人福
燕則稱福燕大人以下類推
師帥至兩司馬皆稱善人如師帥則稱師帥善人旅帥則
稱旅帥善人以下類推
掌義安福燕豫子至軍帥子皆稱公子但同稱公子亦有些
別如掌義稱掌義公子安子稱安公子福子稱福公子燕
子稱燕公子豫子稱豫公子侯子稱侯公子丞相子稱
丞公子以下類推
師帥子至兩司馬子皆稱將子但同稱將子亦有些別如
師帥子稱師將子旅帥子稱旅將子以下類推

掌義安福燕豫女至軍帥女皆稱玉但同稱玉亦有些別
如掌義女稱掌義玉安女稱安玉以下類推
師帥女至兩司馬女皆稱雪但同稱雪亦有些別如師帥
女稱師雪旅帥女稱旅雪以下類推
王世子及東西長次南干翼英忠贊侍輔璋各世子皆是
管理世間者也故均稱世子
宮城女及東西南干翼英忠贊侍輔璋各女皆是貴如金
者也故均稱金金貴也色美而不變者也
掌義安福燕豫至軍帥皆是公義之人故均稱其子曰公
子又皆是虔潔之人故均稱其女曰玉玉潔也色潤而

可寶者也
師帥至兩司馬皆是典兵之人故均稱其子曰將子又皆
是清淨之人故均稱其女曰雪雪脊也色白而可愛者也
女貞美女貞安女貞福女貞燕女貞豫女貞侯女丞相女
檢點女指揮女將軍皆稱貞人婦人以貞節爲貴者也
軍師及列王妻呼稱王娘掌妻呼稱貴姣義妻呼稱貴如
安福妻呼稱貴姑燕豫妻呼稱貴妘侯妻呼稱貴娉丞
相妻呼稱貴嬪檢點妻呼稱貴姒指揮妻呼稱貴姬將
軍妻呼稱貴嬙
欽命總制妻呼稱貴媼監軍妻呼稱貴姣軍帥妻呼稱貴

嫺師帥妻呼稱貴嫺旅帥妻呼稱貴婕卒長妻呼稱貴
妯兩司馬妻呼稱貴婢句
掌書奏侯妻加稱端人丞相妻王軍師妻加稱貞人師帥
妻王兩司馬妻加稱夫人
朕長兄次兄封王長兄　王次兄　嫂稱王嫂慶善伯纘奎伯
元玠伯蘐稱王伯　慶軒紹術叔輩一體同稱王叔
仁正兄仁賓稱王宗兄元清四福輩一體同稱王宗
兄貴妹夫及后宮父母伯叔兄弟輩一體同稱
王親細分之后宮父稱王丈后宮母稱王外母后宮伯
叔稱王外伯王外叔后宮兄弟稱王舅

朕岳丈天下人大同稱王丈岳母天下人亦大同稱王岳母
王岳與王岳兩相稱自因其長次則稱爲王親兄王親弟
千歲岳丈天下人大同稱某千歲貴丈岳母天下人亦大
同稱某千歲貴岳母
貴岳與貴岳兩相稱自因其等職譬如七千歲貴岳見九
千歲貴岳則稱東貴親兄又譬如八千歲貴岳會七千
歲福千歲喜千歲祿千歲榮千歲耀千歲雄千歲威千
歲壽千歲貴岳則稱南貴親弟翼貴親弟如此爲兄弟
相稱也
王岳丈與九千歲 七千歲福千歲喜千歲祿千歲榮千歲
耀千歲雄千歲威千歲壽千歲之貴岳會見八千歲貴
岳兩相稱應自因其長次同稱親家兄親家弟也
貴丈見王岳則稱王某岳
王岳會貴岳亦因其等職譬如會九千歲貴岳則稱東貴
弟會七千歲貴岳稱南貴弟如此則王岳爲兄貴岳爲
弟也
王岳母與王岳母兩相稱自因其長次則稱王親嫂王親
嬸
貴岳母與貴岳母兩相稱自因其等職譬如七千歲貴岳
母見九千歲貴岳母則稱東貴親嫂又譬如九千歲貴

岳母會七千歲福千歲喜千歲祿千歲榮千歲耀千歲
雄千歲威千歲壽千歲貴岳母則稱南貴親嬸千貴親
嬸翼貴親嬸英貴親嬸忠貴親嬸贊貴親嬸侍貴親嬸
輔貴親嬸章貴親嬸如此則爲嫂嬸相稱也
王岳母與九千歲七千歲福千歲喜千歲祿千歲榮千歲
耀千歲雄千歲威千歲壽千歲貴岳母會見八千歲貴
岳母兩相稱自因其長次同稱親家嫂親家嬸也貴岳
母見王岳母則稱王某岳母
王岳母會貴岳母亦因其等職譬如會九千歲貴岳母則
稱東貴嬸會七千歲貴岳母則稱南貴嬸會福千歲貴

岳母則稱千貴嬸會喜千歲貴岳母則稱翼貴嬸會祿
千歲貴岳母則稱英貴嬸會榮千歲貴岳母則稱忠貴
嬸會耀千歲貴岳母則稱贊貴嬸會雄千歲貴岳母則
稱侍貴嬸會威千歲貴岳母則稱輔貴嬸會壽千歲貴
岳母則稱章貴嬸顯千歲倫千歲貴岳貴岳母俱與七
千歲貴岳貴岳母同如此王岳母爲媲貴岳母爲嬸也
各宜凜遵欽此

禮制

天父天兄天王太平天國己未九年會試題
欽命文衡正總裁精忠軍師干王
寶製

天父上帝聖旨三星共照日出天禾王作主救人善爾們認得
禾救飢乃念日頭好上天
救人有方光其心以充其量而已夫人難明善天難得
上濟何以得救乎惟天父天兄天王作主直如星日之
照臨嘉禾之救飢耳嘗讀基督聖書云然乃世之光信
則愛光過於暗又云飢渴慕義者有福信則養生不惟
餅誠以天兄之出於天父猶日星之醒心路目道義之
充其靈體猶嘉禾之適口充腸然後知世有眞光實爲
天衢燭照萬物備我皆由食德飲和其心之泰然自安
居然有主不亦恬然在地如在天乎與哉天父上帝之
聖旨乎在昔西粵荷蒙天父勞心下凡欲光照人心分
人沐天父之恩渴救主之義飽天王之德故有此聖旨
遂不禁人睪然而深思矣以字形釋之三旁加共洪也
禾下添乃秀也王尙添人全也隱然寓眞主之聖名顯
然作民極之聖主玉食萬方豈徒然乎以字義詳之日
星能光人目示眞理能新民心也日出乎震示聖主之
出於東粵也禾救人飢示眞主救民飢溺也又隱然指
人心之景仰仍顯然醒愚民之望救天無二日且有以
也目無三光則茫然莫辨心無眞光則莫知適從故天
父上帝造三光而共照於天眞主天王合爺哥而共御
乎世人得生於斯世何幸而沐此榮光乎賴日頭之照
乎天衢正宜向往念眞道之引乎天路悉見康莊置身
恩德之中儼坐雲端之上矣田無嘉禾無以充腹飢心
無眞種無以飽其德故天父上帝降百穀於良田天兄
基督播眞道於心地人得沾於斯德者豈可不謝此隆
恩乎藉珍饈之養身忘乎物色閒道味於理窟不顧膏
粱留心眞道之內如在榮花之天矣與哉天父上帝聖
旨乎倘非聖神化心曷克認得聖主乎茲也陽明著而
陰族消天理昭彰何患妖氛之不滅而不沾化日之光
稂莠除而嘉禾植品物尙然應見多穗之多岐而祥兆
豐年之瑞吾儕得生覆載者千百世之下亦宜知認眞
念實乃好尙乎高天矣

本軍師自幼習舉子業近已此調不彈茲恭奉
聖命總典秋闈揭題後因窺見
天父聖旨至深至奧思欲逐一發明爰摒昧毫一揮而就見獵
心喜爲之粲然
自註

誼諭京都內外大小官員兵士人等一體知悉照得
開新朝必須新政，從前之妖習俱除，奉
天命而合
天心，此日之鴻規復整，
本軍師荷蒙
天父天兄大開天恩，
眞聖主大開聖恩，畀以重任，未遑寧處，誠恐無以仰副
聖心，故將數年來欲白愚衷，擬作檄文恭獻
聖覽，乃蒙我
主降照，胞作誼諭頒行可也，欽此等因，今已遵
旨繕成，頒行天下，咸使聞知，
從來中国所稱爲花夏者，謂
上帝之聲名在此也，又號爲
天朝者，爲神国之京都于茲也，堂堂中土，亘古制匈奴，烈
烈神州，豈今宥胡狗，乃有韃靼妖出，則文武衣冠，異
於往古，父母毛髮，強爲毀傷，口其言語，說甚麽巴圖
魯之鬼號，家有倫類，毒受那滿洲狗之淫污，正宜遵
中国，攘北狄，以洗二百載之蒙羞，歸
上帝扶
天王以復十八省之故土，柰何棄

天父之大德，眞不知懺，忘其身之爲花，恬不知怪，豈不癡哉。誠
堪悼矣。
本軍師微時，每與
眞聖主論及此事，未嘗不嘆中国之無人，而竟受制於韃
妖也。茲者
天道好還，人心向化，憐新棄舊，否極泰來，故
天父上帝命
眞聖主於天酉之年，
天兄基督主戰妖於起義之日，
簡命既膺，妖魔妖人，無不破，

二

帝心既眷，良臣良弼，以俱來，且也賜璽賜劍，久徵　明命於
天。霆，天將天兵，素昭征伐，於天討，百鳥來王於
幼主室，閃紅光，和風獻瑞於洞庭，浪舖碎錦，自金田而
至　天京，勢如破竹，越銅關而掃鐵卡，所向無前，豈
人力所能蕩除，實天功之所殲滅，從知將相無種，以
眞道爲種，
天王有眞以
帝命爲眞也。夫凡我同人，誕生斯世者，正宜上體
天心，以邀　天眷，下思
主德，以報　主恩，或爲干城之選，則當奏績於疆場，或爲
禮樂之司，則宜建功於名教，凡有微長末技，均當踴
躍爭先，況我
眞聖主，文武同科，鹿鳴與鷹揚並重，宗藩篤愛，金枝與玉
葉交輝，異姓者儼若同胞，永爲腹心之寄托，同姓者
更聯一體，當效手足之勤勞，而且委勳任乎掌率，則
信任尊而朝綱秉正，
聖躬可免叢脞之虞，百職各有分司，則慎勤矣而庶績咸
熙，朝野共享太平之福，至於胡虜之擾亂中国也，叛
上帝而拜妖魔，重奸邪而背眞道，賣官鬻爵，那憐十載寒窗，免
稅復輸，不知稼穡艱苦，兵柄盡屬滿洲，英雄束手，大

三

權都通妖總，博士低頭，月俸少而刻剝多，職卑尤苦，
陽受官而陰削職，文札難憑，欲出仕於妖門，動牽荆
棘，欲隱跡於隴畝，無地容身，況服胡服而冠奴冠，於
心何忍忘，
眞主而跪妖韃，誓死難從，凡此淫污滿地，竹簡難窮，諸如
罪惡滔天，江河莫洗，此皆
本軍師十載風塵，深識妖邪誑弊，五副歷覽，洞知黎
庶艱辛，願效愚忠，於
天国，不憚涉水登山，榮膺寵爵於　天朝，急欲載賜獻曝，
弟等元勳功臣，宗親兄弟，切宜自愛，以副

天父天兄之仁，更當協力以慰
聖主蒼生之望。至於殘妖作怪，難逃
天鑒之誅，強項不馴，豈敵
聖神之剿，待至餘醜盡除，太平一統，論功行賞，錫爵酬庸，豈不
美哉，亦云樂矣。各宜稟之遵之，幸弟毋怠毋忽。

四

克敵誘惑論

世上誘惑不能免，人心誘惑不能無。降生以後，未昇以前，無處不是誘惑之境，無時不生誘惑之心。耳目縱絶外誘之情，心思難割内惑之念。實由厥初生民之日，既染私欲爲罪根，遂至母胎懷妊之時，亦有誘惑爲原因矣。故孩童先學惡言，父母喜其啓口；少壯肆其惡意，鄉井稱之曰能。人與人相爲引誘，心與心相爲滋惑，誘惑多而罪惡衆，罪惡衆而苦逆興。一端既往，一端復來，以致四海之大，六合之廣，無一人不在誘惑苦逆中也。原夫誘惑之來，皆因人心無定，舟無舵而漂蕩無蹤，物無堅而腐朽必速，身無家則流離失所，心無主則誘惑能搖。始則邁而終則棄，人人皆然；聽則從而行則違，心心若是。欲爲物誘，天良日剝而日虧；惑念一萌，私欲愈熾而愈熾，良心絶滅於内。内爲魔鬼之舊物，欲錮結於心，心非
上帝之殿，於是意想所及，皆爲迷惑之端；言行所彰，都爲引誘之藥。一人作偏於前，舉世效尤於後，互相肆毒，則毒氣日騰，
帝怒惡逆，則苦逆畢集，雖至密之室，至嚴之地，而誘惑苦逆無不得而入之。倘不因此而生愧悔之心，則禍無底止，

五

而福從何來而無慰心之術惶恐時多外有束身之
條歡娛日少生或免於刑誅死定難逃永苦已愛弟
乎古人云防意如防城勉乎哉今我儕勝惑即勝敵
心或醒而祈禱宜堅以防魔不睡而來攻乘間即至
敬
天愛民之事千萬多爲忠
主孝親之忱時刻勿放說一句主張擔當萬愁俱散呼一
聲
天父救主萬苦皆消諸凡惑心亂耳之說屏於九霄之外一切
炫目迷亂之嬖絕於方寸之中則勝邪之方由此而
得即勝敵之策由此而成以此克邪何邪不克以此
滅敵何敵不滅也夫惟是衣不洗則垢不除刀不磨
則鋒不銳歷世之榮非苦不得　天堂之福不苦何
來各宜克敵誘惑先爲自固稟此轉攻妖魔立見太
平矣是爲論

前有爲將者具稟求教用兵之法小弟姑舉兵要四
則以答所求且教以留心推行幸勿笑爲紙上談兵
可也但未知有當與否恭錄
聖覽。
爲將有爲將之學問。
雨晴風霧皆爲兵具山原林坎亦是武經。喜怒哀樂。
爲用兵之策智仁勇義乃勝敵之謨雖云兵者詭道
也益慎於平素而詭在一時此孔明之學問能百戰
百勝也。
爲將有爲將之道德。
兵不在多而在得力然所以得人力而人皆聽令者
在主將有以服之耳究亦非一朝一夕之故必平日
有恩於人如士卒死吳起之憐病衆人進余闕以身
先馬謖雖死而不怨李嚴見黜而無詞也更有民則
簞食壺漿商則市肆無驚豈非仁聲素著信義先行
者所能如此哉
爲將有爲將之法律。
孔明之所以見稱今古者惟器使羣材賞罰嚴明八
字而已蓋器使則人無亂法嚴明則人皆服法無亂
而服即效命取勝之根也

爲將要知蓄銳之方
蓋兵者勢也因其勢而導之則一往莫遏故孔明每
多激將之言不激則勢不銳岳飛身先士卒激以仁
義關張趙雲威聲素著故得迎刃而解卽我
天朝初以
天父眞道蓄萬心如一心故衆弟祇知有
天父兄不怕有妖魔鬼此中奧妙無人知覺今因人心冷淡故
銳氣減半耳
東王西南翼王羅大綱等所以屢戰屢勝者亦先聲奪
人聞風而氣推之古昔兵之得勝於進退驕誘者無

非由蓄威而得也又云師克在和不和則人心不一
不一則渙何蓄銳之有故廉藺相和而秦有十五年
不敢出函谷關者此也信斯言也雖有些須失錯不
宜妄生議論以惑軍心宜如田單之說有神兵下降
以復齊七十餘城切不可有漏洩軍機如自鑿船底
令水入艙者也至於各邦各省情形以及軍國精細
等事非紙筆所能罄述又非目前所急務者惟願衆
弟量度時勢二字以行所當行可也

知罪

知某年某月某日有言所不當言做所不當做聞所
不當聞看所不當看想所不當想者俱是犯天條之
罪不可不知也况有忘却降生靈改與禽獸草木大
不相同之恩又忘却化生保養牽帶成人之恩更忘
却累
天兄基督下凡被釘伐罪之恩亦是背逆之罪尤不可不知
也

悔罪

知一罪則痛恨一回如搥胸疾首誓改前愆乃是悔
罪不是口稱悔而心不悔也
天兄云若爾眼犯罪則挖而去之單眼上天堂勝於双眼落
地獄若爾手犯罪則斲而去之單手上天堂勝於双
手落地獄甚矣悔罪之嚴也可不眞心痛改乎

改罪

不知罪則不能悔罪既悔罪則當改罪蓋不改則罪
仍在雖悔如未悔也改者改去從前之過不敢再犯
是爲眞改也

赦罪

有眞知罪眞悔罪眞改罪之行方可望
天父赦罪之恩也凡在人前認錯尚肯赦罪豈在
天父之前認錯有不肯赦乎必赦罪矣

贖罪

天父肯赦罪然後
天兄得代贖罪若
天父不肯赦我們必哀求
天兄轉求
天父得
天父看
天兄功勞體面則必准其擔當衆小罪惡矣譬如欲見
天王必得其　肯准及侍臣引讌然後得見欲求
天父必先求
天兄轉求然後蒙其救罪贖罪之恩也

無罪

自己肯真心悔改
天父肯　恩准赦贖則罪孽交與
天兄擔當矣不知消歸於九霄之外矣人或爲我責吾無德於心矣惟日謳歌讚美而已矣

受福

罪净然後可以受福猶之器净然後可以載珍饈倘身有惡臭必不宜著好衣豈蓄有罪惡獨能受天福乎福自天來乃至寶至榮之極豈妄與罪人享之乎衆兄弟姊妹靜思之是乎不是必於上六罪字先用功則不求福而福自至不避禍而禍自遠矣當時
天兄基督救世主見衆則登山而坐門徒就之啓口詔之曰虛心者福矣以　天国乃其国也憂悶者福矣以其將得慰也溫良者福矣以其將得土也飢渴慕義者福矣以其將得飽矣矜恤者福矣以其將見矜恤也清心者福矣以其將見
上帝也和平者福矣以其稱爲
上帝子類也爲義而見窘逐者福矣以　天国乃其国也爲我而受人詬誶害衆惡言誹謗者福矣以在　天爾得賞者大也當忻然受之蓋人窘逐先知自昔已然

小子　跪在地下讚美我
天父聖神皇上帝暨救世主天兄基督
天父上帝無所不知無所不能無所不在至公義至慈悲者也。
當初六日造成天地山海萬物於今風晴雨露化生
萬物保養全世界之人自古及今無一人一物不沾
化生保養之德但無一人知得感謝
天父上帝之恩如此忘恩背本得食瞞　天眞是　天堂罪人
地獄材料理應即時罰下地獄受那些不死之蟲所
咬不滅之燒所燒永遠受無窮無盡之苦矣當此之
時我
天父上帝欲盡滅之而在慈悲之心有所不忍欲不滅之而在
公義之法歸於無有界此兩難之間不得已割下至
尊至貴之太子耶穌基督由天降地生子貞女馬利
亞之胎在世三十三年招十二門徒教以
天父救世之聖旨使人悔罪改過可蒙代贖罪之恩後來果然
被惡人釘死十字架上流其寶血受盡千般凌辱萬
種淒涼代普天下萬邦弟妹贖罪使凡信而受洗者
可以得救昇天堂享福不信者定然沉淪地獄後又
葬在墓墳三日復生四十日昇天於今坐在
天父權能殿右凡有誠心求

天父赦罪賜福者
天兄基督必代其人轉求
天父天父亦必看其功勞體面准赦前愆施賜　聖神感化其
心開其茅塞使其有聰明力量信實
天父救主戰勝妖魔仇敵遠走他方
天父上帝如此愛及我等小可微末罪人其恩其德其榮其福
實在高過天厚過地深過海我衆小雖粉骨碎身不
能報答萬萬分之一矣但到如今敬信者少而從妖
者多故
天父天兄斟酌又差我
主天王降生中国丁酉年復詔昇天叫見
天父教以當行之事至今我等弟妹得蒙
天父恩威一路牽帶來京也
天父乎天兄乎豈至于今又不愛乎
天父縱不愛衆小猶可言也但
天父聖心亦忍之乎
天父乎天兄乎主說主之聖旨成行在地如在天焉又說二三
人同心合意不論何求朕
天父必成就之今我衆小拿實
天兄基督應承之言係赦罪賜福之事必有以給賜我們方

可少息不然則我們弟妹將日夜哭泣噪鬧我
天父矣求我
天父天兄大開天恩保佑我
主天王幼主江山早定福音早行普天下之人盡爲
天父好子女
天兄好弟妹天国好百姓今世有榮光來生有永福及我們
父母兄弟子女宗親不論外邦中国住居遠近皆托
天父權能之手保佑個個平安有衣有食無災無難永得昇天
皆賴
天兄基督十字架流血贖罪大功勞轉求
天父聖旨允准赦罪賜福世世靡既我
主江山萬萬年是心所願也
此新禱文每人各存一篇念後不必燒化不論公衆
私家自己拜
天父時皆可照此誠心備在
天父膝下祈求朝晚如是久後必得
天父天兄凡教導賜福無窮矣衆弟妹勉之祈求
天父宜如孩子求慈母一般不得則哀哭以求之必有感發其
慈悲之心俯准所求耳

太平天国己未九年新鐫

欽命文衡正總裁開朝精忠軍師干王洪 製

資政新篇

旨准頒行

天国開朝精忠軍師殺右軍干王洪　諠諭

照得治国必先立政而為政必有取資

本軍師恭膺

聖命總理　朝綱爰綜致治大略編成資政新篇一則恭

獻

聖鑒已蒙

旨准並蒙

聖照此篇傳鐫刻官遵刻頒行今已遵

旨將原奏刊刻頒行咸使聞知

小弟仁玕跪在我

眞聖主萬歲萬歲萬萬歲陛下奏為條陳款列善鋪国政

以新民德並跪請

聖安事緣小弟自粵來　京不避艱險非圖爵祿之榮實

欲備陳方策以廣

聖聞以報

聖主知遇之恩也夫事有常變理有窮通故事有今不可

行而可豫定者為後之福有今可行而不可永定者

為後之禍其理在于審時度勢與本末強弱耳然本

末之強弱適均視乎時勢之變通為律則自今而至

後自小而至大自省而至国自国而至萬国亦無不

可行矣其要在於因時制宜審勢而行而已茲謹將

所見聞者條陳于後以廣

聖聞以備

聖裁以資国政庶有小補云爾

昔周武有弟名旦作周禮以肇八百之畿高宗夢

帝賚弼致殷商有中葉之盛惟在乎設法用人之得其當耳蓋

用人不當適足以壞法設法不當適足以害人可不

慎哉然于斯二者並行不悖必于立法之中得乎權

濟試推其要約有三焉一以風風之一以法法之一

欽定此策是也

以刑刑之三者之外又在奉行者親身以倡之眞心以踐之則上風下草上行下效矣否則法立弊生人將效尤不致作亂而不已豈法不善歟實奉行者毀之爾

用人察失類

一禁朋黨之弊

朝廷封官設將乃以護国衛民除姦保良者也倘有結盟聯黨之事是下有自固之術私有倚恃之端外爲假公濟私之獘內藏弱本強末之弊爲兵者行此而爲將之軍法難行爲臣者行此而爲君之權謀下奪良

民雖欲深倚於君無柰爲所隔絶是不可以不察也倘欲眞知其爲朋奸者每一人犯罪必多人保護隱瞞則宜潜消其黨勿露其形或如唐太宗之責尉遲恭以漢高故事或如漢文之賞吳不會而賜杖以愧之亦保全之一道也若發洩而不能制反遭其害貽禍不淺矣倘至兵強国富俗厚風淳之日又有朝發夕至之火船火車又有新聞篇以洩姦謀縱有一切詭弊難逃

太陽之照矣

甚矣習俗之迷人賢者不免况愚者乎卽至愚之蠢

欽定此策是也

亦有好勝之心必不服人所教且觀今世之江山竟是誰家之天下無如我中花之人忘其身之爲花甘居韃妖之下不務實學專事浮文良可慨矣請試言之文士之短簡長篇無非空言假話下僚之稟帖面陳俱是讒諂讚譽商賈指東說西皆爲奸貪詭譎農民勤儉誠樸目爲愚婦愚夫諸如雜教九流將無作有凡屬妖頭鬼卒喉舌糢糊到處盡成荆棘無往不是陷坑倘得眞心實力衆志成城何難親見太平景象而成爲千古英雄復見新天新地新世界也夫

風風類

夫所謂以風風之者謂革之而民不願興之而民不從其事多屬人心朦昧習俗所蔽難以急移者不得已以風風之自上化之也如男子長指甲女子喜纏脚吉凶軍賓瑣屑儀文養鳥鬥蟀打鵪賽勝戒箍手鐲金玉粉飾之類皆小人驕奢之習諸如此類難以杖舉禁之不成廣大之體民亦未必凜遵不禁又爲敗風之漸惟在在上者以爲可恥之行見則鄙之忽之遇則怒之撻之民自厭而去之是不刑而自化不禁而自弭矣倘民有美舉如醫院禮拜堂學舘四民院四疾院等上則親臨以隆其事以奬其成若無此

與則詔諭宣行、是厚風俗之法也、如毀謗譖妒等弊
皆由風俗未厚、見識未廣、制法未精、是以人心虞擬
不平而鳴矣、又如演戲鬥劇、菴寺和尼、凡此等弊則
立牧司教導官、親身教化之、憐憫之義怒之、務去其
心之惑、以拯其迷也、中地素以驕奢之習為寶、或詩
畫美艷、金玉精奇、非一無可取、第是寶之下者也、夫
所謂上寶者、以
天父上帝、
天兄基督、聖神爺之風、三位一體為寶、一敬信間、聲色不形、
肅然有律誠、以此能格其邪心、寶其靈魂、化其愚蒙、

寶其才德也、中寶者、以有用之物為寶、如火船、火車、
鐘鏢、電火表、寒暑表、風雨表、日晷表、千里鏡、量天尺、
連環鎗、天球、地球等物、皆有奪造化之巧、足以廣聞
見之精、此正正堂堂之技、非婦兒掩飾之文、永古可
行者也
且夫談世事、足以闊人心、論九流、足以惑眾志、釋聃
尚虛無、尤為誕妄之甚、儒教貴執中、罔知人力之難
皆不如福音真道、有公義之罰、又有慈悲之赦、二者
兼行在於
基督身上擔當之也、此理足以開人之蒙蔽、以慰其心、又足

以廣人之智慧、以善其行、人能深受其中之益、則理
明欲去、而萬事理矣、非
基督之弟徒、
天父之肖子乎、究亦非人力所能強、必得聖神感化而然也
上帝之名、永不必諱、
天父之名、至大至尊至貴至仁、至義至能至知、至誠至足至榮、
至權、何碍一名字、若說正話講道理、雖千言萬語、亦
是讚美、但不得妄稱、及發誓褻瀆而已、若諱至數百
年之久、則又無人識
天父之名矣、況

爺火華三字、乃猶太土音譯、即自有者三字之意、包涵無所不
知、無所不能、無所不在、自然而然、至公義至慈悲之意也
上帝是實有自天地萬有而觀及
基督降生而論、是實有也、蓋
上帝為爺、以示包涵萬象、
基督為子、以示顯身指點、
聖神上帝之風亦為子、則合父子一脉之至親、蓋子亦是由父
身中出也、豈不是一體一脉哉、總之謂為
上帝者、能形形、能象象、能天天、能地地、能始終萬物、而自無始
終、造化庶類、而自無造化、轉運四時、而不為時所轉、

旨准

欽定

變通萬方而不爲方所變、可以名指之曰自有者、卽
大主宰之
天父上帝、救世主如一也、蓋子由父出也、視子如父也、若諱此
名則此理不能彰矣

法法類

所謂以法法之者、其事大關世道人心、如綱常倫紀
教養大典、則宜立法以爲準焉、是下有所趨、庶不陷
於僻矣、然其不陷於僻而登於道者、必又教法兼行、
如設書信館以通各省郡縣市鎮公文、設新聞館以
收民心公議及各省郡縣貨價低昂、事勢常變、上覽

之得以資治術、士覽之得以識變通、商農覽之得以
通有無、昭法律、別善惡、勵廉恥、表忠孝、皆借此以行
其教也、教行則法著、法著則知恩、於以民相勸戒、才
德日生、風俗日厚矣、此立法善而施法廣、積時久而
持法嚴、代有賢智以相維持、民自固結而不可解、天
下永垂而不朽矣、然立法之人、必先經磨鍊、洞悉天
人性情、熟諳各国風教、大小上下、源委重輕、無不了
然於胸中者、然後推而出之、乃能穩愜人情也、若恐
其久而有差、更當留一律、以便隨時損益小紀、彰明
大綱也、蓋律法者、無定而有定、有定而無定、如水之

軟、如鉄之硬、實如人心之有定而無定、世事之無定
而有定、此立法所以難也、此生弊所以易也、然則如
何而後可以立法、蓋法之質、在乎大綱、一定不易、法
之文在乎小紀、每多變遷、故小人壞法、常窺小者無
備而掠爲己有、常借大者之公以護掩己私、然此又
在奉法執法行法之人、有以主之、有以認眞耳、至立
法一則、閣下自可心領神會、而法在其中矣、
又有柔遠人之法、凡外国人技藝精巧、国法宏深、宜
先許其通商、但不得擅入旱地、恐百姓罕見多奇、致
生別事、惟許牧司等並教技藝之人入內、教導我民、

但准其爲国獻策、不得毀謗国法也、英吉利、卽俗稱
紅毛邦、開邦一千年來、未易他姓、於今稱爲最強之
邦、由法善也、但其人多有智力、驕傲成性、不居人下、
凡於往來言詞文書、可稱照會、交好、通和、親愛等意、
其餘萬方來朝、四夷賓服及夷狄戎蠻鬼子、一切輕
汚之字、皆不必說也、蓋輕汚字樣、是口角取勝之事、
不是經綸實際、且招禍也、卽施於枕近之暹羅、交趾、
日本、琉球之小邦、亦必不服、實因人類雖下、而志不
願下、卽或愿下、亦勢廹之耳、非忠誠獻曝也、如必欲
他歸誠獻曝、非權力所能致之、必內修国政、外示信

義斯爲得爾，此道實爲高深廣遠也。㸃現有理雅名
湛孖士、米士威太人、俾士、台信覺士、濱先生、蔡維廉、
艾約瑟、韋律衆先生，與小弟相善也。
花旗邦即米利堅，禮義富足，以其爲最。其力雖強，而
不侵陵鄰邦。有金銀山，而招別邦人來採。別邦人有
能者，册立爲官，是其義也。邦長五年一任，限以俸祿，
任滿則養尊處優。各省再舉，有事各省總目公議，呈
明決斷。取士、立官、補缺及議大事，則限月日，置一大
櫃在中廷，令凡官民有仁智者寫票公舉，置於櫃內，
以多人舉者爲賢能也，以多議是者爲公也。其邦之

跛盲聾啞、鰥寡孤獨，各有書院，教習各技。更有鰥寡
孤獨之親友，甘心爭爲善事者，愿當衆立約保養，國
中無有乞丐之民，此是其禮儀、其富足也。現有羅孝
全、治文、花蘭芷、高先生、晏先生、贊臣先生、寡先生，與
小弟相善也。
總論二邦，其始出於英吉利邦，後因鬭埠，花旗日以
日盛，而英邦欲有以制之，遂不服其轄，因而戰勝英
邦，故另立邦法，而不統屬焉。數百年來，各君其邦，各
子其民，皆以
天父上帝

耶蘇基督立教，而花旗之信行較實，英邦之智強頗著。所以
然者，因花旗富足，不待外求，可常守禮法也。英邦用
繁，必須外助，故多退才智也。
日耳曼邦內分十餘邦，不相統屬，亦無侵奪。信奉
天父上帝、耶蘇基督尤慎，其人有太古之風，故國不甚威，而德
則獨最也。亦有大船往各邦貿易，即各邦之君臣亦
肯信任其人辦事，因其人不苟於進退，最信
皇上帝救世主，而不喜戰鬥，願守本分也。現有黎力居、韋牧司、
葉納清、韓士伯，又有一位忘其名，與小弟相善也。風雨
票、寒暑針，先出此邦之花蘭溪。辨正教，亦出此邦之

路得也。
瑞邦、丁邦、羅邦純守
耶蘇基督之教。其髮老少多白，中年多黃，相品幽雅，誠實寬
廣，有古人遺風焉。惟瑞国有一韓山明牧司，又名咸
北者，與小弟相善。其人並妻子皆升天，各邦多羨其爲
人焉，愛弟獨厚。其徒皆客家，多住新安縣地也。
佛蘭西邦亦是信
上帝
耶蘇基督之邦，但其教多務異跡奇行，而少有別，故其邦今
似半強半美之邦，但各邦技藝多始於此，至今別邦、

雖精而佛邦亦不在下、但其教尚奇異品學遜焉、人
不之重、惟與英爲婚姻之邦相助相善而邦勢亦強
與弟無相識者因道不同也
此邦之人不信
土耳其邦東南卽古之猷太邦也西北近俄羅斯因
耶蘇基督爲救世主、仍執摩西律法、不知變通故邦勢不振、
而於丙辰年、爲俄羅斯所侵幸英佛二邦相助得免
於禍此邦爲
天兄降生聖地將來必歸
基督蓋新遺詔書有云俟萬邦歸信後而以色列知愧恥焉

資政新篇　十二

今猶太人因
耶蘇基督升天四十年後、遣
上帝怒罰驅逐出外凡信
基督耶蘇者亦逃出外邦至今各邦皆有猶太人、以爲之證
據亦
天父之意也卽中邦而論河南開封祀祥符縣內、多有猶太人
攷羊皮書、爲猶太字跡者不少但其人自宋迄今多
歷年所、亦徒存其禮、而不識其字不知其實意爲問
其因何行此教則答以望
基督救世主降生凡各邦之猶太人亦如是不信

救世主之旣生於一千八百五十九年之前也
俄羅斯邦其地最廣、二倍於中邦、其教名天主教雖
信
耶蘇基督而類于佛蘭西之行也百餘年前亦未信
天兄屢爲英佛瑞羅日耳曼等国所廹故遣其長子僞裝凡
民到佛蘭西邦學習邦法火船技藝數年回邦無人
知其爲俄之長子也及歸邦之日大興政教百餘年
來聲威日著今亦爲北方冠冕之邦也
波斯邦在猶太之東南其人拜
上帝所造之一物卽太陽也不食犬豬亦信妖佛焉今雖名爲

資政新篇　三

波斯人其地實歸於別邦亦恬不爲恥其人祇求富
貴不爭榮華故流落他方隨人轉移毫無貞節一如
今之中邦從前受制滿洲恬不知怪所以然者各自
爲己而少聯絡之法也
埃及邦卽麥西邦在猶太西南方有紅海爲界其地
周歲無寒而夏最炎熱有山名亞喇伯爲萬国最高
大者昔挪亞方舟卽擱於此山也四時有雲龍罩少
見山巔而埃民未曾見過雨雪聞過雷聲其地少泉
而多沙漠但到春夏交際山頭雪溶布飛瀑四奔流
農民于水將退之先在水面布種下田待盡退時則

苗旣浡然與之矣所以然者因山高接熱雲氣昇騰凍結于嶺四時不散故雨不施于曠野雷不奮于地中亦常凝于高峯雪無飄于熱地也今其人尊約瑟摩西爲聖人名回回教蓋

天父上帝前現權能與二人至今猶有遺風焉

暹羅邦近與英邦通商亦能倣造火船大船往各邦採買今亦變爲富智之邦矣

日本邦近與花旗邦通商得有各項技藝以爲法則將來亦必出於巧焉

馬來邦秘魯邦澳大利邦新嘉波天竺邦前西藏後西藏蒙古滿洲皆信佛教拜偶象故其邦多衰弱不振而名不著焉雖滿洲前盜據中地蒙古之地亦不敢直認爲滿洲固有之物故不見稱於各邦也不過中国從前不能爲東洋之冠冕暫爲失色㝵可旣已

以上畧述各邦大勢足見綱常大典教養大法必先得賢人創立大體代有賢能繼起而擴充其制精巧其技因時制宜度勢行法必永遠不替也倘中邦人不自愛惜自暴自棄則鷸蚌相持轉爲漁人之利那時始悟兄弟不和外人欺国人不和外邦欺侮之晚矣爲不乘此有爲之日奮爲中地倡以頂

資政新篇　十三

欽定此策　殺絕妖魔　行兼遵　此策是也

天父天兄綱常太平一統江山萬萬年也

一要自大至小由上而下權歸於一內外適均而敷於衆也又由衆下而達於上位則上下情通中無壅塞弄弊者莫善於准賣新聞篇或暗櫃也法式見下

一興車馬之利以利便輕捷爲妙倘有能造如外邦火輪車一日夜能行七八千里者准自專其利限滿准他人倣做若彼願公於世亦禀准遵行免生別弊先於二十一省通貳十一條大路以爲全国之脉絡通則国家無病焉通省者濶三丈通郡者濶二丈五尺通縣及市鎭者濶二丈通大鄉村者濶丈餘差役時領犯人修葺崩破之處二十里立一書信舘愿爲者請餉而設以爲四方耳目之便不致上下梗塞君民不通也信資計文書輕重每二十里該錢若干而收其書要在某處交遞者車上車下各先束成一捆至郞五相交訖不能停車俄頃因用火用氣用風之力大猛也雖三四千里之遙亦可朝發夕至縱有小寇窃發豈能漏網乎

一興舟楫之利以堅固輕便捷巧爲妙或用火用氣用力用風任乎智者自創首創至巧者賞以自專其利限滿准他人倣做若愿公於世亦禀明發行兹有火

此策是也

資政新篇　十四

此策是也

此策是也

此策是也

船、氣船一日夜能行二千餘里者、大商則搭客運貨、国家則戰守緝捕、皆不數日而成功、甚有裨於国焉、若天国興此技、黃河可疏通、其沙而流入於海、江淮可通有無而緩急相濟、要隘可以防患、凶旱水溢可以救荒、国内可保無虞、外国可通和好、利莫大焉、

一興銀行、倘有百萬家財者、先將家貲契式票報入庫、然後准頒一百五十萬銀紙、刻以精細花草、蓋以国印圖章、或銀貨相易、或紙銀相易、皆准每兩取息三釐、或三四富民共請立、或一人請立、均無不可也、此舉大利於商賈士民、出入便於攜帶、身有萬金、而人不覺、沉於江河、則損於一己、而益於銀行、財寶仍在也、即遇賊刼、亦難驟然挐去也、

一興器皿技藝、有能造精奇利便者、准其自售、他人倣造、罪而罰之、即有法人而生巧者、准前造者收爲已有、或招爲徒焉、器小者賞五年、大者賞十年、益民多者年數加多、無益之物、有責無賞、限滿他人倣做、

一興寶藏、凡金銀銅鐵錫煤鹽琥珀蠔殼琉璃美石等貨、有民探出者、准其稟報、爵爲總領、准其招民探取、總領獲十之二、国庫獲十之二、採者獲十之六、爲倘寶有豐歉、則採有多少、又當視所出如何、隨時增減、

資政新篇　五

此策是也

此策現不可行、恐招妖魔[illegible]機、反間依較、絕妖妖後、行未遲也

不得匿有爲無也、此爲天財地寶、雖公共之物、究亦枕近者之福、小則准鄉、大則准縣、尤大者准省及省外之人來採也、有爭鬥搶奪他人之所先者、准總領及地方官嚴辦、務須設法妥善焉、

一興郵亭、以通朝廷文書、書信館以遞各色家信、新聞館以報時事常變物價低昂、只須實寫、勿着一字浮文、倘有沉沒書扎銀信及僞造新聞者、輕則罰、重則罪、郵亭由國而立、餘准富民納餉稟明而設、或本處刊賣、則每日一篇、遠者一禮拜一篇、越省則一月一卷、註明某處某人某月日刊刻、該錢若干、以便遠近採買、

一朝廷考察、若探未實者、註明有某人來說、未知是否、俟後報明字樣、則不得責之也、

一興各省新聞官、其官有職無權、性品誠實不阿者、官職不受衆官節制、亦不節制衆官、即賞罰亦不准衆官褒貶、專收十八省及萬方新聞篇、有招牌關記者以資
聖鑑、則奸者股慄存誠、忠者清心可表、於是一念之善、一念之惡、難逃人心公議矣、人豈有不善、世豈有不平哉、

資政新篇　六

是
一興省郡縣錢穀庫，以司文武官員俸值公費，立官司理，每月報銷，除俸值外有妄取民財一文者議法。

是
一興市鎮公司，立官嚴正以司工商水陸關稅，每禮拜呈繳省郡縣庫存貯，或市鎮公務支用，有爲己私抽者議法。

是
一興士民公會，富貴善義仰體
天父天兄好生聖心者，聽其甘心樂助，以拯困扶危並教育等件，至施捨一則，不得白白妄施，以沽名譽，恐無良節者一味望恩，不自食其力，是滋弊也，宜令作工以受所值，惟廢疾無所歸者准白白受施。

是
一興醫院以濟疾苦，係富貴好善仰體
天父天兄聖心者題緣而成其舉，立醫師必考取數場，然後聘用，不受謝金，公義者司其事。

是
一興鄉官，公義者司其任，以理一鄉民情曲直吉凶等事，鄉兵聽其鋪調。

是
一興鄉兵，大村多設，小村少設，日間管理各戶洒掃街渠，以免穢毒傷人，並拿打架攘奪，及在旁詩見之人，到鄉官處處決，妄證者同罪，夜於該管之地有失，惟守者是問，若力不足而呼救不及，不干守者之事，被傷者生則醫，死則葬，有妻子者議卹。

是
一罪人不拏若訛賣，同情者及之，無則善待撫恤之，以開其自新之路，若連累及之，是迫之使反也。

是
一禁溺子女，不得已難養者，准無子之人抱爲己子，不得作奴視之，或交育嬰堂，溺者罪之。

一外国有興保人物之例，凡屋宇人命貨物船等有防於水火者，先與保人議定每年納銀若干，有失則保人賠其所值，無失則贏其所奉，若失命，則父母妻子有賴，失物則已不致盡虧。

一外国有禁賣子爲奴之例，家貧賣子只顧眼前之便，不思子孫永爲人奴，大辱祖考，後世或生賢智者不得爲国之用，反爲国之害矣，故准富者請人傭工，不得買奴，貽笑外邦，生女難養准爲女伺，長則出嫁從良也。

是
一禁酒及一切生熟黃烟鴉片，先要禁爲官者，漸次嚴禁在下，絕其栽植之源，遏其航來之路，或於外洋入口之烟不准過關，走私者殺無赦。

是
一禁廟宇寺觀，既成者還其俗，焚其書，改其室爲禮拜堂，藉其資爲醫院等院，此爲拯民出於迷昧之途，入於光明之国也。

是

一禁演戲修齋建醮，先化其心之惑，使伊所費助者轉助醫院四民院學館等，乃有益於民生實事。

是

一革陰陽八煞之謬，名山利藪多有金銀銅鐵錫煤等寶，大有利於民生國用，今乃動言風煞，致珍寶埋沒不能現用，請各自思之，風水益人乎，抑珍寶益人乎，數千年之疑關，牢而莫破，可不惜哉。

此策是也

一除九流，惰民不務正業，專以異端誣民，傷風敗俗，莫逾於此，准其歸於正業，茭去一切惑民之說，若每日無三個時辰工夫者，即富貴亦是惰民，准父兄鄉老擒送進諸絕域，以警頹風之漸也。誠以遊手偷閒，所以長其甚心之淫慾，勞心勞力，所以增其量之所不能，

資政新篇　十九

此
天父之罰
始祖使汗顏而食者，一則使自養身，一則絕生罪念，亦為此故也。

是

一屋宇之制，堅固高廣，任其財力自為，不得雕鏤刻巧，並類王宮朝殿，宜就方正，勿得執信風水，不依衆向，致街衢不直，既成者勿改，新造者可遵，再建重新者亦可改直。

一立丈量官，凡水患河路有害於民者，准其申請，大者發庫助支，小者民自捐助，而屋宇規模田畝裁度俱

出此官，受賍者准民控訴，革職罰罪。

是

一興跛盲聾啞院，有財者自携資斧，無財者善人樂助，請長教以鼓樂書數雜技，不致為廢人也。

是

一興鰥寡孤獨院，准仁人濟施，生則教以詩書各法，死則憐而葬之，因此等窮民，操心危慮，患深，往往多有用之輩，不可不以恩感之也。

一禁私門請謁，以杜賣官鬻爵之弊，凡子臣弟友，各有分所當為，各有奉俸，各有才德，各宜奮力上進，致令聞外者，豈可攀援以玷仕途，即推舉者，亦是為國薦賢，亦屬分內之事，既得俸值，何可貪賍，當賞革職，二

資政新篇　二十

罪俱罰。

一上所議，是以法法之之法，多是尊五美屏四惡之法，誠能上下凛遵，則刑具可免矣，雖然，縱有速化不鮮頑民，故又當立以刑刑之之刑。

欽定□□是也

欽命聖□自新邪留正殺妖殺有罪不能免也

爺誡勿殺是議人不好議害妄殺非謂天法之殺人也

刑刑類、

一善待輕犯、宜給以飲食號衣、使修街渠道路、練其一
足、使二三相連、以差人執鞭双掌管、輕者移別縣、重
者移郡移省、期滿釋回、一以重其廉恥、二以免生他
患、庶同時改過自新、此恩威並濟之法也、

一議第六　天條曰勿殺、蓋謂
天王爲
天父有賞罰於來生、人無生殺於今世、然
天父所命以至理、世人下有不法、上可無刑、是知遭刑者、非人
殺之、是彼自縛以求
天父罰之耳、雖然爲人上者、不可不親身教導之也、

一議大罪宜死者、置一大架、圍其頸、立其足、昇至桅杆
頂、則去其足下之板、以吊死焉、先彰其罪狀並日期、
則觀者可以股慄自儆、又少犯勿殺之
聖誡焉、

十欵天條、治人心惡之未形者、制於萌念之始、諸凡
国法、治人身惡之既形者、制其滋蔓之多、必先教以天
條、而後齊以国法、固非不教而殺矣、亦必有恥且格
爾、

一與番人並雄之法、如開店二間、我無租值、彼有租值、

資政新篇

我工人少、彼工人多、我價平賣、彼價桂賣、是我受益
而彼受虧、我可永盛、彼當即衰、彼將何以久居乎、况
我已有自固之策、若不失信義二字足矣、何必拘拘
不與人交接乎、是淺量者之所爲也、雖然亦必有一
定之章程、一定之禮法、方不致妄生別議、但前之中
国不如是焉、毫無設法修葺補理、以致全體閉塞、血
脉不通、病其深矣、今之人心風俗、皆非古昔厚重之
體、欲清其病源、既不可得、即欲俊補、其可得乎、此皆
爲邦大畧、小弟於此類凡涉時勢二字、極深思索、故
於古所無者興之、惡者禁之、是者損益之、大率法外
輔之以法、而入於德、刑外化之以德、而省於刑也、因
又揣知
聖心圖治大急、得策則行、小弟誠恐前後致有不符之跡、
故恭錄已所窺見之治法、爲前古罕有者、彙成小卷
以資
聖治、以廣
聖聞、懇自今而後、可斷則斷、不宜斷者付小弟掌率六部
等議定再獻、不致自負其咎、皆所以重
尊嚴之聖體也、或更立一無情面之諫議在側、以輔
聖聰不逮、諸凡可否、有宜於後不宜於今者、懇留爲

聖鑑準以時勢二字推行、則頂起
天父
天兄綱常太平一統江山萬萬年矣、

前有爲將者具稟求教用兵之法、小弟姑舉兵要四
則以答所求且教以留心推行、幸勿笑爲紙上談兵
可也但未知有當與否恭俟
聖覽
爲將有爲將之學問、
雨晴風霧皆爲兵具山原林坎、亦是武經、喜怒哀樂爲
用兵之節智仁勇義乃勝敵之謨雖云兵者詭道也
蓋慎於平素而詭在一時此孔明之學問能百戰百
勝也
爲將有爲將之道德
兵不在多而在得力然所以得人力而人肯聽令者
在主將有以服之耳究亦非一朝一夕之故必平日
有恩於人如士卒死吳起之惜病衆人遮余闕以身
先馬謖雖死而不怨李廣見黜而無詞也更有民則
簞食壺漿商則市肆無驚豈非仁聲素著信義先行
者所能如此哉、
爲將有爲將之法律
孔明之所以見稱今古者、惟器使羣材、賞罰嚴明、八
字而已蓋器使則人無亂法嚴明則人皆服法無亂
而服卽效命取勝之根也、

為將要知蓄銳之方

蓋兵者勢也，因其勢而導之，則一往莫遏，故孔明每多激將之言，不激則勢不銳，岳飛身先士卒，激以仁義，關張趙雲，威聲素著，故得迎刃而解，即我

天朝初以

天父真道，齊萬心如一心，故衆弟祇知有

天父兄，不怕有妖魔鬼，此中奧妙，無人知覺，今因人心冷淡，故銳氣減半耳。

東王西南翼王羅大綱等所以屢戰屢勝者，亦先聲奪人，聞風而竄，推之古昔，兵之得勝於進退驕誇者，無非由蓄威而得也，又云師克在和，不和則人心不一，不一則渙，何蓄銳之有，故廉藺相和而秦有十五年不敢出函谷關者，此也，信斯言也，雖有些須失錯，不且妄生議論以惑軍心，宜如田單之說有神兵下降，以復齊七十餘城，切不可有漏洩軍機，如自鑿船底，令水入艙者也，至於各国各省情形以及軍国精細等事，非紙筆所能罄述，又非目前所急務者，惟願衆弟量度時勢二字，以行所當行可也。

資政新篇　圭

天父天兄天王太平天国辛酉年新鐫

欽定軍次實錄序

慨自坦盤之惑於蛇魔也世道人心漸流
於僞而失其眞漸入於邪而背乎正迷於
修齋設醮惑於拜佛念經只知祈禱邪魔
不知尊信
上帝遂使數千年以來皆陷於忘恩背本得食睹
天之罪而不自知也小官等荷蒙
天恩

主恩得隨我
干王左右朝夕誨訓曲喻旁引多方敎導化
醒心腸故凡其意之所及筆之所書無不
誠心佩服奉爲儀型前所著之資政新篇
英傑歸眞一切寶製諸書固已刊刷頒行
足登斯世於覺岸不致終陷於沉淪矣玆
因辛酉春正恭隨
干王奉

旨催兵路經徽浙所過郡縣鄉鎮多有妖習未
除妖形未化我
干王不禁觸目驚心思急有以挽救之每於
軍次行府信筆揮寫或恭錄
聖旨以化醒愚蒙或爲之詩以起發志意或爲
之論以剴切指明或爲之論說以嚴辨是
非得失文淺意深語近指遠小官等佩讀
之餘知足以破斯世之迷途啓斯人之聾

瞶不忍止敎於一邑一鄉而欲化及天下
萬郭故已沿途懸諭且悉抄入冊中今因
奏凱回朝恭呈
寶鑒荷蒙我
干王寶諭命作序文以誌巔末小官等不敢
辭以謭陋爰爲之序以弁其首名其書曰
軍次實錄使斯世斯人咸知此書語皆確
實義皆切實理皆眞實則可以認

天識
主早出迷津可以崇正黜邪永享真福不負我
真聖主命將誅妖之
旨我
干王奉
旨救民之意也是為序
時
天父天兄天王太平天国辛酉十一年八月初十　日

干殿吏部左編修小官汪吉人
干殿禮部尚書海天燕小官汪蘭垣
天試文狀元干殿文正總提昰天安小官劉闓忠
干殿文副總提濟天福小官吳文彬　等敬序
干殿刑部尚書譔天燕小官何春發
干殿刑部左編修小官郭雨亭

欽定軍次實錄

本軍師洪黍列宗漢荷蒙
真聖主暨
救世幼主恩遇之隆賜以金筆龍袍靴帽出
師惟金筆寓有文武兼責之
聖意乃吟以誌之
一枝卓立似干戈橫掃千軍陣若何鏖罷
文場書露布飽離墨海奏旋歌龍跳虎伏

歸毫底魚躍鳶飛入興麼幸我畢生隨實
手古今天地任搜羅
筆尖犀利甚干戈揮洒從心任欲何怒則
生嫌悲則嘆樂時陶咏喜時歌可參造化
宣精奧悉載情形恰肖麼任爾豪強穿鐵
硯
天公註定妄張羅
辛酉拾壹年正月二十七日軍經寧郭郡

衆天將天兵 殷勤迎於十里之外且送至十里外之九眼橋依依敬別因吟以勸慰之

離別深情世罕拋關心雲樹及河橋長亭十里旂生色壯士三千氣奮旄駿馬金鞍鞭共響宗臣王弟誼何饒從今無以 兄爲範惟慕

東王姓字超

香港餞別

枕邊驚聽雁南征起視風帆兩岸明未挈琵琶揮別調聊將詩句壯行旌意深春草波生色地隔關山雁有情把袖揮舟爾莫顧英雄從此任縱橫

四十千秋自咏

不惑年臨惑轉滋知非尙欠九秋期位居極地誇强仕

天命與人幸早知寵遇偏嗤莘野薄奇逢牛笑渭濱遲茲嘗

帝降勅勞日喜接羣僚慶賀詩

二月下澣軍次遂安城北吟於行府

志在生靈願未酧七旬苗格策難侔足跟踏破山雲路眼底空懸海月秋意馬不辭天地濶心猿常與古今愁斯民官長誰堪任徒使企予嘆白頭 本軍師生長儒門原非素習

征戰惟仰體

天帝有好生之德

眞聖主有胞與之仁故不憚星霜爰有止戈之意無如殺風既熾急難弭之乃吟此以寄吾慨懷以起賢者之隱念也

韃穢腥聞北斗昏誰新天地轉乾坤丈夫不下英雄淚壯士無忘漂母飧志頂江山心欲奮胸羅宇宙氣潛吞弔民伐罪歸來

日草木咸歌雨露恩

諭民

廬居暫借作王居寄諭我民別夏夷中国

綱常如未墜軍師安肯運軍機

諭兵

勸諭軍兵勿妄爲從來民物汗中希姦淫

焚毀傷心事戒淨堪稱

聖主師

諭覆儆天燕方永年詩三首

英姿磊落是賢豪招納還期道義高愀我

性疎無禮讓事功仍恥及蕭曹

自古名人姓字標豈關遑智負賢勞頂天

報国存公道便是才謀德最高

備閱詩章識抱才果然王佐出塵埃翱翔

擇木知艮鳥挺志扶君是棟材只爲胸中

雲霧淨自然身列鳳凰台他時奏凱回朝

日應與宗兄大暢懷方永年現在仁政兄隊內

讚頌詩章

一聲低唱一聲昂嫋嫋餘音達昊蒼詩頌

數聯憂盡散榮歸主宰樂無疆悲歌定獲

鴻慈憫雅韻能邀大德匡彼此交孚靈默

契口心相和意宣揚

皇皇上帝常臨格濟濟宗親桂恐惶放浪狂謳須切

戒歡欣疑是在

天堂

夫讚美者不能令人飽暖而人莫不悅之

者何也蓋讚美是讚美人靈用才能非美

其肉體但人之才能皆由

天授不堪受人讚美惟

上帝無所不能克當極讚美耳若人有自知之明者

斷不敢虛受人讚否則且自誇之尚不知

過又安能禁其不假功冒能以邀譽於人

予哉
眞聖主天王丁酉年魂徜高天親覲
天父上主皇上帝䝉賜金璽金劍親口眞命爲太平
天子越宿起來適太陽照身遂吟七絕一首云
鳥向曉兮必如我太平天子事事可身照
金烏災盡消天將天兵都輔佐嗣後所與
言者動以修好殺妖勉人夢日吟詩云
天下太平眞日出那般爝燒敢爭光高懸
碧落烟雲捲遠照塵寰鬼蜮藏東西南北
羣獻曝蠻夷戎狄盡傾陽重輪赫赫遮星
月獨擅眞明耀萬方又劒詩云手持三尺
定山河四海爲家共飲和擒盡妖邪歸地
網收殘姦宄落天羅東西南北敦皇極日
月星辰奏凱歌
天父天兄帶作主太平一統樂如何又一律云手握
乾坤殺伐權斬邪留正解民懸眼通西北

江山外聲振東南日月邊璽劍光榮承
帝賜詩章憑據誦
爺前太平一統光世界威風快樂萬千年又因南王
有難有慨歌云安得眞兄眞弟兮共佈朕
道於海濱安得同心同德兮時同笑傲夫
天眞安得義胆忠肝兮同享宇宙於太平
東西南北兮同予者何人天兵天將兮聚
會者何辰天道不㥯兮皇天豈無親始終
一德兮何日得榮身　本軍師自幼追隨
眞聖主深知其爲眞命天子故於軍次偶暇恭
錄所吟以公衆證庶使軍民無搖惑而我
中土花民知所倚恃也
諠諭衆民
凡欲脫滿洲韃子妖魔之軛投誠
天朝仍爲中国花民者必須留髮以詮父母鞠
育之恩以順

上帝生成之恩切不可薙之致有逆天不孝之罪且
宜誠心敬拜
天父上帝造化萬物大主宰切不可拜一切人手所
做之木石死妖該殺致失
天堂永福而受地獄永禍也故作詩二首頌美
上帝無所不知無所不能無所不在以諭爾民焉
詩曰
至尊福祉自無疆備錫鴻庥任酌量道大

難容天地塞恩深莫測古今揚風雷寒署
遵時令動植飛潛凜昊蒼無數權榮充宇
宙愚頑空負好韶光
又
至尊色相妙難名古往今來費品評弗見
弗聞微莫顯詮能詮智奧而精隨方有在
監臨赫體物靈著現明
上帝權威盈宇宙掌中概覽地天情

禁拜泥木偶像
世俗紛紛祀偶神金泥木石假成身形骸
雖肖何知覺廟貌徒嚴妄設陳雕刻由人
虛且誕安排任爾絕無靈彼原死物無堪
敬我具良心肯自淪鼯鼠營巢胸貫蟻蜘
蛛挂網體生塵爲巫作俑多無後禱福禳
災枉費唇演戲修齋翻變禍傷財廢事定
招貧不如悔改崇

天帝返本尋源理至眞
本軍師於軍次中案篋內每見詩卷多是
吟花咏柳偶披覽之卽輿悽腸相悖乃急
吟此以洗之
詩家多大話讀者喜荒唐花柳輕浮句偏
私淺嫩腸薰陶成僻行習慣變庸常學業
精於擇勉哉性理章
本軍師曾遊諸洋深悉外洋鴉片烟甚爲

中国害且尋其各洋邦售賣實数每年總
計耗中国銀兩不下四五千萬之多我中
土花人其何以堪前將此情啓奏我
眞聖主天王而
聖心悲憫不勝悼嘆乃蒙面降
綸音必除韃妖此弊方能永保我民鬴勞
聖心御筆降
詔訓誨天下令知所儆戒也　本軍師恭錄遍

行令天下軍民人等知悉毋違
煌煌聖訓致蹈
国法並自貽伊戚可也
天王詔旨云朕詔天下軍民人等知之
烟鎗卽銃鎗自打自受傷多少英雄漢彈
死在高床欽此
論韃妖耗中国財
韃妖每歲剝中国脂膏数百萬回滿洲以
爲花粉之費每歲耗費鴉片烟土銀幾千
萬於今二百餘年矣中国金銀幾幾剝盡
而我中国花民動以貧困興嗟無有以十
八省之大被滿洲三省所制爲辱更無有
以五百萬萬之衆受制韃奴之三百餘萬
爲羞者噫人心至此忘其身之爲花甚矣
本軍師卽毫無知識豈肯歷此苦征誠以
生長中邦義有所不容辭者故每多感激

自奮之語也賢者鑒之
論史
粵稽史冊秦漢以來無有過於光武洪武
之創業者何也光武能恢復漢室洪武能
用夏變夷二人皆起自布衣雖漢高亦起
自布衣除秦之暴太宗有除隋之亂然以
下伐長陷親不義借戎兵傷骨肉而得不
掩失也宋起後周雖屬

天定究於長下兄弟間難云釋然無憾其餘卑卑不
足道者類皆以下伐長以花亂花始役之
而終棄之者也究之光武復漢仍屬當然
而洪武奪花超乎三代尤爲春秋大義所
必褒今古人心所必予者也今我
眞聖主天王開闢君王其爲
天父次子
天兄愛弟確有明証千古所無而才德學問更有

欽定軍次實錄　廿二

過於開闢以來之前驅者嗣後當有萬萬
乎不易之紀綱矣
詮諭讀書士子
軍行浙之淳安縣路見村居多有讀書之
家故作論諭以開国文教方法云讀書不
在多採佳句惟在尋求書之氣骨暗合於
天情者自有大學問出乎其中豈必拘拘於八股六
韻乃爲讀書乎惟今之人不獨此也且多

多教人怕鬼以愚其心志後遂不能脫鬼
成人成爲大用者慨可嘆也切切此諭
又於紫洞源之胡姓家住紮行府諭云
本軍師入室時見壽偁粘一順字知爾有
承順之意不覺怡然轉而惻然者因思不
能取信於民致伊畏威遠遁未能懷德歸
來究亦非一言明透蓋在我有愛花民之
實難免救之而益傷在民半有效順之意

欽定軍次實錄　廿三

未免心存兩可之念後檢一聯云喜有新
房迎　寶駕愧無長物報
天恩又一幅云恭奉
天朝大軍覽此知爾受韃子僞官非出誠心所
願不過生逢其時不得不爾似於　本軍
師所見爾家故物及夷冠夷服等弊不覺
怒氣稍息茲留數語令爾細思或有幡然
之悟執此求見仍不失爲中土花民也切

切此論
諭天下讀書士子
蓋自道德壞而爲才智才智變而爲技藝
無知者謂爲精而彌精有識者謂爲士風
日下舍本趨末　本軍師於抒筆爲文時
司綱以格此心甚以爲不然惟喜讀古文
綱鑑每得有忠臣節義之句便念念不忘
究不解所謂文法也惟自幼追隨

欽定軍次實錄　卋

眞聖主天王於坐立言行儼有箴規之訓在側
卽寤寐飲食閒亦惟
天父上帝是祇而已卽今之意思層出文墨異人殆
亦由立心取法之殊而來也惟自不解故
備悉己意以爲天下有識士子猜摹庶知
教化之殊將有一代之文蔚在斯乎
本軍師所到之處禁止焚屋焚書意欲尋
求經濟之方策無如所見多是吟花咏柳
之句六代故習空言無補與其讀之而令
人拘文牽義不如不讀尤有善法焉蓋讀
書不在口摹書卷惟在誠求
上帝默牖予衷則仰觀俯察之閒定有活潑天機來
往胸中非古經中所有者誠以書中所載
之理亦不外乎宇宙閒所著現者豈
天地外復有所謂精理名言乎哉　本軍師得此固
縱之性每多此等筆墨以洗從前花柳陋

欽定軍次實錄　三

習識者鑒之
論財帛
諺云有財帛者名爲財柱以其能柱持財
帛也吾謂善用財帛者是謂財柱不善用
者是名財奴今之人於施救貧窮修造橋
路一毛不拔而創造廟宇寺觀演戲修齋
不惜大捨金錢何其愚也試殺是泥塑木
雕斲畫石鑿無知識之蠢物原不要衣穿

不要屋住而妄為之更衣塑像修祠燒紙
是何殊對木石而談心向河流而問路乎
夫生死禍福子祿妻財降之自
天求之自己而妄向該殺許以豬羊對匾不如悔罪
改過向
天父上帝許下一副好心腸尤為廉便實事耳無如
世人好怪者多踐實者少泥近者衆通遠
者無即有一二亦隨俗波靡難作中流之
砥柱又安得斯世之人盡出迷途咸登覺
岸也夫

論道德才智

慨自道德衰而才智遑才智降而技藝興
迄今專以八股六韻徒事清談拋離實事
即不忠不孝之人其作忠孝題亦甚節烈
雖能少發人良心久亦視為故事耳究何
補於道德才智乎然物極必反有開闢之
眞主必有開闢之良輔以新一世之耳目豈權
榮
造化大主宰一任其流而莫返乎據此予信為天民
之先覺者

葬墓說

歷考葬墓之說最古上世嘗有不葬其親
者其親死則舉而委之於壑他日過之狐
狸食之蠅蚋姑嘬之其顙有泚睨而不視

蓋歸反虆梩而掩之掩之誠是也蓋孝子
仁人之掩其親不忍暴露污穢有辱已辱
親之念別無求富求桂之意也洎乎中古
棺七寸椁稱之是厚葬之意特為無使土
親膚於人心獨無恔而已豈為蔭子孫而
計乎又云不封不樹其即樹之封之亦取
誌之之意豈風水云乎哉至孔丘時竟有
以木偶人陪葬者孔丘云始作俑者其無

後乎至秦穆卒以子車氏之三子爲殉而
秦政時更有甚焉竟以使女數百陪葬而
當時富桂家皆效尤焉而貧人則以無生
人陪葬爲辱然猶無風水吉凶庇蔭之邪
說也惟晉郭璞詭言得有青囊經遂倡其
說唐之楊松筠踵其說而厚其毒致有多
書彼此紛紛辨駁舉世皆入圈套鮮不爲
所惑者也即晉唐時雖蜂起此端究無所

謂焚骨洗骸超幽度牒之妖弊乃有明則
焚化以葬之明代誰敢議其非今時則洗
骸露野今人誰敢破其弊此實古今人之
自惑遂爲異端怪人所惑耳更可怪者爲
人之子以在生父母視爲可有可無之親
而死後骨骸視爲求富求桂之具生無肉
食美衣實以悅親心死有金銀猪羊僞裝
爲孝行其意殆以一生不孝可以死日補
之乎抑謂親死可以庇佑我乎皆妄念也
僞孝於死後真不如孝之於生前爲實事
耳千古疑團憑斯喚醒可也

見屋內多寫太福字

福降自
天其桂重非金玉可比蓋金玉猶有損蠹耗蝕而眞
福在
天永存不壞非金玉可沽而得之非佛道等之妄作

可代富桂人求得之者惟修省悔過忠孝
之徒雖斗筲子亦得與焉豈多寫五福百
福等太字可招而來之乎

諭人悔改得赦

夫獲罪於人在人前認錯而人當釋然無
憾若認罪於靈魂之
天父上帝其肯赦必無疑矣誠以此良知良能本由
天授倘

天父無此赦罪之條而人何得具此恕罪之良能乎
惟世人血氣之欲太勝往往不知自罪卽
知之亦不肯自屈自認耳故鮮有完人而
不受
上帝罰之者

論創世眞經

皇上帝創世眞經不可錯認宜以本心良知理會一
番便見心心印句句眞也若謂創天地事

不知幾千萬年無所稽據此言亦是眞實
中国史不可考卽綱鑑亦不敢實証故孔
丘刪書斷自唐虞以其事近於實而唐虞
以倘究何氏始居中国謂中国爲萬邦之
始不知所考也謂中国爲分支所入亦無
所稽也究之必有所考必有所稽何古史
之不確鑿乎吾意伏羲前一二代間必有
由川陜而入中土者故伙食居室嫁娶舟
楫網罟冠裳文字始興惟那時草本禽獸
必暢茂繁殖蓋必加以斧斤焚削乃能奠
厥攸居故以此等開荒事功忙了一二代
遂忘攜其創世宗譜及其來踪又無記載
筆簡等件推其故惟記憶祖父有言云最
始創之初人名曰亞盤又後人以爲最古
復以古字續之名曰盤古氏後又因其古
遂以盤有幾千歲實之更添出天地人三

氏亦以幾千歲實之而盤古實無明言書
史可記可考也豈有幾千年而無伙食冠
裳居室等件亦可生乎又不明載何父所
生何母所出最始又從何所創造何以養
何以教何以衣食居處竟不一言以垂後
世徒以後世所無者令人驚奇而無所考
察實爲奇矣今吾細讀
皇上帝創世眞經知非人手所作旨立意淵永語淺

事常而自然意在人性之先昭然狀在人
生之後在常情以爲不必如此者在
天情偏高出人之意外也是以尙論其事令後學者
知所尋溯而互勘焉庶不至人云亦云也
闢邪崇正論
遏欲存理之行卽所以獲福避禍之道但
不可先有獲福之心宜先有遏欲之實而
眞福自慰乎心乎其功在於悔罪改過信

代贖遵
天條愛
上帝者必有加於榮寵焉語云不怨天不尤人禍福
無不自己求之者執德不弘信道不篤焉
能爲有焉能爲無豈虛語哉至虛無寂滅
棄絕人倫日用之常簡棄造物分爲齋葷
逃稅偷安僞爲善行欲寡過於暗室之中
實欲作惡於宥密之內彼豈知私欲每乘
獨處而生乘憂苦而去而佛則欲避人於
寡欲不知已心內亦有時往來縈惑於胸
中者舍其本而趨其末大悞世人而人偏
信之者蓋人心有私欲是定的其私心欲
有所得故妄念爲妄事所藏焉然考其書
亦爲制私遏欲起見頗得人心之竅何獨
以
上帝造化之恩人倫實事則不以爲已任反以爲擾

天絕倫世尙尙有人類乎坐井觀天之見目之誠不
謬矣夫盈天地之人皆有私心欲心卽愚
心之事噫盡人若此背
人亦不肯認過聖賢亦有好勝之心乃是
初人犯罪入世一定定的遂成爲此爭名
爭利之世罪惡之世也若有一無私之人
卽聖如
上帝子

天兄基督雖無所不能亦不肯與世人爭能恐爲
好勝之欲魔所使惟忍苦受難令信之者
可藉此苦以忘私遏欲以潔其靈而救之
已故其書云凡信朕者必身負十字架以
從方能成爲朕得救之徒也非眞負十字
架以從之不過以十字架之苦認爲己苦
以十字架之罪認爲己罪且
詔至尊貴權能之子受此罪刑問心何堪如此思之

則惡念去而善念萌矣人能明透此理欲
二字守而行之不能進
天上大天堂者惟我是問蓋
天上大天堂無他乃聖潔之所而能淨一切汚已汚
人之欲者必能穩處其光明之域豈能保
其必到乎有定理耳若地獄乃汚穢之所
惟同類之汚者必類聚之而爰居爰處也
豈魔鬼故遠害之乎惟不防微杜漸不覺
入其圍範圍範久則難尋其罅漏而遂爲
所局耳故云禍福無不自己求之者第問
天下宇宙間誰爲無汚而聖潔者旣自問
不敢謂無汚則又當何如以愛己身乎惟
悔改不貳過而已若要能發悔改之念並
有不貳過之行非徒口言之已其心必有
所倚以爲柱者其志必有高遠之望者若
是舍詮能詮智詮權詮榮之

上帝作主並望其榮光其誰與歸乎蓋
皇上帝前允差己子代世人受苦受死者旣成人身
下凡在十字架倘被釘流血實
天父上帝太子爲救世主彰明世人知之應允以贖
人罪者爲
上帝大施恩典以新天新地新世界新人心也今
天父上帝恐中国人仍執不醒不信
上帝權能故降生我

真聖主主宰太平除舊換新以獲今世榮光來
生永福也惟因世人無信故先自立信於
人間而後令人信之故凡信之者必不失
約於其人也　本軍師曾留心細核無間
可乘故直信不疑藉有曰今榮光富桂平
安也至來世永福吾亦信
上帝非如世人之肯失約者故敢轉諭爾官民人等
放胆敬信是我中国古來之常經人生固

有之秉彝實信降衷下民之
天父上帝非信異端雜教之邪說也勉之勉之
俯仰娛歌
東西南北永定無移春夏秋冬變化靈奇
誰爲主宰
上帝是依若非詮權無所不能豈斯萬物故呼爲天
上帝智慧莫可言宣飛潛動植有
天有日涵至高深極至無極人爲

天造天誰人識性聖與智庶乎其筆
崇
帝黜邪說
天父上帝爲造化天地人萬物大主宰也肉身是其
土氣所成靈魂是其靈氣所降書曰
天降下民作之君作之師惟曰其助
上帝又曰維
皇上帝降衷下民若有恒性又云

天生烝民有物有則知此則知凡宇宙內之萬有皆
無所不能無所不在無所不知無所不有
之
天父上帝權能所造也分言之則
天上之日月風雷雨雪寒暑明明赫赫不可勝述矣
地下之珊嶽河海動植飛潛剛柔精粗八
音五味萬類千奇矣合言之有目不能見
而耳能聽有耳不能聽而口能嘗有耳目

口鼻所不能及之者惟心爲能思之有思
之而尚有窒礙者惟
天父乃能啓迪之矣凡類此者皆莫非
造化大主宰天父上帝所成就者也若夫人爲天地
間之一類耳大不過於牛象力不過於虎
獅而與至大之天地竝爲三才且名爲萬
物之靈者何也以其有寶貝靈魂內懷有
仁義禮智信猶肉身之懷有心肝腸肺腎

也故人之桂於萬物靈於萬物能制萬物
用萬物食萬物器使萬物皆
天父恩賜寶貝靈魂所能然也否則安知不爲萬物
所服食器使乎夫人之所得
天恩甚大但不自思不自愛不自惜卒成忘恩背本
之地獄鬼耳何也蓋大如日月衆光爲人
眼目光照之用及薰炙生化之需雨露資
生萬物以供人用卽珊海所產木石禽獸

穀菓瓜菜藥草蟲蟻有互相爲用有各相
爲用要莫非均爲人用而造化之也人可
得食瞞
天乎人可沾恩而不謝恩乎而人猶可瞞昧良心謂
爲不知乎實爲利欲所昏故魔鬼得入其
心而以禍福悚之耳蓋該殺者魔鬼也木
石也泥塑紙畫也人手雕斲也愚人所思
想以愚弄愚人也不思該木石蠢物有目

不能見有口不能言有手不能作有脚不
能行置於此則於此千年不動萬年不移
鬍鬚是人手所種金銀是破紙摺成香是
樹葉造就籤語是士子擬作靠杯多抛必
有轉杯豈得借此傳言而令人心生疑惑
乎俗語云泥該殺過河自身難保又云燒
香有保佑燒窰較大烟食齋能得道牛馬
尚西天語雖粗鄙而有至理存焉奈何世

愚習而不察竟甘向木石而叩首見怪物
而屈膝乎把
天父上帝造化主所有之物認爲護發保佑之恩抑
何愚乎固可笑也實可惜耳惟願普天之
下自今永脫魔鬼之迷途盡遵
天父之天道則分手時
天堂易尚否則盡頭處地獄難逃蓋敬
天得昇天怕鬼終惹鬼有定理耳世人共醒之再勿
癡迷可也

謹諭合朝內外官員書士人等一體知悉
照得文以紀實浮文在所必刪言貴從心
巧言由來當禁恭維
天父
天兄大開天恩親命我
眞聖主天王降凡作主施行正道存眞去僞一
洗頹風是以前蒙我
眞聖主降詔凡前代一切文契書籍不合
天情者概從刪除即六經等書亦皆蒙
御筆改正非我
眞聖主不恤操勞誠恐其誘惑人心紊亂眞道
故不得不亟於棄僞從眞去浮存實使人
人共知虛文之不足尚而眞理自在人心
也況現當開国之際一應奏章文諭尤屬
政治所關更當朴寔明曉不得稍有激刺
挑唆反間故令人驚奇危懼之筆且具本

章不得用龍德龍顏及百靈承運社稷宗
廟等妖魔字樣至祝壽浮詞如鶴算龜年
嶽降嵩生及三生有幸字樣尤屬不倫且
涉妄誕推原其故蓋由文墨之士或少年
氣盛喜騁雄談或新進恃才欲誇學富甚
至舞文弄筆一語也而抑揚其詞則低昂
遠判一事也而參差其說則曲直難分倘
或聽之不聽即將貽誤非淺可見用浮文

者不惟無益於事而且有害於事也
本軍師等近日登朝荷蒙
眞聖主面降聖詔首要認識
天恩
主恩
酬王恩次要實叙其事從某年月日而來從
何地何人証據一一叙明語語確鑿不得
一詞嬌艷毋庸半字虛浮但有虔恭之意

不須古典之言故
朕改字典爲字義也　本軍師等朝奏欽遵之
下不勝敬凜爲此特頒誥諭仰合朝內外
官員書士人等一體週知嗣後本章禀奏
以及文移書啓總須切實明透使人一目
了然纔合
天情纔符
眞道切不可仍蹈積習從事虛浮有負

本軍師等諄諄諭誡之至意焉特此誥諭
各宜凜遵

天父天兄天王太平天国辛酉十一年鐫

欽命文衡正總裁開朝精忠又副軍師頂天扶朝綱干王洪　製

誅妖檄文
旨准頒行

欽命文衡正總裁開朝精忠又副軍師頂天扶朝綱干王洪　爲
諠諭天下軍民官紳士庶人等知悉竊思
天国永興也有無數之祥兆而妖胡將滅也有
莫大之災氛故
天意滅奴誅獄豐之喪於黃土人心歸
主正豪傑之宜頂
青天也緣蒙
天父上帝
天兄基督大開天恩恩命我
眞聖主暨
救世幼主下凡御世宰治山河丁酉年之上
天璽劒賜由
上帝四十日之靈體詩章教自
父皇萬鳥來朝早徵
幼主降生之瑞紅光繞室足驗
天啓發跡之祥起義金田則

天兵暗助師渡洞庭則湖不揚波自是而鼎定　天
京歷年十有一載于茲而平定天下約計
三分有二矣值茲殲戮妖首于七月十有
六日已經喪亡所立妖崽今尚未滿五歲
行見權奸得志禍變尋生餘燼雖存不久
自灰滅矣大丈夫原不欺寡婦孤兒
本軍師豈肯幸災樂禍但中年夭折卽是
天命既訖之微智士趨時必在取亂侮亡之會兇劊

誅妖檄文　二

爾父母毛髮毀我往古冠裳兵柄盡屬滿
洲大權盡歸妖總以漁課化爲花粉每年
定例八百萬兩胡梓里之長白山每年亦
定收八百餘萬既盜我邦之珍寶又毒我
国之身靈年耗五千萬銀之鴉片烟歷敎
十八省人之拜妖佛事事壞我綱常條條
制我族類此文天祥謝枋得所以死不事
元瞿式耜史可法所以誓不事奴也倘不
乘此妖亡孽立之秋
天奪人棄之候爲中華雪數百年未雪之恥爲祖父
復數百年未復之仇則將來中華之自羅
奇禍屈而莫伸者不堪爲後人道矣爾等
凡屬華裔恐是夏宗皆係
堂堂
天堂子女無非一脉弟昆何于妖胡妖崽猶肯爲他
出力甯爲本国本省倘不各獻其璣其以

誅妖檄文　三

天国之華人甘爲區區五歲之妖兒捐軀赴難
屈膝低頭鮮有以十八省之大被滿洲三
省所制爲辱五百萬萬之衆受制韃妖三
百餘萬爲羞者誠爲可怒可憐可悲可哭
之中国不堪倘對于
上帝冠冕于諸邦矣兄証以胡不滿百之據數既二
倍有奇考其韃虜中華之汚指實難以屈
算蓋奴妖胡種也其自順治亂我諸夏實

爲罪魁十八省之忠良多遭屠戮十八年
之幽囚以死爲降再傳康熙招妹納寵僞
大司馬龔鼎孳爲之煽惑而售其欺房幃
之地醜聲藉藉穢惡彰聞一如牆茨之不
可掃也雍正乾隆以下奸奴和昇攬權賣
官鬻爵荼毒等于鯨鯢嘉慶道光兩世穆
彰阿賄賂公行世人謂爲倘和下穆道路
以目華官汪鼎擬參穆之稿十有八條伊

誅妖檄文　四

命革之先親授伊甥僞侍郎張芾執料其
阿諛逢迎于穆其事中止然書其曆傳旣
已汚乎筆硯而考其行跡尤足痛我肝腸
名爲滿不奪華魁自其設科首選名劉子
壯大魁天下終其身不見大用狀元宰相
歷五六世潘世恩一人而已其餘封疆大
員遇缺卽補滿肥華瘠滿尊華卑焉已爾
不納華女究竟元明園藏垢納汚皆華姦

也我中国屯糧津增銀兩盡供各省韃狗
虛縻種種罪惡尙通于天擢髮難數加以
獄囋么麽小子博奕酗酒取之盡錙銖揮
之如泥沙元明園其醉鄉也設男院其漁
色也今則園已灰燼身墮地獄遺數齡之
餘孽難繼妖傳務強支之妖宗定移妖位
吾知智者無能用其謀勇者無能用其力
也乃我中土華人曷不乘時雪忿勿爲妖

誅妖檄文　五

惑自縻正可乘勢頂
天無忸英雄立世奮臂則宇宙從風號召則四海相
應將見普天率土仍是文物華人省郡州
縣依然
皇国號所望爾等認
天識
主棄暗投明助滅殘妖共佐
天朝事業奮興有志共成後日功名或獻城池
或輸糧餉或投軍効用或率衆來降或起

義師合兵北伐或擒妖首進獻　天都
本軍師無不破格奏賞錫爵酧勳爾等旂
常紀績竹帛垂名蔭子封妻自有後來真
福官高爵顯同沾開国榮光倘其執迷不
醒仍作妖呱息之僕從坐昧先幾甘爲死
韃狗之守墓不日
天兵所到捷如摧枯　王威所臨勢如破竹縱免玉
石之俱焚難免斧鉞之驚悚　本軍師等

誅妖檄文　六

仰體我
真聖主一視同仁之心而切作爾天下士達天
不祥之懼爰舉實事明示四方所願卓犖
英才趁此共圖駿業並期果敢從事無庸
更執狐疑還我中国之體面決計只在須
臾遂爾畢世之功名轉關只爭俄頃機不
可失時不再來無作緩圖致貽後悔布告
中外咸使聞知

欽命文衡正總裁開朝精忠又副軍師頂天扶朝綱干王洪　爲
實情勸諭棄暗投明共出迷途各保永福
事緣夫天下者中華之天下非胡虜之天
下也寶位者中華之寶位非胡虜之寶位
也子女玉帛者中華之子女玉帛非胡虜
之子女玉帛也慨自明季凌夷韃妖乘釁
竊入中華盜竊神器而當時官兵人民未
能共憤義勇驅逐出境掃清擅穢反致低

誅妖檄文　一

首下心爲其僕從迄今二百餘年濁亂中
華鉗制兵民刑禁法維無所不至而一切
英雄豪傑莫不爲其所制而甘爲之用吁
實足令人言之痛心恨之刺骨者矣然從
前爾等官兵爲妖所用本係被其迫脅原
難深罪且前時未逢
真聖主首出無所依歸爾等又不能共創義舉
自不能捨妖他適譬如黑暗之中未睹

天日暗中摩挲不辨方位何能不誤入迷途以待天
曉乎兹者三七之妖運告終九五之
眞人已出恭維
天父天兄大開天恩親命我
眞聖主天王降凡御世用夏變夷斬邪留正誓
掃胡塵拓開疆土此誠千古難逢之際會
正宜建萬世不朽之勳猷是以一時智謀
之士英傑之儔無不瞻雲就日望風景從

誠以深明乎去逆效順之理以共建乎檄
天勤
王之績也惟是爾等官兵人等雖現爲妖官妖
兵亦皆是
天父之子女不過從前誤爲妖用不能不聽其驅使
遂至助妖爲害同
天打鬥跡雖可恨情實可原今既遇
眞主當陽自宜棄暗投明亟歸正道滌舊染之

汚俗作
天堂之子女且我
天王恩高德厚援救蒼生凡能敬
天識
主傾心歸附莫不一視同仁待以異數
本軍師等誠恐爾等執迷不悟受妖蠱惑用
是不惜援手拯溺警聾振鐸特將順逆之
大原利害之實蹟爲爾等剴切諭明之夫

韃妖之籠絡華人首以官職爾等試思凡
有美缺要任皆係滿妖補受而衝繁疲難
者則以華人當之使其虧空罣誤動輒得
咎名雖爲官何殊桎梏若夫陞遷選調滿
妖則逋同保薦各踞顯要一屬華人則非
妖頭批駁卽是妖部阻隔縱使功績赫奕
終竟非賄不行至兵則滿兵雙糧華兵单
餉一遇戰陣則華兵前驅滿兵後殿故每

天兵臨壓立成虀粉其肝腦塗地屍骨堆山者惟華兵爲最多而滿兵在後一見前鋒失利卽鼠竄奔逃其罹鋒刃冒矢石者皆以華人爲之障蔽故世俗呼鄉勇爲擋死牌而呼華兵爲替死鬼也至於犒賞頒賜則又皆滿妖是問而漢兵無與焉且爾等之所以拋父母離鄉井披霜觸暑出生入死者無非欲稍建功名耳而韃妖於軍中

功名則又無所定準任是紅藍白頂皆是虛無假借故俗以軍功頂戴謂之太平消蓋以急則予之緩則奪之也爾等又何苦以百戰之餘身而博此虛假之名器乎且也千里徵調飛符迅急千山萬水跋涉從戎露宿風餐辛勤畢備身未建乎功名人已喪於鋒鏑良可惜也況爾等爲兵爲勇之人多係平日誤作非爲是以借兵勇以

爲逃死之地不知本鄉之地惡爾等如同虺蜴而韃妖又嚴其法網多方責治使一旦還鄉鄉人卽共相誅殛非活埋諸土卽生棄諸淵此

本軍師在東時並身歷八省實所親見爾等無論不能身致榮顯卽或稍有寸進亦終不能榮歸故里諺有之曰富貴不還鄉如衣錦夜行乃爾等從軍則有死而無生

還家則以生而就死容身無地死而後已午夜自思實堪悲痛是皆爾等爲妖所用是以一至於此果何利而何圖而顧甘心隱忍乎然此不過就其待爾兵勇者大約言之至於荼毒生靈害虐黎庶則又截南山之竹書罪無窮決東海之波流惡無盡者也韃妖之流毒我中華者如此凡我中華之人皆韃妖之世仇所宜共奮義怒殲

此醜夷恢復舊疆不留餘孽斯則天理之
正好惡之公何反含羞忍恥爲之奴隸違
背
天朝不思歸附是何異曠安宅而弗居舍正路
而不由嗟嗟可恨矣抑可哀矣爾等抑知
我
天朝廓達大度胞與爲懷不分新舊兄弟皆是
視同一體大功大封小功小賞倘而王侯
將相下而兵士婦孺俱使衣食得所居處
相安有家者固團圞以相樂無室者亦婚
配以各遂雖在軍旅之中仍不廢家庭之
樂以視爾等流離異域横死疆場者眞不
啻天壤之別也況乎共扶
眞主各建殊勳今時則榮光永享後世則竹帛
昭垂千載一時勳名何旣矧乎太平一統
即在目前不下三五年間俱是開国勳臣

那時分茅裂土衣錦榮歸閭里輝煌方不
負大丈夫建功立業之志爾等何竟昧於
從違而不早圖變計乎且我
天朝
天恩廣大往者不追爾等果能悔悟來歸定然量材
錄用切勿以曾爲妖犍之官兵自懷疑畏
裹足不前務當亟早回頭速出迷津各保
永福
本軍師實有厚望焉倘仍至死不悟甘爲妖
奴轉瞬　天兵攻克噬臍無及爾時悔之
亦已晚矣
本軍師等念切中土被妖披靡故實情明諭
雖痛切不知所言孰得孰失請自思之何
去何從當自諒之速著先幾之識勿貽後
至之誅庶無負　本軍師諄諄醒諭之至
意焉布告爾衆咸使聞知

太平天日

詔書一當初

天父上主皇上帝六日造成天地山海人物第七日

完工上古之時普天下皆知感謝

皇上帝恩典當挪亞時世人被邪魔誘惑溜穢世間

皇上帝大怒連降四十日四十夜大雨洪水橫流沉

沒世人殆盡至後天下皆敬畏

皇上帝惟以色列爲最麥西侯獨苦害之

皇上帝大怒降救以色列出麥西邦過紅海顯大神

蹟誅滅妖侯到西柰山

皇上帝親設十款天條柰後世多中魔計屢犯天條

皇上帝大怒欲盡滅世人斯時幸有

救世主天兄基督是

皇上帝太子情願降凡捐軀替世人贖罪

皇上帝割離恩愛因遣

天兄基督降生猶太邦顯無數神蹟年三十三被

此處缺二葉

太平眞主出又是
天父
天兄莫大之恩愛憐恤世人故特賜眞光照凡間
主年二十五歲在丁酉三月初一日子刻 見
無數天使自天降下說接昇天又見穿黃
袍小孩子至面前見有像似雄雞高數尺
立于其前

君王父

太平天日　三

君王母李王長次兄仁發仁達嫂黃信王娘賴又
正月宮等咸在 對次尤悲曰有負父兄
功勞矣 又命其妻賴又正月宮云爾爲
朕妻爾不可嫁爾身懷姙未知男女男歟
當依兄勿嫁女歟亦然舉家之悲妻尤悲
甚餓而天使扶
眞主坐轎迤邐從東方大路而昇
主在轎甚不過意到天門兩旁無數嬌娥美女

迎接
主目不邪視到天堂光彩射人迴異塵凡見無
數穿龍袍角帽者咸來見
主繼傳旨剖
主腹出舊換新又將文字排列旋繞
主前一一讀過後有天母迎而謂曰我子爾下
凡身穢待爲母潔爾於河然後可去見爾
爺爺

朕身潔淨天母乃引見
天父上主皇上帝頭戴高邊帽身穿黑龍袍滿口金
鬚拖在腹尚像貌最魁梧身體最高大坐
裝最嚴肅衣袍最端正兩手覆在膝尚
主到前跪拜畢立於旁
天父上主皇上帝悲詔曰爾昇來麼
朕說爾知甚矣凡間人多無本心也凡間人誰非
朕所生所養誰非食

朕食衣
朕衣誰非享
朕福天地萬物皆
朕造成一切衣食皆
朕賜降如何凡間人享
朕福多瞞昧本心竟無半點心敬畏
朕甚爲妖魔迷惑耗費
朕所賜之物以之敬妖魔好似妖魔生他養他殊不

知妖魔害死他纏捉他他反不知
朕甚恨焉憫焉
主聞此詔心甚不平欲即去勸醒他們使各人
識得妖魔詭計回心敬轉
天父上主皇上帝
天父上主皇上帝曰難難
天父上主皇上帝常敎
主坐裝衣袍要齊整頭要軒昂身要挺直兩手

要覆在膝兩脚要八字排開
天父上主皇上帝又携
主在高天指點凡間妖魔迷害人情狀一一指
主看湖又將其手降賜凡間妖魔即冒功勞亦
一一指
主看湖指畢
主見
皇上帝回頭不看有時

天父上主皇上帝見妖魔十分作怪怒甚立差天使
下凡誅滅妖魔條上來矣斯時
天父上主皇上帝所指看一切妖魔總無非冒
天父上主皇上帝功勞迷壞世人行邪事犯天條不
必敬畏
天父上主皇上帝而敬畏他之意間有不敬畏他者
他則擾害之苦磨之
主怒甚因請

天父上主皇上帝曰爺爺他們如此作怪如何不誅
滅他
天父上主皇上帝詔主曰不但凡間有妖魔即高天
三十三天亦闖有妖魔矣主曰
爺爺有這樣大權能要他生即生要他死即死緣何
容他們闖來
天父上主皇上帝曰暫容他們作怪一陣然後收他
難道他們還走得

朕手段主曰但容他一陣既難為我兄弟姊妹受氣
矣
天父上主皇上帝曰爾且看他們如何若果容不得
便一概驅逐矣
天父上主皇上帝又指主看出這四方頭紅眼睛之
妖魔主時時關顧他看見他總是古古怪
怪迷惑人纏捉人主因請
天父上主皇上帝逐他

天父上主皇上帝：他們果如此作怪爾奏
朕命斥逐他走主奏
天父上主皇上帝命斥逐妖魔頭曰朕
天父上主皇上帝吩咐朕來諭爾速速好走矣這妖
魔頭凡間人所稱閻羅妖又稱東海龍妖
首想走又不想走主趕他走曰爾速走此
處所任甚好但爾無福氣又爾腥腥臭臭
身何得居此處住妖魔頭無奈何乃走天

堂間有被迷壞心腸者亦欲跟隨他走斯
時
救世主天兄基督統衆天使咸集
天父上主皇上帝大發聖旨凡高天人有跟隨妖魔
頭走者個個要捉回凡有奸心帮妖者及
一切偷闖之妖魔仔個個要驅逐下去又
推勘妖魔作怪之由總追究孔丘教人之
書多錯

天父上主皇上帝命擺列三等書指主看曰此一等
書是
朕當前下凡顯蹟設誡所遺傳之書此書是眞無有
差錯又此一等書是
朕當前差爾兄
基督下凡顯神蹟捐命贖罪及行爲所遺傳之書
此書亦是眞無有差錯彼一等書這是孔
丘所遺傳之書即是爾在凡間所讀之書

此書甚多差謬連爾讀之亦被其書教壞
了
天父上主皇上帝因責孔丘曰爾因何這樣教人糊
塗了事致凡人不識
朕爾聲名反大過於
朕乎孔丘始則強辯終則默想無辭
天兄基督亦責備孔丘曰爾造出這樣書教人連
朕胞弟讀爾書亦被爾書教壞了衆天使亦歸

咎他主亦斥孔丘曰爾作出這樣書教人
爾這樣會作書乎孔丘見高天人人歸咎
他他便私逃下天欲與妖魔頭偕走
天父上主皇上帝卽差主同天使追孔丘將孔丘捆
綁解見
天父上主皇上帝
天父上主皇上帝怒甚命天使鞭撻他孔丘跪在
天兄基督前再三討饒鞭撻甚多孔丘哀求不已

天父上主皇上帝乃念他功可補過准他在天享福
永不准他下凡當時
天父上主皇上帝命主戰逐妖魔賜金璽一雲中雪
一命同衆天使逐妖魔三十三天逐層戰
下其跟隨妖魔頭走之兄弟姊妹逐一捉
回高天其有奸心幇妖魔頭及偷闖之妖
魔仔逐一驅趕驅趕甚妖魔頭同這妖魔
仔回頭同主戰但勢不能抗主那時有

天父上主皇上帝作主妖魔雖詭計百出總一一被
主破盡主與妖魔戰時
天父上主皇上帝在其後
天兄基督亦在其後執金璽照妖妖不能害主且
妖不敢見金璽見金璽卽走其妖頭甚作
怪多變有時打倒地條變爲大蛇矣又將
大蛇打倒條又變爲別樣矣能變得十七
八變雖狗虱之小亦能變焉主戰到憤怒

時欲遽收他
天父上主皇上帝大呼曰不可不可只斷服他就罷
主不解其故
天父上主皇上帝諭曰這妖是考蛇能迷人食人靈
魂若卽收他許多被他食之靈魂無救矣
況汚穢聖所故暫容他命卽這妖魔仔
天父上主皇上帝亦吩咐主不可遽收他待到凡間
這一重天然後砍他也主有時戰困而睡

衆天使重重圍護妖不能害睡醒又戰其
三十三天所關偷之妖魔仔及有奸心帮
妖魔頭者俱一一逐下凡間逐下凡間這
重天時主怒甚大呼衆天使曰斬斬衆天
使乃奉
天父上主皇上帝命
救世主天兄基督命又奉主命將
天父上主皇上帝所賜主雲中雪砍了妖魔無數而

妖魔頭已先遁去矣於是妖懾服其遁命
落十八重地獄不敢作怪者三分居二焉
主有時戰餓其
天母及衆小妹摘高天甘菓畀主食其色甚黄其味
甚香主與妖戰其
天母及衆小妹亦皆出力助主故所戰無不勝矣戰
勝回歸高天
天父上主皇上帝十分歡喜乃封主爲太平天王大
道君王全
天父上主皇上帝命主曰爾名爲全矣爾從前凡間
名頭一字犯
朕本名當除去爾下去凡間時或稱洪秀時或稱洪
全時或稱洪秀全爾細弟之名與爾名有
意義焉其時主在高天有殿在東郭
天父上主皇上帝常教他唱詩或字眼不變
天父上主皇上帝教一字一字長聲而唱則變

天父上主皇上帝有時命其
天兄基督教主讀字不變
天兄基督發怒其天嫂勸止其
天兄天嫂甚思量他可稱長嫂當母焉其
天兄基督或有苦廹其
天母即勸止其
天兄其
天母甚慈愛他洵稱嬌貴之極焉主正月宮在高天

人好飲酒
天父上主皇上帝怒曰爾看凡人這樣變怪其口好
吃見凡人食烟
天父上主皇上帝怒曰爾看凡人這樣變怪其口出
烟見人淫邪
天父上主皇上帝怒曰爾看凡人這樣變怪不成人
類
天父上主皇上帝又命主曰爾今名爲全
朕唱詩與爾聽爾牢記在心待後有對驗焉
天父上主皇上帝唱曰
有個千字少一筆　在爾身尙說話裝
有個介字頂尙頂　財寶來裝就成王
一長一短爾名字　有刀無柄又無光
爺爺生爾是乜名　一橫一點不是謊
有個鬍鬚五寸長　彎彎一點在中央
天父上主皇上帝又命主曰爾下去凡間還有幾年

事主甚恭謹其時正生一子未曾安名其
高天衆小妹亦時或陪主讀詩書琴簫鼓
樂快活無窮主此時不願下凡矣但
天父上主皇上帝常命主曰爲爺教爾多讀些詩書
後作憑據爾仍要下凡也爾若不下凡凡
間人何能得醒得昇天堂乎主曰唯唯但
主心不願下凡矣有時
天父上主皇上帝催促甚主不得已旣下幾重天仍

然退回
天父上主皇上帝烈怒主乃吩咐其正月宮曰爾且
帶子同爺爺媽媽哥哥嫂嫂及衆小姑同
居住待朕下凡理爺爺事畢然後昇天同
爾享安樂焉於是
天父上主皇上帝同其
天兄基督及衆天使送主下凡見凡人剃頭
天父上主皇上帝怒曰爾看凡人這樣貪威風見凡

不醒但不醒亦不怕後有一部書畀爾對
湖此情既對湖此情爾即照這一部書行
則無差矣但爾照此書行凡間人多毀謗
爾侮笑爾看小爾
朕唱詩與爾聽
一個牛蹄有百五　人眼看見酒中壺
看爾面前八十丈　有等處所實在孤
主別

天父上主皇上帝及
天兄基督臨下凡時有難色
天父上主皇上帝曰爾勿懼爾放膽爲之凡有煩難
有
朕作主左來左頂右來右頂隨便來隨便頂爾何懼
焉
天父上主皇上帝命寫天王大道君王全七字差其
兵權放在主宮門首作憑據主自三月初

一日昇天至返下凡時約四十餘日
天父上主皇上帝雖吩咐甚悉既在凡間時則未能
盡醒然於心也後　君王母李在宮門首
覔見此七字　君王父持與主看主曰天
果是更朕名爲全也主遂對其父兄曰朕
是天差來眞命天子斬邪留正其族人或
親戚來見主手直放在胸前比人要正曰
爾們要速速鍊正天話爾們變妖矣今天

差朕來收妖怪朕下天時既落了天羅地
網網盡妖怪矣其姊洪辛英來見主曰姊
朕是太平天子以手畫寫太平天子四字
與姊看有時唱高天之聲與他們聽人以
爲顛又有不論男婦其人好來見主即施
禮請坐極好講話其邪人來見主則大聲
叱曰爾速速走朕是何人爾敢大胆來見
朕朕乃眞命天子斬邪留正爾識得朕麽

其父兄及旁人俱不測其故總以爲顛
君王父且罵之主曰朕不是爾之子爾罵
得朕麽人愈以爲顛不知此正是高天妙
算正天所以遮護主也主自是志度恢宏
與前迥不相同年三十一歲在癸榮六月
有一天將曉時主聞有老人在床前呼喊
曰爾還這樣好睡乎爾還不醒乎主即起
身自思曰奇矣時主適看勸世良言一書

太平天日　六

看見其書說有一位造天造地造萬物大
主宰之
上帝人人皆當敬畏他崇拜他至於世間所立一切
邪魔該殺皆是凡間人中了蛇魔鬼蜮之
計至爲其所捉陷入地獄沉淪世人切不
可跪拜他要回心敬轉
上帝方能脫魔鬼之手得尙天堂又說有一位
救世主基督是
上帝太子前一千八百餘年
上帝因世人信邪魔行邪事背逆罪大欲盡滅世人
則不忍於心欲盡救世人則有碍於義因
於無可如何中乃差太子
基督降世替人贖罪代世人受苦難臨降世時天
使讚揚空中曰今日有生
救世主矣天上榮歸
上帝地下太平人間恩和矣

太平天日　七

基督年三十施教傳徒勸世人要在
上帝面前悔罪丟棄一切邪魔遵守天條方得昇天
年三十三贖罪期至被世人陷害釘死十
字架完成
上帝遺降旨意死後三日復醒仍與門徒講測天情
四十日之久然後昇天吩咐門徒曰天地
之間朕操萬權矣爾們且往普天下萬郭
廣傳福音與衆人聽信者則得救不信者

則被定罪矣又說現今
基督在高天為萬郭
救世主
天父上主皇上帝交權與他統衆天使救世人脫魔
鬼之手等語將此書所說反覆細勘因想
起天酉年昇天及下天所見所為之情一
一與此書所說互相印証若合符節　主
乃悟當日臨下凡時

天父上主皇上帝曾吩咐曰爾下去凡間還有幾年
不醒但不醒亦不怕後有一部書畀爾對
潮此情既對潮此情爾即照這一部書行
則無差矣即此一部書也　主此時如夢
初覺乃作感悟悔罪詩曰
吾儕罪惡是滔天　幸賴基督代保全
克勝邪魔遵聖誡　欽崇上帝正心田
天堂榮顯人宜慕　地獄幽沉朕亦憐

及早回頭歸正果　敢將方寸俗情牽
首與蓮花塘李敬芳在
天父上主皇上帝面前悔罪　主勸其家人要在
天父上主皇上帝面前悔罪丟棄一切邪魔　主家
人初不信乃將昇天時比其父兄等語曉
其家人曰朕昇天時所話老亞公即是
天父上主皇上帝所話有些食同別人飲了食了就
是敬邪魔所話爾們無本心丟却老亞公

同別人較好就是不敬
天父上主皇上帝反敬邪魔歷歷互証一番其家人
方醒衆家在
天父上主皇上帝面前悔罪丟却一切邪魔遵守天
條　主有族弟干王洪仁玕頗有信德見
識　主將此情對他說潮他即醒悟　主
又將此情說知南王馮雲山南王馮雲山
亦有見識信德一聞即醒悟三人同在

天父上主皇上帝面前悔罪同往石角潭浸洗七月
十四日　主到五馬嶺將此情對彭參平
彭昌玕彭壽伯等詔迥他們亦在
天父上主皇上帝面前悔罪其初年頗有人信從之
者年三十二歲在甲辰二月十五日　主
同南王馮雲山馮瑞嵩馮瑞珍出遊天下
將此情教導世人始由廣東省城繼由順
德復旋回轉遊南海番禺增城從化清遠

英德函江陽珊連珊等處三月十八日到
白虎圩　主此時意欲自己往遊八排分
發馮雲山馮瑞嵩馮瑞珍三人回家馮瑞
嵩馮瑞珍二人則願回南王馮雲山則願
與　主遍遊天下艱苦甘心　主乃與南
王雲山別馮瑞嵩馮瑞珍往遊八排到南
江排將此情此道勸化猺人數日乃出珊
到蔡江　主曰現今不若到廣西也由蔡

江到珊逕由珊逕到石角到荔枝鋪由荔
枝鋪到金庄由金庄到南豐由南豐到魚
撈由魚撈封川由封川到容圩由容圩到
藤縣由藤縣到大武由大武到本落由本
落到蒙圩一路俱托賴
天父上主皇上帝庇護四月初五日由蒙圩到廣西
潯州桂縣賜谷村黃盛均表兄家下　主
寓其家時寫勸人拜

天父上主皇上帝詔傳送人　主與南王常寓黃盛
均家其二表兄黃盛瀾三表兄黃盛乾四
表兄黃盛埼五表兄黃盛爵等則接至家
焉　主聞土人說此處有六窠妖廟一男
一女甚靈　主問曰是夫婦乎土人曰非
也當初二人在此山和歌苟合而死後人
傳聞得道故立像祭祀　主曰有是哉何
凡間人愚且甚他淫奔苟合天所必誅而

得道且問得何道乎乃悟廣西淆亂男女
和歌禽獸不如皆由此等妖倡焉故作詩
以斥云
舉筆題詩斥六窠　該誅該滅兩妖魔
滿册人類歸禽類　到處男歌和女歌
壞道竟然傳得道　龜婆無怪作家婆
一朝霹靂遭雷打　天不容時可若何
七月時候　主見表兄家苦甚難過意適

與南王到田寮語言有拂逆　主即回賜
谷村與南王雲山洪仁球恤王洪仁正等
議回東　主欲連夜到林橋待湖早他三
人趕來也洪仁球曰謝連夜私走人有猜
疑焉乃湖早詔表兄黃盛均曰朕欲回東
矣黃盛均曰他三人回得臣子黃維正現
未放出　主回不得不若他三人先回去
罷待臣子出來然後送　主回東未遲也

主決意要回黃盛均泣曰　主若回東
我亦不留命矣南王雲山三人並勸　主
勿回二十三日　主遣南王馮雲山洪仁
球恤王洪仁正三人先回東黃盛均送三
人到潯州三人留滯六七天盤費用去些
南王此時見　主未回他是不願回東兼
有張永綉勸他同伴不回故南王獨留潯
州八月十五日覲王黃爲正出班房其先

主勸表兄黃盛均拜
天父上主皇上帝使他朝晚求
天父上主皇上帝救黃爲正早早釋放覲王黃爲正
旣歸家後　主亦勸他拜
天父上主皇上帝遵守天條此處兼有人信從真道
十月初　主欲回東乃聞南王還在潯州
初九日黃盛均送　主到潯州　主到南
門掌塘張孝水處跟問南王張孝水曰九

月二十時候南王同我姪張永綉商議回東也近日二人未曾到此處大約二人既回東矣　主乃不復尋南王別表兄登舡而回二十一日始到家　主自二月十五日出遊以後該處人訛傳　主與南王被人陷害其父兄半信半疑時時納悶　主妻賴又正月宮時時唏哭後有洪仁球恤王洪仁正二人帶回家信其父兄方纔放

心　主到家跟問南王回來否俱答未回乃知南王還在潯州也此時干王洪仁玕染病見天啓奏　主曰兄三十八歲方登天子位也南王與張永綉留滯潯州月餘後至古林張家乙巳年南王寓紫荆山高坑冲張家南王時常將此情教導人間有信從眞道焉丙午年南王寓黃泥冲曾玉珍家南王亦時常將此情教導人曾玉珍

予曾雲正頗有見識信德一聞此情即回心在

天父上主皇上帝面前悔罪遵守天條他却信得眞不獨不拜偶像且時當侮弄偶像人以爲顛他亦無猜疑焉丁未年南王仍寓張玉珍家　主回東後年三十三歲在乙巳矣作原道救世詔原道救世訓年三十五歲在丁未二月初　主與干王洪仁玕到廣

東省城禮拜堂後干王仁玕回歸主獨留禮拜堂與花旗番羅孝銓共處數月　主曆將舊遺詔聖書前遺詔聖書細覽乃悟當前戰妖時

天父上主皇上帝所指此一等書是　朕下凡顯蹟設誡所遺傳之書即此舊遺詔聖書也幷

悟

天父上主皇上帝所指此一等書是　朕差爾兄下

凡顯神蹟也指命贖罪及行爲所遺詔之
書卽此前遺詔聖書也六月初十日
主再遊廣西卽由省城到官窑由官窑到
西南由西南到廣利由廣利到肇慶由肇
慶到祿步由祿步到梅子汎地海邊灣有
十餘强盜攔路　主拔劍强盜跪賺曰我
們是查私考將不得動手　主未開言强
盜旣擧鎗砲刀銃圍住　主此時身倘所
帶一劍盒倘鑿有全字者亦被奪去行李
銀錢一空止剩存些替換衣服是日到悅
城進退兩難次日由悅城到九官由九官
搭舡到德慶州時無盤費心頗煩時有三
水陳某二人勸慰曰舡到灘頭水路開
主亦以爲然凡事有高
天作主　朕今且去搭梧州渡看
天父如何救我也　主坐舡愁煩無語只暗求

天父上主皇上帝憐救因想當前昇天臨送下凡時
天父上主皇上帝曾吩咐曰爾放胆爲之凡有煩難
有　朕作主今日當煩難勢必有救但不
知
天父上主皇上帝如何救我也
主每天只食一餐托賴
天父上主皇上帝化醒舟人時有江西李相肇廣東
歐純歐艮高要陳正　主到舡尾食茶
其四人相談曰此先生如何這樣愁悶又
不食飯他又不是病必定別有事情試問
他如何　主聽知四人論已仍歸自己臥
處江西李相肇開口問先生有何愁悶飯
又不食　主見問將根由對他詔明四人
齊聲曰　主不早說明今晚　主同我四
人食飯飯錢臣們同　主拆渡錢臣們相
勸渡仔但不知　主到何處還要幾多盤

費方能得到也　主曰朕到潯州桂縣但約數百文足矣四人曰數百文旣足便易易矣　主見四人如此大義較放心些暗謝

天父上主皇上帝舡到梧州四人支拆飯錢外主於是由梧州搭舡到容圩由容圩到珊寮由珊寮到藤縣由藤縣到珊村由珊村到大烏由大烏到馬皮由馬皮到蒙圩由

太平天日

蒙圩到桂縣賜谷村舊歲八月南王同曾澐正由紫荊珊來探黃盛均故黃盛均等知南王在紫荊珊也　主甫到數日便欲到紫荊珊七月十五日　主同覲王黃爲正由賜谷到勒馬由勒馬到東鄉十七日由東鄉路過逢九妖庙　主入庙命覲王黃維正捧硯　主舉筆題詩在壁云

朕在高天作天王　爾等在地爲妖怪
迷惑上帝子女心　醒然敢受人崇拜
上帝差朕降凡間　妖魔詭計今何在
朕統天軍不容情　爾等妖魔須走快

是日到紫荊珊南王喜出望外越二日主命覲王黃維正轉回桂縣　主每天同南王寫書送人時將此情教導世人多有信從眞道焉幸得曾澐正四處代傳此情大有功力故人多溯醒也　主居月餘

太平天日

主與南王馮雲山曾澐正曾玉景曾觀瀾等寫奏章求

天父上主皇上帝選擇險固所在棲身焉九月初主由黃泥冲轉寓高坑冲覩王盧六家聞土人說象州有一甘妖庙甚靈　主問有何靈土人曰象州州官朱某驗屍經過其庙他敢拖州官朱某下轎要這州官朱某送隆袍纔放他卽廟祝燒香點燈要打鑼

恐或撞見該處不敢亂講他若有人亂講
他他便作古怪害此人家中不安要此人
將豬牛祭他然後無事　主又問其當初
如何出身土人奏說當初打死母親
主歎曰此正是妖魔也　朕先救此一方
民九月十六日　主率南王馮雲山曾澐
正蝦王盧六陳利往象州破此妖庙十七
日始到十八日　主親到其庙以大竹搞

此妖魔罵曰　朕是眞命天子爾識得
朕麼天酉年　朕昇高天　朕
天父上主皇上帝命　朕同衆天使戰逐你們一切
妖魔那個妖魔不被　朕戰到服處爾今
還認得　朕麼若認得　朕爾今好速速
落地獄矣打死母親爾大罪一敢冒
天父上主皇上帝功勞爾大罪二天地萬物
天父上主皇上帝造成人人是

天父上主皇上帝生養故人人該跪拜
天父上主皇上帝爾有何功德人不是爾生又不是
爾養不關爾事爾有何面目敢冒
天父上主皇上帝功勞竟靦然受人拜跪爾大罪爲
何如乎迷惑
天父上主皇上帝子女心腸爾大罪三誘賺
天父上主皇上帝子女肉食爾大罪四纏捉
天父上主皇上帝子女靈魂爾大罪五爾細妹與同

年坐爾大罪六歡悅婦女唱邪歌爾大罪
七纏捉
天父上主皇上帝子女行淫樂爾大罪八誘惑
天父上主皇上帝子女行邪事爾大罪九種種作怪
作妖迷壞害累世人爾大罪十犯了十欵
太罪天理難容爾速下地獄永不准爾在
世迷惑害累世人命其四人將妖眼挖出
鬚割去帽踏爛隆袍扯碎身放倒手放斷

主題詩在壁云

題詩行檄斥甘妖　該滅該誅罪不饒

打死母親干国法　欺瞞上帝犯天條

迷纏男婦雷當劈　害累世人燒定燒

作速潛藏歸地獄　腥身豈得掛隆袍

後寫太平天王題又寫天條及王詔貼壁

詔諭該處人民其詔云奉

天父上主皇上帝眞命太平天王大道君王全詔諭

太平天日　詔

該處人民爾等知此甘妖怪既犯了天條

大罪乎打死母親大罪一敢犯冒

天父上主皇上帝功勞大罪二逃惑

天父上主皇上帝子女心腸大罪三誘賺

天父上主皇上帝子女肉食大罪四纏捉

天父上主皇上帝子女靈叺大罪五細妹與同年共

坐大罪六歡悅婦女唱邪歌大罪七纏捉

天父上主皇上帝子女行淫樂大罪八誘壞

天父上主皇上帝子女行邪事大罪九種種作妖作

怪迷惑害累世人大罪十犯了十欵大罪

天理難容　朕奉

天父上主皇上帝命親身到此毀破此妖繼自今其

令此妖永不准在世作妖作怪迷惑害累

世人并令該處人等永不准復立此妖庙

仍拜此邪魔倘敢抗命定與此妖一同治

罪欽此

太平天日　詔

南王馮雲山亦題詩在壁云

奉天討伐此甘妖　惡孽昭彰罪莫逃

廹我弟妹誠敬拜　誘吾弟妹樂歌謠

生身父母誰人打　儆首邪屍自我抛

該處人民如害怕　請從土壁讀天條

十九日回歸紫荊珊自打破此妖傳聞甚

遠信從愈衆十一月初旬　主又別南王

同會玉環由紫荊珊到桂縣賜谷村越數

日曾玉璟囘紫荆珊　主題詩誡他云

迷途既返速加鞭　振起雄心赶向前

盡把凡情丟却去　方能直侑九重天

前此　主與曾玉璟來桂縣時路經武平

十一因風雨甚　主投宿黄四家

主將此情教導該人間有人信從眞道者

焉

唐才子傳

提要

《唐才子傳》殘八卷，元辛文房撰，清光緒八年（一八八二年）佚存叢書（日本林衡輯）木活字本。每半葉十行二十字，左右雙邊，白口，單魚尾。原十卷，存卷一至卷八。是書成於元大德八年（一三〇四年）。全書按詩人登第先後為序，詳細記述中晚唐詩人及部分五代詩人之事蹟。立傳者二百七十八人，附見者一百二十人，共計三百九十八家。明永樂年間編修《永樂大典》時，是書被收入『傳』字韻，而『傳』字各韻佚失，此書單刻本於國內亦失傳。清乾隆間編修《四庫全書》，所存八卷本《唐才子傳》為《永樂大典》本系統，亦是輯軼本。而元代刊行的十卷足本以傳於日本，得以保存。清代光緒年間楊守敬從日本訪得，黎庶昌以珂羅版影印。刊刻較精，錯訛較少，多保存原書風貌。辛文房，字良史，元前期西域人，官至省郎，有《披沙詩集》，已佚。

唐才子傳卷第一

西域　辛　文房　撰

魏帝著論稱文章經國之大業不朽之盛事年壽有時而盡未若文章詩賦可流傳於無窮也唐代尚文宏儒碩彥不可勝數擅美於詩者奚止千家歲月推移遷流淪落亦復不少況乃浮沉宦途黽勉卑官存沒相半不更多乎崇事奕葉苦思積年心神游穹厚之倪耳目及晏曠之際幸成著述更或凋零兵火相仍而欲名垂後世難矣哉夫詩所以動天地感鬼神厚人倫移風俗也發乎性情止乎禮義非徒尚辭華也溯其來源國風雅頌開其端離騷楚辭繼其後蘇李之高妙足以定律建安之遒壯自成一家爛熳於江左濫觴於齊梁皆襲祖沿流坦然明暢鏗鏘愧金石炳煥御丹青理窮必通因時爲變勿訝於枳橘非土所宜誰別於渭涇投膠自定蓋係乎得失之運焉唐幾三百年鼎鐘挾雅道中間大體三變故詞句有鏤心之人音節得應手之妙於法畢能備於言無所假及其逸度高標餘波遺韻登高能賦閒暇微吟舊格近體古風樂府之類芳沃當代響振前人淡寂無枯悴之嫌華藻無淫妖之忌猶金碧助彩宮商自協

端足以仰繼先型俯開來世清廟之瑟薰風之琴及夫西京禮樂兩晉風流不相下於秋毫也余遐想高情心儀雅化窮其梗概行藏散見錯出卽覽於述作尚昧音容洽彼姓名未辨機軸嘗竊病之頃以端居多暇徇掃閉門游目簡編宅心史集或求詳累帙備考先傳撰擬成篇班班有據以悉全唐之盛用成一家之言各紀以時定爲先後遠陪公議誰得而誣也如方外高格逸名散人上漢仙侶幽閨綺思雖多難考而亦略舉梗概天下英奇所見略似人心相去固亦無多至若觸事興懷隨附篇末異方之士弱冠斐然狃於見聞豈所能盡敢倡斯盟尚賴同志相與廣焉庶乎作九京於長夢詠一代之清風後來奮飛之士相感百世之下猶期賞音也傳成凡二百七十八篇因而附錄不泯者又一百二十家釐爲十卷名以唐才子傳云有元大德甲辰春引

六帝

夫雲漢昭回仰彌高於宸極洪鐘希叩發至響於咸池以太宗天縱玄廟聰明憲德文僖睿姿繼挺俱以萬機之暇特駐吟情奎璧騰輝袞龍浮彩寵是臣下每錫賡酬故上有好者下必甚焉者矣

唐才子傳卷第一目錄

王績

績字無功絳州龍門人文中子通之弟也年十五遊長安謁楊素一坐服其英敏目爲神仙童子隋大業末舉孝廉高第除秘書正字不樂在朝辭疾復授揚州六合縣丞以嗜酒妨政時天下亦亂遂托病風輕舟夜遁歎曰網羅在天吾將安之乃還故鄉至唐武德中詔徵以前朝官待詔門下省績弟静謂績曰待詔可樂否曰待詔俸薄況蕭瑟但良醞三升差可戀耳待詔江國公聞之曰三升良醞未足以絆王先生特判日給一斗時人呼爲斗酒學士貞觀初以疾罷歸河渚間有仲長子光者亦隱士也無妻子績愛其眞遂相近結廬日與對酌仲有奴婢數人多種黍春秋釀酒養鳧鴈蒔藥草自供以周易莊老置牀頭無他用心也自號東皐子雖刺史謁見皆不答終於家性簡傲好飲酒能盡五斗自著五斗先生傳彈琴爲詩著文高情勝氣獨步當時撰酒經一卷酒譜一卷李淳風見之曰君酒家南董也有詩賦等傳世

論曰唐興迨季業治日少而亂日多雖草衣索帶罕得安居當其時遠鉤弋者不走山而逃海斯德而隱者矣自王君以下幽人間出皆遠遯長往之士危行

言遯重擾禍機塵銖軒冕掛冠引退往往見之置身炎涼之途托跡黃綺之列雖或累聘邱園勉加冠珮適足以速深藏於藪澤耳然猶有不能逃白刃死非命焉夫蹟晦名彰風高塵絕豈不以有翰墨之妙騷雅之奇矣哉文章爲不朽之盛事也恥不爲堯舜民學者之所同志致君於垂拱懦夫尚知勇爲今則捨聲利而向棲棲鹿冠烏几便於錦繡之服柴車茅舍安於丹艧之居藜羹疏食甘於鼎鼐之烹濁酒清醥腆於醅醪之奉樵青山漁白水足於佩金魚而紆紫綬也時有不同也事有不侔也向子平曰吾故知富不如貧貴不如賤第未知死何知生此達人之言也易曰遯之時義大哉

崔信明

信明靑州人少英敏及長強記美文章高孝基謂人曰崔生才冠一時但恨位不到耳隋大業中爲堯城令竇建德僭號信明弟仕賊勸信明降節當得美官不肯從遂踰城去隱太行山中唐貞觀六年詔即家拜興勢丞遷秦川令卒信明恃才蹇亢嘗自矜其文時有揚州錄事參軍滎陽鄭世翼亦驁倨忤物遇信明於江中謂曰聞君有楓落吳江冷之句仍願見其餘信明欣然多出舊製鄭覽未終曰所見不逮所聞投卷於水中引舟而去今其詩傳者數篇而已

王勃

勃字子安太原人王通之諸孫也六歲善辭章麟德初劉道祥表其材對策高第未及冠授朝散郎沛王名署府修撰時諸王鬬雞會勃戲爲文檄英王雞高宗聞之怒斥出府勃既廢客劍南登山曠望慨然思諸葛之功賦詩見情又嘗匿死罪官奴恐事洩輒殺之事覺當誅會赦除名父福時坐是左遷交趾令勃往省覲途過南昌時都督閻公新修滕王閣成九月九日大會賓客將令其壻作記以誇盛事勃至入謁帥知其才因請爲之勃欣然對客操觚頃刻而就文不加點滿座大驚酒酣辭別帥贈百縑即舉帆去至炎方舟入洋海溺死時年二十九勃屬文綺麗請者甚多金帛盈積家織而衣筆耕而食然搆思不精先磨墨數升則酣飲引被覆面臥及醒援筆成篇不易一字人謂之腹稿嘗言人子不可不知醫時長安曹元有秘方勃盡得其術又以虢州多藥草求補參軍倚才陵傲僚吏疾之有集三十卷及舟中纂序五卷今行於世○勃嘗遇異人相之曰子神強骨弱氣清

體羸腦骨虧陷瞳神不足秀而不實終非大貴也則其才長而命短者豈非相乎

楊炯

炯華陰人顯慶六年舉神童授校書郎永隆二年皇太子舍奠表豪俊充崇文館學士後爲婺州盈川令卒炯恃才傲物每恥朝士矯飾呼爲麒麟楦或問之曰今假弄麒麟戲者必刻畫其形覆驢上宛然異物及去其皮還是驢耳聞者甚不平故爲時所忌初張說以箴贈盈川之行戒其苛刻至官果以酷稱炯博學善文與王勃盧照鄰駱賓王以文辭齊名海內稱四才子亦曰四傑效之者風盛焉炯嘗謂吾愧在盧前恥居王後張說曰盈川文如懸河酌之不竭恥王後愧盧前謙也有盈川集三十卷行于世

盧照鄰

照鄰字升之范陽人調鄧王府典籤王愛重謂人曰此吾之相如也後遷新都尉攖病去官居太白山草閣得方士玄明膏餌之會父喪號慟因而嘔丹其疾愈甚家貧苦貴官時時供衣藥後去具茨山下買園數十畝疏潁水周舍復築爲墓偃臥其中自以當高宗之時尚吏已獨儒武后尚法已獨黃老后封嵩山屢聘賢士己已廢著五悲文以自明手足攣緩不起行已十年每春歸秋至雲壑煙郊輒輿出戶庭悠然一望遂自傷作釋疾文有云覆燾雖廣嗟不容乎此生亭育雖繁恩已絕乎斯代與親屬訣自沈潁水有詩文二十卷及幽憂子三卷行於世

駱賓王

賓王義烏人七歲能賦詩武后時數上疏言事得罪貶臨海丞怏怏不得志棄官去文明中徐敬業起兵欲反正往投之署爲府屬爲敬業作檄傳天下暴斥武后罪后見讀之矍然曰誰爲之或以賓王對后曰有如此才不用宰相過也及敗亡命不知所之後宋之問貶還道出錢塘遊靈隱寺月夜行吟長廊下曰鷲嶺鬱岧嶤龍宮隱寂寥未得下聯有老僧燃燈坐禪問曰少年不寐而吟諷甚苦何耶之問曰欲題此寺而思不屬僧笑曰何不道樓觀滄海日門對浙江潮之問終篇曰桂子月中落天香雲外飄捫蘿登塔遠刳木取泉遙雲薄霜初下冰輕葉未凋待入天台寺看余渡石橋僧一聯篇中警策也遲明訪之已不見老僧即駱賓王也傳聞桴海而去矣後中宗詔求其文得百餘篇及詩等十卷命郗雲卿次序之及百

道判集一卷今傳於世

杜審言

審言字必簡京兆人預之遠裔咸亨元年宋守節榜進士爲隰城尉恃高才傲世見疾蘇味道爲天官侍郎審言集判出謂人曰味道必死人驚問何故曰彼見吾判當羞死耳又曰吾文章當得屈宋作衙官吾筆當得王羲之北面其矜誕類此坐事貶吉州司戶及武后召還將用之問曰卿喜否審言舞蹈以謝令賦歡喜詩稱旨授著作郎爲修文館直學士卒初審言病宋之問武平一往省候曰甚爲造化小兒相苦尚何言然吾在久壓公等今且死但恨不見替人也少與李嶠崔融蘇味道爲文章四友有集十卷今不存但傳詩四十餘篇而已

沈佺期

佺期字雲卿相州人上元二年鄭益榜進士工五言由協律考功郎受賕長流驩州後召拜起居郎兼修文館直學士常侍宮中旣侍宴帝詔學士等爲回波舞佺期作弄辭悅帝詔賜牙緋歷中書舍人佺期嘗以詩贈張燕公公曰沈三兄詩清麗須讓居第一也詩名大振○自魏建安迄江左詩律屢變至沈約鮑照庾信徐陵已務音韻婉轉屬對精緻及佺期之問又加靡麗旣忌聲病又拘篇法著定格律遂成近體燭如錦繡學者所宗倘語曰蘇李居前沈宋比肩謂唐詩變體始自二公猶詩之始自蘇李也有集十卷今傳於世

宋之問

之問字延清汾州人上元二年進士偉貌辯給甫冠武后召與楊炯分直習藝館累轉尚方監丞后遊龍門詔從臣賦詩左史東方虬詩先成后賜錦袍俄頃之問獻后覽之嗟賞更奪袍以賜後求北門學士以有齒疾不許遂作明河篇有明河可望不可親之句以見志諂事張易之坐貶瀧州後逃歸匿張仲之家聞仲之謀殺武三思乃告變擢鴻臚簿遷考功郎復媚太平公主以知舉賄賂狼藉下遷越州長史窮歷剡溪山水置酒賦詩日遊宴賓客雜遝睿宗立以無悛悟之心流欽州御史劾奏賜死人言劉希夷之報也徐堅嘗論其文如良金美玉無施不可有集行世

劉希夷

希夷字延芝潁川人上元二年鄭益榜進士時年二十五射策有文名苦吟詠特善閨帷之作詞情哀怨

多依古調體勢與時不合不爲世所重希夷美姿容好談笑善彈琵琶飲酒至數斗不醉落魄不拘常檢嘗作白頭吟一聯云今年花落顏色改明年花開復誰在既而歎曰此語讖也石崇謂白首同所歸復何以異乃除之又吟曰年年歲歲花相似歲歲年年人不同復歎曰死生有命豈由此虛言乎遂併存之舅宋之問酷愛後一聯知其未傳於人懇求之許而竟不與之問怒其誑已使奴以土囊壓殺於別舍時未及三十人悉憐之有集十卷及詩集四卷今傳○希夷天性俊爽才情如此想其事業勳名何所不至孰

知偃蹇之運遭逢惡人寸祿不霑長材折挫斯才高而見忌者也賈生悼長沙之屈禰衡痛江夏之來倏焉折首無何殞命以隋侯之珠彈千仞之雀所較者輕所失者重玉迸松摧良可惜也况於骨肉相殘者乎

陳子昂

子昂字伯玉梓州人開耀二年許且榜進士於年十八時未知書以富家子任俠尚氣才博後入鄉校感悔即於州東南金華山觀讀書痛自修飾精窮墳典耽愛黃老易象光宅元年詣闕上書諫靈駕入京召見武后奇其才遂拜麟臺正字令云地藉英華文稱暐曄累遷拾遺聖曆初解官歸會父喪廬冢次縣令段簡貪殘聞其富遂詐誣子昂脅取賂二十萬緡猶薄之遂送獄子昂自筮卦驚曰天命不祐吾殆窮乎果死獄中年四十三子昂貌柔雅性情躁急輕財好施篤朋友之義唐興文章承徐庾餘風天下祖尚子昂始變雅正初爲感遇詩三十章王適見而驚曰此子必爲海內文宗繇是知名凡所著論世以爲法詩調尤工嘗勸后興明堂太學以調元氣與遊英俊多秉權衡柳公權評曰能極著述克備比興唐興以來

子昂而已有集十卷今傳○嗚呼古來材大或難爲用象以有齒卒焚其身信子昂之謂歟

李百藥

百藥字重規定州人幼多病祖母以百藥名之七歲能文襲父德林爵會高祖招杜伏威百藥勸朝京師中道而悔怒飲以石灰酒因大痢幾死既而宿病皆愈貞觀中拜中書舍人遷太子庶子嘗侍帝同賦帝京篇手詔褒美曰卿何年老而才猶壯齒宿而意還新乎百藥之才天下推服好獎薦後進藻思沈鬱詩尤所長有集傳世

李嶠

嶠字巨山趙州人十五通五經二十擢進士累遷爲監察御史武后時同鳳閣鸞臺平章事後因罪貶廬州別駕卒嶠富才思有所著作人輒傳諷明皇將幸蜀登花萼樓使樓前善水調者奏歌歌曰山川滿目淚霑衣富貴榮華能幾時不見只今汾水上惟有年年秋鴈飛帝慘愴移時顧侍者曰誰爲此對曰故宰相李嶠之詞帝曰眞才子不待終曲而去嶠前與王勃楊炯接踵後與崔融蘇味道齊名及諸人沒推爲文章宿老學者取法焉集五十卷雜詠詩十二卷單

提詩一百二十首張方爲註傳於世

張說

說字道濟洛陽人垂拱四年舉學綜古今科中第三等考策日封進授太子校書令曰張說文思清新藝能優絕金門對策已居高科之首銀牓效官宜申一命之秩後累遷鳳閣舍人睿宗時兵部侍郎平章事開元十八年終左丞相燕國公說敦氣節重然諾爲文精壯長於碑誌朝廷大述作多出其手詩法特妙晚謫岳陽詩益悽婉人謂得江山之助今有集三十卷行于世子均開元四年進士亦以詩鳴

王翰

翰字子羽并州人景雲元年盧逸下進士及第遂舉直言極諫又舉超拔羣類科少豪蕩恃才不羈喜縱酒櫪多名馬家蓄妓樂翰寓意立言自比王侯日聚英傑縱禽擊鼓爲歡張嘉貞爲本州長史厚遇之翰飲酒歌舞神氣之間愈覺軒舉張說尤加禮異及輔政召爲正字擢駕部員外郎說罷翰出爲仙州別駕以窮樂畋飲貶嶺表道卒翰工詩多壯麗之詞文士祖詠杜華等嘗與遊從華母崔氏云吾聞孟母三遷吾今欲卜居使汝與王翰爲鄰足矣其才名如此燕

公論其文如瓊杯玉斝雖爛然可珍而多玷缺云有集今傳○太史公恨古布衣之俠湮沒無聞以其義出存亡生死之間而不伐其德千金驅馬視如草芥信哉名不虛立也觀王翰之氣槪其若人之儔乎

吳筠

筠字貞節華陰人通經義美文辭舉進士不中隱居南陽倚帝山爲道士天寶中玄宗遣使詔至京師與語甚悅勑待詔翰林獻玄綱三篇帝問道對曰深於道者惟老子五千言其餘徒費紙墨耳復問神仙治鍊之術曰此野人之事積歲月求之非人主所宜留

意筠每陳說名教世務帝重之初筠愛會稽山水往來天台剡中與李白孔巢父相遇唱酬至是因薦於朝帝即遣使召之筠性高鯁其待詔翰林時侍承恩顧高力士素奉佛嘗短筠於上前筠故多著賦文深詆釋氏甚爲通人所譏云後知天下將亂苦求還嵩山詔爲立道觀大曆間卒弟子謚爲宗元先生善爲詩有集十卷權德輿序之

張子容

子容襄陽人開元元年常無名榜進士仕爲樂城令初與孟浩然同隱鹿門山爲死生交唱答詩篇頗多後值亂離流寓江表嘗送內兄李錄事歸故里云十年多難與君同幾處移家逐轉蓬白首相逢征戰後青春已過亂離中行人杳杳看西日歸馬蕭蕭向北風漢水楚雲千萬里天涯此別恨無窮後竟棄官歸舊業有詩集興趣高遠吐棄凡庸當時哲匠咸稱道焉

李昂

昂開元二年王立下狀元及第天寶間仕爲禮部侍郎知貢舉獎拔寒素甚多工詩有感夫人楚舞歌一篇播傳人口眞佳作也

孫逖

逖博州人幼而有文屬思警敏援筆成篇開元二年舉手筆俊拔哲人奇士隱淪屠釣及文藻宏麗等科第一人及第玄宗引見擢左拾遺集賢殿修選改考功員外郎遷中書舍人與顏眞卿李華蕭穎士皆同時稱海內名士仕終刑部侍郎善詩古調今格悉爲所長集二十卷今傳

盧鴻

鴻字浩然隱居嵩山博學善八分書工詩兼畫山水樹石開元初玄宗備禮徵再三不至詔曰鴻有泰一之道中庸之德鉤深致遠確乎自高詔書屢下每有託辭使朕虛心引領于今有年雖得幽人素履之蹤而失考父滋恭之誼禮有大倫君臣之義不可廢也有司其齎束帛之具重宣茲旨想其翻然易節副朕意焉鴻遂至東都謁見不拜宰相問狀答曰禮者忠信所薄臣敢以忠信見帝召升內殿置酒拜諫議大夫固辭復下詔許還山將行賜隱居服官營草堂鴻到山中廣精舍從學者五百人及卒詔賜萬錢營葬後皮日休爲七愛詩謂傲大君者斯乃眞隱盧徵君是也工詩今傳甚多

王泠然

泠然山東人開元五年裴耀卿榜進士授將仕郎遷太子校書郎工文及詩氣質豪爽當言無所回忌乃卓犖奇才濟世之器惜其不大顯而終有集今傳

劉慎虛

慎虛嵩山人姿容秀麗九歲屬文上書召見拜童子郎開元十一年徐徵榜進士調洛陽尉遷夏縣令性高古脫略勢利嘯傲風塵後欲卜隱廬阜不果交遊多山僧道侶為詩情幽興遠思雅詞奇忽有所得便驚衆聽當時東南高唱者數十人聲律婉轉無出其右惟氣骨不逮諸公永明以還端可傑立江表且善方外之言惜年不永天碎國寶有志不就良可慨也集今傳世

王灣

灣開元十一年常無名榜進士與學士綦毋潛契合詞翰早著為天下所稱往來吳楚間多有著述如江南意一聯云海日生殘夜江春入舊年有詩以來罕有此作張燕公手題於政事堂每示能文令為楷式

崔顥

顥汴州人開元十一年源少良下進士及第天寶中為尚書司勳員外郎少年為詩意浮豔多陷輕薄晚節忽變常體風骨凜然一規於正卓然稱名大家往往並驅江鮑後遊武昌登黃鶴樓感慨賦詩及李白來曰眼前有景道不得崔顥題詩在上頭無作而去為哲匠斂手云然其行稍乖好蒲博嗜酒娶妻擇美者稍不愜即棄之凡易三四初李邕聞其才名虛舍邀之顥至獻詩首章云十五嫁王昌邕叱曰小兒無禮不與接而入顥苦吟詠當病起清虛友人戲之曰非子病如此乃苦吟詩瘦耳遂為口實天寶十三年卒有詩一卷今傳

祖詠

詠洛陽人開元十二年杜綰榜進士有文名商璠評其詩尖刻靜細用思良苦氣雖不旺格調頗高足稱為才子也少與王維為吟侶維在濟州寓官舍贈祖三詩有云結交二十載不得一日展貧病子既深契闊余不淺蓋亦流落不偶極可傷也後移家歸汝墳間別業以漁樵終有詩一卷傳於世

儲光羲

光羲兗州人開元十四年嚴廸榜進士有詔中書試

文章嘗爲監察御史值安祿山陷長安輒受僞署賊平後自歸貶死嶺南工詩格高調逸趣遠情深屏去常言得風雅之體推先正之型覽者猶聽韶濩音一洗衆漢耳有集七十卷正論十五卷九經分義疏二十卷並傳

唐才子傳卷第一

唐才子傳卷第二

西域 辛 文房 撰

包融

融延陵人開元間仕歷大理司直與參軍殷遙孟浩然尤交厚工詩二子何佶繼起與父齊名當時號三包有詩一卷行世○夫人之於學苦心既難成名不易能苦心成名而見於父子兄弟間則尤難歷觀唐人父子如三包六竇張碧張瀛顧況非熊章孝標章碣公孫如杜審言杜甫錢起錢珝溫庭筠溫憲兄弟及皇甫冉皇甫曾李宣古李宣遠姚係姚倫等皆聯玉無瑕清塵遠播芝蘭繼芳竟無改於父道箕裘克紹庶不墜其祖風四難之間揮麈之際亦可以爲美談矣

崔國輔

國輔山陰人開元十四年嚴廸榜進士與儲光羲綦毋潛同時舉縣令累遷集賢直學士禮部郎中天寶間坐是王鉷近親貶竟陵司馬有文及詩詞意清超深宜諷詠樂府短章古人有不能過也初至竟陵與處士陸鴻漸遊三歲交情至厚謔笑永日又相與較定茶水之品臨別謂羽曰予有襄陽太守李憕所遺白驢烏犎牛各一頭及盧□所遺文槐書函一枚此物皆己之所惜者宜野人□蓄故特以相贈雅意高情一時所尚有酬酢之歌詩并集傳焉

盧象

象字緯卿汶水人鴻之姪也携家來居江東最久仕爲校書郎左拾遺膳部員外郎曾就祿山僞官貶永州司戶參軍後爲主客員外郎工詩名譽充秘閣雅而不素有大體得國士之風集二十卷今傳同仕有韋述爲桑泉尉時詔求逸書命述等編校於朝元殿後爲翰林學士有詩名今亦傳焉

綦毋潛

潛字孝通荆南人開元十四年嚴廸榜進士及第授宜壽尉遷右拾遺入集賢院待制復授校書終著作郎與李頎同工詩骨秀神清思幽興遠善寫方外之情歷代未有荆南分野數百年來獨秀斯人後見兵亂官況日非掛冠歸隱江東別業王維有詩送之曰明時久不達棄置與君同天命無怨色人生有素風一時文士咸賦詩祖餞榮甚有集一卷行世

王昌齡

昌齡字少伯太原人開元十五年李嶷榜進士授汜

水尉又中宏辭遷校書郎後以不謹細行貶龍標尉以刀火之際歸鄉里爲刺史閭邱曉所忌而殺後張鎬按軍河南曉衍期將戮之辭以親老乞恕鎬曰王昌齡之親誰與養之乎曉大慚沮昌齡工詩縝密而思清時稱詩家夫子王江寧蓋嘗爲江寧令也初與文士王之渙辛漸交友至深皆出模範其名重如此有詩集五卷又述作詩格律境思體例共十四篇爲詩格一卷又詩中密旨一卷及古樂府解題一卷今並傳○自元嘉以還四年之內曹劉陸謝風骨頓滅遂儲光羲王昌齡挽其頹靡兩賢氣同而體稍別王君尤多奇句俊格驚耳駭目奈何晚途不謹小節謗議沸騰兩竄遐荒使知音者喟然長歎失全歸之道不亦痛哉

常建

建長安人開元十五年與王昌齡同榜登科大曆中授盱眙尉仕頗不如意遂放浪琴酒往來太白紫閣諸峯有肥遯之志嘗採藥仙谷中遇女子遍體綠毛自言是秦時宮人亡入山中食松葉遂不飢寒因授建微旨得養生法後寓鄂渚招王昌齡張僨同隱獲大名於當時集一卷傳○古稱高才而無貴仕誠哉是言矣劉楨死於文學鮑照卒於叅軍今建亦淪於一尉悲夫建搆思既精措詞亦警每喜空闊似初由康莊漸從野徑百里之外再歸大道旨趣高遠出人意表可謂一唱而三歎者矣

賀蘭進明

進明開元十六年虞咸榜進士及第仕爲御史大夫肅宗時出爲河南節度使時祿山羣黨未平嘗帥師屯臨淮備敵竟亦無功進明好古博雅經籍滿腹其所著述一百餘篇頗窮天人之奧又有古詩樂府等數十篇大體符於阮公皆今所傳者

崔曙

曙宋州人少孤貧不應薦辟志況疏爽擇交於方外苦讀書高栖少室山中與薛據友善工詩言詞款曲情與悲涼送別登樓諸作俱堪涙下集傳于今也

陶翰

翰潤州人開元十八年崔明允下進士及第次年中博學宏詞與鄭昉同時官至禮部員外郎爲詩詞筆雙美既多興致復備風骨三百年以前方可論其裁製大爲當時所稱今有集相傳

王維

維字摩詰太原人九歲知屬辭工草隸嫻音律岐王重之維將應舉岐王謂曰子詩清越者可錄數篇琵琶新聲能度一曲同詣九公主第維如其言是日諸伶擁維獨奏主問何名曰鬱輪袍因出詩卷主曰皆我習諷謂是古作乃子之佳製乎延於上座曰京兆得此生爲解頭榮哉力薦之開元十九年狀元及第擢左拾遺遷給事中賊陷兩京駕出幸維扈從不及爲所擒服藥稱瘖病祿山愛其才逼至洛陽供舊職拘於普施寺賊宴凝碧池悉召梨園諸工合樂維痛悼賦詩曰萬戶傷心生野煙百官何日再朝天秋槐花落空宮裏凝碧池頭奏管絃時皆知維屈賊賊平後爲偽官者悉定罪獨維得免仕至尚書右丞維詩高妙入神畫思亦然至山水平遠雲勢石色皆天機所到非學而能自題詩云當代謬詞客前身應畫師後人評維詩中有畫畫中有詩信哉客有以按樂圖示維者曰此霓裳第三疊最初拍也對曲果然篤志奉佛蔬食素衣喪妻不再娶孤居三十年別墅在藍田縣南輞川亭館相望嘗自寫其景物奇勝日與文士丘爲裴迪崔興宗遊覽賦詩琴樽自樂後表宅請以爲寺臨終作書辭親友停筆而化代宗訪維文章弟縉集詩賦等十卷上之今傳于世

薛據

據荆南人開元十九年王維榜進士天寶六年又中風雅古調科第一人於吏部參選據自恃才名請受萬年錄事流外官訴宰執以爲赤縣是某等清要據無媒改涉縣令後仕歷司議郎終水部郎中據爲人骨鯁有氣節其所爲文亦然造句往往追凌鮑謝嘗自傷不得早達故好棲遁高隱鍊藥晚歲置別業終南山下老焉有集今傳

劉長卿

長卿字文房河間人少居嵩山讀書後移家來鄱陽最久開元二十一年徐徵榜及第至德中歷監察御史以檢校祠部員外郎出爲轉運使判官知淮西岳鄂轉運留後觀察使吳仲孺誣奏非罪繫姑蘇獄久之貶潘州南巴尉會有爲辯之者量移睦州司馬終隨州刺史長卿清才冠世頗凌浮俗性剛多忤權門故兩逢遷斥人悉冤之詩筆偶儻鍊氣歸神其自賦傷而不怨足以發揮風雅權德輿稱爲五言長城長卿嘗謂今人稱前有沈宋王杜後有錢郎劉李李嘉祐郎士元何得與余並驅每題詩不言姓但書長卿

以天下無不知其名者也灞陵碧潤有別業今有詩賦文詞傳世淮南李穆有清才公之壻也

李季蘭

季蘭名冶以字名峽中八女道士也美姿容神情蕭散專心翰墨善彈琴尤工格律當時才子相誇纖麗殊少妖豔之態始年六歲時作薔薇詩云經時不架却心緒亂縱橫其父見曰此女聰穎非常恐爲失行婦人後以筆墨交遊文士徵遺物議於輕薄之口夫士有百行女唯四德季蘭則不然形氣既豪詩情亦放自鮑昭以下罕有其倫時往來剡中與山人陸羽

皎然上人意甚相得皎然嘗有詩云天女來相試將花欲染衣禪心竟不起還捧舊華歸其謔浪至此又嘗會諸賢於烏程開元寺知河間劉長卿有陰重之疾誚曰山氣日夕佳劉應聲曰衆鳥欣有託舉坐大笑論者兩美之天寶間玄宗聞其詩才詔赴闕留宮中月餘優賜甚厚遣歸故山評者謂上比班姬則不足下比韓英則有餘不傷遲暮亦一俊媼有集今傳於世○論曰詩詠關雎樂得淑女以配君子憂在進賢不淫其色哀窈窕思賢才而無傷害之心焉故古詩之道各存六義然終歸于正不離乎雅是故昔賢婦人寄情文墨班班簡牘槪而論之即如班姬傷秋扇之暫恩謝娥詠飛絮而比雪大家七誡執者身修蔡琰胡笳聞而心折率以明白之操徽美之誠欲見於悠遠寓文以宣情含毫而見志豈泛濫之故使人擊節陶情淑性皆人誠有取焉噫筆墨固非女子之事亦在用之如何耳苟天性所鍾而過中失正則詞爲自獻之具詩有妬情之作衣服酒食無閒淨之容鉛華膏澤多鮮飾之態是播惡於衆自誤聰明何關雎之義哉歷觀唐以雅道奬士類而閨閣英姿亦多熏染錦心繡口蘭質蕙情雅足尙矣其間如李季蘭

唐才子傳 卷二

魚玄機皆躍出方外修清淨之教陶寫幽懷留連光景逍遙閒暇之功無非雲水之念珠往瓊復與名儒比隆然浮豔委託之心終不能淨白璧微瑕惟在此耳薛濤流落歌舞以靈慧獲名當時亦云難矣三者既不可畧如劉媛劉雲鮑君徽崔仲容道士元淳薛蘊崔公達張窈窕程長文梁瓊廉氏姚月華裴羽仙劉瑤常浩葛鴉兒崔鶯鶯譚意哥戶部侍郎吉中孚妻張夫人鮑參軍妻文姬杜羔妻趙氏張建封妾盼盼南楚材妻薛媛等皆能華藻才色擅美一時或望幸離宮傷寵後掖或以從征萬里斷絕音書或戍役

迍年迢遰關塞或爲蕩子妻或爲商人婦花雨春夜月露秋天玄鳥將歸賓鴻來屆搗錦石之流黄織廻文於緗綺魂夢飛遠關山到難當此時也濡毫命素寫怨書懷一語一聯俱堪墮淚至若間以丰麗雜以纖穠導淫奔之約敘久曠之情不假絲琴但飛紅紙其門不能免焉尺有短而寸有長故未可以一概論也

閻防

防河中人開元二十二年李琚榜及第顏眞卿甚敬愛之欲薦於朝不屈爲人好古博雅詩宗眞素神清氣爽放曠山水高情孤詣於終南山豐德寺結茅茨讀書百丈溪是其隱處題詩云浪蹟弃人世還山自幽獨始傍巢由蹤吾其獲心曲又云養閒度人事達命知止足不學魯國儒俟時勞伐輻竟信命不務進取以此自終有詩集行世

李頎

頎東川人開元二十三年賈季鄰榜進士及第調新鄉縣尉性疎簡厭薄世務慕神仙服餌丹砂期輕舉之道結契風塵之外一時名輩咸重之工於詩發調旣清修辭亦秀雜歌俱善玄理最長多爲放浪之語直可怡曠心神惜其偉材只膺黄綬故時論家袛推爲文壇作手云有集今傳

張諲

諲永嘉人初隱少室下閉戸精修志甚勤苦不及聲利後應舉官至刑部員外郎明易象善草隸兼畫山水詩格高古與李頎友善事王維爲兄皆爲詩酒丹青之契維贈詩云屛風誤點惑孫郎團扇草書驚內史李頎贈曰小王破體閑支策落月梨花空照壁詩堪記室妬風流畫與將軍作勍敵天寶中謝官歸故山偃仰不復來人間矣有詩傳世

孟浩然

浩然襄陽人少好節義詩工五言隱鹿門山卽漢龐公棲隱處也年四十遊京師諸名士嘗集秘省聯句浩然曰微雲淡河漢疎雨滴梧桐衆欽服張九齡王維極稱道之維待詔金鑾一旦私邀入省商風雅俄報元宗臨幸浩然錯愕伏匿床下維不敢隱因奏聞帝喜曰朕素聞其人而未見也詔出再拜帝問曰卿將詩來耶對曰偶未齎卽命吟近作誦至不才明主棄多病故人疎之句帝慨然曰卿不求仕朕何嘗棄卿奈何誣我因命放還南山後張九齡署爲從事與

元末王昌齡遊襄陽時新病起相見甚歡浪情宴謔卒不得志食鮮勤疾而終○古稱禰卒不遇趙壹無祿觀浩然磬折謙退才名日高而終身不偶悲夫其爲詩文采丰茸經緯綿密半遵雅調全削凡近所著三卷今傳王維畫浩然像於郢州築浩然亭咸通中鄭誠謂賢者名不可斥更名曰孟亭今存焉

邱爲

爲嘉興人事繼母孝有靈芝生堂下累舉不第歸山讀書數年天寶初劉單榜登進士王維甚稱許之嘗與唱和累官至太子右庶子時年八十餘母猶無恙給俸祿之半觀察使韓滉以爲致仕官給祿所以惠養老臣不可於爲而異唯罷春秋羊酒初還縣令謁之爲候門磬折令坐方拜里胥立庭下既出乃敢坐經縣署降馬而過舉動有禮卒年九十六有集行世

李白

白字太白山東人母夢長庚星而誕因以名之十歲通五經自夢筆頭生花後天才贍逸喜縱橫擊劒爲任俠輕財好施爲客任城與孔巢父韓準裴政張叔明陶沔居徂徠山中日沈飲號竹溪六逸天寶初自蜀至長安以所爲詩文投賀知章賀讀至蜀道難歎曰子謫仙人也乃解金龜換酒終日相樂遂薦於元宗召見金鑾殿論時事因奏頌一篇帝喜賜食親爲調羹詔供奉翰林嘗大醉上前草詔使高力士脫鞾力士恥之摘其清平調中飛燕事以激怒貴妃帝毎每與宮妃輒沮之白益傲放與賀知章李適之汝陽王璡崔宗之蘇晉張旭焦遂爲飲中八仙人懇求還山賜黃金詔放歸白浮遊四方欲登華山乘醉跨驢經縣治宰不知怒引至庭下曰汝何人敢無禮白供狀不書姓名曰曾令龍巾拭吐御手調羹貴妃捧硯力士脫鞾天子門前尙容走馬華陰縣裏不得騎驢宰驚愧拜謝曰不知翰林至此白長笑而去嘗乘舟與崔宗之自采石至金陵著宮錦袍坐舟上傍若無人祿山反明皇在蜀永王璘節度東南白時臥廬山辟爲僚佐璘起兵反白逃還彭澤璘敗累繫潯陽獄初白遊并州見郭子儀奇之曾救其死罪至是郭子儀請官以贖詔長流夜郎白晚節好黃老度牛渚磯乘酒捉月沈水中初說謝家青山今墓在焉有文集二十卷行世○或云白涼武昭王暠九世孫也

杜甫

甫字子美京兆人審言生閑閑生甫少貧不自振客

吳越齊趙間李邕奇其才先往見之舉進士不第因困長安天寶三載元宗朝獻太清宮饗廟及郊甫奏賦三篇帝奇之使待詔集賢院命宰相試文章擢河西尉不拜改右衛率府胄曹參軍數上賦頌高自稱道且言先臣恕預以來承儒守官十一世迨審言以文章顯臣賴緒業自七歲屬辭且四十年然衣不蓋體常寄食於人竊恐轉死溝壑伏惟天子哀憐之若令執先臣故事拔擢於泥塗則臣之述作雖不足鼓吹六經先鳴數子至沈鬱頓挫隨時敏給揚雄枚皐可企及也有臣如此陛下其忍棄之會祿山亂天子入蜀甫避走三川肅宗立自鄜州羸服欲奔行在爲賊所得至德二年亡走鳳翔上謁拜左拾遺與房琯爲布衣交琯時敗兵又以琴客董廷蘭之故罷相甫上疏言罪細不宜免大臣帝怒詔三司雜問宰相張鎬曰甫若抵罪絕言者路帝解不復問時所在寇奪甫家寓鄜彌年艱窶孺弱至餓死因許甫自往省視從還京師出爲花州司功參軍關輔飢輒棄官去客秦州負薪拾橡栗自給流落劍南營草堂成都西郭浣花溪召補京兆功曹參軍不至會嚴武節度劍南西川往依焉武再帥劍南表爲參謀檢校工部員外郎武以世舊待甫甚善親詣其家甫往見時或不巾且性褊躁傲誕常醉登武牀瞪視曰嚴挺之乃有此兒武中銜之一日欲殺甫集吏於門武將出冠鉤於簾者三左右走報其母力救得止崔旰等亂甫往來梓夔間大歷中出瞿塘泝沅湘以登衡山因客耒陽遊嶽祠大水暴至涉旬不得食縣令具舟迎之乃得還爲設牛炙白酒酣飲大醉卒年五十九甫放曠不自檢好論天下大事高而切中也與李白齊名時號李杜數嘗寇亂挺節無所汙爲歌詩傷時撓弱情不忘君人皆憐之墳在岳陽有集六十卷及潤州刺史樊晃所纂小集今並傳○能言者未必能行能行者未必能言觀李杜二公踦躡板蕩之秋假詩以鳴褒貶得失忠孝之心昭著千古騷雅之妙並振當時兼衆善於永今集大成於往作歷世之下想見風徽惜乎長轡未騁奇才並屈竹帛少色徒垂空言嗚呼哀哉昔謂杜之典重李之飄逸神聖之際二公造焉觀於海者難爲水遊李杜之門者難爲詩斯言信哉

鄭虔

虔鄭州人高士也蘇許公爲宰相申以忘年之契薦爲著作郎嘗以當世事著書八十餘篇有告虔私撰

國史者虔倉惶焚之坐謫十年元宗愛其才開元二十五年爲更置廣文館虔爲博士廣文博士自虔始與李白杜甫交最密杜贈詩曰才名四十年坐客寒無氊惟有蘇司業時時與酒錢其窮飢轗軻淡如也好琴酒吟詠善圖山水能書苦無紙於慈恩寺貯柿葉數屋逐日就書殆遍嘗自寫其詩并畫表獻之元宗大署其尾曰鄭虔三絶由是名噪一時多稱鄭廣文祿山反僞授水部員外郎託疾不爲奪賊平張通王維並囚繫三人皆善畫崔圓使繪齋壁因爲析解得貶台州司戶卒有集行世

高適

適字達夫一字仲武滄州人少性落拓不拘小節恥預常科隱跡博徒才名已遠後舉有道授封邱尉未幾哥舒翰表掌書記後擢諫議大夫負氣敢言權近側目李輔國忌其才蜀亂出爲蜀彭二州刺史遷西川節度使還爲左散騎常侍永泰初卒適尙氣節語王霸袞袞不厭遭時多難以功名自許年五十始學爲詩即能工以氣質自高多胸臆間語每脫稿好事者輒傳播諷吟嘗過汴州與李白杜甫會酒酣登吹臺慷慨悲歌臨風懷古人莫測也於是唱和頗多今有詩文集二十卷及所選至德迄大歷述作者二十六人詩爲中興間氣集二卷并傳

沈千運

千運吳興人工舊體詩氣格高古當時士流皆敬慕之號爲沈四山人天寶中數應舉不第時年齒已邁遨遊襄鄧間干謁名公來濮上感懷賦詩曰聖朝優賢良草澤無遺族人生各有命在余胡不淑一生但區區五十無寸祿衰落當捐棄貧賤招謗讟其時多艱自知屯蹇遂浩然有歸歟之志賦詩曰棲隱無別事所願離風塵不來城邑遊禮樂拘束人又曰如何巢與由天子不得臣遂肆志還山中別業嘗曰衡門之下可以棲遲有薄田園兒稼女織偃仰今古自足此生誰能作小吏走風塵下乎高適賦還山吟贈行曰還山吟天高日暮寒山深送君還山識君心人生老大須恣意省君解作一生事山間偃仰無不至石泉淙淙若風雨桂花松子常滿地賣藥囊中應有錢還山服藥又延年白雲勸盡杯中物明月相隨何處眠眠時憶問醒時意夢魂可以相周旋肅宗議備禮徵致會卒而能有集傳世

孟雲卿

雲卿關西人天寶間不第意氣難平志復高尚懷嘉遯之節與薛據相友善嘗流寓荆州杜工部時有與雲卿贈答之作甚愛重之雲詩體格祖述沈千運漁獵陳拾遺意雖傷怨詞尙和平既得升堂復能入室當時古調無出其右一時之英也如虎豹不相食哀哉人食人又朝亦常苦饑暮亦常苦饑飄飄萬里餘貧賤多是非少年莫遠遊遠遊多不歸皆爲當代推服韋應物過廣陵遇孟九贈詩云高文激頹波四海靡不傳西施且一笑衆女安得妍其才名於此可見矣仕終校書郎集傳于世○雲卿禀通濟之才淪吞噬之俗棲棲南北苦無所遇何生之不辰也身處江湖心存魏闕非杞人之憂天相率而逃者匹夫之志亦可哀矣

唐才子傳卷第二

唐才子傳卷第三目錄

唐才子傳卷第三

西域　辛　文房　撰

岑參

參南陽人文本之後天寶三年趙岳榜第二人及第累官左補闕起居郎出爲嘉州刺史杜鴻漸表置安西幕府拜職方郎中兼侍御史辭罷別業在杜陵山中後終于蜀參累佐戎幕往來鞍馬烽塵間十餘載極征行離別之情城障塞堡無不經行博覽史籍尤工綴文屬詞清高用心良苦詩調尤高唐興罕見此作放情山水故常懷逸念奇造幽致所得往往超拔孤秀度越常情與高適風骨頗同讀之令人慷慨懷感每篇絕筆人輒傳咏至德中裴休杜甫等常薦其識度清遠議論雅正佳名早立時輩所仰可以備獻替之官未及大用而謝世豈不傷哉有集十卷行于世杜確爲之序云

王之奐

之奐薊門人少有俠氣所從游皆五陵少年擊劒悲歌從禽縱酒中折節工文十年名譽日振恥困場屋遂交謁名公爲詩情致雅暢得齊梁之風每有作樂工輒取以被聲律與王昌齡高適暢當忘形爾汝嘗共詣旗亭有梨園名部繼至昌齡等曰我輩擅詩名未定甲乙可觀諸伶謳詩以多者爲優一伶唱昌齡二絕句一唱適一絕句之奐曰樂人所唱皆下俚之詞須臾一佳妓唱曰黃沙遠上白雲間一片孤城萬仞山羌笛何須怨楊柳春風不度玉門關復唱二絕皆之奐詞三子大笑曰田舍奴吾豈妄哉諸伶竟不喻其故拜曰肉眼不識神仙三子從之酣醉終日其狂放如此云有詩傳于今

賀知章

知章字季眞會稽人少以文詞知名性曠夷善談論笑謔證聖初擢進士超拔羣類科陸象先在中書引爲太常博士象先與知章最親善常曰季眞清談風韻吾一日不見則鄙吝生矣當時賢達皆傾慕之爲太子賓客開元十三年遷禮部侍郎兼集賢院學士晚年尤加縱誕無復禮度自號四明狂客又稱秘書外監遨遊里巷又善草隸每醉輒屬辭筆不停綴咸有可觀每紙不過數十字好事者共傳寶之天寶三年因病夢遊帝居及寤表請爲道士求還鄉里即舍住宅爲千秋觀上許之詔賜鏡湖剡溪一曲以給漁樵帝賦詩及太子百姓官祖餞壽八十六集今傳

包何

何字幼嗣潤州延陵人包融之子也與弟佶俱以詩鳴時稱二包天寶七年楊譽榜及第曾師事孟浩然授格法與李嘉祐相友善大曆中仕終起居舍人詩傳者可數蓋流離世故卒多素辭大播芳名亦當時望族也

包佶

佶字幼正天寶六年楊護榜進士累遷秘書監劉晏治財奏爲汴東兩稅使及晏罷以佶爲諸道鹽鐵等使未幾遷刑部侍郎太常少卿拜諫議大夫御史中丞居官謹確所在有聲佶天才贍逸氣宇清深心醉古經神和大雅詩家老斲也與劉長卿竇叔向諸公皆莫逆之愛晚歲沾風痺之疾辭寵樂高不及榮利卒封丹陽郡公有詩集行于世

張彪

彪潁上人初赴舉無所遇適遭喪亂奉老母避地隱居嵩山供養至謹與孟雲卿爲中表俱工古調詩雲卿有贈云善道居貧賤潔服蒙塵埃行行無定心坎壈難歸來性高簡善草書志在輕舉詠神仙云五穀非長年四氣乃靈藥列子何必待吾心滿寥廓時與杜甫往還嘗寄張十二山人詩云静者心多妙先生藝絕倫草書何太古詩興不無神曹植休前輩張芝更後身數篇吟可老一字買堪貧觀工部之作可知其人矣

李嘉祐

嘉祐字從一趙州人天寶七年楊譽榜進士爲秘書正字以罪謫南荒未幾何有詔量移爲鄱陽宰又爲江陰令後遷台袁二州刺史善爲詩綺麗婉靡與錢郎別爲一體往往涉於齊梁時風人擬爲吳均何遜之敵自振藻天朝大收芳譽中興風流也有集今傳

賈至

至字幼幾洛陽人曾之子也曾開元間與蘇晉同掌制誥至天寶十年明經擢第累官起居舍人知制誥從幸西川當撰傳位肅宗册文既進稿玄宗曰先天誥命乃父所爲今茲大册爾又爲之兩朝盛典出卿家父子可謂繼美矣大歷初遷京兆尹以散騎常侍卒初嘗以事謫守巴陵與李白相遇日酣杯酒追憶京華舊遊多見酬唱白贈詩有云聖主恩深漢文帝憐君不遣到長沙至特工詩俊逸之氣不減鮑照庾信調亦清暢且多素辭蓋厭於漂流淪落者也有集

三十餘卷今傳

鮑防

防字子愼天寶十二年楊儇榜進士襄陽人也善辭章篤志於學累官至太原尹河東節度使人樂其治不滅龔黃詔圖形别殿又歷福建江西觀察使丁亂從幸奉天除禮部侍郎封東海公又遷御史大夫貞元元年策賢良方正得穆質柳公綽等皆位至台鼎世美其知人時比歲旱質對漢故事免三公烹弘羊權近獨孤愐欲下按治防曰使上聞所未聞不亦善乎置質高第帝見策嘉之授工部尚書卒防工於詩與思優足風調嚴整凡有感發以譏切世弊正國音之宗派也與謝良爲詩友時亦稱鮑謝云有集今傳

殷遙

遙丹陽人天寶間常仕爲忠王府倉曹參軍與王維結交同慕禪寂志趣高疎多雲岫之想而苦家貧死不能葬一女纔十歲日哀號於親愛憐之者賵贈埋骨石樓山中工詩詞彩不群而多警句杜甫嘗稱許之有詩傳于今

張繼

繼字懿孫襄州人天寶十二年禮部侍郎楊浚下及第與皇甫冉有髫年之故契逾崑玉早振詞名初來長安頗矜氣節有感懷詩云調與時人背心將靜者論終年帝城裏不識五侯門嘗佐鎮戎軍幕府又爲鹽鐵判官大曆間入內侍仕終撿校祠部郎中繼博覽有識好談論知治體亦嘗領郡輒有政聲詩情爽激多金玉音蓋其累代詞伯積襲弓裘其於爲文不雕自飾丰姿清迥有道風集一卷今傳

元結

結字次山武昌人魯山令元紫芝族弟也少不羈弱冠始折節讀書天寶十三年進士禮部侍郎楊浚見其文曰一第慁子耳遂擢高品後舉制科會天下亂沈浮人間蘇源明薦於肅宗授右金吾兵曹累遷御史參山南東道府除容管經略使始隱於商山中稱元子逃難入猗玗洞稱猗玗子或稱浪士漁者或稱聱叟酒徒漫叟及爲官呼漫郎皆以命所著性梗僻深憎薄俗有憂道閔世之心中興頌一文燦爛金石清奪湘流作詩著辭尙聱牙天下皆知敬仰復嗜酒有句云有時逢惡客自註非酒徒即惡客也有文編十卷及所集當人詩爲篋中集一卷並傳

郎士元

士元字君胄中山人也天寶十五年盧庾榜進士寶應初選京畿縣官詔試政事中書補渭南尉歷左拾遺出爲郢州刺史與員外郎錢起齊名時朝廷自丞相以下出牧奉使無兩君詩文祖餞人以爲愧其珍重如此二公體調大抵相同於中郎君覺稍閒雅逼近康樂珠聯玉映不覺成編掩映時流名不虛矣有別業在牛日吳村王季友錢起等皆見題詠每誇勝絕詩集今傳于世

道人靈一

一公剡中人童子出家缾鉢之外餘無有天性超穎追蹤謝客隱麻源第三谷中結茆讀書後學業精進居若耶溪雲門寺從學者四方而至矣尤工詩氣質滔和格律清暢兩浙名山暨衡廬諸甲刹悉所經行與皇甫昆季嚴少府朱山人徹上人等爲詩友酬贈甚多刻意聲調苦心不倦騁譽叢林後圓寂於岑山集今傳世

論曰自齊梁以來方外工文者如支遁道遒惠休寶月之儔馳驟文苑芊綿藻思奇章偉什綺錯星陳不爲寡矣厥後喪亂兵革相尋緇素亦已狼籍罕有復入其流者至唐累朝雅道大振古風再作卒皆崇道像教注念津梁龍象相望金碧交映雖寂寥之山河實威儀之淵藪寵光優渥無逾此時故有顛頓文場之人憔悴江海之客往往裂冠裳撥矰繳杳然高邁雲集蕭齋一食自甘方袍便足靈臺澄皎無事相干三餘有簡牘之期六時分吟諷之隙青峯瞰門綠水周舍長廊步屧幽徑尋眞景變序遷蕩入冥思凡此數者皆達人雅士夙所欽懷雖則心侔跡殊所趨無間會稽傳孫許之玄談盧阜接謝陶於白社宜其日鍛月鍊志彌厲而道彌精佳句縱横不廢禪定巖穴相邇更唱迭酬苦於三峽猿清同九皐鶴不其偉歟與夫迷津畏途埋玉沈珠蓄憤於心發在篇詠者未可同年而論矣然道或淺深價有輕重未能悉標其喬松於草莽野鶴於雞羣者有靈一靈徹皎然清塞無可虛中齊已貫休八人皆東南產秀共出一時已爲錄實其或雖以多而寡稱或著少而增價者如惟審護國文益可止清江法照廣宣無本修睦無悶太易景雲法振栖白隱巒處默卿雲棲一淡交良乂若虛雲表曇域子蘭僧鸞懷素惠標可朋懷浦慕幽善生亞齊尚顏栖蟾理瑩歸仁玄寶惠侃法宣文秀僧泚清尚智暹滄浩不特等四十五人名既隱僻事且

微冥今不復喋喋云爾

皇甫冉

冉字茂政安定人避地來寓丹陽耕山釣湖放適閒淡或云秘書少監彬之姪也十歲能屬文張九齡一見歎以清才天寶十五年盧庚榜進士調無錫尉營別墅陽羨山中大曆初王縉爲河南節度辟掌書記後入爲左金吾衛兵曹參軍仕終拾遺左補闕公自擢桂禮闈便稱高格往以四道艱虞遂心江外故多飄泊之歎每文章一到朝廷而作者變色當年才子悉願締交推爲宗伯至其造語玄微端可平揖沈謝雄視潘張惜乎長轡未騁芳蘭早凋良可痛哉有詩集三卷獨孤及爲序今傳

皇甫曾

曾字孝常冉之弟也天寶十七年楊儇榜進士善詩出王維之門與兄名望相亞當時以比張氏景陽孟陽協居上品載處下流侍御補闕文詞亦然體製清緊華不勝文爲士林所尚仕歷侍御史後坐事貶舒州司馬量移陽翟令有詩一卷傳于世

獨孤及

及字至之河南人丱角時誦孝經父試之曰爾志何語曰立身行道揚名於後世天寶末以道舉高第代宗召爲左拾遺遷禮部員外郎歷濠舒常三州刺史及性孝友喜鑑拔爲文必彰明善惡長於議論工詩格調高古風塵迥絕得大名當時有集傳世○嘗讀選中沈謝諸公詩有題新安江水至清淺深見底貽京邑游好及石門新營所住四面高山回溪石瀨茂林修竹并田南築園激流環繞齋中讀書南樓如望所遲客晚登三山還望京邑等數詩皆奇崛精當冠絕古今獨能發其蘊奧者逮盛唐沈宋令狐楚李嘉祐韋應物等諸才子集中往往各有數題片言不苟皆不減其風度此則無傳之妙逮元和以下佳題尚罕況於詩乎立題乃詩家切要貴在卓絕清新言簡而意足句之所到題必盡之中無失節外無餘語此可與智者商摧云因舉而論之

劉方平

方平河南人白晳美容儀二十工詞賦與元魯山交善隱居潁陽大谷高尚不仕皇甫冉李頎等相與贈答有云籬邊潁陽道竹外少姨峯神意淡泊善畫山水墨妙無前汧國公李勉延致齋中甚敬愛之欲薦于朝不忍屈辭還舊隱工詩多悠遠之思陶寫性靈

默會風雅故能脫略世故超然物外區區斗筲何足以繫劉先生哉有集今傳

秦系

系字公緒會稽人天寶末避亂剡溪自稱東海釣客北都留守薛兼訓奏爲倉曹參軍不就客泉州南安九日山中有大松百餘章俗傳東晉時所植系結廬其上穴石爲研註老子彌年不出時姜公輔以直言罷爲泉州別駕見系輒窮日不能去築室與相近遂忘流落之苦公輔卒妻子遠隔系爲營葬山下其好義如此張建封聞系不可致請就加校書郎與劉長卿韋應物善多以詩相贈答權德輿曰長卿自以爲五言長城系用偏師攻之雖老益壯年八十餘卒南安人思之號其山爲高士峯今有麗句亭在焉集一卷今傳

張衆甫

衆甫京口人隱居不務進取與皇甫御史友善精廬接近後各遊四方曾寄處士詩云伏臘同雞黍柴門閉雪天時官亦有徵辟者守死善道卒不就衆甫詩婉媚綺錯巧用文字工於興喻亦流中佳士也○同在一時者有趙徵明于逖蔣涣元季川俱山顛水涯苦學貞士名同蘭茝之芳志非鉛黃之慕吟詠性靈每陳衷素儘有佳篇不能湮落惜其行藏之大概不見於記錄故缺其考詳焉

嚴維

維字正文越州人初隱居桐廬慕子陵之高風至德二年江淮選補使侍郎崔渙下以詞藻宏麗進士及第爲家貧親老不能遠離授諸暨尉時已四十餘後歷秘書郎嚴中丞節度河南辟佐幕府遷餘姚令仕終右補闕維少無宦情懷家山之樂以爲偶從升斗之祿聊代耕耳詩情雅重挹魏晉之風鍛鍊鏗鏘庶少遺恨一時名輩孰匪金蘭詩集一卷今傳

于良史

良史至德中仕爲侍御史詩體清雅工於形似又多警句蓋其珪璋特達早步清朝興致不羣詞苑增價雖半生似昧而篇什多傳

靈徹上人

靈徹姓湯氏字澄源會稽人自童子辭父兄入淨戒行果潔方便讀書不覺勤苦授詩法於嚴維遂藉藉有聲及維卒乃抵吳興與皎然居何山遊講因以書薦于包侍郎佶佶得之大喜又以書致于李侍郎紓

時二公以文章風韻爲世宗貞元中西遊京師名振輦下緇流疾之遂造飛語激動中貴因誣奏得罪徙汀州會赦歸東越時吳楚間諸侯各賓禮招延之元和十一年終於宣州開元寺年七十有一門人遷歸建塔於山陰天柱峯下上人詩多警句能備衆體如芙蓉寺云經來白馬寺僧到赤烏年謫汀州云青蠅爲予客黃耳寄家書性巧逸居沃洲寺嘗取桐葉剪刻製器爲蓮花漏置盆水之上穿細孔漏水半之則沈每晝夜十二沈爲行道之節初居嵩陽蘭若後來住匡廬東林寺如天目四明棲霞及衡湘諸名山行錫幾遍嘗與靈一上人約老天台未得遂志雖結念雲壑而才名拘牽鬱悒經旨吟諷無已所謂拔乎其萃遊方之外者也有集十卷及錄大曆至元和中名人酬唱集十卷今傳

陸羽

羽字鴻漸不知其始初竟陵禪師智積得嬰兒於水濱育爲弟子及長恥從削髮以易自筮得蹇之漸曰鴻漸于陸其羽可用爲儀始爲姓名有學愧一事不盡其妙性恢諧少年匿優人中撰談笑萬言天寶間署羽伶師後遁去古人謂潔其行而穢其跡者也上元初結廬苕溪上閉門讀書名僧高士談讌終日貌寢口吃而辯人善若在已與人期雖阻虎狼不避也自稱桑苎翁又號東崗子工古調歌詩興極閒雅著書甚多扁舟往山寺唯紗巾藤鞋短褐犢鼻擊林木弄流水或行曠野中誦古詩徘徊至月黑興盡慟哭而返當時以比接輿也與皎然上人爲忘言之交有詔拜太子文學羽嗜茶造妙理著茶經三卷言茶之原煮法之具時號茶仙天下益知飲茶矣鬻茶家以瓷陶羽形祀爲神買十茶器得一鴻漸初御史大夫李季卿宣慰江南喜茶知羽名之羽野服挈具而入李曰陸君善茶天下所知楊子中泠水又殊絕今二妙千載一遇山人不可輕失也茶畢命奴子與錢羽愧之更著毀茶論與皇甫補闕善時鮑尚書防在越羽往依焉冉送以序曰君已窮孔釋之名理窮歌詩之麗則遠墅孤島通舟必行魚梁釣磯隨意而往夫越地稱山水之鄉轅門當節鉞之重鮑侯知子愛子者將解衣推食豈徒嘗鏡水之魚宿耶溪之月而已集併茶經今傳

顧況

況字逋翁蘇州人至德二年天子幸蜀江東侍郎李

希言下進士善爲歌詩性恢諧不自撿束工畫山水初爲韓晉江南判官德宗時柳渾輔政薦爲秘書郎況素善於李泌遂師事之得其服氣之法能終日不食及泌相自謂當得達官久之遷著作郎及泌卒作海鷗詠嘲誚權貴大爲所嫉被憲劾貶饒州司戶作詩曰萬里飛來爲客鳥曾蒙丹鳳借枝柯一朝鳳去梧桐死滿目鴟鳶柰爾何遂全家去隱茅山鍊金拜斗身輕如羽況暮年一子卽亡追悼哀切吟曰老人喪愛子日暮泣成血老人年七十不作多時別其年又生一子名非熊三歲始言在冥漠中聞父吟苦不忍乃來復生非熊後及第自長安歸慶已不知況所在或云得長生訣仙去矣今有集二十卷傳世皇甫湜爲之序

張南史

南史字季直幽州人工奕棋神算無敵游心太極嘗幅巾藜杖出入王侯之宅十年高談闊視慷慨奇士也旣自感激始苦節學文無希世苟合之意數年間詩境漸佳調體超拔情致兼美如并燕老將氣韻沉雄時罕有及者肅宗時廟堂獎拔仕爲左衛倉曹參軍後避亂寓居揚州揚子難平再名未及赴而卒有詩一卷今傳

戎昱

昱荆南人美風度善談少舉進士不上乃放遊名都雖貧士而軒昂氣不消沮愛湖湘山水來客時李夔廉察桂林寓官舍月夜聞隣居行吟之音清麗明朗訪之乃昱也卽延爲幕賓待之甚厚崔中丞亦在湖南愛之有女國色欲以妻昱而不喜其姓戎能改則許殺身自謂李大夫恩私至深無任感激初事顏平原嘗佐其征南幕亦累薦之衛伯玉鎮荆南辟爲從事歷虔州刺史至德中以罪譴爲辰州刺史後客劒南寄家隴西數載憲宗時邊烽累急大臣議和親上曰比聞一詩人姓名稍僻者爲誰宰相對以令朝陽包子虛皆非帝舉其詩對曰戎昱也上曰嘗記其詠史云漢家青史上拙計是和親社稷依明主安危託婦人豈能將玉貌便擬淨沙塵地下千年骨誰爲輔佐臣因笑曰魏絳何其懦也此人如在可與武陵桃花源足稱其清詠士林榮之昱詩在盛唐格氣稍劣中間有絕似晚作然風流綺麗不虧政化當時賞音喧傳翰苑固不誣矣有集今傳

古之奇

之奇寶應二年禮部侍郎洪源下及第與耿湋同時嘗爲安西幕府書記與李司馬端有金蘭之好工古調有幽閒淡泊之致婉而成章得名藝圃非泛然者詩集傳於世

蘇渙

渙廣德二年楊栖梧榜進士素行無軌往來剽盜善用白弩巴賨商人苦之稱曰白跖後自知非折節從學遂成名累遷侍御史湖南崔中丞瓘辟爲從事瓘遇害繼走交廣扇動哥舒晃跋扈如蛟龍肆毒本性又彰居無何伏誅初嘗爲變律詩十九首上廣州節度李勉其文意長於諷刺亦有陳拾遺一鱗半甲故優待之或曰此子羽翼夔臣侵敗王略今倘其文可歟勉曰浐策載蒯通説辭皇史錄祖君檄草以大容細者善惡不計春秋至訓明言可溯略跡取才渙其庶乎豈但存雕蟲小技亦以深懲賊子也時以爲名言杜甫有與贈答之詩今悉傳

朱灣

灣字巨川大曆時隱君也號滄洲子率履貞素潛輝不曜逍遥雲山琴酒之間放浪形骸繩撿之外郡國交徵不應工詩體格幽遠詞意弘深寫景生情窮理盡性詠物尤精或比或興刻摯而敏捷及李勉鎮永平嘉其風操厚幣邀來署爲府中從事日相談讌親逾骨肉久之嘗謁湖州崔使君不得志臨發以書別之曰灣聞蓬萊山在杳冥之間行可到貴人門無媒以通不可到驪龍珠潛瀇滉之淵或可識貴人顔無因而前不可識自假道路問津主人一身孤雲兩度圓月載請執事三趨戟門堂室深沈不啻千里况寄食漂母夜眠漁舟門如龍而難登食如玉而難得食如玉之粟登如龍之門實無機心翻成機事漢陰丈人聞之豈不大笑值溪上風便囊中金濟望甘棠而歎盍循分而退灣白遂歸會稽山陰別墅其耿介類如此也有集四卷今傳

張志和

志和字子同婺州人初名龜齡詔改之十六擢明經嘗以策干肅宗特見賞重命待詔翰林以親喪辭去不復仕居江湖性邁不束自稱煙波釣徒撰玄眞子二卷又爲號焉兄鶴齡恐其遁世爲築室越州東郭茅茨數椽花竹掩映嘗豹席欔屩沿溪垂釣每不投餌志不在魚也觀察使陳少游頻往候問帝嘗賜奴

婢各一人志和配爲夫婦號魚童樵青與陸羽嘗爲顔平原食客平原初來刺湖州志和造謁顔請以舟敝欲爲更之曰願爲浮家泛宅往來苕霅間足矣善畫山水酒酣或擊鼓吹笛舐筆吟詠曲盡天真自撰漁歌又圖畫之興趣高遠人不能及憲宗聞之詔寫眞求訪并其歌詩不能致後傳一旦忽乘雲鶴而去李德裕稱以爲漁父賢而名隱鴟夷智而功高未若玄眞隱而名彰顯而無事不窮而達其嚴光之比歟

唐才子傳卷第三

唐才子傳卷第四目録

唐才子傳卷第四

西域　辛　文房　撰

盧綸

綸字允言河中人避天寶亂來客鄱陽大曆初數舉進士不入第元載素賞重取其文進之補抆鄉尉累遷檢校戶部郎中監察御史稱疾去渾瑊鎮河中辟就之起爲元帥判官初舅韋渠牟得幸德宗因表其才名見禁中帝有所作輒賡和至是帝忽問渠牟盧綸李益何在對曰綸從渾瑊在河中詔令驛召之會卒○綸與吉中孚韓翃耿湋錢起司空曙苗發崔峒夏侯審李端聯藻文林銀黃相望且同臭味契厚良深時號大曆十才子唐之文體至此一變矣綸所作特勝不減盛時如三河少年風流自賞文宗雅愛其詩問宰相綸沒後文章幾何亦有子否李德裕對綸四子皆擢進士仕在臺閣帝遣中使悉索其巾笥得詩五百首進之有別業在終南山中集十卷今傳

吉中孚

中孚楚州人居番陽最久初爲道士山阿寂寥後還俗李端贈詩云舊山連藥賣孤鶴帶雲歸盧綸送詩云舊籙藏雲穴新詩滿帝鄉來長安謁宰相有薦於天子日與王侯高會名動京師未幾即登進士授萬年尉除校書郎又登宏辭科爲翰林學士歷諫議大夫戶部侍郎判度支事貞元初卒初拜官後以親垂白在堂歸養至孝終喪復仕中孚骨秀神清吟詠高雅若神仙中人也集一卷今傳

韓翃

翃字君平南陽人天寶十三載楊紘榜進士侯希逸素重其才至是表佐淄青幕府罷閒居十年及李勉在宣武復辟之德宗時制誥闕人中書兩進除目御筆不點再請之批曰時有與韓翃同姓名者爲江淮刺史宰相請究與誰上復批曰春城無處不飛花韓也俄以駕部郎中知制誥終中書舍人翃工詩出筆豔麗如芙蓉出水一篇一詠朝士珍之比諷深於文房筋節成於茂政當時盛稱焉有詩集五卷行世

耿湋

湋河東人也寶應二年洪源榜進士與古之奇爲莫逆之交初爲大理司法充括圖書使來江淮窮山水之勝仕終左拾遺詩才俊爽意思不羣似湋等輩不可多得詩集二卷今傳

錢起

起字仲文吳興人天寶十年李巨卿榜及第少聰敏
承鄉曲之譽初從計吏至京口客舍月夜閒步聞戶
外有行吟聲哦曰曲終人不見江上數峯青凡再三
往來起遽從之無所見矣嘗怪之及就試粉闈詩題
乃湘靈鼓瑟起輒就即以鬼謠十字爲落句主文李
暐深嘉美擊節吟味久之曰是必有神助之耳遂擢
置高第釋褐授校書郎嘗採箭竹奉使入蜀除考功
郎中大曆中爲太清宮使翰林學士起詩體製新奇
理法清密斐宋齊之浮靡削梁陳之褻狎矯然獨立
也王右丞許以高格與郎士元齊名士林語曰前有
沈宋後有錢郎集十卷今傳子徽能詩外甥懷素善
書一門之中藝名特甚可尚矣○凡唐人燕集祖送
必探題分韻賦詩於衆中推一人擅場者劉相巡察
江淮詩人滿座羣推郭曖擅場尚主盛會李端擅場
緬懷盛時吟詠爲樂羣賢畢至觥籌交錯覽江山之
佳麗續歡好於賓朋美景良辰怡神悅志誠盛事也
況賓無絕纓之嫌主無投轄之困歌闌舞作酒醉弁
俄王公不覺其大韋布不覺其小忘形爾我促膝諠
譁禮節之間竟置而不顧既而吟詠繼起筵席重新
樂哉斯乎古人秉燭之游繼日之興亦不是過也至
若殘杯冷炙一獻百拜察喜怒於眉睫之間者可以
休矣

司空曙

曙字文明廣平人也磊落有奇才韋臯節度劍南辟
致幕府授洛陽主簿未幾遷長林縣丞累官左拾遺
終水部郎中與李約員外至交性耿介不干權貴家
無儋石晏如也嘗病中不給遣其愛姬既而流寓長
沙遷謫江右又多結契惟暗傷流景寄暕上人詩云
欲就東林寄一身尙憐兒女未成人柴門客去殘陽
在藥圃蟲喧秋雨頻近水方同梅市隱曝衣多笑阮
家貧深山蘭若何時到羨與閒雲作四鄰閒居郎事
高興可知詩情綿邈詞旨鮮妍如新華笑日不容綃
染盛名美譽不亦宜哉有詩集二卷今傳

苗發

發潞州人也晉卿長子初爲樂平令授兵部員外遷
駕部員外郎仕終都官郎中雖名厠才子少見詩篇
然當時名士咸與贈答者

崔峒

峒博陵人工文初辟潞府功曹後歷左拾遺終右補
闕賦詩運筆凝鍊搆意淵深時人稱其句爲披沙揀

金往往見竇詩集一卷今行於世

夏侯審

審於建中元年禮部侍郎令狐峘下試軍謀越衆科第郎爲校書郎又爲參軍仕終侍御史初於華山下多買田園爲別墅水木幽雅雲煙浩渺晚歲退居其下諷吟頗多漸次零落時見一二皆錦製也

李端

端趙州人嘉祐之姪也少時居廬山依皎然讀書意境清淡酷慕禪侶大曆五年李摶榜進士及第授秘書省校書郎以清羸多病辭官居終南山草堂寺未幾起爲杭州司馬牒訴敲扑心甚厭之雖買田園在虎邱爲耽深癖而愛泉石移家來隱衡山自號衡嶽幽人彈琴讀易登高望遠神意曠然泯遊宦之情深箕潁之志嘗曰余少尚神仙茲未能造友人暢不以禪門見導定以爲未得其門耳詩極高雅於才子中聲名藉藉與處士京兆柳中庸大理評事江東張芬友善唱酬初來長安詩名大振時令公子郭曖尚昇平公主賢明有才延納俊士端等皆在館中曖嘗進宮大宴酒酣主屬端賦詩頃刻而就曰青春都尉最風流二十功成便拜侯金距鬬雞過上苑玉鞭騎馬出長楸熏香荀令偏憐小傅粉何郎不解愁日暮吹簫楊柳陌路人遥指鳳凰樓主甚喜一座嘗歎錢起曰此必端宿製請以起姓爲韻端立獻一章曰方塘似鏡草芊芊初月如鉤未上弦新開金埒看調馬舊賜銅山許鑄錢楊柳入樓吹玉笛芙蓉出水妬花鈿今朝都尉如相顧願脫長裾逐少年作者驚伏主厚賜金帛終身以榮其工捷類此集三卷今傳於世

竇叔向

叔向字遺直扶風平陵人也有卓絶之行登第於大曆初佳名遠振爲文物冠冕詩法謹嚴非尋常筆墨可及才子多欽仰也少與常袞同燈火及袞相引擢左拾遺內供奉後坐貶出爲溧水令卒贈工部尚書五子常牟羣庠鞏俱能詩嘖嘖有跨竈之譽當時羨之文志載叔向集七卷今存詩甚寡蓋零落之矣

康洽

洽酒泉人黄鬚美丈夫也盛時携琴劍來長安謁當道氣度豪爽工樂府詩篇宮女梨園皆寫於聲律玄宗亦知名嘗歎美之所出入皆王侯貴主之宅從遊與讌雖駿馬蒼頭如其己有觀人服玩之華每形於嗟歎其憐財乃如是也後遭天寶亂離飄蓬江表至

大曆間年已七十餘龍鍾衰老談及開元繁盛流涕不已往來兩京故侯館穀皆空洽一布衣耳當時文士願與論交李端逢之贈以詩云聲名常壓鮑參軍班位不過楊執戟又云同時獻賦人皆盡一壁題詩君獨存後卒杜陵山中文章不得見矣

李益

益字君虞隴西姑臧人大曆四年齊映榜進士調鄭縣尉同輩漸見遷擢益久不陞鬱鬱去遊燕趙間幽州節度劉濟辟爲從事未幾又佐邠寧幕府風流辭藻與宗人賀相埒每一篇就樂工即來求去被於雅樂以供宸聽如征人早行篇天下皆繪畫之二十三受策秩從軍十年運籌決勝尤其所長往往據鞍爲文橫槊賦詩篇中每多激厲感慨之句是高適岑參之流也憲宗雅聞其名召爲秘書少監集賢殿學士惟自負其才凌轢士衆致不能堪諫官暴其詩不上於望京樓等句未免涉怨詔降職俄復舊除侍御史遷禮部尚書致仕太和初卒益涉偏僻多猜忌防閑妻妾過於苛酷有散灰扃戶之談時稱爲妬癡尚書李十郎有同姓名者爲太子庶子同在朝人恐莫辨謂君虞爲文章李益庶子爲門戶李益云有集今傳

冷朝陽

朝陽金陵人大曆四年齊映榜進士及第不待調官言歸定省自狀元以下一時名士大夫及詩人李嘉祐李端韓翃錢起等大會賦詩祖餞以一後進隆重如是人皆羨之朝陽工詩在大曆諸才子中法律稍遜氣韻清越不多讓也有集傳世

章八元

八元睦州桐廬人少喜爲詩嘗於郵亭偶題數語蓋激楚之音也宗匠嚴維到驛見而異之問八元曰爾能從我授格乎曰素所願也少頃遂發八元辭親同往維大器之親爲指點數歲間詩賦精絕大曆六年王溆榜第三人進士居京既久牀頭金盡歸江南訪韋蘇州遺贈甚厚復來都應制科貞元中調句容主簿況薄歸時有清江上人善詩與八元爲兄弟之好先長安慈恩寺浮圖前後名流詩版甚多八元亦題句云卻怪鳥飛平地上自驚人語半天中後元微之白樂天至塔下遍覽之悉除去惟存八元版且吟詠久之曰名下無虛士也其驚策如是有詩集一卷傳世

暢當

當河東人大曆七年張式榜及第當少諳武事生亂離間盤馬彎弓摶沙布陣人咸伏之時山東有寇以子弟被召參軍貞元初爲太常博士仕終果州刺史與李司馬司空郎中有膠漆之契常往來嵩華間酷慕方外問參禪道洞明性命之旨勘破生死之關詞旨挺拔有凌雲之概有詩二卷傳世同時有鄭常亦以詩鳴集一卷傳○嘗觀建安初陳琳阮瑀數子從戎膺書記之任議論雄偉英氣逼人偶安則淋漓翰墨遇警則櫜鞬矢石或以力敵或以計伏露布於盾鼻勒銘於竹帛此磊磊落落能文能武者皆奇書生也豈如鬱鬱志窗下抱膝長吟而曰時不我與人不我知邪大道無窒何至自傷老大也唐代如此特達光烈垂遠者甚多不能不以之興懷也

王季友

季友河南人黙識萬卷論必引經家貧賣屐爲業好事者攜酒就之其妻柳氏疾季友窮甚遣去來客酆城洪州刺史李公一見欽敬即引佐幕府季友工詩性磊落好奇務險遠出常性之外白首短褐崎嶇士路傷哉貧也嘗有詩云山中誰與密白髮日相親雀鼠晝夜無知我廚廩貧又自耕自刈食爲天如鹿如麋飲野泉亦知世上公卿貴且養邱中草木年觀其篤志山水可謂遠性風疎逸情雲上矣有集傳於世

張謂

謂字正言河內人也少讀書嵩山清才拔萃博覽經史不屈於權勢自矜奇骨必談笑封侯二十四受辟從戎營朔十載幃幄間稍立功勳以將軍得罪流滯薊門有以非辜雪之者累官爲禮部侍郎未幾即出爲潭州刺史素性嗜酒又好遊湖山工詩格度嚴密語致精深多擊節之音今有集傳于世

于鵠

鵠初買山於漢陽高隱三十猶未成名大曆中嘗應薦歷諸府從事出入塞外馳逐風沙有詩甚工長短間作不拘一格縱橫放逸而不失之疎遠且多警策處集一卷今傳

王建

建字仲初潁川人大曆十年丁澤榜第二人及第釋褐授渭南尉調昭應縣丞諸司歷薦遷大府寺丞秘書丞侍御史太和中出爲陝州司馬從軍塞上弓劍不離身數年後歸卜居咸陽原上初遊韓吏部門牆爲忘年之友與張籍契厚唱答甚多工爲樂府歌行

格幽思遠二公之體遠勝時流建性耽酒放浪不羈宮詞高妙於前古初與樞密使王守澄有宗族之分守澄以弟呼之言談間多知禁掖事因作宮詞百篇後爲過飲偶相譏誚守澄深銜之忽曰吾弟所作宮詞內庭深邃何由知之明當奏上建作詩以謝末句云不是姓同親向說九重那得外人知守澄恐累己事遂寢建才贍學博有作皆工嘗跋涉畏途備嘗艱苦自傷詩云衰門海內幾多人滿眼公卿總不親四授官資原七品再經婚娶尙單身圖書亦爲頻移盡兄弟還因數散貧獨自在家常似客黃昏哭向野田春又有征戍遷謫行旅離別幽居宦況之作俱能感動神思道人所不能道也集十卷今傳於世

韋應物

應物京兆人也尙俠初以三衞郎事玄宗及崩始悔折節讀書禀性高潔恬淡寡欲所居必焚香掃地而坐冥心象外天寶時扈從遊幸永泰中任洛陽丞遷京兆府功曹大曆十四年自鄠縣令制除櫟陽令以疾辭歸寓善福寺精舍建中二年由前資除比部員外郎出爲滁州刺史頃之改江州刺史追赴闕又改左司郎中或妬其進媒孽之貞元初又出爲蘇州刺史太和中以太僕少卿兼御史中丞爲諸道鹽鐵轉運江淮留後罷居永定齋心屏除人事初公豪縱不羈晩歲逢楊開府贈詩言事曰少事武皇帝無賴恃恩私身作里中橫家藏亡命兒朝持樗蒲局暮竊東隣姬司隸不敢捕立在白玉墀驪山風雪夜長楊羽獵時一字都不識飲酒肆頑癡武皇升仙去憔悴被人欺讀書事已晩把筆學題詩兩府始收跡南宮謬見推非才果不容出守撫惸嫠忽逢楊開府論舊涕俱垂坐客何由識唯有故人知足見古人率眞之妙也○論云詩律自沈宋之下日益靡嫚鎪章刻句揣摩細切音韻婉諧屬對藻密而閑雅平淡之氣不存矣獨應物馳驟建安以還別有風韻自成一家之體清深雅麗雖詩人之盛亦罕其倫甚爲時論所重惟風情不能自已如贈米嘉榮杜韋娘等作皆杯酒之間見少年故態亦無足怪者有集十卷今傳於世

皎然上人

皎然字清晝吳興人俗姓謝係靈運之十世孫也初入道肄業杼山與靈徹陸羽同居妙喜寺羽於寺傍創亭以癸丑歲癸卯朔癸亥日落成湖州刺史顏眞卿名以三癸皎然爲之賦詩時稱三絕眞卿嘗於郡

齋集文士撰韻海皎然預其論著至是聲價藉甚貞元中集賢御書院集高僧爲上人文十卷刺史于頔爲之序李端在匡嶽依歸爲門生一詩名公俱相友善稱爲晝上人是也時章應物以古淡矯俗公嘗擬其格得數篇以爲贄韋心疑之明日又錄舊製以見乃領略曰人各有長出自天分子而爲我失故步矣但以所長自名可也公心服之往時往西林寺禪定之暇嘗作詩體式爲晝公詩式五卷又取古今人詩評之爲詩評三卷悉皆議論精當取舍從公一挽狂瀾繼蹤騷雅公性放逸不縛於常律初房太尉琯早歲隱終南峻壁之下往往聞湫中龍吟聲清而靜滌人邪想時有僧潛戞三金以寫之惟銅酷似他日房公聞嶺間有聲如龍吟問僧僧因出器以示之歎曰此真龍吟也大曆間有秦僧傳至桐江皎然戞銅椀效之以警閒寂有緇人譏之者公曰此達僧之事可以嬉禪爾曹胡凝滯於物而以瑣行自拘耶時人高之公禪心寂定詩學宏深居第一流第二流不過也有詩集十卷

武元衡

元衡字伯蒼河南人建中四年薛展榜進士元和三年以門下侍郎平章事出爲劍南節度使秉政後明年早朝遇盜從暗中射殺之元衡工詩雖時見雕琢不尙瀏靈然已斲輪老手矣好事者每將其詩被於絲竹其夏夜一詩曰夜久喧暫息池臺唯月明無因駐清景日出事還生翌日遇害詩蓋其讖也議者謂工詩而宦達者惟高適達宦而詩工者唯元衡今有臨淮集十卷傳於世

竇常

常字中行叔向之子也京兆人大曆十四年王儲榜及第初歷從事累官水部員外郎連除閬夔江撫四州刺史後入爲國子祭酒而終○常兄弟五人聯芳比藻俱有盛名法度風流相距不遠且皆陳力王事寵顯清流豈懷玉迷津之所可比哉後人集所著詩得一百首爲五卷名竇氏聯珠集謂若五星然常集十八卷與撰韓翃皎然等三十八詩合三百五十篇爲南薰集各系以贊爲三卷今並傳焉

竇牟

牟字貽周貞元二年張正甫榜進士初遊學於江東居家篤敬孝養繼母奇文異行聞于京師舅給事中袁高當時負重名甄拔甚多而弁未嘗干謁竟捷文

場始佐六府五公八遷至檢校虞部元和五年拜尚書虞部郎中轉洛陽令都官郎中出爲澤州刺史仕終國子司業牟晚從昭義盧從史從史浸驕牟度不可諫卽移舟歸居東都別業長慶二年卒昌黎韓先生爲之墓誌云

竇羣

羣字丹列初隱毗陵稱處士性至孝定省無少怠及母卒哀踊不已齧一指置棺中結廬墓次終喪蘇州刺史韋夏卿薦之舉孝廉德宗擢爲左拾遺憲宗立轉吏部郎中出爲唐州刺史節度使于頔奇之表以自副武元衡輔政薦爲御史中丞羣引呂溫羊士諤爲御史宰相李吉甫不可羣等怨遂捃摭吉甫陰事告之帝面覆多誣大怒欲殺羣等吉甫又爲力救得解出爲黔南觀察使還容管經畧使卒官所家無餘財惟圖書萬軸耳

竇庠

庠字胄卿嘗應辟三佐大府調奉仙令遷東都留守判官拜戶部員外郎貞元中出爲婺登二州刺史平生工詩文每從烹鍊而出今並傳之

竇鞏

鞏字友封狀貌魁偉少博覽無不通性豪放好談古今戶外多長者車轍時諸兄已達鞏尚困於場屋頗違初志作放魚詩云黃金贖得免刀痕闊道禽魚亦感恩好去長江千萬里不須辛苦上龍門人知其逃懷也元和二年王源中榜進士佐淄青幕府累遷秘書少監拜御史中丞仕終武昌觀察副使史平居與人言不輕出口時號爲囁嚅翁云

劉言史

言史趙州人也少尚氣節不舉進士工詩典麗爾皇少有其匹與李賀孟郊結爲契友冀鎮節度使王武俊頗好詞藝言史造之特加敬焉武俊嘗獵有雙鴨起蒲稗間一矢貫之遂於馬上草射鴨歌以獻因表薦請官詔授棗强令辭疾不就當世重之時相國隴西公李夷簡爲漢南節度與言史少同遊習因遺以襄陽纍器千事賂武俊請之由是爲漢南幕賓日與談讌歌詩唱答大展其才問言史所欲爲曰司功掾甚閑可免契闊公諾之分雖官曹而敬待如昨歲餘奏陞秩詔下之日無疾而終公初以言史相薄不欲貴以惜其壽至是慟哭之曰果然微祿殺吾愛客也厚葬於襄城皮日休稱其賦雕金篆玉牢奇籠怪百

鍛爲字千煉成何眞佳作也有歌詩六卷今傳

劉商

商字子夏徐州彭城人擢進士第貞元中累官比部員外郎改虞部員外郎數年遷檢校兵部郎中後出爲汴州觀察判官辭疾挂印歸舊業商性好酒苦家貧嘗對花臨月悠然獨酌亢音長謠放適自遂賦詩曰春草秋風老此身一瓢長醉任家貧醒來還愛浮萍草漂寄官河不屬人樂賦歌詩高雅殊絕擬蔡琰胡笳曲膾炙當時并工畫山水樹石初師吳郡張璪後自造極張貶衡州司馬有惆悵之詩又好神仙修鍊法隱於義興胡父渚結侶幽人世傳冲虛而去可謂江海冥滅山林長往者矣集十卷今傳武元衡爲之序

唐才子傳卷第四

唐才子傳卷第五目錄

唐才子傳卷第五

西域　辛　文房　撰

盧仝

仝范陽人初隱少室山號玉川子家甚貧惟圖書堆積後卜居洛城破屋數間而已一奴長鬚不裹頭一婢赤腳老無齒終日苦哦隣僧送米朝廷知其清介之節凡兩備禮徵爲諫議大夫不起時韓愈爲河南令愛其操敬待之嘗爲惡少所恐訴於愈方爲申理仝復慮盜憎主人願罷之愈益服其度量元和間月蝕仝賦詩意切當時逆黨愈極稱工餘人稍恨之時王涯秉政胥怨於人及禍起仝偶與諸客會食涯書館中因留宿吏卒掩捕仝曰我盧山人也於衆無怨何罪之有吏曰既云山人來宰相宅容非罪乎蒼忙不能自理竟同甘露之禍仝老無鬚奄人於腦後加釘先是生子名添丁人以爲讖云仝性高古介僻所見不凡近唐詩體無遺而仝之所作特異自成一家語尚奇譎讀者難解識者易知後來倣效比擬遂爲一格宗師有集一卷今傳○古詩云枯魚過河泣何時悔復及作書與魴鱮相戒慎出入斯所以防前之覆轍也仝志懷霜雪操擬松栢深造括囊之高夫何戸庭之失噫一蹈非地旋踵逮殃玉石俱焚可不痛哉

馬異

異睦州人也興元元年禮部侍郎鮑防下進士第二人少與皇甫湜同硯席賦性高疎詞調怪澁雖風骨稜稜不免枯瘠盧仝聞之頗合已志願與結交遂立同異之論以詩贈答有云昨日仝不同異自異是謂大同而小異今日仝自同異不異是謂同不往而異不至斯亦怪之甚也後不知所終集今傳世

劉叉

叉河朔間人一節士也少尚義行俠傍觀切齒因被酒殺人亡命會赦乃出更改志從學能博覽工爲歌詩酷好盧仝孟郊之體造語幽蹇議論多出於正冰柱雪車二篇含蓄諷刺出二公之右矣時樊宗師文亦尚怪見而獨拜之特故時所負自顧俯仰不能與世合常破履穿結築環堵而居休焉聞韓吏部接天下貧士步而歸之出入門館無間時韓碑銘獨唱潤筆之貲盈缶因持案上金數斤而去曰此諛墓中人所得耳不若與劉君爲壽不能止其曠達至此初玉川子履道守正反關著述春秋之學尤所精心時人

不得見其書惟叉惬願曾授之以奧旨後無所傳叉
剛直能面白人短長服其義則叉熱愛若親屬然後
以爭語不能下客去遊齊魯不知所終詩二十七篇
今傳

李賀

賀字長吉鄭王之孫也七歲能辭章名動京邑韓愈
皇甫湜覽其作奇之而未信曰若是古人吾曹或不
知是今人豈有不識之理遂相過其家使賦詩賀總
角荷衣而出欣然承命旁若無人援筆題曰高軒過
二公大驚以所乘馬命聯鑣而還親爲束髮賀父名
晉肅不得舉進士公爲著辯諱一篇後官至太常寺
奉禮部賀爲人纖瘦通眉長指爪能疾書旦日出騎
弱馬從平頭小奴子背古錦囊遇有所得書置囊裏
凡詩不先命題及暮歸太夫人使婢探囊中見書多
郎怒曰是兒要嘔出心乃已耳上燈與食郎從婢取
書研墨疊紙足成之非大醉弔喪率如此賀詩稍尚
奇詭組織花草片片成文所得皆驚邁絕倫翰墨畦
逕時無能効者樂府諸詩雲韶衆工諧於律呂嘗歎
曰我年二十不得意一生愁心謝如梧葉矣忽疾篤
恍惚畫見人緋衣駕赤虬騰下持一板書若太古雷
文曰上帝新作白玉樓成立召君作記也賀叩頭辭
謂母老病其人曰天上比人間差樂不苦也居頃之
窗中教教煙氣聞車聲甚速遂絕死時年二十七莫
不憐之李藩綴集其歌詩因託賀表兄訪所遺失并
加點竄付以成本彌年絕迹及詰之曰每恨其傲忽
其文已焚之矣今存十之四五杜枚爲序者五卷今
傳○孟子曰其進銳者其退速信然賀天才俊拔弱
冠而有極名天奪之速豈恡也耶若少假行年涵養
盛德觀其才不在古人下矣今茲惜哉

李涉

涉洛陽人渤之仲兄也自號清溪子早歲客梁園數
逢兵亂避地南來樂佳山水卜隱匡廬香爐峯下石
洞間嘗養一白鹿甚馴狎因名所居白鹿洞與兄渤
崔膺昆季茅舍相接後徙居終南偶從陳許辟命從
事行軍未幾以罪謫夷陵宰十年蹭蹬峽中病瘧成
痼自傷羇逐頭顱叉復如許後遇赦得還賦詩云荷
囊不是人間事歸去滄江有釣舟遂放船重來訪吳
楚舊遊登天台石橋望海得風水之便掛席浮瀟湘
岳陽逢張祐話故因盤桓歸洛下營草堂隱少室身
自耕耘妾能織絍稚子供漁樵落拓生計俗傳酒鄉

罕変人事大和中宰相累薦徵起爲太學博士卒致仕妻亦入道涉工爲詩詞意卓犖不羣世俗長篇敘事如行雲流水無可牽制才名一時欽動初嘗過九江皖口遇夜客方跧伏問何人曰李山人豪首曰若是勿用剽奪久聞詩名願題一篇足矣涉欣然書曰暮雨蕭蕭江上村綠林豪客夜知聞他時不用藏名姓世上如今半是君大喜因以牛酒厚遺再拜送之○夫以路蹻之輩猶知憐才而至寶横逆君子顧不忍哉詩集一卷今傳

朱晝

晝廣陵人貞元間慕孟郊之名爲詩格範相似曾不遠千里而訪之不厭勤苦體尚奇澁與李涉友善相酬唱晝古鏡詩云我有古時鏡初自壞陵得蛟龍猶蟠泥魑魅幸月蝕磨久見菱藻青於藍水色贈君將照心無使心受惑儿如此警策極多今傳于世

賈島

島字閬仙范陽人也初連敗文塲囊篋空甚遂爲浮屠名無本來東都旋往京居青龍寺時禁僧午後不得出爲詩自傷元和中元白變尚輕淺島獨按格入僻以矯浮豔當冥搜之際前有王公貴人因不覺遊心萬仞慮入無窮自稱碣石山人嘗歎曰知余素心者惟終南紫閣白閣諸峯隱者耳嵩邱有草廬欲歸未得逗留長安雖行坐寢食苦吟不輟嘗跨蹇驢張蓋横截天衢時秋風正厲黃葉可掃遂吟曰落葉滿長安方思屬聯杳不可得忽以秋風吹渭水爲對喜不自勝因唐突大京兆劉栖楚被繫一夕旦釋之後復乘閒策蹇訪李餘幽居得句云鳥宿池邊樹僧推月下門又欲作僧敲煉之未定吟哦引手作推敲之勢傍觀亦訝時韓退之尹京兆車騎方出不覺衝至第三節左右擁到馬前島具實對未定推敲神遊象外不知迴避韓駐久之曰敲字佳遂並轡歸共論詩道結爲布衣交遂授以文法去浮屠舉進士愈贈詩云孟郊死葬北邙山日月風雲頓覺閒天恐文章渾斷絕再生賈島在人間自此名著時新及第寓居法乾無可精舍姚合王建張籍雍陶皆琴樽之好一日宣宗微行至寺聞鐘樓上有吟聲遂登於島案上取卷覽之島不識因作色攘臂睨而奪取之曰郎君鮮醲自足何會此耶帝下樓去既而覺之大恐伏闕待罪上訝之他日有中旨令與一清官謫去者乃授遂州長江主簿後調遷普州司倉臨死之日家無一錢

惟病驢古琴而已當時誰不愛其才而惜其命薄焉貌清意雅談玄抱佛所交悉塵外之人况味蕭條生計齟齬自題曰二句三年得一吟雙淚流知音如不賞歸臥故山秋每至除夕必取一歲所作置几上焚香再拜酬酒祝曰此吾終年苦心也痛飲長謠而罷今集十卷并詩格一卷傳于世

莊南傑

南傑與賈島同時曾從受學工樂府雜歌詩體似長吉氣雖壯邁語過鐫鑿蓋其天資本劣未免按抑不出自然亦一好奇尚僻之士耳集二卷今行於世

張碧

碧字太碧貞元間舉進士累不第便覺三山跬步雲漢咫尺初慕李翰林之高躅一杯一詠必見清風故其名字皆亦逼似如司馬長卿希藺相如爲人也天才卓絕氣韻不凡委興山水投閒吟酌言多野意俱狀難摹之景焉有歌行集二卷傳世子瀛

朱放

放字長通南陽人也初居臨漢水遭歲饑南來卜隱剡溪鏡湖間排青紫之念結廬雲臥釣水樵山嘗著白接䍦鹿裘筍屨盤桓酒家時江浙名士如林風流儒雅俱從高義如皇甫兄弟皎徹上人皆山人良友也大曆中嗣曹王皐鎭江西辟爲節度參謀有別同志曰潺湲寒溪上自此成離別迴首望歸人移舟逢暮雪頻行識草樹漸老傷年髮唯有白雲心爲向東山月未幾不樂執掌扁舟告還貞元二年詔舉韜晦奇才詔下聘禮拜左拾遺不就表謝之忘懷得失以此自終放工詩風度清越神情蕭散非尋常之比集二卷今行于世

羊士諤

士諤貞元元年禮部侍郎鮑防下進士順宗時累至宣歙巡官王叔文所惡貶汀州寧化尉元和初宰相李吉甫知奬擢爲監察御史掌制誥後以與竇羣呂温等誣論宰執出爲資州刺史士諤工詩造妙梁選作皆典重早歲嘗遊女几山有卜築之志勳名相迫不遂初心有詩集行于世

姚係

係河中人貞元元年進士與韋應物同時有詩名工古調善彈琴好遊名山希蹤謝郭終身不言祿祿亦不及之也栖林棲谷隱之士往還酬酢興趣超然弟倫詩亦清麗有集並傳

麹信陵

信陵貞元元年鄭全濟榜及第仕爲舒州望江縣令卒工詩有集一卷今傳

張登

登初隱居性剛潔幅巾短褐交友名公後就辟歷衛府叅謀遷延尉平久之拜監御史貞元中改河南士曹掾遷殿中侍御史漳州刺史退居告老嘗晩春乘輕車出南薫門抵暮指宜春門入關吏捧牌請書官位登醉題曰閒遊靈沼送春回關吏何須苦見猜八十老翁無品秩三曾身到鳳池來其猖迫如此數年坐公累被劾吏議据摭不堪感疾而卒有集六卷權德輿爲序云

令狐楚

楚字殼士燉煌人也五歲能文章貞元七年尹樞榜進士及第時李說嚴綬鄭儋繼領大原高其才行引在幕府由掌書記至判官德宗喜文每省大原奏疏必能辨楚所爲數稱美之憲宗時累擢知制誥皇甫鎛薦爲翰林學士遷中書舍人拜中書侍郎同平章事楚工詩當時與白居易元積劉禹錫唱和甚多有漆奩集一百三十卷行于世自稱曰白雲孺子

楊巨源

巨源字景山蒲中人貞元五年劉太眞下第二人及第初爲張弘靖從事拜虞部員外郎後遷太常博士國子祭酒大和中爲河中少尹入拜禮部郎中巨源才雄學富用意聲律細把得含蓄之旨緩吟有雋永之味長篇刻琢絶句清冷蓋優於此而疎於彼者矣有詩一卷行于世

馬逢

逢關中人貞元五年盧頊榜進士佐鎭戎幕府嘗從運出塞得詩名篇篇警策有集今傳

王涯

涯字廣津貞元八年賈稜榜及第博學工文尤多雅思梁肅異其才薦於陸贄又舉宏辭憲宗時知制誥翰林學士俄拜中書侍郎平章事長慶中節度劍南名爲御史大夫遷戸部尙書監鹽鐵使進僕射涯權鹽苛急百姓怨之及甘露禍起就誅悉詬駡投以瓦礫須臾成堆性嗇不畜妓妾家財累鉅萬嘗布衣蔬食酷好前古名書名畫充積左右有不可得必百計傾陷以取之及家破徃來人得卷軸皆剔取奩盒金玉牙錦餘棄道途車馬踐踏悉損汚矣惜哉善爲詩

風韻邈然殊超意表集十卷今傳○否泰遞復盈虛消息迺理之常夫物盛者衰之漸也散者積之極也有能終滿而不覆者乎況圖書人變化之際神物所深忌者焉前修耽玩成癖往往殺身猶非剽劉而至也王涯掊克聚斂以邀穹爵逼孤凌弱以積珍奇卽己之利忘人之害至於天奪其魄鬼瞰其家一旦飄零殊可長歎孟子曰盆成括死矣所謂貨悖而入者亦悖而出不亦宜哉庶來者之少戒云

韓愈

愈字退之南陽人早孤依嫂讀書日記數千言通百家貞元八年擢第凡三詣光範上書始得調董晉表署宣武節度推官汴軍亂去依張建封辟府推官遷監察御史上疏論宮市德宗怒貶陽山令有善政改江陵法曹參軍元和中爲國子博士河南令愈才高難容累下遷乃作進學解以自諭執政奇其才轉考功知制誥進中書舍人裴度宣慰淮西奏爲行軍司馬賊平遷刑部侍郞憲宗遣使迎佛骨入禁中因上表極諫帝大怒欲殺裴度崔羣力救乃貶潮州刺史任後上表陳情哀切詔量移袁州刺史召拜國子祭酒轉兵部侍郞京兆尹兼御史大夫長慶四年卒○公英偉間生才名冠世繼道德之統明列聖之心獨濟狂瀾詞彩燦爛齊梁綺豔毫髮都捐有冠冕珮玉之氣宮商金石之音爲一代文宗使頹綱復振豈易言也哉固無辭足以贊述云至若歌詩累百篇而驅駕氣勢若掀雷走電撑決於天地之垠詞鋒學浪先有定價也時功曹張署亦工詩與公同爲御史又同遷謫唱答見於集中有詩賦雜文等四十卷行于世

柳宗元

宗元字子厚河東人貞元九年苑論榜第進士又試博學宏詞授校書郞調藍田縣尉累遷監察御史裏行與王叔文韋執誼善二人引之謀事擢禮部員外郞欲大用值叔文敗貶邵州刺史半道有詔貶永州司馬遍貽朝士書言情衆忌其才無爲用心者元和十年徙柳州刺史時劉禹錫同謫得播州宗元以播非人所居且禹錫母老具奏以柳州讓禹錫而自往播會大臣亦有爲請者遂改連州宗元在柳多惠政及卒百姓追慕立祠享祀血食至今公天才絕倫文章卓偉一時行輩咸推仰之工詩語意深切發纖穠於簡古寄至味於淡泊非餘子所及也司空圖論之曰梅止於酸鹽止於鹹飲食不可無而其美常在酸

鹹之外可以一唱而三歎也子厚詩在陶淵明下韋應物上退之豪放奇險則過之而溫麗靖深不及也今詩賦雜文等三十卷傳于世

陳羽

羽江東人貞元八年禮部侍郎陸贄下第二人登科與韓愈王涯等共爲龍虎榜後仕歷東宮衛佐羽工吟與靈一上人交遊唱答寫難狀之景了了目前含不盡之意悠悠言外如自遣詩云稚子新能編筍笠山妻舊斛補荷衣秋山隔岸清猿叫湖水當門白鳥飛此景何處無之前後誰能道者二十八字一片畫圖非造次之謂也警句甚多有集傳于世

劉禹錫

禹錫字夢得中山人貞元九年進士又中博學宏詞科工文章時王叔文得幸禹錫與之交嘗稱其有宰相器朝廷大議多引禹錫及柳宗元與議禁中判度支鹽鐵案憑藉其勢多中傷人御史竇羣劾云挾邪亂政即日罷憲宗立叔文敗斥朗州司馬州接夜郎俗信巫鬼每祀歌竹枝鼓吹俄頃其聲傖儜禹錫謂屈原居沅湘間作九歌使楚人以迎送神乃倚聲作竹枝辭十篇武陵人悉歌之始坐叔文貶者雖赦不原宰相憐其才且困將澡用之乃悉詔補遠州刺史諫官奏罷之時久落魄鬱鬱不自抑其吐辭多諷託遠意感權臣而憾不釋久之召還欲任南省郎而作玄都觀看花君子詩語譏忿當路不喜又謫守播州中丞裴度言播猿狖所宅且其母年八十餘與子死決恐傷陛下孝治請稍內遷乃易連州又徙夔州後由和州刺史入爲主客郎中至京後遊玄都詠詩且言始謫十年還輦下道士種桃其盛若霞又十四年而來無復一存唯兔葵燕麥動搖春風耳權近聞者益薄其行裴度薦爲翰林學士俄分司東都遷太子賓客會昌時加檢校禮部尚書卒公恃才而放心不能平行年益復偃蹇寡合乃以文章自適善詩精絕與白居易酬唱頗多嘗推爲詩豪曰劉君詩在處有神物護持有集四十卷今傳

孟郊

郊字東野洛陽人初隱嵩山稱處士性介不諧合韓愈一見爲忘形交與唱和於詩酒間貞元十二年李程榜進士時年五十矣調溧陽縣尉有投金瀨平陵城林薄蓊鬱下有積水郊間往坐水傍命酒揮琴徘徊賦詩終日而曹務多廢縣令白府以假尉代之分

其半俸辭官家居李翺分司洛中日與談讌薦於興元節度使鄭餘慶遂奏爲參謀試大理評事卒餘慶給錢數萬營葬仍贍其妻子者累年張籍謚爲貞曜先生門人遠赴心喪郊拙於生事一貧徹骨裘褐懸結未嘗俛首爲可憐之色然好義者更遺之工詩大有理致韓吏部極稱之多傷不遇年邁家空思苦奇澁讀之每令人不懽如借車載家具家具少於車如謝炭云吹霞弄日光不定煖得曲身成直身如愁人獨有夜燭見一紙鄉書淚滴穿如下第云棄置復棄置情如刀劍傷之類皆哀怨清切窮入冥搜其初登第吟曰昔日齷齪不足嗟今朝曠蕩恩無涯春風得意馬蹄疾一日看盡長安花當時議者亦見其氣度窘促卒漂淪薄宦詩讖信有之矣天實爲之謂之何哉李觀論其詩曰高處在古無平直之處顧二謝云時陸長源工詩相與來往篇什稍多亦佳作也有咸池集十卷行于世

戴叔倫

叔倫字幼公潤州金壇人師事蕭頴士爲門生賦性温雅善舉止能清談無賢不肖相接盡心工詩貞元十六年陳權榜進士嘗在租庸幕下數年夕惕匪怠吏部尚書劉公與祠部員外郎張繼書博訪選材日揖賓客叔倫投刺一見稱心遂就薦累遷撫州刺史政議龔黄民樂其治圖扉寂然鞠爲茂草詔書褒美封譙郡男加金紫後遷容管經略使威名益振治亦清明仁恕多方所至稱最德宗賦中和節詩遣使者寵賜世以爲榮還上表請爲道士未幾卒叔倫初以淮汴寇亂魚肉江上攜親族避地來鄱陽肄業勤苦志樂清虛閉門卻掃與處士張衆甫朱放素厚范張之期曾不虛月詩與悠遠每作驚人有述稿十卷今傳于世

張仲素

仲素字繪之貞元十四年李隨榜進士與李翺呂温同年以中朝無援不調潛耀久之復中博學宏詞始任武康軍從事貞元二十年遷司勳員外郎除翰林學士時憲宗求盧綸詩文遺草勑仲素編集進之後拜中書舍人仲素能屬文法度嚴確魏文帝有云文以意爲主以氣爲輔以詞爲衞此言得之矣其每詞未達而意先備也善詩多警句尤精樂府往往和在宮商古人有未能慮者集一卷及賦樞三卷今傳

呂温

温字和叔河中人初從陸贄治春秋梁肅爲文章貞元十四年李隨榜及第中宏辭與王叔文厚善驟遷左拾遺除侍御史使吐蕃留不得遣彌年溫在絕域常自悲惋元和元年還進戶部員外郎與竇羣羊士諤相愛羣爲中丞薦溫爲御史宰相李吉甫持久不報會吉甫病夜召術士羣等因奏之事見羣傳上怒貶筠州再貶道州刺史詔徙衡州卒官所溫藻翰精贍一時流輩咸推尙惟險躁譎怪而好利今有集十卷行于世

張籍

籍字文昌和州烏江人也貞元十五年封孟紳榜及第授秘書郎歷太祝除水部員外郎初至長安謁韓愈一會如平生歡才名相許論心結契愈力薦爲國子博士然性狷直多所責諷於愈愈亦不忌之時朝野名士皆與遊如王建賈島于鵠孟郊諸公集中多所贈答情愛深厚皆別家千里遊宦四方瘦馬羸童青衫烏帽故每邂逅於風塵必多慇懃之思衛孟命素又兄於同志者乎聲調相況況味頗同公於樂府古風與王司馬自成機軸絕世獨立自李杜之後風雅道喪至元和中暨元白歌詩爲海內宗匠謂之元和體病格稍振無愧洪河砥柱也樂天贈詩曰張公何爲者業文三十春尤工樂府詞舉代少其倫仕終國子司業有集七卷傳于世

雍裕之

裕之蜀人有詩名貞元後數舉進士不第飄零四方爲樂府極有情致集一卷今傳

權德輿

德輿字載之秦州人未冠以文章稱諸儒間韓洄黜陟河南辟置幕府復從江西觀察使李兼府爲判官德宗聞其材召爲太常博士改左補闕中間累上書直言遷起居舍人貞元十五年知制誥進中書舍人憲宗初歷兵部侍郎太子賓客以陳說謀略多中元和五年自太常卿拜禮部尙書同中書門下平章事德輿善辯論開陳古今覺悟人主爲輔相尙寬不甚察察封扶風郡公德輿能賦詩工古調樂府極多情致積思經術無不貫綜手不釋卷雖動止無外飾其醞藉風流自然可慕貞元元和間爲薦紳羽儀有文集今傳楊嗣復爲序

長孫佐輔

佐輔朔方人舉進士下第放懷不羈弟公輔貞元間

爲吉州刺史遂往依焉後不願宦隱居以求志然風流醖藉一代名儒詩格詞情繁縟不雜卓然有英邁之氣每見其擬古樂府數篇極怨慕傷感之心如水中月如鏡中相言可盡而理無窮也集今傳

楊衡

衡字中師雲人天寶間避地西來與符載李羣李渤同隱廬山結草堂於五老峯下號山中四友日以琴酒寓意雲月遣懷衡詩工苦於聲韻奇拔非常格敢窺其涯涘嘗吟罷自賞其作抵掌大笑長謠曰一一鶴聲飛上天謂其響徹如此人亦歎伏試大理評事往來多山僧道士爲方外之期詩一卷今傳于世

唐才子傳卷第五

唐才子傳卷第六目錄

白居易　元稹　李紳郁渾　鮑溶
張又新　殷堯藩　清塞　無可
熊孺登　李約　沈亞之　徐凝
裴夷直　薛濤　姚合　李廓
章孝標　施肩吾　袁不約　韓湘
韓琮　章楚老　張祜崔涯　劉得仁
朱慶餘　杜牧嚴惲

唐才子傳卷第六

西域　辛　文房　撰

白居易

居易字樂天太原下邽人弱冠名未振觀光上國謁顧況況吳人恃才少所推可因謔之曰長安百物皆貴居大不易及覽詩卷至離離原上草一歲一枯榮埜火燒不盡春風吹又生乃歎曰有句如此居天下亦不難老夫前言戲之爾貞元十六年中書舍人高郢下進士拔萃皆中補校書郎元和元年作樂府及詩百餘篇規諷時事流聞禁中上悅之召拜翰林學士歷左拾遺時盜殺宰相京師洶洶居易首上疏請亟捕賊權臣有嫌其出位怒俄有言居易母墮井死而賦新井篇言既浮華行不可用貶江州司馬初以勲庸暴露不宜實無他腸佛怒姦黨遂失志亦能順所遇託浮屠死生說忘形骸者久之轉中書舍人知制誥河朔亂兵出無功又言事不見聽乞外除爲杭州刺史文宗立名還刑部侍郎會昌初致仕卒居易累以忠鯁遭擯乃放縱詩酒既復用又皆幼君仕情頓爾索寞卜居履道里與香山僧如滿等結淨社疏沼種樹構石樓鑿八節灘爲游賞之樂茶鐺酒杓不相離嘗科頭箕居談禪詠古晏如也自號醉吟先生作傳酷好佛亦經月不葷稱香山居士與胡果吉皎鄭據劉眞盧貞張渾如滿李文爽燕集皆高年不仕日相招致時人慕之繪九老圖公詩以六義爲主不尚艱難每成篇必令其家老嫗讀之問解則錄後人評白詩如山東父老課農桑言言皆實者也雞林國行賈售於其國相卒篇百金僞者即能辨之與元稹極善膠漆音韻亦同天下曰元白元卒與劉賓客齊名曰劉白云公好神仙自製飛雲履焚香振足如撥煙霧冉冉生雲初來九江居廬阜峯下作草堂燒丹今尙存有白氏長慶集七十五卷及所撰古今事實爲六帖及述作詩格法欲自除其病名白氏金針集三卷並行于世

元稹

稹字微之河南人九歲工屬文十五擢明經書判入等補校書郎元和初對策第一拜左拾遺數上書言利害當路惡之出爲河南尉後拜監察御史按獄東川還次敷水驛中人仇士良夜至稹不讓邸仇怒擊稹敗面宰相以稹年少輕威失憲臣體貶江陵士曹參軍李絳等論其枉元和末召拜膳部員外郎稹詩

變體往往宮中樂色皆誦之呼爲才子然綴屬雖廣樂府專其警策也初在江陵與監軍崔潭峻善長慶中崔進其歌詩數千百篇帝大悅問今安在曰爲南宮散郎擢祠部郎中知制誥俄遷中書舍人翰林承旨後拜同中書門下平章事初以瑕釁舉動浮薄朝埜雜笑未幾罷然素無檢望輕不爲公議所佑除武昌節度使卒在越時辟竇鞏鞏工詩日酬和故鏡湖秦望之奇益傳時號蘭亭絕唱微之與白樂天最密雖骨肉未至愛慕之誠足踰金石千里神交若合符契唱和之多無如二公者有元氏長慶集一百卷及小集十卷今傳○夫松栢飽風霜而後勝梁棟之任人必勞餓空乏而後無充詘之態譽早必氣銳氣銳則志驕志驕則斂怨先達者未足喜晚成者或可賀況慶弔相望於門閭可不愼哉人評元詩如李龜年說天寶遺事貌悴而神不傷況尤物移人侈俗遷性足見其舉止浮薄神色驕矜不容勝己至登庸成忝貽笑於多士其來尙矣不謹細行終累大德豈不聞言行君子之樞機榮辱之主邪古人不耻能治而無位耻有位而不能治也

李紳

紳字公垂亳州人元和元年武翊黃榜進士與皇甫湜同年補國子助教穆宗召爲翰林學士累遷中書舍人武宗即位拜中書侍郎平章事紳爲人短小精敏於詩時人號爲短李與李德裕元稹同時稱三俊集名追昔遊多紀行之作又批答一卷亦傳初爲壽州刺史有秀才郁渾年甫弱冠應百篇科紳命題試之未昏而就警句佳意甚多亦有集今傳

鮑溶

溶字德源元和四年韋瓘榜進士第與楊汝士一時李端公益自少同袍爲忘形交初隱江南深山中其家貧苦氣節自如羇旅四方間設有所作皆是絕唱過隴頭古天山大阪泉水嗚咽分流四下賦詩曰隴頭水千古不堪聞生歸蘇屬國死別李將軍細響風凋草清哀鴈入雲其警絕大概如此古詩樂府可稱獨步蓋其魄力宏壯才贍學博古格近體獨擅衆長惜飄蓬薄宦客死三川有集五卷今傳

張又新

又新字孔昭深州人也初應宏辭第一又爲京兆解頭元和九年禮部侍郎韋貫之下狀元及第時號爲張三頭應辟爲廣陵從事歷補闕爲力傾邪謟事宰

相李逢吉隆重其人名在八關十六子之目逢吉領山南節度表爲司馬坐由伍事貶官李訓專政又新復見用後竟坐事謫遠州刺史仕終左司郎中善爲詩恃才涉傲未免有矯激之言見於篇什嘗曰我少年擅美名意不欲仕惟得美妻平生足矣娶楊虔州女有德無色殊怏怏後過淮南李紳筵上得一歌姬與之偕老喜嗜茶恨在陸羽後著煎茶記一卷及詩文等行于世

殷堯藩

堯藩秀州人稟性簡靜眉目如畫工詩文耽丘壑之趣嘗曰吾一日不見山水與俗人談便覺胸次塵土堆積急將醋醪澆之聊可解穢元和九年韋貫之放榜堯藩落第楊尚書大爲稱屈未幾擢進士第數年爲永樂縣令一介之官彈琴不下堂而人不忍欺雍陶寄詩曰古縣蕭條秋景晚昔時陶令亦如君頭巾漉酒臨黃菊手板支頤向白雲百里豈能容驥足九霄終自別雞羣相思不恨書來少佳句多從闕下聞及與沈亞之馬戴爲詩友贈答甚多後仕終侍御史堯藩初遊韋應物門牆兩相契合至長沙於尚書李翺席上有舞拓枝者容語悽惻因感而賦詩以贈曰姑蘇太守青娥女流落長沙舞柘枝滿座繡衣皆不識可憐紅粉淚雙垂衆客驚問之果韋公愛姬所生女也相與吁歎翺即命削丹書於賓館中擢士嫁之今有集一卷傳世皆鏗鏘蘊藉之作也

清塞

清塞字南鄉居廬嶽爲浮屠客南徐最久後來少室終南間俗姓周名賀工爲近體詩格調清雅與賈島無可齊名寶曆中姚合守錢塘因攜書投刺以丐品第合延待甚優見其哭僧詩云凍鬚亡夜剃遺偈病中書大愛之因贈以冠巾使復姓字時居夏臘欲遂初心竟往依名山諸尊宿自終詩一卷今傳

無可

無可長安人高僧也工詩喜爲五言初賈島棄俗時同居青龍寺呼島爲從兄與馬戴姚合厲玄唱酬甚多律調謹嚴意思淸越超以象外得其環中有如聽雨寒更盡開門落葉深又如微陽下喬木遠燒入秋山如此新奇當時翕然稱妙以其情景兼到也集一卷今傳

熊孺登

孺登鍾陵人有詩名元和中爲西川從事與白舍人

劉賓客善贈答頗多凡屬下筆無不言語妙天下如江流如箭月如弓行盡三湘數夜中無奈子規知向蜀一聲聲似怨春風又經古墓云碑折松枯山火燒夜臺曾閉不曾朝邪將逝者比流水流水東流逢上潮其詩類此極多有集今傳

李約

約字存博汧公李勉之子也元和中仕爲兵部員外郎與主客員外張諗極契合每聯牀共話達旦不寐好賦詩嘗贈韋況曰我有心中事不向韋郎說秋夜洛陽城明月照張八約博學好古性情清潔不近粉黛父汧公海內名臣多藏古今玩器約愈好之几案之間必置古銅怪石法書名畫皆歷代所寶者最喜與雅士清談或終日彈琴煮茗心畧不及塵事也嘗使江南於海門山得雙峯石及綠石琴俱爲相識者攜去約亦絕不介意未嘗硜硜然竟悋惜不與也復嗜茶與陸羽張又新論水品特詳嘗投客煎茶法曰茶須緩火炙活火煎當使湯無妄沸始則四圍漸動微微有聲中則魚目散布纍纍以起終則騰波鼓浪水氣全消如此則香味逼眞矣時知音者賞之後棄官終隱著有詩集又有東杓引譜一卷今傳

沈亞之

亞之字下賢吳興人初至長安與李賀交好舉不第爲歌以送歸元和十年侍郎崔羣下進士涇原李彙辟爲掌書記爲秘書省正字長慶中補櫟陽令四年遷福建團練副使事後徐晦累遷殿中丞御史內供奉太和三年柏耆宣慰德州取爲判官耆罷亞之貶南康尉後終郢州掾亞之以文詞得名然狂躁貪冒輔耆爲惡每遷陵晚達以及於謫常遊韓吏部門杜牧李商隱俱有擬沈下賢詩蓋甚爲當時名輩器重云有集九卷傳

徐凝

凝睦州人元和間有詩名方干師事之與施肩吾同里閈日親聲調無進取之意交友激勉之始遊長安不忍自衒鬻竟不成名將歸以詩辭韓吏部云一生所遇惟元白天下無人重布衣欲別朱門淚先盡白頭遊子白身歸知者憐之遂歸以隱潛心詩酒人間榮耀竟不復掛諸齒頰中也老病且貧處之坦然優悠以終有集一卷今傳〇余昔經桐廬古邑山水蒼茫嚴先生釣石居然無恙惟物在人遥未免生感想古來之高人隱士其風標氣概足令俗士鄙人汗顏

愧色又見古時碑碣述其平生事迹攬轡彷徨不忍遽去勝地以一人而傳先賢爲來者所重人亦何必汨溺於名利而不悟也

裴夷直

夷直字禮卿吳人元和十年禮部侍郎崔羣下進士仕爲中書舍人武宗立以罪貶驩州司戶宣宗時爲江華二州刺史終尚書左司員外郎散騎常侍工詩有盛名集一卷今傳于世

薛濤

濤字洪度成都樂妓也性聰慧精翰墨居浣花里種菖蒲滿門傍東北郎上長安道也往來留連者不少元和中元微之使蜀密以求訪府公嚴司空知之遣濤往侍微之登翰林以詩寄之曰錦江滑膩峨嵋秀幻出文君與薛濤言語巧偷鸚鵡舌文章分得鳳凰毛紛紛詞客皆停筆箇箇公侯欲夢刀別後相思隔煙水菖蒲花發五雲高及武元衡入相奏授校書郎蜀人呼妓爲校書自濤始也後胡曾贈詩曰萬里橋邊女校書枇杷樹下閉門居掃眉才子知多少管領春風總不如濤工爲小詩嫌箋幅寬大遂創製狹小者以自便名曰薛濤箋濤凡事隨機應變談笑風生高駢鎮蜀門日命之佐酒改一字愜音令且得形象曰口似沒梁斗答曰川似三條椽公曰奈一條曲何曰相公爲西川節度尚用一破斗況窮酒佐雜一曲椽何足怪哉其敏捷類如此其所作詩詞皆邀時彥歎賞意匠經營一筆不苟情詞所至雖翰苑名流輒爲奪席殊不意衽席之下出此異物豈得輕其人而棄其才哉太和中卒有錦江集五卷多名公贈答云

姚合

合陝州人宰相崇之曾孫也以詩聞元和十一年李逢吉知貢舉有夙好因拔泥塗得解榜及第歷武功主簿富平萬年尉寶應中除監察御史遷戶部員外郎出爲金杭二州刺史後召入拜刑戶二部郎中諫議大夫給事中開成間李商隱尉弘農以活囚忤觀察使孫簡將罷去會合來代簡一見大喜以風雅之契卽諭使還官人雅服其義後仕終秘書監與賈島同時號姚賈其爲歌詩島則矜鍊有清冽風合則渾成皆平澹氣與趣俱到格調少殊所謂方拙之奧至巧存焉蓋多歷下邑官況蕭條山縣荒涼風景凋弊之間最工摹寫耳性嗜酒愛花翛然自放人事生理略不介意有達人之大觀所爲詩十卷及選集王維

祖詠等一十八人詩爲極元集一卷序稱維等皆詩家射鵰手也又摭古人詩聯敘其指意各有體要撰詩例一卷今並傳焉

李廓

廓宰相程之子也少有志勳業攬轡慨然而不屑苟就遂困場屋中作下第詩曰榜前潛制淚衆裏獨嫌身氣味如中酒情懷似別人時流皆稱賞且憐之因共推挽元和十三年獨孤樟榜進士調司經局正字出爲鄠縣令累歷顯宦仕終武寧節度使政有奇績與賈島相友善故工詩極綺緻集今傳世

章孝標

孝標字道正錢塘人李紳鎮淮東孝標參座席有詩名時春雪紳命札請賦孝標索筆一揮云六出花飛處處飄黏窗拂砌上寒條朱門到晚難盈尺盡是三軍喜氣消李大稱賞薦於主文元和十四年禮部侍郎庾承宣試進士及第授校書郎於長安將歸嘉慶先寄友詩曰及第全憑十政官金湯渡了出長安馬頭漸入揚州郭爲報時人洗眼看紳適見寄以一絶箴之曰假金方用眞金鍍若是眞金不鍍金十載長安方一第何須空腹用高心孝標慚謝所惜氣宇窘急終不大用太和中嘗爲山南道從事試大理評事仕終秘書正字有集一卷傳世

施肩吾

肩吾字希聖睦州人元和十五年盧儲榜進士第謝禮部陳侍郎詩云九重城裏無親識八百人中獨姓施不待除授即東歸張籍羣公吟餞皆知其有仙風道骨寧戀人間升斗耶少存貧賴之情故拍浮詩酒搴擘煙霞初讀書五行俱下至是投眞釜於仙長遂知逆順顛倒之法與上中下精氣神三關返元之義以洪州西山十二眞君羽化之地慕其眞風高蹈於此題詩曰重重道氣結成神玉闕金堂逐日新若數西山得道者兼余卽是十三人前嘗賦閑居遺興詩一百韻頗述初心盛行于世著辨疑論一卷西山傳道會眞等記各一卷述氣住則神住神住則形住爲三住銘一卷及所爲詩十卷自爲之序今傳

袁不約

不約字還朴長慶三年鄭冠榜進士太和中以平判入等調官有詩集傳於世

韓湘

湘字清夫愈之姪孫也長慶三年禮部侍郎王起下

進士落魄不羈見趣苦吟務高遠公勉以經學曰湘所學公不知耶因賦詩以述志云青山雲水窟此地是吾家後夜流璚液凌晨咀絳霞琴彈碧玉調爐煉白朱沙寶鼎存金虎元田養白鴉一瓢藏世界三尺斬妖邪解造逡巡酒能開頃刻花有人能學我同去看仙葩公笑曰子能奪造化乎湘曰此事甚易公爲開樽湘聚土以盆覆之頃刻開碧花二朵花片上有詩一聯云雲橫秦嶺家何在雪擁藍關馬不前公甚怪異未喻其意曰他日驗之遂遠去未幾公以諫佛骨事謫潮州刺史一日途中見有人冒風雪從林嶺間來視之湘也再拜馬前曰公憶花上之句乎因詢其地卽藍關嗟嘆久之解鞍命酌因足成前詩曰一封朝奏九重天夕貶潮陽路八千本爲聖朝除弊政豈期衰朽樂殘年雲橫秦嶺家何在雪擁藍關馬不前知汝遠來應有意好收吾骨瘴江邊又贈詩曰人才爲世古來多如子雄文孰可過好待功名成就日卻抽身去上煙蘿湘笑而不答獻詩別公曰舉世都爲名利醉惟吾來向道中醒他時定是飛昇去衝破秋空一點青遂別竟不知所終

韓琮

琮字成封長慶四年李羣榜進士及第大中中仕至湖南觀察使有詩名多清麗之製錦不如也涯水送別云綠暗紅稀出鳳城暮雲樓閣古今情行人莫聽宮前水流盡年光是此聲駱口晚望云秦川如畫渭如絲去國還家一望時公子王孫莫來好嶺花多是斷腸枝如此等句膾炙人口餘極多皆稱是有集一卷傳於世

章楚老

楚老長慶四年中書舍人李宗閔下進士仕終國子祭酒工詩氣既沈雄語亦豪健所作古樂府居多祖龍行曰黑雲兵氣射天裂壯士朝眠夢冤結祖龍一夜死沙邱胡亥空隨鮑魚轍腐肉偷生二千里僞書先賜扶蘇死墓接驪山土未乾瑞光已向芒碭起陳勝城中鼓三下秦家天地如崩瓦龍蛇撩亂入咸陽少帝空隨漢家馬傑製頗多俱當刮目今並傳

張祜

祜字承吉南陽人來寓姑蘇樂高尚稱處士騷情雅思凡知已者悉當時英傑然不業程文元和長慶間深爲令狐文公器許公鎮天平自草表薦以詩三百首獻于朝辭略曰凡製五言包含六義近多放誕靡

有宗師祜久在江湖早工篇什研幾甚苦搜象頗深流輩所推風格罕及謹以繕錄詣光順門進獻望宣付中書門下祜至京師屬元稹號有城府偃仰內庭上因名問祜之詞藻上下稹曰張祜雕蟲小巧壯夫不爲若獎激太過恐變陛下風教上頷之由是寂寞而歸爲詩自悼云賀知章口徒勞說孟浩然身更不疑遂客淮南時杜牧爲度支使極相善待贈句云何人得似張公子千首詩輕萬戶侯祜苦吟妻孥每喚之皆不應曰吾方口吻生華豈暇汝輩乎性愛山水多遊名寺如杭之靈隱天竺蘇之靈巖楞伽常之惠山善權潤之甘露招隱往往題詠唱絶同時崔涯亦工詩與祜齊名頗自放行樂或乘興北里每題詩青樓譽之則聲價頓增毁之則車馬掃迹涯尙義有俠詩云太行嶺上三尺雪崔涯袖中三尺鐵一朝若遇有心人出門便與妻兒別嘗共謁淮南李相祜稱釣鼇客李怪之曰釣鼇以何爲竿曰以虹以何爲鉤曰新月以何爲餌曰以短李相也紳壯之厚贈而返晩與白樂天日相聚謔謔樂天譏以足下新作憶柘枝云鴛鴦鈿帶抛何處孔雀羅衫付阿誰乃一問頭耳祜曰鄙薄之誚是也明公長恨歌曰上窮碧落下黃泉兩處茫茫都不見又非目蓮尋母邪一座大笑初過廣陵曰十里長街市井連月明橋上看神仙人生只合揚州死禪智山光好墓田大中中果卒於丹陽隱居人以爲讖云詩一卷今傳○衞遠伯玉恥獨爲君子令孤公其庶幾乎元稹則遠矣十譽不足一毁有餘其事業淺深於此可以觀人也爾所不知人其舍諸稹謂祜雕蟲瑑瑑而稹所爲有不若是耶忌賢嫉能迎戶而噬略已而過人者穿窬之行也祜能以處士自終其身聲華不借鐘鼎而高視當代至今稱之不遇者天也不泯者亦天也豈若彼取容阿附貽譏於適從何來者哉

劉得仁

得仁公主之子也長慶間以詩名五言清警獨步騷壇自開成後至大中三朝昆弟以貴戚皆擢顯仕得仁獨苦攻文嘗立志不獲科第必不顧僭人之爵也困頓名場二十年竟無所成投跡幽隱未嘗耿耿有寄所知詩云外族帝王是中朝親故稀翻令浮議者不許九霄驀憂而不困怨而不怒哀而不傷鏗鏘金玉難合同流而不厭於磨淬端能確守格律揣治聲歌甘心窮苦不汲汲於富貴王孫公子中千載求一

人不可得也及卒僧栖白弔之曰何苦爲詩身到此冰魂雪魄已難招直教桂子落墳上生得一枝冤始銷有詩一卷行於世

朱慶餘

慶餘字可久以字名閩中人寶曆二年裴球榜進士及第授秘省校書得張水部詩旨氣平意絕社中哲匠也名稱當時有集一卷今傳

杜牧

牧字牧之京兆人也善屬文太和二年韋籌榜進士與厲元同年未第前來東都時主司侍郎崔郾太學博士吳武陵策蹇進謁曰侍郎以峻德偉望爲明君選才僕敢不薄施塵露向偶見文士十數輩揚眉抵掌共讀一卷文詞覽之乃進士杜牧阿房宮賦其人王佐才也因出卷搢笏朗誦之郾大加賞曰請公與狀頭郾曰已得人矣曰不得即請第五人更否則請以賦見還辭容激厲郾曰諸生多言牧疏曠不拘細行然敬依所教不敢易也後又舉賢良方正科人倫師表爲江西團練府巡官又爲牛僧孺淮南節度府掌書記拜侍御史累遷左補闕歷黄池睦三州刺史以考功郎中知制誥遷中書舍人牧剛直有奇節不爲齪齪小謹敢論列大事指陳利病動切機宜尤深諳兵法盡心時事嘗以從兄悰更歷將相而己困躓怏怏難平卒年五十臨死自寫墓誌焚去文稿過半其詩情豪邁語率驚人時以擬杜甫呼大杜小杜以別之後人評牧詩如銅丸走坂駿馬注坡謂圓快奮急也牧美容姿好歌舞風情纏綣不能自遏時淮南稱繁盛不減京華且多名姬牧恣心賞牛相收街吏報杜書記平安貼子至盈篋牧御史分司洛陽時李司徒閑居家妓爲當時第一宴朝士以牧風憲不敢邀牧因遣使諷李召己既至曰聞有紫雲者妙歌舞孰是即贈詩曰華堂今日綺筵開誰喚分司御史來忽發狂言驚四座兩行紅袖一時回意氣閑逸傍若無人座客莫不稱異太和末往湖州契合一女子方十餘歲約以十年後吾來典郡當納之結以金幣洎周墀入相上牋乞守湖州比至已十四年前女子從人而抱雛矣賦詩曰自恨尋芳去較遲不須惆悵怨芳時如今風擺花狼藉綠葉成陰子滿枝此其大槩也凡一有所牽繫莫不情見于辭別業樊川有樊川集二十卷及註孫子并傳同時有嚴惲字子重工詩與牧友善以問春詩得名昔聞有集今無之矣

唐才子傳卷第七目錄

唐才子傳卷第七

西域　辛　文房　撰

楊發

發太和四年禮部侍郎鄭澣下第二人及第工詩亦當時聲韻之偉者今述其宿黃花館云孤館蕭條槐葉稀暮蟬聲隔水聲微年年爲客路長在日日送人身未歸何處離鴻迷浦月誰家愁婦搗寒衣夜深不卧簾猶捲數點殘螢入戶飛瀏亮清新頗驚凡聽恨其出處事跡無從稽考也有詩傳世

李遠

遠字求古太和五年杜陟榜進士及第蜀人也少有大志超邁流俗爲詩多逸氣五彩成文早歷下邑詞名卓然宣宗時宰相令狐綯進奏擬遠杭州刺史上曰朕聞遠詩有青山不厭千杯白日惟銷一局棋其疎放如此豈可臨郡理人綯曰詩人托此以寫高興耳未必實然上曰且令往觀之至果有治聲性簡儉喜畜鳧鴨貴客經過無他贈厚者緑頭一雙而已後歷忠建江三州刺史仕終御史中丞初牧溢城求天寶遺物得秦僧收楊妃襪一裲珍襲之偶示至好會李羣玉校書自湖湘來過九江遠厚遇之談笑永

日尋玉話及向賦黃陵廟詩忽動朝雲暮雨之情默然以對遠曰僕自獲凌波片玉窄軟輕香每一見之未嘗不神馳馬鬼下也遂更相戲笑賦詩事洩致被法家所議蓋情深難禁未免感動於微辭間也有詩集一卷今傳

李敬方

敬方字中虔長慶三年鄭冠榜進士太和中仕爲歙州刺史後坐事左遷台州刺史有詩一卷傳世

許渾

渾字仲晦潤州丹陽人圉師之後也太和六年李珪榜進士爲當塗太平二縣令少苦學勞心有清羸之疾時常隱几伏枕久之起爲潤州司馬大中三年拜監察御史歷虞部員外郎睦郢二州刺史嘗分司朱方買田築室後抱病退居丁卯澗橋村舍暇日惟録所作遂以成集渾耽於林泉亦慷慨悲歌之士登高懷古具見壯心其格調豪邁猶強弩初張牙淺弦急蓄勢以發也至今慕者極多往往謂是驪龍之照夜珠也早歲嘗遊天台仰看瀑布旁眺赤城辨方廣於非煙躡石橋於懸壁登陟兼程窮覽幽勝朗誦孫綽古賦毅然有追蹤前人之想以存不朽再三尋味徘徊不忍去以王事不果有負初心後晝夢登山有宮闕凌虛問曰此崑崙也少頃見有數人方飲招渾就坐暮而罷一佳人出箋求詩未成夢破後吟曰曉入瑤臺露氣清庭中惟見許飛瓊凡心未斷塵緣在十里雲山空月明他日復夢至山中佳人曰子何題余姓名於人間遂改爲天風吹下步虛聲曰善矣渾才思翩翩仙子所愛夢寐求之一至于此昔子建賦洛神人以爲徒聞虛語亦以是謂誑誕不信未幾遂卒有詩二卷今傳

雍陶

陶字國鈞成都人工於詞賦少貧遭蜀中亂後播越羈旅有詩云貧當多病日閒過少年時太和八年陳寬榜進士及第一時名士咸偉其作然恃才傲睨薄於親屬其舅雲安李欽之下第歸三峽有詩寄陶云地近衡陽雖少鴈水連巴蜀豈無魚得詩頗愧赧遂通問不絕大中六年授國子毛詩博士與賈島殷堯藩無可徐凝章孝標友善以琴樽詩翰相娛留長安中大中末出刺簡州才名益重自比謝宣城柳吳興國初諸人書奴耳賓至必佯佯挫辱投贄者少得通秀才馮道明時稱機捷因罷舉請謁給閽者曰與太

守有故陶倒屣迎見呵責曰與足下素昧平生何故之有焉曰誦公詩文室邇人遠何隔平生吟陶詩數聯如立當青草人先見行近白蓮魚未知又開門客到常如病滿院花開未是貧又江聲秋入峽雨色夜侵樓等句陶多其慕己厚贈之其自負如此後爲雅州刺史郭外有情盡橋乃分袂祖別之所陶送客而怪之遂於上立候館改名折柳橋取古樂府折楊柳之意題詩曰從來只有情難盡何事呼爲情盡橋自此改名爲折柳任它離恨一條條甚膾炙當時後辭榮閑居廬嶽養痾絕俗與塵事無關矣有唐志集五卷今傳

賈馳

馳太和九年鄭確榜進士初負才學蹭蹬名場往來公卿間擔簦躡屩莫伸其志嘗入關賦詩云河上微風來關頭樹初溼今朝關城吏又見孤客入上國誰與期西來徒自急主司得聞有憐才之意遂放第不甚顯宦詩文俱得美聲後來文士集中多稱賈先輩其名譽爲時所重云有集傳世

伍喬

喬少隱居廬山讀書工爲詩與杜牧之同時擢第初喬與張洎少友善洎時仕翰林學士寵眷優異喬時任歙州司馬自傷不遷作詩寄洎戒去僕曰俟張游宴即投之洎得緘云不知何處好銷憂公退攜樽即上樓職事久參侯伯幕夢魂長達帝王州黃山向晚盈軒翠黟水含春繞郡流遙想玉堂多暇日花時誰伴出城遊洎動容久之爲言於上召還爲考功員外郎卒於官今有詩二十餘篇傳于世

陳上美

上美開成元年禮部侍郎高鍇放榜第二人登科以詩鳴當時間作悉佳製論其骨格本峭但少氣耳有集今傳○夫人矻矻窮年志在希賢希聖者欲此身不朽於天壤也或有共目爲大儒而盛名不泯或有咸推爲博學而沒世無稱釣譽沽名初無實際也又或位高金多望隆價重生前赫赫死後悠悠反不若腐草之尚得爲螢枯楊之猶能生梯也傳中諸人不皆望族非盡貴官惟一詠一吟垂名千載且所傳未必盡楊雄班馬之才而世遠年湮竟家絃戶誦豈不是傳其所當傳而重其所當重耶烏可以詩爲小道而忽諸

李商隱

商隱字義山懷州人也令狐楚奇其才使遊門下授以文法遇之甚厚開成二年高鍇知貢舉楚與鍇善奬譽甚力遂擢進士又中拔萃楚又奏爲集賢校理楚出王茂元鎮興元素愛其才表掌書記以子妻之除侍御史茂元爲牛李黨士林嗤摘商隱以爲白圭有玷共疎遠之來京都久不調更依桂林總管鄭亞府爲判官後隨亞謫循州三年始回求援於宰相綯綯薄其無骨幹隨波逐靡從小人之辟遂謝絕之後於重陽日重又趨謁留題云十年泉下無消息九日樽前有所思又云郎君官重施行馬東閣無因許再窺綯見之惻然廼補大學博士柳仲郢節度中州辟爲判官商隱廉介可畏出爲廣州都督人或袖金以贈商隱曰吾自性分不可易非畏人知也未幾入拜檢校吏部員外郎罷客滎陽卒商隱工詩高邁奇古言深旨遠及從楚學則華實並茂青出於藍每喜用典於寫景言情之外必旁徵遠引精切不移人人謂其橫絕前後時温庭筠段成式各以濃豔相勝號三十六體評之者謂此詩如百寶流蘇千絲鐵網綺麗鮮妍未可與商隱同年而語也隱初得名薄遊長安尙希知識因投宿逆旅有衆客方酣飲賦木蘭花詩就呼與坐不知爲商隱也隱和一詩云洞庭波冷曉侵雲日日征帆送遠人幾度木蘭船上望不知元是此花身客問姓名大驚稱罪時白樂天致仕極喜商隱文章謂曰我死後得爲爾兒足矣白死數年隱生子遂以白老名之既長殊鄙鈍温飛卿戲曰如爾爲侍郎後身不亦忝乎隱又生子名袞師異常聰俊商隱詩云袞師我嬌兒英秀乃無匹此或白之後身也商隱自號玉溪子其文自成一格學者謂爲西崑體也有樊南甲集二十卷乙集二十卷玉溪生詩三卷又賦一卷文一卷並傳于世

喻鳧

鳧毘陵人開成五年李從實榜進士仕爲烏程縣令有詩名晚唐風格既變鳧亦稍涉柔靡高古之氣無有所可法者陳言之務去耳後來才子皆稱喻先輩向慕之情足見也同時薛瑩亦工詩鳧詩一卷瑩詩洞庭集一卷今並傳

薛逢

逢字陶臣蒲州人會昌元年崔峴榜第三人進士調萬年尉未幾佐河中幕府崔鉉入相引直弘文館歷侍御史尙書郎持論鯁切以謀畧高邁顯布衣中與

劉瑑交而瑑才出逢下故易瑑及瑑當國有薦逢知制誥者瑑猥言先朝以兩省官給事舍人治州縣乃得除逢未試州不可乃出爲巴州刺史初及第與楊收王鐸同年而逢文藝最優收輔政逢有詩云誰知金印朝天客同是沙堤避路人收銜之斥爲蓬綿二州刺史及鐸相逢又賦詩云昨日鴻毛萬鈞重今朝山岳一毫輕鐸怒中外鄙之逢褊傲遷秘書監卒逢晚年岨峿宦途嘗策羸赴朝值新進士榜下綴行而出儀從整肅見逢行李蕭條前導曰迴避新郎君逢囅然因遣一介語之曰報道莫貧相阿婆三五少年時也曾東塗西抹來其人辟易○逢天資本高學力亦贍故不甚苦思而豪逸之態自見卒然成章未免失諸淺露然亦當時所尚非離羣絕俗之謂夫道家三寶其一不敢爲天下先前人者孰肯後之加人者孰能受之觀逢恃才傲物恥儕凡輩而喋喋唇齒則招人過而集衆怨也累擯遠方寸進尺退至龍鍾而猶自憤不已蓋深可惜焉亦深可懼焉有詩集十卷又別紙十三卷賦集十四卷今並行

趙嘏

嘏字承祐山陽人會昌二年鄭言榜進士大中中仕爲渭南尉一時名士大夫極稱道之嘏以官卑不得志宣宗雅知其名問宰相趙嘏詩人曾爲好官否可取其詩進覽讀其卷首題秦詩云徒知六國隨斤斧莫有羣儒定是非上不說事寢嘏嘗早秋賦詩曰殘星數點鴈橫塞長笛一聲人倚樓杜牧之呼爲趙倚樓賞歎之也又初有詩落句云早晚粗酬身事了水邊歸去一閒人仕途厄塞豈其讖歟嘏豪邁爽達交接卿相出入館閣如親屬然能以書生令遠近挈重所謂一日名動京師三日傳滿天下者有自來矣飄然仙尉追蹤梅市亦不惡耳先嘏家浙西有美姬甚愛之及北上留侍母中元遊鶴林寺浙帥窺見說之奪歸明年嘏及第自傷賦詩曰寂寞堂前日又曛陽臺去作不歸雲當時聞說沙吒利今日青娥屬使君帥聞之殊慘然遣介送姬入長安時嘏方出關途次橫水驛於馬上相遇姬因抱嘏痛哭信宿而卒遂葬於橫水之陽嘏思慕不已臨終目有所見時方四十餘今有渭南集及編年詩二卷悉取十三代史事迹自始生至百歲歲賦一首二首總得一百一十章今並行於世

薛能

能字太拙汾州人會昌六年狄慎思榜登第大中末書判入等中選補盩厔尉辟太原陝虢河陽從事李福鎮滑臺表置觀察判官歷御史都官刑部員外郎福徙帥西蜀奏以自副咸通中攝嘉州刺史造朝遷主客度支刑部郎中俄爲同州刺史京兆大尹出帥咸化入授工部尚書復節度徐州徙鎮忠武廣明元年徐軍戍溵水經許能以軍多懷舊惠營館於許城許軍懼見襲大將周岌乘衆疑怒因爲亂逐能據城自稱留後數日殺能并屠其家能治政明察嚴絶請謁耽於詩日賦一章爲課性喜凌人格律獨闢蹊徑好高論嘗以第一流自居罕所當意時劉得仁擅雅稱持詩造能能以句謝云千首如一首卷初如卷終蓋譏其無變體也輕人如此故易取怨晚節尚浮屠奉法唯謹性益傲物卒致身罹奇禍惜哉開藩時每易武吏嘗命其子屬櫜鞬拜新進士或問其故曰渠消弭災咎耳今有集十卷及繁城集一卷傳焉

李宣古

宣古字垂後澧陽人會昌三年盧肇榜進士又選宏辭科工文極俊有詩名性謔浪多所譏誚時杜悰尚主出守澧陽宣古在館下數陪宴賞諧慢既深悰不能忍忿其戲已辱之使卧於泥中衣冠顛倒長林公主素惜其才勸曰尚書獨不念諸郎學文待士如此那得平陽之譽乎遣人扶起更以新服設宴中堂使宣古賦詩曰紅鐙初上月輪高照見堂前萬朶桃觱栗調清銀字管琵琶聲亮紫檀槽能歌姹女顔如玉解飲蕭郎眼似刀爭奈夜深拋耍令舞來挼去使人勞杜公賞之敬禮如初奈數奇無印綬謇落寞自終後悰二子裔休儒休皆中第人曰非母賢待師不足成其子今諸集中往往載其作有英氣調頗清麗惜不多見弟宣遠亦以詩鳴今傳者可數也

姚鵠

鵠字居雲會昌三年禮部尚書王起下進士常出入當時名士公卿席幕雖吏才文價俱不甚超而才名流播亦自有不可没者詩一卷今傳

項斯

斯字子遷江東人也會昌四年王起下第二人進士始命潤州丹徒縣尉卒於任所闕成之際聲價藉甚特爲張水部所知賞故其詩格頗與水部相類清妙奇絶鄭少師薰贈詩云項斯逢水部誰道不關情斯性疎曠温飽非其本心初築草廬於朝陽峯前顧視

清高磅礴宇宙戴薊花冠披鶴氅衣就松陰枕白石飲清泉長哦細酌如此三十餘年晚汙一名殊屈清致其五言如病嘗山藥徧貧起草堂低又客來因月宿牀勢向山移下第云獨存過江馬強拂看花衣病僧云不言身後事猶坐病中禪又湖山萬疊翠門樹一行春又一燈愁裏夢九陌病中春七言如月明古寺客初到風度閒門僧未歸宮人入道云將敲碧落新齋磬卻進昭陽舊賜箏之類不一而足皆警句也楊敬之祭酒贈詩云幾度見君詩總好及觀標格過於詩平生不解藏人善到處逢人說項斯其名以此益彰矣集一卷今行

馬戴

戴字虞臣華州人會昌四年左僕射王起下進士與項斯趙嘏同榜俱有盛名初應辟佐大同軍幕府與賈島許棠相唱答苦家貧爲祿代耕歲廩殊薄然日事吟詠思筆清超如秋思一絶云萬木秋霖後孤山夕照餘田園無歲計寒近憶樵漁調率如此後還國子博士卒○戴詩壯麗居晚唐諸公之上優遊不迫沉著痛快兩不相傷佳作也早耽幽趣其鄉里當名山秦几一望赤日黃埃頓起淩雲之想結茅堂於玉女洗頭盆下軒窗僻靜對懸瀑三十仞往還多隱者誰謂白頭從宦倖不醫貧徒與猿鶴之誚也有詩一卷今傳

孟遲

遲字遲之平昌人會昌五年易重榜進士有詩名尤工絶句風流嫵媚皆宮商金石之聲與顧非熊同年情甚相得有詩一卷行於世

任蕃 或作翻

蕃會昌間人家江東常遊會稽苕霅間初應舉進士之京不第牓罷進謁主司曰僕本寒鄉之人不遠萬里手遮赤日步來長安求一第榮父母而不得侍郎豈不聞江東一任蕃家貧吟苦忍令其去如來日也敢從此辭彈琴自娛學道自樂耳主司慚欲留不可既歸江湖專事吟詠遊天台巾子峯題寺壁間云絶頂新秋生夜涼鶴翻松露滴衣裳前峯月照一江水僧在翠微開竹房既去百餘里欲回改作半江水行到題處已有人改矣後復有題者亡其姓名曰任蕃題後無人繼寂寞空山二百年其才名若是凡作必使人改觀易聽如洛陽道云憧憧洛陽道塵下生春草行者豈無家無人在家老雞鳴前結束爭去恐不

早百年路傍盡白日車中曉求富江海狹取貴山嶽小二端立在途奔走何由了蕃風度如此亦足想其梗概矣有詩七十七首爲一卷今所傳已非全文

顧非熊

非熊姑蘇人況之子也少俊悟一覽輒能成誦工詩譽揚遠近性滑稽好辯頗雜笑言淩轢氣焰子弟旣犯衆怒擠排者紛然在舉場角藝三十年屈聲破人耳會昌五年諫議大夫陳商放榜初上洽聞非熊詩價至是恠其不第勑有司進所試文章追榜放令及第劉得仁賀以詩曰愚爲童稚時已解念君詩及得高科早須逢聖主知投盱眙主簿不樂拜迎更厭鞭撻因棄官歸隱王司馬建送詩云江城柳色海門煙欲到茅山始下船知道君家當瀑布菖蒲潭在草堂前一時餞別吟贈俱名流後不知所終或傳其在茅山十餘年一旦遇異人相隨入深谷不復出云有詩一卷今行於世

曹鄴

鄴字鄴之桂林人累舉不第爲四怨三愁五情詩格甚高古時爲舍人韋慤所知力薦於禮部侍郎裴休大中四年張温琪榜及第看榜日上主司詩云一辭桂岩猿九泣都門月年年孟春至看花如看雪杏園宴間呈同年云歧路不在天十年行不至一旦公道開青雲在平地又云忽忽出九衢童僕顏色異故衣未及換尙有去年淚又云永持共濟心莫起胡越意佳句類此者極多而志更勁哲仕至洋州刺史有集一卷今傳

鄭嵎

嵎字賓光大中五年李郃榜進士有集一卷名津陽門詩津陽卽華清宮之外闕訪求父老爲詩百韻皆紀明皇時事也

劉駕

駕字司南大中六年禮部侍郎崔嶼下進士初與曹鄴爲友深相結俱工古風鄴旣擢第不忍先歸客長安中待駕成名迺同歸范蠡故山時國家復河湟故地有歸馬放牛之象駕獻樂府十章序曰駕生唐二十八年獲見明天子以德歸河湟臣得與天下夫婦復爲太平人恨愚且賤不得拜舞上前作詩十篇雖不足貢聲宗廟形容盛德願與耕稼陶漁者歌江湖田野間亦足自快詩奏上甚說累歷達官駕詩多比興含蓄體無定規意盡卽止爲時所宗今集一卷行

於世

方干

干字雄飛桐廬人幼有清才惟拙於營務大中中舉進士不第隱居鏡中湖北有茅齋湖西有松島每風清月明攜稚子鄰叟輕棹往返甚愜素心所居水木幽閟一草一花俱能留客家貧蓄古琴行吟醉臥以自娛徐凝初有詩名一見干器之遂相師友因授格律干有贈凝詩云把得新詩草裏論時謂反語爲村裏老疑干譏誚非也干貌陋兔缺性喜凌侮王大夫廉問浙東禮邀干至誤三拜人號爲方三拜王公嘉其操將薦於朝託吳融草表行有日矣王公以疾逝事不果成干早歲計偕往來兩京公卿好事者爭延納而志終未得遂歸無復榮辱之念浙間凡有園林名勝輒造主人留題幾遍初李頻學干爲詩頻及第詩僧清越賀云弟子已折桂先生猶灌園咸通末卒門人相與論德述跡諡曰玄英先生樂安孫郃等綴其遺詩三百七十餘篇爲十卷王贊論之曰鏝肌滌骨水瑩霞絢嘉肴自將不吮餘雋麗不葩芬苦不癯棘當其得志倏與神會詞若未至意已獨往郃亦論曰其秀也仙藥於常花其鳴也靈鼉於衆響觀其所述論不過矣○昔黔婁先生死曾參與門人來弔問曰先生終何以諡妻曰以康參曰先生存時食不充腹衣不蓋形死則手足不斂傍無酒肉生不美死不榮何樂而諡爲康哉妻曰昔先生國君用爲相辭不受是有餘貴也君饋粟三十鍾辭不納是有餘富也先生甘天下之淡味安天下之卑位不戚戚於貧賤不遑遑於富貴求仁得仁求義得義諡之以康不亦宜乎方干韋布之士生稱高尚死諡玄英其梗概大節庶幾乎黔婁者耶

李頻

頻字德新睦州壽昌人少秀悟長廬西山廣記覽於詩特工與同里方干爲師友給事中姚合時稱詩纇頻不憚千里丐其品第合見頻大加獎賞且愛其標格即以女妻之大中八年顏標榜擢進士調校書郎爲南陵主簿試判入等遷武功令頻性耿介難干以非理賑饑民戢豪右畿輔多倚賴之其行事卓卓可傳懿宗嘉之賜緋銀魚擢侍御史守法不阿遷都官員外郎表乞建州刺史至則布條教以禮治下時盜所在衡突惟建賴頻以安未幾卒官其櫬還鄉時父老相與扶柩哀悼葬永樂州爲立廟於梨山歲時致

祭沴必禱獲佑至今頻詩雖出晚年體製多與劉隨州相抗騷嚴風謹慘慘逼人有詩一卷行於世

李羣玉

羣玉字文山澧州人也清才曠逸不樂仕進專以吟詠自適詩筆遒麗文體丰姸好吹笙美翰墨如王謝子弟別有一種風流親友强之赴舉一上即止裴相公休觀察湖南厚禮延致之郡中嘗勉之曰處士被褐懷玉浮雲富貴名高而身不知神寶寧久棄荒途子其行矣大中八年以草澤臣來京詣闕上表自進詩三百篇休適入相復論薦上說之勑授弘文館校書郎李頻使君呼爲從兄歸湘中題詩二妃廟是暮宿山舍夢見二女子來曰兒娥皇女英也承君佳句徽珮將遊於汙漫願相從也俄而影滅羣玉自是鬱鬱歲餘而卒段成式爲詩哭曰曾話黃陵事今爲白日催老無男女累誰哭到泉臺今有詩三卷後集五卷行世○夫澧浦古騷人之國屈平仕遭讒謗不知所訴心煩慮亂賦爲離騷騷愁也已矣哉國無人知我兮又何懷乎故都委身魚腹魂招兮不來芳草萎地蕭艾參天奚獨一時而然也羣玉纖稟清修翺翔大化人不知而不慍祿不及而不言望漻陽之亡極挹杜蘭之緒馨款君門以披懷霑一命而潛跡風景滿目復何讓於古人故其格調清越而多登山臨水懷人送歸之作如遠客坐長夜雨聲孤寺秋清鼓東海水看取淺深愁等句已出蓋羈旅坎壈之情壯心千里不擾於方寸亦大難矣

唐才子傳卷第七

唐才子傳卷第八目錄

唐才子傳卷第八

西域　辛　良史　撰

李郢

郢字楚望大中十年崔鉶榜進士及第初居餘杭出有山水之興人有琴書之娛疏於馳競歷爲藩鎮從事後拜侍御史郢工詩理密辭閑字字珠玉清麗處極能寫景狀懷每使人竟日不能釋卷與清塞賈島最相善時塞還俗聞島尋卒郢重來錢塘音響俱絶感而賦詩曰卻到城中事事傷惠休還俗賈生亡誰人收得詞章篋獨我重經苔蘚房一命未霑爲逐客萬緣初盡別空王蕭蕭竹塢殘陽在葉覆閒階雪擁牆其他警句率類此有集一卷今傳

儲嗣宗

嗣宗大中十三年孔緯榜及第與顧非熊先生相結好大得詩名苦思夢索所謂逐句留心每字著意悠然皆塵外之想覽其所作如見其人警聯如綠毛辭世女白髮入壺翁又片水明在野萬華深見人又黄鶴有歸語白雲無忌心又蟬鳴月中樹風落客前花又池亭千里月煙水一封書又鶴語松上月花明雲裏春又一酌水邊酒數聲花下琴又宿草風悲夜荒

村月弔人哭彭先生云空階鶴戀丹霄影秋雨苔封白石牀題閒居云鳥啼碧樹閒臨水花滿青山靜掩門等句皆時流所當避舍者也有集一卷今傳

劉滄

滄字蘊靈魯國人也體貌魁梧尚氣節善飲酒談古今令人終日不倦慷慨懷古率見詩篇大中八年禮部侍郎鄭薰下進士榜後謁謝薰謂曰初謂劉君鋭志一第不足介其意别來三十載不相知聞誰謂今白髮紛紛矣調業原尉與李頻同年詩極清麗句法絶類趙嘏許渾若出一絢綜然詩一卷今傳

陳陶

陶字嵩伯鄱陽劒浦人舉進士輒見擯爲詩云中原不是無麟鳳自是皇家結網疎頗負壯懷志遠心曠遂高尚不求進取恣遊名山自稱三教布衣大中中避亂入洪州西山學神仙咽氣法雖出入無間時嚴尚書宇牧豫章慕其清操嘗備齋供俯就山中揮談終日而欲試之遣少妓蓮花往侍陶笑不答蓮花賦詩求去曰蓮花爲號玉爲顋珍重尚書送妾來處士不生巫峽夢虛勞雲雨下陽臺陶賦詩贈之云近來詩思清於水老去風情薄似雲已向升天得門戶錦衾深愧卓文君字見詩益嘉貞節陶胎息已堅轆轤通澈夜必鶴氅焚香石上鳴金步虛拜禮星斗達旦不寐茅屋中風雷洶洶不絶忽一日不見惟鼎竈杵臼依然開寶間有樵者入深谷猶見無恙後不知所終陶工賦詩無一點塵俗氣於晚唐諸家中最得平淡趣非時流所能企及者有文録十卷今傳於世

鄭巢

巢錢塘人大中間舉進士時姚合號詩宗爲杭州刺史巢獻所業日遊其門屢陪登覽燕集大加獎重視如門生然性疎野喜游覽兩浙名山古寺探幽尋勝徧歷無遺所交多名僧相與往還酬酢無虛日其爲詩格摹先哲伏膺無斁句意清新竟不仕而終詩傳

于武陵

武陵名鄴以字名杜曲人也大中時嘗舉進士不得志攜書琴往來商洛巴蜀間或隱於賣卜中存獨醒之意時嘗嘿嘿語不及榮貴少與時輩交遊嘗南來至瀟湘愛河洲芳草是古騷人舊國風景不殊欲卜居未果歸老嵩陽别墅詩多五言興趣飄逸皆感發性情之作每終篇一意策名當時集一卷今傳

來鵬

鵬豫章人家徐孺子亭邊得園林樂趣師韓栩爲文大中咸通間才名籍甚工詩蓄銳既久自傷年長家貧不達未免怨怨因多寓意譏訕當路雖賞清麗總形觸忤遂爲世忌如金錢花云青帝若教花裏用牡丹應是得錢人夏雲云無限旱苗枯欲盡悠悠閒處作奇峯偶題云可惜青天好雷電只能驚起懶蛟龍坐是凡十上不得第韋宙尙書獨賞其才延待幕中擧以遊蜀又欲納爲壻不果是年力薦於主司鵬獻詩有云一夜綠荷風剪破嫌他秋雨不成珠宙以爲不祥果失志時遭廣明庚子之亂鵬避地遊荊襄艱

難險阻南返中和客死於維揚逆旅主人賢收葬之有詩一卷今傳於世

温庭筠

庭筠字飛卿舊名岐并州人宰相彥博之孫也少天資敏悟能走筆成萬言善鼓琴吹笛曰有絃即彈有孔即吹何必爨桐與柯亭也豔詞婉曲與李商隱齊名時號温李才思綺麗尤工律賦每試押官韻燭下未嘗起草但籠袖凭几一韻一吟而已場中稱爲温八吟能八叉手成八韻又稱温八叉每爲鄰舍捉刀然薄行無檢與貴胄裴諴令狐縞等飲博夜遊嘗醉詬狹邪途遇邏卒被辱折齒訴不得理舉進士數上又不第出入令狐相國書館中待遇甚優時宣宗喜歌菩薩蠻綯假其新詞進之戒令勿泄而遽言於人綯又嘗問玉條脫事對以出南華經且曰非僻書相公燮理之暇亦宜覽古又有詩曰中書省內坐將軍譏綯無學由是漸疎之乃自傷云因知此恨人多積悔讀南華第二篇徐商鎮襄陽辟巡官不得志遊江東大中末山北沈侍郎主文特召庭筠試於簾下恐其潛爲人代庖薄莫先請出仍獻啓千餘言且已占授八人矣執政因鄙其所爲留長安中待除宣宗微

行遇於傳舍庭筠不識傲然詰之曰公非司馬長史流乎又曰得非六參簿尉之類帝曰非也卒不得遠役謫方城尉中書舍人裴坦當制忸怩含毫久之始曰孔門以德行居先文章爲末爾既早隨計吏宿負雄名徒誇不羈之才罕有適時之用放騷人於湘浦移賈誼於長沙尙有前席之期未爽抽毫之思庭筠之官文士詩人爭賦詩祖餞進士紀唐夫最擅場曰鳳凰詔下雖霑命鸚鵡才高卻累身唐夫固素有詞名者庭筠仕終國子助教竟流落而死今有漢南眞稿十卷握蘭集三卷金筌集十卷詩集五卷學海三

十卷採茶錄一卷及著乾䐑子一卷序云不爵不觥非炰非炙能說諸心庶乎乾䐑之義等並傳於世

魚玄機

玄機長安人女道士也性聰慧好讀書尤工韻語情致繁縟咸通中及笄爲李億補闕侍寵夫人妬不能容億遣隷咸宜觀披戴有怨李詩云易求無價寶難得有情郎與李郢端公同巷衡茅相望詩筒往反復與温庭筠交遊有相寄篇什嘗登崇眞觀南樓覩新進士題名賦詩曰雲峯滿目放春情歷歷銀鉤指下生自恨羅衣掩詩句舉頭空羨榜中名觀其志意激切使作男子必爲有用之才識者頗賞憐之時京師諸宫宦女郎皆清俊秀美簪星曳月各以吟詠遣懷惟玄機傑出多見酬酢云有詩集一卷今傳

邵謁

謁韶州翁源縣人少爲縣廳吏客至倉卒令怒其不揩牀迎待逐去遂截髻着縣門上發憤讀書書堂距縣十餘里絶迹市廛謁平居如里中兒未冠者髮鬅鬙野服苦吟工古調咸通七年抵京師隷國子時温庭筠主試憫擢寒素乃榜謁詩三十餘篇以振公道曰進士邵謁識畧精微堪裨教化聲詞激切曲備風謡標題命篇時所難及燈燭之下雄辭卓然允宜榜示衆人不敢獨私華藻仍請申堂并榜禮部已而釋褐赴官後不知所終它日縣民祠神者持牘舞鈴忽自稱邵先輩降鄉里父老皆至作禮問曰今先生降臨能見賜佳章乎巫即書一絶云青山山下少年郎失意當時別故鄉惆悵不堪回首望隔溪遥見舊書堂詞意凄婉音韻蒼凉鄉老中曉聲韻者至爲感泣咨嗟今有詩一卷傳於世

于濆

濆字子漪咸通二年裴延翰榜進士患當時作詩者拘束聲律而入輕浮故作古風三十篇以矯弊俗自號逸詩今一卷傳於世○觀唐詩至此弊亦極矣獨奈何國運將弛士氣日喪文章隨世運轉移嘲雲戲月刻翠粘紅不見補於采風無少禆於化育徒務巧於一聯或伐善於隻字說心快口何異秋蟬亂鳴也于濆邵謁劉駕曹鄴等能反棹下流發聾振聵置祿秩於度外患大雅之凌遲使耳厭鄭衛而忽洗雲和心醉醋醲而乍爽明淣所謂清清泠泠愈病析醒入空谷者聞人足音不亦快哉晉處士戴顒春日攜斗酒往樹下聽鸝簧曰此俗耳鍼砭詩腸鼓吹者豈徒

然哉今於數子亦云

李昌符

昌符字若夢咸通四年禮部侍郎蕭倣下進士工詩在長安與鄭谷酬贈仕終膳部員外郎嘗作奴婢詩五十首有云不論秋菊與春花了了能噇空肚茶無事莫教頻入庫每般間物要些些等句後爲御史劾奏以爲輕薄遂疑其所爲文多妨政務虧嚴重之德開誹謗之風謫去竟繫終身有詩集一卷行于世

翁綬

綬咸通六年中書舍人李蔚下進士工詩多近體變

古樂府者音韻嘹喨風骨遒勁晚唐之移習也惜遭偃蹇名不甚顯固知閭巷之人欲砥行立名者非附青雲之士惡能施於後世哉有詩今傳

汪遵

遵宣州涇縣人幼爲小吏晝夜讀書良自克苦人莫知者咸通七年韓衮榜進士初與鄉人許棠友善工爲絶詩而深自晦密以家貧無書必借於人徹夜強記棠實不知一旦辭役就貢棠時先在京師偶送客至灞滻間忽遇遵於途行李蕭然棠訊之曰汪都何事來遵曰來就貢棠怒曰小吏不忖而欲與棠同研席乎甚侮慢之後遵成名五年棠始及第洛中有李德裕之平泉莊佳景殊勝李未幾坐事貶朱崖遵過題詩曰平泉風景好高眠水色嵐光滿目前剛欲平戈不平事至今惆悵滿南邊又過楊相宅詩云倚伏從來事不遙無何平地起青霄青霄纔到却平地門對古槐空寂寥俱爲時人稱賞其餘警策類是有集今傳○汪遵涇之小吏耳拔身卑污馳譽文苑家貧借書以夜繼日古人鑿壁偷光殆不過此昔是泥中之石今爲席上之珍丈夫自修不當如是耶與夫朱門富家積書萬卷束諸高閣塵暗籤軸蠹落帙帷網

好學之名欺盲聾之俗負百城之擁無一展之期彰曰金玉有餘買鎮宅書嗚呼哀哉

沈光

光吳興人咸通七年禮部侍郎趙騭下進士工文章古詩標格翹楚大得美稱嘗作洞庭樂賦韋岫見之曰此乃一片宮商也又如太白酒樓記等文皆儀表於世有詩集及雲夢子五卷並傳光風鑑澄爽神情俊逸後仕終侍御史云

趙牧

牧不知何處人大中咸通中累舉進士不第有俊才

負奇節遂捨場屋放浪人間効李長吉爲歌詩頗涉狂怪聳動當時甕金結繡而無點染痕迹其餘巧妙之詞甚多同時有劉光遠亦慕長吉凡擬其體均能獨抒意緒後皆不知所終俱有詩傳世

羅鄴

鄴餘杭人也父爲鹽鐵吏家貲鉅萬子二人俱以文學干進鄴尤長律詩時同宗有隱與虬者俱以聲律著稱遂齊名號三羅隱雄麗而坦率鄴清致而聯綿虬則區區而已咸通中數下第鄴有詩云故鄉依舊空歸去帝里如同不到來崔安潛侍郎廉問江西鄴適飄蓬湘浦崔素賞其作志在弓旌而爲幕吏所沮既而俯就督郵不得志踉蹌北征赴職單于牙帳去家愈遠萬里沙漠滿目誰親志未伸於邑而卒惜哉

○鄴素有英資筆端超絕其氣宇亦不在諸名公下初無箕裘之訓頓振門風嶇與音韻馳譽當時非易事也而跋前疐後絕域無聊獨奈其命薄何孔子曰才難信然有詩集一卷今傳

胡曾

曾長沙人也咸通中進士初屢下第有詩云翰苑幾時休嫁女文章早晚能生兒上林新桂年年發不許閒人折一枝曾天分高爽意度不凡薄視人間富與貴悠悠遨歷四方馬蹟窮歲月所在必公卿館轂上交不諂下交不瀆奇士也嘗爲漢南節度從事作詠史詩皆題古君臣爭戰廢興塵跡徧覽形勝關山亭障江海深阻一一可賞人事雖非風景猶昨每感輒賦俱能使人振奮至今庸夫孺子亦知傳誦後有擬効者不逮矣至於近體律絕等哀怨淒楚曲盡幽情擢居翰苑不過也惜其才茂而身未顯脫痛哉今詠史詩一卷有咸通中人陳蓋註及安定集十卷行世

李山甫

山甫咸通中累舉進士不第落魄有不羈才鬚髯如戟能爲青白眼生憎俗子尙豪俠雖簞食豆羹晏如也爲詩多託諷不得志輒狂歌痛飲拔劍斫地少攄鬱鬱之氣後流寓河朔間依樂彥禎爲魏博從事不洽衆情以陵傲之故卒無所遇嘗作老將詩曰校獵燕山經幾春雕弓白羽不離身年來馬上渾無力望見飛鴻指似人自傷其蹇薄無成也時人憐之後不知所終山甫詩文激切耿耿有豪氣多感時懷古之作今詩集一卷賦二卷並傳

曹唐

唐字堯賓桂州人初為道士工文賦詩大中間舉進士咸通中為諸府從事唐與羅隱同時才名並擅唐始起清流志趣澹然有淩雲之骨追慕古仙子高情往往有奇遇之事才思不減古人遂作大遊仙詩五十篇又小遊仙詩等紀其悲歡離合之致大播于時嘗會隱各論近作隱曰聞兄遊仙之製甚佳但中聯云洞裏有天春寂寂人間無路月茫茫乃是鬼耳唐笑曰足下牡丹詩若教解語應傾國任是無情也動人此何若也於是座客大笑唐平生壯志激昂至是薄宦頗自鬱悒作病馬詩以自況警聯如尾盤夜雨

紅絲脆頭捽秋風白練低又云風吹病骨無驕氣土蝕驄花見卧痕又云飲驚白露泉花冷喫怕清秋豆葉寒皆膾炙人口忽一日晝夢仙女鸞服花冠衣如煙霧倚樹吟唐所詠天台劉阮詩欲相招而去唐驚覺頗怪之明日暴病卒亦感憶之所致也有詩集二卷今傳于世○人云有德者或無文有文者或無德文德兼備古今所難輿論謂文人相輕從古而然各以所長相輕所短矛楯之極則是非鋒起奮始於毫末禍大於邱山前後類此多矣夫以口舌常談無益無損每至喪清德負良友承輕薄子之名乏藏疾匿瑕之量如此則德業未見其宏者矣故君子所慎也

皮日休

日休字襲美一字逸少襄陽人隱居鹿門山性癖嗜詩酒號醉吟先生又自稱醉士且傲誕又號間氣布衣言已為天地之間氣也以文章自負尤善箴銘咸通八年禮部侍郎鄭愚下及第為著作郎遷太常博士時值末年虎兕出柙百姓手足無措上下所行皆悖亂之事遂作鹿門隱書六十篇多譏切謬政有云毀人者自毀之譽人者自譽之又曰不思而立言不知而定交吾其憚也又曰古之殺人也怒今之殺人

也笑又曰古之置吏也將以逐盜今之置吏也將以為盜等皆有所指云爾日休性沖泊無營臨難不懼乾符喪亂東出關為毘陵副使陷巢賊中巢惜其才授以翰林學士日休惶恐踾踧欲死未能劫令作讖文以惑眾曰欲知聖人姓田八二十一欲知聖人名果頭三屈律賊疑其懷恨譏已遂殺之臨刑神色自若人無知不知皆痛惋也日休在鄉里與陸龜蒙交擬金蘭日相贈和自集所為文十卷名文藪及詩集一卷滑臺集七卷又著皮氏鹿門家鈔九十卷並傳○夫次韻唱酬其法不古元和以前未之見也曁令

狐楚薛能元稹白樂天集中稍稍開端彼此相和之什間作間輟逮日休龜蒙則飇流頓盛猶空谷有聲隨響即答韓渥吳融以後守之愈篤汗漫而無禁矣於是天下翕然順下風而趨至數十反而不已莫知非焉夫才情斂之在方寸散之彌八紘遺意於一時寄興於四表或上下出入縱橫流散游刃所及孰非我有本無拘縛羈縻之忌也今則限以聲韻循其次第得佳韻則沓不相干齟齬難入有妙義則韻不能強棄置不顧必至窘束長才拘守成法求無瑕片玉千不獲一詩家之大弊也更以取巧稱工誇多鬬靡遂見其少雍容之度然前修有恨其迷途既遠無法以救之者矣

陸龜蒙

龜蒙字魯望姑蘇人幼而聰悟有高致明春秋善屬文尤好談笑詩法江謝名振全吳家藏書萬卷并無聲色之娛舉進士不得志嘗從張搏遊歷湖蘇二州將辟以自佐又嘗至饒州三日無所詣刺史率官屬就見龜蒙不樂拂衣去居松江甫里多所撰論有田數百畝屋三十楹田低遭雨澇則與江通故常患飢常自畚鍤茠刺無休時或譏其勞曰堯舜黴瘠禹胼胝彼聖人也吾一褐衣敢不勤乎性嗜茶嘗置小園顧渚山下歲入茶租薄爲甌蟻之費著書一編繼茶經茶訣於後又判品章又新水說爲七種好事者雖慧山虎邱松江不遠百里爲致之又不喜與流俗交雖造門亦罕納不乘馬每寒暑得中體無事時放扁舟挂蓬席齎束書茶竈筆牀釣具鼓櫂鳴榔太湖三萬六千頃水天一色直入空明或往來別浦所詣少不會意徑往不留自稱江湖散人又號天隨子甫里先生漢涪翁漁父江上丈人嘗謂設有以高士徵亦不至苦吟極清麗與皮日休爲耐久交中和初遘疾卒吳融誄文曰霏漠漠淡涓涓春融冶秋鮮妍觸即碎潭下月拭不滅玉上煙今有笠澤叢書三卷詩編十卷賦六卷並傳

司空圖

圖字表聖河中人也父輿大中時爲商州刺史圖咸通十年歸仁紹榜進士主司王凝初典絳州圖時方應舉自別墅到郡以請謁闍吏遽申司空秀才出郭門後入郭訪親知即不造郡齋公謂其尊敬愈重之及知貢擧圖第四人同年鄙薄者謗曰此司空圖得一名也公聞之因宴金榜宣言曰凝明忝文柄今年

榜帖專爲司空先輩一人而已由是名益振未幾疑爲宣歙觀察使辟置幕府召拜殿中侍御史不忍去疑府臺劾左遷主簿盧相攜還朝過陝號訪圖深愛重留詩曰氏族司空貴官班御史雄老夫如且在未可歎途窮就屬於觀察使盧渥曰司空御史高士也渥遂表爲僚佐攜執政名拜禮部員外郎尋遷郎中丁黃巢亂間關至河中僖宗次鳳翔知制誥中書舍人景福中拜諫議大夫不赴昭宗在華州召爲兵部侍郎以足疾自乞退歸圖家本中條山王官谷有先人田廬遂隱不出作亭榭素室悉畫唐興節士文人像嘗曰某官情蕭索任事無能量才一宜休揣分二宜休耄而聵三宜休遂名其亭曰三休作文以伸志自號知非子耐辱居士深自韜晦欲免當時之禍初以風雨夜得古寶劍慘淡精靈嘗佩出入性喜吟舉筆縱與幾千萬言摩盪於繩檢之外豫置冢棺遇勝日引客坐壙中賦詩酌酒縱醉高歌客有難者曰君何不廣耶生死一致吾寧暫遊此中哉每值祠禱與閭里父老鼓舞相樂時寇盜充斥所過蕩紛獨不入谷中知圖賢如古王蠋也士民依以避難後聞哀帝遇弑不食扼腕嘔血數升而卒年七十有二先撰自祭文於濯纓亭一鳴窗今有一鳴集三十卷行於世

僧虛中

虛中袁州人少脫俗入禪學然讀書吟詩不輟居玉笥山二十寒暑後來遊瀟湘與齊已顧栖蟾爲詩友住湘西宗成寺長沙馬侍中希振敬愛之餘其來延納於書閣中虛中好炙柴火燒豆煑茶煙塵熏暗房櫳去必復飾初不介意嘗題閣中曰嘉魚在深處幽鳥立多時益見賞重時司空圖懸車告老閉門家居天下欽仰虛中欲造見論交未果因歸華山後寄詩曰門徑放莎垂往來投刺稀有時開御札特地掛朝衣嶽信僧傳去天香鶴帶歸他時周召化無復更衰微圖得詩大喜寄懷云十年華嶽山前住只得虛中一首詩其見重如此今有碧雲集一卷傳于世顧栖蟾者亦洞庭人以聲律聞今不見其作也

周繇

繇江南人咸通十三年鄭昌圖榜進士調福昌縣尉家貧不事生計惟好吟哦俯有思仰有詠深造閫域時號爲詩禪警聯如送人尉黔中云公庭飛白馬官俸請丹砂望海云島間應有國波外恐無天甘露寺云殿鎖南朝像龕禪外國僧又山從平地有水到蓮

天無叉白雲連晉閣碧樹盡蕪城江州上薛能尚書云樹翳樓臺月帆飛鼓角風叉郡齋多獄客鄉戸半漁翁等句讀之使人竦聽誠好手也落拓杯酒無榮辱之心所交遊悉一時名公集今傳世䜿同年有張演者亦工詩間見一二篇亦佳作也○嘗謂禪家者流論有大小乘有邪正法家能具正法眼方爲第一義出入無閒若鶩聲聞昧淨因已非正矣況又墮野狐外道鬼窟中乎詩道亦然宗派或殊風義必合品則有神妙體則有古今才則有聖凡時則有取舍自魏晉以降逮至盛唐大曆元和以下逮晚唐考其時變辨其格律其邪正了然在目不能隱也經云過而不改是謂過矣法門洞開慧燈朗照清淨之境惟天所賦觀于時以詩禪許周繇爲不入於邪魔能致思於超妙固知其衣冠於祼人之國昔謂學詩如學仙此之謂歟

唐才子傳卷第八

唐才子傳卷第九目錄

唐才子傳卷第九

西域 辛 文房 撰

崔道融

道融荆人也自號東甌散人與司空圖爲詩友出爲永嘉宰工絶句語意妙甚如銅雀妓云歌咽新翻曲香銷舊賜衣陵園風雨暗不見六龍歸春閨云寒食月明雨落花香滿泥佳人持錦字無鴈寄征西寄人云澹澹長江水悠悠遠客情落花相與恨到地一無聲寒食夜云滿地梨華白風吹碎月明大家寒食夜獨貯遠鄉情等句甚多雖在晚唐而尚是初盛風格使古人復生亦不多讓可謂出乎其類拔乎其萃者矣人悉推服其風情雅度獨恨出處未能梗槩之也有中唐集十卷自序云乾符乙卯夏寓永嘉山齋取拾草稿得五百餘篇今傳于世

聶夷中

夷中字坦之河南人也咸通十二年禮部侍郎高湜下進士與許棠公乘億同袍時兵革多務不暇銓注夷中滯長安久卑裘已敝黃糧如珠至得調華陰縣尉之官惟琴書而已性益恭儉蓋奮身草澤備嘗辛楚知稼穡之艱難故其爲政多傷俗憫時之舉但時値險阻退進惟谷才足而命屯有志莫遂工詩寓諷刺深含蓄古樂府尤得體諧警省之辭裨補政治樂而不淫哀而不傷正國風之遺也其詩一卷今傳

許棠

棠字文化宣州涇人也苦於詩文性僻少合久困名場時馬戴佐大同軍幕爲詞宗棠往謁之一見如舊交留連累月但從事詩酒而已未嘗問所欲一旦大會賓客命使以棠家書授之棠驚愕不喩其來啟緘始知戴潜遣一介恤其家矣古人温良泛愛振窮周急謙退不伐有若此之周至者咸通十二年李筠榜進士及第年已知命嘗曰自得一第稍覺筋骨輕健愈於少年則知一名乃孤進之還丹也調涇縣尉之官鄭谷送詩曰白頭新作尉縣在故山中高第能卑宦前賢尚此風後復潦倒辭榮而歸初作洞庭詩膾炙人口時號許洞庭云今集一卷傳世

公乘億

億字壽山咸通十二年進士工賦擅名時場屋取進者法之多命中焉有賦集十二卷詩集一卷今傳

章碣

碣錢塘人孝標之子也累試不第咸通末以篇什擅

名乾符中侍郎高湘自長沙擺邵安石來京及第碣恨湘不知已賦東都望幸詩曰懶修珠翠上高臺眉月連娟恨不開縱使東巡也無益君王自領美人來後竟流落不知所終碣有異才嘗草創詩律於八句中足字平側各從本韻如東南路盡吳江畔正是窮愁薄暮天鷗鷺不嫌斜雨岸波濤欺得逆風船偶逢島寺停帆看深羨漁翁下釣眠今古若論英達算鴟夷高興固無邊自稱變體當時趨風者亦紛紛而起也今有詩一卷傳于世

唐彥謙

彥謙字茂業并州人也咸通末舉進士及第中和五年重榮表爲河中從事歷節度副使晉絳二州刺史重榮遇害彥謙貶漢中掾興元節度使楊守亮留署判官尋遷副使爲閬州刺史卒彥謙才高負氣毫髮逆意即不能禁博學足藝猶長於詩亦其追古心雄發言不苟極能運典如自己出初師温庭筠態度逼似惜多纖麗之詞後變宿雅尊崇工部唐人效甫者惟彥謙一人而已自號鹿門先生有詩集傳于世薛廷珪爲之序

林嵩

嵩字降臣長樂人也乾符二年禮部侍郎崔沆下進士官至秘書省正字工詩善賦才譽與公乘億相頡頏功名之士翕然慕之有詩一卷賦一卷傳于世

高蟾

蟾河朔間人乾符三年孔緘榜及第與鄭谷友相酬贈稱高先輩初累舉不第題省牆間曰冰柱數條搘白日天門幾扇鏁明時陽春發處無根蒂憑仗東風次第吹怨而不怒然是年輿論未滿又下第上馬侍郎云天上碧桃和露種日邊紅杏倚雲栽芙蓉生在秋江上莫向春風怨未開情見乎詞矣馬憐之又有顏色如花命如花之句自況時運蹇窒馬因力薦明年李昭知貢遂登第官至御史中丞蟾本寒士遑遑於一名十年始就性倜儻離羣尚氣節人無故與千金即身死亦不受其胸次磊落惟詩酒能消耳詩體則氣勢雄偉態度諧遠如狂風猛雨之來物物竦動深造理窟亦一奇逢掖也詩集一卷今傳

高駢

駢字千里幽州人也崇文之孫少嫻鞍馬弓刀善射有膂力更蓄銳爲文學與諸儒交硜硜談治道初事朱叔明爲府司馬遷侍御史一日校獵圍合有雙鵰

並飛駢曰我從大富貴當貫之遂一發聯翩而墜衆大驚號落鵰御史駢爲西川節度築成都城四十里朝廷疑之會宴開詠風箏云依稀似曲纔堪聽又被風吹別調中明日詔下移鎮諸宮亦其讖也仕至平章事封渤海郡王初駢以戰討之勲累拜節度身膺顯爵口沾重祿國家倚之時巢賊勢甚兩京淪陷天駕蒙塵遂謀勤王之舉惑於羣小欲圖徼幸帝知之以王鐸代爲都統加侍中駢失兵柄攘袂大詬一旦離勢威望頓盡乃弃人間事絶女色屬意神仙都陽商儈呂用之能以妖術役鬼神及狂人諸葛殷張守一等相引而進亦爲杳渺長生飛化之説羽衣鶴氅詭辯風生覩事之若神造迎仙樓高八十尺日同方士登睡謂鸞笙在雲表而下用之等叱咤風雷或望空揖拜言覩仙駕駢輒信之用之曰玉皇欲補公眞官吾謫限亦滿當幡幢節同歸上清耳其怪誕不可勝紀後以用之守一殷等爲將分掌兵符皆稱將軍開府置官禮制與駢埒卒至誤用逆謀磔屍道途死且不悟裏駢以破璮與子弟七八一坎而瘞名書於唐史叛臣傳吁差以毫釐謬以千里可不懼哉有詩一卷今傳大順中謝蟠隱爲之序

牛嶠

嶠字延峯隴西人宰相僧孺之後博學有文以歌詩著名乾符五年孫偓榜第四人進士歷仕拾遺補闕尙書郞王建鎮西川辟爲判官及僞蜀開國拜給事中卒有集本三十卷自序云竊慕李長吉所爲歌詩輒傚之今傳於世

錢珝

珝吳興人起之孫也乾寧六年鄭藹榜及第昭宗時仕爲中書舍人工詩有集傳于世

趙光遠

光遠丞相隱之猶子也幼而聰悟咸通乾符間氣焰方甚而善爲詩溫庭筠李商隱輩與交之惜其恃才放浪不拘小節金鞍駿馬恣遊狹邪著北里志頗述青樓紅粉之事及有詩集傳于世○光遠等千金之子厭飫膏粱仰蔭承榮駸若談笑驕侈不期而至矣況年少多才京邑繁盛耳目所濫素少閑邪之輩者哉故其辭多裙裾妖豔之態與孫棨崔珏同時恣心狂狎相爲唱和頗陷輕薄無莊雅之風惟盧弼氣象稍嚴不遷狐惑如邊庭四時怨等作賞音大播信不偶然區區貴介固何足稱特其才亦不可沒耳

周朴

朴字見素長樂人嵩山隱君也工爲詩抒制不苟每有所得必極雕琢時詩家稱爲月鍛年錬未及成篇然已聲播人口取重當時貫休尤與友善深爲憐才而朴本無奮名競利之心特以道尊德貴美價益超耳乾符中爲巢賊所得以不屈遇害遠近聞之莫不流涕林嵩得其詩百餘篇爲二卷僧栖浩序首今傳于世○周朴山林之癯縞衣糲食以爲黔婁原憲不殄天物庶足保身而長年矣今則血染縕袍魂散茅宇盜跖不仁竟嚼虎口天道福善禍淫果何如哉古稱飾變詐爲姦軌者自足乎一世之間守道循理者不免於飢寒之患殺戮無辜亂世之道每讀至此未嘗不廢書撫髀而欷歔也

羅隱

隱字昭諫錢塘人也少英敏善屬文詩筆尤俊拔能養浩然之氣乾符初舉進士不第廣明中遇亂歸鄉里時錢尚父鎮東南節鉞崇重隱欲依焉進謁投素作卷首過夏口云一箇禰衡容不得思量黃祖謾英雄鏐得之大喜遂以書辟曰仲宣遠託劉荊州蓋因亂世夫子樂爲魯司寇祇爲故鄉隱曰是不可去哉遂爲掌書記性簡傲高談闊論滿座風生好譏諷感遇輒發鏐愛其才前後賜予無數陪從不頃刻相背表遷節度判官鹽鐵發運使未幾奏授著作郎鏐初授鎮命沈崧草表謝盛言浙西富庶隱曰今浙西焚蕩之餘朝臣方切賄賂表奏將鷹犬我矣鏐請隱更之有云天寒而麋鹿曾遊日暮而牛羊不下又爲賀昭宗改名表云左則姬昌之半字右爲虞舜之全文作者稱賞轉司勳郎中自號江東生魏博節度羅紹威慕其名推宗人之分拜爲叔父時亦老矣嘗表薦之隱恃才傲睨衆頗憎忌自以當得大用而匾匾一第傳食諸侯因人成事深怨唐室凡作詩文類多譏刺雖荒祠木偶莫能免者且性介僻不喜與軍旅酬酢故身世間卒落落寡合也初赴舉過鍾陵識營妓雲英有才思經一紀復過之英曰羅秀才尚未脫白耶隱贈詩云鍾陵醉別十餘春重見雲英掌上身我未成名君未嫁可能俱是不如人與顧雲同謁高駢駢不禮駢後爲畢將軍所殺隱有延和閣之譏又以詩投相國鄭畋畋有女殊麗喜詞詠讀隱作至張華謾出如舟語不及劉侯一紙書由是切慕之精爽飛越莫知所從隱忽來謁女從簾後窺見迂寢之狀不

復念奚隱精洑書喜工筆蓑鳳謂曰筆文章餌也今助子取高價郎以鴉頭箋百幅爲贈士大夫踵門問價一致千金率多借重如此所著讒書讒本淮海寓言湘南應用集甲乙集外集啟事等並行于世○易戒毋以小善爲無益而弗爲小惡爲無傷而弗去也羅隱以褊急性動必嘲訕卒成謗作頌刻相傳以其事業非不五鼎也學術非不經史也夫何齊東野人猥巷小子語及譏誚必以隱爲稱首凋喪靖才揄揚穢德白日能蔽於浮翳矣玉曾玷於青蠅雖亦未必盡然然究非慎微之道阮嗣宗臧否不挂口欲免其身耳他如滑稽玩世東方朔之流又不相類也

羅虬

虬詞藻富贍與族人隱鄴齊名咸通間稱三羅而氣宇不逮廣明庚子亂後去從鄜州李孝恭爲從事虬狂宕不撿束時淮陰籍中有妓杜紅兒善歌舞姿色豔絕嘗爲副戎屬意會副戎聘鄰道虬久慕紅兒至是召之歌贈以繒綵孝恭以爲副戎所眝從事則非禮勿令受贶虬不稱意怒拂衣起詰旦乃手刃之孝恭以虬徼已坐之頃會赦虬追其冤於是取古之美女有姿豔才德者作絕句一百首以比紅兒當時盛傳體縱凡庸詞尙可采序曰紅兒美貌年少機智慧悟不與羣妓等余知紅者擇古灼然美色優劣於章句見之卒章云華落塵中玉墮泥香魂應上窅娘堤欲知此恨無窮處長倩城烏夜夜啼情極哀切初以白刃相加今日余知紅者虬實一狂夫也大失律身之道矣姑錄以供麈談此外不見有他作

崔魯 魯或作櫓

魯廣明間舉進士才麗而蕩工爲雜文詩慕杜紫微風範警句絕多如梅花云大半瘦因前夜雪數枝愁向晚來天又初開已入雕梁畫未落先愁玉笛吹蓮花云何人解把無塵袖盛取清香盡日憐山鵲云一番春雨吹巢冷半朵山華咽蕊香又別題云雲生柱礎降龍地露洗林巒放鶴天等皆綺製精深膾炙人口素嗜酒無量嘗醉辱邸中陸肱且日慚甚爲詩謝曰醉時顛蹶醒時羞麴糵催人不自由叵耐一雙窮相眼不堪花卉在前頭陸亦諒之悠悠亂世竟無所成魯詩善於寫景詠物讀之如嚥冰雪心爽神怡能遠凡俗氣象清老格調且高其中別有一種風情洵晚唐時佳作也詩三百餘篇名無機集今傳

秦韜玉

韜玉字中明京兆人父爲左軍將軍韜玉少擅詞藻工歌吟圓和瀏亮慕栢耆爲人然急於干進得遇大閹田令孜捷徑未期年官至丞郎判鹽鐵保安軍節度判官僖宗幸蜀嘗從駕爲中和二年禮部侍郎歸仁紹放榜特勑賜進士及第令於二十四人內編入春榜令孜引擢工部侍郎韜玉每一詩出人必傳誦貴公子行云堦前莎毯綠未捲銀龜噴香挽不斷亂華織錦柳撚線粧點池臺畫屏展主人功業傳國初六親聯絡馳朝車鬬雞走狗家世事抱來皆佩黃金魚御笑書生把書卷學得顏回忍飢面又瀟水出道

州九嶷山中湘水出桂林海陽山中經靈渠至零陵與瀟水合謂之瀟湘爲永州之二水也清泚一色高秋八九月才丈餘淺碧見底過衡陽抵長沙入洞庭韜玉賦詩云女媧羅裙長百尺搭在湘江作山色又云嵐光楚岫和空碧秋染湘江到底清由是大知名推爲絕唱今有投知小錄三卷行于世

鄭谷

谷字守愚袁州宜春人父史開成中爲永州刺史谷幼穎悟絕倫七歲能詩司空侍郎圖與史同院見而奇之問曰予詩有病否曰大夫曲江晚望云村南斜日開迴首一對鴛鴦落渡頭此意深矣圖撫谷背曰當爲一代風騷主也光啓三年右丞柳玭下成進士授京兆鄠縣尉遷右拾遺補闕乾寧四年爲都官郎中詩家稱鄭都官又嘗賦鷓鴣警絕復稱以鄭鷓鴣未幾告歸退隱仰山書堂卒於北巖別墅谷詩清婉明暢不俚而切爲薛能李頻所賞與許棠任濤張蠙李栖遠張喬喻坦之周繇溫憲李昌符唱答往還號芳林十哲谷多結契山僧曰蜀茶似僧雖非皆美然不能捨齊己攜詩卷來袁謁谷早梅云前村深雪裏昨夜數枝開谷曰數枝非早也未若一枝佳已不覺

投拜曰我一字師也嘗從僖宗登三峯朝謁之暇寓于雲臺道舍編所作爲雲臺編三卷歸編宜陽集三卷及撰國風正訣一卷分六門摭詩聯註以寓古今君臣賢否國家治亂之意今並傳焉

齊己

齊己長沙人姓胡氏早失怙恃七歲穎悟爲大潙山寺司牧往往抒思取竹枝畫牛背爲小詩耆夙異之遂共推挽入戒風度日改聲價益隆遊江海名山登岳陽望洞庭時秋高水落君山如黛襟帶湘川已欲留吟而杳不可得徘徊久之來長安數載遍覽終南

條華之勝歸過豫章時陳陶近仙去已留題有云夜過修竹寺醉打老僧門至宜春投詩鄭都官云自封修藥院別下著僧牀谷曰善則善矣一字未安經數日來曰別掃如何谷嘉賞結爲詩友曹松方干皆已良契性放逸不滯土木形骸頗任琴樽之好嘗撰玄機分別要覽一卷摭古人詩聯以類分次仍别風賦比興雅頌又撰詩格一卷又與鄭谷黄損等共定用韻爲葫蘆轆轤進退等格并其詩白蓮集十卷並傳

崔塗

塗字禮山光啟四年鄭貽矩榜進士及第工詩深造理窟端能竦動人意寫景狀懷往往宣陶肺腑第窮年羈旅壯歲上巴蜀老大遊隴山家寄江南每多離怨之作警策如流年川暗度往事月空明又病知新事少老别故交難巫娥云江山非舊主雲雨是前身孤鴈云渚雲低暗度關月冷相隨山寺云夕陽高鳥過疎雨一鐘殘又谷樹雲埋老僧窗瀑照寒鸚鵡洲云曹瞞尚不能容物黄祖何因解愛才春夕云胡蝶夢中家萬里杜鵑枝上月三更隴上云三聲戍角邊城暮萬里歸心塞草春過峽云五千里外三年客十二峯前一望秋等聯意味俱遠盛名非虛一時作者咸推重焉有詩一卷今傳

喻坦之

坦之睦州人咸通中舉進士不第久寓長安囊金告罄乃憶漁樵還居舊山與李建州頻爲友頻以詩送歸云從容心自切飲水勝銜杯其在山中往相隨鬭下來修身空有道取事各無媒不信昇平代終遺草澤才又彼此無依倚東西又别離蓋困於窮蹇情見于辭矣同時嚴維徐凝章八元枌榆相望前後唱和之作頗多詩集今傳

任濤

濤筠州人也章句之名早擅乾符中數應舉每敗垂成李常侍騭廉察江西素聞濤名取其詩覽之見露摶沙鶴起人卧釣船流大加賞歎曰任濤奇才也何故不成名會當薦之特與放鄉里雜役仍令本貫優禮時盲俗互有論列騭判曰江西境内凡爲詩得及濤者即與放役豈止一任濤而已哉未幾濤逝去有才無命大可憐也詩集今傳

温憲

憲庭筠之子也龍紀元年李瀚榜進士及第出爲山南節度府從事大著詩名詞人李巨川草薦表盛述

憲先人之屈辭略曰蛾眉先妬明妃爲去國之人猿臂自傷李廣乃不侯之將上讀表惻然稱美時宰臣亦有知者曰父以竄死今孽子宜稍振之以厭公議庶幾少雪忌才之恨上頷之後遷至郎中卒有文賦等集傳于世

李洞

洞字才江雍州人諸王之孫也家貧吟極苦至廢寢食酷慕賈長江遂銅寫島像戴之以巾常持數珠念賈島佛一日千遍人有喜島者洞必手錄島詩贈之丁寧再四曰此無異佛經歸焚香拜之其仰慕一何如此之切也故洞詩逼真於島新奇或過之時人多誚僻澁不知其卓峭唯吳融賞之融以大才擅雄名著新律稱遊刃焉力攻騷雅嘗以百篇示洞洞曰大兄所示中一聯暖漾魚遺子晴遊鹿引麛絕妙也融不怨所鄙而善其許洞詩大略如終南山云殘陽高照蜀敗葉遠浮涇斷竹煙嵐凍偷湫雨雹腥遠平丹鳳闕冷射五侯廳贈司空圖云馬飢餐落葉鶴病曬殘陽又曰卷箔清溪月敲松紫閣書送僧云越講迎騎馬蕃齋懺射鵰歸日本云島嶼分諸國星河共一天夜云藥杵聲中擣殘夢茶鐺影裏煑孤燈皆常拔

時流者昭宗時凡三上不第裴公第二榜簾前獻詩云公道此時如不得昭陵慟哭一生休果失意流落往來寓蜀而卒初島任長江有東蜀塚在其處鄭谷哭洞詩云得近長江死想君勝在生言死生不相遠也洞嘗集島警句五十聯及唐諸人警句五十聯爲詩句圖自爲之序及所爲詩一卷竝傳

吳融

融字子華山陰人美才力學辭調工捷龍紀元年李瀚榜進士及第韋昭度討蜀表掌書記後累去官流浪荆南依成汭久之召爲左補闕以禮部郎中爲翰林學士拜中書舍人天復元年元旦東內反正既御樓融最先至上命於座前跪草十數詔簡備精當曾不頃刻皆中旨大加賞激進戶部侍郎帝幸鳳翔融不及從去客閿鄉俄召爲翰林承旨卒爲詩綺麗獨得雅重不佻集四卷及制誥一卷竝行

韓偓

偓字致堯京兆人龍紀元年禮部侍郎趙崇下擢第天復中王溥薦爲翰林學士遷中書舍人從昭宗幸鳳翔進兵部侍郎翰林承旨嘗與崔胤定策誅劉季述昭宗反正論爲功臣帝疾宦人驕橫欲去之偓晝

策稱旨帝附膝曰此一事始終以屬卿偓因薦座主御史大夫趙崇時稱能讓李彥弼倨甚因譖偓漏禁省語帝怒曰卿有官屬日夕議事奈何不欲我見韓學士邪帝勵精政事偓處裁機密卒與上意合欲相者三四讓不敢當偓每侍宴大臣朱全忠亦惡之因搆禍貶濮州司馬帝流涕曰我左右無人矣天祐六年復召爲學士偓不敢入朝挈其族南依王審知而卒偓自號玉山樵人工詩有集一卷又作香奩集一卷詞多側豔巧情又作金鑾密記五卷今並傳

唐備

備龍紀元年進士工古詩極多諷刺有關教化非浮豔輕靡之作時有千讀者同一機軸大爲時流所許備詩有天若無雪霜青松不如草地若無山川何人重平道又狂風拔倒樹樹倒根已露上有數枝藤青青猶未悟又一日天無風四溟波自息人心風不吹波浪高百尺又別家云兄弟惜分離揀日皆言惡千讀對華云華開蝶滿枝花謝蝶來稀惟有舊巢燕主人貧亦歸等詩足爲澆俗戒至今人話間必舉以爲警洵有關世道之文餘詩皆傳

王駕

駕字大用蒲中人自號守素先生大順元年楊贊禹榜登第授校書郎仕至禮部員外郎棄官遁居於別業與鄭谷司空圖爲詩友才名藉甚圖嘗與駕書評詩曰國初雅風特盛沈宋始興之後傑出江寧宏思至李杜極矣右丞蘇州趣味澄夐若清流之貫遠大歷十數公抑又其次元白力勍而氣孱乃都市豪估耳劉夢得楊巨源亦各有勝會浪跡無拘劉得仁輩時得佳致亦足滌煩厥後所聞徒褊淺矣河汾蟠鬱之氣宜繼有人今王生寓居其間沈漬益久五言所得長於思與境偕乃詩家之所尙者則前謂必推於其類豈若神躍色揚而已哉駕得書自以譽不虛已深感賞音由是價重當時今集六卷行于世

戴思顏

思顏大順元年楊贊禹榜進士及第與王駕同袍有詩名氣宇盤礴輒能過人遂稱名家非泛然者有集今傳

杜荀鶴

荀鶴字彥之牧之微子也牧會昌末自齊安移守秋浦時妾有妊出嫁長林鄉士杜筠生荀鶴早得詩名嘗謁梁王朱全忠與之坐忽無雲而雨王以爲天泣

不祥命作詩稱意王喜之荀鶴寒䟦連敗文場䆮甚
至是遣送名春官大順二年裴贄侍郎下第八人登
科正月十日放榜正荀鶴生辰也王希羽獻詩曰金
榜曉懸生世日玉書潛記上昇時九華山色高千尺
未必高於第八枝荀鶴居九華號九華山人拾遺張
曙亦工詩又同年嘗醉謔曰杜十五大榮而得與曙
同年荀鶴曰是公榮天下只知有荀鶴若箇知有張
五十郎耶各大笑而罷宣州田頵甚重之常致牋問
梁王亡薦爲翰林學士遷主客員外郎頗恃才侮慢
縉紳爲文多主譏刺衆怒欲殺之未得天祐元年卒

荀鶴苦吟半生所志不遂晚始成名况于亂世殊多
憂愧思慮之語於一觴一詠變俗爲雅極事物之情
足邱壑之趣非易能及者也與太常博士顧雲初隱
一山登第之明年寧親相會雲撰集其詩三百餘篇
爲唐風集三卷且爲序曰壯語大言則決起逸發可
以左攬工部袂右拍翰林肩吞賈喻八九於胸中曾
不芥蔕或情發乎中則極思冥搜神遊希夷形兀枯
木五聲勞於呼吸萬象工於抉剔信詩家之雄傑者
矣荀鶴嗜酒善彈琴風情雅度千載猶可想望也

唐才子傳卷第九

唐才子傳卷第十

西域　辛　文房　撰

王渙

渙大順二年禮部侍郎裴贄下進士及第俄自左史拜考功員外郎同年皆得美除渙首唱感恩長句上謝座主裴公當時甚榮之後以禮部侍郎致仕年九十見睢陽五老圖渙工詩情極婉麗嘗爲惆悵詩十三首悉以古佳人才子深懷感怨者成篇若崔氏鶯鶯李夫人樂昌公主綠珠張麗華王昭君及蘇武劉阮輩事哀傷嫵媚如謝家池館花籠月蕭寺房廊竹颭風夜半酒醒凭檻立所思多在別離中又夢裏分明入漢宮覺來燈背錦屏空紫臺月落關山曉腸斷君王信畫工等皆絕唱膾炙士林在晚唐諸人中霄壤不侔矣有集今傳

徐寅

寅莆田人也大順三年蔣詠下進士及第工詩嘗賦路傍草云楚甸秦川萬里平誰教根向路傍生輕蹄繡轂長相蹋合是榮時不得榮時人知其蹭蹬後果鬒鬢交白始得秘書省正字竟蓬轉客途不知所終云有探龍集五卷謂登科射策如探睡龍之珠也

張喬

喬池州人也隱居九華山有高致十年不窺園以苦學詩句清雅迥絕其倫當時東南多才子如許棠喻坦之劇燕吳罕任濤周繇張蠙鄭谷李栖遠與喬亦稱十哲俱以韻律馳聲大順中京兆府解試李參軍頻時主文試月中桂詩喬云根非生下土葉不墜秋風遂擅場其年頻以許棠久困場屋以爲首薦喬與喻坦之俱出許下薛尚書雅知喬才欲表于朝以他不果竟岨峿名途徒得一第耳有詩集二卷傳世

鄭良士

良士字君夢咸通中累舉進士不第昭宗時自表獻詩五百餘篇勅授補闕而僅一布衣一旦俯拾青紫易若反掌浮俗莫不駭羨難乎爲例也有白巖集十卷傳世○昔言詩或窮人或達人良士達矣亦命之所爲詩何能與而窮或歸過於詩則不揣其本也

張鼎

鼎字台業景福二年崔膠榜進士工詩集一卷今行同時趙擕有爽邁之度工歌詩韋靄亦進而無遇退而有守者詩各一卷及謝蟠隱云是靈運之遠孫有清才知天下之將亂作雜感詩一卷張爲閩中人離

羣拔類工詩存一卷及著唐詩主客圖等竝傳于世

韋莊

莊字端己京兆杜陵人也少孤貧力學才敏過人將應舉正黃巢犯闕兵火交作遂著秦婦吟有云內庫燒爲錦繡灰天街踏盡卿重回亂定公卿多訝之號爲秦婦吟秀才乾寧元年蘇檢榜進士釋褐校書郎李詢宣諭西川舉莊爲判官後王建辟爲掌書記尋徵起居郎建表留之及建開僞蜀莊托任腹心首預謀畫其郊廟之禮冊書赦令皆出莊手以功臣授吏部侍郎同平章事莊早嘗寇亂間關頓躓攜家來越中弟妹散居諸郡西江湖南所在曾遊舉目有山河之異故於流離漂泛寓目緣情子期懷舊之辭王粲傷時之製或離羣軫慮或反袂興悲四愁九怨之文一詠一觴之作俱能感動人心莊自來成都訪得杜少陵所居浣花溪故址雖蕪沒已久而柱砥猶存遂誅茅重作草堂而居焉性儉稱薪而爨數米而炊遠人鄙之弟藹撰莊詩爲浣花集六卷及莊嘗選杜甫王維等五十二人詩爲又玄集以續姚合之極玄也今竝傳世

王貞白

貞白字有道信州永豐人也乾寧二年登第時榜下物議紛紛詔翰林學士陸扆於內殿復試中選授校書郎時登科後七年矣鄭谷以詩贈曰殿前新進士闕下校書郎初蘭溪僧貫休得雅名與貞白居相近而未晤會嘗寄御溝詩有云此波涵帝澤無處濯塵纓後會語及此休曰剩一字貞白拂袂去休曰此公思敏當郎來休書字於掌心逡巡間貞白還曰此中涵帝澤如何休以掌示之無異所改遂訂深契後值天王狩于岐廼退居著書不復干祿當時大獲芳譽性恬和明易象手編所爲詩三百篇及文賦等爲靈溪集七卷傳于世卒葬家山○貞白學力精贍篤志於詩清潤典雅轉瞬間兩獲科甲致身於青雲之上文價可知矣深惟存亡取捨之義進而就藏退而保身君子也梁陶弘景弃官隱居三茅國事必諮請稱山中宰相號貞白今王公殆慕其爲人而名歟

張蠙

蠙字象文清河人也乾寧二年趙觀文榜進士及第釋褐爲校書郎調櫟陽尉遷犀浦令僞蜀王建開國拜膳部員外郎後爲金堂令王衍與徐后遊大慈寺見壁間題牆頭細雨垂纖草水面回風聚落花愛賞

久之間誰作左右以蠙對因給禮令以詩進蠙上二篇衍尤重待將召掌制誥朱光嗣以其輕傲駙馬宜疏之止賜白金千兩而已蠙生而秀頴幼能爲詩登單于臺有白日地中出黃河天上來之句由是知名初以家貧累下第留滯長安賦詩云月裏路從何處上江邊身合幾時歸十年九陌寒風夜夢掃蘆花絮客衣主司知非濫成名者也詩盡佳各有意度過人遠矣詩集二卷今傳

翁承贊

承贊字文堯乾寧三年禮部侍郎獨孤損下第四人進士又中宏詞勅頭承贊工詩好恢諧體貌甚偉名動公侯唐人應試每在八月諺曰槐花黃舉子忙承贊詠槐花云雨中粧點望中黃勾引蟬聲送夕陽憶得當年隨計吏馬蹄終日爲君忙甚爲當時傳誦嘗奉使來福州見友僧亞齊贈詩云蕭蕭風雨建陽溪溪畔維舟見亞齊一軸新詩劍潭北十年舊識華山西吟魂昔向江村老空性原知世路迷應笑乘軺青瑣客此時無暇聽猿啼他詩高妙稱是仕王審知終諫議大夫所爲詩以兵火散失僅存百二十餘篇爲一卷秘書郎孫郃爲之序云

王轂

轂字虛中宜春人自號臨沂子以歌詩擅名長於樂府未第時嘗爲玉樹曲云璧月夜瓊樹春舌鶯泠泠詞調新當時狎客盡豐祿直諫犯顏無一人歌未闋晉王劍上粘腥血君臣猶在醉鄉中一面已無陳日月大播人口適有同人爲無賴輩毆轂前救之曰莫無禮我便是道君臣猶在醉鄉中者無賴聞之慚謝而退轂亦達節士輕財重義爲鄉里所舉適生離亂時鬱鬱不得志辭多寄寓比興之作無不知名乾寧五年羊紹素榜進士歷國子博士後以郎官致仕有詩三卷于時宦進俱素餐尸位賓降悲後之徒轂因撰前代忠臣臨老不變圖一卷及觀光集一卷並傳

殷文圭

文圭字表儒池州青陽人也乾寧四年禮部侍郎裴贄下進士初未第時道中嘗逢一老叟目文圭久之謂人曰向者布衣綠眉方口神仙中人也如學道可以冲虛不爾垂大名於天下未幾戎馬振動車駕幸三峯文圭擕梁王表薦及第時楊令公行密鎮淮揚奄有宣歙揚汴之間榛梗既久文圭辭親問道至行在無何隨榜爲吏部侍郎裴樞宣慰判官記室參軍

至大梁以身事叩梁王王又上表薦之文圭後合梁遍投贄事公卿間困於蒐獵食非求尺璧之珍爰居避風不望洪鐘之樂俄為譖言者所發更由宋汴馳過梁王大怒亟遣追捕已不及矣為詩有登龍集冥搜集筆耕詞米鏤錄從軍稿等集傳世○唐季文體澆漓才調荒穢稍能作者強名曰詩南郭之竽亦雜於衆響非復盛時之萬一也如王周劉兼司馬札蘇拯許琳李咸用等數人雖有集相傳皆氣卑格下負魚目唐突之慚竊碔砆韞襲之濫所謂家有敝帚享之千金不自見之患也文圭特見風度語多奇崛其殆庶幾乎

李建勳

建勳字致堯廣陵人仕南唐為宰相後罷出鎮臨川未幾以司徒致仕賜號鍾山公年已八十志尚散逸多從仙侶參究玄門時宋齊邱有道氣在洪州西山建勳造謁致敬欲投眞果贈以詩云春來漲水流如活曉出西山勢似行玉洞有人經劫在攜竿步步就長生歸高安別墅一夕無病而逝能文賦詩詞琢鍊蘊藉調洽清平不少驚人之句也有鍾山集二十卷行于世

褚載

載字厚之家貧客梁宋間困甚以詩投襄陽節度使邢君牙云西風昨夜墜紅蘭一宿郵亭事萬般無地可耕歸不得有恩欲報死應難流年怕老看將老百計求安未得安一卷新詩滿懷淚頻來門館訴飢寒君牙憐之贈絹十疋薦於節度使鄭滑不行乾寧五年禮部侍郎裴贄知貢舉君牙又薦之遂擢第文德中劉子長出鎮浙西行次江西時侍郎陸威猶為郎吏亦寓于此載緘二軸投謁誤以子長之卷而贄於威威覽之連見數字觸家諱威矍然載愕錯白以大誤尋謝以長牋略曰曹興之圖畫雖精終慙誤筆殷浩之兢持太過翻達空函威雖激賞而終不能引拔竟流落而卒有集三卷今傳

呂巖

巖字洞賓京兆人禮部侍郎呂渭之孫也咸通初登第兩調縣令值巢賊亂浩然發栖隱之志攜家歸終南山放跡江湖先是有鍾離權字雲房不知何代何許人以喪亂避地太行間入紫閣石壁上得金誥玉籙深造希夷之旨常髽髻衣檞葉隱見于世巖既篤志大道遊覽名山至太華過雲房知為異人拜以詩

曰先生去後應須老乞與貧儒換骨丹雲房許以法器因爲著靈寶異法十二科志究性命之旨坐廬山中數十年金丹始就逢苦竹眞人乃能驅役神鬼時及口世不復返也與陳圖南音響相接時或造訪又嘗白欄角帶賣墨於市得者皆成黃金往往遨遊洞庭瀟湘溢浦閒自稱回道士其時已蟬蛻矣身常佩劍自笑曰吾仙人安用劍爲所以斷嗔愛煩惱耳嘗題寺壁曰三千里外無家客七百年前雲水身後書云唐室進士今時神仙足躡紫霧身歸洞天又宿湖州沈東老家白酒滿甕恣意拍浮臨去以石榴皮畫壁間云西鄰已富憂不足東老雖貧樂有餘白酒釀來因好客黃金散盡爲收書又嘗負局奩於市爲賈尙書淬古鏡歸忽不見留詩云袖裏青蛇凌白日洞中仙果豔長春須知物外餐霞客不是塵中磨鏡人又醉飲岳陽樓俯鑑洞庭時八月葉落水清君山如螺黛秋風浩蕩遂按玉龍以一弄清音遼亮金石欲裂久之度古柳別去留詩云朝遊南浦暮蒼梧袖裏青蛇膽氣麤三入岳陽人不識朗吟飛過洞庭湖後往來人間乘虛上下竟莫能測至今四百餘年所在留題不可勝紀凡遇之者每去後始知後悔無及蓋其變化無窮吟詠不輟此姑紀其大槪云

論曰昔嵇康論神仙非積學所能致斯言信哉原其本自天靈有異凡品仙風道骨迥凌雲表歷觀傳記所載霧隱乎巖嶺霞寓於塵外崆峒渼門以下清流相望由來尙矣雖解化一事偶或玄微正非假房中黃白之小端從而服食頤養能盡其道者也不損上藥愈益下田熊縮鳥伸納新吐故無七情以奪魂魄無百慮以煎肺肝庶幾指識玄戶引身長年然後一躍邁喬松之逸馭也今夫指青山作窟臥白雲振衣奮長往于斯世遺高風於無窮及見其人吾亦願從之遊耳韓湘控鶴於前呂巖驂鸞於後凡其題詠篇什鏗鏘振作皆天成雲漢不假人工自非咀嚼冰玉呼吸煙霞孰能至此謂好事者爲之多見其不知量也吳筠張志和施肩吾劉商陳陶顧況等高躅可數皆頡頏於玄化中者歟

盧延讓

延讓字子善范陽人也有卓絕之才光化三年裴格榜進士朗陵雷滿薦辟之滿敗歸僞蜀授水部員外郎累遷給事中卒官刑部侍郎延讓師許下薛尙書爲詩詞意堅卓不競纖巧且多警語下士大笑之初

吳融爲侍御史出官峽中時延讓布衣薄遊荆渚貧無卷軸未遑贄謁會融弟得延讓詩百餘篇融覽其警聯如宿東林云雨三條電欲爲雨七八箇星猶在天旅舍言懷云名紙毛生五門下家僮骨立六街中贈元上人云高僧解語牙無水老鶴能飛骨有風蜀道云雲間鬧鐸騾䭾去雪裏殘骸虎拽來又樹上諷諸批頰鳥窗間逼駁叩頭蟲等句大驚曰此去人遠絶一無蹈襲廻軼尋常此子後必垂名余昔在翰林召對上嘗舉其臂鷹健卒橫氈帽騎馬佳人卷畫衫一聯意雖猶人自成名家一體今則信然矣遂厚禮遇贈給甚多融雪中寄詩云永日應無食終宵必有詩後登科第多融之力也有詩一卷傳世

曹松

松字夢徵舒州人也學賈島爲詩深入幽境而無枯寂之處尤長敍事不減山公未達時嘗避亂棲隱洪都西山初在建州依李頻頻卒後往來一無所遇光化四年禮部侍郎杜德祥下與王希羽劉象柯崇鄭希顔同登第年皆七十餘矣號爲五老榜時值新平內難朝廷以得士爲慶特授校書郎而卒松秉性方直罕嘗俗事故拙於仕進構身林澤寓情慮無極耽吟詠別有一種風味而不淪乎怪也集三卷今傳

裴說

說工詩得盛名天祐三年禮部侍郎薛廷珪下狀元及第初年時值亂離奔走道路有詩曰避亂一身多見者悲之後仕爲補闕終禮部員外郎爲詩足奇思非意表琢煉不苟落筆有島洞之風也弟諧亦以詩名世仕終桂嶺假官今俱有集相傳

貫休

休字德隱婺州蘭溪人俗姓姜氏騷壇之外尤精筆札荆州成中令問以書法休勃然曰此事須登壇可授安得草草而言中令銜之乃遞入黔中因爲病鶴詩以見志云見說氣清邪不入不知爾病自何來至昭宗以武肅錢鏐平董昌功拜鎮東軍節度使自稱吳越王休時居靈隱往投詩賀中聯云滿堂花醉三千客一劒霜寒十四州武肅大喜然僭侈之心因是而張遣諭令改四十州乃可相見休性直答曰州亦難添詩亦難改余孤雲野鶴何天不可飛即日裹衣鉢拂袖而去至蜀以詩投孟知祥云一缾一鉢垂垂老萬水千山特特來知祥久慕其名非常尊禮之及王建僭位一日遊建華寺召休坐令口誦近詩時諸

王貫戚皆侍休意在箴戒因讀公子行曰錦衣鮮華手擎鶻閒行氣貌多陵忽稼穡艱難總不知五帝三皇是何物其小忍然敬事不少怠也賜號禪月大師後圓寂塑塔葬丈人山青城峯下有集三十卷今傳○休一生直氣海內無雙意度孤高學問淵博天賦敏速之才筆挾英銳之氣樂府古律當時所宗雖尚崛奇每得神助時人競趨下風昔謂龍象蹴蹋非驢所堪果僧中之一豪也後罕其比者前人以方支道林不爲過矣

張瀛

瀛碧之子也仕廣南劉氏官至曹郎嘗爲詩贈琴棋僧云我嘗聽師法一說波上蓮華水中月不垢不淨是色空無法無空亦無滅我嘗對師禪一觀浪溢鰲頭蟾魄滿河沙世界盡空空一寸寒灰冷燈畔我又聞師琴一撫長松嗅住秋山雨絃中雅弄若鏗金指下寒泉流太古我又看師棋一著山頂坐沉紅日腳阿誰稱是國手人羅浮道士賭却鶴輸却藥葫蘆掛下紅霞丹束手不敢爭頭角同列見之曰非其父不生是子瀛爲詩尚氣而不怒號語新意卓匪夷所思能道人所不能道綽乎父風有詩集傳於世

沈彬

彬字子文筠州高安人自幼苦學屬末歲離亂隨計不捷南遊湖湘隱雲陽山數年歸鄉里時南唐李昇鎮金陵旁羅俊逸名儒宿老必命郡縣起之彬赴辟知昇欲取楊氏因獻畫山水詩云須知筆力安排定不怕山河整頓難昇覽之大喜授秘書郎保大中以尚書郎致仕歸徙居宜春初經版蕩與韋莊杜光庭貫休俱避難在蜀交相酬酢彬臨終指葬處示家人鑿之果掘得一空塚中有漆燈熒然壙頭立一銅版篆曰佳城今已開雖開不葬埋漆燈猶未滅留待沈彬

來遂窆穸於此有詩集一卷傳於世彬次子廷瑞性坦率豪於觴詠舉動異俗盛夏附火嚴冬單衣或遇崇山大水古洞幽壇竟日不返時人異之呼爲沈道者士大夫多邀至門館一日邑宰戲問曰何日道成廷瑞留詩云何須問我道成時紫府清都自有期手握藥苗人不識體涵仙骨俗爭知宰驚謝後浪遊四方或傳仙去也

唐求

求隱君也成都人值三靈改卜絕念鼎鐘放曠疎逸出處悠然人多不識方外物表心遊萬仞爲酷耽吟

詠氣韻清新饒有奇趣工而不僻皆達者之詞所行覽不出二百里間無秋毫塵俗之想有所得即將稿撚爲丸投大瓢中或成聯片語不拘短長數日後足成之後卧病投瓢於錦江望而祝曰茲瓢儻不淪沒得之者始知吾苦心耳瓢泛至新渠有識者見曰此唐山人詩瓢也艤舟接之得詩數十篇求初未嘗示人至是方競傳今行於世後不知所終江南處士楊夔亦工詩文名稱傑出與求相頡頏云今其句多傳

孫魴

魴唐末處士也樂安人與沈彬李建勛同時唱和極

多魴有夜坐詩爲世稱賞建勛尤器重之日與談讌嘗匿魴於齋幕中待沈彬來乃問曰魴夜坐詩如何彬曰田舍翁火爐頭之語何足道哉魴從幕中出詬彬曰何謗讟之甚彬曰晝多反漸冷坐久席成痕此非田舍翁爐上誰有此況一座大笑及金山寺詩云天多剩得月地少不生塵當時謂騷情風韻不減張祜云有詩五卷今傳

李中

中字有中九江人也唐末進士及第爲新塗淦陽吉水三縣令仕終水部郎中孟賓于賞其工吟絕侶方干賈島時復過之如暖風醫病草甘雨洗荒村又貧來賣書劍病起憶江湖又閒花半落處幽鳥未來時又千里夢隨殘月斷一聲蟬送早秋來又殘陽影裏水東注芳草煙中人獨行又閒尋野寺聽秋水寄睡僧窗到夕陽又香入肌膚花洞酒冷侵魂夢石牀雲又西園雨過好花盡南陌人稀芳草深等句驚人泣鬼之語也有碧雲集今傳

廖圖

圖字贊禹虔州虔化人文學博贍爲時輩所服湖南馬氏辟致幕下奏授天策府學士與同時劉禹李宏皋徐仲雅蔡昆韋鼎釋虛中俱以文藻知名賡唱迭和齊己時寓渚宮相去圖千里而詩筒往來不絕警策句極多別具高致有集二卷行于世時有荊南從事鄭準亦工詩與僧尙顏多所酬贈詩亦傳

孟賓于

賓于字國儀連州人聰敏特異有鄉曲之譽垂髫時書所作百篇名金鼇集獻之李若虛侍郎若虛採獵佳句記之尺書使賓于馳詣洛陽致諸朝達聲譽翕然留寓久之晉天福九年禮部侍郎符蒙主試賓于簾下投詩云那堪雨後更聞蟬溪隔重湖路七千憶

得故園楊柳岸全家送上渡頭船嘗得詩以爲相見之晚遂擢第時已六戰北矣與詩人李昉同年情厚後宦于水仕江南李主謫滏陽令因犯法抵罪當死會昉拜翰林學士聞在縲紲以詩寄之曰知攜書劍別湘潭金榜名標第十三昔日聲塵喧洛下近來詩價滿江南長爲邑令情終屈縱處曹郎志未甘莫學馮唐便休去明君晚事未爲慚後主偶見詩遂釋之遷水部郎中又知豐城縣與國中致仕居玉笥山年七十餘卒自號羣玉峯叟有集今傳

孟貫

貫閩中人秉性疎野不以顯宦爲意喜篇章周世宗幸廣陵貫時大有詩名世宗亦聞之因繕錄一卷獻上首篇書貽譚先生云不伐有巢樹多移無主花世宗不說曰朕伐叛弔民何得有巢無主之說獻朕則可他人則卿必不免遂不復終卷但賜進士而不授官後亦不知所終有詩集今傳○孟子曰予之不遇魯侯天也至唐開元孟浩然不合帝心如和璧之堕地孟郊之艱苦半生薄宦而死孟貫乃坐此詩窮無端觸諱竟爾埋沒與前賢大畧相似亦命也孟氏之不遇抑何多耶

江爲

爲考城人是江淹之裔少帝時出爲建陽吳興令因又爲郡人焉爲唐末舉進士輒不第工於詩有天形圍澤國秋色露人家月寒花露重江晚水烟微等句膾炙人口少游白鹿寺有云吟登蕭寺栴檀閣醉倚王家玳瑁筵後主南遷見之曰此人大有富貴氣象時劉洞夏寶松就爲學詩爲詩傲肆自謂俯拾青紫乃詣金陵應舉又屢被黜怏怏不能已欲束書亡越會同謀者上變按得其狀伏罪今建陽縣西靖安寺即爲故居後人憐之留題者甚衆有集一卷今傳

熊皎

皎九華山人唐清泰二年進士劉景巖節度延安辟爲從事晉天福中祝景巖歸朝以功擢右諫議後坐事黜爲上津令工古律詩語意俱妙嘗賦早梅云一夜開欲盡百花猶未知甚爲士林傳賞且知其必遇今有屠龍集南金集合五卷傳世學士陶穀序之

陳摶

摶字圖南譙郡人少有奇才經濟易象玄機尤所精究高論駭俗少食寡思舉進士不第時戈革滿地遂隱名辟穀煉氣撰指玄篇同道風偃借宗名之封清

盧處士居華山雲臺觀每閉門獨卧或兼旬不起周世宗召入禁特試之扃戶月餘始啟搏方熟寐齁齁覺即辭去賦詩云十年蹤跡走紅塵回首青山入夢頻紫陌縱榮怎及睡朱門雖貴不如貧愁聞劒戟扶危主悶聽笙歌聒醉人攜取舊書歸舊隱野花啼鳥一般春還山後因乘驢遊花陰市見鄭傳甚急問知宋祖登基撫抵掌長嘆曰天下自此定矣至太宗徵之戴華陽巾草履垂絛與萬乘分庭抗禮賜號希夷先生時居雲臺四十年年已百歲帝贈詩云曾向前朝出白雲後來消息杳無聞如今已肯隨徵召總把三峯乞與君眞宗復詔不起爲謝表畧曰明時閒客唐室書生堯道昌而優容許由漢世盛而善從商皓况性同猿鶴心若土灰敗荷製服脫籜裁冠體有青毛足無草屨苟臨軒陛貽笑聖朝數行丹詔徒教彩鳳啣來一片野心已被白雲留住詠嘲風月之清笑傲煙霞之表遂性所樂得意何言後鑿石室於蓮華峯下一旦坐其中羽化而去有詩集今傳如洛陽潘閬之逍遙河南种放之明逸錢塘林逋君復鉅鹿魏野仲先青州李之才挺之天水穆修伯長皆從學先生一流高士俱有詩名大節詳見之宋史云

鬼

雜傳記中多錄鬼神靈怪之詞深情逸調無異生前然影響所託究渉荒唐可不必一一以述之

唐才子傳卷第十

唐才子傳跋

唐才子傳十卷元辛文房撰坊刻頗多舛訛有稱五山版係數百年前物審其版樣蓋得元槧而翻雕之字畫精整紕謬極少間有其本世稱罕遘余家舊藏一部今據此以考訂坊本之誤按四庫全書總目著錄唐才子傳八卷曰考楊士奇東里集有是書跋是明初尚有完帙故永樂大典目錄於傳字韻內載其全書今傳字一韻適佚世間遂無傳本然幸其各韻之內尚雜引其文今隨條摭拾裒輯編次共得二百四十三人又附傳志者四十四人共二百八十七人依次訂正釐爲十卷則彼之所存已非完帙所謂十卷亦成於摭拾之餘者也獨幸　皇朝有傳本安得不珍而傳之乎壬戌仲春月念六日天瀑識

兩京新記

提要

《兩京新記》殘一卷，唐韋述撰，日本刊佚存叢書本。每半葉十行二十字，左右單邊，單魚尾，白口。此書原五卷，今僅存第三卷殘文。兩京指西京長安和東京洛陽，故名。是書又名《東西京記》，《兩京記》，記唐代長安街坊、官舍、府宅、園林位置、建置過程及時人掌故，於寺觀的記載尤詳。宋人宋敏求據是書撰《長安志》及《河南志》。《兩京新記》五卷只見於《新唐書・藝文志》、《宋史・藝文志》和《玉海》引《中興館閣書目》，以後公私書目均不見著録，可見此書早已亡佚。現存第三卷殘卷是日本鐮倉時代抄寫的尊經閣卷子本，天瀑山人林衡刻入所輯佚存叢書中。韋述，唐雍州萬年人，玄宗時史官。

兩京新記卷第三

唐　韋述　撰

（卷首殘闕）京城之壯觀寺內有碑面文賀蘭敏之寫金剛經陰文寺僧懷仁集王羲之書寫太宗聖教序及高宗述聖記爲時所重

次東曰輔興坊東南隅金仙女官觀

景雲二年睿宗第八女西城公主及第九女昌宗公主並出家爲立二觀改西城爲金仙昌宗爲玉真仍以公主湯沐邑爲二觀之□制度造爲京城之華麗□

西南隅玉真女官觀

本工部尚書莘國公竇誕宅武太后時以其地爲崇先府景雲二年爲玉真公主立爲觀事源物制與金仙同此二觀南街東當皇城之安福門西出京城之開遠門車馬往來寔爲繁會而二觀門樓綺榭聳對通衢西土夷夏自遠而至者入城遙望窅若天中

次南曰頒政坊南門之東龍興寺

貞觀五年太子承乾所立西北隅本隋之慧雲寺舊有佛殿今見在有鄭法輪之書跡

十字街東之北建法尼寺

隋開皇三年坊人田通所立隋文帝初移都便出寺額一百枚於朝堂下制云有能修造便任取之通欲貪子然唯有園堵之室乃發憤詣闕請額而還置於所居柴門蓬牖上穿下漏時陳臨賀王叔敖母與隣居又捨宅以足之其寺□漸營建也

十字街北之東澄空尼寺

本工部尚書段綸之祖廟貞觀十七年立爲真空寺武太后改爲澄空寺

西北隅大崇福觀

本楊士達宅咸亨中爲太平公主立有道士劉寶概者京兆三原人善講論爲時所重垂拱中卒御史中丞李嗣真臨弔哭賦詩申意

次南曰布政坊西門之南法海寺

本隋江陵總管清水公賀拔華宅開皇七年爲□沙門法海捨宅奏立爲寺因以法海爲名咸亨元年寺內有英禪師□□見鬼寺主沙門惠簡嘗日晚見二人行不踐地入英房中惠簡怪而問之英曰向秦莊襄王遣人傳語飢虛甚久以師大慈從師乞一飡并從者三百許人勿辭勞費也吾已報

云後日晚食當來專相餞也惠簡便以酒脯助之至府秦王果至侍從甚衆貴賤羅列食甚急謂英曰弟子不食八十年矣英問其故答曰吾生時未有佛法地下見責功德吾但以放赦矜恤應之以福薄受罪未了受此一殄更□年矣因指坐上人曰此是白起此是王翦爲殺人多受罪未了又指一人云是陳軫爲多虛詐亦受罪未了英曰王何不從索食自受飢窘答曰慈心人少且餘人又不相見吾貴人又不可妄作禍祟所以然也因指酒脯曰寺主將來耶深有所媿臨去謂英曰甚媿厚

師弟子有物在即逭相償城東通化門尖冢是弟子墓俗人不知妄云呂不韋冢英曰往遭赤眉發掘何得更有物在鬼曰賊將麁物去好者潰賊取不得今見在英曰貧道出家無用物處必莫將來言訖揖謝而去

北門之東濟法寺

隋開皇二年沙門法藏所立

十字街東之北明覺尼寺

本隋御史大夫裴蘊宅開皇中太保河間王弘立爲寺開皇七年鑄鐘未擊自鳴散騎常侍元行冲以贊其事焉

東北隅右金吾衛西南隅胡祆祠

武德四年所立西域胡天神佛經所謂摩醯首羅也

次南曰延壽坊南門之西懿德寺

隋開皇六年刑部尚書萬安公李圓通所立神龍元年中宗爲懿德太子追福重加飾爲禪院內有大石臼重五百斤隋末鄠縣人開法通自終南社來法通少出家初極怯劣同侶輕之乃發憤乞願壯健晝夜不捨後因晝寐樹下口中涎沫流出三

升其母驚遽呼覺通曰忽夢大人遺三駄麴使通啗之適啗一駄便驚悟耳自爾健壯特異試舉大木石不以爲困此寺曾行戲本稱膂力逼遂竊其袈裟舉堂柱以壓之行戲望見驚異盡力莫能取之通乃徐舉柱以取衆大駭通力兼百人時人咸伏以爲神力

次南曰光德坊東南隅京兆府廨

後魏武光四年置府內廨宇並隋開皇中制度其後隨事改作開元元年孟溫禮爲京兆尹奏以贓贖錢修理葺飾焉

西南隅勝光寺
本隋幽州總管燕榮宅寺西院有畫行僧及園花
貞觀初中□令王定所寫爲京城所重
十字街東之北慈悲寺
武德元年高祖爲沙門曇獻所立初曇獻屬隋隋
末飢饉常以賑給貧乏爲事故以慈悲爲名
次南曰延康坊西南隅西明寺
本隋尚書令越國公楊素宅大業中素子玄感誅
後没官武德初爲萬春公主宅貞觀中賜濮恭王
恭王死後官市立寺寺內有楊素舊井玄感被誅

家人以金投井後人窺見鈎汲無所獲今寺衆謂
之靈井在僧厨院內初楊素用事隋朝奢僭過度
制造珍異貲貨儲積有美姬本陳太子舍人徐德
言妻即陳主叔寶之妹才色冠代在陳封樂昌公
主初與德言夫妻情義甚厚屬陳氏將亡德言垂
泣謂妻曰今國破家亡必不相保以子才色必入
帝王貴人家我若死幸無相忘若生亦不可復相
見矣雖然共爲一信乃擊破一鏡各收其半德言
曰子若入貴人家幸將此鏡合於正月望日市中
貨之若存當冀志之知生死耳及陳滅其妻果爲
隋軍所没隋文以賜素深爲素所寵嬖爲營別院
恣其所欲陳氏後令閹奴望日賫破鏡詣市務令
高價果值德言德言隨價便酬引奴歸家垂涕以
告其故并取巳片鏡合之及寄其妻題詩云鏡與
人俱去鏡歸人不歸無復姮娥影空餘明月輝陳
氏得鏡見詩悲愴流淚因不能飲食素怪其慘悴
而問其故具以事告素憯然爲之改容使召德言
還其妻并衣衾悉與之陳氏臨行素邀令作詩叙
別固辭不免乃爲絕句曰今日何遷次新官對舊
官笑啼俱不敢方驗作人難時人哀陳氏之流落

而以素爲寬惠焉
東南隅普法寺
隋開皇十年右武侯大將軍陳國公竇機立西院
中有木浮圖機第璉爲毋成安公主立高一百五
十尺皆伐機園梨木充用焉
次南曰崇賢坊十字街北之西大覺寺
開皇三年文帝醫人周子祭所立子祭家代方術
深爲隋主所重其地本祭之佛堂也
西門之南法明尼寺
開皇八年長安富商王道賓捨宅所立

次南曰延福坊西南隅紀國寺
開皇六年獻皇后爲母紀國夫人崔氏所立也
東南隅鄭王府
舊新都寺寺廢今爲鄭王府
次南曰永安坊次南曰敦義坊次南曰大通坊次南
曰大安坊
坊南街抵京城之東面
右皇城西之十三坊
朱雀街西之第四街即皇城第三街街西從北第一
曰安定坊東南隅千福寺

本章懷太子宅咸亨四年捨宅立爲寺
西南隅福林寺
武德元年所立
東北隅五通觀
隋開皇八年爲道士焦子順所立子順能馳使鬼
神受諸符籙預告隋文受命之應及即位授上開
府永安公徐州刺史固辭常諮謀軍國出入內帝
恐其往還疲頓令選近於此立觀仍以五通爲名
焉
次南曰休祥坊東北隅崇福寺

本開府儀同三司觀國公楊恭仁宅咸亨元年以
武皇后外氏故宅立
東南隅萬善尼寺
周宣帝大象二年立開皇二年度周氏皇后嬪御
已下千餘人爲尼以處之也
寺西昭成尼寺
先天二年爲昭成皇后立爲昭成寺
次南曰金城坊
本漢博望苑之地初移都創以爲坊百姓分地板
築土中見金欲取便以事上聞隋文曰此朕之金

城之化因以金城爲坊名
北門有漢戾園
即戾太子史良娣塚宣帝改葬於此其地本曰亭
園東南漢博望苑
漢武帝爲戾太子立本□門外道之東也
東南隅開善尼寺
隋開皇中宮人陳宣華蔡容華二人所立
西南隅會昌寺
義寧元年義師入關太宗頓兵於此武德元年因
立此寺

十字街之南東樂善寺
開皇六年尉遲逈孫大師爲其祖所立焉
次南曰醴泉坊
開皇初築此坊忽聞金石之聲因掘得甘泉七所
飲者疾瘉因以名坊及寺焉
西南隅三洞女官觀
隋開皇七年所立也
觀北妙勝尼寺
開皇三年周平原公主所立
十字街北之西醴泉寺

初隋文此置醴泉監以甘泉水供御開皇十三年
廢監立寺焉
十字街南之東波斯胡寺
儀鳳二年波斯王畢路斯奏請於此置波斯寺
西北隅祓祠次南曰西市
隋曰利人市南北盡兩坊之地隸太府寺市內店
肆如東市之制市署前有大衣行雜糅貨賣之所
記言反說不可解識市西北有海池以爲放生之
所池側有佛堂皆沙門法成所造市署前有市令
載斂碑蒲州司兵徐彥伯爲其父也

次南曰懷遠坊東南隅大雲經寺
開皇四年文帝爲沙門法經所立
寺內有二浮圖東西相值
隋文帝立塔內有鄭法倫田僧亮楊契丹畫跡及
巧工韓伯通素作佛像故以三絕爲名
十字街東之北功德尼寺
隋開皇七年周宣帝女細要公主所立武德中移
於此
次南曰闕下

成當往及經畢開元四年八十一卒給事中裴子
餘爲其碑文左衛長史郭謙光八分書之
次南曰永遠坊次南曰道德坊
隋有澄虛觀武德中廢
次南曰光行坊次南曰延祚坊
坊南街抵京城之南
右朱雀街西九坊
朱雀街西第二街此當皇城南面之含光門街西從

此第一曰太平坊西南隅溫國寺
景龍九年煬帝爲溫主立寺內淨土院爲京城之
最妙
西門之北定水寺
隋開皇十年荆州總管上明公楊紀爲禪師慧能
所立
東南隅舒王□名宅
今爲戶部尚書尹思貞居之
次南曰通義坊西南隅興聖尼寺
高祖潛龍舊宅武德元年以爲通義宮六年高祖
臨幸大宴羣臣引見閭里父老班賜有差貞觀元
年立爲寺高祖寢堂今見在景雲二年寢堂前枯
柿樹忽更生枝條鬱茂如故有勑封植焉
次南曰興化坊西南隅空觀寺
隋開皇七年右衛大將軍駙馬都尉洵陽公元孝
矩捨宅立
西門之北今邠王守禮宅
宅南隅街有邠王府
次南崇曰德坊西南隅崇聖寺
隋仁壽元年秦孝王俊捨宅所立

東北隅證果尼寺
隋開皇二年立
次南曰懷貞坊西南隅御史大夫樂思晦宅次南曰
宣義坊次南曰豐安坊次南曰昌明坊次南曰安樂
坊
坊南街抵京城之南面
右朱雀街西第二街九坊
朱雀街西之第三街卽皇城西之第一街
南出安化門北出芳林門入苑
街西從北第一曰循德坊西北隅興福寺
本左領軍大將軍彭國公王君廓宅貞觀八年太
宗爲穆皇后竇氏追福立制度華麗焉武太后移
住東都至坊北隅牛仕不行牽□益重其尼拜咒
便動至都置於天堂供養後天堂災因是燼滅
次南曰通軌坊次南曰歸義坊全一坊隋蜀王秀宅
隋文帝以京城南面闊遠恐竟虛耗乃使諸子竝
於南郭立第時秀有寵封土殷富起第最華今周
垣舊迹見在秀死後□宫今爲家令寺園
次南曰昭行坊
坊南街抵京城之南面

右皇城西之第二街之十一坊及西市
朱雀街西第五街卽皇城西第三街街西從北第一
日脩眞坊
今坊之南門門扉卽周之太廟門板也
坊内有漢靈臺
漢平帝元始四年所立望雲物之所今餘趾高五
尺周廻一百二十步
次南曰普寧坊
南街西出通開遠門
坊西街有漢太學餘趾

兩京新記　十三

其地本長安故城南安門之外焉
次東漢辟雍
漢元始四年所立
東南隅東明觀
明慶元年孝敬升儲所立規度□西明之制長廊
廣殿圖畫彫刻道家館舍無以爲比觀内有道士
馮黄庭碑又有道士巴西李榮碑永樂李正已爲
其文也
十字街東之北靈化寺
隋開皇二年沙門善告所立其地本告之宅講堂

□有古冢不許姓名高五丈僧徒射恭□人儀仗
偉然乘白馬著白袴褶翼從甚衆或有墾掘冢土
多見災異焉
西北隅祓祠次南曰義學坊南門之東化度寺
隋左僕射齊國公高熲宅開皇三年熲捨宅奏立
爲寺時有沙門信行自山東來熲立院以處之乃
撰三階集三十餘卷大率以精苦忍辱爲宗言人
有三等賢愚中庸今並教之故以三階爲名其化
頗行故爲化度寺寺内有無盡藏院卽信行所立
京城施捨後漸崇盛貞觀之後錢帛金繡積聚不

兩京新記　十四

可勝計常使名僧監藏供天下伽藍修理藏内所
供天下伽藍修理燕涼蜀趙咸來取給每日所出
亦不勝數或有舉便亦不作文約但往至期還送
而已貞觀中有裴玄智戒行修謹入寺灑掃十數
年間寺内徒衆以其行無玷缺使守此藏後密盜
黄金前後所漸略不知數寺衆莫之知也□便不
還衆驚覩其寢房内題詩云將軍遣猴□放置狗
前頭自非阿羅漢誰能免作偷竟不知所武太后
移此藏於東都福先寺天下物□遂不復集乃還
移舊所開元元年勑令毁除所有錢帛供京城諸

寺修緝毁壞其事遂廢
西北隅積善尼寺
隋開皇十二年左僕射高熲妻賀拔氏所立其地
本賀拔氏之別第
十字街東之北波斯胡寺次南曰居德坊
南街西出通金光門坊内隋有依法寳岸凝觀寺
大業中□時凝觀寺有僧法慶□□□□紵像未
成恭死時寳昌寺僧大智同日亦卒三日□□去
見官曹室殿上有一□□若王者見法慶在前有
一像忽來爲殿上人曰慶□我□□何乃令死便
檢之簿云慶食蕢而命未終殿上□□□給荷葉

南京新記　十五

已終其年言訖而忽失所在大智便蘇衆異之乃
往凝觀寺問慶時亦蘇說□□問遂不復能令每
日朝進荷葉而拔齊時進八□知□終身周流請
乞以成其□□今見在光天寺文渭南人單道琮
永徽中因病風㾓後便皆食具不復經口但啜土
飲水以終其身時人謂□人□也
東南隅光天寺
□□□漢園丘餘趾光天元年改爲光天寺
西北隅普□寺

開皇七年突厥開府儀同三司鮮于遵義捨宅立
寺傳□□磨帝西域胡人善咒術常咒枯楊使生
枝葉
南門之西奉恩寺
本將軍尉遲樂宅神龍二年立爲寺也
次南曰羣賢坊東門之南直長受坊西南隅長安縣
廨
去府六里
南門之東永泰寺
神龍中中宗爲永泰公主追福所立寺内東精舍

南京新記　十六

有隋中大夫鄭法士畫釋迦滅度之變左□廊有
滕王庫眞李雅畫聖僧之跡也
北門之東大法寺
武德中左光祿大夫□遠所立焉
十字街西之北崇義寺
武德二年桂陽公主爲駙馬趙慈景所立焉
次南曰嘉會坊西南隅褒義寺
本隋大保吳武公尉遲剛宅初剛兄迥置妙象寺
於故都城中移都後剛捨宅復立於此改名褒義
寺其殿堂□宇竝故都舊寺之材木

十字街西之北靈安寺
武德三年高祖爲衛懐王玄霸所立
次南曰永平坊東門之北宣化尼寺
隋開皇五年周昌樂公主及駙馬都尉尉遲安捨
宅立寺門金剛上人羅法雅所制頗有靈跡有一
尼常傾心供養
□心尼寺
開皇八年宮者儀同宋祥捨宅所立也
十字街東之北眞化尼寺
開皇十年冀州刺史馮臘捨宅所立

東南隅中宗昭容上官氏宅
今爲南陽縣主所居之
次南曰懐德坊
□門之東舊有富商鄒鳳熾宅鳳熾肩高背曲有
似駱駝時人號爲鄒駱駝其家巨富金玉資貨不
可勝計常與朝貴遊往因是勢傾朝市邸店田宅
遍滿海內其家男女婢僕□□玉食服用器物皆
盡一時之□常嫁女娶婦□□請朝士拜常賓客數
百人衆皆愕然不知孰是□婦又嘗竭見□高祖
請市終南山山中毎樹□絹一疋自云山樹雖盡
而臣絹未竭事雖不行終爲貴賤之所驚後犯事
流瓜州會赦還及卒後子漸以窮迫又有富商王
元寶者年老好戲謔出入市里爲人所知時人以
錢文有元寶字因呼錢爲王老焉
西南隅羅漢寺
開皇六年雍州牧楚公豆盧勣所立也□□之先
問周隋間房氏知名曰皆云是從祖從叔次日豐
邑公相與公還近亦云是族叔其人大笑曰公是
方相姪兒只可嚇鬼何爲誑人自是大愧遂無矜
誕矣

東北隅淨虛觀
開皇七年隋文帝爲道士□呂所立呂却穀鍊氣
故以淨虛爲名
次南曰待賢坊
此坊隋初立天下諸州朝集使邸故以待賢名之
東北隅會聖觀
開皇七年隋文帝爲秦王孝俊所立
□南曰淳和坊東南隅隱太子廟大南曰常安坊東
南隅章懐太子廟
神龍中所立也

次南曰和平坊
坊內南北街之東築大莊嚴寺街西□總持寺
次南曰陽坊
坊西南即京城之西南隅也
半己東大莊嚴寺
隋初□□□三年為獻后立為禪定寺宇文愷以京城西有昆明池地勢微下乃奏於此建木浮圖高三百三十仞周匝百二十步寺內複殿重廊天下伽藍之盛莫與爲比大業末此寺有僧智興□□□□□□□□

十字街西之北辨才寺
本鄭孝王亮隋代舊宅亮子司空淮安王神通以開皇十年爲沙門智凝立此寺於尊賢坊以智凝辨才不滯因名寺焉武德二年移於此
東門之北慧日寺
開皇六年立本富商張通宅捨而立寺通妻陶氏常於西市鬻飯精而價賤時人呼為陶寺寺內有九層浮圖一百五十尺貞觀三年沙門道□所立
次南曰崇化坊東南隅龍興觀
貞觀五年太子承乾有疾勑道士秦英祈禱獲愈遂立此觀垂拱中有道士成玄英長於言論著老數部行於時也
東門之北經行寺
本長安令屈突蓋宅開皇十年邑人張緒市所立焉
西南隅淨樂尼寺
隋開皇六年所立
次南曰豐邑坊
南街西通□平門此坊多假賃方相送喪之具武德中有一人姓房好自矜門閥朝廷衣冠皆認以為近屬有一人惡其如此設便云三途六趣開此

解脫時仲冬寒烈掌中凝□□□告僧後寺僧三果有元住待賢坊因從煬帝南幸忽成夢其妻曰吾至彭城不達病死生於地獄艱苦常備□今日初聞禪定寺智興師鳴鐘響徹地獄同受苦者一時解免今得託生思報其恩□具絹與之妻覺不信又夢如初妻辭以家貧無所得絹答曰有吏枉得絹三十疋不合得用今吾將來置於後牀與是足矣妻驚覺持火照牀果有絹三十疋遂發哀持絹送寺數日而凶問至武德元年改為莊嚴寺

半己西大總持寺

隋大業元年煬帝爲父文帝立初名禪定寺制度與莊嚴同亦有木浮圖高下與西浮圖不異武德元年改爲總持寺今莊嚴總持卽隋文獻后宮中之號二寺門額並少詹事殷令名所書竹林傳云隋代所賜至今儼然

右皇城西第三街之十三坊

兩京新記卷第三

題兩京新記後

唐韋述撰兩京新記五卷宋史藝文志著于錄予偶得古抄本一册乃其第三卷而首又闕數紙焉卷尾題云寫金澤文庫本則是書之流播此間舊矣但其不完殊爲可惜已彼中撰著援引此書者絕罕唯宋程大昌雍錄明郎瑛七修類稿嘗一及之而其他無見也則疑其佚於彼焉及讀清人朱彝尊曾熙寧長安志後云東西京記世無完書乃識其書雖存而非完本矣安知彼之所佚非我之所存乎嗚呼唐代遺書傳世者罕斷簡剩策固在可珍况兩京當時之盛亦可因以槪見則在好古者尤所宜珍尚焉者抑亦覩隻羽片鱗以想夫龍鳳之姿也已未秋八月小盡日天瀑識

粵大記（一）

提要

《粤大記》三十二卷，明郭棐撰，日本内閣文庫藏萬曆寫刻本。每半葉九行二十字，四周雙邊，白口，單魚尾。是書創於萬曆五年(一五七七)，歷時十八年成書。記載廣東地方事蹟、人物和典章制度。原分五類，現缺一卷。事紀類，有『廖永忠平粤』，『海島澄波』等目，每述事畢，必加評語。科第類，分科列名，每人敘有簡歷。宦績類，分『性學淵源』、『忠貞正義』等目。獻徵類，分『理學正傳』等目。政事類、分兵職、軍制、軍器、弓兵、營堡、沿海汛地、水利、珠池等目，專言典章制度。全書以人物為主，輔以記事； 以歷史為主、輔以地理； 以敍述為主，輔以評論。書末附有『廣東沿海圖』。郭棐，字篤周，號夢蘭，廣東南海人，著有《夢菊全集》、《齊楚滇蜀諸稿》等。

粵大記卷之二

嶺南郭棐篤周甫編

事紀類

武周開粵

周武王旣滅殷十有三年乃正九服徹法以南海地在東南揚州之裔定爲藩服乃經九地而井牧其田野九八蠻之距揚越者爲蠻揚十八年夏王南巡狩陳詩至于南海成王七年周公作周髀以測日景榮方述而成之言北極出地至朔方而益高南極入地至南海而益下十年交趾合浦西南有越裳氏者重三譯而獻白雉周公曰德澤不加君子不饗其贄政令不施君子不臣其人譯曰吾國之黃耇曰天無烈風淫雨海不揚波三年意者中國有聖人乎於是來朝周公致薦于宗廟使者迷其途周公賜以軿車五乘皆爲司南之制使者載之由扶南林邑海際朞年至其國二十有一年春四夷朝于成周畢貢方物蠻揚以翟是曰王會夷王八年楚子熊渠伐楊粵勝之自是南海叛服不常惠王六年楚成王惲布德施惠結好於諸侯天子賜胙曰鎮爾南方夷越之亂無侵中國於是南海臣服于楚顯王三十五年越伐楚楚子熊商大敗之越遂散處江南海上是爲百粵自丹陽并鄉梅里至于嶺表皆越王子孫也秦始皇二十五年定天下爲三十六郡郡置守尉監南越非三十六郡之限別置南海尉以典之以番禺爲南海郡尉吏祿爲南海郡監二十九年秦皇利粵之犀角象齒玳瑁珠璣乃使尉屠睢發卒五十萬爲五軍一軍塞鐔城之嶺一軍守九疑之塞一軍處番禺之都一軍守南野之路一軍結餘干之水三年不解甲弛弩使監祿轉餉又一軍鑿渠而通糧道以與粵人戰殺西嘔君譯吁宋而粵人皆入叢薄中與禽獸處莫肯爲秦虜置桀駿以爲將而夜攻秦人大破之殺尉睢伏尸數十萬三十三年遣任囂趙佗擊南越平之置三郡以任囂爲南海都尉趙佗爲龍川令治之是年秦使趙佗將謫徙民五十萬人戍五嶺與越雜處三十四年謫治獄吏有罪者處南越地三十七年始皇東巡狩至會稽祭大禹望于南海更名大越曰山陰外越蓋謂東甌南越也二世元年使趙佗踰五嶺安百越

佗知中國勞極使人上書求女無夫家者三萬人以爲士卒衣補始皇可其萬五千人於是百姓離心瓦解漢高祖元年冬十二月粵將軍梅鋗帥戶將胡害隊將摇毋餘從漢王破秦兵入關拜胡害毋餘俱爲都尉是年任囂卒佗遂代囂爲尉僭據南越云

外史氏棐曰予嘗紬究粵事云在昔唐虞聲教暨于南交時猶狉狉榛榛未得與青齊兖冀森然列也泉周武王十一年定爲蠻揚此則我粵入中國之始成王十年越裳氏重譯獻雉此則我粵朝貢之始惠王六年王命楚子熊惲鎮南方夷越此則我粵遥治之始顯王三十五年楚子熊商伐越大敗之越遂散處江南海上此則百粵肇迹之始秦始皇二十五年以南海爲郡屠睢作尉史禄領監至三十三年以趙佗爲龍川令此又百粵列郡邑置守令所繇始也迨漢唐以來鬱然焕然稱隩區矣非武王周公開創於前孰臻兹哉予故表而出之俾知粵之開基者頌武周之功不衰而遡粵之創盛者嘉趙佗之勳不朽撥厥原以訂容泯沫耶夫紀載貴探其根源而無取于浮濫若省志所存則猶有當商榷者如康王十有八年王使人如楚昭王十有六年王師伐荆次于漢十有九年王帥師伐荆天大曀雉兔皆震喪六師于漢穆王三十有八年徙戎于南土夫曰楚曰荆曰漢皆與粵無關也而所云南土者攷之通曆言遷戎于太原徙其衆竄于南土則自太原之南而言耳奚得遥及于粵哉又如成王元年春蕃服朝于閩門八年春王初涖祚蕃服來賓十有九年夏王初烝衍藩服來朝元王二年丁卯越滅吳安王十六年楚吳起帥師伐越夫曰來賓曰來朝皆非顯指粵也而所云越者攷之史記越子勾踐滅吳吳夫差自殺則自會稽之越而言耳安得濫及于粵哉且楚澤滕舟竹書可証豈云南海之濵禹望于海史記可稽何謂南交之境孛見紫微劫無干于五嶺星聚東井又何係于百粵乎諸如此類均當刪之蓋國言無藉於浮華而信史最嫌於漫汎也傳覽者其尚綜核焉

尉佗稱藩

秦壹天下略定揚粵置桂林南海象郡以任囂爲南海尉二世時囂病且死召龍川令趙佗語曰秦爲無道天下苦之聞陳勝等作亂天下未知所安南海僻遠恐盜兵侵此吾欲興兵絕新道自備待諸侯變會疾甚且番禺負山險阻南北東西數千里頗有中國人相輔此亦一州之主也可爲國郡中長吏亡足與言者故召公告之即被佗書行南海尉事囂死佗即移檄告橫浦陽山湟谿關曰盜兵且至急絕道聚兵自守因稍以法誅秦所置吏以其黨爲守假秦已滅佗即擊并桂林象郡自立爲南武王漢高帝既定天下爲天下勞苦釋佗不誅十一年使陸賈賜佗印綬詔曰粵人之俗好相攻擊前時秦徙中縣之民南方三部使與百粵雜處會天下誅秦南海尉佗居南方長治之甚有文理中縣人以故不耗減粵人相攻擊之俗益止俱賴其力今立佗爲南粵王與剖符通使和輯百粵毋爲南邊害賈至尉佗魋結箕踞見陸生陸生說佗曰足下中國人親戚昆弟墳墓在眞定今足下反天性棄冠帶欲以區區之越與天子抗衡爲敵國禍且及身矣且夫秦失其政諸侯豪傑並起唯漢王先入關據咸陽項羽倍約自立爲西楚霸王諸侯皆屬可謂至彊然漢王起巴蜀鞭笞天下遂誅項羽滅之五年之間海內平定此非人力天之所建也天子聞君王王南越不助天下誅暴逆將相欲移兵而誅王天子憐百姓新勞苦故且休之遣臣授君王印剖符通使君王宜郊迎北面稱臣乃欲以新造未集之越倔彊於此漢誠聞之掘燒王先人冢夷滅宗族使一偏將將十萬衆臨越則越殺王降漢如反覆手耳於是尉佗乃蹶然起坐謝陸生曰居蠻夷中久殊失禮義因問陸生曰我孰與蕭何曹參韓信賢陸生曰王似賢也復曰我孰與皇帝賢陸生曰皇帝繼五帝三皇之業統理中國中國之人以億計地方萬里萬物殷富政由一家自天地剖判未始有也今王衆不過數十萬皆蠻夷崎嶇山海閒譬若漢一郡耳何乃比於漢尉佗大笑曰吾不起中國故王此使我居中國何遽不若漢乃留陸生與飲數月曰粵中無

足與語至生來令我日聞所不聞賜陸生橐中裝直千金他送亦千金陸生卒拜尉佗為南粵王令稱臣奉漢約歸報帝大悅拜賈為太中大夫高后四年夏五月有司請禁南粵關市鐵器佗曰高帝立我通使物今高后聽讒臣別異蠻夷隔絕器物此必長沙王計欲倚中國擊滅南粵而并王之自為功也五年春佗自稱南越武帝發兵攻長沙敗數縣而去高后遣將軍隆慮侯竈擊之會暑濕士卒大疫不能踰嶺歲餘高后崩即罷兵趙佗因此以兵威財物賂遺閩越西甌駱役屬焉東西萬餘里乘黃屋左纛稱制與中國侔帝乃為佗親冢在真定者置守邑歲時奉祀召其昆弟尊官厚賜寵之復使陸賈使南粵賜佗書曰朕高皇帝側室之子也棄外奉北藩于代道里遼遠壅蔽樸愚未嘗致書高皇帝棄羣臣孝惠皇帝即世高后自臨事不幸有疾諸呂為變賴功臣之力誅之已畢朕以王侯吏不釋之故不得不立今即位乃者聞王遺將軍隆慮侯書求親昆弟請罷長沙兩將軍朕以王書罷將軍博陽侯親昆弟在真定者已遣人存問修治先人冢前日聞王發兵於邊為寇災不止當其時長沙苦之南郡尤甚雖王之國庸獨利乎必多殺士卒傷良將吏寡人之妻孤人之子獨人父母得一亡十朕不忍為也朕欲定地犬牙相入者以問吏吏曰高皇帝所以介長沙土也朕不得擅變焉今得王之地不足以為大得王之財不足以為富服嶺以南王自治之雖然王之號為帝兩帝並立亡一乘之使以通其道是爭也爭而不讓仁者不為也願與王分棄前惡終今以來通使如故賈使南粵南粵王恐頓首謝罪願奉明詔長為藩臣奉貢職於是下令國中曰吾聞兩雄不俱立兩賢不並世漢皇帝賢天子自今以來去帝制黃屋左纛因為書稱蠻夷大長老夫臣佗昧死再拜上書皇帝陛下老夫故粵吏也高皇帝幸賜臣佗璽以為南粵王孝惠皇帝即位義不忍絕所以賜老夫者厚甚高后用事別異蠻夷出令曰毋予蠻夷外粵金鐵田器馬牛羊即予予牡毋與牝老夫處僻馬牛羊齒已長自以祭祀不脩有死罪使內史藩中尉高御史平凡三輩上書謝過皆不反又風聞老夫父母墳

墓已壞削兄弟宗族已誅論吏相與議曰今內不得振於漢外亡以自高異故更號為帝自帝其國非敢有害於天下也高皇后聞之大怒削去南粵之籍使使不通老夫竊疑長沙王讒臣故敢發兵以伐其邊且南方卑溼蠻夷中西有西甌其衆半羸南面稱王東有閩粵其衆數千人亦稱王西北有長沙其半蠻夷亦稱王老夫故敢妄竊帝號聊以自娛老夫身定百邑之地東西南北數千萬里帶甲百萬有餘然北面而臣事漢何也不敢背先人之故老夫處粵四十九年于今抱孫焉然夙興夜寐寢不安席食不甘味目不視靡曼之色耳不聽鐘鼓之音者以不得事漢也今陛下幸哀憐復故號通使漢如故老夫死骨不腐改號不敢為帝矣謹北面因使者獻白璧一雙翠鳥千羣角十紫貝五百桂蠹一器生翠四十雙孔雀二雙昧死再拜以聞皇帝陛下陸賈還報文帝大說

外史氏曰南粵乘秦之餘負山海之險塞橫浦湟溪之口毅然與中國抗衡亦偉然桀驁哉乃陸賈援頌於前嚴助支吾于後逢其吭而奪之柄以一使之任當十萬之師豈不快快壯乎終軍雲當仰蹠之識奮請纓之勇卒以粵而舉國內屬凡稱奇功顧逡能脩餘緒而卒不免斧鑕蓋說有利有不利時也彼伏波樓船二將軍褰旂收馘拓地開疆亦竟俱麗于法何獨惜夫終童耶予最嘉趙佗雄結臣夫耳乃能聞言而悟觸義而趨明於尊分以小事大有文王服殷之誠炳於幾先變逆為順有大易明哲之識卒能王粵五世謂非南徼中豪傑與及其後臧也則繆樛氏外嬖少季內蒸書曰牝雞之晨詩曰哲婦傾城自古戒之矣奚獨粵哉奚獨粵哉

漢將平南

漢武帝建元四年佗孫胡為南粵王立三年閩粵王郢與兵南擊邊邑粵使人上書曰兩粵俱為藩臣毋擅與兵相攻擊今東粵擅興兵侵臣臣不敢應兵唯天子詔之於是天子多南粵義守職約為興師遣兩將軍往討閩粵兵未踰領閩粵王弟餘善殺郢以降於是罷兵天子使嚴助往諭意南粵王胡頓首曰天

子乃爲臣興兵討閩越死無以報德遣太子嬰齊入宿衛謂助曰國新被寇使者行矣胡方日夜裝入見天子助還過淮南上又使助諭淮南王安以討越事嘉答其意安謝不及助旣去南越南越大臣皆諫其王曰漢興兵誅郢亦行以驚動南越且先王昔言事天子期無失禮要之不可以說好語入見則不得復歸亡國之勢也於是胡稱病竟不入見元鼎四年初南越文王遣其子嬰齊入宿衛在長安取邯鄲摎氏女生子興文王薨嬰齊立乃藏其先武帝璽上書請立摎氏女爲后興爲嗣漢數使使者風諭嬰齊入朝嬰齊尚樂擅殺生自恣懼入見要用漢法比內諸侯固稱病遂不見嬰齊薨謚曰明王太子興代立其母爲太后太后自未爲嬰齊姬時嘗與霸陵人安國少季通是歲上使安國少季往諭王及太后以入朝又令諫大夫終軍使越說其王入朝比內諸侯軍自請願受長纓羈南越王致之闕下軍遂往說越王衛尉路博德將兵屯桂陽待使者南越王年少太后中國人安國少季往復與私通國人頗知之多不附太后

太后恐亂起亦欲倚漢威數勸王及群臣求內屬即因使者上書請比內諸侯三歲一朝除邊關於是天子許之賜其丞相呂嘉銀印及內史中尉太傅印餘得自置除其故黥劓刑用漢法比內諸侯使者皆留填撫之五年十一月南越王王太后飭治行裝重齎爲入朝具其相呂嘉年長矣相三王宗族仕宦爲長吏者七十餘人男盡尚王女女盡嫁王子弟宗室及蒼梧秦王有連其居國中甚重得衆心愈於王至是上書數諫止王王弗聽有畔心數稱病不見漢使者使者皆注意嘉勢未能誅王王太后亦恐嘉等先事發欲介漢使者權謀誅嘉等乃置酒請使者大臣皆侍坐飲嘉弟爲將將卒居宮外酒行太后謂嘉曰南越內屬國之利也而相君苦不便者何也以激怒使者使者狐疑相杖遂莫敢發嘉見耳目非是即起而出太后怒欲鏦嘉以矛王止太后嘉遂出介其弟兵就舍稱病不肯見王及使者陰與大臣謀作亂王素無意誅嘉嘉知之以故數月不發天子聞嘉不聽命下王太后孤弱不能制使者怯無決又以爲王王太

后已附漢獨呂嘉爲亂不足以興兵欲使莊參以二千人往使參曰以好往數人足矣以武往二千人無足以爲也辭不可天子罷參郟壯士故濟北相韓千秋奮曰以區區之越又有王王太后應獨相呂嘉爲害願得勇士三百人必斬嘉以報於是天子遣千秋與王太后弟樛樂將二千人往入越境呂嘉等乃遂反下令國中曰王年少太后中國人也又與使者亂專欲内屬盡持先王寶器入獻天子以自媚多從人行至長安虜賣以爲僮僕取自脫一時之利無顧趙氏社稷爲萬世慮計之意乃與其弟將卒攻殺王王太后及漢使者遣人告蒼梧秦王及其諸郡縣立明王長男越妻子術陽侯建德爲王而韓千秋兵入破數小邑其後越直開道給食未至番禺四十里越以兵擊千秋等遂滅之使人函封漢使者節置塞上好爲謾辭謝罪發兵守要害處春三月壬午天子聞南越反曰韓千秋雖無功亦軍鋒之冠封其子延年爲成侯樛樂姊爲王太后首願屬漢封其子廣德爲龍亢侯秋遣伏波將軍路博德出桂陽下湟水樓船將軍楊僕出豫章下湞水歸義越侯嚴爲戈船將軍出零陵下離水甲爲下瀨將軍下蒼梧皆將罪人江淮以南樓船十萬人越馳義侯遺别將巴蜀罪人發夜郎兵下牂牁江咸會番禺齊相卜式上書請父子與齊習船者往死南越天子下詔褒美式賜爵關内侯金六十斤田十頃布告天下天下莫應是時列侯以百數皆莫求從軍擊越會九月嘗酎祭宗廟列侯以令獻金助祭少府省金金有輕及色惡者上皆令劾以不敬奪爵者百六人六年冬樓船將軍楊僕入越地先陷尋陿破石門挫越鋒以數萬人待伏波將軍路博德至俱進樓船居前至番禺南越王建德相呂嘉城守樓船居東南面伏波居西北面會暮樓船攻敗越人縱火燒城伏波爲營遣使者招降者賜印綬復縱令相招樓船力攻燒敵驅而入伏波營中黎旦城中皆降建德嘉已夜亡入海伏波遣人追之校尉司馬蘇弘得建德越郎都稽得嘉戈船下瀨將軍兵及馳義侯所發夜郎兵未下南越已平矣遂以其地爲南海蒼梧鬱林合浦交趾九真日南珠厓儋耳九

郁師還上益封伏波封樓船為將梁侯蘇弘為海常侯都稽為臨蔡侯及越降將蒼梧王趙光等四人皆為侯

外史氏巢曰漢武帝興兵擊東越以安南越德之洽於南越也甚厚而少季㴞亂呂嘉脅繆不克仰承德意且擊滅韓千秋等兵於是遣伏波樓船諸將軍率師南下踰年而耆定之分其地為九郡乃百粵始屬中國版圖以迄于今則伏波樓船之宏烈也當遣千秋時淮南王安上言曰臣聞越甲卒不下數十萬所以入之五倍乃足輓車奉餉者不在其中南方暑濕近夏瘴熱暴露水居蝮蛇蠚生疾病多作未血刃而病死者十二三雖舉越國而虜之不足以償所失臣聞長老言秦之時嘗使尉屠睢擊越又使監祿鑿渠通道越人逃入深山林叢不可歸攻留軍屯守空地曠日持久當此之時內外騷動民不聊生群為盜賊於是山東之難始興且天子之兵有征無戰言莫敢校也如使越人蒙徼倖以逆執事之顏行厮輿之卒有不備而歸者雖得越王之首猶為大漢羞之其後韓千秋等兵為呂嘉所擊滅而使者皆遇害則安之言非過也是役也予獨惜終軍以妙齡奉使死於其職適志未及表章之豈勸忠之義乎予故別為之傳庶覽者知其志焉

盧循寇廣

晉安帝隆安二年初琅邪人孫泰學妖術於錢唐杜子恭士民多奉之王珣惡之流泰於廣州王雅薦泰於孝武帝云知養性之方召還累官至新安太守泰知晉祚將終因王恭之亂以討恭為名收合兵衆聚貨鉅億三吳之人多從之識者皆憂其為亂以中領軍元顯與之善無敢言者會討孫恩劉牢之亦發兵閒恩拜表輙行元興元年春三月孫恩寇臨海臨海太守辛景擊破之恩所虜三吳士女死亡殆盡恩恐為官軍所獲乃赴海死其黨及妓妾從死者以百數謂之水仙餘衆數千人復推恩妹夫盧循為主循諶之曾孫也神采清秀雅有材藝少時沙門慧遠嘗謂

之曰君雖體涉風素而志存不軌如何太尉玄欲撫
安東土乃以循為永嘉太守循雖受命而寇暴不已
夏五月盧循自臨海入東陽太尉桓玄遣撫軍中兵
參軍劉裕將兵擊之循敗走二年春正月至秋八月
劉裕屢破盧循循浮海南走三年盧循寇南海攻番
禺廣州刺史濮陽吳隱之拒守百餘日冬十月壬戌
循夜襲城而陷之燒府舍民室俱盡執吳隱之循自
稱平南將軍攝廣州事聚燒骨為大冢葬於洲上得
髑髏三萬餘枚又使徐道覆攻始興執始興相阮腆

之義熙元年盧循遣使貢獻時朝廷新定未暇征討
權以循為廣州刺史徐道覆為始興相循遺劉裕益
智粽裕報以續命湯循以前琅邪內史王誕為平南
長史誕說循曰誕本非戎旅在此無用素為劉鎮軍
所知若得北歸必蒙寄任公私際會仰答厚恩循甚
然之劉裕與循書令遣吳隱之還循不從誕復說循
曰將軍今留吳公公私非便孫伯符豈不欲留華子
魚邪但以一境不容二君耳於是循遣隱之與誕俱
還六年初徐道覆聞劉裕北伐勸盧循乘虛襲建康

循不從道覆自至番禺說循曰本住嶺外豈以理極
於此傳之子孫邪正以劉裕難與為敵故也今裕頓
兵堅城之下未有還期我以此思歸死士掩擊何劉
之徒如反掌耳不乘此機而苟求一日之安朝廷常
以君為腹心之疾若裕平齊之後息甲歲餘以璽書
徵君裕自將屯豫章遣諸將校帥銳師過嶺雖復
以將軍之神武恐必不能當也今日之機萬不可失
若先克建康傾其根本裕雖南還無能為也君若不
同便當帥始興之眾直指尋陽循甚不樂此舉而從

以奪其計乃從之初道覆使人伐船材於南康山至
始興賤賣之居人爭市之船材大積而人不疑至是
悉取以裝艦旬日而辦循自始興寇長沙道覆寇南
康廬陵豫章諸守相皆委任奔走道覆順流而下舟
械甚盛劉裕至下邳以船載輜重自帥精銳步歸至
山陽聞何無忌敗死慮京邑失守卷甲兼行與數十
人至淮上問行人以朝廷消息行人曰賊尚未至劉
公若還便無所憂裕大喜將濟江風急甚咸難之裕
曰若天命助國風當自息若其不然覆溺何害即命

登舟舟移而風止過江至京口衆乃太安夏四月癸未裕至建康以江州覆没表送章綬詔不許青州刺史諸葛長民兖州刺史劉藩并州刺史劉道憐各將兵入衛建康藩豫州刺史毅之從弟也秋七月庚申循自蔡洲南還尋陽留其黨范崇民將五千人據南陵甲子裕使輔國將軍王仲德廣川太守劉鍾河間内史蒯恩中軍諮議參軍孟懷玉等帥衆追循八月劉裕還東府大治水軍遣建威將軍會稽孫處振武將軍沈田子帥衆三千自海道襲番禺田子林子之兄也衆皆以為海道艱遠必至為難且分撤見力非目前之急裕不從敕處曰大軍十二月之交必破妖虜卿至時先傾其巢窟使彼走無所歸也江州刺史庾悅以盧循兵守廣州者不以海道為虞庚戌孫處乘海奄至會大霧四面攻之即日拔其城處撫其舊民戮循親黨勒兵謹守分遣沈田子等擊嶺表諸郡劉裕軍雷池盧循揚聲不攻雷池當乘流徑下裕知其欲戰十二月己卯進軍大雷庚辰盧循徐道覆帥衆數萬塞江而下前後莫見舳艫之際裕悉出

輕艦帥衆軍齊力擊之又分步騎屯於西岸先備火具裕以勁弩射循軍因風水之勢以焚之循艦悉泊西岸岸上軍投火焚之烟焰漲天循兵大敗走還尋陽將趣豫章乃悉力柵斷左里丙申裕軍至左里不得進裕麾兵將戰所執麾竿折幡沈于水衆並怪懼裕笑曰往年覆舟之戰幡竿亦折今者復然賊必破矣即攻柵而進循兵雖殊死戰弗能禁循單舸走所殺及投水死者凡萬餘人納其降附宥其逼略遣劉藩孟懷玉輕軍追之循收散卒尚有數千人徑還番禺道覆走保始興裕板建威將軍褚裕之行廣州刺史裕之裒之曾孫也裕還建康劉毅惡劉穆之每從容與裕言穆之權太重裕益親任之七年春正月劉藩帥孟懷玉等諸將追盧循至嶺表二月壬午懷玉克始興斬徐道覆三月盧循行收兵至番禺遂圍之孫處拒守二十餘日沈田子言於劉藩曰番禺城雖險固本賊之巢穴今循圍之或有内變且孫季高衆力寡弱不能持久若使賊還據廣州凶勢復振矣夏四月田子引兵救番禺擊循破之所殺萬餘人循走

田子與處共追之又破循於蒼梧鬱林寧浦合處循不能進循奔交州初九真太守李遜作亂交州刺史交阯杜瑗討斬之瑗卒朝廷以其子慧度為交州刺史詔書未至循襲破合浦徑向交州慧度帥州府文武拒循於石碕破之循餘衆猶三千人李遜餘黨李脫等結集俚獠三千餘人以應循庚子循晨至龍編南津慧度悉散家財以賞軍士與循合戰擲雉尾炬焚其艦以步兵夾岸射之循衆艦俱燃兵遂大潰循知不免先鴆妻子召妓妾問曰誰能從我死者多云雀鼠貪生就死實難或云官尚當死其豈願生乃悉殺諸辭死者因自投于水慧度取其尸斬之并其父子及李脫等函首送建康

外史氏筆曰盧循以幺麽之姿狃於獲龍之兆遂建旗揭竿橫行於海島中誠滇渤之鯨鯢而負嵎之豺虎也綱目於元興三年冬十月書盧循陷番禺徐道覆陷始興名循之為亂賊也義熙七年夏四月書盧循寇番禺不克走交州刺史杜慧度擊斬之考異謂當作討循誅之正其為亂賊也夫循之為賊昭昭矣通志於事紀元興三年冬十月書海賊盧循攻廣州刺史吳隱之與戰敗績壬戌大火城陷循獲隱之自攝州事此固著循亂之始而於義熙六年始書盧循反何其討惡之恕乎其自元興三年之冬以及義熙六年之春中間僭據七年之久孰非反之之日乎且又於廣州刺史題名于吳隱之後繼以盧循何其薰蕕並列而名器倒置乎諸如此類皆當刪正不然何以寒亂臣賊子之膽而正萬古之綱常哉

蕭勃據粵

梁武帝太清三年西江督護陳霸先欲起兵討侯景景使人誘廣州刺史元景仲許奉以為主景仲由是附景陰圖霸先霸先知之與成州刺史王懷明等集兵南海馳檄以討景仲曰元景仲與賊合從朝廷遣曲陽侯蕭勃為刺史軍已頓朝亭景仲所部聞之皆棄景仲而散秋七月甲寅景仲縊於閣下霸先迎定州刺史蕭勃鎮廣州前高州刺史蘭裕欽之弟也與

與諸弟扇誘始興等十郡攻監衡州事歐陽頠勃使霸先救之悉擒裕等勃因以霸先監始興郡事冬十二月始興太守陳霸先結郡中豪傑欲討侯景郡人侯安都張偲等各帥衆千餘人歸之霸先遣主帥杜僧明將二千人頓於嶺上廣州刺史蕭勃遣人止之曰侯景驍雄天下無敵前者援軍十萬士馬精彊猶不能克君以區區之衆將何所之如聞嶺北王侯又皆鼎沸親尋干戈以君疏外詎可暗投未若且留始興遥張聲勢保太山之安也霸先曰僕荷國恩往聞侯景度江郎欲赴援遭值元蘭梗我中道今京都覆沒君辱臣死誰敢愛命君侯體則皇枝任重方岳遣使一軍猶賢乎已乃更止之乎乃遣使間道詣江陵受湘東王繹節度時南康土豪蔡路養起兵據郡勃乃以腹心譚世遠為曲江令與路養相結同遏霸先

簡文帝大寶元年春正月陳霸先發始興至大庾嶺蔡路養將二萬人軍於南野以拒之路養妻姪蘭陵蕭摩訶年十三單騎出戰無敢當者杜僧明馬被傷陳霸先救之授以所乘馬僧明上馬復戰衆軍因而乘之路養大敗脫身走元帝承聖三年廣州刺史曲江侯勃自以非上所授內不自安上亦疑之勃啓求入朝五月乙巳上以王琳為廣州刺史勃為晉州刺史秋九月曲江侯勃遷居始興陳高祖永定元年初梁世祖以始興郡為東衡州以歐陽頠為刺史久之徙頠為郢州刺史蕭勃留頠不遣世祖以王琳代勃為廣州刺史勃遣其將孫瑒監廣州盡帥所部屯始興以避之頠別據一城不往謁閉門自守勃怒遣兵襲之盡收其貲財馬仗尋赦之使復其所與之結盟江陵陷頠遂事勃二月庚午勃起兵於廣州遣頠及其將傅泰蕭孜為前軍孜勃之從子也南江州刺史余孝頃以兵會之詔平西將軍周文育帥諸軍討之歐陽頠等出南康頠屯豫章之苦竹灘傅泰據蹠口城余孝頃遣其弟孝勱守郡城自出豫章據石頭巴山太守熊曇朗誘頠共襲高州刺史黃法𣰰又語法𣰰約共破頠且曰事捷與我馬仗遂出軍與頠俱進至法𣰰城下曇朗陽敗走法𣰰乘之頠失援而走曇朗取其馬仗歸于巴山周文育軍少船余孝頃有船

在上半文育遣其主焦僧度襲之盡取以歸仍於豫章立柵中食盡諸將欲退文育不許使人間行遺衡州刺史周迪書約為兄弟迪得書甚喜許饋以糧於是文育分遣老弱乘故舡沿流俱下燒豫章柵偽若遁去者孝頃望之大喜不復設備文育由間道兼行據芊韶芊韶上流則歐陽頠蕭孜下流則傳泰余孝頃營文育據其中間築城饗士頠等大駭頠退入泥溪文育遣嚴威將軍周鐵虎等襲頠癸巳擒之文育盛陳兵甲與頠乘舟而宴巡蹠口城下使其將丁灋洪攻泰擒之攻孝頃退走三月庚子周文育送歐陽頠傳泰于建康丞相霸先與頠有舊釋而厚待之曲江侯勃在南康聞歐陽頠等敗軍中恟懼甲寅德州刺史陳靈武前衡州刺史譚世遠攻勃殺之夏四月故曲江侯勃主帥蘭敳襲殺譚世遠軍主夏侯明徹殺敳持勃首降勃故記室李寶藏奉懷安侯任據廣州蕭孜余孝頃猶據石頭為兩城各居其一多設舡艦夾水而陳丞相霸先遣平南將軍侯安都助周文育擊之戊戌安都潛師夜燒其舡艦文育帥水軍安都帥步騎進攻之蕭孜出降孝頃逃歸新吳文育等引兵還丞相霸先以歐陽頠聲著南土復以頠為衡州刺史使討嶺南未至其子紇已克始興頠至嶺南諸郡皆降遂克廣州五月戊辰余孝頃遣使詣丞相府乞降嶺南悉平

外史氏棐曰蕭勃之刺廣州霸先之力也及霸先起兵討侯景其義甚正勃陰令蔡路養譚世遠遏止之然隙始開噬臍何及乎綱目書梁始與太守陳霸先起兵討侯景予之也書法謂侯景之變梁之臣子能盡討賊之義者霸先一人而已觀于霸先之功則勃之罪其容掩乎然則勃之起兵廣州不書反周文育之擊勃不書討勃為其下所殺不書誅何也蓋霸先書自為丞相錄尚書事之後則與前討侯景之心相矛盾矣烏容復予以討亂之義哉此又綱目之權衡也

黄巢僭亂

唐僖宗乾符元年濮州人王仙芝聚衆數千起於長垣二年夏六月王仙芝及其黨尚君長攻陷濮州曹

州衆至數萬天平節度使薛崇出兵擊之為仙芝所敗究句人黃巢亦聚衆數千人應仙芝巢少與仙芝皆以販私塩為事巢善騎射喜任俠粗涉書傳屢舉進士不第遂為盜與仙芝攻剽州縣橫行山東民之困於重斂者爭歸之數月之間衆至數萬群盜侵淫剽掠十餘州至于淮南多者千餘人少者數百人詔淮南忠武宣武義成天平五軍節度使各監軍丞加討捕五年正月以曾元裕為招討使元裕大破王仙芝於黃梅殺五萬餘人追斬仙芝傳首餘黨散去黃巢方攻汝州未下尚讓帥仙芝餘衆歸之推巢為王號衝天大將軍改元王霸六年五月黃巢與浙東觀察使崔璆嶺南東道節度使李迢書求天平節度使二人為之奏聞朝廷不許巢復上表求廣州節度使上命大臣議之左僕射于琮以為廣州市舶寶貨所聚豈可令賊得之亦不許乃議別除官六月宰相請除巢率府率從之秋九月黃巢得率府率告身大怒詬執政急攻廣州即日陷之執節度使李迢轉掠嶺南州縣巢使迢草表述其所懷迢曰予代受國恩親戚滿朝腕可斷表不可草巢殺之黃巢在嶺南士卒罹瘴疫死者什三四其徒勸之北還以圖大事巢從之自桂州編大桃數千乘暴水沿湘江而下歷衡永州十月癸未抵潭州城下李係嬰城不敢出戰巢急攻一日陷之係奔朗州巢盡殺戍兵流尸蔽江而下尚讓乘勝進逼江陵衆號五十萬廣明元年十二月庚寅黃巢入長安殺唐宗室無遺類辛卯巢始入宮壬辰巢即皇帝位于含元殿畫皁繒為袞衣擊戰鼓數百以代金石之樂登丹鳳樓下赦書國號大齊改元金統謂廣明之號去唐下體而著黃家日月以為己符瑞唐官三品已上悉停任四品以下位如故以妻曹氏為皇后以尚讓為太尉兼中書令趙璋兼侍中崔璆楊希古並同平章事孟楷蓋洪為左右僕射知左右軍事費傳古為樞密使以太常博士皮日休為翰林學士四年春正月黃巢兵尚疆周岌時溥朱全忠不能支共求救於河東節度使李克用二月克用將蕃漢兵五萬出天井關河陽節度使諸葛爽辭以河橋不全屯兵萬善以拒之克用乃還兵自陝河

中虔河而東三月朱全忠擊黃巢尾子寨拔之巢將峽人李唐賓楚丘王虔裕降于全忠黃巢圍陳州幾三百日趙犨兄弟與之大小數百戰雖兵食將盡而衆心益固李克用會許汴徐兗之軍于陳州時尚讓屯太康夏四月癸巳諸軍進拔太康黃思鄴屯西華諸軍復攻之思鄴走黃巢聞之懼退軍故陽里陳州圍始解朱全忠聞巢將至引軍還大梁五月癸亥大雨平地三尺黃巢營為水所漂且聞李克用至遂引兵東北趣汴州屠尉氏尚讓以驍騎五千進逼大梁

至于繁臺宣武將豐人朱珍南華龐師古擊却之全忠復告急於李克用丙寅克用與忠武都監使田從異發許州戊辰追及黃巢於中牟北王滿渡乘其半濟奮擊大破之殺萬餘人賊遂潰尚讓帥其衆降時溥別將臨晉李讜曲周霍存甄城葛從周兗句張歸霸及從弟歸厚帥其衆降朱全忠巢踰汴而北己巳克用追擊之於封丘又破之庚午夜復大雨賊驚懼東走克用追之過胙城匡城敗之餘衆近千人東奔兗州辛未克用追至冤句騎能屬者纔數百人晝夜行

二百餘里人馬疲乏糧盡乃還汴州欲裹糧復追之獲巢幼子及乘輿器服符印得所掠男女萬人悉縱遣之庚辰時溥遣其將李師悅將兵萬人追黃巢六月甲辰武寧將李師悅與尚讓追黃巢至瑕丘敗之巢衆殆盡走至狼虎谷丙午巢甥林言斬巢兄弟妻子首將詣時溥遇沙陀博野軍奪之并斬言首以獻于溥秋七月壬午時溥遣使獻黃巢及家人首并姬妾上御大玄樓受之宣問姬妾汝曹皆勳貴子女世受國恩何為從賊其居首者對曰狂賊凶逆國家以

百萬之衆失守宗祧播遷巴蜀今陛下以不能拒賊過責一女子置公卿將相於何地乎上不復問皆戮之於市人爭與之酒其餘皆悲怖昏醉居首者獨不飲不泣至於就刑神色肅然　上以長安宮室焚毀故久留蜀未歸王徽知京兆尹事招撫流散戶口稍歸復繕治宮室百司粗有條緒十月關東藩鎮表請車駕還京師十二月鳳翔節度使李昌言病表弟昌符知留後昌言薨制以昌符為鳳翔節度使時黃巢雖平秦宗權復熾命將出兵寇掠鄰道陳彥侵淮南

秦賀侵江南泰詰陷襄唐鄧孫儒陷東都孟陝虢張
旺陷汝鄭盧塘攻汴宋所至屠翦焚蕩殆無孑遺其
殘暴又甚於巢軍行未始轉糧車載鹽尸以從北至
衛滑西及関輔東盡青齊南出江淮州鎮存者僅保
一城極目千里無復煙火上將還長安畏宦權爲患
光啓元年春正月戊午下詔招撫之己卯車駕發成
都陳敬瑄送至漢州而還二月丙申至鳳翔三月丁
卯至京師荆棘滿城狐兔縱橫上悽然不樂己巳赦
天下改元時朝廷號令所在惟河西山南劍南嶺南
數十州而已

外史氏集曰黃巢鹽監耳藉王仙芝之餘焰橫
行江淮弄兵楚粵揚戈入廣州如履無人之境
復僭據長安黃屋左纛稱號大齊改元金統何
其暴也非李克用數挫其鋒則時溥何繇坐收其
勝然則克用於唐有再造之力洵元功哉綱目
於僖宗中和二年冬書李克用將沙陀趣河中
嘉其赴義之勇三年春書破尚讓於華州五月
書李克用破黃巢收復長安予其恢復之績蓋
比於郭汾陽恢復兩京深嘉之也然攷之黃巢
於乾符六年陷廣州執節度使李迢使代草表迢
堅不從遇害良可謂不貳心之臣矣綱目畧而
不書何以勸忠乎竊謂於巢陷廣州之下當書
節度李迢死之以著其節庶以教萬世之爲人
臣者嗚呼盧循陷廣州吳隱之以不屈被戮黃
巢陷廣州李迢以不草表而死若二公者其足
爲廣州增光焰萬丈哉

宋師南伐

宋太祖開寶三年遣將潘美尹崇珂帥師伐鋹鋹遣
宦者龔澄樞等禦之秋九月宋師克富州斬鋹將伍
彥柔澄樞遁還按通鑑先是宋主令南唐主爲書諭鋹
鋹不悛唐主上其書宋主乃以潘美爲桂州道行營
都部署尹崇珂爲副以伐之時南漢舊將多以讒搆
誅死宗室翦戮殆盡掌兵者惟宦官數人自南漢主
晟以來耽於遊宴城壁濠隍多飾爲宮館池沼樓艦
皆毀兵器又腐及聞有宋師內外震恐乃遣龔澄樞
馳往賀州晝守禦策宋前鋒至芳林澄樞遁還宋遂

圍賀州南漢諸文臣皆請起故將潘崇徹南漢主不從遣伍彥柔將兵援賀潘美聞彥柔至潛以奇兵伏南鄉岸彥柔夜泊南鄉艤舟岸側遲明挾彈登岸踞胡床指揮而宋伏兵卒起彥柔衆大亂死者十七八擒彥柔斬之梟其首以示城中城遂破降宋師既克賀州美等次昭州破開建砦殺卒數百擒砦將靳暉昭州刺史田行稠遁去城遂陷桂州刺史李承進棄城而奔冬十二月宋師克連州鋹所署招討使盧收退保清遠自圍美督戰艦聲言順流趨廣州南漢主憂迫計無所出乃以潘崇徹為都統領衆三萬屯賀江會美徑趨昭州崇徹但擁衆自保而已美乘勝克昭州進拔桂連二州南漢主聞之謂左右曰昭桂連賀本屬湖南今北師取之足矣吾知不復南也鋹將李承渥帥師拒宋潘美進擊大敗之遂克韶州是時南漢主以李承渥為都統將兵十餘萬陣于蓮花峰下南漢人教象為陣每象載十數人皆執兵仗凡戰必致陣前以壯軍威潘美集勁弩射之象奔踶乘者皆墜反踐承渥軍軍遂大敗承渥僅以身免美進攻

韶州韶漢之北門也鋹聞韶破竊處不知為計始令塹廣州東城顧諸將無可使者宮媼梁鸞真薦其養子郭崇岳可用南漢主以為招討使與大將植廷曉統軍六萬屯馬逕以禦宋師崇岳無謀勇唯日禱于鬼神而已是月宋以董樞知連州兼行營招撫使以曹光實為嶺南都巡檢使樞偕光實既至捕逐群盜海隅以寧開寶四年春正月克英雄二州宋將潘崇徹降按潘崇徹廣州南海人事龔為內侍省丞頗讀兵書立戰功晟嘗遣大將吳懷恩伐桂州平之懷恩為部下所殺命崇徹代之鋹襲位加西北面都統歲餘鋹頗疑崇徹遣薛崇譽使其軍以察之崇譽還白崇徹以伶人百餘衣錦繡吹玉笛為長夜之飲不恤軍政鋹怒召歸奪其兵柄自是居常怏怏太祖命師度嶺鋹復命崇徹領兵五萬戍賀江崇徹不為効命且素無智謀徒擁大衆紀律蕩然以致宋師乘勝直次于瀧頭鋹遣使求緩師美不許瀧頭山水險惡美等疑有伏兵乃挾鋹使速度諸險美進馬逕去廣城十里砦于雙女山下漢主聞之取舶船十餘載金寶妃

鋹欲入海未及發宦者樂範與衛兵千餘盜舶船走漢主懼遣其左僕射蕭漼奉表詣軍門乞降美即令人送漼赴汴漢主歆遣其弟保興率百官出迎郭崇嶽止之乃復為扞禦之備又遣保興率國內兵拒宋植廷曉謂崇嶽曰北軍乘席卷之勢其鋒不可當吾軍旅雖衆然皆傷疲之餘今不驅策而前亦坐受其斃矣廷曉乃領前軍據水而陣令崇嶽殿後旣而宋師濟水廷曉力戰不勝死于陣崇嶽奔還其柵潘美謂諸將曰彼編竹木為柵若用火焚之必擾亂因而

夾攻之此萬全之策也遂分遣丁夫人持二炬間道造其柵會暮夜萬炬俱發天大風煙埃紛起南漢軍大敗崇嶽死于亂兵龔澄樞李托相與謀曰北軍之來利吾國中珍寶爾今盡焚之使得空城必不能久駐也乃縱火焚府庫宮殿一夕皆盡明日鋹出降美入城擒鋹及龔澄樞李托薛崇譽與宗室文武九十七人同縻於龍德宮保興逃於民家亦獲之悉部送闕下斬閹工五百餘人凡得州六十縣二百四十戶十七萬鋹至江陵邸吏龐師進迎謁學士黃德昭侍

鋹問師進何人德昭曰本國人也鋹曰何為任北官先主進貢大朝輜重此至荊州乃令師進至邸于此造車以給饋運爾鋹嘆曰我在位十四年未嘗聞此言今日始知祖宗山河及大朝境土也因泣下久之

宋文鑑嶺南道行營擒劉鋹露布嶺南道行營都部署潘美副部署尹崇珂都監朱憲等上尚書兵部臣等聞飛霜激電上帝所以宣威伐罪弔民明王以之耀武我國家仰稽玄象大啓洪基將俾三代之土疆永泰萬方之生聚西平巴蜀雲雷敷潤物之恩南定

衡湘江漢披朝宗之浪惟嶺外之獷俗獨恃遠以偷安久背照臨罔遵聲教僞漢國主劉鋹性惟兇惡識本庸愚以虐害為化風以誅戮為政事置火床鐵刷之獄人不聊生設剉碓湯鑊之刑古未嘗有恨刀鋒之不快用鋸解以恣情斷割封剝窮彼殘害一境顛天而無路生民何地以稱寃衆心望明如望皎月我皇帝仁深恤隱義切救焚遂發干戈拯其塗炭臣等上憑神武遠稟廟謨舉軍未及於半年乘勝連平於數郡累逢戰陣無不掃除劉鋹遠懼傾危尋差人使

仍則稱臣上表具陳歸化之心後乃設詐藏[illegible]
款兵之計臣與將士等仰承睿旨不敢逗遛於正月
二十七日已到柵口去廣州只及一程劉鋹又頻發
佐僚來往商議漸無憑準固欲淹留兼於諸處收到
新出偽命文榜皆是會合逆黨以拒王師至二月四
日果遣其弟偽禎王保興等部領舉國軍兵併來决
戰臣等憤其翻覆惡此狂迷尋結戰以交鋒復揮戈
而誓衆行營將士等感大君之撫御咸願竭忠怒逆
黨之拒張爭先効命八十里鼓旗競進數萬人殺戮
無遺尋又分布師徒徑收賊壘其劉鋹知城隍之必
陷將府庫以自焚烈焰連天更甚昆岡之火投戈散
地正同牧野之誅劉鋹則尋即生擒廣州則當時平
定其在州官吏僧道軍人百姓等仰除苛虐咸遂生
全無不感帝力以沾襟望皇都而稽首此蓋天威遠
被宸筭遐敷平七十年不道之邦救百萬户倒懸之
命殊方既乂長承日月之光鴻祚無疆永荷乾坤
之祐謹奉露布以聞時宦者百餘盛服請見美
曰是椓人多矣吾奉詔伐罪正為此等悉斬之辛卯

大赦廣南有買人男女為奴婢轉傭利者並放免偽
政有害于民者具以聞除之丁酉賞平廣南功命潘
美尹崇珂知廣州尋兼市舶使夏六月潘美俘鋹至京師
宋主御明德門遣刑部尚書盧多遜宣詔責鋹鋹對曰臣年
十六僭位澄樞等皆先臣舊人每事臣不得專伏地待罪
宋主命大理卿高繼申引澄樞杙斬于千秋門外釋鋹罪
賜襲衣冠帶器幣鞍馬授檢校太保右千牛衛大將
軍封恩赦侯鋹體質豐碩眉目俱竦有口辯性絕巧
嘗以珠結鞍勒為戲龍之狀極其精妙以獻宋主謂
左右曰鋹好工巧習以成性儻能移於治國豈至滅
亡哉秋八月鋹所署府尹鄧存忠及韶州土豪周思
瓊舉兵攻邕州守將范旻屢出親戰矢集於胸猶殊
死戰賊遂少卻會潘美等遣廣州救兵至圍解賜璽
書奬之旻宰相質之子也

外史氏棐曰五嶺僻在一隅劉巖父子僭據二
世自比於尉佗然鋹荒淫不濟酖殺無忌視佗
霄壤懸絕矣潘美師出東閩襲澄樞伍彥柔潘
崇徹郭崇嶽等奮其螳臂以當車轍而美也釐

堂之陣耀武而不殺第誅宦豎百餘群小肅然收輿圖於掌上納民物於懷中上宣宋祖曠蕩之仁下慰廣民徯㣔之庇郎曹彬之下江南豈多讓哉宋主首除苛政録用漢官仁厚之澤洽于海隅迨其後也航海艱関之際官民駢首就斃不貳厥心詎非忠厚立國之報乎備書于冊觀者尚深長思焉

狄青討叛

皇祐元年秋九月乙巳太白犯南斗廣源州蠻儂智高反寇邕州初儂氏自唐初為峒蠻及智高欵請内屬不得乃與廣州進士黄瑋黄師宓及其黨儂遣侯儂志忠等日夜謀入寇一夕焚其巢穴紿其衆曰平生積聚今為天火焚無以為生計窮矣當拔邕州據廣州以自王否則共死耳四年春三月儂智高圍廣州知州趙師旦死之夏五月儂智高圍廣州初仲簡知廣州儂智高犯邕州沿江而下人告急簡輙囚之仍牓于道敢妄言惑衆者斬以是人不復為避賊計聞智高至始令人入城民争道競以金帛遺閽者相蹂踐至死者甚多其不得入者皆附賊賊既去以其能守城徙知荊南夏六月遣楊畋會廣桂兵討智高前尚書屯田員外郎直史館楊畋體量安撫廣南提舉經制盜賊事庚辰以余靖為廣西安撫使知桂州命同提點廣東刑獄李樞與陳曙討智高廣東轉運鈐轄同發兵援之尋命余靖經制廣南盜賊事秋七月轉運使王罕帥惠州兵至智高解去廣州兵馬鈐轄張忠與戰死之初智高圍廣州時洪州駐泊都監蔡保恭及知英州蘇緘以兵八千人據邊渡村拔賊歸路忠奮而將之謂其下曰我十年前一健兒以戰功為團練使若曹勉之於是不介騎而前會先鋒遇賊奔忠手拉賊帥二人馬陷濘不能奮遂中標鎗死王罕為廣東轉運使儂智高入寇罕行部在潮廣州守仲簡自圍中遣書邀罕罕報曰吾家亦受困非不欲歸顧獨歸無益當求所以相濟者遂還惠州乃簡卒三千方舟建旗伐鼓作樂順流而下將至廣悉衆登岸斬木為鹿角積高數仞營于南門智高戴黄蓋臨觀相去三十步見已嚴備不敢犯罕徐開門而入會

高遂解去楊畋辟陶弼參軍謀使下英江令諸將議擊未至智高解去弼舍舟從其徒數十人間關步出赴畋次臨賀大將蔣偕適戰死餘衆畏亡將被誅多降賊弼數與之遇亟矯畋命揭榜道上諭使歸許以不死凡得千五百人智高圍廣州兵馬鈐轄蔣偕追及戰于路田敗績九月賊方圍廣州偕馳傳十七日至城下戰士未集會儂智高徙軍沙頭安撫楊畋及偕軍次賀州太平場賊夜入營襲偕殺之初偕入廣州即數知州仲簡曰君留兵自守不襲賊又縱步兵馘平民以幸賞可斬也簡曰安有團練使欲殺侍從官偕曰斬諸侯劍在吾手何論侍從至是簡救不力言者論之遂落簡職秋八月以魏瓘復知廣州初瓘知廣州築州城環五里疏東江門鑿東西澳為水閘以時啓閉焉儂智高寇廣東西獨廣州城堅守不能下於是論築城功遷工部侍郎集賢殿學士復知廣州兼廣東經略安撫使給禁卒五千聽以便宜從事以孫沔為廣南東西路安撫使時儂智高反沔入見帝以奏事勉之對曰秦州不足煩聖慮當以嶺南為憂也明日聞蔣偕死遂以沔為廣南東西路安撫使冬十月丙子太白犯南斗詔益廣南行營兵命余靖提舉廣南兵甲經制賊盜事庚午以狄青為宣徽南院使宣撫荊湖路提舉廣南經制賊盜事十月詔鄜延環慶涇原路擇蕃落廣銳軍各五千人赴廣南行營丁丑智高入賓州甲申復入邕州十一月減廣南民秋租詔免廣南民供軍須者今年秋租十之三五年春正月以廣南用兵罷上元張燈置讌是日宣徽南院使狄青大敗智高于邕州斬首五千餘級智高遁去先是青至即合孫沔余靖兵復賓州戒諸將毋妄與賊鬬廣西鈐轄陳曙輒以步卒八千犯賊潰于崑崙關殿直袁用等皆遁青曰令之不齊兵所以敗晨會諸將堂上揖曙起并召用等三十人按以敗亡狀驅出軍門斬之沔靖相顧駭愕諸將股栗已而頓甲令軍中休十日覘者還以為軍未即進值上元節大張燈以饗將校酣飲夜分青忽起如內使孫元規暫主席青已整軍馳奪崑崙關至歸仁鋪為陣賊既失險悉出逆戰青執白旂麾蕃落騎兵縱左右翼出賊前後急擊大敗

之追奔五十里斬首数千級偽将黄師宓儂建中智中及偽官屬死者五十七人生擒賊五百餘人智高夜縱火燒営遁去邏明青按兵入城招復老壯七千六百人免為賊所俘脅者歷遣之築京觀于城南時賊屍有衣金龍衣者衆謂智高已死欲以上聞青曰安知非詐耶寧失智高不敢欺朝廷以貪功也初交趾願出兵助討余靖言其可信青上奏曰假兵于外以靖内寇非我利也以一智高而横蹂二廣力不能討乃假兵蠻夷蠻夷貪得忘義因而啓亂何以禦之請罷交趾助兵從之及賊平人服其有勇畧初徭言農家種糴家收至是智高果為青所敗二月赦廣西免田租一年死事家科徭二年貢舉人免解至禮部不預奏名者亦以名聞二廣舉人推恩者六百九十一人丁壯饋運廣南軍需者減夏稅之半仍免差徭一年

外史氏棐曰易言重門擊柝以禦暴詩詠綢繆牖户盖謂禦侮之防當預也智高啗邕沿江告急仲簡乃罪言者用是廣城無備賊得磨牙以逞蔣偕数其罪責之凛如斧鉞及路田之戰簡按兵不救致偕執綬以死其罪豈下陳曙耶非狄宣徽收崑崙之捷余靖懋勛勳之功則廣民塗炭不知竟作何狀予讀宋書至此於簡不能無遺憾也考之智高之叛也是日太白犯南斗則皇祐元年九月乙巳也及其敗也復書太白犯南斗則四年十月丙子也不越月而智高死廣南平天象洵有徵哉

粤大記卷之三

嶺南郭棐篤周甫編

事紀類

廖永忠平粤

太祖高皇帝洪武元年春二月癸卯遣征南將軍廖永忠等取廣東勑諭之曰王者之師順天應人所以除暴亂解倒懸以慰民望朕昔平定武昌荆湘諸郡皆望風欵附常遇春克贛州南安嶺南數郡邑相繼東歸此無他師出以律人心悅服故也今兩廣之地遠在南方彼此割據民困久矣定亂安民正在今日彼聞八閩不守湖湘已平中心震慴無固守之志若先遣人入宣布威德以招徠之必有歸欵迎降者可不勞師旅慎勿殺掠沮向化之心如其拒命舉兵臨之扼其險要絶其聲援未有不下者且廣東要地惟在廣州廣州既下則循海州郡可傳檄而定海南海北以次招徠留兵鎮守仍與平章楊璟等合兵取廣西用兵方略率用是道肅清南服在此一舉永忠等拜命而行丙辰永忠自福州遣人以書至廣東諭左丞何真真得書有歸附意壬戌　勑贛州衛指揮使陸仲亨副使胡通帥本衛及南雄韶州等衛軍馬會征南將軍廖永忠等征廣東諭仲亨等曰近命平章楊璟等由湖南取廣西平章廖永忠等由福建取廣東今特命爾等率師由韶州直擣德慶三方進師為犄角之勢舉無不克廣東既下合兵以取廣西先聲既震勢如破竹但當撫輯生民毋縱侵掠三月壬午征南將軍廖永忠率舟師自福州航海趨廣東越壬辰元江西行省左丞何真遣其都事劉克佐以廣東惠諸郡降夏四月辛丑永忠至東莞何真率官屬出見贛州衛指揮使陸仲亨略英德清遠連州及肇慶路進攻德慶元守將張鵬程棄城遁仲亨等遂引兵會廣州永忠師至廣州之龍潭元將盧左丞遣鎮撫盧成納欵得海舟五百餘艘軍士二千九百餘人馬三百疋糧五千餘石命指揮胡通守之乙巳永忠師次虎頭門小張元帥以所部來降乙卯永忠及元將邵宗愚戰于廣州大破斬之廣州平初元偽叅政邵宗愚聞王師入廣州遣其黨羅元梓詣軍門降本以

覘軍勢而實無降意永忠謂之曰欲降則來無虛言以相欵也宗愚遷延累日竟不至永忠知其詐乃下令往攻之夜二鼓發兵直抵其寨詰旦破之宗愚據三山寨兄弟俱殘暴嗜殺近境頗被其虐嘗再陷廣州大肆侵掠廣州民尤嫉之及面縛入城民往觀之爭唾其面遂與其徒皆棄市新會縣土豪黃彬河源縣曹文昌連州廖仁等復聚衆作亂自稱元帥永忠復捕誅之南海縣人麥祖康以魘魅蠱毒殺人又捕斬之廣州既平永忠遂進兵取廣西命永嘉侯朱亮祖鎮廣東總兵官之出鎮蓋倣於此秋七月何真率其官屬入朝授真江西行省參政冬十一月李質以德慶封川歸附以質爲奉訓大夫中書省斷事質賑濟山東時上賜以詩曰遣卿持檄按齊東念爾賢勞苦厥功經國老臣勤苦恤行天使者起疲癃官儲有粟宜從賑囊槖無私任至公七十二城皆歷遍馬蹄無處不春風十二月耿天壁取海南海北州縣嚴州衛指揮同知統本衛軍征海南克南安儋萬等州[illegible]生黎化黎小踢洞主汪官泰等大敗之又以恩信招諭各賊使降於是南海悉平

外史氏柴曰孟子與言三代之得天下也以仁誠然哉然未有若我

太祖高皇帝之下廣東真堂堂哉仁者之功也廖永忠師次于南韶而何真降書已達于棨戟矣是以兵不戰而倒戈城不攻而受壘民心不貳而殷殷輸服即九真日南朱厓儋耳不賓之國亦皆獻琛内附則我

高皇帝柔遠之仁不殺之武豈不度越百王哉雖然何真李質之功不可少也保其境土内安人民而外攘寇亂以待王師之至稽首歸命馬上以輸忠

真主下以懷保遠民即馬援之識真竇融之保西土曷以加哉是故於廖永忠帥師之後連書何真李質之降表其見矣

黃蕭養亂廣

黃蕭養者南海冲鶴堡人貌甚陋頗饒智術一日眇先是坐強賊繫郡獄逾年所卧竹床皮忽青色漸生

竹葉同禁者一江西商人謂曰此祥瑞也因誘以不軌密授人使藏利斧飯桶中遂破其肘鐐凡十九人俱越獄惟商人遂逸去不知所在時官隷獄卒追之揮斧而行人莫敢近其黨先舟以待遂入海去正統十三年九月也尋嘯聚不逞之徒應之者如響旬月至萬餘人明年八月攻圍郡城官軍出禦輙敗城中饑死者甚衆又為雲梯呂公車衝城城幾破遂設開偽官招誘愚氓漸至十萬餘人都指揮王清清字一寧慷慨多勇畧嘗出塞累立奇功至是失利被執罵賊不屈而死自高州引兵赴援至廣州舟膠淺水適賊詐一小艇載柴及魚塩者奔迸若避賊狀官軍問蕭養所在言未舵口賊伏兵出柴中遂執清軍盡殲焉城中大恐三司官登城望之刃如𦁠發相顧涕泣而已事聞時適土木之變未暇景泰元年春詔都督董興充總兵都指揮同知姚麟副之兵部侍郎孟鑑僉都御史楊信民贊理軍務往討時蕭養乗勝之餘志氣益横遂僭稱東陽王以授偽官者百餘人據五羊驛為行宮四出剽掠信民先為廣東參議有惠政素孚於民及是巡撫廣東至廣州民爭歸之　上勑信民曰比因寇賊攻圍城池刼掠鄉村人財已遣勑爾會同侍郎孟鑑及廣東都司調撥所屬衛所官軍及附近有司起取民兵并催取廣西調來官軍同心恊力勦滅前徒近又命都指揮同知姚麟前來與爾一同提督今聞廣東都司缺官爾可會同本官於本處所推選的當廉幹公勤驍勇指揮二員就令署司事差人星馳具奏定奪爾等尤須晝夜用心運謀設策奬勵士卒敢勇當先殄滅賊徒以靖地方官軍如有臨陣退縮及失悞軍機者即依軍法斬首示衆然後奏聞如勑奉行信民發粟賑濟民益喜賊黨聞之漸懈輿等進兵時天文生馬軾隨行至江西入夜聞鷄鳴輿曰此何祥也軾對曰鷄不以時鳴由賞罰不明願公嚴軍令及至清遠峽有白魚入舟中軾曰武王伐紂有此徵應此逆賊授首之兆也時蕭養聚船於河之南千餘艘勢甚鋭諸將欲請兵軾曰兵貴神速若請兵則緩不及事以所徵兩廣江西狼兵取勝猶拉朽耳輿從之三月五日夜有大星墜於河南北旦占之告輿曰四旬內破賊必矣

酉月十一日興統兵次於大州頭與賊遇督戰遂大
破之時信民使人齎榜諭賊使降蕭養曰楊大人我
父母也當徐思之已而獲鉅魚來獻信民受之立斫
數十片頒於有司賊出而嘆曰勢不佳矣賊黨遂潰
留者不滿千人已而信民中毒卒鑑益招徠與領兵
擊賊又破之蕭養中流矢而仆遂為官軍所擒械京
伏誅廣州遂平詔以鑑代信民巡撫廣東分南海地
置順德縣仍割大良等堡以益之
外史氏棐曰蕭養以蟣蝨小醜犯斧鑕犬[illegible]
獄而逆越城而走當事者不即緝而獲之乃容
其下海鳩徒反而攻城岌岌危若累卵當時法
網亦殊踈濶哉卒之就擒固乃天亡之也豈人
力耶楊撫院鞠躬盡瘁死于其職或云中毒豈
其然乎然孤忠駿惠即粵人萬世尸祝之可也
王清死于戰陣獨不可配忠襄乎予聞之蕭養
御衆急攻佛山欲劫其欽器助兵具也乃見有
紅面將軍督卒戰守而賊徒被傷者甚衆膽寒
股栗撤衆而退嗟嗟叛逆么麽壯侯在天之靈豈

厭之矣能無敗乎表而書之以戒後之敢於為
逆者

山箐聚嘯

洪武十四年秋南[illegible]侯趙庸討程鄉賊平之
庸帥潮州衛官軍擒賊首偽萬戶饒隆等一百五十
人斬首四十餘顆
十五年春正月南雄侯趙庸討東莞諸寇二月討陽
山歸善等縣蠻寇平之振旅而還
庸進兵攻破東莞縣石鼓赤嶺等寨擒偽官百餘人
由是四會白沙等處父老迎拜於道二月辛巳移兵
討陽山諸賊克燈心龍湖太平潭洞擒賊偽萬戶長
都公等數十人斬首千餘級降二千九百戶庸又籍
廣州蛋戶萬人為水軍時海蛋無定居或為寇盜故
籍而用之又俘獲賊首鐘平王者并其黨一萬七千
八百五十八人斬首八千八百餘顆降平民一萬三千
二百八十七戶諸寇悉平奉　詔振旅而還　帝加
獎慰　賜綵帛上尊良馬
十六年秋八月廣東猺亂遣征南將軍申國公鄧鎮

討平之
時廣東猺賊作亂慓掠旁近由是江西永新龍泉山民互相扇動結聚徒黨自稱順天王勢甚猖獗江西都指揮同知戴宗率兵剿捕不克至是　命鎮等將兵往討之

三十一年春三月仁化縣賊鍾均道寇南韶肇慶西山猺作亂命指揮王濬等討平之三十二年三月賊首鍾均道降
鍾均道作亂寇掠南韶官軍討之輙遁湖廣界上至是聽撫歸降詔以為扶溪巡檢司副巡檢

景泰四年夏六月瀧水猺賊作亂巡按御史盛昊諭降之
瀧水賊猖獗巡按御史盛昊單騎諭之遂降

七年瀧水猺賊作亂提督都御史馬昂討平之
瀧水猺彪時旺作亂合諸山叛猺大肆殺掠民罹其害昂乃調廣西狼兵同官軍直抵猺巢斬獲甚衆

天順六年春廣西流賊入寇新會縣縣丞陶魯討平之
廣西流賊入寇民多被虜掠魯時為邑縣丞募邑之才子弟有恒產者各率家丁為敢勇兵討平之能名大著擢知縣事

冬十二月廣西龍山賊寇靈山縣太學生櫃起死之

成化三年冬十月流賊寇石康知縣羅紳死之
先是廉州流賊寇石康知縣羅紳使其子　破之至是賊益衆來攻城中兵少遂為所破紳被執罵賊而死後廢石康入合浦

二十三年番禺縣盜譚觀福作亂僉事陶魯討平之
觀福者横潭洞獠也恃險為亂至是陶魯帥諸軍平之後有姚觀祖等作亂尋亦伏誅

弘治十六年惠州大帽山賊起提督都御史潘蕃討平之
一名大望山在興寧縣北九十里猺寇據之勢張甚其渠魁彭錦攏大信蕃劉文玉據寶龍練成才葉清各攏險四出流劫都御史潘蕃檄三司統調漢達土兵剿之始息

正德元年七月連州賊梁苟龍作亂九月東莞塘貝盜起皆討平之

十二年冬十月九峯賊攻樂昌城知縣李增擊破之
九峯賊勢猖獗知縣李增備禦有方乃引去又攻乳
源縣城上以藥弩射之賊稍退又以車攻放火燒之
賊懼而遁
十四年冬十一月恩平賊蘇萬里等亂提督都御史
楊旦討平之
先是萬里與陽江縣賊馬文廣等合夥數百流刼恩
平陽江陽春新寧諸縣地方屯聚蓮塘樂安之間道
梗不通守巡該道右參政章拯僉事陳綱議調肇慶
陽春新興恩平府縣民壯打手鄉𠯁兵委知府黃璟
都指揮卜玉通判毛鵠余龍推官金鵾指揮黑明貴
銘知縣黃寬等督領分道勦之擒斬九百七十名顆
俘獲賊屬二百八十四名口地方始平
十六年封川開建猺亂提督都御史蕭翀討平之
嘉靖三年歸善縣賊李文積等亂總督都御史張嶺
討平之
文積歸善桃子園居民招集奸宄教習武藝畜買鞍
馬私通關防票帖擅用頭踏響器開旗流刼鄉村奪

占田地官兵捕之久弗克至是嶺等調集漢達官軍
打手鄉夫七千餘員名委守巡嶺東道左參議徐度
僉事施雨督同守備指揮程鑒同知莫相指揮劉璟
等領勦俘斬一千一百三十二名顆地方遂平
四年流賊江文生等亂提督都御史姚鏌討平之
惠潮二府與福建汀漳江西南贛延袤數千餘里自
昔流逋為患文生等本烏合之黨白晝流刼饒平潮
陽長樂諸縣並受其害鏌等會行嶺東兵備僉事施
儒分守參議汪思督諸官兵討之擒文生餘黨遁去
是年歸善賊賴貴等亂提督都御史姚鏌討平之
貴本賊首李文積之黨文積誅貴率其黨降既而復
亂流刼鄉村鎮等督指揮高英楊昂推官周楫李喬
木守備指揮程鑒將兵擒貴斬之事始寧
六年和平會寧民賊亂提督都御史姚鏌討平之
和平舊係惠州府浰頭地正德間池仲容等倡亂提
督南贛都御史王守仁討平之奏立和平縣於浰頭
至是賊首曾蛇仔盧源𡨚吹角黃尚琦等廾招倡亂
流刼河源翁源諸鄉村鎮等會督嶺東嶺南道守巡

并守備惠潮南韶都指揮等官督兵會合南贛官軍夾攻俘斬六百三十九名顆巢穴悉平

是年會寧民賊亂都御史姚鏌討平之

先是新寧新會蓼塘旱塘長塘等處民雷骨子林子祥陽宇等聚衆流刼地方蒙橋嘉靖癸未曾經大征漏誅復出流刼斗峒大巷潮透等鄉村至是鏌等行委嶺南道守巡副使徐度左參議周寰督備都指揮王蘭督領打手一千三百餘名分道夾攻俘斬三百七十名顆餘黨始平

七年秋封川石硯等山賊亂提督都御史林富討平之

九年新寧新會巢賊亂提督兵部右侍郎兼右僉都御史林富討平之

先是會寧各巢劇賊據險有年流毒無極正德之末招撫循甚嘉靖二年徵兵大舉斬獲首級雖以萬計而那潮墩寨康趕藤峒九逕雷坑大隆山賊首曾友富丘區長廖㑺奴林仲貴長塘平田相尚賊首宗英方長皆未遺兵復聚衆流刼鄉村為亂歲久至是富等調集漢達土官兵等三萬一千九百餘員名分為二大哨分道進勦俘斬一千八百九十餘名顆餘黨招安復業

十二年陽春新興德慶賊亂提督兵部左侍郎兼左僉都御史陶諧討平之

先是陽春縣西山雲廉叅峒湖峒坐羅下雙条場賊首趙林花唐觀政唐朝用盤勝富郭安富何總管楊文安黎廣雄德慶州東山南鄉蒙嶺賊首鳳二仝師安盤僧堂新興縣黃三坑石壁等巢賊首盤晚太邵大弟盤世寛皆恃山險聚衆剽掠鄉村殺虜男婦嘗攻高州城庫敵殺官兵居民被其騷擾已數十年至是諧等調兵六萬三千分為三大哨分道並進攻破巢寨一百二十五處擒斬三千七百九十九名顆俘獲賊屬三千七百二十名口他物稱是

十三年瓊山黎黎佛二亂提督兵部左侍郎兼左僉都御史陶諧討平之

黎黎佛二瓊山縣人作亂殺典史李士奇擄千户杜盛百户楊荣入寨都御史陶諧與咸寧侯仇鸞討勦斬二千餘黨悉平

十四年連州賊文興隆等作亂提督都御史陶諧討平之

先是江西客人在於連州揚拱白頭楊梛大帽東坪巖塘等寨放債逼利興隆與馮隆林宗福林晚仔陳昂等聚衆殺之懼官追捕因合流徒僭稱名號團結一十六營嘯聚三千餘衆擁入青梅二水占據村峒為亂凡五六年屢撫屢捕不能平至是諧調漢達官軍士兵二萬八百餘員名討之俘獲二千餘名顆餘黨悉平

二十年海南黎賊亂寇凌水提督兵部右侍郎右都御史蔡經討平之

瓊州府縣隔海南即古珠厓之地内有五指諸山高而嶮巇為黎獠所據州縣環列於其下黎性獷悍善為強弓毒矢射人自昔難於控制陵水縣在府之東南村凡九十有六為賊首那任紅眼那紅那卓羅常那網羅惠那碍那來等刼殺殆盡僅餘附郭一村而崖萬二州時遭慘掠東西數百餘里道塗阻塞會經請討適有事安南未遑也至是調漢達官軍土兵九萬七十員名分為中左右三大哨討之俘獲五千五百餘名顆

二十四年封川猺民亂提督右都御史張岳討平之

封川縣歸仁文德二鄉大滑騰洪秋南吉大貨黒石麒麟白馬蓮花等巢山徑多岐崖延袤深林疊嶂窮險莫測自古為猺獞所居至是賊首蘇公樂張公蒞李公諸陳公黨左公珠聚衆為亂時出鄉村攻刼岳等調集漢達官軍土兵四萬八千六百餘名分為左右二大哨勦之俘斬二千五百餘名顆

二十五年會寧新恩賊亂提督兵部侍郎談愷討平之

新寧在新會恩平之交久為盜區弘治間勦平之割二縣之地立為縣林箐深密依山負海不數年盜復義起石鼓茅舍那西黄沙坑楊公逕等寨賊首許以明林宗興朱奕陳孔榮等為逋逃淵藪聚衆數千僭稱王侯等號分支流刼於是新會之崑崙諸山恩平之閔村青藍角等寨新興之陳坑雙石良塘香山諸巢皆群起響應巡按御史郭文周請討之僉事王德林應奎等督兵征進而各賊東奔西逸迄無成功提

督兩廣兵部侍郎談愷既至軍門與三司議或曰賊衆繁多地聯四縣非八萬兵不可適東蘭南丹那地等州目兵以征倭調集奉　命停止愷曰吾事濟矣迺以諸州目兵及漢達官軍打手共三萬人分為嶺南嶺西二哨賊率衆拒敵各兵奮勇殊死戰所向披靡時新會賊聚於関村古餘新寧賊聚於黄坭型再聚於百峰大山恩平新興賊聚於黎源沙峒再聚於陳坑良塘雙石頂據險以待我兵乘夜霧昏黑出其不意悉攻克之剿平巢寨擒斬首從賊級四千二百九十八名顆俘獲賊婦男女一千二百四十五名口奪獲牛馬一百五十七頭器械贓物五百九十九件奪回被虜男婦一百四十四名口

三十六年大小羅山猺亂提督兵部右侍郎兼右僉都御史談愷討平之

廣東大小羅山猺獠據險遼遠四會懷集諸處出沒不常至是肆出無忌生靈荼毒侍郎談愷議調土漢官兵七萬有奇分為嶺西嶺南左右各二大哨嶺南哨兵既進會愷奉旨致仕南贛都御史王釴晉兵侍於軍中交代先後俘斬八千六百餘名顆是舉也嶺南哨坐鄒繼芳不振賊多漏刃惟嶺西哨實收全功釴議將剿平賊巢割四會數里　奏立廣寧縣而大羅山之患遂賴寧謐

四十三年興寧賊葉丹樓花腰蜂等亂提督侍郎兼右僉都御史吳桂芳討平之

自嘉靖壬子以來倭奴為中國無賴勾引內犯漸盡諸郡以次及閩及廣瀕海之間歲被其患然尚倏至倏去至嘉靖癸亥則屯住潮揭海濱不復開洋衆號一萬甲子春新倭萬餘繼至與舊合夥屠戮焚掠之慘遠近震駭桂芳新奉簡來鎮從蒼梧甫二旬即躬董師東向前後動調狼土勁兵四萬五千福兵一萬五千以伸威營總兵官俞大猷帥之副總兵湯克寬參將王詔門崇文副之僉事徐甫宰監之相持兩月賊被圍困不得野掠乃復分夥思遁我兵乘勢擊之一戰於洑水神山溝俘斬一千一百二十七名顆再戰於海豊大德港俘斬一千三百一十三名顆賊奔

潰下海又陸續擒斬六百六十二名顆餘賊掠船開洋者遇颶風三日覆溺俱盡

四十四年德慶上下江山徭出刼提督侍郎吳桂芳建議開山伐木立營鎮平之

廣東德慶羅旁上下江道為兩省咽喉數苦徭人出江刼掠而下江為甚官民舸船經過多被囚虜賊殺行旅阻塞咸請大征桂芳建議以為徭性頑冥無大伎倆誅之不足示武留之足為浪賊藩籬彼所恃者獨沿江茂林深菁潛伏俯刼而行者不能避故及於難制惟督兵於沿江徭岸開山伐木徹其障蔽剪其羽毛載芟載柞且耕且守以坐制其出沒之命使徭不得播惡於江上則固可聽其偷生於穴中矣省費罷兵有近功而亦未嘗不有遠效治以不治之策似不出此疏上 朝論韙之以原任副總兵解明道分巡僉事李僖專司董督知府鄧光祚德慶守備楊弘舉通判楊士中分董之工始於本年正月迄於是年十二月上自南江口下至新村涤水凡一百二十里間各闢地入深十里立營十所營各兵百名戍之二百名戍之旌旗相望砲鼓相聞木拔道通狐潛兔伏於是江道肅清孤帆夜渡矣

四十五年河源翁源龍門英德等賊李亞元鄧廷鳳官祖政等作亂提督侍郎吳桂芳討平之

各賊自嘉靖三十六年以盜礦倡亂轉相煽誘連絡廣韶惠三府河翁龍英及從化和平六縣為巢二百餘所有衆四萬餘人附近郡邑千里之間屠僇焚掠慘不可言桂芳 請調土漢閩浙官兵八萬分五遊進兵討之以伸威營總兵俞大猷為五大哨總統衆政郭應聘副使張子弘劉穩王化僉事李僖司監督參將王詔亦孔昭周哲遊擊將軍魏宗瀚戴沖霄分司統督仍約南贛師為龍南一哨自嶺北進夾擊之兵威大振所向克捷俘斬一萬零四百六十七名顆撫還過四千一百三十人賊服毒自刎及投崖縱火自焚死相枕藉者無算李亞元鄧廷鳳等皆生縶下市人爭啖其肉諸巢盡平

隆慶四年冬潮惠劇盜蘇繼相曾魁等作亂提督侍郎李遷討平之

繼相本惠之長樂人其叔璉兄繼春以盗構豫衆為盜繼春闪官兵捕急自縊死繼相糾其黨三千餘徒據揭陽之黄寨為巢號天一大王脅撫賊吴成龍剳湯田劉興策剳赤秋溪黄端剳大順鄉互出為盜又令璉父子潜住長樂郭田寨伺探兵機成龍寖不用命繼相嫉其黨殺之併其衆五六千徒攻城略村阻絶通衢發狀上　聞事下前總督侍郎劉燾巡撫僉都御史熊桴會謀按察使張子弘僉事楊芷總兵郭成計之子弘剳長樂先擒璉暨其子繼良等絶其聲援

楊芷郭成各督步兵進勦繼相率黨逸劫龍興子弘趣遊擊李誠立偕郭成兵戰于散坑寨繼相窮蹙欲降成薪口歲暮解兵令把總戈南抑繼相回黄寨安插時復倭寇陷廣海巡按御史揚標遂劾成削職充為事官繼相歸巢乃據險拒敵賂戈楠透報兵情要曾魁杜高山互相連結據大節山為巢與蘇曾協倚稱為三窟民甚苦之隆慶四年夏提督侍郎李遷奉命至下令曰廣東募浙福精兵歲費不訾原為征勦山賊今總兵休兵日久乃晏然高枕轅門然則蘇曾

諸賊將置之不問乎遂檄諸道暨郭成刻期進兵又而詰成受賄解兵將蒙赤族之禍成懼泣以死自誓謂不得繼相不敢再見督府于是調兵二萬分為三哨繼相率騎賊六百徒逆戰于東梨樹下敗之李誠立斬關破巢賊已潛奔别峒成懼師久無功斬戈楠以徇諭撫民劉興策訶知繼相所在統諸軍進攻生擒繼相并賊總李南山范國興等還師乘勝擒曾魁不備生擒之又擒其賊總謝三等杜高山見蘇曾已擒益厚集徒黨拒敵官兵襲奪官粮督府下令責諸

將以小勝而驕惰遂有此失三哨官兵感激奮勇遂合破大節山巢斬俘無筭賊徒藍友道等棄戈投降杜賊窮蹙僅以二十餘徒逃遁銅鼓嶂石巖遣賊徒張大任撫民黄端巢實來瑞報官兵引至石巖擁入生擒之餘賊奔散蘇繼相曾魁杜高山俱械解軍門高山剝奸獲妾鄧氏同舟以妾娛解者越其械梏至銅洲江夜遁事聞督府震怒其解者於法嚴令搜捕嶺東道叅議許天琦督兵密緝於藍溪徑獲之時捕賊令獄兵民戒備曾魁哨下總管黄鑾牛閒高山悅

走潛伏歸附鄉兵獲之高山哨下甲頭李朝信被兵破巢潛回舊土鄉兵獲之以杜賊之遁為嚴緝捕而黃蠻牛李朝信因就獲焉兵威震赫兇黨無遺矣海豐賊首曾朝元聯結各寨賊首鍾應亮等擁黨萬餘流刼長樂歸善揭陽普寧諸縣攻破圍寨数百殺戮民命不下數千稔惡二十餘年前總督都御史劉燾巡撫都御史熊桴題奉 欽依責成撲剿止擒獲鍾應亮本賊逸出四年二月復糾黨三千攻圍殺掠與樂一圖盡死其手又攻破虎暾寨脅民從盜督府紳令各哨官兵乘勝出奇剿殺于是按察使張子弘寄與李誠立議懸重賞鼓死士攻其無備三月初五夜三鼓官兵銜枚進巢黎明炮箭齊發各兵奮勇破賊十一巢擒斬首級五百餘顆焚死者千餘朝元死刃下并俘獲其妻子無一生遺者隆慶元年楊仁寶投蘇繼相巢聚見其驍勇推為都總統衆流劫興寧程鄉長樂等縣蘇賊就擒糾合殘孽肆出剽掠督府節中飭各官令兵力方銳務將各賊攻剿盡絶方許班師于是總兵官郭成督兵盃急遇賊擒斬衆多投降仁寶帶黨二十餘徒遁爲毛山副使江一麟弁原任副使王化遣間偵探既實即分兵進鷲毛山招出深入者七人餘徒就戮生縛仁寶械寘門與繼相等同磔于市地方底寧士民稱快

五年英德賊廖廷璧錢孔恩成周山等作亂提督侍郎李遷討平之

廷璧據天堂寨孔恩周山據大竹園寨巢穴聯絡聲勢相倚自嘉靖四十一年倡亂寇刼清英三水等縣與湖廣藍武廣西懷集等處高道等鄉殺虜人畜據良田廷璧僭號為五府大都督稱雄逾十年流毒徧三省邑人陳益明黃瑜等兩次叩 閽聲冤事下總督右都御史劉燾勦處特兵力牽於海上未暇及此賊益猖熾迨侍郎李遷涖鎮督報日聞于是檄南部兵備僉事諸察調集所在官撫從兵初戰于大陂坑僅有擒斬再戰于天堂大巢遂擒廷璧又戰于茶坪砦俘孔恩周山皆生縛焉餘黨悉平

六年春河源賊首唐亞六諸廷羨從化賊首萬尚欽英德賊首張廷光等作亂提督兵部侍郎殷正茂討

平之

先是各賊皆以盜礦而起轉相煽誘寇劫廣韶惠三府地方嘉靖四十五年大征亞六等漏刃逋誅陸續糾集黨與復盈千餘據黄嶺等處爲巢流劫增城龍門從化和平河源翁源三水等縣地方逼近會省遠近震驚前右都御史李遷下令諸司調土漢官兵一萬二千分四道討之以總兵官張元勳爲總統約會贛師於北路布截赴以歲前十月十一日舉事兵既進會遷以遷秩行正茂以奉 命至計進兵越八日蓰鎮俘斬六百七十二名顆投降六十六名贛師所獲者弗與焉亞六等諸酋首悉生擒解軍門棄于市黨類悉平

是年秋恩陽會寧交界懷寧苔村三巢賊首羅紹清侯惟貞林翠蘭等恩平十三村賊首陳金鶯新寧藤峒等十巢賊首黄飛鷹等久亂提督侍郎殷正茂討平之

萬曆元年春惠潮山賊久亂提督兵部右侍郎殷正茂討平之

惠潮壤接江閩界山川險峻林木茂深大賊有藍一清據馬公寨巢賴元爵據螺溪寨巢馬祖昌據三溪高潭巢黄民泰據藍溪巢曾廷鳳據九了樹巢黄鳴時據八萬峒李仲山據東坑上屋坪巢卓子望據黄埔分巢葉景清據碗窰曾仕龍據銅坑巢斜黨萬餘衆分次賊首刁世興鄒嘉儒等各據洋烏潭南峒捲桑等處彼此響應遠近附從自嶺東一帶外而贛郡內而翁英東莞等處莫不胥受荼毒殺人動以千百計慘不可言地方士民 奏牘陳詞殆若山積至是正茂以奉 命至鄉士夫告曰賊之毒害擢髮難數謹繪圖畫狀刊刻其節年劫害人民次略屠圖殺人形狀幸有以處之正茂覽之因爲之墮淚曰囊聞其事未若見其形今憫其情不忍觀其象遂慨然謀之司道官衆曰根深蒂固巢險路危且山川遼濶實繁有徒若圖一鼓蕩平非十萬之師四五十萬之餉不可今但克其一二巢庶幾少示懲創足矣正茂曰去草不除根終當復生要在取次而圖正古人乘勝之謂也然時下倭警未寧當有以緩其勢以攜其黨遂

下令曰弭盜之策原有勦撫二端從其順逆而已今
章程營兵大集伸縮在我但不教而殺非仁者之師
宜宣諭各巢順者與其生全逆者誓當殄絕于是楊
崖曾萬璋江漢者告願編籍當差送子入學一惟其
請以示不疑日但集司道講議兵糧籌畫進止謂軍
以藍賴為名而其一應凡先今作惡陽招陰肆者不
盡誅之不止遂檄調廣西狼土官兵二萬併章程營
兵添募閩廣兵共二萬分四道進以叅將李誠立沈
思學游擊將軍王瑞原任叅將王詔將之總兵官蔡
元勳司總統馬以叅政唐九德陳奎副使蘇愚叅議
顧養謙監之以副使吳一介總監諸軍兼糧賞紀功
馬與總兵官同營調度謀筭既定疏 聞尅以歲前
十二月初二日舉事首破冷陽峒直抵馬公寨螺溪
巢與所向即克軍聲大振群兇膽落報功接踵因再
申前議二府一應叛服不常之徒移兵順勦有一不
滅決不班師官兵益感奮所至資粮於敵士免餽運
由是洋烏潭大坪三溪高潭赤花藍溪鮜溪東坑上
屋坪高沙石坑九丫樹八萬峒葫蘆峯埔尾麻竹等
處大巢相繼而下各小巢望風死鮮正茂復曰至此
萬全秪恐官兵驕惰或有漏誅移詣惠州駐劄督師
爬搜如故是役也凡三閱月賞餉五萬六千有奇俘
斬一萬二千二百八十六名顆內經奏有名大賊首
六十一人次賊首賊總六百餘人賊屬牛馬無筭捷至
聖天子喜御 殿前宣捷受百官賀先是摘留藍一
清等十巨酋待 命解京事下本兵議曰途遠勞人
行回盡磔于市兩廣二十縣盡就肅清一方稱慶
四年冬十一月總督兵部侍郎兼右僉都御史凌雲
翼討平羅旁諸賊州縣其地
羅旁東界新興南連陽春西抵鬱林岑溪北盡長江
與肇慶德慶封川梧州僅界一水延袤千里萬山聯
絡皆傜人盤據其間世稱盤瓠氏遺裔租賦不入生
齒日滋蠶食旁近諸村州縣賦稅因而益縮性頑獷
嗜殺多伏毒弩以急榜橫江中奪舟越貨即制師大
吏過之不為憚又多萃四方亡命名曰浪賊為之肘
翼虔劉人民攻圍城堡嘗曰官有萬兵我有萬山兵
來我去兵去我還 國朝自中國公鄧鎮討平後設

叛萬曆三年督府殷正茂方且圖之會徵為戶部尚書候代間尤期撲滅遂歷陳羅旁當討狀上之疏入報可議者猶以敵堅難馬督府凌雲翼至毅然以為巳任籌畫機宜謂是役非師二十萬不可詔從之於是鳩糧餉繕戎器選將領嚴監督集間議戰守布置悉定以總兵張元勳李錫分駐瀧水東西統督以副使趙可懷監諸軍既誓師各授方畧仍諭順者撫之無玉石俱焚以傷天和乃剋十二月二十日進兵賊猶據險阻聚楸石礮壘銛聚衆據守以抗我師凌雲翼復三令五申將卒感奮連破石龜百片逍遥石子上下臺等處堅巢軍聲大振賊遭挫敗竄伏林箐樹立圍寨要以招撫息兵欲緩我也各兵併力攻堅諸巢悉下勢如破竹惟瀧水山大箐深賊多逃匿復檄二總兵統率十哨會搜誅夷殆盡師閲四月攻破賊巢五百六十有四擒斬一萬六千一百四名顆賊魁盡戮凍餒焚死築京觀焉投降四百九十三名俘獲賊二萬三千一百五十一名口奪獲器仗牛馬無算捷音入　天子稽自昔征蠻無若羅旁者於是宣諭告　廟受百官賀賜凌雲翼白金飛魚服晉右都御史蔭一子備宿衛

六年大廟巢賊久亂總督兵部侍郎兼右僉都御史凌雲翼討平之

英德賊巢惟大廟最鉅與陳黎二峒大小羅山諸巢相犄角出没叵測屢征輒逃陽撫陰叛流劫清遠英德從化番禺諸邑殺虜弗可勝已而大樟周峒高峰圍烏桕塘諸黨復相嚮應勢益蔓延南韶兵備僉事姜忻請于督府凌雲翼南贛軍門蒙詔勒之躬率官兵分布要害以守備胡九經等屯劄紫馬營遏賊奔援賊瞭兵至先遁屯據白芒山頂迎敵我兵還匝奮攻賊勢披靡遂乘勝追逐墮崖投谷無算擒斬首從何本盛梁宗富等四十名級餘黨逃竄各兵復披堅冒險搜斬盤雲與等又六十名級前後俘獲賊屬一百零五名口器仗牛馬不計大廟既平姜忻仍帥九經同典史柯繼芬各統部兵擒斬大樟諸巢賊首唐景松等五十一名顆

八年龍川河源界娱嶺巢賊作亂總督兩廣兵部侍

卽劉堯誨討平之
先是賊首鮑時秀倡據義都徭嶺三十年矣分部各
賊占寧該都田土萬餘畝築城統衆專擅殺戮以次
蠶食鄰州縣部署賊將與嶺東賊酋藍一清賴元爵
等爭相雄長既藍賴諸酋黨經前後軍門勦撫而時
秀負險擁衆有本都民殷文宇等赴 闕請討下部
議移咨前督撫殷正茂檄司道集議時以兵力不足
遂寢之因就撫處故鮑酋逆節逾萌至是總督抵鎮
屢據被害難民聯詞控籲乃密授方略令各道叅討

擒之鮑賊遂率領部落叛出于河源上管張溪地方
人心危動卽具疏以 聞下令討之以分守左叅議
劉倬兵巡副使張堯年監督叅將李金遊擊葉歡守
備陳居仁各率領營兵分道夾擊總兵官黃應甲遥
領之所向克捷陣中生縛時秀以獻旣創傷死函屍
與房伯祿等械解轅門梟磔于市討擒斬大小賊首
賊黨共三百四十九名顆俘獲賊屬男婦五百五十
九名口牛馬器仗無算盡搗其巢穴而以其土田給
民嶺東各撫民向皆擁衆觀望聞捷皆毀巢撤圍之

為編氓惠潮江閩之間俱平
是年羅旁猺浪賊叛詔總督兩廣兵部侍郎劉堯誨
討平之
羅旁大征之明年該總督都御史凌雲翼議再調狼
土等兵數萬搜勦之不果行故餘黨漸復萬曆七年
春夥合西粵六十三山等猺攻打封門所不克連破
燈心大傘二三營堡以後時時四出劫掠有大臺山
賊首陳亞苐等因伏路擄奪巡按火牌厚索贖金錢
志故石牛青水等巢賊首白眉哥梁前山等往來黔

縱傷紅豆閘糾合大臺大凹大降白雲等山猺浪賊
相繼叛出於思約營道洲埇地方為害時羅定州差
吏賫儒學印記于撫院各賊邀殺州吏而奪其印且
要挾罷兵以便歸復先後該撫按衙門題 請勦除
節奉
聖旨專責總督軍門措畫以終前功時正盛夏卽下
令兵巡官徐時可侯應爵等密行間諜先携其黨與
使賊人力分而專督東山副總兵陳璘戴罪殺賊以
遊擊朱文達守備葉騰鳳左右援應之乃督發[illegible]

營兵及戊梧狼獞等兵萬餘名分道並進各賊不謂夏仲行師計無所出且各巢食盡諸撫猺亦以新穀不繼互相拒堵凡三閱月擒斬俘獲三百六十六名顆賊首陳亞第白眉哥等俱械送軍門磔于市舊奪去印記於賊屍中搜得之迺按令各路兵不動樹柵守險以為久困計而各賊饑死墮崖谷中者枕籍無筭於是兩山撫猺皆願赴軍門求殺賊報效乃遣人諭之我自有兵不煩尓等第善耕守毋妄動耳即所破石牛青水等巢築城立營搆公署若干所而收把總招領附近狼獞千餘人守之人給田二十畝各於田所與築圍以居又廣西岑溪縣連城等鄉向為羅旁各賊堂奧議設叅將衙門一分司一築城樓櫓具備與廣東西山叅將各以信地相為聲援

二十四年岑溪北山猺浪賊連結六十三山作亂總督侍郎陳大科移東兵會廣西巡撫都御史戴耀討平之

廣東羅旁與岑溪七山壤相連也群猺盤據山中出沒煽禍萬曆初年大征羅旁當事諸臣議乘破竹之勢移兵誅之旋獲報羅迄今人以為失策嗣是黨賊日滋時時蠢動至二十四年加之以饑饉勾之以浪賊遂大肆劫掠首屠乾廂一村男婦止遺八人連結六十三山諸猺攻破聖堂北科等營兩山震恐而夜譟封門諸處人家盡遷徙矣督臣陳大科亟集羅定諸道叅政洪有復等議調兵征之適廣西撫臣戴燿移書借兵東粵大科曰百粵吾粵也西民吾民也是維吾之任何稱借兵為則檄副總兵孟宗文叅將卞時雍守備黃鍾統兩山中踏營兵為東哨從東路入檄故將陳璘吳廣把總麻上錦統軍門暨總兵標兵為西哨馳至岑溪與西土漢兵合從西路入發令旗牌齊鼓而夾擊饅頭山一戰吳廣功最奇賊膽乃破于是棄七山遁入六十三山伐木堵截道路伏藥弩林中以阻我兵督撫臣益申號令懸重賞兵益感奮凡閱三月蕩平之斬級以千餘計俘獻以數百計獲牛馬鹵仗無筭捷聞　主上嘉悅晉大科都察院右都御史燿兵部右侍郎各　賜銀幣諸臣各陞賞有差卞時雍前殁于軍中贈廕從優　恩至渥矣是役也文武將吏實仰仗　皇威奏此膚功然其中

背為梗者三初潯梧叅將李鳳者病不任事也嫉不人功從中齮齕巳岑溪知縣徐一文嘗于六十三山招撫十餘山矣恐害其成遂徧揷旗山口書官兵不得栞入賊遂有竄其中漏誅者既巳上功矣而兵垣復置疑諸戰功不必實覈停寢之凡遺齟齬有三云先是督臣論羅鳳按臣論羅一文至是覆核諸戰功畫實畫蒙甄録三軍之士乃大悅

三十五年欽州四峝叛入安南總督侍郎陳大科討定之

四峝者曰澌凜曰古森曰丫葛曰金勒峝凡四後更河洲羅浮思勒等名枕交南錯欽州故隷于中國累世黃姓主之至 宣廟議棄安南峝主黃金廣率衆叛入于黎及莫登庸篡黎以四峝來獻乞封 世廟許之詔收入版圖秪歲納欽州丁稅七十金羈縻之而已至萬曆年有上思州生員趙元璧者與黃爭峝田聚衆仇殺遂雄據其地作亂前督府討擒之瘐死于獄而其子良臣循擁家健見念圖報仇會黎維潭以復故國逐莫氏至欽州境上追郡震恐而州守錮良臣罪用其精兵以逼黎後稍稍有俘獲顧良臣素不善撫其衆既死于永烈幼以叔元奎代領其事愈益虐衆衆思亂矣則有莫氏故經畧使翁食者衆間從萬寧州入聽峝民黃錫葦鼓煽嫁言為黎修怨于趙也斬良臣棺而鞭其屍擄係其妻與子永烈去至授偽官造假印縱衆焚掠我防城諸處消息甚大揷界牌峝口標曰此黎朝地知州王世守上變且曰界牌越欽州一舍矣明日又告越十餘里矣督府大科下令此四峝我漢地也無論其揷牌于何處此不可尺寸失之者也則以叅政王民順攝海北道事檄副總兵黎國耀提精兵馳至欽州截殺之復檄左江道副使楊寅秋詰問安南國爾維潭方款関乞降何乃縱翁食華擾我封疆得毋陽順而陰叛耶維潭𥡴首稱 王臣小國實不知情謹唯命遂遣郡公建翁食治之追出趙氏妻子送還欽州我兵益振于是河洲澌凜等峝悔禍先乞招撫矣獨黃錫等懼罪大不赦猶據思勒羅浮二峝不下則叅政容授計黎總兵王知州出奇設伏卒擒黃錫與黃職黃先數渠魁

之流餘黨悉安插勿誅四峝乃平旋從峝民韋趙子
黄之請推其族人曰黄安黄恩者分主其峝羈縻一
年給路資護送趙永烈母子還上思州下令班師分
別奬賞有差按　先朝樞臣議處莫氏疏内一曰四
峝我　祖宗金湯之地也應准其獻還不謂後五十
九年有翁食輩之亂賴　朝庭之靈群策畢舉復還
定之金湯如故矣

外史氏桀曰五嶺多崇山絶巘深林叢箐群不
逞者嘯聚其間時出流刼果為民害其山猺種
類不一曰生猺曰熟猺曰獞人曰狄人曰狑人
曰獠人皆以獷悍而為名其所聚曰寨曰團曰
巢曰隘曰峒曰峝皆依險峻而竊據詩稱蠻荊
為讎楚記云蠻與羅子共敗楚師殺其將屈瑕
後踰嶺居溪峒中時出侵吠為梗周秦之疆理
不能及漢唐之經略不能威所從來遠矣
國初自申國公鄧鎮討平之後輒出没以肆虔劉
征之則逝去之後還誅之則不可盡其黨類若
秋葉然隨歸隨有如陽春之西山德慶之羅旁
緑水清遠之扶羅二山尤切要害至如岑溪之
七山連結六十三山時出刼掠實為東粤藩籬
憂又如欽州之四峝久淪於夷豈稱駿業哉飭伏
韓襄毅王文成諸名公討而定之近奉　制府
維揚陳公移東師以平岑蠻款交夷而復四峝
堂堂然大一統氣象孰有議焉者謂非百世之
伐乎弟其剿且又薙衍不可不嚴為之防也戴
巡按璟擇招主禁通徭之議似可採行霍文敏
公言誠得良有司訓諭鄉民十家為甲百家為
堡互相防守險要路徑立為寨堡鄉民互相守
護仍鄉立社學導之禮義此亦化盜為良之要
也又必倣李崇之法每鄉要處設立排柵以便
防閑每村路口建置更楼以嚴把截樓上各置
器械鑼銃賊小入則鳴鑼大入則放銃更樓鑼
統一鳴則各鄉村鑼銃齊發一面遣鄉兵救援
一面截其歸路則各賊未有不為釜中之魚者
是在各地方文武官加意振飭之耳

海島澄波

洪武六年冬十二月廣陽指揮楊景討平海北諸盜
初壬子五月海賊李夫人鍾萬户徐仙姑數於海晏
下川大償文特等地刼掠景即同指揮范懷率舟師
勦捕至陽江海陵并上川鷲惶門遇賊船二百艘擊
敗之斬偽總兵鍾福全李夫人賊衆一百七十人焚
其船雷州東海硇沙頭洋有海陵海晏賊船刼掠於
通明浦徐聞縣賊船出没行刼景隨率舟師至斷頭
山遇賊船出洋督官軍追至速頭港與戰至那泥港
殺溺甚衆擒偽總兵陳貴等二十八人斬于軍前又
令雷州衛千户王清等追捕逋賊羅巳終於潘浦殺
二百餘人於吳川縣東硇州獲賊首譚南受等三百
八十五人於翁家港擒賊首梁許進又會海南官軍
追巳終於烏雷門略無踪跡頭目梅思等四十七人
請降遂給榜文安撫居民而還或報巳終逃往交阯
楊璟即命王清同海南千户周旺汪滿等捕之獲賊
從黄三舍等五百八十三人又獲廉州府石頭昆城
大廉賊沱三秀等四人隨據頭目李福等獲巳終同
夥叛首偽千户蘇稱高等四人及雷州衛僉事朱宣
武捕獲巳終賊衆潰散并安南國雲屯海鎮經略使
關報相同景乃率師還

天順二年海賊嚴啓盛寇香山東莞等處巡撫右僉
都御史葉盛討平之

先是啓盛坐死囚漳州府越獄聚徒下海為患敵殺
官軍拘留都指揮王雄至廣東復殺總督備倭都指
揮杜信至是招引番船駕至香山沙尾外洋盛廉其
實會同鎮守廣東左少監阮能巡按御史吕益命官
軍駕大船衝之遂生擒啓盛餘黨悉平
天順二年十二月海寇平論功陞備倭都指揮張通安
察司僉事謝獻及官軍各賞有差俱以斬獲海賊故
也尋陞肇慶府同知饒秉鑑為本府知府秉鑑先以
勦賊功陞從四品俸至是巡撫右僉都御史葉盛保
其廉謹有為吏部具聞故有是 命時盛劾奏守備
德慶都指揮同知白瓛数貪肆 上命巡按廣東御
史白仉執問之代瓛者都指揮使徐寧坐視廣西賊
流刼德慶盛復奏聞 上命降寧二級仍於德慶守
備由是軍政肅然

天順四年海寇魏崇輝作亂僉事毛吉等討平之
魏崇輝許萬七天順四年竊據海陽下嶺等村與程
鄉山寇羅劉寧黃阿山聲勢相倚民罹其害僉事毛
吉知縣陳爵奉　命討平
弘治中海寇蘇孟凱作亂潮州知府葉元玉討平之
蘇孟凱饒平人弘治間聚衆山林至有千餘名因而
刼掠海陽村落民罹其害者数年知府葉元玉討平
正德二年海寇朱秉英作亂官軍滅之
丁卯年潮州上漳溪賊首朱秉英林偉聚衆刼掠大
埔縣鄉村燒毀神泉市奏　聞總督府檄胡僉事黃
指揮張知府等官征勦殄滅地方稍寧
正德五年海寇陳玉良等作亂安遠侯柳文討平之
賊首陳玉良梁世昌張仕錦等嘯聚山林程鄉縣義
化石窟等都擾害鄉邑總兵官安遠侯柳文討平
正德六年海寇李四仔等亂都御史林廷選討平之
賊首李四仔黃鏞張昨旺嘯聚石窟義化松源等都
寇亂汀漳惠潮正德七年總督右都御史林廷選安
遠侯柳文總鎮太監潘忠等督兵討平

嘉靖十年春海賊黃秀山等亂提督兵部右侍郎兼
右僉都御史林富討平之
秀山與黎國璽皆東莞縣民乘船出海勾集潮惠雷
廉閩浙亡命屯據海洋妄自稱號東西二路沿海鄉
村居民商船咸被其害至是富等嚴督海道副使江
良材嶺南守巡左參議王積副使楊瀍嶺東分守右
參議翁磐守備都指揮王蘭分守雷廉高肇左參將
[illegible]總[illegible]備倭都指揮陸桓調集兵船分道把截夾
攻俘斬首從二百餘名顆秀山等戮于市
十一年海賊許折桂等亂提督兵部左侍郎兼左僉
都御史陶諧討平之
折桂與陳邦瑞曾本亮周廣等皆東莞等縣民先是
從黃秀山等出海為盜秀山伏誅折桂等遯交阯執
曾本亮等殺之而折桂等復回聚黨沿海剽掠拒敵
官兵為患日熾至是諧等督責海道副使楊瀍兵備
僉事吳相統領官兵俘斬首從五十九名顆生擒周
廣等戮于市而折桂乞降首送遠禁器物船隻[illegible]
歸還脅從被虜一千七百餘衆

四十一年潮州饒埔賊張璉作亂提督兵部右侍郎兼右僉都御史張臬討平之

璉本饒平庫役因拒追逋聚衆爲亂知縣林叢槐親往撫之爲其拘留勢日張大陰與程鄉劇賊林朝曦等交相結約有僭擬之號流毒廣閩江西三省臬奏調土漢官兵七萬六千有奇會同江閩二省官兵分五大哨以副總兵王寵參將鍾坤秀祝明門崇文張四維分統之參議馮臯謨僉事皇甫渙賀涇張晃監之斬級六千六百餘顆招降安插男婦一萬[illegible][illegible]一百餘名口生擒璉磔于市饒埔悉平臬又用計槙勦海陽賊王伯宣程鄉賊林朝曦等各生磔之

四十三年潮州柘林海兵亂提督侍郎兼右僉御史吳桂芳討平之

時倭寇久駐潮陽府藏不繼柘林防守海兵譚允傳等以缺餉稱亂揚帆直抵廣城初循以告粮爲名省中以軍門方有事倭寇在遠徑議發兵勦之大爲所敗於是各叛兵橫肆鈔掠省會戒嚴桂芳聞變陽布令招之隨調東莞南頭九鋪水兵自外洋入因躬督副總兵湯克寬參將門崇文水兵自惠陽趨東洲衆海而出合擊之賊腹背受兵駭奔無措生擒六百一十二人斬首不計已而餘黨復據大艦不解桂芳與總兵俞大猷用計破之復生擒三百九十三人斬級四十一顆首賊譚允傳盧君兆等先後磔于市其船入官遺孽無存遠近稱快

是年冬潮揭林樟賊郭明等作亂總督都御史劉燾討平之

時潮揭賊巢百數而林樟爲諸巢領袖郭明爲諸賊渠魁依海賊陳一義爲外藩盤根固蒂殆二十年攻圍破寨刼虜焚殺不啻千百奪占田地民庶哀籲已極乃行潮州兵備僉事楊芷監軍副使江一麟總兵郭成分兵追勦賊首郭明領衆以拒官兵陣擊郭明斬之及其從賊一百餘顆餘黨竄入深山閉圍拒敵兵焚其巢仍移師北山洋馬湖二寨首惡胡一化陳一義拚命抵敵官兵奮戟擒斬賊二總李自新等首從共五百四十餘名顆牛馬五百餘隻俘奪賊屬被虜男女一千二百餘名口士民歡呼同聲手加額曰

繼世劇城一旦蕩平自此得安枕矣

六年冬海賊鄭大漢許俊美又作亂提督兵部右侍郎殷正茂討平之

先是鄭大漢者糾衆揉舟流毒海濱春間乘倭警與楊老仔等縱橫於瓊崖地方為禍益烈入夏倭患告平大漢始開洋東上避兵吳川陽江一帶所至大遭荼毒督府下令海道副使劉穩揆計征倭海兵把總吳天賞原任都指揮金冊督率撫兵追至樓肚灣連戰數合賊船有衝沉焚毀者溺死不計賊勢窮蹙棄舟奔山督兵圍搜擒斬凡一百三十餘名顆許俊美者原係林容漏刃之黨多年在海倡亂高雷兩府之地蚕食殆遍時出没於陽電之間併督天賞等兵追之夏末為颶風壞船俊美率衆遯上吳川一帶劫虜復檄劉穩整兵付叅將白翰紀往援行次廣海又為颶風壞船本賊突入馬頭嘴等處肆劫內地訌然督府震怒屬劉穩監軍副使吳一介將章程新脩三寨船隻募兵二千委叅將晏繼芳領之出勦令劉穩督所調度仍促白翰紀吳天賞等舟師東上夾攻一作析兵俟集士氣奮揚白翰紀初戰于竹洲老萬山晏繼芳再戰於三洲洋吳天賞等兩捷於三洲洋荔枝灣俘斬三百名顆焚燒溺死者倍之許俊美為夥黨梢目止存屍軀餘黨無遺鄭大漢為吳天賞生縛解軍門身長八尺磔于市

萬曆二年春潮州叛賊朱良寶又作亂提督兵部侍郎右都御史殷正茂討平之

潮地自嘉靖壬子以來倭奴海賊縱橫殘破為甚良寶與逃夷林道乾及攻行魏朝義莫應敷各先後糾衆出海其為禍最慘者則林朱也官府苦於地方多事兵力不暇徃其告招招之後朱據南洋寨林據華林寨魏住大家井莫住東湖寨林朱則報水殺人如故民甚苦之然不敢聲其冤蓋懼二酋聞聲則喪身滅門之禍不旋踵至者正茂初莅鎮即謀造戰船待時大舉以伸人神之憤萬曆元年春山寇蕩平議乘勝搗之林朱偵伺林徑投住夷寨朱西走陽江犯城為官兵敵退舟師襲殺遂奔歸南洋深溝高壘固壘死守水陸官兵環而攻者近萬謂𠜱轍之鮒旬日

下矣不數日副總兵李誠立被賊衝營失事報至時督府憤之趣總兵張元勳往馬張請益浙兵增置器甲及凡軍需皆如議督府詰長樂視師重申賞罰三軍聞命莫不感憤誓死直前遂斬伐樹木周圍列柵環匝賊巢造戰車敵樓取柴草實其溝塹以便進兵旬爾具備於三月初十日八面進攻一鼓破巢凡俘斬一千二百五十名顆良寶死刃下男婦不計此舉也衆議慮其巢堅難下兵臨之日大書榜文有投降者免死半月之間無一應者皆髡髮以拘至死鬭闘

議者謂田橫之客不是過也故千二百人駢首就戮無一遺漏者軍威益振魏朝義莫應敷因之皆相率毀巢散黨投官請命二院會議釋之

外史氏柴曰海寇為吾粤患自古記之矣考之漢嘗安帝永初三年秋七月海賊張伯路等寇略沿邊九郡遣侍御史龎雄討破之此用兵靖海寇之始自後時常出沒唐天寶中有吳令光一之亂宋紹興中有黎盛之亂旋為官軍破滅

究其顛末已入我

皇明申飭海防綦詳且密而海波沸揚鯨鯢嘯聚旋討旋發未有晏然享數十年之安者是故洪武初年海北盜發指揮揚景討平之十四年海寇突入潮揭邑人蕭子明討平之景泰初則杜信死海豐之難徐寧坐流刼之罰海上肅然乃開府其地者先後振紀嚴防伸威耀武隨有竊發即行戡定百粤賴以敉寧則皆諸名公之烈也說者謂兵法毋恃其不來恃吾有以待之是故防海有四要焉一曰嚴法令海防官兵非不棊布星列然玩法坐視衆謂宜定以限防嚴以法守賊入其界即罪不少宥庶人心知畏懼而海島可澄清矣二曰密保甲蓋禦盜安民莫要于保甲之法宜於沿海邊民使相聯絡十家為甲十甲為保各簡練兵勇精明器械把截海口毋令賊得入境遘者罪固輕恕則控握攸嚴而強梁不敢犯矣三曰杜窩濟蓋海寇能跳張者以濱海居民為之窩藏得容其奸也又從而為之接濟或載魚米與之貿易或通消息為之鄉導宜嚴其禁

有故犯者罪之此亦可剪海寇之羽翼也四曰明信地近議建六水寨給與船器專備追擊而以副總兵統之計殊周矣然沿海信地宜亟申明使各嚴把守遇冬春收汛之期務遵原定會哨之法庶責守攸明賞罰可信矣防海之法似不出此籌而行焉粵民其尚有瘳哉

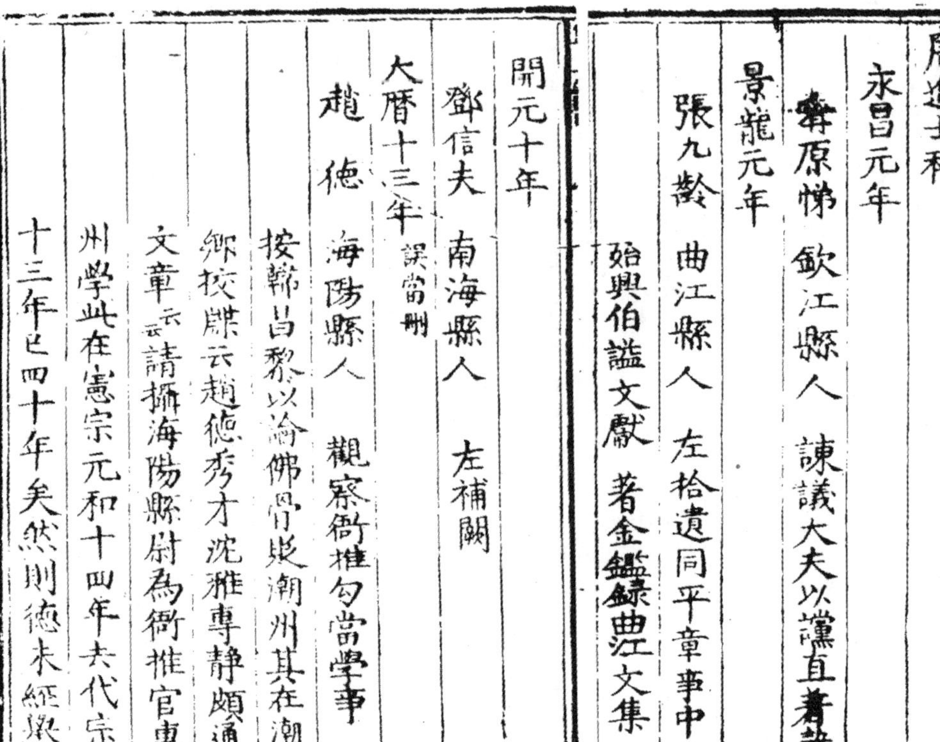

粵大記卷之四

嶺南郭棐篤周甫編

科第

唐進士科

永昌元年

寧原悌　欽江縣人　諫議大夫以讜直著聲

景龍元年

張九齡　曲江縣人　左拾遺同平章事中書令始興伯諡文獻　著金鑑錄曲江文集

開元十年

鄧信夫　南海縣人　左補闕

大曆十三年 誤當删

趙德　海陽縣人　觀察衙推勾當學事

按韓昌黎以論佛骨貶潮州其在潮請置鄉校牒云趙德秀才沈雅專靜頗通經爲文章云云請攝海陽縣尉爲衙推官專勾當州學此在憲宗元和十四年去代宗大曆十三年已四十年矣然則德未經舉

灼然矣姑存之以俟攷

貞元六年

姜誠　東莞縣人　少府少監

張仲方　曲江縣人九齡從孫　秘書監銀青光祿大夫上柱國

貞元十年

張仲孚　曲江縣人仲方之弟　監察御史

元和元年

劉軻　曲江縣人　侍御史

元和十年

盧宗回　南海縣人　集賢校理

長慶元年

常昌明　龍川縣人　秘書監丞

按舊志作常思明肇慶志亦云酷好李涉詩非也蓋李涉於江遇盜投之以詩曰暮雨瀟瀟江上村綠林豪客夜知聞相逢不用相回避世上如今半是君其盜乃常思明也誤列于科第何大謬耶今從新志

寶曆二年

黃[illegible]　程鄉縣人

開成二年

鄭愚　番禺縣人　禮部侍郎尚書左僕射

會昌二年

常滂　南海縣人　象州刺史

大中元年

劉瞻　桂陽州人　中書門下同平章事是年禮部侍郎魏扶知貢舉所得士如瞻等多知名云

何昂　番禺縣人　容管經畧使

大中五年

莫宣卿　封州開建人　狀元台州別駕今文苑英華有宣卿詩韶州有莫狀元井云

黃惟堅　高要縣人　朝議郎

咸通二年

楊環　南海縣人　秘書省校書郎

乾符二年

陳萬言　封川縣人　欽州刺史

乾符三年

邵安石　桂陽州人　右諫議大夫

按志以安石爲梁諫議大夫非也自乾符至梁開平凡三十餘年豈安石登第三十年不授一官至梁爲諫議耶今去梁字存其實

乾符四年

張昭遠　歸善縣人　起居舍人

按舊志及惠州志以昭遠列於常昌明上非也今從紀年改正

乾符五年

鄧承勳　南海縣人　江州刺史

光啓三年

黃匪躬　連州人

景福二年

孔閂　南雄人　朝散大夫袁州刺史

乾寧三年

王國才　封川縣人

吳鸗　連州人　節度掌書記

天祐二年

陳用拙　連州人　中書舍人

按通志作天祐元年而文獻通考登科記云天祐元年不貢舉天祐二年進士二十三人則用拙爲二年進士無疑也今從科記改正

天祐四年

張鴻　連州人

李謹微　康州人　番禺令

按通志本傳云天祐末年進士此於題名乃作元年列於陳用拙之上非是今改正

梁龍德二年

黃損　連州人　尚書左僕射

按通志作乾德二年攷之五代史梁有乾化龍德年號並無乾德而登科記載龍德二年進士十四人損本傳亦云龍德進士今從科記本傳云

唐同光元年

何澤 番禺縣人𥁞之孫 太僕少卿

漢乾祐元年

孟賓于 連州人 水部郎中 著金鰲集

按通志作天福五年本傳作天福九年俱誤也傳云李昉者同年進士與賓于善昉官翰林學士寄賓于詩曰初携寶劍出湘潭金榜標名第十三昔日聲名喧洛下只今詩句滿江南攷之宋書昉乃漢乾祐元年進士也則天福之爲誤明矣

鄧恂美 連州人 湖南節度幕官

按通志作天福九年非也晉高祖改元天福七年而崩安得有九年耶本傳云同年王溥寄詩有緣衣我巳登黄閣白社君猶寄故廬之句又李昉亦恂美同年贈詩云憶昔詞林共着鞭當時鶯谷喜同遷關河契濶三千里音信稀疎二十年君遇舊知依玉帳我何才藻妄花磚時情人事堪惆悵天外相逢一淚然恂美答云詞塲幾度讓長鞭又向清朝[illegible]九遷品秩雖然殊此日歲寒終不改當年於才早巳超三院侍立仍忻步八磚今日相逢翻自愧閑吟沉醉自潸然攷之溥昉皆漢乾祐元年進士則恂美於是年登薦無疑矣

南漢乾亨二年

簡文會 南海縣人 尚書右丞

按通志作乾和六年非也蓋乾和爲劉晟年號文會本傳云劉龑開進士科擢第一人及第累遷尚書右丞逮諫劉晟謫楨州刺史龔之開科在乾亨一年今改正

乾亨三年

鍾允章 番禺縣人 尚書左丞參知政事

按府志本傳云劉龑設科取士允章以進士及第而通志於進士科缺書今補入之

陳偓 南海縣人 同中書門下平章事

外史氏恭曰自隋設進士科至唐益重其選試以詩賦第分甲乙又置明經及道舉但目博學宏詞諸科顧以嶺海迢遞絃誦[illegible]乃

霽原悌對白馬而効尤張子壽獻金鑑以抒忠不謇謇然稱海濱豪傑士哉夫士固有無所依而特立亦有因所立而顯名開元賢相並稱姚宋乃論者猶退元之進子壽夫以嶺海資縫進而與天下之英抗衡巍然爲一代倜亦幟非其所自植立然哉厥后則姜公輔之讜直張仲方之勛業劉瞻之耿介咸負偉特才而趙德以儒雅劉軻以文藻黃損以宏博蔚有聲稱不愧經明行脩之實又皆聞曲江之風而興者也若夫莫宣卿首冠于中唐簡文會奪標於南漢嶺表科目渴賢稱盛寧不彪炳寓禩乎哉悲生也晚心誠仰止竊慨夫志載稍訛稽證未核聊訂其譌闕而補其遺忘述綜附鳳之資亦竊存羊之意云爾自進士科外明經則有張弘雅李孺張忠張紹儒茂才則有程杉李金馬鄉貢則有張璽齡張捷張㧑張栩蘇紹之張詡鄧謁李休闇餘照於晨星存什一于千百它或知而未確者下歟漫書焉

宋進士科

建隆二年

周　渭　連州人[賜同進士出身]歷官益州轉運使

太平興國二年狀元呂蒙正榜[通志作四年誤今據宋登科記改正]

謝　言　潮州府人[賜及第]侍御史

太平興國八年狀元王世則榜

鄧　曄　桂陽州人　諫議大夫知廣州

雍熙二年狀元梁顥榜

唐　元　連州人　屯田員外郎

端拱二年狀元陳堯叟榜

古成之　增城縣人　知益都綿竹二縣時稱紫虛先生

按成之於雍熙二年登梁灝榜第二名爲張師道所嫉飲以啞藥及傳臚不能應上怒其不恭扶出成之絕不自明至是登第上始知師道之奸欲罪之成之力爲申救時服其雅量

咸平元年狀元孫僅榜

成禹昌　南海縣人

按洪容齋云是榜多貫開封皆都人士也然則南士獨冒一人耳

咸平二年狀元孫暨榜

胡賓王 曲江縣人 翰林學士

咸平三年狀元陳堯咨榜

吴世範 連州人 殿中丞

景德一年狀元李迪榜

林從周 海陽縣人 度支員外郎提點浙東西刑獄

按通志云從周任比部郎中知雷州非也此乃其子東美銜耳又以周克明列是科尤非也克明乃梁開成中進士耳今據本傳改正

大中祥符元年狀元姚曄榜

馮 元（第一甲） 南海縣人 禮部侍郎兼翰林院學士贈本部尚書謚章靖（撰國朝會要及文集）

大中祥符二年狀元梁固榜

許 申（獻賦登試第一） 潮陽縣人 刑部郎中自申至八世孫騫宣以文武登第者四十有一人云

大中祥符八年狀元蔡齊榜

唐 静 連州人（元之子） 大理寺評事

林 冀 潮州府人（從周之叔）

天聖二年狀元宋郊榜

余 靖 曲江縣人 工部尚書贈刑部尚書謚曰襄（著三史及武溪集）

許彥先 始興縣人 殿中丞

王 式 曲江縣人 大理寺丞

梅鼎臣 翁源縣人 殿中丞

王汝礪 瀧川縣人 工部尚書

黄 正 曲江縣人 户部郎中

許 致 始興縣人

天聖五年狀元王堯臣榜

王 陶 曲江縣人（式之子） 度支郎中

黄 程 海陽縣人 太子中舍

鄧 戡 乳源縣人 殿中丞

梅 佐 翁源縣人 知藤州

天聖八年狀元王拱辰榜

曾 楷 龍川縣人 朝散大夫翰林權直

羅孟郊 歸善縣人（第二人） 翰林學士

景祐元年狀元張唐卿榜

唐賁（一作奕）湞州人（静之子）贊善大夫

按賁乃元之孫静之子也湟川三世甲科前此未有云

鄭禋　潮州府人

鄭夔　潮州府人

景祐三年

許因（申之子）潮州府人

按宋登科記景祐三年停貢舉而許申傳云子因仕至太子中舍亦未言登進士不知通志何據也姑存之以備攷

慶曆二年狀元楊寘榜

王雋　南海縣人

慶曆六年狀元賈黯榜

梁杞　番禺縣人　通判鄂州

譚必　樂昌縣人　邕州推官死于交趾之難累贈金紫光禄大夫謚忠愍

陳世宗　龍川縣人　翰林待制

劉致一　龍川縣人　儒林郎

雷庠　連州人　西安令

皇祐元年狀元馮京榜（通志作二年非是登科記云皇祐二年三年四年並停貢舉）

何邃　番禺縣人

許聞一　潮州府人（申之孫）

鄧誥　南海縣人

皇祐五年狀元鄭獬榜

按通志是科有李蕆非也蕆乃勃之弟在治平四年云

胡仲堪　潮州府人

吳周卿　歸善縣人

鄧堂　曲江縣人（懿之子）太守朝議大夫

譚侁　始興縣人

秦度　潮州府人

徐信　始興縣人

至和元年

李作　電白縣人

按通志新舊本俱作是年進士攷之宋登科記至和元年二年嘉祐元年俱停貢舉不知志何據

而書也姑存之以備攷

嘉祐二年狀元張衡榜通志作三年按登科記三年不貢舉從二年為正

姚宗卿　南海縣人

余仲荀　曲江縣人靖之子

徐元更　番禺縣人

鄺晴　潮州府人

簡希甫　保昌縣人

李中憲　博羅縣人　通直郎

李勍　樂昌縣人　試南昌令

按通志是科有鄧闢鄧戒李郃舊志於郃作慶元二年闢戒作嘉定十年南雄府志並其名無之今姑從舊志

治平四年狀元許安世榜

許彥博　始興人致之子

李巖　樂昌人湛之弟　知象州

按通志是科有鄧向而舊志及南雄府志俱無今不敢濫書

熙寧三年狀元葉祖洽榜

陳苢　南海縣人　廣南東路提舉學事

劉晞　翁源縣人

熙寧六年狀元余中榜

譚昂　曲江縣人

熙寧九年狀元徐鐸榜

歐陽經　連州人

陳甸　潮州府人　朝散大夫

張漸　南雄府人　朝請大夫著冰田集

莫宗堯　封川縣人

吳邈　南海縣人

梁棟　番禺縣人

元豐二年狀元時彥榜

丁璉　番禺縣人　朝散大夫知連州

許弁　潮陽人申之四世孫

李積中　四會縣人　翰林權直學士

鄧球　南海縣人

李琰　南雄府人

顏袞　南雄府人

元豐五年狀元黃裳榜

林 紘 潮州府人

石㦤道 康州人 朝奉郎知松江縣(著松江集)

區 傑 南海縣人

元豐八年狀元焦蹈榜

梅 蟠 歸善縣人 迪功郎

謝 棠 番禺縣人

侯晉升 曲江縣人 知南恩州

李熙載 康州人 廣西轉運使

元祐三年狀元李常寧榜

余 玧 曲江縣人

袁 爊 揭陽縣人御史中丞

鄧弼亮 乳源縣人(戩之孫棠之子)新興令

王履古 曲江縣人(式之孫陶之子)

鄭 常 歸善縣人

鄭與權 靈山縣人

按鄧弼亮之祖戩父棠王履古之祖式父陶皆登甲第三世科名一時稱盛云

元祐六年狀元馬涓榜

嚴 武 連州人 朝散大夫

陳希伋 揭陽縣人舉經明行修第一 知梅州

莫宗舜 封川縣人司户參軍

藍 奎 程鄉縣人

紹聖四年狀元何昌言榜

劉 允 海陽縣人知化循新三州 著海陽集

徐盧中 龍川縣人

龔 湜 樂昌縣人

許安世 始興縣人

陳洵仁 潮州府人

戴安之 潮州府人

古 革 河源縣人(成之之孫) 通志舊本以革作潮州人誤

陳 策 南雄府人

元符三年狀元李釜榜

楊 纁 番禺縣人

鄧纘道 南雄府人

張致遠 南海縣人(通志誤作張致遠) 朝散大夫

張書言　番禺縣人　朝議大夫

鞠　杲　吳川縣人

許居仁　潮州府人中之五世孫

許居安中之五世孫居仁之弟

按許中之子因孫閎一四世孫并五世孫居仁居安俱登士第五葉甲科一時標美而居仁居安及八世孫鶱宣又皆同榜洵極盛云

崇寧二年狀元霍端友榜

王公旦　南海縣人

馬　鵬　南海縣人

胡　愈　曲江縣人

王傳燮　歸善縣人

王　崇　潮州府人

崇寧五年狀元蔡嶷榜

嚴表氏　連州人　朝散大夫

蕭　雄　樂昌縣人　奏議郎知桂陽軍

林縉國　潮州府人

鄭民憲　潮州府人

夏侯鑑道韶州府人一作潮州人

大觀三年狀元賈安宅榜

馮　寅　英德縣人　殿中丞

嚴祖治　潮州府人

譚　煥　南雄府人　朝散大夫

蕭　維　樂昌縣人雅之弟　宣教郎

鄧　酢　始興縣人　安撫瓊州贈奉直大夫

按通志無鄧酢攷之舊志及南雄府志皆列

是科今補入

政和二年狀元莫儔榜

陳　謨　東莞縣人

蕭　雅　樂昌縣人雄之兄　通判廣州

馮安上　英德縣人寅之子　通判吉州知梧州見南山碑記

鄔大昕　河源縣人　簽判廣州

鄭之才　潮州府人

政和五年狀元何㮚榜

石子建　潮陽縣人

梁中矩　番禺縣人

鄧俊明　南海縣人
許　牧　始興縣人
按南雄府志以牧爲彥博之孫彥博爲致之子亦三世連登甲科云
楊獻章　潮州府人
陳仲達　潮州府人
政和八年狀元王嘉榜
王　震　南海縣人
鄧嘉猷　曲江縣人

張　夔　潮州府人　知新州　著綠隱集
李南仲　潮州府人
宣和三年狀元何渙榜
盧彥亨　博羅縣人　朝請大夫
嚴挺臣　高要縣人　通判廣州
王昌時　潮州府人
龍　驤　高要縣人　虞部郎中
宋巨濟　潮州府人
宣和六年狀元沈晦榜

方邦基　海豐縣人
劉　昉　海陽縣人　子允之
張希傅　潮州府人
張呂喬　潮州府人　子夔之　通判容州
建炎二年狀元李易榜
王大寶　潮陽縣人　一甲第八　禮部尚書提舉太平興國宮致仕　著諫垣奏議經筵講義及文集十五卷
李　諤　番禺縣人　瓊州安撫使
鄭　煥　潮州府人

何桑中　歸善縣人
魏思問　海陽縣人
吳廷賓　潮州府人
鄧孝廉　曲江縣人　知德慶府
何思遠　南海縣人
陳　幹　潮州府人
王良卿　潮州府人
張　鞍　潮州府人
方　可　潮州府人

紹興二年狀元張九成榜
黄勲　南海縣人　朝散大夫知新州
嚴胃巳　連州人（泉民之子）　宣教郎
歐陽佑　連州人
丘宮　南海縣人
黄煥岡　潮州府人　朝議大夫通判汀州
劉藻　始興縣人　朝請大夫
張操　高要縣人
黄時晦　潮州府人
譚惟寅　高要縣人　江西提刑（著蛇齋集）
劉昌壽　四會縣人
嚴沏　四會縣人
按通志新本是科無劉藻有留正非也今據藻本傳增入而正乃紹興三十年庚辰科當録于後云
紹興五年狀元汪應辰榜
孔元勲　番禺縣人　朝散大夫知新州
鍾思義　曲江縣人

黄燃　南海縣人（勲之弟）　韶州判官
魏思謙　潮州府人（思問之弟）
方慎　潮州府人
翟傑　東莞縣人　從政郎
廖顒　連州人　提點廣南西路刑獄
林幹　海豐縣人
魏元受　潮州府人
按通志是年有許居安而許申傳云五世孫居仁居安同登元符三年進士何傳與題名相矛盾也今從傳文改正
紹興八年狀元黄公度榜
王日華　南海縣人
譚宗　樂昌縣人
紹興十二年狀元陳誠之榜
吳群　番禺縣人　朝奉郎通判瓊州
紹興十五年狀元劉章榜
鄒杭　龍川縣人
李藩　長樂縣人

李康臣 南海縣人 知昌化軍

紹興十八年狀元王佐榜是年朱文公熹登第

謝守約 樂昌縣人

鄭國翰 海陽縣人

林大受 揭陽縣人

石仲集 潮州府人

陳式 海陽縣人

紹興二十一年狀元趙逵榜

王垂佑 高要縣人

紹興二十四年狀元張孝祥榜

周鎬 潮州府人

陳萃 龍川縣人

盧逮 長樂縣人 修職郎

紹興二十七年狀元王十朋榜

張宋卿 博羅縣人（元省）秘書省正字知肇慶府

黃漢 長樂縣人 迪功郎

紹興三十年狀元梁克家榜

陳康延 番禺縣人 朝奉大夫知梅州

留正 博羅縣人 右丞相少保觀文殿大學士魏國公贈太師謚忠宣（通志誤作紹興二年今改正）

秦唐輔 潮州府人

趙師正 潮州府人

隆興元年狀元木待問榜

鄭方與 增城縣人 國子監宣教郎

王中行 潮州府人 知東莞縣

按通志舊本有鄭方與而新本不載今存之以備攷云

乾道二年狀元蕭國梁榜

陳應侑 潮州府人

葉少頹 潮州府人

趙利 昌化縣人

乾道五年狀元鄭僑榜

趙師丞 潮州府人

趙師宣 潮州府人

李大理 四會縣人（侍中之子）太府寺丞

乾道八年狀元黃定榜

劉少集 潮州府人

李大異　四會縣人（積中之子）諫議大夫
淳熙二年狀元詹騤榜
林　昂　南海縣人
謝　時　潮州府人
林　庚　潮州府人
王興基（舊作莊）潮州府人
莫秀發　高要縣人
常君載　陽春縣人
段碩輔　潮州府人

淳熙五年狀元姚穎榜
陳獻臣　南海縣人
曾　槐　番禺縣人　朝奉大夫知桂陽軍（著省齋集桂水集）
楊原與　海康縣人　朝奉大夫
曾躍鱗　南恩州人　監察御史（著侍御集）
淳熙八年狀元黃由榜
馬希騤　新會縣人　朝議大夫知雷州
周愚叟　南雄府人
陳宏甫　海康縣人

淳熙十一年狀元衛涇榜
李　昶　番禺縣人
淳熙十四年狀元王容榜
陳思愈　南海縣人
李　申　四會縣人
紹熙元年狀元余復榜
曾　機　番禺縣人（槐之弟）
紹熙四年狀元陳亮榜
崔與之　增城縣人（第一甲）右丞相兼樞密使力辭不拜以觀文殿大學士致仕封南海郡公謚清獻贈少師（著菊坡集海上澄清錄）
劉　鐸　南海縣人（鎮之弟）朝奉郎
盧順之　潮州府人　肇慶節度推官文林郎
許　宣　潮州府人（申之六世孫）
許　騫　潮州府人（宣之兄）惠州府推官從仕郎
慶元二年狀元鄒應龍榜
李　鼐　曲江縣人
周子才　南雄府人

黃大中　高要縣人

吴晉卿　南雄府人

郭安仁　海豐縣人　宣教郎

黎必取　龍川縣人　迪功郎

慶元五年狀元曾從龍榜

劉　鎔　南海縣人（鎮之兄）朝奉大夫判欽州

李成之　歸善縣人

廷貺（姓失）興寧縣人

曾　熹　保昌縣人

嘉泰二年狀元傅行簡榜

劉　鎮　南海縣人（鎔之兄）

按新志列鎮于嘉定元年舊志云二年俱誤本傳載鎮嘉泰二年進士今從之

蘇應龍　樂昌縣人

陳　彰　保昌縣人

黎朝宗　保昌縣人

開禧元年狀元毛自知榜

梁文奎　東莞縣人　迪功郎

李　儀　保昌縣人

李　朴　保昌縣人

嘉定元年狀元鄭自誠榜

姚宏中　海陽縣人（省試第一 廷試第三）靜江教授

羅　愷　龍川縣人　通直郎

蕭　興　龍川縣人　通直郎

陸龍光　高要縣人

楊　杞　興寧縣人　迪功郎

鄔孝臣　龍川縣人　靖海軍僉判

嘉定四年狀元趙建大榜

莫天祐　封川縣人（廷試及第）知寧遠縣

鄧希顏　南雄府人

嘉定七年狀元袁甫榜

梁　誠　東莞縣人

尤　适　歸善縣人

曾　固　興寧縣人　迪功郎

徐如龜　南海縣人

陳　愘　潮州府人

嘉定十年狀元吳潛榜
蒙甄 番禺縣人 知蘄州
彭自明 南雄府人
嘉定十三年狀元劉渭榜
楊汪中 番禺縣人 歸善令
王世謙 靈山縣人 僉判
温若春 番禺縣人 特奏名第一賜同進士出身秘書郎
嘉定十六年狀元蔣重珍榜
趙崇垓 南海縣人

劉亦周 始興縣人
寶慶二年狀元王會龍榜
李鼎英 番禺縣人第一甲第三人 龍圖閣待制吏部[illegible]
郎謚忠簡 著文溪集
倫次陸 南海縣人
彭演 保昌縣人
譚文郁 保昌縣人
朱篆 歸善縣人
李應彪 始興縣人

蔡派文 始興縣人 校通志舊本作蔡新本作蘭今據府志從舊
紹定二年狀元黄朴榜
吴仁孫 南海縣人
陳應元 瓊山縣人 僉書昌化軍知番禺縣
陳桂 南雄府人
張洪 龍川縣人 迪功郎
孔紹旦 保昌縣人
紹定五年狀元徐元杰榜

吴大震 番禺縣人 知道州
趙與銄 南海縣人
許迪 龍川縣人 承事郎
危夢亨 南海縣人
端平二年狀元吳叔告榜
張逢午 南海縣人
趙與鑼 南海縣人與銄之弟
楊遂 南海縣人
陳東之 連州人

王㑺　番禺縣人　翰林侍講
余亨　南海縣人
胡夢貞　曲江縣人
馬遷　保昌縣人
屈竦　始興縣人
葉紹宗　保昌縣人
按通志舊本無屈竦文作秉朝宗俱誤今從新本
而王㑺則據舊志增入云
嘉熙二年狀元周坦榜
封南魯　南海縣人
梁現　番禺縣人　知南安軍
趙汝夫　南海縣人
王應容　海康縣人
梁應龍　博羅縣人　僉判常德府
姜雷煥　番禺縣人
陳南一　興寧縣人　翰林宣教
按通志新本有陞商後南雄府人而舊
南雄志俱無今不妄入

淳佑元年狀元徐儼夫榜
錢益　東莞縣人　通判靜江府
蔡夢雷　番禺縣人
單有明　增城縣人
陳龍起　南海縣人
李允中　南雄府人
紀世甫　潮州府人
淳祐四年狀元留夢炎榜
劉煥然　曲江縣人
莊應祥　海豐縣人
李興龍　番禺縣人
趙希逵　潮州府人
柯起龍　潮州府人
徐源　潮州府人
廖慶　南海縣人
郭闓　番禺縣人　左正言監察御史
周雍　南海縣人
按是科後志載稍混今依甲次更定云

淳祐七年狀元張淵微榜

朴祐仁 河源縣人

蔡渤 潮州府人

戴宗漢 南海縣人

李綜 龍川縣人 迪功郎

彭拱辰 潮陽縣人

丘景明 保昌縣人

張翔龍 南海縣人

陳昭錫 潮州府人

王桂 潮州府人

楊光大 南海縣人 通志新本作光穴字誤

周霆震 潮州府人

楊叟 潮州府人

金亮 潮州府人

淳祐十年狀元方逢辰榜

鄭奎英 南海縣人 甲第一 從政郎

譚必子 樂昌縣人 省試第一

葉符 保昌縣人

林亨甫 潮州府人 省試第五

趙時鍵 南海縣人

鄧夢鷹 樂昌縣人

楊震西 番禺縣人

何起龍 番禺縣人

鄧益孫 曲江縣人

陳昌玄 潮州府人

趙希䓵 潮州府人

歐陽麟 曲江縣人

寶祐元年狀元姚勉榜

鄭得助 南海縣人 再

先一龍 番禺縣人

張逌 樂昌縣人 九齡遠孫

陳大震 番禺縣人 朝奉大夫知全州

胡惟嘉 歸善縣人 司理

孔夢協 高要縣人 朝散大夫知橫州

謝月卿 番禺縣人

陳漁甫 番禺縣人
鄭禧元 南海縣人
李心月 南海縣人
梁夢靁 番禺縣人
何一鵬 瓊山縣人 翰林司户
李先發 增城縣人 通判潮州
寶祐四年狀元文天祥榜
周裕 潮州府人甲
李夢呂 龍川縣人
許君輔 潮州府人甲十冠孫
蘇良 番禺縣人
紀應炎 遂溪縣人 宣教郎知南海
趙時銚 南海縣人鏞之兄
洪斗南 歸善縣人
蔡震 潮州府人
馮治 曲江縣人
楊懌 遂溪縣人
黃幼可 潮州府人

曾肅翁 番禺縣人椒之孫 連州推官
黃璐 電白縣人
龔席珍 南雄府人
余夢贇 海豐縣人
陳經國 潮州府人
薛科 電白縣人
方寶郎 潮州府人
馮斗祥 南海縣人
黃夢魁 樂昌縣人
劉叔向 龍川縣人
蕭規 潮州府人
陳國華 瓊山縣人
程雷發 遂溪縣人
曾仕倬 南海縣人
楊應辰 高州人
開慶元年狀元周震炎榜
黃石 南海縣人
成周用 曲江縣人

賴濟川　保昌縣人
龔馮　樂昌縣人
譚一鶚一作諤　歸善縣人
張崇大　樂昌縣人
黃文光　瓊山縣人
許雷應　博羅縣人
蒙英鼎　仁化縣人
龔元　樂昌縣人
李文虎　南雄府人

林覆中　海豐縣人
景定三年狀元方京山榜
李夢辰　南海縣人
談文炳　德慶州人
張一作良靁　曲江縣人
余行成　化州人
曾南賓　南海縣人
陳建中　海豐縣人
董正中　高要縣人

陳尭通　博羅縣人　迪功郎
林元中　南海縣人
林斗南　化州人　貴州判
程雷發　遂溪縣人
咸淳元年狀元阮登炳榜
趙必瑑第一甲　東莞縣人　文林郎
吳桂發二甲　南海縣人
趙𤎩夫三甲　南海縣人
趙時𠃧　東莞縣人

趙若岡　南海縣人
梁龍慶　高要縣人
麥雷奮五甲　南海縣人
趙崇詘　東莞縣人　修職郎南安軍司户
按崇詘者必瑑之父也同登咸淳乙丑榜時稱橋梓聯輝
趙必鈞　南海縣人
李果　潮州府人
王淮　潮州府人

朱應辰　潮州府人
咸淳四年狀元陳文龍榜
劉東然第一甲　番禺縣人　翰林權直朝奉郎
黄桂英三甲　博羅縣人
楊　震四甲　南海縣人
鄧　純　樂昌縣人
梁　織　德慶州人　朝散大夫
王道夫　番禺縣人　兵部尚書
魏　怡　龍川縣人　將仕郎
吴道泰　番禺縣人
梁世英　高要縣人
尹　耕　東莞縣人
梁與子　番禺縣人
趙必𤪌　南海縣人
咸淳七年狀元張鎮孫榜
張鎮孫　南海縣人第一名
丘必明　保昌縣人景明之弟
劉　衡　南海縣人二甲

潘文伯　歸善縣人
李肖龍　增城縣人
姚　鉉　南海縣人
唐中立　龍川縣人
丘夢炎　南海縣人
鄭真輔　璦山縣人
葉三得　東莞縣人
莊嗣孫　遂溪縣人
鄭起鴻　南海縣人得功之子
張辰得　高要縣人
王元中　南海縣人
張　經　博羅縣人
咸淳十年王龍澤榜
何子成　南海縣人
曾宋珍　番禺縣人　龍川尉
陳　息　番禺縣人
錢夢驥　東莞縣人
陳　紀　東莞縣人

馮昶　南海縣人

元進士

延祐　黄點　揭陽縣人

李鎮東十科

李梅國　陽江縣人

至大　張仲明　化州人　欽州林同知

泰定　林珏　陽江縣人

至元　蒲里罕　色目人南雄路

至正　程文表　保昌縣人

陳進之　保昌縣人　嶺南學校提舉

張洪　始興縣人張曲江後　監察御史

外史氏棐曰三物賓興創于周制自隋唐以來始重進士明經迨宋盛斌斌稱盛矣若馮章靖之儒雅余襄公之勳業王禮書之讜奏崔清獻之德望李忠簡之直節郭正言之廉介儼然與中朝賢豪抗衡豈但標嶺海之芳躅乎我故宋郲以賈誼董仲舒擬章靖日謂有王佐之才龜齡以曲江目南方禮書而謂為諫垣之直襄公正色立朝山賢並美清獻高風雅度千載一人文文山矜正言則謂丹心靡它天地可質陳白沙以忠簡則謂浩然自得卓然自立嗟嗟六先生者其真五嶺間氣之鍾靈百代士林之儀表乎而留忠宣崇尚名節毅然有大臣之度雖籍永春寔家歸善其風範豈下二獻哉至于古縣竹之惠而孝唐大理之法而直丁連州之清而整鄧秘閣之功勞不伐黃朝散之循良有聲羅翰學之孝稱鲁湖譚光禄之忠徵贈謚皆傑然一時翹楚也若夫榜元則有許申大中祥符三年殿試第一陳希伋元佑六年舉經明行修第一張鎮孫省元則有張宋卿姚宏中譚必子一甲則有謝言馮元王大寶李譚張書言莫天祐崔與之李昴英鄭奎英趙必瑑劉衮然大非濟濟科名之盛哉父子登第者梅昌臣梅佐許致許彦博余靖余仲荀馮寅馮安上譚佚譚煥劉允劉昉張夔張昌裔嚴表民嚴習巳錢益錢夢驎而父子同榜若趙崇

紬趙必瑑尤稱盛也至于三世甲科如唐元
之子静孫炎王式之子陶孫優古鄧戡之子
堂孫㢸亮許巿之子因孫聞一及四世孫弁
不尤極盛乎兄弟登科者李渤李巖莫宗尭莫
宗舜張書言張書行黄勳黄熈魏思謙魏思問
魯𣏌魯機李大理李大異丘景明丘必明趙與
鉤趙與鐸趙時銚趙時鋋而兄弟同榜若許居仁
許居安許審許宣尤稱盛也至于蕭雅蕭雄蕭維先後
登第稱蕭氏三令君劉鎮劉鐸劉鎔相繼聯芳
稱三子皆黄甲而李積中與其二子大理大異父
子兄弟奕葉科名不又極盛乎蓋宋以文明啓
治熈寧而後罷詩賦崇經學國之養士與士之
自養恂恂然惟明經敦行他藝不得以雜之故吾
廣人士彬彬奮起視唐爲益盛肅非鼓之者得
其機而承之者昌其會與它如特奏名之顯者
若陳慥陳應辰李春叟陳宗諤温若春郭椿年
盧邵義盧侗鄧式林東美李英陳仲輔袁焕章
吴純臣尸豹𤅷鄉貢之顯者若李有中劉□□
猝黄洞譚鈚孔粹梁順孫林脩姜唐佐符確鄧
酢綦毋𢡟陳嘉猷馬持國梁𢏚直黄涣馮世傑
陳一飛鄭康佐周一濂梁詡皆蔚然知名于世
因併著之

粵大記卷之五

嶺南郭棐篤周甫編

科第

皇明進士科

洪武四年辛亥狀元吳伯宗榜 伯宗江西金谿縣人官至武英殿大學士為名臣 會元俞友仁二甲

梁臨 新會縣人 授開封府長城縣丞 禮部主事

張壽齡 保昌縣人 授開封洧川縣丞

陳玄 東莞縣人 授鳳翔府岐山縣丞

梁安 高要縣人 授濟南府[illegible]縣丞

何子海 番禺縣人 授邳州睢寧縣丞

按通志黄本有李初而登科考無之今删去載本無張壽齡梁安今增入其名次一以登科考為正

是科錫宴於中書省梁臨賦詩有鼓瑟愧蒙天澤滿願推涂滴遺烝民之句時稱誦之

洪武十八年乙丑科狀元丁顯榜 顯福建建陽人初讀卷官取花綸第一

上以其年夢佛之遊有顯明童謌有黄練花花練黄之語云會元黄子澄

黄子平 茂名縣人 二甲

陳綬 南海縣人

勞士兇 南海縣人

黎福南 海陽縣人 翰林院檢討

李文善 高要縣人 刑部主事

衛善初 四會縣人 撫州府知府

張觀 南海縣人

黄敬中 曲江縣人

譚誼方 高要縣人 監察御史

甘友信 保昌縣人 瑞州訓導祠于學

林宗浦 徐聞縣人

朱華慶 南海縣人 户部主事

陳迪 四會縣人 國子助教入東閣脩永樂大典 著類集

周尚文 香山縣人 元解 監察御史詩有妙悟時稱才子

戴雲 連州人 監察御史

姚觀文 番禺縣人 監察御史

林遜 潮陽縣人 知縣

林昶 吳川縣人

按通志載本誤收梁成偵楨鄭鎔而無張觀據登科考與黄本合今改正

洪武二十一年戊辰科狀元任亨泰榜 亨泰襄陽人對策□以天下為己任

上嘉第一命有司建狀元坊以旌之官禮部尚書　會元施顯
定科第一名授修撰第二第三名授編修著為令

朱雅　清遠縣人　奉祠正

洪武二十三年辛未科狀元許觀榜　觀貴池縣人歷官禮部侍中死于建文之難自為忠臣妻為烈婦女為貞女論者謂我皇明之得觀猶宋之得文天祥云　會元同

何測　瓊州府人甲二

張廣楊　德慶州人甲三

楊壁　海陽縣人　郎中

按通志載本無張廣楊今添入

洪武二十七年甲戌科狀元張信榜　信浙江定海人官至翰林侍讀

蔣資　化州人甲二　郎中

談源　番禺縣人第三甲　高密知縣

李琳　化州人　同知蘇州府時稱循良　通志有傳

梁熈　新興縣人　同知

按通志載本梁熈作禧非也今從登科考

洪武三十年丁丑科陳䢿榜　䢿閩縣人精數學嘗歎曰今歲狀頭當刑已而果然

符銘　瓊山縣人

建文二年庚辰科狀元胡靖榜　靖吉水人更名廣官至文淵閣大學士諡文穆　會元吳溥

梁成　信宜縣人　江西副使

余存諒　高要縣人　辰州府同知

永樂二年甲申科狀元曾棨榜　棨江西永豐縣人為文華不停揮極其天趣上嘉其才擢第一批云貫通經史識達天人有講習之學有忠愛之誠擢魁天下昭代文明尚資爾天錐良弼我官至少詹事謚襄敏是科選楊相王直周忱李時勉陳敬宗王英張宗璉等二十八人為庶吉士讀書中秘故選吉士自是科始云　會元楊相一作劉子欽

李寧　南海縣人甲二　參議

羅亨信　東莞縣人　授工科給事中歷官都察院左副都御史土木之變守宣府有安社稷功　通志有傳

容善　茂名縣人甲三　知縣

孔泰初　高要縣人　臨川知縣

周益　茂名縣人　知縣

黄本固　海康縣人　知馬平縣以忤官侍去官　通志有傳

唐舟　瓊山縣人　監察御史按浙江　通志有傳

謝昇　高要縣人　大理評事

馮高　新興縣人

張昌　瀧水縣人　戴志誤作孔昌

吳謙　海康縣人

陳頎　合浦縣人　知縣

林森　合浦縣人　知縣

李仲方　南海縣人

潘儔　南海縣人　副使

梁致恭　高要縣人　汾州同知

李祐　茂名縣人　知縣

黃嘉　海陽縣人　知縣

陳季芳　潮陽縣人　知府

洪溥　澄邁縣人　知府

林現　海康縣人

翟溥福　東莞縣人　初知青陽縣檄山神殲巨虎邑人頌之歷知南康府有惠政配享白鹿洞三賢祠通志有傳

類寶　茂名縣人　給事中

陸普任　瓊山縣人　知府

伍玉　茂名縣人　知縣

陳哲　曲江縣人

周英　合浦縣人　知泰寧縣政平民懷通志有傳

林文亨　海康縣人　解戶部員外郎　通志有傳

梁琟　化州人　隨州同知　通志有傳

吳志盛　茂名縣人

張貞　茂名縣人

蕭九成　高要縣人

羅瑛　高要縣人　梧州府教授

石祐　瓊山縣人

翟彥榮　歸善縣人　監察御史

鄧得麟　樂昌縣人

按登科考是科凡三十六人二甲惟李亨羅亨信二人而通志載本科缺黃本固吳誠黃嘉林現陳哲周英林文亨翟彥榮鄧得麟凡九人今補入

永樂四年丙戌科狀元林環榜　環莆田人官至侍講　會元朱縉

梁智　德慶州人二甲　武陵知縣

王克義　瓊山縣人　推官建言以薦能稱　通志有傳

陳彬　茂名縣人三甲

陳道同　四會縣人　監察御史

李昺　合浦縣人　主事

周岐徵　博羅縣人　監察御史

黃斌　曲江縣人

黃敬　瓊山縣人　知縣

陳永昌　茂名縣人　給事中

陳紀　化州人　知縣

黎常　新興縣人　監察御史　通志有傳

陳日新　高要縣人　河池知縣

張光　茂名縣人　知縣

鍾鏞　海陽縣人　主事

吳宗應　茂名縣人　知縣

李澤　陽城縣人　兵部郎中　通志有傳

盧榮　合浦縣人

永樂九年辛卯科狀元蕭時中榜　時中廬陵人官止侍讀

鍾瑛　高要縣人　翰林庶吉士編修大理寺正　通志有傳

韓琭　石康縣人　山西參政　通志有傳

按戴志誤收黃斌鄧得麟於是科今正之

永樂十年壬辰科狀元馬鐸榜

羅惟政　程鄉縣人　主事

林密　文昌縣人

按戴志是科有朱子福林貢韓琭皆誤

永樂十三年乙未科狀元陳循榜　循江西泰和人東閣大學士少保著芳洲集　會元洪英

梁能　番禺縣人二甲　户部主事

陳昂　新興縣人　右副都御史刑部侍郎　通志有傳

林起　番禺縣人　知府

譚壽海　瀧水縣人　教授桂林府

林貢　四會縣人　監察御史　通志有傳

鄭士庶　海陽縣人　監察御史

張聰　新興縣人　户部主事

馬銘　南海縣人　刑部主事

沈福　石康縣人　監察御史按陝西發奸稱神　通志有傳

嚴貞　新興縣人　鄱陽知縣

趙純　番禺縣人　僉事

王制　德慶州人　行人　通志有傳

彭森　南海縣人　鮮見監察御史福建發　通志有傳

朱惠　石康縣人　大理寺丞

洪椽　化州人　廣西參政

阮瑄　海陽縣人　大理評事

李璡禄　茂名縣人　員外郎

按戴本誤收林全陳佐而缺林貢今更正又除

登科攷二甲四十名倪嵩江西樂平人由廣東雷州府學録之以備攷

永樂十六年戊戌科狀元李騏榜 騏長樂人初名馬上爲改今名官修撰 會元董璘

梁廣成 番禺縣人 二甲 僉事

金誠 廣州右衛人 工部主事 通志有傳

王清 潮陽縣人 刑部主事

薛預 瓊山縣人 知縣

郭琰 琰一作 南海縣人 知縣

陳純 四會縣人 開封府同知

李忠 高要縣人 交趾州判官

徐祥 高州人 知縣

黃蒙 海陽縣人 監察御史

唐亮 瓊山縣人

洪廉 揭陽縣人 監察御史

按通志載本不録唐寬黃本誤入陳佐

寬又作亮非也今改正

永樂十九年辛丑科狀元曾鶴齡榜 鶴齡泰和人侍講學士 會元陳中

劉玘 潮陽縣人 鄉試第二名 解元 兵部主事 通志有傳

盧瑨 化州人 主事

許忠 海陽縣人

吳璿 海陽縣人 知府

朱子福 保昌縣人 知耒陽縣行人 通志有傳

吳錡 瓊山縣人 知縣

黃潤 番禺縣人 知縣

林厚 海陽縣人 知府參政 通志有傳

龔遂 番禺縣人 監察御史知柳州府 通志有傳

朱輝 南海縣人

按通志載本有張文實黃本作張文寶而

登科攷不録今從之

永樂二十二年甲辰科狀元邢寬榜 寬無爲州人初讀卷官擬孫曰恭第一 上以曰恭乃一暴字也及見邢寬二字喜甚擢爲第一永樂中江北之士占名第一者惟寬一人 上再書其名以寵之官至侍講學士 會元葉恩

林全 四會縣人 吏部主事

黃貴 海陽縣人

陳佐 信宜縣人

林貴 海陽縣人 知府

楊欽 石城縣人 翰林編修

丘俊　程鄉人三甲　監察御史福建副使　通志有傳

陳玄　海陽人　太常博士

陳縝　新興人　知縣

陳子重　南海人　教諭

佘宗器　化州人

宣德二年丁未科馬愉榜　愉山東臨朐人　侍郎謚襄

蕭鑾　潮陽人　監察御史

宣德五年庚戌科林震榜　震

李若林　潮陽人　二甲會十

區賢　南海縣人　主事

宣德八年癸丑科曹鼐榜　鼐直隸寧晉人　禮部左侍郎　與同榜二十八人進學文淵閣　殁於土木　會元劉哲

吳高　歸善縣人　參政　通志有傳

麥恂　南海縣人　以湖廣通山縣學生忠帝受業事

正統元年丙辰科周旋榜　旋浙江永嘉人　官至春坊庶子　所著畏齋集　會元劉定之

李顒　博羅縣人二甲　工部侍郎　通志有傳

正統四年己未科施槃榜　槃吳縣人　授修撰　逾年卒　會元楊鼎

王彰　海陽縣人解元　主事

正統七年壬戌科劉儼榜　儼吉水人　授修撰　時年四十九　官至太常少卿　謚文介　所著文介集　同榜與王竑項忠韓雍程信俱為名臣　會元姚夔

黃裳　韶州曲江縣人二甲　監察御史扈蹕死難　通志有傳

盧祥　東莞縣人　以金州學生式　僉都御史　通志有傳

鄧顒　韶州樂昌縣人　知黎平縣死事　贈光祿少卿　謚忠毅　有傳

楊政　博羅縣人

鄭敬　東莞縣人　監察御史　山東副使　通志有傳

薛遠　儋州人　工部尚書　榮祿大夫　通志有傳

按登科考鄭敬福清縣人東莞縣學生薛遠以縣人儋州學生而通志不著其實今書是以備考

正統十年乙丑科商輅榜　輅浙江淳安人　三試皆第一　我朝三元唯輅一人　官至大學士　直內閣　加少保　謚文毅　所著有文毅奏畧并集　與周洪謨彭時岳正為名臣

林義　海陽縣人　評事

林廷琛　海陽縣人　御史

周瑜　南海縣人　監察御史

正統十三年戊辰科彭時榜　時江西安福人　立朝三十年　赫然為一代人望　官至大學士　直內閣　加少保　謚文憲　所著有可齋雜記及文集　與商輅岳正為名臣　會元岳正

邢宥　文昌縣人　一甲察御史歷僉都御史　通志有傳

白瑩　樂昌縣人　給事中

李璉　四會縣人　知府

景泰二年辛未科柯潛榜　莆田人官少詹事卒謚文穆是科會子俊馬文升劉大夏秦紘韓雍同爲明

夏塤成顯爲名臣　會元吳匯

李惠　海陽縣人　知府

潘本愚　揭陽縣人　知府

陽顯嘉　新會縣人　員外郎

許倫　潮陽縣人

李牧　四會縣人　知府

景泰五年甲戌科孫賢榜　賢河南杞縣人官至太常寺卿謚襄毅　會元彭華

丘濬　瓊山縣人二甲一名　解元大學士少師卒贈太傅謚文莊爲一代名臣所著大學衍義補及學的世史正綱瓊山文集傳于世　通志有傳

康麟　順德縣人　監察御史僉事所著有雅音會編

麥能　新會縣人　户部郎中參政右副都御史　通志有傳

蕭青　惠州府人　知州

鄭文奎　潮陽縣人　[illegible]

陳政　三甲　番禺縣人　解一　庶吉士與修寰宇通志拜監察御史提督北畿學校陞副使有東井集　通志有傳

梁矩　番禺縣人　行人

吳讓　南海縣人　知府　通志有傳

林傑　瓊山縣人　副使

徐觀　香山縣人　郎中

李嗣　南海縣人　主事歷户部左侍郎兼都察院左僉都御史以廉著聲　通志有傳

裴東　石康縣人　參議

葉順　歸善縣人　參政

鄭安　海陽縣人　解元副使

蕭惟昌　吳川縣人　主事

劉蔭　程鄉縣人　主事

何經　順德縣人　副都御史

韓啟　番禺縣人　郎中

天順元年丁丑科黎淳榜　華容人耿介清直爲時名臣官至南京禮部尚書謚文僖　會元夏積

何淡　順德縣人　知府參政　通志有傳

潘洪　廣州右衛人　參議

葉敏　南海縣人　主事
張瓚　番禺縣人　知府　通志有傳
黄箎　南海縣人　僉事
徐霞　揭陽縣人　知府
梁昉　順德縣人　解元僉事
張綱　程鄉縣人
吴澮　增城縣人弋陽知縣民立祠祀之兼同知　通志有傳
陳騏　南海縣人　副使　通志有傳
崔浩　茂名縣人

程霓　高要縣人
張戟　南海縣人　主事員外郎
陳珍　南海縣人
楊孟芳　番禺縣人弟孟芳　主事
天順四年庚辰科王一夔榜　時讀卷官先定祁順爲第一御諱不便傳臚乃以一夔卷易之置順二甲第二名一夔新建人後從湛若水至工部尚書諡文莊　會元陳選狀元祝顥劉健黄孔昭張悅爲名臣
祁順　東莞縣人主試禮部兼布政使所著巽川集　通志有傳
張廷綸　翁源縣人登科考作廣西南平人
馮遵　南海縣人　左參政

劉澄　四會縣人　知府
天順八年甲申科彭教榜　教吉水人官翰林侍講是科李東陽倪岳張敷華劉大夏謝鐸爲名臣　會元吴釴　通志有傳
陳械　番禺縣人　布政使
唐盛　南海縣人　參政
陳仕賢　揭陽縣人　知府
蕭昂　海陽縣人　知府
陳嘉言　東莞縣人　知府
王銓　海陽縣人　參議
余訸　新會縣人　僉事

林榮　番禺縣人　御史副使
柳彰　海陽縣人　僉事
陳道　番禺縣人　黔陽縣知縣　南直隸中式丁亥進士翁萬達鄉曾祖
成化二年丙戌科羅倫榜　倫永豐人修撰三月上疏言李賢奪情事被謫明年復官辭疾歸十年卒謚文毅會元章懋
鄺文　南海縣人　知府
戴縉　南海縣人　工部尚書
鄧智　南海縣人　僉事
蕭龍　潮陽縣人　南户科給事
游佐　南海縣人　知府
張泰　順德縣人　户部尚書謚莊懿許劉瑾致仕　通志有傳

余統　新會縣人　監察御史　通志有傳

鍾晟　番禺縣人復姓何　解元知府　通志有傳

馬駉　新會縣人　知府

崔廷奎　番禺縣人　僉事

李聰　順德縣人　廣西參政　通志有傳

柯漢　潮陽縣人　同知

林廷膺　興寧縣人　知縣

何濟　順德縣人

李珊　瓊州衛人　僉事

區正　番禺縣人

按吳本無林廷膺今據登科考增入

成化五年己丑科張昇榜　昇南城人官至太子太保謚文僖所著柏匪集與周瑛羅璟黃為名臣　會元費誾

陳斌　順德縣人三甲三名　監察御史

林璞　海陽縣人　知縣

江源　番禺縣人　解元提學副使　通志有傳

鄭諒　海陽縣人　郎中

唐絹　瓊山縣人　知縣

張明　番禺縣人　郎中

陳密　南海縣人　郎中

成化八年壬辰科吳寬榜　寬長洲人官至禮部尚書謚文定所著匏菴集與楊一清為名臣　會元同

吳裕　海陽縣人　太僕寺卿　通志有傳

梁方　南海縣人　布政使

陳軒　海陽縣人　知府

張英　新會縣人　知縣

何瀞　東莞縣人　御史僉事　通志有傳

林貴　南海縣人　知縣

鄺順　南海縣人　同知

鄭護　海康縣人　知縣

馬聰　順德縣人　主事

成化十一年乙未科謝遷榜　遷餘姚人官至大學士少傅謚文正與探花王鏊為名臣　會元王鏊

吳轍　新會縣人

盧昴　東莞縣人　知府

葉琛　東莞縣人　知府

何玭　順德縣人　參政

王宬　海陽縣人　員外郎

倫善　順德縣人　知縣

海淞　番禺縣人

黄鑰　香山縣人

黎斐　南海縣人　參議

袁仕鳳　東莞縣人　都察院都事

李翀　高要縣人

王翀　南海縣人

成化十四年戊戌科曾彦榜　彦泰和人登第時年逾六十官至侍讀學士林俊梁儲劾志為名臣

梁儲　順德縣人　會元二甲第一名歷官吏部尚書華蓋殿大學士贈太師謚文康為一時名臣所著鬱洲文藁　通志有傳

姚紹　潮陽縣人　僉事參議

李祥　南海縣人　布政使

林榮　合浦縣人　給事中

符鋼　南海縣人　大理寺丞

鍾稚　歸善縣人　推官

何文縉　南海縣人　知府

葉應　歸善縣人　知府

周叙　南海縣人　知縣　通志有傳

謝珪　海陽縣人　同知

劉芳　陽江縣人　知府

成化十七年辛丑科王華榜　華餘姚人官至南禮部尚書子守仁為名臣學者稱陽明先生　會元趙寬

程文　高要縣人　禮部郎中

吳一貫　海陽縣人　江西按察使

鄧應仁　南海縣人　南安知府

梁華　新會縣人　知縣

曾禄　博羅縣人　監察御史浙江副使

姚祥　歸善縣人　監察御史雲南副使

林世遠　四會縣人

何文英　順德縣人　同知

梁敬　高要縣人　知縣

鄭寓　海陽縣人　給事中

成化二十年甲辰科李旻榜　旻錢唐人官至禮部左侍郎　是科蔡清為理學名臣部實雅為名臣

黄繼　南海縣人　知府

寧詵　東莞縣人　主事

羅昕　番禺縣人　副使

張詡　番禺縣人　南通政司參議

吳璉　南海縣人　知縣

包義民　合浦縣人　同知

王昂　揭陽縣人　太僕寺丞　通志有傳

馬昇　河源縣人

楊季芳　番禺縣人鹽籍　同知　通志有傳

丘文爚　保昌縣人　長史

鄭剡　海陽縣人

姚珩　增城縣人　主事　通志有傳

葉世纓　番禺縣人　主事

李渭　新會縣人　同知

盧淵　香山縣人　知縣　通志有傳

成化二十三年丁未科費宏榜　宏鉛山人年二十登第官至少師謚文憲所著有白湖漫録文憲摘稿　是科賢智爲喉舌名臣傳止庵儒雅祀吳氏集　楊燕石坊俱爲名臣　會元程楷

涂瑞（探花）　番禺縣人　翰林院修撰

余瓘　番禺縣人　主事

陳經綸　新會縣人　同知

鄧琛　東莞縣人　知府

錢鐸　乳源縣人　郎中

蘇葵　順德縣人　庶吉士編修江西僉事　提學四川[illegible]歷官福建布政[illegible]

張津　博羅縣人　刑部侍郎兼都御史贈南工部尚書　有傳

黃印　新會縣人　同知

翁理　饒平縣人　監察御史

謝湖　海陽縣人　叅政

張淵　德慶州人

弘治三年庚戌科錢福榜　福華亭人官止修撰工于屬文有鶴灘稿　本朝第二是科黃衷汪潭方良永俱有名

劉存業（榜眼）　東莞縣人　編脩司業　著簡庵集

陳紱　順德縣人　郎中

林菩　揭陽縣人　主事

羅列　南海縣人　叅政

鄭士忠　東莞縣人　知縣

陳文輔　番禺縣人　知府　著坡山集

葉永秀　東莞縣人　監察御史副使　通志有傳

林廷瓛　吳川縣人　同知

余敬　新會縣人　監察御史　通志有傳

夏昇　海南衛人　太常少卿

弘治六年癸丑科毛澄榜　澄崑山人官至禮部尚書太子太傅謚文簡　是科羅欽順胡世寧孫燧俱爲名臣　會元汪俊

鍾渤　東莞縣人　給事中　著東岡集

曾鎡　萬州人　郎中

羅中　東莞縣人　郎中

梁艮　南海縣人　布政

胡澧　英德縣人　副使

黃澤　順德縣人元解

王績　東莞縣人　庶吉士給事中歷官右副都御史南戶部尚書以父老疏辭不允卒　通志有傳

陳縉　瓊山縣人　翰林院檢討

何歆一作欽　博羅縣人　御史知府參政

胡瀛　定安縣人　布政使

鄭璠　高要縣人直隸任丘籍　知府贈參政

弘治九年丙辰科朱希周榜　希周崑山人官至南吏部尚書謚恭靖是科陳茂烈為名臣　會元陳瀾

張紹齡　番禺縣人元解　庶吉士給事中

韓俊　文昌縣人　副使

黃衷　南海縣人　右副都御史巡撫雲南工部侍郎以兵部疏辭致仕所著矩洲集奏議海語行于世

拴典　揭陽縣人　長史加贈太常少卿　通志有傳

洗光　順德縣人　戶部侍郎

馮顒　瓊山縣人　御史

弘治十二年己未科倫文敘榜

倫文敘　南海縣人　會元狀元歷官右春坊諭德翰林侍講其子以諒解元進士以訓會元榜眼以詵進士科名為[illegible]

鍾秉秀　番禺縣人　主事

盧宅仁　四會縣人　布政使　通志有傳

劉斐　海陽縣人　參政

熊一浹　南海縣人　右都御史大理寺卿

吳儒　番禺縣人　知府

周仁　南海縣人　推官

鄭瓊　海陽縣人　運使

趙璧　東莞縣人　主事

鄺衍　高要縣人任丘縣籍　知府

弘治十五年壬戌科康海榜　海武功人仕止修撰有大節著對山集會元魯鐸與錢福[illegible]名[illegible]

李津　四會縣人　鹽運使　通志有傳

唐胄　瓊山縣人舉子從提學僉事戶部左侍郎諫[illegible]南及議明堂享禮忤旨歸所著瓊臺志西洲存稿[illegible]

黃關古　東莞縣人　鹽運副使

栁漳　揭陽縣人　副使

陳炫　南海縣人　叅議

祁敏　東莞縣人順天中　郎中　通志有傳

李學曾　茂名縣人　給事中　通志有傳

鄺約　南海縣人　御史副使

鍾紹　東莞縣人　員外郎

何淳　順德縣人

丘世喬　海陽縣人

盛端明　饒平縣人解元　禮部尚書太子少保

區玉　番禺縣人　知縣

吳允禎　南海縣人順天中　叅政

李春芳　海陽縣人　知府

周錀　海陽縣人　給事中

陳義　饒平縣人　知縣

盧綸　增城縣人　按察使

蘇仲　順德縣人　主事

陳實　瓊山縣人　御史常州知府　通志有傳

何沾　順德縣人　知府

弘治十八年乙丑科顧鼎臣榜　鼎臣崑山人官至大學士少傅謚文康數崔銑黃苯為名臣　會元董玘

湛若水　增城縣人會試第二名殿試第二名　庶吉士編修歷官南京吏禮兵三部尚書所著心性圖說四書三禮測非老子格物通甘泉大全集年九十五歲卒謚文簡學者稱甘泉先生　通志有傳

陳錫　南海縣人　應天府尹卒　御賜祭葬所著天游集　有傳

鄭銘　新會縣人　員外郎

區越　新會縣人　叅政

黃著　順德縣人　郎中　通志有傳

區行　順德縣人　知縣

鄭一初　揭陽縣人　監察御史

劉玹　陽江縣人若之子　大理寺丞

周用　饒平縣人　僉事

方獻夫　南海縣人　庶吉士吏部主事以議大禮歷陞少保吏部尚書武英殿大學士贈太保謚文襄所著周易約說西樵子稿大學中庸原諸書　通志有傳

韓貫　番禺縣人　主事

正德三年戊辰科呂柟榜　柟本文端恪為理學之宗官至禮部侍郎謚文簡與許進為名臣　會元邵銳

黃芳復姓鍾　崖州人　庶吉士編修歷戶部侍郎贈右都御史

所著春秋集要古今紀要鶴巢集　通志有傳

林　紹　潮陽縣人　主事

鄧　炳　順德縣人　副使

黃　重　南海縣人　太常少卿　有傳

張世衡　海南衛人

何文邦　南海縣人　運使　通志有傳

何　鰲　順德縣人　布政使　通志有傳

陳昊元　番禺縣人　知縣

唐　勲　歸善縣人　監察御史

葉廷會　東莞縣人　副使

楊　琠　揭陽縣人兄璧　監察御史

正德六年辛未科楊慎榜　慎新都人任修撰以議大禮戍雲南所著文集丹鉛總錄赤牘清裁楊子卮言四川通志諸書百餘種博綜群籍獨步一時云　會元鄒守益

梁　億　順德縣人儲之弟　參議

朱　亮　揭陽縣人　郎中

畢廷拱　南海縣人　郎中

劉文端　新會縣人　給事中僉事　通志有傳

張　潔　順德縣人　員外郎　贈少卿

鍾善經　順德縣人　行人御史

洗尚文　番禺縣人　庶吉士

陳　琳　饒平縣人解元　給事中

正德九年甲戌科唐皋榜　皋歙縣人官至侍讀學士　會元霍韜

霍　韜　南海縣人　會元二甲第一名歷官太子少保禮部尚書贈太子太保謚文敏所著參山學辨文敏公集子與瑕亦進士

何　璦　順德縣人　參議

金　山　番禺縣人　主事

陳　江　潮陽縣人　給事中

駱士弘　南海縣人

梁希鳩　東莞縣人　主事

彭　綱　東莞縣人　主事

周宗本　瓊山縣人　主事

李希說　東莞縣人　主事

王天與　興寧縣人　知縣

林士元　瓊山縣人　參政

曾　鵬　瓊山縣人　副使

梁焯 南海縣人 員外郎

正德十二年丁丑科舒芬榜 芬進賢人修撰以諫杖卒謚文節 [illegible] 會元倫以訓

倫以訓 南海縣人 文叔次子 會元榜眼國子監祭酒以養病卒

所著白山文集

張挾辰 順德縣人 主事參議

王漸逵 番禺縣人 刑部主事贈光祿少卿著青蘿集

彭澤 南海縣人 太常寺卿

祁敕 東莞縣人 [illegible]子 郎中

鄺灝 高要縣人 參議

劉士奇 順德縣人 參政布政 通志有傳

蕭與成 潮陽縣人 解元 修撰

張淮 順德縣人 知府

陳大器 潮陽縣人 監察御史

黎貫 從化縣人 監察御史贈光祿少卿 通志有傳

楊天祥 歸善縣人 參議

蘇信 饒平縣人 監察御史

薛侃 揭陽縣人 行人疏建皇儲罷官著研幾錄 通志有傳

[illegible] 東莞縣人 參議

熊元 南海縣人 郎中

正德十六年辛巳科楊維聰榜 維聰固安縣人官至山東布政 會元張治

黃佐 香山縣人 解元 編修僉事提學官至少詹事翰林侍讀學士致仕贈禮部侍郎謚文裕著樂典庸言泰泉集

黃一道 揭陽縣人 知府

吳章 南海縣人 副都御史

倫以諒 南海縣人 解元 通政司參議著右溪文集

梁世驃 順德縣人 僉事

余經 順德縣人 給事中謫縣丞

梁喬升 順德縣人 主事

曾世昌 南海縣人 僉事

潘泗 潮陽縣人

嘉靖二年癸未科姚淶榜 淶慈谿人官至侍讀學士 會元李舜臣

鍾汪 南海縣人 員外郎

吳會期 瓊州府人 郎中

吳允祿 南海縣人 [illegible] 參政按察使

麥春芳 南海縣人 行人僉事提學

梁廷振 南海縣人 布政

李邦直　茂名縣人　太僕少卿
李軸　番禺縣人　知府
薛宗鎧　揭陽縣人　贈光祿少卿廕一子
楊愷　瓊山縣人　主事
羅普　饒平縣人
何俊　南海縣人　主事
顏容端　長樂縣人　員外郎
周世雍　順德縣人　知府副使
薛僑　揭陽縣人　翰林院檢討司直

張景獻　順德縣人　知縣
劉體元　南海縣人　郎中
林鍾　高要縣人　知府
梁建辰　番禺縣人　副使
李義壯　南海縣人　僉都御史著三洲初稿
李翔　新會縣人　郎中知府
嘉靖五年丙戌科龔用卿榜　用卿福建懷安人官至祭酒　會元趙時春
翁萬達　揭陽縣人　兵部右侍郎兼僉都御史總督宣大
太子少保兵部尚書右副都御史著稽愆集奏議文集

鄺汴　高要縣人直隸任籍　光祿少卿
陳大咸　海陽縣人　知府
謝邦信　東莞縣人　大理寺評事著石涌集篋中集
俞宗梁　瓊州府人　郎中
陳思謙　揭陽縣人　解元主事
何繼之　順德縣人　按察使右布政使通志有傳
錢仝　東莞縣人　知府副使
岑萬　順德縣人　布政使
鄧直卿　南海縣人　監察御史

嘉靖八年己丑科羅洪先榜
何　烈之弟　順德縣人會魁　主事
戴銑　東莞縣人　監察御史著戴氏家集
王希文　東莞縣人　給事中
鍾卿　東莞縣人　布政加光祿寺卿
潘大賓　海陽縣人　都給事中
彭端遇　順德縣人　知縣
馮彬　雷州衛人　御史知府
曾守約　歸善縣人　監察御史大理寺丞

陳　珪　化州人　參政副使
黃允讓 後姓崔 崖州人　主事　知府
羅虞臣　順德縣人　主事　著羅原子
嘉靖十一年壬辰科林大欽榜
林大欽　海陽縣人　狀元修撰　著東甫集
衛元確　東莞縣人　郎中
徐　進　順德縣人　僉事副使
瞿　鏑　東莞縣人　僉事
黃　鵬　潮陽縣人　知府

何中行　順德縣人　知府
勞絡科　番禺縣人　僉事
朱廷臣　海陽縣人　給事中
陳　諫　番禺縣人　推官
潘　恕　海陽縣人　郎中
王玉汝　東莞縣人　主事
畢　烜　番禺縣人
嘉靖十四年乙未科韓應龍榜
鄭一元　南海縣人　給事

陳天然　瓊山縣人　知府
周世昉　瓊山縣人　主事
陳天資　饒平縣人　布政
趙崇信　順德縣人　參議副使
何　奕　順德縣人　知府行太僕卿
何允魁　順德縣人　監察御史
李　築　四會縣人　監察御史
饒　相　大埔縣人　副使
蔡大用　潮州府人　監察御史

蘇應文　順德縣人　都給事中
鄭有周　揭陽縣人　參議
何維栢　南海縣人　庶吉士御史巡按福建疏論嚴嵩
罷戍後起歷吏侍郎南禮尚書致仕卒謚端裕
車邦佑　博羅縣人　監察御史
李兆龍　南海縣人　僉事
冼桂奇　南海縣人　主事
嘉靖十七年戊戌科茅瓚榜
倫以詵 文叙子 南海縣人　禮郎中
馬　拯　南海縣人 解元 主事

唐穆 胄之子 瓊山縣人 給事中

鄭廷鵠 瓊山縣人 給事中參政

盛若林 海陽縣人 副使

陳紹儒 南海縣人 郎中副使參政布政順天府尹南京工部尚書 著大司空遺稿

盧夢陽 南海縣人 提學副使歷官布政使 著星野文集

馮焌 南海縣人 知縣

林晃 番禺縣人 知府

歐陽建 新會縣人 主事

譚大初 始興縣人 按察使復起歷官戶部尚書 著次川[illegible]

林大有 潮陽縣人 運同

嘉靖二十年辛丑科沈坤榜

黎材 順德縣人 知府

黃顯 瓊山縣人 知府副使

梁津 番禺縣人 解元 吏部主事文選郎中

陳善 南海縣人 參議

崔一濂 南海縣人 知州同知

馬鍾英 順德縣人 知府

李時行 番禺縣人 主事

蕭端蒙 潮陽縣人 監察御史 著同野集

馮元 番禺縣人 郎中

何孟倫 新會縣人 員外郎 著嶧樵集

莫如爵 新會縣人 監察御史

郭大緄 海陽縣人

林松 揭陽縣人 參政

何泒行 香山縣人 行太僕少卿

劉子興 海陽縣人 布政

李鸞 番禺縣人 員外謫州同知

郭廷序 潮陽縣人 主事

吳守貞 電白縣人 主事參議

嘉靖二十三年甲辰科秦鳴雷榜

曾楚 南海縣人 知府

林光祖 揭陽縣人 知府副使

章熙 海陽縣人 僉事

黃國卿 揭陽縣人 參政按察使

唐守勲 番禺縣人 知府

郭維藩 揭陽縣人 員外郎 知府

陳昌言　揭陽縣人　主事
蘇志仁　海陽縣人　僉事
成子學　海陽縣人　御史苑馬寺少卿
盧宁　南海縣人　知府
嘉靖二十六年丁未科李春芳榜
陳一松　海陽縣人　僉事工部左侍郎致仕
李价　番禺縣人　吏員外
莫如士　龍驤衛籍新會縣人　大理寺少卿
羅鴻　南海縣人　監察御史

蔡亨嘉　潮陽縣人　知縣
嘉靖二十九年庚戌科唐汝楫榜
羅一道　東莞縣人　叅政
李光宸　南海縣人　知府
梁有譽　番禺縣人　主事　著蘭汀文集
何思贊鰲之子　順德縣人　運使
胡廷蘭　增城縣人解元　提學僉事
莫如善　龍驤衛籍新會縣人　知府按察使
陳瑞龍　潮陽縣人　僉事

黃朝聘　順德縣人　叅議
岑遠　南海縣人　知縣
王守充　歸善縣人　知府
張傑夫　新會縣人　主事
林大春　潮陽縣人　提學副使　著井丹集
林養高　瓊山縣人　主事知府
趙時舉　饒平縣人　推官
嘉靖三十二年癸丑陳謹榜
郭敬賢　海陽縣人　庶吉士給事中

周望　東莞縣人　行太僕少卿
曾一經　博羅縣人　叅議
張子遠　番禺縣人　知府
劉以節　海陽縣人　監察御史副使
李鳳　番禺縣人[illegible]之弟　布政使
龎尚鵬　南海縣人　監察御史大理少卿歷副都御史巡撫福建所至有生祠祀晉袁賴祠著文集奏議行
古文炳　番禺縣人　知府
霍逖　南海縣人　大理寺評事

嘉靖三十五年丙辰科諸大綬榜

崔吉 南海縣人 户主事員外郎降州同陞知州

張大猷 番禺縣人 工主事員外郎吉安府同知

黄可大 番禺縣人 户主事員外郎中參議副使參政革職[illegible]

薛守經 揭陽縣人 户主事

鄭旻 揭陽縣人 兵主事員外郎中提學副使參政布政使

黎復性 南海縣人 知醴寧縣卒

黄衮 大埔縣人 知改南户主事員外郎中知府調任卒

黎民衷 從化縣人 行人吏主事員外郎中廣西參政按[illegible]

何惟復 番禺縣人 知縣

陳萬言 南海縣人 推官御史提學副使參政以原職調簡

李邦義 連州人 都給事中府丞南鴻臚卿

李思悦 海陽縣人 南户員外郎

羅崇譢 番禺縣人 知縣

黄誥 東莞縣人 同知

嘉靖三十二年己未科丁士美榜

黄宏宇 瓊山縣人 户主事員外郎中知府副使參政充朝天[illegible]

岑用賓 順德縣人 推官南户給事中知府謫縣丞[illegible]

霍與瑕 南海縣人 知慈谿縣親休復起知鄞縣人僕寺丞[illegible]

羅黄裳 高明縣人 知府副使

劉介齡 三水縣人 知縣大理評事調知縣降州判通判同知長史

黄儀 東莞縣人 未授官養病卒

吴逢春 海陽縣人 行人御史巡山海關卒

嘉靖四十一年壬戌科徐時行榜 後姓申

張廷臣 番禺縣人 户主事員外刑郎中知府鹽運使

鍾振 合浦縣人 知州南部郎中知府

郭棐 番禺縣人 户主事改禮員外郎中知府提學副使

調兵備陞參政按察使右布政使光禄寺卿致仕

陳俊 南海縣人 主事員外郎中知府副使

蒙詔 番禺縣人 行人御史副使參政布政僉都御史巡撫南贛論降卒

袁三接 香山縣人 户主事員外郎中光禄少卿應天府尹卒

王原相 番禺縣人 知縣南御史知府副使參政按察使

莫天賦 海康縣人 知縣南主事郎中知府副使卒

倫文 順德縣人 大理評事寺副知府卒

嘉靖四十四年乙丑科范應期榜

李一迪　茂名縣人　知州同知南京員外郎中僉事參議副使
林　烋　慱羅縣人　知州同知員外郎中知府降知州
林有源　潮陽縣人　户主事員外郎中知府卒
姚光泮　南海縣人　行人南御史知府以京考謫州判陞推官同知
鍾繼英　東莞縣人　庶吉士御史提學南直隸副使調湖廣養病卒
余嘉詔　順德縣人　知縣南御史養病卒
陳　法　南海縣人　知縣卒于家
王弘誨　定安縣人　庶吉士檢討編脩司業右諭德掌南翰林院事祭酒南吏侍郎禮左侍郎掌詹事府事教庶吉士南禮尚書

龔懋能　歸善縣人　知縣户主事改御史謫縣丞歷陞推官南主事郎中知府副使參政按察使右布政貴州巡撫都御史總督三邊兵部右侍郎右都御史南工部尚書加太子太保陞二子
張學顏　瓊山縣人　大理寺副
吳與言　大埔縣人　推官同知員外郎中參議
鄭　昊　順德縣人　知縣南户主事工郎中知府
陳吾德　新會縣人　行人給事中建言爲民起兵科知府謫典史參僉事
蕭凝重　南海縣人　行人降縣丞陞同知
陳一龍　高要縣人　推官同知

李思寅　海陽縣人　知縣刑主事員外郎中
戴　記　東莞縣人　户主事員外郎中知府
李應蘭　東莞縣人　知縣主事員外郎中知府

隆慶二年戊辰科羅萬化榜

李伯芳　英德縣人　主事員外郎中知府
李學一　歸善縣人解元　庶吉士給事中參議提學副使調參議副使死馬卿
李　焘　河源縣人　推官同知員外郎中知府運使參政
周裔登　南海縣人　知縣判官同知知府副使以知府論調
陳　堂　南海縣人　推官南給事參議尚寶卿光祿少卿南尚寶卿

陳大猷　南海縣人　知縣主事員外郎中知府副使
何維椅　南海縣人　庶吉士禮主事卒
張弘毅　東莞縣人　教授博士主事降州同通判同知南户郎中
黃　巻　順德縣人　知縣南户主事郎中知府致仕
王懋德　文昌縣人　郎中參議副使參政
劉維嵩　陽城縣人　大理評事終養卒
林　華　文昌縣人　推官户主事

隆慶六年辛未科張元忭榜

周光鎬　潮陽縣人　推官郎中副使參政僉都御史大理寺卿

周裔先 南海縣人 知縣同知户員外郎中知府運使

陳 履 東莞縣人 知縣同知户員外郎中副使致仕

張僉宗 澄海縣人 太常博士主事員外郎中台州知府調寧州

張鳴鶴 東莞縣人 主事員外郎中知府降州同知通判同知知府

方亮工 番禺縣人 知縣户主事員外郎中知府副使

方肯堂 番禺縣人 知縣南兵主事員外郎中

袁昌祚 東莞縣人 知州户員外郎提學僉事參議

尹 瑾 東莞縣人 推官吏科都給事中南太僕少卿

霍鎮東 南海縣人 刑主事員外郎中副使

劉克正 從化縣人 庶吉士檢討丁内艱卒

劉惠喬 潮陽縣人 知縣户主事員外知府副使

黎邦琰 從化縣人 吏主事員外郎中參政丁外艱卒

曾士楚 從化縣人 知縣御史巡按蘇松為民卒

鄺彭齡 南海縣人 知縣調寧德陞通判卒

鍾 呂 東莞縣人 知縣户主事郎中知府運使參政按察使

萬曆二年甲戌科孫繼臯榜

李良柱 番禺縣人 刑部郎中廣西參議卒

周宗禮 澄海縣人 吏主事員外郎中知府

吳中謙 南海縣人 吏主事員外郎中

楊瑞雲 南海縣人 知縣户主事降運判府通判

朱 讓 南海縣人 知縣户主事員外郎中知府

唐伯元 澄海縣人 知縣户主事員外郎中降判官推官禮主事[illegible]

梁 鵬 順德縣人 知縣降運知事知縣南户主事員外郎中參議

梁必強 瓊山縣人 知縣降運經歷致仕

萬曆五年丁丑科沈懋學榜

楊起元 歸善縣人 庶吉士編修撰司業祭酒南禮侍郎

馬象乾 連州人 庶吉士監察御史

姚岳祥 化州人 庶吉士養病卒

王學曾 南海縣人 知縣御史光禄寺丞少卿

金 節 南海縣人 南主事員外郎中知府副使

譚 耀 東莞縣人 知縣御史知府卒于任

萬曆八年庚辰科張懋脩榜

黃守謙 海豐縣人 户部主事

黃 淳 新會縣人 寧海知縣降調

李上馨 番禺縣人 崇德知縣卒于任

謝與思 番禺縣人 諸暨知縣調大田縣卒

萬曆十一年癸未科朱國祚榜

鄧宗齡　徐聞縣人　庶吉士檢討假滿還京至天津卒

林朝鑰　南海縣人　莆田知縣調貴縣陞南户主事調

林熈春　海陽縣人　知縣選工科給事中

盧龍雲　南海縣人　知縣改調開散陞知縣

鍾若休　南海縣人　知永康縣卒于任

梁雲龍　瓊山縣人　兵主事員外郎中兵備副使參政

萬曆十四年丙戌科唐文獻榜

林承芳　三水縣人　庶吉士編脩參議卒

陳　果　新安縣人　兵主事

徐兆魁　東莞縣人　行人御史湖廣福建巡按

鍾萬禄　清遠縣人　知縣陞南户主事

陳惇臨　潮陽縣人　閩縣知縣户主事

林　震　瓊山縣人　知縣南吏主事參議

許子偉　瓊山縣人　行人工科給事中

韓　擢　博羅縣人　南户主事禮郎中

黄　綬　博羅縣人　中書舍人吏主事員外郎中

歐陽劼　從化縣人　長泰知縣調福清

何太庚　順德縣人　興安知縣調臨桂卒于任

萬曆十七年己丑科焦竑榜

陳宗愈　新會縣人　知縣

聶桂芳　南海縣人　知縣主事

劉景辰　南海縣人　行人御史巡按陝西督視工程

彭哲興　南海縣人　知縣南户主事

區大倫（大相之弟）　高明縣人　知縣御史以采[illegible]

區大相（大倫之兄）　高明縣人　庶吉士檢討右贊善

葉維蕃　[illegible]縣人　中書舍人卒

李思振　海陽縣人　知縣

梁　炫　南海縣人　寧津[illegible]學教諭　知縣[illegible]撫州府推官

王　玠　清遠縣人　知縣刑主事

鄧光祚　曲江縣人　知縣禮主事轉稽勲

薛　藩　順德縣人　行人司正郎中

何　㝵　順德縣人　知縣

黄流芳　博羅縣人　知縣同知

饒與齡　大埔縣人　中書舍人

萬曆二十年壬辰科翁正春榜

何熊祥 新會縣人 庶吉士御史
陳元勳 澄海縣人 兵主事
梁 文 南海縣人 知縣
李延大 樂昌縣人 柳州府推官
張初旦 新會縣人 知縣卒
萬曆二十三年乙未科朱之蕃榜
梁有年 順德縣人 庶吉士
袁崇友 東莞縣人 南安知縣
趙應元 新會縣人 無錫知縣

瞿廷策 東莞縣人 清流知縣
萬曆二十六年戊戌科趙秉忠榜
鄧雲霄 東莞縣人 長洲知縣
曾陳易 番禺縣人 峽江知縣
曾舜漁 博羅縣人 庶吉士
陳向廷 新安縣人 主事
余士奇 番禺縣人
黃 琮 饒平籍海陽人大理評事

粵大記卷之六

嶺南郭棐篤周甫編

宦績類

性學淵源

唐韓 愈 李 翱
宋周惇頤 羅從彥 林光朝
張 栻 劉 爚
明陳 選 王守仁 魏 校
鄒 智 王 思

韓愈字退之鄧州南陽人擢進士第為節度推官累遷監察御史上疏極論宮市德宗怒貶陽山令有愛在民民生子多以姓字之歷遷刑部侍郎憲宗遣使者往鳳翔迎佛骨入禁中愈上表諫請付有司投諸水火以斷天下之疑絕後代之惑帝大怒將抵以死裴度崔群曰愈言誠有抵牾然非內懷至忠安能及此願少寬假乃貶潮州刺史既至問民所疾苦知鱷魚最為害愈自往視為文祝之與鱷魚約三日南徙于海以避天子之命吏不聽其言必盡殺乃止是夕暴

風震電数日谿盡涸西徙六十里自是潮無鱷魚患及謝表至帝頗感悔欲復用之而皇甫鎛輩素忌愈直奏言愈終疏狂可且内移乃改袁州刺史召拜國子祭酒終吏部侍郎卒年五十七贈禮部尚書謚曰文愈性明銳不詭隨與人交始終不變每言文章自漢司馬遷相如劉向楊雄後作者不世出故愈深探本元卓然樹立成一家言其言務發明性道之藴其原性原道師說等數十篇奥衍宏深與孟軻楊雄相表裏而佐佑六經識有見乎道之大者蘇軾稱其文起八代之衰道濟天下之溺秦觀稱其本之以詩書折之以孔氏為成體之文識者謂知言云後從祀孔子廟庭

李翺字習之隴西人幼勤於儒學博雅好古下筆為文詞舂容典則一軌于正貞元十四年登進士授校書郎三遷至京兆府録事參軍元和中楊於陵節度嶺南辟翺為幕府咨訪得失於陵器量方峻進止有常度始終不失其正翺匡弼之力居多也後攝循州文學以其所素講明者與士人共相砥礪一方於之翺始從韓愈學為文章詞致渾厚為一時所推重其入廣州幕時愈贈之詩云廣州萬里途山重江遂迤行行何時到誰能定歸期揖我出門去顔色異恒時雖云有追送足跡絶在兹人生一世間不自張與施譬如浮江木縱横豈所知寧懐別時苦勿作別後思其見重如此翺以孟子言人性善荀子言性惡楊子言善惡混退之作原性取三者而折衷之以孔子之言其說有上中下三品之殊翺乃置孟荀楊之論本中庸作復性書三篇深有得於聖門論性之旨說者謂其造天人之奥窮性命之原庶乎自得焉者終撿校户部尚書充山南東道節度使會昌中卒有司議謚曰文

周惇頤字茂叔道州營道人熙寧元年為廣東轉運判官攺提點刑獄既至以先究澤物為己任雖瘴癘險遠不憚艱苦必緩視徐按務得其平廣人從遊其門者皆能因其性之所近而有所得嘗登羅浮山賦詩後人想見其風釆旋以疾求知南康軍家廬山蓮花峯下學者稱濂溪先生其言直探孔孟之旨郡守立

祠於學之寶書閣後祀先生與二程橫渠晦菴南軒名六君子堂而廣惠各郡皆有濂溪先生祠蓋先生之學精純瑩徹直探道體所著太極圖通書明天理之根源究萬物之終始黃庭堅稱先生胸懷洒落如光風霽月薄於取名而銳於求志澹於徼福而厚於得民菲於奉身而燕及煢嫠陋於希世而尚友千古程珦通判南安軍時視其氣貌知其非常人與語知其見道因與為友使二子顥頤受業焉每令尋仲尼顏子樂處所樂何事顥嘗曰自再見周茂叔后吟風弄月以歸有吾與點也之意侯師聖學於頤未悟訪敦頤對榻夜談三日乃還頤驚異之曰從周茂叔來耶其善開發人類如此卒謚曰元淳佑元年封汝南伯從祀孔子廟庭

羅從彥字仲素沙縣人幼穎悟不為言語文字之學初從吳國遊已而聞楊時得程氏傳遂往學焉初見三日即驚汗浹背曰不至是幾虛過一生矣時熟察之喜曰惟仲素可與言道嘗講易乾九四爻時云伊川說甚善從彥即徒步走洛下見之扣其說無異於時乃歸卒業既而築室中山終日靜坐間謁時將溪上談論不倦吟咏而歸充然自得時倡道東南二十餘年士之遊其門者甚衆語其潛心力行任重詣極惟從彥一人而已紹興壬子以特科授博羅簿築室於羅浮山澄心靜坐窮天地萬物之理以及古今事變之歸其語學者靜中看喜怒哀樂未發氣象尤為所自得者嘗著遵堯錄大要謂藝祖開基列聖繼統若舜禹遵堯而不變至元豐改制皆自王安石作俑始尚功利治因以不振嘗曰士之立朝以正直忠厚為本又曰君子進則常有亂世之言使人主多憂而善心生小人進則常有治世之言使人主多樂而怠心生又曰天下之變不起於四方而起於朝廷內有林甫之奸則外必有祿山之亂內有盧杞之佞則外必有朱泚之叛皆至言也乙卯卒于官喪不得歸者數年族人羅友為惠州判官始遣人持護以歸學者稱之曰豫章先生淳祐中謚文質

林光朝字謙之興化軍莆田人再試禮部不第聞吳中陸子正嘗從尹焞學因往從之游自是專心聖賢

戕後之學通六經貫百氏言動必以禮四方來學者亡慮数百人南渡後以伊洛之學倡東南者自光朝始然未嘗著書惟口授學者使之心通理解嘗曰道之全體存乎太虛六經既發明之後世註觧固已支離若復增加道愈遠矣孝宗隆興元年光朝年五十以進士及第歷官廣東提點刑獄茶寇自荊湘剽江西薄嶺南其鋒鋭甚光朝自將郡兵檄摧鋒統制路海鈐轄黃進各以軍分控要害會有詔徙光朝轉運副使光朝謂賊勢方張留屯不去督二將遮擊連敗之賊驚懼宵遁帝聞之喜曰林光朝儒生乃知兵耶加直寶謨閣召拜國子祭酒兼太子諭德四年幸國子監命講中庸帝大稱善面賜金紫除中書舍人

張栻字敬夫丞相浚子也穎悟夙成長師胡宏一見即以孔門論仁親切之旨告之栻退而思若有得焉宏稱之曰聖門有人矣栻益自奮厲以古聖賢自期作希顏録父浚貶連州居住栻隨侍築室以講學廣士人多從之遊如簡克己輩皆有所自得焉後以蔭補官閒䌓軍事入奏因進言曰陛下上念宗社之讎恥心下閔中原之塗炭惕然於中而思有以振之臣謂此心之發即天理之所存也願稽古親賢以自輔則今日之功可以必成而因循之弊可革矣孝宗異其言遂定君臣之契立朝未朞年而召對至六七皆所言脩身務學畏天恤民抑僥倖屏讒諛於是宰相憚之近習尤不悅退而家居累年孝宗念之除知静江府經略安撫廣南西路部內荒殘多盜栻簡州兵籍黥卒伉健者日習月按申嚴保伍法諭溪峒酋豪毋相殺掠朝廷買馬橫山歲久弊滋邊氓告病而馬不時至栻究利病六十餘條奏革之諸蠻感悅歲得善馬治行聞進秩直寶文閣尋除秘閣脩撰以右文殿脩撰提舉武夷沖佑觀病且死手疏親君子遠小人信任防一己之偏好惡公天下之理雅有公輔之望卒年四十八世咸惜之栻嘗言學莫先於義利之辨有所為而為皆利也朱子謂與性善養氣之論同功云所著有論語說及書詩孟子太極圖說經世編年等書學者稱為南軒先生

劉爚字晦伯建陽人與弟䶵仲受學于朱熹呂祖謙

乾道八年舉進士差通判潭州未上丁父憂僞學禁
興煥從熹武夷山講道讀書怡然自適築雲莊山居
爲終老之計未幾調贛州坑冶司主管文字差知德
慶府大脩學校奏便民五事又奏罷兩縣無名租錢
糾集武勇民兵入奏言前者北伐之後執事不度事
勢貽陛下憂今雖從和議頗益恐懼脩省必開言路
以廣忠蓋必振公道以進人才必飭邊備以防敵患
提舉廣東常平令守臣歲以一半易薪春末支及冬
復償存其半以備緩急適欠亭户錢十萬轉運司五

萬煥以公使公用二庫羸錢補之奏義倉之敝客丁
錢之敝小官奉給之敝舉留守令之敝吏商之敝召
入奏事首論公道明則人心自一朝廷自尊雖危可
安也公道廢則人心自二朝廷自輕雖安易危也帝
嘉獎遷左司郎官權工部尚書卒贈光禄大夫官其
後賜謚文簡所著有奏議史稾經筵故事東宮詩解
禮記解講堂故事雲莊外稾等書傳世
陳選字士賢臨海人父員韜宣德庚戌進士累官福
建左布政使選明禮經天順庚辰試禮部編脩丘厤

得其卷曰此古君子也寘第一甲進士除御史巡按江西
不事聲威而風紀大振二年入謁各穿素服選同入
臣見君尚衣本等服色何獨殺于御史之前乎於是
二司皆遵其言累遷廣東左布政使循雅淡泊無異
常布每食飯一盂韭数根或雞子半枚而已凡事關
風教必捐俸爲之日使瞽者振木鐸以徇道路置褒
衣幅巾擇耆民有德者尋之使教其子弟聽訟不事
刑朴令訟者自持一票詣被告家使自出官聽質無
敢後者民化其德皆不忍欺時承兵後廣民疲困爲

除徭役備賑濟務爲惠養計數辨冤獄閩人賴克哥
等三十九人漁于海舟爲風漂至潮州守者獲之以
通番論有邑民劉馬佳黄福等十九人被誣爲盗察
其冤悉釋之人心稱快市舶中官韋眷縱恣剖赴倚
進貢爲奸利役户苦於供億特減三十人其后番人
爲力麻與海商私通販易詭稱他國市舶利其貨不
問選發其僞時又有撒馬兒罕使臣怕六灣以獅子
入貢浮海還國云欲往滿剌加更市獅子選言此西
域賈胡圖利耳使墮其謀必貽安南諸夷之笑中官

貪恭素利進貢既為阻抑又蓄臧户之怨乃撫他事誣奏之朝命刑部員外李行會巡按御史勘問二人媚眷且忌選人品賂選所黜吏張聚令誣執選聚不從乃執聚考掠竟文致選罪奏入逮選赴京廣人數萬號泣擁留之選在道疾作至南昌卒于石亭寺聚乃上奏訟選寃朝議止以他事罷眷鎮守久之詔復官禮葬正德中追贈公光禄寺卿謚恭愍入理學名臣傳中按陳士賢正學純心清操直道抗奏中貴遑恤厥躬堂堂然殊有大臣風節哉張聚以被黜小吏乃百折不回抵心自信一號洵有回天之力亦吏中豪傑也而通志不列其名不紀其事何以示勸謹據浙中志表而出之并録其奏于左庶覽者有以知其志焉

附録張聚上奏曰臣聞周公元聖而四國之謗乃致上疑於其君曾參大賢而三至之言不免摇惑於其母是豈成王之不明參母之不親哉凡以口能鑠金而毁能銷骨也　陛下臨御區宇明並日月恩同父母詎圖怙冒之中尚罹屈抑覆盆之下復有沉寃竊見廣東布政使陳選素崇正學夙抱孤忠子處群邪之間獨立衆憎之地太監韋眷通番敗露知縣高瑶按法持之陳選移文嘉獎以激貪懦固監司之體也柰何宋旻徐同愛怯勢保姦首鼠兩覯以致韋眷横行胷臆纖鑯清節熒惑　聖明勘官李行承眷順指鍛鍊成獄竟無左驗臣本小吏以詿誤觸法為選罷黜寔臣自取非選有加於臣也眷乃妄意臣必憾選以厚賄餌臣令扶同陷選臣雖胥徒亦知廉耻安敢欺昧心術顛倒是非眷既知臣不可利誘乃嗾行等逮臣於理彌日榜掠身無完膚臣甘死籲天終無異口行等乃依傍眷語文致其詞劾選勘災不實擅便發倉曲蔽屬官意圖報謝是毁共姜為夏姬詬夷齊為盗跖也本年嶺外地震水溢漂民廬舍屬郡交牒報災老弱張口待哺而撫按藩臬若罔聞知選獨抱隱憂食不下咽謂展轉行勘則民命垂絶其何能待所以便宜議賑志在救民非有他也選素剛正不堪屈辱為勘官凌侮憤懣成疾旬日而殂李行幸其

訛死不為醫療又潛遣養子寄以選死報眷以快其忿小人佞毒交結權倖一至於斯司寇之僚要在詰奸刑暴安取此輩為也大選砥節奉公横罹讒搆　君門萬里孰諒其冤臣以罪人擯斥田野秉耒自給百無所圖敢冒死披陳丼心罪鑊者誠痛忠藎之士嚙屈抑之冤長讒佞之奸為　聖明之累也奏入感動遂以他事罷眷鎮守

王守仁字伯安餘姚人父華状元及第官至南吏尚書正直忠厚守仁遵其訓弘治十二年登進士授刑部主事改兵部疏逆瑾竊柄擅逮給事中戴銑等下獄事叵測守仁上疏論救瑾大怒逮守仁廷杖謫貴州龍場驛丞閉户讀書夷民化之庚午瑾誅歷官僉都御史鎮撫南贛至則撫剿並行雖軍旅中四方從學者日衆旋定宸濠之變嘉靖初議加尚書封新建伯時思恩田州土官岑猛黨作亂授總制兩廣軍務既至撤防兵解戦甲諭威信賊黨盧蘇王受來降而思田平又于斷藤八寨等峒相機撫剿事甫竣卒于途守仁天資絶倫以斯道為己任以聖人為必可學而至以致良知為聖學之要刊落枝葉直悟本真誠天生之豪傑而挺然特立於斯世者也在廣時士人多游其門有丼泉湛若水者與之上下其議論均為後學先覺云江西羅欽順嘗寓書守仁謂其名實儘已出世只除却講學一事便是全人守仁咲荅之曰諸皆餘事平生惟有講學一節可作全人故其屬纊之際家童問何所囑乃曰我平生學問方纔見得猶未能與吾黨共成之為可恨耳此則其未了之心也卒謚文成從祀孔子廟庭

魏校字子材崑山人弘治乙丑進士正德末來為廣臬提學副使教士以徳行為先不事考較文藝輒行黜陟首禁火葬令民興孝乃大毁寺觀淫祠或改公署及書院餘盡建社學教童生雖以經書然三時分肄歌詩習禮演樂自洪武中歸并叢林為豪右所匿者悉毁無遺僧尼亦多還俗巫覡不復祠鬼男子皆編為渡夫風俗為之丕變其崇正闢邪之功前此未有也任廣郡庠生陳激衷從化庠生林克忠教諸生静坐謂之坐齋著體仁説令學者内省氣象自中達

外如春風之和乃見仁體每晨入見稽其所得而詳為之開導諸童生率其教端立拱手繩趨尺步歌詩習禮咸知向往以憂去后以大學士張璁方獻夫薦遷國子祭酒所著有六書精蘊訓釋大類荊舒字說云學者稱為莊渠先生卒贈太常寺卿謚恭簡

鄒智字汝愚合州人幼聰異讀書龍泉庵中貧無[illegible]爨之給則掃樹葉之燃以代燭捧誦達旦如是者二年文藝警拔成化丙午領四川解元計偕上春官道經三原見司馬王恕曰智此行正欲上疏 聖天子進君子退小人耳丁未進士簡為庶吉士弘治戊申星變上疏極論陰陽之理欲退萬安劉吉尹直而用王竑王恕彭韶且曰君子所以不進小人所以不退大抵宦官有以陰主之也疏入不報己酉以妄言謫政左遷廣東石城所吏目毅然就道衣結履穿幾不能存親識饋遺無郊不受甫兩閱月總督都御史秦紘檄還重膳修書院廣城士子多從之遊者與白沙陳獻章為忘年交間以詩文相命時順德尹吳廷舉同年進士也以氣節相砥礪因相延款邑民李族於古樓村北建謫仙亭以奉智遊息士人多從之講心性之學卒年三十六邑人即鄒厓立祠祀之

王思字宜學江西泰和人文端公直之曾孫幼穎慧不群孝友忠義出於天性登正德辛未進士選庶吉士授編脩詞翰為一時推重甲戌九月疏上 武宗惓惓以懲創往事克謹嗜慾預防外患還蹕清宮揔攬乾綱緝熙聖學為言諤諤然多防微慎遠之慮 上怒謫廣東三河驛驛丞供職之暇則閉户讀書四方從學者甚衆相與講明正心誠意之蘊凡易書春秋皆能闡發其微指而諸子百家靡不淹貫潮人敬服之凡九年畧無倦志其中卓然有以自信也 世宗即位召復舊職預脩 先朝實録念謫居日久及有佐討逆濠之勞加俸二級充 經筵講官後因建言大禮詞甚剴切得罪斃于杖下時論咸惜之隆慶改元贈光祿少卿官其嗣子一人其居三河時聞王陽明湛甘泉二公倡學就質焉嘗曰王主致知湛主格物譬知論日者有遠近畢竟近此日遠亦此日也又曰學者貴立誠致虛尤當於動處理會四勿之

訓皆謹之于動也其學問之正如此使假之年其進詎可量乎

外史氏棐曰孟軻氏接孔門之統七篇仁義炳如日星漢董仲舒言正其誼不謀其利明其道不計其功唐韓愈言博愛之謂仁行而宜之之謂義由是而之焉之謂道愈之徒李翱本孟子性善之說作復性書三篇皆深有得於七篇之指也者愈貶陽山令歷潮州刺史翱攝循州文學其教漸漬于廣之南廣人得聞性學之奧實二氏為開先焉後宋周濂溪先生來為轉運判官既提點刑獄南士從學者各因其性而牖之羅從彥繼至為傳羅簿於羅浮山靜坐語學者看喜怒哀樂未發氣象尤為吃緊嗣是張南軒經略廣南教學者先於義利之辨朱子謂與性善養氣之論同功林光朝究心正學為經畧而撫益安民劉爚講明性學任常平而清心革弊其得丁道者均也臨海陳選正學純心清操直道以方伯之尊蒙中官之謗堂堂然有大臣風節哉王陽明學致良知以聖人爲必可至時稱聖賢之學豪傑之才其總制二廣甄育多士流風猶可想云厥後崑山魏校以督學至川中鄒智泰和王思以左遷至各宗陽明甘泉二先生之學皆訖然有定見大都天之與人惟此心此性人之為學亦惟盡心知性陽明甘泉之學即周程朱陸之學也周程朱陸之學即孔孟之學也孔孟之學即堯舜禹文執中之學也凡以明此心此性而已凡以完此心此性而已何至於分門生戶出口入耳嘵嘵然以求奇紛紛然如聚訟哉甚矣言之煩者道之郛也附著于篇與同志者商焉

學史記卷之七

嶺南郭棐篤周甫編

偉蹟類

忠貞正氣

漢終軍　南宋尹虞　虞授　劉勔
唐李巡　韓浩
宋蘇緘　趙師旦　曹覲　虞輔國李憲
史寅仲　張忠　陳求齡　毛炳
趙善輿　類公衮　鄭勳　曾逢龍
文天祥　陸秀夫　張世傑　趙與璐
徐宗仁　表天與　賴天賦
明王清　羅紳　夏則中　毛吉

終軍字子雲濟南人也少好學善屬文年十八選為博士弟子太守聞有異才召見甚奇焉遂之長安上書言事武帝異其文拜軍為謁者給事中從上幸雍祠五時獲白麟一角而五蹄時又得奇木其枝旁出輒復合上異此二物博謀群臣軍對曰野獸并角明同本也衆支內附示無外也若此之應殆有解編髮削左衽襲冠帶要衣裳而蒙化者焉上甚異之詔改元為元狩後數月越地及匈奴名王有率衆來降者衆以軍言為中初軍從濟南詣博士步入關關吏與軍繻軍問何為吏曰為復傳還當以合符軍曰大丈夫西游終不復傳還棄繻而去及軍為謁者使行郡國建節東出關關吏識之曰此前棄繻生也未幾擢諫大夫南越與漢和親遣軍使南越說其王欲令入朝比內諸侯軍自請願受長纓必羈南越王致之闕下軍遂往說越王越王聽許請舉國內屬天子大悅賜南越大臣印綬一用漢法以新改其俗令使者留填撫之越相呂嘉不欲內屬發兵攻殺其王及漢使者軍乃杖節不屈死之軍時年二十餘故世謂之終童

按終子雲年少而氣雄請以長纓繫越王狩其志乃呂嘉之兵出于意外然竟抗節不少絀焉其志可悲已太史公不表章之後人徒憐其少而不知偉其節惜哉

尹虞長沙人慷慨有志節永嘉初仕至始興太守治民弭盜弛張有法每以忠義厲士莫不效命閨範肅穆郡民化之官滿過家值杜弢之亂虞倡義起兵今

已陵號曰監軍以討晙連戰稍勝遂進長沙為晙敗没初敗時二女為晙所獲並有國色晙將妻之二女不屈曰我父二千石終不能為賊婦有死而已晙皆害之廣州刺史郭訥遣始興太守嚴佐援虞又敗而反因得虞亩問始興吏民聞之莫不舉哀致酹云

虞授會稽餘姚人也少嗜經史壯負智畧歷仕至廣州刺史軫恤災旱申理幽滯廣民愛之行部所至寇捨鋭賊勸相農桑闔境大治三年代去後南土盜發天紀末復用授為廣州督君嘗以馬華裹屍白許郎馬作亂受竟死雖人以為讖云

劉勔字伯猷彭城上里人也少有志節燕好文義家貧仕宋初為廣州增城令吏幹精通民夷讋服刺史劉道錫引為揚烈府主簿道錫嘗遣勔詣京都文帝引見之酬對稱旨除寧遠將軍綏建太守太宗即位遷輔國將軍後拜廣州刺史方討殷琰於豫州不克拜勔著聲南土廣人思之元徽中桂陽王休範作亂勔興戰死焉事平贈司空謚曰忠昭公子悛嗣順帝昇明末為廣州刺史孫覽為始興內史吾郎左厨清節

李迢隴西人宗室疎族素以剛正聞乾符中為嶺南東道節度使黄巢寇起所至莫禦天平節度使張裼薨巢與迢及浙東觀察使崔璆書求代裼迢等為之奏請朝廷不許巢復上表求節度廣州上命大臣議之左僕射于琮以為廣州市舶寶貨所聚豈令賊得之亦不許乃議别除官宰相請除巢府率從之巢得告身大怒詬執政急攻廣州即日陷之執迢轉掠嶺南州縣巢使迢草表述其所懷迢曰予骨肉滿朝世受國恩腕可斷表不可草巢殺之

韓浩京兆長安人宰相休長子以籍王鉷家貲被論流循州久之放還京師安祿山之亂不受僞命而死詔贈吏部郎中

蘇緘字宣甫泉州晋江人舉進士調廣州南海主簿州領番舶每商至則擇官閲實其貲商皆豪家大姓習以客禮見主者緘以選往商樊氏輒升階就席緘詰而杖之樊訴于州州召責緘緘曰主簿雖卑邑官也商雖富部民也邑官杖部民有何不可州不能詰累遷秘書丞知英州儂智高圍廣緘曰廣吾都府也

且去州近今城危在旦暮而不往救非義也即募士數千人委印於提點刑獄鮑軻夜行赴難去廣二十里止營廣人黃師宓陷賊中為之謀主緘擒其父斬不逞並緣為盜復捕殺六十餘人招其詿誤者六千八百人使復業賊勢沮將解去緘分兵先扼其歸路布槎木亘四十里賊至不得前乃遶出數舍渡江由連賀而西緘與賊戰摧傷甚衆盡得其所略物詔諸將皆罷獨緘有功仁宗喜擢為供備庫副使廣東都監管押兩路兵馬事竣賜朝衣金帶熙寧初進加京

使廣東鈐轄四年交趾謀入寇以緘為皇城使知州緘詗得實以書抵知桂州起起不以為意及代起緘致書於彝請罷所行事彝不聽反移文責緘沮議令勿得輒言八年蠻遂入寇衆號八萬陷欽廉破邕四砦緘聞其至閱州兵得二千八百召僚吏與郡人之材者授以方略勒部隊使分地自守民驚震四出緘悉出官帑及私藏示之曰吾兵械既具蓄聚不乏今賊已薄城宜固守以待外援若一人舉足則群心渙矣幸聽吾言敢越佚則孥戮汝有大校瞿績潛出

以狗由是上下曾息外援不至殺其家三十六人藏于坎縱火自焚蠻至求尸皆不得邕被圍四十二日力不支而死子子明子正孫廣淵直溫同死焉神宗聞之嗟悼贈奉國軍節度使謚曰忠勇賜都城甲第五鄉里上田十頃聽其家自擇以子元為西頭供奉官閤門祗候召對謂曰邕管賴卿父守禦儻如欽廉即破則賊乘勝奔突桂象皆不得保矣昔張巡許遠以睢陽蔽遮江淮較之卿父不能過也改授殿中丞通判邕州後交人謀寇桂州其衆見大兵從北來呼曰

蘇皇城領兵報怨懼而引歸邕人為緘立祠元祐中賜額懷忠

趙思旦字潛叔單州武城人後徙居山陽樞密副使稹之從子美容儀身長六尺少年頗涉書史用稹蔭補官右贊善大夫移知康州儂智高破邕州順流東下師旦使人覘賊還報曰諸州守皆棄城走矣師旦叱曰汝亦欲吾走乎乃大索得謀者三人斬以狗而賊已薄城下師旦止有兵三百開門迎戰殺數十人會暮賊稍卻師旦語其妻取州印佩之使負其子以

匿曰明日賊必大至吾知不敵然不可以去爾曹死無益也遂與監押馬貴部士卒固守州城召貴食貴不能食師旦獨飽如平時至夜貴卧不安席師旦鼾卧内大鼾遲明賊攻城愈急左右請少避師旦曰戰死與戮死何如衆皆曰願為國家死至城破無一人逃者矢盡與貴俱還據堂而坐智高麾兵鼓譟爭入脅師旦師旦大罵曰餓獠朝廷負若何事乃敢反耶天子發一校兵汝無遺類矣智高怒遂害之監押馬貴亦力戰而死賊既去州人為立廟以貴配享事平贈光禄少卿賜其母主長安縣太君冠帔録其子弟先是師旦藏其妻於山谷生一子棄草中賊去後凡三日尚生人謂忠義之報云崇寧五年賜廟額曰忠景靖康初追謚愍惠侯

曹覲字仲賓建安人父脩禮不仕叔脩古知興化軍卒無子天章閣待制杜杞為言于朝授覲建州司户參軍為脩古後皇祐中以太子中舍知封州儂智高數攻陷邕管趨廣州行至封州州人未嘗知兵士卒纔百人不任戰鬭又無城隍以守或勸覲遁去覲正色叱之曰吾守臣也有死而已敢言避賊者斬麾[illegible]監陳曄引兵迎擊賊封川令率鄉丁弓手繼進賊衆數百倍曄兵敗走鄉丁亦潰覲率決戰不勝被執賊戒勿殺捽使拜且誘之曰從我得美官付汝兵柄以女妻汝覲不肯拜且罵曰人臣惟北面拜天子我豈從爾苟生耶速殺我幸矣賊猶惜不殺徙置舟中覲不食者兩日探懷中印章授其從卒曰我且死若求間道以此上官賊知其無降意害之至死詬賊聲不絶投尸江中時年三十五事聞贈太常少卿録其子四人妻劉避賊死於林峒追封彭城郡君加贈冠帔又贈脩古尚書工部侍郎封脩古妻陳潁川郡君當智高之反乘嶺南無備州縣吏往往望風竄匿故賊所向輒下獨覲與孔宗旦趙師旦能以死守後田瑜安撫廣南為覲立廟封州

虞輔國李憲俱為澄海將軍才畧雄一時以意氣相許紹興八年海寇陳旺攻雷州南城輔國與郡守議曰海賊陸鬭非其技戦以挫其鋭彼知城内有備不敢久也苟斂鋒次避彼圖結營堡野掠自資復毀[illegible]

戍則城必危乘其勢之未形橫衝以撼之勝則城可保敗則賊知懼故守則禍深出則禍淺吾請戰矣郡守以勢不敵難之復請至再三李憲亦以死請遂開門而出自朝至午戰數十合輔國死之李憲奮勇愈厲至暮亦死寇乃縱火而去城池獲全

史寅仲鄱陽人以進士拜朝散郎知化州洞蠻犯國督軍捕之没於戰贈朝散大夫又有樓海者以司法權宰清遠清遠峒寇一夕入縣治倉卒告變海挺身出諭賊竟遇害事聞有詔襃贈邑人祀之李鼎冀以詐哭之曰諭賊散私財寘頑不可回憤然瞋目罵吾已戴頭來一死當亟刃千家免刦灰遺孤元未有行路為悲哀

張忠開封人初隷龍騎備征選為教駿歷真定府定州高陽關廣東西路兵馬鈐轄儂智高反就移廣東領英州團練使初智高圍廣州時洪州駐泊都監蔡保恭及知英州蘇緘以兵八千人據邊渡村扼賊歸路忠奪而將之謂其下曰我十年前一健兒以戰功為團練使若曹勉之於是不介騎而前會先鋒遇賊奔忠手拉賊帥二人爲陷濘不能奪遂中標槍死録其父率府副率致仕餘慶為左監門衛大將軍賜第一區給半俸終身封其母為河内郡夫人

陳求齡者熈寧間知欽州時交趾入寇求齡率兵同守城陷不屈而死

毛炳廣西富川人倜儻不羈好讀書乾道中以平寇功陞薫州都巡檢使交寇犯境死于難累贈太尉謚武烈又有毛士毅亦富川人為石城令李接攻城士毅語尉曹曰吾與君當以死衛百姓乃糾合義兵與賊戰尉死於兵士毅亦罵賊遇害而死事聞高宗嘉其忠贈承德郎

趙善傑先任南雄州判嘉定三年准旨知州事時江西峒寇猖獗数来犯境趙親提兵督戰至沙水其子監廟汝振與司法恭軍黄樞徒之兵敗俱死于賊其忘家徇國如此郡人哀而祠之

顔公衮字昻卿龍溪人也以父澤補官紹定間興寧令時強寇陳三鎗羅動天逼境公衮出與遇下車諭以理義賊怒不聽公衮厲聲罵賊被執死於邑佼大

成殿前邑人哀之為立祠詔贈朝奉郎官其子孫守能者為興寧簿任未一月亦以陳羅之亂與顏令同死於寇

鄭勳字景周仙遊人端平二年知博羅縣先是廣州摧鋒軍遠戍建康四年比歸留戍江西又四年轉戰皆捷而上功幕府不報求撤戍又不報至是統領熊喬部下卒僧忠遂倡亂焚掠州境長驅西下或勸勳避其鋒勳曰吾為長官見賊而去如吾民何須待熊統軍至諭遣之賊至喬已逸勳諭之不從正色叱之遂遇害邑人哀之構祠祀焉

曾逢龍寧都人開慶初進士為新會令能以忠義自許為政有循良風景炎元年六月元酋呂師夔遣其將黃世雄寇廣州經畧使徐直諒遣郡人李性道領兵拒之性道降于世雄受廣官爵秋九月東莞民熊飛復廣州世雄遂遁會逢龍率鄉兵與廣亦至州城往道迎謁祈哀逢龍擒而誅之時端宗在閩聞其功降勅嘉奬擢韶州通判未幾師變復入寇連韶諸州守皆降制置使趙溍遣逢龍往南雄拒之與廣兵遇力戰不敵知必被執乃正衣冠縊而死贈龍圖閣學士

文天祥字宋瑞又字履善吉水人美晳如玉顧眄煒然年甫弱冠理宗親按進士第一考官王應麟奏曰是卷古誼若龜鑑忠肝如鐵石臣敢為得人賀開慶初元兵大至宦官董宋臣說上遷都人莫敢議其非者天祥時入為寧海軍節度判官上書乞斬宋臣以一人心不報即自免歸後稍遷至刑部郎官宋臣復入為都知天祥又上書極言其罪亦不報出守瑞州改江西提刑遷尚書左司郎官累以臺論罷援錢若水例致仕時年三十七咸淳九年起為湖南提刑因見故相江萬里萬里素奇天祥志節語及國事愀然曰吾老矣世道之責其在君乎十年改知贛州德祐初江上報急詔天下勤王天祥捧詔涕泣遂起兵諸豪傑皆應有衆萬人事聞以江西提刑安撫使召入衛其友止之曰是何異驅群羊而搏猛虎天祥曰吾亦知其然也第國家養育臣庶三百餘年一旦有急徵天下兵無一人一騎入關者吾深恨於此故不自

量力而以身徇之庶天下忠臣義士将有聞風而起治義勝者謀立人衆者功濟如此則社稷猶可保也天祥性豪華平生自奉甚厚聲伎滿前至是痛自貶損盡家貲為軍費每與賓佐語及時事輙流涕撫几言曰樂人之樂者憂人之憂食人之食者死人之事八月天祥提兵至臨安除知平江府時以丞相陳宜中未還朝不遣十月宜中至始遣之未幾除右丞相兼樞密使使如元軍議和與伯顏抗論皋亭山伯顏怒拘之至鎮江天祥夜逃汎海至溫州端宗即位

祥上表勸進以觀文殿學士侍讀召至福州拜右丞相天祥收殘兵奔循州又明年三月進屯麗江浦六月入船澳端宗崩衞王繼立天祥上表自劾八月加少保信國公軍中疫且起兵士死者數百人天祥惟一子與其母皆死十一月進屯潮陽十二月趍南嶺鄒㵯劉子俊又自江西起兵來元帥張弘範兵濟潮陽天祥方飯五坡嶺弘範兵突至被執天祥吞腦子不死鄒㵯自頸死劉子俊陳龍復蕭明哲蕭資皆死杜滸被執以憂死林琦張唐熊桂吳希奭陳子全兵

敗被獲俱死惟趙孟溁何時陳子敬遁唐栻之從扑之後滸範之從子也天祥見弘範不拜弘範以客禮見之與俱入厓山使為書招張世傑不可索之固乃書零丁洋詩與之末云人生自古誰無死留取丹心照汗青弘範笑而置之崖山破軍中置酒大會弘範曰國亡丞相忠孝盡矣能改心以事宋者事皇上将不失為宰相也天祥泫然出涕曰國亡不能捄為人臣者死有餘罪况敢逃其死而二其心乎弘範義之遣使護送至燕天祥不食八日不死即復食及至

燕館人供張甚盛天祥不寢處坐達旦乃移兵馬司設卒守之丞相博羅等召見詰数端為天祥罪天祥辨論不少貶博羅欲殺之元主及諸臣皆不可元主求才方急遣南官王積翁諭旨天祥曰國亡吾分一死矣儻緣寬假得以黄冠歸故郷他日以方外備顧問可也若遽官之非直亡國大夫不可與圖存舉其平生而盡棄之将焉用我積翁欲合南官留夢炎謝昌元等十人請釋天祥為道士夢炎曰天祥出復號召江南置吾十人何地事遂已天祥留燕三年坐卧一

小樓足不履地元主知不可屈議釋之有以天祥起兵江西事為言者遂不果元主召入諭之曰汝何願對曰天祥受宋恩為宰相安事二姓願賜一死足矣然又不忍遽麾之退言者力贊從其請乃即刑天祥從容謂吏卒曰吾事畢矣南鄉拜而死俄有詔止之無及矣數日妻歐陽氏收其屍面如生年四十七衣帶中有贊曰孔曰成仁孟曰取義惟其義盡所以仁至讀聖賢書所學何事而今而後庶幾無愧

陸秀夫字君實楚州人其父徙家鎮江稍長登進士第李廷芝鎮淮南聞其名辟至幕中時天下稱得士多者以淮南為第一號小朝廷三遷至主管機宜文字咸淳十年庭芝制置淮東擢參議官德祐元年從事急諸僚屬多亡者惟秀夫數人不去累擢至宗正少卿兼權起居舍人二年正月以禮部侍郎使軍前請和不就而返與蘇劉義追從二少帝于溫州召陳宜中張世傑等皆至遂相與立端宗于福州秀夫進端明殿學士簽書樞密院事與宜中議不合宜中使言者劾罷之世傑讓宜中曰此如何時動以臺諫論人宜中皇恐亟召還時君臣播越海濱庶事疏略楊太后垂簾與群臣語猶自稱奴每時節朝會秀夫儼然正笏立如治朝或時在行中悽然泣下以朝衣拭淚衣盡濕屬井澳風帝以驚疾崩群臣皆欲散去秀夫曰度宗皇帝一子尚在將焉置之古人有以一旅一成中興者今百官有司皆具士卒數萬天若未欲絕宋此豈不可為國耶又相與立弟昺嗣帝位時宜中往占城屢召不至乃以秀夫為左丞相與世傑共秉政世傑駐兵厓山秀夫外籌軍旅內調工役凡述作又盡出其手雖匆遽流離中猶自書大學章句以勸講祥興二年二月厓山兵敗秀夫走帝舟而世傑劉義各斷維去秀夫度不可脫杖劒驅妻子入海奏曰陛下當為國死太皇太后辱已甚今不可再辱即負帝赴海死年四十四

張世傑范陽人金貞祐間河北盜起定興豪俠張柔聚族黨結隊伍慕義之士多從之世傑與焉金主以柔為中都留守行元帥事柔使世傑戍杞世傑見金事日非元益強時勸柔歸正柔怒斥之將得罪世傑

遂来歸為呂文德小校累功至黄州武定諸軍都統制又以功轉十官加環衛歷知高郵軍安東州度宗朮呂文煥以襄陽降元命世傑将五千人守郢元兵不得前遣人招之不聽元乃移兵攻鄂德祐元年世傑提所部兵入衛道復饒州乃入朝時方危急徵諸将勤王多不至獨世傑来上下歎異自和州防禦使不數月累加至保康軍承宣使總都督府兵遣将四出取諸郡復諸城兵勢頗振七月與劉師勇諸将出師焦山操戰艦名黄鵠白鷂者凡萬餘艘每十艘為一舫沉鐵碇於江非有號令不得擅起碇示以必死元将阿朮分兵兩翼以火矢夾射篷檣皆灼董文炳兵又合而擊之自寅至午師大敗投江溺死数萬人無一降者世傑奔圖山上疏請濟師不報擢龍神衛四廂都指揮使数月進沿江招討使改制置副使兼知江陰軍已而元兵至獨松關以世傑為保康軍節度使知平江尋亦召入衛加檢校少保明年正月遂從二少帝入福州與衆共立端宗拜簽書樞密院事上世強導阿剌罕来攻世傑奉帝航海由泉州入廣

復潮州明年唆都遣人招帝又遣孫安甫說世傑世傑拘安甫不遣劉深来攻淺灣世傑兵敗移帝居井澳深復来攻井澳世傑戰却之因徙硇洲帝崩奉弟昺嗣帝位拜少傅樞密副使世傑以硇洲不可居再徙厓山封越國公祥興二年正月張弘範等兵至厓山或謂世傑曰北兵若塞海口則我不能進退盍先據之卽不利猶可西走世傑慮久在海上有離心動則必散乃曰頻年航海何時已乎今須與決勝負悉焚行朝草市結大舶千餘作水砦為死守計已而弘範果據海口樵汲道絶茹乾飲鹹輙嘔泄兵大困世傑率蘇劉義方興日大戰弘範者柔之子也柔既降元元還其舊職得便宜行事累封蔡國公恒娓世傑弘範以世傑故父部曲輩至港外呼世傑與語舊世傑不往甥韓在弘範軍中使二至招之世傑曰吾知降生且富貴但當為主死耳因歷数古忠臣以荅乃一月癸未弘範等攻厓山世傑敗走帝舟元兵薄中軍世傑斷維以十餘艦奪港去還收兵厓山復散去楊太后求趙氏後立之太后聞帝訃亦赴海死世傑

葵之海濱五月四日世傑舟抵平章港颶風作世傑辦香祝天曰若天不欲吾復存趙氏則大風覆吾舟舟遂覆死焉事詳本紀

趙與珞者宋宗室子也咸淳初為瓊管安撫使至帝昺祥興元年秋元將阿里海涯畧地海外遣宣慰馬帥馬旺招降不聽率義勇謝明謝富冉安國黄之傑等兵禦臼沙口極力死戰舟兵不得登岸久之元將患焉冬十一月壬辰因購内應執與珞等以降慢罵不屈元將怒皆裂殺之與珞素有膽畧海外諸蠻小國皆倚為重既死由是四州縣及外蠻皆附于元唐西洲胄謂與珞死后三閲月而宋亡矣慢罵以泄其忿堅守以固其志者心焉已耳宋室守臣守節雖多豈有后於與珞者史氏不為立傳續綱目不為大書可惜也此猶食禄也若謝明謝富冉安國王之傑郡士爾服死又何烈也王佐衷使君詩云末路誰云當國步瓊州節槩似常山心懸北極天應遠血灑南荒地盡班上帝亦哀麟鳳死中原今放犬羊還使君忠義言難盡又見之司尚寧州人又見[illegible]云五更風兩瞞乾坤守信鳴鷄事不昏萬户千門皆已死汗青今見四人存又有張應科者帝昺祥興初以瓊管安撫使與王用攻雷州三戰皆不克用降於元應科誓死報國再決戰城下遂死于敵史臣曰應科死於夏與珞死於冬自是諸州降没天下守臣無有拒敵者豈不為凛凛後凋之松栢哉

徐宗仁字求心永豐人淳祐十年進士歷官太常少卿德祐元年起歷權禮部尚書從端宗於海上厓山兵敗赴海死初開慶元年宗仁伏闕上書曰賞罰者軍國之綱紀賞罰不明則綱紀不立今通國之所謂俠罰者不過丁大全袁玠沈翥張鎮吴衍翁應弼石正則王立愛高鑄之徒其首惡則董宋臣也是以廷紳抗疏學校叩閽至有欲借尚方劍為陛下除惡者陛下乃赦而不問天下之事勢急矣朝廷之紀綱壞矣若誤國之罪不誅則用兵之士不勇陛下亦嘗一念及此乎又請言責者皆得以盡其言則國論伸而國威振今誦其言猶凛凛有生氣則宗仁雖死為不死矣時同赴水者樞密使高桂吏部侍郎趙樵兵部

侍郎茅湘俱死翰林學士劉郘孫沉海不死被執擄掠無完膚一夕得脫卒蹈海而死吁烈哉

張烈良者德祐初為湖南制置使端宗時與提刑劉應龍起兵應崖山為阿里海涯所敗烈良等擧宗并餘兵奔思州烏羅洞元兵襲之俱戰死

袁天與者德佑初第進士丁父憂未仕崖山宋亡人勸其退伏草莽為自全計天與不聽結義兵誓復州邑奮不顧身兵敗罵賊以死初與謝昌元趙孟頫約同死國無何二人并食元祿獨天與踐其言一門自盡者十七人獨遺一子嗚呼天與時未有官守而伏節死義若此非其忠義出於天性然耶按建文時靖難師至周是脩在翰林約與諸公同死及暮詢其動定尚有問飼猪者是脩曰一猪尚不忍舍况性命乎乃自經於銀杏樹下其視天與之忠何殊哉彼諸公并為趙孟頫輩焉能逃史氏之筆耶

賴天賦福建閩縣人至正中擧人材任興寧縣主簿至洪武嶮邵宗愚等倡亂天賦力為戰守屯兵於龍岩賊至拒戰力不能敵敗績賊追至馬公坑沉之極口罵賊不屈而死

王清字一寧合肥人世以武功為濟寧衛指揮慷慨多勇畧常提兵入衛宣德間率所部出喜峯口又至鴛鴦海覘虜累立奇功正統二年陞廣東都指揮以親老不遂迎養陳情乞分俸於原衛　詔許之黨寇叛據大藤峽清往討有功戊辰總督廣東軍務已巳協同總兵駐軍高州廣賊黃蕭養刼鄉民叛衆十餘萬圍攻廣州清帥舟師赴援至沙角尾水淺舟膠哭盡被執賊素知清威望不敢害清投水下死因寄還廣城中大書一詩云兩捧　天書鎮百蠻偶因兵敗不生還飄零身世輕於葉磊落襟懷重似山半夜愁吟珠海寺幾回夢嗁鬼門關憑君獨有衣相寄為我招魂宇宙間數日賊擁清至城下使諭衆開門降清罵賊不絕口遂遇害朝廷憫之加子爵二級清善詩所著有建寧集行于世

羅紳宜春人天順初知廉州石康縣清介公勤後西賊沉拙入縣治紳苦戰力不能支為賊所繫奮罵曰朝廷命我封疆今日城陷分死而已爾賊何為遂遇

[illegible]民聞之迎其喪家祭巷哭如喪考妣先時其子錦
從紳會兵于傳白遇賊諸塗亦苦戰被害知府饒秉
鑑嘉其一門忠孝特為作傳

夏則中武昌人洪武二十二年以監生知興寧縣值
寇周三之亂民死徙殆盡稍有孑遺者又以官兵壓
境將罹昆岡之焚則中率鄉老愬於總兵官始免橫
酷後仍以凶年則中發廩勸分彫瘁復生初則中招
携流亡歆集矣病官田稅重莫肯承籍則中請以官
田減同民產定賦從之遂以安業民感切骨久而不
忘父老相傳則中請減稅于　朝犯天威冥之極刑
莊令人能道其事惜諸志不紀其實云

毛吉字宗吉餘姚人景泰甲戌進士天順五年拜廣
東按察司僉事時廣城以西流賊殺掠居民殆盡上
採幸無事而豪宗大戶武斷吞併吉分巡惠潮悉痛
懲之豪右斂迹適程鄉賊餘黨作亂吉督戰擒之又
分巡雷廉高三郡民為賊殺掠數百里無烟火吉又
悉平之以平賊功陞本司副使仍降　勑奬諭委以
一方邊務時新會告急吉率部官軍焦用指揮張璧
等官軍三千人又得民之自效者近萬人行至大[illegible]
與賊遇戰破之獲首二十餘級乘勝追至雲岫山去
賊營十餘里時二鼓乃號召諸將曰賊營後山箐而
前既田左右皆山隴若敗必遯入後山爾等明日兩
哨進據後山我以精銳衝其中合擊之賊可盡擒也
約黎明進兵是夜無星月遂至後期不得已三哨齊
進賊果敗走上後山吉命潘百戶者帥精壯千人據
其營賊多遺財物軍民競取之賊據高瞰軍士有爭
奪者遂擁衆馳下刺殺潘軍士皆自營門擁出賊自
後追之遂奔潰吉勒馬持刀大呼曰劉駐衆以勢潰
不可復從吏廖振等勸吉姑避以圖再舉吉曰吾誓
不與此賊俱生汝等亟走勿顧我言未已賊七八人
持鎗趍吉吉且罵且敵猶手劒斬賊斷一人臂力支
不能遂被害是日雷雨大作山谷皆震動連日陰晦
又八日始得吉屍面貌如生舁歸廣城官吏士民涕
哭者相續事聞贈吉通議大夫廣東按察使謚忠襄
錄其子紆為國子生後亦至按察副使

外史氏曰予聞之忠者中也臣之鵠也臣而

非忠失其正鵠矣何以爲臣哉先代之臣秉鉞
持衡于百粤中弗少獨三忠祠宇巋然與胥漢
並峙夫非各死其義以成其忠乎是故慷慨動
王從容就義畢志宋室成仁燕市文文山氏之
烈也儼然正笏浩然説書朝服負帝同歸于海
陸君實氏之節也獎率三軍艱關百戰崖山之
厄赴海而殁張樞密氏之勇也其死不同其忠
一也其洵足植萬古之綱常哉他若漢終軍奉
使持節而殞宋袁慶倡義討賊而敗慶攖死於

郭馬之亂劉劭没于休範之難李逌寧斷腕不
草巢表韓浩髯服鑽不受僞命蘇緘張忠守志
不屈趙師旦顏公衮罵賊而斃耆覲不拜智高
虜李不畏強敵史寅仲樓海之殁于戰毛炳趙
善缺之殞于職鄭勳之[illegible]已叱賊曾逢龍之正
冠自盡張應科之死於夏趙與珞之死於冬各
不違其心也徐宗仁劉昂孫斧相之赴海高桂
張烈良賴天賦之被戮各不紕其志也袁天與
初偕謝昌言趙孟頫約同死而天與[illegible]

吁彼有開飼猪者視孟頫輩何代無賢哉我
明旌忠之典比昔獨隆死義之臣時未多得若王
清死于蕭養之難羅紳死于西寇之劫毛吉死
于火燈之役皆死其職也而夏則中號請臧税
被置極刑豈不悲耶故之　國初楚青文勝爲
龍陽尉上號輕税自殞于登聞鼓下
上憫之贈官賜謚今猶廟祀奕奕未艾也時未有
爲則中請比青忠惠公之例者何以勸忠耶書
以伺之

粤大記卷之八

嶺南郭棐篤周甫編

宦蹟類

勛勤駿勳

漢　陸賈　路博德　馬援

夏方　陳茂　度尚

吳　步騭　士燮　呂岱

晉　陸胤　滕脩　王毅

鄧嶽　孫處

六朝　檀和之　宗慤　陳伯紹

周鉄虎　歐陽頠

隋　常洸　慕容三藏　裴矩

樊子蓋　鄧文進

唐　韓翃　常宙　劉知讓

宋　潘美　王明　許仲宣

李崇矩　杜杞　狄青

王罕　孔延之　程師孟

連南夫　潘時　劉黻

明　廖永忠　陸仲亨　花茂

趙庸　華高　危止

陶魯　歐磐　武鸞

程鑒

陸賈楚人也以客從高祖定天下名有口辯居左右常使諸侯時中國初定尉佗平南越因王之高祖使賈賜佗印為南越王賈至尉佗魋結箕踞見賈賈因說佗曰足下中國人親戚昆弟墳墓在真定今足下反天性棄冠帶欲以區區之越與天子抗衡為敵國禍且及身矣夫秦失其正諸侯豪傑並起唯漢王先入關據咸陽項籍背約自立為西楚霸王諸侯皆屬可謂至疆矣然漢王起巴蜀鞭笞天下劫諸侯遂誅項羽五年之間海內平定此非人力天之所建也天子聞君王王南越而不助天下誅暴逆將相欲移兵而誅王天子憐百姓新勞苦且休之遣臣授君王印剖符通使君王宜郊迎北面稱臣乃欲以新造未集之越倔強於此漢誠聞之掘燒君王先人冢墓夷滅宗族使一偏將將十萬衆臨越則越殺王降漢如反

覽予耳於是佗迺蹶然起坐謝賈曰居蠻夷中久殊失禮義因問賈曰我孰與蕭何曹參韓信賢賈曰王似賢也復問曰我孰與皇帝賢賈曰皇帝起豐沛討暴秦誅強楚為天下興利除害繼五帝三王之業統天下理中國政由一家自天地剖判未始有也今王衆不過數萬皆蠻夷崎嶇山海間譬如漢一郡王何乃比於漢佗大說賈留與飲數月曰越中無足與語至生來令我日聞所不聞賜賈橐中裝直千金它送亦千金賈卒拜佗為南越王令稱臣奉漢約歸報高帝大說拜賈為太中大夫孝文即位欲使人之南越丞相平乃言賈為太中大夫往使尉佗去黃屋稱制令比諸侯皆如意指語在南越傳賈兩奉使所著有南越行紀言羅浮山巔有湖嘉植環之南越花有芳香者移自海國不隨水土而變與夫橘化為枳異矣又嘗與佗汎舟端溪登錦石而燕山下有陸大夫祠粵人至今歲時祭之

路傳德西河平周人初為右北平太守元狩四年匈奴入右北平上令從驃騎將軍霍去病出師丁外以功封邳離侯後遷衛尉元鼎五年秋南越叛去病已死乃以傳德為伏波將軍同楊僕往討之師出咸陽分五路傳德次于桂陽以俟漢使終軍久之南粵殺漢使乃下湟水時南越王建德方遣二使者往主交趾九真二郡到合浦遇漢兵二使者齎牛百頭酒千鍾及二部民戶口簿詣傳德降傳德即拜二使者為交趾九真二郡太守主諸雒將治民如故駱民大說交裔置守自傳德始也傳德所將罪人道遠後期與僕會番禺建德有千餘人分居西北面建德與相呂嘉皆城守而僕自東南面攻敗粵人縱火燒城粵素聞伏波名日莫不知其兵多少傳德迺為營遣使招降者賜印綬復縱令相招於是粵人方苦兵燹皆反歐隨將軍畢取入伏波營中歸附南海太守棄復以越邑降遲旦城中皆降于傳德嘉與建德以夜與其屬數百人亡入海傳德又問降者知嘉所之遣人追捕其校司馬蘇弘生獲建德于東江粵郎孫都追及嘉嘉與格鬬都稽得嘉斬其首以獻粵同姓王光揭陽令史定聞漢兵至及粵桂林監翁聞漢兵破番禺介

告甌駱民四十餘萬口皆降五年三月壬午論功
歸附者博德仍舊侯惟益封六百户前擊南越者校
尉擇樂韓千秋皆死事封樂子廣德為龔侯千秋子
延年為成安侯故南海太守棄子嘉為涉都侯建德
為術陽侯趙光為隨桃侯畢取為膫侯蘇弘為海常
侯孫都為臨蔡侯史定為安道侯居翁為湘成侯博
德封侯十五年有子不肖太初元年坐見知子犯逆
不道罪免又之上念博德功以為疆弩都尉屯居延
卒今連州祠博德湟水上云

馬援字文淵扶風茂陵人也輔光武中興為虎賁中
郎將帝嘗言援論兵與我意合建武十七年交趾女
子徵側與女弟徵貳反攻没其郡九真日南合浦蠻
夷皆應之寇畧嶺外六十餘城於是璽書拜援伏波
將軍副以扶樂侯劉隆督樓船兵遂緣海而進隨山
刊道千餘里十八年春軍至浪泊山上與賊戰大破
之明年正月斬徵則徵貳傳首洛陽封援為新息侯
進擊九真賊徵側餘黨都羊斬獲五千餘人嶠南悉
平立銅柱為漢之極界往來南海撫定珠崖儋耳

郡置井邑立珠崖縣二十年秋振旅還京師援好
善別名馬得駱越銅鼓乃鑄為馬式上之二十四年
擊武陵五溪蠻夷至壺頭病卒年六十二初援在交
趾常餌薏苡實用能輕身省慾以勝瘴氣南方薏苡
實大援欲以為種軍還載之一車人以為南土珍怪
權貴皆望之援時有寵故莫以聞及卒後有上書譖
之者以為前所載還皆明珠文犀馬武與於陵侯昱
等皆以章言其狀帝益怒援妻孥惶懼不敢以喪還
舊塋裁買城西數畝地槀葬而已建初三年肅宗使

五官中郎將持節追策謚援曰忠成侯今雷瓊二郡
多祀路博德及援為伏波祠報其功也

夏方九江人順帝永和中以才能歷仕至交趾刺史
初日南蠻夷作亂九真太守祝良與刺史張喬招降
之喬遷去日南復與九真相煽動建康元年方開恩
招誘賊皆降服時梁太后臨朝美方之功遷為桂陽
太守離去行部南十載未壽三年居風令以貪暴激
變朱達等於是九真日南大亂延熹三年復以方為
交趾刺史方恩威久著宿賊二萬餘人悉解甲詣方

以安

陳茂字君因汝南人容止僩恪鬢眉甚偉客仕蒼梧為交趾別駕舊令刺史行部不涉漲海永和中盜賊起日南九真海濱皆震刺史周敞涉海遇風船欲覆沒茂拔劍訶罵水神風即止息南海塗人望之以為神明莫不畏仰後遷荊州刺史先是茂客仕還時入宛城引車到城東交人衛脩家見脩母婦說脩坐事繫獄當死茂詣南陽太守灌恂延請救解即時出脩及泣荊部彈繩不撓脩竟極罪恂亦以事去南陽疾惡殺脩士大夫為之語曰衛脩有事陳茂治之衛脩無事陳茂殺之蓋譽其公正也

度尚字博平山陽湖陸人也少喪父事母至孝通京氏易古文尚書拜郎中為吏清絜有文武才畧受知於刺史朱穆絫遷右校令延熹五年長沙零陵賊自桂陽攻沒梧南海交趾三郡交趾刺史奔遁時穆為尚書應詔舉尚為荊州刺史尚至州先攻宿賊於桂陽賊皆畏威逃徙尚窮追數百里遂入南海破其三屯出兵三年群寇悉定七年封右鄉侯遷桂陽太守明年徵還京師桂陽賊復起於是以尚為中郎將討平之復以尚為荊州刺史尋徵詣廷尉後為遼東太守卒尚進善愛人坐以待旦擢門下書佐朱儁至顯位每見儁舉措恒歎述之以為有不凡之操儁後至車騎將軍有功交趾遠近哥尚有知人之鑒

步騭字子山臨淮淮陰人也世亂避難江東單身窮困以種瓜自給晝勤四體夜誦經傳孫權為討虜將軍召騭為主記除海鹽長歲餘以疾免游吳中還辟車騎將軍東曹掾及權為徐州牧以騭為治中從事舉茂才建安十五年出領鄱陽太守歲中徙交州刺史立武中郎將領武射吏千人便道南行吳中舊游聞之曰步子山自此功業日闊矣明年追拜使持節征南中郎將劉表所置蒼梧太守吳巨陰懷異心外附內違騭降意懷誘請與相見因斬徇之威聲大震交趾太守士燮兄弟相率供命南土之賓自此始也初州治在番禺城南五十里西接牂牁末流沮洳難居十二年騭徙治尉佗故都築立城郭民用綏集會益州因士燮內附騭承制遣使宣恩撫納由是加拜

平戎將軍封廣信侯延康元年權遣呂岱代騭騭將
交州義士萬人出長沙會劉備東下零陵桂陽諸郡
猶相驚擾到處阻兵騭周旋征討皆平之黃武二年
遷右將軍改封臨湘侯赤烏九年代陸遜為丞相猶
誨育門生手不釋卷出督西陵二十年鄰敵敬其威
信性寬弘得衆喜怒不形於聲色而內外肅然十一
年卒子協嗣

士燮字威彥蒼梧廣信人也其先本魯國汶陽人至
王莽之亂避地交州六世至燮父賜桓帝時為日南
太守燮少游學京師事潁川劉子奇治左氏春秋察
孝廉補尚書郎公事免官父賜喪闋舉茂才除巫令
遷交趾太守弟壹初為郡督郵刺史丁宮徵還京都
壹侍送勤恪宮感之臨別謂曰刺史若待罪三事當
相辟也後宮為司徒辟壹比至官已免黃琬代為司
徒甚禮遇壹琬與董卓相忌害而壹盡心於琬卓惡
之乃署教曰司徒掾士壹不得除用故歷年不遷會
卓作亂入關壹乃亡歸鄉里交州刺史朱符為夷賊
所殺州郡擾亂燮乃表壹領合浦太守次弟徐聞令

䵋領九真太守䵋弟武領南海太守燮體器寬厚謙
虛下士中國士人往依避難者以百數耽玩春秋為
之注解陳國袁徽與尚書令荀彧書甚見稱譽武先
病沒獻帝聞張津死賜燮璽書進綏南中郎將董督
七郡領交趾太守如故特天下喪亂交州貢職不廢
復詔拜安遠將軍封龍度亭侯後奉步騭節度孫權
加左將軍質其子廞燮在郡四十餘歲黃武五年年
九十卒

呂岱字定公廣陵海陵人也為郡縣吏避亂南渡
孫權幕府處法應問甚稱權意延康元年代步騭為
交州刺史到州高涼賊帥錢博乞降岱因承制以博
為高涼西部都尉又桂陽湞陽賊王金合衆於南海
界上首亂為害權又詔岱討之生縛金傳送詣都斬
馘萬餘人遷安南將軍假節封都鄉侯交趾太守士
燮卒燮子徽據交州岱表分海南三郡為交州以將
軍戴良為刺史海東四郡為廣州岱自為刺史擊
徽大破之進封番禺侯於是除廣州復為交州如故
岱既定交州復平九真諸賊遣從事南宣國化暨

諸國各遣使奉貢權嘉其功進拜鎮南將軍黃武一年南海賊羅厲與廬陵李桓等群寇並起權復詔岱督劉纂唐咨等分部討擊厲桓等皆見斬獲傳首詣都尋拜交州牧時蒲圻賊廖式作亂攻沒城邑岱攻討一年又破之徵還武昌時年已八十矣初在交州歷年不餉妻子饑乏權聞之歎息以讓群臣曰呂岱出身萬里為國勤事家門內困而孤不早知股肱耳目其責安在於是加賜錢米絹歲有常限太平元年卒年九十六子凱嗣

陸胤字敬宗吳人與兄凱齊名凱赤烏中除儋耳太守同將軍聶友討朱崖斬獲有功遷建武校尉歷官左丞相胤始為御史尚書選曹郎赤烏十一年九真夷賊倡獗攻沒城邑以胤為交州刺史安南校尉有趙嫗者年長不嫁入山聚群盜自為首領遂攻郡果敢善戰常著金蹋趿戰退輒張帷幕少男數十侍側胤入南界集交廣兵喻以恩信務崇招納高凉渠黨等皆降趙嫗亦平交域清泰就加安南將軍永安元年徵為西陵督封都亭侯常提兵在外中書丞華覈表薦胤曰胤天資聰明才通行絜昔歷選曹遺跡可紀還撫安州奉宣朝恩流民歸附海隅肅清南海歲有暴風瘴氣之害自胤至州風氣絕息商旅平行民無疾疫州治臨海海流秋鹹胤又畜水民得甘食惠風橫被化感人神宜在輦轂股肱王室遂江任輕不盡其才孫皓不能用今南海城北井溪胤所浚也胤雅善著述所撰有廣州先賢傳行于世

滕脩字顯先南陽西鄂人也仕吳為將帥封西鄂侯孫皓時代熊睦為廣州刺史甚有威惠徵為執金吾廣州部曲督郭馬等為亂皓以脩宿有威惠為嶺表所伏以為使持節都督廣州軍事鎮南將軍廣州牧以討之未尅而晉師伐吳脩率衆赴難至巴丘而皓已降乃縞素流涕而還與廣州刺史閭豐蒼梧太守各送印綬詔以脩為安南將軍廣州牧持節都督如故封武當侯加鼓吹委以南方事脩在南積年為邊夷所附太康九年卒請葬京師帝嘉其意賜墓田一頃謚曰聲脩之子並上表帝乃賜謚曰忠並子含初為庾冰輕車長史討蘇峻有功封夏陽縣開國侯

十六百户授平南将軍廣州刺史在任積年甚有威惠世濟其美廣人稱之會林邑陷日南攻九真征西督護滕畯率交廣之兵往禦反為所敗升平末含率衆伐之林邑王范佛懼請降含與盟而還卒謚曰戴

王毅長沙人少以學行被州郡辟仕至蒼梧太守惠帝元康中遷平越中郎将廣州刺史在位甚得民情朝政方亂嶺表頼毅以安妖賊張昌作亂使其黨石氷寇楊荊攻陷長沙太安二年冬毅子南平内史矩與前吳興内史顧祕丹楊葛洪等起兵討氷氷為會之衆所向無敵賊多應之廣陵度支陳敏以少擊衆遂擊滅氷矩乃散衆還家東海王越以敏為右将軍敏自謂勇畧無敵遂據歷陽以叛自稱楚公江楊震蕩時荊州兵擒斬張昌矩與有功又從順陽太守張光帥步騎詣荊州討敏南越險遠毅以家國為憂遂發病永興二年卒于廣州時敏弟恢犯廬陵矩與弟機率兵南討擊恢破之會江東兵亦誅敏光熙元年鎮南将軍劉弘表稽含代毅會含為弘司馬郭勱所害朝廷以矩前功除廣州刺史矩守令式羙姿容毋出游觀者盈路初為内史進太守以功遷交至州上言醴泉令虞潭嘗起兵斬張昌有功遂領廬陵太守綏撫荒餘咸得其所竟平陳恢之亂矩視事月餘以勞瘁卒

鄧嶽字伯山陳郡人也本名岳以犯康帝諱改為嶽後竟改名為岱焉少有将帥才略為王敦參軍轉從事中郎西陽太守王含之亂嶽領兵隨之及含敗奔蠻王向蠶洞中後遇赦乃出久之司徒王導命為從事中郎後復為西陽太守及蘇峻反平南将軍溫嶠遣嶽與督護王愆期鄱陽太守紀睦等率舟軍赴難峻平還郡郭默之殺劉胤也大司馬陶侃使嶽率西陽之衆討之默平遷督交廣二州軍事建武将軍領平越中郎将廣州刺史假節録前後勲封宜城縣伯咸康三年嶽遣西江督護王隨等督軍伐夜郎與古皆破之未下五年嶽将兵擊之建寧太守孟彦執其刺史霍彪以降朝廷嘉嶽加督寧州進征虜将軍遷平南将軍卒子遐嗣弟逸字茂山亦有武幹嶽卒後以逸監交廣州建威将軍平越中郎将廣州刺史還

郎兄弟著名南裔時人榮之
杜慧度字季高會稽永興人也籍注季高故以字行少任氣樂義從劉裕東征孫恩及平定京邑以為振武將軍封新夷縣五等侯廣固之役先登有功盧循之難於石頭扞柵戍越城查浦破賊於新亭裕謂季高曰此賊行破應先傾其巢窟令奔走之日無所歸計非鄉莫能濟事遣季高率衆三千汎海襲番禺初賊不以海道為防季高至東衝去城十餘里城內猶未知循守戰士猶有數千人城池甚固季高先焚舟艦悉力登岸會天大霧四面陵城即日克拔循父嘏長史孫建之司馬虞尫夫等輕舟奔始興即分遣振武將軍沈田子等討平始興南康安嶺表諸郡循於左里奔走而衆力猶盛自嶺道還襲廣州季高拒戰二十餘日循乃破走所殺萬餘人追奔至鬱林會病不得窮討循遂得走向交州義熙七年四月季高卒於晉康時年五十三追贈龍驤將軍南海太守封侯曾縣侯食邑千户九年裕為太尉表季高之功重贈交州刺史將軍如故子宗世卒子欽公嗣欽公卒子孝祖嗣齊受禪國除

檀和之高平金鄉人父憑積有軍功和之智略也著文帝嘗稱其有將才元嘉十六年為始興內史在郡課耕桑靖獄市吏治明果境內肅然士民敬之會交州立宋隆郡工役未竣二十年冬十二月庚午詔以和之為交州刺史涖事留意足民民忘工築之勞乃更練武會林邑王陽邁貢獻陋薄而寇盜不已文帝忿其遠傲二十三年以和之為龍驤將軍領交廣兵及振武將軍宗慤伐之和之遣司馬蕭景憲為前鋒陽邁聞之懼欵輸金一萬斤銀十萬斤銅三十萬斤還所略日南户其大臣𦾔僧達諫止之乃遣大帥范扶龍戍其北界區粟城景憲攻城克之乘勝入象浦陽邁以具裝被象來拒慤製獅子形禦之象果驚奔遂克林邑陽邁父子並挺身逃奔獲其珍異皆是未名之寶又銷其金人得黃金數十萬斤和之既克遠夷益自謙慎以餘財頒及交廣軍士捷聞召還以功封雲杜子景憲代刺交州二十四年冬十月和之南還至豫章值豫章民胡誕世反殺太守檀隆之也之

討誕世平之孝建三年為南兗州刺史坐事免官病
卒追贈左將軍謚曰襄子和之歷仕所至有威名盜
賊屏迹每出獵猛獸伏不敢起云

宗慤字元幹南陽涅陽人叔父少文高尚不仕慤年
少言志曰願乘長風破萬里巨浪少文曰汝富貴人
也慤任氣好武不為鄉曲所知隨江夏王義恭鎮廣
陵輔國上軍將軍元嘉二十二年伐林邑語在檀和
之傳既克林邑珍寶不可稱計慤一毫無犯惟有被
梳枕刷此外蕭然三十年伐逆有功孝武即位以為
廣州刺史時桂陽太守何亮助南郡王義宣為逆慤
收亮斬之後遷豫州監五州諸軍事先是鄉人庾業
家富豪侈侯服玉食與賓客相對膳必方丈而為慤設
粟飯菜葅謂客曰宗軍人素噉麤食慤致飽而退初
無異辭至是業為慤長史待之甚厚人服其量後刺
雍州加都督卒贈征西將軍謚曰肅侯

陳伯紹潁川人晉南渡家于吳興遂為吳興人伯紹
少勇智英發事廣州刺史袁曇遠為偏裨討始興劉
嗣祖破之以功除長水校尉遷晉康太守泰始四年妖人
劉思道作逆進攻廣州殺刺史羊希嶺海大震東官
太守蕭惠徽與戰敗死伯紹領西江兵討思道誅之
遂代守東官為西江都護以合浦北界夷獠叢居隱
伏巖障寇盜不賓略無編戶乃帥兵二千人獵于北
地見二青牛驚走入草使人逐之不得乃誌其處云
此地當有奇祥啓立為越州明帝命為交州刺史使
經營焉七年始置百梁龍蘇永寧安昌富昌南流六
郡割廣交朱䳒三郡來屬元徽二年以伯紹為刺史
督交越二州軍事始立州鎮穿山為城門以保邊境
俗呼為青牛城伯紹恩惠及民威服俚獠土有瘴氣
殺人漢世交州刺史每暑月輒避處高故交土調和
越瘴獨甚刺史常事戎馬唯以勤伐為務至是風上
漸變編戶漸繁民甚德之伯紹卒民為立祠于今郡
治東北三十里以與陳霸先同族霸先受禪嘗尊為
王故謂之陳王祠

周鐵虎不知何許人也梁世南渡語音傖重膂力過
人便馬槊事梁河東王蕭譽以勇敢聞譽板為府中
兵參軍及為廣州刺史以鐵虎為興寧令及譽遷湘

[illegible]臨蒸令侯景之亂元帝於荊州遣世子方[illegible]
代譽且以兵臨之譽拒戰大捷方等死鐵虎功最譽
委遇甚重及王僧辯討譽於陣獲鐵虎僧辯命烹之
鐵虎呼曰侯景未滅柰何殺壯士僧辯奇其言乃宥
之還其麾下及侯景西上鐵虎從僧辯克任約獲宋
子仙每戰皆有功元帝承制授仁威將軍潼州刺史太
紹泰二年遷散騎常侍嚴威將軍太子左衛率尋隨
周文育於南江拒蕭勃恒為前軍文育又命鐵虎偏
軍於苦竹灘襲勃前軍歐陽頠又隨文育西征王琳
於沌口敗績鐵虎與文育侯安都並為琳所擒琳引
見諸將與之語唯鐵虎辭氣不屈故琳盡宥文育輩
惟獨鐵虎見害時年四十九高祖聞之下詔褒贈配
食廟庭

歐陽頠字靖世長沙臨湘人少質直有思理言行著
於嶺表州郡頻辟不應廬於麓山寺專精習業博通
經史嘗隨廣州刺史蘭欽征討擒陳文徹所獲不可
勝計獻大銅鼓累代所無頠預其功還為直閣將軍
欽征交州復啓頠同行欽卒於[illegible]
乞送欽喪然後之任討廣衡二州山賊有功累遷衡
州刺史蕭勃平以為廣州刺史初交州刺史袁曇緩
密以金五百兩寄頠以百兩還合浦太守龔蔿四百
兩付兒智矩余人弗之知頠尋為蕭勃所破貲財並
盡唯所寄金獨存曇緩尋亦卒至是頠並依信還之
人莫不嘆服頠威震南土能助軍國天嘉四年卒于
廣州

韋洸字世穆京兆杜陵人韋世康之子也性剛毅有
器幹少便弓馬仕周釋褐主寢上士高祖為丞相從
季父孝寬擊尉遲迥於相州以功拜柱國進封襄陽
郡公邑二千戶及陳平拜江州總管率騎二萬略定
九江陳豫章太守徐璒猶持兩端洸遣開府呂昂長
史馮世基以兵相繼而進既至城下璒偽降其夜率
所部二千人襲擊昂昂與世基迎擊大破之竟擒璒
於陣高梁女子洗氏率衆迎洸遂進圖嶺南上遣洸
書曰公鴻勲大業名高望重率將戎旅撫慰彼方風
行電掃感應稽服若使干戈不用兆庶獲安方副朕
懷是公之力至廣州說陳渝州都督王猛下之嶺表

[illegible]上聞而大悅許以便宜從事洸所綏集二十四州拜廣州總管歲餘番禺夷王仲宣聚衆為亂以兵圍洸洸勒兵拒之中流矢而卒贈上柱國賜錦綃萬段謚曰敬子協嗣

慕容三藏燕人也父紹宗齊尚書左僕射三藏幼聰敏多武畧開皇九年奉詔持節涼州道黜陟大使其年嶺南酋長王仲宣反圍廣州詔令柱國將軍襄陽公韋洸為行軍總管三藏為副洸至廣州與賊交戰為流矢所中卒詔令三藏檢校廣州道行軍事十年賊衆四面攻圍三藏固守月餘城中粮少矢盡三藏以為不可持久遂自率驍銳夜出突圍擊之賊衆敗散廣州獲全以功授大將軍賜奴婢百口加以金銀雜物酬其功也

裴矩字弘大絳州聞喜人奉詔巡撫嶺南時俚帥王仲宣逼廣州遣別圍東衡州矩與將軍鹿原赴之賊立九壁屯大庾嶺矩進擊破之賊懼釋東衡州據原長嶺又擊破之斬其帥自南海趣廣州仲宣懼潰去[illegible]及還報上大悅命升殿勞苦之顧謂高熲楊素曰韋洸將二萬兵不能早度嶺裴矩以三千弊卒徑至南康有位若矩朕亦何憂以功拜開封府賜爵聞喜縣公

薛世雄字世英河東汾陰人以戰功累遷儀同三司右新衛車騎將軍煬帝嗣位番禺夷獠相聚為亂詔世雄討平之遷右監門郎將世雄性廉謹凡所以行軍破敵之處秋毫無犯帝嘉之謂群臣曰世雄廉正節槩有古人之風超拜右翊衛將軍

樊子蓋字華宗廬江人事隋高祖平陳有功官至齊州刺史轉循州總管許以便宜從事十八年入朝奏嶺南地圖賜以良馬雜物各統四州令還任所遣光祿少卿柳謇之餞於灞上煬帝即位徵還京師轉涼州刺史子蓋言於帝曰臣一居嶺表十載於茲犬馬之情不勝戀戀願趨走闕庭萬死無恨帝賜物三百段慰諭遣之後除民部尚書有軍功進爵為濟公言其功濟天下特為立名無此郡國也卒年七十有二子蓋無他權畧在軍持重未嘗負敗臨民明察下莫敢欺然掌軍旅時果於殺戮云

鄧文進南陽人其祖徙家廣州素雄于財至文進徇
折節讀書以故士之泒徙者競趍其門文進皆館穀
之賓客至千餘人因擇其勇畧者使扞鄉井俚尚夷
獠聞風悚服役屬唯謹隋大業中為韶州刺史移州
治於武水西宇文化及弑煬帝于江都盜賊布滿天
下五嶺大擾文進散財集兵以赴難旬月之間衆數
萬掠地至始興時賊帥林士弘據虔饒兵不克進與
戰輒敗於是保有廣韶二州歸之者如市豪酋楊世
畧據循潮馮盎據高羅寗長真據欽廉諸郡文進皆
遣使以生民為念定盟同歸于好百粵之境得逸
於兵革者文進之力也無何士弘稱帝遣使至番禺
授諸帥以偽官文進獨不受梁主蕭銑遣兵徇嶺南
攻樂昌甚急文進率邑人拒守扼其鋒使不得進唐
高祖武德五年諸帥次第納欵是年四月戊寅文進
遂統所部降高祖賜敕獎勞之即拜鷹揚將軍累立
戰功卒初理郡時嚴重有威為吏民所畏每戰必身
先士卒或奮臂一嘑風雲變色軍中謠曰鄧守嘯百
夫避逡言其勇也沒後多著靈響郡人為之立廟祀
于樂昌戎　明景泰初給事中白瑩疏言文進於韶
有保鄣功請加美謚奉　旨賜謚忠襄後以文　進配享
張文獻公祠

韓翃字宏肱并州晉陽人少治兵家天寶中授翊衛
尉羽林軍宿衞擢才兼文武科大曆中擢經略使初
安祿山亂詔嶺南兵隸南陽魯炅炅敗績衆奔潰谿
洞夷獠相挻為亂夷酋梁崇牽號平南都統與別帥
覃問合又與西原賊張侯夏永更誘扇因陷城邑遂
據容州前經畧使陳璘長孫綰等皆僑治藤梧翃至
言於衆曰我容州刺史安可寄治他所必得容乃止
即出私財募士有功者許署吏於是人自奮不數月
斬賊帥歐陽珪因至廣州請節度使李勉出兵併力
勉不許曰容陷賊久獠方彊速攻祇自敗耳翃曰
大夫即不出師顧下書州縣陽言以兵為助冀藉此
聲成萬一功勉許諾翃乃移書義藤二州刺史約皆
進討引兵三千與賊鏖戰日數遇勉檄止之輒匿不
發戰愈力卒破賊禽崇牽悉復容州故地捷書聞詔
更置州以定餘亂翃凡百餘戰禽首領七十覃問胄

夫衡遣將李寔等分討西原平鬱林等諸州累遷御史中丞詔許處置使會哥舒晃反㸃命寔悉師授廣州問因合衆乘間襲㸃設伏擊之生禽問嶺表平代宗遣使慰勞加金紫光祿大夫賜第京師貞元十八年卒贈尚書右僕射謚曰肅

常宙京兆萬年人周大司空孝寬之後父冊觀察江西元和時以循吏聞宣宗問宰相以治民孰為第一問墀以冊對乃詔觀察使紇干㮚上冊功狀命刻功于碑又問墀曰冊有子否以宙對帝曰與好官擢宙由推蔭累調河南府錄事參軍郎召拜侍御史後刺永州有異政遷為大理少卿久之拜江西觀察使政簡易南方以為世官遷嶺南節度使南詔陷交趾撫兵積備以幹聞加檢校尚書左僕射同中書門下平章事宙蒞嚴師旅招徠流移俚俗婚姻喪葬禁論以禮嶺表種落莫不信悅咸通中卒宙弟岫字伯起亦有名宙在嶺南以從女妻小校劉謙或諫止之宙曰吾子孫或當依之謙後以功為封州刺史生二子郎陳襲果開霸業常氏之族頗以為安

劉知謙壽州上蔡人避亂客封州為清海牙將節度使常宙以兄女妻之衆謂不可宙曰若人狀貌非常吾以子孫託之黃巢自嶺表北還湖湘間群盜蟻結知謙因據封州有詔即授刺史兼賀水鎮使以遏梧桂知謙撫納流亡愛畜用度養士卒未幾得精兵萬人多具戰艦境內肅然久之疾病召諸子曰今五嶺盜賊方興吾有精甲犀械爾勉建功時哉不可失也知謙卒共推其子隱為嗣清海軍節度使劉崇龜表為封州刺史嗣薛王知柔代領節度未至而牙將盧琚叛隱率兵奉迎知柔直趍廣州禽琚獻之於是知柔以聞昭宗拜隱本軍行軍司馬俄遷副使天復初節度徐彥若死隱自稱留後虔人盧光稠者有衆數萬據州自為留後又取韶州隱與爭之戰不勝悉師攻虔州光稠伏軍掉戟隱縱驅伏發挺身免天祐初始詔隱權節度留後乃遣使者入朝重賂朱全忠以自固是歲光稠死子延昌自稱刺史為其下所殺吏推李圖總州事圖死鍾傳盡掇其衆欲遣子匡時守之不克州人自立譚全播為刺史附全忠云

潘美字仲詢大名人父璘以軍校戍常山美少倜儻隸府中典謁嘗語人曰大丈夫當因亂世立功名而祿祿與萬物共盡可羞也事周世宗補供奉官至引進使宋太祖遷美秦厚累遷至潭州防禦使開寶三年征嶺南以美為行營都部署尹崇珂副之師至州劉鋹遣兵萬餘衆來援美逆戰於南鄉賊衆大潰遂平賀州又下昭桂連三州西江諸州以次降美以功移南面都部署進兵至韶州又敗其衆十餘萬韶州遂拔斬獲數萬計鋹窮蹙四年二月遣其臣王崇詣軍門求通好又遣其左僕射蕭漼中書舍人卓惟休奉表乞降美因諭以上意以為彼能戰則與之戰不能戰則勸之守不能守則諭之降不能降則死不能死則亡非此五者他不得受美即令殿直冉彥袞部送漼等赴闕鋹復遣其弟保興率衆拒戰美率勵士卒兼程趨柵頭距廣州百二十里鋹衆十五萬依山谷堅壁以待美因築壘休士與諸將計曰彼編竹木為柵攻之以火彼必擾亂因以銳師夾擊之萬全之策也遂分遣丁夫數千人人持二炬間道造其柵及夜萬炬俱發會天大風火勢甚熾鋹衆驚擾遂乘之美揮兵急擊之鋹衆大敗斬數萬計長驅至廣州鋹盡焚其府庫遂克之擒鋹送京師露布以聞即日命美與崇珂同知廣州兼市舶使五月拜山南節度使土豪周思瓊作亂遣將校劉謙討平之嶺表遂安初南中身丁錢甚重雖婦女不免乃奏罷之終檢校太師同平章事卒年六十七贈中書令諡武惠子惟熙惟熙之女為真宗皇后一時貴盛罕儷焉

按宋史潘美本傳云子惟熙其女為真宗皇后而傳末附載禁卒李超常從美征討其子濬知名則濬乃超之子也而通志直以濬為美之子繫于美傳之後乃畧惟熙而不書何其錯繆至此耶今改正之

王明字如晦大名成安人自晉迄周歷仕藩鎮至縣令宋初荊南高繼冲入覲授彭城節鉞以明為寧軍節度掌書記乾德初召公卿近臣各舉清白有吏幹者一人給事中馬士元以明塞詔召為左拾遺蜀平選知榮州代楊遷右補闕會用兵於嶺南選為荊湖

轉運使開寶三年大舉南征以明為隨軍轉運使山路險絶舟車不通但以丁壯數萬人轉逓供億不闕每下一郡一城先保其簿書守其倉庫既而賀州未下八與主帥計業乃擐甲冑率所部護送輜重卒百人擁丁夫數千荷鍤皆作堙其塹直抵城門城中懼開門納欵遂據有之因抵廣州賊衆十餘萬拒戰是夕大風發屋折木衆乃驚懼明與都部署潘美等謀命丁夫數千人人持二炬開道先擣賊壘大軍蓐食陣以待之俄而萬炬皆發焚其柵賊驚果來犯我軍因逓擊之賊大敗斬首數萬劉鋹以城降廣州平為東道轉運使所至險阻盡通而糗糧無缺太祖嘉其功擢授秘書少監領韶州刺史充轉運使俄以潘美尹崇珂為嶺南轉運使以明為副使明徧歷部内視民疾苦舊無名科斂悉條奏除之嶺表遂安七年代歸帝召見勞問賜襲衣金帶勒馬歷任知京朝官差遣事端拱二年卒年七十三子挺扶並進士及第挺至殿中侍御史扶至工部員外郎景德中録幼子揆為光祿寺主簿大中祥符八年又録其孫師顔為三班借職換至殿中丞

許仲宣字希粲青州人漢乾祐中進士宋初赴調引對便殿氣貌雄偉太祖悦之擢授太子中允太宗時為廣南轉運使會用兵自廉欽征交州其地炎瘴士卒死者十二三大將孫全興等失律仲宣因奏罷其兵不待報徑以兵分屯諸州開庫賞賜草檄書以諭交州黎桓即送款内附遣使脩貢仲宣復上章待罪帝嘉之太平興國六年遷吏部郎中雍熙四年出知廣州未至移知江陵府後遷給事中卒仲宣性寬恕倜儻不檢有心計處變晏然人服其量

李崇矩字守則潞州上黨人太平興國中由邕貴潯賓横欽六州都巡檢使移瓊崖儋萬四州都巡檢使麾下軍士咸憚於行崇矩盡出器皿金帛凡直數百萬悉分給之衆乃感慨黎賊擾動崇矩悉抵其崗穴撫慰以己財遺其酋長衆皆懷附代還拜右千牛衛上將軍雍熙三年命代宋渥判右金吾衛仗兼六軍司事端拱元年卒年六十五贈太尉謚元靖在嶺海四五年恬不以炎荒嬰慮舊涉海者多艤舟俟便風

或句餘或彌月崇矩往來皆一日而渡未嘗留滯士卒僮僕隨在皆無恙子繼昌仕拜連州刺史出知涇州祥符二年卒

杜杞字偉長京兆人慶曆中為廣西轉運使時區希範冦陷瓊州杞以計攻破之遂復瓊州因伏兵擒諸蠻冦六百餘人尋得希範醢之海南遂平終環慶經畧安撫使杞性強記博覽書傳通陰陽數術之學自吾年四十六死矣一日據廁見希範在前訴冤杞曰爾狂僭叛命法當誅尚敢訴耶未幾卒有奏議

十二卷

狄青字漢臣汾州西河人善騎射初隸騎御馬直擢延州指揮使討趙元昊為先鋒有功累遷樞密副使皇祐中廣源蠻儂智高反陷邕管圍廣州嶺外擾動仁宗以青為宣徽南院使經制廣南盜賊事置酒垂拱殿以遣既至而鈐轄陳曙違青節制與智高戰于金城敗績奔還青驅出轅門斬之三軍股栗以元夕出師大破智高於崑崙關追奔五十里斬首數千級偽官屬死者五十七人生擒五百餘人斂屍築京觀於廣南東路百姓得以荷鋤而耕安枕而卧者青之功不細也時傳智高走交趾青曰寧失智高不敢欺朝廷識者題之初交趾願出兵助討衆謂可信青上奏曰假兵于外以靖内寇非我利也以一智高而橫蹂二廣力不能討乃假兵蠻夷蠻夷貪得忘義因而啓亂何以禦之請罷交趾助兵上從之及賊平人服其有勇畧帝嘉其功詔還拜樞密使賜第敦教坊進諸子官秩在樞密五年卒贈中書令謚武襄

王罕字師言成都華陽人為廣東轉運使行部在潮州儂智高圍廣州知州仲簡募人置書問出要罕報曰罕家在圍中非不欲歸顧獨歸無益不若求可助城中者行至惠州四境悪少乘亂時患無備衆邀罕出城鎮撫罕不得已乃召耆長令發壯丁又召尉亦發民增弓手耆長所發久無至者適有婦人訴僕夫奪其釵珥者罕令斬首置道傍告百姓曰此壯丁不肯行者民聚觀有懼色於是耆長得壯丁六百尉得弓手二千皆集威聲遂振罕又選銳士三千徒卒有材伎者數十以舟百四十艘建旗幟作樂順流趣廣

州未至徒卒進曰聞之南門去水尚百步賊兵在傍如我趨門賊來薄我必亂矣於是使士登岸斬木枝為鹿角數千既至使徒卒先登士以鹿角從之布岸上屬于南門智高擁衆臨觀不敢犯罕徐勒兵作樂開南門以入城中守備益固智高觧去

孔延之字長源臨江新淦人幼孤自感厲晝耕讀書隴上夜燃松明繼之學藝大成鄉舉進士第一遂中甲科授欽州軍事推官杜杞之使南方誅歐希範葉畫多出延之書奏謀議皆其屬草後知封州即用為廣南路相度寬恤民力所更置五十五事蠲役二千人使者欲城封州延之爭以謂無益乃不果城遷廣南西路轉運判官辭毋老不許初儂智高平推恩南方補虛名之官者八百人多中户以上皆蠲役役歸下窮延之使復其故欽廉二州蛋户以採珠為富人所役屬奪使自為業者六百家皆定著令交趾使來桂州除齎貨為市須負重三千人延之止不與且欲杜其後也雷州並海守方倪為不善官屬共告之倪要奪其書延之馳至取倪屬吏繫逮者七百餘人倪坐法當斬竟以瘐死人讙呼感泣聲動海上改荊湖北路提點刑獄終知潤州熙寧七年二月卒年六十有一自欽州九遷至尚書司封郎中賜服緋魚有三子曰文仲武仲平仲同讀書于郡齋俱好學成名後人榜其齋曰桂堂

程師孟字公闢蘇州吳縣人中進士甲科歷知縣轉運所至有聲知福州治行尤著移知廣州大脩學校日引諸生講觧負笈而來者甚衆諸番子弟皆願入學以右諫議大夫再任在廣六年威愛並行初州城儂寇所毀郎有警民駭竄方伯踵至皆言土疏惡不可築師孟作西城廣十二里及交趾陷邕管聞廣守備固不敢東上遣中使撫問召判三班院又念前功以為給事中集賢脩撰所至人皆為立生祠

連南夫湖北德安人高宗時累官廣東轉運使新與饑發粟賑濟全活以萬計後知廣州兵馬鈐轄韓京受命領兵三千屯營廣州恃恩不法南夫委曲劃制京遂革心為善會潰軍掠南雄招撫得宜餘黨屯聚京擊破大盜七十餘屯民賴以安盜平授建州觀察

仙知循州時兵燹之後邑里蕭條初至循招集流亡百廢具興守循十年大有功於民嘗督兵討賊于梅守臣衛之因其建光孝寺杜麗廬有異志密聞于朝遂調去後循人繪像祠於州學南夫磐尊孚化之力也及金人歸河南地南夫賀表云虞舜之十二州昔皆吾有商於之六百里當念爾欺奉檜惡其語罷之

潘畤字德鄜婺州金華人以叔良貴任初為登仕郎累任南路提點刑獄除直秘閣知廣州兼主管廣南東路經畧安撫使司公事將行猶奏郴州用度不足多橫賦以供軍馴致巨寇前後非一請下漕司通融補助以息後患廣東地接郴桂汀贛之境四州之民歲一踰嶺貿易折閱即相聚為盜大群至數千人畤入境適捕得渠卒八人即斬以徇曰三日而去者吏不得格期外不去復捕如初於是皆散有梁氏兄弟者招納亡命前後殺人無數而掠其貲以致富交通州縣吏不敢詰民患苦之號為四彪畤禽捕誅其人潴其居宅盜望風破膽大奚山半入海中寇攘所聚雖良民亦以魚鹽為命急之則散入賊中不可禁于從來久矣是新置都鹽使者貌歉禁之撥水軍逐捕時曰水軍專受帥府節度非他司可得而調也且爭小利起大盜將誰使任其責耶卒拒去不為發良民既得少安乃陰募其商豪使以捕賊自効由是盜發輒得有功者為奏補官關死即官其子而重責其坐視不赴救者官屬不幸死者厚賻歸存沒老稚無一人流落如是者三十餘家士族女失身非類贖而歸之終朝議大夫直顯謨閣卒

劉黻字聲伯一字質翁樂清人讀書雁蕩山中淳祐間試入太學嘗論丁大全奸詭誤國謫南安軍安置別其母戚氏母曰為臣死忠以直被貶分也未幾移梅州及大全敗召還又論陳垓蔡榮邪佞又疏諫遊幸四年改右正言乞明正學息異端不以逸樂忘事機皆中時務九年改朝奉郎試吏部尚書尋以憂去德祐初為端明殿學士擁二王由溫州入海薨廣南西騎宣慰使與陸秀夫文天祥張闕匡戴至羅浮以疾卒所著蒙川集十卷行于世

廖永忠廬州巢縣人少倜儻有大志元末兵亂率戰

艘千餘艘屯巢湖為水寨以觀時變乙未五月與兄永安聞　高皇帝起淮甸即杖策從之命永安為水將副以永忠後永安陷于張士誠俾永忠總其兵累以功遷至平章洪武元年平閩二月拜征南將軍參政朱亮祖副之率舟師由海道取廣東勅諭語在事紀永忠自福州移書嶺表開示禍福性復書檄諭左丞何真真知天命有歸即遣前都督事劉克佐檢校梁復初以廣惠梅循四州之地奉書內款夏四月師至廣真封庫籍戶口以歸廣州平遂分兵剿三山賊邵宗愚分省右丞鐵理迷失元帥吳都鑾等磔于市黨與悉平不閱月間南粵耆定大兵所至秋毫無犯民不知擾市不易肆蓋由永忠號令嚴明兵不敢暴故也諸郡縣來歸及招諭海南皆定五月班師遂送真歸　朝復平廣西三年八月與朱亮祖凱還上命　皇太子率百官迎勞于龍灣甚加慰諭三年七月論永忠功封德慶侯永忠貌不踰人而性識豁達撫綏初附甚得其宜廣人德之於郡庠東廡建生祠以酬德後永忠被譴有司遂毀祠不存亮祖六安人十一年鎮廣東拓北城八百餘丈在鎮所為多不法遂罷職語在道同傳中

陸仲亨濠州人歲壬辰年十七以義勇從起兵開國積功官至贛州衛指揮使守禦凡嶺南北新附郡縣悉聽節制湖之梅州僻在嶺表調兵攻克之洪武元年二月勅仲亨及副使胡通帥本衛及南雄韶州等衛軍馬會征南將軍廖永忠等征廣東諭仲亨曰近命平章楊璟等由湖南取廣西平章廖永忠等由福建取廣東今特命爾帥師由韶州直搗德慶三方進師為犄角之勢舉無不克廣東既下合兵以取廣西先聲既震勢如破竹但當撫輯生民毋縱侵掠四月仲亨率師畧定英德清遠連州肇慶等郡縣進攻德慶元守將張鵬程驅衆棄城遁兵遂大捷長驅至于廣州後累遷同知都督府事三年十一月封吉安侯二十六年卒

花茂巢縣人元季起兵從陳世光歲丙申三月歸附從鄧愈援安豐敗張士誠兵又於鄱陽湖討滅陳友諒甲辰平武昌授成武衛百戶累以功多洪武八年

月陞神策衛指揮僉事十三年調廣州左衛勳平陽春等縣叛賊十四年收捕清遠英德翁源博羅諸縣山寨十五年討海南叛蠻出海捕倭十九年東莞龍川與寧南海香山新源民作亂統兵討平之二十年正月陞廣東都司指揮同知冤竈白等賊二十一年破歸善等縣賊寨二十二年四月陞本司都指揮僉事五月陞都指揮同知賜　誥子孫世襲廣州左衛指揮使是年擊南海香山黃連等寨二十四年七月收勦連州廣西湖廣等處猺賊三萬人餘盡[illegible][illegible]

十六年正月致仕　上命其子為東勝右衛指揮僉事茂仍従事四月統軍蕩滅東莞笋岡等處二十七年茂上言請従廣東沿海地方東莞香山等縣逋逃蛋戶為兵又奏添設沿海依山廣海碙石神電等衛所二十四處築城濬池收集海島隱料無籍等軍仍於要害山口議建兵堡撥軍屯守詔皆從之二十八年閏九月征捕海南等處山峒黎賊明年二月入覲上慰奬之且曰爾回令次子英來朝　朕將用之六月茂回會番禺後山等寨賊叛命英同肇慶衛指揮

夏忠領軍捕之賊平即遣英赴京茂陞本司都指揮使三十年正月　上命英為廣東都指揮僉事與張春共殄賊首黃黑面等地方敉寧四月二十日茂卒命工部建祠宇禮部致祭又命欽天監劉隆擇地賜塋牛首山安德門外廣人祠之千粵秀山英武毅有父風自以軍功陞本司都指揮使永樂中累建大勳後致仕

趙庸廬州人國初從渡江累官同知大都督府事封南雄侯洪武十四年廣東盜起　上命庸率師討平潮州海陽劇寇擒賊千餘又討平東莞陽山歸善等縣寇賊尋俘其酋鏟平王招獲賊黨一萬七千八百餘人賊屬一萬六千人斬首八千八百級招降平民一萬三千二百六十七戶捷聞　詔庸班師至京入見　上慰奬殊至賜彩幣上尊良馬命理西北軍務十九年東莞賊曹真作亂復命庸總兵討平之二十六年坐事卒

華高和州人初與俞通海廖永忠等聚舟師保巢湖從渡江累官湖廣行省平章政事封廣德侯洪武三

年擇熟練水戰總兵徃循撫廣東高自請行遂命之
以往四年巡海南城池還至瓊州卒訃聞　上憫其
無子以鐵券納之墓中親為文以祭之追封巢國公
謚武莊
危止字公定江右人讀書好義元末　高皇帝遣平
章常遇春以王師至止獻策得隸麾下遇春克贛不
殺　上聞喜甚遣使褒諭以為曹彬下江南無以過
也遂進師南安遣止踰嶺南招諭韶州諸郡下之令
止仍守韶州止旁来安集士民莫不感悦及代父老
遮留不獲刻碑立亭南門外留靴以慰去思
陶魯字自強其先鬱林人父成為浙江副使巳巳之
變群盜蜂起成死于戰景皇帝嘉成忠官魯為新會
縣丞年方弱冠廣右猺賊流刼雷廉高肇破城殺官
吏戮掠男婦四郡無完廬香山順德之頑復襲貴賊
蕭養之遺風刼殺人無寧日魯泣語于民之父兄曰
賊毒痛四境氣吞吾城今為若父兄謀非戰不可保
城邑非致死命不可戰若父母能率若子弟而從之
子若父兄子弟能致死命以兵守城保若家族乎
聽予誓父兄曰諾乃築寨堡誓民以守以蔽扞賊衝
徑復築輔城又於城外濬為濠樹外布鐵蒺藜植刺
竹以堅城守賊至則人守土分以死力戰别寨分兵
相緩急赴援一邑之民延遂如臂指腹心之相聯絡
兵稱能戰而賊不敢犯父老迄今言曰邑民保妻長
子孫皆丞之功云魯由丞至布政使平後山賊置從
化縣平恩平陽江賊置恩平縣平新寧白水賊置新
寧縣平潯梧荔浦府江田州諸賊凡斬首悪二萬一
千四百有奇撥回被虜民暨撫散向化之民凡十又
三萬七千有奇為兩廣保障寄民生安危凡四十又
五年建議置帥府梧州控兩廣遏潯梧府江之賊衝
君子曰梧有帥府兩廣乃如兩臂護其胸腹潯梧府
江之頑自是不東雷廉高肇民有寧宇是役也蓋百
世之功云魯行兵兵不必知或先半年調兵食或先
數月運軍械多疑兵多屯寨戍守兵調多寡無常數
賊益不能測運糧敷兵惟曰戍守賊懼為之備或遁
兵則不進賊懈弛備或遁又不得耕以食或歸郎數
路兵進賊奔不及亦不能戰而殪魯行兵兵檄稗將

不先知惟檄面署曰某封某日某時發及發乃知進兵即數路如期至賊亦不及備而待殪故魯征賊賊無能遁亦無誤戮一良常安客樽俎未徹僦賊已報捷坐客駭愕夸且賀曰陶公神筭云魯用兵惟撫按臣與聞謀議有司不知調兵食民不知兵役功成奏捷且有忌讒四十年間惟都御史韓雍鄧廷瓚上魯績于　朝且不沮魯亦因成功廣民幸賴保鄣魯沒三十年兩廣賊復熾云魯嘗曰表忠烈以勸為臣也乃修匡之三忠祠復脩新會之忠勇祠又曰禮賢儒所以勵世風也時造陳白沙先生之廬咨政理焉又創陽江縣城即脩陽江縣學脩恩平縣城即脩恩平縣學徙電白縣治即脩電白縣學曰吾以廣化也其知政之本也哉

歐磐字安石鳳陽人起家廣州右衛指揮僉事剿賊有功成化初累遷至都指揮使奉　命討番禺後山盜未嘗遺一矢而盜尋殄息人以為福將終都督僉事充湖廣總兵官子儒崇尚文雅累官都指揮孫工英薦謹有名以軍功累遷都督同知卒

武鑾字廷鳴河南汝寧人早孤孝事其母性方直膂力過人善騎射熟孫吳兵法常以古名將自期待初襲廣州右衛鎮撫征乳源古田等處奮勇為士卒先嘗手刃渠魁以功累陞世襲指揮僉事從征會寧連陽封川陵厓等賊擒首惡如丘區長文與隆蘇樂陳珠那燕李崇烈等俘斬之功先後數千計又親詣交南說莫登庸等歸降納款厥功益懋總制兩廣都御史若會稽陶公晉江蔡公廬陵歐陽公洎巡按御史交章特薦有謂其賞罰明信號令嚴肅者有謂其屢[illegible]險而屡涉鯨波冒嵐瘴而躬清豺嘯者有謂其隨機策臨敵設奇除積年大憝靖一方巨蠹者吾粤倚重餘二十年陞總督備倭廣東都司僉書瓊厓条將實授都指揮同知為追亡深入冒險衝炎卒于王事年僅五十有八當事者咸溯懋惜之瓊民為立祠迄今祖豆子尚文以庠彥掇戎科歷官守備次尚仁業儒篤學行誼克敦鄉閭稱之孫應隆夙遊庠校三捷戎魁以薦陞守備柘林才猷茂著何尚書古林龐都憲惺菴咸稱其賢惜用之未盡其才云

鑑字本盧合肥人襲指揮僉事博涉經史將饑書有智畧從征新寧積寇遷指揮同知嘉靖初守備惠潮居碣石衛勦和平賊酋李文積擇悍族十餘輩充鄉約正副搆亭規勸漓俗丕變遇饑饉榜諭富室互相資濟嶺東得以全活有司媿焉庚寅遷廣東都指揮僉事時與名公鉅儒詩筒倡和嘗登玄覽臺看酒酣浩歌發游絲落長松等句為名流所賞尋充左叅將分守肇高廉雷四郡建議立成岡松栢二巡司提督林富從之未幾西山猺賊黎廣趙林花攻刼府庫事聞富與總兵仇鸞皆戴罪鑑馳師赴之駐于陽春遣聽招賊酋徐二陽降因誘而破之巢穴蕩平尋征連州諸砦論劾罷歸已亥陵崖黎岐作亂提督蔡經起鑑往守辛丑大行征討鑑斬獲三千六百級冠諸哨捷聞獲賞癸巳陞副總兵鎮守廣西瑶人甚愛之謂其奉命守崖兵威莫測黎岐咸服百姓賴以安堵莫不喜其來而悲其去也後喪毋歸葬卒年五十三

外史氏桀曰有一代龍飛之運則有一代雲從之臣以戡亂安民義之大也仁之平也粤地僻遠每遇統壹師乃及焉秉時策勳無多碩見故漢之下尉佗也陸賈為之陳說路博德為之戡定而馬援征交阯夏方陳茂靖日南度尚討桂陽蠻咸桓桓然虎臣哉吳鎮交州則步隲士燮呂岱揚其烈晉定廣州則陸胤滕修王毅孫處標其勳宋宗慤之伐林邑鄧文進之保嶺南皆有駿功餘錚錚瑣瑣無足揚詡也宋潘美之平嶺海乃至明等克底厥功狄青之討儂智高乃上罕等並建崇績禦寇定亂洵在得人哉我

高皇帝起淮甸登極初元命廖永忠征廣東民不知兵市不易肆即曹彬之下江南豈遜前美乎而趙庸花茂陸仲亨勵勦奔走各殫其力至若陶魯之殲徭山恩新諸賊歐磐程鑒並効馳驅詩曰江漢湯湯武夫洸洸經營四方諸君子有焉故采其尤魁傑者著于篇

粤大記卷之八

粤大記卷之九

嶺南郭棐篤周甫編

宦蹟類

綏撫鴻勳

晉陶侃

唐宋璟　裴伷先　韋朝隱　李尚隱

李勉　徐申　李復　趙昌

馬揔　孔戣　李伸　盧鈞

柳仲郢　常正貫　劉崇龜

宋向敏中　陳堯佐　陳堯叟　魏瓘

余靖　龔茂良　楊大異　劉應龍

明周楨　汪廣洋　朱鑑　揭稽

彭遠　王翺　戴昇　楊信民

徐瑄　葉盛　林錦　韓雍

袁道　鄧廷瓚　秦紘　朱英

彭韶　劉大夏　林同　吳廷舉

熊繡　姚鏌　梁材　陶諧

盛應期　毛伯温　張岳　邵鋭

歐陽鐸　江潮　王世芳　周延　戴璟

郭[illegible]　吳桂芳　丁以忠　黄光昇　史朝宜

吳善　劉采　熊桴　劉穩　周煦

陶侃字士行鄱陽人徙家潯陽舉孝廉至京師司空張華與語異之除郎中歷官至荊州刺史討湘賊杜弢降其將王貢斬首千餘級弢遂敗走王敦方督諸軍深忌侃功左轉廣州刺史平越中郎將時王機據廣州侃遣兵斬之又周恤流移撫安猺獠百粤乂寧兵革一旦賴之安堵以功封柴桑侯食邑四千户侃在州無事輒朝運百甓於齋外暮運於齋内人問其故荅曰吾方致力中原過爾優逸恐不堪事其勵志勤力皆此類也交州刺史王諒為賊梁碩所陷侃遣將高寶進擊平之進號征南大將軍開府儀同三司王敦反侃復遣將高寶致討及敦平遷都督荊雍等八州諸軍事荊州刺史交廣并領焉楚郢士女莫不相慶侃性聰敏勤於吏職恭而近禮愛好人倫終日歛膝危坐閫外多事千緒萬端罔有遺漏遠近書疏莫不手荅筆翰如流未嘗壅滯引接疎遠門無停客常

語人曰大禹聖者乃惜寸陰至於衆人當惜分陰豈可逸遊荒醉生無益於時死無聞於後是自棄也諸參佐或以談戲廢事者乃命取其酒器蒲博之具悉投之於江吏將則加鞭朴曰樗蒲者牧豬奴戲耳老莊浮華非先王之法言不可行也君子當正其衣冠攝其威儀何放誕養望自謂宏達邪有奉饋者皆問其所由若力作所致雖微必喜慰賜參倍若非理得之則切厲訶辱還其所饋後都督江州敗石勒復平襄陽拜大將軍太尉卒年七十六謚曰桓

宋璟邢州南和人舉進士耿介有大節好學工文辭累遷鳳閣舍人武后高其才遷左臺御史中丞飛書告張昌宗謀反連易之等璟請下吏明國法有詔原之璟顧左右歎曰吾悔不先碎豎子首而令亂國經神龍初常月將告武三思亂宮掖上大怒璟力爭月將不當誅帝不得已流月將于嶺南睿宗立以吏部尚書同中書門下三品兼太子右庶子奏出太平公主及諸王於外貶刺楚州開元初為御史大夫坐小累出為睦州刺史徙廣州都督廣人以竹茅茨屋多火璟敎之陶瓦築堵列邸肆越俗始知棟梁而免延燒患恩州首帥作亂遣五府總管臨之以甲卒開諭以恩信革心降服夷落大寧召拜刑部尚書尋遷吏部兼侍中封廣平郡公廣人為璟立遺愛頌璟上言頌所以傳德載功也臣之治蹟不足紀廣人以臣當國故為溢辭徒成諂諛者欲釐正之請自臣始有詔許停止樹張說所著碑終尚書右丞相致仕璟風度凝遠人莫涯其量始自廣州入朝帝遣內侍楊思勗驛迓之未嘗交一言思勗自以將軍貴幸訴之帝帝益嗟重開元二十五年卒贈太尉謚文貞自唐有天下廣之名臣璟為稱首然一代名相亦未有過之者時咸稱宋廣平云

裴伷先絳州聞喜人宰相炎從子未冠蔭為太僕丞炎請武后歸政被斥為人誣告僇死伷先坐流嶺南上變求面陳得失后召見盛氣待之曰炎謀反法當誅尚何道伷先對曰陛下唐家婦身荷先帝顧命宜還太子東宮罷諸武權不然豪傑且起不可不懼后怒命曳出杖之朝堂長流瀼州后將殺流人伷先前

知走突厥被執繫獄得不死中宗復位求炎後擢光詹事丞遷泰桂二州都督所至夷狄讋服開元中遷廣州都督廣故多貨伷先政務清簡廣人愛之謂自宋璟後蕭能繼武者伷先而已後坐累且誅賴宰相張說右之免官久乃起權至京兆尹進工部尚書封翼城縣公卒年八十六

李朝隱字光國京兆三原人少以明法舉累授大理丞神龍中功臣敬暉桓彥範為武三思所構諷侍御史鄭愔奏請誅之勅大理詰其罪朝隱以所犯不經推窮未可即正刑名時裴炎為大理卿異筆判斬仍籍沒其家朝隱由是忤旨中宗令貶嶺南惡處侍中韋巨源中書令李嶠奏曰朝隱素稱清正斷獄亦甚當理一朝遠徙嶺表恐天下疑其非罪中宗意解出為聞喜令尋遷侍御史開元二十一年兼判廣州事仍攝御史大夫充嶺南採訪處置使軫恤民隱屢有建議公直蕪絜輿論稱之明年卒於嶺外年七十贈吏部尚書官給靈轝兼家口馳遞還鄉謚曰貞

李尚隱其先出趙郡徙貫萬年年二十舉明經神龍中擢左臺監察御史雪冤伸枉為姦臣所疾出為令玄宗知其賢自桂州都督遷廣州都督五府經畧使及還人或裒金以贈尚隱曰吾自性分不可易非畏人知也召為御史大夫時司農卿陳思問引小人為屬吏乾沒錢穀尚隱按其罪贓累鉅萬思問流死嶺南改尚隱太子詹事進戶部尚書封高邑伯開元二十八年為太子賓客卒年七十五謚曰貞尚隱三入御史府輒繩惡吏各當其罪公議歸重惟劾詆宰臣及坐小法左遷復見用以循吏終始云

李勉字玄卿長安人鄭惠王元懿曾孫勉少喜學內沈雅外清整始調開封尉能擿姦決隱從肅宗於靈武擢監察御史糾劾武臣皆關喧譁帝歎曰吾有勉朝廷始尊入為京兆尹兼御史大夫以不諂魚朝恩出為江西觀察使時楊慎微節度嶺南會勉兵討平宦官呂太一以疑殺馮季康等仍追詰市舶珠犀豪族遂叛朝廷即拜勉嶺南節度使番禺賊馮崇道桂州將朱濟時等負險為亂殘十餘州勉遣將李觀率容州刺史王翃討斬之五嶺遂平西南夷舶歲至纔

四至讖規苛謹勉既廉絜又不暴征明年至者四千餘杙居官久未嘗收飭器用車服後召歸至石門盡搜家人所齎犀珍投江中時人謂可繼宋璟盧奐李朝隱部人叩闕請立碑頌德代宗許之進工部尚書封汧國公改鎮滑亳德宗立就加同平章事貞元初帝起盧杞為刺史表高封還詔書不得下時勉赴召既見帝問曰衆言杞為姦邪朕殊不覺其然勉對曰天下皆知而陛下獨不知此所以為姦邪也居相一歲辭位以太子太師致仕卒年七十二贈太傅謚曰貞簡

徐申字維降京兆人擢進士第補祕書省正字初辟江西巡官尋掌嶺南節度書記累遷洪州長史嗣曹王皋討李希烈檄申以長史行刺史事任職辦皋表其能遷韶州刺史韶自兵興四十年刺史以縣為治署而令丞雜處民閒申按公田之廢者三百頃募人假牛犂墾發以所收半畀之田久不治故肥每歲入凡三萬斛諸工計所庸受粟有差乃徙治故州未幾邑閭如初創驛[illegible]五百人詣觀察使以其有功於人請作碑立生祠申固讓觀察使以狀聞遷合州刺史始來韶戶止七千比六年倍而半之會初置景州授刺史賜錢五十萬加節度副使遷管經畧使黃洞蠻納質供賦不敢後踰年進嶺南節度使前使死吏盜印署府職百餘員畏事泄謀作亂申覺殺之詿誤一不問遠俗以攻劫相矜申禁切無復犯外蕃歲以珠瑇瑁香文犀浮海至申於常貢外未嘗賸索商賈饒盈劉闢反表請發卒五千循馬援故道繇爨蠻抵蜀擣闢不備詔可加檢校禮部尚書封東海郡公詔未至卒年七十贈太子少保謚曰平

李復字初陽隴西人宗室太子太傅燕宗正卿齊物之子以父蔭累官至江陵府司錄精曉吏道衞伯玉厚遇之府中之事多以咨委性苛刻為伯玉所信奏為江陵縣令遷少尹歷饒州蘇州刺史皆著政聲李希烈背叛剽南節度張伯儀數出兵為希烈所敗朝廷憂之以復久在江陵得軍民心復方在毋喪起為江陵少尹兼御史中丞充節度行軍司馬伯儀既受

代以復為州刺史兼御史中丞充本管招討使加檢校常侍先時西京叛亂前後經畧使征討反者獲其人皆没為官奴婢配作坊重役復乃令訪其親屬悉歸還之在容州三載南人安悅遷廣州刺史兼御史大夫嶺南節度觀察使會安南經畧使高正平張應相次卒官其下叅佐偏裨李元度胡懷義等阻兵黷亂州縣姦贓狼籍復誘懷義杖殺之奏元度流於驩裔又勸導百姓令變茅居為瓦舍瓊州久陷於蠻獠乾元初復累遣使喻之仍遣兵剿其元悪因奏置瓊州都督府以撫綏其民疏言瓊州本隷廣府管内乾封年山洞草賊反叛遂茲淪陷至今一百餘年臣令判官姜孟京崖山刺史張少逸併力討除今已收復舊城且令降人權立城廨竊以瓊州控壓賊嵩請昇為下都督府加瓊崖振儋萬等五州招討遊奕使其崖州都督請停從之遂教民陶瓦為屋以免颶風之患復曉於政道所在稱理徵拜宗正卿累加檢校尚書左僕射卒年五十九贈司空

趙昌字洪祚天水人始為昭義李承詔節度府屬累遷虔州刺史安南酋獠杜英翰叛都護高正平以憂死拜昌安南都護夷落嚮化毋敢桀傲十年足疾請還朝以兵部郎中裴泰代之入為輪林祭酒未幾州將逐泰德宗召昌問狀時年踰七十占對精明帝奇之復拜安南都護詔書至人相賀叛兵即定憲宗初立徐申病卒詔加昌檢校户部尚書遷嶺南節度使降輯陳荒瓊管儋振萬安等六州洞俚来歸為圖以獻徙来蘇海撫安備至夷寇無復侵掠瓊人名德之以勞徙節荊南召入再遷工部尚書兼大理卿出為華州刺史對麟德殿趙拜強健帝訪其所以順養還太子少保卒年八十五贈揚州大都督謚曰成

馬總字元會系出扶風少孤窶不妄交游貞元中辟署滑州姚南仲幕府監軍薛盈珍誣南仲不法總坐貶泉州別駕盈珍入用事福建觀察使柳冕希旨欲誅之會刺史穆贊保護乃免徙恩王傳元和中以虔州刺史遷安南都護廉清不撓用儒術教其俗政事和平夷獠安之建二銅柱於漢故處劖著唐德以明伏波之裔嘗駐合浦甚有威惠進御史大夫徙管[illegible]

容觀察使居無幾何遷嶺南節度使至南海郎脩教令明賞罰曆洗姦慝百粵率服舉給事中㨗貿以自代入為刑部侍郎穆宗朝進户部尚書揔篤學雖吏事倥傯書不去前論著頗多卒贈右僕射謚曰懿

孔戣字君嚴魯國人孔子三十八世孫擢進士第為侍御史累遷尚書左丞忤中官出為華州刺史明州歲貢淡菜蚶蛤之屬戣以為自海抵京師道路役凡四十三萬人奏罷之歷大理卿國子祭酒會嶺南節度使崔詠死帝謂裴度曰嘗論罷蚶菜者誰歟今安在是可往為朕求之度以戣對即拜嶺南節度使既至免屬州逋負十八萬緡米八萬斛黄金税歲八百兩先是屬刺史俸率三萬又不時給皆取部中自衣食戣乃倍其俸約不得為貪暴稍以法繩之南方鬻口為貨掠人為奴婢戣峻為之禁親吏得嬰兒於道收育之戣論以死由是閭里相約不敢犯士之斥南不能北歸與有罪之後百餘族才可用用之貧無告者女子為嫁遣之蕃舶泊步有下碇税始至有閲貨宴所餉犀琲下及僕隸戣禁絶無所求索舊制海商死者官籍其貨滿三月無妻子詣府則没入戣以海道歲一往復苟有驗者不為限悉推與自貞元中黄洞諸蠻叛久不平容桂二管利虜掠幸有功乃請合兵討之戣固言不可帝不聽大發江湖兵會二管入討士被瘴毒死者不勝計安南乘之殺都護李象古而桂管裴行立容管陽旻皆無功憂死獨戣不邀一旦功交廣晏然大治穆宗立以吏部侍郎召改右散騎常侍還為左丞因老自乞歸以禮部尚書致仕歲致羊酒如漢徵士禮卒年七十三贈兵部尚書謚曰貞

李紳字公垂潤州無錫人六歲而孤哀等成人母盧氏躬受之學為人短少精悍有詩名時號短李元和初擢進士第穆宗時為翰林學士與李德裕元稹同時號三俊歷户部侍郎為宰相李逢吉所嫉結中人王守澄害之會敬宗立守澄從容奏言先帝始議立太子紳勸立深王獨逢吉請立陛下逢吉乘間言紳嘗不利於陛下請逐之帝初即位不能辨乃貶紳為端州司馬帝後於禁中得裴度與紳三䟽請立帝為

嗣始大感悟悉禁逢吉黨所上謗書始紳南逐歷封康間端瀨險澁惟乘漲流乃濟康州有媼龍祠舊傳能致雲雨紳以書禱俄而大漲至端以詩自娛每紀所歷皆為長句名追昔遊自撿益嚴端人見之皆有立操舊謫嶺海者子身以往紳獨令家屬自衡陽歷湘灘抵端竟恬如也會寶曆赦令得徙江州長史端人攀留不可得留其衣帶祠之累遷淮南節度使武宗召拜中書侍郎同中書門下平章事封趙郡公居位四年辭位復出節度淮南卒贈太尉謚文肅

盧鈞字子和范陽人元和四年進士擢第歷遷給事中開成元年為化州刺史其年冬代李從易為嶺南節度使南海有蕃舶之利珍貨輻輳舊帥作法興利以致富凡為南海者靡不捆載而還鈞性仁恕為政廉潔奏請監軍領市舶使巳一不干預蕃獠與華人錯居相婚嫁多占田營第舍吏或撓之則相誣為亂鈞下令蕃華異處不得通婚非土人不得立田業由是閭部肅然無敢犯貞元後流放衣冠其子姓窮弱遇赦不能自還者鈞慼俸錢為營棺櫬還葬有疾苦者則給醫藥殯殮孤兒幼女為之婚聘凡數百家人服其德雖山越之俗亦皆不懲而化又除采金稅三年將代華蠻數千人詣闕為鈞請立生祠刻石頌德鈞固辭以戶部侍郎召判度支遷戶部尚書河東節度使詔稱其長才博達敏識宏深由嶺表而至太原五換節鉞仁聲載路公論彌高云太和十一年龍月以鈞檢校司徒同中書門下平章事與元尹充山南兩道節度使入為太子太師卒

栁仲郢字諭蒙京兆華原人父公綽累官至兵部尚書有忠孝大節母韓善訓子故仲郢幼嗜學嘗和熊膽丸使夜咀嚥以助勤長工文著尚書二十四箴為韓愈咨賞元和末及進士第為校書郎牛僧孺辟置幕府有父風矩僧孺歎曰非積習名教安及此邪入為監察御史累遷戶部尚書封河東縣男為山南西道節度使南鄭令權奕以罪仲郢杖之六日死貶雷州刺史至郡盡心民事以所鈔經書訓士頃之以太子賓客分司東都咸通五年為天平節度使初仲郢為諫議大夫後每遷必烏集其第廷樹戟架皆滿五

日乃散及是不復集卒於鎮子沆以明經補祕書正字由書判拔萃累轉左補闕高湜再鎮昭義皆奏為副擢刑部員外郎湜貶高要尉沆三疏申理湜後得稟嗟嘆以為其言雖自辨不加也出為嶺南節度副使解中橘熟既食乃納直於官黃巢陷交廣逃還除起居郎巢入京師奔行在再遷中書舍人御史中丞文德元年以吏部侍郎修國史拜御史大夫直清有父風昭宗欹倚以相中官諸沆煩碎非廊廟器乃止坐事貶瀘州刺史卒光化初帝自華還詔復官爵沆嘗述家訓以戒子孫可為世範云

常正貫字公理京兆萬年人中書令南康忠武王皐弟平之子少孤皐謂能大其門名曰臧孫推蔭為單父尉不得意棄官去改今名舉賢良方正異等除太子校書郎調華原尉歷官團練使宣宗立以治最拜京兆尹同州刺史擢嶺南節度使南海以番為財藪自宋璟以後未有不染其利者每番舶始至大帥必取象犀瑇瑁明珠上珍而售以下直沿襲為常番人獸若之[illegible]其清南方風俗右鬼正貫毀淫祠教民無妄祈會海水溢人爭咎撤祠事以為神不厭正貫登城沃酒以誓曰不當神意長人任其咎無逮下民俄而水去民乃信之居鎮三歲既病遺令無厚葬無用鼓吹無請謚卒年六十八贈工部尚書

劉崇龜字子長滑州胙人性聰警積學能文蔚有士才咸通六年進士擢第累遷起居舍人禮部兵部二員外賜金紫入為兵部郎中拜給事中大順中遷左散騎常侍集賢殿學士判院事改戶部侍郎檢校戶部尚書出為廣州刺史清海軍節度嶺南東道觀察處置等使有富商子泊舟江邊見岸上高門家一妙姬殊不避人少年挑之曰昏黃當到宅亦無難色是夕果啓扉待之少年未至有盜入欲行竊姬不知謂就之盜謂見執以刀刺之遺刀而逃少年後至践其血仆地捫之見死者急出解維而去明日其家隨血跡至江岸岸上人云夜有某客船徑發去矣官差人追獲栲掠備至具實吐之惟不招殺人視其刀乃屠家物崇龜下令曰某日演武大饗軍中合境庖丁集

毬場宰殺既集復曰已晚留刀於厨明日再至除以
殺人之刀換下一口来早各来請刀獨一屠最後不
認其刀因詰之對曰此非某刀乃某人之刀耳命擒
之則已竄矣於是崇龜以合死之囚代富商子僾夜
斃於市竄者知囚已斃不一二夕歸家遂擒伏法仍
杖少年以夜入人家罪其臨政精明類此崇龜仕累
華要及涖南海姻舊或干以財率不答但寫蕎枝圖
與之弟崇望相昭宗有名崇魯阿附姦臣崔昭緯謟
事宦官田令孜崇龜聞之恚不食曰吾兄弟未始以
聲利敗名今不幸乃生是兒昭緯誅後崇魯貶崖州
司户參軍

向敏中字常之開封人父瑀仕漢符離令性嚴惟敏
中一子躬自教督不假顏色嘗謂其母曰大吾門者
此兒也及冠継丁内外憂能刻厲自立有大志不屑
小就太平興國五年進士歷轉户部判官知制誥未
幾椎判大理寺時妖尼道安構獄事連開封判官張
去華敏中妻父也以故得請不預決讞既而法官皆
貶敏中以累落職出知廣州入辭面叙其事太宗為
之感動許以不三歲召還翌日遷職方員外郎出知
是州兼掌市舶前守多涉譏議敏中至荆南預市藥
物以往在任無所預以清廉聞就擢廣南東路轉運
使後進左僕射昭文舘大學士卒年七十二帝親臨
哭之慟廢朝三日贈太尉中書令謚文簡五子諸壻
並遷官敏中姿表瓌碩問學優長而動有儀矩性端
厚豈弟多智曉民政善處繁劇慎於采拔居大任三
十年時以重德目之為人主所優禮故雖衰疾終不
得謝及追命制入帝特批曰敏中淳謹温良宜益此
意其恩顧如此有文集十五卷

陳尭佐字希元其先河朔人高祖朝為蜀新井令因
家焉遂為閬州人父省華拜左諫議大夫特贈太子
少師尭佐進士及第歷遷開封府推官言事忤旨降
通判潮州脩孔子廟作韓吏部祠以風示潮人民張
氏子與其母濯于江鰐魚尾而食之母弗能救尭佐
坐而傷之命二吏拏小舟操網往捕鰐至暴非可網
得至是鰐受網作文示諸市而烹之人皆驚異嘗權
知惠州治以誠信凡事減省吏民化服嘗手植荔枝

州治人不忍傷比之甘棠云後拜同中書門下平章事集賢殿大學士以太子太師致仕卒贈司空兼侍中謚文惠尭佐少好學父授諸子經其兄尭叟未卒業尭佐竊聽已成誦初肄業錦屏山後從种放於終南山及貴讀書不輟善古隷八分為方丈字筆力端勁老猶不衰尤工詩性儉約見動物必戒左右勿殺器物壞隨輒補之曰無使不全見棄也號知餘子自誌其墓曰壽八十二不為夭官一品不為賤使相納禄不為辱三者粗可歸息於父母棲神之域矣陳摶嘗謂其父曰君三子皆當時將相惟中子貴且壽後如摶言有集三十卷又有潮陽編野廬編愚丘集遣興集傳于世

陳尭叟字唐夫端拱二年登甲科解褐光禄寺丞直史館與父省華同日賜緋遷秘書丞乂之充三司河南東道判官再遷工部員外郎廣南西路轉運使先是歲調雷化高藤容白諸州兵使運軍糧汎海給瓊州其兵不習水利率多沉溺咸苦之海北岸有遞角場正與瓊對伺風便一日可達與雷化高太平四州地水路接近尭叟因規度移四州民租米輸于場第令瓊州遣蠻兵具舟自取人以為便代還加刑部員外郎充度支判官未幾會撫水蠻酋蒙令國殺使臣擾動命尭叟為廣南東西兩路安撫使賜金紫遣之事平遷兵部拜主客郎中至道中知端州樞密直學士知三班兼銀臺通進封駁司制置群牧使後拜右僕射知河陽病亟奏還輦下詔許之至京師卒年五十七廢朝二日贈侍中謚曰文忠録其孫知言知章為將作監主簿長子師古賜進士出身後為都官員外郎希古至太子中舍

魏瓘字用之歙州人父羽奏補秘書省校書郎歷知循隨安州提點廣南西路刑獄州獠户緣逋負没婦女為傭者千餘悉奏還其家就除轉運使劉鋹時計口以税雖舟居亦不免至是而雷化欽廉高州猶未除瓘為除之遷太常少卿知廣州築州環城五里疏東江門鑿東西澳為水關以時啓閉尋拜右諫議大夫再任臨江軍判官吏沆性陰詖嘗為瓘所劾免會廣州封送貢餘椰子煎等餉京師趣邀晋之飛奏指

為珍貨詔遣內侍發驗沆坐不實瓘亦降知鄂州儂智高寇廣東西獨廣州城堅守不傃下於是論築城功遷工部侍郎集賢學士復知廣州兼廣東經略安撫使給禁卒五千聽以便宜行事屬狄青奏凱召還糾察在京刑獄

余靖字安道韶州曲江人皇祐初知虔州以父憂去官三年儂智高反破嶺南州縣起靖知桂州廣南西路安撫使經制廣東西賊時智高圍廣州靖帥師赴援智高走邕州歆倚峒穴為久居計靖先移檄交趾及諸峒使嚴捍禦朝廷命宣徽使狄青將兵至正月甲辰靖偕狄青之師復賓州智高退守崑崙關青以元宵夜出其不意大破之復敗智高於歸仁舖智高走交趾召諸將班師還靖為工部侍郎經理後事靖遣人入特磨道擒智高毋弟獻于京師斬之以徇拜靖集賢院學士靖前後經制五管皆有惠愛大理南詔之國皆可嚮指氣使云後復知廣州先是番舶裝發皆征稅靖奏罷之以來番商又戒任官吏不得市南藥及自罷歸不持南海一物而百姓懷德不能忘焉

龔茂良字實之興化軍人紹興八年進士第歷官監察御史時江浙大水詔陳闕失茂良疏言內則憸腐竊弄外則奸邪充斥除直秘閣知建寧府起廣東提刑知廣州即番山之址建學及置番禺南海學既成釋奠行鄉飲酒以落之城東舊有廣惠廟中原人死沒於南者葬之歲久廢茂良訪故地更建海會浮圖聚骨暴露者皆掩藏無遺召對崇政殿拜參知政事潮州守奏通判不法得旨下帥臣體訪通判茂良鄉人也同列容以省吏付棘寺推鞫欲及茂良奏事退同留身出獄案進上茂良不知也上厲聲曰參政決無此茂良遜謝不復辯宣諭獎用廉退茂良奏朱熹操行耿介屢召不起宜蒙錄用除祕書郎群小乘間讒毀淳熙四年因疾力求去上曰朕以經筵召史浩卿不須疑時曾覿欲以大資祿其孫茂良以文武官各隨本色蔭補格法繳進謝廓然賜出身除殿中侍御史廓然附曾覿者也中書舍人林光輔繳奏不書黃遂稱外茂良均求去上諭曰朕極知卿不敢忘欲

保全鄉去候議恢復鄉當再来是日除職與郡令內
殿奏事乃手疏恢復六事上曰卿五年不說恢復何
故今日及此退朝甚怒曰福建子不可信如此謝鄗
然因劾之乃落職既罷尋又論茂良擅權不公矯上
旨輒斷曹光祖等罪遂責降安置英州父子卒于貶
所觀與鄗然死後茂良家投匭訟冤遂復通奉大夫
周必大獨相進呈複職上曰茂良本無罪遂復資政
殿學士謚莊敏

楊大異字同伯唐天平節度使漢公之後十世祖律
避地醴陵因家焉祥事親孝親亡哀毀泣盡繼以血
廬墓終身有白芝白鳥白兎之瑞事聞于朝旌封至
存公賜名木植墓道以旌其孝大異從胡宏受春秋
大義登嘉定十三年進士第遷大理寺丞進直秘閣
提點廣東刑獄兼庾事時常平司逋負山積械繫追
索姦蠹百出大異與之約悉縱遣之負者如期畢輸
吏無所容其姦訪張九齡曲江故宅建相江書院以
祀九齡改提點西刑獄兼漕庾二司所至姦吏屏息
寇盜絕迹

方大琮字德潤福建莆田人淳祐二年帥廣比六年
以儒飭吏以政化俗鄉飲酒禮久廢大琮極意振起
所請賓佐必其年高有德足以表率一鄉者禮樂器
服悉還古制終日賓主拜七十有奇曰此 明廷養
老旌善之典奈何不敬又以丁祭儀文未稱自冕服
以至簠簋籩豆鐘磬琴瑟柷敔之類悉考古訂制又
建書堂之飛閣翼以四齋敞濱海軍門以雄 藩府
規模煥然一新又講求安民弭盜之法士民感而頌
之

謝子強福州人宣祐四年帥廣律己以廉牧民以惠
東吏以法時八桂關制府供億取辦於民變之俗如內
浚城池畫保伍為備禦計簡靜不擾海邦晏然市田
以增學費兼領舶事四年廉介無染廣人歌頌德政
余復亭為之記立像與吳隱之楊長孺祀之

胡頴字叔獻湘潭人性直惡邪每見淫祠即毀之人
謂之胡打鬼咸淳初經畧廣東有僧寺佛像中常出
巨蛇享人祭祀僧倚以為利頴至毀佛而殺妖蛇杖
僧以警愚俗其怪遂息其風遂變其剛正可法也

劉應龍字漢臣瑞州高安人嘉熙二年進士授零陵主簿饒州録事參軍遷司農少卿尋以右諫議大夫孫附鳳言遂去國景定三年湖南饑起提舉常平以救荒功遷寶章閣廣南東路轉運判官遷秘書監兼國史編修實録檢討南海寇作朝廷患之乃以顯謨閣待制知廣州廣東經畧安撫使寇聞應龍至遁去應龍勸遂之南海大治特旨屢召拜户部侍郎仍兼侍讀七上奏辭免德祐元年遷兵部尚書寶章閣直學士

周禎字文典江寧人文學政事馳聲元末　國初為浙江僉事召為刑部尚書洪武初改治書侍御史又廷廣東行中書省除參知政事開省之初州縣正員多缺廣州香山縣治徙在邅峰經兵燹而廢縣丞冲敬訪在城故址經營廨宇縣治既成百務悉辦流移四集狂寇倏至敬率民捍禦寇乃遁去縣民頼敬以安竟以勤死禎至郎參之雷州同知余騏孫開設府治增築沿海堤岸揭陽縣丞許德增闢公署核實田畝上其冊籍禎加旌賚知惠州府脫因蒙古人也招徠流民農皆復業知惠州府萬廸興廢舉墜一不受私謁乳源知縣張安仁改建縣治創立城池學校撫綏流徙清遠知縣李鐸勤政興學歸善知縣木寅朔立諸司廨宇長於撫恤皆上其績會下詔開科禎豫聘名儒以待考試洪武二年冬十一月刑部尚書世家寶坐黜　上復召禎為刑部尚書以周天祥代之時有顧文昱者蘇州嘉定人洪武二年以知州擢廣東行中書省右司郎中莅政以勤守已以廉甄别淑慝均派輸納修濬城隍訓練士馬撫恤困苦民甚懷之

汪廣洋字朝宗高郵人少從余闕學通詩書游寓太平乙未歲　上渡江首召諸儒廣洋入見與語大悅留幕下為元帥府令史歷官陝西參政丞相李善長卒召廣洋為左丞時右丞楊憲忌之嗾御史劉炳等劾廣洋事母無禮　上初未之知令還高郵憲恐其復用又教炳奏遷之海南　上覺憲奸乃復召廣洋還憲坐是誅冬十一月大封功臣廣洋封忠勤伯誥曰　朕觀往古俊傑士能識真主於草昧之初効勞於多難之際終成功業可謂賢知者也漢之張子房

葛亮獨能當之　朕提師渡江入姑孰中書右丞
汪廣洋同諸儒來謁就職從征剿察治劇饋獻忠謀
驅馳多難先見之哲可方古人今天下已定爾應爵
封特加爾開國翊運守正文臣資善大夫護軍忠勤
伯食祿二百六十石於乎爾尚益堅初志克茂忠貞
訓爾子孫以光永世廣洋益盡忠思報四年正月拜
廣洋為右丞相以參政胡惟庸為左丞相六年三月
左遷廣東行省參政明年召為左御史大夫十年復
拜右丞相加特進榮祿大夫右柱國知軍國事　上
遇之特厚嘗有疾在告賜勑勞問廣洋與胡惟庸同
相惟庸所為多不法久之御史中丞涂節言前誠意
伯劉基遇毒死廣洋宜知狀　上問廣洋廣洋對以
無是事　上頗聞基方病時惟庸挾醫往候因飲以
毒藥乃責廣洋不能為國効忠貶居海南舟次太平
復遣勑切責遂死于道廣洋善篆隸大書尤工歌詩
往廣南時多所吟咏今梓入五先生集中其流風雅
致可想見云

朱鑑字用明晉江人領永樂丁酉鄉薦授湖廣蒲圻
教諭秩滿以學行擢監察御史出按湖廣留三載始
得代洪熙元年再按廣東首禁郡邑追徵生事令皂
兵強買貨物使子姪接受贓私衛所城守無備或管
屯而橫科或出海而暴歛農桑衣食之本而糾合無
籍搶割田禾鳩集散仔騙奪財物或盜宰耕牛或開
場賭博學校風化之源而不守卧碑遊蕩街衢教唆
詞訟把持官府教官不厭立課程有司不常加勉勵
訪其違犯者懲治數人所至肅然有出巡錄廣人至
今傳誦之後累官至副都御史

揭稽字孟哲建昌人永樂甲辰進士歷官廣東左布
政使禮士愛民官勤吏畏　朝廷以廣寇初平而稽
久任其地熟知民情勑晉户部左侍郎巡撫廣東稽
至見民困弊即行均徭之法驗賦查丁第為三等而
均役之民以為便又分南海立順德縣民賴保鄣之功

彭遠字自邇南昌人以鄉貢歷淮安知府有善政因
詿誤被逮軍民赴京奏留者千餘人適中官李德過
淮知其賢聞于　上亟命留淮賜　勑旌異十一年
特陞廣東右布政使在任廉謹寬和廣民愛戴尚

浮屠乃嚴下令禁之責以月力盡葬民皆德之

王翱字九皐鹽山人永樂十三年進士授庶吉士歷都察院左副都御史景泰三年加太子太保南蠻寇兩廣副總兵董興武毅各觀望不肯戰巡撫侍郎揭稽李棠不相統盜益熾　上用翱往總督兩廣軍務既至相機撫勦諸蠻聞公來大懼公畧威推誠招撫蠻寇皆聽命民得免驛騷之患公嘗言蠻戎撫捕各有機宜其見蓋素定也後進太子太保吏部尚書致仕卒年八十四歲贈太保謚忠肅

戴弁字士果浮梁人以教官擢兵科給事中累官廣東參政時黃蕭養作亂弁往撫安未幾寇逼城闉遂歸為防禦計至靈羊峽口卒與賊遇弁艤舟登岸據胡床坐諭之曰我戴參政也因爾輩失所　朝廷故命我來撫安爾輩宜聽吾言革故自新卽吾良民何乃為喪家計如此賊酋環視曰果我公也遂麾衆羅拜曰公與楊公皆愛吾民者吾何敢恐公遂密護弁歸未久寇大肆圍廣州城中乏食亟與知府聶好議發廩賑之衆心始安復立賞格募敢死士間道摟兵入城守乃固會參將武毅駐兵金利都督董興自京師至遂往通謀刻期一戰乃斬蕭養於城南遂分兵擣其巢穴撫其餘黨未閱月悉平捷聞　朝廷勞以羊酒寶鏹金綺襲衣陞右布政使景泰三年丁內艱奪情視事進左布政使考績至　京師疾作乞歸卒其在廣大有保釐之功云

楊信民紹興新昌人永樂庚午貢士擢刑科給事中正統十一年陞廣東左參議旬宣所至愛恤窮困如保赤子正統己巳以劾貪事被逮赴京廣人不忍其去軍民客旅猺蠻寓龜户萬四千餘人赴上司保留者以何寧等復詣　闕奏保遂蒙復職　勅守白羊關寧等復奏賊黃蕭養作亂願得信民還廣則寇賊可弭　上可其奏召還入見勅賜大官飲膳陞右僉都御史巡撫廣東至廣州時賊衆數萬有民欵入城赴愬官司疑其為賊間縛之于獄信民命出之卽印押公據數萬散布四方約曰繼為盜殺人有此據者悉免其罪願入城者聽令既下信民恩信素孚民爭趍城至聚泣拜臺下信民亦泣而慰遣之發粟賑濟時

官民爭曰縱賊入城患生不測督將詭歸信民曰吾獨當之越月餘賊衆纔數百人耳一日簡養卒衆欲見于歸德城濠之南信民單車出城止于水次賊曰果真吾賜父母耶信民下車揮左右卻立乃岸烏紗示之於是賊衆羅拜信民諭之以　朝廷恩威賊衆欣諾遂令一人蕩槳饋生鯉一信民受之而還剖鯉分送諸司賊聞而驚曰此吾誅戮之兆也時閉城日久疫死者衆信民命瘞諸城北郊為文哭祭之民無不感泣者信民尋卒城中哭聲相聞者數日賊平民上請建祠祀之後十四年祠成始啓土時獲孤忠大節楷書石刻於地中人以為異云成化五年　朝廷下太常議乃謚曰恭惠

徐瑄字子敬嘉定人正統戊午解元第進士授監察御史景泰七年出按廣東廉公有威人莫能窺其際巡歷所至惟以糲粟易蔬肉而已渡海駐瓊屐人所憚撿治奸貪尚黎悅服後擢僉都御史巡撫延綏先是吳江盛杲亦以監察御史按廣時年踰弱冠而明習法律老吏見其文牘莫不縮頸時瀧水賊猖獗杲單騎諭之遂降又劾巡撫侍郎揭稽專擅事風力振一時然杲之明敏不如瑄之詳慎云

葉盛字與中崑山人由進士授兵科給事中遷山西右參政以外艱歸天順改元召擢都察院右僉都御史　命巡撫兩廣初兩廣守將不相統攝盛請於梧州建帥府命征蠻將軍總鎮于此兩廣各設副總兵及參將分守要害悉徙征蠻節制又許鹽商計鹽多寡入米餉邊公私利之會有譖於當道者取還改左僉都御史巡撫宣府各邊屯堡多廢盛建議脩復邊人不悅謗聞京師盛任怨力主其役不數月築完計七百餘所自是兵民畜牧自如得免寇掠成化三年進禮部右侍郎尋改吏部左侍郎時方冀其大用俄無疾而卒年五十有五　詔賜塟祭謚文莊盛平生力行好古清脩苦節動慕范文正之為人為諫官論事不激不隨取人先行撿而後才藝終不及人之過亦不輕薦一人考古辯疑殆忘寢食而於世俗聲色貨利澹然不以經心其文章紆徐委備有法則彭韶贊云希文不相古今所惜人以為知言

林錦字彥章連江人舉景泰元年鄉貢授合浦縣儒學訓導時蠻寇充斥內外無備錦規畫皆懸合機宜巡撫右僉都御史葉盛異之遂檄攝靈山至則患無城守始據形勢立排柵設禦守具賊畏備不敢近境未幾以滿秩去民曰公去賊復來我無以保我生逃之山盛乃以狀　聞請令靈山詔從之許馳驛之官蓋異数也民聞之卽復來歸適歲大饑盜熾刼掠村堡無寧日錦單騎入壁諭以禍福附縣二十五猺皆聽命其遠地不服者繼兵剿之天順壬午正月敗賊于羅禾水二月敗賊于黃岡嶺五月大敗賊于新庄前後斬獲千餘級還所擄掠借之已而去排柵築土城徙縣治於中成化丙戌以功擢守廉州歲復大饑賊掠清和鄉錦肩輿諭解者千餘人不服者殺之蓋其經畧還定如靈山戊子擢按察司僉事尋轉副使遂制置一道立數百年長計設圍河營以禦西寇新廢營以禦南寇設洪崖營以塞寇出没之路寇遂戢息庚寅巡視靈山念土城不可以久遂城之錮以磚石高墉連樓橫亘五百丈靈山遂成重鎮然自令六守臬一以教化為務靈山尚鬼好巫則禁淫祠修學校勸民力農桑行孝弟獎廉恥又擇子弟教之絜化龍橋為多士勸讓海北道作欽之明倫堂估民間居以廣孔子廟廉全郡知學者皆錦之教也禮義風行於全越且忠誠仁愛訏謨宏議處分漢達軍民及經久可行者前後三十餘年皆為生民造福計如請立總制府於梧州俾嶺海萬里倚為干城屹無兇虣其功尤大云

韓雍字永熙長洲人父行役生雍于京師登正統壬戌進士授監察御史時方年二十或少之東鹿王驥為都御史獨見器重有重務或巡大藩輒奏委之所至伸冤抑鋤強梗黜貪殘名聲大振陞廣東副使少保陳循薦雍才陞都察院右僉都御史巡撫江西未幾巡撫大同宣府陞兵部右侍郎成化初被累出為浙江左參政時兩廣寇弗靖將出師　廷議唯總督之任難其人兵部尚書王竑曰非韓雍不可遂改雍左僉都御史會都督趙　等於南京議兵所向僉謂賊寇廣東宜逐之寇廣西宜困之雍曰不然大藤峽

為賊巢穴舍此而致於賊非計也行抵廣西遣偏師
平陽尚諸賊擒其魁磔以示衆先是指揮某失機數
其罪斬之軍威大振乃分兵為二十五哨各授以方
畧雍與太監總兵統中哨先攻脩仁荔浦諸蠻克之
進次大藤峽衆云峽乃天險且賊以有備不如以大
軍圍之俟其自斃雍曰兵貴拙速峽周圍六百餘里
縱有甲兵數萬豈能斷賊出入相持日久老師挫鋭
不如長驅擣其巢穴且遣首將歐信帥師由山北取
道與大軍合擊復分兵截其要路時賊於山南立柵
柵壘匿滚木礧石標鎗藥弩如雨而下雍選壯士用
團牌扒山虎等器殊死而進奪其要寨焚其積聚烟
焰障天賊遁歸九層樓懸崖絶壑不可復進雍不顧
督兵破山開路棄馬步戰賊復用礧石大木推轉而
下久之賊矢石稍盡雍率軍緣攀蟻附而進密遣壯
士於絶頂舉砲為應賊方驚駭諸軍四面夾攻會歐
信等亦至俘斬不可勝計餘黨皆降雍曰賊雖降不
能保其不叛乃改大藤峽為斷藤峽徙上隆州於峽
內更名武靖立土官以司之置滕縣千户所以鎮定

之遂刻石紀功而還捷　聞擢左副都御史旋以父
喪歸再起為右都御史總鎮兩廣蠻夷震懾以父呼
之而不名久之與中貴人黄沁不相能乃以病歸卒
於家年五十三謚襄毅雍長身俊偉落落有大節上
文武才畧天下咸傾仰之

袁道字德純吉水人賦性剛介清苦力學以氣節自
負登成化壬辰進士歷知宜興太平二縣擢監察御
史巡按廣東至則罷贓吏搜剔奸弊雖藩臬諸司皆
相戒飭曰勿使有玷鈇衷御史知也尋以疾卒于龍
川白沙陳獻章作詩哭之時稱為真御史

鄧廷瓚字宗器巴陵人景泰七年進士歷官都察院
右副都御史總制兩廣自成化初韓襄毅開府梧州
率以憲臣有才望者總督軍務兼巡撫公思以安靜
為治屬吏有賢者輒薦舉俾其有成立倘不職則特
去一二太甚者奏除諸冗吏曰省祿以養民也念群
蠻以劫掠為常往往出没閩楚諸郡公言都御史金
澤巡撫偏方非宜宜以江西一省付澤使二司聽節
制軍馬錢粮可以調度其湖廣衡州添兵備憲臣整

沂𠩄郴州便又以瀧水為賊巢宜即其地設千户所
調軍守禦仍給空地屯田為久計公於群蠻結以恩
信兵不輕出出則成功鬱林大桂諸峒作亂以次討
平四會諸縣饑盜竊發公斬獲首惡李景元等并及
其黨二百餘人餘悉解散公寛中大度人莫窺其際
至所設施動中機宜其明辨之智衆自以為莫及卒
贈太子少保謚襄敏

秦紘字世纓單人景泰二年進士初為南京御史有
風裁劾中官降北黄驛丞用薦起歷官僉都御史弘
治二年以右都御史總制兩廣軍務破岑欽鵜鶘嶺
走匿泗城遂克田州又破海南黎及瀧水傜山賊四
年劾總兵安遠侯柳景貪不法逮景下刑部獄追贓
鉅萬褫其爵景于内降臧贓且蕪他事誣公亦被逮
坐免臺諫交章論救三原王恕極言公廉直忠信不
可棄内批南京户部尚書後致仕年八十卒贈少保
謚襄毅公剛毅廉介歷官四十餘年所居僅蔽風雨
及卒家無餘貲子孫有貧乏不能自存者

[illegible]字時傑郴州桂陽人正統間進士累官右副都
御史成化十二年總督兩廣開新會舉人陳獻章賢
具疏薦于 朝獻章出見待以殊禮使人擁之由中
路出入與論嘆異以為王公之尊賢不[illegible][illegible][illegible]
韓雍經畧斷藤峽等地方用度浩繁府藏耗竭[illegible][illegible]
其後撙節數年府藏頗充有言以羨餘進者[illegible]白王
者藏富于郡縣兩廣用兵不常苟進以希寵則他日
餽餉奚從取給乎言者愧而止每有建白皆[illegible][illegible]
為主官既尊自處如寒士在督府不以家累自隨其
舍人自桂陽来者老蒼頭一人而已溪民得[illegible][illegible]
十五萬家召入為左都御史加太子少保太抵莫為
人端方儉約清淨簡易一時名卿皆自以為不及白
沙陳獻章嘗書對聯云官府清虚如到寺家徒冷淡
不隨公蓋實録也

彭韶字鳳儀莆田人天順元年進士累官至廣東左
布政下車首集父老問民疾苦利病即與興革舊例
農民補吏視房分率令辦納公堂銀韶曰取其財而
責其貪可乎悉革之内臣歲辦貢物民不能堪韶
疏言明王不寶遠物廣東民力竭矣守土之臣[illegible]

此為毒不知國本凋傷為害及市舶太監韋眷請餘剩六十户隸舶司以需歲辦貢獻詔疏言今日富強不及於昔者蓋因害財之多及今雖十分愛惜撙節猶恐無繼更啓他端雜用其何以善後哉頤將眷所奏餘口暫與一年後皆停罷有詔減其半薦陳獻章于朝自謂弗及至一時名士皆折節下之學每崇正所至有聲如去五顯廟以祀崔清獻公撤土神祠以祀汪參政廣洋之類朔望受民詞至千百紙決斷如流告戒諄切民咸愛如父兄最後兆劾珠池監丞黃福採捕禽鳥騷動雷廉又劾錦衣鎮撫梁海往來傳奉輒稱貢儀水陸舟車百方横索所過蕭條民間愁苦海者太監芳弟也芳見疏大怒會公應詔陳言條上漸不克終四事　上不喜芳因譖公調貴州布政濱行父老涕泣如去慈親有追送數百里外者巡撫都御史朱英贈詩有獨有羊城臨發處西風卧轍鳥聲酸之句未幾尹尚書旻薦公有大臣體陞副都御史終刑部尚書卒贈太子少保謚惠安

劉大夏字時雍湖廣華容人天順甲申進士翰林院庶吉士願以勛業自見出為兵部主事時有獻取江南策者公力止之得寢累遷廣東右布政使為政公平人倚以為重嘗過宋慈元后陵泫然曰后死國而弗祀義弗稱謀立廟人感其義不日而就每有他出百姓引領望之後遷至右都御史總督兩廣以節用愛民為心時議者奏請添設雷廉高肇兵備副使等官兵部下其議于督府大夏言廣東添設官負不謂不多矣官無定制上有十羊九牧之擾民無定役下有兆隸馬夫之費況司府官員名重於利猶知自愛州縣之佐利重於名徒增民害因奏革肇慶撫猺參政高肇捕盗通判十數負民甚快之後終兵部尚書以大節名天下嘗曰居官以正已為先卒贈太保謚忠宣

林同字進卿龍溪人天順中登進士歷官廣東右布政使尋轉左嘗條示利病二十餘事督郡縣行之又勸民行呂氏鄉約及文公家禮巡按御史王哲奏薦能吏十餘人乞旌擢同居首藩憲大僚見巡撫都御史皆無跪禮自韓雍來始跪及唐珣繼來衆跪同獨

號同見珣以事臨之同不為動不久珣没其子過廣同待以禮嘗邮庶吉士張紹齡之喪戊午入覲過漳遂上疏乞骸骨詔許之居官清白卒之日家無餘貲云

吴廷舉字獻臣蒼梧人丁未進士賦性清直自奉菲薄義所當為者則毅然以身當之弘治二年知順德縣下車首興學校毀淫祠飭縣治優老恤孤重釋冢禮儀飾以示部民更新應祀廟社以降歲事凡可以激風俗悉力舉行時稱廉能吏焉都御史屠鏞欵為權鐺脩家廟以屬廷舉廷舉不應而毀淫祠寺觀以其材作書院修學宮御史迎鏞意按覈之廉甚直即竹木瑣屑不爽錙銖宦家有二子犯盗法並論死廷舉標其户曰盗而生其少子後少子改行泣愬曰公念先人罹譴而存其後今門以盗辱不如死也吴為撤之御史郎捕盗令自首盗曰吾死分也不忍誣廉令東以刑卒不易口御史慙乃罷居八年遷成都同知調松江上疏請脩軍政二事廣東盗起兵部尚書馬昂薦陞兵備僉事征十三村池水盗平之改兼鹽去

時劉瑾用事遣官斂諸省庫銀解京意在索羨廷舉第以額應解而裒其羨又劾太監潘忠二十罪逮繫詔獄瑾矯旨荷校吏部門外謫戍鴈門逾月宥免為民瑾誅召補雲南副使江西叅政討桃源賊為賊所得奉之入巢羅拜劫降廷舉詞色不撓久之伺得賊中要領反執其酋以敗為功晋廣東左布政使立番舶進貢交易之法平驛遞之役陞副都御史嘗疏陰備宸濠有曲突之謀濠遣使遺吏部尚書陸完書曰宜急易巡撫孫燧代之者某某俱可吴廷舉切勿令其来其見憚如此嘉靖初歷官南京工部尚書郎疏歸廷舉長身骨立面如削瓜衣敝帶穿不脩藻飾而神采英毅言行必自信平生清介而妻子胃饑寒靖州士人嘗持金來謝德却不受卒無以為殮曾以事忤御史御史閉門欸責之諸生梁景行等数十人排闥入巽公出公氣不少絀人以是賢公并賢景行有志節云

熊繡字汝明寧遠人成化二年進士歴官兵部侍郎兩廣總制右都御史操勵廉潔自井蔬布繿處之餘

不入私室嚴番舶抽稅之禁密保甲偵探之法絕中
官饋送之例杜州縣署印之奸風裁肅然未幾召入
南臺俄而中官李榮傳旨致仕山居簫條當道饋送
堅却不受雖俯仰益困意度晏如卒巡撫都御史秦金
為請于朝贈南刑部尚書逾年太僕少卿何孟春上
疏曰竊見都御史熊繡事毋能孝事兄能友居貴能
勤居官能儉敭歷中外四十餘年不狃近功不徼時
譽伏乞　聖朝表勵清賢奉　詔給繡繼子端月米
一石謚莊簡

姚鏌字英之弘治六年進士歷陞右都御史提督兩
廣軍務時田州土酋岑猛作亂鏌自督兵進破定羅
冊梁猛子邦彥率驍賊常好陸秀列十二陣拒戰鏌
師奮前大破之好秀衆潰猛奔歸順土官岑璋鴆猛
傳首軍門捷奏　上嘉之降勑褒奬進左都御史後
以兵部尚書總制三邊尋以老致仕子淶狀元及第
為翰林侍讀學士
梁材字大用順天大城縣人係南京金吾尺籍弘治
己未進士志尚節嗇能甘澹泊歷仕考語皆以儉

因自號儉庵云嘉靖四年來為左布政使首靖徵市
嚴門禁凡同僚及首領皆置圓牌書其僕隸令候缺
吏輪遞每市物必書其數粘牌上會而後召市人入
冊揮面領價銀日以為常雖不苛細然胥隸姓名皆
能記憶關出財物無不知者一日右布政使林富市
肉數多召其僕誡勿過富聞之大怒褫衣小帽出
而跟將詈罵不已材端坐自如頫視簿書富慙而退
自是官吏益敬憚之帑藏出納纖餘一介不敢吏它
職坐至成巷陌巡邏闗鑰皆躬且責內外肅然畢事

皆飯于堂上侑以青菜或冬瓜蘿蔔惟一味比擢副
都御史巡撫江右薦紳皆餞諸大觀橋解衣盡歡痛
飲大嚼始知其節嗇乃習慣成自然爾視所服圓領
用淅蕉極下者裏服布素澣補惟兩裙鮮麗雜廣綦
月受知張桂諸公連陟户部尚書慎制　國用得罪
罷歸卒一時稱薦官以材為首云
陶諧字世和會稽人領首解登弘治丙辰進士選入
中秘已而授職諫垣遇事敢言首疏乞緝熙聖學以
裨治道又欵以大學衍義置禁中以備進覽皆見

正德時權奸擅政事多內降疏言遠讒佞以一政令
脩人事以弭災異戒逸遊以保治安皆指切時政以
戒逸遊一疏斥言大閹丘聚劉瑾輩蠱惑之罪是時
瑾等日思中傷之久之無所得乃以他事杖謫落其
職隨有旨責廷臣朋黨罷輔臣劉謝二公及知名士
五十有三人而諧猶列名其中既又搜織下之詔獄
與尚書劉大夏潘蕃同謫戍肅州諧怡然就道瑾誅
放還家居嘉靖改元采録天下舊德名人乃起諧臬
司由僉陟副移長瀋岳遂擢中丞督理鄖襄汀漳等
處軍務至則條數事奏行曰重守令專分守寬農民
懲貪吏凡以重本厚生防患去慝為務兩廣總督台
缺遷少司馬仍兼臺秩往蒞之先是群盜久負遐阻
不可悉平諧隨在撫剿賞罰必信所向克捷前後俘
馘以萬計所輯寧箐峒以千計陽春民田被侵者皆
清出復業及奏凱推讓群力不以自張雖荷恩賚金
幣而人或謂未稱其功也以母喪歸服闋為兵部右
侍郎閱達機宜克贊邦政嘉靖辛丑致仕歸卒年七
十有三

[illegible]期宜鄭徵蘇之吳江人弱冠舉弘治癸丑進士
歷官兵部侍郎兼都察院右副都御史總督兩廣軍
務前任兩廣者多通土官餽謁土官多玩易之號令
廢弛而蠻寇竊發公至大闢鉤稽簡料凡太監及總
兵私役軍者悉勒歸伍而兩府官屬之暴橫悉痛抑
之且檄下兩省及湖廣諸路凡所調遣悉聽闡白乃
行由是二府不悅大興讒搆矣歸善縣賊李文積據
桃子園為亂發兵討捕生擒文積及其黨李萬全等
斬首一千一百三十級俘四百餘人[illegible]富[illegible]召據
恩以叛討破之斬首一千九十七級俘五百餘人半
赴火死餘黨悉平田州土官岑猛作亂事聞下公體
勘公上疏陳方畧下兵部覆議而公已改官矣初二
府當憾騰謗於當道當道者欲事調停遂除公工部
侍郎提督易州山廠實奪之權也乃引疾致仕
毛伯溫字汝礪吉水人正德戊辰進士歷官兵部尚
書右都御史加太子少保時安南黎賙被殺其臣莫
登庸割據其地國內爭亂久缺朝貢　上決意討罪
命公參贊軍務督兵南征得便宜行事公至廣下

檄諸省土漢狼達水兵二十餘萬兩廣雲南各分三道入次南寧登庸惧請罪且言黎氏死無後頋歸欽州四峝故地世世奉朝貢正朔如制公念安南罹禍已久且窮治太宻非羈縻遠夷之道遂定計納降鎮夷關築壇具儀登庸率屬繫頸徒跣北面蒲伏献降表候命遣姪莫文明代詣　闕下公為具疏請從之以登庸為安南都統使進公太子太保班師歸公復舉時獘當釐革者八事列疏以上尋理兵部事痛抑債帥以杜倖門清汰勳貴子第之冗食濫爵者卒贈少保

張岳字維喬惠安人究心理學以程朱爲正得癸酉𨸝解丁丑舉進士與陳琛林希元三人同志時目爲泉州三狂初授行人疏　課上南巡杖于　闕下幾死謫南國學正歷轉知廉州府稱賢能第二與副使翁萬達同議平安南毛尚書伯温語人曰吾扵斯行得兩巡撫才岳宜南萬達宜北後果然嘉靖甲辰陞副都御史提督兩廣軍務舊凡公私供億取辦經紀歲費数千金故事餉銀悉從歛散任意乾没岳悉歸經府而該道覈其實以報餉無私入自公始也乙巳春封川賊僭稱王岳帥師討平之斬首一千五百德慶州立生祠祀之又平柳州魚窩等賊斬獲七千有奇召入兵部左侍郎副都御史時論其勳與韓襄毅劉忠宣相頡頏卒贈左副都御史太子少保謚襄惠

邵銳字士抑仁和人正德三年會元進士授翰林庶吉士歷廣東右布政使攉廉秉公其學於天人顯微罔不研究獨耻于近名不立門户而闇然日章居官所至以清謹著陞山東左布政使進太僕卿引疾致仕没之日笥無数金田僅百畝贈副都御史謚康僖

歐陽鐸字崇道泰和人正德戊辰進士筦仕行人陟至延平知府有善政改福州御史黎貫照刷文卷見其文移詞理大異之召與語謀猷醇確仍特薦其學行入覲以治行第一　賜綵叚羊酒遂擢廣臬副使尋改提學承魏校之後至則明禮教崇行義勸督有程課試有常謂養才如種木株而植之未必株而成之子第稍頴資輙收之學士文義踈拙不即黜屢試靡進乃黜即儻蕩無行亦不亟黜累教不悛乃黜居

[illegible]文體士習丕變然未嘗大聲色第潛移默[illegible]有
出於勸懲之外者所奬拔士往往知名當乙酉賓興
所擬為魁元如潮士陳思謙鄭弘彝李日森瓊士唐
穆巳得其四惟詩魁當在廣庠非岑萬則曾貫及揭
曉皆如所言又謂連士張叔庠薦士王養民當俟後
舉果符其言人稱神奇云戊子陞雲南參政未行能
召拜太常寺少卿終吏部侍郎以災異自陳致仕歸
卒于家贈工部尚書謚恭簡先是若安福彭旒冊徒
丁璣鄞余本崑山魏校山陰蕭鳴鳳提督廣東學校
皆錚錚有聲鐸也稱首云

江潮字宗之貴溪人弘治中進士歷官廣東提學副
使以道自重以禮接徒蔚有知人之鑑嵗考時謂霍
韜梁焯金山必連第且謂韜有魁元才然寘山於二
等責曰汝本有才何杜撰呂申公格言以相欺乎後
日事君還當敬慎後山以户部主事監兌江西陷宸
濠黨中果符公戒慎之語士林稱服又謂霍韜可作
榜元及考潮州還亟喚韜語曰今科解元當是蕭與
成汝次之然汝當連魁天下功名事業大出蕭之上
後果如言人稱神鑒云

王世芳字　蘇州人正德中進士嘉靖九年任廣
東提學副使學問淵源鑒識宏朗嘉靖辛卯考校諸
士謂魁元多出潮州儒士林大欽必魁天下後是科
解元胡一化而大欽果中壬辰狀元皆潮州人也其
三學及三水諸生則劉模唐守勲先桂奇何維柏蒙
學之郭大治蕭廷相畢烜皆其優等者其鑒精矣

周延字南喬吉水人嘉靖癸未進士為新會令發摘
無字得民畏愛海濵之俗化之擢而之南諫召為兵
科給事中邑人思之祀于名宦祠歷官兵部侍郎都
察院右副都御史提督兩廣軍務至則節冗費杜倖
功疏嚴番舶交易罷瓊萬烏石諸驛歲省數千金二
廣乂安累陞南吏部尚書改南兵部參贊機務乙卯
入為左都御史臺綱為之一肅延方峻謹潔一介不
苟取交游屏絕門外肅然嘗自贊其像曰退然若畏
避兮似迂然其不義遺不利趍不俗隨不玄虛殆之
死而不渝也卒贈太子太保謚簡肅

戴璟字　浙江奉化人丙戌進士歷官監察御史

廵按廣東百粵地遠法疎吏斂民惰公肅紀度潔躬愛民嘗曰御史正已以格物已苟弗正物何能格民何以蒙寶愛乎一時州縣汙吏望風解印綬去所畫為條約多切民隱官民傳誦目為載公出廵録又裒叙粵故為廣東通志其文麗其事核而一方文獻大備其政有體要不求赫赫之名而攬轡澄清之風於斯稱最焉

鄭絅字子尚號葵山莆田人父贊正德戊辰進士授戶部主事忤逆瑾以革罷官卒于京公自幼聰敏痛自砥礪登嘉靖已丑進士第繼為戶曹郎與翁萬達鄒守愚相淬濯部中稱四君子已亥知高州府脩廢舉墜百度聿興丁酉移知廣州廣為百粵首郡公悉心民隱釐剔弊源尚務節愛不為束濕聽訟明允得兩造之情尤加意學校爲新饗舍拔名士如盧夢陽馬拯蒙詔輩士類翕然歸之滇南湖襄藩臬所至聲望藉甚戊午提督棠荆等閩軍務時惠潮盜熾引倭入寇巳未晉右副都御史總督兩廣軍務至則躬督海道副使鄭維誠通判翁夢鯉等討平之嶺海晏然捷聞有白金文綺之賚後卒于任

吳桂芳字子實新建人嘉靖初舉進士歷分守嶺西以作養人才為已任築崧臺書院以誨多士又克詰戎兵羅旁無敢嘯聚者四十二年以兵部侍郎右僉都御史提督兩廣軍務時興寧賊葉冊樓花腰蜂等各勾倭為害公命總兵俞大猷監軍僉事徐甫宰帥師討之始戰於洑水神山馘其渠魁再戰於海豐大德港擒冊樓腰蜂等磔于市先后俘斬二千四百四十名顆續奏　上大悅賚以金綺繼而柘林海兵直犯廣城隨調東莞南頭兵自外洋入叅游各兵趣東州而出合擊大敗之生擒六百二十一名顆斬獲不計其數以功陞兵部侍郎公以粵城西南一帶单薄建議築外城自南門至歸德連西城角門崇墉屹峙防禦嚴固後海賊曾一本來犯以有備而退粵人時以無恐因思保鄣之功立生祠祀之

丁以忠字崇義新建人戊戌進士歷官廣東按察使慷慨大度不屑苛瑣慨然有用世之才平反積獄數十人自以不寃時佛郎機夷違禁潛住南澳海道汪

使汪栢從吏之以忠力爭曰此必為東粵他日憂公眷忠之栢竟不從令則深根固蒂矣尋擢右布政使時征何亞八鄭宗興諸賊運籌理餉克減厥功賜白金文綺探珠中貴事竣歆横索以充私囊公引大義喻止之粵氓得免荼毒公之力也今時事紛厖求一二如公者彈壓之何可得哉乙卯秋試為提調官所得多知名士尋陞山東巡撫官至留都少司馬叛卒之變談咲靖之屹然負天下之重感于時事乞休而卒孫岍呂岍名並舉進士能繩其武云

黄光昇字明舉晋江人習易縟蔡虛齋之傳嘉靖己丑舉進士益用力書律令長與有政聲徵為刑科給事中以剛直忤時相出為浙江僉事進參議尋陞廣東海道副使廣民與夷市於洋海中互相摽掠則為置符籍以勾稽之嚴踐更以妨闌之先是番舶稅重商人百計求脫公為制減十之六商乃樂輸公又躬自清白錙銖不染而歲盈數萬蓋自公任以后罕有能繼其廉者交莫是正中與宏瀷爭立其酋以兵攻欽州索正中急以公畫授俞大猷帥東莞新會二邑兵大挫之斬其二酋乃定宏瀷之襲已復討定猺獠有連山崖山功督府上其最尋陞蜀藩參三歲復陞東粵總憲以嚴為治胥吏畏若神明新會賊陳文伯為亂昇檄兵往援而牒二兵憲夾攻之俘其黨若干人獲一緋袍者於群尸中衆謂文伯也昇以狀武襄事止之聲績益著遂晋蜀右方伯歷陞刑部尚書或謂昇執法稍苛云

史朝宜字直之晋江人祖有名惠者成化中以孝旌閭幼與兄朝賓同學再閱輙成誦登癸丑進士宰山陽縣歷陞知瓊州府治行皆稱第一尋擢廣東按察副使視學且治兵則群髦士之俊者誨而植之適流倭突入瓊境閫帥有援之為奸利者按而寘之法乃利器械治餘皇躬自訓練親拒之海上大創去乃巡行海嶼剏白沙六寨聲勢聯絡倭遂不敢犯尋晋總臬憲務整戢大綱平反諸獄必詳必慎至其懲墨去貪不少假貸時目其為閻羅然保持善類故又有菩薩之號其持己壹以廉介即所屬厚善有私餽贈者則重加誚讓面折無所容時稍嗌之而天性自若也

撫湖廣右方伯循以粵憲入　覲蒙卓異優賞
楚任不數月以疾丐休不脂浣於江陵之門其賢可
想見焉次子繼偕壬辰探花為翰林編脩史氏之德
烋宏遠未艾矣

吳善字元夫龍溪人壬戌進士所居紫泥洲自公始
破天荒云初授刑部主事恤刑東廣廣人連年旱魃
盜繫繁多為之原其情以定其罪凡株連穽陷者悉
白而出之一時稱其平允公歷藩臬多在楚蜀西
粵間甲申歲巡撫廣西丁亥拜兵部右侍郎總督兩
廣軍務下車首嚴屠牛之禁恤被災饑民之賑又清
盧粮補曠餉禁逋賦核僧田凡苛條悉從報罷而兕
務則綱目畢張其責成吏治意尤蒸蒸切也一時文
武吏爭相激昂而公厲表率之意氣彌銳而形神漸
衰矣海南討黎之議公與該道參務其端力疾運籌
以決其捷病已入膏肓心猶勤石畫古稱鞠躬盡瘁
公其人耶故爭兵餉歲羨數千隨幕府所出入不問
公銖毫不染悉登官籍其廉靖可範也卒之前夕有
光大如斗從署中起直上空中公不自言雲端有帝
若干丈驛足登之遂卒訃　聞
賜贈右都御史與祭塟如例子廷觀蔭国子生郡士
民思公功德請合祀於自湖吳公之祠云

劉秉宇汝賢麻城人嘉靖己丑進士初知宿州歷官
廣東左布政[illegible]已裕民守官肅度歷三十餘年所
至以廉能[illegible]務清釐尤足為諸僚表率嘗以家
學春秋主[illegible]授諸生於是廣士始有麻城之學而梁
王佐輩相繼登第遷南京吏部尚書改兵部尚書卒
贈太子少保謚端簡

熊桴字元乘武昌人嘉靖庚戌進士歷官僉都御史
巡撫廣東時海寇曾一本方張至則條上平寇四策
乞餉金五萬皆得請州循士民戒守令毋得苛擾行
保甲團練濬造戰船百有六十發數千金以賑窮民
清久逋魚塩課區畫周悉乃興師平嶺西新會藤洞
諸盜斬首二千九百尋擊一本於潮海走之疏請置
二縣報可一本分擾馬耳澳牛田洋則檄閩兵圍之
一本誘日本裨王丘古所寇惠州城把總周雲翔殺
參將耿宗元桴縱火擊之雲翔敗走先是有鄉縉紳

言名識把總不可用者至是始悔不能用其言后雲翔叛劳瘁過度竟卒于惠未幾一本兵敗伏誅則皆平日經畫之力也　上聞進副都御史贈兵部侍郎賜葬祭

劉穩字朝重湖廣酃縣人嘗從蔡汝楠講良知之學丙辰進士授南京武選主事陞廣東南韶兵備僉事韶有大羅小羅故為猺人所據有司常戒人出入販者不至則物價倍騰猺人輒歲劫于外鄉人不勝困苦穩至自詣其巢宣諭威德猺人感悟羅拜願受約東因立猺長聯屬之民夷晏然以薦進兵備副使屢次奏職蒙金綺之賜未幾調海道副使有討海賊林道乾功加俸一等萬曆甲戌召入為南京太僕寺少卿卒所著山房漫藁粵政紀二南漫藁藏于家

周煦字咨和安福人早喪父以遺腹子孤貧力學毋許氏守志教之正德辛巳進士為監察御史按廣持廉秉公貞肅百度前此作威者出則儀從甚都徧城皆閉户闃絶無聲甚至恐兒啼置甕中煦獨乘騾馬呵導如常士民莫不竦敬審獄决囚惟推情之宜[illegible]有一媪謀殺隣家幼女取其塞耳銀僅八分曰物輕情重遂處决藩臬稍服凡積年民害悉再三訪察罪無不當貪酷者各寘于法未滿一年以宿望擢大理寺丞士民爭攀送之其家奉勘合丈量餘田僅十數畝而已後終副都御史

外史氏裴曰人臣握節秉鉞以制一方位至重也兩漢持斧之使巡行郡國茂著風裁故有攬轡澄清埋輪糾劾赫赫嚴嚴光于史冊者而百粵未有聞焉今採首陶樞公運甓投蒲風槩猶可想見也豈但以折衝伸威儆外哉由唐及宋彬彬稱盛矣宋廣平之恩信裴伷先之清簡李朝隱之公直李尚隱之廉介李勉之貞簡李復之撫輯孔戣之明斷李紳之惠愛盧鈞之宏博栁仲郢之直清劉崇龜之判斷咸百僚之師帥也宋則宋敏中以清廉聞陳堯佐以惠政著陳堯叟以規畫顯魏瓘以保鄣有功余靖以勳勣奏績與龔茂良揚大異劉應龍愾愾然均一代名卿哉我

明倚任尤重撫綏得賢洪武初建中書行省而闕
禎汪廣洋繼至後任巡撫則揭稽楊信民稱賢
洪熙初置總督節制二廣事權益崇重已如王
忠肅韓襄毅葉文莊鄧襄敏秦襄毅劉忠宣彭
惠安朱桂陽熊莊簡張恵襄皆
昭代殊絶人物也而朱鑑谷瑄袁道葉璟則皆監
察巡方風采儼著戴弁梁材劉穩雖當藩監之
任蔚有撫綏之功並茂羔羊之節故特著之而
歐陽鐸江潮王世芳皆名督學也亦附見焉其

此葉缺

粤大記卷之十

嶺南郭棐篤周甫編

宦蹟類

清白流風

漢貢　貽　孟　嘗　吳　恢　孔　嵩
晉吳隱之　王鎮之　王　朘　徐　豁
陸　徽　王　琨　蕭　介　王僧孺
王　勱
唐劉[illegible]之　馮[illegible]　馮元常　[illegible][illegible]
張柬之　王方慶　魏元忠　韋承慶
李　邕　[illegible]奐　張　裼　袁　高
蕭　倣
宋寇　準　李惟清　楊　覃　陳從易
包　拯　唐　介　孔　勗　狄　棐
危　佑　黃　震　張　田　蔣之奇
周　橦　李　朴　林　杆　楊長孺
敖陶孫　李　綸　吳　與　吳懿德
鄭　格　馬晞驥　蒲壽晟　余　琰

明王　溥　邢　昭　道　同　楊　渙

劉　實　高　瑶　周　鐸　周孟中

張　澄　林士元　石　簡　周啟祥

費貽犍為南安人也少好學有志操為鄉黨所敬重王莽末公孫述據蜀僭號時貽漆身為癩佯狂以避之退藏山藪十餘年述破滅後光武聞其忠義下詔徵之仕合浦太守涖政清簡民懷其德或曰合浦江山皆名焉者以貽故也

孟嘗字伯周會稽上虞人也其先三世為郡吏並伏節死難嘗少脩操行仕郡為户曹吏有寡婦至孝養姑姑壽終夫女弟先懷嫌忌乃誣婦鴆其毋嘗言其枉狀太守不為理嘗謝病去婦竟冤死自是郡中連旱二年後太守殷丹問故嘗曰昔東海孝婦感天致旱于公一言甘澤時降宜戮訟者以謝冤魂庶幽枉獲申時雨可期丹從之即刑訟女而祭婦墓天應澍雨穀稼以登嘗後策孝廉舉茂才拜徐令遷合浦太守郡少產穀而海出珠與交趾比境常通商販貿糴糧食先時宰守每多貪穢採求不知紀極珠遂漸徙於交趾郡界於是行旅不至人物無資貧者死餓於道嘗求民利病革易前弊曾未踰歲去珠復還被徵當行吏民攀車留之不得進乃載鄉民船夜遁去隱處窮澤身自耕傭士民慕其德就居止者百餘家桓帝時尚書同郡楊喬上書薦嘗帝竟不用

吳恢陳留長垣人也順帝時為南海太守欲殺青簡以寫經書子祐年十二隨從到官進諫曰今大人踰越五嶺遠在海濱其俗誠陋然舊多珍怪上為國家所疑下為權戚所望此書若成則載之兼兩昔馬援以薏苡興謗王陽以衣囊徼名嫌疑之間誠先賢所謹也恢乃止撫祐背曰吳氏世不乏季子矣恢臨政慎謐世以清白稱之祐後為河間相生子子鳳愷及孫駕皆仕宦有名於世

孔嵩字仲山南陽人少遊太學與山陽范式為友後式官至荊州刺史而嵩家貧親老乃變名姓傭為新野縣阿里街卒式行部到新野而縣選嵩為導騎迎式式見而識之呼嵩把臂謂曰子非孔仲山邪對之歎息語及平生曰昔與子俱曳長裾遊進帝學吾蒙

國恩致位牧伯而子懷道隱身處於卒伍不亦惜乎嵩曰侯嬴長守於賤業晨門肆志於抱關子欲居九夷不患其陋貧者士之宜豈為鄙哉式勑縣代嵩以為先備未竟不肯去嵩在阿里正身厲行街中子弟皆服其訓化遂辟公府之京師道宿下亭盜共竊其馬尋問知其嵩也乃相責讓曰孔仲山善士豈宜侵盜乎於是送馬謝之嵩官至南海太守在郡清白麄袍糲食如貧賤時時人咸高其節

吳隱之字處默濮陽甄城人美姿容善談論博涉文史弱冠介立有清操年十餘丁父憂每號泣行人為之流涕事毋孝謹及其執喪哀毀過禮每至哭臨之時恒有雙鶴警叫及祥禫之日復有群鴈俱集時人咸以為孝感所致累官至左衛將軍清苦同於貧庶廣州包帶山海珍異所出一篋之寶可資數世然多瘴疫人情憚焉唯貧窶不能自立者求補長吏故前後刺史皆多黷貨朝廷欲革嶺南之弊以隱之為龍驤將軍廣州刺史假節領平越中郎將未至州二十里地名石門有水曰貪泉飲之者懷無厭之欲隱之既至語其所親曰不見可欲使心不亂越嶺喪清吾知之矣乃至泉所酌而飲之因賦詩曰古人云此水一歃懷千金試使夷齊飲終當不易心及在州清操踰當食不過菜及乾魚而已帷帳器服皆附外庫時人頗謂其矯然始終不易帳下人進魚每剔去骨存肉隱之覺其用意罰而黜焉元興初下詔褒賞及盧循冦南海城陷長子曠之戰沒隱之為循所得循表朝廷請加裁戮詔不許劉裕與循書令遣隱之還久方得返歸舟之日裝無餘資其妻劉氏賫沉香一斤隱之見之即投於水今沉香浦即其地也至家數畝小宅籬垣仄陋不蔽風雨嫁女止驁一犬以辦資粧其廉介蓋天性云歷度支尚書中領軍每月俸裁留身粮其餘悉分親族義熙八年請老詔許之九年卒子延之復勵清操為鄱陽太守

王鎮之字伯重瑯琊臨沂人曾祖廙晉驃騎將軍世著宦績鎮之初為瑯琊王參軍出為令守在官清潔義熙末遷御史中丞執正不撓百僚憚之出為建威將軍平越中郎將廣州刺史加都督劉裕謂人曰貞

之少著清績必將繼美吳隱之嶺南之弊非此子不康也在鎮果不受常餽蕭然無營去官之日不異初至裕初建相國府為諮議參軍遷宋臺祠部尚書及裕篡晉以脚患自陳出為瑯琊太守永初三年卒于官年六十六

王畯倉州景城人後徙洛陽畯少孤好學祖有方竒之曰是子當興吾家擢明經第貞觀中仕至殿中侍御史有知畧求徽初為連州刺史民懷安之景龍末授桂州都督劉幽求放封州廣州都督周利貞欲必殺之道出畯所畯知其故留不遣利貞移書趣幽求畯答檄得免由是名聲甚著累遷至同中書門下三品卒贈尚書左丞相謚曰忠烈終唐之世刺連州為名相以清白稱者畯一人而已

徐豁字萬同東莞姑幕人也父邈晉太子左衛率豁起家太學博士元嘉初為始興太守獨勵清操三年遣使廵行四方幷使郡縣各言損益豁因此表陳三事一言人戶隨丁輸米宜量減其課以恤民窮其二言鑿坑採砂工役勞苦宜准銀課米以便民其三言中宿縣俚民丁銀過重宜計丁課米公私兼利在郡著績太祖嘉之下詔曰始興太守豁潔已退食恪居在官政事脩理惠澤沾被近嶺南荒弊郡境尤甚拯卹有方濟厥飢饉雖古之良守蔑以尚焉宜蒙褒賁以旌清績可賜絹二百匹穀千斛五年以為持節都督廣交二州諸軍事寧遠將軍平越中郎將廣州刺史未拜卒時年五十一太祖又下詔曰豁廉清勤恪著稱所思故擢授南服申其才志不幸喪殞朕甚悼之可賜錢十萬布百匹以營葬事

陸徽字休猷吳郡人也應郡辟為主簿歷至尚書都官郎出補建康令清平無私為太祖所善元嘉十四年為始興太守明年仍除使持節交廣二州諸軍事綏遠將軍平越中郎將廣州刺史清名亞王鎮之為士民所愛詠上表薦士語在事紀嘗旌戎士陳南妻貞節禮俗化行遠邇稱之二十一年徽為南平王鑠冠軍司馬後轉益州刺史二十九年卒時年六十二身亡之日家無餘財太祖甚痛惜之詔曰徽厲志廉潔歷任恪勤奉公盡誠克已無倦褒崇未申不幸夙

殞言念在懷以為傷恨可贈輔國將軍本官如故賜錢十萬米二百斛謚曰簡子子𠟭正員外郎

王琨瑯邪臨沂人宋侍中護軍將軍華之從父弟也孝建中為建威將軍平越中郎將廣州刺史南土沃實官此者常致巨富世云廣州刺史但經城門一過便得三千萬琨無所取納表獻祿俸之半州鎮舊有鼓吹又啓輸還人服清操謂隱之不能過及罷任孝武知其清慰問甚至

蕭介字茂鏡蘭陵人也祖思話宋開府儀同三司父惠蒨齊左民尚書介少穎悟有器識博涉經史兼善屬文齊永元末釋褐著作佐郎天監六年除太子舍人累遷給事黄門侍郎大同二年武陵王為揚州刺史以介為府長史在職清白為朝廷所稱高祖謂何敬容曰蕭介甚貧可處以一郡敬容未對高祖曰始興郡頃無良守嶺上民頗不安可以介為之由是出為始興太守介至任宣布威德境内肅清七年徵為少府卿尋加散騎常侍後補侍中中大同二年辭疾致仕高祖優詔不許終不肯起乃遣謁者僕射魏祥就拜光祿大夫太清中侯景於渦陽敗走入壽陽高祖敕納之介上表切諫家居杜門一介不苟取歷年七十三卒於家子允初官至光祿大夫而介之清操為一時最云

王僧孺東海郯人也魏衛將軍肅八代孫五歲讀孝經知大義六歲能屬文既長好學家貧常傭書以養母所寫既畢諷誦亦通仕齊歷至治書侍御史出為唐令任昉贈詩其為士友推重如此梁天監初除臨川王後軍記室參軍待詔文德省尋出為南海太守南海殺牛無忌殊非美俗僧孺至便嚴禁止又高涼以生口易外國寶物蕃舶每歲數至皆資賈人以通貿易舊為州郡市以半價又買而即賣其利數倍歷政以為常僧孺嘆曰昔人為蜀部長史終身無蜀物吾欲遺子孫者不在越裝並無所取視事期月有詔徵還郡民道俗六百人詣　闕請留不許既至拜中書郎領著作復直文德省後知撰譜事普通三年卒年五十八

王勱字公濟琅邪臨沂人父琳司徒左長史齊代娶

梁武帝妹義興長公主勱美風儀博涉經史恬靜清
簡未嘗以利欲干懷天監初為國子周易生射策舉
高第除祕書郎大同末拜冠軍將軍南海太守為廣州
刺史河東王譽長史譽至嶺南多所侵掠因懼罪稱
疾委州還朝以勱行廣州府事越中饒沃前後守宰
例多貪縱勱獨以清白著聞入為給事黃門侍郎及
蕭勱平後以勱舊在嶺表早有政績乃授使持節都
督廣州等二十州諸軍事平南將軍平越中郎將廣
州刺史未行改為衡州刺史蕭莊據有止流衡廣號
貳勱不得之鎮留于大庾嶺天嘉元年徵為侍中終
尚書右僕射卒贈中書監謚曰温

劉齡之彭城人唐初為廣州都督表稱嶺南州縣多
用士人任官不顧憲章惟求潤屋其婚嫁資聘即稅
人子女百姓愁苦數叛且都督刺史多居莊宅經旬
月不至府詞訟皆委判官省理民無所措手足又首
領娶妻不限多少肆情侵奪縱欲殃民乞嚴禁斷表
上從之嶺俗稱便威惠大行

馮立同州馮翊人有武藝略涉書記貞觀初為屯衛
將軍突厥至便橋立率數百騎與虜戰於咸陽太宗
聞而喜歎拜廣州都督前後作牧者多黷貨為蠻夷
患由是數怨叛立不營產衣食取給而已常至貪泉
嘆曰此吳隱之所酌泉也飲一杯水何足道哉吾當
日汲而飲安能易吾性乎遂飲畢而去數年甚有惠
政卒於官

馮元常相州安陽人曾祖子琮北齊右僕射元常舉
明經及第高宗時累擢監察御史嘗密諫中宮權重
常斥瑞物武后怒出之隴州徙劍南有平賊功轉廣
州都督詔便驛赴官安南酋領李嗣仙殺都護劉延
祐劫州縣詔元常討之率士卒航海馳檄先示禍福
賊黨多降元常遣兵斬酋惡而還雖有功猶以拂旨
見怨不錄功凡三徙不得至京師卒為酷吏周興所
陷追赴都下獄死元常閨門雍睦有禮法雖小功袞
不御私室神龍中旌其家大署曰忠臣之門天下高
其節凡名族皆願通婚焉

唐臨字本德京兆長安人為侍御史奉使嶺外按交
州刺史李道彥等申理冤繫三千餘人累轉黃門侍

郎加銀青光祿大夫永徽元年為御史大夫明年華
州刺史蕭齡之以前任廣州都督受賕當死詔群臣
議請論如法詔戮于朝堂臨建言群臣不知天子所
以議之之意在律有八王族戮于隱議親也刑不上
大夫議貴也今齡之貪贓狼扈死有餘咎陛下以異
於他囚故議之有司又令入死非堯舜所以用刑者
不可為後世法高宗從其奏齡之竟得流於嶺外尋
遷刑部尚書加光祿大夫復歷兵部度支吏部三尚
書顯慶四年奏遷張倫[illegible]南巡察使李義府[illegible]
之武后謂臨銓人有私坐免官尋起為潮州刺史治
潮勤瘁以惠愛為事卒于官年六十所撰寘報記二
卷大行於世臨儉薄寡欲不好治第宅交遊尊務獎
人過見妻子必正衣冠世重其純行焉

張柬之字孟將襄州襄陽人少補太學生博通經史
尤好三禮進士擢第補青城丞永昌元年以賢良召
時年七十餘矣對策千餘人擢柬之為第一授監察
御史歷鳳閣舍人荊州長史武后稱制狄仁傑薦柬
之為相首謀誅張易之昌宗遷武后于西宮迎中宗
復辟進中書令尋奪其政柄惟以功封漢陽郡王柬
之懇辭不許求還襄州養疾乃授襄州刺史及武三
思亂政譖柬之奪爵貶新州司馬仍令長任[illegible]以
憤悌臨民治事勤慎已而連貶瀧州聞同事桓彥範
等被誅遂不勝憂憤而卒年八十二景雲元年贈中
書令謚文貞

王方慶名綝以字行雍州咸陽人周少司空褒之曾
孫年十六起家越王府參軍歷廣州都督南海歲有
崑崙乘舶以珍物與中國交市舊都督路元叡冒求
其貨崑崙懷刃殺之及方慶至任數載秋毫無所索
又管內諸州首領舊多貪縱百姓有詣府稱冤者府
官以先受首領參餉未嘗鞫問方慶乃集止府寮絕
其交往首領縱暴者悉繩之由是境內清肅當時議
者以為有唐以來治廣州者無出方慶之右有制褒
之曰朕以鄉歷職著稱故授此官既美化遠聞實副
朝寄今賜鄉雜綵六十段并瑞錦等物以彰善政遷
鸞臺侍郎同鳳閣鸞臺平章事長安二年卒謚曰貞
方慶博學好著述所撰雜書凡二百卷及三禮行于

世
魏元忠宋州宋城人為太學生上封事言命將用兵之要高宗善之授秘書省正字遷監察御史帝嘗從容曰外以朕為何如主對曰周成康漢文景也然則有遺恨乎曰有之王義方一世豪英而死草莱議者謂陛下不能用賢帝曰我適用之聞其死顧已無及嗣聖初為御史中丞為酷吏來俊臣所搆將誅刑神色不動前死者宗室子三十餘尸相枕籍於前元忠顧曰大丈夫行居此矣俄勑鳳閣舍人馬隱客馳騎免死傳聲及于市諸囚懽叫元忠獨堅坐左右命起元忠曰未知實否既而隱客至宣詔已乃徐謝亦不改容尋復舊官歷檢校左庶子忤張易之復貶為高要尉至端州即治戎旅備洞蠻居朞月民夷怙謐神龍初中宗復位其日即召拜中書令封齊國公卒年七十餘謚曰貞

常承慶字延休鄭州陽武人也其先自京兆徙家于襄陽父思謙事高宗以直聲累遷鳳閣鸞臺三品為納言承慶少恭謹事繼母以孝聞舉進士儀鳳中為太子司議郎上書諫太子賢近聲色昵小人又獻論善箴賢稱善賜予甚厚承慶又以人之用心多擾濁浮躁罕詣冲和乃著靈臺賦以廣其志武后擢鳳閣鸞臺同平章事以張易之故貶高要尉至任有覘訟覘者置案上歲餘起辰州刺史以前覘還之復封扶陽縣子為黄門侍郎未拜卒贈秘書監謚曰温

李邕字泰和揚州江都人父賢崇賢館直學士邕少知名始李善注文選邕附事見義世傳其業號文選學既冠見特進李嶠頓讀秘書得假直閣萬卷皆應辯如響嶠歎曰子且名家遂以文章顯拜左拾遺會御史中丞宋璟劾張昌宗等反狀武后不應邕立階下大言曰璟所陳社稷大計陛下當聽后色解即可璟奏五王為武三思所殺邕坐善張柬之貶富州司戶參軍常氏平召拜左臺殿中侍御史彈劾任職人頗憚之後為孔璋所劾疏奏邕得減死貶欽州遵化尉流璋嶺南而死邕負重名所至聚觀如堵至欽漸罕來者乃讀兵書迥詞往來飲欽江之水以為醴泉不是過也為文祭之感時傷事作六公詩以美張柬之

楦彥範敬暉袁恕已崔玄暐狄仁傑盡忠唐室因自寄焉後為北海太守天寶中吉温與宰相李林甫因他獄傅其罪詔御史羅希奭就郡杖殺之時年七十代宗朝始贈祕書監

盧奐滑州靈昌人父懷慎以宰相兼吏部尚書謚文成奐早脩整歷任皆以清白聞開元中為中書舍人御史中丞陝州刺史二十四年玄宗幸陝[illegible][illegible]其能政於廳事題贊而去尋召為兵部侍郎天寶初為晉陵太守時南海郡利兼水陸瓌寶山積劉巨鱗彭杲相替為太守五府節度皆坐贓鉅萬而死乃特授奐為南海太守遐方之地貪吏斂迹中使市舶亦不干法人用安之以為自開元以來四十年廣府節度清白者宋璟之後有奐詔加銀青光祿大夫經三年入為尚書左丞卒由是世益重廉吏云

張裼字公表河間人父君卿元和中舉進士詞學知名累歷郡守裼會昌四年進士擢第釋褐壽州防禦判官于琮布衣時客遊壽春郡守待之不厚裼以琮衣冠子異禮遇之琮將別謂裼曰吾餉遺叔翁五十千郡將之惠不登其數如何裼方奉母家貧適得俸絹五十匹盡以遺琮約曰他時出處窮達交相恤也裼累辟太原掌書記大中朝琮為翰林學士俄登宰輔判度支琮召裼為司勳員外郎判度支尋用為翰林學士轉郎中知制誥拜中書舍人戶部侍郎學士承旨咸通末為韋保衡所搆譖逐裼坐貶封州司馬封民語不可解裼時以文義教之漸知讀書士子日來請益與論文章無倦時及保衡伏誅琮得雪裼量移入朝為太子賓客與琮相見大歡然[illegible]慎裼不敢常晤也遷吏部侍郎京兆尹終檢校吏部尚書天平節度使卒年六十四

袁高字公頎滄州東光人祖恕已嘗平武氏之亂事中宗封南陽郡王謚貞烈高少慷慨有節尚擢進士第代宗朝累遷給事中建中二年出為湖州刺史尋拜京畿觀察使坐累貶韶州長史佐郎自守清廉不事邊幅而人自敬之政暇賦詩吏民傳誦未及朞復拜給事中德宗起新州司馬盧杞為饒州刺史詔出高執不下奏杞姦邪罪當誅僇帝曰朕惟鄉言切至

已如奏由是天下悚然仰其直聲卒年六十中外悵
惜元和中特贈禮部尚書
蕭倣字思道南蘭陵人曾祖太師徐國公嵩開元中
宰相大和元年擢進士累遷給事中宣宗初治喜直
言嘗以李琢節度嶺南倣封還詔書語在李承勛傳
咸通初遷散騎常侍懿宗僻於奉佛上疏切諫帝甚
嘉之遷至兵部尚書判度支尋以本官同平章事俄
而盜起河南内官握兵罷政事自集賢學士拜嶺南
節度使倣性公廉南方珍貽毫髮月俸之外他物不
以入門家人病醫人治藥須烏梅左右取於公廚以
和劑倣知命亟還之促買於市後遷司空封蘭陵縣
侯卒子廩字富侯第進士遷尚書郎倣領南海辟官
往侍南海多穀紙倣敕諸子繕殘書廩諫曰州距京
師且萬里書成不可露齎必貯以囊筍會者伺望得
無意泆譏乎倣曰善吾思不及此乃止故濁亂之際
克保令名子頎繼登進士第後位亦顯達云
寇準字平仲華州下邽人也至道元年加給事中時
太宗在位久馮拯等上疏乞立儲貳帝怒斥之嶺南

二年祠南郊中外官皆進秩準素所喜者多得臺省
清要而不及拯拯恨之陳準擅權乾興元年貶雷州
司户參軍初丁謂出準門下至參政事準甚謹嘗會食
中有羹污準鬚謂起徐拂之準笑曰參政國之大臣
乃為官長拂鬚邪謂甚愧之由是傾搆日深及準貶
未幾謂亦南竄道雷州準遣人以一蒸羊逆境上謂
欲見準準拒絶之聞家僮謀欲報讐者乃杜門使縱
博毋得出伺謂行遠乃罷天聖元年徙衡州司馬在
雷州踰年數民開渠引呂塘水灌東洋田萬頃既卒
衡之命乃至公性素豪奢而當時衣粗食厲甘于
淡泊其忠讜太節為縉紳儀表嘗插枯竹平地復生
時呼寇公竹
李惟清字直臣下邑人父仲行為章丘簿因徙家焉
開寶中惟清以三史解褐累遷給事中充鹽鐵使准
南權貨務左拔衛尉少卿俄出知廣州謹敕不苟珎
貨一無所取至道初就拜右諫議大夫太宗以廉平
詔獎之二年徙廣南東西路都轉運使召拜給事中
給御史中丞卒子求錫太子右賛善大夫求德殿中

丞

楊覃字中鈞漢太尉震之後覃少獻書於嗣王淑淑秘署著作佐郎後淑歸朝為禹城尉太平興國八年舉進士擢第大中祥符二年改太常少卿直昭文館知廣州勤於吏事所至以幹濟稱南海番舶之利前後牧守或致謗議惟覃以廉著遠人懷之加右諫議大夫四年卒年五十四遣其長子奉禮郎文友乘傳赴喪詔本州護柩還其家官給所費錄其次子為揚州司户參軍

陳從易字簡夫晉江人端拱二年進士及第歷彭州軍事推官歷遷太常少卿直昭文館知廣州三年遠俗安靖璽書褒美加三品服比還不市南物上聞郎日擢左司郎中知制誥飛白書清字賜之後除龍圖閣直學士卒元豊中神宗問蘇頌鄉毋誰氏頌以從易對上曰天聖間學士耶頌因言從易知廣州不畜南物上曰清節過馬援矣先是宰相寇準惡從易竦已除從易吉州及寇準貶道州丁謂語從易曰盧陵之事可以釋憾矣從易謂當以故相禮待之謂有愧色其志行多類此所著有泉山集二十卷中書制稿西清奏議三卷

包拯字希仁廬州合肥人天聖五年進士及第授大理評事知天長縣能斷牛獄徙知端州歲貢硯前守緣貢歲率數盈十倍以遺權貴拯至革其弊惟充貢數而已秩滿不持一硯歸其清介如此被薦為監察御史疏請選廣南知州尋又奏請廣南添差職官章再上從之官至樞密副使令載祀典又有鄭端義者先拯時知端州務農重學嘗築石城民求懷之

唐介字子方江陵人天聖八年登進士第為監察御史裏行轉殿中侍御史劾宰相文彦博知益州日造間金奇錦緣閹侍進宮掖以得執政帝怒貶春州别駕王舉正言其太重帝旋悟明日取其疏入改置英州而罷彦博相又慮介或道死有被直臣名乃遣中使護送至貶所圖其像於便殿由是直聲動天下進士李師中送之詩曰孤忠自許世罕有獨立敢言人所難去國一身輕似葉高名千古重於山並遊英俊顛何厚未死奸諛骨已寒天為吾皇扶社稷肯教夫

子不生還一時士大夫稱真御史必曰唐子方而不名介居數月盡心政事州人敬仰之如父母嚴事之如神明邑政大行尋召還遷參知政事未幾卒年六十贈禮部尚書謚質肅子淑問義問孫恕皆仕于朝為名卿而仲子義問風力強敏以集賢修撰知廣州有政聲云

孔勗兗州人孔子四十四代孫進士及第由殿中丞通判廣州以清潔聞真宗東封時躬詣孔子祠問宰相孔氏今孰為賢者或言勗有治行即召對以為太常博士勗被召蠻酋爭持寶貨以獻勗皆慰遣之一介不取

狄棐字輔之潭州長沙人天聖八年知廣州代還不以南物自隨人稱其廉

危祐字夢弼南城人天禧三年進士知邵州使者按治有所求祐告以民情不從因罝笏曰某不敢擾民以固位請遂歸百姓遮道留之尋遷太學博士以言詆宰相謫守廉州吏進聚珠扇嘆曰身為廉州守而執此扇以對吏民獨不愧州名乎却之

黃震字伯起福建浦城人進士及第遷著作郎累轉廣南轉運使自守澹素不好異物先是廣南歲進異花數千本至都下枯死者十八九道路苦其煩擾震奏罷之在真宗朝數論事上嘉之後卒詔進一階

張田字公載澶淵人登進士第熙寧初加龍圖閣直學士知廣州廣舊無外郭民悉野處田始築東城環七里賦功五十萬兩旬而成初役人相驚以白虎夜出田迹知其偽召戒邏者曰今夕有白衣人出入林間者謹捕之如言而獲城即就東南微陷往視之暴卒年五十四田為人伉直自喜好嫚罵氣陵其下故死無哀者然臨政以清女弟聘馬軍帥王凱欲售珠畀于廣顧曰南海富諸物但身為市舶使不欲自汙爾作欽賢堂繪古昔清刺史像日夕師拜之蘇軾嘗讀其書以侔古廉吏

蔣之奇字穎叔宜興人以伯父蔭得官擢進士第歷集賢殿修撰知廣州妖人岑探善幻聚黨二千人謀取新興畧番禺包據嶺表之奇遣鈐轄楊從先致討生擒之加寶文閣待制南海饒寶貨為吏者多貪黷

之奇取前代牧守有清節者吳隱之宋璟盧奐李勉等十人繪其像建十賢堂祀之蕃變其習徙河北都轉運使

周種字仁熟泰州人熙寧中擢第徽宗朝以右文殿脩撰知廣州番舶抵郡犀象香珠之屬悉選以充歲曰呈樣種一無所受終任不至舶務其歸也郡人賦詩送行有三年清似鏡之句靖康元年卒幼子方崇紹興中歷三院御史擢禮部侍郎

李朴字先之虔之興國人登紹聖元年進士第調臨江軍司法參軍移西京國子監教授程頤獨器許之移虔州教授以嘗言隆祐太后不當廢處瑤華宮事有詔推鞫忌者欲擠之死使人危言動之朴泰然無懼色旋追官勒停會赦注汀州司户右司諫陳瓘薦朴有旨召對蔡京惡朴鯁直他執政三擬官皆持之不下復以為虔州教授又嗾言者論朴為元祐學術不當領師儒罷為肇慶府四會令有奸民言邑東地產金寶立額買撲破田疇發墟墓厚賂乃已朴至請罷之改承事郎知臨江軍清江縣廣東路安撫司上管機宜文字欽宗在東宮聞其名及即位除著作郎半歲凡五遷至國子祭酒以疾不能赴高宗即位除秘書監趣召未至而卒年六十五贈寶文閣待制官其子孫二人中書侍郎馮熙載欲避近見朴朴笑曰不能見蔡京焉能避近馮熙載邪居官所至有聲在廣南止其帥孫竢以文具勤王不若發常賦助邊折漕使鄭良引真臘取安南之計以息邊患人稱其智朴嘗自誌其墓曰以天為心以道為體以時為用其可已矣蓋叙其平生云有章貢集二十卷

林扞字廷植晉江人紹興十八年第進士調歸善尉獲鹽盜十餘人白郡守請寬其罪或諭以賞格扞曰吾為官吏其可幸赤子之無知以為己功教授肇慶府初扞游太學與林孝澤友善時孝澤持節行部不入官舍而館于學一日扞謂孝澤曰公宜他徙毋重困我因出守貳已下書一束示之皆未啓緘孝澤止啓守書乃以薦牘翌日守持白金詣扞謝扞曰鹽盜一第猶恐不稱何使君待我薄也守慙退始扞居里故人為舶屬來訪見扞一室蕭然惟案上圖書數沟

從容謂曰僊居海濱豈無可委諭者杅曰此言何為至哉遂不復謁謝遷南恩州簽判卒于官

楊長孺字伯子別號東山潜夫以廕補守湖州累官至廣東經畧安撫使知廣州事每對客曰士大夫清廉便是七分人矣嶺南群吏獨有長孺清白著于時有詔奬諭謂其清似隱之故長孺賦詩有詔謂臣清似隱之臣清元不畏人知之句改安撫福建真德秀入對寧宗問當今廉吏德秀以長孺對端平以忤權貴劾去加集英脩撰致仕紹定元年起判江西憲臺舉以敷文閣直學士致仕年七十九卒郡人立像與吳隱之合祠

敖陶孫字器之福清人少倜儻有大志為文章援筆立就弱冠魁鄉薦遂補入太學韓侂胄逐朱熹陶孫首以詩送之趙汝愚謫死陶孫哀之以文又揭詩于通衢云九原若遇韓忠獻休說渠家末世孫侂胄誅死陶孫登進士第為廣州通判詳讞明允終温陵僉判有臞菴集

李綸字世美泉州人以廕歷仕有清操淳熙初提舉廣東常平日適伯兄維守恩平酌別江濱兄弟相勵以清白綸慷慨臨江籲天曰倘負軍民有如此水遂投杯于江杯停不沒者久之觀者驚嘆

吳與字可權漳浦人徙居龍溪知四會縣有惠政嘗論事憲臺燕君象勵聲曰乃欲效漢唐令耶荅曰固願學之恨不至耳燕為改容徙學省罰有循良風累遷奉議郎通判潮州終廣東提刑

吳懿德字文卿處州慶元人嘉定二年進士英州教授知玉山縣改知新會時縣久無正官弊端如毛民狃于訟且瀕海多盜縣不能制懿德至縣事無鉅細必親時新令至蛋户有給由錢受訴牒有酥息錢一切罷去凡仕族之流寓與惸獨顛連無告者廩其食春賦貧民錢粟夏則和藥施之雖潢潦亦時濬治其誠於為民皆此類以廉介有聲辟通判廣州未及拜而卒將没前二日書于册曰平生薄宦并受凍飢一介不取一毫不欺嘗祠晉刺史吳隱之于縣東以勵來者邑民謂其清白可尚遂配享焉西山真德秀誌其墓甚稱重之

鄭榕字廸民福清人少穎悟博聞強記時號書櫥淳祐中進士歷建寧司理有清操景定初授廣東察推其操彌勵所親規之曰子水蘗凛然不知何以爲出嶺計榕曰既能入嶺豈不能出嶺改知攸縣卒橐無餘財二子堅保從子褧皆博學清介世其家

馬晞驥新會人持國之子淳熙中擢進士歷陞判肇慶府留心佐政有潛以奇硯獻者晞驥謝之曰此非暮夜金但吾職貳郡當飲水自勵何敢以長物汚家聲耶其人慙而退焉由是名節益著尋遷知雷州官至朝議大夫

蒲壽宬咸淳七年知梅州性儉約於民一毫無取每思曾井遺澤建石亭于上曰汲井水二瓶置廳右進士楊圭題其亭有曰曾氏井泉千古冽蒲侯心地一般清

余瑛字伯華永豐人登淳祐進士第授廣東提刑持已廉嚴當時立廉吏碑公居其一云

王溥字士淵桂林人由進士洪武二十六年歷官爲廣東右參議時匠藝之家勢要占役弗克營生溥禁止之有奉部檄來徵舵木者立期逼取又木多不中民苦之溥親臨揀閱十取八九先是起運俱由海道風水漂没民不勝患溥自臨庾嶺遍觀險易命有司鑿石填澗脩葺橋道教民造車運之民賴焉先是慶賀俱設筵宴溥罷之時起無糧無籍軍都司咨取甚亟溥曰國以民爲本今一槩起取賦稅從何出耶遂奏聞上是之止起無籍餘皆獲免其弟來廣適遇承差何秀同舟知爲溥弟送以布衣弟至以實告溥曰一衣雖微不可不慎此汚行辱身之漸也即命還之臨遣弟歸及獻績父老遮道留不可得歷官數年笥無重衣庖無食饌爲胥吏罷庸誣逮赴京行李蕭然寮屬餽贐皆辭不受曰吾豈以患難易其心哉比至得白歸卒年三十有六廣人惜之

邢昭洪武八年來司新會稅貧而能廉介而有守月支俸饘粥不充或日中無食人遺之米亟命持去語妻曰寧饑餓以死不可受滿去無道里之費父老贐之一無所納其狷介若此

道同河間人其先韃靼族也洪武三年以才幹舉爲

太常贊禮郎十年出知番禺縣性剛毅廉絜番禺素稱繁劇而軍衛尤強横需求百出佐吏動遭笞辱前令不能堪比同至視民如子民亦愛之如父母堅執公法凡事違理者一切不從由是民賴以安權要惡之未幾求嘉侯朱亮祖至數以威福撼同同不為懼時有土豪數十人遇閭里珍貨輒抑價買之稍不如意即誣以鈔法人莫敢誰何同廉問得實捕其首惡械繫通衢以令衆諸豪詣亮祖求辯亮祖召同勞以酒食徐為言之同厲色曰公為大臣不當為小人所使亮祖不能屈次日亮祖出通衢被械者方曝烈日中哀呼求免亮祖釋之又有富民羅氏納女於亮祖其兄弟因怙勢凌人同按法治之亮祖又奪去復以他事笞同同遂歷數其事而奏之疏未至亮祖亦誣同抗訕先聞　上不知其由先命使取同首級適同奏亦至　上以其職卑而　直言大臣有骨鯁風特遣使宥之竟坐亮祖罪二使同日繼至而同已先死邑民甚悼惜之同性峭直器宇魁岸奉母備甘旨與妻子同粗糲布政使徐本雅重同嘗按一醫士罪當笞本急欲得醫遣卒語同釋之同曰徐公亦效求侯耶笞之乃已後同卒于官縣吏有奉其主于家者出入輒告應驗如神云

楊渙字德濟泰和人由進士正統間知四會縣廉能惠愛甚得民心邑有斷腸草貧民有爭輒服此以圖賴人多被其害渙至出令民有事陳訴者納草百根方與受理積而燒之朞年絶種其訟遂止黄寇逼境民懼欲迯渙率民兵防守民賴以安都御史楊信民聞而嘉之薦陞廣東按察司僉事卒于官

劉實字嘉秀安福人進士天順間由順天府治中擢南雄府知府剛介不阿一廉如水事持大體政尚簡靜暇則閉户註春秋府為江廣要路往年商稅鉅萬公無所稽官于是者鮮不盈饜推其餘以待過客亦無或缺望實至存稅之一二繕郡學補路松而已未數月中貴使嶺外至南安先遣騎視供張不如昔所聞實又與騎抗禮不假借色詞騎馳還南安明日從中貴至入驛與諸從騎夸詡羅立左右郡僚廷叅畢遂出獨留實詰以慢已共苛辱之廷中轟然南雄民

自驛門外争走入為實謝過以身翼蔽遂以實出中貴見實得民心徐問知其平素欲召驛前憾實不復往中貴去至韶韶人為言南雄守驛書言公美中貴乃亦以驛馬兼程疾馳先　聞被逮至京入見具言從官三十年不以妻子隨餐粗衣敝欲為國家愛養所部不忍勞費之以是觸忤天使無所逃罪　上霽威聽其言不復更窮治獄事得釋有日矣以病卒郡人哀而祀之祠曰忠義後改祀于景德祠至今韶人猶稱為鐵板劉詳見名臣録

陶瑶閩縣人景泰丙子鄉進士成化十九年任番禺知縣為政先風化而後簿書節財務義以身先之且廉公有威人自不犯縣左有倖臣所創寺僧不敢肆鍾倖臣問其故曰畏高正衙耳明日僧遂逃去倖臣亦撤鍾去之左布政使陳選稱曰古循吏不能過也瑶毋生日選繪壽星圖為詩贈馬市舶太監韋眷家人不法選盤出私貨諸司無敢收者瑶請曰頋以身當之遂籍其財入庫權貴為之奪氣未幾眷誣奏選選被逮瑶亦落職束書數筴戴平頭巾飄然去士民涕泣送之者幾千人今與陳公同祠祀云

周鐸字秉器萬安人正統壬戌進士歷官廣東右布政使與韓都御史征海寇有功時使司庫中有鉄轎木柱數十破之皆黄白金而籍無載者僚屬欲均利之鐸曰財屬庫藏可得而私耶卷聞之兩院時嘉其廉介稱方岳政績第一致仕歸清風肅然家居湫隘傍有僧舍當道欲以寺基益之鐸力辭焉歷官數十年其清慎始終如一日云

劉孟中字時可廬陵人成化中進士授主事歷官廣東左布政使凡征輸務寛大抑浮靡定婚娶節縮楪珠官積與公府之繁費遇權璫不得居奇利威惠大行入　覲吏部旌殊尤者六人孟中與焉懇疾乞歸以都察院右副都御史致仕居官所至以廉介稱

張澄安福人弘治初歸善主簿攝長樂事日持糜蔬坐公署釐庶務弗懈樽節民財不遺餘慮歲步歉輒發粟以賑請不俟報期月而卒邑人哀慟争執牲醴獻焉其女年甫及笄却之曰父在未嘗受饋今必不享惟取所執冬瓜為羹朝夕哭奠人益異之

林士元福州閩縣人由舉人嘉靖七年知香山縣事士元慈仁不擾撫愛小民每受訟牒怡聲與之細語久則如家人父子然一訊即吐露情實凡百撙節浮費廉靜不渝上下安焉初學宮在蓮峰山下日久廢壞科第缺人士元聞諸提學副使蕭鳴鳳相土定基撫按皆報可始遷入城中殿廡堂齋號舍悉有條所費約而易成諸生連有捷鄉書者士元母老會當道巡至順德檄士元躬送案卷先諭意索賄士元執不與乃謂人祀不至欲凌辱之士元奮衣起曰浚民膏脂以奉上寧死不忍為也竟不受辱而出即號言毋老乞改教職授潮州府學教授怡然就道卒為當道所忌僅遷周府審理不之官致仕而歸

石簡字廉伯寧海人進士嘉靖十二年知高州府居官廉靜嚴毅人莫敢干以私尤篤於愛民嘗師事泰泉黃佐為學以反躬為本辟三學生員延前編脩程文德與之講學捐已俸以給諸生燈油莅任三載調安慶行李蕭然至廣州三水縣遇盜盡掠行囊止俸銀九十兩名重當時官至巡撫雲南副都御史

周啟祥字源伯別號南鶴浙之海寧人少遊邑庠每為文研精輒以指撚其髮髮落若禿人多咲之而公自如也隆慶丁卯舉于鄉而後娶戊辰連登甲第授刑部主事刑曹事簡諸僚率多為文酒交公獨坐署中講讀律例嘗語人曰居官須此猶儒生之須經書也掌部西石王公鑑川王公咸器重之每從咨決多所平反凡有奏請率多俞允為西曹之冠歲戊寅出守廣州政尚簡易以節愛為主謝絕餽遺不徇請託即同年以子弟求送道試者亦嚴却之自奉儉約日惟蔬食或飢時遇公冗從袖中出數錢市麵餅一二啖之即不再食衙內或乏粮竟隱忍不敢輒以白公日坐皇堂視案牘剖詞訟悉從巳斷吏胥不敢高下其手會布涌蛋民構釁煽亂軍門調兵征剿諸将率多擒良為功公建議只錄其生擒者全活甚衆庚辰入　覲例有交際公稱貸以應嘗產以償壬午再應朝覲囊無餘物公廉所顧憲行至贛州疾劇而卒啓其笥僅以供斂訃聞廣州士民各於寺觀為位哭臨復建祠祀之直指羅公允札於府

學宮祠君子謂其清将吳隱之云
外史氏渠曰夫詩咏羔羊大夫春秋美季文子
蓋以大夫節儉正直足以風有位而季文子無
衣帛之妾無食粟之馬無藏金玉君子是以知
文子之忠也要之忠者廉之本未有忠而不廉
者正直者節儉之本未有正直而不節儉者是
廉所以成其為忠節儉乃所以成其為正直也
然則當官者何可不尚廉節哉此表循良者必
以清白為首也嶺海去京師萬里而遡自漢以

下稱廉吏者代不乏人皆堂堂然百代之儀表
若孟嘗吳隱之已極揚長儒尤卓特名世者入我
皇明褒崇廉節若王溥之責弟却衣邢昭之忍饑辭
米道同之直節被逮楊渙之廉能蜚聲劉實一
清如水而忠義有祠高瑶剛介不阿而角巾謝
政周鐸廉著於居官啓祥清同於處默是誠一
時之賢良而百司之型範也夫有定守者必由
其有定見焉左傳襄公二年宋人或獻玉於子
罕子罕辭之曰我以不貪為寶子以玉為寶若

以與我皆喪寶也不若人有其寶漢楊震謂故
舊曰使後世稱為清白吏子孫以此遺之不亦
厚乎夫知子罕之所寶又知楊伯起之所遺則
清白有關于世道不淺爰式而著之詩曰凡百
君子式穀是以來者其尚繹思焉

粤大記卷之十一

嶺南郭棐篤周甫編

宦蹟類

循良考蹟上

秦史禄

漢羅弘　孫豹　何敞　錫光

任延　衛颯　茨充　僮尹

楊扶　許荆　周敞　周憬

賈琮　周乘　陸康　熊喬

吴李肅　鍾離牧　聶友

晉羊徹　吴展　諸葛京

南宋陸法真　梁王琳　胡頴

唐張玄素　常袞　鄭從讜　蔣防

崔珙

宋周渭　凌策　馮拯　查陶

郎簡　張岐　常九思　張昷之

林積　袁抗　蕭世京　連希覺

詹範　羅守成　蘇伯材　范處厚

林勲　陳槖　蘇洸　林一鳴

黄公度　何庚　黄洧　留正

胡衍　戴之邵　許巽　陳峴

傅大聲　鄒非熊　方信孺　岳霖

宋煜　蕭璘　徐應龍　何坦

陳千齡　丁允元　陳頴　林嶸

梁克俊　顏樞　李華　許亘川

冷應徵　洪天錫　許應龍　洪天驥

孫叔謹　薛直夫　鄭良臣　陳圭

方大琮　李迪　劉克莊　梁益謙

王亘　黄岩　師顥行　陳塏

牟濙　胡頴

史禄者秦始皇時以史監郡其後遂為史姓也始皇伐百粤使尉屠睢發卒五十萬為五軍禄轉餉鑿渠通粮道自海陽山導水源以湘水北入于楚灕江為牂牁下流南入于海遂難利涉乃為磯以激水於沙

磕中壘石作鏵汎湘之流而注之灕激行六十里置陡門三十六使水積漸進故能循厓而上建瓴而下既通舟楫又利灌溉號為靈渠及漢馬援征徵側繼踵之以濟師徒引饋運民至于今賴之者祿之功也

羅弘荆州長沙人也元封五年初置交趾部刺史秩六百石掌奉詔條察州多以海隅荒遠行部罕徧征和中弘為刺史始發蒼梧春征冬息咨詢疾苦太守墨綬者多解黃綬肉袒請罪所至繕緝城社番禺都內尉佗有南武城其北越王山路井陌連磴相傳為弘所闢云

孫豹會稽人父幸武帝末為珠崖太守調廣幅布獻之蠻不堪役遂攻郡殺幸於是豹合率善人還復破之自領郡事討擊餘黨連年乃平豹遣使封還印綬上書言狀制詔即以豹為珠崖太守威政太行獻命歲至時稱其賢

何敞九江人元始中為交趾刺史行部到梧郡高要縣暮宿鵠奔亭夜猶未半有一女子從樓下出自云妾姓蘇名娥字始珠廣信縣脩里人兄弟夫亦久亡有雜繒百二十匹及婢一人名致富孤窮羸弱不能自振欲往傍縣賣繒就同縣人王伯賃車牛一乘與錢萬三千載妾并繒令致富執轡以前年四月十日到此亭外于時已暮行人既絕不敢前行因即留止致富暴得腹痛妾往亭長舍乞漿取火亭長龔壽操刀持戟來至車傍問妾曰夫人從何所來車上何載丈夫安在何故獨行妾應之曰何勞問之壽因捉妾臂欲汙妾不從壽即以刀刺脅妾立死又殺致富壽掘樓下埋妾并婢取財物去殺牛燒車杠及牛骨投亭東空井中妾死痛酷無所告訴故來告於明使君敞曰今欲發汝屍骸以何為驗女子曰妾上下皆着白衣青絲履猶未朽也掘之果然敞乃遣吏捕壽拷問具服下廣信縣驗問與娥語同收壽父母兄弟皆繫獄敞表壽殺人於常律不至族誅但壽為惡隱密經年王法所不能得鬼神告訴千載無一請皆斬之以助陰誅上報聽之

錫光漢中人平帝時為交趾太守教道民夷漸以禮義越俗婚娶無法光約以年齒相配民始正夫婦之

倫教化大行後有任延者政聲侔於光嶺南華風始
於二守焉
任延字長孫南陽宛人年十二為諸生學於長安號
爲聖童建武中為九真太守九真俗以射獵為業不
知牛耕民常告糴交趾每致困乏延教令鑄作農器
墾闢田疇百姓充給駱越之民婚娶無禮法不識父
子之性夫婦之道延移書屬縣使男年二十至五十
女年十五至四十皆以年齒相配其貧無禮聘者令
長吏以下各省俸祿以賑助之同時相娶者二千餘
人其産子者始知種姓咸曰使我有是子者任君也
多名子為任九真人生為立祠永平二年徵拜河内
太守九年病卒
衛颯字子產河内脩武人也家貧好學問隨師無糧
常傭以自給王莽時任郡歷州宰建武二年辟大司
徒鄧禹府舉能案劇除侍御史襄城令政有名迹遷
桂陽太守郡與交州接境頗染其俗不知禮則颯下
車脩庠序之教設婚姻之禮朞年閒邦俗從化先是
含洭湞陽曲江三縣越之故地武帝平之内屬桂陽
民居深山溪谷習其風土不出田租去郡遠者或且
千里吏事往來輒發民乘船名曰傳役每一吏出徭
及數家百姓苦之颯乃鑿山通道五百餘里列亭傳
置郵驛於是役省勞息姦吏杜絕流民稍還漸成聚
邑使輸租賦同之平民又耒陽縣出鐵石佗郡民庶
常依因聚會私為冶鑄遂招來亡命多致姦盜颯乃
上起鐵官罷斥私鑄歲所增入五百餘萬颯理卹民
事居官如家其所施政莫不合於物宜視事十年郡
内清理嘗約史記要言以類相從為史要十卷南土
莫不傳誦二十五年徵還光武欲以為少府會颯被
疾不能拜起勑以桂陽太守歸家須後詔書居二歲
載病詣闕自陳困篤乃收印綬賜錢十萬後卒
于家
茨充字子河南陽宛人也初舉孝廉之京師同侶馬
死充到前亭輒舍車持馬還相迎鄉里號之曰一馬
兩車茨子河建武中代颯守桂陽亦善其政民懶惰
少麤履皆徒跣盛寒時足多剖裂春温或至膿潰充
教之編織麻草作履不知耕稼充教民種植桑柘麻

紵之屬勸令蠶織示以採桑飼眠之法民得利益至今嶺南知桑蠶織履之方皆充之化也後廟食于連州

僮尹毋陽人舉孝廉為郎需次京師永平十七年春二月儋耳慕義貢獻其夷詭異生則鏤其頰皮連耳匡分為數支狀如鷄腸纍纍下垂渠帥貴長耳皆穿而縋之垂肩三寸見者詫為異物不敢正視是時甘露頻降樹枝內附公卿百官皆以為祥瑞顯應徵在遠人乃集朝堂稱觴上壽適張純子奮襲武始侯來朝亦與焉尹從奮引見便殿應對合旨顯宗奇尹才美因拜尹儋太守尹至郡敷政未久下詔擢為交趾刺史還至珠崖戒勅官吏毋貪珍賂勸諭其民毋鏤面頰以自別於洞俚雕題之俗自是日變建初中以州能匡俗信民厚加賞賜遷武陵太守

揚扶字聖儀會稽烏傷人也曾大父茂家本河東從光武征伐為威寇將軍封新陽縣侯建武中就國烏傷傳封二世有罪國除因而家焉和帝永元中扶以薦辟為武源令遷交趾刺史有理能名洞民有犀人家犀飲食者其家與之格鬭黨與畢集因行叔掠嚮鄰往捕反為所傷後乃益兵始就縛扶謂曰汝第飢爾叱使就粟南海郎吏盡諍以為縱惡不可扶笑遣之行二日盡投江中聞者大驚有瞽嫗市物泉刀盡失詣諸扶扶容遣人詷得所遺予嫗嫗感泣而去凡行部所至有恩惠州人為之謠曰揚聖儀政多奇蓋此類也

許荆字少張會稽陽羨人也祖父武嘗推家財與其二弟郡中稱友官長樂少府荆少為郡掾亦嘗拯兄子世於難人皆賢之太守黃兢舉孝廉和帝時稍遷桂陽太守郡濱南州風俗脆薄不識學義荆為設喪紀婚姻制度使知禮禁有兄弟爭財互訟者對之嘆曰吾荷國重任而教化不行咎在太守顧使吏上書陳狀欲詣廷尉兄弟感悔各求受罪諸不養父母兄弟分析因此皆還供養者千餘人

周敞汝南人舉孝廉順帝永和元年為交趾太守請立為州朝議不許即拜敞交趾刺史懷柔民夷甚有威惠自鄧讓以七郡歸附後寇賊時發敞能勞[illegible]

集海沍不敢犯境嘗行部至龍川聞山木響異因伐
取其中以為鼓以下分鼓給桂林郡上分鼓給交趾
郡擊一鼓則二鼓皆鳴俚獠相警動謂有龍潛而容
應莫不畏之因名其山曰龍山敞辟同郡陳茂為別
駕從事並有奇績比遷豫州刺史與茂俱行到潁川
陽翟傳傳中有置美酒一柙敞去勅御騶載酒以行
茂見郎取押擊柱破之敞問茂曰刺史年老須酒益
氣别駕破柙名亦何益茂荅曰所過皆有以明使君
傳車騑驂載酒非宜也敞敬謝之親茂愈於交初

周憬字君光徐州下邳人桓帝時舉孝廉拜尚書侍
郎遷固始相遂拜桂陽太守樂昌縣西一百十八里
為武溪溪上驚湍激石流數百里昔馬援南征其門
人轅寄生善吹笛援為作歌和之名曰武溪深其辭
曰滔滔武溪一何深鳥飛不渡獸不能臨嗟哉武溪
何毒淫憬至郡乃命良吏督帥壯夫挑移盤石投之
窮壑夷高填下鑿截回曲弼水之邪性順導其經脉
硠磕既斷洶湧勢弱由是小溪盡平大道充通舟人
安流行旅皆頌出其塗矣六瀧既奠流合武水憬之
功也熹平三年曲江為立廟刻碑于瀧頭瀧口一處
至今民頌其功不衰

賈琮字孟堅東郡聊城人也舉孝廉再遷為京兆令
有政理迹舊交趾土多珎產前後刺史率多無清行
上承權貴下積私賂財計盈給輒復求見遷代故吏
民怨叛中平元年交趾屯兵反執刺史及合浦太守
來達自稱柱天將軍靈帝特勅三府精選能吏有司
薦琮為交趾刺史琮到部訊其反狀咸言賦歛過重
告究無所民不聊生聚為盜賊琮即移書告示招撫
荒散蠲復徭役誅斬渠帥為大害者簡選良吏試守
諸縣歲間蕩定百姓以安巷路為之歌曰賈父來晚
使我先反今見清平吏不敢飯琮却琛獻守令亦皆
不敢受在事三年為十三州最徵拜議郎後為度遼
將軍卒於官

周乘字子居汝南安城人天資聰朗嵩峙岳立非陳
蕃黃憲之徒則不交也中平初與憲及封祈等六人
以孝廉為太守李張所舉亟封未發而張病卒張夫
人於柩側下帷見六孝廉守喪不去謂曰諸君各懷

進退俱未肯發喪幸有三孤足理喪紀正使相隨墳陌何若曜德王室亡者有靈實寵賴之没而不朽此其然乎乘哭盡哀與鄭伯堅即日辭行詣京師拜郎中遷鄮陵長建安中被徵拜侍御史公車司馬令不畏強禦以是見怨於幸臣出為交趾刺史上書云南交絶域習于貪濁強宗聚奸長吏肆狡侵漁萬民貽毒久矣今為聖朝掃清一方是時屬城解綬者三十餘人嶺表為之肅然陳蕃嘆曰若周子居者真治國之器譬諸寶劍則世之干將後遷太山太守甚有惠政民信服之卒于官

陸康字季寧吳郡人也少篤孝悌勤脩操行傳通象數刺史臧旻舉茂才除高成令有能理名光和元年遷武陵太守轉守桂陽歷任以恩信為治寇盗亦息又改樂安郡所在稱之後以直言免官歸田里復徵拜議郎會廬江賊起出康為廬江太守擊破降之獻帝即位天下大亂為孫策所攻受敵二年城陷月餘發病臨終屈指庚子歲天下罔分謂少子績曰從今以後六十年車同軌書同文至太康元年晋果平吳績字公紀郎幼年曾詣袁術懷橘墮地以歸遺母者也後為鬱林太守亦傳學善政見稱當時滿歸爵輕取石為裝人目為廉石自知亡日蓋得父傳云

熊喬字伯舉春陵人少治歐陽尚書以經學顯名初平中被辟至東都京兆尹陳龜推擇為桂陽郡曲江長雍容涖事往恶不咎聽覽如流海隅懷惠夙聚後序以禮範郎吏鬱鄣陰邪臧迹會董卓作難劉表為荊州牧選拜綏民校尉籌畫畢張謇謇在密出郡值雨見繈負者使讓馱隧仁聲益隆居五年去官未幾詔拜騎都尉灌陽長膏澤再施徽音嗣聞建安二十一年卒

李肅字偉恭南陽人少以才聞善論議臧否得中甄奇録異薦述後進題目品藻曲有條貫衆人以此服之權擢以司選舉號為得才求出補吏為桂陽太守分郴以北為北部始興以南為南部隨俗而治吏民悦服會卒知與不知並痛惜焉

鍾離牧字子幹會稽山陰人吴大帝赤烏五年遷南海太守時高涼賊帥仍弩等破略殘害越界攘討甸

日降服又揭陽賊帥曾夏等數千人歷十餘年以侯爵雜繒千匹下書購募不可得牧遣使慰譬皆首服自改為良民始興太守羊衜與太常滕胤書曰鍾離子幹吾昔知之不熟今見其在南海威恩部伍智勇分明加以操行清純有古人之風其見貴如此在郡四年以疾去

聶友字文悌豫章人也少以才諝録為縣吏虞翻從交州縣令使友送之翻與語而奇焉為書與豫章太守陳斐令以為功曹斐遂用之至都諸葛恪遂與友善初孫權將圖珠崖以問軍師全琮琮曰以聖朝之威何向不克然殊方異域隔絕瘴海水土氣毒自古有之兵入民出必生疾病轉相汚染往者懼不能反所獲何可多致猥虧江岸之兵以冀萬一之利愚臣竊所不安權不聽恪薦友為珠崖太守詔加友將軍與校尉陸凱同往執馘奏捷留友治之友麾師久致疫簡其精銳自衛餘先遣還權大說徵守丹陽

羊衜南陽人受知孫權初為中庶子侍中胡綜作賓之月曰英才卓越超踰倫匹則諸葛恪精識時機達幽究微則顧譚凝辨宏達言能釋結則謝景究學甄微游夏同科則范慎衜乃私於綜曰元遜才而疏子嘿精而很叔發辯而浮孝敬深而狹所言皆有指趣後四人皆敗吳人謂衜言有徵赤烏二年春為督軍督軍擊魏有功廖式作亂既平以衜為桂陽太守孫皓甘露元年分桂陽南部為始興郡改衜為始興太守衜益研政術南嶠率服藻鑑人物卒無一爽人皆敬之

吳展字士季下邳人篤學愼行為鄉里所重州舉孝廉仕至廣州刺史為政清平著聲南嶠秀才蔡洪稱其忠足矯非清足厲俗信可結神才堪幹世被徵而去後為吳郡太守吳平還下邳閉門自守不交賓客誠聖世之老成明時之儁乂也言于刺史周俊款其薦展展竟不出

諸葛京字行宗瑯琊陽都人亮之孫瞻之次子也魏人威漢瞻戰死咸熙初徙其家河東晋武帝泰始中詔曰諸葛亮在蜀盡其心力其子瞻臨難而死義天下之善一也其孫京隨才署吏後為郿令尚書僕射

山濤啓薦之尋擢中庶子惠帝時位至平越中郎將廣州刺史假節推誠待物有祖風烈吏民稱之

陸法真吳郡人宋孝武時歷官有清節嘗為劉秀之安北録事參軍事爾與孫詵書曰足下同僚陸録事東南名士又張玄外孫持身至清年高官下秉操不衰當日夕相與申意明帝初為南海太守時廣州部將李萬周以南江督護之兵作逆殺刺史袁曇遠將有異圖法真保郡[illegible]不擾郡境賴之竟以勞悴卒于官

梁王琳字子珩會稽山陰人本兵家元帝居藩琳姊妹並入後庭見幸琳由此未弱冠得在左右少好武遂為將帥[illegible]州刺史使拒武陵王紀紀平授衡州刺史元帝性多忌以琳所部甚盛又得衆心故出之嶺外又授都督廣州刺史其友人主書李膺帝所任遇琳告之曰琳蒙拔擢常欲畢命以報國恩今天下未平遷琳嶺外如有萬一不虞安得琳力忖官正疑琳耳琳分望有限可得與官爭為帝誶何不以琳為雍州刺史使鎮武寧琳自放兵作田為國捍禦若警急動靜相知孰若遠棄嶺南相去萬里一日有變將欲如何琳非願長坐荊南政以國計如比耳膺然其言而不敢啓遂率其衆鎮嶺南元帝為魏圍逼乃徵琳赴援除湘州刺史

胡穎字方秀吳興東遷人偉姿容性寬厚梁世仕至武陵國侍郎東宮直前出番禺征討俚洞廣州西江督護陳霸先在廣州穎仍自結托霸先與其同郡接遇甚隆及南征交阯穎從行役餘諸將帥皆出其下及平李賁武帝旋師穎隸在西江出兵多以[illegible]侯景之亂霸先克元景仲及度嶺援臺平蔡路養李遷仕穎皆有功歷平固遂興二縣令承聖初元帝授穎假節驃騎將軍羅州刺史封漢陽縣侯邑五百戶

張玄素蒲州虞鄉人少為吏有清名事太宗拜侍御史遷給事中貞觀四年詔發卒治洛陽宮乾陽殿且東幸上書極諫即詔罷役賜綵二百匹魏徵謂論事有回天之力歷太子少詹事遷右庶子時太子承乾事游畋不悅學玄素累諫不納太子怒遣刺客伺之會被廢玄素坐除名為民頃之召授潮州刺史玄素

不鄙夷遠民聞命即就道履任撫摩困窮興建學校悉心以勤民事既而徙鄧州高宗時以老致仕麟德初卒

常袞京兆人天寶末進士及第性狷潔不妄交游由太子正字歷中書侍郎同門下平章事以事貶潮州刺史袞自惠入潮人名所駐岡為丞相嶺捐貲墾田以供羅浮遊士泣州興學教士潮俗為之丕變士類尊敬之曰此劾中人不當濫汙師席者也事傳誦其文字然頗苛細以清儉自賢建中初楊炎輔政起為福建觀察使閩人由袞知學卒于官年五十五贈尚書左僕射

鄭從讜字正求宰相餘慶之孫也會昌二年進士及第累官宣武軍觀察等使恭年報政美聲流聞當塗者懼其大用改廣州刺史嶺南節度使五管為南詔蠻所擾而林邑又復內侵召天下兵進援會龐勛作亂不暇遑事從讜在鎮北兵寡弱夷獠桀然乃募土豪署其酋以右職而約束之禦侮扞城皆得其効雖郡邑屢陷而交廣晏然從讜以久在番禺不樂風土思歸戀闕形於賦詠累上章求為分司散秩不許僖宗立召為刑部尚書久之以本官同平章事後進太傅兼侍中致仕卒謚文忠

蔣防字子徵淮南人登進士上第以文章擅名元和中為尚書司封郎中知制誥翰林學士出刺汀州于敖封還詔書因搢紳意伸其枉曰于給事犯宰執之怒申龐蔣之屈不亦善乎奏下改防知連州嘗疏楞伽峽水以利涉民甚德之

崔珙博陵安平人父刺史頲有八子皆顯爵人比之漢荀氏八龍珙以書判拔萃高等官至太府卿太和七年正月拜廣州刺史兼嶺南節度使延英中謝帝問以撫理南海之宜珙奉對明辯帝深嘉之授珙檢討工部尚書徐州刺史武宗即位拜同中書門下平章事素與崔鉉不協鉉言珙妄破塩鐵錢又嘗保護劉從諫會昌四年六月坐貶恩州司馬在恩踰歲清嚴自持寬和得眾心嘗往州西登眺人名其岡曰丞相嶺云宣宗即位以赦召還為太子賓客鳳翔節度使乞致仕卒

周渭字得臣昭州恭城人幼孤養于諸父力學工爲詩劉鋹據五嶺昭州皆其地也政繁賦重民不聊生渭率鄉人六百踰嶺將避地零陵未至賊起斷道絶糧復還恭城則廬舍煨燼遂奔道州爲盗所襲渭脱身北上建隆初至京師為薛居正所禮上書言時務召試賜同進士出身解褐白馬主簿縣大吏犯法渭即斬之上奇其才擢右贊善大夫太平興國二年爲廣南諸州轉運副使初渭之入中原妻子留恭城開寶三年平廣南詔昭州訪求賜錢米存卹之及是渭始還故里鄉人以為榮渭奏去劉鋹時稅筭之繁者重定田賦興學校遷殿中丞屬有事交趾主將逗遛無功有二敗卒擐甲先至邕州市奪民錢渭捕斬之後至者悉令解甲以入訖無敢犯移書交趾諭朝廷威信將刻日再舉黎桓懼則遣使入貢就加監察御史在嶺南凡六年徙知揚州進殿中侍御史改兩浙東西路轉運使入為監鐵判官遷侍御史益州轉運使坐從子遠詔市馬黜為彰信軍節度副使咸平二年真宗聞其清節召還將復用詔下而卒年七十七上聞其貧不克賻錢十萬以其子建中為乘氏主簿

渭妻莫荃賢婦人也渭北去時不暇與荃訣二子孩幼荃尚少父母欲嫁之荃泣誓曰渭非久困也今遠難遠適必能自奮於是親蠶績碓舂以給朝夕二子皆畢婚娶凡二十六年復見渭時人異之朱昂著莫節婦傳紀其事

凌策字子奇宣州涇人世給事州縣策幼孤獨厲志好學宗族初不加禮因決意渡江與姚鉉同學於廬州雍熙二年舉進士起家廣安軍判官廣南西路轉運使進屯田員外郎入為戶部判官遷都官先是嶺南輸香藥以郵置卒萬人分鋪二百負擔抵京師時以煩役為患詔策規制之策請陸運至南安汎舟而北止役卒八百大省轉送之費盧之翰判廣州無廉稱以策有幹名拜職方員外郎直史館命代之賜金紫廣英路自吉河趣板步二百里當盛夏時瘴起行旅死者十八九策請由英州大源洞伐山開道直抵曲江人以為便代還知青州

馮拯字道濟河陽人少以書生謁趙普普奇其狀曰

子富貴壽考宜不下戚樂進士補大理評事淳化中有上封立皇太子者極與尹黃裳王世則洪湛伏閤請立許王元僖太宗怒悉貶嶺外極知端州既至上言請遣使括諸路隱丁更制版籍及議鹽法通商十餘事太宗歎召還叅知政事不果乃徙知昌州改通判廣州郊祀遇覃恩還尚書員外郎真宗時以吏部尚書檢校太傅同平章事乾興初進封魏國公卒贈太師中書令謚文懿子行已伸已皆知名

查陶字大鈞徽州休寧人初仕南唐以明經登科補常州錄事叅軍太宗時知南雄州事地當衝要民雜夷獠陶至風俗丕變咸平中遷秘書少監後代楊億知審刑院景德三年卒子拱之進士職方郎中慶之太子中舍人

郎簡字叔廉杭州臨安人幼孤貧借書錄之多至成誦進士及第補試秘書省校書郎知竇州縣吏死子幼贅婿偽為券冒有其貲及子長屢訴不得直乃詒于朝下簡劾治簡示以舊牘曰此爾翁書耶曰然又取偽券示之弗類乃自伏累遷尚書度支員外郎

廣南東路轉運使擢秘書少監知廣州捕斬賊馮佐臣入判大理寺以尚書工部侍郎致仕祀明堂遷刑部卒年八十有九特贈吏部侍郎

張岐字郎卿榮安人真宗朝以秘書丞知瓊州瓊俗悍朴牧守御得其道則歲時以香蠟魚果為獻否則群起為盜岐鎮以清靜卻餽獻民夷服其廉介其地多颶風熊揆屋盛夏猶寒岐教以立屋之法稍免其患後倅曹州移瀛州

常九思河内人仁宗時知韶州心樂易而政精勤先是郡歲課丁夫剌船南海餽鹽數千萬石民重困擾獄訟益煩九思下車斥占名之卒以代之民得休息其後有樂温故知韶州日漕司歎以猺寇首豪捕住州境温故拒不受民乃安堵罷三溪鹽場并岑壚歲額在職二年市銅鑄錢三十萬貫侍從累表薦之又其後有王之才知韶州樂善好脩敏而有才雖韶稱事劇而日有餘暇嘗新州學日與弟子員討論講解崇奬秀異俾之進業三人者皆以能理名

張昷之字景山清河人進士及第仁宗時累官至廣

南東路轉運使夷人有犯其酋長得自治而多慘酷
盈之一以漢法從事王絲紹興人慶曆中以侍御史為
廣南東路轉運使蕃市舶提舉舊番舶之來十稅其
一必擇精者絲令精粗兼取夷人悅之目為金珠御
史二人前後所尚不同盈之繩之以嚴絲稅之以寬
然夷情亦莫不服

林積字公濟龍溪人也慶曆中循州判官廉謹方嚴
嘗覆強盜獄多平反忤部使者意初使者欲薦積因
是已之積笑曰失一薦章而活五十八人吾何憾焉
改治安福六合皆有政績繼至泗州調對神宗嘉其
廉能除江西運判徙廣東提刑召為三司度支判官
遷駕部郎中太府少卿出知福州移河南轉運使卒

袁抗字立之洪州南昌人舉進士得同學究出身累
遷國子博士知南安軍擢提點廣南東路刑獄浙東
叛卒鄂鄰寇閩越轉南海與廣州兵逆戰海中值大
風有告鄰溺死者抗獨曰是日風勢趣占城鄰未必
死後果得鄰於占城還為度支三司判官改少府監
卒抗喜藏書至萬卷江西士大夫家鮮及也抗子畤
少刻厲好學善為詩終殿中丞

蕭世京字昌孺江西龍泉人嘉祐丁酉進士歷官廣
東路提舉常平公事時蔡京當國世京多與相忤論
列京十事京怒罷歸會徽宗於禁中得世京所上書
即擢為吏部員外郎遷廣東路轉運副使賜金紫有
番商蒲缺者多蓄珍貨與吏通賄因負勢橫甚世京
按其罪治之時江陵令孫暈者通敏有幹局會黎人
寇瓊州以師出討辟暈偕行暈請單車入壘降之後
知雷州平劇寇累陞朝請大夫致仕卒

連希覺字民先不知何許人紹聖二年知英州時南
山有梁勝果寺遺基前守建衆樂亭與民同遊希覺
繼至記其成發明先憂之義人爭誦之已而罹艱憂
去崇寧初復知南雄州伐石築陂引水灌田民感其
惠號曰連陂至今賴之

詹範字器之崇安人紹聖間知惠州蘇軾謫居範載
酒從遊相與倡和時兵荒之後野多暴骨範取而掩
之為義塚焉故軾詩曰江干白骨已銜恩又嘗稱其
治行類龔黃渤海云

羅守成紹聖中知廉州愛民禮士百廢具舉築城壘創貢闈賑貧人施藥劑力可到處靡不盡心郡人立祠祀焉又有謝季成元祐中以南京作坊來知廉州版築城壁脩治道路庫序一新

蘇伯材字延構晋江人紹聖四年第進士知潮州潮陽縣富民殺其姪女有吏容懷黄金數百兩置于前且白其事伯材械治之事連縣佐部使者以聞詔褒其能知韶州憲吏執翁源平民為賊以幸賞縣令梁格使獄死伯材廉知事狀以聞于朝格坐黥海島有文集周易解義三十卷藏于家

范處厚紹興人崇寧五年知南雄州大觀初詔製孝弟睦婣任䘏忠和八行之選每路以三人為率詔下二年嶺南一十五郡無應選者處厚悉心搜訪得譚煥歐陽珏許牧三人以其行聞為一路殊選

林勳賀州人政和五年進士為廣州教授建炎三年八月獻本政書十三篇言國家兵農之政率因唐末之故今農貧而多失職兵驕而不可用是以饑民竄卒類為盜賊宜假古井田之制使民一夫占田五十畝其有羨田之家毋得市田其無田與游惰末作皆驅之使為隷農以耕田之羨者而雜紐錢穀以為十一之税宋二税之數視唐增至七倍今本政之制每十六夫為一井提封百里為三千四百井率税米五萬一千斛錢萬二千緡每井賦二兵馬一匹率為兵六千四百人馬三千四百匹歲取五之一以為上番之額以給征役無事則又分為四番以直官衛以給守衛是民凡三十五年而役使一遍也悉上則歲食米萬九千餘斛錢三千六百餘緡無事則歲四分之三皆以一同之租税供之匹婦之貢絹三尺綿一兩百里之縣歲收絹四千餘疋綿三千四百斤非蠶鄉則布六尺麻二兩所收視絹綿率倍之行之十年則民之口筭官之酒酤與凡茶鹽香礬之榷皆可弛以予民其說甚備書奏以勳為桂州節度掌書記未幾甚愛其書東陽陳亮曰勳為此書考古驗今思慮周密可謂勤矣世之為井地之學者孰有加於勳者乎要必有英雄特起之君用於一變之後成順致利則民不駭而可以善其後矣

陳橐字德應紹興餘姚人入太學有聲登政和上舍第累遷權刑部侍郎除徽猷閣待制廣州兵興後廣東盜賊無寧歲十年九易牧守橐盡革弊政以恩先之留鎮三年民夷悅服初朝廷移韓京一軍屯循州會郴寇駱科犯廣西詔遣京討之橐奏廣東累年困於寇賊自京移屯敵稍知畏今悉軍赴廣西則廣東危矣檜以橐為京地坐稽留機事降秩屢上章告老改婺州請不已遂致事又十二年以疾卒于家年六十六橐博學剛介不事產業先世田廬悉推予兄弟在廣積年四方聘幣一不入私室既謝事歸剡中僑寓僧寺日糴以食處之泰然王十朋為風士賦論近世會稽人物曰杜祁公之後有陳德應云

蘇洸字澄老父歆自泉之德化遷仙遊官至利州路轉運判官洸以父任入官知臨川縣脩治述陂民號蘇公陂通判賓州時張栻為帥以廉吏舉除知雷州秩滿赴闕而陳三劄一乞析納稅閩丁米以便民二乞籍海舟以戢姦盜三乞戒約廣西軍寨不得差人買易改知新州民有何暮之歌移封州洸首請減人丁米及經制無額之數所至人皆德之

林一鳴字聞卿莆田人以父正蔭補官梁克家當國起知南雄州改知惠州請發常平倉賑糶饑民奏罷責口食塩淹造塩鈔紙官酤為民病者十數事又為文諭民力學種麥墾荒田脩坡塘去喪樂禁殺牛等事居民有殺牛方揮刃間牛掣斷縶奔至廳下若有所訴見者驚異一鳴命飼牛為治其屠人以為仁化所及官滿之日惟圖書數篋而已

黃公度字師憲莆田人紹興八年進士第一人十五年通判肇慶府攝南恩守治事之餘以讀書著文為樂嘗題嗇隂堂詩云薄書休吏早花塢向人開又增學廩擇秀民與之登降揖遜學者用勸邦人像而祠之及召還詢以嶺外弊事公度曰廣東小郡有十年不除守臣者權官苟且郡政廢弛民受其弊高宗曰君歸吏部當無此弊遂以公度為考功員外郎終左朝請郎所著有漢書鐫誤及知稼集等書行世

何與春陵人以紹興二十六年知雷州急於民隱當以興利除害為公東洋田舊無陂塘畝澮以資灌溉

庾相地宜鑿渠北導特呂塘之水使之南下西導西湖之水使之東注合二水灌田數千頃公私獲利名其渠為何公渠民到于今思之

黄洧字清臣甌寧人以父廕除知南雄州郡小用度不饒舊常法外重贖以取資且榷酒酤增稅柵民告病矣而官用猶不足洧至一切罷之人以便安而郡亦未嘗乏事也州故與建饒贛州代輸坑冶司歲貢白金各若干兩故事皆取於民以辦公請以郡大小為差認悉蠲之郡人賴焉乾道四年改廣南東路提舉市舶帥守市賈胡香不償直洧舉法移州帥愧且懼亟召歸之吏為轉運判官廣學租禮名士益勸諸生以學番禺令近在帥守諸司治所肆意為姦無案舉者洧素聞之至是誨厲之不能改乃捕其吏屬劾之反而獄且奏上闕實抵罪以去其餘不循法度以病民者隨罪大小以次繩治於是一路肅然官吏始知有法守矣市人困於官估丐奪之擾洧為移書一路罷官估除市籍百貫得職物價為平復上奏請均其法於諸路詔施行之丁籍久失開收口賦之逋均及鄰伍流亡日衆洧選吏分行覈其實而除之一路所蠲凡十有五萬口流冗浸復瀕海蛋戶數萬生理至微亦有役於州縣洧悉免之按行所部雖煙瘴荒遠無所憚訪問疾苦伸理冤抑不可勝計革外銓匿闕循私之弊人無怨言江浙歲饑有旨發二廣義倉米航海詣永嘉往時嘗有此役吏丞緣以擾民而米不時達洧處之有方且幷西道所發轉致之不越月而至永嘉者八萬斛永嘉人焚香迎拜步下曰此廣東運使活我也史正志為發運使專以括取諸道羨錢為已功諸道承風聽命不暇洧曰嶺外貧薄安得視它路財予緡錢千數正志怒欵陷洧為人告者乃已改使荊湖南路積官朝散郎卒朱熹銘其墓云

留正字仲志泉州永春人紹興庚辰進士為南恩州陽江尉清海軍節度判官龔茂良守番禺器其材薦于宰相虞允文奇之擢知循州陛辭首言崇尚名節孝宗嘉之留為軍器監簿累遷中書舍人屢封還詞頭言忤時相以顯謨閣直學士出知紹興府後為四川制置使以擒羌酋奴兒結功除簽書樞密院叅口

政事右丞相封衛國公進封魏國公少師卒年七十八贈太師謚忠宣有詩文奏議二十卷子恭丙篤碩孫元英元剛皆仕顯于時

胡衍字昭叔泰和人擢進士第仕保昌簿移高要尉獲僞造符者格當賞衍曰殺人得賞非吾願也力辭之遷湞陽令時嶺南無田之民例輸身丁米衍為言於臺部使者以聞免之又號白嶺南民患數事上嘉納焉衍性更曠洞徹藏書萬卷所著有松陵集

戴之邵廬陵人乾道六年知雷州先是何公[illegible][illegible]水而捍海隄岸崩弛無以禦鹹鹵之邵又沿海築堤建閘并浚二渠之湮塞者自是外無斥鹵之患内有灌溉之饒民享永利目其堤為戴公堤又遷郡序於海康縣西自書進學說以勉學者復懇南軒張栻為記以申詔之

許巽字少陽仙遊人以禮學魁鄉薦乾道五年進士調知惠州歸善縣尉有部民為盜者巽驗問非實不為理尉囊槖上下必欲成賞太守入其說廷詰巽巽曰行法在太守執法屬有司守不能強巽遂縱

習舉手加額曰生我者父母再生我者知縣終朝散大夫

陳峴字山甫温州平陽人少篤學工文辭淳熙丁未進士中博學宏辭科歷官有政聲以太中大夫集英殿修撰嘉定元年知廣州軍州事兼管内勸農使充廣南東路經畧安撫使馬步軍都總管先是邑民苦預借峴至蠲諸邑宿逋四萬六千緡免大禮歲助賞錢一萬四千緡罷諸場稅額最為民害者二千五百緡募僚以舊額請峴以州賦代輸且奏于朝無得預借民獲甦息廣學宮治城濠設閘門渚水以備不常闔歲百役並興勞費不憚時貅寇部界謀窺州城峴募勇敢軍日加訓練益為備城以南户口繁夥舊無捍蔽乃築東西鴈翅城以翼之郡號多士貢額纔十三峴為請于朝嘉定三年增額為二十五帥廣三年政務寛簡民甚徳之以功封永嘉郡開國子食邑五百户嘗以政暇委州文學薦璣監盐倉季端仁編南海志凡都會名蹟堙遏弗彰者皆補書之成一方信史凡十二卷云

傅大聲字仲廣仙遊人淳熙中進士通判循州適巡
起守稱疾大聲調發諸軍奮力鏖戰賊皆潰去未幾
餘黨復猖獗諸司專委大聲督捕乃上禦賊數策漕
使劉強學題之須行于廣東遂劾守不職以大聲攝
州事尋奏為真闔城驩呼曰傅父爾留吾屬有依矣
前数月郡圃有老松数株日出紫氣如雲騰空而上
父大聲拜守人以為德政所感守上日有例册錢千
緡郤之郡倉米斛增大於舊大聲首較定之在循四
年民樂其政相率立祠焉

鄒非熊字宗望宜黃人登淳熙中進士授樂昌尉獲
強盜恥受賞修復石渠以溉田民有去思碎曲江令
平反獄事活死囚十有二邑人刻石民有張九韶者
被盜尉執平民煆煉誣服非熊力爭破械遣之居亡
何真盜敗九韶失物咸在人服其明遷判邵州陛辭
陳三事上嘉納官至廣東提刑自號竹巖持論勁為
文典人甚服之

方信孺字孚若莆田人登進士初為番禺縣尉盜起
海賈方聚分鹵獲信孺捕之盜惶駭欻趨舟而信孺
已使人負盜舟去矣乃悉縛盜不失一人嘉定元年
擢通判肇慶承檄督捕雄韶崗寇諸臺辟知新州未
上有旨令同廖德明措置收捕就知韶州時江湖屬
邑多燬于賊惟韶境賴之晏然未幾赤水洞賊踰嶺
信孺遣義士秦綱督帳下兵與戰斬其渠而綱亦殞
于賊信孺復欵募勇敢擣賊巢既而朝廷用招降之
說乃止轉知道州

岳霖相州人岳武穆王飛之次子淳熙三年任知欽
州交趾入貢使者肆毀驛舍霖封劄示其都監曰若
不葺而行當以軍法相待交人畏之繕而後行

宋煜字伯華莆田人淳熙間知循州嶺南諸郡貴舍
率敝陋煜至即撤而新之循人士始自力于學州境
舊多曠土煜令民墾耕奏蠲其租六年遂成沃壤初
民以茅覆屋恒多火災煜乃量户高下貸以官錢又
毀城兵之匠者陶者相其役民用安居以時還所貸
無一人敢負者先是守將閱城多虛丈煜按視必親
月以為常陳崗盜發倉卒徵旁郡兵獨煜所遣皆素
練督將倚賴之迄以殄賊尋改知惠州惠有蘇范二

雖故武斷為奸利州縣莫能制煜卒窮致其罪豪猾屏息有富民抵辜援舊比請輸錢以贖煜曰是豈所以癉惡示懲耶竟論如律又減重額刷逋户刻盧籍以蘇積困惠人德之煜孫翊以蔭補得官端平初通判廣州時崔與之為帥辟知循州父子相繼握州麾而政聲亦相埒時人頌之

蕭麟字耕道廬陵人開禧乙丑進士授曲江簿以能遷仁化令多仁恕愛民歲旱民視苗萎死麟教以作轆轤水車遂得灌浸之法兄弟爭產相毆擊者召而諭之曰失一田地尚可置至如兄弟豈可復得民感泣遷化有失牛者意其鄰讎曰暮夜不可知毋執狐疑傷爾善鄰數日果得牛於林中民病因疾而供賦不倦為奏蠲之其以仁感人多此類二年卒民哭之哀復像而祀之

徐應龍字允叔建寧人淳熙二年第進士嘉定間知雷州為政寬厚愛民如子勸農興學雷人頌之知南恩州政清而嚴奸豪屏跡民歌曰生我父母在何許養我父母徐州主後累官至刑部尚書

何坦廣昌人淳熙十一年進士少貧好學提刑廣東杜絕請托洗究澤民斷獄得情以廉平為嶺南首擢官至寶謨閣學士卒謚文定又有湯露者延平人從齊先生陳宓門人也宓守延平盡行朱子之化露得其傳言出人從時及教授韶州士多崇信權學謝琳賢脩學未完露節縮經費繼之乃底于成

陳千齡泰和人性邁捷與兄九齡皆通易學九齡累舉官南海簿千齡為韶州曲江簿有潮陽令以軍事犯贓上司欲窮治之時司諫韓璜檄千齡推鞫援著踵至多方饋以夜金一無所受至問得實還報言令以趣辦軍務得罪初非入己璜覆觀案牘信然全得末減璜喜千齡無他當路亦嘉其平恕尋陞慶州司法參軍

丁允元字叔中常州人淳熙中以忠諫謫守于潮增置韓江西岸石洲四架以梁而屋其上民懷之名曰丁公橋撥田租三百六十五石于學以贍士今祀于名宦祠

陳頫字奇之泉州人以父蔭入官知海陽縣治以寬

慈畫蠲無名之賦人號陳佛子俊知惠州妖覡嘯聚
策日爲變帥臣欲以兵捕之頡謂捕則堅其必死心
不若撫之使定竟就招提舉廣東市舶卒
林嘌福州人慶元三年任知州愛民如子州有白丁
錢逃亡者責累甲頭民甚苦之嘌奏免復置田以蓋
學廩構濟川橋以便往来惠政甚多祀于名宦
梁克俊字叔明泉州人也嘉泰初知循州積公帑數
千以脩城葺學循人以其有功于民祠於縣治其後
同郡趙善譩子安之繼知循州勤恤民隱而除其害

易茅屋以甩民病涉則爲之架梁凡可以爲循利者
靡不究心郡人德之爲生立祠焉
顔㣚字養正晉江人以太學生登開禧元年第歷南
海令有惠政以考最通判循州知梅州顔寇陳三槍
萬衆逼梅城四十二日㣚激厲將士分隅拒守又合
蛋船布水陣櫕矢射之賊遁去帥垣上其功會病卒
李華建寧建安人嘉定十一年爲連州司法時猺伽
峽崩水逆行城郭昬墊者數歲華力請于郡仍赴漕
臺建議身任疏鑿之責三載峽底于平既滿去閭郡

守留元長有還學之議猶以私錢五十萬來助其役
許巨川字東甫温陵人登嘉定甲戌進士第其學得
伊洛紫陽之傳初董教廣庠篤志訓誨學者有所矜
式人士感之建生祠于泮宮東𫮃與之自蜀歸閩而
嘉之及爲東莞令首謁學以禮殿堂廡陋出米壹千
萬繕葺邑務雖繁必與諸生講解以勵新業復立小
學以訓童蒙且撫摩愷悌殿中書劉克莊時爲計使
聞其斷訟以爲仁至義盡邑人士倣郡庠畫像祠
詳見李文溪經史閣記

冷應澂字公定洪州分寧人紹定中進士知德慶州
前守政不立縱暴吏侵漁峒獠往往致變應澂檄諭
之獠感之歆自歸爲謀主所惑不果應澂出其不意
擒之屬縣租賦詭道阻久不至郡應澂爲立期日督
輸者與減分耒至則償所減民惟恐後不一月訖事
後直寶章閣知廣州主管廣南東路經畧安撫司公
事馬步軍都督管領漕如故剸劇如家事吏民戴之
後卒于官
洪天錫字君疇泉州晉江人寶慶二年進士授廣州

司法長史盛氣侍僚屬天錫糾正為多丁内艱調潮州司理勢家奪民田天錫言於守還之帥方大琮深相推重歷官廣東提點刑獄五辭明年起知漳州入之直寶謨閣還廣東轉運判官决疑獄覈倉吏治財賦皆有法召為秘書監兼侍講尋致仕加端明殿學士卒特贈正議大夫謚文毅天錫言動有準繩居官清介臨事是非不可回折所著奏議經筵講義進故事通祀輯略味言發墨陽巖文集

許應龍知潮州時盗起贛州漸逼境上應龍亟調兵分扼要害設間諜謹關隘斷橋開塹區畫有方盗不敢犯既而僚屬以盗平請上功應龍曰守職扞城保民何功之云謝去日闔郡遮道泣送如失考妣焉

洪天驥字逸仲晋江人天錫之弟景定二年知香山縣至之日以教養人材為首務脩復大成殿明倫有堂主敬脩身賓賢登俊有齋皆捐俸入為之歛不及民其為政一裁於義俗譁競戢其尤桀黠者曰此囚牙訟師去則吾民安矣邑以大治經畧使洪勳趙汝暨當宜中及倉憲交以邑最上咸淳元年轉奉議郎二年差監行在権貨務後除大理寺丞終知潮州與兄文毅公天賜文學齊名時謂二洪卒文天祥状其行實所著有東巖集

孫叔謹字信之漳州龍溪人父昭先直寶謨閣以郊恩補官累遷至大理寺正寶慶三年出知潮州潮擾漳境叔謹熟知利病即日罷行訟牒累至數百率五鼓坐廳事據案剖决如流公勤自厲創橋築堤奏罷貧民鹽役撥田于學以養士潮人感其惠而尸祝之於韓山昌黎廟今祀于名宦祠又有宋敦書者知潮州一日溪流湧洶隄决而西乃築隄八十餘里民免其患

薛直夫字愚叟永嘉人也嘉熙元年知雷州始闢試闈增貢士庄創建二蘇祠脩理堤渠建橋立市以便貿遷往來始雷人不知醫藥病則召巫禱神而已乃置惠民藥局以療民疾有仁者之政民立生祠

鄭良臣福州人淳祐二年任知潮州舊有白丁錢催科者據籍取辦雖有遷徙物故不為除豁良臣易籍更編民賴以安增置田稅於學及韓山書院以為養

士費蓋有功於士民者今祀名宦

陳圭字夾夫興化人淳祐間知潮州太平橋抵三陽門正街多為居民所侵圭俞後之捐公帑市右畞工脩砌由是周道軒豁又新原道堂扁其前楹曰書庄置晦菴所著書籍實之立書院田為養士費蓋有功於名教者祀于名宦

方大琮字德潤福建莆田人淳祐二年帥廣凡六年以儒飾吏以政熾俗鄉飲酒禮久廢命賓佐譔領袖士討論之禮樂器服悉還古制歲一行之拜如古有辞勝席以宴漏過三十刻時齒已邁而終禮無倦色丁祭儀文未稱自冕服弁以至簠簋籩豆鍾磬琴瑟柷敔之屬悉放古訂禮改作又建書堂之飛閣翼以四齋敞清海軍門以雄藩府規模十倍於昔云

李迪字復古其先趙郡人淳祐十二年知廣州明敏嚴於御已戢吏治盜發姦擿伏時而用之猾胥黠吏重足側立不敢逞郡學舊無屏門迪始開創宮墻數仞臺閣朔謁無下車厥庭之譙民户納地基錢吏以名色掊尅其来久矣迪一切革去自支官錢與吏作糜費外不許妄取一文既造朝後来蒙蔽此意寖失及劉應龍来奠南服復取迪條貫用之士民益動其棠之思

劉克莊字潛夫興化莆田人祖夙知温州父彌正吏部侍郎克莊通古今熟典故最為真德秀所知理宗朝領史職兼兩制論建多綱常國體君身之大者嘗為廣東提刑仰慕崔清獻公與之表章遺文祭奠祠墓歎曰公之完名高節百世師也官至工部尚書加龍圖閣學士致仕卒謚文定有后村集行世

梁益謙荊南人宋端平中為香山令首重學校課督士子增學田二頃二十有六畝疏南濠之水以灌陂田捐俸置賑濟倉民德之為立德政碑

王亘字伯通福州人淳祐中為博羅令為政勤於吏事脩築隨龍蘇村二堤百姓賴其利後與單倬相繼知南恩州力蘇民瘼民到于今稱之

黄焌紹定間知南雄州敦尚教化初久旱歲至禱而有感雨三日歲大熟民苦賦役之重奏蠲之邦人為立生祠

師顕行眉山人景定四年知惠州政尚簡静忽猛寇竊發郎撲滅之人以為仁者之勇在郡五年民以寧一公暇手不釋卷著書自娛有文鑑集註今不傳

陳塏字子爽嘉興人歷京湖制置使司主管機宜文字進集英殿脩撰知婺州改知太平州兼江東轉運副使請蠲放諸郡災傷加戶部侍郎進寶謨閣待制知廣州權兵部尚書咸淳四年卒謚清毅塏屢歷麾節軍民愛戴幕客盛多而塏又樂薦士所著可齋詵藁二十卷

牟滐字潔清晉江人咸淳二年知潮州脩學養士除盜去奸郡人德之祀于名宦

胡頴字叔獻湘潭人性直惡邪每見淫祠即毀之人訓之胡打鬼咸淳初經畧廣東有僧寺佛像中常出巨蛇享人祭祀僧倚以為利頴至毀佛而殺妖蛇杖僧以警愚俗其徒遂息其風遂變其剛正可法也

外史氏柴曰昔太史公傳循吏而言奉職循理亦足為治何必威嚴名言哉此守令之正鵠也嶺海去京師萬里其民習獷野吏茲土者因其俗而順治之自昔稱多循良如史祿疏壅渠羅弘緖城社何敞辨鵠亭之冤孫幸靈珠崖之恥華風始二守則有錫光任延建武稱三君則有衛颯茨充楊扶而許荊周敞周憬賈琮周乘陸康熊喬皆恂恂然漢之循吏也吳則李肅鍾離牧聶友晉則吳展羊衜諸葛京南宋則陸法真梁則王琳胡頴唐有張玄素常袞鄭從讜蔣防崔珙五公餘多佚而無聞宋室休明治化翔洽周渭而下泉于胡頴凡七十有六人濟濟[illegible]若渭之去繁稅定田賦興學校淩策之議轉輸省運費馮拯之括隱丁通鹽法林勲之上政本書陳燾之畫革弊竇黄公度之言權官黃涛之劾貪令留正之尚名節陳峴之蠲宿逋宋煜之減重額林嘌之免白丁錢顔擴之修楞枷峽方大琮之敦禮教胡頴之毀淫祠又皆其卓然者語曰前者後之鑑也凡百君子尚鑒茲哉

粵大記卷之十一

粤大記卷之十二

嶺南郭棐篤周甫編

宦蹟類

循良芳躅下

明葉景龍 桂孟成 武亮 陳堅

熊本誠 索彥勝 李思廸 詹昜

郭郁儛 鍾昜 韓禎 童謨

梁潛 衛岳 白叔敏 王伯貞

鄭懋中 蔡惟溥 劉瓛 王徽

曾伯良 葉光 潘長壽 梁觀

陳賜 馮誠 王瑩 徐鑑

王源 湛禮 朱伯驥 滕康

鄭述 滕貞 劉湛 聶好謙

何盛 饒秉鑑 王重 黃瑜

羅俊 周宣 李春 孔鏞

陳爵 吳中 黃瑜 方嵩

吳繹思 蘇韓 黃瑜 杜禮

伍希閔 江璞 李時敏 丁積

劉彬 李璲 黎禧 張吉

翟觀 蔣昇 吳孟讓 呂大川

瞿俊 洪祉 鄧璩 柴伸

羅僑 楊昂 丘泰 曹琚

黃天陽 陳祥 丘道隆 王纘

蔣淦 黃正色 李桂 諸燮

葉景龍麗水人洪武初知南雄府見城西一帶乾旱農力維艱乃倩工築陂引凌江水以資灌溉民蒙其惠號曰葉公陂又興學造士稱賢守云

桂孟成温州人洪武中河源知縣梗介廉勤賞罰明信尤留心於學校搆亭于縣治之後日與諸生講析經義及門之士多底于成

武亮浙江人洪武三年知徐聞縣持法制草創首輯歸附招集流移修舉廢墜學校公宇煥然鼎新凡橋梁道路無不竭力經營民甚便之

陳堅臨湘人洪武初長樂知縣時民經兵革失業人饑堅疏請賑給從之賴以全活者衆復奏立守禦千户所創築城池民賴安堵

熊本誠洪武初任翁源知縣時民逋未還田曠未墾本誠多方招探之既又躬臨村落相地勢教之墾闢因土所宜教之樹藝恤民如子治官事如家事累遷至福建參政

索彥勝燕山人洪武二年以經明行修舉授樂昌知縣時縣無城池百姓散處山林間生息惟艱彥勝下車之初即勞來安集宣明政教築城開池民始復業乃建學宫立壇壝以崇祀事復侵疆均賦役以恤民隱民立政績碑頌之

李思迪濟南人元進士遇亂晦處田野　國初召見任起居注累官山西參政洪武四年謫宰瓊山學博才傑廉公勤恪開拓一應刱置舉皆中度革奸貪毀淫祠弊極事繁辨集無虛日公餘輒歌賦自號海濱子因以名集蔡微序之累官尚書後又有陳槩字丕量北平人洪武初由吳川縣丞陞宰瓊山治民養士政教亟於李思迪九年遷縣學於南郊制度皆其規

書亦風丕振

詹勗字最之饒州人洪武五年知東莞縣嚴以馭吏寬以愛人廉介自守脩飾壇壝以嚴祀典推人户甲乙以均力役又重脩廟學時海瀕寇發躬率衆擒之彼迫繫者還其籍境土寧謐民樂其生焉

郭郁鄰山西屯留人洪武五年來丞東莞廉介自守日飡蔬食不事飽煖邑人何原璉陳東喆饋以生魚波服郁鄰曰吾素志如此辭而不受疾終于官無以爲歛邑民爭往弔賻之

鍾勗字士懋慈溪人蚤失怙恃能肆力問學以文墨自仕洪武四年郡庠禮聘訓導弟子員五年舉薦赴京特授廣州番禺令政尚平易不以察察為明時官造舟富商儲貨高估以病民勗預令采山場籐木宿峙以待所需官民兩便六年颶風掀漲平地水深數尺鹽倉濵江貯数百萬計浸幾及之勗躬率民丁俾家出一囊盛土石築堤以防堤高漲縮貨賴無恙蓋其舉廢興墜惠民實多而尤顯精於學校先是學圮師儒賓禮無地勗捐俸掄材構講堂齋舍未幾[illegible]

免歸十六年以明經舉授兵部侍郎卒于官子永亦舉明經仕至户部侍郎

韓禎洪武十一年任布政司參政時展築城池閫帥力欲亟成二役晝夜不得稍息軍民困苦病亡禎謂曰城郭所以保民也今築城而疲民是所謂以其所不愛及其所愛甚非安邊保民意也　朝廷聞之咎將誰歸帥始懼又欲令五皷始工二皷而止禎曰不可乃召衆定約以晨鍾從事夕鍾則已由是軍民赴工者莫不感悦而崇墉屹然為一方保鄣大有功於南土焉

董謨浙江人洪武間知番禺縣客邇藩憲號稱繁劇謨一以廉謹自持政平賦均民安訟息時長樂令孔詔詩以贈之有共誇仙掌露不羨玉壺氷之句人稱為確論以丁内艱去後至江西按察使

梁潛字用之泰和人洪武丙子鄉貢進士用薦除四會知縣推誠愛民剗宿弊崇寛政臨之以平易導之以禮致尤勤撫字暇輒就學舍親授業諸生歲餘民咸悦服而争訟息學校興流徙来歸以累千計縣負瀧橋河世傳吏有廉平之政即河水清自潛至訖去河水澄潔可鑑又明年改陽江與利除害政簡刑清後調知陽春治之如四會而陽春猺獠環處稍不得所欲即獸怒跳躍不可制潛待之如子而不拘於法民亦皆盡誠事之如父敬恭命令唯恐不及所歷之處將去人皆遮道留之不得至有流涕者永樂元年徵脩實録陞翰林院脩撰五年命以本官兼右春坊賛善進侍讀以事寘于法卒有泊菴集行於世

衛岳陵事西平人其先世家隨州父通元季以武功起家官至百夫長屯香山　國初棄官歸過西平道梗不通遂留家焉中河南鄉試遂昇太學三十年詔國子監選諸生通理道者赴詹事府議事六館之士咸推岳往數陳時政切而不迂所司以聞擢廣東潮州府同知岳約已惠民自常禄外饋遺一無所取布衣蔬食不異寒士嶺海間翕然稱其廉三十五年遷陝西西安府知府其清操善政如在潮時

白叔敏不知何許人洪武十八年知潮州府興學校課農桑持身清白人不敢干以私時潮多絶戶荒田

粮令民賦納至鬻子女不能給啟奏除之至今人
懷其惠

王伯貞名泰以字行泰和人洪武壬戌以聘應詔試經學時務 上親擢爲第一授廣東按察僉事分巡海康問民疾苦除害興利上疏振寃滯恤孤寡防海寇及極鹽法之弊又言宋寇準於雷州開渠引呂塘水灌東洋田萬頃勝國元帥府以兵守閘廉訪掌扃鑰以時開泄歲屢穰今渠淤塘廢東洋田多旱請開濬利民會罷分巡召還改工部主事尋以憂去坐過期謫舒城復薦擢瓊州守民聞喜曰是嘗巡海康能興利便民者必能惠我至則以平易寬厚爲政吏民安之先是崖州尚黎以私怨相讐殺府衛利漁獵欲加兵伯貞執不可曰果勢張盛今幾數月城當連陷而鄰境尚得晏然阻兵不行薦知寧遠丞黃童可任畜命往察之還報如所言致爲首數人檻送京黎得無事老幼感泣曰微公吾屬魚肉矣下令皆趨命流業其業[illegible]餘人瓊民立生祠祀之繼丁内艱服闋[illegible]湖臨以疾卒時年七十有一所著有瓊州

崇正統中以子直貴贈吏部尚書

鄭懋中名靜以字行晉江人由郡庠陞太學洪武丙子領應天鄉薦三十五年擢知程鄉縣寬恕廉慎治先禮義不尚法律自奉淡薄無所取於民有豪猾吏素爲民害懋中至首按之死于獄民大悅爭訟者至庭輒以理委曲諭之或未悟令退而思之卒感服不施鞭朴詞訟以簡縣中稱治謠曰鄭懋中真長者禁令不煩徭役寡斯民相見何嬉嬉昔日無羊今有馬初程鄉民鮮知學懋中至首作新學校親爲生徒講解自是始有進士登第者一日感疾戒其子及戒其吏章華曰爾領縣事須體我心毋害我民言畢乃具湯沐正衣冠就寢瞑目而逝民哀慕之共舁其喪歸葬復立像於漢令曾芳之祠合祀焉

蔡惟濬泉州晉江人永樂三年由進士擢知香山縣性純篤喜怒不形勸勉學校撫集逃民時邑有三虎爲患惟濬方畧率民捕之自是虎患悉除閭里以安任滿邑民保留不果後陞知欽州爲政如香山尤切切於撫字州治稱平

劉璣字廷珍歷城人由進士累遷大理寺丞永樂二
十二年同邑人有為顯官者得罪坐貶連州知州時
州民溺於姑息之政犯者相繼璣至悉繩以法不少
貸於是遠近相戒不敢犯而敝俗頓革陞蘇州府同
知歷官僉都御史

王毅天台人永樂七年知潮州府先是府多囚繫毅
至悉為剖決數日之間一獄盡空府境被潮水民多
溺死毅設法賙其家多賴存濟任數年後民安訟息
歌之曰王公來進使民無依今公涖政惠我無私

曾伯良南城人永樂八年知海陽縣覲篆後立碑於
城隍廟曰有外施仁義內藏禍心者神必殛之又書
清白傳家四字於寢室民愛之如父母及滿去父老
持禮幣贐之一毫不取潮人慕祀之

葉光閩人永樂間由文學出身為南海簿蒞政之初
凡事遜之於尹蔬食自如吏民不敢欺繼掌邑政始
終無玷滿去民咸歌曰南海簿真不貪百鳥鳳人中
難

潘長壽字煥文長興人恬靜好學洪武中舉人

官僉都御史永樂十年左遷為南雄府知府慈祥愷
悌不任刑威時夏秋旱屢禱不應捐俸募民拾遺骼
瘞之野率官屬齋戒請禱得雨三日歲大稔

梁觀字大用當塗人由國子監生擢吏科給事中永
樂十六年為廣東按察僉事剛介廉平能振風紀分
巡潮州疆寇劉脫等二百餘人嘯聚山澤守衛官將
發兵剿之觀曰民貧不得已為盜以兵臨之則殺戮
必多得無誤良善乎盡使之改過遂傳檄諭以禍福
晚感悟即率衆來歸一鄉之人遂免兵禍後以疾卒
于潮軍民老稚罔不哀悼肖其像祀于韓祠

陳暘字益嘉舊姓饒福建甌寧人舉進士永樂七年
授監察御史滿考書最遷南雄府知府慈以撫下威
以伏奸寬猛得宜涖事精審廟學久敝撤而新之洪
熙元年奉 例申豁二邑虛糧二千餘石民困復蘇

馮誠浮梁人永樂初由進士宣德元年授知香山縣
威而不猛寬而有制廉而不劌甚得牧民之道時海
濱生田豪右占據興訟連年誠為斷之其訟始息以
外艱去民尾舟送至庾嶺而還後擢監察御史歷官

湖廣按察使

王鎣鄞縣人由刑科給事中宣德六年出知肇慶府興利革弊知所先務高要有李伯從者為讎家所誣坐不孝繼母毋卒而獄久不決鎣至立訊其非而釋之瀧水有鄧顯佐者以蕉根造為偽印事露繫獄經年鎣察其不成篆文竟得減死城西失火延燒民居郎顱天而火隨滅增脩水利作興學校禮賢下士切於愛民至今須之

徐鑑字子明宜興人宣德間以戶部郎中奉　勅守瓊廉靜寡慾孜孜愛民為政簡易大率以勸化為主不事刑法恂恂有古循吏風節財用貸逋負教民樹藝興學課士郡多異產中使阮高馮三人歲來索擾見鑑嚴正不可犯且為　上屬任稍斂戢繼有三人踵至凡非所當索限有司弗與及行所部輒遣騎從之俾不得肆武官利黎產多啓釁以邀賄鎮以無事皆按堵不為變民漸染俗病不服藥惟殺牛祭鬼至鬻手女為禳禱費鑑以佛老雖非正然不害物命猶養於此乃許鉅室脩飾寺觀以移積習自是有病者不殺牛而民用稍紓在瓊四年宣德癸丑秋卒同王伯貞祔祭於東坡祠成化初始為二賢專祠弘治初以孫溥貴贈禮部尚書兼文淵閣大學士

王源字啓澤龍巖人由進士宣德十年任潮州知府寬明仁恕初城東有長橋二十餘丈歲久圮壞民病於涉源乃壘石增砌作樓檻其上而新之城西湖山多怪石民歲罹患源命亟除之至下果獲石枯髏得摭丈餘又得石刻回風二字應郡中舊有挽田淳風之讖潮多水患源築圩岸障田廬復置鄉虞鄉社立警舖政平訟理士民不忍欺及去百姓立生祠以祀歲時有司致祭焉

湛禮錢塘人正統元年由大理右寺正擢任韶州知府舊令歲貢黃藤貨於南海以充曲江縣豪民二十餘戶以粮役委之里甲投千戶所充軍禮以事聞得悉罷復於府庠蓋屋四十間以便講習嘗逮隸卒樂昌督稅税完卒求貲未欵歸縣尹械以詰府人多為尹懼禮嘉之以為知體甲有誣乙田自益者禮判歸之乙甲憤怨誣訴於藩司司知其然拘甲歸諸府治

之人皆為甲危至則問之曰爾從陸路來必辛苦困悴且歸寬慰父母心後五日乃來辨析存心慈祥類此故在任墾田加增既去民猶思之

朱伯驥字千里通山人成化癸卯舉于鄉築室溪南專精墳典後任廣州推官精于聽斷兩造咸服從白沙陳獻章遊浩然自得退而上書論古今人才不相及白沙以為知言遂棄官歸橫經講學士夫推重之

滕康字景晋甌寧人正統初惠州通判郡嘗阨於洪水而糧應海運康力為請得近輸又請減重稅之病民者民德之或醵金以餽康一無所取歲己巳廣州寇起康竭力警備與民固守寇偵知有備引去藩臬交章薦之陞本府知府為政益勵民益歸心焉

鄭述字季述莆田人永樂辛丑進士授刑部主事正統初左遷惠州府通判勤於其職監司檄委叢集無弗辦者先是民居茅茨竹椽久而燥則易災述乃令民陶瓦措材為棟宇環之以堵身往督勸賞其先就者而察其不足者振給之茅竹之俗一變自是無火患百姓安于夜作郡人吳高曰唐宋璟剌廣之政也壬戌當道保薦陞南雄府知府興利除害急所先務新學校脩滚陂重砌嶺路九十里痛革過嶺夫役之弊節省而均之招集流移二百餘戶事有關繫廢無不舉足稱循良云

滕貞甌寧人正統三年任韶州府同知明察內敏退食自公無闇昧之餽七年監造黃冊吏不敢欺訟者不敢以無情至值歲歉公私無積貯守以下無籍手地貞至傾囊得白金若干両告糴鄰郡命里耆籍民之窘甚者朝夕給之全活數千人郡治舊為淮王府王遷國之饒得請復為郡其規制後大非人臣所宜居又吏胥公退無所於處往往雜就民居負載長縮大削雕還樸後為郡治如常式又度地為吏舍限其出入絕吏民交構之弊自昔郡吏惟取充數鮮有工文墨者動輒假手他人貞痛革之凡上下文移具為成式以示吏俾其如式草創而為之潤色焉受其指畫者後皆通習所部地介江閩湖三藩之衝主戶少而客戶多少拂其意輒相扇弗靖而翁源乳源二邑尤甚貞躬行巡省揭榜開諭許其占籍遂與編戶無

與凡郡之政員方一一興革之郎以丁内艱解任去
比聞服闋耆老數百人詣　闕乞再任以已除代者
不允會貴適至擢禮部郎中後死於土木之難贈奉
政大夫并贈其父母蔭子弘爲國子生
劉湛字嗣澄桂林人由舉人正統間任潮州府知府
時有漳寇林烏鐵等擁衆擾郡之三饒勢甚猖獗湛
躬統民兵剿捕殆盡郡中二年稅糧民苦荒歉不能
輸湛奏免民甚德之
聶好議字用義豊城人登進士正統十年由刑部郎
中知廣州凡政有益於民者不顧利害爲之决獄平
恕時新會斗嵓山民嘯聚藩臬檄好議往撫之喻以
禍福賊皆感泣歸款十四年黃寇越獄聚衆攻城城
中人衆食寡好議恐其生變即白藩臬發倉賑之或
持不可好議曰擅發倉廩其罪猶小若民饑生變禍
不可測事始大耳與布政戴弁卒發之全活者甚衆
是年冬以疾卒民傷之都御史楊信民詩哭之曰平
一兩行淚深爲越人傾
何盛大興人由舉人爲六安州知州景泰初陞知高
州府公明剛直抑强扶善興利革弊禁淫祠絶巫術
自是百廢脩舉所屬奉法又建讀書帷於府學之右
以較士設排柵於城外以保障居民時有西寇犯境
則激勵軍民截捕有攘寇功云
饒秉鑑廣昌人由舉人景泰間任肇慶府同知公正
廉明聽訟理財皆愜人心尤能作興士類循理學校
秩未滿陞廉州府知府嘗獲賊三千有奇人民安堵
巡撫都御史葉盛移檄旌之又有李福海蒲圻人時
知陽春縣撫字有聲秩滿保留再任陞六品俸後奸
民杯積豪以私意竟誣其去然遺愛在人自不能泯
也
王重字任重安福人景泰甲戌進士七年知新會縣
臨民以莊處已以嚴法司羅致之獄待以刑具重曰
頋以官相還毋以刑也從容不撓部民同於拘攣者
承奉多方巍然如在堂上時教縣丞陶魯如弟子後
魯遂有聲名在官五年卒橐篋蕭然
黃瑜南城人景泰中由舉人任四會知縣未幾以憂
去天順三年服除起知開建有守有爲不挫不撓邑

被流賊刦掠瑜植木柵以守親弓矢以禦寇盡心撫字民皆思之成化二年以當道論薦陞雷州知府時兵荒相仍竭力撫字盜息民安秩滿加參政俸留任涖政最久故其惠澤及民益深

羅俊字承彥泰和人進士景泰間御史言事謫新會縣典史日與諸生講解文字而已凡見童子氣質之美者必令向學擇塾師教之無事則觀書卷性于于然不知其為謫官也性剛不容人過人多憚之天順元年遷仁化縣知縣守廉行公恤民禮士士蒙其化民被其澤後陞知潯州府以憂去成化間知南雄府公廉寬厚有古循吏風時兩廣盜起都御史韓雍奉命討賊好事者或請竪木柵意在侵漁俊力請罷之脩府治築新城俱措置無擾卒于任百姓哀之

周宣字政舉龍溪人正統乙丑進士為户部主事天順二年擢潮州知府首脩文廟葺韓江橋築海隄有土豪盧姓者暴横鄉里宣擒獲不即加刑諭以道義而遣之豪扣首謝罪遂變為良民嘗平海寇語在外志事聞朝廷遣官齎表裏賞勞之厮役以下并[illegible]

陞山西行太僕寺少卿尋陞太僕寺卿賜食正三品俸仍掌寺事繼而丁毋憂卒于家

李春慶遠人監生天順初知南雄府凌江驛舊有車驢散民間畜之運官貨驢死役存苦及子孫春嘆曰烏有是長生之驢哉遂奏豁之又以桑絲徵本色土無出產科費數倍奏允徵米省三之二民甚德之

孔鏞字昭文長洲人甲戌進士始令南康都昌以内艱去改任連山時縣為流賊所破據為巢穴官吏人民多被殺虜餘皆流徙他郡既至邑無治可施僑州而居始召邑耆與議訪民疾苦招撫流離民始漸集乃募敢勇集義旅缺食者賑以官廩失業者撥閑田俾墾缺牛種則官為給之而民食始繼天順六年春大兵征諸蠻峒鏞率義兵為鄉導首破賊巢大兵繼之始復縣境迺還縣出鷄籠山城為治所民始有依創縣署及學興壇壝諸司舖舍官始有治凡克賊壘先拘賊所俘虜男婦於一所兵不敢及民賴以全撫招徭衆歸為齊民疏鑿井泉通巨逕山路便民之政畢衆連山賢令自設縣來惟鏞一人而已成化二年

以功超擢高州府知府舉邑如失父毋先時西寇侵郡境四方土寇蜂起數百里無鷄犬聲鏞至䟦履山川躬擐甲冑督率民兵前後擒斬賊首四百七十餘名顆奪回被虜男婦四百五十二名口及設法招撫安插殘賊男婦九千七百一十四名口民夷畏威懷德以府城外排柵築崇垣以易之附郭居民至今賴其保障又立杜學於府門右訓誨官民弟子之俊秀者尋陞廣東按察副使賜璽書仍守其地於是劇盜梁定侯等皆受招撫處之内地分地與耕以備他盜部下有黎浩林雄數人皆有謀勇而雄尤為搴捷後死於賊鏞撫尸慟哭親為殯葬一軍莫不感泣用是民夷感畏所至成功後聞毋喪還守制軍民泣送有出千里外者在高四年囹圄空虛四民復業而風俗亦漸丕變服闋補任廣西官終兵部侍郎丘濬為作傳云

陳爵字良貴南靖人天順丁丑進士四年授揭陽知縣寇起歲荒爵乃捐俸易穀以濟築城濬池籌畫有方寇環攻之月乆不能下遁去因率衆平之嘗遺人閒進階六品掌縣事成化二年擢韶州知府民有盧甲謝乙競田甲不能舉其契夜托隸卒餉銀若干兩爵以銀輸官以田歸乙人服其明潔府外門無妄入者徵若廟壇祭胙俱無所取散之諸生資其勤苦創府學講習房四十餘間重建外門明年以外艱去服除改知高州未及一年而卒高人惜之輿櫬過潮揭陽民奔臨哀奠復立祠祀之扁曰遺愛

吳中字時中樂平人進士天順五年任東莞令將三載百廢備舉巡撫都御史葉盛薦守惠州去任日士民為立遺愛碑後一月東莞賊起都御史韓雍檄中擒捕中馳至下令出首能相捕獲者免其罪後以千家為甲出入相賙禍患相保婚喪相助一家有事九家連坐旬日渠魁斯得雍喜其能復留中巡視海道守增江口控扼盜賊中至即編蛋户為甲各漁其海遇賊舟則尾至其地賊以其漁不忌也既得其實即遣人捕之不閱月賊亦屏息越六月雍以更賢育民事例奏改中知廣州府以興學校勸農桑均徭役撫恤困窮為己任辟宇壇壝城池學舍為之一新又延攀

慶府學教授王文鳳編輯廣州志甫成中以憂去
黄瑜字中美桂林人由舉人天順七年任肇慶知府時蒼梧未建鎮西流賊刼而東屢至府城瑜先設備而境内獲安各屬城池悉經脩理民𢗅懷之時有雷州府同知泰和劉昇寛和簡静優於文學與諸士講學不倦儋州判官四明吕琳興學校化刁強除盗賊皆有政聲云

方嵩字惟嶽崇仁人天順八年以監生任陽江縣知縣年高苦節又遭流賊攻刼城池乃不携妻子衣食儉約成化四年督府韓雍榜文招撫流民嵩極力撫循雍奏免租調秩滿准再任成化十四年陞任去嘉靖戊戌奉祀于名宦祠

吴繹思莆田人天順元年進士成化中守惠莅政果斷屬邑有豪蠹害民前政莫能制繹思至竟繩之以法守禦軍政為上官所更張卒伍怨其不便將為變繹思聞之往諭以禍福咸帖服常增脩諸邑學宫衆務咸舉後改潮州遷浙江參政累官右布政使

蘇韡字廷茂江陰人以莱州同知成化五年陞韶州知府心公而恕政簡而明吏民軍士徭猺率皆悦服先時府治前門不稱觀瞻履任初遂創立譙楼五間兩幕吏舍庫藏囹圄悉相宜更整脩理府學重建大成殿務為壯麗又相隙地立先賢衛道祠神庫神厨饌房十餘間櫺星門明倫堂俱餙舊成新外而城池壇壝偕樂亭薰風楼悉仍舊創舉雖前後費出萬計皆由措置而成民莫知其所自若郡誌書張余二公文集又獨捐己俸脩輯刊行不二三年百廢皆作田野闢增五千九百九十餘頃户口新增三千七百九十餘户八年冬流賊逼近郡界韡寅夜移檄屬縣各設法保鄣又與千户趙雄協相籌畫精選民快軍餘登城守備晝夜必親廵警時頼以安每憂歎曰在城人民庶可保全外處鄉落者雖有營堡防禦安能使其一一全生念念于心不違寢食憂民之至如此自是屢以老懇辭郡邑父老詣當道保留者數次十年秋以禮致仕還日送者遮道在任不為烜赫之政而軍民陰受其福焉

黄瑜字廷美香山人也成化四年以舉人授長樂知

縣廣惠為備郡瑜曰吾鄉人蒞鄉入化而後政之初儒學在郭西鄙乃亟遷今所日與學官弟子論經史而脩飭群廢重建養濟院以舉恤政百務脩舉分毫不取於民時劇盜盧公林聚山為亂瑜召諭俾改行又致事去公林父子親肖其輿過黄土嶺因賦一詩以遺之士民至今思之不忘

杜禮豐城人以鄉貢為同知廉濵海民夷錯居寇盜每設毒弩殺人久益滋蔓禮乃往撫諭安置黄亨輩一百四十餘户于摩壙諸村隙地築石壠土城百四十丈為堡令復業流民二百餘户居之皆給牛種令開荒田為業編排甲以約束而民始輯寧郡城西門有古渡圮而病涉禮造石墩十六座駕以木梁立壚亭設鋪舍又度羅勝岡荒陂以石障其上流引水為田十餘頃分給流民耕種海有盜珠者登岸劫掠郎擒其首惡數十置之法餘黨解散立社學以教民猺子弟尋陞都勻知府

伍希淵字士賢安福人天順甲辰會魁進士累官刑部郎中成化十一年以詿誤謫廣州府同知十四年擢知府專為政以通民情為先承上接下動中肯綮興革利害雖嫌不避士大夫多稱之尋遷廣東左叅政終廣西右布政使

江璞字伯温貴溪人進士成化十一年知南雄府才氣英邁合兩學為一創大中書院重脩太平橋掛通濟鎮居停客貨取貲以紓民力疏免稅糧蘇民包納之困郡人思其惠附祀于景德祠

李時敏樂平人由舉人成化間任信宜知縣廉能公正寬厚撫民在任九年保陞化州知州撫恤疲民脩復學校凡州堂廨宇次第而舉又九載得遷長蘆鹽運同知民不忍舍乃建去思碑立祠以祀之

丁積字彦誠贛州寧都人成化戊戌進士知新會縣始至問民俗曰富而不教令之過也見詞牒倥偬好越訴曰令之不足於政民弗靖也乃下教令明約束抑強扶弱荀罹於法雖日侍左右者不少貸民始知有令越訴者止遠斥干謁病邪如讐歲省在官之費薄取之民民傒且偕則為申明洪武禮制參以文公冠婚喪祭之儀條為品節為禮式一書擇鄉之老成

者主之月朔進問於[illegible]人優禮其能者民多以賭博喪家痛懲之又取其子弟之少者聚廡下使日誦書以變其習春秋祀禱品物必極精誠立廟墓祭田以崇節義毀淫祀以去民惑既得疾羸甚尤日究心民事年四十一卒于官士民哀慕立祠以祀之

劉彬吉之永豐人成化十五年由進士為程鄉令下車廣布威信且明習吏事諸舞文者以次摘發恤民隱振士習凡百紀綱日就脩舉乃建社學書院教民間子弟出俸餘以市學租供東西南三社學之[illegible]

都里義倉以待荒歉且廉以持己衣食輿馬之奉省約如寒素時在任凡九載始得遷雷州府同知為政益著廉介無私聽訟無枉但不能卑屈以悅當塗致仕而去士論服其高

李遜天台人由進士成化十四年擢肇慶府知府學問該博胸次豁達常督儒生講學躬行畎畝勞民勸耕士民樂業申免太監進取異禽民甚稱快竟以剛介獲謗去官歸舟行李蕭然士論惜之

黎禧陽朔人由舉人成化九年知增城縣立心廉恕刑清政舉廣築磚城民賴安堵脩建學校人才振作秩滿改新淦尋陞瓊州府通判致仕卒增江士民慕之從祀名宦祠

張吉字克脩餘干人登成化辛丑進士授工部主事時左道李孜省僧繼曉以符水進吉劾之謫判景東土官陶洪以吉空囊無家謀為置妾遺以銀器俱不受遣子受學夷俗化之弘治改元遷肇慶同知脩築豐樂長隄以防水澇民德之號張公隄知梧州府崇正學飭文廟樂舞政教並行陞廣西兵備副使[illegible]厲侵邊陳便宜策獻偏架弩隨進正心之說以寓諷諫累陞貴州左布政使卒嘉靖中潦水常滿民賴隄以防益思其惠乃於寶查都立張公祠以報祀之所著有三朝奏議陞學訂疑貞觀小斷諸集子求進士御史論諫有父風

瞿觀桂林人弘治二年由舉人授瀧水知縣以弭盜安民為急三年丁父憂去未幾殘孽復萌民苦之奔愬保留陞肇慶府通判進同知仍掌瀧水縣事在瀧務為民立永安計於巴東西立二營集兵統守僻遠

田九百頃鑿水圳四十八處灌之立五十九寨於鄉村以防諸獞招逋逃賑貧餒邑無獞寇之患尋進階四品而歸邑人立碑頌之

蔣昇字誠之廣西全州人成化丁未進士弘治初知南海縣誠心莅政吏不忍欺雖無赫赫之聲而民至今思之後累官戶部尚書長汀廖輔者弘治二年知連州政事明敏士民畏服又有浙人何昌言以監生知增城縣寬和廉靜有長者風士愛民懷足稱循吏

吳孟謙莆田人家貧自起為府小吏性峻潔寡交遊莊同列對之無敢有惰容弘治三年來丞順德民俟折柴薪錢孟謙曰丞何功其受此哉廣之後山用兵孟謙供餽軍旅山盤水運風雨浥爛數損於舊孟謙悉以己俸償之人無知者卒于官前翰林鄒智誄之曰君棠蕭疎君貌崼嵑坐久無言言無波碎與長官俱庶事悉委公庭如寺詩思如水於乎若孟謙者其不負丞哉

呂大川字中源新昌人成化甲辰進士弘治中守惠州才識精敏判決如流吏不能竄其私至于簿書米鹽皆有條法時譏禁嚴商人無隙致怨因大川少子出就學饋千金其妻乘間言之大川怒將罪其子商人驚逋乃已郡城東北瀕江恒患衝齧大川始築土甃石為巨堤以捍水某所淫祠鄉人謂其能為禍福事之謹有狡訐者畀土偶通衢縛拜而號焉大川命沉之于江杖其人而遣之正德丁卯征劇賊檄權隨軍督餉察諸俘之脇從與其詿誤者釋之所過鄉聚召耆老諭之以禮南海張詡曰呂惠州之政雪霜內有陽和戎馬中行俎豆者也卒于官

瞿俊字世用常熟人狀偉岸不脩邊幅而廉潔風威動人成化己丑進士為御史出按于江西剌舉不避權要治贓吏無縱舍者弘治四年遷廣東按察副使兵備海南先是黎人時出寇掠俊戒約羣吏脩軍政諸黎戢不敢出嘗有貴臣家撓法俊治之律己廉不可干以私人以為矯亢鄉有巨室子薄游謁俊于官俊飲食之慮其骫法命官傳送出境卒死道中在廣泉出見市帑者呼而入分帑給諸僚有僚素之清譽皆給之問故俊曰君庭多識耳僚挺研擲之俊波蕩

自江右還朝縣令祝獻知其清苦遺以裝金俊却之祝益之使吏饋于途俊怒欲執吏付于官吏亟馳去入朝以病乞致仕　詔允其請家徒壁立有圖書數百卷而已

洪祉字天惠安仁人弘治八年以舉人授龍川知縣不以家累自隨視民如子徵稅弭盗率有方斷獄明恕尤以興學育才為己任縣故事里甲日致供具祉峻絶之卒于官囊無遺貲邑人哀之既護其櫬歸鄉復易地構祠表曰清節肖像祀焉

鄧璩宜化人弘治間知雷州府廉介剛方不避權貴接珠池内侍持正不屈上司督責吏治雖或挫之循自若也疏戴公渠興學崇教有循良之稱趙渾漳州人由進士弘治間知雷州府廉介不污決獄無冤踰年去任囊橐蕭然時徐聞令貴州平綱者以舉人任清介平恕時縣治附于海力遷之不果而卒子孫因留家焉又有吳朝陽瓊山人以舉人掌雷州府教事真率簡淡訓迪有方杜寬安定人亦以舉人任遂溪教諭沉静簡默條法嚴明卒于官士林哀慟云

柴伸雲南人弘治十二年知龍門縣才行卓異惠政及民城池公署多所建立後卒于官民立木主以祀之嘗著愚牧解為人所傳誦

羅僑字惟升江西吉水人弘治十四年以進士知新會縣政有實惠士民德之崇重白沙之學遵丁積治邑禮擇用都老訟平盗息建譙門脩城垣歷四載擢大理寺評事劾權宦因歸于家尋起為本省叅政邑民歡迎如見父母未幾以老請上疏陳情不待報而去士論高之

楊昂字孔顒建安人以祖文敏公榮蔭入監弘治中知香山里胥以其出於相裔也或遠迓焉昂曰是欲為陽驕者邪斥而遠之饋送一無所受涖政愷悌上下皆稱其廉能巡按御史聶賢疏言宜治繁劇遂調順德益勵清操其政如香山時以節愛為本考滿致仕去後其子崇來為僉事二縣之民爭先快覩曰此吾舊父母之子也其遺愛如此

丘泰福建莆田人弘治十七年以進士授新寧知縣性行剛果涖政仁明决訟如流一月而政務清理時

有三四滞獄十年不决泰至即平讞之境内豪强屏息盗賊聞風潜消民始獲安堵矣未幾以丁外艱去城中無大小咸哭于舟次至今言寧邑賢令必以泰為稱首云

曹琚字仲玉郴州桂陽人弘治丙辰進士累官工部郎中正德三年来知廣州以教化為首務敦行鄉飲作養生徒性剛勁不為勢利所動時中官有奉 命查盤者勢灼甚或勸折節以免禍琚曰拙於奉承得禍或淺巧於奉承得禍必深吾寧拙不能巧也每事裁抑之中官不能堪乃欲重盤郡庫以洩憾琚抗言不從亦畏沮終不能加害海濱田產蟛蜞害稼民養鴨飼之稱便總督陳金議徵鴨埠之舊以充軍餉檄琚規畫之郎携行李一挑自隨巡行七邑防檢惟力每發郎集官吏於庭檢示乃行及還亦如之嘗行番禺道中有得木牌来告者視其所書則後山殘民也自言被誣為盗喙息且死乞招撫以延旦夕郎上其事于總督招之得男婦數百人而後山盗日靖廣商例納給引錢舊多自私琚以五分為率貯其三於庫備賑濟二以為公用農民例納紙價羅之曰是求仕而敎之以貪也派料物解京者舊攬於豪猾每侵尅不完乃勾稽加懲且令州縣擇均徭之殷實者領焉當道以為宜至今為例然持法不撓卒為當路所陰中辛未調廣西梧州府士民爭送之百里而逝後山殘民朱福洪聞其去集徤夫數百護舟以行其感人如此

黄天賜莆田人正德九年以舉人知英德縣剛正嚴明不畏權勢時寺人遣取英石賜曰石無用之物何必勞民若主欲觀山親詣九嶷更為奇特卒却而去脩文廟黌舍財力不擾于民及調官去任民遮道挽號者以千計

陳祥字應和高安人弘治十五年進士歷官御史正德乙亥惠州知府廉公有威加意煢獨均賦役省冗費興學校戒賭博禁私屠嚴巡警條綱振飭民速訟者遇農時輒暫縱之先是吏卒相比詐為公移下鄉為奸利祥至始跼蹐不敢逞惇羅陳祖茶歸善王雪真者故郡中大猾也皆捕寘于法於是深山窮谷莫

不慑服稱神明矣戊寅遷廣東按察司副使官終右副都御史

丘道隆字懋之上杭人正德甲戌進士乙亥知順德縣嚴明果斷吏民畏服正德戊寅歲饑勸富民出粟以賑之剪除宿蠹毀淫祠脩黌宫學校煥然一新三載遷御史嘗上疏言佛朗機素非通貢之國今入廣將為變乃命海道副使汪鋐逐之嘉靖壬辰擢南雄府嚴毅方正事先大體興學校脩橋梁僚屬奉法吏不敢欺嘗大書畏天悲人四字揭之燕居以自勵

王爌字存約黄巖人弘治壬戌進士歷官吏科給事中正德十五年以言事謫惠州推官惟一僕自隨理淹繫哀無辜獄有重辟之疑者詳白于守得減死論尤好招延士類講學且察其秀而貧者賙焉兩庠之士翕然宗之未幾遷秩去官終都御史

蔣淦字汝潔全州人正德辛未進士嘉靖九年補惠州守政先仁恕訟獄至者不煩鞭朴而皆得其情巖屬攢造力杜飛詭竄避之奸於是徭役適均貧民稱便尤加意學校凡殿堂齋舍脩建一新亭祠樓館城壕道路亦皆葺理不以煩民三年以考績陞河南左叅政屬邑故有長夫之餽皆却之官終工部侍郎

黄正色字士尚江陰人以進士為香山縣令盡心民事明爽通敏剖决如流發奸摘伏出人意表人自不能欺之邑之墠田多為番南順德新會士夫豪民所奪占乃寄庄户粮至萬餘石遞年逋脫粮役貽累里甲代償民積苦之正色徇知其弊申撫按司府令寄庄户各就近倉輸納觧運邑民翕然稱便視事方一月改南海令首邑政煩百務叢沓正色以敏撻之才涖之閲月而積案盡清晝間無事則坐堂上彈琴以自適其政務抑豪強而恤孤弱禮賢士大夫而嚴畜吏吏畏其威民沐其愛自南海有令以來皆不能及也召入為監察御史風節凛然後以直言得罪發戍遼東子學海壬戌進士歷官贛州府知府

李桂字廷芳全州人嘉靖十七年以舉人教諭擢大埔令沉毅剛介公廉明威不避權勢決獄發奸如神百姓咸服本縣多僧田近例重徵軍餉桂因民訴輒為申省之民皆於三河灞稅桂亦為申革節用愛人

崇文作士簡徭役賑困窮抑強梗卓有古良吏風故政蹟昭著歷膺當道之獎明年以憂去橐無餘積諸生義爲星助路費護歸知府鄭宗古率僚慰賵行旌進道埀泣而清遠都民留靴繪像議立生祠于都以祀之

諸燮字子相餘姚人嘉靖乙未進士以兵部主事謫潮州府通判二十一年署惠來縣事時縣初草創政平訟簡視民疾苦若恫瘝在躬先是南城通縣治民居佛安二十七年海寇掠城外乃召耆民莊文鳳等曰城外民居寇至無以爲守城南空虛湫隘非縣治所宜今宜闢拓數十丈以圖民居所謂一勞永逸者也衆深宜之乃申請如議費役有經規模宏廓民得奠居無寇賊疾疫之患皆燮之力也

外史氏棐曰我明以六條察吏以三載考績進其賢者才者而汰其否者又表其卓異者賜璽書褒美之一時吏治斌斌奮起五嶺以南稟多循良今列名于傳者百有餘人洪武中十七人而葉景龍築浚江陂熊本誠建樂昌城韓禎保障一方梁潛惠養三邑王伯貞之濟呂堰息黎兵其最也求樂中八人而王敬民安訟息梁觀馳檄化盜陳賜之豁虛糧二千石曾伯良之清白傳家其儁也德統泰順之朝則湛禮滕廉聶好謙孔鏞吳中爲之冠成弘正嘉之世則張吉丁積曹琚蔣昇陳祥黃正色植其表皎皎朱絲煌煌玄鏡照臨玆土煦育群生即百世尸祝之可也嘉隆以來或棠思方啟或輿誦未定尚伺采録非云遺漏詩曰豈弟君子民之攸塈凡沐膏馥者敢忘繹思哉

粵大記卷之十三

嶺南郭棐篤周甫編

宦蹟類

詞客珠華

漢 劉熙 程秉

吳 虞翻 葛洪 薛綜 楊孚

宋 祖無擇 蘇軾 蘇轍 唐庚

秦觀 陳與義 胡寅 郭祥正 米芾

周諝 徐天麟 章楶 蘇邁 毛奎

明 趙謙 周湞 黃諫 戴冠

劉熙字成國北海人博覽多識名重州黨建安中薦辟不就避地交州往來蒼梧南海客授生徒數百人乃即物名以釋義惟探事原致意精微作釋名二十七篇熙自為序又著謚法三卷皆行于世

程秉字德樞南頓人少明周易詩書逮事鄭玄得其奧秘後避亂交州與劉熙考論大義遂博通五經士燮命為長史孫權聞其名儒以禮徵辟拜太子太傅後卒于官所著周易摘尚書駁論語弼凡三萬言

虞翻字仲翔會稽餘姚人少好學有奇節初為孫策功曹待以交友之禮後漢召為侍御史曹操為司空辟皆不就翻與少府孔融書并示所著易注融答書曰聞延陵之理樂覩吾子之治易乃知東南之美不徒會稽之竹箭也後為孫權騎都尉數犯顏諫爭權積怒徙翻交州寓南粵王建德故圍翻處罪放講學不倦門徒嘗數百人翻既放棄嘗云自恨疏節骨體不媚長投海隅生無可與語死以青蠅為弔客使天下一人知己者足以不恨初丁覽徐陵眾所未識翻與交善終成顯名在南十餘年年七十卒翻有十一子第四子汜最知名後為交州刺史翻所著老子論語國語訓注皆傳于世

葛洪字稚川丹陽句容人少好學家貧躬自伐薪以貿紙筆尋師問業不遠數千里其從祖葛仙翁有煉

丹砂術授弟子鄭隱洪從隱學悉得其法後師事南海太守鮑靚靚深重洪以女妻之司徒王導欲辟為散騎常侍領國史洪辭不就聞交阯出丹砂求為勾漏令行至廣州刺史鄧嶽留之洪乃止羅浮山煉丹優游閑養著述不倦自號抱朴子因以名書所著碑誄詩賦百卷移檄章表三十卷神仙吏隱等傳各十卷抄五經史漢百家之言三百卷金匱藥方百卷卒年八十一顏色如生云

薛綜字敬文沛郡竹邑人也世典州郡為著姓綜少明經善屬文舉秀才漢末大亂乃依故人避地交州從劉熙學士燮既附孫權召綜為五官中郎除合浦太守治郡威惠兼行民豫愛之稼俗女子嫁後別相然諾郎與偕死男不能止綜繩以禮禁澆風少戢轉守交阯時交土始開刺史呂岱率師討伐綜與俱行越海南征及到九真事畢還都守謁者僕射及岱被召綜懼繼岱者非其人上疏語在事紀赤烏三年徙左部督尋為選曹尚書太子少傅六年春卒所著詩文名曰私載又定五宗圖述二京解皆傳於世子瑩威南將軍瑩散騎常侍孫皓嘗歎賞綜遺文命瑩繼作後坐註誤徙廣州未至召還復為左國史瑩子兼尚書白綜至兼三世皆傳東宮史評曰薛綜學識為吳良臣及瑩纂蹈允有先風云

楊方字公回會稽人少好學有異質博習五經內史諸葛恢見而奇之時虞喜兄弟以儒學立名雅愛方為之延譽恢嘗遣為文薦郡功曹虞預稱美之以示中書令賀循循報書稱善遂稱方於京師司徒王導辟為掾轉東安太守遷司徒參軍事方在都邑縉紳之士咸厚遇之自以地寒不願久留京華求補遠郡歆閒居著述導從之奏補高涼太守為政清簡吏民懷之在郡積年以詩禮化俗嘗著五經鉤沉撰吳越春秋削繁增闕多前儒所未發者

袁宏字彥伯陳郡夏陽人祖猷侍中世為令族宏有逸才文章絕美為大司馬桓溫記室性疆正亮直雖被溫禮遇至於辯論每不阿屈哀帝時為南海太守表章行誼大興風教漢徵士番禺董正學行著在南土宏奏旌其門嘗登羅浮紀事作疏終東陽太守

陳長吳郡人徽之弟雅擅詩名宗室臨川康王義慶都督江州招聚文學之士遠近畢至太尉袁淑文冠當時請為衛軍諮議參軍而長及東海何長瑜鮑照等並擅辭華引為佐史長尤老成凡有著作發所見聞上泝秦漢下逮晉宋與義慶作為世說新語褒貶規諷簡約玄澹人喜傳之後以韻語嘲咲其文流行義慶大怒白文帝除廣州增城令歷南海太守政務勤恤不事煩瑣吏民便之復改尋陽太守有集九卷行于世

范雲字彥龍南鄉舞陰人晉平北將軍汪六世孫少機警善屬文起家書佐永元初以散騎侍郎出為始興內史郡巳省費百姓安之舊郡界得亡奴婢悉付作部曲即貨去買銀輸官雲乃先聽百姓誌之若百日無主依判送臺又郡相承後堂有雜工作雲悉省還役並為帝所賞郡多豪猾大姓二千石有不善者輒共殺害不則逐之邊帶蠻俚境多盜賊前內史皆以兵刃自衛雲至唯撫以恩德罷亭堠商賈露宿郡中稱為神明遷廣州刺史平越中郎將至任遣使祭孝子羅威唐頌蒼梧丁密頓琦等墓時江祏姨弟徐藝為曲江令祏深以託雲有譙儼者縣之豪族藝鞭之儼以為恥至都訴雲雲坐徵還下獄會赦免後事梁武帝為吏部尚書以佐命功封霄城縣侯終尚書左僕射卒謚曰文

柳惲字文暢河東解人也少有志行好學善文牘齊驃騎從中郎高祖至京邑惲候謁石頭以為冠軍將軍天監元年除長史兼侍中惲立性貞素以貴公子早有令名少工篇什為詩云亭皐木葉下隴首秋雲飛瑯邪王融見而嗟賞因書齋壁及所執白團扇武帝與宴必詔惲賦詩侍武帝登景陽樓篇云太液滄波起長楊高樹秋翠華承漢遠彫輦逐風遊武帝深加賞美時共稱之八年以左民尚書除持節都督廣州桂越四州諸軍事仁武將軍平越中郎將廣州刺史徵為秘書監領左軍將軍復為吳興太守為政清靜民吏懷之十六年卒于郡年五十三子偃尚長城公主拜駙馬都尉都亭侯

蕭勵字文約南蘭陵人梁武帝從父弟吳平忠侯景之長子也弱不好弄喜愠不形於色位太子洗馬母憂去職殆不勝喪景薨塋後廬墓自豫章内史徙廣州刺史廣州邊海舊饒外國舶利多為刺史所侵每年舶至不過三數及勵至纖毫不犯歲十餘至俚人不賓多為海暴勵征討所獲生口寶物軍賞之外悉送還臺前後刺史皆營私畜方物之貢少登天府自勵在州歲中數獻軍國所須相繼不絕武帝嘆曰朝廷便是更有廣州有詔以本號還朝　時西江俚帥陳文徹出寇高要又詔勵重申蕃任未幾文徹降附勵以南江危險宜立重鎮乃表臺於高凉郡立州仍以為高州勵以績最徵為太子左衛率勵性率儉而器度寬裕左右嘗將羮正覆前翻之顏色不異徐呼更衣聚書至三萬卷披翫不倦尤好東觀漢記畧皆誦憶劉顯執卷策勵酬應如流乃至卷次行數亦不差失少結交唯與河東裴子野范陽張纘善卒於道贈侍中謚曰光侯勵弟勃大寶初廣州刺史元景仲將謀應侯景西江都督護陳霸先攻景仲迎勃乃鎮廣南為廣州刺史後江表定以王琳代為廣州以勃為晉州刺史魏尅江陵勃復㩁廣州敬帝承制加司徒紹泰中為太尉尋進為太保及陳武禪代之際舉兵不從尋敗遇害

毛爽滎陽人也躬耕力學立身方雅事陳為陽山太守郡雜夷獠爽立條約禁民不與貿易由是争掠日息聞隋兵渡江勒兵往援而建康不守會隋遣於外總管周法尚至爽以兵寡不得已令衆縞素慟哭國亡而後就執法尚釋之爽不受隋官歸家益精律呂之學初柱國鄭譯請脩正雅樂詔太常卿牛弘博士何妥等議之積年不決譯言古樂十二律旋相為宮各用七聲與蘇夔議累黍定律何妥自恥宿儒反不逮譯等沮壞其事乃立議非十二律旋相為宮及七調先白帝云黃鍾象人君之德及奏黃鍾之調帝曰滔滔和雅甚與我心會妥因奏止用黃鍾一宮不假餘律帝悅從之久之牛弘使協律郎祖孝孫等參定雅樂以禮運有旋宮從爽受京房律法布管飛灰順月皆驗又每律生五音十二律為六十音因而六之

為三百六十音分直一歲之日以配七音而旋相為
宮之法由是著名弘等乃奏復用旋宮法上循記何
妥之言注弘奏下不聽作旋宮但用黃鍾一宮而已
奭法遂廢終開皇之世奭竟不出仕卒于家
薛道衡字玄卿河東汾陰人也少有才名高祖代陳
授淮南道行臺尚書吏部郎兼掌文翰還除吏部侍
郎後抽擢人物有言其黨蘇威任人有私授者除名
配嶺表尋有詔徵還直內史省煬帝嗣位轉番州刺
史歲餘上表求致仕帝謂虞世基曰道衡將至當以
秘書監代之道衡既至上高祖文皇帝頌帝覽之不
悅顧謂蘇威曰道衡致美先朝比魚藻之義也於是
拜司隷大夫將置之罪道衡不悟會議新令久不能
決道衡謂朝士曰向使高熲不死令決當久帝怒曰
汝憶高熲耶更能為庭草無泥句否下憲司縊殺之
杜佑字君卿京兆杜陵人父希望鄯州都督愛重文
學汲引崔灝等皆名重當時佑以蔭補濟南參軍累
遷戶部侍郎判度支建中初河朔用兵佑上議言救
弊莫若省用省用則省官盧杞當國惡之出為蘇州

刺史前刺史毋炎解佑毋在辭不行改饒州俄遷御
史大夫領廣州刺史嶺南節度使佑至廣為開大衢
疏析廛閈以息火災朱厓黎氏三世保險不賓佑討
平之召拜尚書右丞復相德宗年老以光祿大夫守
太保致仕元和七年卒年七十八冊贈太傅謚曰安
簡佑資嗜學雖貴猶夜分讀書先是劉秩摭百家侔
周六官法為政典二十五篇房琯稱才過劉向佑以
為未盡因廣其闕參益新禮為二百篇自號通典奏
之優詔嘉美儒者服其書約而詳為人平易遜順與
物不忤人性通明精於吏職為治不皦察其政行足稱
云
房千里字鵠舉河南人太和中進士幼有才學善為
詩文既登上第往遊嶺徼僑寓南海恣意聲色買妾
置之西上京都得傳士少年斥逐以罪謫盧陵乃自
悔悟記所居竹室云予方窮不能奮其處于是亦宜
矣已而遷端州別駕自覺奮出世俗屏絕塵攖遂擢
高州刺史留心政治大得夷情亍人以知道論官久
不遷開成三年春北徙舟行次洞庭遇有以觳子

格為樂者千里序之曰安知數刻之樂不又數年之
榮耶後遂卒于途
張祜字承吉清河人元和中作宮體小詩辭曲艷發
往往稍窺建安風格誦樂府錄知作者本意短章大
篇翩翩間出新意輒入佳境自元和以來莫與為比
誠一時才子之最由是賢俊之士及高位重名者多
與之遊性狷介不容物以曲阿地古淡遂種樹築室
而家焉性嗜水石常悉力購致後知南海徵若甲香
詹糖一無所受春月閒罷職載羅浮石筍還不啻善
田利產為身後計真廉吏也所著集十卷
李群玉字文山澧州人好學善書工於詩律裴休觀
察湖南厚延致之大中閒詣闕上表語頗訐直宰相
崔鉉進其詩三百篇聲譽大著會休入相首薦之云
群玉放懷丘壑吟咏性情比妍詞於麗則動清律於
風騷宴鴻不歸羽翰自逸霧豹遠跡文采愈青詔以
處士授弘文館校書郎群玉東歸遂遊嶺外入廣州
訪五仙遺跡往遊蒲㵎復登羅浮皆有題詠嘗夢入
黃陵廟恍若有物告以死期潯陽太守段成式志其
事二年後果卒于洪井成式作詩哀之
許渾字用晦睦州人大中三年任監察御史嘗祗命南海其寄
表兄軍倅奉使詩云蘆橘花香拂釣磯佳人猶舞越羅衣
三洲水淺魚來少五嶺山高鴈到稀客路晚依紅樹宿鄉
關遥望白雲歸交親不念征南客一夜風帆去似飛
祖無擇字擇之上蔡人進士高第歷知南康州端州
提點南廣東刑獄政暇每遊山水嘗至羅浮賦詩
後擢廣南轉運使長於言語政事為時名臣入直集
賢時封孔子後為文宣公無擇言以聖謚加後嗣非
禮也於是下近臣議改為衍聖公神宗時與王安石
不合祕請尋復光祿卿祕書監集賢院學士移知信
陽軍卒無擇為人好義篤於師友少從孫明復學經
術又從穆脩為文章兩人沒求其遺文彙次以傳
郭祥正字功父太平州當塗人母夢李白而生少有
詩聲梅堯臣方擅名一時見而嘆曰天才如此真太
白後身也舉進士熙寧中為僉書保信軍節度判官
王安石詆之遂以殿中丞致仕後復出知端州自謂
留心政術以靖蠻方不宜賦詩然時吟一篇世争与于

之民樂其詩書之化尋又棄去隱于縣青山卒
蘇軾字子瞻一字和仲眉山人生十年父洵游學四
方母程氏親授以書聞古今成敗輒能語其要毋嘗
讀范滂傳慨然太息公請曰軾若為滂母亦許之否
乎程曰汝能為滂吾顧不能為滂母邪比冠博通經
史屬文日數千言嘉祐二年試禮部進士歐陽修得
公刑賞忠厚論驚喜擢寘第二復以春秋對義居第
一殿試中乙科後以書見修修語梅聖俞曰吾當避
此人出一頭地五年調福昌主簿歐陽公以才識兼

茂薦之秘閣試六論文義粲然復對制策入三等自
宋初以來制策入三等惟吳育與公而已除大理評
事簽書鳳翔府判官治平二年入判登聞鼓院英宗
自藩邸聞其名欲以唐故事召入翰林知制誥宰相
韓琦曰軾遠大器也異日自當大用今不可驟軾聞
之曰韓公可謂愛人以德矣尋直史館會父卒服除
熙寧二年還朝時上欲用軾王安石執政素惡其議
論異己阻之時方剏行新法公上書極論其不便安
石滋怒遂請外通判杭州歷知湖州上表以謝又以

事不便民者不敢言以詩託諷言事者摘其語以為
訕謗逮赴御史獄欲寘之死鍛鍊久之不决上獨憐
之以黃州團練副使安置築室於東坡自號東坡居
士後居常州哲宗即位復知登州至登召為禮部郎
中元祐元年公以七品服入侍延咊即賜銀緋遷中
書舍人尋除翰林學士二年兼侍讀宣仁后召對便
殿后曰卿官至此乃先帝意也先帝每誦卿文章必
曰奇才奇才但未及進用卿耳軾不覺哭失聲宣仁
后與哲宗亦泣已而命坐賜茶徹御前金蓮燭送歸

院三年權知禮部貢舉四年數以論事為當軸者所
恨請外拜龍圖閣學士知杭州後召為吏部尚書未
幾召兼侍讀是歲哲宗親祀南郊公為鹵簿使導駕
入太廟有整肅儀衛之奏尋遷禮部兼端明殿翰林
侍讀兩學士為禮部尚書八年以兩學士出知定州
坐掌內外制日草呂惠卿降官制言者託以譏斥先
朝紹聖初遂以本官知英州尋降一官未至貶寧遠
軍節度副使安置惠州以少子過自隨居三年泊然
無所芥蔕人無賢愚皆得其懽心疾病者畀之藥殞

髮者納之𥥛又率衆為東新西新二橋以濟病涉者
惠人愛敬之四年大臣以流竄者為未足也復以瓊
州別駕安置昌化軍昌化故儋耳地非人所居藥餌皆
無有初至僦官屋有司猶謂不可軾遂買地築室儋
人運甓畚土助之獨與幼子過著書為樂徽宗立赦
還初徙廉州改舒州團練副使再徙永州已乃復朝奉郎
提舉成都玉局觀公自元祐以來未嘗以歲課乞遷
故官止於此勳上輕車都尉封武功縣開國伯食邑
九百户建中靖國元年請老以本官致仕卒于常州
年六十六公嘗述先志成易傳作論語說尚書傳又
東坡集四十卷後集二十卷奏議十五卷內制十卷
外制三卷和陶詩四卷行于世軾弟轍亦以文齊名
一時文人如黃庭堅晁補之秦觀張耒陳師道皆師
事之其三子邁迨過俱善屬文高宗即位贈太師謚文
忠以其孫符為禮部尚書

蘇轍字子由年十九與兄軾同登進士科又同策制
舉極言得失考官胡宿請黜之仁宗曰以直言召人
而以直言棄之天下其謂朕何授商州軍事推官兄
軾簽書鳳翔判官轍乞養親京師久之丁父憂歷官
翰林學士哲宗時王安石舊黨多起邪說呂大防劉
摯患之欲稍引用以平夙怨謂之調停宣仁后疑不
決轍面斥其非復上疏其說遂已元祐六年進門下
侍郎同列李清臣欲紹元祐正論而主熙豐邪說轍
上疏論諫上不悅落職知汝州未至章惇來之邵再
論轍罪責降朝議大夫試少府監分司南京筠州居
住三年又責化州別駕雷州安置軾亦移昌化軍遂
同渡海轍携子遠抵雷章惇下令流人不許占官舍
郡人吳國鑑造屋以居轍於城南惇又以為彊奪民
居下州追治以僦券甚明而止因賦寓居六詠兄軾
亦和焉未幾轍移循州軾徙廉永遂北還而殁元符
二年夏杜門閉目追惟平昔使其子遠書之于紙凡
四十事為龍川畧志其秋復記四十事為龍川別志
徽宗即位徙永州後居許州築室號潁濱遺老自作
傳不復與人相見終日默坐如是者幾十年政和二
年卒年七十四追復端明殿學士淳熙中謚文定所
著詩傳春秋傳古史老子解欒城文集並行于世特

有巢谷者蜀人也不遠數千里来訪轍兄弟于儋州歸卒于新州嗟嗟谷也真古之人也

唐庚字子西眉州丹稜人也善屬文紹聖中舉進士稍遷為宗子博士張商英薦其才除提舉京畿常平商英罷相庚亦坐貶安置惠州時大觀四年也始至寓居舍人巷繼居于城南沙子步李氏之山園築小廬扁其室曰易菴每托觴詠自娯嘗遊羅浮有佛跡湯泉卓錫泉諸記皆有理致為時所膾炙云

秦觀字少游一字太虚高郵人少豪雋慷慨溢於文詞舉進士不中強志盛氣好大而見奇見蘇軾於徐為賦黄樓軾以為有屈宋才王安石亦謂清新似鮑謝軾勉以應舉為親養始登第調定海主簿蔡州教授元祐初軾以賢良方正薦于朝除太常博士校正秘書省書籍遷正字俄兼國史院編修官上日有硯墨器幣之賜章惇蔡京誣其增損實録紹聖初坐黨籍徙雷州同時流徙者一百二十人且立碑于端禮門謂之邪黨時石工常安民當鐫字辭不肯鐫恐得罪後世聞者愧之徽宗立復宣德郎放還至藤州以遊華光亭為客道夢中長短句索水欲飲水至笑視之而卒先自作挽詞其語哀甚讀者悲傷之年五十三有淮海文集四十卷予嘗讀其文鏗然有金石聲慨然思見其人嗟嗟亦一世之豪也

陳與義字去非洛陽人天資卓偉童時能文嘗賦墨梅詩徽宗嘉賞之政和中避亂轉嶺嶠寓廣州登海山樓題詠而去紹興元年艤舟過康州與學士耿伯順給事李德升舍人席大光侍郎鄭德象夜語分韻賦詩先是有龍圖閣學士梁端者靖康間亦避地康州遊憇山水亦多賦詩然不及與義也高宗素聞與義詩名召為中書舍人兼掌内制累遷叅知政事以疾請出知湖州卒年四十九所著詩號簡齋集白沙陳獻章酷好之至有删後詩人又簡齋之句云

胡寅字明仲建寧崇安人受學於祭酒楊時累官禮部侍郎兼侍講嘗草詔追廢王安石配享行遣章惇蔡卞人皆快之惟不主和議上萬言書秦檜當國惡之坐與李光書譏訕朝政落職新州安置寅聞命即日就道在謫所著讀史管見論語詳說學者稱為致

當先生尋復其官卒年五十九有斐然集三十卷

米芾字元章淮南人工書善詩爲浛洸尉居職二年風韻蕭遠趣向高潔山水佳處遊題殆徧而職事脩舉教化興行

周諝字希聖左溪人熙寧六年登進士第筮仕知廣州新會縣王安石行新法郡縣風靡諝獨不奉行致書政府力陳其弊因求歸田里民得免於青苗徵求之患所著有孟子解義一時門生稱爲周夫子左溪志譜知廣之新會縣不肯奉行王安石新法賦詩而歸有云年方三十身先倦才得一官心已闌卜宅擬尋栽藥圃買田宜近釣魚灘其風致可想也

徐天麟字仲祥得之仲子開禧進士調撫州教授累遷武學博士召對言人主當持心以敬授通判惠潭二州權英德府所至興學明教有惠政著有兩漢會要七十卷漢兵本末一卷西漢地理疏六卷山經三十卷既謝官作亭蕭灘之上畫嚴子陵像事之以自况

章楶字質夫建州浦城人祖頻爲侍御史楶以叔得象蔭應舉試禮部第一歷官權户部侍郎紹聖初加集賢殿脩撰知廣州時廣人冒犯鯨波浩殖貨利不知有義以制其欲至於婦代夫訟父子異居兄弟骨肉急難不顧男女嫁娶至無媒妁喪葬之儀過禮越制楶以習俗積久卒未能化日夜責躬思以導之乃以教化所始莫先於學人倫之序莫始於教於是以城西之學與尼寺相比不合古制乃謀遷於城東番山之前日與學士諸生講論六經嘗告諸生曰夫學不力不足以成德善不明不足以充擴其性謂孔孟之書學先王之道苟無至誠好善之實而不知性命死生之説沉淪於禍福富貴則何足以爲君子儒哉文章可學而工也議論可講而到也巍科殊級可以力取也富貴利達可以苟得也此皆世俗之所謂貴彼所謂貴者非良貴也君子之所以異於衆人者以其存心心之所涵四端而已不誠其意不足以正心不正其心不足以齊家至於治國平天下之道一本諸心而已矣諸生其勉焉夫喪良心而逐外物君子謂之惑循虛名而忘實行君子謂之盜盜可爲乎哉惑可久乎哉諸生其與師友朝夕講論德誼正心以明善

丕變如魯之國是太守之所望樂平素以文人自負其為是論士人翕然稱之後以龍圖閣直學士致仕卒

蘇邁字伯達眉山人文忠公軾之長子知仁化縣文章政事綽有父風以政最遷雄州防禦推官知河間縣事仁化祀邁于名宦祠按僊鯖錄邁東坡長子豪邁雖不及其父而問學語言亦勝他人子也少年作詩云葉隨流水知何處牛帶寒鴉過別村先生見之笑曰此村長官詩後東坡貶惠州伯達求韶之仁化令以便饋親果卒於官今按宋史邁官終駕部員外郎云

毛奎字子文一字文通昭州雷川人淳祐間知吉陽軍能文章通術數知地理脩城池移學養士嘗經營州南大小洞天作記題詩皆可傳後任滿去至南山傳鋪不知所終後人於鋪前山中立祠祀之

郭之美廬陵人宋皇祐中爲惠州掾博于問學時諸名公多重之嘗作羅浮山記序見重于時其文云羅浮之名旁出傳記其云舊矣而僻在遐壤遊者罕到故岩谷幽邃風氣靈異人不得而知之余皇祐中爲惠掾被命閱銀治獨走山下訪諸耆舊以爲山自蓬萊所分盖神仙之窟宅頗怪其說乃登石樓俯視滄海洪波浩淼滉漾無際而三山之勢若漂泊乎其上信乎風俗所傳良有質也又訪諸山僧則得唐元和中黃野人所集異事二十餘言多鄙俚而意或可采及晉宋以來建立我朝繼有賢者或賛記篇詠歷歷在石因考諸圖諜傳聞集成山記一卷至於方域之本源歷代之崇廢雲泉丘壑之異草木鳥獸之名皆錄其可知者庶乎太史之遠求職方之博訪一開卷而得之矣其言若此千載下可想見其胸次其裔孫子章舉名進士讀中秘書歷官貴竹開府討平播賊制馭安酋赫然有戡亂大功且博學而嫺于文特本薦梁山舉人釆知德奉　旨授翰林特詔海内人士仰公如泰山北斗云

明

趙譔字撝讓餘姚人博洽經史時號考古先生洪武壬申由國子典簿謫瓊山教諭造就後進一時士類翕然從之文風丕變守人為築考古臺於學右為

箸述之所尤精六書之學嘗著聲音文字通造化經綸圖學範歷代譜讚等書多自得之見

周湞字伯寧鄱陽人夙負才名與辛敬楊伯謙李克正等稱江西十才子累官按察僉事召為刑部尚書上以其怒責胥吏貶惠州府經歷至則閉門觀書賦詩適興後竟罷去時多傳其作

黄諫字廷臣蘭州人博學多藝工隸篆尤長於八分書正統壬戌進士及第第三人授翰林院編脩為經筵講官　景帝改册東宮諫以侍講擢春坊庶子天順初以尚寶卿出使安南辨論禮席及諭請正朔凡為書十一通悉按經史風節凛然還　朝遷翰林院學士嘗作金泉黄河二賦及大明鐃歌鼓吹詞藻溢發李賢劉定之等皆稱羡之後以石亨同鄉謫廣州通判遨遊白雲蒲澗諸山水以鷄爬井泉為嶺南第一名學士泉鐫題名勝多作八分書廣人士多從之遊吣之蘇東坡云所著有蘭坡集

戴冠字仲鶡信陽州人正德戊辰進士任户部主事以奏裁冗濫得罪謫烏石驛丞清脩自勵葺蒴坡綱有春雨詩云鷓鴣聲断雲猶濕薜荔墻高霧未開為時所稱其作多類此後起歷官山東提學副使

外史氏棐曰易言君子脩辭立其誠吾夫子亦言辭達而已若是乎詞之不必于華也然以明經者則尚于精研以綜史者則尚乎宏博以考古者則尚乎玄遠以譔述者則尚乎黼藻詞亦何容已哉兹摭于籍者若程秉之為書駮語辨虞翻之註魯論老子楊方之作五經鈎沉周譯之著孟義通解凡以翼經也若劉炳之詳釋名謚葛洪之鈎玄子史薛綜之撰私載徐天麟之會要漢書凡以訂史也至于楊方吳越春秋毛奕黄鍾協律杜祐萬羅政典祖無擇討論疑義則以訂古又若栁惲皐兼秋雲之句薛道衡庭草燕泥之篇李群玉之誇宜鴻霧豹郭祥正之稱太白後身與夫張祜許渾米芾之徒則崇飾其詞而已矣夫詞之華者道之衰也言之工者心之蠧也是故君子正其心而後語明其道而為言夫豈徒繡其鞶帨哉列而書之覽諸當自

粤大記卷之十四

嶺南郭棐篤周甫編

獻徵類

理學正傳

唐趙德

宋梁觀國　鄭南升　簡克巳　陳去華

黄執矩　郭叔雲　李用　陳庚

趙德海陽縣人進士元和間韓愈刺潮置鄉校延德攝海陽尉為衙推官勾當州學事稱德沈雅專靜頗通經有文章能知先王之道論說亟排異端宗孔氏可以為師及愈改袁州欲携與俱謝弗往愈高其操賦詩為別有婆娑海水南簸弄明月珠之句又以平生所作文授之德讀而序之曰昌黎公聖人之徒歟其文高出與古人之遺文不相上下所履之道則堯舜禹湯文武周孔孟軻楊雄所授受之實也即其所言則其中有定見是非巳不謬於聖人然德崛起於盛唐文章氣節卓有植立為潮學宗固非待昌黎而興者學者稱為天水先生

梁觀國字賓卿南海人也志行淳懿未嘗踰矩矱嘗再薦于鄉不第退取經書熟復誦之嘆曰聖賢垂教乃使人嘩于口吻誕于紙筆小而干澤大而逃國此荆舒用以盲瞶天下者可守而不變哉乃取所作科舉文畀諸火以自治身心為工夫一言一動必求與古人合病聖道不明由異端害之乃力排佛老窮其指歸日以讀書談道為樂尤疾憸邪而重忠義嘗謫廷貶謫正人至廣必求見焉紹興中漳浦高登忤秦檜謫容州觀國與之善登以觀國所著文達于待制胡寅寅評其文謂豪勁該辨卒不苟作乃曰人生不繫方所但稟受不與邪氣值則靈襟安定自拔倫類因與觀國交好與之論人物古今皆出寅意表寅極稱而揚之曰豈意嶺海間有奇士如梁觀國者乎時寅亦謫新州故也後觀國卒寅志其墓且銘之曰卓哉梁生生在遐域無師可親採諸方策得匪朋來聞而知與又曰大布之衣藜羹饘䊥其中沛然孰為鄉

村觀國有特操不為世俗所移蘇軾父子以文名天
下學者家傳人誦獨觀國不與也謂其雜以禪學飾
以縱橫非有道者之言遊其門者稱為歸正先生其
遺文有歸正集二十卷議蘇文五卷駁其羽翼異端
者緝喪禮五卷草用道釋者壹數十五卷付其女弟
為師訓閭巷童女以守禮法凡師事觀國者喪葬不
用緇黃一時風俗賴之丕變其所為書真德秀王應
麟輩皆稱之史論曰有宋佛學之盛于朱子謂諸儒
諸蘇氏觀國之見固子朱子之見也可謂卓識矣以
匠夫而化鄉人固賢矣哉

鄭南升字文振潮陽人晦翁門人也篤志力學尤潛
心於語孟有疑質晦翁皆荅之詳語録中所問百餘
條多為晦翁所取嘗侍坐晦翁語曰文振近看文字
較細須用常提撕起惺惺不要昏晦時少間事來一
齊被私意牽引得去須用認取自家身與心卓然在
目前為得主宰則事物之來區處得當南升自是學
益進晦翁喜曰看文字須以鄭文振為法又云渠今
退去心中都無疑也一時同門者皆尊禮之

簡克己南海人也少習舉業已而厭之嘆曰言行未
寡尤悔遽投牒事干祿豈古人意哉遠遊湖湘師事
南軒張栻者數年講性理之學以真知實踐為事功
留中群疑渙如也栻亦稱其精確有守既得其傳退
歸杜門不妄與人交所知詢之則曰吾方治吾身心
藥未暇也而敢騖外乎哉書南軒之言為座右銘曰
人之性仁義禮智四德具焉其愛之體則仁也是乃
天地生物之心而其所由生者也故仁為四德之長
人惟己私蔽之以失其性之理是以為仁莫要乎克
己己私既克愛之理無所蔽則與天地萬物血脈貫
通而其用亦無不周矣蓋顧名思義之意也

陳去華南海人嘗游象山陸九淵之門九淵問吾與
點也一段去華屢以為理會未得使之據所見去華
乃曰據某所見三子只是事上着到曾點都在這裏
着到九淵喜之去華自是益有省悟别後謂人曰去
華方是一學者

黄執矩字才用高要人質朴有古風早厭科舉之文
慕濂洛之學常從胡寅張栻遊講明正道參訂中齋

大學之義以訓後進在南軒門嘗問喜怒哀樂之未發謂之中答曰凡涉於思皆已發也未發之中豈容安排量度伊川與呂與叔論中庸最宜詳味如問致堂質諸鬼神而無疑鬼神如何可質答曰知鬼神之情狀則可見有質之之理又問國家興亡何以見乎蓍龜動乎四體答曰通天下一氣故如此如石勒耳鳴皆成笙簫聲隋煬帝晚年夜常恐懼不寐之類

郭叔雲字子從潮陽之塘口人始見文公問為學之初在格物物物有理從何處下手文公曰人莫不有知但不能推而致之耳格物是格理至徹底處致知格物只一事格物以理言致知以心言也又教以為學切須收斂端嚴就自家身心上用工夫自然有所得叔雲由是一意實踐不為虛文之學以禮教久廢慨然欲講求而舉行之有禮經疑二十餘條見文公集中文公没與北溪陳淳講論先後天太極圖易書之旨卓然自得云

李用字叔大東莞人少孤事母極孝愛盡禮雖燕居侍毋側未嘗去巾襪德器凝重造次必以規矩鄙俚之氣不形也初業科舉及讀周程諸書即棄之杜門潛心理學非親友婚祭不出如是者將三十年而踐履日益熟士之從學者館無虛日自號竹隱人因稱曰竹隱先生宋理宗書竹隱精舍四大字賜之

陳庚字南金東莞人父益新傳通群書尤邃性理之學補貢不就遂隱居東湖之上邑人尊之曰東湖先生庚其長子以書經擢咸淳甲子鄉貢進士南省罷歸無復求仕志日肆力古文所論著明暢沉蔚有歐曾風經畧劉寔奇庚才辟置之幕府無何以世亂歸廣隱居東湖家塾研心道德性命之學學者多師之邑人同尊之曰月橋先生邑宰嘗延以為儒師造門問政嘗修寶安志人咸稱其有史才年七十九卒郭應木表其墓曰生為一邑之儒宗没為一鄉之善士可謂有德君子矣弟紀字景元以周禮領咸淳九年鄉薦宋季與庚皆退隱于家以賦詠自娛尤工小詞有周伯成康伯可風韻有越吟斐稿傳于時號淡軒先生

陳獻章字公甫新會人領正統丁卯鄉薦第九人朔

赴禮闈下第聞臨川吳與弼名遂從之遊受業歸肄學士錢溥謫順德雅重之勸之北上遂復遊太學祭酒邢讓使和此日不再得詩獻章和云能饑謀藝稷冒寒思植桑少年負奇氣萬丈摩青蒼夢寐見古人慨然悲流光吾道有宗主千秋朱紫陽說敬不離口示我入德方義利分兩途析之極毫芒聖學信匪難要在用心臧善端日培養庶免物欲戕道德乃膏腴文辭固粃糠俯仰天地間此身何昂藏詎能追逸駕但能漱餘芳持此木鑽柔其如盤石剛中夜攬衣起

沉吟獨彷徨聖途萬里餘鬢短心苦長及此歲未暮驅車適康莊行遠必自邇育德貴含章邇來十六載滅迹聾利場閉門事探討蛻俗如驅羊隱几一室內兀兀同坐忘那知顛沛中此志竟莫強譬如濟巨川中道奪我航顧茲一身小所繫乃綱常樞紐在方寸操舍決存亡胡為漫役役斲喪良可傷頤言各努力大海終回狂讓大驚曰龜山不如也由是名重京師成化己丑復下第既歸遂不復出矣四方從學者日益衆天下日益聞其名江西布政使陳煒脩復白鹿

洞書院走書幣聘為士子師報書謝不往壬寅布政使彭韶薦諸　朝請以聘吳與弼故事起之部檄至獻章以母老且久病辭巡撫都御史朱英懼其終不起也且題薦未云臣已促獻章就道矣因曰先生萬一遲遲其行則如予誑　君何乃起至京師吏部用故事考試獻章上疏曰臣累染虛弱自汗諸疾又有老母朝夕侍養不能赴部聽選左布政使彭韶右都御史朱英前後具本薦臣堪充任使吏部移文趣令起程臣以舊疾未平母年加老未能輙行府縣官吏

承行文書日久催迫不免強起就道而沿途病發隨地問醫扶衰補羸僅不大憊於成化十九年三月三十日朝見乃以久勞道路前疾復作日復一日病勢轉增耳鳴痰壅面黃頭暈視昔所染無慮數倍衆日所覩不敢自誣顧臣母以貧賤蚤寡俯仰無聊故憂成疾老而彌劇使臣遠客異鄉臣母之憂臣日甚愈憂愈病愈病愈憂憂病相仍理難長久臣又以病軀憂老母年未暮而氣則衰心欲為而力不逮雖欲效分寸於旦夕豈復有所惜哉臣所以日夜憂懼欲歷

而未能者又以此也夫内無攻心之疾則外不見從事之難上有至仁之君則下多曲成之士惟　陛下以大孝化天下以至誠體萬物海宇之内無匹夫匹婦不獲其所者則臣之微亦豈敢終有所避而不自盡哉伏望　聖明察臣初年頗仕之心憫臣乆病思親不能自已之念乞放臣暫歸田里日就醫藥奉侍老母以窮餘年俟母養獲終臣病痊可仍前赴部以聽試用則臣母子未死之年皆　陛下所賜臣感恩益厚圖報益深雖死於道路無所復辭矣疏上明日授翰林院檢討俾親終疾愈仍來供職盖異數也獻章以表謝而歸家居作詩談道自樂歲有薦辟自援詔不可弘治庚申卒年七十有三獻章孝友和易以道學見知于時歸自臨川閉户讀書徹夜不寐乆之乃嘆曰夫學貴乎自得也遂築一臺名春陽日靜坐其中足不出閾外者數年乆之又以為苟欲靜則非靜矣於是隨動靜以施其功嘗有書答張元禎曰夫學至無而動至近而神藏而後發形而斯存知至無于至近則何動而非神故藏而後發明其幾矣形而斯存道在我矣夫動已形者也形斯實矣其未形者虛而已矣虛其本也致虛所以立本也其訓學者則曰去耳目支離之用全虛圓不測之神又曰舞雩三三兩兩正在勿忘勿助之間便是鳶飛魚躍盖其所自得者在此一時縉紳爭先見之嘗受知於脩撰羅倫御史袁道經歷張撒於其没也皆服緦三月慕先哲崔與之之為人懸畫像朝夕事之又議建厓山祠以報功表忠大有關于世教其為詩自成一家與江浦莊泉齊名世稱陳莊其字用茅筆書蒼古有體世爭珍之四方嚮慕者多從之遊如遼東賀欽嘉魚李承箕南海張詡增城湛雨東莞林光皆得其心傳者也進士姜麟使貴州特取道師之下至市井婦孺皆稱為陳道統學者稱白沙先生萬曆初從祀孔子廟庭

湛若水字元明增城人初名露更名雨字民澤生而穎悟自少知學從白沙先生遊白沙以其沉潜許之遠到弘治壬子以書經魁鄉薦焚去路引不應試吏今名日侍白沙講心性之學豁然自得乆之母嚴命之出僉事徐紘為勸駕過南昌謁莊定山問學定山

函稱許赴南監肄業祭酒章楓山懋試睟面盎背論奇之乙丑會試學士張元禎楊廷和主考見其論用至近至神等語知其為白沙高徒置第二名賜進士出身選為翰林庶吉士擢編脩時陽明王守仁在吏部相與倡明正學而修撰呂柟主事王崇慶輩從而和之時名大著學者稱甘泉先生出使册封安南陽明贈以文大畧謂晚得友于甘泉湛子而後吾之志益堅毅然若不可遏甘泉之學務求自得者也世未之能知其知者且疑其為禪不知其所造者此則知甘泉者其聖人之徒與其推重若此既至安南却其餽金不受黎賙贈以詩有白沙門下更何人之句便道省母因迎養南都官邸日與諸生講論有甘泉問辨等書正德丁亥奉母喪歸塟荷塘廬墓三年產端瓜人以為孝感卜築西樵多士來學每講必端坐澄心灼見道體嘉靖初趨　朝補官以九年滿陞侍讀尋陞南京國子監祭酒與諸生講學關講院刻心性圖說敎以隨處體認天理為要尋陞禮部侍郎上天德王道及聖學等疏其大指言天德王道本[illegible]

即　聖諭所謂敬一是也帝王之學一貫而已矣一貫者非他也心事合一之謂也一則無事矣一則易簡而天下之理得矣論語二十篇之中無非一貫之義無非心事合一之學也我　皇上敬一箴序文曾云敬者存其心而不忽之謂也一者純乎理而不雜之謂也此二言者極為明切默契道體即孟子必有事焉而勿正勿忘勿助長之旨誠能於日用之間隨時隨處隨動隨靜存其心於勿忘勿助之間而天理日見焉所存者神所過者化上下與天地同流帝王之盛德大業盡於此矣上嘉納之所著有獻納篇又倣大學衍義補作格物通進　上足以補衍義之所未發累遷南京禮吏兵三部尚書講學于新泉書院滿九年考吏部上其績以年逾七十致仕所著心性書遵道錄樵語古小學四書測五經測楊簡折衷非老子及甘泉大全集若干卷門人求康程文德武陵蔣信稱其功在禹右嘗於所居天關精舍立祝　聖臺每正朔冬至及遇　聖旦率鄉縉紳望闕瞻拜以致畎畒不忘　君之意置倉廩以館穀多士刻禁[illegible]

約言以挽奢俗置講田以贍四方學者庚申辛丁卜
卧洞年九十有五是夕大星隕于河南聲如雷訃
聞賜祭葬隆慶初禮部題請公謚曰文簡海内翕然
稱為近代道學儒宗子東之蔭襲知府孫恭先最賢
克繩其武生八子敏學競爽盛德之後必昌云

張詡字廷實少負經濟力行好古不為口耳之學爲
田彭詔見其賦詩美之曰嶺海孤鳳也成化甲辰登
進士疏乞養病歸總督兩廣都御史屠滽俾有司促
之仕遂北上授户部主事尋丁艱歸遂隱居二十餘
年弘治辛酉巡按御史貴鎰疏詡學問優長操履端
慎杜門高尚不干時事部書下有司速駕詡以疾辭
不起正德初御史程材王昊前後疏詡少從陳獻章
講學祖濂洛正派為嶺南學者所宗師友淵源踐履
純篤閉門養痾讀書求志可大用部書再下詡復辭
如前繼而吏部以詡敦龐惇雅緯有古風恬静清修
欲志世累薦不報壬申巡按御史周謨疏詡議論明
正事體疏通言不忘道志不忘　君癸酉御史高公
韶疏詡學有體用不為一偏之行以聞有　旨起用
之甲戌拜南京通政司左參議詔下趣上道先具疏
辭遂抱疾赴南畿謁　孝陵而歸抵家不閱旬卒年
六十其論道則曰夫道以天為主論學則曰無所事
于畏則怠而入於忘故其德造于明其學主于静其
行務于繁而主於敬畏當白沙倡道東南而詡從學
得其傳云

梁景行字宗烈順德昂新人其父文冠最先從陳獻
章遊因率二子景行景孚學焉文冠館于白沙習道
論于碧玉樓獻章乃名文冠藏脩之所曰見玉讀書
玉也景行既見獻章聞勿忘勿助之旨益潛心於正
學其發為舉業文字理致弘治二年中鄉試第六名
計偕肄業成均於司空李東陽所題百鳥圖一坐稱
善知崇明縣歲饑請發倉賑之活者數萬邑多盜海
上桴鼓晝鳴會有執新盜至者釋之密令迹捕宿盜
盡禽海島寧謐婦女惑於巫祠宿求嗣因為奸庶得
收按誅之遂毀祠為社學故事令有荻銀舊入私橐
景行以給諸生膏火分毫不私　朝廷采木荆南道
崇明司木者檄費十餘萬民庶苦不堪命景行為請

節言崇明緻邑弗能任省五六萬又請減馬𥝱之
諸雜供盡革之大抵節用愛人其夙心也改晉江未
赴丁內艱服除不起吳廷舉為都御史薦景行京朝
官丞郡太守而兩廣巡撫張昺亦薦可侍從風憲皆
不報後廷舉巡撫應天以郡丞薦之乃除鎮江府同
知至則求息民之政相國楊廷和假子殺人論死楊
一清時寓鎮江為請一等之罪不聽又上六事于
朝驗聖學察黨與廣分封嚴內侍蠲逋貢比什五報
聞遷壽府長史歸盖二楊所頋指也景行孝友冠冕

愛之待異母弟無別怡怡如也有司欵為治第固辭湛
若水見白沙景行為之紹介若水曰白沙不作功名
聲利往往而是宗烈超然世外未老而死惜哉白沙
先生嘗題其畫山書屋曰虀粥朝朝長白寺衣冠夜
夜百源山三年枕席何曾設一紙家書亦不看蓋以
范希文邵堯夫孫明復胡安定四公期之也而景行
之品可知已所著畫山集十卷傳于世

林光字緝熙別號南川東莞茶園人生而狀貌清臞
資性粹長苦學不懈博綜經史年十七補邑庠生

吳文正公論學諸書益大感悟建得趣亭日讀書持
敬涵養其中成化乙酉領鄉薦己丑會試拜白沙先
生于神樂觀語大合遂從之歸江門曰吾得師矣白
沙先生亦深期之已而築室欖山往來問學者二十
年巡撫桂陽朱公勸之仕公報曰夫人幼而習之於
小學必求所以事上長而進之於大學必求所以治
下善學者不汲汲於施為成敗利鈍之外而汲汲於
吾心權衡尺度之間寧學成而不用未有不學而
苟用者也尋丁外艱服闋母強之出

試中乙榜授平湖學諭以斯道為己任以身為教
勉學者探本窮源反身脩行一時士習丕變上敦
風化養廉恥疏言甚懇切蒙允行之巡撫彭公薦
其賢待以賓師之禮丙午主考福建多得名士各
贐禮皆謝却之弘治己酉主考湖廣是年總修淅藩
憲廟實錄辛亥脩嘉興縣志壬子復同考順天試
凡三校文時服其藻鑒部使者以卓異薦尋陞兖州
府學教授會丁內艱起復補淅之嚴州府學教授按

察使孫需以古道正學作士淑人薦國子博士作工
學觧教胄子觧諸生翕然宗之會孔廟被灾上疏言
孔子之心必不安於天子禮樂之祀題額宜曰先師
孔子時論韙之三載考績奉　勅褒嘉因乞致仕[illegible]
允隨陞襄府左長史先是羅一峰先生夢詩一聯以
贈云南冠今入習家池一代風流更屬誰至是符其
讖云襄懐王新薨元化王暫理府事百弊叢積處[illegible]
不行光隨方整頓由是官僚効職奸宄革心宮[illegible]

清門禁嚴密而群小因之側目未幾進中順大夫致
仕邑大夫歲時請為鄉賓皆不應日惟兀坐手不釋
卷興到則曳杖逍遥吟咏自適於世好澹然無與也
年八十一而卒嘗言所謂聞道者在自得耳讀盡天
下書說盡天下理無自得入頭處終是閑也其中殆
有浩然自樂者

陳激衷字元誠南海人行不疾趨容無遽色少為郡
庠生釋奠掌佾遂善歌鹿鳴諸詩聲若出金石聞者
樂之嘗與獻夫兄弟講學獻夫著學庸二原謂[illegible]
主於誠意即冊家所謂黄婆也中庸率性之率當作
帥蓋道大而性小道為將帥性為卒徒正如志之與
氣也激衷以為擴前聖所未發因勸有司梓之後激
衷中壬午鄉試教諭邵武之泰寧與諸生朔望習禮
來脩餽遺皆不受晉國子助教棄官歸益貧窘獻夫
時延之談論鼓琴雅歌及卒與獻夫祀于鄉賢祠

薛侃字尚謙揭陽人丁丑登進士疏乞歸養師事陽
明於贛四年而歸汲引後學議行鄉約余氏李氏婦
[illegible]雙節已壅者表其墓未塋者舉其喪閭里稱之辛
巳赴銓授行人聞母訃殞絶復蘇五日始食結廬中
離山興士子講習弗輟遇　聖節正旦冬至預期齋
戒行禮戊子入京聞陽明訃率同門友歐陽德輩為
位朝夕哭焉使山東過兖謁孔孟廟刻杏壇講授儀
以紀其盛多士從之尋陞司正張孚敬方用程篁墩
舊論改議孔子從祀侃疏請祀陸九淵陳獻章議上
允陞罷陳已而復疏建　皇儲事　詔下廷鞫　上
躬聽連日刑究不易一詞曰明有　君父幽有鬼神

頭可斷此心不可欺觀者嘖嘖以真鐵漢稱之侃獲放還買小舟出潞河適遇　聖壽節儀舫有叅議項喬方欵行禮有報喬曰小舟有民服具香案扣首祝聖禮節甚恭者莫測何等人也喬曰此必薛中離訪之果然因嘉歎其忠侃歸山從遊者百餘人丙申遊游江浙會羅洪先華於青原書院乃歸羅浮講學于永福寺乙巳始還家卒年六十所著有研幾録圖書質疑諸書

何維栢字喬仲其先祖平自南雄珠璣巷卜居南海沙滘大父方父應初皆以公貴贈通議大夫都察院左副都御史公生甫四歲見客有草貴者端拱為禮客奇異之長為三水諸生閉户讀書取周程諸子玩繹之得其大旨每言動稍忽則曰得無與聖賢殊乎辛卯以三禮舉于鄉下第歸入西樵古梅洞澄心静坐日讀白沙集思見端倪時霍文敏方文襄常過訪洞中語多默契乙未登進士讀中秘書益窺見精蘊既而授御史上沙河功德二疏省費百萬毛總制奪情起復征安南疏論其非是　上嘉納焉未幾任寺獲入樵與劉素子樸王青蘿漸逵陳光山激袁約莫逆交門人從遠方来者縷常滿癸卯北上訪羅整菴以証白沙之學日益精進既補任尋出按閩值歲大侵福興漳泉為甚公條救荒十餘策發倉廪餘羨覩率郡邑長吏分行之民賴全活者數十萬時分宜竊柄誤國摧陷言官公首疏其奸比之李林甫盧杞上震怒　詔逮官校至公即受繫神色自若賦詩有孤臣倘有生還日　聖德真同宇宙寬之句所過士庶遮留慟以萬計緹騎持之急諸生大哭公徐撫之謝曰此予慮定而后發人臣之義自當如是生何哭為死則矢為歌謡數十百章有誠儆録以傳既至奉　廷杖僅存餘息備極拷掠語不變下獄與楊斛山周納谿劉晴川三公聚首甚懽　上一日於宫中扶鸞問養身治國之要神對以養身莫要於寡欲治國莫先於惜才　上默悟乃削籍歸時通議公方矯健公日侍膝下稱觴為懽教其弟維椅舉進士讀中秘書四方從遊者衆大會于廣孝寺發明白沙宗指名其所居為天山草堂又闢河南勝地為天山書院

以處從遊之士隆慶改元　詔起諸建言者公首膺
薦復原官遷大理再遷協院徐文貞楊襄毅二公數
重之凡機務重大取决焉既而丁内艱還廬墓側服
闋還　今上登極召入仍舊職轉貳銓鄉　上脩聖德
勤聖學飭群工諸疏多讜語忤江陵意值江陵遭父
喪奪情太宰張公瀚以保留質之公公曰此萬世綱
常不可易也江陵聞而啣之遷南秩宗實遠之也公
次潞河乞骸骨　上允致仕歸居草堂與諸生講明
白沙宗旨適十年丁亥卒訃聞　上惻然命祭葬賜
水衡金錢以塟謚曰端恪公學以無欲之教為宗而
忠孝實行出處大節可為世範所著有易義禮經說
太極圖觧天山草堂存稿及編陳子言行録傳于世
學者稱古林先生

龎嵩字振卿號弼唐南海人五歲喪母痛顧哀毁羸
冠充郡庠生甲午舉于鄉討偕南還入羅浮山中讀
書甲辰謁選得應天府通判發奸摘伏宗藩勢宦有
干重典咸繩之以法署高淳惓惓以課文講學為事
八邑皆蒙其惠辛亥晋比部郎中執法不撓民有招
弟者死于讎事發公單騎徑詣其葬所發骨得杖劍
狀人多懾而忌之丙辰擢雲南曲靖知府敦崇教化
刻同文編以通三種夷字行鄉約保甲以變夷俗嘗
董濬盤龍江及勘麥夷情自會省至車里交趾之界
轍迹所徧歷不憚險遠然竟為忌者所擠己未大察
以老註考而百姓則繪容祀之既歸茹淡服勤建祠
祀先聯族以恩處鄉以睦晩從甘泉湛先生遊得其
奥指甘泉没居天關理厥家事甘泉立有常饌以待
四方學者公代主之每歲每月率諸學子為會嘗遵
諸公及里中縉紳群至會講公每出己意發明宗旨
如曰獨者性命潛伏之根吾心發見自然之本體甘
泉所謂天理陽明所謂良知皆是此理顧人用力何
如耳至論工夫則曰從隱處做起從偏處克去用儉
字得力用強字結裹平生刻意勵行人所不能為者
力任而不辭世固以此多公乃忌者則以為矯或以
為迂而公用世之志不獲大行于世然公求志明道
之心無加損也所著弼唐存稿五經四書講義若干
卷子一夔一德皆中鄉科能繼其志焉

王漸逵字伯鴻世居羅山其先梅灣公為宋名進士父傳為泰州學正祿奉所入悉以濟貧及卒家窶甚母謂漸逵曰兒欲以讀書佐食乎猶之耖石田無救于貧也漸逵跪泣曰兒力不能農巧不能工賈惟力學可代耕乃苦志鑽研領正德丙子鄉薦丁丑登進士第授刑曹主事尋告侍養家居三十餘年應公車之召復補刑部郎上疏言四事請行帝王之政五事大槩言閹人弄權而能除歷代腹心之疾一也剛明獨運權不下移二也后戚專寵能裁之以易絕之以法三也學究大源心涵天德敬一五箴之訓上續列聖之傳四也其五事一曰運樞極二曰定趨向三曰立規模四曰鼓橐籥五曰壽命脉言極剴切再上疏乞休又上乞創立以存根本疏天下仰其風采晚年究心理學粹然一根于心何古林諸老咸推重之其禔身治家嚴敬整肅助喪賻塟恤饑賑貧尤殫心力所著正學記四書通言學庸輯畧求仁集春秋傳日省録嶺南耆舊傳青蘿文集洛濜學志長子原格庠生次子原相進士御史歷江西按察使

劉模字叔憲號素予南海人中辛卯鄉試乙未以副榜授漸蘭谿學諭今大學士濲陽趙公其授業門生也典文陝西得解元馬公後致位尚書時稱其藻鑑擢知貴縣辭牛税絶火耗清刷擄之弊弭五山之盗頌聲大作丁母憂歸起補四川梓潼華縈費以餘里甲製灌車以興民利察何家殺婦之寃創何石亭忠節之祀吏畏而民懷焉後致政歸父老哭留不得則肖像立祠于學宮之右後祀于名宦祠既歸家居甘貧茹淡而厚宗族恤弟姪和鄉里意惓惓焉至有所屢請為鄉飲賓與龐弼唐何古林諸公為詩易會每王正月有辯格致有說學庸有疑天德太極有解多獨得之見其春王正月辯謂陽明言孔子作春秋以誅僭亂乃首攺周之正朔何以服亂賊之心而杜魯宣鄭莊之口不知曰敬授曰巡狩皆用夏時則魯史所書固夏時耳何憂于宣莊小雅六官周公作也何嫌於攺正朔耶其格致之說祖述程朱謂不學古而有傳文一段工夫則夫子亦不必刪之述之矣皆至言也學者欲尋洙泗正路當於此求之

鄧景星字叔輝別號寶潭東莞人少習舉業潛心于內言笑不苟聞甘泉湛先生講心性之學遂往師焉日益飭躬勵行隨處體認務得其中正之的而獨性之從入京師數年與順德陳公瓚相策勵晝夜正襟危坐獨觀昭曠之原於是浩然有自得之趣晚復遊於天關時予叔祖冢山肇乾者學于甘泉得其蘊奧與景星相默契相與纂輯泉翁微言為心性一書偕謝公錫命輩各註解以析其指而心學大明于世尋冢粵白大夫嘗命筆曰寶潭之渾融冢山之剛大皆學師也小子識之公暮年家居一貧如洗年七十四卒無以為斂邑令喬詰助之乃克襄事友人林烈為傳稱其學純養邃不愧師傳同邑有蔡良者學以涵養德性為本砥礪名節為要出其門如鍾鄉輩皆為端人學者稱為南齋先生

林烈字孔承別號艾陵東莞人年方垂髫旁通左漢督學豫陽田公奇其文袞然取首登甲午鄉薦四赴南宮弗售就署江陰學諭教人先孝弟崇德行士知講明正學巳酉同考北畿解首出其門尋陞南大理司務遷員外郎中皆以勤慎著聲曰守官正所以守道也庚申督賦江右綜核惟嚴辛酉父大橋公卒于官署盡禮盡哀人稱其孝甲子起補戶部郎中乙丑同知福建塩運司事葺常州祛宿蠹嚴關出法體肅然於是毀淫祠立社學闢射圃與諸生講習其中又廣養濟恤孤貧驅虎患脩火政百廢具舉未幾[illegible]歸章綬適奉　世宗遺詔以病不起百姓悲哭幾罷市乃立祠水口尸祝之公性敦儉約學本彝倫初學於魏莊渠公崇尚行實不事口耳　私淑於林緝熙[illegible]學格物之訓以聖人為必可學而至終日乾乾養日深氣日粹蓋充然自得也諸所交遊廬陵[illegible]鄒文莊羅文恭安陸則何西郊吾粵則鍾寶潭龐弼唐何古林皆以道鳴海內者視其師友而公之學可知巳一時稱公者曰學聖賢之學心君子之心曰立志以必為聖人自期存心以不愧屋漏為主曰卓卓命世之儒肫肫有用之學福建則祀於福州名宦祠廣東則祀於邑之鄉賢祠子六人增培垣坦垂塾而培領鄉薦今官南道監察御史以直諫謫官天下想望其風裁云

楊傳芳字體信號肖齋其先祖以儒業傳家伯父天
祥登丁丑進士天禖號未齋游泮庠公其季子也
督學蔡可泉公試士選居首楊武東公為節推修郡
志公與龍塘葉公同在選中深見推重公以其業授
鄉里子弟及門者數百人其教先孝弟忠信諸後進
翕然宗之萬曆乙亥歲貢丁丑其嗣起元中甲榜戊
寅公赴選授潮州府學訓導校諸生課首識蔡君德瑾
曰此子當魁選後果然諸弟子執經問業者屨盈戶
外公虛心善誘之然素無仕宦意居官僅四十餘日
投檄而歸己卯以子貴天慶覃恩封公翰林院編修
公益謙恭祇慎不謁公府勸諭鄉族子弟恂恂循禮
而繩約其不檢者居嘗有志聖學潛心讀易書座右
曰聖人學易三絕韋編當其七十尚欲假年吾今行
年五十有九伯玉知非在十年前聖人從心在十年
後又曰吾今讀易蓋恐死去不見姬文周孔耳每鷄
鳴起焚香拜天正襟危坐高聲誦易如此兩月忽悟
心體不離見在從前比擬思量皆錯念也嘗謂無妄
之謂誠意對時育物者格物也又云古聖訓如醫之
病者隨而加減不可執泥惟執中二字為固本凡耳
所著自鑑録皆從心性上體認嘗手録性理通鑑剛
煩舉要及采經史及儒先格言三字為類者曰三字
經四字為類者曰四字經以教諸孫及鄉之童蒙者
曰吾教人雖木石可入惟不向我者乃末如之何耳
公稟氣敦厚隆準豐頰精神內藏不露六十七八猶
能燈下細書嘗以為肉食能愚人欲達天德須清其
心欲清其心須淨其軀殼一意茹素曰蔬水中自
有真味孔子萌食曲肱而樂顏子簞食瓢飲而樂心
清故也辛卯疾遂不起太孺人問念兒子否曰子能
仕當教之以忠在朝事君吾何念為諸孫進問惟曰
勤讀書無他語午起整冠復臥良久而逝平生問學
之力其根本在孝弟其麗澤在師友嘗從甘泉先生
講學於天關歸以誨其子起元欲其必為聖賢後從
羅近溪於京師大有啟悟頓見性體其家學淵源有
自如此

葉旹字允中歸善人父鶴林公瓚有至行鄉黨稱焉
公生而穎異年十五補郡弟子員與友人楊天禖劉

棲桒天祐均以持正為㕘登所構劂士籍後學憲於
公儒給事中李公文鳳廉知登奸狀白公之誣禮部
尚書夏公言以聞　詔下郡守蔣公淦欲起公公謝曰
聖賢之學惟求諸心心苟不欺則窮居不損乃力辭
退而益講明心性之學於世味澹如也其行脩於家
本於孝弟而孚于其鄉之人父以誣被繫嘗請代之
三月病作義弟復以代請郡守陳公祥嘉之曰子代
父弟代兄是一門孝義也為白而出之嘉靖辛丑請
闕上十八策歸值父病侍湯藥唯謹及卒喪葬一依文
公家禮哭墓哭忌終其身平居恂恂守禮與吳孺人
相敬如賓家庭之間戢戢如也又著陽教書以訓男
著陰教書以訓女集古先正格言以訓初學子弟惠陽輯
家範者以葉氏為首鄒唐麗先生講學羅浮公從之遊中離
薛先生過惠公館之西湖禪林與之講辨益信良知之學作大
學解又集濂溪明道象山白沙陽明中離六先生見道詩合為
一編其所造可知也葉春及曰惠江之學造端于夫婦楊起元曰葉
先生與先人同志是真道學人以為確論予尊於斯道卓有
定見能世其家學學者宗之

唐伯元字仁卿澄海人少穎異辛酉舉于鄉戊辰春
歸則謁呂太史巾石于信州得聞天人合一之旨叙
其所著三書本義梓行之甲戌登進士尹萬年調繁
泰和惠政覃洽陞南度支郎兩邑士民尸祝之及司
會計為司徒樂亭王公所器許時議文成從祀疏言
非是又校定古石經註疏付之史館偶言官論謫出倅
海州轉保定推官尋擢儀曹郎有　旨選宮人疏竣
事具疏請端大本語意剴切奏　御札下問旦有引
咎人咸謂有回天之力尋移病歸日侍二尊人歡
起孝簌書樓於湖海上扁曰醉經取文中子語也二年起補原
職辛卯典湖廣文衡得士稱最復　命轉尚寶司丞無何
丁內艱歸服闋補銓部郎時責任多艱公抒忠剔弊獨不蒙
譴太宰孫公屢薦其賢而公見幾力辭投劾解組歸玩湖
山之勝逾年而卒公宰邑所至人爭俎豆之秉銓所屢人
爭型範之累疏乞身雅淡之節人爭向慕之於宋諸儒獨宗
明道於明諸子獨信河東而江門甘泉中離皆其所師事也著
其著術有醉經樓稿禮編易註有太乙堂來芳亭稿別號曙
峯學者稱曙峯先生大理卿周君鑰同心同學吳君有九章誄言云

外史氏棐曰千聖所傳心學不外精一執中而尊德性道問學則又聖學合一之指也德性而兼之問學則德性益尊問學而根之德性則問學益密漢董子頗窺其奥故有正誼明道之言唐韓子獨探其奥故發博愛謂仁之說乃海陽趙德從遊韓子之門得其要領其為韓文序有曰以黎其聖人之徒與所履之道則堯舜禹湯文武周孔孟軻揚雄所授受之實也德之所見其是非已不謬於聖人厥後梁觀國以自治身心為工夫鄭南升以常惺起惺惺為悟法簡克己以真知實踐為功而師事張拭陳去華以理會為念而從遊象山黃執矩講明濂洛之學鄭叔雲究心格致之實而李用陳庚咸趨于正吾粵理學此可槩見已我

朝白沙陳先生以自然為宗以忘己為大以無欲為至不離日用而見鳶飛魚躍其教人一以主靜甘泉湛先生遊其門獨得其宗所著心性圖說默契周程二氏之旨其教以隨處體認天理為要一時從學白沙之門則有東所張詡壺山[illegible]行南洲林光皆能發明先生自然之蘊者也近禩若南海陳激衷中離薛侃素予劉模古林何維栢衡唐龎嵩自齋楊傳芳惠江葉岩實潭鍾景星艾陵林烈曙峯唐伯元均有志于聖學也者棐生也晚幸習聞諸老先生之說體驗之身心惟一未實踐始覺有益大都生聖生賢在貞元之會不偶而本心本性在吾人之稟則同能盡其心能養其性以踐其實以復其初此等學問至易至簡千聖萬賢同條共貫何事詞說之紛紛也棐將家粵白大夫遊甘泉湛先生之門聞其旨加此謹著之執正于同志

粵大記卷之十五

嶺南郭棐篤周甫編

獻徵類

精忠大節

晉冼　勁　陳陳法念

唐陳元光

宋李　英　黄　渙　譚　必　易　青

梁　楚　胡　斌　劉袁然　丘必明

蔡蒙吉　馬　發　馬南寶　黄　俊

伍隆起　熊　飛　羅郭佐　周　脩

張交明　梁曾甫

明張仲頊　閔　敏　陳　敬　鄧國錡

陳思贊　王　度　梁致育　劉　簡

鄧　顒　羅　澄　馮學明　黄　裳

秉　楨　梁　奎　薛宗鎧　海　瑞

林　咸　李堯卿

冼勁南海人家本武帥世為部曲至勁讀書尚節操為廣州中兵參軍元興三年冬十月海寇盧循攻圍廣州勁帥揚威兵五百人出戰城陷為循所執神氣自若循欲釋而用之勁叱曰賊奴乃欲凌國士邪遂遇害刺史吳隱之上其事義熙中追贈始興太守曲江縣侯謚忠義

陳法念瀧水人其先自鄢陵徙居開陽為梁新石二州刺史以孝義訓溪峒所至鎮俗戢奸盜賊屏息封宋平郡公世襲子佛智為羅州刺史陳光大初授南靖太守大建甲除西衡州刺史封安靖郡公陳亡與馮盎力戰奮戈厲聲曰戰陣無勇非孝也遂為寇所殺時稱其忠孫龍樹仕唐歷南施等六州刺史封鄱陽開國男

陳元光揭陽人父政以武功著元光明習韜鈐善用兵有父風累官鷹揚衛將軍儀鳳中崖山劇賊陳謙攻陷岡州城邑徧掠嶺左閩粵驚擾大亂元光擊降潮州諸盜提兵深入伐山開道潛襲寇壘俘馘萬計久之殘黨復熾元光力戰而歿事聞上旌其忠詔贈左豹韜衛大將軍詔立廟漳浦開元四年追贈潁川侯謚曰昭

李英字子厚高要人天聖中同學究出身初任象州司理參軍轉傳羅獲用辟薦歷横州白州欽州推官

所至以廉能稱熙寧中欽州守臣宋謀啓釁交人出其不意攻城陷之英以死守一家殲于虜刃者十有三人神宗聞而悼之贈比部郎中詔錄其季子忠為班行從弟表為三班忠乃招魂葬之於祿村建祠祀之號比部廟今祀于鄉賢

黃漁字彥舟靈山人父叔達以儒辟官承議郎子五人漁最知名自幼力學通經史百家尤重氣節授定州文學上書論天文急為防守計政和七年陞通直郎權知鬱林州宣和五年以選次赴京會虜入寇漁率在部官奔南薰門外上表乞留聖駕已而奔南京奉表勸進高宗壯其志擢權兵部侍郎建炎三年與虜戰沒贈朝奉大夫秘閣脩撰官其一子

譚必字子思樂昌人六歲通經天聖間殿中丞王益出守韶州時嶺表自五季兵革之後文風凋喪人鮮知學王荊公喜其聰慧日誦萬言遂狀其事以聞必至京師引試稱旨特免文解厚賜銀帛以賙路費時江西鄭公獬未第開門授徒必裹糧從之數年學業日進課肄勤苦因而喪明然性嗜學不衰遠近聞其名鼓篋紛至相與講論不輟久之目少愈年已四十再歷鄉舉中賈黯榜進士熙寧間荊公秉政即前守王益之子也與公有舊嘗呼必為九兄欲擢用之必連丁家艱既服除荊公已退居鍾山矣晚調邕州推官交阯破邕城歿于王事累贈金紫光祿大夫再從姪昂登紹興八年第授南恩教守約登紹興十八年第授程鄉縣令景泰間邑人給事中白瑩請加表揚謚忠愍仍廟祀邕州

易青歸善人為都督行府推鋒軍効用初廣賊曾衮本軍士也已受招復叛紹興六年十月經略使連南夫與推鋒軍統制韓京會于惠州督兵討之京募敢死士七十三人夜劫衮營青在行中為賊所執驅至衮青大呼曰勿信所執者我耳賊又言吾不汝殺第後軍趙續砦外賊佯謂續曰汝大軍為我所擒者甚分經略持黃榜來招安青又呼曰勿聽任賊殺我我惟以一死報國賊怒焚之青死罵不絕口青無妻子事聞贈保義郎閤門祗候官為薦祭

梁楚靈白縣人紹興中攝廉州博白縣令時交阯寇

化虎楚堅城力守與賊戰引弓連斃數賊城破被執
以火灸焚楚罵不絕口而死高宗嘉其忠節贈禮部
侍郎
胡斌潮州人少以武入仕為殿前司將官童德興提
禁旅戍邵武江閩寇作知邵武有備未敢犯會招捕
司檄德興禀議獨留斌將弱卒數百鎮城中紹定三
年閏月巳卯盗衆大至他將士皆遁獨斌奮身迎戰
所格殺甚衆賊益生兵官軍所存僅數十人或告以
衆寡不敵盍避之斌曰郡民死者以萬計賴生者數
千人由東門而出我不綴其勢使得脫走則賊躡其
後無噍類矣遂巷戰大呼曰我死救百姓兵盡矢窮
卒遇害其屍僵立移時始仆事聞贈武節大夫録其
後一人樞密院編修官王埜言邵武民即斌戰地立
廟請就以武節為廟額從之
劉袞然番禺之水東人幼英穎性端謹同邑梁惟中
善品藻見而嘆異曰是必以學行顯亟以女弟妻之
咸淳四年登進士高等筮仕文林郎韶州軍事判官
考最進承直郎差提領豐儲倉所檢察官恭帝即位

勅[illegible]之屬本無定員然其選最重凡選頗雜而史
局遂輕乃擇文學清敏者入為史屬德祐二年春袞
然遂改史館檢閱尋進承議郎行太常丞兼權翰林
權直時蒙古入寇國瀕於亡在外則救守叛降在朝
則百官奔散帝禁之不能止袞然守死不去降勅特
授袞然朝奉郎以旌其忠無何以憂憤卒于行在聞
者悼之惟中後仕元為京縣尹亦有政聲
丘必明南雄保昌人咸淳辛未進士累官韶州僉判
德祐丙子元兵逼梅關時東莞勇士熊飛領兵與元
師戰敗還韶元師攻城城陷必明被執不屈殺之白
血流地韶人哀其忠節立祠祀之
蔡蒙吉程鄉人生而穎悟八歲能背誦五經從鄉進
士侯安國學春秋了其大義年十二應童子科賜進
士第出身授迪功郎再試銓衡復中第一加三資授
從政郎韶州司戶兼司法未上而值世變郡守湯執
中檄權梅州僉書事義兵總管德祐二年冬元招討
使易正陷梅州蒙吉被執正大舉兵趨潮州羈蒙吉
於興寧使其下陳一元權知興寧守之蒙吉罵曰吾

知盡忠報國耳寧肯從胡奴苟生耶爲一元所殺其
其尸三日顔色不變一元異而瘞之時年三十有二
明年三月文天祥復梅州嘉其忠爲文祭之
馬發海陽人德祐二年驛報至潮元兵已下臨安三
宮北去元兵將壓境守令皆棄印綬走是年五月益
王即位于閩改元景炎十二月航海至厓山遣安撫
使方興來潮慰諭發時爲權鈐轄正將承命攝州事
稱安撫使二年元兵至潮陽先驅一人來諭降發嬰
城固守元兵至與戰敗之越明年海陽盜陳懿導元
將唆都蒙古歹兵圍城發脩兵戒備守南門巡檢黃
虎子與陳懿通潛開門納元兵鼓譟突入城遂陷發收
殘卒百餘人入保子城勢窮力殫度不可爲令妻子
縊死發自鴆時三月一日也
馬南寶香山人家饒于財而能讀書好義尤工於詩
宋景炎二年十月端宗自潮州之淺灣航海避虜過
邑境南寶獻粟千石以餉軍端宗降勅奬之召拜權
工部侍郎時帝舟爲元師所迫十二月丞相陳宜中
少傅兼樞密副使張世傑殿前指揮使蘇劉義奉帝
幸沙衛暫宮于南寶家南寶竭力保衛帝舟所
痺備至元人無知者居數日元兵陷廣州諸將
召募潮居里民數百以行南寶謂諸將曰功成
之日當以奉迎孝恭懿聖皇帝爲先因飲諸將
酒曰痛飲黃龍府在此行也遂歌岳武穆直擣長驅
之句以相風勵慷慨激烈聞者莫不壯之十二月
張世傑奉帝舟退保秀山尋次于井澳丙子颶風大
作舟敗幾溺帝遂得驚悸疾旬餘諸兵士稍稍來集
死者十四五元將劉深復襲井澳世傑力戰却之陳
宜中欵奉帝走占城乃先往諭意遂逃去南寶聞之
慟哭曰丞相必不返國事危矣後果然景炎三年春
都統凌震復廣州南寶賦詩志喜時帝舟次于化之
硇洲疾大作四月帝崩于硇洲衛王昺即位走崖山
張世傑等從之而曾淵子克山陵使奉帝還殯南寶
家僞爲梓宮出葬其實求福陵在厓山也今邑之深
山多有陵迹蓋遺黎爲之諱其葬處云南寶方赴厓
山會阻病旦夕譫語未嘗忘也宋亡悲憤不食元人
籍仕宋者南寶逃匿不以姓名降嘗作詩有曰目擊厓

門天地改寸心難與夜潮消又曰衆星耿耿滄溟底
恨不同歸一步微聞者哀之相傳端宗臨幸時册茘
方熟帝摘一枝其後經摘處風味獨殊人以為異已
而元兵欲屠潮居里人為南寶危之而南寶恬不為
動後聞陳宜中奉帝昺猶在占城元主忽必烈下令
捕之於是招討使黎德梁起莘與南寶起兵運糧往
迎車駕元萬户王守信諭起莘歸降起莘奔還馮討
德與南寶討其叛兵弁大敗南寶被執不屈死之
黄俊南海人沉重有謀宋末為催鋒軍將性剛毅不
能隨時俯仰見上官指畫兵事語纚纚不少休每所
主持堅不肯回或沮之而卒如所言由是知名每自
詫曰鐵骨稜稜吾豈凡子邪會當為國家作羆虎臣
耳德祐二年元兵陷臨安廣東經畧使徐直諒遣人
赴隆興納欵元酋阿里海牙吕師夔亦來徇廣州未
幾益王即位直諒乃遣權提刑郡人李性道領摧鋒
軍及水軍往拒元所遣將黄世雄等摧鋒軍俊與陳
寔為之將水軍則謝賢為將兵號二萬俊察寔賢無
忠憤心會晤間每曰奇男子當斬虜取侯王勿𡡉零

作兒女憐韓世忠岳武穆吾等儔也至石門遥望虜
騎擁山塞川性道大恐俊進曰俊觀虜衆部伍未整
分兵為兩翼登塗遶其後擊之可以得志性道不從
艤舟岸滸不戰既而虜結陣成列鼓譟而前俊奮身
大呼率衆迎敵力戰寔等退縮不為之援遂敗績本
還直諒聞之宵遁元黄世雄等遂陷廣州接性道寔
賢官俊拒不受寔賢等共殺俊俊慢罵不絶口而死
廣人憐俊忠共舉瘞之
伍隆起新會人三世事宋高祖琨高宗朝為嶺南第
十三將守南恩州卒于官子朝凱擇新會之文章里
居焉生子之才之才仕至陽春尉之才生天麟官龍
井場提幹天麟生隆起值宋季世帝昺舟次崖山隆
起以祖父三世受禄于宋非死不能報於是率鄉民
為義兵捍衛且貢糧七千石先是元元帥張弘範已
入廣州民咸附之隆起力戰累日不沮潛為其下謝
文子所殺以其首降元丞相陸秀夫遣人收遺骸以
木刻首續之葬于文逕口山後秀夫生募得文子戮
之祭隆起之墓故今人猶名其墳為釘頭墳村為釘

頭村云大忠祠成祀隆起于東廡題曰宋義士贈州判伍隆起位蓋表其忠也

熊飛東莞人有武畧善騎射宋末勤王聞右丞相文天祥師出江西率兵往隸麾下為元將黃世雄所扼絕欵脅之降飛陽為世雄守惠潮二府世雄疑之謀殺飛飛以舟師遁還東莞舉兵應趙溍世雄遣姚文虎追之至榴花村飛勒陣斬之盡殲其兵世雄懼拉梁雄飛等出走新會令曾逢龍亦帥兵至與飛會入廣州執李性道數其罪而囚之逢復廣州飛以性道逆節甚明乃沒性道家貲其居是年景炎改元之六月也元呂師夔張榮實入梅嶺十月溍遣飛與逢龍禦之尋使將校劉自立守韶州逢龍戰死于南雄飛退師還韶師夔等圍飛守城力戰自立叛以城降飛巷戰敗績赴水死同時許之鑑者亦死節于五坡嶺云

羅郭佐石城人其先世居汴祖廷玉以文學仕宋授武翼郎石城簿因家焉子嗣宗授承信郎石城知縣宋季郭佐策從原征南將軍史八萬討平海北以功授朝列大夫化州路總管尋授廣州路總管督運廣東糧餉給海北軍士沿海遇賊而沒長子震敎武校尉化州路管軍把總同事歿于難次子奇襲化州路判官尋授奉政大夫雷州路同知奉檄討徭寇戰而歿奇子玄珪死父難孫仕顯襲武德將軍廉州路同知至正間奉命督戰艦會高化瓊廉等郡官兵剿海寇戰歿于石礨港年三十九昆季子孫咸受爵秩相繼死節云

周脩字望舒新會人謙恭循禮博通經史既冠邑令聞其賢辟為邑庠訓導脩素剛直疾惡如讐值元季亂雖名門亦虧名節而陷於惡逆脩每移書誚讓詞語峭直賊帥黃斌見而大怒使人生致之時諸生之在門者咸相與圖畫营救脩不與曰死生命也安能屈辱於人以求活耶及擁至賊前閉目不為禮高聲以犬彘叱之遂遇害至死罵不絕口時太常鄉余觀國持節招撫江南聞而賢之目為義士云

張奕明吳川人元至正九年海寇犯合浦通瓊山宣慰司檄化州路通判游弘道以友明為義士同會高雷廉諸郡兵船數千艘追寇于海南澄邁之石礨港

時寇窮蹙死戰友明為先鋒與戰伏而海南番兵赴水走寇乘勝四合諸官兵皆潰惟友明與弘道木薛飛羅武德俱以戰死邑人至今思之

梁曾甫者泮浦人也智勇絶人元至正間舉江西省授番禺沙灣巡檢尋盜起鄉人舉曾甫有可倚之才曾甫得檄據形勢立壘砦流逋四歸盡散家財餉士不足則以田貸富人繼之鄉人以安賊使説曾甫降曾甫怒斬以徇賊悉衆攻曾甫遂遇害鄉人為立祠號曰忠義

張仲賢南海人少剛果涉獵書史見義勇為洪武初同關敏破龍潭餘賊敏死仲賢力戰獲免洪武十四年東莞湛菜賊曹真聚衆搆逆　朝廷遣南雄侯趙庸總兵往討命仲賢率民兵先為鄉導仲賢駕舟設機先進奪其港口摧賊前鋒由是官軍戰艦乘潮繼至賊衆大潰庸愛其勇壯復遣仲賢率衆援東莞舟經海口賊憚其驍勇悉衆攻之力戰及暮死之賊為仲賢殺傷者亦數百人賊既平後庸嘉嘆其忠不已泊潘閭皆遣祭而表其門時賊帥蘇友輕真部屬也勢亦倡撫番禺人蘇孟昭增城人湛懷德陳仲光皐禦之有功且保其鄉里使不陷于賊鄉人至今感德其知勇足尚云

關敏南海之黄連人初南海賊馮簡等作亂行刼龍潭洪武元年征南將軍平章廖永忠既取廣東下令撫民弭盜敏倡義集衆緝捕賊百餘人以獻永忠遂以敏權巡檢賊銜之乃聚衆復圍其鄉敏力不能支遂為賊所屠後賊平永忠以其事聞　上以敏存日未授官而能仗義討賊歿于王事特贈敦武校尉兵馬指揮司副指揮表其鄉曰忠義令有司立祠歲時祭焉

陳敬世家增城之石灘洪武十四年以賢良舉授禮部主客司郎中遇事剛果敢為人多忌之以事左遷雲南曲靖府幕官尋署劒川州事劒川蠻寇竊發來攻州城敬親率壯士禦之衆寡不敵其下欲退敬瞋目大罵奮勇前進遂力戰而死軍民咸聚哭賻焉事聞　命有司恤其喪祁順為之哀辭曰公死而忠永留清節如金之堅如雪之潔如月之光如日之烈其

賢可知已

鄧國錡東莞人性剛毅尚節槩洪武初以賢良舉不就十四年辛酉草寇蘇友興嘯聚剽掠鄉邑鄉邑騷動衆多降之惟國錡與缺口鎮巡檢李添鳳徑趨靖康諸鄉起集民丁二千餘屯守缺口鎮與賊戰數合不利退保深溪山賊復益兵死戰力不支與李添鳳俱被執國錡罵賊不屈而死賊平之後降民皆充卒伍惟戰死之家獲免侍郎陳璉表其墓曰義士稱其英聲偉節無愧古人夫自古忠義之士其才氣超特有非齷齪拘攣者可比使其出膺一命必能盡忠報國而所立僅此惜哉

陳思賢化州人領洪武丁卯鄉薦授漳州府學教授漳俗文浮於行思賢往往以忠孝禮義訓生徒隨才教育多所成就每部使者行部到漳隨例參謁畢必進問　聖躬安否何似革除末靖難繼統詔至思賢慟哭曰明倫之義正在今日與其徒吳性原陳應宗呂賢林珏鄒君默曾廷瑞相率堅不出迎　詔相謂曰平日吾輩所學何事可無誠其言乎乃即明倫堂為舊君位哭臨如禮郡人執之遂繫送京師思賢暨六生皆死或曰死于道嘉靖中提學副使邵銳立祠祀之配以六生為文紀其事云

王度字子中歸善人少肆力經書稽理脩辭為人所師部使者以明經儒士薦起家拜山東道監察御史綜糾務持大體疏十餘上多見用會　高皇帝棄群臣諸藩不靖兵部齊泰等會議兵事度與僉謀歲庚辰監會試時大將軍曹國公李景隆北向敗績退保濟南以歷城侯盛庸代之度密陳便宜無不可制勝者乃有東昌之捷景隆徵還赦不誅反當軸用事忌庸等功掩己讒間遂行度等與謀者皆見竦辛巳夏六月濟寧告急師徒屢敗度奏　請募兵壬午春有小河之捷命度勞師徐州而還夏五月鳳陽不守方孝孺與度等畫策以死社稷為言秋七月坐黨禍戍賀縣千户所出語得罪閫門被繫寘于法度死時年四十有七度善吟咏多所規諷世傳其咏橄欖詩云南海飛騎薦荔枝誰知橄欖味清奇只因根託尋常地無自吹噓到帝畿蓋自況也

梁致育字遂初高要人通五經志行高潔由洪武癸酉科鄉舉歷紹興建昌訓導六典文衡致仕家居嘗脩郡志天順初廣西流賊刼掠蓮塘致育年已九十六且瞽被執賊令講書致育罵曰蠻奴吾睨禮義必不為此賊不忍加害以竹肩輿舁之行致育知不可免語舁者曰至還口深淵即白我遂投淵死賊驚嘆而去有竹屏稿藏于家

劉簡字以中歸善人以永樂戊子科舉人為交阯諒江州判官時交人初附踈逆屢起諒江尤劇簡至嘗布　朝廷威德百度脩舉州民相戒不敢犯洪熙元年逆孽黎利叛攻刼郡邑所在皆𠎝降獨簡偕集吏民堅城固守數月餘援兵不至城遂陷簡被執不屈死其弟及妻子凡七人相率赴井死焉後諒江民建祠井前祀之嘉靖中祀于鄉賢祠後以配王度于孤忠祠

鄧顒字伯昂樂昌人通詩書尤善言星命正統七年進士奉使湖藩給賞軍衛凡饋禮一無所受楚王嘉之書廉介二字餞其歸且以其事聞于　朝又明年授廣信府永豐縣知縣推誠愛民剗宿弊崇寬政臨之平易導之禮讓又為奏減額外之賦民甚安之王山縣有被殺死者事久不得白委顒治之顒衣冠憑按坐夢神人告以屍處并其事又有老樹藏妖時時出為民害又其縣分為四鄉有神靈謂之老佛四鄉爭迎之歸以祀祀則其鄉無疫病而旱烈終歲禾黍不登顒皆為文籲天不移時迅雷破樹毀佛像又嘗白晝見有一兒號言前張知縣之子死瘞西房地中神不得寧顒為之遷瘞明日又見形来謝藩臬異其人有難事輒檄顒代理嘗莅事建之浦城脫當沒入者三十餘家又覈處州銀冶免銀課數千兩其人賴以重貲皆拒不受布政使吳潤三上薦章未報十三年葉宗留反於浙鄧茂七反于閩永豐當二逆衝顒為備禦之計甚悉寇入境多為所獲其後寇勢盛大都督劉聚都御史張楷聚兵鉛山不敢前寇由浦城直壓永豐彌漫山谷顒率千人與戰生擒賊將王三鄭常四又乘勢而前遇伏遂為所執見宗留厲聲罵曰我為國殺賊為民除害恨不磔汝肉梨汝肝是遺憾

也遂被害是日雷雨大作宗劉驚惧令其徒舁屍于高州巡檢司署中明日邑人治棺殯于城隍廟巡按御史韓雍上其事請加褒贈遂贈奉議大夫光祿少卿仍遣韶州府同知李實就其家祭之給麻布六十匹齋糧三十石以助喪葬天順元年給事中白鑾疏奏賜謚恭毅配祀于張文獻公祠中仍行江西廣信府與張叔夜等同祀子長瑗最知名次球俱領鄉薦瑗字良璧登景泰丙子鄉試授大理評事陞湖廣僉事分巡湖北與貴州接壤征調頻數民不堪命瑗不

奉檄致仕歸

羅澄興寧人天順五年秋峒老羅劉寧寇新興寧衆千餘九月突至興寧之磨馬同知縣舒韶典史劉淵帥民兵禦之戰敗里民羅澄奮勇護韶謂其衆曰吾輩偷生而棄父母於死可乎飛騎還翼韶上馬韶得逸去澄因為賊所執欲降之澄極口罵賊賊支解焚之通志大書澄死之以旌其節

馮學明保昌人少為郡庠生宣德三年應貢以監生授工部主事轉禮部儀制遷精膳郎中為人敦厚有

慎嘗出使寧藩造墳迫峻事餽贐一切謝郤寧府重之正統十四年扈征北虜陣亂六軍從臣多南奔時鄉人鄧力士者在陣中謀與同歸學明曰君辱臣死將安之乎遂陷于陣後録功廕子瑤入監讀書

黄裳字元吉曲江人其先家本興國祖仲禮洪武中以事謫韶州守禦所戍籍裳讀書過目成誦正統壬戌進士授監察御史一時彈文多出其手法司會審疑獄辨析究濫多得其情都御史陳鎰雅重之嘗巡按直隸蘇常諸府及浙江鹽法人多被其澤已北虜犯邊扈蹕從征陷戰陣而沒明年褒恤死事之臣有詔恤其家

葉禎字夢吉高要人少有大志剛明不阿居父喪廬墓由宣德乙卯鄉舉歷潯州府同知調慶遠府在任廉介導民以義民樂為用天順三年賊首韋公同虜民入山攻鷄辣寨告急禎率民壯及東蘭那地目兵往援之戰弗利身被數鎗猶刃一人而死時雷電大作平地雪深尺餘賊懼而遁寨賴以全總督都御史葉盛上其事　贈朝列大夫廣西布政司右參議民

立祠祀之額曰忠義　諭祭詞曰朕於群臣服勞職務者皆有寵異之命而死於國事者尤加褒恤之恩所以勵節而勸忠也咨爾廣西慶遠府同知葉禎發跡成均擢官郡佐蔗以律已誠以愛民頃以蠻寇之縱横不忍小民之荼毒殫力保鄣務殄渠兇率困兵以靖妖氛偕子姪而蹈鋒鏑竟伸敵愾之氣率全垂死之民闔郡聞之罔不悲感顧此忠義朕深嘉憐玆特贈爾朝列大夫廣西布政司右參議嗚呼蘇緘擊智高於邕管偕子孫以捐軀馬暨摧海牙於靜江胥將士而殞命爾之節奚讓古人用錫殊恩永垂不朽嗟夫臣之所以盡瘁　君之所以旌忠義胥至矣

梁奎字文燦順德大良人以鄉薦通判袁州桃源賊攻城死之　詔進秩録其子嘉靖間德興吴寵來知縣詳奎死事白使者祀鄉賢後督學張希舉立崇義祠祀之區瑞廿溪人也以吏典史德興桃源賊起城萬年被執不屈而死事　聞亦録其子與奎同祀

薛宗鎧字子脩生而聰慧少有大志與叔僑同登癸未進士知貴溪縣執父喪號絶復蘇五日水漿乃入于口終喪遵承毋言起補任將樂以才堪治劇乃更建陽政務大體開誠心剔奸蠹約濫費輕民賦首脩廟學建橋梁毀淫祠置贍田以資貧生役考亭後以主祀事俗多淹女禁止之活者幾千命遇荒饑賑濟先發後聞宰以身受罰被召為給事中時冢宰汪鋐奸佞憸邪鎧上疏極論其内懷欺罔外極恣肆惡冒四凶行兼正卯　聖明嘉納矣鋐辨言以逞激怒
聖衷遂下　詔獄受杖八十五日而死其忠憤可悲云

海瑞字以賢號剛峯瓊山人自為諸生時即抱當世之慮嘉靖丙午督學林公考校奇其文蓆其行誼大加奬異已酉督學蔡公継至試公卷奇之詢知素行嘆曰玆所謂涅而不緇者是歳中鄉試第九名時居予書室予偶同登遂相得甚懽癸丑會試弗第曰士君子奮跡行志何必制科遂就福建南平學諭時黎賊内訌安戢未定公所咨平黎策嘗有開道立縣之議至是伏闕上書謂弘治間開道立縣可無嘉靖間㒳次大征及今征後開道立縣可無年年鵰剿蒇[illegible]

守戍并著圖說以獻下兵部議覺寰殷公至南平首揭
朱子白鹿洞五規輔漢鄉會粹六事并摘鄉原忠信
廉潔之似孔子申棖剛者之辨與諸生講明大義相
見拜揖外不許更將一物為贄而衆謁禮儀一遵
憲綱明倫堂不跪道傍不跪迎送不出郭門郡守諸
大夫視學升堂謁見左右兩教官俱跪公獨中立時
稱筆架教官戊午春擢知浙淳安申飭所行事宜曰
知縣知一縣事也上而　朝廷吾父母中而藩臬僚
屬使客鄉士夫吾長昆弟下而吏胥里老百姓人等
吾子姓遇之各有正道若謂止可潔已不可潔人潔
人生謗凡所行不可認真認真生怨取禍不顧　朝
廷之背否而以鄉原之道待其身以鄉原之道待人
浮沉取名非知縣也於是著為令曰淳安政事而一
邑之政具是矣其自奉簡約俸薪外一毫不擾雖家
僮亦令樵採庭甚清閑一切餽遺悉却不受亦悉杜
絕不行曰盡天下而不為上官之賂也豈盡不還盡
天下而惟上官之賂也豈盡不黜安可自以其身為
溝壑也盡毀淫祠為社學如洪武六年令乃上時都
御史鄢懋卿挾權橫行公獨抗之不少絀鄢銜之恨
手袁巡鹽御史淳論公改調公赴部吏侍鎮山朱公
為言公清望於冢宰遂補興國公見地瘠民貧畝在
浮糧乃條八事上南贛都御史吳堯山公次第行之
尋陞戶部雲南司主事鎮山公薦引力也既抵任見
肅皇帝晚年玄脩大小臣工委靡日甚乃上疏直言
天下第一事以正君道以明臣職蓋為身家心與懼
心合臣職所以不明求生心與惑心合君道所以
不正其中批鱗逆耳侃侃數千言自許於勿欺而犯
之義於是直聲震天下無不知有所謂海主事也者
疏入為乙丑冬十二月逾年丙寅數月不下逾一月
下公詔獄中外相顧失色讞獄雖上然竟留中　肅
皇帝固未嘗有殺公之心也已而　肅皇上賓　莊
皇繼祚首奉遺　詔出公於獄復原職尋陞兵部武
庫司主事丁卯改元晋尚寶丞四月陞大理右丞七
月轉左丞差祭南海神十一月陞南京右通政復迎
太恭人就養己巳春正月改通政司右通政尋陞右
僉都御史奉　勅總督糧儲巡撫應天公意主於斥

貪墨抑豪強革浮麥蠹宿弊出入與從甚簡風裁凜
君奸宄肅然大浚吳淞江為萬世利未幾科中交章
有言乃解撫事專督南京粮儲方佐代而粮儲裁革
公乃回籍家居十餘年嘗曰吾人一身備萬物之理
則當以萬物一體為已任士君子出處何常視所遇
何如耳有君如此安忍負之乎歸未幾而薦者踵至
有忠貫日月望重華夷等語　上曰海瑞既屢經薦
舉有相應員缺即便起用不逾月推通政司左通政
乙酉正月起僉南臺都御史未至以為南吏右侍郎

是時公年已七十有二公聞　命促裝就道意謂家
主上特達之知臣子不可無特達之報坐一小船自
五羊度嶺直抵建業沿途寂無知者五月履任時冢
宰丘月林公未到公署部事見五城火夫累苦張
示禁革并革辦事官吏輸銀公費公上陳治安要機
曰欲安百姓先守令欲賢守令先司道欲賢司道先
撫按而致望於閣部大臣歸本於君身公用世意甚
銳而梅房二御史大肆詆擊惟彭君遵古諸君壽明
顧君允成三進士連疏白公大節少足發紓正氣以

維持世道公陞都御史任而歸志益决乞骸骨疏至
六上不得允丁亥冬卒於留都年七十有四檢篋中
祿金僅一百五十一兩綾紬葛各一都御史王麟泉
暨諸御史捐金治具乃得歸訃聞　上為咨悼　賜
祭八壇贈太子少保奉　旨賜謚忠介蓋特命也公
精忠大節自足不朽而生平學問惟欲識其真心必
為聖賢不為鄉原謂孟子功不在禹下當以惡鄉原為
第一云

林咸字季虛番禺人舉于鄉初知惠安縣嘉靖戊午
倭奴來攻惠安惠安居民僅九百家倭奴四倍之咸
悉力拒守誓與城存亡有越城者手斬之懸其首于
城竿上擒賊七十餘級賊急以呂公車來攻咸製戲
棚三座外施絮被內藏銃弩火鎗射之賊乃解圍而
去尋泒劫鴨山咸整兵往禦躬冒矢石為士卒倡賊
寡不敵馬墜潦泥中死之輿論謂其光明俊偉且有
完城功巡按御史樊獻科為文遣官致祭稱其亡愧
張睢陽顏常山云及核實具奏以　聞得贈府通判
廕一子入監讀書

李尭卿字唐馮番禺人自幼卓犖負大志登嘉靖癸
卯鄉薦丙辰授寧德令百廢具舉惠政大行民甚德
之寧舊無寇患頻年以來倭奴不靖而寧當其衝君
乃先事戒嚴聚芻峙餉脩城濬隍練兵飭器堅壁清
野已而倭奴果擁衆萬餘人寇君提戈披戎為士卒
先倭知有備解圍去遂之他邑屠城殺人無厭父
老德君相率赴軍門上書旁牘軍門獎之歲辛酉
倭奴欲至擁衆繞城三面而攻之凡數日君仗劍督
戰大小凡數十合城中力竭兵疲外援不至倭[illegible]

轉急君度勢益不可支遂解印付家童馳省會為必
死戰城果陷君猶揮劍斬倭頭數十竟死之狀
聞贈太僕寺丞蔭子翁齡為國學生
外史氏柴曰人主非求忠無以立國人臣非盡
忠無以事君忠節有關于世道不尠小也予嶺
海間精忠大節兩漢無聞豈史佚之與晉有沈
勁陳有陳法念唐有陳元光三人者皆臨難不
貳其心而勁以罵盧循死其死尤烈宋及我
明忠節茂著簡不絶書是故李爽譚必梁楚丘必

明蔡蒙吉馬發熊飛劉簡梁曾甫梁奎林咸李
尭卿則死于城社者也黃漁易青胡斌馬南寶
黃俊伍隆起羅郭佐張友明張仲賢閔敏陳敬
鄧國錡鄧顯馮學明黃棠葉禎則死于戰陣者
也劉泉然以憂憤卒周修梁致育以罵賊死薛
宗鎧以諫廷杖死陳思賢王度以建文之難死
而思賢率六生同歸于義嗚呼烈哉海瑞直言
天下第一事指斥乘輿自分必死賴
上聖明宥而不殺然其忠則照日星排山嶽矣故
並著于篇以端臣鵠云

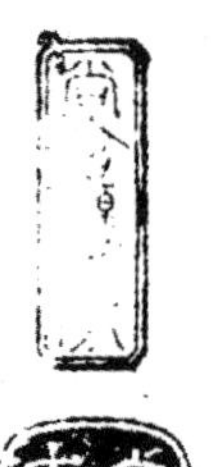

粤大記卷之十六

嶺南郭棐篤周甫編

獻徵類

相垣勳業

楚高固

唐張九齡 姜公輔 劉瞻

宋崔與之

明丘濬 梁儲 方獻夫 霍韜

高固南海人周顯王時楚子熊商滅越而臣服之遂為楚威王固以才能歸楚為威王相時魯君子左丘明因孔子史記具論其語成左氏春秋鐸椒為威王傳以王不能盡觀春秋采取成敗分四十章為鐸氏微由固進之大都楚君至莊王最賢致霸諸侯能討罪逆以服人心春秋進之其後復能繼述以故文教日興五羊啣穀萃於楚庭南海人為畫圖以表著固功故後世郡守猶繪諸廳事廣州稱五羊城者緣是始云史論曰董仲舒有言楚莊不專殺而霸埒諸桓文則進而中國之此鐸氏所謂微也高固以此引君俾之向道文教日興豈非賢哉吾以為奮武不過可以革面而揆文則可以革心楚國所以長久者高氏啓沃之功不可誣也

張九齡字子壽韶州曲江人父弘愈嘗僑寓南海生九齡其夕毋夢九鶴盤天而下故以為名幼聰敏七歲知屬文年十三以書干廣州刺史王方慶方慶嗟賞之曰是必致遠會張說謫嶺南一見厚遇之居父喪哀毀庭中木連理中宗景龍元年擢進士第二人始調校書郎玄宗在東宮舉天下文學之士以道侔伊呂科策高第遷左拾遺時帝初即位未郊見九齡上疏曰天者百神之君王者所由受命也自古繼統之主必重郊配蓋敬天命報所受也不以德澤未洽年穀未登而闕其禮者周公郊祀后稷以配天謂成王幼沖周公居攝猶用其禮明不可廢也漢丞相匡衡曰帝王之事莫重乎郊祀董仲舒亦言不郊而祭山川失奈之序逆於禮故春秋非之臣謂衡仲舒古之知禮者皆以郊之祭所宜先也陛下紹休聖緒于今五載而未行大報竊傾以迎日之至升紫壇陳采

席定天位則聖朝之典無遺矣又言乖盭之氣發為水旱天道雖遠其應甚邇昔東海枉殺孝婦天旱久之一吏不明匹婦非命則天昭其冤况六合元元之衆縣命於縣令宅生於刺史陛下所與共治尤親於人者乎古者刺史入為三公郎官出宰百里今朝廷士入而不出其於計私甚自得也京師衣冠所聚身名所出從容附會不勤而成是大利在於内而不在於外也智能之士欲利之心安肯復出為刺史縣令哉國家賴智能以治而常無親人者陛下不革以疏故也臣愚謂欲治之本莫若重守令守令既重則能者可行宜遂科定其資凡不歷都督刺史雖有高第不得任侍郎列卿不歷縣令雖有善政不得任臺郎給舍都督守令雖遠者使無十年任外如不為此而救其失恐天下猶未治也又古之選士惟取稱職是以士脩素行而不為僥倖姦僞自止流品不雜今天下不必治於上古而事務日倍於前誠以不正其本而設巧於末也所謂末者吏部條章舉贏千百刀筆之人溺於文墨巧吏猾徒緣姦而奮臣以謂始造簿書備遺忘耳今反求精於案牘而忽於人才是所謂遺劍中流刻舟以記者也凡稱吏部能者則曰自尉與主簿繇主簿與丞此執文而知官次者也乃不論其賢不肖豈不謬哉夫吏部尚書侍郎以賢而授者也豈不能知人如知之難拔十得五斯可矣今膠以格條據資配職為官擇人初無此意故時人有平配之誚官曹無得賢之實臣謂選部之法敝於不變今若刺史縣令精覈其人則管内歲當選者使考才行可入流品然後送臺又加擇焉以所用衆寡為州縣殿最則州縣慎所舉可官之才多吏部因其成無庸人之繁矣如知其賢能各有品第每一官缺不以次用之豈不可乎如諸司要官以下等叨進是議無高卑唯得與否爾故清議不立而名節不修善士守志而後時中人進求而易操也朝廷能以令名進人士亦有偷名獲利利之出衆之趨也不如此則小者得於苟求一變而至阿私大者許以分義再變而成朋黨矣故用人不可不第其高下高下有次則不可以妄干天下之士必刻意修飭而刑政自清此興衰之

大端也俄遷左補闕九齡有才鑒衆所見推吏部試
拔萃選人及應舉者常與右拾遺趙冬曦考次數四
號稱詳平開元十年遷司勳員外郎時張說為宰相
親重之與通譜系常曰後出詞人之冠也遷中書舍
人内供奉封曲江男十一年進中書舍人十三年帝
封泰山說多引兩省錄事主書及所親攝官升山超
階至五品九齡當草詔謂說曰官爵者天下之公器
德望為先勞舊次焉今登封霈澤千載一遇而清流
隔於殊恩胥史乃濫章紱恐制出四方失望方進草

尚可以改公宜審計說曰事已決矣悠悠之言不足
慮既而果得謗御史中丞宇文融方事田法有所奏
說輒建議違之融積不平九齡為言說不聽俄為融
等痛詆說幾不免九齡亦改太常少卿出冀州刺史
以母不肯去鄉里故表換洪州都督徙桂州兼嶺南
按察選補使始說知集賢院嘗薦九齡可備顧問說
卒天子思其言召為秘書少監集賢院學士知院事
會賜渤海詔而書命無足為者乃召九齡為之被詔
趣成遷工部侍郎知制誥數乞歸養詔不許以其弟

九皋九章為嶺南刺史令歲時伏臘聽給驛省覲遷
中書侍郎以母喪解不勝哀毀有紫芝產坐側白鳩
白雀巢其家樹二十一年十二月奪哀起復拜中書
侍郎同中書門下平章事固辭帝頻以為嫌答以喪
已踰年不有至孝誰能盡忠朕以非常用賢曷云常
禮哀請竟弗許明年遷中書令始議河南開水屯兼
河南稻田使上言廢循資格復置十道採訪使時天
長節百僚上壽多獻珍異惟九齡進千秋金鑑錄五
卷言前古興廢之道帝賞異之又與中書侍郎嚴挺

之尚書左丞袁仁敬右庶子梁昇卿御史中丞盧怡
交善終始不渝甚為當時所稱會范陽節度使張守
珪以斬可突干功帝欲以為侍中九齡曰宰相代天
治物有其人然後授不可以賞功國家之敗由官邪
也帝曰假其名若何對曰名器不可假也有如平東
北二虜陛下何以加之遂止李林甫無學術見九齡
文行為帝所知内忌之乃引涼州都督牛僊客為尚
書知政事九齡又執奏曰不可尚書古納言唐家多
用舊相不然歷内外貴任妙選有德望者為之僊客

河湟一典使耳縣班當佑天下其謂何又欲賜實封九齡曰漢法非有功不封唐遵漢法太宗之制也邊將積穀帛繕器械適所職耳陛下必賞之金帛可也獨不宜裂地以封帝怒曰豈以僊客寒士嫌之邪卿固素有門閥哉九齡頓首曰臣荒陬孤生陛下過聽以文學用臣僊客擢胥史目不知書韓信淮陰一壯夫羞與絳灌等列陛下必用僊客臣實耻之帝滋不悅翌日林甫進曰僊客宰相材也乃不堪尚書邪九齡文吏拘古義失大體帝由是決用僊客不疑九齡

既戾帝旨固內懼恐遂為林甫所危值帝賜白羽扇乃獻賦自况其末曰苟効用之得所雖殺身而何忌又曰縱秋氣之移奪終感恩於篋中帝雖優荅然卒以尚書右丞相罷政事而用僊客自是朝廷士大夫持禄養恩矣嘗薦長安尉周子諒為監察御史子諒奏僊客其語援讖書帝怒杖子諒于朝堂流瀼州死於道九齡坐舉非其人貶荊州長史雖以直道黜不戚戚嬰望惟文史自娱朝廷重其標尚乂之封始興縣伯開元二十八年春請還展墓五月遘疾卒于私

第年六十有八贈荊州大都督謚曰文獻九齡體弱有醖藉故事公卿皆搢笏于帶而後乘馬九齡獨常使人持之因設笏囊自九齡始後帝每用人必曰風度能若九齡否初九齡上金鑑録帝雖陽為嘉賞實嫌其諷諭自為司勳員外郎加上柱國賜紫金魚袋進正議大夫及為相謇謇有大臣節當時帝在位乂稍怠於政故九齡議論必極言得失所推引皆正人所建立皆光明俊偉事業武惠妃謀陷太子瑛九齡執不可妃密遣宦奴牛貴兒告之曰廢必有興公為

援宰相可長處九齡叱曰房幄安有外言哉遽奏之帝為之動色故卒九齡相而太子無患安禄山初以范陽偏校入奏氣驕蹇九齡謂裴光庭曰亂幽州者此胡雛也及討奚契丹敗張守珪執如京師九齡署其狀曰穰苴出師而誅莊賈孫武習戰猶戮宮嬪守珪法行于軍禄山不容免死帝不許赦之九齡曰禄山狼子野心有逆相宜即事誅之以絶後患帝曰卿無以王衍知石勒而害忠良卒不用帝後在蜀思其忠且有先覺為之泣下乃遣使祭於韶州厚幣邺其

家開元後天下稱曰曲江公而不名云建中元正德
宗賢其風烈下詔褒贈制曰正大厦者柱石之力昌
帝業者輔相之臣生則保其雄名歿乃稱其盛德節
終本允於人望加贈寔存乎國章故中書令張九齡
維嶽降神濟川作相開元之際寅亮成功讜言安我
社稷先覺合於蓍蔡永懷賢弼可謂大臣竹帛猶存
樵蘇必禁爰從八命之秩更進三台之位可贈司徒
仍復遣使就韶州致祭所著詩文有曲江集二十卷
子拯居父喪有節行後為伊闕令會祿山亂河洛陷

焉而終不受偽官賊平擢太子右贊善大夫其後昆
多至數百人散處江南荆蜀至今不絕云

姜公輔字德文父神翊任舒州刺史有德政徙家日
南生公輔登進士第補校書郎應制策科高等授右
拾遺歸掃父墓召入翰林為學士歲滿當還上書言
母老家貧賴祿而養以府掾俸給稍優乃求兼京兆
府戶曹參軍特承恩顧才高有器識每進見敷奏詳
明德宗器之朱泚叛謀合田悅以蠟裹書間道遣
其兄泚太原馬燧獲之以其書上聞泚不知也召還

京師公輔諫曰陛下若不能坦懷待泚不如誅之養
虎毋自詒害不從泚遂家于長安俄而涇師亂建中
四年十月犯闕帝蒼黃自苑北便門出幸公輔扣馬
諫曰泚嘗帥涇原得士心向以滔叛坐奪兵權居常
怫鬱不自聊不如遣人捕之使陪鑾駕若群兇得之
必貽國患帝曰已無及矣遂行公輔從幸欲駐鳳翔
倚張鎰公輔曰鎰雖信臣然文吏也所領皆朱泚部
曲漁陽突騎泚若立涇軍且有變非萬全策也帝亦
記方士桑道茂言遂趣奉天不數日鳳翔果亂殺鎰

帝在奉天有言泚已為帝者宰相盧杞曰泚忠正篤
實奈何言其叛傷大臣心已而偽詔至且知群臣多
勸泚奉迎乘輿者乃詔諸道兵距城一舍止公輔曰
王者不嚴羽衛無以重威靈今禁旅單寡而士馬處
外竊為陛下危之帝曰善悉內諸軍泚兵果至如所
言乃擢公輔諫議大夫同中書門下平章事帝徙山
南至城固唐安公主道薨主性仁孝許下嫁韋宥而
遇播遷帝悼之甚詔厚其葬公輔諫曰即今非久克
復京城公主必須歸葬今方行路且從儉薄以濟軍

上帝怒謂翰林學士陸贄曰唐安之葬不欲為塋壠
宜令造一磚塔安厝為費甚微不應宰相關預公輔
密進表章但欲指朕過失擬自取名爾朕此拔擢為
腹心乃負朕如此贄對曰公輔官諫議居宰衡獻替
固其職分本之輔臣朝夕納誨防微而豫弼之乃其
所也陛下以造塔役費微小非所宜言然宰相論事
但問理之是非不論事之大小若造塔為是役雖大
而作之何傷如其非則費雖小而言者何罪帝曰卿
未會朕意朕以公輔才不足以相在奉天時已欲罷
免後因公輔求退朕已面許尋屬懷光背叛因循容
至山南公輔知朕擬改其官所以固論造塔賣直取
名也據此用心豈是良善贄再三救護帝怒不已乃
罷為太子左庶子尋遭母喪服闋復為右庶子久之
不遷泊陸贄為相以翰林之雅數問之贄密謂曰昔
見郴州竇丞相嘗為公奏擬數矣上旨不允且有怒
公之言謂竇參也公輔懼奏請為道士未報他日又
言之帝問故公輔隱贄言以參語對帝怒黜公輔泉
州別駕遣中使賫詔責參順宗立起為吉州刺史未
就官卒憲宗時贈禮部尚書
劉瞻字幾之連州人其先出彭城後徙桂陽祖升父
景鄜坊從事瞻資儒有文學才思豐敏大中元年登
進士第舉中博學宏詞科徐商辟署監鐵府累遷太
常博士劉瑑執政素重瞻之為人薦為翰林學士拜
中書舍人進承旨出為河東節度使咸通十一年以
中書侍郎同中書門下平章事時同昌公主卒懿宗
捕太醫韓宗紹等送獄詔逮繫宗族三百餘人瞻喻
諫官皆依違無敢言即自上疏固爭曰修短之期人
之定分昨公主有疾醫者非不盡心而禍福難移竟
成差跌陛下徇愛女因平民忿不顧難械繫老幼物
議沸騰奈何以達理知命之君涉肆暴不明之謗帝
不悅瞻又與京兆尹溫璋等力諫帝大怒即日賜罷
以檢校刑部尚書同平章事為荊南節度使韋保衡
與路巖共譖之云與醫官通謀投毒藥俄斥廉州刺
史翰林學士承旨鄭畋草制曰安數畝之居仍非已
有却四方之賂惟畏人知巖謂畋曰侍郎乃表薦劉
相也坐貶梧州刺史御史中丞孫瑝諫議大夫高湘

等坐與瞻善皆貶嶺南嚴等殊示懲按圖視驩州去
長安萬里郎貶驩州司户条軍爭命李慶作詔極詆
將遂敉之天下謂瞻鯁正特為讒擠舉以為冤崗州
節度使張公素上疏申解嚴等不敢答僖宗立徙康
虢二州刺史以刑部尚書召復以中書侍郎平章事
將還長安兩市人率錢顧百戲迎之瞻聞之改期由
他道而入居相位三月薨人以為常路之黨劉鄴者
鴆之也瞻為人廉約所得俸以餘濟親舊之窶困者
家不留儲無第舍四方献饋不及門行已終始完實

史論曰瞻之貶也天下以為戚及其見用市人猶驩
非德業在人耳目曷臻玆乎意其賛元經體必有大
過人者何則律身苦節有所不為斯其驗也傳曰人
有所不為也而後可以有為瞻之謂歟

崔與之字正子增城人少有奇節不遠數千里遊大
學紹熙四年舉進士廣士繇太學取科第自與之始
授潯州司法参軍常平倉久弗葺廒雨壞米撤居廨
庇覆之郡守欲移允常平之積堅不可守歎服吏為
之調淮西提刑司檢法官民有署於豪民遣負毆死

其子誣之者其長欲流之與之曰小民計出倉卒然
使一家轉徙乎況故殺子孫罪止徒卒從之和糴令
下與之獨以時賈糴令民自槩漕使趙希懌令諸邑
視以為法通判邕州未赴特旨留內差遣力辭之任
論者高之邕守武人苛刻衣賜不時給諸卒大鬨遣
司邀與之撫守叛者帖然乃密訪其首事一人斬之
闔郡以寧擢發遣賓州軍州事郡政清簡尋特授廣
西提點刑獄徧歷所部往返勞瘁鬢為斑所至秋毫
無擾停車裁决獎廉劾貪風采凜然浮海巡朱崖或

請决諸神與之曰海外諸州官吏不法久矣我欲為
民除害豈問神耶已而風作柁折惟陰禱於天須臾
風浪帖息朱崖産苦薆民或取葉以代茗州郡征之
歲五百緡瓊人以吉貝織為衣衾工作皆婦人役之
有至期年者棄稚違老民尤苦之與之皆為榜免其
他利害罷行甚衆瓊之人次其事為海上澄清録嶺
海去天萬里貪吏多厲民廼疏為卜事中論之高惟
肖嘗刻之號嶺海便民榜召為金部員外郎時郎官
多養資望不省事與之鉅細必親省决吏為欺者必

拔之莫不震慄金人遷汴朝議疑其進迫將授直寶
謨閣權發楊州事主管淮東安撫司公事寧宗親遣
之奏選守將集民兵為邊防第一事既至浚濠開月
河置釣橋易土城以甓因滁有山林之阻創五砦結
忠義民兵金人犯淮西沿邊之民得附山自固金人
亦疑設伏自是不敢深入楊州兵久不練乃分等教
閱弩手鎗手皆以材力分為上中下三等騎兵則以
人騎輕捷武技精熟為高下先布陣勢五日一演習
之月終比較加賞罰刱置簽牌分寫八卦如探得
[illegible][illegible][illegible][illegible]頭搴乾卦旗出北門將卒視所向以往遇
岡坡溝澗還前不令迂繞取道使人馬相得遇險不
憚緩急可恃為用今所部兵皆倣行之浙東饑流民
渡江與之開門撫納所活萬餘都統劉琸承密劄取
泗州兵潰淮而後牒報琸全軍覆沒與之憂憤馳書
宰相言與之棄鄭五年于茲士卒今以萬人之命壞
於一夫之手敵將乘勝襲我亟遣疆勇軍馬給以鎧
仗及諸色馬彩旗幟使之巡淮隨處換易往來莫測
金人入境宰相連遣與之三書俾議和與之答曰彼
方得勢而我遽和必遭屈辱今山砦相望邊民米麥
已盡輸藏野無可掠諸軍與山砦併力勦逐勢必不
能久駐於是益修禦備遣精銳布要害金人深入無
功而和議將成關兩淮制置命兩淮帥臣互相為援
與之啓廟堂曰兩淮分任其責而無制閫都其軍則
東淮有警西帥果能疾馳往救乎東帥亦果能疾馳
往救西淮乎制閫俯瞰西淮特一水之隔文移往來
朝發夕至無制閫則事事稟命稽緩誤事矣[illegible][illegible]
召為秘書少監軍民遮道垂涕與之力辭召命竟[illegible]
將度嶺趣召不已行次池口聞金人至邊乃造朝首
奏臣自外來但知外患未息之為可憂致身內地始
知內治未立之為可慮蓋內外之情不通最為今日
大患人才進退言路通塞國勢安危係焉願於用人
聽言之際一從公論詔大臣首清中書之務力為外
禦之閫合謀而參訂之務求至當又言立國之道在
謹邊備以為藩籬安人心以為根本根本固則藩籬
壯矣沿邊被兵之民宜加寬恤春夏稅役請行減免
前後累疏數千言陞秘書監兼太子侍讀權工部侍

郎未幾成都帥董居誼以黷貨為叛卒所逐總領楊
九嵒遇害蜀大擾以與之為焕章閣待制知成都本
路安撫使陛辭奏曰天下之事須中外相應大小相
維而後有濟盖中外當如一家貧富休戚實同其責
而勢不可不相屬大小當如一體疾痛痒痾皆切於
身而情不可不相孚臣孤立萬里外設或中外勢不
相屬大小情不相孚以致獲戾何足深計而事體關
係非輕且聞軍興以来帑庾告竭設若有警搏手無
策而待請于朝恐無及矣廣科撥以寬民力厚儲積

以壯邊聲陛下當為蜀計上嘉納之是時二虜交攻
往来寇蜀加以饑故人情惶駭至即帖然時安丙握
蜀重兵久每忌蜀帥之自東南来者至是獨推誠相
與未幾金萬户呼延棫等以洋洲来歸與之察其誠
納之籍其兵千餘人皆精悍善戰金人自是不敢窺
興元先是四戎司馬萬五千足有奇開禧後安丙裁
去三之一嘉定損耗過半比與之至馬僅五千與之
移檄茶馬司許戎司自於關外收市如舊嚴私商之
禁給細茶增馬價使無為金人所邀凡關外林菁之

加封殖以防金人突至隔第關盤車嶺皆極邊號天
險因厚間探者賞使覘之動息悉知邊防益密總計
告匱首撥成都府錢五十萬緡助糴本又慮關外歲
糴不多運米三千萬石積沔州倉以備不測初至府
錢僅萬餘其後至千餘萬金帛稱是蜀知名士若家
大酉游似李性傳李心傳度正之徒皆薦達之沔帥
趙彦吶有時名與之獨察其大言亡實移書廟堂言
他日誤事者必此人也後果如其言與之以疾丐歸
朝廷以鄭損代損史彌遠黨也既受代乾没無餘金

人諜知之大入與之再為臨邊金人乃退初關外四
州和尚原仙人大散二關與之謂為必守之地恒備
之損棄以與敵上流失勢國遂不支世皆咎損而恨
與之之不久任也召為禮部尚書不拜便道還廣蜀
人思之肖其像於成都仙遊閣以配張詠趙抃名三
賢祠理宗即位授充顯謨閣直學士知潭州湖南安
撫使辭凡三命皆力辭俄授廣東經畧安撫使兼知
廣州先是廣州摧鋒軍遠戍建康留四年比撤戍歸
未踰嶺就留戍江西又四年每戰所向皆捷而上之

幕府不報求撤戍又不報遂相率倡亂焚惠州長驅至廣州城聲言欲得連帥泊幕屬甘心焉與之家居有輿登城叛兵望之俯伏聽命曉以逆順其徒皆釋甲而首謀數人懼事定獨受禍遂率之遁去入肇慶以自固至是與之聞命亟拜即家治事屬提刑彭鉉討捕潛移密運人無知者俄而新調諸軍畢集賊戰敗請降桀黠不悛者戮之其餘分隸諸州帝於是注想彌切拜參知政事踰年拜右丞相兼樞密使皆力辭乃訪以政事之孰當罷行人才之孰當用舍與之力疾奏天生人才自足以供一代之用惟辨其君子小人而已忠實而有才者上也才雖不高而忠實有守者次也用人之道無越於此蓋忠實之才謂之有德若以君子為無才必欲求有才者用之意嚮或差名實無別君子小人消長之勢基於此矣陛下勵精更始擢用老成然以正人為迂闊而疑其難以集事以忠言為矯激而疑其近於好名任之不專信之不篤或謂世運將衰則人才凋謝如真德秀洪咨夔魏了翁方此柄用相繼而去天意固不可曉至於敢諫

之臣忠於為國言未脫口斥逐隨之一去而不可復留人才豈易得而輕棄如此陛下悟已往而圖方來非以直言去位者亟加峻擢補外者蚤與召還使天下明知陛下非疏遠正人非厭惡忠言一轉移力耳陛下收攬大權悉歸獨斷必是非利害胸中卓然有定見而後獨斷以行之比聞宰相進擬多沮格不行或除命中出而宰相不與知立政造命之原失其要矣大抵獨斷當以兼聽為先儻不兼聽而斷其勢必至於偏聽實為亂階威令雖行於上而權柄潛移於下矣又曰邊臣主和朝廷雖知而未嘗明有施行臺諫之士剴切而言一鳴輙斥得非朝廷亦陰主之乎假使和而可保亦當議而行之可也又曰比年以來變故層出賊盜跳梁雷電震驚星辰乖異皆非細故京城之災七年兩見豈數萬户生靈皆獲罪於天耶百姓有過在予一人此陛下所當凛凛惟有求直言可以裨助君德感格天心又曰戚畹植僚凡有絲毫夤緣者孰不乘閒伺隙以求其所大欲近習之臣朝夕在側易於親昵而難於防閑司馬光謂內臣不可

令其采訪外事及問以群臣能否蓋千預之門自此始也若謂其所言出於無心豈知愛惡之私因此而入其於聖德寧無玷乎帝覽奏嘉歎趣召愈力控辭至十有三疏嘉熙三年乃得致仕以觀文殿大學士提舉洞霄宮謝事還里所得祠祿衣賜悉辭不受客有問者荅曰仕而食祿猶懼素餐今既佚我以老而貪君之賜可乎聞者歎服凡俸餘皆以均親黨門無雜賓連帥部使者時候其門歲僅一再見未嘗干門外事嘉熙己亥十一月薨時年八十有二遺表言事

篤然而隱乎微人惟一心而攻者衆出而大小忠良之臣蔵覼之日少入而左右佞倖之徒承順之時多倘戒謹之志稍衰則清明之昭易息蓋天下以身而為本唯聖人以禮而自防毋不敬則內敎常存思無邪則外邪難入大書特書用以自警安行勉行久而有功事天則求其對越無愧之心報親則思其付託不輕之意登延碩彥以輔成王德惠養黎元以培固邦基經筵不徒親攷歷代興衰之故而為之監戒言路不徒廣求庶政欽失之因而急於變更責已可

以弭天灾正家可以厚風俗擢君子小人消長之幾而辨之在早審中國外夷盛衰之勢而防於未然凡興居食息之間無非恐懼脩省之地此則檢身之要者在乎恪意以行之上以綿萬年基業之傳下以均四海蒼生之福遺戒不許作佛事子姪俱不得求官階累封南海郡開國公贈少師謚清獻薨前數月書曰東南民力竭矣諸賢寬得一分民受一分之賜蓋絕筆也嘗刪魘士劉阜語為座右銘曰無以嗜欲殺身無以貨財殺子孫無以政事殺民無以學術殺天

下後世平生無玩好涉筆嘗至夜分書室所奉白宮鷄一隻而已官蜀時歲賦苗頭十五萬石舊又十萬郎折輸以實私橐與之惟儲以充國用奇玉黄錦一無所視去之日四路餽贐俗謂大送悉卻之子叔以納婦有畜田六百石責令歸之其恬然無欲蓋天性也家法清嚴親故倚勢妄作必見斥絕宰臣恩例不妄予人其姊嘗為史甥求官曰官非私贈物也竟靳不予邑子吳仁孫初第之官求先容正色曰入仕之始當以職業自見不患人不知己後聞其清謹察薦

之嘗經連州官民士子迎謁將行書數語曰有才者固難得苟無德以將之反為累爾窮達自有定分枉道以求之徒喪所守其愛君憂國之誠老而不息真純臣也愛韓琦寒花晚節之句築菊坡以自適復以名其居後李昴英侍講經筵理宗思其風烈嘉歎久之大書菊坡二字賜其家家大酉書其文集以為白麻不起千載一人蓋古未有辭相位者故云淳祐間廣帥方大琮肖像與張九齡祠于學謂之二獻宋史稱公屹然大臣之風與張九齡齊名異代近世莆陽宋端儀著論謂公白麻不起之心即叔肸不食其祿之心共真能窺公之微哉

丘濬字仲深瓊山人祖普性仁愛專事濟人利物父傳早卒母李氏守志訓之濬生有異質讀書過目輒成誦日記數千言六歲信口為詩歌語皆驚拔如詠五指山詩識者知其必為國器稍長博觀群籍年十七始習舉子業弱冠著論謂許衡仕元無能改於其俗又不能行己之道雖不仕可也殆發先儒所未發者正統甲子首舉于鄉主司全錄其五策兩試禮部名在乙榜卒業太學祭酒蕭鎡綱修岳正深器重之正復為文送之南歸甲戌復試于禮部學士商輅主試事閱論策即意其為濬及揭名果然廷試當魁或以貌不揚乃寘第二甲第一選入翰林為庶吉士者十八人濬為首被　命脩寰宇通志書成授翰林編脩濬既博洽群書發之文章雄渾壯麗四方求者踵至碑銘序記詞賦之作流布遠邇然非其人雖以厚幣請之不與天順七年兩廣用兵經年不決濬條列事宜李文達公賢一見之即代上之　英宗嘉嘆付所司舉行八年　憲宗登極充經筵講官成化元年陞侍講　命與修　英廟實錄或謂少保于謙之死當著其不軌之迹濬曰己巳之變微于公天下不知何如武臣挾私怨誣其不軌是豈可信哉衆以為然功過皆從實書之三年實錄成進侍講學士經筵嘗進講貌雖不揚而吐音洪暢　憲宗竦聽甚悅五年丁母憂九年服闋復原職十三年續修宋元綱目成陞翰林院學士濬自出己見撰史畧謂朱子綱目以正統為主然秦隋之末有不可遽奪漢唐之初有不

可遷子者乃作世史正綱以著世變之升降明正統之偏全有裨世教是年祭酒負缺僉謂非濬不可乃陞祭酒十六年加禮部侍郎仍掌國子監事謂西山真德秀大學衍義有資治道而於治國平天下之事缺焉乃采經傳子史有及於治國平天下者附以己見而其大要則尤在於審察其幾微之先以成天下之務故又首補誠意正心之要曰審幾微自為一卷其目有四曰謹理欲之初分察事幾之萌動防姦萌之漸長炳治亂之幾先著論發明慎獨內省真切有

先儒所未及者蓋其獨得之見也餘自正朝廷以迄成功化凡一百六十卷名之曰大學衍義補值 孝宗嗣位之初其書適成乃表上之 上覽之甚喜批荅有曰卿所纂書考據精詳論述該博有裨政治朕甚嘉之賜白金二十兩紵絲二表裏陞禮部尚書掌詹事府事且命録其副付書坊刊行濬累疏力辭且求致仕不允會修 憲廟實録充副總裁官弘治四年實録成加太子太保復三疏求致仕不允本年冬兼文淵閣大學士入內閣復三疏固辭不允乃奏請

擇衍義補中要務行之 上見納乃就位務以寬大啓 上心忠厚變士習凡人才進退政事廢舉一惟祖宗舊典是循五年天變上疏大槩論 上改元之初歲在戊申與洪武初元同符宜釐革庶政盡復舊規因擬二十二事陳時政之弊其畧曰成化間彗星三見遍掃三垣地震無慮五六百次遍者彗見天津地震天鳴無虛日且異鳥三鳴于禁中考諸經史天變莫大於彗孛在三垣三台尤為重地變莫大於震動在京師邊防尤為危急矧禽鳥動物得氣之先春

秋二百四十二年書彗孛者三地震者五飛禽者二今乃屢見于二十五六年之間變不虛生必有其應天人相與甚可畏也臣願體上天仁愛念 祖宗基業端身以立本清心以應務謹好尚勿流于異端節財費勿至於耗國公任用勿失于偏聽禁私謁以肅內政明義理以絕邪姦慎儉德以懷求圖動政務以弘至治庶可以回天災消物異帝王之治可幾也疏凡數萬餘言 上命諸司議行又請訪求遺書 上皆嘉納洪武永樂以來凡百司朝 覲命吏部都察院

考其尤不職者乃黜之不過數十人其後吏部患人言務以多黜為公方岳以下少有微瑕輒黜之黜者亦不敢訴濬深知其弊言于上曰唐虞三載考績三考黜陟今有居官未半載而黜者所黜徒信人言未必皆實此非唐虞之法亦非祖宗舊制也　上深然之會吏部上大小庶官當黜者幾二千人乃勅凡歷官經一考非有貪暴實跡者勿黜蓋用其言也七年加少保兼太子太保改戶部尚書武英殿大學士以目疾辭不允八年薨于官訃聞　天子嗟悼輟視

一日賻寶鈔一萬貫贈特進左柱國太傅謚文莊濬性剛直與大臣論政議所未安必反覆辯論言官論事亦以是非詰之不肯媕婀取悅無歲不求歸前後凡十三疏　上皆不允問勞賜賚之使踵相接于門初經生文士以奇恠相高或不可句濬考南京鄉試及禮部會試凡恠詞險語皆痛斥之然排不恤也及為祭酒尤諄諄為學者言之文體乃復渾厚士有稟道德者或過為詭異之行以徼名濬因考會試發策言之士乃知道以中庸為至詭異不足貴也其在太

學論者謂師道尊嚴無愧李文忠公綜理微密則文忠公不及嘗謂朱子家禮最得崇本敦實之意作家禮儀節謂朱子微言散見於傳註語錄乃采其精切者彙為二十篇倣魯論語作朱子學的其他述著甚富居官四十餘年而自處無異常布產業僅能奉處第宅不逾齊民在都城市屋于蘇州巷南規模卑隘聊庇風雨始終未嘗少拓人到于今呼為丘閣老巷所得俸餘即充官費絕無贏餘及卒南歸行裝自欽賜白金綺幣外惟圖書數萬卷而已正德初　武

宗素知其名命孫錙蔭尚寶司丞卒復以曾孫郊繼其官　賜額祀于鄉曰景賢祠以濬配宋學士蘇軾以風示天下凡近世文臣生死承　恩眷之隆寔前此所未有者何喬新稱嶺南人物自唐張九齡宋余靖崔與之及濬四人尹直贊曲江其師東坡其匹世以為知言蔣冕像贊豪傑之士無待而興聖賢之學不強而能道適於用文達其意一世鉅儒而開關氣程敏政敘其集曰先生懼學者之無本也有學的之編懼學者之不知變也有史綱之作懼學者之明體

術不適于用也有大學衍義之補其言縈縈可行將之可以與治致吾君于堯舜使吾道不爲空言蓋其志如此蔡清曰先生博極群書如臣海之吞吐百川含弘無際矣其才華國名世者四十年晚際聖明登之台輔取其所著書於大內以廣聰明權衡百度矣其道尊爲國師門生學子遍天下矣自瓊以來所謹人物未有如先生於乎其不爲虛生也已

梁儲字叔厚順德石枝人生有異質兩輔骨隆起腦後骨如貫珠吐音沙亮識者知其不凡弱冠博學能文成化戊戌試禮闈第一人廷對二甲第一人入翰林爲庶吉士授編修兼司經局校書侍　孝宗東宮講讀多所啓沃丁未充會試同考官升侍講纂修實錄成進洗馬壬子主順天鄉試又侍　武宗講讀戊午主應天試是冬封安南國王充正使饋遺無所受持大體不與陪臣倡和還遷翰林院學士辛酉主試順天壬戌與脩大明會典進少詹事兼學士遷吏部右侍郎轉左進本部尚書兼學士晉　誥勅纂脩　孝宗實錄爲副總裁戊辰主會試逆瑾惡其不附己搆

摘會典紕繆降本部右侍郎　實錄成復尚書兼學如故瑾憾不已傳　旨改南京吏部瑾敗　召還兼文淵閣大學士參密勿進武英殿大學士加少保兼太子太保時都御史彭澤討流賊有功以土魯番事本兵欲寘之死儲力辨其誣澤止免官時論韙之壬申冬四方盜平進少傅兼太子太傅謹身殿大學士甲戌再主會試凡六司文衡考六載滿加少師兼太子太師華蓋殿大學士時楊廷和服除儲力爲起既至遜居已上士論多之戊寅冬奉　孝貞皇太后梓宮于　茂陵損益禮儀可爲後法　武宗欲幸宣府儲與大學士毛紀哭諫於左順門不能止秦王請塞上沃地嬖臣朱寧江彬爲援儲獨當制草上曰高皇帝令此地不以封非有愛也地廣饒產善馬士卒刁悍易生戎心奸萌繼吏不利社稷王受地毋佚德毋聚奸人毋多畜士馬謀不軌　上覽之大駭曰不意可虞若是其勿與　上欲自稱威武大將軍而以彬副　召儲草制手劍睨曰不草斬此於是儲免冠伏地流涕請死死不敢奉詔　上不能強擲劍起

儲善諫而持正皆此類也然又請立江西藩世子為
儲貳大臣會議于內閣儲正色曰　皇上春秋鼎盛
何遽及此萬一有他吾輩伏鑕矣衆悚然議遂寢以
一品滿九載進光祿大夫左柱國加特進寧藩叛
上親征儲廷和請遣將不聽與學士蔣冕扈從中途
七請回鑾不聽　上欲於南都大祀天地上章言南
北　配位不同典章不可紊乃不果郊上久駐南都
欲遊吳適楚郡縣苦供億儲自執章奏跪泣行宮自
未至酉得　旨乃起於是　駕旋時襄河兵夫數十
萬乂次饑疫死者枕籍儲令有司散之民得息肩儲之
力也在途三疏求退不報未幾與和等受　遺詔定
策往迎　世宗入繼大統既即位寵眷方隆廷和忌
儲陰使其黨論之遂乞骸骨　上曰張九齡忠盡崔
與之風槩鄉慕之矣慰留之至請益切乃可其奏遣
官護送乘傳還鄉　命有司歲給月米輿皂蓋異數
也以定策功廕子世錦衣衛指揮上疏辭免乃進其
子中書舍人鈞甫尚寶司丞儲雅有文譽一時名上
惡出其門平生謙德雅量不矜功不伐善不言人過
不為矯亢立朝四十餘年每持忠厚御史王溱請加
興刑西安張璉論列詆毀給事中田賦請沒儲貲可
臧天下財賦之半儲皆不較且薦用之又御史李鐸
亦嘗詆儲卒用為大理丞其休休有容若此卒年七
十有七　上嗟悼輟朝一日諭祭九壇贈太師謚文
康儲號厚齋時稱為厚翁又號鬱洲所著鬱洲集若
千卷子次揆次損俱廕中書舍人孫敕尚寶司丞孜字思
伯工詩畫與梁有譽黎民表輩為古文詞以廕補中
書舍人敕中書舍人曾孫紹曾己酉舉人有志行紹
褒能文好修稱其家兒云論曰大臣必有挺然不可
回之節斯能以維持國是必有澄然不可撓之量斯
能翕服士心兼之者洵難其人苟若文康公草奏王
制而悟上心不草威武大將軍制而有回天之力非
其節之挺然者乎薦起成都而自獨謙居其下容張
璉李鐸田賦諸人不根之謗而薦用于上非其量之
澄然者乎　武宗晚年虛已任公卒能定國是安　社稷在
武宗洵有知人之哲而公真能任天下之重哉及歸窮巷蕭然不
能儲屋以居後門生來者相與嘆息經營之嗚呼可謂清白宰相矣

方獻夫字叔賢號西樵南海人其先七世祖宗元宋季官南海因家焉官至金紫光祿大夫祖用中號亭秋博學時號書櫃父遂舉鄉試卒于全州學正公幼孤穎敏自力于學祖亭秋勗誨之曰學非聖賢道不明非卿相道不行小子志之公益砥礪弘治甲子魁于鄉乙丑登進士第選翰林庶吉士乞歸養其母黃夫人及卒終喪起復授禮主事冣轉吏部驗封司歷文選員外正德中養痾隱居西樵與湛甘泉霍渭厓講聖賢中正之學嘉靖癸未以薦起授吏部考功司員外郎時廷臣論禮或於濮議公與張公孚敬霍公韜桂公蕚席公書五人者堅主繼統不繼嗣之說

聖衷大悟於是　詔稱　孝宗敬皇帝曰　皇伯考

昭聖康惠慈壽皇太后曰　皇伯母　恭穆獻皇帝曰

皇考　章聖皇太后曰　聖母而稱　武宗皇帝曰

皇兄祭告　郊廟　社稷　頒諭天下復輯成書名曰明倫大典　上自序之有曰　天錫我賢良方正之臣公言公意絕不顧于身家忠膽忠肝奮所學而贊朕是以群邪稍定大禮告成其簡在　帝心如此甲申夏擢翰林侍講學士敷陳洪範之義與廖道南前後上疏皆嘉納乙酉冬大禮書成擢少詹事會大獄事起　上命獻夫署掌大理寺事與孚敬蕚同為三法司奉　旨問五臺縣納粟指揮張寅情罪并妖人李福達等株連數十人二公欲盡入其罪公以去就爭之事得直六年陞禮部右侍郎仍兼翰林院學士是年九月獄成　上御　文華內殿召公等面諭云昨大獄已結皆爾三法司署事官竭力用心問理特賜勑褒諭爾等宜益持忠勤以輔贊朕公等拜首曰臣等過承　恩寵優渥敢不竭盡忠勤以圖報稱

上大悅是冬轉吏部左侍郎俄拜禮部尚書戊子夏加太子太保己丑春改吏部尚書庚寅夏以病力求去　上特准馳驛歸未幾遣行人蔡畯起公于家公勉副　上意壬辰夏至京師奉　勑兼武英殿大學士辦內閣事公控辭不獲既而歷俸一品考滿加光祿大夫上柱國夙夜思報尋以病乞骸骨疏三上奉

旨許暫歸調理嘗　賜銀章曰忠誠直諒賜御札銀幣無算蓋異數也後卒于家年甫六十　上震悼輟

朝一日贈太保謚文襄公生平以清忠自許以匡輔為志處則講學明道出則格心行道儼然有大臣風度所著周易約說西樵子稿大學中庸二原行于世子棨蔭尚寶司少卿棨武定知府廣州學祀公于鄉賢祠

霍韜字渭先號兀厓更渭厓自太原徙南雄復徙南海之西樵太父華一父西庄公華俱贈太子少保禮部尚書公生而穎異年十九始發憤學業不知榮華可欲事竭力養親書居處恭三大字於所居齋前學成相對心無外馳曰他日對君亦唯在是[illegible]也壬申入郡庠為提學江公潮所鑒拔癸酉提學王公弘以公首多士是秋中式鄉試第二名甲戌會試第一名廷試初擬首甲中書科倒用讀卷官閱仿乃寘二甲第一名六月疏歸娶十二年丁丑西庄公卒守制讀禮暇日博涉群書著象山學辨雅樂訓釋正德辛巳北上將飛來峽山移文山神以熄虎患又毀大廟峽淫祠杜積年盜刼之害秋八月入京授兵部職方司主事時　世宗即位上大禮疏明繼統不繼嗣之說力詆禮官議禮之非嘉靖壬午進三劄一曰為學言居處恭為聖學之大者為政言精任大臣為聖政之要者二曰六部政務言六官各舉其職以帥庶僚三曰為政在救積弊救弊在正人心正人心在擴天理遏人欲其言井井有條理真致治之鴻略也特以董賈比之又疏言學士不宜封伯科臣不宜以黻衣迎　旨為衆所嫉乞歸甲申五月召命至疏辭極論大禮之議兩端而已曰崇正統之大義也曰正彝倫之大經也　皇上於孝宗稱曰　皇伯考於興獻宗稱曰　皇兄於興獻王稱曰皇考其正也[illegible]孝宗祝之詞稱嗣　皇帝姪於武宗祝之詞稱嗣皇帝弟於廟祀興獻皇祝之詞稱　皇帝孝子其正也是故　憲宗大統傳之　孝宗孝宗大統傳之武宗武宗大統傳之　皇上正統相承求傳無極所謂大一統也武宗於　皇上不失兄弟之倫　皇上於興獻不失父子之親所謂大綱常也疏上累承召命皆力辭闢四峯書院集四方好古之士相與講明聖學丙戌大禮書成陞詹事府少詹事兼翰林院侍講學士三疏辭不敢受新命者五奉　旨不准辭賜文獻

考一百卷丁亥三月出山赴召命至京議上大禮考証疏既入館上辭免日講疏及治河并救積弊疏陞詹事府兼翰林學士三辭不允乃就職上謚法及任大臣疏又上慎保聖躬并采老臣遺議疏戊子陞禮部侍郎再疏辭允尋陞禮部尚書兼翰林學士掌詹事府事五疏辭允上謹天戒等疏又上郊祀疏激
上怒入都察院獄尋宥免照舊供職上廓大公以裨
聖治及慎選科道疏丙申陞南京禮部尚書己亥陞北禮部尚書奉 旨加太子少保禮部尚書掌詹事府事便行取來八月進聖功圖上災異自陳疏寓見古書院九月抵京涖任上禁訛言疏庚子春上辟瑄從祀議庚子九月上災異自陳疏不允十月卒于京師 詔贈公榮祿大夫太子太保謚文敏初 上命公入內閣辦事公力辭免盖以明議禮之初心而警世之貪位慕祿者海內莫不高之盖公忠直出於天性剛大由於所養其見所甚一國非之而不顧天下非之而不顧其節操一介不以與人一介不以取諸人歷官三十年位居上卿身無華服食不兼味其澹泊如儒生初則不認李時毛澄為座主後則不認三百士為門生其言曰諸士進矣天子不用為私臣吾儕敢曰士由吾進為吾門生乎至於引拔士類勤勤懇懇薦王守仁平粵寇用王瓊掌兵柄薦王九思康海李夢陽之文章氣節其薦若穴隱逸則曰臣不如其學術充忠人但見其昂然屹立而不知其中歉然若自足休休而有容也出則以身任天下之重居則以道為天下之望立朝章疏凡九十上皆關軍民大計世道大防用之一國則一國治用之天下則天下平學術正而德施斯普也其議相有崔菊坡之風其犯顏有張曲江之直 上嚴憚之每起居有失輒問曰監曰霍韜得毋知否其見重如此公歿后朝士見儉夫揚眉善人重足咸嘆曰使公尚在寧有是耶其見思如此君子曰昔汲黯在漢淮南寢謀 世宗初元大臣殫力襄贊求其謇諤不回有長孺之風者公一人而已公雖力辭相位然 上眷優渥特加宮保有言必納當是時君子彙進朝野肅清孰非公弼翊之力哉予觀於是重有感于 君臣相遇之故已

外史氏梁曰天子置相以弼時贊襄而入宰之
有棟梁濟川之有舟楫任孰重焉嶺海隸炎方
絕徼去中原緬邈戰國時有高固者為秦國相
進譯氏微而勳業無傳至唐開元曲江公舉道
侔伊呂科首位台鼎先幾直節屹然有大臣風
度崔菊坡公力辭綸命家大酉稱白麻不起千載
一人自有二相而嶺南重於九鼎矣若姜公輔
瞻華亦錚錚有足稱者我
憲皇御寓環山丘濬以宏博正大簡在
帝心當時經綸著於琬琰自是文康梁儲儼著風裁
文襄方獻夫蔡崇雅淡文敏霍韜雖力辭元揆
弗居乃挺然若歲寒松柏且其疏諫數十炳如
日星夫孰非崛巖之鴻猷耶故嘗觀之唐一代
賢相首稱宋璟而曲江可與齊名自古以來未
有辭相位者而菊坡毅然獨立若文莊之經濟
文康之粥粥文襄之議禮則皆曲江之遺直也
文敏之固辭則菊坡之流風也即如高固姜公
輔劉瞻皆能効力殫忠我粵人貽光相垣者炳
炳赫赫若此詎非山川之靈鍾于儁傑必為君
子而不為小人必有益于國而不負于國豈他
省可得而較軒輊耶攷之前禩厥有明徵後之
當大任者其尚心諸先正之心而毋負天地生
才之意哉敬次于篇以諗來者

粵大記卷之十六

粵大記卷之十七

嶺南郭棐篤周甫編

獻徵類

部院風猷

唐張九皋 張仲方 鄭愚 黄損
宋馮元 余靖 李大性 王大寶
李昴英 郭閶
明張度 陳德文 陳璉 羅亨信
陳昂 李願 薛遠 盧祥
邢宥 彭韶 魯能 李嗣
張泰 張津 王縝 洗光
唐冑 黄衷 陳錫 鍾芳
翁萬達 陳紹儒 譚大初 李義壯
鍾卿 龐尚鵬 袁詔 李邦義

張九皋曲江人九齡之弟弱冠舉孝廉嶺南按察使裴伷先求賢推為南海郡司户參軍及伷先受命征五溪蠻奏授贛縣令倚辦供億事平以前後宣撫御史薦授朝散大夫巴陵別駕論功進始安太守兼五府按察使會兄九齡入相奏言毋老乞歸不許令九皋辭遠就近乃左授南康別駕季弟九章亦為桂陽長史以便歲時省覲無何罹毋憂兄弟俱苦塊盡哀勺飲不納以致骨立每行哭則畜犬隨號且有白雀馴狎之祥鄉閭異之服闋除殿中丞又遷尚書職方郎中已而九齡謫荊州九皋亦貶外臺遂歷南康淮安彭城睢陽四郡守案有政績詔書褒異遷襄陽太守兼山南東道採訪處置使以惠澤滌清著名進封南康縣開國男屬西南夷驟動勢連川廣乃除南海太守兼五府經畧節度使攝御史中丞召募敢勇繕治樓船餉運不乏用省功倍而嶺海奠安上賜手詔褒之特授銀青光禄大夫溪洞貿遷貨舶輻輳禁其豪奪遠人如歸秩滿遷殿中監入朝被委辦服御嘗用旦夕勤劳成疾天寶十四年四月卒于西京年六十有六贈廣陵郡大都督府長史子九人捷端州刺史擢右金吾兵曹參軍拱不仕搗昭州刺史抗檢校户部郎中後為侍御史氣高能直諌哲不仕捍建陽令撰援不仕抗子仲方最知名

張仲方字靖之童時朗秀父交高郢見而奇之曰此

子非常必為國器貞元中仲方進士擢第宏辭歷官御史為度支郎中時太常定李吉甫謚恭懿博士尉遲汾請敬憲仲方駮議上怒貶遂州司馬未幾拜鄭州刺史敬宗立召為右諫議大夫時鄠縣令崔發因忤小黃門敬宗赫怒付臺推鞫及元日大赦獨發不宥仲方上疏畧曰鴻恩將布於天下而不行御前霈澤殆彼於昆蟲而獨遺崔發由是發得不死時論美之帝詔淮南王播造上巳競渡船三十隻計用半年轉運之費仲方詣延英面論懇激帝令減造廿隻又諫幸華清宮太和初出為福州刺史兼御史中丞福建觀察使三年入為太子賓客八年德裕罷相李宗閔復召仲方為常侍九年十一月李訓之亂四宰相中丞京兆尹皆死以仲方可京兆尹既視事不尚苛刻時將相從累者皆大僇仲方密令識之旋下詔許令收葬得認遺骸悉仲方之力也月餘鄭覃作相用薛元賞為京兆尹出仲方為華州刺史開成元年五月入為秘書監累加銀青光祿大夫上柱國曲江縣開國伯食邑七百戶二年四月卒年七十二贈禮部尚書謚曰成仲方貞確自立綽有祖風自駁謚之後為德裕之黨擯斥坎砢而歿人士悲之有文集三十卷兄仲端位終都昌令弟仲孫登進士第為監察御史白居易稱仲方為人溫良沖澹恬然有君子德立朝直清貞亮肅然有正人風在官寬重易簡綽然有長者體寵辱不驚其心喜怒不形于色云

鄭愚番禺人家世殷富騶僮布滿谿谷皆紈衣鮮食愚幼穎力學嘗作詩有句曰臺山初罷霧岐海正分流漁浦颸來笛鴻逵翼去舟隱然有濟川之志識者知其公輔器也開成二年進士擢第釋褐秘書省校書郎累遷尚書郎咸通初為桂管觀察使所至蔗察吏弊闔境肅然三年嶺南西道節度使蔡京苛慘滛刑為邕州軍士所逐詔以愚代之瘡痍嗷嗷方撫循不暇會南詔入寇安南都護蔡襲告急勅發荊南湖南兩道兵二千桂管義征子弟三千詣邕州受愚節度而嶺南東道又奏蠻兵必向邕州宜先保護未可馳赴乃勅愚分兵備禦而所發諸道兵竟不進襲又奏求益兵愚支扞半載邕州得免無虞朝廷復督責

之愚乃自言儒臣無將畧請任武臣於是詔義武節度使康承訓代為節度使發荊襄洪鄂四道兵萬人與之俱亟往救襲則已無及矣承訓上言愚在鎮善禦守狀朝廷於是始知愚之功即召為禮部侍郎咸通八年知貢舉舊制詩賦多出古句為題士習蹈成篇時詔放雲南子弟還國愚以此試之士多閣筆及放榜鄭洪業第一人及第輿論咸頌其公云黃巢平後廣州殘破僖宗中和初命愚出鎮南海以撫綏功召拜尚書左僕射後三載愚薨無子詩文多散逸不傳僅見一二首則皆奇作也初愚之蒞桂也同平章事魏公崔鉉在荊南愚以鉉負海內重望乃袖文卷着錦半臂謁之鉉訝愚自為進士未嘗以文章及門賓案不視惟留夜飲愚辭出更衣賓從竊謂此去應是慚其不稱爾既而復易紅錦就席尤加煥麗衆莫能測鉉因愚出閱其所業歎賞至再曰真銷得錦半臂也愚鎮廣時嘗於越王山構亭作記今不傳

黃損字益之連州人少慷慨有大志築室于靜福山扁之曰天衢讀書吟嘯其中罕與浮俗接以博學績文聞於時尤善為詩每遇山水會意處輒筆留題殆遍自謂所學未廣乃扁舟遨遊洞庭匡廬諸名勝納交天下士都官員外郎宜春鄭谷為湖海騷人所宗一見亟稱揚之舉其詩數聯謂曰君殆奪真宰所有也嘗相與定近體詩格世多傳之又嘗著書三篇類陰符鬼谷論脩治之術具有宏識議者每期以公輔器為有司所薦登梁龍德二年進士第歸自京師道廣州與梁絕乃仕南漢主龑納損謀國事多所咨詢稍親任之累遷至尚書左僕射取湖南數州皆其謀也會龑建南薰殿彫沉香為龍柱務極工巧少不如意輒誅匠者前後十餘人損進諫疏曰陛下之國東抵閩越西建荊楚北阻彭蠡之波南負滄溟之險蓋舉五嶺而表之犀象珠玉翠玳果布之富甲於天下所謂金城湯池用武之地也今民庶窮落而工役繁興天災人怨兵家所忌苟或不虞其何所恃以為戰且湘洛未平荊吳獷狡正宜務農息民以弘聖基庶遏強敵乃縱耳目之好盡生民之膏興土木之工傷樸素之化供一已逸欲而失天下心臣竊為陛下不取

也冀不說命竿相鈇群下多推損者龔謂左右曰我殊不喜此老狂乂之病卒所譔述有桂香集行于世損為人該博多能性輕利重義嘗捐貲築高良之邪陂灌田疇百餘項鄉邦頼之共在匡廬也與桑維翰宋齊丘相友善每執手論天下事二人自以為不及損力自負嘗遊五老峯憩小盤石有叟長嘯而至謂維翰曰子異日當位宰相然而狡狡則不得其死謂齊丘曰亦至宰相然而忍忍則不得其死獨奚損曰此子乃有道氣當善終然才大位䏶不過一州從事耳損還曰有才何患無位下僚曹足稽黃損邪叟笑曰非所知也其後維翰相晉齊丘相南唐皆見殺損雖位僕射實州從事祿也世以為前定云同郡有吳藹邵安石者亦知名藹字廷俊唐光化三年進士黃巢之亂為雞兵所獲朱全忠深器之置之幕府官至大詔安石字公石亦唐乾符三年進士後仕全忠全忠督兵河上對壘晉人遣使匣金幣通好偽云永和重寶也須人主莊肅發之安石請以重囚啓鑰機發矢貫胸臆全忠嘉嘆擢右諫議大夫皆先損時然學行不交損也

馮元字道宗南海人幼嗜學從孫奭授五經大義又交崔顧為詞章沉鬱有思不妄交游惟樂安孫冑吳陸參譙夏侯圭相友善群居講學或達旦不寢號四友大中祥符元年第進士授江陰尉教滿會有詔流内銓取明經者補學官元自薦通五經時諫議大夫謝泌領銓事笑曰古治一經或至皓首子尚少能盡通邪對曰達者一以貫之可矣謝奇其對因問疑義辨析無滯即日聞上授國子監直講由是名震京師久之遷大理評事擢崇文院檢討兼國子監直講王旦聞其名嘗令說論語老子群子第侍聽以其淹辨亮恪深加禮重因薦之八年真宗試進士殿中召元講易元進說曰地天為泰以天地之氣交也君道至尊臣道至卑惟上下相與則可以輔相天地財成萬化要之一誠之感而已上悅賜五品服遷太子中允直龍圖閣詔預内朝天禧元年以諫議大夫假節使契丹還遷太常丞兼判禮院吏部南曹皇子為壽春

郡王將講經資善堂帝歎得著碩使之勸學王旦又薦元帝以年差少不用更用崔遵度四年遵度卒即擢左正言兼太子右諭德代其任它職如故數獻歌頌兩宮褒禮賜予甚渥仁宗即位改戶部員外郎爲直學士兼侍講與孫奭以經術並進講論師生同升人兩榮之天聖三年改禮部郎中五年同知貢舉遷龍圖閣學士預脩三朝正史十一月權祭南郊爲鹵簿使七年爲翰林學士凡三禁職皆天下選而元盡有士林休之八年以國書成進諫議大夫充史館脩撰九年判吏部流內銓兼群牧使明道元年十月享宗廟又爲鹵簿使遷給事中景祐二年改禮部侍郎兼翰林侍講學士知審官院復判太常禮院國子監獻金華五箴上納其戒賜書褒荅四月領脩樂書儀明年七月書成賜名景祐廣樂記特遷戶部侍郎賞勞也四年春足疾氣憊屬其友李淑宋祁爲銘誌四月卒年六十三賜賻錢三十萬絹百匹贈本

部尚書謚章靖元性簡厚晝治官事夜還讀書暫御亦簡其面故能多識古今臺閣品式之事有所咨訪咸能記之尤精易初七歲方讀易毋夜夢異人以絆蓮華與元吞之且曰善讀此後必貴顯元且老率三日一誦易初善音者取上黨黍縱累爲尺因裁十二律以獻遂改大樂鍾石以合其私後有建言其非者上遣中人就舍問之元即摘班固律曆志唐令兩說付中人因對古者橫黍度寸今以縱亂橫其法非是明日召見邇英閣上謂曰向考正大樂患其寖高而急今也下而緩二者不得其中失在律卿言是矣因出橫黍新尺示群臣比縱尺差二十一分而弱以較衡斗皆不讐徵元言莫能正其謬也嘗預注真宗集同脩鹵簿記校後漢志孟子及律義疏又明楊雄方部學歎爲諸首作章句并分撰國朝會要皆未成書家人攟其遺文得數百篇詩百餘首宋祁稱其清緻平粹類其爲人史論曰宋以仁厚立國至仁宗培而豐之四十餘年隆平之治卓邁今古抑孰知其自資善堂而肇邪夫養成君德以運諸事業爲元之功於

是為大何者玄雲釀雨驅雷電而潤群物雖曰大造之仁然謂非雲電之功不可也宋祁以賈誼董仲舒擬之愚謂元之所得為視二子者益多矣

余靖字安道韶州曲江人少博學能記經書子史下至雜家小說陰陽律曆外暨佛老無所不通以文學稱于鄉里舉進士起家為贛縣尉試書判拔萃改將作監丞知新建縣再遷秘書丞數上書論事建言班固漢書舛謬命與王洙并校司馬遷范曄二史書奏擢集賢校理會范仲淹以天章閣待制貶饒州諫官御史莫敢言靖言仲淹以刺譏大臣重加譴謫倘其言未合聖慮在陛下聽與不聽耳安可以為罪乎汲黯在廷以平津為多詐張昭論將以魯肅為粗疎漢皇吳主親聞訾毀兩用無猜豈損令德陛下自親政以來屢逐言事者恐鉗天下口不可䟽入落職監筠州酒稅尹洙歐陽脩亦以仲淹故相繼貶逐靖繇是益知名徙監泰州稅已而復用仲淹被斥者皆召還惟靖以便養親乞知英州遷太常博士丁艱服除還朝復為校理同判太常禮院慶曆中仁宗銳意欲更天下弊事增諫官員使論得失親筆靖姓名除右正言與歐陽脩王素蔡襄為四諫官時稱四賢靖感激奮厲遇事輒言慶曆三年司天言太白犯歲星又犯執法靖上䟽請責躬脩德以謝天變使契丹肆日以所奏事書笏各舉一字為目凡數十事帝顧見之命悉條奏日幾昃乃罷進脩起居注開寶寺靈感塔災復上䟽言五行之占本是災變朝廷所宜誠懼以荅天意聞嘗詔取舊瘞舍利入禁中閱視道路傳言舍利在內廷有光怪竊恐巧佞之人推為靈異惑亂視聽再圖營造臣聞帝王之道能勤儉厥德感動人心則雖有危難後必安濟今自西陲用兵國帑虛竭民亡儲蓄十室九空陛下若勤勞罪己憂人之憂則四民安居海內蒙福如不恤民病廣事浮費奉佛求福非天下所望也且一塔不能自衛為火所毀況藉其福以庇民哉既不能為神不宜復建帝從之靖在職數言事嘗論夏竦姦邪不可為樞密使王舉正不才不宜在政府狄青武人使之獨守渭州恐敗邊事張堯佐以宮嬪故除提點府界公事非政事之美且郭后

之禍起於楊尚不可不監太常博士王翼西京治獄
還賜五品服靖力爭之西鄙厭兵元昊納誓請和議
增歲賜靖言景德之患近在封域之内而歲賜如彼
今日之警遠在邊鄙之外而歲賜如此若元昊使還
益有所許契丹聞之寧不生心無厭之求自此始矣
擢知制誥元昊既歸欵朝廷欵加封冊而契丹以兵
臨西境遣使言為中國討賊請止冊和朝議難之會
靖數言契丹挾詐不可既許即遣靖假諫議大夫往
報至契丹從數十餘騎出居庸關見虜主於九十九
泉從容坐帳中辨論往復數十卒屈其議而還西陲
以寧北邊亦無事還知制誥史館脩撰皇祐二年遷
衛尉卿知慶州丁父憂去儂智高反邕州乘勝掠九郡
以兵圍廣州朝廷方顧南事就喪次起靖為秘書監
知潭州改桂州詔以廣南西路委靖經制靖奏言
賊在東而徙臣西路非臣志也即詔經畧廣東
西盗賊智高乃西走邕州既而朝廷遣狄青孫
沔將兵共討賊靖偕青敗賊於歸仁智高走大
理邕州平靖遷尚書工部侍郎遣人入特磨道
擒智高母子弟三人生致之闕下斬之詔加集賢院
學士皇祐五年交趾蠻申詔泰寇邕州殺五巡檢驛
召靖以為廣西體量安撫使悉發荆湖兵以從靖至
則移檄交阯召其用事臣費嘉祐詰問之嘉祐至給
以近邊種落相侵報誤犯官軍願悉推治還所掠及
械罪人以自贖靖信之厚謝遣去嘉祐遂歸不復出
械送首惡五人于欽州斬于界上明年以尚書右丞
知廣州首奏罷番舶裝船稅又請立法戒廣南官吏
不得市南藥諸番貨英宗即位拜工部尚書代還
行卒于金陵三司使蔡襄為靖言特贈刑部尚書諡
曰襄靖為人剛勁而言語恂恂不見喜怒所言不煩
碎前後經制五管皆有惠愛在兵間未嘗廢書嘗夢
神人告以終官而死秦亭故靖嘗畏西行及卒則江
寧府秦淮亭也所著詩文奏議三史及武溪集行于
世

李大性字伯和四會人積中子大性少力學尤習本
朝典故以父任入官因參選進藝祖廟謨百篇及公
私利害百疏又言元豐制六察許言事章惇為相始

禁之乞復舊制以廣言路從臣力薦之命赴都堂同審察僅遷一秩為湖北提刑司幹官未幾入為主管吏部架閣文字丁母艱服闋進典故辨疑百篇皆本朝政實蓋網羅百氏野史訂以日歷實録核其正舛率有據依孝宗讀而嘉之擢大理司直遷敕令所刪定官添差通判楚州郡守吳曦與都統劉超合議欲撤城移他所大性謂楚城寔晉義烏開所築最堅奈何以脆薄易堅厚乎持不可臺臣將劾其沮撓不果會從官送北客朝命因俾燾訪具以實聞遂罷戍帥召大性除太府寺丞遷太宗正丞兼倉部郎尋改工部陳傳良以言事去國彭龜年黃度楊方相繼皆去大性抗疏言朝廷清明乃使言者無故而去臣所甚惜也數人之心皆本愛君知其愛君任其去而不顧恐端人正士之去者將不止此孟子曰不信仁賢則國空虛臣所以為之寒心也孝宗崩光宗疾未能執喪大性復上疏言今日之事顛倒舛逆況今使發莫當引見于北宮素帷下知是時猶可以不出乎檀弓曰成人有兄死而不喪者聞子皐將為成宰遂為衰成人曰兄則死而子皐為之衰蓋言成人畏子皐之來方為制服其兄乃子皐為之非為兄也若陛下必待使來然後執喪則恐貽譏中外豈特如成人而已哉遷軍器少監權司封郎提舉浙東常平改浙東提刑兼知慶元府召為吏部郎中四遷為司農卿明年兼戶部侍郎出知紹興府甫一歲召為戶部侍郎陛尚書朝論將用兵大性條陳利害主不宜輕舉之說忤韓侂胄意出知平江移知福州又移知江陵充荊湖制置使江陵當用兵後殘燬饑饉繼以疾疫大性首議賑貸凡三十八萬緡有寄前官盧羨凡十有四萬五千緡率蠲放不督民流移新復業者皆奏免徵榷邊郡武爵本以勵士冒濫滋衆大性劾兩路戍司冒受逃亡付身凡三千四百九十有七道率繳上毀抹左選為之一清江陵舊使銅鐵錢重諸輕民持貲入市有終日不得一錢者大性奏乞依襄郢例通用鐵錢於是泉貨流通民始復業除刑部尚書兼詳定敕令尋遷兵部時金國分裂不能自存有舉北伐之議者大性上疏以和戰之說未定乞令朝臣集議

識之類以端明殿學士知平江府引疾丐祠卒于家
年七十七贈開府儀同三司謚文惠。
王大寶字元龜海陽人其先巠温陵徙潮州政和間
貢入大學建炎二年廷試進士第二授左宣義郎南
雄州教授未上八年差監登聞鼓院主管台州崇道
觀乞祠家居復累年趙鼎謫潮大寶日從講論鼎謂
曰君昔監鼓院以人有讒者今觀君文章學識直諒
剛正廷臣無出其右抑何誣也君歎知讒者姓名否
大寶曰不願知也鼎益賢之起知連州時張浚亦謫
居命其子栻與講學浚俸不時得大寶以經制錢給
之浚曰知郡君何大寶不為變代還言連英循惠新
恩六州省民續數百非懋遷之地月輸免行錢宜蠲
減高宗謂大臣曰守臣上殿令陳民事遂得知田里
疾苦所陳五六得一可行其利亦不細矣乃命廣西
諸司具減數聞尋改知袁州表進所著周易證義六
卷上謂執政曰大寶留意經術其書甚可采可與内
除遂除國子司業兼崇政殿說書奏江南諸州有月
樁錢無定名數吏緣為姦刻剝民又有折帛錢方南
渡兵興物價翔貴令下户折納務以優之今布帛匹
四千而令輸六千盍委監司覈月樁為定制減折帛
惠小民詔户部詳其奏直敷文閣知温州提點福建
刑獄道臨漳有峽領曰蔡岡嶺薄蔽翳山石犖确盜
乘間剽劫大寶以囊金三十萬募民扶榛鑿道十餘
里行者便之孝提點廣東刑獄初孝宗居潛大寶奏
于高宗曰陛下富於春秋儲貳之事殆未容議竊見
天族近屬毓德郡藩有年矣臣望斷自淵衷擇可立
者寵以王爵係中外望高宗嘉納至是孝宗即位除
禮部侍郎大寶言古致治之君先明國是而行之以
果斷自軍興以來曰征曰和浮議靡定太上傳丕基
於陛下四方日傒恢復國論未定衆志未孚願陛下
念祖宗積累之業痛河朔陷溺之民革奸蠧未除之
宿弊篤緝熙光明之聖學内脩外攘斷然行之則中
興之功可指日冀矣擢右諫議大夫首論朱倬沈該
之罪皆行其言江淮督師荊襄大寶劾其不能節制
坐視方城之敗疏再上淮遂落職謫台州張浚復起
為都督大寶力贊其議及視師符離失律群言洶洶

大寶言危疑之際非果斷持重何以息橫議未幾蕩
思退議罷督府力請講和大寶奏謂今國事莫大於
恢復莫嚴於金敵莫難於攻守莫審於用人章三上
除兵部侍郎起居郎胡銓郎奏曰近日王十朋王大
寶相繼引去非國之福未幾以敷文閣直學士提舉
太平興國宮乾道元年落職致仕後召辭免降詔獎
諭曰卿有淳深之學剛毅之操頃在言路不畏強禦
直諒之聲聞天下故起卿於里居冀聞鄉崇論宏議
也起為禮部尚書入對言理財之道當務本抑末右
正言程叔達奏大寶乞僕免行錢非是以舊職提舉
太平興國宮致仕尋有疾疾革歎曰大恩未報功業
難成中原雖戴宋未忘然恢復之期玩歲愒月恐未
可冀也卒年七十七所著有諫垣奏議六卷經筵講
義二卷遺文十五卷及易詩書解行于世

李昴英字俊明號文溪番禺人父奉直大夫諱天棐
有隱德毋黎氏有娠夢大星降庭生公弱冠登進士
第洪平齋徐梅埜諸公異其才以為南方間氣調淮
[illegible]平反青讞民無冤者時守陳孝嚴驁悍刻下遂
致變作公委身蕩平之端平乙未戍卒亂由惠州直
趨番禺承平日久人不知兵守帥曾治鳳航海潛去
公與崔清獻公提兵討之又偕楊汪中出城諭賊事
平召除太學博士入朝理皇以朧暑褒美首[illegible]言
畏天變恤人言進斥王安石叛經之罪風紀[illegible]然提
舉閩粵倉吏望風解印蓋氣節之慷人也如此淳祐
初杜公範入相與劉侍御漢弼徐祭酒元杰[illegible]
三賢僉力薦公公至首言時事一曰定國本二曰去
權奸三曰斥絕宮媼閹寺尤奮激論列伸三賢[illegible]
之冤士論壯之上嘗從容謂宰執曰李昴英南人無
黨遇事敢言公益自感勵知無不言劾奏史嵩之
奸謟貪殘罪浮四凶宜遠竄免嵩之三上遂出嵩之
于外劾隸趙與籌貪緣為奸公力詆之至引上
擒奏不納止與外遣三學生用李師中送唐介韻餞
之有庾嶺梅花清似玉一番香要一番寒之句與論
傳誦未幾用徐清叟薦除直寶謨閣江西提刑兼知
贛州被召赴闕兼國史實錄院檢龍圖閣待制吏部
侍郎為中宮盍宋臣竊弄威福御史洪天錫文之[illegible]

言職去昇英蔡乙與天錫俱愳留疏拜辭竟遂其高
毅然返初服至其廬墓卓行積倉惠民孝弟之化及
於嵓酋尤有出於感移化導之外者及歸田賦詩
抱道自樂湛然若終身焉謂為立身制行大節足以
廉頑而立懦非耶卒之前一夕大星殞既而公沒正
人圖繫天象哉所著文溪集二十卷行于世

郭闇字開先番禺人治書三預計偕褒然為舉首謝
南廬方春柄文衡得其文驚異以為乾淳而後僅見
此作登淳祐甲辰進士第調真陽尉再調[illegible]林學正
擢知高要縣有政聲秩滿授梅州僉判改秩宰平江
尋擢監察御史知無不言糾正奸邪不避權要其所
彈擊公論莫不快焉初廣州置買銀場本與商舟為
市後徙而征之歲久弊滋吏緣為奸征及民户租米
民甚苦之又提舉鹽司以鹽科配民户價多而鹽少
深山窮谷罹其害者不少二事皆害民之尤者闇條
奏上聞得旨俱罷民以為快作感恩齋以報之汀贛
壯丁往來潮惠循梅境以販鬻為事紹定間沿征摧
激鬨合江閩兵乃克靖亂朝旨免摧四州監職此之
由繼又摧之悍民遂相挻為盜闇力奏罷之又奏選
廉恕以宣德意斥貪縿以幸天下凡所題請無非為
國根本慮遷右正言首陳聽言容言之道以廣上心
又言士大夫奔競成習狂躁成性皆求薦引直欵一
識而造班行至於寬縱奸邪殘害良善忍使盜賊感
恩而民負怨是忍於負國負民而不忍負盜賊又言
今天下之患莫甚於上下不相應易帥闡援備禆捍
死節誠方今急務而應令者率文具緩急恐難倚使
乞選朝臣出使審核虛實庶幾募兵督餉不敢為欺
時禁廷臣莫得預知兵事闇乃言臣居言責天下事
皆當預聞況邊庭之大者於是兵糧實數皆關白諫
院闇自官臺諫悉心憂國形神日耗循至病革所言
皆軍國大事不及其私卒年六十六闇素清寠家無
餘財屬纊之日幾無以斂上嗟悼之贈恤特厚廣人
德之以闇配享菊坡祠

張廋字景儀增城人風儀偉特未冠時有相者見之
曰山角淵庭柱石材也以才學聞元季舉茂才為高
要縣學教諭遭亂棄官歸杜門讀書而業益進洪武

子舉于鄉訃偕如京師會試科舉　詔選賢能俑
憲職遂擢監察御史度以譽望振一時彈劾務持大
體　高皇帝重之時諸勛臣連姻帝室多怙勢者度
每事檢舉風釆凜然朝著為之屏迹嘗建議立張巡
許遠廟于歸德州以勸忠　上亟命有司舉行焉視
觀知蘇州治張士誠故宮為府署有司以為言
高帝使度偵之度往變姓名為日者入吳縣學宮[illegible]
其實還奏稱　旨或言度在吳縣學宮每師生會[illegible]
度就食惟分其餘以故人益不疑而事情益覈　上
謂而深器之尋誅戮輔諸郡守推度知常州府治政
公動人不敢干以私雖公務倥偬不廢文業勸勉郡
人俾知向學禮教藹然大興前郡守何用脩公廨建
庠序祠宇未畢以罪去度力終其事而民不以為病
治行為畿輔第一遂召為吏部侍郎嘗條舉選法之
不當者數十事　上之皆見用居法從六年考績得
贈其父伎禮吏部侍郎母林氏德人進本部尚書藻
鑑人品銓選得體持廉秉公朝野欽之後以小誤嘗
獲微譴閉户一夕憤惋卒人皆傷之度為人清謹有

[illegible]人尊之以為有崔清獻風流云　始度本番
禺人番禺有鄉曰黄岐角皆張姓環居之室廬櫛比
燈火連接讀書之聲相聞宋紹興間有塤者始遷於
禮園社塤生飛一通周易能會粹諸家書之說而折
衷之廣之士大夫推為宗師號曰黄岐張氏易二子
彬甫鄰甫皆善傳父經

陳德文字文石保昌人洪武十九年舉文學授台州
通判越二年左遷枝江令又遷縉雲監稅所至有稱
以兵部尚書唐鐸薦拜北平道監察御史明年擢按
察使三十年使西番撒馬兒罕等國開通西域居十
有二年充舉使職不辱君命永樂五年回京凡所歷
之國釆訪風俗作為詩歌歸日進呈　成祖嘉之擢
僉都御史後內閣脩西域志多采其言八年二月隨
駕征迤北十月迤北平　上念久勞王事進右都御
史賜衣十襲名馬二匹及漢尉四名充伴還鄉省墓
九年六月復　詔回京十二年三月卒于位進左都
御史階　諭賜塋祭

陳建字廷器東莞人自幼聰敏喜學從黄勤受書經

頌洪武庚午鄉薦爲桂林府教授嚴條約以身先之
鄰將韓觀總兵鎮守廣西猛悍不下士聞璉之教悅
服每加禮焉秩滿陞國子助教永樂初近臣言璉有治
才不宜置之散地召試在優等擢知許州始至人以
儒者易之少有警發衆爲悚懼乃更以寬厚寧民俗
多淫祠戒諭之俗遂漸變未幾代還改滁州均徭役
時征斂禁奸戢暴民用大和 太宗皇帝巡幸北京
所過先遣廷臣察吏治問民隱治有異效者加陞擢
焉衆皆言璉績最滁人恐失之詣闕乞留遂陞揚州
知府掌滁州事賜綺衣一襲鈔五百貫禮部宴餞給
驛遣任滁州又九年陞四川按察使四川去京遠民
不畏法豪吏黠胥奸弊百出璉至一治以法不少貸
軍中暴横有號虎彪太歲者人莫敢犯犯輙受奇禍
廉得其實密遣人捕之皆寘之重典乃建言修武備
慎刑罰明禮制復義倉正風俗等九事 上嘉納之
宣德丙午吏部言璉持憲非所長然素有文學永樂
間嘗獻歌頌 上雅知之召還改南京通政使俾專
掌國子監事師道尊嚴善於訓迪士類悅之丁內艱
正統初起復調南京禮部左侍郎又五年致仕璉德
行渾懿文詞典重人愛之若拱璧其所進者有巡狩
頌平胡頌鐃歌鼓吹揩紳士大夫求碑銘序記詩賦
諸作足相躡於門應之如響故著作最多所至學者
考德問業無虛日黃蕭養作亂璉建制禦綏靖之策
竟平之卒年八十五初去滁時滁人肖之于醉翁亭
與歐陽脩王禹偁爲三賢祠東莞縣知縣吳中祠之
與李用李春叟亦曰三賢云
羅亨信字用實東莞人幼頴敏好學永樂甲申進士
授工科給事中往浙江視水災奏蠲嘉興海鹽崇德
三縣稅糧凡五十餘萬石調吏科尋陞右給事中適
詿誤連坐謫交阯爲吏九載洪熙改元用太子洗馬
張瑛薦起爲監察御史嘗往通州察倉庫之弊誅民
之尤無良者數人道路肅然巡按真定等府清軍山
西所至有聲宣德中受勅治鈔法京師商賈漸見通
用有言亨信堪仕方面者詔食按察司僉事俸仍治
鈔法宣德乙卯陞右僉都御史命往平凉等處練兵
備邊 上念邊境苦寒璽書慰諭且賜以幣正統丙

辰與都督趙安率洮岷等衛兵廵邊遇虜安與都督
蔣貴用都指揮安敬議逗撓不行亨信至其營斥之
曰汝輩受國厚恩臨敵退縮安用汝握重兵爲郎上
章劾貴等老師玩寇敬怯懦不忠侵尅軍餉　上命
兵部尚書王驥往詢皆如言置貴于法斬敬以徇自
是將士股慄用命出輒獲迤西以寧奏捷陞俸一級
賚白金文綺先是聞父喪請歸守制　上以邊務方
殷奪情視事至是始命馳驛歸葬往返皆賜楮幣千
緡奉勑廵撫大同宣府總督屯種給贍軍餉興利除
害爲久安計每歲初秋田京議事條奏汰冗官省虛
費積邊儲禁私役請脩各衛土城以絕虜覘伺又言
虜酋也先專俟釁端圖爲入寇宜預於直北要害增
置城衛備之不然恐貽大患議者寢不行后有土木
之難人以爲知微云時參將石亨歆以大同四川七
縣之民三丁取一爲兵又請勑令軍餘盡撥屯種量
畝起科亨信奏言北虜方驕邊民疲甚加以邊地鹻
薄若如言是絕其衣食而逼其逃竄也且當今事勢
正宜布恩信以結人心苟絕其衣食未有得其心者

從之戊辰冬進右副都御史已巳秋轉左副都御史
賚文綺白金有加會也先入寇所至州縣文武官皆
遁　英廟方北狩人心洶洶亨信時在宣府孤城危
甚當國者建議趣召宣府總戎官率兵入衛京師或
欲遂弃其城衆紛然爭訧道亨信乃毅然仗劍坐當
門拒之且下令口敢有出城者手斬之衆遂定城中
老稚歡呼曰吾屬生矣因設策捍禦虜不敢南人莫
不多其功歲庚午以年踰七十上章致仕會報宦官
喜寧偕虜詣城下議和密遣驍將楊俊伏兵擒之虜
患乃息　上賜璽書有爲國除患之褒復賜白金文
綺不俞所請是秋田京陛見辭益力因免冠叩首
上見其着幾蕃處顛髮皆盡乃許焉致仕八年卒年
八十有一按土木之變國事阽危亨信力守孤城以
抗強虜識者謂其有社稷功豈不偉哉
陳鼎字重器新興人性端敏篤志于學聲聞早著登
永樂甲午科鄉薦明年登進士擢監察御史彈劾弗
避權勢出按雲南江西四川所至畏服遷江西建昌
知府　賜璽書馳驛而往涖政明斷民不敢欺濩衛

官校橫嶪卒蒞于法治廨穿地得金璧珎玩悉封進其清介如此父以貞往覲入廨舍視其四壁蕭然喜而嘆曰吾家本儒業汝能清泊可無愧矣超拜右副都御史捕蝗河間諸郡有惠愛改刑部侍郎明慎科條獄無寃滯寮屬莫不敬讓之剛直之氣蕉介之操爲朝著屬望卒于官年四十有八賜葬祭學士王英銘其墓曰卓哉賢臣允矣君子人以爲確論妻淑人鄭氏見列女傳

李顒字思誠登正統丙辰進士授户部主事改刑部皆有治聲景泰間僉福建按察司事公明而有斷一時風裁凜然陞福建布政司參政提督海道興化有豪家肆戎籍連姻衛帥怙勢武斷鄉曲威奪人田地子女莫敢誰何顒廉得其實捕寘於法闔郡稱快郡有郭孝子墓祠久廢顒爲重建之其他善政尤多累遷山東布政使所至著能聲天順四年春正月入覲詔簡天下諸司府州縣官操履端嚴政績超卓者得十人顒與焉賜金織襲衣宴于禮部還任以憂去服闋銓部齎符促起浙江視事尋擢工部右侍郎嘗督築蘆溝河天津迤北一帶河口錢塘堤岸五千餘丈俱有成功錢塘事竣乃乞休歸抵家而卒

薛遠字繼遠海南前所人前工部尚書祥之孫正統壬戌進士授户部主事景泰中遷郎中天順改元使交阯還進本部右侍郎成化改元王師討兩廣蠻獠公督餉兵食賊平陞左侍郎進尚書督總糧儲丁酉乞致仕弘治壬子以建儲　恩詔進階榮祿大夫乙卯八十二歲卒遠敏而好學于禮樂兵刑天官律曆無不涉其要尤熟　國朝典故在户部最久均節委積内外遠近多寡輕重莫不法式會較出納吏胥拱手每歲中外競陳利害迭爲行罷有司不知所從公以爲凡若此者一切報罷官省民安時論韙之嘗曰馭吏嚴刑以懲不若先事而發善革弊不若無弊可革其處事中理多類此遠本廬州府巢縣人洪武中祖祥以罪死父能坐是謫戍海南衛遠發身儋州學既久用有司爲建祖孫尚書坊

盧祥字仲和東莞人幼多技能年三十始習舉子業往從其兄全州訓導寬遊正統戊午遂領廣西鄉薦

書成登進士高等擢南京禮科給事中多所論建凡
六年而丁外艱服闋補吏科論北虜也先僭號之由
劾大臣王文項文曜等爲人所畏憚未幾以言事謫
山西蒲州判官天順改元召爲禮科給事章疏剴切
多見聽納戊寅陞南京太僕寺少卿尋以內艱歸甲
申補順天府丞其冬陞都察院右僉都御史巡撫思
綏至則嚴武備肅綱紀正賞罰屢以捷聞賜白金文
綺議者欲進其秩有與銓部有憾遂爲所沮因以貴
抵其外甥祁順思求退休順荅曰昔人謂使營覓者

吾將焉論者有猶豫留時之誚舅何爲而不早決
也丁亥冬得謝歸明年五月卒年六十六祥以氣節
自高性寡合與同官林聰最厚凡所獻納必協力成
之故其名稱亦相頡頏云祥嘗學春秋于安福吳節
教其子士燕從子韑鴡睭俊皆預賓興由是邑子之
學春秋者益盛所著奏疏詩文號行素集藏于家
邢宥字克寬文昌人登正統戊辰進士任四川道監察
御史景泰初治官者王振黨獄督通州糧實　宣府
卹有耿能之譽後屢出按於福建則排鎮守尚書薛

希璉延平鎮東二衛五易之議綫犯禁入海數十人
疑獄奏留八郡赴部匠役築永安等四城於遼東不
從都御史寇深抑副將焦禮邀功之蜀於河南奏革
循河出巔達南京數十驛隨在聲稱赫然天順庚辰
陞知台州一尚寬以矯前弊民甚信服居四年兩以
還按時事就逮民數千人赴京告留竟坐是降尹晋
江未三月會赦復職改蘇州蘇俗素過侈抑之以誠
朴成化乙酉郡大饑宥賙貸甚勤發官儲勸富民活
饑民殆四十萬口公帑不空富室無擾論者謂荒政

之最善者至刑名錢谷上供送迎調發諸具繁劇難
號難辦處之綽然丙戌擢參浙藩仍知府事後數月
遂進左僉都御史就撫南畿并理嘉湖杭三府糧儲
提督屯種戊子　敕飭理兩浙鹽法己丑　勅考察
文武官員前後五奏　勅書庚寅議事上京再上章
始得致仕宥稟性廉介於人不少假借外朴內明好
讀書於詩文不苟作作必有意趣字亦遒勁有法處
家庭孝友田產多讓諸弟歸休囊橐蕭然如書生時
所著有湄丘集丘濬爲其像贊曰五嶺之南大海之

外山川秀氣于此焉華立朝著蹇蹇之節出守敷優優之治總憲綱存法外之仁制國用寓利中之義衆方倏其有為乃急流而勇退斯人也介而有執直而不肆不徇時之好必行己之志非但秀出嶺海之間殆所謂天下之士也與

彭誼字景宜東莞人初仕工部司務正統己巳遣吉起有　旨大臣舉風憲須老成人部以誼應陞湖廣道監察御史時王文掌院事號嚴明御史啓事不合輒瞋目不荅獨禮重誼景泰庚午南直隸澇民饑遣誼往賑濟日走數邑不憚民賴活者甚衆壬申河決張秋從水東趍不由道奉勅脩理先是尚書石璞暨都御史王暹洪英各言方畧試輒敗誼乃督役夫從旁濬之約先畢先息不限日既濬決水勢緩隨即塞之水復故處漕輓通以功陞正六品俸甲戌陞大理寺丞乙亥陞右僉都御史奉勅提督紫荊白羊倒馬等關律將治兵脩築城保按古法造神臂弓守之晷復奉勅提督各關倉糧保定等衛屯糧會忤權貴得罪天順丁丑左遷紹興知府民告饑郎發倉邮之戒謂當上聞否且得罪誼曰待請而發則轉溝壑者多矣吾何愛一身而不以活萬命明年有秋民爭委輸不踰月而倉復盈先是郡縣官田稅重耕者不得食而流移焉賦多逋負責歸於官輒不滿秩去誼請計畝起耗減重增輕民便之又因暇築白馬閘鹵壓不入溉良田若干頃歲穫穀若干斛一郡蒙其利九載陞山東左布政使去之日蕭山民有感德者持海味二器為餽峻郤之其人愧謝而去居山東一載陞工部左侍郎未幾改右副都御史巡守遼東先前任者外不監總兵不相能不以邊儲為意倉無再歲之支虜覘知之聲言入寇誼既至獲諜者訊焉盛稱林鬍斛阻糧少士饑以故無恐命斬以徇衆哀捄乃免於是又諜譖之曰汝虜恃驕汝不見中國匠剝木器乎遺萬奉持之使之剝木十不崇朝可盡也芻糧又在吾處內發民萬家運之山斯積矣汝虜何恃耶諜報虜未以為然秋發餉貨鐵嶺三萬諸衛相繼於道虜始有懼色既乃大閱命將調發建大將軍旗皷出廣寧度遼陽部次嚴整遇虜別隊命都指揮崔勝進兵

擒斬之奪其馬匹器械輜重虜奔潰自是遠遁成化辛卯三月捷聞降勅奬諭癸巳統師征小黒山虜寇斬獲六十二級燒燬連州麥州等巢穴搜獲馬匹牛羊無筭全軍而還復降勅奬諭之時總督太監横歛諸蠻衛誼乃令所屬凡移文不經本院議處者皆令覆請違者以軍法從事由是稍息邊人德之在邊凡十有一年成化戊戌始得謝者歸凡二十有二年乃卒壽八十有八璦山丘濬曰公官御史則振風裁在廷尉則慎刑罰為郡守則書循良之譽總方面則盡旬宣之政兩任邊寄所至威行而惠施又謹知足之戒決勇退之節巋然獨立於嶺海之間所謂天地間之完人也豈其然乎孫綱正德甲戌進士官郎中

廖維字千之新會人景泰甲戌進士累官户部郎中歷官踰十年乃得陝西叅議或以為惜笑曰人臣當務盡職豈暇計資級哉成化戊戌進右叅政庚子進右布政使辛丑轉左八年之間四遷關陝重地也聚戎馬十數萬控制荒遠糧餉百需皆取給於藩司能為佐貳時日事巡歷山川阨塞屯堡要害儲峙多寡兵馬强弱將士堅脆皆心憶而口數之既總司事創會計堂凡錢穀出納條例簿籍咸度其中每歲夏秋當徵稅糧時會議於此稽考一歲之所出入因登耗以加減量遠近以分派而宗藩封禄米亦均節之自是邊儲有備而民力不困户部每歲所給糴米銀數十萬兩舊多乾沒於權要能惟估值分糴升合無或虧者其弊遂革甲辰擢都察院右副都御史奉　璽書巡撫其地仍支二品俸時父已年近九十乃遣家屬南歸侍養獨携一僕自隨甫下車即嚴閲部伍精[illegible]列條為令行事宜凡十四日新號令曰謹練習曰脩城堡曰明賞罰曰覈功實曰抑虛詐曰恤孤寡曰積積儲曰行賑貸曰撫蕃落行下之日軍民驩呼載道咸曰數十年無此也三閲月父訃至時制凡守邊大臣有故非得代不許擅離維摧毀勞劬刑神瘁耗代者乘傳至而疾已大作歸至會府而卒年五十有八時咸稱公為有德有才君子云

李嗣字克承南海人性端謹質幹魁梧年十三有司羅為邑庠生氣盖時輩識者知其偉器景泰甲戌進

七授南京户部主事嘗催督南畿江西積欠輸賦不
勞而集乃奏增大臣一員專董其事遂為例晋署郎
中事時五城兵馬司妄奏房鈔都稅司侵尅公課蠹
政戾民𠫭提兩正其罪士民快之尚書張鳳推重之
曰公輔才也尋實授郎中出知金華府下車之始適
行鄉飲酒禮有司設主席殽核視實十倍遽命撤之
由是吏民知風指然嗣任不敢干以私奏立正學書
院祀先儒王何金許四賢重修呂東萊張南軒朱考
亭會講麗澤書院俾郡人知所嚮慕壬辰入　覲課

最陞浙江右参政尋轉左脩築長堤以禦紹興寧
波湘溪二郡民永賴其利又上軍政數十事皆行之
晋福建右布政使漳州有狂生術幻術醉後能人役
草木邑吏上變藩臬議發兵嗣曰討之是激其反爾
單車往其家命縛以歸一省帖然尋轉左布政使辛
丑入　覲道經金華民爭迓之攀轅涕泣不忍舍剏
石路左以昭功德癸卯遷內艱適蘇松多事奪情起
為都察院左副都御史巡撫其地首陳事宜降　勑
嘉奬所至百廢具興居無何召還授户部右侍郎丁

未廷試預讀卷尋轉左侍郎會時有言兩淮監法
不舉駮損邊儲事者奏　璽書督視兼都察院左僉
都御史以行悉心畢務遂感疾即上章乞歸得旨乘
傳還第俟瘳起用弘治甲寅卒年六十有九居官三
十餘年田園無所營增歿之日衣篋中惟白金十兩
而已史論曰李嗣之名乃今知之為其廉也居官廉
故蒞事公蒞事公故民愛敬民愛敬故功業昭功業
昭故修名立修名立然後仁孔子曰君子去仁惡乎
成名信哉審富貴安貧賤如李侍郎者不愧孔門之

所謂仁也已

張泰字叔亨順德丼溪人成化丙戌進士知沙縣為
人端謹樂易政尚寬平而公庭亦無留事民愛戴之
嘗興新學校剏先賢祠脩建縣治事集而民不擾公
暇輒詣學躬勵諸生學業刻羅豫章陳了齋遺書以
詔學者邑士用勸翕然超出聲利之外時縣經兵燹
饑疫泰至百廢具舉甫三載以賢能徵授浙江道試
御史巡視通州倉革包攬之弊言及　宮闈與政
上怒杖責之幾死擢督京畿學政公明為衆推服丁

憂養病十有餘年弘治壬子復起出按雲南奏開觧
額五名絶贓吏之尤無良者先是象馬思揲執木邦
宣慰思罕𡧳法囚禁四十年未有以處之㳟於是會
議檄召漢土官兵臨其境以公移諭之思揲感悔遂
送罕𡧳法復其故業械其首禍者三十餘人請罪積
患一朝頓釋遠近稱其能既復命特勑中貴楊戴二
人及威里壞法者　上怒甚既而霽威罰俸半年尋
陞南京太僕少卿又改大理寺薊州　皇莊與牧馬
草塲爭地界日久累勘不明奉　命命武臣清理㳟

容訪得求樂中開設圖本按之權貴始服陞副都御
史總督南京糧儲遂疏專委任清兊支均俸糧委監
收廣儲積脩常平消軍數總部運限稽泒重查糧稽
住俸省守支十二事俱允行正德丁卯遷工部侍郎
公出納杜請託改南京都察院右副都御史時逆瑾
霽焰熏灼所求不副竒禍立至㳟當奉　表入　賀
惟以土葛布遺瑾瑾知清苦然猶憾之會吏部以南
京户部尚書負缺疏㳟姓名以　請内批陞户部尚
書著致仕家居三月卒朝廷遣官　賜祭葬㳟謙和

孝友兄順庶出毋欵薄分其産㳟泣諫均分從之夫
妻相待如賓每見必揖至誠接物未嘗言人過失喚
僮僕不至聲色不加於前盡其所養有素陳白沙先
生尤敬重之生平𤅢介官至六卿家産不增於舊之
尺寸子孫未免饑寒云
張津字廣漢博羅人成化中進士父鏵字文振知福
建南安縣愛民禮士守法奉公省冗費均徭役民多
去思津成化丁未令建陽遏礦盗創縣城舉荒政除
女妖置田以祀五賢治績甚著以憂去後補大冶士

民誦之如建陽時召為貴州道監察御史條上勤講
學詳下問慎命令採衆論四事　孝宗嘉納之巡按
廣西均力役禁横斂罷秕政拊遠夷所行必欲為後
世式又言猺獞為暴日甚宜併力勦除不可姑息以
養𡨥貽患語多切至陞知泉州府郡人想見風采時
逆瑾肆焰鎮舶私人絡繹下郡邑公以嚴重居之輒
屏息去政平而信吏牘無敢欺者民訟無敢誕者強
戢弱安郡方仰見政化之成僅三閱月竟以逆瑾排
去去之日百姓送者塞道且祝焉瑾敗起補寧波承

凋弊之餘惜民力省浮費凡可安養生息之者無不
加意又諭倭夷之入貢者守法毋縱倭人畏威不收
肆民恃以無恐陞山東叅政去之日士民遮道泣留
未幾擢南京都察院右僉都御史提督操江時百度
廢弛津一切釐正之進左副都御史巡撫蘇松諸府
設施悉當肯綮如收訊中貴家僮倚勢作奸駠臧新
差織造內臣論巳疏通負不宜重徵以失信天下請
擇宗室之賢者育于宮中皆其大者以征海寇平陞
戶部右侍郎兼左僉都御史還廣卒贈南京戶部尚

書津少入官即留心吏事視民財力如已膚髓雖位
通顯自奉如寒士急公潔巳所至聲望赫然病革猶
惓惓以職任為憂一語不及家事上下悼惜之子碩
賢歲貢不仕事母太夫人稱孝焉

王鎮字文哲東莞人父恪寶慶知府鎮為人敦重寡
言笑弘治癸丑進士為翰林院庶吉士授兵科給事
中出使安南其國王郊迎席拜以璉卓卮去之所餽
金寶一無所受進禮科右給事中奉　勅清查南道
屯田革宿弊擢工科都給事中正德初擢山西仁人

政遇例裁革改雲南左叅政時逆瑾擅權牽㕘罰米
五百石俸不足鬻產以償瑾誅進右布政使俄進福
建左布政使遂陞都察院右副都御史奉　勅巡撫
應天蘇松嘉杭等郡兼督糧儲殲逆賊劉七于狼山
禦姚峒賊王浩八于徽寧獲　賜鈔幣隨以乾清宮
災警上陳言以答譴四事曰正大本以安天下省內
臣以慰民望處驛遞以蘇民困廣延納以開壅蔽皆
切時弊　武宗欲西巡疏止之不報歲壬申丁內艱
服闋以父年老乞終養　勅起撫治鄖陽至任時閩

武宗欲巡幸諸郡供億動以萬計有求活虎豹以獻
者悉令罷之且究其為首者襄府護衛奪民產奏下
辯以還民巳卯夏寧藩煽亂震擾荊襄鎮下令設守
備人心獲安擢南京刑部右侍郎嘉靖紀元辭前陞
俸既允隨上疏陳十事曰正心以正大本動政以法
祖德親賢以廣延訪守信以重　詔令崇德以禁奢
侈舉知以求賢才體仁以恤民窮修禮以正風俗裁
冗員以複舊制慎刑以重人命亦多見採陞南京戶
部尚書疏又以父年老辭不允時南畿大饑鎮區處

賑恤請內帑銀五萬給之尋卒于官年六十有一訃
聞　上命賜祭塟
冼光字汝實順德人自幼穎異天性孝友領弘治壬
子鄉薦丙辰登進士授安仁知縣廉而能愛明而能
斷有誣獄久不决公一訊釋之時為之謠曰民無寃
訟有冼燈籠訟無滯屈有冼三日其明斷若此持己
嚴約一介不染日進諸生於庭訓以忠君報國之義
太學士桂萼兄弟皆出其門二院交章薦之值丁外
艱起補泰興甫四月　召授監察御史按視國學
寧諸郡所至問民疾苦摧強抑勢一時貪吏望風解
綬辨臨江商獄之寃世尤稱之居臺中七年獨立敢
言風裁懋著　孝宗朝上毀佛疏　武宗朝論逆瑾
擅權又上止輦疏劾江彬誘駕之罪中外震危之公
不為動也尋以母老乞終養梁文康公贈詩有平生
忠孝真無忝浮世功名儘讓先之句居家孝養絕意
仕進嘉靖戊子以薦起任南京通政司參議尋轉太
僕寺少卿國政脩舉歷陞南京工部侍郎過　太廟
災自陳改南太常卿致仕杜門結社卒　賜諭祭公卹大
之氣廉靖之守為約時儀表入祀鄉賢士論重之其子堯相[illegible]
光禄典簿辜　恩錫命有敏勤廉慎等語足徵其賢云
唐胄字平侯瓊山人幼穎敏博通經史百家弘治戊
午鄉試壬戌會試皆占禮魁登進士授戶部山西司
主事丁父憂值逆瑾竊柄謝病歸瑾誅起授戶部河
南司主事屢疏諫差內臣蘇杭織造又請為宋死節
趙與珞追謚立祠皆關政體尋陞本司署員外郎廣
西提學僉事遍搜羣書以啟迪多士陞雲南副使擒
橫虐土官莽信戮貪狠知縣趙九皐諭解木邦孟養
二宣慰搆亂改提學陞參政右布政使入覲陞廣西
左布政使時王府宗室受封賄官吏補支禄米自出
幼具題日為始歲費幾千萬石乃奏革其弊得　旨
如議通行天下陞右副都御史提督南贛汀漳等處
軍務改山東巡撫所至著聲陞南京戶部右侍郎轉
戶部陞本部左侍郎時議征安南胄言事體至重決
不可征上遵祖訓崇內脩以隆治安疏力陳不可伐
者有七時武定侯郭勛欲以祖配享又沮止之戊戌
更議明堂享禮又上疏忤　旨[illegible]歸是冬詔復冠帶

戎焉聞　聖駕奉[illegible]宮幸承天循疆力
叩首曰此神聖之見萬世永賴可謂畝畝不忘君矣
胄秉性耿介素以器識自負尤孝於事親家居服食
澹泊足振靡俗為文有理致源委不尚浮靡惟篤嗜
白玉蟾詩文為之精選此其所好殆與俗異也所著
有瓊臺志江閩湖嶺都臺志西洲存稿行于世子鑑
嘉靖己丑進士禮部員外郎
黄衷字子和南海人父璉居喪盡禮以學行稱衷甚
多從之遊衷幼頴絶倫三歲誦孝經聞孝奉[illegible]

何別於天子諸侯璉大異之弱冠登進士第授南京
戶部主事監江北諸倉查括積歲侵羨得粟十餘萬
及督榷揚州舜羅内亷僅四十日輸榷銀九千三百
餘兩前此即一歲之入也正德初復除戶部晉員外
郎羅外艱奔喪服闋銓衡擬改御史力辭乃補南京
兵部員外郎晉禮部郎中後轉武選尋遷吏部在留
都久與朱應登顧璘陳沂輩以詩文擅名後知湖州
府稍遷福建都轉運使巡撫胡世寧薦衷堪總[illegible]政
遷晉廣西叅政督糧至則嚴繩恣為奸利者覺[illegible]

然大征古田帥師由洛容斬首二千餘級論功晉俸
一階兼　賜銀幣辛巳八月晉雲南右布政使征芒
市以功叅未轉左巡察疏衷忠清公亮宜加重任甲
申擢右副都御史巡撫雲南薦賢黜貪安民禁盜清
里役以節財力條陳地方利病八事皆切機宜無
何移鎮湖廣兼理戎務首劾分巡守備者二人奸吏
多望風解去復脩沔陽州龍淵滄浪等隄士民立碑
以紀功德在鎮數月積粟八十餘萬石銀四萬餘兩
戶部疏　聞降勅嘉奨賚以金帛丙戌湖北盜起委

守巡官授以方畧進兵剿獲首惡六人斬首二百四
十餘級生擒六百九十餘人捷聞大被　褒賚會嘗
仁壽宮災　顯陵晉工部右侍郎兼僉都御史督理
運木事竣有銀幣之　賜以考最方病足疾乞休不
允比改兵部右侍郎得報即抵家疏四上皆不許辭
會有忌之者恣為飛語謂衷潛至京師乘山轎謁當
路人皆知為致仕侍郎王蓋非衷也後校尉奉　旨
案查自廣至京驛遞關文雖偵伺無跡猶勒冠帶閑
住或勸上疏自明衷曰事久當白何必辯也已而言

官果奏根究饒人竟亦報罷久之奉　詔復職致仕
辛年八十所著有矩洲文集十卷詩集十卷奏議十
卷海語一卷皆行于世
陳錫字祐卿南海人宋朝散大夫康延之後祖觀字
思賢布衣博學敦行工於詩學士黃諫擬諸姚鵠岑
參有滄江集父珙字伯玉以戴記授徒貢為上猶訓
導以身率諸生嘗夢崔清獻教之曰子知學乎毋不
敬內敬恒存思無邪外邪難入寤而索諸言行錄果
協於是終身誦之世傳緗素至錫尤力學弘治乙丑
進士授戶部主事嘗司廠逆璫方用事群璫列中外
雖東粵出納亦混主計錫以法繩之衆不敢肆司漕
通州革弊政六條人以為便轉員外郎調吏部稽勳
司尋陞郎中一時名流咸所洛汲屬舍人朱麒求襲
封保國公錫駁之曰洪武之約非有重大軍功不得
封爵襲蔭今朱麒襲公非約也宜從始封伯爵尚書
楊一清從其議因著為令正德丁丑遷福建參政歷
左布政綏定叛軍鈞稽乾沒樹植風紀綽有令聞擢
應天府府尹去之日閩人為立遺愛亭居應天未乃
三載廷議歆晉孤卿錫竟請致仕凡三疏得允優旅
田園以翰墨自娛凡十餘年始卒年八十有一蒙
賜祭葬郡人祀之鄉賢祠弟鍪亦詩以子紹儒考績
封戶部郎中累贈太常寺卿
鍾芳字仲實先崖州人改籍瓊山少育外親因黃姓
後奏復焉弘治辛酉領鄉薦第二正德戊辰試禮闈
第七登進士二甲第二選翰林庶吉士授編修以忤
時左遷寧國推官陞漳州同知精於吏事政績大著
歷官南京戶部員外郎署吏部稽勳司郎中轉考功
陞浙江提學副使校文必上名檢挑撻諧蕩者文雖
工必黜浙士斐然向風陞廣西右參政去貴縣虎患
論降洛容賊討田州叛酋岑猛定平樂藤峽屢有軍
功捷　聞兩賜金幣陞江西右布政使凡藩祿軍需
之難處者區畫悉得大體陞南京太常寺卿疏言祭
告禮稱　上意陞南京兵部右侍郎改戶部右侍郎
奉　勅總督太倉經畧邊儲漕政大舉甲午七月南
京　太廟災自陳脩省以回天變言甚剴切且乞休
上重違其請准致仕居家十餘年未嘗一至城市惟

以壽史自娛名其居曰對齋取對越上帝之義有干以私者謝曰吾守志猶嫠婦豈以晚而改節耶甲辰覺于家訃　聞贈右都御史賜塟祭芳性簡重寡嗜慾其為學博極而精雖律曆醫卜之書靡不通貫然皆取裏於孔孟正論為嶺海鉅儒所著有學易疑誼春秋集要皇極經世圖續古今紀要崖志畧小學廣義養生舉要及詩文二十卷行于世

翁萬達字仁夫揭陽人生而穎異五歲能誦書比長有文名嘉靖丙戌登進士授戶部主事督稅監兌所至有聲權河西務號咸畹侵奪語甚峻　上可之庚寅陞署員外郎督通州倉會權貴阻撓運道使人奪其舟乃不敢犯漕令謗言朋興屹不為動辛卯陞署郎中議奏鹽政利弊會圻輔大饑奉　命出賑減去騶從巡行勞來立法簡便周至民甚懷之咸曰活我者翁公也届平奉　上嘉奬有金帛羊酒之賜癸巳陞知梧州府時方興兵供億經畫悉力立辦而尤以厚學校正風俗為首務咸寧侯仇鸞縱健卒橫行市肆間即縛其首十餘人杖擊之乃遣於是相戒無敢犯　西討安南擢廣西副使首列征南事宜白督府恭經行之登庸懼採毒藥以試乃收巴豆困集置上流截竹筒埋地中冀陷馬足陽言先襲廣東以撓我時賂邊諜覘伺我事以一關吏飫賂往來不復能禁萬達於是密募敢死士入偽都旬日盡得其狀乃下禁令曰敢有出境與賊通者磔之籍其家能擒莫賊一人者予百金登庸聞之愈恐莫知所為乃上議于經尋復議善後之策十四事皆原始要終足為經制云秋八月陞浙江右參政督府上疏以萬達通達國體曉暢戎務宜終始安南以贊成安攘之功　上俞其請改廣西時尚書毛伯溫奉　命征撫九月萬達承檄分屯龍憑思明等處簡士卒礪器械足饋餉誓師以聽於是登庸詣鎮南關覲繫組以降遣其姪文明與其土目許三省奉　表入朝其辭甚哀於是伯溫經畧會兩廣三司以登庸投降區處機宜奏聞　上是其議報可罷安南為都統使司班師論功進爵行賞有差是役也萬達之功居最初登庸來降萬達與諸同事步出鎮關登庸持牋筆乞言其意故以答

敍也諸同事讓于萬達萬達執筆大書首言 朝廷以好生為德待以不死恩至渥也中言宜來肩一心臣服南荒詞氣慷慨筆力嚴勁以授璽庸跪讀惶恐稱萬死匍匐而退壬寅擢四川按察使癸卯擢陝西布政使時諸藩以祿聚訟比至裁取適宜無不歡悅甲辰二月擢都察院右副都御史巡撫陝西鞶奸剔弊煥然一新時出拊循關中晏然十二月擢兵部右侍郎兼僉都御史總督宣大諸邊軍務兼理糧餉疏報謝大約以鞠瘁自誓遂劾 奏將官邵求貪婪

汰衰老於是選將帥集客兵廣峙蓄修器械固險要謹偵探明賞罰而邊邏備緊不可犯秋七月大同宗室充灼等潛謀出邊約虜為患禍在門庭萬達廉得其情密行總兵周尚文擒發姦跡顯露者以 聞不動聲色筆折邀萌八月虜大舉入寇萬達督官兵奮勇鏖戰據險邀截引死者亡算虜畏遁去捷聞 上悅賞銀五十兩紵絲四表裏璽勅奬勵乃議築邊牆延袤萬餘丈親行區畫又序次畫圖說以進省費約九萬餘兩兵部以 聞陞右都御史兼兵部左侍郎

蔭一子賞銀五十兩紵絲四表裏尋以討定宗室有功 加 上曰剪除禍萌功出非常兼官蔭賞如舊萬達復為河套議凡數千言大要論復套與搗巢不同惟欲謹亭障飭戎備和行伍固元氣以俟其隙為計之得聞者稱善己酉春虜犯宣府將逼居庸以入萬達諜知之夜草疏請以周尚文率領精銳以遏虜衝大戰三日夜萬達躬擐甲冑督兵數千人出禦麾下將請曰虜騎充斥未可進萬達曰我志決矣誓不與此虜俱生於是馳驅先入衆無敢後者會西風大作

萬達輒索車數百輛曳柴以進塵霧蔽天虜大驚曰翁太師兵至矣解圍而遁 上密遣人緝知虜勢倡獗及萬達親督戰狀已而報捷疏至 上大喜陞兵部尚書兼右副都御史五月召入為兵部尚書冬十月奔父喪庚戌秋七月大同帥挑虜邀功失事詔以金革奪情起復萬達適病疽扶病上疏乞終喪會虜由古北口入蹂踐 畿甸京師戒嚴上特趣召萬達聞之慟哭曰主憂至是豈臣子愛身之日乎即日哭于几筵不告妻子力疾單騎就道間關萬里未及

十日抵京仇鸞諸萬達殊急時虜雖出邊浮議蠭起
上屢問曰翁萬達至未邪有疏不得達　上許以為
遲奪秩候用不數日起為兵部右侍郎兼右僉都御
史經畧紫荆諸關會兵部抽民兵令急遠近騷怨萬
達疏其未便寢之省費無筭三鎮頼之萬達晝考公
事夜念家艱憂悴殊甚足疽忽作不能動屨又上疏
亟賜罷退以終守制之請語意迫切迺得解歸瀕行
謝疏中字訛誤　上責斥為民冒暑歸鐵林葬父於
丁墓側為書數千言告泰泉黃佐述其衰墨不得已

之情誦之莫不感愴鮀江故有河通諸邑潮久而淤
疏浛之舟楫通利居民大悅壬子冬十月　詔復兵
部尚書而萬達方遊武夷鯉湖至清流縣病作謂其
僕曰亟歸吾將逝矣越十三日至上杭舟中大劇張
目仰天哭曰我遭逢　明主受國厚恩乃今長已矣
其何以報問其家事不答瞑目而逝又二日抵家斂
之時眉宇欣欣如生又四日簡命臨門則已不及見
矣萬達性剛志潔思深猷遠視抗千古心雄萬夫坦
而有制沉而善斷胸襟灑脫洞然如青天白日時出

經濟真如迅霆之不可禦鬼神之不可窺故能逆變
傾否動有成筭雖古社稷臣卞以逾也所著有稽愆
集平交紀畧總督奏議各若干卷藏于家
陳紹儒字師孔南海人號洛南父雁泉公嘗夢神人
授以積累之法并甲榜二字以語府尹天游公大奇
之是夕公生異光滿室及長風格凝整識者占為國
器五歲讀小學孝經明愛親敬長之理弱冠績業於
丘朱明觀中精于易嘉靖丙戌補從化弟子員[illegible]
邪歲貢卒業成均每試必居首時司成耳泉[illegible]

對呂公南野歐陽公咸器重之丁酉秋中本省鄉試
戊戌連登進士第觀通政司以給假歸省適太淑人
病公晝夜扶侍不少懈淑人假寐見有朱衣神人護
之病遂愈還　朝授户部雲南司主事晉員外郎詰
內監侃竊之奸革倉庫積年之弊議設陪庫主事一
人經歷大使各一人以防闌出遂著為令一年羨餘
至盈五萬陞山東司郎中奉　勅總理遼東粮儲兼
理屯種三年章凡十數上皆防守大計時承平日久
忽報虜寇至公登陴拒守寇不得逞而去公益[illegible]

射射必破的諸將驚謂神授調山西雲南司郎中進
會計録　上優詔從之省京邊冗費二十餘萬陞湖
廣按察司副使撫治鄖陽秋霖樊水溢城不没者三
版乃議築老龍諸堤以捍之水不能為灾又捐俸療
饑存活萬餘人兼人樹膚功來類碑于峴山以紀其
事遷以權貴人指適文致其罪謫福建泉州府同知
未赴任轉江西南昌府知府越五月吏畏民懷陞廣
西按察司副使奉　勅備兵右江蕉理分巡富新城
壘又經畫千里理定等處置兵防守地方寧謐實績

兵救援兩浙紀律嚴明所過秋毫無犯晉福建叅政
丁湯淑人憂服闋補四川叅政尋轉按察使兩政明
刑憲虔惟戢平白蓮教秦政和之亂脅其渠魁散其
黨三千餘衆陞廣西右布政尋轉左丁厓泉公憂哀
毀如禮服闋補雲南左布政使行間　召為順天府
尹時　穆皇登極百度惟貞又鼙革縣驛冒濫豪貴
斂手甫六月調太常寺卿　上耕籍召公問禮儀公
据經以對　上韙之又奏汰道流之冗濫者陞南京刑
部右侍郎條陳遼東丼薊等十三鎮兵馬主客錢糧

言極明切　上嘉納之轉左侍郎提督京通臨徐等
處倉場議復漕運例限六疏晉南工尚書有忌者媒
孽其短然無所裾撫詔令致仕公南歸杜門惟研
究經典以誨子弟平生忠孝大節至老不懈其治心
窮理以濂洛為宗文尚史漢詩祖少陵所著集二十卷行于世子弘
未陞南戶部郎中弘秉　學博諸孫振振多賢者
譚大初字宗元號次川南雄始興人系出宋朝散大
夫奐之後祖杲父騤俱以公貴贈戶部左侍郎生而
頴異十歲補郡庠生督學莊渠魏公奇之授以正學

故公知綜究經史性理一洗俗學之陋中嘉靖丁酉
鄉試以原緘貢費還官戊戌進士獨辭寒驢代步時
明堂禮成奉　詔歸省丁生母劉憂脩郡志太守胡
允成甚敬重之赴選授工部營繕主事管修京通倉
并理磚務獨持議清查鼙革積弊有語以善處權貴
者公以正對告上蔡先生言萬事真實有命人力計
較不得一毫揭之座右以自信丁嫡母劉憂服闋復
除戶部尋改戶科給事中日坐省署披閱章疏會編
審富商誘懟易生公曰藏富於國不若藏富於民既

省成上下安之轉兵科右充副使　冊封淮藩嚴却
餽遣轉刑科左滿考擢江西按察副使獨振風紀不
撓權勢清理軍伍妄報者多所開豁御史以不及分
數阻正色曰不足分數罪小貽害於民罪大御史從
之於驛傳符牌華冒濫尤嚴郎撫臺有給亦塗抹不
行撫臺但愧謝而已民有枉抑咸呼訴譚青天滿考
具疏乞休疏至已擢廣西參政不得已之任值桂林
澇米價騰涌請督府發梧州倉糶全州粟便宜賑恤
粵人賴之居粵二年值家報陳淑人卒次子皆[illegible]

悲慟疾作遂決去志疏上不待報而行尋奉　旨俾
致仕築拙逸軒讀書其中門人弟子來學者隨附[illegible]
之多有啓發嘉靖丙寅　世宗皇帝召用耆舊即家
拜河南右參政尋轉南京右通政應天府尹三奉
詔書義不敢後乃行次桐城聞　大行皇帝詔就彼
哭臨服闋赴任　穆宗即位疏乞仍以參政致仕不
允　召為工部右侍郎改戶部左侍郎　勅總督倉
場疏未議以裨財用㮣實才以濟時艱首薦僉都御
史海瑞可大用尋累乞休不允陞南京戶部尚書適

出淮陰引疾疏乞以侍郎致歸奉　旨以尚書致仕
有田八十畝屋八九間聊足安居日與門弟子講
明舊學卒年七十五　諭賜祭葬所著有存稿八卷
族譜五卷自叙年譜一卷遺戒子孫勿請銘墓勿求
墓表常言士君子保晚節難兢兢業業日若寡過未
能者尚書馬森誌其墓稱其涅不可緇寵非能崇文
獻公後一人而已布政使錢唐陳善稱其清介足以
勵頑凝重足以鎮俗進必三讓退由一辭出則鳳覽
麟遊處則龍蟠豹隱卓然有大臣風庶幾古社稷之

臣云

學義壯字維大別號三洲番禺人幼聰警甫十歲治
舉子業已露鋒鋩十四丁父憂哀毀骨立庚午弱冠
就試督學畜選之遂以儒士舉于鄉癸未登姚淶榜
進士授仁和縣務先脩學舉墜鋤強植弱居三年政
通人和陞戶部主事浙民有去後之思大司徒梁儉
菴公知其濟慎檄監臨清権税不屑苛細商民稱便
輒陞改禮部儀制大宗伯半公時推重之同官若陳
東田汝成王虞中愼中應峻陸銓王嬉俱負駿名以文

事竹老成貲為丞友丙申陞精膳員外郎得　誥贈
其父母陞主客郎中丁酉陞廣西按察僉事提督學
校端已正範崇雅黜浮得士稱盛若莫抑王納諫周
時中趙孟崇文希儒皆成進士嘗攝試梟事董藩府
守衛之暴雪都守潘氏之冤明慎勅法獄多平反時
稱焉明楚苗弗靖陞公湖廣辰沅兵備副使便宜行
事時都御史萬公鏜以為憂公悉心區畫直抵盧溪
識生苗之為梗者諭若皇風請降地方乂安拜白金
文綺之　賜加俸一級尋陞四川參政分守川東丙
午陞福建按察使革冗弊清吏蠹杜請託縉紳大夫
毋敢以私干者轉右布政使未幾陞都察院右僉都
御史奉　勅巡撫貴州公至則殫策靖苗以安邊定
變為急與總制抵牾乞休以歸杜門讀書絕不干謁
築一室日坐其中吾伊不輟工古文詞性資峭直面
折不容人之過嘗遊井泉先生之門晚年學日益進
所刻有三洲初稿十五卷子成性鄉試解元未會試
卒時咸惜焉

鍾鄉字懋敬東莞荼園人父雲錦以公貴封武選所
中公幼倜儻有志略年十七上書言父黃山公以名
節勗之黃山公奇其志既而補邑諸生學使歐陽公
鐸以鄉輔期之舉嘉靖戊子鄉試連登進士授知許
州以實心敷實政而發奸摘伏如神績最陞南部員
外郎進武選郎中丁外艱起補户部河南司郎中坐
祈穀南郊至後期謫郴州同知察獄賑饑民多全活
俄遷萊州府通判郴人立石頌德歷晉南都水郎中
擢知九江府以郡當孔道供億浩繁弛其不急者以
甦民困脩陂塘泉堰幾以千計又禁絕椎關注籍索
騂繼治兵武弭之祠其革蠹維風類此陞廣西副使
踰年晉參政旋轉按察使時宗藩經据等觸法力請正
罪諸宗肅然晉廣西右布政使已未晉福建左布政
使上疏乞骸骨歸公克養完潔内嚴外溫居鄉杜門
卻掃足迹不謁公府至其憂世之心未嘗釋于懷辛
酉歲倭夷山寇交訌公誓衆固守賊不敢犯其守已
之介老而彌篤總督蟠峯李公署其堂曰清白隆慶
初元以耆舊起公懇疏謝病　詔以光祿寺卿致仕蟬
幟榮名皭然不染真百粵之儀表而一代之球琳也

龐尚鵬字少南號惺菴南海人幼慷慨有大志弱冠
入邑庠試輙居首中丙午鄉試舉癸丑進士觀兵部
政與尚書聶公豹講心性之學明年授江西樂平知
縣首禁兩關格鬪立社學訂會規置學田以造生徒
立洪公皓許公瑗祠以表忠義政成召爲監察御史
差查盤直浙兵餉錢粮時總督胡宗憲讓奸周上擔
敗爲功公與巡按王公本固發其事疏中語侵分宜
執政怒欲中以奇禍　主上兩宥之事竣又執奏如
前一時直聲震海内上防倭五事及適變宜民要應

周而識卓時論韙之後　命差廵按河南經理文武
科塲得何洛文輩皆一時名士時汴梁強宗撓法首
鋤其最跋扈者所至貪墨之吏望風解印綬時撫臣
得白鹿于王屋山會公献瑞公不可曰流徙之民載
道忍言祥瑞乎故其詩有曾訝舟山多白鹿饑聞斃
兎出淮揚及九重若問豊年瑞願上流民鄭俠圖之
句事遂寢未幾丁父賓梅公憂哀毁杖而後起服闋
赴京適管考察事有才望者皆得存留抹科臣胡應
嘉疏劾郭安陽不法與高新鄭相倚爲奸不報巻三巡

按浙江入境首按墨吏與豪家横逆者寘于法上里甲
均平疏立爲條鞭之法歲省費百萬民若更生具奏
通行各省至今賴焉家置牌位朝夕爼豆之又立爲
生祠以紀功德巡撫劉公畿討平礦賊屬公紀驗釋
出幼小者千餘命歡聲載道又建孫忠烈公祠脩岳
武穆墓其表章忠節意惓惓焉尋擢提督京畿學政
所掄士先德行重經術次以文藝士多化之　肅皇
晏駕　穆宗即位會言臣首陳時政數萬言皆經國
大猷上弘𢮎納以光　聖治慎服御以重郊禋廣恤

典以勸忠義等疏尋還京師侍　經筵預纂脩
肅皇帝實録是冬陞大理右丞三年戊辰春陞僉都
御史總理兩淮山東塩屯行部至東昌太監張恩朴
殺無辜飛疏劾奏之司禮寝其奏待恩辦本至竟下
法司恩得末減謫戍巡歷邊疆長城萬里足跡殆徧
經畧籌畫思爲永久之計與總督王崇古河套搗巢
功大奇執政忌之遂不得叙未幾御史以私憾劾公
尚書楊公慱大驚曰此能臣也國家將大用之特疏
留公執政不悦四年正月奉　旨切責楊公肩致仕

而公開征五年四月以浙江織造部命罪廷臣咸推
轂已而揚公起公於萬曆四年冬起提督福建軍務
至則罷南機減寺租蠲衍負五十餘萬僅逾年擢都
察院左副都御史協理院事因奏最以吏書小滿年
月舉錯吏科參劾田籍聽用抵冢二日與太淑人求
訣人稱其孝感已卯刻條鞭法合省立永賴祠以報
功建玄覽臺及三祠堂重修百可亭取人能吏役義
根則百事可做語意也九年辛巳八月下正寢年五十有
八公本以忠誠精白之心負慷慨特達之節而熹以
虛純一之度故其□□□磊磊落落如高山大川專靜
烈烈如震雷皎日而其膽略尤足以當大事靖大變
知有國家之法紀而不顧一身之利害知恤生民之
休戚而不避一時之讒忌孟氏所稱大丈夫公其無
愧色哉公之著述奏議甚富而氣甚雄文集若干卷
奏議若干卷殷鑒録行邊紀若干卷皆足傳云
冢韶字廷綸別號近野番禺人幼岐嶷與兄諫自相
師友丱角試于有司游郡庠弱冠舉庚子鄉魁壬戌
登進士第授行人使□所至必詢民生休戚吏治臧
否及為御史則向所聞歷若燭照數計焉差巡延慶
宣大威畏翔洽夢中鄂國公來謁遂新其祠宇倩予
為記其事又議處極横宗室以正紀綱核功賞賞格
以弭宿弊陳兵食六事以固邊防憲紀大振轉差浙
直條十事以綜理漕運懋著風猷出按八閩貪吏望
風解綬已巳冬陞浙江憲副巡視海道島嶼澄清擢
參政憲使布政使奉宣德意丕釐法紀凡五轉不出
兩浙厥聲赫赫茂著丁丑冬陞都察院右僉都御史
提督南贛軍務凡地方利病輒上封事以聞其籌畫
務必期有濟而不求赫赫名其敏直端亮肅然有大
臣之度尋被論歸杜門養高孝事其母時母太恭人
年近百歲起居強健既而公遘疾不起太恭人哭之
哀未逾年亦卒有司為立百歲坊以表之公生平敦
重不喜為言語文字嘗曰繁詞複説道之病也所著
奏疏數卷傳于世
李邦義字宜之別號喻齋連州人生而穎悟貌甚魁
梧與兄邦仁同志砥礪為督學蔡可泉公所鑒識邦
□領己酉鄉薦公益淬濯壬子舉于鄉登丙辰科進

士遂仕知上虞縣盡心民事梳爬剷剔夙夜匪懈六
察渠若霜嚴庶民受如春溫尤加意學校出所素業
提誨之士多振起以績最召爲戶科給事中糾駁得
體歷兵科都給事中條陳時務直斥權奸言多剴切
海内豔其風裁陞太常寺少卿告假歸省尋調南京
公遂養高泉壑涵泳身心逾數載卒年五十有七公
性方直耻爲婾婀能面折人過人多忌之至談論天
下事娓娓不少休皆中窾竅若弄丸解牛綽綽有餘
緒也居嘗感慨時事遇有不便於鄉人者輒白諸上

官鄉人德之此外則一事一字不干公門其風槩真
可表正流俗嘗寄友人謝朝貴詩云風塵已了燕京
債世事寧嗟蜀道難此去滄洲堪寄傲不妨人作傲
人看其素所養重可知已明興二百餘年連士登甲
科者自宜之始其大節侃侃不苟如此乃急于退不
盡其才悲夫宜之掌科時嚴惺菴官河南道予忝禮
曹郎嘗相過從所談者皆關天下生民大計今想一
公風度不可復見重爲世道惜云

外史氏某曰大臣固貴有經天下之才亦貴有
超天下之識而守之以高天下之節斯其所成
者大其所及者遠而其所垂範者久而彌光使
非川嶽炳靈孰從鍾而發之與惟茲粵嶠山海
之所鬱盤霧秀之所融結鍾爲賢豪翩翩然與
中土相等埒七相而外最愨著者其勳業才猷
可纘述云張光祿丞曲江而起足稱二難其廷
仲方持大鉞而西克清三蜀鄭愚之領節鎮黃
損之位僕射非唐末五代中之錚錚者乎馮貴

請通經術作樂祀獻金華箴其學識宏邃矣余
襄公救范仲淹論夏竦乎儀智高其忠勳卓絕
矣李大性條陳懷慨有不畏強禦之槩王大寶
器識醇深有獨鏡恢復之志李昴英壯猷激烈
有廉頑立懦之風郭閶悉心憂國有立朝敢言
之節此皆有宋大臣蹇蹇匪躬者也若張慶鍾
勁持大體而掌銓法以藻鑒稱陳罔歷有政
聲而任禮曹以寅清著羅亨信守孤城敉然當
土木之變陳德文使西番率然有採訪之功至

如李顒之操履端嚴辭遠之任使清介張泰之
廉而推誠接物張津之潔而急公愛民黃衷之
鯁亮而文陳錫之平坦而直王縝之條十事而
敦重有威唐冑素多聞而耿介不染鍾芳之
峻節陳紹儒之通方則皆部臣之優于康贊者
也又如盧祥之宏綱振肅而頡頏於林聰邢宥
之素節清嚴而見重于丘濬彭誼多謀多能決
勇退之節魯能有才有德懋君子之操翁萬達
文經武緯威中邊鄭麗尚鵬直節訏謨功埀永
賴則皆臺臣之苑有才猷者也前哲儀刑孰非
後動之繩矩哉蒸民詩曰天監有周昭假于下
保茲天子生仲山甫則茲群賢挺生詎非天眷
皇明降靈哲以翊丕運乎后之繩繩繼美當必有踵
前烈而抒宏烈者

粤大記卷十七終